Die deutschen Traktate und die Auszüge aus den lateinischen Werken Meister Eckharts, die – neben einem Teil der Predigten – im zweiten Band dieser Ausgabe geboten werden, lassen den systematischen Hintergrund seines Denkens erkennen: von den frühen »Reden der Unterweisung« über die erste »Pariser Quaestio«, in der Eckharts akademische Lehrtätigkeit greifbar wird, bis hin zu den Schriftkommentaren, in denen er die Methode seines lebendigen Denkens und das Verhältnis von Philosophie und Theologie reflektiert. In der Konfrontation mit denselben Grundfragen setzt Eckhart immer wieder neu an. Er zeigt sich darin nicht nur als Prediger und Seelsorger, sondern zugleich als spekulativer Theologe und Philosoph von hohem Rang.

DEUTSCHER KLASSIKER VERLAG
IM TASCHENBUCH
BAND 25

MEISTER ECKHART
WERKE II

Texte und Übersetzungen
von Ernst Benz, Karl Christ,
Bruno Decker, Heribert Fischer,
Bernhard Geyer, Josef Koch,
Josef Quint, Konrad Weiß
und Albert Zimmermann

Herausgegeben und kommentiert
von Niklaus Largier

DEUTSCHER
KLASSIKER
VERLAG

Dieser Titel entspricht Band 21, herausgegeben von Niklaus Largier, der *Bibliothek des Mittelalters in vierundzwanzig Bänden,* Frankfurt am Main 1993

Umschlag-Abb.:
Thronende Maria mit Kind, Kölner Dom, Älteres Bibelfenster,
1250-1260.
Foto: Dombauarchiv Köln

Klimaneutral
Druckprodukt
ClimatePartner.com/14438-2110-1001

2. Auflage 2022

Deutscher Klassiker Verlag
im Taschenbuch · Band 25

Vertrieb durch den Suhrkamp Taschenbuch Verlag
Satz: pagina GmbH, Tübingen
Druck: CPI books GmbH, Leck
Printed in Germany
ISBN 978-3-618-68025-3

www.suhrkamp.de

DEUTSCHE WERKE II
LATEINISCHE WERKE

INHALT

DEUTSCHE WERKE II
PREDIGTEN 66-86

⟨PREDIGT 66⟩

Euge serve bone et fidelis, quia super pauca fuisti fidelis, intra in gaudium domini tui.

Wir lesen in dem êwangeliô, daz unser herre sprach: ›eyâ, ganc în, guoter kneht getriuwer, in die vröude dînes herren; wan dû getriuwe bist gewesen über kleine, dar umbe wil ich dich setzen über allez mîn guot‹.

Eyâ, nû merket mit vlîze unsers herren wort, daz er gesprochen hât und sprach: ›guoter kneht und getriuwer, ganc in die vröude dînes herren; wan dû getriuwe bist gewesen über kleine, dar umbe wil ich dich setzen über allez mîn guot‹. Nû hât unser herre gesprochen in einem andern êwangeliô ze einem jüngelinge, der im zuosprach und hiez in guot, ›dô sprach unser herre: ›war umbe heizest dû mich guot? Ez enist nieman guot dan got aleine‹‹, und daz ist ouch in der wârheit wâr. Allez, daz crêatûre ist, als verre als ez ûf im selber stât, sô enist ez niht guot. Nihtes niht enist guot wan got aleine. Hât denne got gesprochen wider sîn eigen wort? Nein er, nihtes niht!

Nû merket dise rede! Als verre der mensche sîn selbes verlougent durch got und wirt vereinet mit gote, als verre ist er mê got dan crêatûre. Swenne der mensche sîn selbes zemâle ledic ist durch got und er niemans ist dan gotes aleine und durch niht enlebet dan durch got aleine, sô ist er wærlîche daz selbe von gnâden, daz got ist von natûre, und got enbekennet sîn selbes keinen underscheit zwischen im und disem menschen. Ich hân aber gesprochen: von gnâden. Wan got der ist und dirre mensche ist, und alsô als got guot ist von natûre, alsô ist dirre mensche guot von gnâden, wan gotes leben und sîn wesen ist in disem menschen alzemâle. Her umbe hât er disen menschen guot geheizen, und diz ist

PREDIGT 66

Euge serve bone et fidelis, quia super pauca fuisti fidelis, intra in gaudium domini tui ⟨*Matth. 25,21/23*⟩.

Wir lesen im Evangelium, daß unser Herr sprach: ›Wohlan, geh ein, guter, getreuer Knecht, in die Freude deines Herrn; weil du getreu gewesen bist über Kleines, darum will ich dich setzen über alles mein Gut‹ ⟨Matth. 25,21 u. 24,47⟩.

Wohlan, nun merket mit Fleiß auf unsers Herrn Wort, das er gesprochen hat, und daß er sagte: ›Guter und getreuer Knecht, geh ein in die Freude deines Herrn; weil du getreu gewesen bist über Kleines, darum will ich dich setzen über alles mein Gut‹. Nun hat unser Herr in einem andern Evangelium einem Jüngling, der ihn ansprach und ihn »gut« nannte, dem hat unser Herr gesagt: ›Warum heißest du mich gut? Ist doch niemand gut als Gott allein‹ ⟨vgl. Mark. 10,17f.⟩. Und das ist sicherlich *auch* wahr. Alles, was Kreatur ist, das ist, sofern es auf sich selbst steht, nicht gut. Nichts ist gut als Gott allein. Hat denn Gott seinem eigenen Wort widersprochen? Nein, ganz und gar nicht.

Nun achtet auf diese meine Worte! So weit der Mensch sich selbst verleugnet um Gottes willen und mit Gott vereint wird, so weit ist er mehr Gott als Kreatur. Wenn der Mensch seiner selbst völlig entäußert ist um Gottes willen und er niemandem mehr gehört als Gott allein und für nichts mehr lebt als einzig für Gott, dann ist er wahrlich dasselbe von Gnade, was Gott ist von Natur, und Gott erkennt von sich aus keinen Unterschied zwischen sich und diesem Menschen. Ich habe nun aber gesagt: »von Gnade«. Denn da ist ⟨einerseits⟩ Gott und ist ⟨anderseits⟩ dieser Mensch, und so wie Gott gut ist von Natur, so ist dieser Mensch gut durch Gnade, denn Gottes Leben und sein Sein ist ganz und gar in diesem Menschen. *Darum* hat er diesen Menschen *gut*

daz wort, daz unser herre sprach: ›guoter kneht‹, wan dirre kneht ist guot bî gote in keiner andern güete, dan dâ got guot ist. Ich hân etwenne mê gesprochen, daz gotes leben und wesen sî in einem steine oder in einem holze und ouch in andern crêatûren, die niht sælic ensint. Got der ist in disem knehte in einer andern wîse, dar abe er sælic ist und guot, wan er ist in im lustbærlîche und lebet in im und mit im vrœlîche und vernünfticlîche als in im selben und mit im selben; her umbe ist er sælic und guot. Her umbe sprach unser herre: ›ganc în, guoter kneht und getriuwer, in die vröude dînes herren, wan dû getriuwe bist gewesen über kleine, dar umbe wil ich dich setzen über allez mîn guot‹. Nû hân ich ein teil gesprochen von sîner güete, war umbe dirre kneht guot ist. Nû wil ich iu bewîsen von sîner triuwe, wan unser herre sprach: ›guoter kneht getriuwer, wan dû getriuwe bist gewesen über kleine‹.

Eyâ, nû merket, waz daz kleine sî, über daz dirre kneht getriuwe ist gewesen. Allez, daz got geschaffen hât in himelrîche und in ertrîche, daz er selber niht enist, daz ist kleine vor im. Über allez diz ist dirre guoter kneht getriuwe gewesen. Wie daz sî, daz wil ich iu bewîsen. Got hât disen kneht gesast zwischen zît und êwicheit. Ze keinem enwas er geeigent, sunder er was vrî mit vernunft und mit willen und ouch in allen dingen. Vernünfticlîche durchgienc er alliu dinc, diu got geschaffen hât; williclîche liez er alliu dinc und ouch sich selber und allez, daz got geschaffen hât, daz got selber niht enist; vernünfticlîche nam er sie ûf und gap gote dar abe lop und êre und antwurte sie gote in sîne gruntlôse natûre und sich selber, als verre als er geschaffen ist. Dâ liez er sich selber und alliu dinc, daz er sich selber nie enberuorte noch kein geschaffen dinc mit sînem geschaffen willen. Mit guoter wârheit, der alsô getriuwe wære, got der hæte in im als

geheißen, und dies meint das Wort, daß unser Herr sprach: ›guter Knecht‹; denn dieser Knecht ist vor Gott gut in keiner andern Gutheit, als in der Gott gut ist. Ich habe schon öfters gesagt, Gottes Leben und Sein sei ⟨auch⟩ in einem Steine oder in einem Stück Holz und auch in anderen Kreaturen, die ⟨deshalb⟩ doch nicht selig sind. In diesem Knechte ⟨jedoch⟩ ist Gott in einer andern Weise, wodurch jener selig und gut ist, denn er ⟨= Gott⟩ ist in ihm mit Lust und lebt in und mit ihm fröhlich und erkennend wie in sich selbst und mit sich selbst; *darum* ist er ⟨= jener Knecht⟩ selig und gut. Deshalb sagt unser Herr: ›Geh ein, guter und getreuer Knecht, in die Freude deines Herrn; weil du getreu gewesen bist über Kleines, darum will ich dich setzen über alles mein Gut‹. Nun habe ich einiges über seine ⟨= des Knechtes⟩ *Gutheit* gesagt, warum ⟨nämlich⟩ dieser Knecht *gut* ist. Nun will ich euch unterweisen über seine *Treue*, denn unser Herr sprach: ›Guter, *getreuer* Knecht, weil du *getreu* gewesen bist über Kleines‹ ⟨Matth. 25,21⟩.

Wohlan, nun achtet darauf, was das ›Kleine‹ sei, über das dieser ›Knecht getreu‹ gewesen ist. Alles, was Gott geschaffen hat im Himmel und auf Erden, was nicht er selbst ist, das ist ihm gegenüber klein. Über alles dies ist dieser gute Knecht ›getreu‹ gewesen. Wieso dem so sei, das will ich euch dartun. Gott hat diesen Knecht gesetzt zwischen Zeit und Ewigkeit. Keinem ⟨von beiden⟩ war er übereignet, sondern er war frei in der Vernunft und im Willen und auch allen Dingen gegenüber. Mit seiner *Vernunft* durchschritt er alle Dinge, die Gott geschaffen hat; mit seinem *Willen* ließ er ab von allen Dingen und auch von sich selbst und von alledem, was Gott geschaffen hat, was ⟨also⟩ nicht Gott selbst ist; mit seiner Vernunft nahm er sie auf und gab Gott dafür Lob und Ehre und überantwortete sie Gott in seine unergründliche Natur und ⟨dazu⟩ sich selbst, sofern er geschaffen ist. Dort ließ er sich selbst und alle Dinge, so daß er weder sich selbst noch irgendein geschaffenes Ding mit seinem geschaffenen Willen je ⟨wieder⟩ berührte. Wahrhaftig! wer in solcher Weise getreu wäre, in dem hätte Gott so unaussprechlich große

unsprecheliche grôze vröude, der im die vröude benæme, der benæme im sîn leben und sîn wesen und sîne gotheit alzemâle.

Ich spriche aber mê – erschricket niht, wan disiu vröude diu ist iu nâhe, und si ist in iu – : ez enist iuwer keinez sô grop noch sô kleine von verstantnisse noch sô verre, er enmüge dise vröude in im vinden in der wârheit, als si ist, mit vröude und mit verstânne, ê daz ir tâlanc ûz dirre kirchen komet, jâ, ê daz ich tâlanc gepredige; er mac ez als wærlîchen in im vinden und leben und haben, als daz got got ist und ich mensche bin! Des sît gewis, wan ez ist wâr, und diu wârheit sprichet ez selber. Daz wil ich iu bewîsen mit einem glîchnisse, daz stât geschriben in einem êwangeliô.

›Unser herre saz ze einem mâle ûf einem brunnen, wan er was müede. Dô kam ein wîp diu was ein Samaritânâ von den heiden, und si brâhte einen kruoc und ein seil und wolte wazzer gewinnen. Und unser herre sprach ze ir: ›wîp, gip mir ze trinkenne!‹ Und si antwurte im und sprach: ›war umbe eischest dû von mir trinken? Nû bist dû doch von den juden, und ich bin ein Samaritânâ, und unser ê und iuwer ê hânt keine gemeinschaft mit einander‹. Dô antwurte unser herre und sprach: ›westest dû, wer von dir trinken eischet, und bekantest die gnâde gotes, vil lîhte ieschest dû mir trinken, und ich gæbe dir von dem lebendigen wazzer. Swer dâ trinket von disem wazzer, den dürstet aber; der aber trinket von dem wazzer, daz ich gibe, den endürstet niemermê, und von im sol entspringen ein brunne des êwigen lebens‹. Daz wîp merkte diu wort unsers herren, wan si engienc niht gerne dicke ze dem brunnen. Dô sprach daz wîp: ›herre, gip mir trinken des wazzers, daz mich niht mê endürste‹. Dô sprach unser herre: ›ganc und brinc her dînen man‹. Und si sprach: ›herre, ich enhân keinen man‹. Dô sprach unser herre: ›wîp, dû hâst wâr: dû hâst aber vünf man gehabet, und den dû nû hâst, der enist niht dîn man‹. Dô liez si vallen seil und kruoc und sprach ze unserm herren: ›herre, wer bist dû? Dâ stât

Freude, daß, wenn man ihm diese Freude nähme, man ihm sein Leben und sein Sein und seine Gottheit gänzlich nähme.

Ich sage aber noch mehr – erschrecket nicht, denn diese Freude ist *euch* nahe und ist in *euch*! –: Es ist keiner von euch so grobsinnig noch so klein an Fassungskraft noch so ⟨weit davon⟩ entfernt, daß er diese Freude nicht mit Freude und mit Erkenntnis so, wie sie wahrheitsgemäß ist, in sich finden könnte, noch ehe ihr heute aus dieser Kirche kommt, ja, noch ehe ich heute meine Predigt beendige; er kann's ebenso gewiß in sich finden, erleben und haben, wie Gott Gott ist und ich Mensch bin! Des seid gewiß, denn es ist wahr, und die Wahrheit sagt es selbst. Und das will ich euch dartun mit einem Gleichnis, das steht geschrieben in einem Evangelium.

›Unser Herr saß einmal an einem Brunnen, denn er war müde. Da kam ein Weib, die war eine Samariterin von den Heiden, und sie brachte einen Krug und ein Seil mit und wollte Wasser holen. Und unser Herr sprach zu ihr: »Weib, gib mir zu trinken!« Und sie antwortete ihm und sprach: »Warum heischest du von mir zu trinken? Bist du doch einer von den Juden, ich aber bin eine Samariterin, und unser Glaube und euer Glaube haben keine Gemeinschaft miteinander«. Da antwortete unser Herr und sprach: »Wüßtest du, wer von dir zu trinken heischt, und erkenntest du die Gnade Gottes, leichtlich heischtest du von mir zu trinken, und ich gäbe dir von dem lebendigen Wasser. Wer da trinkt von diesem Wasser ⟨hier⟩, den wird wieder dürsten; wer aber von *dem* Wasser trinkt, das *ich* gebe, den dürstet nimmermehr, und von ihm wird entspringen ein Born des ewigen Lebens«. Das Weib merkte auf die Worte unseres Herrn – denn sie ging nicht gern oft zu dem Brunnen – und sprach: »Herr, gib mir zu trinken von jenem Wasser, auf daß mich nicht mehr dürste«. Da sprach unser Herr: »Geh und bring deinen Mann her«. Sie aber sprach: »Herr, ich habe keinen Mann«. Da sprach unser Herr: »Weib, du sprichst wahr: du hast aber fünf Männer gehabt, und den du nun hast, der ist nicht dein Mann«. Da ließ sie Seil und Krug fallen und sprach zu unserm Herrn: »Herr, wer bist du? Es steht geschrieben:

geschriben: als Messias kumet, den man heizet Kristum, der sol uns lêren alliu dinc und sol uns die wârheit kunt tuon‹. Dô sprach unser herre: ›wîp, ich bin ez, der mit dir sprichet‹, und daz wort ervulte allez ir herze. Dô sprach si: ›herre, unser eltern die betten under den böumen ûf dem berge, und iuwer eltern von der jüdischeit die betten in dem tempel: herre, welche von disen betent allerwærlîchest got ane, und welchez ist diu stat? Berihte mich des‹. Dô sprach unser herre: ›wîp, diu zît sol komen und ist iezuo hie, daz die wâren anbetære niht aleine suln beten ûf dem berge noch in dem tempel, sunder in dem geiste und in der wârheit beten alsô den vater ane; wan got der ist ein geist, und wer in anebeten sol, der sol in anebeten in dem geiste und in der wârheit, und alsolîche anbetære suochet der vater‹. Daz wîp wart alsô vol gotes und übervliezende vol und ûzquellende von vülle gotes und wart predigende und rüefende mit lûter stimme und wolte allez daz ze gote bringen und vol gotes machen, daz si mit den ougen anesach, als si selber ervüllet was‹. Sehet, diz geschach ir, dô si irn man wider hâte. Niemermê engibet sich got der sêle offenbâre noch al noch genzlîche, si enbringe irn man, daz ist ir vrîer wille. Dar umbe sprach unser herre: ›wîp, dû sprichest wâr, dû hâst vünf man gehabet, die sint tôt; und den dû nû hâst, der enist niht dîn‹. Welchez wâren die vünf man? Daz sint die vünf sinne, dâ mite hâte si gesündet, und dar umbe wâren sie tôt. ›Und der man, den dû nû hâst, der enist dîn niht‹: daz was ir vrîer wille, der enwas ir niht, wan er was gebunden in tôtsünden, und si was sîn ungewaltic; und dar umbe enwas er ir niht: wan wes der mensche niht gewaltic enist, daz enist sîn niht; ez ist mê des, der sîn gewaltic ist. Ich spriche aber nû: swenne der mensche sînes vrîen willen gewaltic wirt in der gnâde und daz er in vereinen mac mit dem willen gotes genzlîche und als ein einic ein, sô bedarf er niht mê, wan daz er spreche, als diz wîp sprach: ›herre, wîse

Wenn der Messias kommt, den man heißet Christum, der wird uns alle Dinge lehren und wird uns die Wahrheit kundtun«. Da sprach unser Herr: »Weib, *ich* bin es, der ich mit dir spreche«, und dieses Wort erfüllte ihr ganzes Herz. Da sprach sie: »Herr, unsere Eltern beteten unter den Bäumen auf dem Berge, eure Eltern aber aus dem Judenvolk, die beteten im Tempel: Herr, welche von diesen ⟨beiden⟩ beten Gott am allerwahrsten an, und welches ist die ⟨rechte⟩ Stätte? Belehre mich darüber«. Da sprach unser Herr: »Weib, die Zeit wird kommen und ist ⟨schon⟩ jetzt da, daß die wahren Anbeter nicht allein auf dem Berge oder im Tempel beten werden, sondern im Geiste und in der Wahrheit den Vater so anbeten; denn Gott ist ein Geist, und wer ihn anbeten will, der muß ihn anbeten im Geiste und in der Wahrheit, und eben solche Anbeter sucht der Vater«. Das Weib ward so gotterfüllt und von der Fülle Gottes so überfließend und überquellend voll, daß sie anhub zu predigen und zu rufen mit lauter Stimme und alles, was sie mit ihren Augen erblickte, zu Gott bringen und Gottes so voll machen wollte, wie sie selbst erfüllt war‹ ⟨vgl. Joh. 4,6ff.⟩. – Seht, dies geschah ihr, als sie ihren »Mann« wieder hatte. Nimmermehr offenbart sich Gott der Seele ganz und vollends, wenn sie nicht ihren »Mann« herbeibringt, das heißt: ihren freien Willen. Darum sprach unser Herr: ›Weib, du sprichst wahr; du hast fünf Männer gehabt, die sind tot, und den du jetzt hast, der ist nicht dein‹. Welches waren die fünf Männer? Es waren die fünf Sinne, mit denen hatte sie gesündigt, und darum waren sie tot. ›Und der Mann, den du jetzt hast, der ist nicht dein‹: das war ihr freier Wille, der gehörte ihr nicht, denn er war gebunden in Todsünden, und sie hatte keine Gewalt über ihn; und darum gehörte er ihr nicht; denn, worüber der Mensch keine Gewalt hat, das gehört ihm nicht; es gehört vielmehr dem, der Gewalt darüber hat. Ich sage aber nun: Wenn der Mensch über seinen freien Willen Gewalt erhält in der Gnade und er ihn mit dem Willen Gottes gänzlich und wie in einem einzigen Einen zu vereinen vermag, dann braucht's nichts weiter, als daß er spreche, wie jenes Weib sprach: »Herr,

mich, wâ sol ich beten, und waz sol ich tuon, daz dir allerliebest sî in der wârheit?‹ Und Jêsus antwürtet, daz ist, daz er sich offenbâret wærlîche und genzlîche und al, als er ist, und ervüllet den menschen alsô übervlüzziclîche, daz er ûzquellende ist und ûzvliezende von übervoller vüllede gotes, als diz wîp tete in einer kurzen zît ob dem brunnen, diu vor gar ungeschicket was dar zuo. Und dar umbe spriche ich aber, als ich ê sprach, daz kein mensche hie enist sô grop noch sô unverstendic noch sô ungeschicket dar zuo, mac er sînen willen mit der gnâde gotes lûterlîche und al vereinen mit dem willen gotes, und er enbedarf niht mê wan sprechen in sîner begerunge: ›herre, wîse mich dînen liebesten willen und sterke mich den ze tuonne!‹, und got der tuot ez als gewærlîche, als daz er lebet, und got gibet im in als rîchlîcher vüllede in aller wîse volkomen, als er disem wîbe ie gegap. Sehet, diz mac der gröbeste und der minste von iu allen enpfâhen von gote, ê er tâlanc ûz dirre kirchen kome, jâ, ê daz ich tâlanc gepredige, mit guoter wârheit als wærlîche, als got lebet und ich mensche bin. Und dar umbe spriche ich: ›erschricket niht, disiu vröude enist iu niht verre, wellet ir sie wîslîche suochen‹. Nû spriche ich aber, als unser herre sprach: ›ganc în, guoter kneht und getriuwer, in die vröude dînes herren; wan dû getriuwe bist gewesen über kleine, dar umbe wil ich dich setzen über allez mîn guot‹. Eyâ, nû merket daz edel wort, daz er sprach: ›über allez mîn guot‹.

Waz ist nû des herren guot? Daz ist güete, als verre si gespreitet ist und geteilet in allen dingen oder in allen crêatûren, die dâ guot sint von sîner güete, in himelrîche oder in ertrîche: daz ist des herren guot, wan nieman enist guot noch enhât guot noch güete wan von im aleine. Dar umbe ist ez sîn guot, und ouch allez daz, daz man von gote selben gesprechen mac oder mit vernunft begrîfen mac oder in deheiner hande wîse ze liehte bringen mac oder geprüeven oder gewîsen mac: diz ist noch allez des herren guot; und her über alzemâle wil er disen kneht setzen, wan er ouch guot ist und

unterweise mich, wo soll ich beten, und was soll ich tun, das dir in Wahrheit das Allerliebste ist?« Und Jesus antwortet, das heißt, er offenbart sich wahrhaft und vollends und ganz so, wie er ist, und erfüllt den Menschen so bis zum Überfluß, daß er ausquillt und ausfließt aus übervoller Fülle Gottes, wie es jenes Weib in kurzer Zeit an dem Brunnen tat, die vorher ganz ungeschickt dazu war. Und darum sage ich abermals, wie ich vorhin ⟨schon⟩ sagte: Kein Mensch hier ist so grobsinnig, so verständnislos und so untüchtig dazu, vermag er nur seinen Willen durch die Gnade Gottes lauterlich und ganz mit dem Willen Gottes zu vereinen, so braucht er in seinem Verlangen nur zu sprechen: »Herr, weise mir deinen liebsten Willen, und stärke mich, den zu tun!«, und Gott *tut* es so gewiß, wie er lebt, und Gott gibt ihm in ebenso reichlicher Fülle in jeder Weise vollkommen, wie er's nur irgend jenem Weib gab. Seht, dies kann der Grobsinnigste und der Geringste unter euch allen von Gott empfangen, noch ehe er heute aus dieser Kirche kommt, ja, noch ehe ich heute zu Ende predige, in voller Wahrheit und so gewiß, wie Gott lebt und ich Mensch bin! Und darum sage ich: »Erschrecket nicht! diese Freude ist euch nicht fern, wollt ihr sie nur weislich suchen«. Nun wiederhole ich, was unser Herr sprach: ›Geh ein, guter und getreuer Knecht, in die Freude deines Herrn; weil du getreu gewesen bist über Kleines, darum will ich dich setzen über alles mein Gut‹. Wohlan, nun merkt auf das edle Wort, daß er sagte: ›über alles mein Gut‹.

Was ist nun *des Herrn ›Gut‹*? Es ist ⟨zunächst⟩ die Gutheit, soweit sie zerspreitet und zerteilt ist in alle Dinge oder in alle Kreaturen, die da gut sind von *seiner* ⟨= des Herrn⟩ *Gutheit*, im Himmel oder auf Erden: *das* ist ⟨zum ersten⟩ *des Herrn ›Gut‹*. Denn niemand ist gut oder hat Gutes oder Gutheit denn von ihm allein. Darum ist es *sein* ›Gut‹. Weiter aber auch alles das, was man *von Gott selbst* aussagen oder mit der Vernunft begreifen oder in irgendeiner Weise ans Licht bringen oder darlegen oder aufweisen kann: dies alles ist noch *des Herrn ›Gut‹*, – und darüber insgesamt will er diesen Knecht setzen, weil er *auch gut* und getreu gewesen ist über

getriuwe gewesen über kleine. Und über allez diz guot ist der herre noch ein ander, und ist doch daz selbe und ist doch ein waz, daz enist diz noch daz und enist weder hie noch dâ. Und dar umbe sprach er: ›ganc în, guoter kneht und getriuwer, in die vröude dînes herren; wan dû getriuwe bist gewesen über kleine, dar umbe wil ich dich setzen über allez mîn guot‹.

Nû hân ich iu gesaget, welchez des herren guot ist, und dar umbe sprach er: ›ganc in die vröude dînes herren; ich wil dich setzen über allez mîn guot‹, als er sprechen wölte: ›ganc ûz allem geschaffenem guote und ûz allem geteiltem guote und ûz allem gestücketem guote: über allez diz wil ich dich setzen in daz ungeschaffen und in daz ungeteilte und in daz ungestückete guot, daz ich selbe bin‹, und sprach ouch: ›ganc in die vröude dînes herren‹, rehte als er sprechen wölte: ›ganc ûz ûz aller vröude, diu geteilet ist und diu von ir selben niht enist daz, daz si ist, in die ungeteilte vröude, diu von ir selber und in ir selber ist daz, daz si ist‹, und daz enist niht anders wan diu vröude des herren.

Noch ein wörtelîn vürbaz: waz ist diu vröude des herren? Ein wunderlîchiu rede! Wie möhte man daz berihten oder gesprechen, daz nieman verstân enkan noch bekennen enmac! Mêr: doch etwaz dâ von. Diu vröude des herren daz ist der herre selber und kein ander, und der herre ist ein lebende, wesende, istige vernünfticheit, diu sich selber verstât und ist und lebet selber in ir selber und ist daz selbe. Hie zuo enhân ich keine wîse geleget, sunder ich hân im abegenomen alle wîse, als er selbe ist wîse âne wîse und lebet und ist vrô des, daz er ist. Sehet, diz ist diu vröude des herren und ist der herre selber, und her în hiez er disen kneht gân, als er selber gesprochen hât: ›ganc în, guoter kneht und getriuwer, in die vröude dînes herren; wan dû getriuwe bist gewesen über kleine, dar umbe wil ich dich setzen, über allez mîn guot‹.

Daz wir ouch ›guot‹ werden müezen und ›getriuwe‹, daz ouch uns unser herre heize îngân und êwiclîche inneblîben mit im und er mit uns, des helfe uns got. Âmen.

Kleines. Über alles dieses Gut hinaus aber ist *der Herr ⟨selbst⟩ noch ein anderes ⟨weiteres ›Gut‹⟩* und ist doch *dasselbe* ⟨Gut⟩ und ist doch ⟨wiederum⟩ ein Etwas, das weder dies noch das und weder hier noch dort ist. Und darum sprach er: ›Geh ein, guter und getreuer Knecht, in die Freude deines Herrn; weil du getreu gewesen bist über Kleines, darum will ich dich setzen über alles mein Gut‹.

Nun habe ich euch gesagt, welches des Herrn *›Gut‹* ist, und darum sprach er: ›Geh ein in die Freude deines Herrn; ich will dich setzen über alles mein Gut‹, als wollte er sagen: »Geh aus allem geschaffenen Guten und aus allem zerteilten Guten und aus allem zerstückten Guten: über all dieses ⟨hinaus⟩ will ich dich setzen in das ungeschaffene und in das ungeteilte und in das unzerstückte Gute, das ich selbst bin«, und sagte auch: ›Geh ein in die Freude deines Herrn‹, recht als habe er sagen wollen: »Geh heraus aus aller Freude, die geteilt ist und die, was sie ist, nicht aus sich selbst ist, in die ungeteilte Freude, die, was sie ist, aus sich selbst und in sich selbst ist«, und *die* ist nichts anderes als ›die Freude des Herrn‹.

Noch ein Wörtchen mehr über: Was ist ›die Freude des Herrn?‹ Eine wunderliche Frage! Wie könnte man das erklären oder aussagen, was niemand verstehen noch erkennen kann? Gleichviel – ⟨ich will⟩ dennoch ein weniges darüber ⟨sagen⟩. ›Die Freude des Herrn‹, ⟨nun,⟩ das ist *der Herr selbst* und nichts anderes; und der *Herr* ist eine lebendige, wesenhafte, seiende Vernunft, die sich selbst begreift und selbst in sich selbst ist und lebt und dasselbe ist. Hiermit habe ich ⟨ihm⟩ keinerlei »Weise« beigelegt, sondern ich habe ihm alle »Weisen« abgenommen, so wie er selbst Weise *ohne* Weise ist und lebt und froh ist darüber, *daß* er ist. Seht, *dies* ist ›die Freude des Herrn‹, und *sie ist der Herr selbst*, und da hinein hieß er diesen Knecht gehen, wie er selbst gesagt hat: ›Geh ein, guter und getreuer Knecht, in die Freude deines Herrn; weil du getreu gewesen bist über Kleines, darum will ich dich setzen über alles mein Gut‹.

Daß auch wir *gut* werden mögen und *getreu*, auf daß auch *uns* unser Herr eingehen heiße und ewig innebleiben mit ihm und er mit uns, dazu helfe uns Gott! Amen.

⟨PREDIGT 67⟩

›Got ist diu minne, und der in der minne wonet, der wonet in gote und got in im‹.

Got wonet in der sêle mit allem dem, daz er ist und alle crêatûren. Dar umbe, wâ diu sêle ist, dâ ist got, wan diu sêle ist in gote. Dar umbe ist ouch diu sêle, wâ got ist, diu geschrift enliege denne. Wâ mîn sêle ist, dâ ist got, und wâ got ist, dâ ist ouch mîn sêle; und daz ist als wâr, als got got ist.

Der engel ist als edel in sîner natûre: wære ein spænlîn oder ein kleine ganeistlîn von im gevallen, ez hæte ervüllet alle dise werlt mit wunne und mit sælicheit. Nû merket, wie edel ein engel ist in sîner natûre, der och sô vil ist, daz sie kein zal hânt: ich spriche, ez ist allez edellich umbe einen engel. Sölte der mensche dar umbe dienen biz an den jüngesten tac und biz an daz ende der werlt, daz er einen engel sæhe in sîner lûterkeit, im wære wol gelônet. An allen geistlîchen dingen sô vindet man, daz daz eine in dem andern ist ein, ungeteilet. Dâ diu sêle ist in ir blôzen natûre, abegescheiden und abegelœset von allen crêatûren, diu hæte in ir natûre von natûre alle die volkomenheit und alle vröude und wunne, die alle engel hânt an zal und an menige von natûre: die hân ich alzemâle mit aller volkomenheit und mit aller ir vröude und aller ir sælicheit, als sie sie selber hânt in in selber; und einen ieglîchen hân ich in mir sunderlîchen, als ich mich selben hân in mir selber, ungehindert eines andern, wan kein geist besliuzet den andern. Der engel blîbet unbeslozzen in der sêle; dar umbe gibet er sich einer ieglîcher sêle alzemâle, ungehindert einer andern und got*es* selber. Niht aleine von natûre, mêr: über natûre vröuwet sich mîn sêle aller vröude und aller der sælicheit, der got sich selber vröuwet in sîner

PREDIGT 67

Gott ist die Liebe, und wer in der Liebe bleibt, der bleibt in Gott und Gott in ihm ⟨1 Joh. 4,16⟩.

Gott bleibt in der Seele mit allem dem, was er und alle Kreaturen sind. Darum: Wo die Seele ist, da ist Gott, denn die Seele ist in Gott. Darum ist auch die Seele, wo Gott ist, es sei denn, die Schrift lüge. Wo meine Seele ist, da ist Gott, und wo Gott ist, da ist auch meine Seele; und das ist so wahr, wie Gott Gott ist.

Der Engel ist so edel in seiner Natur, daß, wenn ein Spänlein oder ein kleines Fünkchen von ihm abgefallen wäre, es diese ganze Welt mit Wonne und Seligkeit erfüllt haben würde. Nun horcht auf, wie edel ein Engel in seiner Natur ist, deren es weiß Gott so viele gibt, daß sie zahlenlos sind: Ich sage, daß an einem Engel alles adlig ist. Sollte ein Mensch, auf daß er einen Engel in seiner Lauterkeit sähe, bis zum Jüngsten Tage und bis ans Ende der Welt dienen, ihm wäre ⟨sein Dienst⟩ wohl gelohnt. Bei allen geistigen Dingen findet man, daß das eine als ungeteilt ⟨mit ihm⟩ eins in dem andern steckt. Wo die Seele in ihrer reinen Natur ist, abgeschieden und abgelöst von allen Kreaturen, da hätte sie in ihrer Natur von Natur aus alle Vollkommenheit und alle Freude und Wonne, die alle Engel an Zahl und Menge von Natur aus haben: ich habe sie ganz und gar mit aller Vollkommenheit und mit aller ihrer Freude und aller ihrer Seligkeit, so wie sie sie selbst in sich selbst haben; und einen jeglichen ⟨Engel⟩ habe ich gesondert in mir, wie ich mich selbst in mir selber habe, ohne Behinderung eines andern, denn kein Geist schließt den andern aus ⟨verschließt den anderen⟩. Der Engel bleibt unverschlossen in der Seele; darum gibt er sich einer jeglichen Seele völlig und unbehindert durch eine andere ⟨Seele⟩ und durch Gott selbst. Nicht nur von Natur aus, sondern über ihre Natur ⟨hinaus⟩ erfreut sich meine Seele aller Freude und aller Seligkeit, der Gott

götlîcher natûre, ez sî gote liep oder leit; wan dâ enist niht dan ein, und dâ ein ist, dâ ist al, und dâ al ist, dâ ist ein. Daz ist ein gewissiu wârheit. Wâ diu sêle ist, dâ ist got, und wâ got ist, dâ ist diu sêle. Und spræche ich, daz ez niht enwære, ich spræche unrehte.

Eyâ, nû merket ein wörtelîn, daz halte ich gar wirdiclich: swenne ich gedenke, wie ein er mir ist, als ob er aller crêatûren habe vergezzen und niht mê ensî dan ich aleine. Nû bitet vür die, die mir enpfolhen sint! Die dâ iht⟨es⟩ bitent wan gotes oder umbe got, die bitent unrehte; swenne ich nihtes enbite, sô bite ich rehte, und daz gebet ist reht und ist kreftic. Swer ihtes iht anders bitet, der betet einen abgot ane, und man möhte sprechen, ez wære ein lûter ketzerîe. Ich enbite niemer sô wol, wan sô ich nihtes niht enbite und vür nieman enbite, noch vür Heinrich noch vür Kuonrât. ›Die gewâren anbetære die betent got in der wârheit ane und in dem geiste‹, daz ist: in dem heiligen geiste.

Daz got in der kraft ist, daz sîn wir in dem bilde; daz der vater ist in der kraft und der sun in der wîsheit und der heilige geist in der güeticheit, daz sîn wir in dem bilde. ›Dâ bekennen wir, als wir bekant sîn‹, und minnen, als wir geminnet sîn. Diz enist joch sunder werk, wan si wirt dâ enthalten in dem bilde und würket in der kraft als diu kraft; si ist noch enthalten in den persônen und stât nâch mügenheit des vaters und nâch wîsheit des sunes und nâch der güeticheit des heiligen geistes. Diz ist noch allez werk in den persônen. Hie oben ist wesen únwürklich; sunder dâ ist aleine wesen únd

sich selbst in seiner göttlichen Natur erfreut, es sei ihm lieb oder leid; denn, da ist nichts als Eines, und wo Eines ist, da ist alles, und wo alles ist, da ist Eines. Das ist eine gewisse Wahrheit. Wo die Seele ist, da ist Gott, und wo Gott ist, da ist die Seele. Und spräche ich, daß dem nicht so sei, so spräche ich unrecht.

Ei, nun beachtet ein Wörtlein, das ich für sehr trefflich halte: Wenn ich ⟨nämlich⟩ bedenke, wie eins er ⟨= Gott⟩ mit mir ist, so als ob er alle Kreaturen vergessen habe und sonst nichts existierte als nur ich. Nun bittet für die, die mir anbefohlen sind! Die da um irgend etwas als ⟨nur⟩ um Gott oder um Gottes willen bitten, die bitten unrecht; wenn ich um nichts bitte, dann bitte ich recht, und ein solches Gebet ist recht und ist kraftvoll. Wer immer um irgend etwas anderes bittet, der betet einen Abgott an, und man könnte sagen, es sei die reine Ketzerei. Ich bitte niemals so recht, wie wenn ich um nichts bitte und für niemand bitte, weder für Heinrich noch für Konrad. Die wahren Anbeter, die beten Gott in der Wahrheit und im Geiste an, das heißt: im Heiligen Geiste.

Was Gott in der Kraft ist, das sind wir in dem »Bilde« ⟨= im göttlichen Abbild in der Seele⟩: was der Vater in der Kraft ⟨= *potestas*⟩ und der Sohn in der Weisheit ⟨= *sapientia*⟩ und der Heilige Geist in der Gutheit ⟨= *bonitas*⟩ ist, das sind wir in dem »Bilde«. ›Da erkennen wir, wie wir erkannt werden‹, und lieben, wie wir geliebt werden. Dies ⟨d. h. das Erkennen und Erkannt-Werden, das Lieben und Geliebt-Werden der Seele im Dreifaltigkeits-»Bilde« der Seele⟩ ist jedoch noch nicht ohne Werk, denn sie ⟨= die Seele⟩ wird dabei in dem ⟨Dreifaltigkeits-⟩»Bilde« aufbehalten und wirkt in der ⟨göttlichen⟩ Kraft wie diese Kraft; sie ist noch aufbehalten ⟨= getragen⟩ in den *Personen* und verhält sich entsprechend der Macht des Vaters, der Weisheit des Sohnes und der Gutheit des Heiligen Geistes. Dies alles ist noch Wirken in den *Personen.* Oberhalb dessen ⟨aber⟩ ist *nichtwirkendes* Sein. *Dort* aber ⟨= im Dreifaltigkeits-»Bilde« der Seele⟩ gibt es nur Sein *und* Wirken. Wo sie ⟨= die Seele⟩

werk. Dâ si ist in gote, jâ, nâch înhangunge der persônen in daz wesen, dâ ist werk únd wesen ein, dâ ez ist, dâ si die persônen nimet in der inneblîbunge des wesens, dâ sie nie ûzkâmen, dâ ein lûter wesenlich bilde ist. Ez ist diu wesenlich vernünfticheit gotes, der diu lûter blôz kraft ist *intellectus*, daz die *meister* heizent ein enpfenclîchez. Nû merket mich! Dar obe nimet si êrste d*ie* lûter *absolûciô* des vrîen wesens, daz dâ ist sunder dâ, dâ ez ennimet noch engibet; ez ist diu blôze isticheit, diu dâ beroubet ist alles wesens und aller isticheit. Dâ nimet si got blôz nâch dem grunde dâ, dâ er ist über alleȥ wesen. Wære dâ noch wesen, sô næme si wesen in wesene; dâ enist niht wan éin grunt. Diz ist diu hœhste volkomenheit des geistes, dâ man zuo komen mac in disem lebene nâch geistes art. Aber ez enist niht diu beste volkomenheit, die wir iemer besitzen suln mit lîbe und mit sêle, daz der ûzerste mensche alzemâle enthalten werde in dem understantnisse haben⟨ne⟩ von dem persônlîchen wesene alsô, als diu menscheit und diu gotheit an der persônlicheit Kristî éin persônlich wesen ist, daz ich in dem selben understantnisse habe des persônlîchen wesens, daz ich daz persônlich wesen selber sî, alzemâle lougenlîche mîn selbes verstantnisses alsô, als ich nâch geistes art éin bin nâch dem grunde alsô, als der grunt selbe ein grunt ist: – daz ich nâch dem ûzersten wesene daz selbe persônlich wesen sî, alzemâle beroubet eigens understantnisses. Diz persônlich wesen mensche-got entwehset und überswebet dem ûzersten menschen alzemâle,

aber in ⟨dem einigen, einfaltigen⟩ *Gott* ⟨im Gegensatz zur dreifaltigen Gott*heit*⟩ ist, fürwahr, entsprechend dem ⟨völligen⟩ Hineinhangen der Personen in das ⟨göttliche bloße⟩ *Sein*, da ist Wirken und Sein *eins*, wo es dort ist, wo sie ⟨= die Seele⟩ die Personen im In-sich-Bleiben des Seins erfaßt, wo sie ⟨= die Personen⟩ nie herauskamen, wo ein reines seiendes ⟨seinshaftes⟩ »Bild« ist. Dies ist die wesenhafte ⟨seiende⟩ Vernunft Gottes, die die lautere, reine Kraft *intellectus* ist, die die Meister ein »Empfängliches« nennen. Nun merkt auf mich! Erst oberhalb dessen ⟨,was ich bisher zu kennzeichnen gesucht habe,⟩ erfaßt sie ⟨= die Seele⟩ die reine »Absolutheit« des *freien* ⟨= reinen⟩ Seins, das ohne »Da« ⟨= Ort⟩ ist, wo es weder empfängt noch gibt: es ist vielmehr die reine Seinsheit, die alles Seins und aller Seinsheit beraubt ist. Dort erfaßt sie Gott rein dem ⟨göttlichen⟩ *Grunde* nach, wo er über alles Sein hinaus ist. Gäbe es da noch Sein, so nähme sie ⟨dieses⟩ Sein im ⟨absoluten⟩ Sein; dort *ist* nichts als *ein* ⟨absoluter⟩ *Grund*. Dies ist die höchste Vollkommenheit des *Geistes*, zu der man in *diesem* ⟨irdischen⟩ Leben zu gelangen vermag auf *geistige* Weise ⟨d. h. unter Ausschluß des Körpers⟩. Aber dies ⟨= die voraufgehend charakterisierte rein geistige Erfassung Gottes im *irdischen* Leben⟩ ist *nicht* die *beste* Vollkommenheit, die wir auf immer ⟨= im Jenseits⟩ mit Leib und mit Seele so besitzen werden, daß der äußere ⟨= leibliche⟩ Mensch völlig aufbehalten ⟨= gehalten⟩ werde im Haben des Gehaltenwerdens durch das personhafte Sein so, wie die Menschheit und die Gottheit in der Personhaftigkeit Christi *ein* personhaftes Sein sind, so daß ich in eben demselben das Gehaltenwerden ⟨= die Stütze⟩ des personhaften Seins so besitze, daß ich das personhafte Sein völlig selbst sei unter Verleugnung meines Selbstverständnisses, nach dem ich in *geistiger* Weise meinem ⟨Seelen-⟩Grunde nach ebenso eins bin, wie der ⟨göttliche⟩ Grund *ein* Grund ist: so also, daß ich meinem *äußeren* ⟨= körperlichen⟩ Sein nach dasselbe personhafte Sein bin, ganz meines *eigenen* Gehaltenseins beraubt. Dieses personhafte Mensch-Gott-Sein entwächst und schwebt ganz über dem

daz er ez niemer ervolgen enkan. Stânde an im selber er enpfæhet wol der gnâde învluz von dem persônlîchen wesene in maniger hande wîse süezicheit, trôst und innicheit, daz guot ist; aber ez enist daz beste niht. Blibe er alsô an im selber âne understantnisse sîn selbes, aleine er wol trôst enpfienge von gnâden und mitwürkunge der gnâde, daz doch sîn bestez niht enist, sô müeste der inner mensche nâch geistes art sich herûzbiegen ûzer dem grunde, in dem er ein ist, und müeste sich halten nâch dem gnædelîchen wesene, von dem er gnædelîchen enthalten ist. Her umbe sô enmac der geist niemer volkomen werden, lîp und sêle enwerden volbrâht. Alsô als der inner mensche nâch geistes art entvellet sînes eigens wesens, dâ er in dem grunde éin grunt ist, alsô müeste ouch der ûzer mensche beroubet werden eigens understantnisses und alzemâle behalten understantnisse des êwigen persônlîchen wesens, *daz* daz selbe persônlich wesen ist. Nû sint hie zwei wesen. Ein wesen ist nâch der gotheit daz blôz substanzlich wesen, daz ander daz persônlich ⟨wesen⟩, und ist doch éin understôz. Wan der selbe understôz Kristî persônlicheit der sêle understôz ist, understandicheit der êwigen menscheit, und ist éin Kristus an understandicheit, beidiu weselich und persônlich; alsô müesten wir ouch der selbe Kristus sîn, wir nâchvolgende in den werken alsô, als er in dem wesene éin Kristus ist nâch menschlîcher art; wan, dâ ich diu selbe art bin nâch menscheit, sô bin ich alsô vereiniget dem persônlîchen wesene, daz ich von gnâden in dem persônlîchen wesene bin ein und ouch daz persônlich wesen. Wan denne got in dem grunde des vaters êwiclîche inneblîbende ist und ich in im, ein grunt und der selbe Kristus, ein understandicheit mîner menscheit, sô ist si als wol mîn als sîn an einer understandicheit des êwigen wesens, daz beidiu

äußeren ⟨körperhaften⟩ Menschen, so daß dieser es niemals erreichen kann. Auf sich selbst gestellt ⟨stehend⟩ empfängt er wohl von dem personhaften Sein auf mancherlei Weise Süße, Trost und Innigkeit, was gut ist; es ist aber das Beste nicht. Bliebe er ⟨= der äußere, körperhafte Mensch⟩ so in sich selbst ohne Gehaltensein ⟨= Stütze⟩ seiner selbst, so müßte, wiewohl er aus Gnade und unter Mitwirkung der Gnade Trost empfinge, was doch das Beste nicht ist, der *innere* Mensch sich aus dem Grunde, in dem er ⟨mit dem göttlichen Grunde⟩ eins ist, auf *geistige* Weise herausbiegen und müßte sich nach dem *gnadenhaften* Sein verhalten, von dem er gnadenhaft getragen ⟨= gehalten⟩ wird. *Deshalb* vermag der *Geist* niemals vollkommen zu werden, wenn nicht Leib *und* Seele vollendet werden. So wie der *innere* Mensch auf *geistige* Weise seinem *eigenen* Sein entfällt, wenn er mit dem ⟨göttlichen⟩ Grunde *ein* Grund ist, so müßte auch der *äußere* ⟨körperliche⟩ Mensch seines *eigenen* Gehaltenseins beraubt werden und ganz das Gehaltensein ⟨= die Substanz⟩ des ewigen Seins erhalten, das dieses nämliche personhafte Sein ist. Nun gibt es hierbei zweierlei Sein. Das eine Sein ist der Gottheit nach das reine *Substanz-Sein* ⟨substantielle Sein Christi⟩, das andere ist das *personhafte* Sein ⟨Christi⟩, und ist doch ⟨beides⟩ *eine* ⟨und dieselbe⟩ *Substanz* ⟨= Personhaftigkeit⟩. Da nun dieselbe Substanz der Personhaftigkeit Christi als Trägerin der ewigen Menschheit Christi auch der Seele Substanz ist und da *ein* Christus in seinsmäßiger und in personhafter Substanz ist, so müssen auch *wir* derselbe Christus sein, ihm nachfolgend in den Werken, wie er im Sein *ein* Christus ist in Menschenart; denn da ich der Menschheit nach derselben Art bin ⟨wie Christus⟩, so bin ich dem *personhaften* Sein ⟨Christi⟩ so vereint, daß ich von Gnaden in dem personhaften Sein ⟨Christi⟩ eins ⟨mit Christus⟩ und auch das personhafte Sein ⟨selbst⟩ bin. Da nun Gott ⟨= Christus⟩ im Grunde des Vaters ewig innebleibend ist und ich in ihm ⟨als⟩ *ein* Grund und als derselbe Christus, ⟨als⟩ ein Träger meiner Menschheit, so ist sie sowohl die meine wie die seine in *einer* Substanz des ewigen Seins, so daß beider Sein, des Leibes *und* der

wesen lîbes und sêle volbrâht werden in éinem Kristô, éin got, éin sun.

Daz uns daz geschehe, des helfe uns diu heilic drîvalticheit. Âmen.

Seele, in *einem* Christus vollendet werden als *ein* Gott, *ein* Sohn.

Daß uns dies widerfahre, dazu helfe uns die Heilige Dreifaltigkeit. Amen.

⟨PREDIGT 68⟩

Scitote, quia prope est regnum dei.

Unser herre sprichet: ›wizzet, wan daz rîche gotes iu nâhe ist‹. Jâ, daz rîche gotes ist in uns, und sant *Paulus* sprichet, daz ›unser heil næher bî uns ist, dan wir glouben‹.

Ze dem êrsten suln wir wizzen, wíe daz rîche gotes uns nâhe ist; ze dem andern mâle, wánne daz rîche gotes uns nâhe ist. Dar umbe suln wir wizzen den sin dâ von. Daz ich ein künic wære und ich des niht enweste, ich enwære niht ein künic. Aber, hæte ich des einen ganzen wân, daz ich ein künic wære, und wænden des alle die liute mit mir und ich weste daz vür wâr, daz des alle die liute wænden, sô wære ich ein künic, und sô wære aller der rîchtuom des küniges mîn, und des engebræche mir nihtes niht. Disiu driu dinc hœrent von nôt dar zuo, sol ich ein künic sîn. Und wenne mir einez der drîer dinge gebræche, sô enmöhte ich niht ein künic gesîn. Ein *meister* sprichet – und ouch unser besten meister –, daz sælicheit lige dar ane, daz man bekenne und wizze, und ist einiu nôt ze der wârheit. Ich hân eine kraft in mîner sêle, diu ist gotes alzemâle enpfenclich.

Ich bin des sô gewis als, daz ich ein mensche bin, daz mir niht als ›nâhe‹ ist als got. Got ist mir næher, dan ich mir selber bin; mîn wesen hanget dar ane, daz mir got nâhe und gegenwertic sî. Alsô ist er ouch einem steine und einem holze, mêr: sie enwizzens niht. Weste daz holz got und bekente, wie nâhe er im ist, als ez der hœhste engel weiz, ez wære als sælic als der hœhste engel. Und dar umbe ist der mensche sæliger dan ein stein oder ein holz, daz er got bekennet und weiz, wie nâhe er im ist. Und als vil bin ich mê sælic, als ich daz mê bekenne, und als vil bin ich minner sælic, als ich daz minner bekenne. Niht enbin ich dâ von sælic, daz got in mir ist und daz er mir

PREDIGT 68

Scitote, quia prope est regnum dei ⟨Luc. 21,31⟩.

Unser Herr spricht: ›Wisset, daß das Reich Gottes euch nahe ist‹ ⟨Luk. 21,31⟩. Ja, ›das Reich Gottes‹ ist in uns, und Sankt Paulus sagt, daß ›unser Heil näher bei uns ist, als wir glauben‹ ⟨Röm. 13,11⟩.

›Wissen‹ sollten wir nun zum ersten, *wie* ›das Reich Gottes‹ uns ›nahe‹ ist; zum andern, *wann* ›das Reich Gottes‹ uns ›nahe‹ ist. Darum müssen wir den Sinn davon ›*wissen*‹. ⟨Denn⟩ wäre ich ein König, ›*wüßte*‹ es aber selber nicht, so wäre ich kein König. Hätte ich aber den festen Glauben, daß ich ein König wäre und wähnten das alle Menschen mit mir und wüßte ich für gewiß, daß alle Menschen es wähnten, so *wäre* ich ein König, und so wäre der ganze Reichtum des Königs mein, und nichts davon gebräche mir. Diese drei Dinge gehören notwendig dazu, wenn ich ein König sein soll. Gebräche mir aber eines von diesen drei Dingen, so könnte ich kein König sein. Ein Meister sagt – und so auch unsere besten Meister –, die Seligkeit liege daran, daß man erkenne und ›*wisse*‹, und es besteht ein nötigender Drang nach Wahrheit. Ich habe eine Kraft in meiner Seele, die Gottes ganz und gar empfänglich ist.

Ich bin des so gewiß, wie daß ich ein Mensch bin, daß mir nichts so ›nahe‹ ist wie Gott. Gott ist mir näher, als ich mir selber bin; mein Sein hängt daran, daß mir Gott ›nahe‹ und gegenwärtig ist. So auch ist er es einem Steine und einem ⟨Stück⟩ Holz, sie aber ›*wissen*‹ nichts davon. ›*Wüßte*‹ das Holz um Gott und erkennte es, wie ›nahe‹ er ihm ist, so wie der höchste Engel dies *weiß*, so wäre es ebenso selig wie der höchste Engel. Und darum ist der Mensch seliger als ein Stein oder ein ⟨Stück⟩ Holz, weil er Gott erkennt und ›*weiß*‹, wie ›nahe‹ ihm Gott ist. Und um soviel seliger bin ich, je mehr ich das erkenne, und um soviel weniger bin ich selig, je weniger ich dies erkenne. Nicht dadurch bin ich selig, daß

nâhe ist und daz ich in hân, mêr: dâ von, daz ich bekenne, wie nâhe er mir ist und daz ich got wízzende bin. Der *prophête* sprichet in dem psalter: ›ir ensult niht unwizzende sîn als ein mûl oder ein pfert‹. Ein ander wort sprichet *Jâkob* der patriarche: ›got ist in dirre stat, und ich enweste ez niht‹. Man sol got wizzende sîn und sol bekennen, daz ›gotes rîche nâhe ist‹.

Swenne ich gedenke ûf ›gotes rîche‹, daz ist, daz mich dicke swîgen tuot, daz daz alsô grôz ist; wan ›gotes rîche‹ daz ist got selbe mit allem sînem rîchtuome. Ez enist kein kleine dinc, gotes rîche. Der alle die werlde bedæhte, die got machen möhte, dáz ist ›gotes rîche‹. Ich pflige under zîten ein wort ze sprechenne: in swelcher sêle ›gotes rîche‹ erschînet, diu ›gotes rîche‹ ir nâhe bekennet, der endarf nieman predigen noch lêren: si wirt dâ von gelêret und wirt versichert des êwigen lebens; und diu weiz und bekennet, wie ›nâhe‹ ⟨ir⟩ ›gotes rîche‹ ist. Und diu mac sprechen, als *Jâkob* sprach: ›got ist in dirre stat, und des enweste ich niht‹; mêr: nû wéiz ich.

Got ist in allen crêatûren glîche ›nâhe‹. Der *wîse man* sprichet in *Ecclesiasticô*: got hât sîn netze ûzgebreitet, sîne stricke ûf alle crêatûren, daz man in in einer ieglîchen vinden mac; der denne künde allez daz werfen ûf den menschen, daz er dar under got meinet und ⟨dar⟩ under got bekennet. Daz sprichet ein *meister*: dér bekennet got rehte, der in glîche kennet in allen dingen. Ich sprach ouch in einer zît: daz man gote in vorhten dienet, daz ist guot; daz man im in minne dienet, daz ist bezzer; mêr: daz man die minne kan genemen in vorhten, daz ist daz beste. Daz ein mensche ein ruowic leben habe, daz ist guot; mêr: daz ein mensche ein pînlich leben habe mit gedult, daz ist bezzer; mêr: daz man denne ruowe habe in dem pînlîchen lebene, daz ist daz beste. Ein mensche gâ ûf dem velde und spreche sîn gebet und bekenne got oder sî in

Gott in mir ist und daß er mir ›nahe‹ ist und daß ich ihn habe, sondern dadurch, daß ich *erkenne*, wie ›nahe‹ er mir ist und daß ich um Gott ›*wisse*‹. Der Prophet spricht im Psalter: ›Ihr sollt nicht *unwissend* sein wie ein Maultier oder ein Pferd‹ ⟨Ps. 31,9⟩. Ein anderes Wort spricht Jakob der Patriarch: ›Gott ist an dieser Stätte, und ich *wußte* es nicht!‹ ⟨1 Mos. 28, 10⟩. Man soll um Gott ›*wissen*‹ und soll erkennen, daß ›Gottes Reich nahe ist‹.

Wenn ich über ›Gottes Reich‹ nachdenke, dann läßt mich das oft verstummen, daß es so groß ist; denn ›Gottes Reich‹, das ist Gott selber mit seinem ganzen Reichtum. ›*Gottes Reich*‹ ist kein kleines Ding. Stellte man sich alle Welten vor, die Gott erschaffen könnte: *das* ist ›Gottes Reich‹. Ich pflege zuweilen ein Wort zu sagen: In welcher Seele ›Gottes Reich‹ sichtbar wird und welche ›Gottes Reich‹ als ihr ›nahe‹ erkennt, der braucht niemand zu predigen noch Belehrung zu geben: sie wird *dadurch* belehrt und des ewigen Lebens versichert; und die *weiß* und erkennt, wie ›nahe‹ ihr ›Gottes Reich‹ ist. Und die kann sagen, wie Jakob sagte: ›Gott ist an dieser Stätte, und ich wußte es nicht‹; nun aber *weiß* ich's.

Gott ist in allen Kreaturen gleich ›nahe‹. Der weise Mann sagt im ⟨Buche⟩ *Ecclesiasticus:* Gott hat sein Netz, seine ⟨Fang-⟩Stricke ausgebreitet über alle Kreaturen ⟨vgl. Os. 7,12⟩, so daß man ihn in einer jeglichen finden kann, dergestalt daß, wenn man das alles ⟨d. h. das mit allen Kreaturen gefüllte Netz⟩ dem Menschen aufpacken könnte, er darunter Gott ins Auge faßt und darunter Gott erkennt. Das ⟨nun⟩ sagt ein Meister: *Der* erkennt Gott recht, der ihn in *allen* Dingen gleicherweise erkennt. Ich habe auch einmal gesagt: Daß man Gott in Furcht dient, das ist gut; daß man ihm in Liebe dient, das ist besser; daß man aber die Liebe *in* der Furcht zu fassen vermag, *das* ist das Beste. Daß ein Mensch ein *ruhiges* Leben habe, das ist gut; aber daß ein Mensch ein mühevolles Leben mit Geduld ertrage, das ist besser; daß man aber Ruhe habe *im* mühevollen Leben, *das* ist das Beste. Ein Mensch gehe übers Feld und spreche sein Gebet und erkenne Gott, oder er sei in der Kirche und

der kirchen und bekenne got: bekennet er mê got dar umbe, daz er in einer geruowiger stat ist, dâ daz gewonlich ist, daz kumet von sîner gebrechlicheit, niht von gotes wegen; wan got ist glîch in allen dingen und an allen steten und ist bereit, glîche sich ze gebenne, als verre als ez an im ist; und der bekennet got rehte, der in glîche bekennet.

Sant *Bernhart* sprichet: »wâ von ist, daz mîn ouge den himel bekennet und niht mîne vüeze? Daz ist dâ von, daz mîn ouge glîcher ist dem himel dan mîne vüeze«. Sol diu sêle got bekennen, sô muoz si himelisch sîn. Waz ist, daz die sêle dâ zuo bringet, daz si got in ir bekenne und wizze, wie ›nâhe‹ ir got sî? Die *meister* sprechent, daz der himel keinen vremden îndruk enpfâhen enmac; im enmac kein pînlîchiu nôt îngedrücken, daz in entsetze. Alsô sol diu sêle gevestiget und gestætiget sîn, diu got bekennen sol, daz sich niht in sie gedrücken enmüge noch hoffenunge noch vorhte noch vröude noch jâmer noch liebe noch leit noch niht, daz sie entsetzen müge.

Der himel ist ouch an allen enden glîche verre der erden. Alsô sol ouch diu sêle glîche verre sîn allen irdischen dingen, daz si dem einen niht næher ensî dan dem andern. Dâ diu edel sêle ist, dâ sol si eine glîche verre haben von allen irdischen dingen, von hoffenunge, von vröude und jâmer; swaz des ist, daz sol zemâle ûferhaben sîn. Der himel ist ouch reine und klâr sunder alle vlecke âne den mânen. Die *meister* heizent in eine hebe*amme* des himels, daz niderste bî der erden. Den himel enberüeret noch stat noch zît. Alliu lîplîchiu dinc enhânt dâ keine stat; und der die schrift *vol*gründen kan, der bekennet daz wol, daz der himel keine stat enhât. Er enist ouch niht in der zît; sîn louf ist unglouplich snel. Die *meister* sprechent, daz sîn louf ist sunder zît; mêr: von sînem loufe kumet diu zît. Niht enist, daz die sêle sô sêre hinder in gotes

erkenne Gott: erkennt er Gott mehr darum, weil er an einer ruhigen Stätte weilt, wo es Gewohnheit ist, so kommt das von seiner Unzulänglichkeit her, nicht aber von Gottes wegen; denn Gott ist gleich in allen Dingen und an allen Stätten und ist bereit, sich in gleicher Weise hinzugeben, soweit es an ihm liegt; und *der* ⟨nur⟩ erkennt Gott recht, der ihn gleichmäßig ⟨= in gleicher Weise⟩ erkennt.

Sankt Bernhard spricht: »Woher kommt es, daß mein Auge den Himmel erkennt und nicht meine Füße? Das kommt daher, weil mein Auge dem Himmel mehr gleicht als meine Füße«. Soll ⟨nun⟩ meine Seele Gott erkennen, so muß sie himmlisch sein. Was aber bringt die Seele dahin, daß sie Gott in sich erkenne und ›wisse‹, wie ›nahe‹ ihr Gott sei? Die Meister sagen, daß der Himmel keinen fremden Eindruck empfangen kann; keine peinvolle Not vermag so auf ihn einzudrücken, daß ⟨es⟩ ihn aus der Bahn zu bringen vermöchte. So auch muß die Seele, die Gott erkennen soll, so gefestigt und gestetigt sein in Gott, daß nichts sich in sie einzudrücken vermag, weder Hoffnung noch Furcht, weder Freude noch Jammer, weder Liebe noch Leid noch irgend etwas, das sie aus der Bahn zu bringen vermöchte.

Der Himmel ist weiterhin an allen Orten gleich fern von der Erde. So auch soll die Seele gleich fern sein von allen *irdischen* Dingen, so daß sie dem einen nicht näher sei als dem andern. Wo die edle Seele ist, da soll sie sich gleich fernhalten von allen irdischen Dingen, von Hoffnung, von Freude und Jammer; was es auch sei, das soll ihr völlig entrückt sein. Der Himmel ist auch rein und klar ohne alle Flecken, wenn man vom Monde absieht. Die Meister nennen ihn eine Hebamme des Himmels, das Unterste ⟨dicht⟩ bei der Erde. Den Himmel berührt weder Raum noch Zeit. Alle körperlichen Dinge haben darin keine Stätte; und wer die Schrift zu ergründen vermag, der erkennt das wohl, daß der Himmel keine ihn bestimmende Statt ⟨= Ortung⟩ hat. Er steht auch nicht innerhalb der Zeit; sein Umlauf ist unglaublich schnell. Die Meister sagen, sein Lauf ist zeitlos; von seinem Laufe aber kommt die Zeit. Nichts hindert die Seele so sehr an der

bekantnisse als zît und stat. Zît und stat sint stücke, und got ist éin. Her umbe, sol diu sêle got bekennen, sô muoz si in bekennen obe zît und obe stat; wan got enist daz noch diz als disiu manicvaltigiu dinc, wan got ist ein. Sol diu sêle got bekennen, sô ensol si niergen ûf sehen in der zît; wan die wîle daz diu sêle bekennet zît oder stat oder des glîches einic bilde, sô enmac si got niemer bekennen. Dâ daz ouge die varwe sol bekennen, dâ muoz ez von aller varwe gescheiden sîn. Ein *meister* sprichet: sol diu sêle got bekennen, sô muoz si mit nihte niht gemeine hân. Der got bekennet, der bekennet, daz alle crêatûren niht sint. Als man eine crêatûre setzet engegen die andern, sô ist si schœne oder wol etwaz; mêr: als man sie setzet engegen got, sô ist si niht.

Ich pflige *underwîlen* ze sprechenne: sol diu sêle got bekennen, sô muoz si ir selber vergezzen und muoz sich selber verliesen; wan bekente si sich selber, sô enbekente si got niht; mêr: si vindet sich wider in gote. In dem, als si got bekennet, sô bekennet si sich selben und alliu dinc in im, dâ si sich von gescheiden hât. Nâch dem, daz si sich dâ von gescheiden hât, sô bekennet si sich selben genzlîche. Sol ich güete wærlîche bekennen, sô muoz ich sie dâ bekennen, dâ si güete ist in ir selber, niht dâ güete geteilet ist. Sol ich wesen wærlîche bekennen, sô muoz ich ez bekennen, dâ wesen ist in im selber, niht, dâ ez geteilet ist, daz ist: in gote. Dâ bekennet si ganz wesen. Als ich wol ê gesprochen hân, daz in éinem menschen enist niht ganziu menscheit, wan éin mensche enist niht álle menschen. Dâ bekennet diu sêle ganze menscheit und alliu dinc in dem hœhsten, wan si bekennet sie nâch dem wesene. Wære ein mensche in einem hûse, daz schône gemâlet wære, und ein ander, der dâ nie în enkam, der mac wol dâ von sagen; mêr: jener, der dar inne gewesen ist, der wéiz ez. Ich bin des alsô gewis, als ich lebe und als got lebet: sol diu sêle got bekennen, sô muoz si in bekennen obe zît und

Erkenntnis Gottes wie Zeit und Raum. Zeit und Raum sind Stücke, Gott aber ist Eines. Soll daher die Seele Gott erkennen, so muß sie ihn erkennen oberhalb von Zeit und Raum; denn Gott ist weder dies noch das, wie diese irdischen mannigfaltigen Dinge es sind; denn Gott ist Eines. Soll die Seele Gott erkennen, so darf sie auf nichts in der Zeit sehen; denn solange die Seele der Zeit oder des Raumes oder irgendeiner Vorstellung dergleichen bewußt wird, kann sie Gott nicht erkennen. Wenn das Auge die Farbe erkennen soll, so muß sie vorher aller Farbe entblößt sein. Ein Meister sagt: Soll die Seele Gott erkennen, so darf sie mit nichts etwas gemein haben. Wer Gott erkennt, der erkennt, daß alle Kreaturen ein Nichts sind. Wenn man eine Kreatur gegen die andere hält, so ist sie schön oder doch etwas; stellt man sie aber Gott gegenüber, so ist sie nichts.

Ich pflege zuweilen zu sagen: Soll die Seele Gott erkennen, so muß sie sich selbst vergessen und muß sich selbst verlieren; denn, erkennte sie sich selbst, so erkennte sie Gott nicht; in Gott aber findet sie sich wieder. Indem sie Gott erkennt, erkennt sie sich selber und alle Dinge, von denen sie sich geschieden hat, in ihm. In dem Maße, in dem sie sich davon ⟨= von sich selbst und allen Dingen⟩ geschieden hat, erkennt sie sich selbst völlig. Soll ich die Gutheit wahrhaft erkennen, so muß ich sie da erkennen, wo sie die Gutheit in sich selbst ist, nicht wo die Gutheit zerteilt ist. Soll ich das Sein wahrhaft erkennen, so muß ich es erkennen, wo das Sein in sich selbst ist, das heißt: in Gott. Dort erkennt sie das volle Sein. Wie ich wohl früher schon gesagt habe, daß in *Einem* nicht die *ganze* Menschheit steckt, denn *ein* Mensch ist nicht *alle* Menschen. Dort aber ⟨= in Gott⟩ erkennt die Seele die *ganze* Menschheit und alle Dinge in dem Höchsten, denn sie erkennt sie dort nach dem *Sein.* Wohnte ein Mensch in einem schön ausgemalten Hause, so könnte ein anderer, der nie hineinkam, wohl Aussagen darüber machen; jener aber, der sich darin aufgehalten hat, ›weiß‹ Bescheid darüber. Ich bin des ebenso gewiß, wie daß ich lebe und daß Gott lebt: Soll die Seele Gott erkennen, so muß sie ihn erkennen oberhalb von

obe stat. Und diu sêle, diu her zuo kumet und diu diu vünf stücke hât, diu bekennet got und weiz, wie ›nâhe gotes rîche‹ ist, daz ist: got mit allem sînem rîchtuome, und daz ist ›gotes rîche‹.

Die *meister* hânt grôze vrâgen in der schuole, wie daz mügelich werde der sêle, daz si got bekennen müge? Ez enist niht von gotes gerehticheit noch strengicheit, daz er vil heischet von dem menschen; ez ist von sîner grôzen miltichheit, daz er wil, daz sich diu sêle wîte, daz si vil enpfâhen müge, daz er ir vil geben müge.

Nieman ensol denken, daz ez swære sî, her zuo ze komenne, aleine daz ez swære und grôz lûtet. Daz ist wol wâr, daz ez in dem beginne etwaz swære ist in dem abescheidenne. Mêr: als man dar în kumet, sô enwart nie einic leben lîhter noch lustlîcher noch minniclîcher; und got ist sêre vlîzic dar nâch, daz er alle zît bî dem menschen ist und lêret in, daz er in her în bringe, ob der mensche wolde volgen. Ez enbegerte nie mensche einiges dinges sô sêre, als got des begert, daz er den menschen dar zuo bringe, daz er in bekenne. Got ist alzît bereit, mêr: wir sîn sêre unbereit; got ist uns nâhe, mêr: wir sîn im sêre verre; got ist inne, mêr: wir sîn ûze; got ist heimelich, mêr: wir sîn vremde. Der prophête sprichet: got der vüeret die gerehten durch die engen wege in die breite strâze, daz sie komen in die wîte und in die breite. Daz wir im alle volgen, daz er uns bringe in sich, dâ wir in wærlîche bekennen, des helfe uns got. Âmen.

Zeit und Raum. Und die Seele, die dahin gelangt und die über die fünf Dinge ⟨die im voraufgehenden aufgewiesen wurden⟩ verfügt, die erkennt Gott und ›weiß‹, wie ›nahe Gottes Reich ist‹, das heißt: Gott mit seinem ganzen Reichtum, und das ist ›Gottes Reich‹.

Die Meister werfen bedeutsame Fragen in der Schule darüber auf, wie es für die Seele möglich werde, daß sie Gott erkennen könne. Es kommt nicht von Gottes Gerechtigkeit noch von ⟨seiner⟩ Strenge, daß er viel heischt vom Menschen; es kommt von seiner großen Gebefreudigkeit, wenn er will, daß die Seele sich weite; auf daß sie *viel empfange*, damit er ihr *viel geben* könne.

Niemand soll denken, daß es schwer sei, hierzu zu gelangen, wenngleich es schwer und bedeutsam klingt. Es ist wohl wahr, daß es am Anfang etwas schwer ist mit dem Abscheiden ⟨von sich und allen Dingen⟩. Wenn man aber hineinkommt, so hat es nie ein leichteres noch lustvolleres noch liebenswerteres Leben gegeben, und Gott ist sehr darauf beflissen, allzeit bei dem Menschen zu sein, und belehrt ihn, auf daß er ihn da hinein bringe, wenn anders der Mensch folgen wollte. Nie hat ein Mensch nach irgend etwas so sehr begehrt, wie Gott danach begehrt, den Menschen dahin zu bringen, daß er ihn erkenne. Gott ist allzeit bereit, wir aber sind sehr unbereit; Gott ist uns ›nahe‹, wir aber sind ihm sehr fern; Gott ist drinnen, wir aber sind draußen; Gott ist ⟨in uns⟩ daheim, wir aber sind in der Fremde. Der Prophet spricht: Gott führt die Gerechten durch die engen Wege in die breite Straße ⟨vgl. Weish. 10,10ff.⟩, auf daß sie in die Weite und in die Breite kommen.

Daß wir ihm alle folgen, auf daß er uns bringe in sich, wo wir ihn wahrhaft erkennen, dazu helfe uns Gott! Amen.

⟨PREDIGT 69⟩

Modicum et iam non videbitis me.

Ich hân ein wort gesprochen in der latîne, daz schrîbet sant *Johannes* in dem êwangeliô, daz man liset von dem suntage. Diz wort sprach unser herre ze sînen jüngern: ›ein kleine oder ein wênic, und alzehant ensehet ir mich niht‹.

Swie kleine daz ist, daz an der sêle haftet, sô ensehen wir got niht. Sant *Augustînus* vrâgete, waz êwic leben sî, und antwurte er und sprach: vrâgest dû mich, waz êwic leben sî, vrâge und hœre daz êwic leben selbe. Nieman enweiz baz, waz diu hitze ist, wan der die hitze hât; nieman enweiz baz, waz diu wîsheit ist, wan der die wîsheit hât; nieman enweiz baz, waz êwic leben ist, wan daz êwic leben selbe. Nû sprichet daz êwic leben, unser herre *Jêsus Kristus*: ›daz ist êwic leben, daz man dich bekenne aleine einen wâren got‹. Der got bekente von verre als in einem mittel oder in einem wolken, der enschiede sich niht von gote einen ougenblik umbe alle dise werlt. Waz wænet ir denne, der got âne mittel sihet, wie grôz daz ist? Nû sprichet unser herre: ›ein wênic oder ein lützel und alzehant ensehet ir mich niht‹. Alle crêatûren, die got ie geschuof oder noch geschepfen möhte, ob er wölte, daz ist allez ein wênic oder ein lützel gegen gote. Der himel ist sô grôz und sô wît, und sagete ich ez iu, ir engloubetet sîn niht. Der eine nâdel næme und den himel rüerte mit dem spitze, daz der spitze der nâdel begriffe des himels, daz wære grœzer gegen dem himel und aller dirre werlt, dan der himel und diu werlt gegen gote sî. Dar umbe ist ez gar wol gesprochen: ›ein wênic oder ein lützel ensehet ir mich niht‹. Alle die wîle sô

PREDIGT 69

Modicum et iam non videbitis me ⟨Joh. 16,16⟩.

Ich habe ein Wort gesprochen auf lateinisch, das schreibt Sankt Johannes im Evangelium, das man an diesem Sonntage verliest. Dieses Wort sprach unser Herr zu seinen Jüngern: ›Über ein kleines oder ein weniges, und alsbald werdet ihr mich nicht sehen‹ ⟨Joh. 16,16⟩.

Wenn etwas noch so Kleines an der Seele haftet, so sehen wir Gott nicht. Sankt Augustinus stellte die Frage, was ewiges Leben sei, und er antwortete und sprach: Fragst du mich, was ewiges Leben sei, frage und höre das ewige Leben *selbst*. Niemand weiß besser, was die Hitze ist, als der, welcher die Hitze *hat*; niemand weiß besser, was die Weisheit ist, als der, welcher die Weisheit *hat*; niemand weiß besser, was ewiges Leben ist, als das ewige Leben selbst. Nun spricht das ewige Leben, unser Herr Jesus Christus: ›Das ist ewiges Leben, daß man dich allein als den einen, wahren Gott erkenne‹ ⟨Joh. 17,3⟩. Wer Gott ⟨nur⟩ von fern wie durch ein Vermittelndes oder in einer Wolke erkennen würde, ⟨schon⟩ der würde sich ⟨selbst⟩ um ⟨den Preis⟩ dieser ganzen Welt nicht einen Augenblick ⟨mehr⟩ von Gott trennen. Was glaubt ihr aber dann, wie überwältigend es ist, wenn man Gott unvermittelt schaut? Nun sagt unser Herr: ›Über ein weniges oder ein kleines, und alsbald werdet ihr mich nicht sehen‹. Alle Kreaturen, die Gott je erschuf oder noch erschaffen könnte, wenn er wollte, das alles ist ›ein Weniges oder ein Kleines‹ gegen Gott. Der Himmel ist so groß und so weit, daß ihr's nicht glauben würdet, wenn ich's euch sagte. Nähme man eine Nadel und berührte mit deren Spitze den Himmel, so wäre das, was die Spitze der Nadel vom Himmel erfaßte, größer gegenüber dem Himmel und dieser ganzen Welt, als der Himmel und die Welt Gott gegenüber ist. Darum ist es sehr treffend gesagt: ›Über ein weniges oder ein kleines, und ihr werdet mich nicht sehen‹. Solange noch

der crêatûre iht in dich liuhtet, sô ensihest dû got niht, swie kleine daz sî. Dar umbe sprichet diu sêle in der minne buoche: ›ich hân umbegeloufen und hân gesuochet, den mîn sêle dâ minnet, und ich envant sîn niht‹. Si vant engel und vil dinges, aber si envant niht, den ir sêle dâ minnete. Si sprach: ›dar nâch, dô ich ein wênic oder ein lützel überspranc, dô vant ich, den mîn sêle dâ minnet‹, rehte, als ob si spræche: ›dô ich überhüpfete alle crêatûren, daz ›ein wênic oder ein lützel‹ ist, ›dô vant ich, den mîn sêle minnet‹.‹ Diu sêle, diu got vinden sol, diu muoz überhüpfen und überspringen alle crêatûren.

Nû wizzet, daz got die sêle als krefticlîche minnet, daz ez wunder ist. Der daz gote benæme, daz er die sêle niht enminnete, der benæme im sîn leben und sîn wesen, oder er tôte got, ob man daz sprechen sölte; wan diu selbe minne, dâ mite got die sêle minnet, daz ist sîn leben, und in der selben minne blüejet ûz der heilige geist, und diu selbe minne íst der heilige geist. Sît got die sêle alsô krefticlîche minnet, sô muoz diu sêle ein alsô grôz dinc sîn.

Ein *meister* sprichet in dem buoche ›von der sêle‹: »enwære kein mittel, daz ouge sæhe eine âmeizen oder eine mücken an dem himel«; und er sprach wâr, wan er meinet daz viur und den luft und vil dinges, daz zwischen dem himel und den ougen ist. Der ander *meister* sprichet: »enwære kein mittel, mîn ouge ensæhe niht.« Sie meinent beide wâr.

Der êrste sprichet: »enwære kein mittel, daz ouge sæhe eine âmeizen an dem himel«; und er meinet wâr. Enwære kein mittel zwischen gote und der sêle, alzehant sæhe si got, wan got enhât kein mittel; er enmac ouch kein mittel gelîden. Wære diu sêle alzemâle entblœzet und entdecket von allem mittel, sô wære ir got entblœzet und entdecket und gæbe sich ir alzemâle. Alle die wîle daz diu sêle niht entblœzet und

irgend etwas von Kreatur in dich leuchtet, so lange siehst du Gott nicht, wie klein es auch sein mag. Darum spricht die Seele im »Buch der Liebe«: ›Ich bin umhergelaufen und habe gesucht, den meine Seele liebt, und ich fand ihn nicht‹ 〈Hohel. 3,2〉. Sie fand Engel und mancherlei, aber den fand sie nicht, den ihre Seele liebte. Sie sprach 〈weiterhin〉: ›Danach, als ich ein Weniges oder ein Kleines übersprang, da fand ich, den meine Seele liebt‹ 〈Hohel. 3,4〉, recht als wenn sie hätte sagen wollen: »Als ich alle Kreaturen« – was ein ›Weniges‹ oder ein ›Kleines‹ ist – »überprüft hatte, da fand ich, den meine Seele liebt«. Die Seele, die Gott finden soll, die muß alle Kreaturen überhüpfen und überspringen.

Wisset nun, daß Gott die Seele so stark liebt, daß es ein Wunder ist. Wenn man es Gott nähme, die Seele zu lieben, so nähme man ihm sein Leben und sein Sein, oder man tötete Gott, wofern man so etwas sagen dürfte; denn eben jene gleiche Liebe, mit der Gott die Seele liebt, die ist sein Leben, und in derselben Liebe blüht der Heilige Geist aus, und diese gleiche Liebe *ist* der Heilige Geist. Da nun Gott die Seele so stark liebt, so muß die Seele etwas entsprechend Großes sein.

Ein Meister sagt im »Buch von der Seele«: »Gäbe es kein Vermittelndes 〈= kein Dazwischen〉, so könnte das Auge eine Ameise oder eine Mücke am Himmel wahrnehmen«; und er hat wahr gesprochen, denn er meint das Feuer und die Luft und mancherlei, was zwischen dem Himmel und den Augen ist. Ein anderer Meister 〈aber〉 sagt: »Gäbe es kein Vermittelndes, so sähe mein Auge 〈überhaupt〉 nichts«. Beide meinen sie Richtiges.

Der erste sagt: »Gäbe es kein Vermittelndes, so könnte das Auge eine Ameise am Himmel wahrnehmen«, und er meint 〈etwas〉 Richtiges. Wäre 〈nämlich〉 kein Vermittelndes zwischen Gott und der Seele, so würde sie ohne weiteres Gott sehen; denn Gott kennt kein Vermittelndes; er kann auch kein Vermittelndes dulden. Wäre die Seele gänzlich entblößt oder enthüllt von allem Vermittelnden, so wäre 〈auch〉 Gott für sie entblößt und enthüllt und gäbe Gott sich ihr gänzlich. Solange die Seele 〈noch〉 nicht enthüllt und

entdecket enist von allem mittel, swie kleine daz sî, sô ensihet si got niht; und wære iht mittels zwischen lîbe und sêle als grôz als ein hâr breit ist, dâ enwære niemer rehtiu einunge. Sît daz ist an lîplîchen dingen, michels mê ist ez an geistlîchen dingen. *Boethius* sprichet: »wilt dû die wârheit lûterlîche bekennen, sô lege abe vröude und pîne, vorhte und zuoversiht oder hoffenunge«. Vröude und pîne ist ein mittel, vorhte und zuoversiht: ez ist allez ein mittel. Die wîle sô dû ez anesihest und ez dich wider anesihet, sô ensihest dû gotes niht.

Der ander *meister* sprichet: »enwære kein mittel, mîn ouge ensæhe niht«. Lege ich mîne hant ûf mîn ouge, sô ensihe ich der hant niht. Hebe ich sie vür mich, alzehant sihe ich sie. Daz kumet von gropheit, diu an der hant ist; und dâ von muoz ez geliutert und kleinvüege werden in dem lufte und in dem liehte und als ein bilde getragen in mîn ouge. Daz merket an dem spiegel: hebest dû den vür dich, sô erschînet dîn bilde in dem spiegel. Daz ouge und diu sêle ist ein solch spiegel, daz allez daz dar inne erschînet, daz dar gegen gehabet wirt. Dar umbe ensihe ich niht die hant oder den stein, mêr: ich sihe ein bilde von dem steine. Aber daz selbe bilde daz ensihe ich niht in einem andern bilde oder in einem mittel, mêr: ich sihe ez âne mittel und âne bilde, wan daz bilde íst daz mittel und niht ein ander mittel, und her umbe ist daz: wan bilde ist âne bilde und loufen âne loufen; ez machet wol loufende; und grœze ist âne grœze, mêr: si machet grôz. Alsô ist ouch bilde âne bilde, wan ez enwirt niht gesehen in einem andern bilde. Daz êwic wort ist daz mittel und daz bilde selbe, daz dâ ist âne mittel und âne bilde, ûf daz diu sêle in dem êwigen worte got begrîfet und bekennet âne mittel und âne bilde.

Ein kraft ist in der sêle, daz ist vernünfticheit. Von êrste, sô

entblößt ist von allem Vermittelnden, so klein es auch sein mag, so lange sieht sie Gott nicht; und gäbe es zwischen Leib und Seele etwas Vermittelndes, und wäre es nur eine Haaresbreite groß, so wäre da niemals rechte Einung vorhanden. Da dem bei körperhaften Dingen ⟨schon⟩ so ist, so trifft es um vieles mehr bei geistigen Dingen zu. Boethius sagt: »Willst du die Wahrheit lauter erkennen, so lege ab Freude und Pein, Furcht und Zuversicht oder Hoffnung. Freude und Pein ist ein Vermittelndes, Furcht und Zuversicht: das alles ist ein Vermittelndes. Solange du es ansiehst und es hinwiederum dich ansieht, so lange siehst du Gott nicht«.

Der andere Meister ⟨aber⟩ sagt: »Wäre kein Vermittelndes, so sähe mein Auge ⟨überhaupt⟩ nichts«. Lege ich meine Hand auf mein Auge, so sehe ich die Hand nicht. Halte ich sie ⟨aber⟩ vor mich, so sehe ich sie sogleich. Das kommt von der Stofflichkeit, die die Hand besitzt; und daher muß dies ⟨= die Stofflichkeit erst⟩ geläutert und verfeinert werden in der Luft und in dem Lichte und ⟨dann⟩ als »Bild« in mein Auge hineingetragen werden. Das könnt ihr an einem Spiegel beobachten: Hältst du den vor dich, so erscheint dein Bild im Spiegel. Das Auge und die Seele ⟨aber⟩ sind ein solcher Spiegel, so daß alles das darin erscheint, was vor ihn gehalten wird. Daher sehe ich ⟨auch⟩ nicht die Hand oder den Stein ⟨an sich⟩; vielmehr sehe ich ein Bild des Steines. Dieses Bild selbst aber sehe ich nicht in einem andern Bilde oder in einem Vermittelnden, sondern ich sehe es unmittelbar ⟨= unvermittelt⟩ und ohne Bild, denn das Bild *ist* ⟨selbst⟩ das Vermittelnde und nicht ein anderes Vermittelndes, und das kommt daher: weil Bild ohne Bild und Laufen ohne Laufen ist – es verursacht wohl das Laufen –; und Größe ist ohne Größe, wohl aber *macht* sie groß. So auch ist Bild ohne Bild, denn es wird nicht gesehen in einem andern Bilde. Das ewige Wort *ist* das Vermittelnde und das Bild selbst, das da ohne Vermittelndes und ohne Bild ist, auf daß die Seele im ewigen Worte Gott begreife und erkenne unmittelbar und ohne Bild.

Es ist eine Kraft in der Seele, das ist die Vernunft. Die hat

diu gotes gewar wirt und gesmecket, sô hât si vünf eigenschefte an ir. Daz êrste ist, daz si abescheidet von hie und von nû. Daz ander, daz si nihte glîch enist. Daz dritte, daz si lûter und unvermenget ist. Daz vierde, daz si in ir selber würkende oder suochende ist. Daz vünfte, daz si ein bilde ist.

Daz êrste: si scheidet abe von hie und von nû. Hie und nû daz sprichet als vil als stat und zît. Nû, daz ist daz allerminste von der zît; ez enist noch ein stücke der zît noch ein teil der zît: ez ist wol ein smak der zît und ein spitze der zît und ein ende der zît. Nochdenne, swie kleine ez sî, ez muoz abe; allez, daz die zît rüeret oder den smak der zît, daz muoz allez abe. Daz ander: si scheidet abe von hie. Hie, daz ist als vil gesprochen als ›stat‹. Diu stat, dâ ich stân, diu ist gar kleine. Swie kleine ez sî, ez muoz doch abe, sol man got sehen.

Daz ander: daz si nihte glîch enist. Ein *meister* sprichet: got ist ein wesen, dem niht glîch enist noch niht glîch enmac werden. Nû sprichet sant *Johannes*: ›wir suln gotes kint geheizen werden‹. Suln wir denne gotes kint sîn, sô müezen wir im glîch sîn. Wie sprichet denne der *meister*: got ist ein wesen, dem níht glîch enist? Daz verstât alsô! In dem, daz disiu kraft nihte glîch enist, sô ist si gote glîch. Rehte, als got nihte glîch enist, als enist ouch disiu kraft nihte glîch. Wizzet, alle crêatûren die jagent und würkent natiurlîche dar umbe, daz sie gote glîch werden. Der himel enliefe niemer, enjagete oder ensuochte er niht got oder ein glîchnisse gotes. Enwære got niht in allen dingen, diu natûre enwürhte noch enbegerte nihtes an keinen dingen; wan, ez sî dir liep oder leit, dû wizzest ez oder dû enwizzest ez niht: doch heimlîche in dem innigesten suochet oder meinet diu natûre got. Nie deheinen menschen engedurste sô sêre, der im trinken gæbe, er enbegerte sîn niht, und enwære etwaz gotes dar inne niht. Diu

von Anbeginn an, sobald sie Gottes gewahr wird und »schmeckt«, fünf Eigenschaften an sich. Zum ersten, daß sie ablöst vom Hier und vom Nun. Zum zweiten, daß sie nichts gleicht. Zum dritten, daß sie lauter und unvermengt ist. Zum vierten, daß sie in sich selber wirkend oder suchend ist. Zum fünften, daß sie ein »Bild« ist.

Erstens ⟨also⟩: sie löst ab vom Hier und vom Nun. »Hier« und »Nun«, das besagt soviel wie Stätte und Zeit. »Nun«, das ist das Allermindeste an Zeit; es ist weder ein Stück der Zeit noch ein Teil der Zeit: wohl aber ist es ein Geschmack der Zeit und eine Spitze der Zeit und ein Ende der Zeit. Und doch, wie klein es auch sein mag, es muß weg; alles, was ⟨noch irgendwie⟩ an die Zeit oder ⟨auch nur⟩ an den Geschmack der Zeit rührt, das muß alles weg. Anderseits: sie löst ab vom »Hier«. »Hier« will soviel besagen wie »Stätte«. Die Stätte, auf der ich stehe, die ist gar klein. Jedoch, wie klein sie auch sein mag, sie muß weg, wenn man Gott sehen soll.

Zweitens: daß sie ⟨= die obengenannte Kraft⟩ nichts gleicht. Ein Meister sagt: Gott ist ein Wesen, dem nichts gleich ist noch gleich werden kann. Nun ⟨aber⟩ sagt Johannes: ›Wir werden Gottes Kinder geheißen werden‹ ⟨1 Joh. 3,1⟩. Sollen wir denn nun ⟨aber⟩ Gottes Kinder sein, so müssen wir ihm gleich sein. Wie kann denn aber der Meister sagen: Gott ist ein Wesen, dem *nichts* gleich ist? Das müßt ihr wie folgt verstehen. Damit, daß diese Kraft nichts gleich ist, gerade damit gleicht sie Gott. Ganz so, wie Gott nichts gleich ist, so auch ist diese Kraft nichts gleich. Wisset, alle Kreaturen jagen und wirken von Natur aus zu dem Ende, Gott gleich zu werden. Der Himmel liefe nimmer ⟨um⟩, jagte oder suchte er nicht nach Gott oder einem Gleichnis Gottes. Wäre Gott nicht in allen Dingen, die Natur wirkte noch begehrte nichts in irgendwelchen Dingen; denn, sei's dir lieb oder leid, du wissest es oder wissest es nicht: heimlich jedoch sucht oder strebt die Natur im Innersten nach Gott. Nie würde es einen Menschen noch so sehr dürsten, der, wenn man ihm zu trinken böte, dennoch *nicht* danach begehrte, wenn nicht etwas von Gott darin wäre. Die

natûre enmeinet weder ezzen noch trinken noch kleider noch gemach noch nihtes niht an allen dingen, enwære gotes dar inne niht; si suochet heimlîche und jaget und krieget iemermê nâch dem, daz si gotes dar inne vindet.

Daz dritte: daz si lûter und unvermenget ist. Gotes natûre ist, daz si niht gemanges noch vermischunge gelîden enmac. Alsô enhât ouch disiu kraft kein gemanc noch keine vermischunge; dâ enist niht vremdes inne, noch dâ enmac niht vremdes îngevallen. Spræche ich ze einem schœnen menschen, daz er bleich oder swarz wære, ich tæte im unreht. Diu sêle sol sîn alzemâle âne gemanc. Swer ûf mîne kappen iht haftete oder dar ûf iht bûwete, der denne die kappen züge, der züge ez allez dâ mite. Sô ich hinnen gân, sô gât allez daz mit mir, daz an mir ist. Swar ûf der geist gebûwet oder gehaftet ist, der daz ziuhet, der ziuhet den geist mit im. Der mensche, der niergen ûf gebûwet enwære noch an nihte enhaftete, der danne umbekêrte himel und erde, er blibe unbeweget, wan er enhaftete an nihte, noch niht enhaftete an im.

Daz vierde: daz si alwege inwendic suochende ist. Got ist ein solch wesen, daz alwege wonet in dem allerinnigesten. Dar umbe vernünfticheit ist alwege inne suochende. Aber der wille gât ûz ûf daz, daz er minnet. Alsô: kumet mir mîn vriunt, sô giuzet sich mîn wille mit sîner minne ûf in und benüeget im dar ane. Nû sprichet sant *Paulus*: ›wir suln got bekennen, als wir von gote bekant sîn‹. Sant *Johannes* sprichet: ›wir suln got bekennen, als er ist‹. Sol ich geverwet sîn, sô muoz ich an mir haben, daz ze der varwe hœret. Niemermê enwirde ich geverwet, ich enhabe denne daz wesen der varwe an mir. Niemermê enmac ich got gesehen wan in dem selben, dâ got sich selben inne sihet. Dâ von sprichet Sant *Paulus*: ›got wonet in einem liehte, dâ niht zuoganges enist‹. Nieman

Natur verlangt weder nach Essen noch nach Trinken noch nach Kleidern noch nach Gemach noch nach irgend etwas in allen Dingen, wenn nichts von Gott darin wäre; sie sucht heimlich und jagt und strebt immerzu danach, *Gott* darin zu finden.

Drittens: daß sie lauter und unvermengt ist. Gottes Natur ist so, daß sie keinerlei Vermengung noch Vermischung dulden kann. So auch hat diese Kraft keinerlei Vermengung noch Vermischung; nichts Fremdes ist darin, und nichts Fremdes kann hineinfallen. Sagte ich von einem schönen Menschen, er sei bleich oder schwarz, so täte ich ihm unrecht. Die Seele muß völlig ohne Vermengung sein. Wenn einer etwas an meine Kappe heftete oder etwas darauf setzte, so würde einer, der an der Kappe zöge, das alles mitziehen. Wenn ich von hinnen gehe, so geht alles das mit mir, was an mir ist. Wenn einer das, worauf der Geist gegründet oder geheftet ist, wegzieht, so zieht er den Geist mit. Der Mensch aber, der auf nichts gegründet wäre und an nichts haftete, der bliebe unbewegt, wenn man auch Himmel und Erde umkehren würde, weil er an nichts haftete und nichts an ihm haftete.

Viertens: daß sie ⟨= die Vernunft⟩ allwegs inwendig sucht. Gott ist ein solches Wesen, das allwegs im Allerinnersten wohnt. Darum ist die Vernunft allwegs ⟨nach⟩ innen suchend. Der Wille hingegen geht nach außen auf das ⟨hin⟩, was er liebt. Kommt beispielsweise mein Freund zu mir, so ergießt sich mein Wille mit seiner Liebe vollends auf ihn und findet darin sein Genügen. Nun sagt Sankt Paulus: ›Wir werden Gott erkennen, so wie wir von ihm erkannt sind‹ ⟨1 Kor. 13,12⟩. Sankt Johannes ⟨jedoch⟩ sagt: ›Wir werden Gott erkennen, wie er ist‹ ⟨1 Joh. 3,2⟩. Soll ich gefärbt sein, so muß ich das an mir haben, was zur Farbe gehört. Nimmermehr werde ich gefärbt, ich habe denn des Wesen der Farbe an mir. Nimmermehr kann ich Gott sehen, wenn nicht in demselben, darin Gott sich selber sieht. Daher sagt Sankt Paulus: ›Gott wohnt in einem Lichte, zu dem es keinen Zugang gibt‹ ⟨1 Tim. 6,16⟩. Niemand verzage hierum! Wohl

verzage her umbe! Man wonet wol in dem wege oder in einem zuogange, und ez ist guot; ez ist aber der wârheit verre, wan ez enist got niht.

Daz vünfte: daz ez ein bilde ist. Eyâ, nû merket mit vlîze und gehaltet diz wol; in dem hât ir die predige alzemâle: bilde und bilde ist sô gar ein und mit einander, daz man keinen underscheit dâ verstân enmac. Man verstât wol daz viur âne die hitze und die hitze âne daz viur. Man verstât wol die sunnen âne daz lieht und daz lieht âne die sunnen. Aber man enmac keinen underscheit verstân zwischen bilde und bilde. Ich spriche mê: got mit sîner almehticheit enmac keinen underscheit dâ verstân, wan ez wirt mit einander geborn und stirbet mit einander. Sô mîn vater stirbet, dar umbe enstirbe ich niht. Dâ er stirbet, dâ enmac man niht mê sprechen: ›er íst sîn sun‹, man sprichet wol: ›er wás sîn sun.‹ Machet man die want wîz, in dem daz si wîz ist, sô ist si glîch aller wîze. Aber, der sie swarz machete, sô ist si tôt aller wîze. Sehet, alsô ist ez hie: vergienge daz bilde, daz nâch gote gebildet ist, sô vergienge ouch daz bilde gotes. Ich wil ein wort sprechen: ir sint zwei oder driu. Nû merket mich rehte! Vernünfticheit diu blicket în und durchbrichet alle die winkel der gotheit und nimet den sun in dem herzen des vaters und in dem grunde und setzet in in irn grunt. Vernünfticheit diu dringet în; ir engenüeget niht an güete noch an wîsheit noch an wârheit noch an gote selber. Jâ, bî guoter wârheit, ir engenüeget als wênic an gote als an einem steine oder an einem boume. Si engeruowet niemer; si brichet in den grunt, dâ güete und wârheit ûzbrichet, und nimet ez *in principio*, in dem beginne, dâ güete und wârheit ûzgânde ist, ê ez dâ deheinen namen gewinne, ê ez ûzbreche, in einem vil hœhern grunde, dan güete und wîsheit sî. Mêr: ir swester, dem willen, genüeget wol an gote, als er guot ist. Aber vernünf-

befindet man sich auf dem Wege oder auf dem Zugang, und das ist gut; der Wahrheit ⟨selbst⟩ aber ist es ⟨noch⟩ fern, denn es ist ⟨noch⟩ nicht *Gott.*

Fünftens: daß sie ⟨= die Vernunft⟩ ein »Bild« ist. Wohlan, nun gebt gespannt acht und behaltet dies wohl, ⟨denn⟩ die ganze Predigt habt ihr darin ⟨beschlossen⟩: Bild und ⟨Ur-⟩Bild ist so völlig eins und miteinander, daß man da keinerlei Unterschied erkennen kann. Man kann wohl das Feuer ohne die Hitze denken und die Hitze ohne das Feuer. Man kann wohl ⟨auch⟩ die Sonne ohne das Licht denken und das Licht ohne die Sonne. Aber man kann keinerlei Unterschied erkennen zwischen Bild und ⟨Ur-⟩Bild. Mehr noch sage ich: Gott mit seiner Allmächtigkeit vermag da keinerlei Unterschied zu erkennen, denn es wird miteinander geboren und stirbt auch miteinander. Wenn mein Vater stirbt, so sterbe darum nicht ⟨auch⟩ ich. Stirbt er, so kann man nicht mehr sagen: »Er *ist* sein Sohn«, wohl aber sagt man: »Er *war* sein Sohn«. Macht man die Wand weiß, so ist sie damit, daß sie weiß ist, aller Weiße gleich. Macht man sie aber schwarz, so ist sie für alle Weiße tot. Seht, ebenso ist es hier: Verginge das »Bild«, das nach Gott gebildet ist, so verginge auch das »Bild« Gottes. Ich will ⟨im folgenden noch⟩ ein Wort sprechen: es sind ihrer ⟨aber wohl doch⟩ zwei oder drei. Nun hört mir gut zu! Vernunft blickt hinein und durchbricht alle Winkel der Gottheit und nimmt den Sohn im Herzen des Vaters und im ⟨göttlichen⟩ Grunde und setzt ihn in ihren Grund. Vernunft dringt ⟨in den Grund der Gott*heit*⟩, ihr genügt's nicht an Gutheit noch an Weisheit noch an Wahrheit noch an Gott selber. Ja, in voller Wahrheit: ihr genügt's so wenig an Gott wie an einem Stein oder an einem Baum. Sie ruht nimmer, sie bricht ein in den ⟨göttlichen⟩ Grund, wo Gutheit und Wahrheit ausbrechen, und nimmt es ⟨= das göttliche Sein⟩ *in principio*, im Beginn, wo Gutheit und Wahrheit ihren Ausgang nehmen, noch ehe es irgendeinen Namen gewinnt, ehe es ausbricht, ⟨nimmt es⟩ in einem viel höheren Grunde, als es Gutheit und Weisheit sind. Ihrer Schwester aber, dem Willen, dem genügt's wohl an Gott, sofern er *gut* ist. Die

ticheit diu scheidet diz allez abe und gât în und durchbrichet in die wurzeln, dâ der sun ûzquillet, und der heilige geist ûzblüejende ist.

Daz wir diz begrîfen und êwiclîche sælic werden, des helfe uns der vater und der sun und der heilige geist. Âmen.

Vernunft aber, die scheidet dies alles ab und dringt ein und bricht durch in die Wurzel, wo der Sohn ausquillt und der Heilige Geist ausblüht.

Daß wir dies begreifen und ewiglich selig werden, dazu helfe uns der Vater und der Sohn und der Heilige Geist. Amen.

⟨PREDIGT 70⟩

Modicum et non videbitis me etc.

Unser herre sprach ze sînen jüngern: ›ein kleine und ein wênic und ein lützel, und ir ensehet mich niht; aber ein kleine, und ir sult mich sehen‹. Die jünger sprâchen: ›wir enwizzen niht, waz er saget‹. Diz schrîbet sant *Johannes*, der dâ bî was. Dô unser herre ir herze sach, dô sprach er: ›ein kleine, und ir sult mich sehen, und iuwer herze sol sich vröuwen; diu vröude ensol iu niemermê benomen werden‹.

Nû sprichet unser herre: ›ein kleine, und ir ensehet mich niht‹. Die besten *meister* sprechent, daz der kerne der sælicheit lige an bekantnisse. Ein grôzer *pfaffe* kam niuwelîche ze Parîs, der was dâ wider und ruofte und donte gar sêre. Dô sprach ein ander *meister* wol bezzer dan alle, die von Parîs bezzer hielten: ›meister, ir ruofet und donet vaste; enwære ez niht gotes wort in dem heiligen êwangeliô, sô ruoftet ir und dontet ir gar sêre‹. Bekantnisse rüeret blôz, daz ez bekennet. Unser herre sprichet: ›daz ist daz êwige leben, daz man dich aleine bekenne einen wâren got‹. Volbringunge der sælicheit liget an beiden: an bekantnisse und an minne.

Nû sprichet er: ›ein kleine, und ir ensehet mich niht‹. Hie inne ligent vier sinne, die lûtent vil nâhe alle glîche und tragent doch grôz underscheit. ›Ein kleine, und ir ensehet mîn niht‹. Alliu dinc müezen kleine in iu sîn und als niht. Ich hân etwenne gesprochen, daz sant *Augustînus* sprichet: »dô sant Paulus niht ensach, dô sach er got«. Nû kêre ich daz wort umbe, und ist wol bezzer, und spriche: ›dô er sach niht, dô sach er got‹. Daz ist der êrste sin des wortes.

Der ander sin ist: alliu diu werlt und alliu diu zît diu

PREDIGT 70

Modicum et non videbitis me etc. ⟨*Joh. 16,16*⟩.

Unser Herr sprach zu seinen Jüngern: ›Über ein kleines und ein weniges und ein geringes, und ihr werdet mich nicht sehen; wiederum über ein kleines, und ihr werdet mich sehen‹ ⟨Joh. 16,16⟩. Die Jünger sprachen: ›Wir wissen nicht, was er sagt‹ ⟨Joh. 16,18⟩. Dies schreibt Sankt Johannes, der dabei war. Als unser Herr in ihr Herz sah, da sprach er: ›Über ein kleines, und ihr werdet mich sehen, und euer Herz wird sich freuen; diese Freude wird euch nimmermehr genommen werden‹ ⟨Joh. 16,22⟩.

Nun spricht unser Herr: ›Über ein kleines, und ihr werdet mich nicht sehen‹. Die besten Meister sagen, der Kern der Seligkeit liege im Erkennen. Ein großer Pfaffe kam neulich nach Paris, der war dagegen und schrie und tat gar aufgeregt. Da sprach ein anderer Meister besser wohl als alle, die von Paris die bessere Lehre vertraten: »Meister, Ihr schreit und erregt Euch sehr; wäre es nicht Gottes Wort im Heiligen Evangelium, so dürftet Ihr schreien und Euch gar sehr aufregen!« Das Erkennen berührt das, was es erkennt, unverhüllt. Unser Herr spricht: ›Das ist das ewige Leben, daß man dich allein als einen wahren Gott erkennt‹ ⟨Joh. 17,3⟩. Die *Vollendung* der Seligkeit ⟨aber⟩ liegt in beidem: in der Erkenntnis *und* in der Liebe.

Nun sagt er: ›Über ein kleines, und ihr werdet mich nicht sehen‹. Hierin liegen vier Bedeutungen, und sie lauten nahezu alle gleich und tragen doch großen Unterschied ⟨in sich⟩. ›Über ein *kleines*, und ihr werdet mich nicht sehen‹. Alle Dinge müssen *klein* in euch sein und wie ein Nichts. Ich habe gelegentlich gesagt, Sankt Augustinus spreche: »Als Sankt Paulus *nichts* sah, da sah er Gott«. Nun kehre ich das Wort um, und so ist es wohl besser, und sage: »Als er sah *das Nichts*, da sah er Gott«. Das ist die erste Bedeutung des Wortes.

Die zweite Bedeutung ist diese: Wenn nicht die ganze Welt

enwerde kleine in iu, ir ensehet got niht. Sant *Johannes* sprichet in Apocalypsi: ›der engel swuor bî dem êwigen lebene, daz zît niemermê enwürde‹. Sant *Johannes* sprichet offenlîche, daz ›diu werlt wart durch in gemachet, und si erkante sîn niht‹. Ez sprichet nochdenne ein heidenischer *meister*, daz diu werlt und diu zît kleine sî. Ir enkumet über die werlt und über zît, ir ensehet got niht. ›Ein kleine, und ir ensehet mich niht‹.

Der dritte sin ist: die wîle iht klebet an der sêle, swie kleine daz ist, sünde oder sündesippe, sô ensehet ir got niht. Die *meister* sprechent, daz der himel keinen vremden îndruk enpfâhe. Ez sint vil himel; ieglîcher hât sînen geist und sînen engel, der im zuogeordent ist. Sölte er an einem andern himel würken, dâ er niht zuogeordent enist, er enkünde niht dâ mite. Ein pfaffe sprach: ›ich wölte, daz iuwer sêle in mînem lîchamen wære‹. Dô sprach ich: ›wærlîche, sô wære si ein tœrinne dar inne, wan si enkünde dâ mite niht, noch iuwer sêle enkünde in mînem lîchamen niht‹. Kein sêle enkan niht gewürken in keinem lîbe, wan dâ zuo si geordent ist. Daz ouge enlîdet niht vremdes in im. Ein *meister* sprichet: »enwære kein mittel, man ensæhe niht«. Sol ich sehen die varwe an der want, sô muoz si werden kleinlich gemachet in dem liehte und in dem lufte und ir glîchnisse getragen werden in mîn ouge. Sant *Bernhart* sprichet: daz ouge ist glîch dem himel; ez enpfæhet in sich den himel. Daz entuot daz ôre niht; ez enhœret sîn niht, noch diu zunge ensmecket sîn niht. Ze dem andern mâle: daz ouge ist gefigûret sinwel als der himel. Ze dem dritten mâle: ez stât hôch als der himel. Dar umbe enpfæhet daz ouge den îndruk des liehtes, wan ez ein eigenschaft hât des himels. Der himel enpfæhet keinen vremden îndruk. Der lîp enpfæhet wol vremden îndruk, und diu sêle enpfæhet ouch wol vremden îndruk, die wîle si würket in dem lîbe. Sol diu sêle iht erkennen, daz ûzer ir ist, als einen engel, swie lûter daz sî, daz muoz si tuon mit einem

und alle Zeit *klein* in euch wird, so sehet ihr Gott nicht. Sankt Johannes sagt in der Apokalypse ⟨10,6⟩: ›Der Engel schwor bei dem ewigen Leben, daß es Zeit nimmermehr geben werde‹. Sankt Johannes spricht unverhüllt ⟨d. h. im Evangelium⟩: ›Die Welt ward durch ihn gemacht, und sie erkannte ihn nicht‹ ⟨Joh. 1,10⟩. Sogar ein heidnischer Meister sagt, die Welt und die Zeit seien ein ›Kleines‹. Kommt ihr nicht über die Welt und über die Zeit hinaus, so sehet ihr Gott nicht. ›⟨Über⟩ ein kleines, und ihr sehet mich nicht‹.

Die dritte Bedeutung ist diese: Solange irgend etwas an der Seele klebt, wie klein es auch sei, Sünde oder Sündenartiges, so sehet ihr Gott nicht. Die Meister sagen, der Himmel empfange keinen fremden Eindruck. Es gibt viele Himmel; jeder ⟨Himmel⟩ hat seinen Geist und seinen Engel, der ihm zugeordnet ist. Sollte der an einem andern Himmel wirken, dem er nicht zugeordnet ist, so könnte er's nicht. Ein Pfaffe sagte: »Ich möchte, daß Eure Seele in meinem Leibe wäre«. Da sagte ich: »Wahrlich, dann wäre sie eine Törin darin, denn sie vermöchte mit ihm nichts auszurichten, noch vermöchte Eure Seele in meinem Leibe etwas«. Keine Seele vermag in irgendeinem Leibe zu wirken außer in dem, welchem sie zugeordnet ist. ⟨Auch⟩ das Auge duldet keinen fremden Eindruck. Ein Meister sagt: »Wäre kein Vermittelndes, so sähe man nichts«. Soll ich die Farbe an der Wand sehen, so muß sie verfeinert werden im Lichte und in der Luft und ihr Abbild in mein Auge getragen werden. Sankt Bernhard spricht: Das Auge gleicht dem Himmel; es nimmt den Himmel in sich auf. Das tut das Ohr nicht; es hört ihn nicht, noch schmeckt ihn die Zunge. Zum zweiten: Das Auge ist rund gestaltet wie der Himmel. Zum dritten: Es steht hoch wie der Himmel. Darum empfängt das Auge den Eindruck des Lichtes, denn es hat die gleiche Eigenheit mit dem Himmel gemein. Der Himmel empfängt keinen fremden Eindruck. Wohl empfängt der Leib fremden Eindruck, und auch die Seele empfängt wohl fremden Eindruck, solange sie im Leibe wirkt. Soll die Seele etwas erkennen, was außerhalb ihrer ist, etwa einen Engel oder etwas noch so Lauteres, so

kleinen bildelîne âne bilde. Alsô muoz ouch der engel, sol er einen andern engel oder iht, daz under gote ist, bekennen, daz muoz er tuon mit einem kleinen bildelîne âne bilde, niht als hie bilde sint. Aber sich selben bekennet er sunder ›kleine‹ und sunder bilde und sunder glîchnisse. Alsô bekennet sich ouch diu sêle selben sunder ›kleine‹ und bilde und sunder glîchnisse âne allez mittel. Sol ich ouch got bekennen, daz muoz geschehen âne bilde und âne allez mittel. Die besten *meister* sprechent, daz man got bekenne âne mittel. Alsô bekennet der engel got, als er sich selben bekennet âne bilde und âne ›kleine‹. Sol ich got bekennen âne mittel und âne bilde und âne glîchnisse, so muoz got vil nâhe ich werden und ich vil nâhe got, alsô gar ein, daz ich mit im würke und niht alsô mit im würke, daz ich würke und er nâch schürge, mêr: ich würke dâ mite, daz mîn ist. Als eigenlîche würke ich mit im, als mîn sêle würket mit mînem lîbe. Daz ist uns gar trœstlich, und enhæten wir niht anders, ez sölte uns reizen ze minnenne got.

Der vierde sin ist zemâle widerwertic disen drin. Man sol grôz sîn und hôhe erhaben, sol man got sehen. Daz lieht der sunnen ist kleine wider dem liehte der vernünfticheit, und diu vernünfticheit ist kleine wider dem liehte der gnâde. Gnâde ist ein lieht überswebende und übergânde über allez, daz got ie geschuof oder geschepfen möhte. Daz lieht der gnâde, swie grôz ez ist, ez ist doch kleine wider dem götlîchen liehte. Unser herre strâfte sîne jünger und sprach: ›in iu ist noch ein kleine lieht‹. Sie enwâren niht âne lieht; ez was aber kleine. Man muoz ûfgân und grôz werden in der gnâde. Die wîle man zuonimet in der gnâde, sô ist ez gnâde und ist kleine, dar inne man got bekennet von verre. Wenne aber diu gnâde wirt volbrâht ûf daz hœhste, sô enist ez niht gnâde; ez ist ein götlich lieht, dar inne man got sihet. Sant *Paulus*

muß sie es mit Hilfe eines ›kleinen‹ »Bildchens« bildlos tun. So auch muß es der Engel ⟨tun⟩: Soll der einen andern Engel oder irgend etwas, das unterhalb Gottes ist, erkennen, so muß er es mit Hilfe eines ›kleinen‹ »Bildchens« bildlos tun, nicht ⟨mit einem »Bild«⟩, wie es hier ⟨auf Erden⟩ »Bilder« gibt. Sich selbst aber erkennt er ohne ›Kleines‹ und ohne »Bild« und ohne Gleichnis. So auch erkennt sich die Seele ohne ›Kleines‹ und ⟨ohne⟩ »Bild« und ohne Gleichnis ganz unmittelbar. Soll ich auch Gott erkennen, so muß ⟨auch⟩ das ohne »Bild« und ganz unmittelbar geschehen. Die besten Meister sagen, man erkenne Gott ganz unmittelbar. So denn erkennt der Engel Gott, wie er sich selbst erkennt: ohne »Bild« und ohne ›Kleines‹. Soll ich Gott unmittelbar und ohne »Bild« und ohne Gleichnis erkennen, so muß Gott geradezu ich werden und ich geradezu er, so völlig eins, daß ich mit ihm wirke, und zwar nicht so mit ihm wirke, daß ich wirke und er nachschiebe: ich wirke ⟨dabei⟩ vielmehr ganz mit dem Meinigen. Ganz eigentlich so wirke ich mit ihm, wie meine Seele mit meinem Leibe wirkt. Dies ist für uns gar tröstlich, und hätten wir sonst nichts, so sollte uns dies ⟨schon⟩ anreizen, Gott zu lieben.

Die vierte Bedeutung ist diesen dreien völlig entgegengesetzt: Man muß *groß* und emporgehoben sein, soll man Gott sehen. Das Licht der Sonne ist klein gegenüber dem Licht der Vernunft; die Vernunft wiederum ist klein gegenüber dem Licht der Gnade. Gnade ist ein Licht, das alles, was Gott je erschuf oder erschaffen könnte, überschwebt und überragt. Und doch, wie groß auch das Licht der Gnade sein mag, es ist doch klein gegenüber dem göttlichen Lichte. Unser Herr rügte seine Jünger und sprach: ›In euch ist noch ein ⟨nur⟩ kleines Licht‹ ⟨Joh. 12,35⟩. Sie waren nicht *ohne* Licht, doch war es klein. Man muß aufsteigen und *groß* werden in der Gnade. Solange man ⟨aber noch⟩ zunimmt in der Gnade, *ist* es noch *Gnade* und ›klein‹, worin man Gott nur von fern erkennt. Wenn aber die Gnade auf's Höchste vollendet wird, so ist es nicht ⟨mehr⟩ *Gnade*; es ist ⟨vielmehr⟩ ein *göttliches Licht*, worin man Gott sieht. Sankt Paulus spricht:

sprichet: ›got wonet und innewonet in einem liehte, dâ niht zuoganges enist‹. Dâ enist kein zuoganc, dâ ist ein darkomen. *Moyses* sprichet: ›nie mensche engesach got‹. Die wîle wir menschen sîn und die wîle iht menschlîches an uns lebet und in einem zuogange sîn, sô engesehen wir got niht; wir müezen ûferhaben werden und gesast in eine lûter ruowe und alsô got sehen. Sant *Johannes* sprichet: ›wir suln got bekennen rehte, als got sich selber bekennet‹. Gotes eigenschaft ist, daz er sich selben bekennet sunder ›kleine‹ und sunder diz und daz. Alsô bekennet der engel got, als er sich selben bekennet. Sant *Paulus* sprichet: ›wir suln got bekennen, als wir bekant sîn‹. Nû spriche ich: ›wir suln in bekennen rehte, als er sich selben bekennet‹ in dem widerbilde, daz aleine bilde ist gotes und der gotheit, niht der gotheit dan als vil, als si der vater ist. Rehte als vil wir dem bilde glîch sîn, in dem bilde alliu bilde ûzgevlozzen und gelâzen sint, und in dem bilde widerbildet sîn und glîche îngetragen sîn in daz bilde des vaters, als verre als er daz in uns bekennet, als verre bekennen wir in, als er sich selben bekennet.

Nû sprichet er: ›ein kleine, und ir ensehet mich niht; aber ein kleine, und ir sult mich sehen‹. Unser herre sprach: ›daz ist daz êwige leben, daz man dich bekenne aleine einen wâren got‹.

Daz wir komen ze disem bekantnisse, des helfe uns got. Âmen.

›Gott wohnt und innewohnt in einem Lichte, zu dem es keinen Zugang gibt‹ 〈1 Tim. 6,16〉. Dorthin ist kein Zugang, dorthin gibt es 〈nur〉 ein Hingelangen. Moses sagt: ›Nie sah ein Mensch Gott‹ 〈2 Mos. 33,20〉. Solange wir Menschen sind und solange irgend etwas Menschliches an uns lebt und wir uns in einem Zugang befinden, so sehen wir Gott nicht; wir müssen 〈vielmehr〉 emporgehoben und in eine lautere Ruhe versetzt werden und *so* Gott sehen. Sankt Johannes spricht: ›Wir werden Gott recht erkennen, wie Gott sich selbst erkennt‹ 〈Joh. 3,2〉. Es ist Gottes Eigenart, daß er sich selbst erkennt ohne ›Kleines‹ und dies und das. So erkennt der Engel Gott, wie der sich selbst erkennt. Sankt Paulus spricht: ›Wir werden Gott erkennen, wie wir erkannt sind‹ 〈1 Kor. 13,12〉. Ich aber sage: »Wir werden ihn erkennen recht so, wie er sich selbst erkennt« in dem Abbild, das einzig Bild Gottes und der Gottheit ist, der Gottheit indessen nur, insoweit sie der Vater ist. Recht, soweit wir *diesem* »Bild« 〈d. h. dem Sohn als »Bild« des Vaters〉, in welchem »Bilde« alle »Bilder« ausgeflossen und herausgelassen sind, gleichen und in diesem »Bilde« widergebildet und gleich in das »Bild« des Vaters eingetragen sind, soweit er 〈= Gott〉 *das* in uns erkennt, so weit erkennen wir ihn so, wie er sich selbst erkennt.

Nun spricht er: ›Über ein kleines, und ihr werdet mich nicht sehen. Wiederum über ein kleines, und ihr werdet mich sehen‹ 〈Joh. 16,17/19〉. Unser Herr sprach: ›Das ist das ewige Leben, daß man dich allein als einen wahren Gott erkenne‹ 〈Joh. 17,3〉.

Daß wir zu diesem Erkennen kommen, dazu helfe uns Gott. Amen.

⟨PREDIGT 71⟩

Surrexit autem Saulus de terra apertisque oculis nihil videbat.

Diz wort, daz ich gesprochen hân in der latîne, daz schrîbet sant *Lukas in actibus* von sant Paulô und sprichet alsô: ›Paulus stuont ûf von der erden, und mit offenen ougen ensach er niht‹.

Mich dünket, daz diz wörtelîn vier sinne habe. Ein sin ist: dô er ûfstuont von der erden, mit offenen ougen sach er niht, und daz niht was got; wan, dô er got sach, daz heizet er ein niht. Der ander sin: dô er ûfstuont, dô ensach er niht wan got. Der dritte: in allen dingen ensach er niht wan got. Der vierde: dô er got sach, dô sach er alliu dinc als ein niht.

Hie vor hât er gesprochen, wie ein lieht snelle kam von dem himel und sluoc in nider ze der erden. Nû merket, daz er sprichet, daz ein lieht von himel kam. Ez sprechent unser besten *meister*, daz der himel in im selber lieht habe und doch niht enliuhtet. Diu sunne hât ouch lieht in ir selben und liuhtet. Die sternen hânt ouch lieht, swie ez joch an sie kome. Ez sprechent unser *meister*: daz viur an sîner einvaltiger natiurlîcher lûterkeit, an sîner obersten stat, dâ enliuhtet ez niht. Sîn natûre ist sô lûter, daz ez kein ouge niht gesehen enmac enkeine wîs. Ez ist sô kleinvüege und entvremdet dem ougen, wære ez hie niden bî dem ougen, ez enmöhte sîn niht berüeren mit der gesiht. Aber an einem vremden dinge dâ sihet man ez wol, dâ ez entfenget ist an einem holze oder an einem koln.

Bî dem liehte des himels prüeven wir daz lieht, daz got ist, daz daz keines menschen sin gereichen enmac. Dâ von sprichet sant *Paulus*: ›got wonet in einem liehte, dâ nieman zuokomen enmac‹. Er sprichet: got ist ein lieht, dâ niht

PREDIGT 71

Surrexit autem Saulus de terra apertisque oculis nihil videbat ⟨Act. 9,8⟩.

Dieses Wort, das ich gesprochen habe auf lateinisch, das schreibt Sankt Lukas *in actibus* über Sankt Paulus, und es lautet so: ›Paulus stand auf von der Erde, und mit offenen Augen sah er nichts‹ ⟨Apg. 9,8⟩.

Mich dünkt, daß dies Wörtlein vierfachen Sinn habe. Der eine Sinn ist dieser: Als er aufstand von der Erde, sah er mit offenen Augen nichts, und dieses Nichts war Gott; denn, als er Gott sah, das nennt er ein Nichts. Der zweite Sinn ⟨ist⟩: Als er aufstand, da sah er nichts als Gott. Der dritte: In allen Dingen sah er nichts als Gott. Der vierte: Als er Gott sah, da sah er alle Dinge als ein Nichts.

Vorher hat er ⟨= Lukas⟩ berichtet, wie ein Licht plötzlich vom Himmel kam und ihn zu Boden niederschlug ⟨Apg. 9,3⟩. Nun merkt darauf, daß er sagt, daß ›ein Licht vom Himmel kam‹. Unsere besten Meister sagen, der Himmel habe in sich selbst Licht, und doch leuchtet er nicht. Auch die Sonne hat Licht in sich selbst, leuchtet aber ⟨zugleich⟩. Ebenso haben die Sterne Licht, wenngleich es ihnen zufließt. Unsere Meister sagen: Das Feuer in seiner einfaltigen, natürlichen Lauterkeit, an seiner obersten Statt, leuchtet nicht. Seine Natur ist ⟨dort⟩ so lauter, daß kein Auge es auf irgendwelche Weise wahrzunehmen vermag. Es ist so fein ⟨subtil⟩ und den Augen entfremdet, daß, wenn es hienieden vor dem Auge wäre, das Auge es mit der Sehkraft nicht zu berühren vermöchte. An einem fremden Ding aber sieht man es wohl, da, wo es an einem Stück Holz oder Kohle entzündet ist.

Unter dem Licht des Himmels verstehen wir das Licht, das Gott ist, das keines Menschen Sinn zu erreichen vermag. Daher spricht Sankt Paulus: ›Gott wohnt in einem Lichte, zu dem niemand zu gelangen vermag‹ ⟨1 Tim. 6,16⟩. Er sagt ⟨damit⟩: Gott ist ein Licht, zu dem es keinen Zugang gibt.

zuoganges enist. Ze gote enist kein zuoganc. Swer noch ûfgânde und zuonemende ist an gnâden und an liehte, der enkam noch nie in got. Got enist niht ein zuonemende lieht: man muoz mit dem zuonemenne dar sîn komen. In dem zuonemenne ensihet man gotes niht. Sol got gesehen werden, daz muoz geschehen in einem liehte, daz got selber ist. Ein *meister* sprichet: in gote enist niht minner und mê noch daz und daz. Die wîle wir in dem zuogange sîn, sô enkomen wir niht dar în.

Nû sprichet er: ›ein lieht von himel umbeschein in‹. Dâ meinet er: swaz sîner sêle iht was, daz wart umbegriffen. Ein *meister* sprichet, daz in disem liehte alle die krefte der sêle überhüpfent und erhœhent sich die ûzern sinne, dâ mite wir sehen und hœren, und die inwendigen sinne, die wir gedenke heizen: wie wît die sîn und wie gruntlôs, daz ist wunder. Als wol gedenke ich über mer als hie bî mir. Über die gedenke ist vernünfticheit, als si noch suochende ist. Si gât alumbe und suochet; si lûzet her und dar, und ir gât zuo und abe. Über die vernünfticheit, diu dâ suochende ist, sô ist ein ander vernünfticheit, diu dâ niht ensuochet, diu dâ stât in irm lûtern einvaltigen wesene, daz dâ begriffen ist in dem liehte. Und ich spriche, daz in disem liehte alle die krefte der sêle sich erhœhent. Die sinne entspringent in die gedenke: wie hôch und wie gruntlôs die sîn, daz enweiz nieman wan got und diu sêle.

Ez sprechent unser *meister*, und ist ein swære vrâge, daz die engel niht enwizzen die gedenke, sie enbrechen ûz und die gedenke enspringen denne in die vernünfticheit, als diu vernünfticheit suochende ist, und diu vernünfticheit, diu dâ suochende ist, enspringe in die vernünfticheit, diu dâ niht suochende enist, diu dâ ein lûter lieht in ir selber ist. Daz lieht begrîfet alle die krefte der sêle in im. Dar umbe sprichet er: ›daz lieht des himels umbeschein in‹.

Ez sprichet ein *meister*: alliu diu dinc, diu ûzvluz hânt, diu

Zu Gott gibt es keinen Zugang. Wer noch im Aufgang und Zunehmen an Gnade und Licht begriffen ist, der kam noch nie *in* Gott. Gott ist kein zunehmendes Licht: wohl aber muß man durch Zunehmen zu ihm hingekommen sein. *Im* Zunehmen sieht man nichts von Gott. Soll Gott gesehen werden, so muß es in einem Lichte geschehen, das Gott selbst ist. Ein Meister sagt: In Gott gibt es kein *Weniger* und *Mehr* noch *dies* und *das*. Solange wir uns im Zugang befinden, kommen wir nicht hinein.

Nun sagt er: ›Ein Licht vom Himmel umleuchtete ihn‹ ⟨Apg. 9,3⟩. Damit meint er: Alles, was zu seiner Seele gehörte, das ward umfangen. Ein Meister sagt, daß in diesem Lichte alle Kräfte der Seele emporschnellen und sich die äußeren Sinne erhöhen, mit denen wir sehen und hören, wie auch die inneren Sinne, die wir Gedanken nennen: wie weit diese ⟨= die Gedanken⟩ sind und wie unergründlich, das ist ein Wunder: kann ich mir doch ebenso leicht etwas denken ⟨= vorstellen⟩, was jenseits des Meeres wiedas, was dicht bei mir ist. Über die Gedanken hinaus aber geht die Vernunft, soweit sie noch sucht. Sie geht ringsum und sucht: sie späht hier- und dorthin, und sie nimmt zu und ab. Über dieser Vernunft aber, die ⟨noch⟩ sucht, ist noch eine andere Vernunft, die da nicht ⟨mehr⟩ sucht, die da in ihrem lauteren, einfaltigen Sein steht, das in jenem Lichte umfangen ist. Und ich sage, daß in diesem Lichte *alle* Kräfte der Seele sich erhöhen. Die Sinne springen auf in die Gedanken: wie hoch ⟨aber⟩ und wie unergründlich die sind, das weiß niemand als Gott und die Seele.

Unsere Meister sagen – und es ist eine schwere Frage –, daß selbst die Engel von den Gedanken nichts wissen, dafern sie nicht ausbrechen und emporsteigen in die Vernunft, die sucht, und die Vernunft, die sucht, in die Vernunft emporspringt, die nicht mehr sucht, die vielmehr in sich selbst ein lauteres Licht ist. Dieses Licht umfaßt in sich alle Kräfte der Seele. Darum sagt er: ›Das Licht des Himmels umleuchtete ihn‹.

Ein Meister sagt: Alle Dinge, aus denen Ausfluß erfolgt,

enhânt kein enpfâhen von den nidern dingen. Got vliuzet in alle crêatûren, und blîbet er doch unberüeret von in allen. Er enbedarf ir niht. Got gibet der natûre, daz si würket, und daz êrste werk ist daz herze. Dâ von wolten etlîche *meister*, daz diu sêle alzemâle in dem herzen wære und ûzvlüzze mit lebenne in diu andern glider. Des enist niht. Diu sêle ist in einem ieglîchen glide alzemâle. Ez ist wol wâr: ir êrste werk ist in dem herzen. Daz herze ist enmitten; ez wil alumbe behuot sîn, als der himel niht vremdes învluzzes enhât noch enpfâhennes von nihte enhât. Er hât alliu dinc in im; er berüeret alliu dinc, und er blîbet unberüeret. Dennoch daz viur, swie hôch daz sî an sîner obersten stat, ez enrüeret doch den himel niht.

In dem umbeschîne wart er geworfen ûf die erden und wurden im sîniu ougen ûfentslozzen, daz er sach mit offenen ougen alliu dinc als niht. Und dô er alliu dinc sach als niht, dô sach er got. Nû merket! Ein wörtelîn sprichet diu sêle in *der minne buoche*: ›in mînem bettelîne hân ich gesuochet durch die naht, den mîn sêle minnet, und ich envant sîn niht‹. Si suochte in in dem bettelîne; dâ meinet si: swer behaftet oder behanget an ihte, daz under gote ist, des bette ist ze enge. Allez, daz got geschaffen mac, daz ist ze enge. Si sprichet: ›ich suochte in al durch die naht‹. Ez enist kein naht, si enhabe ein lieht: ez ist aber bedecket. Diu sunne schînet in der naht, si ist aber bedecket. Des tages schînet si und bedecket alliu andern lieht. Alsô tuot daz götlich lieht: daz bedecket alliu lieht. Swaz wir suochen an crêatûren, daz ist allez naht. Diz meine ich: allez, swaz wir an deheiner crêatûre suochen, daz ist allez schate und ist naht. Nochdenne des obersten engels lieht, swie hôch ez sî, ez enrüeret doch der sêle niht. Swaz daz êrste lieht niht enist, daz ist allez tunkel und ist naht. Dâ von

empfangen nicht von den niederen ⟨unter ihnen liegenden⟩ Dingen. Gott fließt in alle Kreaturen, und doch bleibt er unberührt von ihnen allen. Er bedarf ihrer nicht. Gott verleiht der Natur das Vermögen zu wirken, und ihr erstes Werk ist das Herz. Deshalb glaubten einige Meister, die Seele stecke ganz im Herzen und fließe belebend daraus in die anderen Glieder. Dem ist nicht so. Die Seele ist ⟨vielmehr⟩ ganz in einem jeglichen Gliede. Wohl ist es wahr, daß ihr *erstes* Werk im Herzen liege. Das Herz liegt in der Mitte, es will rings umhütet sein, so wie der Himmel keinerlei fremden Einfluß und kein Empfangen von irgend etwas her hat ⟨erfährt⟩. Er hat vielmehr alle Dinge in sich; er berührt alle Dinge, während er unberührt bleibt. Selbst das Feuer, so hoch es an seiner obersten Statt sein mag, berührt doch den Himmel nicht.

In der Umleuchtung ward er zu Boden geworfen und wurden ihm seine Augen aufgeschlossen, so daß er mit offenen Augen alle Dinge als ⟨ein⟩ Nichts sah ⟨vgl. Apg. 9,8⟩. Und als er alle Dinge als ⟨ein⟩ Nichts sah, da sah er Gott. Nun gebt acht! Die Seele spricht im Buch der Liebe dies Wort: ›In meinem Bettlein habe ich die ganze Nacht hindurch gesucht, den meine Seele liebt, und ich fand ihn nicht‹ ⟨Hohel. 3,1⟩. Sie suchte ihn in dem Bettlein; das bedeutet: Wer da haften oder hängen bleibt an irgend etwas, das unter Gott ist, dessen Bett ist zu eng. Alles, was Gott zu schaffen vermag, das ist ⟨zu⟩ eng. Sie sagt: ›Ich suchte ihn die ganze Nacht hindurch‹. Es gibt keine Nacht, die kein Licht habe; jedoch ist es verdeckt. Die Sonne scheint ⟨auch⟩ in der Nacht, doch sie ist verdeckt. Tagsüber ⟨aber⟩ scheint sie und verdeckt ⟨ihrerseits⟩ alle anderen Lichter. So auch tut's das göttliche Licht: das verdeckt alle Lichter. Was wir an den Kreaturen suchen, das ist alles Nacht. Es ist ⟨wirklich⟩ meine Meinung: Alles, was wir an irgendeiner Kreatur suchen, das ist alles Schatten und ist Nacht. Selbst noch des obersten Engels Licht, so hoch es ⟨auch⟩ sei, es berührt doch nichts von der Seele. Alles, was das erste Licht nicht ist, das ist alles dunkel und ist Nacht. Daher findet sie ⟨= die Seele⟩ Gott

envindet si gotes niht. ›Dô stuont ich ûf und suochte alumbe und lief durch wîte und durch enge. Dô vunden mich die wahtære – daz wâren die engel –, und ich vrâgete sie, ob sie den iht hæten gesehen, den mîn sêle minnet?‹, und sie swigen; vil lîhte enkunden sie sîn niht genennen. ›Dô ich dô ein wênic vürbaz kam, dô vant ich, den ich suochte‹. Daz wênige und daz kleine, daz sie irte, daz si sîn niht envant, dâ von hân ich ouch mê gesprochen: swem niht kleine und als ein niht ensint alliu zergenclîchiu dinc, der envindet gotes niht. Dâ von sprach si: ›dô ich ein wênic vürbaz kam, dô vant ich, den ich suochte‹. Sô sich got in die sêle bildet und îngiuzet, nimest dû in denne als ein lieht oder ein wesen oder eine güete, bekennest dû noch iht von im, daz enist got niht. Sehet, daz ›kleine‹ sol man übergân und sol alle zuolegunge abenemen und got bekennen éin. Dâ von sprichet si: ›dô ich ein wênic vürbaz kam, dô vant ich, den mîn sêle minnet‹.

Wir sprechen gar dicke: ›den mîn sêle minnet‹. War umbe sprichet sí: ›den mîn sêle minnet‹? Nû ist er doch gar verre obe der sêle, und si ennante sîn niht, den si minnete. Ez sint vier sache, war umbe si in niht ennante. Ein sache ist, wan got namelôs ist. Sölte si im namen geben, daz müeste bedâht werden. Got ist über alle namen; nieman enkan im zuokomen, daz er got gesprechen müge. Daz ander ist, war umbe si im niht namen engap, daz ist: swenne diu sêle alzemâle mit minne in got vervliuzet, sô enweiz si niht anders wan minne. Si wænet, daz in alle liute bekennen als si. Si wundert, daz ieman iht anders bekennet wan got aleine. Daz dritte: si enhâte sô vil zîtes niht, daz si in genante. Si enkan sô lange von minne niht gekêren; si enmac kein ander wort geleisten wan minne. Daz vierde: daz si vil lîhte wânde, daz er keinen namen anders enhabe wan minne; si nennet alle namen in der

nicht. ›Da stand ich auf und suchte ringsum und lief durch Weite und durch Enge. Da fanden mich die Wächter – das waren die Engel –, und ich fragte sie, ob sie den nicht gesehen hätten, den meine Seele liebt‹, und sie schwiegen; vielleicht konnten sie ihn nicht nennen. ›Als ich dann ein wenig weiterging, da fand ich, den ich suchte‹ ⟨Hohel. 3,2/4⟩. Von dem Wenigen und Kleinen, das sie da hinderte, so daß sie ihn nicht fand, davon habe ich auch sonst schon gesprochen: Für wen nicht alle vergänglichen Dinge gering und soviel wie ein Nichts sind, der findet Gott nicht. Deshalb sprach sie: ›Als ich ein wenig weiterging, da fand ich, den ich suchte‹. Wenn sich Gott in die Seele »einbildet« und eingießt, nimmst du ihn dann als ein Licht oder als ein Sein oder als eine Gutheit, – erkennst du noch irgend etwas von ihm, so ist es Gott nicht. Seht, über dieses ›Kleine‹ muß man hinausschreiten und muß alle Beifügungen abziehen und Gott als *Eines* erkennen. Deshalb sagt sie: ›Als ich ein wenig weiterging, da fand ich, den meine Seele liebt‹.

Nun sagen wir gar oft: »den meine Seele liebt«. Warum ⟨aber⟩ sagt *sie*: ›den meine Seele liebt‹? Nun, er ist doch gar hoch über der Seele, und ⟨so⟩ nannte sie ihn nicht, den sie liebte. Es sind vier Gründe, weshalb sie ihn nicht nannte. Der eine Grund ist der, daß Gott namenlos ist. Hätte sie ihm einen Namen geben sollen, so hätte man sich dabei etwas ⟨Bestimmtes⟩ denken müssen. Gott aber ist über alle Namen; niemand kann so weit kommen, Gott aussprechen zu können. Der zweite Grund, weshalb sie ihm keinen Namen gab, ist ⟨dieser⟩: Wenn die Seele in Liebe völlig in Gott verfließt, so weiß sie von nichts anderem ⟨mehr⟩ als von Liebe. Sie wähnt, daß alle Leute ihn erkennen wie sie ⟨selbst⟩. Es wundert sie, daß jemand ⟨noch⟩ etwas anderes erkennt als Gott allein. Der dritte Grund ist: Sie hatte nicht soviel Zeit, ihn zu nennen. Sie kann sich nicht so lange von der Liebe abkehren; sie kann kein anderes Wort hervorbringen als ⟨nur⟩: Liebe. Der vierte Grund: Vielleicht wähnte sie, er habe keinen andern Namen als »Liebe«; mit »Liebe« spricht sie zugleich *alle* Namen aus. Daher ⟨also⟩ sagt

minne. Dâ von sprichet si: ›ich stuont ûf und gienc durch wîte und durch enge. Dô ich ein wênic vürbaz kam, dô vant ich‹, den ich suochte.

›Paulus stuont ûf von der erden, und mit offenen ougen ensach er niht‹. Ich enmac niht gesehen, daz ein ist. Er sach niht, daz was got. Got ist ein niht, und got ist ein iht. Swaz iht ist, daz ist ouch niht. Swaz got ist, daz ist er alzemâle. Dâ von sprichet der liehte *Dionysius*, wâ er von gote schrîbet, dâ sprichet er: er ist über wesen, er ist über leben, er ist über lieht; er engibet im noch diz noch daz, und er meinet, daz er sî neizwaz, daz gar verre dar über sî. Der iht sihet oder vellet iht in dîn bekennen, daz enist got niht; dâ von niht, wan er noch diz noch daz enist. Swer sprichet, daz got hie oder dâ sî, dem engloubet niht. Daz lieht, daz got ist, daz liuhtet in der vinsternisse. Got ist ein wâr lieht; swer daz sehen sol, der muoz blint sîn und muoz got al abenemen von ihte. Ein *meister* sprichet: swer von gote redet bî deheiner glîchnisse, der redet unlûterlîche von im. Der aber bî nihte von gote redet, der redet eigenlîche von im. Swenne diu sêle kumet in ein und si dâ inne tritet in ein lûter verworfenheit ir selber, dâ vindet si got als in einem nihte. Ez dûhte einen menschen als in einem troume – ez was ein wachender troum –, wie ez swanger würde von nihte als ein vrouwe mit einem kinde, und in dem nihte wart got geborn; dér was diu vruht des nihtes. Got wart geborn in dem nihte. Dâ von sprichet er: ›er stuont ûf von der erden, und mit offenen ougen sach er niht‹. Er sach got, dâ alle crêatûren niht ensint. Er sach alle crêatûren als ein niht, wan er hât aller crêatûren wesen in im. Er ist ein wesen, daz alliu wesen in im hât.

Ein ander sache meinet er, daz er sprichet: ›er ensach niht‹. Ez sprechent unser *meister*: swer iht bekennet von ûzerlîchen dingen, dâ muoz etwaz învallen, ze dem minsten ein îndruk. Sô ich ein bilde wil nemen bî einem dinge, als von einem steine, sô ziuhe ich daz allergröbeste in mich; daz ziuhe ich

sie: ›Ich stand auf und ging durch Weite und durch Enge. Als ich da ein wenig weiterging, da fand ich, den ich suchte‹.

›Paulus stand auf von der Erde, und mit offenen Augen sah er nichts‹. Ich kann nicht sehen, was eins ist. Er sah nichts, das war Gott. Gott ist ein Nichts, und Gott ist ein Etwas. Was etwas ist, das ist auch nichts. Was Gott ist, das ist er ganz. Daher sagt der erleuchtete Dionysius, wo immer er von Gott schreibt, da sagt er: Er ist 〈ein〉 Über-Sein, er ist 〈ein〉 Über-Leben, er ist 〈ein〉 Über-Licht; er legt ihm weder »dies« noch »das« bei, und er deutet 〈damit〉 an, daß er, ich weiß nicht was, sei, das gar weit darüber hinaus liege. Sieht einer irgend etwas oder fällt irgend etwas in dein Erkennen, so ist das nicht Gott, eben deshalb nicht, weil er weder »dies« noch »das« ist. Wer sagt, Gott sei hier oder dort, dem glaubet nicht. Das Licht, das Gott ist, das leuchtet in der Finsternis 〈Joh. 1,5〉. Gott ist ein *wahres* Licht; wer das sehen soll, der muß blind sein und muß Gott von allem »Etwas« fern halten. Ein Meister sagt: Wer von Gott in irgendwelchem Gleichnis redet, der redet auf unlautere Weise von ihm. Wer aber mit nichts von Gott redet, der redet zutreffend von ihm. Wenn die Seele in das Eine kommt und darin eintritt in eine lautere Verwerfung ihrer selbst, so findet sie dort Gott als in einem Nichts. Es deuchte 〈einmal〉 einen Menschen wie in einem Traume – es war ein Wachtraum –, er würde schwanger vom Nichts wie eine Frau mit einem Kinde, und in diesem Nichts ward Gott geboren; *der* war die Frucht des Nichts. Gott ward geboren in dem Nichts. Daher spricht er: ›Er stand auf von der Erde, und mit offenen Augen sah er nichts‹. Er sah Gott, wo alle Kreaturen nichts sind. Er sah alle Kreaturen als ein Nichts, denn er 〈= Gott〉 hat aller Kreaturen Sein in sich. Er ist ein Sein, das alles Sein in sich hat.

Ein Weiteres meint er, wenn er sagt: ›er sah nichts‹. Unsere Meister sagen: Wer an äußeren Dingen irgend etwas erkennt, in den muß etwas »einfallen«, zum mindesten ein »Eindruck«. Wenn ich ein 〈Ab-〉Bild von einem Dinge, etwa von einem Steine, gewinnen will, so ziehe ich das Allergröbste 〈davon〉 in mich hinein; das ziehe ich außen 〈von ihm〉 ab. So aber,

ûzwendic abe. Als ez aber in mîner sêle grunde ist, dâ ist ez an dem hœhsten und an dem edelsten; dâ enist ez niht wan ein bilde. Swaz mîn sêle von ûzwendic bekennet, dâ vellet etwaz vremdes în; swaz ich crêatûren in gote bekenne, dâ envellet niht în wan got aleine, wan in gote enist niht wan got. Sô ich alle crêatûren in gote bekenne, sô enbekenne ich niht. Er sach got, dâ alle crêatûren niht ensint.

Ze dem dritten mâle, war umbe er niht sach: niht, daz was got. Ein *meister* sprichet: alle crêatûren sint in gote als ein niht, wan er hât aller crêatûren wesen in im. Er ist ein wesen, daz alliu wesen in im hât. Ein *meister* sprichet, daz niht under gote enist, swie nâhe ez im bî sî, dâ envalle etwaz ⟨vremdes⟩ în. Ein *meister* sprichet, der engel bekenne sich selben und got sunder mittel. Swaz er anders bekennet, dâ vellet etwaz vremdes în; daz ist noch ein îndruk, swie kleine ez sî. Suln wir got bekennen, daz muoz geschehen sunder mittel; dâ enkan niht vremdes îngevallen. Bekennen wir got in disem liehte, daz muoz eigen sîn und îngezogen âne allez înrîsen deheiner geschaffener dinge. Denne bekennen wir êwic leben sunder allez mittel.

Dô er niht ensach, dô sach er got. Daz lieht, daz got ist, daz vliuzet ûz und machet vinster allez lieht. Daz lieht, in dem dâ Paulus sach, in dem liehte sach er got, niht mê. Dâ von sprichet *Job*: ›er gebiutet der sunnen, daz si niht enschîne, und hât die sternen under im beslozzen als under ein insigel‹. Von dem, daz er umbegriffen was mit dem liehte, dô ensach er anders niht; wan, swaz der sêle was, daz was bekümbert und was unmüezic mit dem liehte, daz got ist, daz er anders niht enmohte war nemen. Und daz ist uns ein guotiu lêre; wan, swenne wir mit gote bekümbert sîn, sô sîn wir wênic bekümbert von ûzen.

Daz vierde, war umbe er ensach niht: daz lieht, daz got ist, daz enhât keinen gemanc, dâ envellet kein gemanc în. Daz

wie es in meiner Seele Grunde ist, da ist es im Höchsten und Edelsten, ist es nichts als ein ⟨geistiges⟩ »Bild«. Bei allem, was meine Seele von außenher erkennt, fällt etwas Fremdes ⟨in sie⟩ ein; was ich ⟨aber⟩ an Kreaturen *in Gott* erkenne, dabei fällt nichts ⟨in die Seele⟩ ein als Gott allein, denn in Gott ist nichts als Gott. Wenn ich alle Kreaturen in Gott erkenne, so erkenne ich ⟨sie als⟩ nichts. Er sah Gott, in dem alle Kreaturen nichts sind.

Zum dritten, warum er nichts sah: das »Nichts« war Gott. Ein Meister sagt: Alle Kreaturen sind in Gott als ein Nichts, denn er hat aller Kreaturen Sein in sich. Er ist ein Sein, das alles Sein in sich hat. ⟨Wieder⟩ ein Meister sagt, daß nichts unter⟨-halb⟩ von Gott ist, wie nahe es auch bei ihm sei, in das nicht etwas ⟨Fremdes⟩ einfalle. Ein ⟨weiterer⟩ Meister sagt, der Engel erkenne sich selbst und Gott unvermittelt. Was er aber sonst ⟨noch⟩ erkennt, dabei fällt etwas Fremdes ein; da gibt es noch einen »Eindruck«, so klein er auch sein mag. Sollen wir Gott erkennen, so muß es unvermittelt geschehen; es darf da nichts Fremdes ⟨mit-⟩einfallen. Erkennen wir Gott in jenem ⟨göttlichen⟩ Lichte, so muß es ganz eigenständig und in sich beschlossen sein, ohne jedes Einfallen irgendwelcher geschaffener Dinge. Dann erkennen wir das ewige Leben ganz unvermittelt.

›Als er nichts sah, da sah er Gott‹. Das Licht, das Gott ist, das fließt aus und verfinstert alles ⟨andere⟩ Licht. In jenem ⟨göttlichen⟩ Licht, in dem Paulus da sah, in dem sah er Gott, sonst nichts. Daher sagt Job: ›Er gebietet der Sonne, daß sie nicht scheine, und hat die Sterne unter sich verschlossen wie unter einem Siegel‹ ⟨Job. 9,7⟩. Dadurch, daß er von jenem Licht umfangen war, sah er sonst nichts ⟨als Gott⟩; denn alles, was zu seiner Seele gehörte, war bekümmert und beschäftigt ⟨= befaßt⟩ mit dem Lichte, das Gott ist, so daß er sonst nichts wahrzunehmen vermochte. Und das ist uns eine gute Lehre; denn, wenn wir uns um Gott bekümmern, so sind wir wenig von außen her bekümmert.

Zum vierten, warum er nichts sah: Das Licht, das Gott ist, das hat keinerlei Beimischung; es fällt keinerlei Beimischung

was ein zeichen, daz er daz wâre lieht sach, daz dâ niht enist. Mit dem liehte enmeinet er anders niht, wan daz er mit offenen ougen niht ensach. In dem, daz er niht ensach, dô sach er daz götlich niht. Sant *Augustînus* sprichet: dô er niht ensach, dô sach er got. ⟨Sant *Paulus* sprichet:⟩ swer anders niht ensihet und blint ist, der sihet got. Dâ von sprichet sant *Augustînus*: sît dem mâle daz got ein wâr lieht ist und der sêle ein enthalt und ir næher ist, dan diu sêle ir selber sî: swenne diu sêle gekêret ist von allen gewordenen dingen, von nôt muoz daz sîn, daz got in ir glenze und blicke. Diu sêle enmac minne noch angest haben, si enwizze, wâ von. Swenne diu sêle niht ûz engât an diu ûzern dinc, sô ist si heim komen und wonet in irm einvaltigen lûtern liehte. Dâ enminnet si noch enhât angest noch vorhte. Bekantnisse ist ein gruntveste und ein fundament alles wesennes. Minne enmac niht anders haften wan in bekantnisse. Swenne diu sêle blint ist und anders niht ensihet, sô sihet si got, und daz muoz von nôt sîn. Ein *meister* sprichet: daz ouge in sîner grœsten lûterkeit, dâ ez keine varwe enhât, dâ sihet ez alle varwe; niht aleine, dâ ez in im selber blôz ist aller varwe, mêr: dâ ez an dem lîchamen stât, dâ muoz ez âne varwe sîn, dâ man bekennen sol varwe. Swaz dâ ist âne varwe, dâ sihet man alle varwe, wære ez joch unden an den vüezen. Got ist ein solch wesen, daz in im treget alliu wesen. Sol got werden bekant der sêle, sô muoz si blint sîn. Dâ von sprichet er: ›er sach‹ daz ›niht‹, des lieht alliu lieht sint, des wesen alliu wesen sint. Dâ von sprichet diu brût in *der minne buoche*: ›dô ich ein wênic vürbaz kam, dô vant ich, den mîn sêle minnet‹. Daz ›wênic‹, vür daz si kam, daz wâren alle crêatûren. Swer die niht ze rücke stœzet, der envindet gotes niht. Si meinet ouch: swie kleine, swie lûter daz ist, dâ bî ich got bekenne, daz muoz abe. Nochdenne daz lieht, daz wærlîche got ist, nime ich daz, als ez mîne sêle rüeret, im ist unreht: ich sol ez nemen in dem, dâ ez ûzbrichet. Ich enmöhte

hinein. Es war ein Zeichen dafür, daß er das *wahre* Licht sah, das da nichts ist. Mit dem Lichte meint er nichts anderes, als daß er mit offenen Augen nichts sah. Damit, daß er nichts sah, sah er das göttliche Nichts. Sankt Augustinus sagt: Als er nichts sah, da sah er Gott. ⟨Sankt Paulus sagt:⟩ Wer sonst nichts sieht und blind ist, der sieht Gott. Daher sagt Sankt Augustinus: Da Gott ein wahres Licht ist und für die Seele ein Halt und ihr näher ist als die Seele sich selber, so muß es notwendig sein, daß, wenn die Seele von allen gewordenen Dingen abgekehrt ist, Gott in ihr glänzt und strahlt. Die Seele kann weder Liebe noch Angst haben, ohne zu wissen, woher. Wenn die Seele nicht hinausgeht zu äußeren Dingen, so ist sie heimgekommen und wohnt in ihrem einfaltigen, lauteren Licht. Da liebt sie nicht, noch hat sie Angst oder Furcht. Erkenntnis ist eine Grundfeste und ein Fundament alles Seins. Liebe ⟨wiederum⟩ kann nirgend anders haften als in Erkenntnis. Wenn die Seele blind ist und sonst nichts sieht, so sieht sie Gott, und das ist notwendig so. Ein Meister sagt: Das Auge in seiner höchsten Reinheit, wo es keine Farbe ⟨in sich⟩ hat, sieht *alle* Farbe; nicht nur, wo es in sich selbst aller Farbe bloß ist, sondern ⟨auch⟩ da, wo es sich am Leibe befindet, ⟨auch⟩ da muß es ohne Farbe sein, wenn man Farbe erkennen soll. Was ohne Farbe ist, da sieht man *alle* Farbe, und wäre es selbst unten an den Füßen. Gott ⟨nun⟩ ist ein so geartetes Sein, das *alles* Sein in sich trägt. Soll Gott der Seele bekannt werden, so muß sie blind sein. Darum sagt er: ›Er sah‹ das ›Nichts‹, von dessen Licht alles Licht, von dessen Sein alles Sein *ist*. Daher sagt die Braut im »Buch der Liebe«: ›Als ich ein wenig weiterging, da fand ich, den meine Seele liebt‹ ⟨Hohel. 3,4⟩. Das ›Wenige‹, über das sie hinauskam, das waren alle Kreaturen. Wer die nicht zurückstößt, der findet Gott nicht. Sie ⟨= die Braut⟩ gibt auch zu verstehen: Wie fein, wie lauter das auch sein mag, mittels dessen ich Gott erkenne, es muß hinweg. Ja, sogar, wenn ich das Licht, das wirklich Gott ist, nehme, insofern es meine Seele berührt, so ist dem unrecht: ich muß es in dem ⟨= da⟩ nehmen, wo es ausbricht. Ich könnte das Licht nicht recht sehen, wo es auf

daz lieht niht wol gesehen, dâ ez schînet an die want, ich enkêrte denne mîn ouge dar, dâ ez ûzbrichet. Dennoch, nime ich ez, dâ ez ûzbrichet, des selben ûzbrechennes muoz ich beroubet werden; ich sol ez nemen, dâ ez in im selben swebende ist. Dennoch spriche ich, im ist unreht: ich sol ez nemen weder, dâ ez rüerende ist noch ûzbrechende ist noch in im selben swebende, wan ez ist noch allez wîse. Man muoz got nemen wîse âne wîse und wesen âne wesen, wan er enhât keine wîse. Dâ von sprichet sant *Bernhart*: swer dich, got, bekennen sol, der muoz dich mâzen sunder mâze.

Biten wir unsern herren, daz wir komen in daz bekantnisse, daz dâ alzemâle âne wîse und âne mâze sî. Des helfe uns got. Âmen.

die Wand scheint, wenn ich nicht mein Auge dahin kehrte, wo es ausbricht. Und selbst dann, wenn ich es da nehme, wo es ausbricht, muß ich auch dieses Ausbrechens noch entledigt werden; ich muß es nehmen, so wie es in sich selbst schwebend ist. Ja, selbst dann noch, sage ich, ist es das Richtige nicht: ich muß es nehmen, wo es weder berührend noch ausbrechend noch in sich selbst schwebend ist, denn das ist alles noch ⟨Seins-⟩*Weise*. Gott aber muß man nehmen als *Weise ohne Weise* und als *Sein ohne Sein*, denn er hat keine Weise. Daher sagt Sankt Bernhard: Wer dich, Gott, erkennen soll, der muß dich messen ohne Maß.

Bitten wir unsern Herrn, daß wir in *die* Erkenntnis gelangen mögen, die da ganz ohne Weise und ohne Maß ist. Dazu helfe uns Gott. Amen.

⟨PREDIGT 72⟩

Videns Iesus turbas, ascendit in montem etc.

Man liset in dem êwangeliô, daz ›unser herre liez die schar und gienc ûf den berc. Dô tete er ûf sînen munt und lêrte von dem rîche gotes‹.

›Und lêrte‹. Sant *Augustînus* sprichet: »swer dâ lêret, der hât gesetzet sînen stuol in den himel«. Swer gotes lêre enpfâhen wil, der muoz ûfgân und übergân über allez, daz ûzgespreitet ist: des muoz er sich verzîhen. Swer gotes lêre enpfâhen wil, der muoz sich samenen und însliezen in sich selber und sich kêren von allen sorgen und kumbernissen und von dem gewerbe niderr dinge. Die krefte der sêle, der alsô vil ist und sich alsô wîte teilent, die sol er übergân dannoch, dâ sie sint in den gedenken, swie doch der gedank wunder würket, dâ er in im selber ist. Disen gedank sol man übergân, sol got sprechen in die krefte, die niht geteilet ensint.

Daz ander: ›er gienc ûf den berc‹, daz meinet, daz got dâ wîset die hœhe und die süezicheit sîner natûre, in den von nôt abevellet allez, daz crêatûre ist. Dâ enweiz er niht wan got und sich, als er ist ein bilde gotes.

Daz dritte: ›er gienc ûf den berc‹, daz erzeiget sîne hœhe – daz hôch ist, daz ist gote nâhe – und meinet die krefte, die gote sô nâhe sint. Unser herre nam ze einem mâle drîe sîner jünger und vuorte sie ûf einen berc und erschein vor in in glîcher klârheit an dem lîchamen, als wir suln haben in dem êwigen lebene. Unser herre sprach: ›gedenket des, dô ich ze iu sprach, dô ensâhet ir noch bilde noch glîchnisse‹. Sô der mensche læzet ›die schar‹, sô gibet sich got in die sêle sunder bilde und glîchnisse. Alliu dinc werdent bekant in bilde und in glîchnisse.

PREDIGT 72

Videns Iesus turbas, ascendit in montem etc. ⟨Matth. 5,1⟩.

Man liest im Evangelium, daß ›unser Herr die Schar verließ und auf den Berg ging. Da tat er seinen Mund auf und lehrte über das Reich Gottes‹ ⟨Matth. 5,1⟩.

›Und lehrte‹. Sankt Augustinus sagt: »Wer da lehrt, der hat seinen Stuhl in den Himmel gesetzt«. Wer Gottes Lehre empfangen will, der muß hinaufgehen und hinausgehen über alles, was ausgebreitet ist: dessen muß er sich entschlagen. Wer Gottes Lehre empfangen will, der muß sich sammeln und sich in sich selbst verschließen und sich von allen Sorgen und Kümmernissen und dem Getriebe niederer Dinge abkehren. Die Kräfte der Seele, deren so viele sind und die sich so weit zerteilen, über die muß er hinausschreiten, ja sogar noch ⟨über die Kräfte⟩, soweit sie im Bereich des ⟨diskursiven⟩ Denkens liegen, obgleich das Denken, wo es ⟨rein⟩ in sich selbst ist, Wunder wirkt. ⟨Auch⟩ über dieses Denken muß man hinausschreiten, soll Gott in *jene* Kräfte ⟨ein-⟩sprechen, die nicht ⟨mehr⟩ zerteilt sind.

Zum zweiten: ›Er ging auf den Berg‹, das will besagen, daß Gott ⟨damit⟩ die Höhe und die Süße seiner Natur anzeigt, worin notwendig alles, was Kreatur ist, abfällt. Dort weiß er ⟨= der Mensch⟩ nichts als Gott und sich selbst, insofern er »Bild« Gottes ist.

Zum dritten: ›Er ging auf den Berg‹, das zeigt seine Höhe an – was hoch ist, das ist Gott nahe –, und es weist auf jene Kräfte hin, die Gott so nahe sind. Unser Herr nahm einmal drei seiner Jünger und führte sie auf einen Berg und erglänzte vor ihnen in der gleichen Verklärung des Leibes, wie wir sie haben werden im ewigen Leben ⟨vgl. Matth. 17,1f.⟩. Unser Herr sprach: ›Erinnert euch, als ich zu euch sprach, da saht ihr weder »Bild« noch Gleichnis‹ ⟨vgl. Joh. 16,4⟩. Wenn der Mensch ›die Schar verläßt‹, so gibt sich Gott in die Seele ohne »Bild« und ohne Gleichnis. Alle Dinge ⟨dagegen⟩ werden erkannt in »Bild« und Gleichnis.

Sant *Augustînus* lêret von drîerleie bekantnisse. Daz êrste ist lîplich, daz nimet bilde als daz ouge: daz sihet und nimet bilde. Daz ander ist geistlich und nimet doch bilde von lîplichen dingen. Daz dritte ist inwendic in dem geiste, daz bekennet sunder bilde und glîchnisse, und diz bekantnisse glîchet sich den engeln.

Diu oberste hêrschaft der engel diu teilet sich in driu. Ein *meister* sprichet: diu sêle bekennet sich niht sunder glîchnisse; aber der engel bekennet sich sunder glîchnisse und got. Er wil sprechen: got gibet sich in der hœhe in die sêle sunder bilde und glîchnisse.

›Er gienc ûf den berc und wart widerbildet vor in‹. Diu sêle sol widerbildet sîn und îngedrücket in daz bilde und widerslagen in daz bilde, daz gotes sun ist. Diu sêle ist gebildet nâch gote; aber die *meister* sprechent, daz der sun ist ein bilde gotes, und diu sêle ist gebildet nâch dem bilde. Sô spriche ich mê: der sun ist ein bilde gotes obe bilde; er ist ein bilde sîner verborgenen gotheit. Dâ der sun ein bilde gotes ist und dâ der sun îngebildet ist, dár nâch ist diu sêle gebildet. In dem selben, dâ der sun nimet, dâ nimet ouch diu sêle. Dannoch, dâ der sun ûzvliezende ist von dem vater, dâ enbehanget diu sêle niht: si ist obe bilde. Viur und hitze daz ist ein und ist doch verre von einem. Smak und varwe an einem apfel ist ein und ist doch verre von einem. Der munt nimet den smak, dar zuo enkan daz ouge niht getuon; daz ouge nimet die varwe, dâ enweiz der munt niht umbe. Daz ouge wil lieht haben; dannoch ist der smak wol in der naht. Diu sêle enweiz niht wan umbe éin, si ist obe bilde.

Der wîssage sprichet: ›got wil vüeren sîniu schâf an eine grüene weide‹. Daz schâf ist einvaltic: alsô sint die liute einvaltic, die in ein gevalten sint. Ein *meister* sprichet, daz

Sankt Augustinus belehrt über dreierlei Erkenntnis. Die eine ist leibgebunden: die nimmt »Bilder« auf, wie das Auge; das sieht und nimmt »Bilder« auf. Die zweite ist geistig und nimmt doch »Bilder« auf von körperlichen Dingen. Die dritte ist innerlich im Geiste, die erkennt *ohne* »Bilder« und Gleichnisse, und *diese* Erkenntnis gleicht den Engeln.

Die oberste Herrschaft der Engel ist dreigeteilt. Ein Meister sagt: Die Seele erkennt sich nicht ohne Gleichnis; der Engel aber erkennt sich und Gott *ohne* Gleichnis. Er will sagen: Gott gibt sich in der Höhe in die Seele *ohne* »Bild« und ohne Gleichnis.

›Er ging auf den Berg und ward verklärt vor ihnen‹ ⟨Matth. 17,1/2⟩. Die Seele soll verklärt und eingedrückt und eingeprägt werden in das »Bild«, das Gottes Sohn ist. Die Seele ist gebildet *nach* Gott; die Meister aber sagen, daß der Sohn ein »Bild« Gottes *ist*, die Seele aber *nach dem* »*Bilde*« gebildet ist ⟨vgl. Weish. 2,23⟩. Ich aber sage vielmehr: Der Sohn ist ein überbildliches »Bild« Gottes; er ist ein »Bild« seiner verborgenen Gott*heit*. Nach eben dem nun, worin der Sohn ein »Bild« Gottes ist und worin der Sohn »eingebildet« ist, *danach* ist ⟨auch⟩ die Seele gebildet. Aus demselben, aus dem der Sohn empfängt, daraus empfängt auch die Seele. Selbst da, wo der Sohn aus dem Vater ausfließt, bleibt die Seele nicht hängen: sie ist über ⟨jedes⟩ »Bild« erhaben. Feuer und Hitze sind eins und sind doch fern vom Eins-Sein ⟨= Einen⟩. Geschmack und Farbe sind an einem Apfel vereint und sind doch fern vom Eins-Sein ⟨= Einen⟩. Der Mund nimmt den Geschmack wahr, dazu kann das Auge nichts beitragen; das Auge nimmt die Farbe wahr, davon ⟨hinwiederum⟩ weiß der Mund nichts. Das Auge verlangt Licht, der Geschmack aber besteht auch in der Nacht. Die Seele weiß von nichts als vom Einen, sie ist erhaben über ⟨jedes⟩ »Bild«.

Der Prophet sagt: ›Gott will seine Schafe auf eine grüne Weide führen‹ ⟨vgl. Ez. 34,11ff.⟩. Das Schaf ist einfaltig; so auch sind jene Leute *ein*faltig, die zur ⟨innern⟩ Eins ⟨zusammen-⟩gefaltet sind. Ein Meister sagt, man könne des

man des himels louf an nihte enmüge als wol erkennen als an einvaltigen tieren, diu enpfâhent einvalticlîche des himels învluz, und diu kint, diu enhânt niht eigens sinnes. Aber die liute, die dâ wîse sint und vil sinne hânt, die werdent allez ûzgetragen in manicvaltigen dingen. Daz gelobete unser herre, daz ›er sîniu schâf laben wölte ûf dem berge an einem grüenen grase‹. Alle crêatûren ›grüenent‹ in gote. Alle crêatûren vallent ze dem êrsten ûz gote, dar nâch durch die engel. Waz kéiner crêatûre natûre enhât, daz hât îndruk áller crêatûren in im selben. Der engel hât in sîner natûre îndruk aller crêatûren. Waz des engels natûre enpfâhen mac, daz hât er allez alzemâle in im. Waz got geschepfen mac, daz treget der engel in im, dar umbe daz sie niht beroubet ensint der volkomenheit, die ander crêatûren hânt. Wâ von hât daz der engel? Dâ ist er gote nâhe.

Sant *Augustînus* sprichet: waz got schepfet, daz hât einen durchvluz durch die engel. In der ›hœhe‹ dâ sint ›grüene‹ alliu dinc. In der ›hœhe des berges‹ dâ sint alliu dinc ›grüene‹ und niuwe; dâ sie vallent in zîtlicheit, dâ bleichent sie und valwent. In der niuwen ›grüene‹ aller crêatûren dâ wil unser herre ›spîsen‹ sîniu ›schâf‹. Alle crêatûren, die dâ sint in der ›grüene‹ und in der ›hœhe‹, als sie in den engeln sint, die werdent der sêle lustlîcher dan allez, daz in dirre werlt ist. Als unglîch diu sunne ist wider die naht, als unglîch ist diu minste crêatûre, als si dâ ist, wider aller der werlt.

Dar umbe: swer gotes lêre enpfâhen wil, der muoz komen ûf disen ›berc‹; dâ wil sie got volbringen in dem tage der êwicheit, dâ ein ganz lieht ist. Waz ich in gote bekenne, daz ist ein lieht; waz crêatûre rüeret, daz ist naht. Dâ ist ein wâr lieht, dâ ez crêatûre niht enrüeret. Swaz man bekennet, daz muoz lieht sîn. Sant *Johannes* sprichet: ›got ist ein wâr lieht, daz dâ liuhtet in der vinsternisse‹. Waz ist diu ›vinsternisse‹? Ze dem

Himmels Lauf nirgends so gut erkennen wie an einfaltigen Tieren; die erfahren auf einfaltige Weise den Einfluß des Himmels, und die Kinder, die haben keinen eigenen Sinn. Die Leute aber, die da weise sind und viele Sinne haben, die werden beständig nach außen gerichtet in mannigfaltigen Dingen. Unser Herr verhieß, daß ›er seine Schafe laben wolle auf dem Berge an grünem Grase‹ ⟨vgl. Ez. 34,13/14⟩. Alle Kreaturen ›grünen‹ in Gott. Alle Kreaturen fallen zuerst aus Gott, danach durch die Engel. Was die Natur *keiner* Kreatur hat, das hat den »*Eindruck*« *aller* Kreaturen in sich selbst. Der Engel hat in seiner Natur den »Eindruck« *aller* Kreaturen. Was des Engels Natur zu empfangen vermag, das *hat* er ⟨schon⟩ alles völlig in sich. Was Gott zu erschaffen vermag, das tragen die Engel in sich deshalb, weil sie der gesamten Vollkommenheit, die ⟨alle⟩ anderen Kreaturen besitzen, nicht beraubt sind. Woher ⟨aber⟩ hat dies der Engel? Daher, weil er Gott nahe ist.

Sankt Augustinus sagt: Was Gott erschafft, das nimmt einen Durchfluß durch die Engel. In der ›Höhe‹ sind alle Dinge ›grün‹. Auf der ›Höhe des Berges‹ sind alle Dinge ›grün‹ und neu; fallen sie aber in die Zeitlichkeit, so bleichen sie darin und werden fahl. In der neuen ›Grüne‹ aller Kreaturen, da will unser Herr ›seine Schafe speisen‹. Alle Kreaturen, die da in jener ›Grüne‹ und in jener ›Höhe‹ sind, wie sie in den Engeln sind, die werden der Seele wohlgefälliger als alles, was in dieser Welt ist. So ungleich die Sonne ist gegenüber der Nacht, so ungleich ist die geringste Kreatur, wie sie dort ist, gegenüber der ganzen Welt.

Darum: Wer Gottes Lehre empfangen will, der muß auf diesen ›Berg‹ kommen, dort will Gott sie ⟨= die Lehre⟩ vollenden im Tage der Ewigkeit, in dem ein *volles* Licht ist. Was ich in Gott erkenne, das ist Licht; was ⟨aber⟩ die Kreatur berührt, das ist Nacht. ⟨Nur⟩ dort ist wahres Licht, wo es ⟨= das Licht⟩ keine Kreatur berührt. Was man erkennt, das muß Licht sein. Sankt Johannes spricht: ›Gott ist ein wahres Licht, das da leuchtet in der Finsternis‹ ⟨vgl. Joh. 1,9 u. 5⟩. Was ist diese Finsternis? Zum ersten: daß der Mensch an

êrsten: daz der mensche niendert enhafte noch enhange und blint sî und niht enwizze von crêatûren. Ich hân ez ouch mê gesprochen: swer got sehen wil, der muoz blint sîn. Daz ander: ›got ist ein lieht, daz dâ liuhtet in der vinsternisse‹. Er ist ein lieht, daz verblendet. Diz meinet ein sôgetân lieht, daz unbegriffen ist; ez ist unendelich, daz ist, daz ez kein ende enhât; ez enweiz umbe kein ende niht. Daz meinet, daz ez die sêle blendet, daz si niht enweiz und daz si niht enbekennet. Diu dritte ›vinsternisse‹ ist allerbeste und meinet, daz kein lieht enist. Ein *meister* sprichet: der himel enhât kein lieht, er ist ze hôch dar zuo; er enliuhtet niht, er enist noch kalt noch warm in im selber. Alsô verliuset diu sêle in der ›vinsternisse‹ allez lieht; si entwahset allem dem, daz hitze geheizen mac oder varwe.

Ein *meister* sprichet: daz hœhste daz ist lieht, dâ got sîn antheiz geben wil. Ein *meister* sprichet: gesmak alles des, daz begirlich ist, daz muoz brâht werden in die sêle mit dem liehte. Ein *meister* sprichet: ez enwart nie niht sô lûter, daz in der sêle grunt möhte komen wan got aleine. Er wil sprechen: got ›liuhtet in einer vinsternisse‹, dâ entwahset diu sêle allem liehte; si enpfæhet in irn kreften wol lieht und süezicheit und gnâde; aber in der sêle grunt enmac niht în wan blôz got. Dâ ûz gote brichet sun und heiliger geist, daz enpfæhet diu sêle wol in gote; waz aber anders ûz im vliuzet liehtes und süezicheit, daz enpfæhet si niht wan in irn kreften.

Die hœhsten *meister* sprechent, krefte der sêle und si sîn al ein. Viur und schîn ist ein, aber, swâ ez in vernunft vellet, dâ vellet ez in ein ander natûre. Wâ vernünfticheit ûzbrichet ûz der sêle, dâ vellet si als in ein ander natûre. Ze dem dritten mâle: daz ist ein lieht über liehte; dâ entwahset diu sêle allem liehte ›ûf dem berge der hœhe‹, dâ kein lieht enist. Dâ got ûzbrichet in sînen sun, dâ enbehanget diu sêle niht. Wâ got ûzvliuzet, nimet man got iendert, dâ enbehanget diu sêle

nichts hafte oder hänge und blind sei und nichts wisse von Kreaturen. Ich habe auch schon öfters gesagt: Wer Gott schauen will, der muß blind sein. Zum zweiten: ›Gott ist ein Licht, das da leuchtet in der Finsternis‹. Er ist ein Licht, das blind macht. Das meint ein so geartetes Licht, das unfaßbar ist; es ist unendlich, das heißt, daß es kein Ende hat, es weiß nichts von einem Ende. Dies bedeutet, daß es die Seele blendet, so daß sie nichts weiß und daß sie nichts erkennt. Die dritte Finsternis ist die allerbeste und meint ⟨jene⟩, in der es ⟨überhaupt⟩ kein Licht gibt. Ein Meister sagt: Der Himmel hat kein Licht, er ist zu hoch dazu: er leuchtet nicht, er ist weder kalt noch warm in sich selbst. So auch verliert die Seele in dieser Finsternis alles Licht; sie entwächst allem dem, was Hitze oder Farbe heißen mag.

Ein Meister sagt: Das Höchste, womit Gott seine Verheißung geben will, ist das Licht. Ein Meister sagt: Wohlgeschmack alles dessen, was begehrenswert ist, muß mit dem *Licht* ⟨= durch das Licht⟩ in die Seele gebracht werden. Ein Meister sagt: Nichts ist so lauter, daß es in der Seele Grund gelangen könnte, als Gott allein. Er will sagen: Gott leuchtet in einer Finsternis, dort entwächst die Seele allem Lichte; in ihren *Kräften* empfängt sie wohl Licht und Süße und Gnade; in den *Grund* der Seele aber kann nichts hinein als rein nur Gott. Daß aus Gott ausbricht Sohn und Heiliger Geist, *das* empfängt die Seele wohl in Gott; was aber sonst an Licht und Süße aus ihm ausfließt, das empfängt sie nur in ihren Kräften.

Die höchsten Meister sagen, die Kräfte der Seele und die Seele selbst seien völlig eins. Feuer und ⟨Feuer-⟩Schein sind eins; fällt es ⟨= das Feuer⟩ aber in die Vernunft, so fällt es in eine ⟨vom Schein⟩ verschiedene Natur. Wo die Vernunft aus der Seele ausbricht, da fällt sie wie in eine andere Natur. Zum dritten: Es ist ein Licht über dem Lichte; dort entwächst die Seele allem Lichte ›auf dem Berge der Höhe‹, wo kein Licht ⟨mehr⟩ ist. Wo Gott ausbricht in seinen Sohn, da bleibt die Seele nicht hängen. Nimmt man Gott irgendwo, wo er ausfließt, da bleibt die Seele nicht hängen: es ⟨= das Licht

niht: ez ist al dar obe; si entwahset allem liehte und bekantnisse. Dar umbe sprichet er: ›ich wil sie lœsen und samenen und vüeren in ir lant, und dâ wil ich sie vüeren in eine grüene weide‹. ›Ûf dem berge dâ tete er ûf sînen eigenen munt‹. Ein lêrære sprichet: unser herre tuot wol hie sînen munt ûf; er lêret uns durch die geschrift und durch die crêatûren. Sant *Paulus* sprichet aber: ›nû hât uns got zuogesprochen in sînem eingebornen sune‹; in dem sol ich bekennen von dem minsten ze dem meisten alzemâle in gote.

Daz wir entwahsen allem dem, daz got niht enist, des helfe uns got. Âmen.

über allem Lichte⟩ ist ⟨vielmehr⟩ ganz darüber erhaben; sie entwächst allem Lichte und ⟨aller⟩ Erkenntnis. Darum spricht er: ›Ich will sie lösen und sammeln und führen in ihr Land, und dort will ich sie führen auf eine grüne Weide‹. ›Auf dem Berge tat er seinen eigenen Mund auf‹. Ein Lehrer sagt: Unser Herr tut wohl ⟨auch⟩ hienieden seinen Mund auf; er lehrt uns durch die Schrift und durch die Kreaturen. Sankt Paulus wiederum spricht: ›Nun hat Gott zu uns gesprochen in seinem eingeborenen Sohne; in dem soll ich alles vom Kleinsten bis zum Größten umfassend in Gott erkennen‹ ⟨vgl. Hebr. 1,2 u. 8,11⟩.

Daß wir allem dem entwachsen, was nicht Gott ist, dazu helfe uns Gott. Amen.

⟨PREDIGT 73⟩

Dilectus deo et hominibus, cuius memoria in benedictione est. Similem illum fecit in gloria sanctorum.

Diz wort stât geschriben in dem *buoche der wîsheit*, und ez sprichet der wîse man: ›der geminnete von gote und den menschen, des man nû mit lobe gedenket. Got hât in glîch gemachet sînen heiligen in der klârheit‹.

Disiu wort mac man eigenlîche sprechen von disem heiligen, des hôchzît man hiute begât, wan sîn name ist *Benedictus*, ein ›gesegenter‹, und vüeget im gar wol diz wort, daz man ouch von im an dem orte liset ›*cuius memoria in benedictione est*‹, daz ist: ›des gedæhtnisse in dem segene des lobes ist‹ und dar umbe, als man ouch von im liset, daz im geoffenbâret wart ein klârheit, dar inne er sach vor im die ganze werlt als in einer kugel *alzemâle* versamenet. Und diz wort sprichet alsô: ›got hât in glîch gemachet sînen heiligen in der klârheit‹.

Nû merket von der ›klârheit‹. Sant *Grêgôrius* sprichet, daz der sêle, diu in dirre ›klârheit‹ ist, kleine und enge sîn alliu dinc. Daz natiurlich lieht der vernünfticheit, daz got gegozzen hât in die sêle, daz ist sô edel und sô kreftic, daz im enge und kleine ist allez, daz got ie geschuof an lîplîchen dingen. Diz lieht ist ouch edeler dan alliu lîplîchiu dinc, diu got ie geschuof, wan daz allerminste und daz allersnœdeste, daz dâ ist an lîplîchen dingen, daz ie beschinen oder beliuhtet wart von disem liehte, daz vernünfticheit ist, daz wirt edeler dan allez, daz lîplich ist. Ez wirt lûterer und liehter dan diu sunne, wan ez scheidet von den dingen lîplicheit und zîtlicheit. Diz lieht ist ouch sô wît, daz ez der wîte entwahset; ez ist wîter dan diu wîte. Ez entwahset der wîsheit und der

PREDIGT 73

Dilectus deo et hominibus, cuius memoria in benedictione est. Similem illum fecit in gloria sanctorum ⟨vgl. Eccli. 45,1/2⟩.

Dieses Wort steht geschrieben im »Buch der Weisheit«, und der weise Mann spricht: ›Der von Gott und den Menschen Geliebte, dessen man nun mit Lob gedenkt. Gott hat ihn gleich gemacht seinen Heiligen in der Verklärung‹ ⟨Jes. Sir. 45,1/2⟩.

Diese Worte kann man im eigentlichen Sinne von jenem Heiligen aussagen, dessen Fest man heute begeht, weil sein Name Benedictus ist, »ein Gesegneter«, und auf ihn gar wohl das Wort paßt, das man weiterhin über ihn am ⟨genannten⟩ Ort liest: *cuius memoria in benedictione est*, das heißt: ›dessen Gedächtnis im Segen des Lobes steht‹. Und weiterhin deshalb, weil, wie man gleichfalls über ihn liest, ihm eine »Verklärung« zuteil wurde, darin er die ganze Welt vor sich sah, völlig zusammengefaßt wie in einer Kugel, und dieses ⟨Schrift-⟩Wort lautet: ›Gott hat ihn seinen Heiligen gleich gemacht in der Verklärung‹.

Nun vernehmt etwas über diese ›Verklärung‹. Sankt Gregorius sagt, daß der Seele, die in dieser ›Verklärung‹ steht, alle Dinge klein und eng seien. ⟨Schon⟩ das natürliche Licht der Vernunft, das Gott in die Seele gegossen hat, das ist so edel und so kraftvoll, daß ihm eng und klein ist alles, was Gott an körperlichen Dingen je erschuf. Dieses Licht ist ⟨ja⟩ auch edler als alle körperlichen Dinge, die Gott je erschuf, denn das Allergeringste und Allerwertloseste, das es an körperlichen Dingen gibt, das wird, wenn es je ⟨nur⟩ von diesem Lichte, welches die Vernunft ist, beschienen oder beleuchtet ward, edler als alles, was körperlich ist. Es wird lauterer und lichter als die Sonne, denn es ⟨= dieses Licht⟩ scheidet von den Dingen die Körperlichkeit und die Zeitlichkeit ab. Dieses Licht ist so weit, daß es der Weite entwächst; es ist weiter als die Weite. Es entwächst der Weisheit und der

güete, als got entwahset der wîsheit und der güete, wan got der enist weder wîsheit noch güete, mêr: von gote kumet wîsheit und güete. Vernünfticheit enwirt niht von der wîsheit, noch vernünfticheit engât niht ûz von der wârheit noch enwirt von ir niht geborn als der wille von der güete. Wan von der güete wil der wille und wirt dâ von geborn und gât ûz von vernünfticheit und niht vernünfticheit von der wârheit. Und ist diz lieht bekantnisse, daz dâ vliuzet von der vernünfticheit, und ist rehte als ein ûzvluz und ein ûzbruch oder ein strâm gegen dem, daz vernünfticheit in ir selber ist in irm wesene. Und dirre ûzbruch ist sô verre dâ von geverret, als der himel ist über die erde. Ich spriche daz dicke und gedenke ez noch dicker: ez ist ein wunder, daz got in die sêle gegozzen hât vernünfticheit.

Nû ist ein ander lieht, daz ist daz lieht der gnâde; gegen dem ist daz natiurlich lieht als kleine als einer nâdel spitze mac begrîfen des ertrîches gegen dem ganzen ertrîche, oder daz einer nâdel spitze möhte begrîfen des himels, der unglouplich grœzer ist dan allez ertrîche. Daz got mit gnâden in der sêle ist, daz treget mê liehtes in im, dan alliu vernünfticheit geleisten müge; und allez daz lieht, daz vernünfticheit geleisten mac, ist gegen disem liehte als ein einiger tropfe ist gegen dem mer und noch tûsentmâl kleiner. Alsô ist der sêle, diu in gotes gnâden ist: der sint kleine und enge alliu dinc und allez, daz vernünfticheit geleisten und begrîfen mac.

Ich wart einest gevrâget, wâ von daz wære, daz guoten liuten als wol mit gote wære, daz sie gote alsô ernstlîche dieneten? Dô antwurte ich und sprach, ez wære dâ von, daz sie gotes gesmecket hæten, und ez wære ein wunder, diu sêle, diu gotes einest gesmecket und versuochet hæte, daz der iemer iht anders gesmacken möhte. Daz sprichet ein *heilige*, daz der sêle, diu gotes gesmecket hât, ein unsmak stinkende wirt allez, daz got niht enist.

Gutheit, so wie Gott der Weisheit und der Gutheit entwächst; denn Gott *ist* weder Weisheit noch Gutheit, vielmehr *kommt* von Gott Weisheit und Gutheit. Vernunft entsteht nicht aus der Weisheit, noch geht die Vernunft aus der Wahrheit hervor, noch auch wird sie von ihr geboren wie der Wille aus der Gutheit. Der Wille nämlich will ⟨nur⟩ kraft der Gutheit und wird von ihr geboren, geht aber aus von der Vernunft; die Vernunft hingegen ⟨geht⟩ nicht von der Wahrheit ⟨aus⟩. Das Licht aber, das von der Vernunft ausfließt, ist der ⟨diskursive⟩ Verstand, und es ist recht wie ein Ausfluß und ein Ausbruch oder ein Strom gegenüber dem, was die Vernunft in sich selbst, in ihrem Wesen ist. Und dieser Ausbruch ⟨des Verstandes aus der Vernunft⟩ ist so weit davon ⟨= von der Vernunft⟩ entfernt wie der Himmel über der Erde. Ich äußere es oft und denke es noch öfter: Es ist ein Wunder, daß Gott Vernunft in die Seele gegossen hat.

Nun gibt es ein weiteres Licht, das ist das Licht der *Gnade*; dem gegenüber ist das natürliche Licht so klein wie das, was eine Nadelspitze von der Erde zu fassen vermag, gegenüber der ganzen Erde, oder wie das, was eine Nadelspitze vom Himmel zu fassen vermöchte, der ⟨doch⟩ unglaublich größer ist als die ganze Erde. Daß Gott mit der Gnade in der Seele ist, das trägt mehr Licht in sich, als alle Vernunft aufzubringen vermöchte; ja, alles Licht, das die Vernunft aufzubringen vermag, ist gegen dieses Licht wie ein einziger Tropfen gegenüber dem Meer und noch tausendmal kleiner. So auch ist es mit der Seele, die in Gottes Gnade steht: der sind klein und eng alle Dinge und alles, was die Vernunft zu leisten und zu begreifen vermag.

Ich ward einmal gefragt, woher das käme, daß es guten Leuten so wohl mit Gott wäre, daß sie Gott so ernsthaft dienten? Da antwortete ich und sprach, es käme daher, daß sie Gott »geschmeckt« hätten, und es wäre ein Wunder, wenn der Seele, die Gott ⟨nur⟩ einmal geschmeckt und gekostet hätte, je hinfort etwas anderes schmecken könnte. Ein Heiliger sagt, der Seele, die Gott geschmeckt hat, werde alles, was Gott nicht ist, zu einem stinkenden ⟨widerlichen⟩ Pestgeschmack.

Nû nemen wir daz wort ûf einen andern sin, daz *der wîse man* sprichet: ›der geminnete von gote und den menschen‹ und geswîget des wortes ›ist‹, daz er niht ensprichet: ›er íst geminnet von gote und den menschen‹ und engedenket des niht umbe der wandelbæricheit und bewegelicheit der zîtlicheit, dâ daz wesen, daz diz wort entheltet, ist sô hôhe über erhaben. Daz wesen hât in im begriffen alliu dinc und ist doch sô hôhe überhaben, daz ez noch nie berüeret enwart von allem dem, daz ie geschaffen wart. Alle, die dâ wænent, daz sie hie von iht wizzen, die enwizzen dâ von nihtes niht. Ez sprichet sant *Dionysius*: allez, daz wir bekennen, daz wir teilen oder dem wir underscheit geben mügen, daz enist got niht, wan in gote enist weder diz noch daz, daz wir abegeziehen mügen oder mit underscheit begrîfen. Niht enist in im wan einez, daz ist er selbe. Und hie von ist vil rede under den *meistern*, wie daz zuogân müge, daz diz unbewegelîche und diz unberüerlîche, abegescheiden wesen gemeine müge werden der sêle, daz sich heltet in einem ûzluogenne der sêle, und sint sêre hie mite bekümbert, wie es diu sêle enpfenclich werden müge. Und ich spriche, daz sîn gotheit hanget dar ane, daz er sich gemeinen müge allem dem, daz sîn enpfenclich ist; und engemeinete er sich niht, sô enwære er niht got.

Diu sêle, die got minnen sol und der er sich gemeinen sol, diu muoz sô gar entblœzet sîn von zîtlicheit und von allem gesmacke der crêatûren, daz got in ir smacke nâch sînem eigenen gesmacke. Diu *geschrift* sprichet, daz ›in mitter zît der naht, dô alliu dinc in einem swîgenne wâren, dô kam, herre, dîn wort her abe von den küniclîchen stüelen‹, daz ist: in der naht, sô kein crêatûre in die sêle enliuhtet noch enluoget, und in dem stilleswîgenne, dâ niht in die sêle ensprichet, dâ wirt daz wort gesprochen in die vernünfticheit. Daz wort ist ein eigen der vernunft und sprichet ›verbum‹, als daz wort ist und stât in der vernunft.

Nun entnehmen wir dem Schriftwort noch einen andern Sinn ⟨und zwar daraus⟩, daß der weise Mann sagt: ›Der von Gott und den Menschen Geliebte‹ und dabei das Wort »ist« verschweigt, so daß er nicht sagt: »er *ist* geliebt von Gott und den Menschen«, und er unterdrückt es wegen der Wandelbarkeit und der Bewegtheit der Zeitlichkeit, über die das Sein, das dieses Wort enthält, so hoch erhaben ist. Das Sein hält alle Dinge in sich beschlossen und ist doch so hoch darüber erhaben, daß es noch nie von alledem berührt ward, das je geschaffen wurde. Alle, die da wähnen, daß sie hiervon etwas wüßten, die wissen ganz und gar nichts davon. Sankt Dionysius sagt: Alles, was wir erkennen, was wir zerteilen oder dem wir Unterschiedenheit beilegen können, das ist nicht Gott, denn in Gott ist weder »dies« noch »das«, was wir abzuziehen oder durch Unterscheidung zu erfassen vermögen. Nichts ist in ihm als ⟨nur⟩ Eines, ⟨und⟩ das ist er selber. Und davon ist viel die Rede unter den Meistern, wie es zugehen könne, daß dieses unbewegliche und dieses unberührbare, abgeschiedene Sein, das nach der Seele Ausschau hält, der Seele zuteil werden könne, und sie sind sehr darum bekümmert, wie die Seele seiner empfänglich werden könne. Ich aber sage, daß seine ⟨= Gottes⟩ Gottheit daran hängt, sich alledem mitteilen zu können, was seiner empfänglich ist; teilte er sich aber nicht mit, so wäre er nicht Gott.

Die Seele, die Gott lieben und der er sich mitteilen soll, die muß so völlig entblößt sein von Zeitlichkeit und von allem Geschmack der Kreaturen, daß Gott in ihr nach seinem eigenen Geschmack schmecke. Die Schrift sagt: ›Zur Zeit der Mitternacht, als alle Dinge im Schweigen waren, da kam, Herr, dein Wort herab von den königlichen Stühlen‹ ⟨Weish. 18,14/15⟩. Das heißt: In der Nacht, wenn keine Kreatur ⟨mehr⟩ in die Seele leuchtet noch lugt, und im Stillschweigen, wo nichts mehr in die Seele spricht, da wird das Wort ⟨ein-⟩gesprochen in die Vernunft. Das Wort eignet der Vernunft und heißt *verbum*, so wie das Wort in der Vernunft ist und steht.

Ich erschricke ofte, sô ich von gote reden sol, wie gar abegescheiden diu sêle muoz sîn, diu ze der einunge komen wil. Und daz endarf nieman unmügelich dünken; ez enist niht unmügelich der sêle, diu dâ gotes gnâde hât. Ez enwart nie kein dinc lîhter einem menschen dan der sêle, diu gotes gnâde hât, ze lâzenne alliu dinc. Ich spriche mê: ez enwart ouch nie kein dinc einem menschen lîhter ze tuonne dan der sêle, diu gotes gnâde hât, alliu dinc ze lâzenne; kein crêatûre enmac ir geschaden. Daz sprichet sant *Paulus*: ›ich bin des gewis, daz kein crêatûre mich gescheiden enmac von gote, weder glücke noch unglücke noch leben noch tôt‹.

Nû merket! Niene enist got eigenlîche got als in der sêle. In allen crêatûren ist etwaz gotes, aber in der sêle ist got götlich, wan si ist sîn ruowestat. Dar umbe sprach ein *meister*: got enminnet niht wan sich selber; er verzert alle sîne minne in im selber. Er wære wol ein tôre, der mit einem griffe begrîfen möhte hundert mark, begriffe er denne niht mê dan einen pfenninc. Sîn minne ist in uns ein ûzblüejen des heiligen geistes. Ein ander wort hie von: got enminnet niht in uns wan die güete, die er in uns würket. Ein *heilige* sprichet: ez enwirt niht gekrœnet von gote wan sîn eigen werk, daz er in uns würket. Nieman ensol erschrecken dâ von, daz ich spriche, daz got niht enminnet wan sich selber; ez ist unser allerbestez, wan er meinet unser allergrœsten sælicheit dar inne. Er wil uns dâ mite in sich selber locken, daz wir geliutert werden, daz er uns dâ mite in sich selber setze, ûf daz er uns in im und sich in uns mit im selber müge minnen. Und im ist alsô nôt nâch unser sælicheit, daz er uns in sich locket mit allem dem und er uns in sich mac bringen, ez sî gemach oder ungemach. Trutz gote, daz er des iemer über uns verhenge, dâ mite er uns in sich niht enlocke. Ich enwil des gote niemer gedanken, daz er mich minnet, wan er enmac ez niht gelâzen, er welle oder enwelle, sîn natûre twinget in dar zuo. Ich wil im des danken, daz er ez niht gelâzen enmac von sîner güete, er enmüeze mich minnen. Daz wir uns selber benomen

Ich erschrecke oft, wenn ich von Gott reden soll, *wie* völlig abgeschieden die Seele sein muß, die zu jener Einswerdung kommen soll. Das aber darf 〈doch〉 niemandem unmöglich dünken. Es ist *der* Seele nicht unmöglich, die Gottes Gnade besitzt. Keinem Menschen fiel je etwas leichter, als 〈es〉 der Seele, die Gottes Gnade besitzt, 〈fällt,〉 alle Dinge zu lassen. Mehr noch sage ich: Nie auch ward einem Menschen etwas zu tun leichter, als 〈es〉 der Seele, die Gottes Gnade besitzt, 〈wird,〉 alle Dinge zu lassen; keine Kreatur vermag ihr zu schaden. Sankt Paulus spricht: ›Ich bin des gewiß, daß keine Kreatur mich von Gott scheiden kann, weder Glück noch Unglück, weder Leben noch Tod‹ 〈Röm. 8,38〉.

Nun gebt acht! Nirgends ist Gott so eigentlich Gott wie in der Seele. In allen Kreaturen ist etwas von Gott, 〈erst〉 in der Seele aber ist Gott göttlich, denn sie ist seine Ruhestatt. Darum sprach ein Meister: Gott liebt nichts als sich selbst; er verzehrt alle seine Liebe in sich selbst. – Der wäre 〈ja〉 wohl ein Tor, der mit *einem* Griffe hundert Mark greifen könnte und nur einen Pfennig griffe. – Seine Liebe 〈zu sich selber aber〉 ist in uns ein Ausblühen des Heiligen Geistes. Um es anders auszudrücken: Gott liebt nichts in uns als die Gutheit, die er in uns bewirkt. Ein Heiliger sagt: Es wird nichts gekrönt von Gott als sein eigenes Werk, das er in uns wirkt. Niemand 〈aber〉 soll darüber erschrecken, daß ich sage, Gott liebe nichts als sich selbst; es ist unser Allerbestes, denn er hat darin unsere größte Seligkeit im Auge. Er will uns damit in sich selbst locken, daß wir geläutert werden, damit er uns in sich versetze, auf daß er uns in sich und sich in uns mit sich selber lieben könne. Und unsere Seligkeit tut ihm so not, daß er uns in sich lockt mit allem dem, womit er uns in sich zu bringen vermag, sei's Gemach oder Ungemach. Trutz Gott, daß er je etwas über uns verhänge, womit er uns *nicht* in sich locke! Ich will Gott niemals dafür danken, daß er mich liebt, denn er *kann's* 〈gar〉 nicht lassen, ob er wolle oder nicht, seine Natur *zwingt* ihn dazu. Ich will ihm *dafür* danken, daß er's in seiner Güte nicht lassen kann, mich zu lieben. Daß wir uns selbst genommen und in Gott versetzt werden, dies ist nicht

werden und in got gesetzet werden, diz enist niht swære, wan got der muoz ez selber würken in uns, wan ez ist ein götlich werk, der mensche volge aleine und enwiderstâ niht, er lîde und lâze got würken.

Daz wir gote alsô volgen, daz er uns in sich müge gesetzen, daz wir mit im vereinet werden, daz er uns mit im selber müge geminnen, des helfe uns got. Âmen.

schwer, denn Gott muß es selbst in uns bewirken; ist es doch ein *göttliches* Werk, der Mensch folge nur und widerstehe nicht, er *erleide* ⟨es⟩ und lasse Gott *wirken.*

Daß wir Gott so folgen, daß er uns in sich versetzen könne, damit wir mit ihm vereint werden, auf daß er uns mit sich selbst lieben könne, dazu helfe uns Gott. Amen.

〈PREDIGT 74〉

Dilectus deo et hominibus, cuius memoria in benedictione est. Similem eum fecit in gloria sanctorum.

›Er ist lieb gewesen gott vnd den menschen‹ (deß wir nun gedencken), ›vnd ist gebenedyet vnd ist in gott geheiliget in der klarheit der heiligen‹. Soͤlche wort lißt man heüt von meinem lieben herren sant Francisco, vnd der wirt hie gelobt an zwey dingen, vnd wer die hat, der ist ein groß mensch.

Daz ein ist geware armůt. Man lißt von im, dz er einest gieng mit eim seinem gesellen. Do begegnet jn ein armer mensch. Do sprach er zů seinem gesellen: Nun hat vns diser mensch geschendet vnd hatt vns laster gethan, das er aͤrmer ist dann wir. Diß wort merckent, das er darab geschennt sich selber achtet, dz er yemant fandt, der aͤrmer was dann er. Ich pflag etwan ein wort zů sprechen (vnd ist warlich war): Wer da warlich liebhat armůt, dem ist so not darzů, dz er niemant gont, dz er minder hab dann er. Vnd also ist es von allen dingen, es sey reinigkeit, es sey gerechtigkeit, es sey, was tugend er liebhabe, an dem wil er an dem hoͤchsten sein. Er wil ymmer den hoͤchsten grad haben, den man haben mag in der zeit, vnd mag nit leiden, das icht ob im sey; er wil ymmer die obersten statt haben. Der liebe gnuͤgt nit, die weil etwas da ist, da mit man liebhaben mag. Diser heilig hett armůt also seer lieb, das er nit mocht leyden, das yemant aͤrmer were dann er. Ie aͤrmer der mensch ist im geist, ye abgescheidner vnd vernichtende mer alle ding; ye aͤrmer er ist im geist, ye eigner alle ding sein seind vnd mer sein eigen seind.

Die ander tugent, die einen menschen groß machet, das ist ware demůtigkeit; die hat diser heilig volkommenlich vnd

PREDIGT 74

Dilectus deo et hominibus, cuius memoria in benedictione est. Similem eum fecit in gloria sanctorum ⟨*vgl. Eccli. 45,1/2*⟩.

›Er ist Gott und den Menschen lieb gewesen‹ – ⟨er⟩, dessen wir nun gedenken, – ›und ist gebenedeit und ist in Gott in der Verklärung der Heiligen geheiligt‹ ⟨Jes. Sir. 45,1/2⟩.

Solche Worte liest man heute ⟨in der Epistel⟩ von meinem lieben Herrn Sankt Franziskus, und der wird hier wegen zweier Dinge gelobt, und wer die hat, der ist ein großer Mensch.

Das eine ist wahre Armut. Man liest von ihm, daß er einst mit einem seiner Genossen ging. Da begegnete ihnen ein armer Mensch. Da sagte er zu seinem Genossen: Nun hat uns dieser Mensch damit Schande und Tadel angetan, daß er ärmer ist als wir. Beachtet diese Äußerung, daß er sich dadurch als geschändet erachtete, daß er jemanden fand, der ärmer war als er. Ich pflegte gelegentlich ein Wort zu sagen (und es ist wirklich wahr): Wer die Armut wahrlich liebhat, den drängt es so notwendig dazu, daß er niemandem vergönnt, daß er weniger habe als er. Und so ist es in allen Dingen, es sei Reinheit, es sei Gerechtigkeit, es sei, welche Tugend ⟨auch immer⟩ er liebe, darin will er im Höchsten sein. Er will immer den höchsten Grad einnehmen, den man in der Zeit erreichen kann und mag nicht dulden, daß etwas über ihm sei; er will stets den obersten Platz einnehmen. Der Liebe genügt es nicht, solange noch etwas vorhanden ist, womit man lieben kann. Jener Heilige hatte die Armut so sehr lieb, daß er nicht dulden konnte, daß jemand ärmer sei als er. Je ärmer ein Mensch im Geiste ist, umso »abgeschiedener« und alle Dinge mehr zunichte machend ist er; je ärmer im Geiste er ist, umso zugehöriger sind ihm alle Dinge und umso mehr sind sie sein Eigen.

Die zweite Tugend, die einen Menschen groß macht, das ist wahre Demut; die besaß jener Heilige vollkommen und

vernichtigkeit vnd verworffenheit sein selbs. Dise tugent machet den menschen aller groͤßt; der diß in dem aller tieffsten vnd in dem volkomnesten hat, der hat müglicheit, alle volkommenheit zů empfahend.

›Er ist lieb gewesen‹, (spricht die schrifft), ›got vnd den menschen‹. Nun wil ich euch sagen ein gar gůte meer; der es versteet, so ist es gar ein troͤstlich ding. Der mensch, der got liebhat, der ist liebgehebt von allen heiligen vnd von allen englen als vnmessiglich seer, das alle die lieb, die man erdencken kan, die ist diser lieb vngleich vnd ist ein nicht gegen diser liebe. Alle, die im hymelreich seind, die hant mich so ser lieb (ob ich got liebhab), alles, das man von lieb gedencken mag, das ist ein vngleich ding, ioch was ir woͤllen vnd wie ir woͤllent: Ich bin liebgehebt von aller der menige der engel, der so vnzalich vil ist.

Ich bin neüwlich gefraget, wie das müg sein, das der engeln mer sey denn aller leiplichen *dinge* zal, der so recht vil ist als an korn vnd an graß vnd an sovil dings? So sprich ich: Die ding muͤssent groß sein, da sich gott inn ⟨ei⟩ge⟨n⟩t vnd die gott in im eige⟨n⟩t vnd die gott nahe seind. Die *meister* sprechent (die wol sprechen woͤllen), Das ein yeglicher engel hab ein sondere natur vnd empfahe sonderlich alle die natur in sich. Zů gleicher weiß: were ich ein mensch vnd hett aller menschen natur in mir, stercke, weißheit, schoͤne vnd alles das, daß alle menschen hant, so wer ich gar ein schoͤn mensch; vnd so werent nit me menschen dann ich, so empfieng ich, das alle menschen empfahent. Ein yeglicher engel hat sein sonder natur; ye neher er got ist, ye edler er ist vnd hat in sich gefasset gottes also vil, als er sein empfahen mag. Vnd dise menig hat mich lieb, vnd alle die hant mich lieb, die got liebhaben, vnd niemant hasset mich, denn die gottes feind seind. Wer er ioch sey, an dem selben wirt er gottes feind, vnd

Selbsterniedrigung und Selbstverworfenheit. Diese Tugend macht den Menschen am allergrößten; wer dies am allertiefsten und am vollkommensten hat, der besitzt die Möglichkeit, alle Vollkommenheit zu empfangen.

›Er ist lieb gewesen‹, (sagt die Schrift) ›Gott und den Menschen‹. Nun will ich euch eine gar gute Aussage machen; ⟨für den,⟩ der sie versteht, ist sie ein gar tröstlich Ding. Der Mensch, der Gott liebhat, der wird geliebt von allen Heiligen und von allen Engeln so überschwenglich stark, daß alle Liebe, die man sich ausdenken kann, dieser Liebe nicht gleich und dieser Liebe gegenüber ein Nichts ist. Alle, die im Himmel sind, die lieben mich so sehr ⟨wenn ich Gott liebe⟩, daß alles, was man an Liebe auszudenken vermag, ⟨dem gegenüber⟩ ein ungleich Ding ist, was oder wie ihr auch wollt: Ich bin geliebt von der ganzen Menge der Engel, deren es so unzählig viele gibt.

Ich wurde neulich gefragt, wie das sein könne, daß es der Engel mehr gebe als aller körperlichen Dinge Zahl, deren es doch recht so viele gibt wie ⟨etwa⟩ an Korn und an Gras und an so mancherlei. Dann sage ich: Die Dinge müssen groß ⟨= zahlreich⟩ sein, in die sich Gott zu eigen gibt und die sich Gott in sich zu eigen machen und die Gott nahe sind. Die Meister sagen (die recht aussagen wollen), daß ein jeglicher Engel eine besondere Natur besitze und gesondert diese ganze Natur empfange. In gleicher Weise: Wäre ich ein Mensch und hätte *aller* Menschen Natur in mir, Stärke, Weisheit, Schönheit und alles das, was *alle* Menschen haben, so wäre ich ein gar schöner Mensch; und wenn es nicht mehr Menschen gäbe als mich, so empfinge ich das, was alle Menschen empfangen. Ein jeglicher Engel hat seine besondere Natur; je näher er Gott ist, um so edler ist er, und er hat von Gott soviel aufgenommen, wie er von ihm ⟨nur⟩ aufnehmen kann. Und diese Menge ⟨von Engeln⟩ hat mich lieb, und alle die ⟨Menschen⟩ haben mich lieb, die Gott lieben, und niemand haßt mich als diejenigen, die Gottes Feinde sind. Wer auch er sei, in eben dem ⟨indem er mich haßt,⟩ wird er Gottes Feind, und um desselben willen ist

ist im gott wider an dem selben. ist denn, das gott sein feind ist, vertregt dann got seim feind, warumb woͤlt ich im dann nit auch vertragen? Vnd richet mich got, weß nimm ich mich dann an zů rechende?

Nun moͤgent ir sprechen: Boͤß leüt hant es ser gůt, sy habent iren willen mer dann ander leüt. *Salomon* spricht: Der boͤß man sol nit sprechen: Waß schadet mir, das ich übel thet, vnd es thett mir doch nit we? Oder: wer thet mir darumb *übel*? Daßselb, das du übels thůst, dz ist dein schad allzůmal vnd ist dir wee gnůg. Seind deß gewiß bey der ewigen warheit, das es ein also grosser gottes zorn ist; er moͤcht dem sünder nit wirß gethůn weder mit helle noch iener mit, denn er im damit thůt, das er im deß gestattet oder über jn verhenget, dz er sündig ist, vnd das er sich nit über jn erbarmmet, das er nit über jn verhangte so grossen iamer, das er nit sünden moͤchte. Vnd geb im got wee aller der welt, dannoch moͤcht jn gott nit mer schlahen, dann er damit geschlagen ist, das er sündiget.

›Er ist gott geuellig vnd lieb gewesen vnd den leüten, deß gedechtniß ist in dem lob vnd segen.‹ Diß wort ward von ersten gesprochen von Moyse, vnnd der selbig wirt als vil gesprochen als einer, der vom wasser ist genommen. Bey dem wasser nimpt man vergengkliche ding. Der mensch ist allein got geuellig, der von allen zergengklichen dingen abgescheiden vnd abgenommen ist. Der mensch, der aller abgescheid⟨e⟩ne⟨st⟩ ist vnd aller vergessen⟨lichest⟩ ist aller zergengklicher ding, der ist gott aller geuelligest vnnd an dem selben got aller nehest.

Nun moͤchtest du sprechen: ›Wie moͤcht ich als vil gethůn, dz ich all die welt verschmachte durch gott?‹ Ich spriche: der hett verr mer gethan, der sich aller dingen verwinden oder verzeihen moͤcht. *Künig Dauid* spricht: ›Dochter, vergiß deins volcks vnd das hauß deins vatters, so wirt der künig

Gott ihm abhold. Ist es aber dann so, daß Gott sein Feind ist, Gott aber diesem seinem Feind verzeiht, warum sollte dann ich ihm nicht auch verzeihen? Rächt mich aber Gott, wozu unterfange ich mich dann noch, mich zu rächen?

Nun könnt ihr sagen: Schlechte Menschen haben es sehr gut, sie kriegen ihren Willen mehr als andere Leute. Salomon sagt: Der böse Mensch soll nicht sagen: Was schadet es mir, daß ich Übles täte, wenn es mir doch nicht weh täte? Oder: Wer täte mir deshalb Übles? Eben das, daß du Übles tust, das ist ganz und gar *dein* Schaden und tut dir weh genug. Seid dessen gewiß bei der ewigen Wahrheit, daß es ein ebenso großer Zorn Gottes ist; er könnte dem Sünder nichts Schlimmeres antun, weder mit der Hölle noch mit irgend etwas, als er ihm damit antut, daß er es ihm gestattet oder über ihn verhängt ⟨= ihm zuläßt⟩, daß er sündig ist und daß er sich nicht dadurch über ihn erbarmt, daß er keinen so großen Jammer ⟨= Unheil⟩ über ihn zuließe, *nicht* sündigen zu können. Und gäbe ihm Gott das Weh der ganzen Welt, so könnte ihn Gott dennoch nicht mehr schlagen, als er damit geschlagen *ist*, daß er sündigt.

›Er ist Gott und den Menschen wohlgefällig und lieb gewesen, dessen Gedenken im Lobe und im Segen liegt‹. Dieses Wort ward zuerst über Moses gesprochen, und derselbe wird benannt als einer, der aus dem Wasser genommen ⟨gezogen⟩ ist. Unter dem Wasser versteht man vergängliche Dinge. Der Mensch allein ist Gott wohlgefällig, der von allen vergänglichen Dingen abgeschieden und weggenommen ist. Der Mensch, der am abgeschiedensten ist und am allermeisten alle vergänglichen Dinge vergessen hat, der ist Gott am wohlgefälligsten und darin Gott am allernächsten.

Nun könntest du sagen: »Wie vermöchte ich soviel zu tun ⟨= es dahin zu bringen⟩, daß ich die ganze Welt um Gottes willen verschmähte?« Ich sage: »Der hätte weit mehr getan, der sich aller Dinge zu entschlagen und entäußern vermöchte«. König David sagt: ›Tochter, vergiß dein Volk und das Haus deines Vaters, so wird der König deiner

begeren deiner schoͤne.‹ Als ob er sprech: ›der künig wirt recht vertoͤret vnd vnsinnig werden nach dir von liebe‹. Was gottes lieb in vns würcke vnd was wirdigkeit wir darab empfahen, das vns got liebhat, das spr⟨a⟩ch ich in einem andern sermon vnd predig. Diß wort (›vergiß deins volcks vnd das hauß deines vatters‹) merckent ebent. Warumb ist mir meyn vatter lieber denn ein ander man? Darumb, das er mein vatter ist vnd meyn *Omne*, wann er mein *Omne* ist, das ist alles das mein, ia das mein. Des meinen sol ich vergessen in allen dingen, meynet diß wort. Der p r o p h e t spricht: ›deins vatters haußes‹; als ich neülich sprach: koͤnde der mensch darzů kommen, über sich vnd auß sich, so hett er wol gefochten. Vergiß deß deinen, so gewünnestu die tugent.

Die tugent hat vierley grad. Der erst brichet hindurch vnd machet weg dem menschen von allen vergengklichen dingen. Der ander benimpt sy dem menschen allzemal. Der dritt benimpt sy nit allein, mer: sy thůt ir allzůmal vergessen, als sy nie wurden, vnd dz hoͤret darzů. Der vierd grad ist allzůmal in gott vnd ist got selb. Als wir hierzů kommen, ›so wirt der kunig begeren vnser gezierd‹.

Er spricht weyter: ›Wann er ist der herr, dein got, vnd sy werdent jn eren vnd anbetten‹. Denn ist

vnser herr dein gott; als warlich vnd als gewaltiglich ist er dein, als er sein selbs ist, (gedenck ioch, wie du wilt), so ist er dein. Wie wirt er also din? – das du allzůmal sein seyest. Sol gott mein sein als sein, so sol ich sein sein als mein.

⟨Ge_4 *f. 59v-61r*⟩

Godt is uwen Godt alsoo gewaerlycken ende alsoo geweldelycken is hy v als hy syns sel⟨f⟩s is te weten van genaeden nae begryp dat eender geschapender creatueren mogelyck waere ende is te begrypen peyst peyst wies dat gy wilt soo is hy ws. Maer merckt hoe wort hy v, aldus op dat gy altemaele syn syt. Sal Godt myn syn als ic syn, soo sal ic syn syn als hy myn.

Schöne begehren‹ ⟨vgl. Ps. 44,11⟩. Wie wenn er spräche: »Der König wird ganz betört und vernarrt werden in Liebe zu dir«. Was Gottes Liebe in uns wirke und welche Würde wir dadurch empfangen, daß Gott uns liebhat, darüber habe ich in einer andern Rede und Predigt gesprochen. Dieses Wort (›Vergiß dein Volk und das Haus deines Vaters‹) beachtet genau. Warum ist mir mein Vater lieber als ein anderer Mann? – Darum, weil er mein Vater und mein *Omne* ⟨= ein und alles⟩ ist, denn er *ist* mein *Omne*, das heißt mein Alles, ja ⟨fürwahr⟩ das Meinige. Des Meinigen ⟨aber⟩ soll ich in allen Dingen vergessen, meint jenes Wort. Der Prophet sagt: ›des Hauses deines Vaters‹; wie ich neulich sagte: Könnte der Mensch *dahin*, ⟨d. h.⟩ über sich ⟨hinaus⟩ und aus sich ⟨heraus⟩ gelangen, dann hätte er recht gerungen. Vergiß des Deinigen, so gewännest du die Tugend.

Die Tugend hat viererlei Grade. Der erste bricht hindurch und bereitet dem Menschen den Weg ⟨weg⟩ von allen vergänglichen Dingen. Der zweite ⟨Grad⟩ benimmt sie dem Menschen völlig. Der dritte benimmt sie nicht nur, sondern er läßt sie ganz und gar vergessen, so als wenn sie nie gewesen wären, und dies gehört ⟨notwendig⟩ dazu. Der vierte ist ganz in Gott und ist Gott selbst. Wenn wir hierzu gelangen, ›so wird der König unserer Zierde begehren‹.

Er ⟨= der Prophet⟩ sagt weiterhin: ›denn er ist der Herr, dein Gott, und sie werden ihn ehren und anbeten‹ ⟨Ps. 44,12⟩. Dann ist unser Herr dein Gott; so wahrlich und so gewaltig ist er dein, wie er sich selbst besitzt, (denk, wie du auch willst,) er *ist* dein. Wie ⟨aber⟩ *wird* er so dein? – Dadurch, daß du völlig sein seiest. Soll Gott mein sein wie sein, dann muß ich sein sein wie mein.

Ein *geschrifft* spricht: Wenn ist gott dein ⟨gott⟩? – Wenn dich nichtes gelüstet ⟨wan sein⟩, denn so schmackt er dir. Aber begerest du ichtes, das yena auß im locket, so ist er dein ⟨gott⟩ nit.	Een Meester spreeckt, wanneer is Godt v Godt? wanneer dat v geens dinckx en lust dan syns smaeckt gy iet oft begeerdy iet dat ieuers wt hem leedt soo en is hy v Godt niet.
An einer andern stat sagt er: Hastu einen menschen lieber denn den andern, es sey denn, das du in i⟨m⟩ tugenden liebhabest, da bistu dein selbs, vnd da ist got dein got nit.	Ist dat gy den eenen mensche bet moecht dan den anderen het sy nochtans dat gy eenige duecht die hy heeft in hem mint ende gondy hem daerom bet dan eenen anderen daer sydy ws selfs in ende daer en is Godt v Godt niet.
Weyter spricht der *prophet*: ›Denn werdent sy jn anbetten vnd werden im gaben bringen vnd geben alle die geschlechte vnd die künig der erden‹. Vnd also ist diß wort berichtet: ›er ist got lieb vnd geuellig gewesen vnd den menschen vnd ist im gegeben benedeiung aller leüten‹. Da man ›all‹ sagt, da ist nichts außge⟨nomen⟩. Alles, das die hant, die in hymelreich vnd vff erttrich seind, dz ist mein als eigen als inen vnd bin als selig dar ab, das vnser liebe Frow hat, als von dem, das ich selber hab; vnd auch ir wirdigkeit, ir tugent, da bin ich als selig, als ob ich sy selber gewürckt hett.	Die Propheet spreeckt, dan sullen sy hem aenbidden ende sullen hem giften geuen ende brengen alle die geslachten Coningen der aerden. Nu is dat woert waer, ende hy heeft behagelyck geweest ende hem is gegeuen bedinge alder lieden: Daermen (Al) afspreckt daer en is niet wtgenomen; al dat die hebben die in hemelrycke ende in eertrycke syn dat is myn alsoo eygen als hun ende ic ben daer af alsoo salich als dat ic seluen hebbe.

Eine Schrift sagt: Wann ist Gott dein ⟨Gott⟩? – Wenn dich nach nichts gelüstet ⟨als nach ihm⟩, dann »schmeckt« er dir. Begehrst du aber nach irgend etwas, das irgendwie aus ihm herauslockt, dann ist er *dein* ⟨Gott⟩ nicht. An einer andern Stelle sagt er ⟨= der Prophet⟩: Hast du einen Menschen lieber als den andern, – es sei denn, daß du Tugenden in ihm liebst –, da steckst du mit deinem Selbst darin, und da ist Gott nicht *dein* Gott.

Weiterhin sagt der Prophet: ›Dann werden sie ihn anbeten und werden alle Geschlechter und die Könige der Erde ihm Gaben bringen und schenken‹ ⟨vgl. Ps. 71,10⟩. Und so ist ⟨denn⟩ dieses Wort gedeutet: ›Er ist Gott und den Menschen lieb und wohlgefällig gewesen, und die Segnung aller Menschen ist ihm verliehen‹. Wenn man »all« sagt, so ist da nichts ausgenommen. Alles, was die besitzen, die im Himmel und auf Erden sind, das ist mir so zu eigen wie ihnen, und ich bin so selig durch das, was Unsere liebe Frau besitzt, wie durch das, was ich selbst besitze; und auch ihre Würde, ihre Tugend, – durch die bin ich ebenso beseligt, wie wenn ich sie selbst gewirkt hätte.

Nun moͤcht man sprechen: ›Eya, seind alle ding also mein vnnd gebrauch ich ir als sy, was soͤlt ich dann als seer arbeiten vnd sovil abgescheiden sein? Ich wil recht einen gůten willen haben vnd sein ein gůt mensch vnd meines gemaches pflegen vnd wil haben als gůten teil im hymel als die darumb arbeitent‹.	Nu mochte iemant spreeken. Aengesien dat alsoo is dat alle dingen myn syn ende gebruycken mach alsoo sy doen waeromme soude ic dan alsoo veele aerbeyden ende alsoo veele afgescheyden syn: Ick wil eenen wille hebben een goet mensche te syne ende houden myn gemack ende hebben alsoo veele als die geene die daerom aerbeyden. Hier op spreecke ic een woort; En trouwen neen. alsoo niet. Alsoo veele als gy afgescheyden syt van alle dingen alsoo veele heeftmens ende niet meer. Meynt gy oock oft hebdy opsicht daer op dat v iet worden sal daer voor soo en wort y niet ende gae ic gelyck gy soo wort my gelyck v. Ende noch een ander woort: Ick minne mynen euen naesten gelyck my seluen.
Nun sprich ich: als vil du abgescheiden bist, als vil hast du ⟨vnd niht⟩ mer. Meinest aber du das, daß dir werden sol, vnd hast ein sehen daruff, so wirt dir nichts. Gang ich aber gleich auß, so wirdt mir gleich. Vnd ⟨noch⟩ ein ander wort: ob ich gleich liebhab mein ebenmenschen als mich selber.	
Als wer gott von hertzen liebhat, der liebhat seinen ebenmenschen als sich selber. Darumb stat geschriben *Tanquam*, das ist: recht oder eben gleich ⟨als mich⟩.	Soo wie Godt van alle synder herten mint hy mint synen euen naesten gelyck hem seluen.
Warumb ist mir lieber, das meinem brůder icht gůtes geschehe oder mir selber denn einem andern?	Waerom is my lieuer dat mynen broeder oft oock my seluen eere geschiet dan eenen anderen?

Nun könnte man sagen: »Nun denn: wenn alles ⟨was die im Himmel und auf Erden haben und genießen,⟩ ebenso mir gehört und ich ebensolchen Genuß davon habe wie sie, wozu sollte ich mich dann so sehr abmühen und so sehr enthaltsam sein? Ich will zwar recht einen guten Willen haben und ein guter Mensch sein, im übrigen aber will ich's mir bequem machen und doch einen ebenso guten Anteil im Himmel haben wie diejenigen, die sich darum mühen«. Ich aber erwidere darauf: »Genau soviel, wie du ⟨von deinem Gelüst nach jener Beseligung und Teilhabe⟩ losgelöst bist, so viel besitzest du ⟨davon⟩ und nichts mehr. Hast du es aber auf das, was dir zuteil werden soll, *abgesehen*, und schielst du danach, so wird dir *nichts* zuteil«. Entäußere ich mich aber gleichermaßen, so wird mir Gleiches zuteil. Und ich füge ein Weiteres hinzu: dann, wenn ich meinen Mitmenschen gleichermaßen liebe wie mich selbst ⟨vgl. Mark. 12,30f.⟩.

So, wie der, der Gott von Herzen liebt: der liebt ⟨auch⟩ seinen Mitmenschen wie sich selbst. Darum steht geschrieben ›*Tanquam*‹, das heißt: recht oder gleichermaßen ⟨wie mich⟩. Warum ist es mir lieber, daß meinem Bruder irgend etwas Gutes geschehe oder mir selbst als einem andern? –

Darumb, das ich deß meinen mer liebhan denn eines andern. Hab ich in aber gleych lieb als mich, als das gebott gottes heisset, das ich ⟨gott⟩ sol liebhaben, ⟨so scheint mir al gleych, was das gebott heisset,	dats daeromme dat ic my seluen daer in meyne ende minne. maer minne ic al enlyck⟨?⟩, alsoo my tgebot beueelt dat ic Godt sal minnen soo schynt my al gelyck wat tgebot beueelt ende gebietet soo stont my al gelyck. want tgebot beveelt
das ich gott sol liebhaben⟩ von allem hertzen, von aller meiner sel	dat ic Godt sal minnen van alle mynder herten van alle mynder sielen ende van alle mynder crachten, ende my-
⟨vnd meinen ebenmenschen⟩ als mich selber: an got sol sy anfahen vnd gleich sein an dem nehsten. Gee ich auß allzůmal meines vnnd hab gleich lieb, so hab ich ⟨alle ding⟩ gleich	nen euen kersten gelyck my seluen. Aen Gode sal sy beginnen ende aen die mensche gelyck syn. Gae ic te maele myn selfs wt, soo neme ic alle dinck gelyck
lieb alzůmal vnd tritt in das ir. Das mag nit sein an leiplichen dingen;	ende terde in dat haere. maer des en mach niet syn aen lichanelyck dinck want daer
da hant sy	hebben sy onderscheyt.

vnderscheyd von ⟨den⟩ geistlichen, ia, an nicht seind sy gleich.

Nement ein gleichniß. Das wasser, das in einem vaß ist, das ist im holtz nit, das holtz ist aber vmb dz wasser; das holtz ist auch in dem wasser nit; ir keins ist in dem andern, Vnd dz wasser, das in dem vaß ist, dz ist abgescheiden von allen wassern. Aber an geistlichen dingen da ist kein außscheiden eines von dem andern. Alles, das der oberst engel in im hat, das hat auch der, der vnder im ist, alzůmal in sich geschlossen, das der oberst hat nit eins puncten groß, es *en*sey in dem nidersten, weder wesen noch seligkeit. Also ist es in geistlichen dingen, wann was in eim ist, das ist auch in dem andern gemein; vnd nach dem, der allermeist laßt, der

Darum, weil ich das Meinige lieber habe als das eines andern. Liebe ich ihn ⟨= den Nächsten⟩ aber ebenso wie mich, wie das Gebot Gottes befiehlt, daß ich Gott lieben soll, so scheint mir völlig gleich, was das Gebot befiehlt, daß ich Gott lieben soll aus ganzem Herzen, aus meiner ganzen Seele ⟨und meinen Mitmenschen⟩ wie mich selbst: bei Gott soll sie ⟨= die Liebe⟩ anfangen und gleich sein bei dem Nächsten. Entäußere ich mich aber völlig des Meinigen und habe ich ein und dieselbe Liebe, so liebe ich alle Dinge völlig gleich und trete in den Besitz des Ihrigen. Das ⟨aber⟩ kann nicht so sein bei körperlichen Dingen; die nämlich sind unterschieden von den geistigen, ja, in nichts sind sie gleich.

Nehmt ein Gleichnis: Das Wasser, das in einem Fasse ist, das ist nicht im Holze, das Holz aber ist um das Faß herum; das Holz ist auch nicht in dem Wasser; keines von ihnen ist in dem andern. Und das Wasser, das in dem Fasse ist, das ist abgetrennt von allen anderen Wassern. Bei geistigen Dingen aber gibt es kein Abscheiden des einen vom andern. Alles, was der oberste Engel in sich hat, das hat auch der, der unter ihm ist, völlig in sich beschlossen, so daß der oberste nichts so groß wie einen Punkt besitzt, das nicht ⟨auch⟩ in dem niedersten ist, weder ⟨an⟩ Sein noch ⟨an⟩ Seligkeit. *So* ist es in *geistigen* Dingen, denn, was in dem einen ist, das ist auch gemeinsam in dem andern; und demnach, wie einer am aller-

⟨nimpt⟩ auch allermeist. Meintent aber die leüt sich ald deß iren icht, so hetten sy nit gelassen, als ich sprich von sant *Peter*, das er sprach: ›*Ecce nos reliquimus omnia*‹: ›Sich, herr, wir hant alle ding gelassen; was wirt vns darumb?‹; der da gesehen hat, was im darumb würd, wie mag der alle ding gelassen han?

Nement noch ein wort vnd denn nit me. Ie das ding gemeiner ist, ye es edler vnd wirdiger ist. Ich han gemein das leben mit den dingen, die da lebent, ⟨da leben⟩ mit dem wesen ist. Der ist mer, die da wesen habent denn leben. Ich hab gemein die sinn mit den thieren. Ich ließ mir ee mein sinn nemen denn meyn leben. Das wesen ist mir allerliebst, es ist mir aller gemeinst vnd i⟨st⟩ mir aller inwendigest. Ich ließ er alle, die vnder got seind. Dz wesen fleüsset on mittel auß gott, vnnd das leben fleusset von dem wesen, vnnd darumb schmacket es mir aller bast vnd ist allen creaturen aller meist geliebt. Ie vnser leben gemeyner ist, ye besser vnd edler es ist.

Das wir hierzů kommen, das wir ›got geuellig‹ werden vnd in warer armůt übergeben alle die welt vnd vergessen ›deß haußes vnßers vatters‹ vnd ›gleich liebhaben vnsern nehsten als vns selber‹, das vns gegeben werde gleych ›in klarheit der heiligen‹, Deß helff vns gott. Amen.

meisten hingibt, empfängt er auch am allermeisten. Hätten es aber die Leute auf sich oder auf etwas des *Ihrigen* abgesehen, so hätten sie von *nichts* abgelassen, wie ich von Sankt Peter sage, daß er sprach: ›*Ecce nos reliquimus omnia*‹: ›Sieh, Herr, wir haben alles verlassen; was wird uns dafür?‹ ⟨Matth. 19,27, Luk. 5,11⟩. Wer darauf gesehen hat, was ihm dafür zuteil würde, wie kann der von allem abgelassen haben?

Vernehmet noch ein Wort, und dann nichts mehr. Je allgemeiner etwas ist, umso edler und wertvoller ist es. Das Leben habe ich mit den Dingen gemein, die *leben*, bei denen das Leben zum Sein hinzukommt. Deren aber gibt es mehr, die ⟨bloßes⟩ Sein, als die ⟨zudem⟩ Leben haben. Die Sinne habe ich gemein mit den Tieren. Ich ließe mir eher meine Sinne nehmen als mein Leben. Das ⟨Sein⟩ aber ist mir am allerliebsten, ⟨denn⟩ es gehört mir am allermeisten zu und ist mir am allerinnersten. Ich ließe eher von allen ⟨Wesen⟩, die unterhalb Gottes sind. Das Sein fließt unmittelbar aus Gott, und das Leben fließt aus dem Sein, und deshalb schmeckt dieses ⟨= das Sein⟩ mir am allerbesten und ist von allen Kreaturen am meisten geliebt. Je gemeinsamer ⟨= mitteilsamer⟩ unser Leben ist, umso besser und edler ist es.

Daß wir hierzu kommen, daß wir ›Gott wohlgefällig‹ werden und in wahrer ⟨rechter⟩ Armut die ganze Welt aufgeben und ›des Hauses unsers Vaters‹ vergessen und ›unsern Nächsten gleich lieben wie uns selbst‹, auf daß uns Gleiches verliehen werde ›in der Verklärung der Heiligen‹, dazu helfe uns Gott. Amen.

⟨PREDIGT 75⟩

Mandatum novum do vobis, ut diligatis invicem, sicut dilexi vos etc.

In dem heiligen êwangeliô, daz uns *Johannes* schrîbet, liset man, daz unser herre sprach ze sînen jüngern: ›ein niuwe gebot gibe ich iu: daz ir sült iuch under einander minnen, als ich iuch geminnet hân; und dâ bî werdent die liute erkennen, daz ir mîne jüngern sît: ob ir minne ze einander hât‹.

Nû vinden wir von drîerleie minne, die unser herre hât; dar ane müezen wir uns im glîchen. Diu êrste ist natiurlich, diu ander ist gnædiclich, diu dritte ist götlich, swie doch in gote niht enist, ez ensî ouch got. Aber wir müezen ez nemen, als ez in uns ûfklimmende ist von einem guoten in ein bezzerz und von einem bezzern in ein volkomenerz. Aber in gote enist weder minner noch mê; er ist aleine ein einvaltigiu, lûteriu, wesenlîchiu wârheit.

Diu êrste minne, die got hât, dâ suln wir ane lernen, wie in sîn natiurlîchiu güete dar zuo twanc, daz er alle crêatûren geschuof, der er êwiclîche swanger was worden in dem bilde sîner vürsihticheit, ûf daz sie sîner güete niezen mit im. Und under allen crêatûren sô enminnet er eine niht mê dan die andern; wan als verre ieglîchiu wît ist ze enpfâhenne, als verre ergiuzet er sich in sie. Wære mîn sêle als wît und als breit als der engel von Seraphîn, der niht in im enhât, got güzze ez in mich als volkomenlîche als in den engel von Seraphîn. Rehte als der einen zirkel machete sinwel und der umbe und umbe vol pünctelîne wære und enmitten inne ein punct: dem puncten wæren diu andern pünctelîn alliu glîche

PREDIGT 75

Mandatum novum do vobis, ut diligatis invicem, sicut dilexi vos etc.
⟨vgl. Joh. 13,34f.⟩

In dem heiligen Evangelium, das uns Johannes schreibt, liest man, daß unser Herr zu seinen Jüngern sprach: ›Ein neues Gebot gebe ich euch: daß ihr euch untereinander lieben sollt, wie ich euch geliebt habe; und daran werden die Leute erkennen, daß ihr meine Jünger seid: ob ihr Liebe zueinander habt‹ ⟨Joh. 13,34f.⟩.

Nun finden wir dreierlei Liebe vor, die unser Herr hat; darin müssen wir ihm gleichen. Die erste ist natürlich, die zweite ist gnadenhaft, die dritte ist göttlich, wiewohl ⟨es⟩ in Gott nichts gibt, das nicht auch Gott sei. *Wir* aber müssen es ⟨= die dreifache Liebe⟩ so ⟨gestaffelt⟩ erfassen, wie es *in uns* ⟨d. h. für unser Unterscheidungsvermögen⟩ aufsteigt von einem Guten ⟨= natürliche Liebe⟩ in ein Besseres ⟨= gnadenhafte Liebe⟩ und von einem Bessern in ein Vollkommeneres ⟨= göttliche Liebe⟩. *In Gott* aber gibt es kein Minderes noch Größeres; er ist einzig ⟨nur⟩ eine einfaltige, lautere wesenhafte Wahrheit.

Die erste Liebe, die Gott hat, an der sollen wir ⟨erkennen⟩ lernen, wie ihn seine naturhafte Gutheit dazu zwang, daß er alle Kreaturen erschuf, mit denen er im »Bilde« seiner Vorsehung von Ewigkeit her schwanger geworden war, auf daß sie seiner Gutheit mit ihm genießen. Und unter allen Kreaturen liebt er eine nicht mehr als die andere; denn, soweit eine jegliche weit ist, ⟨ihn⟩ zu empfangen, so weit ergießt er sich in sie. Wäre meine Seele so weit und so breit wie der Engel der Seraphim, der gar nichts in sich hat ⟨d. h. völlig leer und aufnahmebereit ist⟩, Gott würde sich so vollkommen ⟨in mich⟩ ergießen wie in den Engel der Seraphim. Recht so, wie wenn einer einen runden Kreis machte, der rundum voll Pünktlein wäre und mitten drin ein Punkt: diesem Punkt wären die anderen Pünktlein alle gleich nahe

nâhe und verre; sölte im ein pünctelîn næher werden, daz müeste ûzer sîner stat rucken, wan der mittelpunct blîbet glîche enmitten. Alsô ist ez umbe daz götlîche wesen: ez enist niht ûzer im suochende, mêr: alles in im selber blîbende. Sol daz sîn, daz diu crêatûre von im enpfâhe, sô muoz daz von nôt sîn, daz si ûzer ir selber gerucket werde. Swenne man von dem menschen redet, sô redet man von allen crêatûren, wan *Kristus* sprach selber ze sînen jüngern: ›gât hine und prediget daz êwangelium allen crêatûren‹, wan alle crêatûren sint gesament an dem menschen. Aber got der giuzet sich doch wesenlîche in alle crêatûren, in ieglîche, als vil si enpfâhen mac. Diz ist uns ein guotiu lêre, wie wir alle crêatûren glîche minnen süln mit allem dem, daz wir von gote enpfangen hân; ist uns joch einiu næher von sippeschaft oder von vriuntschaft natiurlîche, daz wir doch von götlîcher minne glîchen gunst tragen des selben guotes. Ich schîne etwanne, daz ich einen menschen mê minne dan den andern; aber ich hân den selben gunst ze einem andern, den ich nie gesach, und dirre erbiutet sich mir mê; und dar umbe mac ich mich mê in in ergiezen. Alsô minnet got alle crêatûren glîche und ervüllet sie mit sînem wesene. Und alsô suln wir mit minne vliezen ûf alle crêatûren. Diz vindet man vil an den heidenen, daz sie ze disem minnerîchen vriden mit natiurlîcher bekantnisse kâmen, wan daz sprichet *ein heidenischer lêrære*: »der mensche ist ein tier, daz von natûre sanftmüetic ist«.

Diu ander minne gotes, diu dâ ⟨gnædiclich oder⟩ geistlich ist, dâ mite ist er vliezende in die sêle und in den engel, als ich vor sprach, wie diu vernünftige crêatûre ûz ir selber gerucket muoz werden mit einem liehte, daz über allez natiurlîche lieht ist. Wan alle crêatûren in irm natiurlîchen liehte sô vil lustes hânt, sô muoz daz grœzer sîn, daz sie dar ûz ziuhet ein lieht von gnâden. Wan in dem natiurlîchen liehte hât der mensche

und fern; sollte ihm ein Pünktlein näher werden, das müßte aus seiner Statt rücken, denn der Mittelpunkt bleibt ⟨unverrückbar immer⟩ gleich in der Mitte. So ⟨auch⟩ ist es um das göttliche Sein: es sucht nach nichts außerhalb seiner, sondern bleibt beständig in sich selbst. Soll es ⟨so⟩ sein, daß die Kreatur von ihm empfange, so muß es notwendig so sein, daß sie außerhalb ihrer selbst gerückt werde. Wenn man vom »Menschen« redet, so spricht man ⟨zugleich⟩ von allen Kreaturen, denn Christus sprach selbst zu seinen Jüngern: ›Geht hin und predigt das Evangelium allen Kreaturen‹, denn alle Kreaturen sind versammelt ⟨= zusammengefaßt⟩ im Menschen. Gleichviel ergießt sich doch Gott seinshaft in alle Kreaturen, in eine jede, soviel sie empfangen ⟨=aufnehmen⟩ kann. Dies ist uns eine gute Lehre, wie wir alle Kreaturen gleich lieben sollen mit allem dem, was wir von Gott empfangen haben; ist uns gleich eine naturgemäß näher durch Verwandtschaft oder Freundschaft, daß wir ⟨ihnen allen⟩ doch aus göttlicher Liebe gleiche Gunst im Hinblick auf dasselbe Gut entgegenbringen. Ich scheine gelegentlich den einen Menschen mehr zu lieben als den andern. Ich bezeuge jedoch dem andern, den ich nie gesehen habe, dieselbe Gunst; nur bietet sich jener mir mehr ⟨= öfters⟩ dar, und darum vermag ich mich mehr ihm hinzugeben. So ⟨denn⟩ liebt Gott alle Kreaturen gleich und erfüllt sie mit seinem Sein. Und ebenso sollen wir mit Liebe allen Kreaturen begegnen. Dies findet man viel bei den Heiden, daß sie zu diesem liebevollen Frieden mit *natürlicher* Erkenntnis kamen, denn ein heidnischer Lehrer sagt: »Der Mensch ist ein Tier, das von Natur sanftmütig ist«.

Die zweite Liebe Gottes, die da ⟨gnadenhaft oder⟩ geistig ist, damit fließt er in die Seele und in den Engel, wie ich vorhin sagte, daß die vernunftbegabte Kreatur aus ihr selbst gerückt werden muß mit einem Lichte, das oberhalb alles naturhaften Lichtes liegt. Da alle Kreaturen in ihrem naturhaften Lichte soviel Lust empfinden, so muß es ein Höheres sein, daß ein Gnadenlicht sie daraus emporzieht. Denn in dem naturhaften Licht hat der Mensch Lust in sich selbst; das

lust in im selben; aber daz lieht der gnâde, daz unsprecheliche grœzer ist, daz benimet dem menschen eigenen lust und ziuhet in in sich selben. Her umbe sprichet diu sêle in *der minne buoche*: ›ziuch mich nâch dir in dînem gesmacke‹.

Nû enkan man got niht geminnen, man enmüeze in ê bekennen, wan der wesenlîche punct, der got ist, der dâ stât enmitten glîche verre und nâhe allen crêatûren, sol ich dem genâhet werden, sô muoz mîn natiurlîche vernunft ûzgerucket werden mit einem liehte, daz über sie ist. Als ob mîn ouge ein lieht wære und sô stark wære, daz ez daz lieht der sunnen in sîner kraft enpfienge und dâ mite ein würde, sô engesæhe ez niht aleine mit sîner kraft, mêr: mit dem liehte der sunnen gesæhe ez, als si in ir selber ist. Alsô ist ez umbe mîne vernunft. Vernunft, diu ein lieht ist, kêre ich die von allen dingen die rihte gegen gote, wan denne got âne underlâz ist ûzvliezende mit gnâden, sô wirt mîn vernunft erliuhtet und vereinet mit minne und dar inne got bekennende und got minnende, als er in im selber ist. Hie mite werden wir underwîset, wie got ûzvliezende ist in die vernünftigen crêatûren mit dem liehte der gnâde und wie wir mit unser vernunft nâhen süln disem gnædiclîchen liehte und ûz uns selben gezogen werden und ûfklimmende in ein lieht, daz got selber ist.

Diu dritte minne ⟨ist götlich⟩, dar ane wir lernen süln, wie got êwiclîche ûzgeborn hât sînen eingebornen sun und gebirt in nû und êwiclîche – sprichet ein *meister* –; und alsô liget er kindes als ein vrouwe, diu geborn hât, in einer ieglîchen guoten, ûzgebrâhten und îngewonten sêle. Disiu geburt ist sîn verstantnisse, diu êwiclîche ursprungen ist von sînem veterlîchen herzen, in dem er alle sîne wunne hât. Und allez, daz er geleisten mac, daz verzert er in der verstantnisse, diu sîn geburt ist, und er ensuochet niht ûzer im. Alle sîne wunne hât er in sînem sune, und er enminnet niht wan sînen sun und

Licht der Gnade aber, das unaussprechlich größer ist, das nimmt dem Menschen die Eigenlust und zieht ihn in sich ⟨= das Gnadenlicht⟩ selbst hinein. Darum spricht die Seele im »Buch der Liebe«: ›Zieh mich dir nach in deinem Wohlgeschmack‹ ⟨vgl. Hohel. 1,3⟩.

Nun kann man Gott nicht lieben, man müsse ihn denn vorher erkennen, denn der wesenhafte Punkt, der Gott ist, der da in der Mitte steht, gleich fern und nah allen Kreaturen, soll ich dem angenähert werden, so muß meine naturhafte Vernunft hinausgerückt werden mit einem Lichte, das oberhalb ihrer ist. So wie wenn mein Auge ein Licht und so stark wäre, daß es das Licht der Sonne in seiner Kraft aufnähme und damit eins würde, so sähe es nicht allein mit *seiner* Kraft, sondern es sähe mit dem Licht der Sonne ⟨so stark⟩, wie sie in sich selbst ist. So ⟨auch⟩ ist es mit meiner Vernunft. Kehre ich die Vernunft, die ein Licht ist, von allen Dingen weg geradeswegs auf Gott hin, so wird diese meine Vernunft, da Gott ja doch ohne Unterlaß mit Gnaden ausfließt, erleuchtet und mit dieser ⟨Gnaden-⟩Liebe vereint und darin Gott erkennend und liebend so, wie er in sich selber ist. Hierdurch werden wir ⟨darüber⟩ unterwiesen, wie Gott mit dem Lichte der Gnade ausfließt in die vernunftbegabten Kreaturen und wie wir mit unserer Vernunft diesem gnadenhaften Lichte uns nähern und uns selbst entzogen werden und emporsteigen sollen in ein Licht, das Gott selber ist.

Die dritte Liebe ⟨ist göttlich⟩, an der wir ⟨erkennen⟩ lernen sollen, wie Gott von Ewigkeit her seinen eingeborenen Sohn ausgeboren hat und ihn jetzt und in Ewigkeit gebiert – so sagt ein Meister –; und so liegt er im Kindbett, wie eine Frau, die geboren hat, in einer jeden guten, sich selbst entzogenen und ⟨in Gott⟩ eingewöhnten Seele. Diese Geburt ist seine ⟨Selbst-⟩Erkenntnis, die von Ewigkeit her aus seinem väterlichen Herzen, in dem er seine ganze Wonne hat, ersprungen ist. Und alles, was er aufzubringen vermag, das verzehrt er in dieser ⟨Selbst-⟩Erkenntnis, die seine Geburt ist, und er sucht nach nichts außerhalb seiner. Seine ganze Wonne hat er in seinem Sohne, und er liebt nichts als

allez, daz er in im vindet; wan der sun ist ein lieht, daz dâ êwiclîche geliuhtet hât in dem veterlîchen herzen. Suln wir dar în komen, sô müezen wir klimmen von natiurlîchem liehte in daz lieht der gnâde und dar inne wahsen in daz lieht, daz der sun selber ist. Dâ werden wir geminnet in dem sune von dem vater mit der minne, diu der heilige geist ist, diu dâ êwiclîche entsprungen ist und ûzgeblüejet ist ze sîner êwigen geburt – daz ist diu dritte persône – und ûzblüejende ist von dem sune ze dem vater als ir beider minne.

Der *meister* sprichet: ich gedenke etwanne an daz wort, daz der engel ze Marîen sprach: ›gegrüezet sîst dû, gnâden vol‹. Waz hülfe mich, daz Marîâ ›gnâden vol‹ wære, ich enwære denne ouch ›gnâden vol‹? Und waz hülfe mich, daz der vater sînen sun gebære, ich engebære in denne ouch? Dar umbe gebirt got sînen sun in einer volkomenen sêle und liget alsô kindes inne, ûf daz si in vort ûzgebære in allen irn werken. Dar über sprach *ein heidenischiu juncvrouwe* von herren Jôsephe, des patriarchen sune: ›ich ensach in niht ane als einen menschen, mêr: als einen got, wan got der liuhtet ûz sînen werken‹. Alsô suln wir geeiniget werden mit der minne des heiligen geistes in dem sune und mit dem sune bekennen den vater und minnen uns in im und in in uns mit ir beider minne.

Wer nû volkomen wil sîn an dirre drîerleie minne, der muoz von nôt vier stücke hân. Daz êrste: eine wâre abegescheidenheit von allen crêatûren. Daz ander: ein wâr leben Lyae, daz bediutet ein würkende leben, daz dâ beweget sî in dem grunde der sêle von der berüerunge des heiligen geistes. Daz dritte: ein wâr leben Rachêlis, daz ist ein schouwelich leben. Daz vierde: einen ûfklimmenden geist. Ez vrâgete ein jünger sînen meister von der ordenunge der engel. Dô berihte er in und sprach: ›ganc hinwec und vüege dich in dich selben sô lange, daz dû ez verstandest, und gip dich danne mit wesenne dar în und luoge, daz dû in niht anders ensîst,

seinen Sohn und alles, was er in ihm findet; denn der Sohn ist ein Licht, das von Ewigkeit her in dem väterlichen Herzen geleuchtet hat. Sollen wir da hinein kommen, so müssen wir vom naturhaften Licht in das Licht der Gnade emporsteigen und darin wachsen in das Licht, das der Sohn selbst ist. Dort werden wir geliebt in dem Sohne von dem Vater mit der Liebe, die der Heilige Geist ist, die da von Ewigkeit her entsprungen ist und ausgeblüht zu seiner ewigen Geburt – das ist die dritte Person – und die ausblüht von dem Sohne zum Vater als ihrer beider Liebe.

Der ⟨genannte⟩ Meister sagt: Ich denke gelegentlich an das Wort, das der Engel zu Maria sprach: ›Gegrüßet seist du, voll der Gnade‹ ⟨Luk. 8,21⟩. Was ⟨aber⟩ hülfe es mir, daß Maria ›voll der Gnade‹ wäre, wenn nicht auch ich ›voll der Gnade‹ wäre? Und was hülfe es mir, daß der Vater seinen Sohn gebäre, ich gebäre ihn denn auch? Zu dem Ende gebiert Gott seinen Sohn in einer vollkommenen Seele und liegt im Kindbett, auf daß sie ihn weiter ausgebäre in allen ihren Werken. Darüber sagte eine heidnische Jungfrau von Herrn Joseph, des Patriarchen Sohn: ›Ich sah ihn nicht als einen Menschen an, sondern als einen Gott, denn Gott leuchtet aus seinen Werken‹ ⟨vgl. Gen. 39,23⟩. So ⟨also⟩ sollen wir geeinigt werden mit der Liebe des Heiligen Geistes in dem Sohne und mit dem Sohne den Vater erkennen und uns in ihm und ihn in uns mit ihrer beider Liebe lieben.

Wer nun vollkommen sein will in dieser dreierlei Liebe, der muß notwendig vier Dinge haben. Das erste: eine wahre »Abgeschiedenheit« von allen Kreaturen. Das zweite: ein wahres Leben der Lya, das bedeutet ein tätiges Leben, das da im Grunde der Seele bewegt sei durch die Berührung des Heiligen Geistes. Das dritte: ein wahres Leben der Rahel, das ist ein beschauliches Leben. Das vierte: einen aufklimmenden Geist. Es befragte ein Jünger seinen Meister über die »Ordnung« der Engel. Da unterwies er ihn und sagte: »Geh hinweg und versenke dich in dich selbst so lange, bis du es erkennst, und ergib dich dann mit ⟨deinem⟩ Sein da hinein, und schau, daß du in nichts anderem seiest als in dem,

wan daz dû an im vindest. Sô dünket dich ze dem êrsten, wie dû die engel mit in sîst; und als dû dich in ir aller wesen gibest, sô wirt dich bedünken, wie dû alle engel mit allen engeln sîst‹. Der jünger gienc hinwec und vuogte sich in sich selben als lange, biz er dis alles bî der wârheit bevant. Dô gienc er wider ze dem meister und dankete im und sprach: ›mir ist geschehen, wie dû mir gesaget hâst. Dô ich mich gap in daz wesen der engel und ûfklam in ir wesene, dô dûhte mich ze jungeste, wie ich alle engel mit allen engeln wære‹. Dô sprach der meister: ›eyâ, kumest dû ein wênic vürbaz in den ursprunc, sô sol wunder über wunder mit dîner sêle werden gewürket‹; wan die wîle der mensche ûfklimmende ist und enpfâhende ist mit mittel der crêatûren, sô enist er niht ze ruowe komen. Swenne er aber ûfklimmende ist in got, dâ enpfæhet er in dem sune mit dem sune von dem vater allez, daz got geleisten mac.

Daz wir alsô ûfklimmen von einer minne in die ander und geeiniget werden in gote und dar inne êwiclîche sælic blîben, des helfe uns got. Âmen.

was du in ihm findest. Dann dünkt es dich zuerst, daß du eins mit den Engeln seist; und wenn du dich hineingibst in ihr *aller* Sein, so wird es dich dünken, daß du *alle* Engel mit *allen* Engeln seist«. Der Jünger ging hinweg und versenkte sich in sich selbst so lange, bis er dies alles in Wahrheit erfand. Da ging er wieder zu dem Meister und dankte ihm und sagte: »Mir ist geschehen, wie du mir gesagt hast. Als ich mich hingab in das Sein der Engel und in ihrem Sein aufklomm, da deuchte mir zuletzt, daß ich alle Engel mit allen Engeln wäre«. Da sagte der Meister: »Je nun, wenn du 〈noch〉 ein wenig fürder in den Ursprung gelangst, dann wird Wunder über Wunder mit deiner Seele gewirkt werden«; denn, solange der Mensch aufklimmt und mittels der Kreaturen empfängt, so 〈lange〉 ist er 〈noch〉 nicht zur Ruhe gekommen. Wenn er aber aufklimmt in Gott, da empfängt er in dem Sohne mit dem Sohne von dem Vater alles, was Gott zu bieten vermag.

Daß wir so aufklimmen von einer Liebe in die andere und mit Gott vereinigt werden und darin ewig bleiben, dazu helfe uns Gott. Amen.

⟨PREDIGT 76⟩

Videte qualem caritatem dedit nobis pater, ut filii dei nominemur et simus.

Ez ist ze wizzenne, daz daz ein ist nâch dingen: got bekennen und von gote bekant ze sînne und got sehen und von gote gesehen ze sînne. In dem bekennen wir got und sehen, daz er uns machet gesehende und bekennende. Und als der luft, der erliuhtet ist, niht anders enist, wan daz er erliuhtet, wan von dem erliuhtet er, daz er erliuhtet ist, alsô bekennen wir, daz wir bekant sîn und daz er uns sich machet bekennende. Dar umbe sprach *Kristus*: ›anderwarbe sehet ir mich‹, daz ist: in dem, daz ich iuch mache gesehende, in dem bekennet ir mich, und dar nâch volget: ›und iuwer herze sol ervröuwet werden‹, daz ist: in der gesiht und in der bekantnisse mîn, ›und iuwer vröude ennimet nieman von iu‹.

Ez saget sant *Johannes*: ›sehet, welche minne uns got gegeben hât, daz wir gotes kinder geheizen werden und sîn‹. Er ensaget niht aleine ›geheizen werden‹, mêr: ouch ›sîn‹. Alsô sage ich: sô wênic der mensche mac gesîn wîse âne wizzen, alsô wênic mac er sun sîn âne sunlich wesen gotes sunes, niuwan er enhabe daz selbe wesen des sunes gotes, daz er selbe hât, rehte, als wîse-wesen niht sîn enmac âne wizzen. Dar umbe: solt dû sîn der sun gotes, des enmaht dû niht gesîn, niuwan dû enhabest denne daz selbe wesen gotes, daz dâ hât der sun gotes. Aber diz ›ist uns nû verborgen‹, und dar nâch ist geschriben: ›vil lieben, wir sîn gotes süne‹. Und waz wizzen wir? Daz ist, daz er zuoleget: ›und wir werden im glîch‹, daz ist: daz selbe, daz er ist, daz selbe wesen und smecken und verstân und allez daz selbe, daz er danne ist, wanne ›wir in sehen, als er got ist‹. Dar umbe sage ich, daz got niht machen enmöhte, daz ich wære der sun gotes und

PREDIGT 76

Videte qualem caritatem dedit nobis pater, ut filii dei nominemur et simus ⟨1 Ioh. 3,1⟩.

Man muß wissen, daß Gott zu erkennen und von Gott erkannt zu werden, Gott zu sehen und von Gott gesehen zu werden, der Sache nach eins ist. Darin erkennen wir Gott und sehen, daß er uns sehen und erkennen macht. Und so, wie die Luft, die erleuchtet ist, nichts anderes ist, als daß sie erleuchtet, denn ⟨eben⟩ dadurch erleuchtet sie, daß sie erleuchtet ist, so auch erkennen wir dadurch, daß wir erkannt werden und daß er ⟨= Gott⟩ uns sich erkennen macht. Darum sprach Christus: ›Wiederum werdet ihr mich sehen‹ ⟨Joh. 16,22⟩, das heißt: dadurch, daß ich euch sehen mache, dadurch erkennt ihr mich, und darauf folgt: ›und euer Herz wird erfreut werden‹, das heißt: in der Schau und in der Erkenntnis meiner, ›und eure Freude wird euch niemand nehmen‹.

Sankt Johannes spricht: ›Sehet, welche Liebe uns Gott geschenkt hat, daß wir Gottes Kinder geheißen werden und sind‹ ⟨1 Joh. 3,1⟩. Er sagt nicht nur: ›geheißen werden‹, sondern auch: ›sind‹. Ebenso sage ich: Sowenig der Mensch weise sein kann ohne Wissen, so wenig kann er Sohn sein ohne das sohnhafte Sein des Sohnes Gottes, es sei denn, er habe dasselbe Sein des Sohnes Gottes, das dieser selbst hat, recht so, wie Weise-Sein nicht sein kann ohne Wissen. Daher: Sollst du der Sohn Gottes sein, so kannst du's nicht sein, du habest denn dasselbe Sein Gottes, das der Sohn Gottes hat. Dies aber ›ist uns jetzt verborgen‹ ⟨1 Joh. 3,2⟩, und danach steht geschrieben: ›Vielgeliebte, wir sind Söhne Gottes‹. Und was *wissen* wir? Dies, was er hinzufügt: ›und wir werden ihm gleich ⟨sein⟩‹, das heißt: dasselbe, was er ist, dasselbe Sein und Empfinden und Verstehen und ganz dasselbe, was er dann ist, wenn ›wir ihn sehen, wie er Gott ist‹ ⟨1 Joh. 3,2⟩. Darum sage ich: Gott könnte nicht machen, daß ich der Sohn

niht enhæte daz wesen gotes sunes, als wênic, als got möhte machen, daz ich wîse wære und niht enhæte wîse-wesen. Wie sîn wir gotes kinder? ›Noch enwizzen wir sîn niht, ez enist uns noch niht offen‹; niuwan sô vil wizzen wir von disem, als er saget: ›wir werden im glîch‹. Etlîchiu dinc sint, diu uns diz verbergent in unsern sêlen und bedeckent uns diz bekantnisse.

Diu sêle hât etwaz in ir, ein vünkelîn der redelicheit, daz niemer erlischet, und in diz vünkelîn setzet man daz bilde der sêle als in daz oberste teil des gemüetes; und ist ouch ein bekennen in unsern sêlen ze ûzern dingen, als daz sinnelîche und verstentlîche bekennen, daz dâ ist nâch glîchnisse und nâch rede, daz uns diz verbirget. Wie sîn wir ›süne gotes‹? Daz ist: daz wir éin wesen hân mit im. Doch daz wir etwaz verstân von disem, daz wir sîn der sun gotes, daz ist ze verstânne von dem ûzern verstânne und von dem innern verstânne. Daz inner bekennen ist daz, daz sich vernünfticlîche ist fundierende in unserer sêle wesene; doch enist ez niht der sêle wesen, mêr: ez ist dar în gewurzelt und ist etwaz lebens der sêle, wan wir sagen, daz daz verstân sî etwaz lebens der sêle, daz ist vernünftigez leben, und in dem lebene wirt der mensche geborn gotes sun und ze dem êwigen lebene; und diz bekennen ist âne zît und âne stat, âne hie und âne nû. In disem lebene sint alliu dinc ein, alliu dinc gemeine al und al in al und al geeiniget.

Ich gibe ein glîchnisse. In dem lîbe sint alliu diu teil des lîbes geeiniget und ein alsô, daz daz ouge ist des vuozes und der vuoz des ougen. Möhte der vuoz sprechen, er spræche, daz daz ouge mê sîn wære, daz in dem houbete stât, als, ob ez in dem vuoze stüende, und daz selbe spræche daz ouge hin wider. Und alsô meine ich, daz alliu diu gnâde, diu in Marîen ist, diu ist mê und eigenlîcher des engels und mê in im – diu dâ ist in Marîen –, dan ob si wære in im oder in den heiligen.

Gottes wäre, ohne daß ich das Sein des Sohnes Gottes hätte, so wenig, wie Gott machen könnte, daß ich weise wäre, ohne daß ich Weise-Sein hätte. *Wie* ⟨aber⟩ sind wir Gottes Kinder? ›Noch wissen wir es nicht, es ist uns noch nicht offenbar‹ ⟨1 Joh. 3,2⟩. Nur soviel wissen wir davon, wie er sagt: ›Wir werden ihm gleich ⟨sein⟩‹. Es gibt gewisse Dinge, die uns dies in unseren Seelen verbergen und uns diese Erkenntnis verdecken.

Die Seele hat etwas in sich, ein »Fünklein« der Erkenntnisfähigkeit, das nimmer erlischt, und in dieses »Fünklein« als in das oberste Teil des »Gemütes« verlegt man das »Bild« der Seele; es gibt aber auch in unseren Seelen ein auf äußere Dinge gerichtetes Erkennen, nämlich das sinnenhafte und verstandesmäßige Erkennen, das ⟨ein Erkennen⟩ in Vorstellungsbildern und in Begriffen ist und das uns jenes ⟨Erkennen⟩ verbirgt. Wie ⟨aber nun⟩ sind wir ›Söhne Gottes‹? Dadurch, daß wir *ein* Sein mit ihm haben. Daß wir indessen *etwas* davon erkennen, daß wir der Sohn Gottes sind, dazu muß man äußeres und inneres Erkennen zu unterscheiden wissen. Das *innere* Erkennen ist jenes, das sich als vernunftartig im Sein unserer Seele fundiert; indessen *ist* es nicht der Seele Sein, vielmehr *wurzelt* es darin und ist etwas vom *Leben* der Seele, *denn* wir sagen, daß das Erkennen sei etwas vom Leben der Seele, das heißt *vernünftiges Leben*, und in *diesem* Leben wird der Mensch als Gottes Sohn und zum ewigen Leben geboren; und dieses Erkennen ist ⟨= geschieht⟩ ohne Zeit und Raum, ohne »Hier« und ohne »Nun«. In *diesem* Leben sind alle Dinge eins, alle Dinge miteinander alles und alles in allem und ganz geeint.

Ich gebe ein Gleichnis: Im Leibe sind alle Teile des Leibes geeint und so eins, daß das Auge ⟨auch⟩ dem Fuße und der Fuß ⟨auch⟩ dem Auge gehört. Könnte der Fuß sprechen, er würde sagen, das Auge, das im Kopfe sitzt, gehöre mehr ihm, als wenn es in dem Fuße steckte, und dasselbe würde hinwiederum das Auge sagen. Und ebenso meine ich, daß alle Gnade, die in Maria ist, mehr und eigentlicher dem Engel gehört und mehr in ihm ist – sie, die da in Maria ist –, als

Wan, swaz Marîâ hât, daz hât allez der heilige und ist mê sîn, und smacket im mê diu gnâde, diu dâ ist in Marîen, dan ob si in im wære.

Noch ist dirre sin ze grop und ze lîplich, wan er hanget an lîplîcher glîchnisse. Dar umbe sage ich iu einen andern sin, der noch lûterer ist und noch geistlîcher. Ich sage, daz in dem rîche der himel al in al ist und al ein und al unser. Waz unser vrouwe hât der gnâden, daz ist allez in mir – ob ich dâ bin –, und doch niht als ûzquellende noch ûzvliezende von Marîen, mêr: als in mir und als mîn eigen und niht als vremde abkomende. Und alsô sage ich: swaz dâ einer hât, daz hât der ander und niht als von dem andern noch in dem andern, mêr: als in im selben alsô, daz diu gnâde, diu in einem ist, diu ist zemâle in dem andern, als sîn eigen gnâde in im ist. Und alsô ist, daz der geist ist in dem geiste. Dar umbe sage ich, daz ich niht sîn enmac der sun gotes, niuwan ich enhabe daz selbe wesen, daz dâ hât der sun gotes, und von habunge des selben wesens werden wir im glîch, und wir sehen in, als er got ist. Aber ›daz enist noch niht offen, waz wir werden‹. Dar umbe sage ich, daz in disem sinne kein glîch enist noch kein underscheit, mêr: âne allen underscheit werden wir daz selbe wesen und substancie und natûre, diu er selber ist. Aber ›daz enist nû niht offen‹; danne ist ez offen, ›wanne wir in sehen, als er got ist‹.

Got machet uns sich selber bekennende, und bekennende machet er uns sich selber bekennende, und sîn wesen ist sîn bekennen, und ez ist daz selbe, daz er mich machet bekennende und daz ich bekenne. Und dar umbe ist sîn bekennen mîn, als in dem meister ein ist, daz er lêret, und in dem jünger, daz er gelêret wirt. Und wan denne sîn bekennen mîn ist und wan sîn substancie sîn bekennen ist und sîn natûre und sîn wesen, dar nâch volget, daz sîn wesen und sîn

wenn sie in ihm oder in den Heiligen wäre. Denn alles, was Maria hat, das hat der Heilige und ist mehr sein ⟨gehört mehr ihm⟩, und die Gnade, die in Maria ist, »schmeckt« ihm mehr, als wenn sie in ihm ⟨selbst⟩ wäre.

Diese Deutung aber ist noch zu grob und zu stofflich, denn sie haftet an einem sinnenhaften Gleichnis. Darum gebe ich euch eine andere Ausdeutung, die noch lauterer und noch geistiger ist. Ich sage, daß im Reiche der Himmel alles in allem und alles eins und alles unser ist. Was Unsere Frau an Gnaden besitzt, das ist alles ⟨auch⟩ in mir – wenn ich dort ⟨= im Himmel⟩ bin – und keinesfalls als ausquellend und ausströmend aus Maria, sondern als in mir ⟨seiend⟩ und als mein Eigen und nicht als von fremdher kommend. Und so sage ich: Was dort einer hat, das hat ⟨auch⟩ der andere und ⟨zwar⟩ nicht als *von* dem andern noch *in* dem andern, sondern als in ihm selbst ⟨seiend⟩, dergestalt, daß die Gnade, die in einem ist, völlig auch im andern ist, ganz so, wie seine eigene Gnade in ihm ist. So auch ist der Geist im Geiste. Darum sage ich, daß ich nicht der Sohn Gottes sein kann, es sei denn, daß ich dasselbe Sein habe, das der Sohn Gottes hat, und ⟨eben⟩ durch das Haben desselben Seins werden wir ihm gleich, und wir sehen ihn, wie er Gott ist. Aber ›das ist noch nicht offenbar, was wir ⟨dann⟩ werden‹. Darum sage ich, daß es in *diesem* ⟨verdeutlichten⟩ Sinne ⟨dort⟩ kein »Gleich« und keine Unterschiedenheit gibt, vielmehr: ohne allen Unterschied werden wir dasselbe Sein, ⟨dieselbe⟩ Substanz und Natur, die er selber ist. Aber ›das ist nun ⟨noch⟩ nicht offenbar‹; dann ⟨erst⟩ ist es offenbar, ›wenn wir ihn sehen, wie er Gott ist‹.

Gott macht uns sich selbst erkennen, und erkennend macht er uns sich selbst erkennen und sein Sein ist sein Erkennen, und es ist dasselbe, daß er mich erkennen macht und daß ich erkenne. Und darum ist sein Erkennen mein, so wie es ein und dasselbe ist: im Meister, daß er lehrt, und im Jünger, daß er gelehrt wird. Und da denn sein Erkennen mein ist und da seine Substanz sein Erkennen und seine Natur und sein Sein ist, so folgt daraus, daß sein Sein und

substancie und sîn natûre mîn ist. Und wan denne sîn substancie, sîn wesen und sîn natûre mîn ist, sô bin ich der sun gotes. ›Sehet‹, brüeder, ›welche minne uns got gegeben hât, daz wir geheizen sîn der sun gotes und sîn‹.

Merket, wâ von wir sîn der sun gotes: wan wir daz selbe wesen hân, daz der sun hât. Wie ist man der sun gotes, oder wie weiz man ez, daz man ez sî, wan got niemanne glîch enist? Daz ist wâr. *Isaias* sprichet: ›wem hât ir in gelîchet, oder waz bildes gebet ir im?‹ Wan denne gotes natûre ist, daz er niemanne glîch enist, sô ist daz von nôt, daz wir her zuo komen, daz wir niht sîn, daz wir gesast mügen werden in daz selbe wesen, daz er selbe ist. Dar umbe, swanne ich dar zuo kume, daz ich mich gebilde in niht und niht engebilde in mich und ûztrage und ûzwirfe, waz in mir ist, sô mac ich gesast werden in daz blôze wesen gotes, und daz ist daz blôze wesen des geistes. Dâ muoz allez daz ûzgetriben werden, daz glîcheit ist, daz ich übergesast werde in got und werde ein mit im und éin substancie und éin wesen und éin natûre und der sun gotes. Und nâch dem daz diz geschehen ist, sô enist niht verborgen in gote, daz niht offen enwerde oder daz niht mîn enwerde. Danne wirde ich wîse, mehtic und alliu dinc als er und ein und daz selbe mit im. Danne wirt Syon ein wârsehender, ein ›wârer Israêl‹, daz ist ›ein sehender man got‹, wan im enist niht verborgen in der gotheit. Dâ wirt der mensche in got geleitet. Aber, daz mir niht enwerde in gote verborgen, ez enwerde mir offen, sô muoz in mir kein glîch sîn offen noch kein bilde, wan kein bilde enist uns offenende die gotheit noch sîn wesen. Wan, blibe dehein bilde in dir oder dehein glîch, dû enwürdest niemer ein mit gote. Dar umbe, daz dû mit gote ein sîst, sô enmuoz niht in dir sîn noch îngebildet noch ûzgebildet, daz ist, daz niht in dir ensî bedecket, daz niht offen enwerde und ûzgeworfen enwerde.

Merke, waz gebreste ist! Der ist von nihte. Dar umbe: waz

seine Substanz und seine Natur mein sind. Und wenn denn seine Substanz, sein Sein und seine Natur mein sind, so bin ich der Sohn Gottes. ›Sehet‹, Brüder, ›welche Liebe uns Gott geschenkt hat, daß wir der Sohn Gottes geheißen werden und sind‹.

Beachtet ⟨nun⟩, *wodurch* wir ›der Sohn Gottes‹ sind: dadurch, daß wir dasselbe Sein haben, das der Sohn hat. *Wie* aber ist man ›der Sohn Gottes‹ oder wie *weiß* man es, daß man es sei, da doch Gott niemandem gleich ist? Dies ⟨letztere⟩ ist ⟨freilich⟩ wahr. Isaias sagt ⟨ja doch⟩: ›Wem habt ihr ihn verglichen, oder was für ein »Bild« gebt ihr ihm?‹ ⟨Is. 40,18⟩. Da es denn Gottes Natur ist, daß er niemandem gleich ist, so müssen wir notgedrungen dahin kommen, daß wir *nichts* sind, auf daß wir in dasselbe Sein versetzt werden können, das er selbst ist. Wenn ich daher dahin komme, daß ich mich in nichts »einbilde« und nichts in mich »einbilde« und ⟨alles⟩ hinaustrage und hinauswerfe, was in mir ist, so kann ich in das bloße ⟨reine⟩ Sein Gottes versetzt werden, und das ist das reine Sein des *Geistes.* Da muß alles das ausgetrieben werden, was Gleichheit ist, auf daß ich in Gott hinüberversetzt und eins mit ihm werde und *eine* Substanz, *ein* Sein und *eine* Natur und ⟨damit⟩ ›der Sohn Gottes‹. Und nachdem dies geschehen ist, ist nichts ⟨mehr⟩ ›verborgen‹ in Gott, das nicht ›offenbar‹ oder nicht mein würde. Dann werde ich weise, mächtig und alle Dinge, wie er, und ein und dasselbe mit ihm. Dann wird Syon ein »Wahrhaft-Sehender«, ein »wahrer Israel«, das heißt »ein Gott-sehender-Mann«, denn ihm ist nichts verborgen in der Gottheit. Da wird der Mensch in Gott geleitet. Damit mir aber nichts ›verborgen‹ bleibe in Gott, was mir nicht ›offenbar‹ würde, so darf in mir kein »Bild« offen sein, denn kein »Bild« öffnet uns die Gottheit noch sein Sein. Denn, bliebe irgendein »Bild« oder irgendein »Gleich« in dir, so würdest du niemals eins mit Gott. Darum: Auf daß du mit Gott eins seiest, darf nichts Ein- noch Aus-»Gebildetes« in dir sein, das heißt, daß nichts in dir verdeckt sei, das nicht offenbar und hinausgeworfen werde.

Gib acht, worin das Unzulängliche liegt! Das kommt vom

des nihtes ist in dem menschen, daz muoz getilget werden; wan, als lange der gebreste in dir ist, sô enbist dû niht der sun gotes. Daz der mensche klaget und leidic ist, daz ist allez von gebresten. Dar umbe muoz ez allez getilget sîn und ûzgetriben sîn, daz der mensche werde gotes sun, daz noch klage noch leit dâ ensî. Der mensche enist noch stein noch holz, wan daz ist allez gebreste und niht. Wir enwerden im niht glîch, niuwan diz niht enwerde ûzgetriben, daz wir werden al in al, als got ›al in al‹ ist.

Ez ist zweierleie geburt der menschen: ein ín die werlt und ein ûz der werlt, daz ist: geistlîche in got. Wilt dû wizzen, ob dîn kint geborn werde und ob ez geblœzet sî, daz ist, ob dû gotes sun sîst gemachet? Als lange dû leit in dînem herzen hâst umbe dehein dinc, ez sî joch umbe sünde, als lange enist dîn kint niht geborn. Hâst dû herzeleit, dû enbist niht muoter, mêr: dû bist in der geberunge und nâhe der geburt. Dar umbe enzwîvel niht, ob dû leidic sîst vür dich oder vür dînen vriunt: enist ez niht geborn, ez ist doch nâhe der geburt. Aber danne ist ez volkomenlîche geborn, als der mensche niht leit von herzen enpfindet umbe kein dinc; danne hât der mensche daz wesen und natûre und substancie und wîsheit und vröude und allez, daz got hât. Danne wirt daz selbe wesen des sunes gotes unser und in uns, und wir komen in daz selbe wesen gotes.

Kristus saget: ›swer mir volgen wil, der verlougen sîn selbes und hebe ûf sîn kriuze und volge mir‹. Daz ist: allez herzeleit wirf ûz, alsô daz in dînem herzen niht wan stætiu vröude ensî. Alsô ist daz kint geborn. Dâ von: ist, daz daz kint geborn ist in mir, und sæhe ich danne mînen vater und alle mîne vriunde vor mir tœten, mîn herze enwære dar umbe niht beweget. Aber, würde mîn herze von disem beweget, sô enwære daz kint in mir niht geborn; aber vil lîhte ez wære

»Nichts«. Was demnach vom »Nichts« im Menschen ist, das muß getilgt werden; denn solange solches Unzulängliche in dir ist, bist du nicht der Sohn Gottes. Daß der Mensch klagt und leidvoll ist, das kommt stets nur vom Unzulänglichen. Darum muß, auf daß der Mensch ›Gottes Sohn‹ werde, dies alles getilgt und ausgetrieben sein, so daß weder Klage noch Leid da sei. Der Mensch ist weder Stein noch Holz, denn das ist alles Unzulängliches und »Nichts«. Wir werden ›ihm‹ nicht gleich, wenn dieses »Nichts« nicht ausgetrieben wird, so daß wir alles in allem werden, wie Gott ›alles in allem‹ ⟨1 Kor. 15,28⟩ ist.

Es gibt zweierlei Geburt der Menschen: eine *in* die Welt und eine *aus* der Welt, will sagen: geistig in Gott hinein. Willst du wissen, ob dein »Kind« geboren werde und ob es entblößt sei, das heißt: ob du zu ›Gottes Sohn‹ gemacht seiest? Solange du Leid in deinem Herzen hast um irgend etwas, und sei's gar um Sünde, so lange ist dein »Kind« nicht geboren. Hast du Herzeleid, so bist du ⟨noch⟩ nicht »Mutter«, du bist vielmehr ⟨noch⟩ im Gebären und *nahe* der Geburt. Gerate ⟨aber⟩ deshalb nicht in Zweifel, wenn du leidvoll bist um dich oder um deinen Freund: ist es ⟨da zwar noch⟩ nicht geboren, so ist es doch *nahe* der Geburt. Dann aber ist es vollkommen geboren, wenn der Mensch um nichts von Herzen Leid empfindet; dann hat der Mensch das Sein und die Natur und die Substanz und die Weisheit und die Freude und alles, was Gott hat. Dann wird dasselbe Sein des ›Sohnes Gottes‹ unser und in uns, und wir kommen in dasselbe Sein Gottes.

Christus sagt: ›Wer mir nachfolgen will, der verleugne sich selbst und hebe sein Kreuz auf und folge mir‹ ⟨Matth. 16,24; Mark. 8,34⟩. Das heißt: Alles Herzeleid wirf hinaus, so daß in deinem Herzen nichts als stete Freude sei. So denn ist das »Kind« geboren. Daher: Ist das »Kind« in mir geboren und sähe ich dann, daß man meinen Vater und alle meine Freunde vor meinen Augen tötete, so würde mein Herz dadurch nicht bewegt. Würde aber mein Herz dadurch bewegt, so wäre das »Kind« in mir nicht geboren; vielleicht aber wäre es *nahe* der

nâhe der geburt. Ich sage, daz got und die engel sô grôze vröude hânt von einem ieglîchen werke eines guoten menschen, daz im kein vröude enmöhte glîchen. Dar umbe sage ich: ist, daz daz kint geborn wirt in dir, sô hâst dû sô grôze vröude von einem ieglîchen guoten werke, diu dâ geschehent in dirre werlt, daz dîn vröude wirt diu allergrœste stæticheit, daz si sich niht enendert. Dar umbe saget er: ›iuwer vröude ennimet nieman von iu‹. Und bin ich wol übergesast in daz götlich wesen, sô wirt got mîn und swaz er hât. Dar umbe saget er: ›ich bin got, dîn herre‹. Danne hân ich rehte vröude, sô sie noch leit noch pîn von mir genemen enmac, wan danne bin ich gesast in daz götlich wesen, dâ keine stat leit niht enhât. Wan wir sehen, daz in gote noch zorn noch trüepnisse niht enist, sunder minne und vröude. Swie ez schîne, daz er etwanne zürne über den sünder, ez enist niht zorn, ez ist minne, wan ez kumet von grôzer götlîcher minne; wan, die er minnet, die strâfet er, wan ›er ist diu minne‹, diu dâ ist der heilige geist. Dar umbe ist der zorn gotes ûz der minne, wan er âne lîden zürnet. Dar umbe, sô dû dar zuo kumest, daz dû noch leit noch swârheit hân enmaht umbe iht und daz dir leit niht leit enist und daz dir alliu dinc ein lûter vröude sint, sô ist daz kint in der wârheit geborn. Alsô vlîzet iuch, daz niht aleine daz kint geborn werde, mêr: geborn sî, als in gote alle zît der sun geborn ist und alle zît geborn wirt.

Daz uns diz widervar, des helfe uns got. Âmen.

Geburt. Ich sage: Gott und die Engel haben so große Freude durch jegliches Werk eines guten Menschen, daß dem keine Freude gleichen könnte. Darum sage ich: Geschieht es, daß das »Kind« in dir geboren wird, so hast du so große Freude durch jegliches der guten Werke, die in dieser Welt geschehen, daß deine Freude die allergrößte Beständigkeit erlangt, so daß sie sich nicht ändert. Deshalb sagte er ⟨= Christus⟩: ›Eure Freude wird euch niemand nehmen‹ ⟨Joh. 16,22⟩. Und bin ich recht hinüberversetzt in das göttliche Sein, so wird Gott mein und was immer er hat. Darum sagt er: ›Ich bin Gott, dein Herr‹ ⟨2 Mos. 20,2⟩. *Dann* habe ich rechte Freude, wenn weder Leid noch Pein sie mir nehmen kann, denn dann bin ich versetzt in das göttliche Sein, in dem kein Leid Raum hat. Sehen wir doch, daß in Gott weder Zorn noch Betrübnis ist, sondern ⟨nur⟩ Liebe und Freude. Scheint es auch, daß er mitunter über den Sünder zürne: es ist nicht Zorn, es ist ⟨vielmehr⟩ Liebe, denn es *kommt* aus großer göttlicher Liebe; straft er doch diejenigen, die er liebt, denn ›er ist die Liebe‹ ⟨vgl. 1 Joh. 4,16⟩, die da ist der Heilige Geist. Darum kommt der Zorn Gottes aus der Liebe, denn er zürnt ohne Bitternis. Wenn du daher dahin kommst, daß du weder Leid noch Kümmernis um irgend etwas haben kannst und daß dir Leid nicht Leid ist und alle Dinge dir eine lautere Freude sind, *dann* ist das »Kind« *in Wahrheit* geboren. So denn befleißigt euch, daß das »Kind« nicht nur geboren *werde*, sondern geboren *sei*, so wie in Gott der Sohn allzeit geboren *ist* und allzeit geboren *wird*.

Daß uns dies widerfahre, dazu helfe uns Gott. Amen.

⟨PREDIGT 77⟩

Ecce mitto angelum meum.

Diz ist geschriben in dem êwangeliô und sprichet ze tiutsche: ›sehet, ich sende mînen engel‹.

Ez ist des êrsten ze wizzenne, waz ein engel sî, wan ez saget ein *geschrift*, wir süln glîch sîn den engeln. Ein *meister* sprichet, der engel sî ein bilde gotes. Der ander saget, er sî nâch gote gebildet. Der dritte sprichet, er sî ein lûter spiegel, der in im habe und in im trage glîcheit götlîcher guotheit und götlîcher lûterkeit des stilnisses und der verborgenheit gotes, als vil ez mügelich ist. Aber einer sprichet, er sî ein vernünftic blôz lieht, gescheiden von allen materielîchen dingen. Disen engeln suln wir glîch werden. Ein ieglîchez, daz bekennet, daz muoz bekennen in einem liehte, daz in der zît ist, wan, swaz ich gedenke, daz gedenke ich in einem liehte, daz in der zît ist und zîtlich ist. Aber der engel bekennet in einem liehte, daz über zît ist und êwic ist. Dar umbe bekennet er in einem êwigen nû. Aber der mensche bekennet in einem nû der zît. Daz allerminste ist daz nû der zît. Nim abe daz nû der zît, sô bist dû allenthalben und hâst alle zît. Diz wesen oder daz enist niht alliu dinc, wan, sô lange ich diz und daz bin oder diz und daz hân, sô enbin ich niht alliu dinc noch enhân niht alliu dinc. Scheit abe, daz dû noch diz noch daz sîst noch diz noch daz habest, sô bist dû alliu dinc und hâst alliu dinc; und alsô: bist dû noch hie noch dâ, sô bist dû allenthalben. Und alsô: bist dû noch diz noch daz, sô bist dû alliu dinc. Der engel ist und würket ouch vernünfticlîche in sîner stat und schouwet sunder underlâz, und sîn gegenwurf ist ein vernünftic wesen. Dar umbe ist sîn wesen verre geverret von allen dingen. Swaz alheit oder zal ist, von dem ist er verre.

PREDIGT 77

Ecce mitto angelum meum ⟨Mal. 3,1⟩.

Dies ist geschrieben in dem Evangelium und besagt zu deutsch: ›Sehet, ich sende meinen Engel‹ ⟨Mal. 3,1⟩.

Zum ersten muß man wissen, was ein Engel sei, denn es sagt eine Schrift, daß wir den Engeln gleich sein sollen. Ein Meister sagt, der Engel sei ein »Bild« Gottes. Der zweite sagt, er sei *nach* Gott »gebildet«. Der dritte sagt, er sei ein lauterer Spiegel, der in sich habe und in sich trage Gleichheit göttlicher Gutheit und göttlicher Lauterkeit der Stille und der Verborgenheit Gottes, soviel es möglich ist. Und wieder einer sagt, er sei ein vernunfthaftes reines Licht, geschieden von allen materiellen Dingen. Diesen Engeln sollen ⟨auch⟩ wir gleich werden. Ein jegliches ⟨= jedes Wesen⟩, das erkennt, das muß erkennen in einem Lichte, das in der Zeit ist, denn, was immer ich denke, das denke ich in einem Lichte, das in der Zeit und zeitgebunden ist. Der Engel aber erkennt in einem Lichte, das über der Zeit und ewig ist. Darum erkennt er in einem ewigen Nun. Der Mensch aber erkennt in einem Nun der Zeit. Das Allergeringste ist das Nun der Zeit. Nimm weg das *Nun* der Zeit, so bist du allenthalben und hast *alle* Zeit. Dieses zu sein oder jenes bedeutet nicht alles ⟨zu sein⟩, denn, solange ich dies und jenes bin oder dies und das habe, bin ich nicht *alles*, noch habe ich *alles*. Scheide ab, daß du entweder dies oder das bist oder dies oder das hast, so bist du *alles* und hast *alles*; und ebenso: Bist du weder hier noch dort, so bist du *allenthalben*. Und so denn: Bist du weder dies noch das, so bist du *alles*. Der Engel ist und wirkt auch vernunftgemäß an seiner Statt und ist beständig in der Schau, und der Gegenstand ⟨seiner Schau⟩ ist ein Vernunft-Wesen ⟨= Gott⟩. Darum ist sein Sein von allen ⟨materiellen⟩ Dingen weit entfernt. Was »Allheit« ⟨d. h. *universitas*, umfassendes diskretes Alles⟩ oder »Zahl« ist, davon ist er entfernt.

Sprechen wir ein lützel vürbaz von dem worte, daz er saget: ›ich sende‹. Ein geschrift geswîget des namen ›ich‹, diu ander saget von dem namen ›ich‹. Der *prophête* saget: ›ich sende mînen engel‹; aber der *êwangeliste* geswîget des namen ›ich‹ und saget: ›sehet, sende mînen engel‹. Waz nû daz meine, daz diu ein geschrift geswîget des namen ›ich‹? Ez meinet des êrsten die unsprechelicheit gotes, daz got ist unnennelich und über alliu wort in lûterkeit sînes grundes, dâ got kein wort noch rede niht haben enmac, dâ er unsprechelich ist allen crêatûren und unwortlich. Daz ander: ez meinet, daz diu sêle unsprechelich ist und âne wort; dâ si sich nimet in irme eigenen grunde, dâ ist si unwortlich und unnennelich noch enkan dâ kein wort gehaben, wan dâ ist si über namen und über alliu wort. Dáz meinet, daz des namen ›ich‹ geswigen ist, wan si enhât dâ noch wort noch rede. Daz dritte: daz got und diu sêle sô gar ein ist, daz got kein eigenschaft haben enmac, mit der er gescheiden sî von der sêle oder kein anderz ensî, sô daz er niht sprechen enmac: ›*ich* sende mînen engel‹, alsô daz er ein anderz sî dan diu sêle. Wan, sagete er ›ich‹, sô meinete er ein anderz von der sêle. Dar umbe geswîget man des namen ›ich‹, daz er und diu sêle sô gar ein ist, daz got kein eigenschaft haben enmac, daz noch iht noch niht von gote gesprochen enmac sîn, daz underscheit oder anderheit wîsen müge.

Von dem andern: daz diu geschrift *saget* ›ich‹, meinet des êrsten gotes isticheit, daz got aleine *ist*; wan alliu dinc *sint* in gote und von im, wan ûzwendic im und âne in en*ist* niht in der wârheit: wan alle crêatûren sint ein snœde dinc und ein

Wir wollen ein wenig mehr über das Wort sprechen, daß er sagt: ›Ich sende‹. *Eine* Schrift verschweigt das Wort ›ich‹ ⟨nämlich Luk. 7,27⟩, die andere aber spricht das Wort ›ich‹ aus ⟨Mal. 3,1⟩. Der Prophet sagt: ›*Ich* sende meinen Engel‹; der Evangelist aber verschweigt das Wort ›ich‹ und sagt: ›Sehet, sende meinen Engel‹. Was mag das nun meinen ⟨= bedeuten⟩, daß die eine Schrift den Namen ›ich‹ verschweigt? Es zielt zum ersten auf die Unaussprechlichkeit Gottes, daß Gott unnennbar ist und über alle Benennungen hinaus in der Lauterkeit seines Grundes, wo Gott keine Benennung noch Aussage zu haben vermag, wo er für alle Kreaturen unaussprechlich und unaussagbar ist. Zum andern will es besagen, daß ⟨auch⟩ die *Seele* unaussprechbar und ohne ⟨adäquate⟩ Benennung ⟨= wortlos⟩ ist; wo sie sich in ihrem eigenen Grunde erfaßt, da ist sie unaussprechlich und unaussagbar und kann dort keine Benennung haben, denn dort ist sie über alle Benennungen und über alle Aussagen ⟨erhaben⟩. *Dies* ist gemeint, wenn das Wort ›ich‹ verschwiegen wird, denn sie findet dort weder Benennung noch Aussage. Das dritte ⟨weshalb der Evangelist das ›ich‹ ausläßt, ist darin begründet⟩, daß Gott und die Seele so völlig eins sind, daß Gott nichts Eigenes haben kann, wodurch er von der Seele getrennt oder irgend etwas anderes wäre, so daß er ⟨= der Evangelist⟩ eben nicht sagen kann ›*ich* sende meinen Engel‹, so daß er ⟨durch solches Hinzufügen des ›ich‹⟩ etwas anderes wäre gegenüber der Seele. Denn, wenn er ›ich‹ gesagt hätte, so hätte er ⟨eben dadurch⟩ etwas anderes gegenüber der Seele gemeint. Aus *diesem* Grunde verschweigt man den Namen ›ich‹, weil er und die Seele so völlig eins sind, daß Gott nichts Eigenes haben kann, so daß weder etwas noch nichts von Gott ausgesagt werden kann, das Unterschiedenheit oder Andersheit aufweisen könnte.

Zum andern: Wenn die Schrift ›ich‹ *sagt*, dann meint das zum ersten Gottes Seinsheit, daß ⟨nämlich⟩ Gott allein *ist*; denn alle Dinge *sind* in Gott und von ihm, da außerhalb seiner und ohne ihn ⟨in Wahrheit⟩ nichts *ist*: denn alle Krea-

blôz niht gegen gote. Dar umbe: waz sie sint in der wârheit, daz sint sie in gote, und dar umbe *ist* got aleine in der wârheit. Und alsô meinet daz wort ›ich‹ die isticheit götlîcher wârheit, wan ez ist ein bewîsunge eines ›istes‹. Darumbe bewîset ez, daz *er* aleine *ist*. Daz ander: ez meinet, daz got ungescheiden ist von allen dingen, wan got ist in allen dingen, wan er ist in inniger, dan sie in selben sint. Alsô ist got ungescheiden von allen dingen. Alsô sol ouch der mensche ungescheiden sîn von allen dingen, daz ist: daz der mensche an im selber niht ensî und zemâle sîn selbes abegegangen sî; sô ist er ungescheiden von allen dingen und ist alliu dinc. Wan, als verre dû niht enbist an dir selben, als verre bist dû alliu dinc und ungescheiden von allen dingen. Dar umbe: als verre dû ungescheiden bist von allen dingen, als verre bist dû got und alliu dinc, wan gotes gotheit liget dar ane, daz er ungescheiden ist von allen dingen. Dar umbe: der mensche, der ungescheiden ist von allen dingen, der nimet die gotheit, dâ got selbe sîne gotheit nemende ist. Ze dem dritten sô meinet daz wort ›ich‹ umbe etwaz volkomenheit des namen ›ich‹, wan ez enist kein eigen name: ez ist umbe einen namen und umbe volkomenheit des namen und meinet eine unbewegelicheit und unberüerlicheit, und dar umbe meinet ez, daz got unbewegelich und unberüerlich ist und êwigiu stæticheit ist. Ze dem vierden mâle meinet ez die blôzen lûterkeit götlîches wesens, daz blôz âne allez mitewesen ist. Wan güete und wîsheit und swaz man von gote sprechen mac, daz ist allez mitewesen gotes blôzen wesens; wan alliu mitewesen machent ein vremde von dem wesene. Und alsô meinet daz wort ›ich‹ gotes lûterkeit des wesens, daz dâ ist in im selben blôz âne alliu mitewesen, diu vremde und verre machent.

Nû sagen wir vürbaz von den engeln, als ich nû sagete, daz sie wæren ein bilde gotes und daz sie sint ein spiegel, der in im hât glîcheit der guotheit und der lûterkeit des stilnisses und

turen sind etwas Minderwertiges und ein reines Nichts gegen Gott. Darum: Was sie in Wahrheit *sind*, das sind sie in Gott, und darum *ist* in Wahrheit ⟨nur⟩ Gott allein. Und so ⟨also⟩ meint dann das Wort ›ich‹ die Seinsheit göttlicher Wahrheit, denn es ⟨= das ›ich‹⟩ ist die Bezeugung eines *Seienden*. Deshalb bezeugt es, daß *er* allein *ist*. Zum zweiten meint es, daß Gott ungeschieden ist von allen Dingen, denn Gott ist *in* allen Dingen, da er ihnen inniger ist, als sie ⟨es⟩ sich selbst sind. So ⟨also⟩ ist Gott ungeschieden von allen Dingen. So ⟨auch⟩ soll der *Mensch* ungeschieden sein von allen Dingen, das heißt: daß der Mensch in sich selbst ⟨= an sich⟩ nichts sei und sich seiner selbst völlig entäußert habe; so ⟨denn⟩ ist er ungeschieden von allen Dingen und *ist* alle Dinge. Denn, soweit du in dir selbst nichts bist, so weit bist du alle Dinge und ungeschieden von allen Dingen. Darum: Soweit du von allen Dingen ungeschieden bist, so weit bist du Gott und alle Dinge, denn Gottes Gottheit liegt darin, daß er ungeschieden ist von allen Dingen. Daher nimmt ⟨= erfaßt⟩ der Mensch, der ungeschieden ist von allen Dingen, die Gottheit dort, wo Gott selbst seine Gottheit hernimmt. Zum dritten zielt das Wort ›ich‹ auf eine gewisse Vollkommenheit der Benennung ›ich‹, denn es ist kein *eigentlicher* Name ⟨=sondern ein *Pronomen*⟩: es steht *statt* eines Namens und um der Vollgültigkeit des Namens willen und meint eine Unbeweglichkeit und Unberührbarkeit, und deshalb weist es darauf hin, daß Gott unbeweglich und unberührbar und eine ewige Beständigkeit ist. Zum vierten zielt es auf die reine Lauterkeit göttlichen Seins, das rein ohne alles »Beisein« ⟨= *Accidens*⟩ ist. Denn Gutheit und Weisheit und was man sonst von Gott auszusagen vermag, das alles ist »Beisein« des reinen Seins Gottes; denn alles »Beisein« verursacht ein Fremdsein gegenüber dem Sein. Und so also zielt das Wort ›ich‹ auf die Lauterkeit des Seins Gottes, das da in sich selbst rein ohne alles »Beisein« ist, das Fremdsein und Entferntsein schafft.

Nun wollen wir weiter von den Engeln sprechen, wie ich vorhin sagte, daß sie ein »Bild« Gottes seien und ein Spiegel sind, der in sich Gleichheit der Gutheit und der Lauterkeit

der verborgenheit gotes, als verre als ez mügelich ist. Nû suln wir glîch sîn den engeln, und alsô suln wir ein bilde gotes sîn, wan got hât uns gemachet ein bilde sîn selbes. Der meister, der ein bilde machen wil nâch einem menschen, der enmachet ez niht nâch Kuonrâte oder nâch Heinrîche. Aber, machete er ein bilde nâch Kuonrâte oder nâch Heinrîche, sô enmeinete er niht dén menschen, er meinete Kuonrât oder Heinrich. Aber machete er ein bilde nâch Kuonrâte, sô enmeinete er niht Heinrich; wan, möhte und künde er, er machete alzemâle Kuonrât und den selben und alzemâle im glîch. Nû mac got alzemâle und kan, und dar umbe sô hât got dich im alzemâle glîch gemachet und ein bilde sîn selbes. Aber ›im glîch‹ wîset ein vremde und ein verre. Nû enist zwischen dem menschen und gote noch vremde noch verre; und dar umbe enist er im niht glîch, mêr: er ist mit im alzemâle glîch und daz selbe, daz er alzemâle ist.

Ich enweiz noch enkan niht mê; dâ mite sî dirre rede ein ende. Aber ich gedâhte eines ûf dem wege, daz der mensche sô gar abegescheiden solte sîn in sîner meinunge, daz er nieman noch niht meinen ensolte wan die gotheit in ir selben, noch sælicheit noch diz noch daz wan aleine got als got und die gotheit in ir selber; wan, swaz dû anders meinest, daz ist allez ein mitewesen der gotheit. Dar umbe scheit abe allez mitewesen der gotheit, und nim sie blôz in ir selber.

Daz wir her zuo komen, des helfe uns got. Âmen.

der Stille und der Verborgenheit Gottes trägt, soweit es möglich ist. Nun sollen wir den Engeln gleich sein, und ebenso sollen wir ein »Bild« Gottes sein, denn Gott hat uns als ein »Bild« seiner selbst geschaffen. Der Meister, der ein Menschen-Bild machen will, der macht ⟨es nicht⟩ nach ⟨einem⟩ Konrad oder nach ⟨einem⟩ Heinrich. Machte er aber ein Bild nach ⟨einem⟩ Konrad oder nach ⟨einem⟩ Heinrich, so hätte er es nicht auf *den* Menschen abgesehen, sondern ⟨er zielte⟩ auf ⟨den⟩ Konrad oder auf ⟨den⟩ Heinrich. Hinwiederum: Machte er aber ein Bild ⟨von⟩ Konrad, so zielte er nicht auf Heinrich; denn, vermöchte und könnte er, so bildete er vollends den Konrad ⟨nach⟩ und eben diesen und ihm ganz und gar gleich. Nun ⟨aber⟩ *vermag* und *kann* Gott völlig, und darum hat Gott dich ihm völlig gleich und als ein »Bild« seiner selbst geschaffen. Aber »ihm gleich« weist auf ein Fremd- und auf ein Entferntsein hin. Nun ⟨aber⟩ gibt es zwischen dem Menschen und Gott weder Fremd- noch Entferntsein; und deshalb ist er ⟨= der Mensch⟩ ihm ⟨= Gott⟩ *nicht* gleich: er ist ihm vielmehr völlig ebenbildlich und dasselbe, was er ⟨= Gott⟩ ganz und gar *ist*.

Ich weiß und kann ⟨nun⟩ nichts mehr; damit sei diese Predigt zu Ende. Ich dachte aber einst unterwegs, der Mensch sollte in seinem Bestreben so selbstlos sein, daß er es auf niemanden und auf nichts abgesehen habe als auf die Gottheit in sich selbst, weder auf ⟨seine⟩ Seligkeit noch auf dies oder das als einzig auf Gott als Gott und die Gottheit in sich selbst; denn, auf was du es sonst abgesehen hast, das alles ist ⟨nur⟩ ein »Beisein« der Gottheit. Darum scheide alles »Beisein« der Gottheit ab und nimm sie rein in sich selbst.

Daß wir hierzu kommen, dazu helfe uns Gott. Amen.

⟨PREDIGT 78⟩

Missus est Gabriel angelus etc.

Ez schrîbet sant *Lukas* in dem êwangeliô: ›ein engel wart gesant von gote in ein lant, hiez Galylêâ, in eine stat, hiez Nazareth, ze einer juncvrouwen, hiez Marîâ, diu was gemahelt Jôsephe, der was von dem ingesinde Dâvîdes‹.

Bêdâ, ein meister, sprichet: »diz was ein begin unsers heiles«. Ich hân etwenne gesprochen und spriche ez noch: allez, daz unser herre ie getete, daz entete er niendert umbe, dan daz got mit uns sî und wir ein mit im werden; und dar umbe ist got mensche worden. Die *meister* sprechent, daz got ê was geborn in unser vrouwen geistlîche, ê er lîplîche von ir geborn würde; und von der übervlüzzicheit der geburt, dô der himelsche vater gebar sînen eingebornen sun in ir sêle, dannen abe enpfienc daz êwige wort menschlîche natûre in ir, und si wart lîplîche berhaftic.

Nû sprichet er: ›ein engel wart gesant von gote‹. Ich spriche, daz muoste von nôt sîn, daz er ir von gote gesant wære. Ez versmâhte der sêle ze enpfâhenne des engels lieht, ez enwürde ir denne von gote gesant und dâ enklebete inne daz götlîche lieht verborgen, daz dâ smakhaftic machete des engels lieht; anders si enwolde sîn niht.

Nû sprichet er: ›ein engel‹. Waz ist ein engel? Ez sprechent drîe *meister* drîerleie rede, waz ein engel sî. *Dionysius* sprichet: ein engel ist ein spiegel âne vlecken, geliutert ûf daz hœhste, der in sich enpfæhet den widerslac götlîches liehtes. *Augustînus* sprichet: der engel ist nâhe bî gote, und diu materie ist nâhe bî nihte. *Johannes Damascênus* sprichet: der engel ist ein bilde gotes und ist durchbrechende allez, daz sîn ist, mit dem

PREDIGT 78

Missus est Gabriel angelus etc. ⟨*Luc. 1,26/27*⟩.

Es schreibt Sankt Lukas in dem Evangelium: ›Ein Engel ward gesandt von Gott in ein Land, das Galiläa hieß, in eine Stadt, die Nazareth hieß, zu einer Jungfrau, die Maria hieß, die mit Joseph verlobt war, der aus dem Hause Davids stammte‹.

Beda, ein Meister, spricht: »Dies war der Beginn unseres Heiles«. Ich habe gelegentlich gesagt und sage es noch: Alles, was unser Herr je tat, das tat er um nichts anderes willen, als daß Gott mit uns sei und wir mit ihm eins werden; und ⟨eben⟩ darum ist Gott Mensch geworden. Die Meister sagen, daß Gott eher *geistig* in Unserer Frau geboren wurde, bevor er leiblich von ihr geboren ward; und durch das Überfließen ⟨= den Überschwang⟩ der ⟨geistigen⟩ Geburt, als der himmlische Vater seinen eingeborenen Sohn in ihre Seele gebar, von daher empfing das ewige Wort menschliche Natur in ihr, und sie ward *leiblich* schwanger.

Nun sagt er: ›Ein Engel ward gesandt von Gott‹. Ich ⟨nun⟩ sage, daß es notwendig so sein mußte, daß er ihr *von Gott* gesandt wurde. Die Seele würde es verschmähen, des Engels Licht zu empfangen, wenn es ihr nicht von Gott gesandt würde und das göttliche Licht nicht verborgen darin steckte welches das Licht des Engels schmackhaft ⟨= wohlschmeckend⟩ machte; sonst würde sie es nicht mögen.

Nun sagt er: ›Ein Engel‹. Was ist ein Engel? Drei Meister machen dreierlei Aussagen darüber, was ein Engel sei. Dionysius sagt: Ein Engel ist ein Spiegel ohne Flecken, geläutert auf das äußerste, der in sich den Widerschein göttlichen Lichtes empfängt. Augustinus sagt: Der Engel ist nahe bei Gott, und die Materie ist nahe beim Nichts. Johannes Damascenus sagt: Der Engel ist ein »Bild« Gottes und durchstrahlt alles, was ihm ⟨= dem Engel⟩ gehört ⟨= sein ganzes Sein⟩, mit dem »Bilde« Gottes. Die *Seele* besitzt

bilde gotes. Diu sêle hât daz bilde an irm obersten wipfel, an irm obersten zwîge, dâ götlich lieht âne underlâz liuhtet. Daz ist daz êrste stücke, daz er sprichet, waz ein engel sî. Dar nâch sprichet er, daz der engel sî ein durchsnîdendiu scherpfe, inviuric von götlîcher begirde, und sprichet, daz der engel vrî sî von materie und sô vrî, daz er vîent ist der materie. Sehet, diz ist ein engel.

Nû sprichet er: ›ein engel wart gesant von gote‹. War zuo? *Dionysius* sprichet, daz der engel habe drîerleie werk. Daz êrste: er veget, daz ander: er liuhtet, daz dritte: er volbringet. Er veget die sêle in drîerleie wîs: daz êrste: er veget sie von vlecken, die an sie gevallen sint; daz ander: er veget sie von materie und bereitet sie und sament sie ze ir selber; daz dritte: er veget sie von unwizzenheit, als ouch ein engel den andern tuot. Ze dem andern mâle erliuhtet er die sêle in zweierleie wîs: götlich lieht daz ist sô überswenkic, daz ez diu sêle niht gelîden enmac, ez enwerde getempert und beschatewet in des engels liehte und alsô getragen in die sêle. Dar nâch erliuhtet er sie mit glîchnisse. Der engel leget sîn verstantnisse an die sêle und kreftiget sie, daz si enpfâhen oder lîden mac götlich lieht. Wære ich in einer wüestenunge aleine, dâ mich grûwelte, hæte ich dâ bî mir ein kint, sô vergienge mir der grûwel und würde gekreftiget; sô edel und sô lustic und sô kreftic ist daz leben in im selben. Und enmöhte ich niht ein kint haben, hæte ich ein tier, ich würde getrœstet. Dar umbe: die in den swarzen buochen vil wunders würkent, die nement ein tier, einen hunt, und daz leben an dem tiere sterket sie. Glîcheit sterket an allen dingen. Dar umbe leget sie der engel an die sêle, wan er ir glîch ist und erliuhtet sie und sterket sie und bereitet sie, daz si enpfâhen mac götlich lieht.

Nû sprichet er: ›ein engel wart gesant von gote‹. Diu sêle muoz glîch sîn dem engel an disen stücken, diu ich gespro-

dieses »Bild« in ihrem obersten »Wipfel«, in ihrem obersten »Zweige«, wo das göttliche Licht unablässig leuchtet. Das ist das erste, was er darüber aussagt, was ein Engel sei. Danach sagt er, daß der Engel eine durchtrennende Schärfe, flammend von göttlicher Begierde sei, und sagt, daß der Engel frei sei von Materie und so frei, daß er der Materie feind ist. Sehet, *dies* ist ein Engel.

Nun sagt er: ›Ein Engel ward gesandt von Gott‹. Wozu? Dionysius sagt, daß der Engel dreierlei Betätigung habe. Zum ersten: er fegt, zum zweiten: er leuchtet, zum dritten: er vollendet. Er fegt die Seele auf dreierlei Weise: zum ersten: er fegt sie von Flecken, die sie befallen haben; zum zweiten: er fegt sie von Materie und bereitet und versammelt sie auf sich selbst; zum dritten: er fegt sie von Unwissenheit, so wie's auch ein Engel dem andern tut. An zweiter Stelle erleuchtet er die Seele auf zweierlei Weise: Göttliches Licht ist so überschwenglich, daß die Seele es nicht aushalten ⟨= ertragen⟩ kann, es werde denn gemildert und verschattet in des Engels Lichte und so ⟨dann⟩ in die Seele getragen. Danach erleuchtet er ⟨= der Engel⟩ sie durch Gleichheit ⟨mit sich⟩. Der Engel übermittelt der Seele sein ⟨eigenes⟩ Erkennen und kräftigt sie, auf daß sie göttliches Licht empfangen oder aushalten ⟨= ertragen⟩ kann. Wäre ich allein in einer Wüste, wo es mich grauste, hätte ich da ein Kind bei mir, so verginge mir das Grausen, und ich würde gekräftigt ⟨= gestärkt⟩; so edel und so lustvoll und so kräftig ist das Leben in sich selbst. Und könnte ich nicht ein Kind ⟨bei mir⟩ haben, hätte ⟨aber wenigstens⟩ ein ⟨lebendes⟩ Tier, so würde ich getröstet. Darum: Diejenigen, die in den schwarzen Büchern wunders viel wirken, die nehmen ein Tier, ⟨etwa⟩ einen Hund ⟨zu Hilfe⟩, und das *Leben* in dem Tiere stärkt sie ⟨= gibt ihnen Kraft⟩. Gleichheit stärkt in allen Dingen. Darum übermittelt sie der Engel der Seele, denn er ist ihr gleich und erleuchtet sie und stärkt sie und bereitet sie zu, auf daß sie göttliches Licht empfangen kann.

Nun sagt er: ›Ein Engel ward gesandt von Gott‹. Die Seele muß dem Engel gleich sein in den Dingen, von denen ich

chen hân, sol ir der sun gesant werden und in ir geborn werden. Nû blîbet daz stücke underwegen, wie sie der engel volbringet.

Daz uns got sînen engel sende, der uns vege und uns erliuhte und volbringe und wir mit gote êwiclîche sælic sîn, des helfe uns got. Âmen.

gesprochen habe, wenn der Sohn ›gesandt‹ und in ihr geboren werden soll. Nun bleibt die Frage unerwogen ⟨= unbesprochen⟩, wie der Engel sie ⟨= die Seele⟩ zur Vollkommenheit bringt.

Daß uns Gott seinen Engel sende, der uns fege und erleuchte und vollende, und wir mit Gott ewig selig seien, dazu helfe uns Gott. Amen.

⟨PREDIGT 79⟩

Laudate caeli et exultet terra. Ego sum lux mundi.

Ich hân zwei wörtelîn gesprochen in der latîne: daz ein stât geschriben in der leczien, und sprichet ez der wîssage *Isaias*: ›vröuwet iuch, himel und erde, got der hât getrœstet sîn volk und wil sich erbarmen über sîne armen‹. Daz ander stât in dem êwangeliô und sprichet unser herre: ›ich bin ein lieht der werlt, und der mir nâchvolget, der engât niht in vinsternisse, und er sol vinden und sol haben lieht des lebens‹.

Nû merket daz êrste wörtelîn, daz der wîssage sprichet: ›vröuwet iuch, himel und erde‹. Wærlîche, wærlîche, bî gote, bî gote, und sît des als gewis, als daz got lebet: daz minste guot werk oder der minste guot wille oder diu minste guot begerunge des vröuwent sich alle heiligen in himel und ûf ertrîche und alle engel einer solcher vröude, der vröude alliu disiu werlt niht glîche geleisten enmac. Und ein ieglich heilige, sô er ie hœher ist, sô sîn vröude ie grœzer ist; und ein ieglich engel, sô er ie hœher ist, sô sîn vröude ie grœzer ist, und diu vröude al sament ist rehte als kleine als ein linse wider der vröude, die got in dem werke hât. Wan got hât rehte ein spiln, ein lachen in dem guoten werke; wan alliu andriu werk, diu gote niht ze lobe enbeschehent, diu sint rehte als ein asche vor gote. Dâ von sprichet er: ›vröuwet iuch, himel und erde; got der hât getrœstet sîn volk‹. Nû merket, daz er sprichet: ›got der hât getrœstet sîn volk und wil sich erbarmen über sîne armen‹. Er sprichet: ›*sîne* armen‹. Die armen sint aleine gote gelâzen, wan nieman ennimet sich ir ane. Hæte einer einen vriunt, der arm ist, er enverjihet sîn niht; und hât er guot und ist wîse, sô sprichet er: ›dû bist mîn mâc‹ und verjihet sîn balde; aber ze dem armen sprichet er:

PREDIGT 79

Laudate caeli et exultet terra. Ego sum lux mundi ⟨Is. 49,13⟩.

Ich habe zwei Wörtlein gesprochen auf lateinisch: Das eine steht geschrieben in der Lesung, und der Prophet Isaias spricht es: ›Freuet euch, Himmel und Erde, Gott hat getröstet sein Volk und will sich erbarmen über seine Armen‹ ⟨Is. 49,13⟩. Das andere steht im Evangelium, und unser Herr spricht ⟨dort⟩: ›Ich bin ein Licht der Welt, und wer mir nachfolgt, der geht nicht in Finsternis, und er wird finden und wird haben das Licht des Lebens‹ ⟨Joh. 8,12⟩.

Nun achtet auf das erste Wörtlein, das *der Prophet* spricht: ›*Freuet* euch, Himmel und Erde‹. Wahrlich, wahrlich, bei Gott, bei Gott! Seid dessen so gewiß, wie daß Gott lebt: Das geringste gute Werk oder der geringste gute Wille oder das geringste gute Begehren, darüber freuen sich alle Heiligen im Himmel und auf Erden und alle Engel in einer solchen Freude, daß diese ganze Welt eine gleiche Freude nicht zu bieten vermag. Und je höher ein jeglicher Heiliger ist, um so größer ist seine Freude, und je höher ein jeglicher Engel ist, um so größer ist seine Freude, und alle diese Freude zusammen ist recht so klein wie eine Linse gegenüber der Freude, die Gott an jenem Werke hat. Denn Gott hat recht eine helle Freude, ein Lachen über das gute Werk; denn alle anderen Werke, die nicht Gott zum Lobe geschehen, die sind recht wie Asche vor Gott. Daher sagt er ⟨= der Prophet⟩: ›Freuet euch, Himmel und Erde; Gott hat getröstet sein Volk‹. Nun merkt darauf, daß er sagt: ›Gott hat getröstet sein Volk und will sich erbarmen über seine Armen‹. Er sagt ›*seine* Armen‹. Die Armen sind ja allein Gott überlassen, denn niemand ⟨anders⟩ nimmt sich ihrer an. Hätte einer einen Freund, der arm ist, zu dem bekennt er sich nicht; hat der ⟨= der Freund⟩ aber Besitz und ist ⟨er⟩ weise ⟨= gelehrt⟩, dann sagt er: »Du bist mein Verwandter« und bekennt sich alsbald zu ihm; zu dem Armen aber sagt er: »Behüt dich

›got berâte dich!‹. Die werdent gote gelâzen; wan, swar sie koment, sô vindent sie got und hânt got an allen steten, und got nimet sich ir ane, wan sie im gegeben sint. Dâ von sprichet er in dem êwangeliô, daz ›die armen sælic sint‹.

Nû merket daz wörtelîn, daz er sprichet: ›ich bin ein lieht der werlt‹. ›Ich bin‹ – dâ rüeret er daz wesen. Die *meister* sprechent: alle crêatûren mugen wol sprechen ›ich‹, und daz wort ist gemeine; aleine daz wort ›*sum*‹, ›bin‹, daz enmac nieman eigenlîche gesprechen wan got aleine. ›*Sum*‹ ist als vil gesprochen als ein dinc, daz allez guot inne treget, und daz ist allen crêatûren versaget, daz deheiniu *allez* daz habe, daz den menschen genzlîche getrœsten müge. Hæte ich allez daz, des ich begern möhte, und tæte mir der vinger wê, sô enhæte ich ez niht allez, wan mir wære der vinger wunt, und ich enhæte ganzen trôst niht, die wîle mir der vinger wê tæte. Brôt daz ist gar trœstlich dem menschen, sô in hungert; sô in aber dürstet, sô enhæte er als wênic trôst an dem brôte als an einem steine. Und alsô ist ez umbe diu kleider, sô in vriuret; sô im aber ze heiz ist, sô enhât er keinen trôst an den kleidern; und alsô ist ez umbe alle crêatûren, und dar umbe ist daz wâr, daz alle crêatûren tragent inne bitterkeit. Ez ist wol wâr, daz alle crêatûren tragent inne etwaz trôstes als obenân abegeveimet der sein. Der sein daz ist allez mit einander in gote, swaz guotes mit einander in allen crêatûren gesîn mac. Dâ von stât geschriben in der *wîsheit buoche*: ›mit dir kumet mîner sêle allez guot‹, und der trôst ist von gote. Aber der trôst der crêatûren enist niht ganz, wan er treget in im einen manc. Aber gotes trôst ist lûter und âne manc und ist zemâle und ist volkomen; und im ist als nôt, daz er dir gebe, daz er niht erbeiten enmac, biz daz er gebe sich selber dir von êrste. Alsô vertœret ist got mit sîner minne ze uns, rehte als ob er vergezzen habe himelrîches und ertrîches und aller sîner sælicheit und aller sîner

Gott!« Diese ⟨Armen⟩ werden Gott überlassen; denn, wohin sie auch kommen, finden sie Gott und haben Gott an allen Stätten, und Gott nimmt sich ihrer an, denn sie sind ihm übergeben. Daher sagt er im Evangelium, daß ›die Armen selig sind‹.

Nun merkt auf das Wörtlein, daß er sagt: ›Ich bin ein Licht der Welt‹. ›Ich bin‹ – damit rührt er an das Sein. Die Meister sagen: Alle Kreaturen können wohl ⟨von sich⟩ ›ich‹ sagen, ist doch dieses Wort ⟨ganz⟩ gemeingültig; jedoch das Wort *›sum‹*, *›bin‹*, das kann im eigentlichen Sinne nur Gott allein ⟨von sich⟩ aussagen. *›Sum‹* besagt soviel wie etwas, das alles Gute in sich trägt, und das ist allen Kreaturen versagt, daß irgendeine *alles* das habe, was den Menschen *gänzlich* zu trösten vermöge. Hätte ich alles das, wonach ich zu begehren vermöchte, täte mir aber ⟨nur⟩ der Finger weh, so hätte ich's nicht alles, denn mir wäre ⟨ja doch⟩ der Finger wund, und ich hätte ⟨daher⟩ nicht ganzen Trost, solange mir der Finger weh täte. Brot ist dem Menschen gar tröstlich, dafern ihn hungert; wenn ihn aber dürstet, so hätte er am Brote so wenig Trost wie an einem Steine. Und ebenso ist es mit den Kleidern, wenn ihn friert; wenn's ihm aber zu heiß ist, so hat er keinen Trost an den Kleidern; und ebenso ist es mit allen Kreaturen, und darum ist es wahr, daß alle Kreaturen Bitterkeit in sich tragen. Wohl ist es ⟨auch⟩ wahr, daß alle Kreaturen innen *etwas* Trost ⟨in sich⟩ tragen wie einen oben abgeschäumten Seim. Der Seim, das ist allzumal das in Gott, was Gutes in allen Kreaturen zusammen sein mag. Daher steht geschrieben im Buche der Weisheit: ›Mit dir kommt meiner Seele alles Gute zu‹ ⟨vgl. Weish. 7,11⟩, und dieser Trost stammt von Gott. Der Trost der Kreaturen aber ist nicht vollkommen, denn er trägt einen Mangel in sich. Der Trost Gottes aber ist lauter und ohne Mangel und ist völlig und ist vollkommen; und ihm ⟨= Gott⟩ ist es so notwendig, daß er dir gebe, daß er es nicht erwarten kann, bis er sich dir als erstes gebe. So vertört ⟨= vernarrt⟩ ist Gott in seine Liebe zu uns, recht als wenn er Himmel und Erde und seine ganze Seligkeit und seine ganze Gottheit vergessen und mit nichts

gotheit und niht ze tuonne habe wan aleine mit mir, daz er mir gebe allez, daz mich getrœsten müge. Und er gibet mirz zemâle und gibet mirz volkomenlîche und gibet ez in dem lûtersten und gibet ez alle zît und gibet ez allen crêatûren.

Nû sprichet er: ›der mir nâchvolget, der engât niht in vinsternisse‹. Nû merket, daz er sprichet: ›der mir nâchvolget‹. Die *meister* sprechent, daz diu sêle drîe krefte habe. Diu êrste kraft diu suochet alwege daz süezeste. Diu ander suochet alzît daz hœhste. Diu dritte kraft diu suochet alzît daz beste; wan diu sêle ist als edel, daz si nienâ geruowen enkan wan in dem ursprunge, dâ daz her ûz tropfet, daz güete machet. Sehet, als süeze ist gotes trôst, daz in alle crêatûren suochent und jagent im nâch. Und ich spriche mê, daz aller crêatûren wesen und leben liget dar ane, daz sie got suochent und im nâchjagent.

Nû möhtet ir sprechen: ›wâ ist dirre got, dem alle crêatûren nâchjagent, dâ von sie ir wesen und ir leben hânt?‹ – Ich spriche gerne von der gotheit, wan alliu unser sælicheit dannân ûzvliuzet. – Der vater sprichet: ›mîn sun, in dem widerglanze der heiligen gebir ich dich hiute‹. Wâ ist dirre got? – ›In der vüllede der heiligen dâ bin ich bevangen‹. Wâ ist dirre got? – In dem vater. Wâ ist dirre got? – In der êwicheit. Got enmöhte niemer nieman vunden hân, als der wîssage sprichet: ›herre, dû bist der verborgen got‹. Wâ ist dirre got? – Rehte, als sich ein mensche verbirget, sô rünstert er sich und vermeldet sich selber dâ mite; alsô hât ouch got getân. Got enkünde niemer nieman vunden hân; nû hât er sich vermeldet. Ein *heilige* sprichet: ich enpfinde etwenne solcher süezicheit in mir, daz ich mîn selbes und aller crêatûren vergizze und zemâle wil zervliezen in dich. ›Und sô ich ez zemâle wil umbevâhen, herre, sô nimest dû mirz. Herre, waz meinest dû dâ mite? Reizest dû mich, war umbe nimest dû mirz denne? Minnest dû mich, war umbe vliuhest dû mich denne? Owê, herre, daz tuost dû dar umbe, daz ich dîn vil enpfâhen müge‹. Der *wîssage* sprichet: ›mîn got‹. – ›Wer saget dir, daz ich dîn got bin?‹ – ›Herre, dâ enkan ich

zu tun habe als einzig mit mir, auf daß er mir alles gebe, was mich zu trösten vermöge. Und er gibt mir's ganz und gibt mir's vollkommen und gibt es am lautersten und gibt es allzeit und gibt es allen Kreaturen.

Nun sagt er: ›Wer mir nachfolgt, der geht nicht in Finsternis‹. Nun merkt darauf, daß er sagt: ›Wer mir nachfolgt‹. Die Meister sagen, daß die Seele drei Kräfte habe. Die erste Kraft sucht allwegs das Süßeste. Die zweite sucht allzeit das Höchste. Die dritte Kraft sucht allzeit das Beste; denn die Seele ist so edel, daß sie nirgends zur Ruhe kommen kann als in dem Ursprunge, wo das heraustropft, was Gutsein schafft. Sehet, so süß ist Gottes Trost, daß ihn alle Kreaturen suchen und ihm nachjagen. Und ich sage darüber hinaus, daß aller Kreaturen Sein und Leben darin liegt, daß sie Gott suchen und ihm nachjagen.

Nun könnt ihr sagen: »Wo ist dieser Gott, dem alle Kreaturen nachjagen, wodurch sie ihr Sein und ihr Leben haben?« – Ich spreche gern von der Gottheit, denn unsere ganze Seligkeit fließt daraus aus. – Der Vater sagt: ›Mein Sohn, im Widerglanze der Heiligen gebäre ich dich heute‹ ⟨vgl. Ps. 109,3⟩. Wo ist dieser Gott? – ›In der Fülle der Heiligen bin ich umfangen‹ ⟨vgl. Jes. Sir. 24,16⟩. Wo ist dieser Gott? – Im Vater. Wo ist dieser Gott? – In der Ewigkeit. Niemand hätte Gott je finden können, wie der Weise sagt: ›Herr, du bist ein verborgener Gott‹ ⟨vgl. Is. 45,15⟩. Wo ist dieser Gott? – Recht, wie sich ein Mensch verbirgt, sich aber dann räuspert und sich damit selbst verrät, so auch hat Gott getan. Niemand hätte Gott je finden können; nun ⟨aber⟩ hat er sich selbst verraten. Ein Heiliger spricht: Ich empfinde mitunter solche Süßigkeit in mir, daß ich mich selbst und alle Kreaturen vergesse und völlig in dich zerfließen will. »Wenn ich's aber ganz umfangen will, Herr, so nimmst du mir's. Herr, was meinst du damit? Reizest du mich, warum nimmst du mir's dann? Liebst du mich, warum fliehst du mich dann? Ach, Herr, das tust du zu dem Ende, daß ich viel von dir empfangen könne«. Der Prophet spricht: ›Mein Gott‹ ⟨vgl. Ps. 15,2⟩. – »Wer sagt dir, daß ich *dein* Gott bin?« – »Herr, ich

niemer geruowen wan in dir, und enist mir nienâ wol wan in dir‹.

Daz wir got alsus gesuochen und in ouch vinden, des helfe uns der vater und der sun und der heilige geist. Âmen.

kann nimmer ruhen als in dir, und mir ist nirgends wohl als in dir«.

Daß wir Gott so suchen und ihn auch finden, dazu helfe uns der Vater und der Sohn und der Heilige Geist. Amen.

⟨PREDIGT 80⟩

Homo quidam erat dives.

›Ez was ein rîcher mensche, der was gezieret mit pfelle und mit samîte und az alle tage verwenete spîse und enhâte niht namen.‹

Diz mac man verstân in zweierhande wîs: von der gruntlôsen gotheit und von einer ieglîchen zarten sêle.

›Ez was ein rîcher mensche‹. ›Mensche‹ sprichet als vil als ein verstendic dinc, daz sprichet ein heidenischer *meister*. Bî dem menschen verstât man got in der geschrift. Sant *Grêgôrius* sprichet: wære an gote iht edeler einez dan daz ander, ob man daz gesprechen möhte, daz wære verstantnisse; wan an verstantnisse ist got im selben offenbære, an verstantnisse vervliuzet got in sich selber, an verstantnisse vliuzet got ûz in alliu dinc, an verstantnisse schuof got alliu dinc. Und enwære an gote niht verstantnisse, sô enmöhte diu drîvalticheit niht gesîn; sô enwære ouch nie crêatûre ûzgevlozzen.

›Er enhâte niht namen.‹ Alsô ist der gruntlôse got sunder namen; wan alle die namen, die im diu sêle gibet, die nimet si in ir selbes verstantnisse. Her ûf sprichet ein heidenischer *meister* in dem buoche, daz dâ heizet *daz lieht der liehte*: got ist überwesenlich und überredelich und überverstentlich, daz natiurlich verstân ist. Ich enspriche niht von gnædiclîchem verstânne, wan ein mensche möhte als verre gezogen werden von gnâden, daz er verstüende, als sant Paulus verstuont, der in den dritten himel gezucket wart und sach sôgetâniu dinc, diu man niht volsprechen enmuoz noch enmac. Ouch, als er sie sach, alsô enmohte er sie niht geworten; wan, swaz man verstân sol, daz muoz man verstân an der sache oder an der wîse oder bî dem werke. Her umbe blîbet got unverstanden,

PREDIGT 80

Homo quidam erat dives ⟨Luc. 16,19⟩.

›Es war ein reicher Mensch, der war mit Seide und mit Samt geschmückt und aß alle Tage erlesene Speise‹ ⟨Luk. 16,19⟩ und hatte keinen Namen.

Dies kann man auf zweierlei Weise verstehen: mit Bezug auf die unergründliche Gottheit und mit Bezug auf jegliche zarte Seele.

›Es war ein reicher Mensch‹. ›Mensch‹ besagt soviel wie ein vernunftbegabtes Wesen, so sagt ein heidnischer Meister. Unter dem ›Menschen‹ versteht man Gott in der Schrift. Sankt Gregorius spricht: Wäre an Gott das eine irgendwie edler als das andere, wenn man das sagen könnte, so wäre es das Erkennen; denn im Erkennen ist Gott sich selbst offenbar, im Erkennen verfließt Gott in sich selber, im Erkennen fließt Gott aus in alle Dinge, im Erkennen schuf Gott alle Dinge. Und gäbe es in Gott kein Erkennen, so könnte es die Dreifaltigkeit nicht geben; so wäre auch keine Kreatur je ausgeflossen.

›Er hatte keinen Namen‹. So ⟨auch⟩ ist der unergründliche Gott ohne Namen, denn alle die Namen, die ihm die Seele gibt, die entnimmt sie dem Erkennen ihrer selbst. Hierzu sagt ein heidnischer Meister in dem Buche, das »das Licht der Lichter« heißt: Gott ist überseiend und unbegreifbar und unerkennbar, soweit es sich um natürliches Erkennen handelt. Ich spreche nicht von gnadenhaftem Erkennen, denn ein Mensch könnte durch die Gnade so weit verzückt werden, daß er so zu erkennen vermöchte, wie Sankt Paulus erkannte, der in den dritten Himmel verzückt wurde und solche Dinge schaute, die man nicht aussagen darf noch kann ⟨vgl. 2 Kor. 12,2/4⟩. Denn so, wie er sie schaute, so hätte ⟨auch⟩ er sie nicht in Worte fassen können; denn, was man erkennen soll, das muß man aus seiner Ursache oder aus seiner Weise oder aus seinem Wirken erkennen. Darum

wan er von niemanne gesachet enist, wan er ist ie daz êrste. Er ist ouch sunder wîse, daz ist: in unbekantheit. Er ist ouch sunder werk, daz ist: in sîner verborgenen stilheit. Her umbe blîbet er sunder namen. Wâ sint nû alle die namen, die im gegeben sint? Moyses vrâgete nâch sînem namen. Dô sprach got: ›der dâ ist, der hât dich gesant‹. Anders enkunde er ez niht verstân; wan alsô, als got in im selber ist, alsô enmohte er sich nie crêatûre gegeben ze verstânne, niht alsô, daz er ez niht vermöhte, mêr: die crêatûren enmöhten ez niht verstân. Dâ von sprichet der *meister* in dem buoche, daz dâ heizet ein *lieht der liehte*: got ist überwesenlich und überlobelich und überredelich und überverstentlich.

Der mensche was ouch ›rîche‹. Alsô ist got rîche in im selber und in allen dingen. Nû merket! Diu rîcheit gotes diu liget an vünf dingen. Daz êrste: daz er diu êrste sache ist, her umbe ist er ûzgiezende sich in alliu dinc. – Daz ander: daz er einvaltic ist an sînem wesene, her umbe ist er diu innerkeit aller dinge. – Daz dritte: daz er ursprunclich ist, her umbe ist er gemeinende sich allen dingen. – Daz vierde: daz er unwandelhaftic ist, her umbe ist er daz behaldelîcheste. – Daz vünfte: daz er volkomen ist, her umbe ist er daz begerlîcheste.

Er ist diu êrste sache, her umbe ist er îngiezende sich in alliu dinc. Dâ von sprichet ein heidenischer *meister*, daz sich diu êrste sache mê gieze in alle die sache, dan die andern sache sich in ir werk giezen. – Er ist ouch einvaltic an sînem wesene. Waz ist einvaltic? Daz sprichet bischof *Albreht*: daz dinc ist einvaltic, daz an im selber ein ist âne ander, daz ist got, und alliu vereintiu dinc haltent sich in daz, daz er ist. Dâ sint die crêatûren ein in dem einen und sint got in gote; an in selben sint sie niht. – Daz dritte: daz er ursprunclich ist, dar umbe ist er ûzvliezende in alliu dinc. Hie von sprichet bischof *Albreht*: drîerhande wîs vliuzet er ûz in alliu dinc gemeinlî-

bleibt Gott unerkannt, denn er ist von niemandem verursacht; er ist ⟨vielmehr⟩ stets das Erste. Er ist auch ohne Weise, das heißt: in seiner Unerkanntheit. Er ist auch ohne Werk, das heißt: in seiner verborgenen Stille. Deshalb bleibt er ohne Namen. Wo sind nun alle die Namen, die ihm gegeben worden sind? Moses fragte nach seinem Namen. Da sprach Gott: ›Der da ist, der hat dich gesandt‹ ⟨2 Mos. 3,14⟩. Sonst hätte er es nicht verstehen können; denn so, wie Gott in sich selbst ist, so könnte er sich niemals einer Kreatur zu erkennen geben, nicht etwa, daß *er* es nicht vermöchte: die Kreaturen vielmehr könnten es nicht verstehen. Deshalb sagt der Meister in dem Buche, das da »ein Licht der Lichter« heißt: Gott ist überseiend und über alles Lob und unbegreifbar und unerkennbar.

Der Mensch war auch *›reich‹*. So auch ist Gott *reich* in sich selbst und in allen Dingen. Nun gebt acht! Der Reichtum Gottes liegt in fünf Dingen. Zum ersten darin, daß er die erste Ursache ist; deshalb gießt er sich aus in alle Dinge. – Zum zweiten darin, daß er einfaltig in seinem Sein ist; deshalb ist er das Innerste aller Dinge. – Zum dritten darin, daß er ausquellend ist; deshalb teilt er sich allen Dingen mit. – Zum vierten darin, daß er unwandelbar ist; deshalb ist er das Dauerhafteste. – Zum fünften darin, daß er vollkommen ist; deshalb ist er das Begehrenswerteste.

Er ist die erste Ursache; deshalb ergießt er sich hinein in alle Dinge. Darüber sagt ein heidnischer Meister, daß sich die erste Ursache in höherem Maße in alle ⟨Zweit-⟩Ursachen ergieße, als die anderen Ursachen sich in ihre Wirkungen ergießen. – Er ist auch einfaltig in seinem Sein. Was ist einfaltig? Darüber sagt Bischof Albrecht: Ein solches Ding ist einfaltig, das in sich selbst einheitlich ist ohne Andersartiges, ⟨und⟩ das ist Gott, und alle einheitlichen Dinge werden gehalten in dem, was er ist. Da sind die Kreaturen eins in dem Einen und sind Gott in Gott; an sich selber aber sind sie nichts. – Zum dritten: Er ist ausquellend, deshalb fließt er aus in alle Dinge. Darüber sagt Bischof Albrecht: Auf dreierlei Weise fließt er aus in alle Dinge gemeinhin: mit Sein und mit

che: mit wesene und mit lebene und mit liehte und sunderlîche in die vernünftigen sêle an mügentheit aller dinge und an einem widerrucke der crêatûren in irn êrsten ursprunc: diz ist *lieht der liehte*, wan ›alle gâbe und volkomenheit vliezent von dem vater der liehte‹, als sant *Jâcobus* sprichet. – Daz vierde: daz er unwandelhaftic ist, dar umbe ist er daz behaldelîcheste. Nû merket, wie sich got vereinet mit den dingen. Er vereinet sich mit den dingen und beheltet sich doch ein an im selben, und alliu dinc an im ein. Hie von sprichet *Kristus*: ir sult gewandelt werden in mich und ich niht in iuch. Daz kumet von sîner unwandelhafticheit und von sîner unmæzlicheit und von der dinge kleinheit. Dâ von sprichet ein *wîssage*, daz alliu dinc sint als kleine wider gote als ein tropfe wider dem wilden mer. Der einen tropfen würfe in daz mer, sô verwandelte sich der tropfe in daz mer und niht daz mer in den tropfen. Alsô geschihet der sêle: als sie got in sich ziuhet, sô wirt si gewandelt in got, alsô daz diu sêle götlich wirt und got niht sêle. Dâ verliuset diu sêle irn namen und ir kraft und niht irn willen und niht ir sîn. Dâ blîbet diu sêle an gote, als got an im selber blîbet. Dâ von sprichet bischof *Albreht*: in dem willen, dâ der mensche inne stirbet, dâ sol er êwiclîche inne blîben. – Daz vünfte: daz er volkomen ist, dar umbe ist er daz begerlîcheste. Got ist sîn selbes volkomen und aller dinge. Waz ist volkomenheit an gote? Daz ist, daz er sîn selbes guot ist und aller dinge guot. Her umbe begernt sîn alliu dinc, wan er ir guot ist.

Daz uns daz guot müeze werden, daz got selber ist und daz wir sîn êwiclîche gebrûchen müezen, des helfe uns got. Âmen.

Leben und mit Licht und insbesondere in die vernunftbegabte Seele in ihrem Vermögen ⟨zur Erkenntnis⟩ aller Dinge und in der Rückführung der Kreaturen in ihren ersten Ursprung: dies ist »das Licht der Lichter«, denn ›alle Gaben und Vollkommenheit fließen von dem Vater der Lichter‹, wie Sankt Jakob sagt ⟨Joh. 1,17⟩. – Zum vierten: Er ist unwandelbar, deshalb ist er das Dauerhafteste. Merkt nun darauf, wie Gott sich mit den Dingen vereint. Er vereint sich ⟨zwar⟩ mit den Dingen, und er erhält sich doch als Eins in sich selbst und alle Dinge in sich als Eins. Darüber sagt Christus: Ihr werdet gewandelt werden in mich, ich aber nicht in euch. Das kommt von seiner Unwandelbarkeit und von seiner Unermeßlichkeit und von der Dinge Kleinheit. Daher sagt ein Prophet, daß alle Dinge so klein seien gegen Gott wie ein Tropfen gegen das wilde Meer ⟨vgl. Weish. 11,23⟩. Wenn man einen Tropfen in das wilde Meer gösse, so verwandelte sich der Tropfen in das Meer und nicht das Meer in den Tropfen. So ⟨auch⟩ geschieht es der Seele: Wenn Gott sie in sich zieht, so wird sie verwandelt in Gott, so daß die Seele göttlich wird, nicht aber Gott zur Seele. Da verliert die Seele ihren Namen und ihre Kraft, nicht aber ihren Willen und nicht ihr Sein. Da bleibt die Seele in Gott, wie Gott in sich selber bleibt. Darüber sagt Bischof Albrecht: In eben dem Willen, in dem der Mensch stirbt, in dem wird er ewig bleiben. – Zum fünften: Er ist vollkommen, deshalb ist er das Begehrenswerteste. Gott ist die Vollkommenheit seiner selbst und aller Dinge. Was ist Vollkommenheit an Gott? Es ist dies, daß er die Gutheit seiner selbst und aller Dinge ist. Deshalb begehren ihn alle Dinge, weil er ihr Gutes ist.

Daß uns das Gut, das Gott selbst ist, zuteil werden möge und daß wir es ewig genießen dürfen, dazu helfe uns Gott. Amen.

⟨PREDIGT 81⟩

Fluminis impetus laetificat civitatem Dei: sanctificavit tabernaculum suum Altissimus.

›Der rüsche oder der snelle vluz der hât ervröuwet gotes stat.‹ An disen worten suln wir merken driu dinc. Daz êrste: den ›snellen vluz‹ gotes; daz ander: die ›stat‹, dâ er hine vliuzet; daz dritte: den nutz, der dâ von kumet.

Sant *Johannes* sprichet, daz ›alle, die den glouben hânt‹, der dâ lebendic ist von götlîcher liebe und ez bewîsent mit guoten werken, ›von allen den suln vliezen die lebendigen wazzer‹. Dâ mite wil er bewîsen den heiligen geist, und enweiz der prophête von wunder, wie er den heiligen geist nennen sol von sînem snellen und wunderlîchen werke. Dar umbe heizet er in einen ›rûsch‹ von sînem snellen ûzvluzze, wan er vliuzet in die sêle als volkomenlîche, als verre als si ûzgebrochen ist an der dêmüeticheit und sich gewîtet hât ze enpfâhenne. Ich bin des gewis: wære mîn sêle alsô bereit und vünde got als verre stat an ir als an der sêle unsers herren Jêsû Kristî, er ervülte sie als volkomenlîche mit dirre ›vluot‹; wan der heilige geist enmac sich niht enthalten, er envlieze in allez daz, dâ er ›stat‹ vindet und als verre, als er ›stat‹ vindet.

Ze dem andern mâle suln wir prüeven, welchez diu ›stat‹ sî; daz ist geistlîche diu sêle. Ein ›stat‹ bediutet als vil als ›*civium unitas*‹; daz bediutet als vil als ein stat, diu bûzen beslozzen ist und binnen vereinet ist. Alsô sol diu sêle sîn, in die got vliezen sol, daz si bûzen bewart sî von hindernisse und binnen vereinet an allen irn kreften. Sihe ich einem menschen in sîn ouge, ich sihe mîn bilde dar inne und ist doch ê in dem lufte dan in den ougen. Ez enmöhte niemer in daz

PREDIGT 81

Fluminis impetus laetificat civitatem Dei: sanctificavit tabernaculum suum Altissimus ⟨*Ps. 45,5*⟩.

›Der rasche oder der schnelle Fluß hat erfreut die Stadt Gottes‹ ⟨Ps. 45,5⟩. An diesen Worten sollen wir dreierlei beachten. Zum ersten: den ›schnellen Fluß‹ Gottes; zum andern: die Stadt, zu der er hinfließt; zum dritten: den Nutzen, der daher kommt.

Sankt Johannes spricht: ›alle, die den Glauben haben‹, der belebt ist von göttlicher Liebe, und dies mit guten Werken bezeugen, daß ›von allen denen die lebendigen Wasser fließen werden‹ ⟨vgl. Joh. 7,38⟩. Damit will er auf den Heiligen Geist hinweisen; der Prophet ⟨aber⟩ weiß vor Verwunderung nicht, wie er den Heiligen Geist wegen seines schnellen und wundervollen Werkes benennen soll. Deshalb heißt *der* ⟨= der Prophet⟩ ihn ein ›Rauschen‹ wegen seines schnellen Ausflusses, denn er fließt so füllig in die Seele, wie sie in Demut ausgebrochen ⟨ausgeflossen = von sich selbst entleert⟩ ist und sich zum Aufnehmen geweitet hat. Ich bin des gewiß: Wäre meine Seele so bereit und fände Gott so weit Raum in ihr wie in der Seele unseres Herren Jesu Christi, er würde sie ebenso völlig mit dieser ›Flut‹ erfüllen; denn der Heilige Geist vermag sich nicht zu enthalten, in alles das zu fließen, worin er *Raum* findet und so weit, wie er Raum ⟨darin⟩ findet.

Zum andern sollen wir beachten, welches die *›Stadt‹* sei; das ist in geistigem Sinne die Seele. Eine ›Stadt‹ bedeutet soviel wie »*civium unitas*«; das bedeutet soviel wie eine Stadt, die nach außen verschlossen und innen ⟨ als »Einheit der Bürger«⟩ geeint ist. So ⟨auch⟩ muß die Seele sein, in die Gott fließen soll, daß sie nach außen vor Behinderung bewahrt und innen in allen ihren Kräften geeint sei. Sehe ich einem Menschen in sein Auge, so sehe ich mein Abbild darin, und doch ist dies früher in der Luft als in den Augen. Es

ouge komen, ez enwære ê in dem lufte, und man ensihet ez doch in dem lufte niht. Dar umbe daz der luft dünne ist und niht dîhte zesamengezogen ist, sô enmac sich kein bilde in im geoffenbâren, als man prüeven mac an dem regenbogene: swanne der luft dicke ist, sô erschînet der sunnen bilde an maniger varwe an dem regenbogene. Sihe ich in einen spiegel, mîn antlütze gewinnet einen widerslac. Daz engeschæhe niemer, dâ enwære ein hût undergeleget von blîe. Alsô muoz diu sêle zesamengezogen sîn und dîhte an die edelste kraft, diu an ir ist, ob si den götlîchen ›vluz‹ enpfâhen sol, der sie ervüllet und ervröuwet. Sant *Johannes* schrîbet, daz die aposteln zesamene gesament wâren und beslozzen, dô sie den heiligen geist enpfiengen.

Ich hân ez etwanne mê gesprochen: ein beginnære, der eines guoten lebens beginnen sol, der neme ein glîchnisse: der einen zirkel machen wil, – als er den êrsten vuoz setzet, alsô stât er, biz er den zirkel gemachet; sô wirt der zirkel guot. Daz ist als vil: der mensche lerne ze dem êrsten, daz sîn herze stæte werde, sô wirt er stæte an allen sînen werken. Swaz er grôzer dinge tuot, – ist sîn herze unstæte, ez enhilfet niht. Zweierleie *meister* wâren. Die einen wolten daz, daz der *guote* mensche niht beweget enmohte werden; daz hânt sie bewîset mit maniger schœnen rede. Die andern die enwolten des niht; die wolten, daz der guote mensche beweget mohte werden, und daz heltet diu heilige schrift. Er wirt wol beweget, er enwirt aber niht entworfen. Unser herre Jêsus Kristus wart dicke beweget und andere sîne heiligen; sie enwurden aber niht entworfen an untugenden, als die liute ouch bevunden hânt, die ûf dem wazzer pflegent ze varenne:

vermöchte ⟨nämlich⟩ niemals in das Auge zu kommen, es wäre denn vorher in der Luft, und doch sieht man es in der Luft nicht. Weil die Luft dünn ⟨= diaphan, durchsichtig⟩ und nicht dicht zusammengezogen ⟨= verdichtet⟩ ist, kann sich kein Bild in ihr offenbaren ⟨= zeigen⟩, wie man am Regenbogen erkennen kann: wenn die Luft verdichtet ⟨= dick⟩ ist, so erscheint das Bild der Sonne in vielfältiger Farbe am Regenbogen. Schaue ich in einen Spiegel, so erhält mein Antlitz einen Widerschein ⟨darin⟩. Das würde nie geschehen, wenn da ⟨= am Glase⟩ nicht eine Haut ⟨= Schicht⟩ von Blei hintergelegt wäre. So ⟨auch⟩ muß die Seele zusammengezogen und verdichtet sein in die edelste Kraft die sich in ihr findet, wenn sie den göttlichen *›Fluß‹* empfangen ⟨= aufnehmen⟩ soll, der sie erfüllt und erfreut. Sankt Johannes schreibt, daß die Apostel miteinander versammelt und eingeschlossen waren, als sie den Heiligen Geist empfingen.

Ich habe es gelegentlich schon gesagt: Ein Anfänger, der mit einem guten Leben beginnen soll, der beachte folgenden Vergleich: Wer einen Kreis ziehen will, – wie der zuerst den Fuß ⟨= Standfuß⟩ setzt, so bleibt er stehen, bis er den Kreis ⟨mit dem andern Fuß oder mit einem Bindfaden⟩ vollendet; dann wird der Zirkel gut. Das will sagen: Der Mensch lerne zuerst, daß *sein Herz* beständig werde, dann wird er beständig in allen seinen Werken. Was immer er an großen Dingen tut, – ist sein Herz unbeständig, so hilft es nichts. Es gab zweierlei Meister. Die einen waren der Meinung, daß der *gute* Mensch ⟨innerlich⟩ nicht »bewegt« werden könnte; das haben sie mit mancher schönen Darlegung begründet. Die anderen ⟨aber⟩ meinten das nicht; die waren ⟨vielmehr⟩ der Ansicht, daß der gute Mensch ⟨sehr wohl innerlich⟩ bewegt werden könnte, und damit hält's ⟨auch⟩ die Heilige Schrift. Er wird wohl ⟨innerlich⟩ bewegt, er wird aber ⟨dadurch⟩ nicht aus der Bahn geworfen. Unser Herr Jesus Christus ward oft bewegt und andere seiner Heiligen; sie wurden aber nicht zu Untugenden ⟨= Sünden⟩ aus der Bahn geworfen, wie es die Leute erfunden ⟨= erfahren⟩ haben, die auf dem

als man slâfen wil, sô wirfet man den anker in daz wazzer, sô bestât daz schif; sie wankelnt wol ûf dem wazzer, sie envarnt aber niht. Ich hân daz gesprochen, daz ein volkomen mensche niht lîhte gehindert enmac werden; ergert er sich aber an deheinen dingen, sô enist er niht volkomen.

Daz dritte ist der nutz, der dâ von kumet, daz ist, daz der *prophête* sprichet: unser herre wonet enmitten in ir; dar umbe enwirt si niht verwandelt. Si enwil niht wan daz lûterste. Dar umbe daz gotes lûterkeit in ir würke, sô enmac si niht gemengedes lîden, daz gemenget ist mit crêatûren. Etelich werk würket unser herre got âne underscheit selbe, etelich mit underscheide und mit helfe. Möhte diu gnâde, diu in mîn wort gebunden ist, âne underscheit komen in die sêle, als ob ez got selbe spræche oder wörhte, diu sêle würde alzehant bekêret und würde heilic und enmöhte sich niht dâ vor enthalten. Als *ich* gotes wort spriche, sô bin ich ein mitewürker gotes und ist diu gnâde gemenget mit der crêatûre und enwirt niht genzlîche enpfangen in die sêle. Aber diu gnâde, die der heilige geist bringet in die sêle, diu wirt enpfangen âne underscheit, ob diu sêle gesament ist an die einvaltige kraft, diu got bekennet. Diu gnâde entspringet in dem herzen des vaters und vliuzet in den sun, und in der vereinunge ir beider vliuzet si ûz der wîsheit des sunes und vliuzet in die güete des heiligen geistes und wirt gesant mit dem heiligen geiste in die sêle. Und diu gnâde ist ein antlütze gotes und wirt âne underscheit gedrücket in die sêle mit dem heiligen geiste und bildet die sêle nâch gote. Dáz werk würket got âne underscheit selbe. Ez enist kein engel sô edel,

Wasser zu fahren pflegen: Wenn man da schlafen will, so wirft man den Anker in das Wasser, dann kommt das Schiff zum Stehen; sie schwanken ⟨= schaukeln⟩ dann ⟨zwar⟩ wohl auf dem Wasser, sie fahren aber nicht voran. Ich habe gesagt, daß ein vollkommener Mensch nicht leicht behindert werden kann; ärgert er sich aber an irgendwelchen Dingen, so ist er nicht vollkommen.

Das dritte ist der Nutz, der daher ⟨= vom raschen Fluß des Heiligen Geistes⟩ kommt, das ist das, was der Prophet sagt: Unser Herr wohnt mitten in ihr ⟨= in der Seele⟩; darum wird sie nicht verwandelt. Sie will nichts als das Lauterste. Damit Gottes Lauterkeit in ihr wirke, kann sie kein Gemenge, das mit Kreaturen vermischt ist, dulden. Manches Werk wirkt Gott, unser Herr, selbst ohne fremde Mithilfe, manches aber auch mit etwas Fremdem und mit Mithilfe. Vermöchte die Gnade, die in mein Wort ⟨= in das Wort des Predigers⟩ gebunden ist, ohne Fremdvermittlung in die Seele ⟨des Hörers⟩ so zu gelangen, als ob Gott es selbst spräche oder wirkte, so würde die Seele sogleich bekehrt und würde heilig und vermöchte sich dem nicht zu entziehen. Wenn *ich* Gottes Wort spreche, dann bin ich ein Mitwirker Gottes und ist ⟨daher⟩ die Gnade mit Kreatur ⟨d. h. mit mir⟩ vermischt und wird ⟨daher⟩ nicht *gänzlich* ⟨= im vollen Sinne ihrer göttlichen Natur⟩ in die Seele aufgenommen. Die Gnade aber, die *der Heilige Geist* in die Seele bringt, die wird unvermischt ⟨= vollständig⟩ empfangen, dafern die Seele gesammelt ist in die einfaltige Kraft, die Gott erkennt ⟨= die »oberste Vernunft«, das »Fünklein der Seele«⟩. Die Gnade entspringt im Herzen des Vaters und fließt in den Sohn, und in der Vereinigung ihrer beider fließt sie aus der Weisheit des Sohnes und fließt in die Gutheit des Heiligen Geistes und wird ⟨auf solche Weise⟩ mit dem Heiligen Geiste in die Seele gesandt. Und die Gnade ist ⟨auf solche Weise⟩ ein Antlitz Gottes ⟨= der Heiligen Dreifaltigkeit⟩ und wird unvermischt mit dem Heiligen Geiste in die Seele eingeprägt und »bildet« die Seele nach Gott. *Dieses* Werk wirkt Gott *selbst* ohne Fremdvermittlung. Es ist kein Engel so edel, daß er

der dar zuo dienen müge noch keiniu wirdicheit des menschen. Nochdenne: vermöhte er ez wol an der edelkeit sîner natûre, got enmöhte ez niht erlîden, daz im dehein crêatûre dâ dienen sölte; wan in der stunde hât er die sêle sô hôch erhaben über ir natiurlich wonstat, daz sie kein crêatûre erlangen enmac. Nochdenne: vermöhte der engel wól diz werk und lieze ouch got in dâ einen dienære sîn, ez versmæhte diu sêle, wan si versmæhet in der stunde allez, daz mit der crêatûre vermenget ist. Nochdenne daz lieht, in dem si geeiniget wirt, daz versmæhet si, enweste si niht und enwære niht sicher, daz si got in dem liehte enpfæhet, wan si versmæhet allez, daz got an im selber niht enist; wan got leitet sîne brût ûz aller crêatûren wirdicheit und edelkeit an ein einœde in sich selber und sprichet selber in ir herze, daz ist: er machet sie im selber glîch an der gnâde. Ze disem edeln werke sol sich diu sêle samenen und besliezen, als man prüeven mac bî einem glîchnisse an der sêle: als diu sêle eigenlîche daz leben gibet dem lîchamen âne mittel des herzen und aller der glider, – müeste si daz herze ze helfe haben, sô müeste aber vürbaz ein ander herze sîn, dâ si daz leben vone næme – alsô würket got âne mittel daz lûter leben der gnâde und der güete an der sêle. Als alle lidemæze sich vröuwent von dem lebene der sêle, alsô werdent alle die krefte der sêle ervüllet und ervröuwet von dem lûtern învluzze der gnâde unsers herren; wan diu gnâde heltet sich ze gote als der schîn der sunnen ze der sunnen und ist ein mit im und bringet die sêle in daz götlîche wesen und machet sie gotvar und daz si smecket götlîcher edelkeit.

Diu sêle, diu enpfangen hât den învluz götlîcher gnâde und smecket götlîcher edelkeit, der wirt bitter und unmære allez, daz got niht enist. Daz ander ist, daz si wil daz allerhœhste, daz si niht über ir gelîden enmac. Ich spriche joch

dazu Dienst leisten könnte, und auch keine Würdigkeit des Menschen. Selbst dann, wenn er ⟨= der Engel⟩ es im Adel seiner Natur vermöchte, so könnte es Gott nicht dulden, daß ihm irgendeine Kreatur dabei dienen sollte, denn zu dem Zeitpunkt hat er die Seele so hoch über ihre natürliche Heimstatt erhoben, daß keine Kreatur an sie heranzureichen vermag. Und selbst, wenn *der Engel* dieses Werk wohl vermöchte und Gott ihn dabei Diener sein ließe, so würde es *die Seele* nicht zulassen, denn ihr widerstrebt zu dem Zeitpunkt alles, was mit der *Kreatur* vermischt ist. Ja, selbst das *Licht* ⟨der Gnade⟩, in dem sie ⟨mit Gott⟩ vereinigt wird, das widerstrebt ihr, wüßte sie nicht und wäre sie nicht sicher, daß sie *Gott* in diesem Licht empfängt; denn ihr widerstrebt alles, was nicht Gott an ihm selbst ist; denn Gott leitet seine Braut ⟨= die Seele⟩ aus der Würdigkeit und dem Adel aller Kreaturen in eine Einöde in sich selbst und spricht *selbst* in ihr Herz, das heißt: er macht sie in der Gnade sich selber gleich. Zu diesem edlen Werk muß sich die Seele sammeln und verschließen, wie man durch einen Vergleich an der Seele erkennen kann: So wie die Seele dem Körper im eigentlichen Sinne ohne Vermittlung des Herzens und aller ⟨sonstigen⟩ Glieder das Leben gibt – wenn sie das Herz ⟨dabei⟩ zu Hilfe nehmen müßte, es ein zweites Herz geben müßte, von dem sie das Leben empfinge –, so auch bewirkt Gott unvermittelt das lautere Leben der Gnade und der Gutheit in der Seele. Wie alle Glieder sich am Leben der Seele freuen, so werden alle die Kräfte der Seele erfüllt und erfreut durch den lauteren Einfluß der Gnade unseres Herrn; denn die Gnade verhält sich zu Gott wie der Schein der Sonne zur Sonne und ist eins mit ihm und bringt die Seele in das göttliche Sein und macht sie gottförmig und ⟨macht⟩, daß sie göttlichen Adel »schmeckt«.

Die Seele ⟨nun⟩, die den Einfluß ⟨= das Einströmen⟩ göttlicher Gnade empfangen hat und den göttlichen Adel »schmeckt«, der wird bitter und zuwider ⟨= unerträglich⟩ alles, was nicht Gott ist. Zum andern erstrebt sie das Allerhöchste, so daß sie nichts über sich zu dulden vermag. Ich

genzlîche, daz si got boben ir niht gelîden enmac. Wære diu sêle als verre ûfgezogen über alliu dinc an ir hœhste vrîheit, daz si got rüerte an sîne blôze götlîche natûre, si engeruowete niemer, got der enbræhte sich in sie und sie in got. Aleine got an sîner edelkeit und an sîner natûre verre boben sie ist, sô enmac si doch niht geruowen, si enbegrîfe got als verre, als ez einer crêatûre mügelich ist, got ze begrîfenne. Dar umbe sprichet her *Salomôn*, daz daz verstolne wazzer vil süezer sî dan anderiu wazzer, daz ist: daz diu volkomene sêle in nihte verbunden enmac sîn, si enbreche sich ûz allen und über allen dingen und enkome an götlîche vrîheit; dâ von hât si grôze wollust. Daz dritte, daz si wil daz allerlustlîcheste, daz diu natûre gewürken mac, daz ist: daz si würke an dem hœhsten sich selben und nâch ir selben. Diu grœste wollust in himelrîche und in ertrîche diu liget an glîchnisse. Daz götlîche natûre würket an dem hœhsten an der sêle, daz ist glîchnisse. Kein mensche enmac gote genzlîche gevolgen, er enhabe eine glîchnisse gotes in im. Daz sol man prüeven, ob alle die gnâden, die er enpfangen hât, ob die götlich sîn und ob sie nâch götlîcher edelkeit smacken und ob sie gemeine sîn und ûzvlüzzic, als got ûzvlüzzic ist mit sîner güete ûf allez daz, daz sîn iht enpfâhen mac. Alsô sol der mensche ûzvlüzzic sîn und gemeine mit allen gâben, die er von gote enpfangen hât. Ez sprichet sant *Paulus*: ›waz ist, daz wir von im niht enpfangen enhân?‹ Hât ein mensche iht, des er einem andern niht engan, sô enist er niht guot. Welch mensche dem andern vergan geistlîcher dinge und daz ze sîner sælicheit getriffet,

sage sogar schließlich, daß sie ⟨selbst⟩ *Gott* nicht über sich zu dulden vermag. Wäre die Seele zu ihrer höchsten Freiheit so weit emporgezogen über alle Dinge, daß sie Gott an seine reine göttliche Natur rührte, sie würde niemals zur Ruhe kommen, wenn nicht Gott sich in sie und sie in Gott brächte. Wenngleich Gott in seinem Adel und in seiner Natur weit über ihr ist, kann sie doch keine Ruhe finden, bis sie Gott begreift, soweit es einer Kreatur möglich ist, Gott zu begreifen. Darum sagt Herr Salomon, daß das gestohlene Wasser viel süßer sei als andere Wasser, das heißt: daß die vollkommene Seele in nichts eingebunden zu sein vermag, ohne daß sie sich aus allen Dingen und über alle Dinge hinausbreche und in die göttliche Freiheit gelange; das bereitet ihr große Beglückung. Das dritte ⟨, was *der învluz götlîcher gnâde* in der Seele bewirkt,⟩ ist dies, daß sie ⟨= die Seele⟩ nach dem Allerbeglückendsten begehrt, das die göttliche Natur zu bewirken vermag, das heißt: daß sie ⟨= die göttliche Natur⟩ am Höchsten ⟨der Seele = im »Seelenfunken«⟩ sich selbst ⟨und dies⟩ nach sich selbst hervorbringe ⟨und dadurch *glîchnisse* der Seele mit sich selbst, d. h. mit der göttlichen Natur bewirke⟩. Die größte Beglückung im Himmel und auf Erden liegt ⟨begründet⟩ in der »Gleichheit«. Was die göttliche Natur an dem Höchsten in der Seele ⟨= am »Seelenfunken«⟩ bewirkt, das ist »Gleichheit«. Kein Mensch vermag Gott ganz zu folgen, ohne daß er eine »Gleichheit« mit Gott in sich hat. Darauf ⟨aber⟩ soll man achten, ob alle Gnaden, die er ⟨= der Mensch⟩ empfangen hat, ob die göttlich seien und ob sie nach göttlichem Adel »schmecken« und ob sie mitteilsam und ausströmend seien, wie Gott ausströmend ist mit seiner Gutheit auf alles das, das ihn irgendwie zu empfangen ⟨= ihn aufzunehmen⟩ vermag. So soll der Mensch mit allen Gaben, die er von Gott empfangen hat, ausströmend und mitteilsam sein. Es spricht Sankt Paulus: ›Was gibt es, das wir nicht von ihm empfangen haben?‹ ⟨vgl. 1 Kor. 4,7⟩. Hat ein Mensch irgend etwas, das er einem andern nicht gönnt, so ist er nicht gut. Welcher Mensch dem andern geistige Dinge und was zu dessen ⟨Glück-⟩Seligkeit

der enwart nie geistlich. Er ensol sich aleine niht enpfâhen noch haben, sunder er sol sich gemeine machen und ûzvliezen mit allem dem, daz er hât an lîbe und an sêle, als verre als er iemer mac und waz ieman von im begert.

Sant *Paulus* sprichet: ›ez ist daz hœhste guot, daz der mensche sîn herze bestætiget mit der gnâde‹. An disen worten sol man merken driu dinc. Daz eine: wâ man ez beginnen sol? Daz ist: an dem herzen; und wâ mite? Daz ist: mit der gnâde; und war umbe? Daz ist: daz man guot blîbe. Des sol man an dem herzen beginnen. Daz ist daz edelste glit an dem lîbe und liget enmitten, daz ez allem dem lîbe daz leben gibet: wan der brunne des lebens entspringet in dem herzen und würket dem himel glîche. Wan der himel loufet âne underlâz umbe; dar umbe muoz er sinwel sîn, daz er snelliclîche müge umbeloufen, wan er allen crêatûren ir wesen und leben gibet. Und stüende er einen ougenblik, – næme ein mensche viur an die hant, ez enbrente in niht noch diu wazzer diu envlüzzen noch alle crêatûren die enhæten keine kraft. Joch âne die sêle und âne den himel aleine sô vergiengen alle crêatûren zemâle, als dô sie niht enwâren. Die kraft enhât der himel von im selber niht, sunder von dem engel, der in trîbet. Als ich ouch mê gesprochen hân, daz alle bilde und glîchnisse aller crêatûren ê geschaffen wurden an den engeln, ê dan sie lîphaftic gemachet wurden an den crêatûren. Dar umbe giuzet der engel sîn leben und sîne kraft an den himel und trîbet in âne underlâz umbe und würket alsô mit dem himel alliu leben und alle kraft an den crêatûren. Als ich den willen, den ich in dem herzen begriffen hân, an einen brief giuze mit der hant, daz ich den buochstaben rüere mit der vedern, und sende in einem andern menschen und lâze in den lesen, sô bekennet er mînen willen, – alsô giuzet der engel mit dem rüerenne des himels alliu geschepfnisse, diu er

gehört mißgönnt, der ward noch nie geistig. Er soll sich nicht ⟨für sich⟩ allein empfangen und besitzen, sondern er soll sich mitteilen und mit allem, was er an Leib und Seele besitzt, »ausfließen« ⟨= ausströmen⟩, so weit immer er vermag und was immer einer auch von ihm begehrt.

Sankt Paulus spricht: ›Es ist das höchste Gut, daß der Mensch sein Herz durch die Gnade festigt‹ ⟨vgl. Hebr. 13,9⟩. An diesen Worten soll man dreierlei beachten. Zum ersten: Wo man damit beginnen soll? Das ist: am Herzen; und ⟨zum zweiten⟩: Womit? Das ist: mit der Gnade; und ⟨zum dritten⟩: Warum? Das ist: auf daß man gut bleibe. Damit ⟨also⟩ soll man an dem Herzen beginnen. Das ⟨= das Herz⟩ ist das edelste Glied am Leibe und es liegt mitten drin, auf daß es dem ganzen Leibe das Leben spende: denn der Quell des Lebens entspringt im Herzen und wirkt dem Himmel gleich. Der Himmel nämlich läuft unablässig um; darum muß er rund sein, damit er *schnell* umlaufen könne, denn er spendet allen Kreaturen ihr Sein und Leben. Und stände er ⟨nur⟩ einen Augenblick ⟨still⟩, – nähme ⟨dann⟩ ein Mensch Feuer in die Hand, es verbrennte ihn nicht, und die Wasser flössen nicht, und alle Kreaturen hätten keine Kraft. Fürwahr, ohne die Seele und ohne den Himmel vergingen alle Kreaturen völlig, wie als sie noch nicht waren. Diese Kraft hat der Himmel nicht von sich selbst, sondern von dem Engel, der ihn ⟨um-⟩treibt. Wie ich auch schon öfters gesagt habe, daß alle »Bilder« und Vorbilder ⟨= »Ideen«⟩ aller Kreaturen vorher in den Engeln geschaffen wurden, bevor sie körperlich in den Kreaturen geschaffen wurden. *Darum* gießt der Engel sein Leben und seine Kraft in den Himmel und treibt ihn unablässig um und bewirkt so mit dem Himmel alle Lebewesen und alle Kraft in den Kreaturen. So wie ich die Absicht, die ich im Herzen gefaßt habe, mit der Hand in einen Brief ergieße, dadurch daß ich mit der Feder den Buchstaben schreibe, und ihn ⟨= den Brief⟩ einem andern Menschen sende und ihn den lesen lasse und er auf diese Weise meine Absicht erkennt, – so auch ergießt der Engel durch das Umrühren ⟨=Umtreiben⟩ des Himmels alle

von gote enpfangen hât, mit sînem willen an die crêatûren. Der himel ist ouch enmitten; er ist allen enden glîche nâhe. Alsô ist daz herze in dem menschen vil nâhe sinwel und würket âne underlâz; ez klopfet und reget sich âne underlâz. Swanne aber daz herze enzwei treget oder ez eine stunde geruowet, sô ist der mensche als mê als tôt. Dar umbe ist daz: swanne der mensche in nœten ist, sô wirt er bleich, daz ist, daz diu natûre und daz bluot verzîhet aller der lidemæze und vliuzet ze dem herzen und wil dem herzen bîstân; wan der brunne des lebens in dem herzen ist. Dar umbe ist daz, daz daz herze mitten liget, – ob dehein nôt kome an den lîchamen, daz diu alrêst ze dem herzen niht komen enmüge. Und swanne der mensche vürhtet, daz man in houwen oder stechen wil, sô leget er beide sîne hende vür daz herze und vürhtet allermeist des herzen. Alsô ist ez umbe die gnâde, die got âne underscheit in daz allerinnigeste in die sêle drücket: swaz hindernisse dem menschen zuokumet an lîbe oder an sêle, daz doch diu gnâde bewart werde, daz man sie iht verliese. Dar umbe sol der mensche vor die gnâde sich selber legen und allez, daz got niht enist, ê er die gnâde verliese, dâ daz leben sîner êwigen sælicheit ane liget. Die wîle daz der mensche den willen hât, daz im niemer kein dinc sô liep ensî noch sô wol behage, ê er der gnâde gehindert würde, er enwolde es gerner verzîhen, – als lange ez alsus stât, die wîle stât der mensche an sîner volkomenheit; wan ein guot wille machet einen guoten menschen, und ein volkomen wille machet einen volkomen menschen, und nâch der güete minnet man alliu dinc. Swer dâ wil sîn der liebeste under allen liuten, der sî der beste under allen liuten. Sô mê bezzer, sô mê geminnet von gote.

Ze dirre wârheit helfe uns got. Âmen.

Schöpfungsurbilder, die er von Gott empfangen hat, mit seinem Willen in die Kreaturen. Auch der Himmel ist in der Mitte; er ist nach allen Enden hin gleich nahe. So auch ist das Herz im Menschen ganz nahe und wirkt unablässig in die Runde; es klopft und regt sich ohne Unterbrechung. Wenn aber das Herz entzweibricht oder ⟨auch nur⟩ einen Augenblick stillsteht, dann ist der Mensch sogleich tot. Darum geschieht es, daß, wenn der Mensch in Nöten ist, er bleich wird. Das kommt daher, daß die Natur⟨-kraft⟩ und das Blut sich aus allen Gliedern verzieht und zum Herzen zusammenströmt und dem Herzen beistehen will; denn der Quell des Lebens sitzt im Herzen. Deshalb liegt das Herz mitten inne, damit, wenn irgendeine Bedrängnis den Körper befällt, sie nicht zuerst an das Herz zu gelangen vermöge. Und wenn der Mensch fürchtet, daß man ihn hauen oder stechen will, so legt er seine beiden Hände vor das Herz und fürchtet am meisten für das Herz. So ⟨auch⟩ steht es um die Gnade, die Gott unvermittelt in das Allerinnerste der Seele drückt: was immer an Behinderung dem Menschen an Leib oder an Seele begegnet, daß doch die Gnade bewahrt werde, so daß man sie nicht verliere. Darum soll der Mensch sich selbst und alles, was Gott nicht ist, vor die Gnade legen, ehe er die Gnade verliert, an der das Leben seiner ewigen Seligkeit liegt. Solange der Mensch den Willen hat, daß ihm niemals etwas so lieb sei noch so wohlgefalle, auf das er nicht gern verzichtete, ehe er an der Gnade behindert würde, – solange es so steht, so lange steht der Mensch in seiner Vollkommenheit; denn ein *guter Wille* macht einen *guten* Menschen, und ein *vollkommener Wille* macht einen *vollkommenen* Menschen, und man liebt alles nach seinem Gutsein. Wer der liebste unter allen Leuten sein will, der sei der beste unter allen Leuten. Je besser, um so mehr von Gott geliebt.

Zu dieser Wahrheit helfe uns Gott. Amen.

⟨PREDIGT 82⟩

Quis, putas, puer iste erit? Etenim manus domini cum ipso est.

›Waz wunders sol werden von disem kinde? Gotes hant ist mit im.‹

An disen worten suln wir merken driu dinc. Daz êrste: die wirdicheit des werkmeisters, dâ er sprichet: ›gotes hant ist mit im‹. ›Diu hant gotes‹ bediutet den heiligen geist durch zwei dinc. Daz êrste: daz man mit der hant würket diu werk. Daz ander, daz si ein ist mit dem lîchamen und mit dem arme; wan alliu diu werk, diu der mensche würket mit der hant, diu entspringent in dem herzen und tretent vürbaz in diu glit und werdent volbrâht an der hant. Dar umbe mac man an disen worten merken die heilige drîvalticheit: den vater bî dem herzen und bî dem lîchamen. Alsô, als der sêle wesen allermeist ist an dem herzen, aleine si in allen gliden volkomen ist, und als volkomen in dem minsten als in dem meisten, doch ist ir wesen und daz gesprinc irre werke allermeist in dem herzen –, alsô ist der vater ein angenge und ein gesprinc aller götlîcher werke. Und der sun ist bezeichent bî dem arme, als dâ geschriben stât in dem ›*Magnificat*‹, daz ›er sînen gewalt hât volbrâht in dem arme‹. Und alsô tritet diu götlîchiu kraft vürbaz von dem lîchamen und von dem arme in die hant, dâ der heilige geist bî bediutet ist. Wan alsô, als diu sêle bewunden ist in dem lîchamen und in materielîchen dingen, waz man ir geistlîcher dinge bewîsen sol, diu müezen bewunden sîn in materielîchen dingen, ob si ez bekennen sol. Dar umbe muoz man den heiligen geist bewîsen bî der ›hant‹, diu diz werk gewürket hât an disem ›kinde‹.

Daz êrste: daz wir merken, wie der mensche sîn sol, in dem got würket sîn werk. Dâ er sprichet ein ›kint‹, daz bediutet als vil als ein lûter luft oder, daz âne vlecken ist. Alsô sol diu sêle

PREDIGT 82

Quis, putas, puer iste erit? Etenim manus domini cum ipso est 〈*Luc. 1,66*〉.

›Was wunders soll aus diesem Kinde werden? Gottes Hand ist mit ihm‹ 〈Luk. 1,66〉.

An diesen Worten sollen wir dreierlei erkennen. Als erstes: die Würde des Meisters, wenn er spricht: ›Gottes Hand ist mit ihm‹. ›Die Hand Gottes‹ bedeutet den Heiligen Geist auf Grund von zweierlei. Zum ersten 〈auf Grund dessen〉, daß man mit der Hand Werke wirkt. Zum zweiten 〈auf Grund dessen〉, daß sie mit dem Leibe und mit dem Arme eins ist; denn alle Werke, die der Mensch mit der Hand wirkt, die haben ihren Ursprung im Herzen und schreiten weiter vor in die Glieder und werden vollbracht durch die Hand. Darum kann man aus jenen Worten die Heilige Dreifaltigkeit erkennen: den Vater am Herzen und am Leibe. So wie der Seele Sein vornehmlich im Herzen liegt, wiewohl sie 〈auch〉 vollständig in allen Gliedern ist, und zwar ebenso vollständig im kleinsten wie im größten, ihr Wesen und der Ursprung ihrer Werke jedoch insbesondere im Herzen liegt –, so 〈auch〉 ist der Vater ein Anbeginn und ein Ursprung aller göttlichen Werke. Der Sohn aber ist durch den Arm bedeutet, wie geschrieben steht im ›*Magnificat*‹, daß ›er seine Gewalt im Arme vollbracht hat‹ 〈Luk. 1,51〉. Und so tritt die göttliche Kraft weiter aus dem Leibe und dem Arme in die ›Hand‹, durch die der Heilige Geist angezeigt ist. Denn so, wie die Seele in den Leib und in Körperliches eingewunden ist, so muß, was man ihr an geistigen Dingen verdeutlichen soll, in Körperhaftes eingewunden sein, wenn sie es erkennen soll. Darum muß man den Heiligen Geist durch die ›Hand‹ verdeutlichen, die das Werk an diesem ›Kinde‹ gewirkt hat.

Zum ersten müssen wir 〈nun〉 darauf merken, wie der Mensch sein soll, in dem Gott sein Werk wirkt. Wenn er ein ›Kind‹ sagt, so bedeutet das soviel wie eine reine Luft oder

lûter und reine sîn, ob der heilige geist in ir würken sol. Ein wîser *meister* sprichet: ›diu êwige wîsheit ist beheftet in Syon, und ir ruowe sol sîn in der lûtern stat‹. ›Syon‹ sprichet als vil als ein hœhe oder ein warte. Alsô sol diu sêle gehœhet sîn über alliu zergenclîchiu dinc. Ze dem andern mâle sol si entzogen sîn von vergenclîchen und von wandelhaftigen dingen. Ze dem dritten mâle sol si sîn an der warte vor zuokünftiger hindernisse.

Daz ander: daz wir merken die würkunge des heiligen geistes an der sêle. Nieman enmac lusticlîche gewürken, er envinde sîne glîchnisse in dem, dâ er ane würket. Solte ich einen menschen leiten, enpfienge er niht mîne glîchnisse in sich, er envolgete mir niemer lusticlîche; wan niemer kein bewegunge noch werk enwirt lusticlîche gewürket âne glîchnisse. Alsô ist ez umbe alle die, die gote volgent; wan alle liute müezen gote volgen, sie wellen oder enwellen. Volgent sie im williclîche, sô ist ez in lustlich; volgent sie im aber unwilliclîche, sô ist ez in pînlich und bringet aleine smerzen în. Dar umbe hât got von der gunst und von der minne, die er ze der sêle hât, sô hât er ir gegeben ein götlich lieht von der zît, daz si geschaffen wart, ûf daz, daz er in sîn selbes glîchnisse lustlîche gewürken möhte.

Nû enmac kein crêatûre vürbaz gewürken, dan si in ir selber hât. Dar umbe enmac diu sêle über sich selber niht gewürken mit dem liehte, daz ir got gegeben hât, wan ez ir eigen ist und ez ir got gegeben hât ze einer morgengâbe in die oberste kraft der sêle. Swie daz lieht gotes glîchnisse sî, sô ist ez doch geschaffen von gote, wan der schepfer ist ein und daz lieht ein ander und ist ein crêatûre; wan ê got ie crêatûre geschuof, dô was got und niht lieht und niht vinsternisse. Dar umbe kumet got mit der minne ze der sêle, ûf daz daz sí die sêle erhebe, daz si über sich selber gewürken müge. Nû enmac minne niht gesîn, si envinde glîch oder enmache glîch. Als verre als got sîne glîchnisse vindet in der sêle, als verre

etwas, das ohne Flecken ist. So auch soll die Seele lauter und rein sein, wenn der Heilige Geist in ihr wirken soll. Ein weiser Meister sagt: ›Die ewige Weisheit ist verhaftet in Sion, und ihre Ruhe wird sein in der lauteren Stadt‹ ⟨vgl. Jes. Sir. 24,15⟩. ›Sion‹ bedeutet soviel wie eine »Höhe« oder eine »Warte«. So auch soll die Seele erhöht sein über alle vergänglichen Dinge. Zum zweiten soll sie ⟨= die Seele⟩ vergänglichen und wandelbaren Dingen entzogen sein. Zum dritten soll sie vor zukünftiger Behinderung auf der Lauer sein.

Als zweites müssen wir das Wirken des Heiligen Geistes in der Seele beachten. Niemand kann mit Lust wirken, er finde denn Gleichheit ⟨mit sich⟩ in dem, woran er wirkt. Sollte ich einen Menschen leiten, so würde er mir nimmer mit Lust folgen, wenn er nicht Gleichheit mit mir in sich aufnähme; denn niemals wird eine Bewegung oder ein Werk mit Lust gewirkt ohne Gleichheit. So steht es um alle, die Gott folgen; denn alle Menschen *müssen* Gott folgen, ob sie wollen oder nicht wollen. Folgen sie ihm willig, so ist es ihnen lustvoll; folgen sie ihm aber widerwillig, so ist es für sie peinvoll und trägt nur Schmerzen ein. Darum hat Gott der Seele aus Gunst und Liebe, die er zu ihr hat, ein göttliches Licht verliehen vom Zeitpunkt an, da sie geschaffen ward, auf daß er im Gleichnis seiner selbst mit Lust wirken könne.

Nun kann keine Kreatur über das ⟨Vermögen⟩ hinaus wirken, das sie in sich selbst hat. Darum vermag die Seele mit dem Lichte, das ihr Gott gegeben hat, nicht über sich selbst hinaus zu wirken, weil es ihr *Eigen* ist, und Gott es ihr als eine Morgengabe in die oberste Kraft der Seele gegeben hat. Wiewohl dieses Licht Gottes »Gleichnis« ist, so ist es doch *geschaffen* von Gott. Ist doch der Schöpfer eines und das Licht ein anderes und ist Kreatur; denn, ehe Gott je eine Kreatur erschuf, da war nur Gott, und *nicht* Licht und keine Finsternis. Darum kommt Gott mit der *Liebe* zu der Seele, auf daß *sie* die Seele erhebe, damit sie über sich selbst hinaus zu wirken vermöge. Nun ⟨aber⟩ kann Liebe nicht sein, wo sie nicht Gleichheit findet oder Gleichheit schafft. Soweit Gott Gleichheit mit sich in der Seele findet, so weit wirkt Gott mit

würket got mit der minne boben der sêle. Wan got ist endelôs, dar umbe sol diu minne endelôs sîn. Lebete der mensche tûsent jâr oder langer, er möhte zuonemen an der minne, als man merken mac bî dem viure: als verre als ez holz hât, als verre würket daz viur. Dar nâch daz viur grôz ist und der wint sêre wæjet, dar nâch ist daz viur grôz. Dar umbe nemen wir die minne ûf bî dem viure und den heiligen geist bî dem winde durch daz würken des heiligen geistes an der sêle. Sô diu minne grœzer ist an der sêle und ie der heilige geist mê wæjet, ie daz viur volkomener ist, doch niht zemâle, sunder algemechlîche durch daz zuonemen der sêle; wan verbrünne der mensche alzemâle, daz enwære niht guot. Dar umbe wæjet der heilige geist algemechlîche, solte der mensche tûsent jâr leben, daz er möhte zuonemen an der minne.

Ze dem dritten mâle sol man merken daz wunderlîche werk, daz got würket an der sêle an den worten, dâ er sprichet: ›waz wunders sol werden von disem kinde?‹ Daz muoz sîn, daz ein ieglich gezouwe als verre reiche, als der werkman würket, ob daz werk volkomen sîn sol; wan der mensche ist ein gezouwe gotes, und nâch der edelkeit des werkmeisters würket daz gezouwe. Dar umbe engenüeget der sêle niht, daz der heilige geist in ir würket, wan er irre natûre niht enist. Und als ich ouch mê gesprochen hân, daz er ir gegeben hât ein götlich lieht, daz im glîch ist und als vil als sîn natûre, und hât ez der sêle als eigenlîche gegeben, daz ez ein stücke ist der sêle, daz er lustlîche in ir müge gewürken; als man gemerken mac bî dem liehte, daz dâ würket nâch der edelkeit der materie, dâ ez ûf vellet. An dem holze würket ez sîn selbes werk, daz ist hitze und viur; an boumen und an viuhten dingen würket ez wahsen und niht hitze noch sîn selbes werk, sunder daz sie grüenent und vruht bringent. An lebenden crêatûren würket ez leben von tôten dingen als daz schâf, daz dâ gras izzet, und dâ von wirt ein ouge oder ein ôre. An dem

der Liebe über die Seele hinaus. Weil Gott endlos ist, darum soll ⟨auch⟩ die Liebe ⟨der Seele⟩ endlos sein. Lebte ein Mensch tausend Jahre oder ⟨noch⟩ länger, er könnte ⟨immer noch⟩ zunehmen an Liebe, wie man am Feuer erkennen kann: solange es Holz hat, so lange wirkt das Feuer. Je nachdem, wie groß das Feuer ist und wie stark der Wind weht, danach ist das Feuer groß. Darum wollen wir unter dem Feuer die Liebe verstehen und unter dem Winde den Heiligen Geist im Hinblick auf das Wirken des Heiligen Geistes in der Seele. Je größer die Liebe in der Seele ist und je stärker der Heilige Geist weht, um so vollkommener ist das Feuer, jedoch nicht mit einem Male, sondern allmählich um des Zunehmens ⟨= Wachsens⟩ der Seele willen; denn, verbrennte der Mensch miteins, das wäre nicht gut. Darum weht der Heilige Geist allmählich, auf daß der Mensch, sollte er ⟨auch⟩ tausend Jahre leben, zunehmen könnte an Liebe.

Als drittes soll man an den Worten das wunderbare Werk erkennen, das Gott in der Seele wirkt, wenn er sagt: ›Was wunders soll werden aus diesem Kinde?‹ Es muß sein, daß ein jegliches Werkzeug so weit reiche, wie der Werkmeister wirkt, wenn das Werk vollkommen sein soll; denn der Mensch ist ein Werkzeug Gottes, und das Werkzeug wirkt entsprechend der Edelkeit des Werkmeisters. Darum genügt es der Seele nicht, daß der Heilige Geist in ihr wirkt, weil er nicht ihrer Natur ist. Und wie ich schon öfters gesagt habe, daß er ihr ein göttliches Licht gegeben hat, das ihm gleich und soviel wie seine ⟨eigene⟩ Natur ist, und er hat es der Seele so zu eigen gegeben, daß es ein Stück der Seele ist, auf daß er lustvoll in ihr wirken könne; wie man am Licht erkennen kann, das je nach der Edelkeit der Materie wirkt, auf die es fällt. Am Holze bewirkt es das ihm selbst eigene Werk, das ist Hitze und Feuer; an Bäumen und an feuchten Dingen bewirkt es das Wachsen, nicht aber Hitze noch sein eigenes Werk, sondern, daß sie grünen und Frucht bringen. An lebendigen Kreaturen bewirkt es Leben aus Totem, so wie etwa bei dem Schaf, das Gras frißt, und daraus entsteht ein Auge oder ein Ohr. Am Menschen ⟨aber⟩ bewirkt es

menschen würket ez sælicheit. Daz kumet von der gnâde gotes: diu erhebet die sêle ûf ze gote und vereinet sie mit im und machet sie gotvar. Sol diu sêle götlich sîn, sô muoz si erhaben sîn. Solte ein mensche ûf einen turn reichen, sô müeste er erhaben sîn als hôhe, als der turn ist: alsô muoz diu gnâde die sêle erheben in got. Der gnâde werk ist, daz si ziuhet und vollen ziuhet, und wer ir niht envolget, der wirt unsælic. Nochdenne engenüeget der sêle niht an der gnâde werke, wan si ein crêatûre ist, si enkome dar zuo, dâ got würket in sîn selbes natûre, dâ der werkmeister würket nâch der edelkeit des gezouwes, daz ist: in sîn selbes natûre, dâ daz werk als edel ist als der werkmeister und der, der sich ergiuzet, und daz ergozzene alles ein sint. Sant *Dionysius* sprichet, daz diu obersten dinc ergiezent sich ûf diu nidersten und diu nidersten in diu obersten und vereinent sich in den obersten. Alsô wirt diu sêle vereinet in gote und beslozzen, und dâ entglîtet ir diu gnâde, daz si mit der gnâde niht mê enwürket, sunder in gote götlîche. Dâ wirt diu sêle wunderlîche bezoubert und kumet von ir selber, als der einen tropfen wazzers güzze in eine bütten vol wînes, daz si von ir selber niht enweiz und wænet, daz si got sî, als ich iu ein mære sagen wil. Ein kardenâl vrâgete sant Bernharten: ›war umbe sol ich got minnen und welche wîs?‹ Dô sprach sant *Bernhart*: ›daz wil ich iu sagen. Got ist diu sache, dar umbe man in minnen sol. Diu wîse ist âne wîse‹, wan got ist niht; niht alsô, daz er âne wesen sî: er enist weder diz noch daz, daz man gesprechen mac; er ist ein wesen ob allen wesen. Er ist ein wesen weselôs. Dar umbe sol diu wîse wîselôs sîn, dâ mite man in minnen sol. Er ist über allez sprechen.

Daz wir *ze dirre* volkomen minne komen, des helfe uns got. Âmen.

⟨= das Licht⟩ Seligkeit. Das kommt von der *Gnade* Gottes: die erhebt die Seele auf zu Gott und vereinigt sie mit ihm und macht sie gottförmig. Soll die Seele göttlich sein, so muß sie emporgehoben sein. Sollte ein Mensch bis hinaus auf einen Turm reichen, so müßte er so hoch emporgehoben sein, wie der Turm ist: so ⟨auch⟩ muß die Gnade die Seele bis zu Gott erheben. Der Gnade Werk ist, zu ziehen und bis an's Ende zu ziehen, und wer ihr nicht folgt, der wird unglücklich. Dennoch genügt's der Seele nicht am Werk der Gnade, weil diese eine Kreatur ist; sie muß vielmehr dahin gelangen, wo Gott in seiner *eigenen* Natur wirkt, wo der Werkmeister entsprechend der Edelkeit des Werkzeuges, das heißt: in seiner *eigenen* Natur wirkt, wo das Werk so edel ist wie der Werkmeister, und der, der sich ergießt, und das Ergossene völlig eins sind. Sankt Dionysius sagt, daß die obersten Dinge sich auf die niedersten und die niedersten in die obersten ergießen und sich mit den obersten vereinigen. So auch wird die Seele mit Gott vereint und umschlossen, und dort entgleitet ihr die Gnade, so daß sie ⟨nun⟩ nicht weiter mit der Gnade wirkt, sondern göttlich in Gott. Da wird die Seele auf wunderbare Weise bezaubert und verliert sich selbst, wie wenn einer einen Tropfen Wasser in eine Bütte voll Weins gösse, so daß sie von sich selbst nichts ⟨mehr⟩ weiß und wähnt, sie sei Gott, wofür ich euch ein Geschichtchen erzählen will. Ein Kardinal fragte Sankt Bernhard: »Warum soll ich Gott lieben und auf welche Weise?« Da sagte Sankt Bernhard: »Das will ich Euch sagen: Gott ⟨selbst⟩ ist der Grund, warum man ihn lieben soll. Die *Weise* ⟨dieser Liebe⟩ ist *ohne* Weise«, denn Gott ist nichts; nicht so ⟨jedoch⟩, daß er ohne Sein wäre: er ist ⟨vielmehr⟩ weder dies noch das, was man auszusagen vermag; er ist ein Sein oberhalb allen Seins. Er ist ein seinsloses Sein. Darum muß die Weise, mit der man ihn lieben soll, *weiselos* sein. Er ist über alles hinaus, was man auszusprechen vermag.

Daß wir zu dieser vollkommenen Liebe gelangen, dazu helfe uns Gott. Amen.

⟨PREDIGT 83⟩

Renouamini spiritu.

›Jr svnt ernúwet werden an vwerme geiste, der *do mens* heiset‹, das ist ein gemv̊te. Also spricht sanctus *paulus*.

Nv̊ spricht *augustinus* das an dem *obersten* teile der selen, das *do mens* heiset oder gemv̊te, da hat ⟨got⟩ geschepfet mit der sele wesen eine craft, die heisent die meistere ein sloz oder einen sch⟨r⟩in geis⟨t⟩licher formen oder forme*licher* bilde. Dise craft machet den vater der selen glich Durch sine vsfliesende gotheit, von der er allen den hort sines gotlichen wesennes gegozzen hat in den svn vnd in den heilgen geist mit personlicher vnderscheidunge, alse die gehvgede der selen den creften der selen vs gusset ⟨den⟩ schaz der bilde. Swenne nv̊ die sel mit dirre kraft schowet bildekeit – schowet si eins engels bilde, schowet si ir selbis bilde –, es ist ir ein gebreste. Schowet si got, als ⟨er⟩ got ist oder als er bilde ist oder als er drv̊ ist –, es ist ir ein gebreste. Swenne aber alle bilde der selen abegescheiden werden vnd ⟨si⟩ allein schowet das einig ein, so vindet das bloze wesen der selen das blose formlose wesen gotlicher einkeit, dc do ist ein vberwesende wesen, lidende ligende in ime selben. Eya, w⟨u⟩nder vber w⟨u⟩nder, wel ein edel liden das ist, das das wesen der selen nit anders liden mag dan allein bloz einekeit gotiz!

Nv̊ spricht sant *paulus*: ›Jr svnt ernv̊wet werden an dem geiste‹. Nv̊wekeit vellet an alle creaturen vnder gotte; aber an got vellet kein núwekeit wan alles ewikeit. was ist ew⟨i⟩keit? das merkent! Der ewikeit eigenschaft ist, Das wesen vnd ivgent in ir eins ist; wan ewikeit nit ewig enwere, obe si nv̊we

PREDIGT 83

Renouamini spiritu ⟨*Ephes. 4,23*⟩.

›Ihr sollt erneuert werden in eurem Geiste, der da *mens* heißt‹, will sagen ein »Gemüt«. So sagt Sankt Paulus ⟨Ephes. 4,23⟩.

Nun sagt Sankt Augustinus, Gott habe zusammen mit dem Sein der Seele in jenem *obersten* Teil der Seele, der da ›*mens*‹ heißt oder »Gemüt«, eine Kraft geschaffen, die nennen die Meister ein Behältnis oder einen Schrein geistiger Formen oder formhafter »Bilder« ⟨= »Ideen«⟩. Diese Kraft begründet die Gleichheit zwischen der Seele und dem Vater durch das Ausfließen seiner Gottheit ⟨einerseits⟩, worin er den ganzen Hort seines göttlichen Seins in den Sohn und in den Heiligen Geist in Unterschiedenheit der Personen ergossen hat, so wie ⟨anderseits⟩ das »Gedächtnis« der Seele den Schatz seiner »Bilder« in die ⟨anderen⟩ Kräfte der Seele ausgießt. Wenn immer nun die Seele mit dieser Kraft Bildhaftes schaut – ob sie ⟨nun⟩ eines Engels Bild oder ob sie ihr eigenes Bild schaut –, so ist dies an ihr etwas Unzulängliches. Selbst wenn sie Gott schaut, so, wie er *Gott* ⟨im Gegensatz zur Gott*heit*⟩ oder wie er Bildhaftes oder Dreiheit ist, so ist es an ihr etwas Unzulängliches. Wenn aber alle »Bilder« der Seele abgeschieden werden und sie nur mehr das ⟨schlechthin⟩ einige Eine schaut, dann findet das reine Sein der Seele erleidend ⟨= passiv⟩ in sich selbst ruhend das reine, formenfreie Sein göttlicher Einheit, das ein überseiendes Sein ist. O, Wunder über Wunder, welch edles Erleiden ist es, wenn das Sein der Seele nichts anderes ertragen kann als einzig die reine Einheit Gottes!

Nun spricht Sankt Paulus: ›Ihr sollt erneuert werden im Geiste‹. Erneuerung befällt alle Kreaturen unterhalb Gottes; Gott ⟨selbst⟩ aber befällt keine Erneuerung, sondern ⟨immerfort⟩ nur Ewigkeit. Was ist Ewigkeit? Merkt auf! Der Ewigkeit Eigenheit ist, daß Sein und Jungsein in ihr eins sind; denn Ewigkeit wäre nicht ewig, wenn sie neu *werden*

werden mochte vnd nit allewegen were. Nv́ sprich ich: Nv́wekeit vellet an den engel, das ist: na kvnftiger wis⟨s⟩unge, wan der engel enweis niht kvnftiger dinge, nv́went als verre is ime got offenet. An die sel vellet och nv́wekeit, als verre si sel heiset, wande si heiset dar vmbe sel, wand si dem libe leben git vnd ein forme des libes ist. an si vellet och nv́wekeit, alse si ein geist heisset. Dar vmbe heiset si ein geist, wan si abgescheiden ist von hie vnd von nv́ vnd von aller naturelicheit. Aber do si ein bilde gottes ist vnd nammeloz alse got, do vellet kein nvwekeit an si, wand alleine ewikeit, als in got.

Nv́ merkent! Got ist namloz, wan von ime kan niemant nit gesprechen noch verstan. Har vmb spricht ein heidens *meister*: Swas wir verstant oder sprechent von der ersten sachen, das sin wir me selber, dan es die erste sache si, wan si ist vber allis sprechen vnd verstan. Sprich ich nv́: ›got ist gv̊t‹ – Es ist nit war, mer: Jch bin gůt, got ist nit gůt! Ich wil me sprechen: ›Jch bin besser danne got!‹ wan swaz gůt ist, das mag bessir werden; was besser mag werden, das mag aller best werden. Nv́ ist got gv̊t nit, do von mag er nit besser werden. wan er den nit besser mag werden, Do von mag er nit aller best werden; wan dise drú sint verre von gotte: ›Gv̊t‹, ›besser‹ vnd ›aller best‹, wan er ist vber al. Sprich ich och: ›Got ist wise‹ – es ist nit war: Ich bin wiser den er. Sprich ich och: ›Got ist ein wesen‹ – es ist nit war: Er ist ein vber swebende wesen vnd ein vberwesende nitheit. Hie von spricht sant *augustinus*: »Das schoneste, dc der mensche gesprechen mag von gotte, dc ist, das er von wisheit inners richtv̊mes swigen kvnne«. do von swig vnd klafe nit von gotte; wande mit dem, so dv́ von ime claffest, so lv́gest dv́, so tv̊stu svnde. wiltu nv́ ane svnde sin vnd vollekomen, so claffe

könnte und es nicht beständig *wäre.* Nun ⟨aber⟩ sage ich: Neuigkeit ⟨= etwas für ihn Neues⟩ befällt ⟨= widerfährt⟩ den ⟨dem⟩ Engel, und zwar im Hinblick auf die Unterweisung über Zukünftiges, denn der Engel weiß von zukünftigen Dingen nur, soweit Gott es ihm offenbart. Auch die Seele befällt Erneuerung, soweit sie »Seele« heißt, denn »Seele« heißt sie im Hinblick darauf, daß sie dem Leibe Leben gibt und »Form« des Leibes ist. Erneuerung befällt sie auch, insofern sie »Geist« heißt. Darum ⟨aber⟩ heißt sie »Geist«, weil sie vom »Hier« und vom »Nun« und von allem Natürlichen abgeschieden ist. Wo sie aber ein »Bild« Gottes und namenlos ist wie Gott, da befällt sie keine Erneuerung, sondern einzig Ewigkeit, wie Gott.

Nun merkt auf! Gott ist namenlos, denn von ihm kann niemand etwas aussagen oder erkennen. Darum sagt ein heidnischer Meister: Was wir von der ersten Ursache erkennen oder aussagen, das sind wir mehr selber, als daß es die erste Ursache wäre, denn sie ist über alles Aussagen und Verstehen ⟨erhaben⟩. Sage ich demnach: »Gott ist gut« – es ist nicht wahr: Ich ⟨vielmehr⟩ bin gut, Gott ⟨aber⟩ ist *nicht* gut! Ich möchte darüber hinaus sagen: »Ich bin *besser* als Gott«! denn, was gut ist, das kann besser werden; was besser werden kann, das kann zum Allerbesten werden. Nun ⟨aber⟩ ist Gott nicht gut, darum kann er nicht besser werden. Weil er denn nicht besser werden kann, daher kann er nicht das Allerbeste werden; denn fernab von Gott sind diese Drei: »gut«, »besser« und »allerbest«, denn er ist über alles ⟨erhaben⟩. Sage ich weiterhin: »Gott ist *weise*« – es ist nicht wahr: Ich bin weiser als er! Sage ich ferner: »Gott ist *ein Sein*« – es ist nicht wahr: Er ist ein überseiendes Sein und eine überseiende Nichtheit. Daher sagt Sankt Augustinus: »Das Schönste, was der Mensch über Gott auszusagen vermag, das besteht darin, daß er aus der Weisheit des inneren Reichtumes schweigen könne«. Schweig daher und klaffe nicht über Gott; denn damit, daß du über ihn klaffst, lügst du, tust du Sünde. Willst du nun ⟨aber⟩ ohne Sünde und vollkommen sein, so klaffe nicht über Gott. Auch erkennen

nit von gotte. Dv̇ solt och nit verstan von gotte, wand got ist vber allis verstan. Es spricht ein *meister*: Hette ich einen got, den ich verstan mochte, ich wolt in niemer vv̇r got gehan. verstast dv̇ nv̇ iht von ime, des en ist er nit, vnde mit dem, so dv̇ iht von ime verstast, so kvmest ⟨dv̇⟩ in ein vnverstandenheit, vnd von der vnverstandenheit kv̇mest dv̇ in ein vihelicheit; wan swas vnverstendig ist an den creaturen, das ist vichelich. wiltv̇ nv̇ nit vihelich werden, so verstant nv̇t von dem vngeworteten gote. – ›Ach, wie sol ich danne tv̊n?‹ – Dv̇ solt alzemal entzinken diner dinisheit vnd solt zer fliesen in sin*e* sinesheit vnd sol din din *vnd* sin *sin* éin min werden als genzlich, das dv̇ mit ime verstandest ewiklich sin vngewordene istikeit vnd sin vngenanten nitheit.

Nv̇ spricht sanctus *paulus*: ›Jr svllent ir nv̇wet werden an dem geiste‹. wellen wir nu ernúwert werden an dem geiste, so mvsent die sehs crefte der selen, beide die obersten vnd die vndersten, iegelich haben ein gvldin vingerlin, vber gvldet mit dem golde gotlicher minnen. Nv̇ merkent! die nidersten crefte, der sint drie. Die erste heiset bescheidenheit, *rationalis*; an der solt dv̇ han ein gvldin vingerlin, Das ist: das liecht, das din bescheidenheit zv̊ allen ziten svnder zit irlúhtet si mit dem gotlichen liechte. Die ander craft heiset dv̇, zvrnerin, *Irascibilis*; an der solt dv̇ han ein vingerlin, das ist: din fride. ›war umbe?‹ – wan alse verre in fride, alse verre in got⟨e⟩; Alse verre vs fride, alse ⟨verre⟩ vs gote. Die dritte craft heiset begervnge, *Concupiscibilis*; an der solt dv̇ han ⟨ein vingerlin, das ist:⟩ ein gnv̊gin, Das dich sol aller creaturen, Die vnder got sint, begnv̊gen; aber gottes sol dich niemer begnv̊gen, wande gottes mac dich niemer begnugen: ie me dv̇ gottes hast, ie me dv̇ sin begerst; wande, mohte dich gottes begnv̊gen, dc ein begnvgen an got viele, so were got got nit.

Dv̇ mvst och han an den obersten creften an iegelicher ein

⟨wollen⟩ sollst du nichts von Gott, denn Gott ist *über* allem Erkennen. Ein Meister sagt: Hätte ich einen Gott, den ich erkennen könnte, ich würde ihn nimmer für Gott ansehen. Erkennst du nun ⟨aber⟩ irgend etwas von ihm, er ist nichts davon, und damit, daß du irgend etwas von ihm erkennst, gerätst du in Erkenntnislosigkeit, und durch solche Erkenntnislosigkeit gerätst du in Tierischkeit; denn, was an den Kreaturen nichterkennend ist, das ist tierisch. Willst du nun nicht tierisch werden, so erkenne nichts von dem im Wort unaussprechlichen Gott. – »Ach, wie soll ich mich denn verhalten?« – Du sollst ganz deinem »Deinsein« entsinken und in sein »Seinsein« zerfließen, und es soll dein »Dein« und sein »Sein« so gänzlich ein »Mein« werden, daß du mit ihm ewig erkennest seine ungewordene »Seinsheit« und seine unnennbare »Nichtigkeit«.

Nun spricht Sankt Paulus: ›Ihr sollt erneuert werden im Geiste‹. Wollen wir nun ›im Geiste erneuert werden‹, so müssen die *sechs* Kräfte der Seele, die obersten und die untersten, jede einen güldenen Fingerring haben, übergoldet mit dem Golde göttlicher Liebe. Nun merkt auf! Der *niedersten* Kräfte, deren sind *drei*. Die *erste* heißt Unterscheidungsvermögen, *rationalis*; an der sollst du einen güldenen Fingerring tragen, das ist: die »Erleuchtung« ⟨die darin besteht⟩, daß dein Unterscheidungsvermögen allzeit zeitlos erleuchtet sei durch das göttliche Licht. Die *zweite* Kraft heißt die »Zürnerin«, *irascibilis*; an der sollst du einen Fingerring tragen, das ist: »dein Friede«. »Warum?« – Weil, so weit im Frieden, so weit in Gott; so weit außerhalb des Friedens, so weit außerhalb Gottes. Die *dritte* Kraft heißt »Begehren«, *concupiscibilis*; an der sollst du einen Fingerring tragen, das ist: »ein Sich-Begnügen«, so daß du genügsam seiest gegenüber allen Kreaturen, die unterhalb Gottes sind; Gottes aber soll's dir nie genug sein; denn Gottes *kann* es dir nie genug sein; je mehr du von Gott hast, um so mehr begehrst du seiner; könnte es dir nämlich Gottes genug werden, so daß sich ein Genugsein Gottes einstellte, so wäre Gott nicht Gott.

Auch an jeder der obersten Kräfte mußt du einen

guldin vingerlin. Die obersten crefte der sint ŏch drie. Die erste heiset ein enthaldende craft, *Memoria.* dise kraft gelichet man dem vater in der driualtikeit. an dirre solt dv haben ein guldin vingerlin, das ist: ein enthalten, dc dv̍ al ewige ding in dir enthalten solt. Die ander heiset verstendikeit, *Intell⟨e⟩ctus.* Dise craft glichet man dem sv̍ne, an dirre solt dv̍ ŏch han ein gvlden vingerlin, Dc ist: bekantnis, dc dv̍ got zv̊ allen zitten solt bekennen. ›Als wie?‹ – Dv̍ solt in bekennen ane bilde, ane mittel vnd ane glichnis. Sol aber ich also got bekennen ane mittel, so mûs vil bi ich er werden vnd er ich werden. Me sprich ich: Got mv̊s vil bi ich werden vnd ich vil bi got, alse gar ein, das dis ›er‹ vnd dis ›ich‹ Ein ›ist‹ werdent vnd sint vnd in dér istikeit ewiklich éin werk wirkent; wande vil nüzze sint dis ›er‹ vnd dis ›ich‹, dc ist got vnd die sel. Ein einig ›hie‹ oder ein einig ›nv̍‹, so mochte dis ›ich‹ mit dem ›er‹ niemer gewirken noch ein gewerden. Die dirte craft heiset wille, *Voluntas.* dise craft glichet man dem heiligen geiste. An dirre solt dv han ein guldin vingerlin, dc ist: dv̍ minne, das dv̍ got minnen solt. Du solt got minnen svnder minneklicheit, dc ist: nv̍t Dar vmbe, dc er minneklich si, wand got ist vnminneklich; Er ist vber alle minne vnd minneklicheit. ›wie sol ich dan got minnen?‹ – Dv solt got minnen nichgeistliche, dc ist: Dc din sel sol nichgeistig sin vnd entploͤzet aller geistekeite; wand die wile din sel geistformig ist, so hat si bilde; die wile si bilde hat, so ⟨so⟩ hat si mittel; Die wile si mittel hat, so hat si nit einikeit noch einberkeit; Die wile si einberkeit nit enhat,

güldenen Fingerring haben. Der *obersten* Kräfte, deren sind gleichfalls *drei.* Die erste heißt eine »behaltende ⟨= aufbewahrende⟩ Kraft«, *memoria.* Diese Kraft vergleicht man dem Vater in der Dreifaltigkeit. An der sollst du einen güldenen Fingerring tragen, das ist: ein »Aufbewahren« ⟨in dem Sinne⟩, daß du alle ewigen Dinge ⟨= die ewigen Ideen der Dinge⟩ in dir bewahren sollst. Die zweite Kraft heißt »Vernunft«, *intellectus.* Diese Kraft vergleicht man dem Sohn. An der sollst du auch einen güldenen Fingerring tragen, das ist: »Erkenntnis«, daß du Gott allzeit erkennen sollst. – »Und wie?« – Du sollst ihn bildlos erkennen, unvermittelt und ohne Gleichnis. Soll ich aber Gott auf solche Weise unvermittelt erkennen, so muß *ich* schlechthin *er* und *er* muß *ich* werden. Genauerhin sage ich: *Gott* muß schlechthin *ich* werden und *ich* schlechthin *Gott*, so völlig eins, daß dieses »Er« und dieses »Ich« *ein* »Ist« werden und sind und in dieser »Seinsheit« ewig *ein* Werk wirken; denn *dieses* »Er« und *dieses* »Ich«, das heißt Gott und die Seele, sind ⟨als ewig *ein* Werk wirkend⟩ sehr nutzbringend ⟨= fruchtbar⟩. ⟨Wenn aber dabei⟩ ein einziges *Hier* oder ein einziges *Nun* ⟨ins Spiel käme, d. h., wenn es sich nicht um ein *ewiges zeit-* und *raumloses* Wirken handelte⟩: schon könnte dieses »Ich« mit dem »Er« niemals ⟨zusammen-⟩wirken noch einswerden. Die dritte Kraft heißt »Wille«, *voluntas.* Diese Kraft vergleicht man dem Heiligen Geiste. An dieser sollst du einen güldenen Fingerring tragen, das ist: die »Liebe« ⟨die ist gerichtet darauf⟩, daß du *Gott* liebst. Du sollst Gott lieben ungeachtet seines Liebenswertseins, das heißt: nicht deshalb, weil er liebenswert wäre; denn Gott ist gar nicht liebenswert: er ist über alle Liebe und Liebenswürdigkeit ⟨erhaben⟩. »Wie denn soll ich Gott lieben?« – Du sollst Gott ungeistig lieben, das heißt so, daß deine Seele ungeistig sei und entblößt aller Geistigkeit; denn, solange deine Seele geistförmig ⟨= geisthaft⟩ ist, so lange hat sie »Bilder« ⟨= Vorstellungen⟩. Solange sie aber »Bilder« hat, so lange hat sie Vermittelndes; solange sie Vermittelndes hat, so lange hat sie nicht Einheit noch Einfachheit ⟨= Einhelligkeit⟩. Solange sie nicht

so geminnete si got nie rechte; wand recht minnen lit an einberkeit. Har vmbe sol din sel nichtge⟨i⟩stig sin von allen geisten vnd sol stan geisteloz; wan minnestv̇ got, alse er got ist, als er geist ist, als er person ist vnd als er bilde ist, – es mv̊s alles abe! ›wie sol ich in denne minnen?‹ – Dv̇ solt in minnen, als er ist Ein nit-got, Ein nit-geist, Ein nit-persone, Ein nút-bilde, Mer: als er ein luter pur clar Ein ist, gesvndert von aller zweiheite, vnd in dem einen sv̇len wir ewiklich versinken von ⟨n⟩ite zv̊ nv̇te.

Dis helf ⟨vns⟩ got. amen.

Einfachheit ⟨= Einhelligkeit mit Gott⟩ hat, so lange hat sie Gott noch nie recht geliebt; denn *recht* zu lieben hängt an der Einhelligkeit. Daher soll deine Seele allen Geistes bar *nicht*-geistig sein und soll *geistlos* dastehen; denn, liebst du Gott, wie er »Gott«, wie er »Geist«, wie er »Person« und wie er »Bild« ist, – alles das muß weg! »Wie denn aber soll ich ihn lieben?« – Du sollst ihn lieben, wie er ein *Nicht*-Gott, ein *Nicht*-Geist, eine *Nicht*-Person, ein *Nicht*-Bild ist; mehr noch: wie er ein lauteres reines, klares Eines ist, abgesondert von aller Zweiheit. Und in diesem Einen sollen wir ewig versinken vom Etwas zum Nichts.

Dazu helfe uns Gott. Amen.

〈PREDIGT 84〉

Puella, surge.

Unser herre sprach ze der juncvrouwen: ›stant ûf!‹

Mit dem einigen worte lêret uns unser herre Jêsus Kristus, wie diu sêle ûf sol stân von allen lîplîchen dingen. Und als der sun ein wort des vaters ist, alsô lêret er die sêle mit éinem worte, wie si ûf sol stân und wie si sich sol erheben boben sich selber und wonen boben ir selber. Der vater sprach ein wort, daz was sîn sun. In dem einigen worte sprach er alliu dinc. War umbe ensprach er niht wan éin wort? – Dar umbe, wan im alliu dinc gegenwertic sint. Möhte ich alle mîne gedanke, die ich ie gedâhte oder iemermê gedenken sol, in éinem gedanke begrîfen, sô enhæte ich niht wan éin wort, wan der munt bringet vür, daz in dem herzen ist. Von dem enwil ich nû niht mê sprechen.

Durch vier dinc sol diu sêle ›ûfstân‹ und wonen boben ir selber. Daz êrste ist: durch die manicvaltige wollust, die si in gote vindet, wan diu volkomenheit gotes enmohte sich niht enthalten, er enlieze ûz im vliezen crêatûren, den er sich gemeinen mohte, die sîne glîchnisse enpfâhen mohten, als mê, als ob er gelediget würde, und sint als unmæzlîche ûzgevlozzen, daz mê engel sint dan griez oder gras und loubes. Durch die alle vliuzet uns lieht und gnâde und gâbe her nider. Daz selbe, daz durch alle dise crêatûren oder natûren vliuzet, daz biutet got der sêle ze enpfâhenne; und allez, daz got geben mac, daz ist allez einer sêle ze kleine, engæbe sich got niht selber in den gâben.

Daz ander ist: daz diu sêle sol ›ûfstân‹ durch die lûterkeit, die si in gote vindet, wan alliu dinc sint lûter und edel in gote. Als balde als sie ûz gote vliezent in die næhste crêatûre, sô

PREDIGT 84

Puella, surge ⟨Luc. 8,54⟩.

Unser Herr sprach zu der Jungfrau: ›Steh auf!‹ ⟨Luk. 8,54⟩.

Mit diesem einzigen Worte lehrt uns unser Herr Jesus Christus, daß die Seele sich erheben soll über alle körperhaften Dinge. Und so, wie der Sohn ein »Wort« des Vaters ist, so lehrt er die Seele mit *einem* Worte, wie sie ›aufstehen‹ soll und wie sie sich erheben soll über sich selber und bleiben soll oberhalb ihrer selbst. Der »Vater« sprach ein »Wort«, das war sein »Sohn«. In diesem einzigen »Worte« sprach er alle Dinge ⟨aus⟩. Warum sprach er nur *ein* Wort? – Darum, weil ihm alle Dinge gegenwärtig sind. Könnte ich alle meine Gedanken, die ich je dachte oder jemals denken werde, in *einem* Gedanken zusammenfassen, so hätte ich nur *ein* Wort, denn der Mund äußert ⟨spricht aus⟩ das, was im Herzen steckt. Davon will ich nun nicht weiter sprechen.

Wegen viererlei soll die Seele ›aufstehen‹ und oberhalb ihrer selbst weilen. Das erste ist: um der mannigfaltigen Beglückung willen, die sie in Gott findet, denn die Vollkommenheit Gottes vermochte sich dessen nicht zu enthalten, Kreaturen aus sich herausfließen zu lassen, denen er sich mitteilen konnte, die Gleichheit mit ihm zu empfangen vermochten, und zwar soviel, als wenn er entleert würde; und sie ⟨= die Kreaturen⟩ sind so maßlos ausgeflossen, daß es mehr Engel gibt als Gries oder Gras und Laub. Durch die alle fließt uns Licht und Gnade und Gabe herab. Dasselbe ⟨nun⟩, das durch alle diese Kreaturen oder Naturen fließt, das bietet Gott der Seele zum Empfangen; und alles, was Gott zu geben vermag, das ist alles einer Seele ⟨noch⟩ zu wenig, gäbe sich Gott nicht *selbst* in den Gaben.

Das zweite ist: daß die Seele ›aufstehen‹ soll um der Lauterkeit willen, die sie in Gott findet, denn alle Dinge sind lauter und edel in Gott. Sobald sie ⟨aber⟩ aus Gott in die nächste Kreatur fließen, so wird es ⟨= was aus Gott

wirt ez als unglîch als iht und niht; wan in gote ist lieht und wesen, und in den crêatûren ist vinsternisse und niht; wan waz in gote lieht und wesen ist, daz ist in den crêatûren vinsternisse und niht.

Daz dritte ist: daz diu sêle sol ›ûfstân‹ durch die samentheit, die si in gote vindet, wan dâ enist kein underscheit. Wîsheit und güete ist ein in gote. Daz selbe, daz wîsheit ist, daz ist ouch güete; und daz selbe, daz barmherzicheit ist, daz ist ouch gerehticheit. Wære in gote güete ein und wîsheit ein ander, sô enmöhte der sêle niemermê an gote genüegen; wan diu sêle ist von natûre geneiget ze der güete, und alle crêatûren begernt wîsheit von natûre. Als sich diu sêle ergiuzet in die güete, wære danne güete ein und wîsheit ein ander, sô müeste si die wîsheit lâzen mit pîne; als si sich in die wîsheit wölte ergiezen, sô müeste si die güete lâzen mit pîne. Dar umbe sprichet sant *Augustîn*: die sêlen in dem himelrîche ensint noch niht volkomen sælic, wan sie noch eine neigunge hânt ze dem lîchamen. Dar umbe enmac diu sêle an niemanne ruowe haben wan an gote, wan si aller güete samentheit in im vindet. Diu sêle muoz ouch boben ir selber wonen, sol si got begrîfen, wan alliu dinc würkent sich selber; ein ieglich würket sîne natûre. Warumbe enwürket diu natûre des apfelboumes niht wîn, und warumbe enwürket der wînstok niht epfel? – Wan ez sîn natûre niht enist, und vort alsô alle ander crêatûren: daz viur würket viur; möhte ez allez ze viure machen, daz bî im wære, ez tæte ez. Alsô tæte ouch daz wazzer; möhte ez ouch allez daz ze wazzer machen und benetzen allez, daz bî im wære, ez tæte ez ouch. Alsô sêre minnet diu crêatûre ir eigen wesen, daz si von gote enpfangen hât. Der ûf eine sêle güzze alle die pîne der helle, si

ausfließt⟩ so ungleich wie Etwas und Nichts; denn in Gott ist Licht und Sein; und in den Kreaturen ist Finsternis und Nichts; denn, *was* in Gott Licht und Sein ist, *das* ist in den Kreaturen Finsternis und Nichts.

Das dritte ist: daß die Seele ›aufstehen‹ soll um der ⟨umfassenden⟩ Gesamtheit ⟨= Allheit⟩ willen, die sie in Gott findet, denn dort ⟨= in der Allheit in Gott⟩ gibt es keinen Unterschied ⟨d. h., in Gott ist alles unterschiedsloses Alles⟩. Weisheit und Gutheit ist eins in Gott. Dasselbe, was Weisheit ist, das ist auch Gutheit; und dasselbe, was Barmherzigkeit ist, das ist auch Gerechtigkeit. Wäre in Gott Gutheit eines und Weisheit ein anderes, so könnte die Seele niemals an Gott Genüge finden; denn ⟨einerseits⟩ ist die Seele von Natur aus zur Gutheit geneigt, und ⟨anderseits⟩ begehren alle Kreaturen von Natur aus nach Weisheit. Wenn die Seele sich in die Gutheit ergießt und dann die Gutheit eines und die Weisheit ein anderes wäre, dann müßte sie ⟨= die Seele⟩ schmerzlich auf die Weisheit verzichten; wollte sie sich hinwiederum in die Weisheit ergießen, dann müßte sie ⟨ebenso⟩ schmerzlich auf die Gutheit verzichten. Darum spricht Sankt Augustin: Die Seelen im Himmel sind noch nicht vollkommen selig, weil sie noch eine Hinneigung zu den Körpern ⟨in den irdischen Gräbern⟩ haben. Darum kann die Seele bei niemandem Ruhe finden als bei Gott, weil er die Gänze aller Gutheit in ihm findet. Die Seele muß auch oberhalb ihrer selbst weilen, soll sie Gott begreifen, denn alle Dinge bringen sich selbst hervor; ein jegliches erzeugt seine ⟨eigene⟩ Natur. Warum erzeugt die Natur des Apfelbaumes nicht Wein, und warum trägt der Weinstock nicht Äpfel? – Weil das nicht seiner Natur entspricht, und fort so alle anderen Kreaturen: Das Feuer bewirkt Feuer; könnte es alles, was ihm benachbart ist, zu Feuer machen, es täte es. So auch täte es das Wasser; könnte es auch alles zu Wasser machen und alles benetzen, was ihm benachbart wäre, es täte es auch. So sehr liebt die Kreatur ihr eigene Sein, das sie von Gott empfangen hat. Wenn einer auf eine Seele die ganze Qual der Hölle ergießen würde, so würde sie doch nicht

enwölte doch niht, si enwære. Alsô sêre minnet diu crêatûre ir eigen wesen, daz si von gote unmittellîche enpfangen hât. Diu sêle muoz ouch boben ir selber wonen, sol si got begrîfen; wan swie vil si würket mit der kraft, dâ si allez daz mite begrîfet, daz geschaffen ist – hæte got tûsent himelrîche und tûsent ertrîche geschaffen, die begriffe si alle wol mit der einen kraft –, nochdenne enmac si got niht begrîfen. Der unmezlîche got, der in der sêle ist, der begrîfet den got, der unmezlich ist. Dâ begrîfet got got und würket got sich selben in der sêle und bildet sie nâch im.

Daz vierde, daz diu sêle ›ûf‹ sol ›stân‹, daz ist: durch die unmezlicheit, die si in gote vindet; wan alliu dinc sint in gote niuwe sunder zît. Dar umbe sprichet sant *Johannes* in *Apocalypsi*: ›der dâ saz ûf dem trône, der sprach: ›ich wil alliu dinc niuwe machen‹ ‹. Alliu dinc sint niuwe mit dem sune, wan er wirt hiute geborn von dem vater, als ob er nie enwære geborn; und als got in die sêle vliuzet, alsô vliuzet si wider in got. Und alsô, als man sterben mac vor dem slage von vorhte, alsô mac man ouch sterben von vröuden. Und alsô stirbet diu sêle ouch in ir selber, ê si in got schrîtet. Diu sêle schrîtet in got mit vier schriten. Der êrste schrit ist, daz diu vorhte und diu hoffenunge und diu begerunge in ir wahsent. Ze dem andern mâle sô schrîtet si vort; sô wirt diu vorhte und hoffenunge und begerunge alzemâle abegebrochen. Ze dem dritten mâle kumet si in eine vergezzenheit aller zîtlîchen sachen. Ze dem vierden mâle schrîtet si in got, dâ si êwiclîche blîben sol, regnierende mit gote in der êwicheit; und danne engedenket si niemermê nâch zîtlîchen dingen noch ûf sich selber, mêr: si ist vervlozzen in gote und got in ir. Und waz si danne tuot, daz tuot si in gote.

Daz wir hie schrîten und sterben müezen, daz wir sîn gebrûchen mügen in der êwicheit, des helfe uns got. Âmen.

wollen, nicht zu sein. So sehr liebt die Kreatur ihr eigenes Sein, das sie von Gott unvermittelt empfangen hat. Die Seele muß auch oberhalb ihrer selbst weilen, soll sie Gott begreifen; denn wieviel sie auch mit der Kraft ⟨= der Vernunft⟩ wirkt, mit der sie alles das begreift, was geschaffen ist – hätte Gott tausend Himmel und tausend Erden geschaffen, die begriffe sie wohl alle mit dieser einen Kraft –, trotzdem kann sie *Gott* nicht begreifen. Der unermeßliche Gott, der in der Seele ist, *der* ⟨nur⟩ begreift den Gott, der unermeßlich ist. Dort ⟨= in der Seele⟩ begreift Gott Gott und zeugt Gott sich selbst in der Seele und »bildet« sie nach sich.

Das vierte, warum die Seele ›aufstehen‹ soll, das ist: um der Unermeßlichkeit willen, die sie in Gott findet; denn alle Dinge sind ⟨als ewige Ideen⟩ in Gott zeitlos neu. Darum spricht Sankt Johannes in der Apokalypse: ›Der da saß auf dem Throne, der sprach: »Ich will alle Dinge neu machen«‹ ⟨Geh. Offenb. 21,5⟩. Alle Dinge sind *neu* mit dem Sohne, denn er wird heute von dem Vater geboren, als wenn er nie geboren worden wäre; und so, wie Gott in die Seele fließt, so fließt sie wieder in Gott. Und so, wie man ⟨schon⟩ *vor* dem Schlage ⟨d. h., bevor der Totschlag ausgeführt wird⟩ aus Angst sterben kann, so auch kann man vor Freude ⟨oder: an Vorfreude⟩ sterben. Und so auch stirbt die Seele in sich selbst ⟨in freudiger Erwartung der ewigen Seligkeit⟩, bevor sie in Gott ⟨hinüber-⟩schreitet. Die Seele schreitet in Gott mit vier Schritten. Der erste Schritt ist der, daß die Furcht und die Hoffnung und das Begehren in ihr wachsen. Zum zweitenmal schreitet sie fort; dann wird die Furcht und Hoffnung und Begierde völlig weggebrochen ⟨abgetilgt⟩. Beim dritten Mal gerät sie in ein Vergessen aller zeitlichen Dinge. Beim vierten Mal schreitet sie in Gott, wo sie ewig bleiben wird, mit Gott herrschend in der Ewigkeit, und dann denkt sie nimmermehr an zeitliche Dinge noch an sich selbst; sie ist vielmehr zerflossen in Gott und Gott in ihr. Und was sie *dann* tut, das tut sie in Gott.

Daß wir hier ⟨auf Erden⟩ schreiten und sterben mögen, auf daß wir ⟨den Lohn⟩ dafür genießen in der Ewigkeit, dazu helfe uns Gott. Amen.

〈PREDIGT 85〉

Pvella, surge.

›Stant vf!‹

vnsir herre ›lede sine hant vf di iuncfrauwin vnd sprach: ›Stant vf!‹‹ Di hant godis daz ist der helige geist. alle werc werdin geworcht in hitze. wan di furige minne zu gode irkaldit an der sele, so stirbit si, vnd sal got in der sele wirkin, so muz got in der sele foreinit sin. Sal dan di sele mit gode foreinit sin oder werdin, so muiz si von allin dingin geschedin sin vnd muiz alleine sin, alse got alleine ist; wan ein werc, daz got in einir ledigen sele wirkit, daz ist bezzir dan himmilriche vnd ertriche. Dar zu hait got di sele geschaffin, daz si mit vme foreinit werde. Ein helige sprichit: di sele ist gemachit fon nichte, vn*d* he hait si alleine gemachit vnd niman mit vme. Hette si iman mit ime gemachit, so hette he alse mer alse angist, daz sich di sele dar vf neigite. Darumme muiz di sele alleine sin, alse got alleine ist.

Geistliche dinc vnd lipliche dinc di inmugint nicht foreinit sin. Sal gotliche vollincumenheit wirkin in der sele, so muiz di sele ein geist sin, alse got ein geist ist, vnd gebe got der sele in der sele, so muiste he ir mit maze gebin. Darumme zuhit he si in sich selbir in vme selbir: also wirt si mit vme foreinit. es ist ein glichnisse: Alse daz fuir vnd der stein foreinen sich, doch wan si beide liplich sin, so blibit der stein dicke kalt fon binnen durch di gropheit des steines. vnd alse di luft vnd daz licht: alliz, daz du sihist in der luft, daz sihis du in der sonnen. Mer doch, wan si beide liplich sin, so ist in einir mile me lichtis dan in einir halbin vnd in einir halbin me dan in eime

PREDIGT 85

Pvella, surge ⟨Luc. 8,54⟩.

›Steh auf!‹

Unser Herr ›legte seine Hand auf die Jungfrau und sprach: »Steh auf!«‹ Die ›Hand‹ Gottes, das ist der Heilige Geist. Alle Werke werden in Hitze gewirkt. Wenn die feurige Liebe zu Gott in der Seele erkaltet, so stirbt sie; und wenn Gott in der Seele wirken soll, dann muß Gott mit der Seele vereint sein. Soll denn die Seele mit Gott vereint sein oder werden, so muß sie von allen Dingen geschieden sein und muß allein sein, wie Gott allein ist; denn ein Werk, das Gott in einer ledigen Seele wirkt, das ist besser ⟨= wertvoller⟩ als Himmel und Erde. Dazu hat Gott die Seele geschaffen, daß sie mit ihm vereint werde. Ein Heiliger sagt: Die Seele ist aus nichts geschaffen, und er allein hat sie geschaffen und niemand mit ihm. Hätte sie jemand mit ihm geschaffen, so hätte er ⟨= Gott⟩ soviel wie ⟨= geradezu⟩ Angst, daß sich die Seele jenem zuneigen könnte. Darum muß die Seele allein sein, wie Gott allein ist.

Geistige Dinge und körperliche Dinge können nicht ⟨miteinander⟩ vereint sein. Soll göttliche Vollkommenheit in der Seele wirken, so muß die Seele ein Geist sein, wie Gott ein Geist ist; und würde Gott die Seele *in* der Seele begaben, so müßte er sie mit *Maß* ⟨= begrenzt⟩ begaben. Darum zieht er sie in sich ⟨= Dativ!⟩ selber in sich ⟨= Akkusativ!⟩ selber: auf *solche* Weise wird sie mit ihm *vereint*. Es gibt ⟨dafür⟩ ein Gleichnis: So wie das Feuer und der Stein sich vereinen, jedoch, weil sie beide körperlich ⟨= stofflich⟩ sind, so bleibt der Stein oft von innen wegen der Grobstofflichkeit ⟨= Materialität⟩ des Steines kalt. Und, wie es mit der Luft und dem Licht ⟨der Fall⟩ ist: Alles, was du in der Luft siehst, das siehst du in der Sonne. Aber, weil sie beide ⟨= Luft und Licht⟩ stofflich sind, so ist in einer ⟨*ganzen*⟩ Meile mehr Licht als in einer *halben* und in einer halben mehr als in einem

huis. Daz nehiste glichnisse, daz man vindin kan, daz ist lip vnd sele: di sint also foreinit, daz der lip inmac nicht gewirkin on di sele vnd di sele nicht on den lip; vnd alse sich di sele heldit zu dem libe, also heldit sich got zu der sele, vnd alse sich di sele scheidit fon deme libe, daz ist des libis tot. also stirbit di sele, so sich got fon ir scheidit.

Dru hindirnisse sint, daz di sele nicht foreinit sich mit gode. Daz erste: daz si zu file geteilit ist, daz si nicht einualdic inist; wan alse di sele genegit ist zu den creaturen, so inist si nicht einualdic. daz andere: daz si mit zitlichin dingin foreinit ist. Daz dritte: daz si neigunge hait zu dem libe, so inmac si sich mit gode nicht foreinen.

Also sint drů fordirnisse zu der einunge godis in der sele. Daz eine: daz di sele einualdic si vnd vngeteilit; wan sal si mit gode foreinit sin, so muiz si einualdic sin, alse got einualdic ist. Daz andir: daz si pobin ir selbir wone vnd pobin allin forgenclichin dingin vnd hafte an gode. Daz dritte: daz si gescheidin si fon allin liplichin dingin vnd wirke noch der erstin lutirkeit. *Augustinus* sprichit fon der frien sele: wan du *mich* nicht inwilt, so wil ich dich; wan ich dich wil, so inwilt du mich nicht. wan ich dich iage, so fluis du mich. In der widerwende laufint einen lauf di luterin geiste zu der blozheit godis.

Hause. Der treffendste Vergleich ⟨aber⟩, den man finden ⟨= ausdenken⟩ kann, das ist ⟨der von⟩ Leib und Seele: die sind *so* ⟨miteinander⟩ vereint, daß der Leib nicht wirken kann ohne die Seele und die Seele nicht ohne den Leib; und so wie die Seele sich zum Leibe verhält, so verhält sich Gott zu der Seele, und wenn sich die Seele vom Leibe trennt, dann ist das des Leibes Tod. Ebenso stirbt die Seele, wenn Gott von ihr scheidet.

Drei *Hindernisse* bewirken, daß die Seele sich nicht mit Gott vereint. Das erste: daß sie zuviel zersplittert ist, so daß sie nicht einfaltig ist; denn, wenn die Seele den Kreaturen zugeneigt ist, so ist sie nicht einfaltig. Das zweite ⟨Hindernis⟩: daß sie mit zeitlichen Dingen vereint ⟨= verbunden, vermengt⟩ ist. Das dritte: wenn sie dem *Leibe* zugeneigt ⟨zugekehrt⟩ ist, so kann sie sich nicht mit *Gott* vereinen.

Hinwiederum gibt es drei *Begünstigungen* für die Vereinung Gottes mit der Seele. Die eine: daß die Seele einfaltig sei und ungeteilt ⟨= unzersplittert⟩; denn, soll sie mit Gott vereint sein, so muß sie einfaltig sein, wie Gott einfaltig ist. Die zweite: daß sie oberhalb ihrer selbst weile und oberhalb aller vergänglichen Dinge und an Gott hafte. Die dritte: daß sie von allen körperlichen ⟨= stofflichen⟩ Dingen geschieden sei und nach der ersten Lauterkeit ⟨= ihrem göttlichen Urgrunde⟩ wirke. Augustinus sagt über die freie Seele: Wenn du *mich* nicht willst, so will ich *dich*; wenn ich *dich* will, so willst du *mich* nicht. Wenn ich *dich* jage, so fliehst du *mich*. Die lauteren Geister laufen in der Wiederkehr einen ⟨und denselben⟩ Lauf hin zu der Reinheit Gottes.

⟨PREDIGT 86⟩

Intravit Iesus in quoddam castellum etc.

Sant *Lukas* schrîbet in dem êwangeliô, daz unser herre Jêsus Kristus gienc in ein kleinez stetlîn; dâ enpfienc in ein vrouwe, hiez Marthâ; diu hâte eine swester, hiez Marîâ; diu saz ze den vüezen unsers herren und hôrte sîniu wort; aber Marthâ gienc umbe und dienete dem lieben Kristô.

Driu dinc tâten Marîen sitzen bî den vüezen Kristî. Daz eine was, daz diu güete gotes umbegriffen hâte ir sêle. Daz ander was unsprechelîchiu begirde: si begerte, si enwiste wes, und wolte, si enwiste waz. Daz dritte was süezer trôst und lust, den si schepfete ûz den êwigen worten, diu dâ runnen durch den munt Kristî.

Marthen zugen ouch driu dinc, diu sie tâten umbegân und dienen dem lieben Kristô. Daz eine was ein hêrlich alter und ein wol geüebeter grunt ûf daz allernæhste; dâ von dûhte sie, daz niemanne daz werk als wol ze tuonne wære als ir. Daz ander was ein wîsiu verstantnisse, diu daz ûzer werk wol gerihten kunde in daz allernæhste, daz minne gebiutet. Daz dritte was grôziu wirdicheit des lieben gastes.

Die *meister* sprechent, daz got einem ieglîchen menschen bereit sî nâch redelîcher genüegede und nâch sinnelîcher ûf daz hœhste, des er begert. Daz uns got genuoc sî nâch redelicheit und daz er uns ouch genuoc sî nâch sinnelicheit, daz hât underscheit an den lieben vriunden gotes. Genuoc sîn nâch sinnelicheit, daz ist, daz uns got gibet trôst, lust und genüegede; und hie inne verwenet sîn, daz gât abe den lieben vriunden gotes nâch den nidern sinnen. Aber redelîchiu genüegede, daz ist nâch dem geiste. Ich spriche dem redelîche

PREDIGT 86

Intravit Iesus in quoddam castellum etc. 〈*vgl. Luc. 10,38-40*〉.

Sankt Lukas schreibt im Evangelium, daß unser Herr Jesus Christus in ein kleines Städtlein ging; dort nahm ihn eine Frau auf, die hieß Martha; die hatte eine Schwester, die hieß Maria; die saß zu den Füßen unseres Herrn und hörte auf seine Worte; Martha aber ging umher und diente dem lieben Christus.

Drei Dinge ließen Maria zu den Füßen Christi sitzen. Das eine war 〈dies〉, daß die Güte Gottes ihre Seele umfangen hatte. Das zweite war ein unaussprechliches Verlangen: sie sehnte sich und wußte nicht, wonach, und wünschte, ohne zu wissen, was. Das dritte war der süße Trost und die Beglückung, die sie aus den ewigen Worten schöpfte, die da aus dem Munde Christi rannen.

Auch Martha trieben drei Dinge, die sie umhergehen und dem lieben Christus dienen ließen. Das eine war ein gereiftes Alter und ein bis ins Alleräußerste durchgeübter 〈Seins-〉Grund; deshalb dünkte sie, daß niemandem das Tätigsein so gut anstünde wie ihr. Das zweite war eine weise Besonnenheit, die das äußere Werk recht auszurichten wußte auf das Allerhöchste, das die Liebe gebietet. Das dritte war die hohe Würde des lieben Gastes.

Die Meister sagen, daß Gott einem jeglichen Menschen bereit stehe für sein geistiges wie für sein sinnliches Genügen bis ins Letzte, wonach er begehrt. Daß Gott uns in geistigem Bezug genugtue und daß er uns auch unserer Sinnennatur nach genugtue, das kann man an den lieben Freunden Gottes 〈deutlich〉 unterscheiden. Der Sinnennatur genugtun, das heißt, daß uns Gott Trost gibt, Beglückung und Befriedigung; und darin verzärtelt zu sein, das geht den lieben Freunden Gottes ab im Bereich der niederen Sinne. *Vernunftgemäßes* Genügen aber, das ist 〈Genügen〉 im Geiste. Ich spreche dann von geistigem Genügen, wenn durch alle

genüegede, daz von allem luste daz oberste wipfelîn der sêle niht enwirt geneiget her abe, daz ez niht ertrinke in dem luste, ez enstande gewalticlîche ûf im. Danne ist er in redelîcher genüegede, sô liep und leit der crêatûre daz oberste wipfelîn niht geneigen enmac her abe. ›Crêatûre‹ heize ich allez, daz man enpfindet und sihet under got.

Nû sprichet Marthâ: ›herre, heiz, daz si mir helfe‹. Diz ensprach Marthâ niht von hazze, mêr: si sprach ez von einem minnegunste, von dem wart si betwungen. Wir suln im sprechen einen minnegunst oder einen minneschimpf. Als wie? Daz merket! Si sach, daz Marîâ umbegriffen was mit luste nâch aller ir sêle genüegede. Marthâ bekante baz Marîen dan Marîâ Marthen, wan si lange und wol gelebet hâte; wan leben gibet daz edelste bekennen. Leben bekennet baz dan lust oder lieht allez, daz man in disem lîbe under gote enpfâhen mac, und etlîche wîs bekennet leben lûterer, dan êwic lieht gegeben müge. Êwic lieht gibet ze erkennenne sich selber únd got, aber niht sich selber âne got; aber leben gibet ze erkennenne sich selber âne got. Dâ ez sich selber aleine sihet, dâ merket ez baz daz, waz glîch oder unglîch ist. Daz bewîset sant Paulus und ouch die heidenischen meister. Sant Paulus sach in sînem zucke got únd sich selber nâch geistes wîse in gote, und enwas doch niht bildelîche wîs in im eine ieglîche tugent erkennende an daz næhste; und daz was dâ von, daz er sie an werken niht geüebet enhâte. Die meister kâmen mit üebunge der tugende in sô hôch bekantnisse, daz sie eine ieglîche tugent bildelîche nâher bekanten dan Paulus oder dehein heilige in sînem êrsten zucke.

Alsô stuont ouch Marthâ. Dâ von sprach si: ›herre, heiz,

Beglückung der oberste Wipfel der Seele nicht herabgebeugt wird, so daß er nicht ertrinkt im Wohlgefühl, vielmehr machtvoll darüber steht. Dann ⟨nur⟩ befindet sich der Mensch in geistigem Genügen, wenn Lieb und Leid der Kreatur den obersten Wipfel ⟨der Seele⟩ nicht herabzubeugen vermögen. »Kreatur« aber nenne ich alles, was man unterhalb Gottes wahrnimmt und sieht.

Nun sagt Martha: ›Herr, heiß ⟨sie⟩, daß sie mir helfe‹. Dies sprach Martha nicht aus Unwillen; sie sprach es vielmehr aus liebendem Wohlwollen, durch das sie gedrängt wurde. Wir müssen's ⟨nun wohl⟩ liebendes Wohlwollen oder eine liebenswürdige Neckerei nennen. Wieso? Gebt acht! Sie sah, daß Maria in Wohlgefühl schwelgte zu ihrer Seele ⟨vollem⟩ Genügen. Martha kannte Maria besser als Maria Martha, denn *sie* hatte ⟨schon⟩ lange und *recht gelebt*; denn das Leben gibt das edelste Erkennen. Das *Leben* erkennt besser als Lust oder Licht ⟨es vermögen⟩, alles, was man in diesem Leben unterhalb Gottes ⟨= abgesehen von Gott⟩ erlangen kann, und in gewisser Weise reiner, als es das Licht der Ewigkeit zu verleihen vermag. Das Licht der Ewigkeit ⟨nämlich⟩ läßt uns immer ⟨nur⟩ uns selbst *und* Gott erkennen, nicht aber uns selbst *ohne* Gott; das *Leben* aber gibt uns selbst zu erkennen *ohne* Gott ⟨= unter Absehung von Gott⟩. Wo es ⟨= das Leben⟩ nur *sich selbst* im Blick hat, da nimmt es den Unterschied von Gleich und Ungleich schärfer wahr. Das bezeugen Sankt Paulus ⟨einerseits⟩ und anderseits die heidnischen Meister: Sankt Paulus schaute in seiner Verzückung Gott *und* sich selber in Gott in ⟨rein⟩ geistiger ⟨Erkenntnis-⟩Weise; und doch erkannte er in ihm ⟨= in Gott⟩ nicht eine jegliche Tugend in bildhafter Anschauung aufs genaueste; und das kam daher, weil er sie ⟨vor seiner Bekehrung⟩ nicht in Werken geübt hatte. Die ⟨heidnischen⟩ Meister ⟨hingegen⟩ gelangten durch Übung der Tugenden zu so hoher Erkenntnis, daß sie eine jegliche Tugend anschaulich genauer erkannten als Paulus oder irgendein Heiliger in seiner ersten Verzückung.

Ganz so stand es mit Martha. Deshalb sagte sie: ›Herr,

daz si mir helfe‹, als ob si spræche: ›mîne swester dunket, si vermüge, swaz si welle, die wîle si bî dir in dem trôste sitzet. Nû lâz sie schouwen, ob ez alsô sî, und heiz sie ûfstân und von dir gân‹. Daz ander was ein lieplich minnen, wan daz si ez spræche ûz dem sinne. Marîâ was sô vol girde: si gerte, si enwiste wes, und wolte, si enwiste waz. Wir hân sie arcwænic, die lieben Marîen, si sæze etwenne mê durch lust dan durch redelîchen nutz. Dâ von sprach Marthâ: ›herre, heiz sie ûfstân‹, wan si vorhte, daz si blibe in dem luste und niht vürbaz enkæme. Dô antwurte ir *Kristus* und sprach: ›Marthâ, Marthâ, dû bist sorcsam, dû wirst betrüebet umbe vil. Des einen ist nôt. Marîâ hât den besten teil erwelt, der ir niemer enmac benomen werden‹. Diz wort ensprach Kristus niht ze Marthen in einer strâfenden wîse, mêr: er antwurte ir und gap ir trôst, daz Marîâ werden sölte als si begerte.

Warumbe sprach *Kristus*: ›Marthâ, Marthâ‹ und nante sie zwirunt? *Isidôrus* sprichet: ez ist âne zwîvel, daz got vor der zît, daz er mensche wart und nâch der zît, daz er mensche wart, nie mensche genante mit namen, daz ir dehein ie verlorn würde. Die er niht ennante mit namen, umbe die stât ez in zwîvel. ›Nennen-Kristî‹ heize ich sîn êwigez wizzen, unbetrogenlîche stân êwiclîche vor geschepfede aller crêatûren in dem lebenden buoche ›vater-sun-und-heilic-geist‹. Swaz dar inne genennet was und Kristus den namen mit worten her ûz sprach, der menschen enwart keinez nie verlorn. Daz bewîset Moyses, ze dem got selber sprach: ›ich

heiß ⟨sie⟩, daß sie mir helfe‹, als hätte sie sagen wollen: »Meiner Schwester dünkt's, sie *könne* ⟨auch schon⟩, was sie ⟨nur⟩ *wolle*, solange sie ⟨nur⟩ bei dir unter deinem Troste sitze. Laß sie nun erkennen, ob dem so sei, und heiß sie aufstehen und von dir gehen!« Zum andern war's zärtliche Liebe, wenngleich sie's nicht in diesem Sinne ⟨= abseits vom eigentlich gemeinten Sinne⟩ ausdrückte. Maria war so erfüllt von Verlangen, sie sehnte sich, ohne zu wissen, wonach, und wünschte, ohne zu wissen, was. Wir haben sie im Verdacht, die liebe Maria, daß sie irgendwie mehr um des wohligen Gefühls als um des geistigen Gewinns willen dagesessen habe. Deshalb sprach Martha: ›Herr, heiß sie aufstehen‹, denn sie fürchtete, daß sie ⟨= Maria⟩ in diesem Wohlgefühl stecken bliebe und nicht weiterkäme ⟨= nicht gediehe zu *tätigem* Wirken⟩. Da antwortete ihr Christus und sprach: ›Martha, Martha, du bist sorgsam, du kümmerst dich um vieles. Eines ist not! Maria hat den besten Teil erwählt, der ihr nimmermehr genommen werden kann‹ ⟨Luk. 10,41/42⟩. Dieses Wort sprach Christus zu Martha nicht in tadelnder Weise; vielmehr gab er ihr ⟨lediglich⟩ einen Bescheid und gab ihr die Vertröstung, daß Maria ⟨noch⟩ werden würde, wie sie's wünschte.

Warum ⟨aber⟩ sprach Christus: ›Martha, Martha‹ und nannte sie zweimal ⟨beim Namen⟩? Isidorus sagt: Es duldet keinen Zweifel, daß Gott vor der Zeit, da er Mensch ward, und nach der Zeit, da er Mensch ward, niemals Menschen mit Namen benannt hat, von denen irgendeiner je verlorengegangen wäre. Um diejenigen aber, die er nicht mit Namen benannte, steht es zweifelhaft. Als das »Beim-Namen-Nennen Christi« bezeichne ich sein ewiges Wissen: das untrüglich vor der Schöpfung aller Kreaturen von Ewigkeit her im »lebendigen Buche Vater-Sohn-und-Heiliger-Geist ⟨Verzeichnet-⟩Stehen«. Was mit Namen darin benannt war und wenn Christus einen solchen Namen ausdrücklich ⟨= wörtlich⟩ ausgesprochen hat, so ist von solchen Menschen keiner je verlorengegangen. Das bezeugt Moses, zu dem Gott selber sprach: ›Ich habe dich an ⟨deinem⟩

hân dich mit namen erkant‹, und Nathanaêl, ze dem der liebe *Kristus* sprach: ›ich bekante dich, dô dû læge under den bletern des vîcboumes‹. Der vîcboum bezeichent got, in dem sîn name êwiclîche geschriben was. Und alsô ist bewîset, wie der menschen keiner noch niemer enwart noch enwirt verlorn, den der liebe Kristus durch menschlîchen munt ûz dem êwigen worte ie genante.

Wâ von nante er Marthen zwirunt? Er meinte, allez, daz zîtlîches und êwiges guotes wære und daz crêatûre besitzen sölte, daz daz Marthâ zemâle hâte. An dem êrsten, dô er sprach Marthâ, dô bewîsete er ir volkomenheit zîtlîcher werke. Ze dem andern mâle, dô er sprach Marthâ, dô bewîsete er, allez, daz dâ hœret ze êwiger sælde, daz ir des niht enbræste. Dâ von sprach er: ›dû bist sorcsam‹, und meinte: dû stâst bî den dingen, und diu dinc enstânt niht in dir; und die stânt mit sorgen, die âne hindernisse stânt in allem irm gewerbe. Die stânt âne hindernisse, die alliu iriu werk rihtent ordenlîche nâch dem bilde des êwigen liehtes; und die liute stânt bî den dingen und niht ín den dingen. Sie stânt vil nâhe und enhânt es niht minner, dan ob sie stüenden dort oben an dem umberinge der êwicheit. ›Vil nâhe‹, spriche ich, wan alle crêatûren die mitteInt. Mittel ist zwîvalt. Einez ist, âne daz ich in got niht komen enmac: daz ist werk und gewerbe in der zît, und daz enminnert niht êwige sælde. Werk ist, sô man sich üebet von ûzen an werken der tugende; aber gewerbe ist, sô man sich mit redelîcher bescheidenheit üebet von innen. Daz ander mittel daz ist: blôz sîn des selben. Wan dar umbe

Namen erkannt‹ ⟨2 Mos. 33,12⟩, und Nathanael, zu dem der liebe Christus sprach: ›Ich erkannte dich, als du unter den Blättern des Feigenbaumes lagst‹ ⟨Joh. 1,50⟩. Der Feigenbaum bedeutet Gott, in dem sein ⟨= des Nathanael⟩ Name von Ewigkeit her geschrieben stand. Und so ⟨denn⟩ ist erwiesen, daß der Menschen noch keiner je verlorenging noch verlorengehen wird, den der liebe Christus je mit seinem menschlichen Mund aus dem ewigen Worte ⟨d. h. aus dem »Buche des ewigen Lebens« = aus sich selbst⟩ mit Namen benannte.

Warum aber nannte er Martha *zweimal*? Er deutete damit an, daß Martha alles, was es an zeitlichem und ewigem Gut gäbe und eine Kreatur besitzen sollte, vollends besaß. Beim ersten Mal, als er ›Martha‹ sagte, bedeutete er ⟨damit⟩ ihre Vollkommenheit in zeitlichem Wirken. Als er zum zweiten Male ›Martha‹ sagte, bedeutete er ⟨damit⟩, daß ihr ⟨auch⟩ nichts von alledem, was zur ewigen Seligkeit nötig ist, mangelte. Daher sprach er: ›Du bist sorgsam‹ ⟨= umsichtig tätig⟩ und meinte ⟨damit⟩: Du stehst *bei* den Dingen, nicht aber stehen die Dinge *in dir*. Die aber stehen besorgt ⟨= in *rechter* Sorge⟩, die in allem ihrem Tun ⟨= Tätigsein⟩ *unbehindert* stehen. Unbehindert ⟨aber⟩ stehen *die*, die alle ihre Werke ordnungsgemäß nach dem Vorbild des ewigen Lichtes ausrichten; und diese Leute stehen *bei* den Dingen und nicht *in* den Dingen. Sie stehen ganz nahe ⟨*bei* den Dingen⟩ und haben ⟨doch⟩ deswegen ⟨= wegen des Dicht-bei-den-Dingen-Stehens⟩ nicht weniger, als wenn sie dort oben am »Umkreis der Ewigkeit« stünden. »Ganz nahe«, sage ich, denn alle Kreaturen ⟨, ob man *bei* oder *in* ihnen steht,⟩ »mitteln« ⟨= sind ein »Dazwischen«, ein »Trennendes«⟩. Es gibt zweierlei »Mittel«. Das eine ist jenes, ohne das ich nicht in Gott zu gelangen vermag: das ist Werk und Wirken in der Zeitlichkeit, und das mindert die ewige Seligkeit *nicht*. Ein *Werk* ist es, wenn man sich übt von *außen* in Werken der Tugenden; ein *Wirken* ⟨= besonnenes Wirken⟩ hingegen ist es, wenn man sich mit verständnisvoller Umsicht von innen her übt. Das andere »Mittel« ist ⟨dies⟩:

sîn wir gesetzet in die zît, daz wir von zîtlîchem vernünftigen gewerbe gote næher und glîcher werden. Daz meinte ouch sant *Paulus*, dô er sprach: ›lœset die zît, die tage sint übel‹. ›Die zît lœsen‹ ist, daz man âne underlâz mit vernünfticheit ûfgâ in got, niht nâch bildelîcher underscheidenheit, mêr: mit vernünftiger lebelîcher wârheit. Und dâ ›sint die tage übel‹, daz verstât alsô: tac bewîset naht. Enwære kein naht, sô enwære und hieze ez ouch niht tac, wan ez wære allez éin lieht; und daz meinte Paulus, wan ein liehtez leben ist alze kleine, bî dem noch iht vinsternisse gesîn mac, daz einen hêrlîchen geist bewîlet und beschatewet êwiger sælde. Daz meinte ouch *Kristus*, dô er sprach: ›gât, die wîle ir daz lieht hât‹; wan, swer dâ würket in dem liehte, der gât ûf in got, vrî und blôz alles mittels: sîn lieht ist sîn gewerbe, und sîn gewerbe ist sîn lieht.

Alsô stuont diu liebe Marthâ. Dâ von sprach er ze ir: ›des einen ist nôt‹, niht zwei. Ich und dû, einstunt umbevangen mit êwigem liehte, ist einez, und zwei-einez ist ein brinnender geist, der dâ stât ob allen dingen und under gote an dem umberinge der êwicheit. Der ist zwei, wan er âne mittel got niht ensihet. Sîn bekennen und sîn wesen oder sîn bekennen und ouch des bekantnisses bilde diu enwerdent niemer ein. Sie ensehent got, wan, dâ wirt got geistic gesehen, vrî von allen bilden. Einez wirt zwei, zwei *ist* ein; lieht und geist, diu zwei ist éin in dem umbevange êwiges liehtes.

Nû merke, waz umberinc sî der êwicheit. Diu sêle hât drî wege in got. Der eine ist: mit manicvaltigem gewerbe, mit brinnender minne in allen crêatûren got suochen. Daz meinte der künic *Salomôn*, dô er sprach: ›in allen dingen hân ich ruowe gesuochet‹.

uns von jenem ⟨ersteren Mittel⟩ frei zu machen. Denn dazu sind wir in die Zeit gestellt, daß wir durch vernunfterhelltes Wirken in der Zeit *Gott* näher kommen und ähnlicher werden ⟨d. h. uns von jeglicher Bindung an die und auch von der Nähe zu den Kreaturen lösen⟩. Das meinte auch Sankt Paulus, als er sprach: ›Überwindet die Zeit, die Tage sind übel‹ ⟨Ephes. 5,16⟩. »Die Zeit überwinden« heißt, daß man ohne Unterlaß in der Vernunft aufsteige in Gott, ⟨und zwar⟩ nicht in Unterschiedlichkeit »bildhafter« Vorstellungen, sondern in vernunftgemäßer, lebensvoller Wahrheit. Und ›die Tage sind übel‹, das verstehet so: Tag weist auf Nacht hin. Gäbe es keine Nacht, so gäbe es ⟨auch⟩ keinen Tag und redete man auch nicht von ihm, denn ⟨dann⟩ wäre alles ⟨nur⟩ *ein* Licht; und darauf eben zielte Paulus ab, denn ein *lichtes* Leben ist gar zu geringwertig, bei dem es noch irgendwie Dunkelheit geben kann, die einem hehren Geist die ewige Seligkeit verschleiert und verschattet. Das meinte auch Christus, als er sprach: ›Gehet ⟨voran⟩, solange ihr das Licht habt‹ ⟨Joh. 12,35⟩. Denn wer da wirkt im ⟨vollen⟩ Licht, der steigt hinauf zu Gott, frei und bloß von allem Vermittelnden: sein *Licht* ist sein Wirken, und sein Wirken ist sein *Licht*.

Ganz so stand es mit der lieben Martha. Daher sprach er zu ihr: ›*Eines* ist not‹, nicht Zwei. Ich und du, ⟨nur⟩ *einmal* umfangen vom ewigen Licht – das ist *Eines*, und ⟨dieses⟩ Zwei-Eine ist ein brennender Geist, der da *über* allen *Dingen* und ⟨doch noch⟩ *unter Gott* am »Umkreis der Ewigkeit« steht. *Der* ist *Zwei*, weil er Gott nicht *ohne* Vermittelndes sieht. *Sein* Erkennen und *sein* Sein oder sein Erkennen und das Erkenntnisbild, die werden ⟨bei ihm⟩ niemals zu *Einem*. Nur da *sieht* man Gott, wo Gott *geistig* gesehen wird, gänzlich bildlos ⟨= frei von allen Bildvorstellungen⟩. ⟨Da⟩ wird Eins Zwei, Zwei *ist* Eins; Licht und Geist, die Zwei sind *Eins* im Umfangensein vom ewigen Licht.

Nun gib acht, was der »Umkreis der Ewigkeit« sei. Die Seele hat *drei* Wege zu Gott. Der *eine* ist dies: mit mannigfaltigem Wirken mit brennender Liebe *in allen Kreaturen* Gott zu suchen. *Den* meinte der König Salomon, als er sprach: ›In allen Dingen habe ich Ruhe gesucht‹ ⟨Jes. Sir. 24,11⟩.

Der ander wec ist wec âne wec, vrî und doch gebunden, erhaben und gezucket vil nâhe über sich und alliu dinc âne willen und âne bilde, swie aleine ez doch weselîche niht enstâ. Daz meinte *Kristus*, dô er sprach: ›sælic bist dû, Pêter! Vleisch und bluot enliuhtent dir niht‹, mêr: ›in-die-vernunft-erhaben-sîn‹, in dem dû mir sprichest ›got‹: ›mîn himelscher vater hât ez dir geoffenbâret‹. Sant Pêter ensach got niht blôz; er was wol über alle geschaffene redelicheit mit des himelschen vaters kraft gerucket an den umberinc der êwicheit. Ich spriche, daz er was begriffen von dem himelschen vater in einem lieplîchen umbevange mit stürmiger kraft, unwizzende in einem ûfkapfenden geiste, der entzücket ist über alle redelicheit in des himelschen vaters vermügenheit. Dâ wart sant Pêtrô îngesprochen von obenân nider mit einem süezen geschaffenen dône, blôz doch alles lîplîchen gebrûchennes, in einvaltiger wârheit gotes und menschen einicheit in der persône des himelschen vater-sunes. Ich spriche getürsticlîche: hæte sant Pêter got âne mittel gesehen in natûre, als er dar nâch tete und als Paulus, dô er in den dritten himel gezucket wart, im wære des obersten engels gespræche alze grop gewesen. Sus sprach er manicvaltigiu lieplîchiu wort, der der liebe Jêsus niht enhæte bedorft, wan er sihet in herzen und in geistes grunt, dâ er âne allez mittel stât vor gote in vrîheit wârer iresheit. Daz meinte sant Paul, dô er sprach: ›ez wart ein mensche gezucket in got und hôrte heimlîchiu wort, diu unsprechelich sint allen menschen‹. Dâ bî verstât, daz sant Pêter stuont an dem umberinge der êwicheit und niht in einicheit got sehende in sînesheit.

Der dritte wec heizet wec und ist doch heime, daz ist: got sehen âne mittel in sînesheit. Nû sprichet der liebe *Kristus*: ›ich bin der wec und diu wârheit und daz leben‹, ein Kristus

Der zweite Weg ist ein wegloser Weg, frei und doch gebunden, wo man willen- und bildlos über sich und alle Dinge weithin erhaben und entrückt ist, wiewohl es doch noch keinen wesenhaften Bestand hat. *Den* ⟨Weg⟩ meinte Christus, als er sprach: ›Selig bist du, Petrus! Fleisch und Blut erleuchten dich nicht‹, sondern ein »Erhobensein-in-die-Vernunft«, wenn du »Gott« zu mir sagst: ›mein himmlischer Vater ⟨vielmehr⟩ hat es dir geoffenbart‹ ⟨Matth. 16,17⟩. ⟨Auch⟩ Sankt Peter hat Gott nicht *unverhüllt* geschaut; wohl war er über alle geschaffene Fassungskraft hinaus durch des himmlischen Vaters Kraft bis an den »Umkreis der Ewigkeit« entrückt. Ich sage: Er ward vom himmlischen Vater in liebevollem Umfangen mit stürmischer Kraft unwissend ⟨= ohne Bewußtsein⟩ ergriffen in einem hinaufstarrenden Geiste, der über alle Fassungskraft emporgerissen ist in des himmlischen Vaters Macht. Dort ward von oben Sankt Peter eingesprochen mit einem süßen geschöpflichen ⟨= irdischen⟩ Ton, jedoch frei von allem sinnlichen Genießen, in der einfaltigen Wahrheit der Einheit des Gott-Menschen in der Person des himmlischen »Vater-Sohnes«. Ich sage kühnlich: Hätte Sankt Peter Gott *unvermittelt* in seiner Natur geschaut, wie er es späterhin tat und wie Paulus, als er in den dritten Himmel verzückt ward, ihm wäre die Sprache selbst des obersten Engels allzu grob erschienen. So aber redete er *mancherlei* süße Worte, deren der liebe Jesus nicht bedurft hätte, denn *er* schaut in des Herzens und in des Geistes Grund, er, der da ganz *unmittelbar* vor Gott ⟨= dem Vater⟩ steht in der Freiheit der wahren »Ihrheit«. Dies meinte Sankt Paul, als er sprach: ›Es ward ein Mensch in Gott verzückt und vernahm geheimnisvolle Worte, die allen Menschen unaussprechlich sind‹ ⟨2 Kor. 12,3/4⟩. Daraus mögt ihr erkennen, daß Sankt Peter ⟨erst⟩ am »Umkreis der Ewigkeit« stand und ⟨noch⟩ nicht in der Einheit Gott schauend in der »Seinheit« ⟨= in Gottes eigenem Sein⟩.

Der dritte Weg heißt ⟨zwar⟩ »Weg« und ist doch ein »Zuhause-Sein«, das ist: Gott zu schauen, unvermittelt in seinem eigenen Sein. Nun spricht der liebe Christus: ›Ich bin

ein persône, ein Kristus ein vater, ein Kristus ein geist, driu ein, driu ›wec, wârheit und leben‹, ein der liebe Kristus, in dem ez allez ist. Ûzerhalp disem wege umberingent und vermittelnt alle crêatûren. In got in disem wege geleitet mit sînes wortes liehte und umbevangen mit ir beider geistes minne: daz ist über allez, daz man geworten mac.

Nû lose wunder! Welch wunderlich stân ûze und innen, begrîfen und umbegriffen werden, sehen und sîn diu gesiht, enthalten und enthalten werden: daz ist daz ende, dâ der geist blîbet mit ruowe in einicheit der lieben êwicheit.

Nû kêren wider ze unser rede, wie diu liebe Marthâ und mit ir alle gotes vriunde stânt mít der sorge, niht ín der sorge, und dâ ist daz zîtlich werk als edel als dehein vüegen in got; wan ez vüeget als nâhe als daz oberste, daz uns werden mac, âne aleine got sehen in blôzer natûre. Dâ von sprichet er: ›dû stâst bî den dingen und bî der sorge‹ und meinet, daz si was wol mit den nidern sinnen betrüebet und bekümbert, wan si niht alsô verwenet stuont in geistes süeze. Si stuont bî den dingen, niht in den dingen; si stuont sunder und ez sunder.

Driu dinc suln wir haben in unsern werken. Daz ist, daz man würke ordenlîche und redelîche und wizzentlîche. Dem spriche ich ordenlîche, daz in allen orten antwürtet dem næhsten. Sô spriche ich dem redelîche, daz man in dér zît niht bezzers enbekenne. Sô spriche ich dem wizzentlîche, daz man bevinde lebelîcher wârheit mit lustiger gegenwürticheit in guoten werken. Swâ disiu driu dinc sint, diu vüegent als nâhe

der Weg und die Wahrheit und das Leben‹ ⟨Joh. 14,6⟩, das heißt: *ein* Christus ⟨als⟩ eine Person, *ein* Kristus ⟨als⟩ ein Vater, *ein* Kristus ⟨als⟩ ein ⟨Heiliger⟩ Geist, ⟨also⟩ drei »Eine«, drei⟨mal⟩ ›Weg, Wahrheit und Leben‹, *ein* lieber Christus, in dem dies alles ist. *Außerhalb* dieses Weges bilden alle Kreaturen Umringung und ⟨trennendes⟩ »Mittel«. *Auf* diesem Wege ⟨aber⟩ in Gott⟨-Vater⟩ hineingeleitet vom Lichte seines »Wortes« und umfangen von der Liebe des »⟨Heiligen⟩ Geistes« ihrer beider: *das* geht über alles, was man in Worte fassen kann.

Lausche ⟨denn⟩ nun auf das Wunder! Welch wunderbares Stehen draußen wie drinnen, begreifen und umgriffen werden, schauen und ⟨zugleich⟩ das Geschaute selbst sein, halten und ⟨zugleich⟩ gehalten werden: das ist das Ziel, wo der Geist in Ruhe verharrt, der lieben Ewigkeit vereint.

Nun wollen wir zurückkehren zu unserer Ausführung, wie die liebe Martha und mit ihr alle Freunde Gottes *bei* der Sorge, nicht aber *in* der Sorge stehen. Und *dabei* ist Wirken in der Zeit ebenso adlig wie irgendwelches Sich-in-Gott-Versenken; denn es bringt uns ebenso nahe ⟨an Gott⟩ heran wie das Höchste, das uns zuteil werden kann, ausgenommen einzig das Schauen Gottes in ⟨seiner⟩ reinen Natur. Daher sagt er ⟨= Christus⟩: »Du stehst *bei* den Dingen und *bei* der Sorge« und meint damit, daß sie mit den *niederen* Sinnen sich wohl der Trübsal und der Kümmernis ⟨um die weltlichen Dinge⟩ aussetzte, denn sie war nicht ⟨wie Maria⟩ verzärtelt im Schmecklertum des Geistes. Sie stand *bei* den Dingen, nicht *in* den Dingen; sie stand ⟨von ihnen⟩ abgesondert, und sie ⟨= die Dinge⟩ standen von ihr gesondert.

Drei Dinge ⟨insbesondere⟩ sind in unseren Werken unerläßlich. Die sind: daß man wirke *ordentlich* und *einsichtsvoll* und *besonnen.* Das ⟨aber⟩ nenne ich »ordentlich«, was in allen Punkten dem Höchsten entspricht. Das aber nenne ich »einsichtsvoll«, über das hinaus man zur Zeit nichts Besseres kennt. Und »besonnen« schließlich nenne ich es, wenn man in guten Werken die lebensvolle Wahrheit mit ⟨ihrer⟩ beglückenden Gegenwart verspürt. Wo diese drei Dinge

und sint als nütze als aller der lust Marîen Magdalênen in der wüeste.

Nû sprichet *Kristus*: ›dû bist betrüebet umbe vil‹, niht umbe einez. Daz ist: sô si lûter einvaltic stât âne allen gewerp, hin ûf gerihtet an den umberinc der êwicheit, sô wirt si betrüebet, sô si von sache gemittelt wirt, daz si niht enmac stân mit luste dort oben. Der mensche wirt betrüebet in der sache, der dâ versinket und stât bî der sorge. Aber Marthâ stuont in hêrlîcher, wol gevestenter tugent und in einem vrîen gemüete, ungehindert von allen dingen. Dâ von begerte si, daz ir swester in daz selbe gesetzet würde, wan si sach, daz si niht weselîche stuont. Ez was ein hêrlîcher grunt, ûz dem si begerte, daz si stüende in allem dem, daz dâ gehœret ze êwiger sælde. Dâ von sprichet *Kristus*: ›eines ist nôt‹. Waz ist daz? Daz ist daz eine, daz ist got. Daz ist nôt allen crêatûren; wan, züge got daz sîne an sich, alle crêatûren würden ze nihte. Züge got daz sîne abe der sêle Kristî, dâ ir geist geeiniget ist an die êwige persône, Kristus blibe blôze crêatûre. Dâ von bedarf man des éinen wol. Marthâ vorhte, daz ir swester behaftete in dem luste und in der süeze, und begerte, daz si würde als si. Dâ von sprach Kristus, als ob er spræche: gehap dich wol, Marthâ, ›si hât den besten teil erwelt‹; diz sol ir abegân. Daz næhste, daz crêatûre werden mac, daz sol ir werden: si sol sælic werden als dû.

Nû nemet lêre der tugende. Tugenthaft leben hât drî puncte an willen. Daz eine ist: den willen ûfgeben in got, wan daz muoz sîn, daz man daz volbringe, daz man dâ bekennet,

⟨gegeben⟩ sind, da bringen sie ebenso nahe ⟨zu Gott⟩ und sind sie ebenso förderlich wie alle Wonne Maria Magdalenas in der Wüste ⟨= in ihrer selbstgewählten öden Einsiedelei⟩.

Nun sagt Christus: ›Du bist betrübt um *vieles*, nicht um Eines‹. Das will besagen: Wenn eine Seele lauter einfaltig *ohne* alles Wirken hinaufgerichtet am »Umkreis der Ewigkeit« steht, dann wird sie ›betrübt‹, wenn sie durch ein Etwas als durch ein ⟨trennendes⟩ »Mittel« behindert wird, so daß sie nicht mit ⟨reiner⟩ Lust dort oben zu stehen vermag. Ein solcher Mensch wird ⟨dann⟩ durch dieses Etwas ›betrübt‹, wenn er versinkt ⟨in der⟩ und steht *bei* der Sorge. Martha aber stand in gereifter, wohlgefestigter Tugend und in einem freien ⟨= unbekümmerten⟩ Gemüt, ungehindert von allen Dingen. Daher wünschte sie, daß ihre Schwester in den gleichen Stand gesetzt würde, denn sie sah, daß jene noch nicht *wesentlich* dastand. Es war ein gereifter ⟨Seelen-⟩Grund, aus dem sie wünschte, daß auch jene ⟨= Maria⟩ in alledem ⟨gefestigt⟩ stünde, was zur ewigen Seligkeit gehört. Deshalb sagt Christus: ›*Eines* ist not‹. Was ist das ⟨was not tut⟩? Es ist das *Eine*, ⟨und⟩ das ist Gott. Dies eine tut allen Kreaturen not, denn, zöge Gott das Seine an sich ⟨= überließe Gott die Kreaturen sich selbst⟩, alle Kreaturen würden zu nichts. Entzöge Gott das Seine der Seele Christi ⟨dort⟩, wo ihr Geist mit der ewigen Person vereint ist, so bliebe Christus bloße ⟨menschliche⟩ Kreatur. Darum bedarf man jenes *Einen* ⟨sehr⟩ wohl. Martha fürchtete, daß ihre Schwester im Wohlgefühl und in der Süße stecken bliebe, und wünschte, daß sie würde wie sie ⟨selbst⟩. Darum erklärte Christus, als wolle er sagen: »Sei beruhigt, Martha, ⟨auch⟩ ›sie hat den besten Teil erwählt‹. Dies hier ⟨= dieses jetzige Verhalten⟩ wird sich bei ihr verlieren. Das Höchste, das einer Kreatur zuteil werden kann, das wird ihr zuteil werden: sie wird selig werden wie du«.

Nun laßt euch belehren über die Tugenden! Tugendhaftes Leben hängt an *drei* Punkten, die den Willen betreffen. Das eine ist dies: den Willen aufzugeben in Gott, denn es ist unerläßlich, daß man voll und ganz ausführe, was man *dann*

ez sî danne abelegen oder zuonemen. Ez ist drîerleie wille. Der eine ist ein sinnelîcher wille, der ander ist ein redelîcher wille, der dritte ein êwiger wille. Der sinnelîche wille gebiutet lêre, daz man hœre wâre lêræere. Der redelîche wille daz ist, daz man die vüeze setze in alliu diu werk Jêsû Kristî und der heiligen, daz ist, daz man glîche schicke wort, wandel und gewerp, an daz næhste geordent. Sô diz allez volbrâht wirt, sô gibet got ein anderz in der sêle grunt, daz ist: ein êwiger wille mit lieplîchem gebote des heiligen geistes. Danne sprichet diu sêle: ›herre, sprich in mich, daz dîn êwiger wille sî‹. Sô si alsus genuoc ist dem, als wir hie vor gesprochen hân, gevellet ez danne gote wol, sô sprichet der liebe vater sîn êwigez wort in die sêle.

Nû sprechent unser guoten liute, man sül alsô volkomen werden, daz uns kein liep bewegen müge und daz man unberüerlich sî von liebe und von leide. Sie tuont im unrehte. Ich spriche, daz heilige sô grôz nie enwart, er enmöhte beweget werden. Sô spriche ich ouch dâ wider: daz wirt heiligen wol in disem lîbe, daz in nihtes niht her abe von gote gewegen mac. Ir wænet, alle die wîle wort wegen mügen in liep und in leit, sô sît ir unvolkomen. Des enist niht. Kristus enhâte sîn niht; daz bewîsete er, dô er sprach: ›mîn sêle ist trûric biz ûf den tôt‹. Kristô tâten wort als wê, und wære aller crêatûren wê gevallen ûf éine crêatûre, daz enwære als grôz niht gewesen, als Kristô wê was; und daz was von adel sîner natûre und von der heiligen vereinunge götlîcher und menschlîcher natûre. Dâ von spriche ich, daz heilige nie enwart noch niemer erkriegen enmac, pîne entuo im wê und liep entuo im wol. Daz beschihet etwenne von liebe und minne und von gnâde: der kæme und spræche, er wære ein

erkennt, sei's im Ablegen ⟨vom Bösen⟩ oder in Aufnehmen ⟨von Gutem⟩. Es gibt nun dreierlei Willen. Der eine ist ein »sinnenhafter« Wille, der zweite ein »vernunfterhellter« Wille, der dritte ein »ewiger« Wille. Der »sinnenhafte« Wille verlangt nach Belehrung, ⟨er will,⟩ daß man auf wahrhafte Lehrer höre. Der »vernunfterhellte« Wille besteht darin, daß man die Füße setze in alle Werke Jesu Christi und der Heiligen, das heißt: daß man Wort, Wandel und Wirken gleichmäßig ausrichte, hingeordnet auf das Höchste. Wenn dies alles erfüllt ist, dann senkt Gott ein Weiteres in der Seele Grund, das ist ein »ewiger« Wille mit dem liebevollen Gebot des Heiligen Geistes. Dann spricht die Seele: »Herr, gib mir ein, was dein ewiger Wille sei«. Wenn sie ⟨= die Seele⟩ auf solche Weise dem, was wir vorhin dargelegt haben, genügt, und es Gott dann wohlgefällt, dann spricht der liebe Vater sein ewiges Wort in die Seele.

Nun ⟨aber⟩ sagen unsere biederen Leute, man müsse so vollkommen werden, daß uns keinerlei Freude mehr bewegen könne und man unberührbar sei für Freude und Leid. Sie tun unrecht daran. *Ich* ⟨aber⟩ sage, daß es nie einen noch so großen Heiligen gegeben hat, der nicht hätte bewegt werden können. Indessen sage ich demgegenüber auch: Wohl wird es einem Heiligen ⟨schon⟩ in diesem Leben zuteil, daß ihn nichts von Gott abzubringen vermag. Ihr wähnt, solange Worte euch zu Freude und zu Leid zu bewegen vermögen, seiet ihr unvollkommen. Dem ist nicht so. ⟨Selbst⟩ Christus war *das* nicht eigen; das ließ er erkennen, als er sprach: ›Meine Seele ist betrübt bis in den Tod‹ ⟨Matth. 26,38⟩. Christus taten Worte so weh, daß, wenn aller Kreaturen Weh auf eine ⟨einzige⟩ Kreatur gefallen wäre, dies nicht so schlimm gewesen wäre, wie es Christus weh war; und das kam vom Adel seiner Natur und von der heiligen Vereinigung göttlicher und menschlicher Natur ⟨in ihm⟩. Daher sage ich, daß es noch nie einen Heiligen gegeben hat, noch daß es je einer erreichen kann, daß ihm Pein nicht weh täte und Liebes nicht wohl. Wohl kommt es hie und da vor, bewirkt durch die Liebe und Zuneigung und Gnade, daß,

ketzer oder wie man wölte, sô der mensche mit der gnâde übergozzen wære, sô stüende er wol glîch in liebe und in leide. Aber daz wirt heiligen wol, daz in nihtes niht her ûz von gote gewegen mac, wirt joch daz herze gepînget, ob der mensche in der gnâde niht enist, daz doch der wille einvalticlîche bestâ in gote, alsô sprechende: ›herre, ich dir und dû mir‹. Swaz dar în vellet, daz enhindert niht êwige sælde, alle die wîle ez niht envellet in daz oberste wipfelîn des geistes dort oben, dâ ez stât in einicheit gotes allerliebesten willen.

Nû sprichet *Kristus*: ›umbe vil sorge wirst dû betrüebet‹. Marthâ was sô weselich, daz sie ir gewerp niht enhinderte; werk und gewerp leitete sie ze êwiger sælde. Si wart wol etwaz gemittelt: ez stiuret wol edeliu natûre und stæter vlîz und vor genante tugende. Marîâ was ê Marthâ, ê si Marîâ würde; wan, dô si saz bî den vüezen unsers herren, dô enwas si niht Marîâ: si was ez wol an dem namen, si enwas ez aber niht an dem wesene; wan si saz bî luste und bî süeze und was allerêrst ze schuole gesetzet und lernete leben. Aber Marthâ stuont sô weselîche, dâ von sprach si: ›herre, heiz sie ûfstân!‹, als ob si spræche: ›herre, ich wölte gerne, daz si dâ niht ensæze durch lust; ich wölte, daz si lernete leben, daz si ez weselîche besæze. ›Heiz sie ûfstân‹, daz si durnehte werde‹. Si enhiez niht Marîâ, dô si bî Kristî vüezen saz. Ich heize daz Marîâ: ein wol geüebeter lîp, gehôrsam einer wîsen sêle. Daz heize ich gehôrsam: swaz bescheidenheit gebiutet, daz des der wille genuoc sî.

wenn einer daherkäme und zu einem ⟨andern⟩ sagte, er sei ein Ketzer oder sonst etwas, wie's ihm beliebte, und wenn dann der ⟨betroffene⟩ Mensch mit Gnade übergossen wäre, er ganz gleichmütig in Lieb und in Leid stünde. Und wiederum bringt es ein Heiliger wohl dahin, daß ihn nichts von Gott abzubringen vermag, so daß, obzwar das Herz gepeinigt wird, während der Mensch *nicht* in der Gnade steht, der Wille doch einfaltiglich in Gott verharrt und spricht: »Herr, ich ⟨gehöre⟩ dir und du ⟨gehörst⟩ mir«. Was immer dann einen ⟨solchen Menschen⟩ befällt, das behindert nicht die ewige Seligkeit, solange es nicht den obersten Wipfel des Geistes befällt dort oben, wo er mit Gottes allerliebstem Willen vereint steht.

Nun spricht Christus: ›Um viel Sorge betrübst du dich‹. Martha war so wesenhaft, daß ihr Wirken sie nicht behinderte; ⟨ihr⟩ Werk und Wirken führten sie ⟨vielmehr⟩ zur ewigen Seligkeit hin. Die ⟨= ewige Seligkeit⟩ ward ⟨dabei⟩ wohl etwas »mittelbar« ⟨= vermittelt⟩; aber eine adelige Natur und steter Fleiß und Tugenden im vorgenannten Sinne ⟨was alles Martha besaß,⟩ sind doch ⟨als die ewige Seligkeit vermittelnd⟩ förderlich. ⟨Auch⟩ Maria ist erst ⟨eine solche⟩ Martha gewesen, ehe sie ⟨die reife⟩ Maria werden sollte; denn, als sie ⟨noch⟩ zu Füßen unseres Herrn saß, da war sie ⟨noch⟩ nicht ⟨die wahre⟩ Maria; wohl war sie's dem Namen nach; sie war's aber ⟨noch⟩ nicht in ihrem Sein; denn sie saß ⟨noch⟩ im Wohlgefühl und in süßer Empfindung und war erst in die Schule genommen und *lernte leben*. Martha aber stand ganz wesenhaft da, daher sprach sie: ›Herr, heiß sie aufstehen‹, als hätte sie sagen wollen: »Herr, ich möchte gern, daß sie nicht da säße um des Wohlgefühls willen; ich wünschte ⟨vielmehr⟩, daß sie leben lernte, auf daß sie es ⟨= das Leben⟩ *wesenhaft* zu eigen hätte. ›Heiß sie aufstehen‹, daß sie vollkommen werde!« Sie hieß nicht Maria, als sie zu Füßen Christi saß. Dies ⟨vielmehr erst⟩ nenne ich *Maria*: einen wohlgeübten Leib, gehorsam weiser Lehre. »Gehorsam« ⟨aber⟩ nenne ich dies: was immer die Einsicht gebietet, daß der Wille dies ausführe.

Nû wænent unser guoten liute erkriegen, daz gegenwürticheit sinnelîcher dinge den sinnen niht ensî. Des engât in niht zuo. Daz ein pînlich gedœne mînen ôren als lustic sî als ein süezez seitenspil, daz erkriege ich niemer. Aber daz sol man haben, daz ein redelich gotgeformeter wille blôz stande alles natiurlîchen lustes, swenne ez bescheidenheit aneschouwet, daz si dem willen gebiete, sich abe ze kêrenne, und der wille spreche: ich tuon ez gerne. Sehet, dâ würde kriec ze luste; wan, swaz der mensche mit grôzer arbeit muoz erstrîten, daz wirt im ein herzenvröude, und danne wirt ez vruhtbære.

Nû wellent etelîche liute dar zuo komen, daz sie werke ledic sîn. Ich spriche: ez enmac niht gesîn. Nâch der zît, dô die jünger enpfiengen den heiligen geist, dô viengen sie êrste ane, tugende ze würkenne. ›Marîâ saz bî den vüezen unsers herren und hôrte sîniu wort‹ und lernete, wan si allerêrst ze schuole was gesetzet und lernete leben. Aber dar nâch, dô si gelernete und Kristus ze himel gevuor und si den heiligen geist enpfienc, dô vienc si allerêrst ane ze dienenne und vuor über mer und predigete und lêrte und wart ein dienærinne und ein wescherinne der jünger. Sô die heiligen ze heiligen werdent, danne allerêrst vâhent sie ane, tugende ze würkenne, wan danne samenent sie hort êwiger sælde. Swaz dâ vor ist gewürket, daz giltet schulde und leitet wîze abe. Des vinden wir geziucnisse an Kristô: von dem anbeginne, daz got mensche wart und mensche got, dô vienc er ane, ze würkenne unser êwigen sælicheit unz an daz ende, daz er starp an dem kriuze. Kein glit was an sînem lîbe, ez enüebete sunderlîche tugent.

Daz wir im gewærlîche nâchvolgen an üebunge wârer tugende, des helfe uns got. Âmen.

Nun wähnen unsere biederen Leute, es dahin bringen zu können, daß das Gegenwärtigsein sinnenhafter Dinge für ihre Sinne nichts mehr bedeute ⟨= ihre Sinne nicht mehr tangiere⟩. Das aber gelingt ihnen nicht. Daß ein peinsames Gedröhn meinen Ohren so wohltuend sei wie ein süßes Saitenspiel, das werde ich niemals erreichen. *Darüber* aber soll man verfügen, daß ein besonnener gottgeformter Wille sich lossage von aller natürlichen Lust, und, wenn dann die Einsicht es ⟨= das peinigende Gedröhn⟩ wahrnimmt, sie dem Willen gebiete, sich davon ⟨= von dem Gedröhn⟩ abzuwenden, und der Wille dann sage: »Ich tu es gern!« Seht, da würde Kampf zur Lust; denn, was der Mensch mit großer Anstrengung erkämpfen muß, das wird ihm zur Herzensfreude, und dann ⟨erst⟩ wird es fruchtbringend.

Nun ⟨aber⟩ wollen gewisse Leute es gar so weit bringen, daß sie der *Werke* ledig werden. Ich ⟨aber⟩ sage: Das kann nicht sein. *Nach* dem Zeitpunkt, da die Jünger den Heiligen Geist empfingen, da erst fingen sie an, Tugenden zu wirken. ›Maria saß zu Füßen unseres Herrn und hörte seine Worte‹ und *lernte*, denn sie war erst in die Schule genommen und *lernte leben.* Aber späterhin, als sie gelernt hatte und Christus gen Himmel gefahren war und sie den Heiligen Geist empfangen hatte, da erst fing sie an zu dienen und fuhr übers Meer und predigte und lehrte und ward eine Dienerin und eine Wäscherin der Jünger. Wenn die Heiligen zu Heiligen werden, dann erst fangen sie an, Tugenden zu wirken; denn dann erst sammeln sie einen Hort für die ewige Seligkeit. Alles, was vorher gewirkt wird, das büßt ⟨nur⟩ Schuld und wendet ewige Strafe ⟨in der Hölle⟩ ab. Dafür finden wir ein Zeugnis an Christus: Vom Anbeginn, da Gott Mensch und der Mensch Gott ward, fing er an, für unsere Seligkeit zu wirken bis an das Ende, da er starb am Kreuze. Kein Glied war an seinem Leibe, das nicht besondere Tugend geübt hätte.

Daß wir ihm wahrhaft nachfolgen in der Übung wahrer Tugenden, dazu helfe uns Gott. Amen.

DEUTSCHE WERKE II
TRAKTATE

⟨TRAKTAT 1⟩

LIBER »BENEDICTUS«
I DAZ BUOCH DER GOETLÎCHEN TROESTUNGE

Benedictus deus et pater domini nostri Iesu Christi etc.

Der edel apostel sant *Paulus* sprichet disiu wort alsô: ›gesegenet sî got und der vater unsers herren Jêsû Kristî, ein vater der barmherzicheit und got alles trôstes, der uns trœstet in allen unsern betrüepnissen‹. Drîerleie betrüepnisse ist, daz den menschen rüeret und drenget in disem ellende. Einez ist an dem schaden ûzerlîches guotes. Daz ander ist an sînen mâgen und an sînen vriunden. Daz dritte ist an im selben an smâcheit, an ungemache und an smerzen des lîbes und an leide des herzen.

Her umbe hân ich willen ze schrîbenne an disem buoche etlîche lêre, in der sich der mensche trœsten mac in allem sînem ungemache, betrüepnisse und leide, und hât diz buoch driu teil. In dem êrsten hât man etlîche wârheit, dar ûz und dâ von genomen wirt, daz den menschen billîche und wol genzlîche getrœsten mac und sol in allem sînem leide. Dar nâch vindet man hie bî drîzic sachen und lêren, in der man sich in ieglîcher wol und ganze getrœsten mac. Her nâch vindet man in dem dritten teile dis buoches bilde an werken und an worten, diu wîse liute hânt getân und gesprochen, als sie wâren in lîdenne.

1.

Von dem êrsten sol man wizzen, daz der wîse und wîsheit, wâre und wârheit, gerehte und gerehticheit, guote und güete

TRAKTAT 1

LIBER »BENEDICTUS«

I DAS BUCH DER GÖTTLICHEN TRÖSTUNG

Benedictus deus et pater domini nostri Jesu Christi etc.
⟨2 Kor. 1,3f.⟩

Der edle Apostel Paulus spricht diese Worte: ›Gesegnet sei Gott und der Vater unsers Herrn Jesu Christi, ein Vater der Barmherzigkeit und alles Trostes, der uns tröstet in allen unsern Betrübnissen.‹ Es gibt dreierlei Betrübnis, die den Menschen anrührt und bedrängt in diesem Elend. Die eine kommt aus dem Schaden an äußerem Gut, die andere aus dem Schaden, der seinen Verwandten und Freunden zustößt, die dritte aus dem Schaden, der ihm selbst widerfährt in Geringschätzung, Ungemach, körperlichen Schmerzen und Herzeleid.

Hierum bin ich willens, in diesem Buche etliche Lehre niederzuschreiben, mit der sich der Mensch trösten kann in allem seinem Ungemach, Trübsal und Leid. Und dies Buch hat drei Teile. In dem ersten findet man diese und jene Wahrheit, aus der und von der zu entnehmen ist, was den Menschen füglich und gänzlich trösten kann und wird in allem seinem Leid. Danach findet man hier etwa dreißig Stücke und Lehren, in deren jeglicher man recht und völlig Trost zu finden vermag. Hiernach findet man im dritten Teile dieses Buches Vorbilder in Werken und Worten, die weise Leute getan und gesprochen haben, als sie im Leiden waren.

1.

Zum ersten muß man wissen, daß der Weise und die Weisheit, der Wahre und die Wahrheit, der Gerechte und die

sich einander anesehent und alsô ze einander haltent: diu güete enist noch geschaffen noch gemachet noch geborn; mêr si ist gebernde und gebirt den guoten, und der guote, als verre sô er guot ist, ist ungemachet und ungeschaffen und doch geborn kint und sun der güete. Diu güete gebirt sich und allez, daz si ist, in dem guoten; wesen, wizzen, minnen und würken giuzet si alzemâle in den guoten, und der guote nimet allez sîn wesen, wizzen, minnen und würken von dem herzen und innigesten der güete und von ir aleine. Guot und güete ensint niht wan éin güete al ein in allem sunder gebern und geborn-werden; doch daz gebern der güete und geborn-werden in dem guoten ist al ein wesen, ein leben. Allez, daz des guoten ist, daz nimet er beidiu von der güete und in der güete. Dâ ist und lebet und wonet er. Dâ bekennet er sich selben und allez, daz er bekennet, und minnet allez, daz er minnet, und würket mit der güete in der güete und diu güete mit im und in im alliu ir werk nâch dem, als geschriben ist und sprichet der sun: ›der vater in mir inneblîbende und wonende würket diu werk‹. ›Der vater würket biz nû, und ich würke‹. Allez, daz des vaters ist, daz ist mîn, und allez, daz mîn und mînes ist, daz ist mînes vaters: sîn gebende und mîn nemende.

Noch sol man wizzen, daz der name oder daz wort, sô wir sprechen ›guot‹, nennet und besliuzet in im niht anders, noch minner noch mê, wan blôze und lûter güete; doch gibet ez sich. Sô wir sprechen ›guot‹, sô vernimet man, daz sîn güete ist im gegeben, îngevlozzen und îngeborn von der ungebornen güete. Dar umbe sprichet daz êwangelium: ›als der vater hât daz leben in im selben, alsô hât er gegeben dem sune, daz er ouch habe daz leben in im selben‹. Er sprichet ›in im selben‹, niht ›von im selben‹, wan der vater hât ez im gegeben.

Gerechtigkeit, der Gute und die Gutheit aufeinander Bezug nehmen und sich wie folgt zueinander verhalten: Die Gutheit ist weder geschaffen noch gemacht noch geboren; jedoch ist sie gebärend und gebiert den Guten, und der Gute, insoweit er gut ist, ist ungemacht und ungeschaffen und doch geborenes Kind und Sohn der Gutheit. Die Gutheit gebiert sich und alles, was sie ist, in dem Guten: Sein, Wissen, Lieben und Wirken gießt sie allzumal in den Guten, und der Gute empfängt sein ganzes Sein, Wissen, Lieben und Wirken aus dem Herzen und Innersten der Gutheit und von ihr allein. Der Gute und die Gutheit sind nichts als *eine* Gutheit, völlig eins in allem, abgesehen vom Gebären einerseits und Geboren-Werden anderseits; indessen ist das Gebären der Gutheit und das Geboren-Werden in dem Guten völlig *ein* Sein, *ein* Leben. Alles, was zum Guten gehört, empfängt er von der Gutheit in der Gutheit. Dort ist und lebt und wohnt er. Dort erkennt er sich selbst und alles, was er erkennt, und liebt er alles, was er liebt, und wirkt er mit der Gutheit in der Gutheit und die Gutheit mit und in ihm alle ihre Werke gemäß dem, wie geschrieben steht und wie der Sohn sagt: ›Der Vater wirkt in mir bleibend und wohnend die Werke‹ 〈Joh. 14,10〉. ›Der Vater wirkt bis nun, und ich wirke‹ 〈Joh. 5,17〉. ›Alles, was des Vaters ist, das ist mein, und alles, was mein und des Meinen ist, das ist meines Vaters: sein im Geben und mein im Nehmen‹ 〈Joh. 17,10〉.

Weiterhin muß man wissen, daß, wenn wir vom »Guten« sprechen, der Name oder das Wort nichts anderes bezeichnet und in sich schließt, und zwar nicht weniger und nicht mehr, als die bloße und lautere Gutheit; jedoch meint man dann das Gute, sofern es die sich gebende, gebärende Gutheit ist. Wenn wir vom »Guten« sprechen, so versteht man dabei, daß sein Gutsein ihm gegeben, eingeflossen und eingeboren ist von der ungeborenen Gutheit. Darum sagt das Evangelium: ›Wie der Vater das Leben in sich selbst hat, so hat er dem Sohn gegeben, daß auch er das Leben in sich selbst habe‹ 〈Joh. 5,26〉. Er sagt: ›*in* sich selbst‹, nicht: ›*von* sich selbst‹, denn der Vater hat es ihm gegeben.

Allez, daz ich nû hân gesprochen von dem guoten und von der güete, daz ist ouch glîche wâr von dem wâren und der wârheit, von dem gerehten und der gerehticheit, von dem wîsen und der wîsheit, von gotes sune und von gote dem vater, von allem dem, daz von gote geborn ist und daz niht enhât vater ûf ertrîche, in daz sich niht gebirt allez, daz geschaffen ist, allez, daz niht got enist, in dem kein bilde enist dan got blôz lûter aleine. Wan alsô sprichet sant *Johannes* in sînem êwangeliô, daz ›allen den ist gegeben maht und mugent, gotes süne ze werdenne, die niht von bluote noch von vleisches willen noch von mannes willen, sunder von gote und ûz gote aleine geborn sint‹.

Bî dem bluote meinet er allez, daz an dem menschen niht undertænic ist des menschen willen. Bî des vleisches willen meinet er allez, daz in dem menschen sînem willen undertænic ist, doch mit einem widerkriege und mit einem widerstrîte und neiget nâch des vleisches begerunge und ist gemeine der sêle und dem lîbe und enist niht eigenlîche in der sêle aleine; und dâ von werdent die krefte müede, krank und alt. Bî dem willen des mannes meinet sant *Johannes* die hœhsten krefte der sêle, der natûre und ir werk ist unvermischet mit dem vleische, und stânt in der sêle lûterkeit, abegescheiden von zît und von stat und von allem dem, daz ze zît und stat kein zuoversiht hât oder smak, die mit nihte niht gemeine enhânt, in den der mensche nâch gote gebildet ist, in den der mensche gotes geslehte ist und gotes sippe. Und doch, wan sie got selben niht ensint und in der sêle und mit der sêle geschaffen sint, sô müezen sie ir selbes entbildet werden und in got aleine überbildet und in gote und ûz gote geborn werden, daz got aleine vater sî; wan alsô sint sie ouch gotes süne und gotes eingeborn sun. Wan alles des bin ich sun, daz mich nâch im und in sich glîche bildet und gebirt. Ein sôgetân mensche, gotes sun, guot der güete sun, gereht

Alles, was ich nun von dem Guten und von der Gutheit gesagt habe, das ist gleich wahr auch für den Wahren und die Wahrheit, für den Gerechten und die Gerechtigkeit, für den Weisen und die Weisheit, für Gottes Sohn und Gott den Vater, für alles das, was von Gott geboren ist und was keinen Vater auf Erden hat, in das sich auch nichts von allem dem gebiert, was geschaffen ist, was nicht Gott ist, in dem kein Bild ist als der bloße, lautere Gott allein. Denn so spricht Sankt Johannes in seinem Evangelium, daß ›allen denen Macht und Vermögen gegeben ist, Gottes Söhne zu werden, die nicht vom Blute noch vom Willen des Fleisches noch vom Willen des Mannes, sondern von Gott und aus Gott allein geboren sind‹ 〈Joh. 1,12f.〉.

Unter dem »Blut« versteht er alles, was am Menschen dem Willen des Menschen nicht untertan ist. Unter dem »Willen des Fleisches« versteht er alles, was im Menschen zwar seinem Willen untertan ist, aber doch mit einem Widerstreben und Widerstreit, und was der Fleischesbegierde zuneigt und was der Seele und dem Leibe zusammen angehört und sich nicht eigentlich nur in der Seele findet; und infolgedessen werden *diese* Seelenkräfte müde, schwach und alt. Unter dem »Willen des Mannes« versteht Sankt Johannes die höchsten Kräfte der Seele, deren Natur und Wollen unvermischt ist mit dem Fleisch und die in der Seele Lauterkeit stehen, von Zeit und Raum und von allem abgeschieden, was noch irgendein Absehen auf oder Geschmack hat nach Zeit und Raum, die mit nichts etwas gemein haben, in denen der Mensch nach Gott gebildet, in denen der Mensch von Gottes Geschlecht und Gottes Sippe ist. Und doch, da sie nicht Gott selbst sind und in der Seele und mit der Seele geschaffen sind, so müssen sie ihrer selbst entbildet und in Gott allein überbildet und aus Gott geboren werden, auf daß Gott allein ihr Vater sei; denn so auch sind sie Söhne Gottes und Gottes eingeborener Sohn. Denn alles dessen bin ich Sohn, was mich nach sich und in sich als gleich bildet und gebiert. Soweit ein solcher Mensch, Gottes Sohn, gut als Sohn der Gutheit, gerecht als Sohn der Gerechtigkeit einzig

sun der gerehticheit, alsô verre als er aleine ir sun ist, sô ist si ungeborn-gebernde, und ir geborn sun hât daz selbe eine wesen, daz diu gerehticheit hât und ist, und tritet in alle die eigenschaft der gerehticheit und der wârheit.

Ûzer aller dirre lêre, diu in dem heiligen êwangeliô geschriben ist und sicherlîche bekant in dem natiurlîchen liehte der vernünftigen sêle, vindet der mensche gewâren trôst alles leides.

Sant *Augustînus* sprichet: gote enist niht verre noch lanc. Wiltû, daz dir niht verre noch lanc ensî, sô vüege dich ze gote, wan dâ sint tûsent jâr als der tac hiute. Alsô spriche ich: in gote enist niht trûricheit noch leit noch ungemach. Wiltû ledic sîn alles ungemaches und leides, sô halt dich und kêre dich lûterlîche ze gote aleine. Sicherlîche, allez leit kumet dâ von, daz dû dich niht enkêrest in got noch ze gote aleine. Stüendest dû in gerehticheit gebildet aleine und geborn, wærlîche, dich enmöhte als wênic iht leidic gemachen als diu gerehticheit got selben. *Salomôn* sprichet: ›den gerehten enbetrüebet niht allez, daz im geschehen mac‹. Er ensprichet niht ›den gerehten menschen‹ noch ›den gerehten engel‹ noch diz noch daz. Er sprichet ›den gerehten‹. Swaz des gerehten ihtes ist, sunder, daz sîn gerehticheit ist und daz er gereht ist, daz ist sun und hât vater ûf ertrîche und crêatûre und ist gemachet und geschaffen, wan sîn vater ist crêatûre gemachet oder geschaffen. Aber gereht lûter, wan daz niht geschaffen noch gemachet vater enhât und got und gerehticheit al ein ist und gerehticheit aleine sîn vater ist, dar umbe mac leit und ungemach als wênic in in gevallen als in got. Gerehticheit enmac in niht leidic gemachen, wan alliu vröude, liebe und wunne ist gerehticheit; und ouch, wan machete gerehticheit den gerehten leidic, sô machete si sich selben leidic. Unglîch und ungereht enmöhte niht noch iht gemachet noch

ihr ⟨d. h. der Gerechtigkeit⟩ Sohn ist, ist *sie* ungeborengebärend, und ihr geborener Sohn hat dasselbe eine Sein, das die Gerechtigkeit hat und ist, und er tritt in den Besitz alles dessen, was der Gerechtigkeit und der Wahrheit eigen ist.

Aus all dieser Lehre, die im heiligen Evangelium geschrieben steht und im natürlichen Licht der vernunftbegabten Seele mit Sicherheit erkannt wird, findet der Mensch wahren Trost für alles Leid.

Sankt Augustinus spricht: Für Gott ist nichts fern noch lange. Willst du, daß dir nichts fern noch lange sei, so füge dich zu Gott, denn da sind tausend Jahre wie der Tag, der heute ist. Ebenso sage ich: In Gott ist weder Traurigkeit noch Leid noch Ungemach. Willst du alles Ungemachs und Leids ledig sein, so halte dich und kehre dich in Lauterkeit nur zu Gott. Sicherlich, alles Leid kommt nur daher, daß du dich nicht allein in Gott und zu Gott kehrst. Stündest du ausschließlich in die Gerechtigkeit gebildet und geboren da, fürwahr, so könnte *dich* ebensowenig irgend etwas in Leid bringen wie die Gerechtigkeit Gott selbst. Salomon spricht: ›Den Gerechten betrübt nichts von alledem, was ihm widerfahren mag‹ ⟨Spr. 12,21⟩. Er sagt nicht: ›den gerechten Menschen‹ noch ›den gerechten Engel‹ noch dies oder das. Er sagt: ›den Gerechten‹. Was irgendwie dem Gerechten zugehört, insonderheit, was seine Gerechtigkeit zu der *seinigen* macht, und daß *er* gerecht ist, das ist Sohn und hat einen Vater auf Erden und ist Kreatur und ist gemacht und geschaffen, denn sein Vater ist Kreatur, gemacht oder geschaffen. Aber reines Gerechtes, da dies keinen gemachten oder geschaffenen Vater hat und Gott und die Gerechtigkeit völlig eins sind und die Gerechtigkeit allein sein Vater ist, drum kann Leid und Ungemach in ihn ⟨d. h. in den Gerechten⟩ so wenig fallen wie in Gott. Die Gerechtigkeit kann ihm kein Leid bereiten, denn die Gerechtigkeit ist nichts als Freude, Lust und Wonne; und ferner: Schüfe die Gerechtigkeit dem Gerechten Leid, so schüfe sie sich selbst solches Leid. Nichts Ungleiches und Ungerechtes noch irgendwelches Gemachte oder Geschaffene vermöchte den

geschaffen den gerehten leidic machen, wan allez, daz geschaffen ist, daz ist verre under im als verre als under gote und enhât keinen îndruk noch învluz in den gerehten noch gebirt sich niht in in, des vater got aleine ist. Her umbe sol der mensche gar vlîzic sîn, daz er sich entbilde sîn selbes und aller crêatûren, noch vater wizze dan got aleine; sô enmac in niht leidic gemachen noch betrüeben, weder got noch crêatûre, noch geschaffenez noch ungeschaffenez, und allez sîn wesen, leben, bekennen, wizzen und minnen ist ûz gote und in gote und got.

Noch ist ein anderz, daz man wizzen sol, daz ouch den menschen trœstet in allem sînem ungemache. Daz ist, daz sicherlîche der gerehte und guote mensche sich vröuwet unglîche, jâ unsprechelîche mê in dem werke der gerehticheit dan er oder joch der oberste engel wunne hât und vröude in sînem natiurlîchen wesene oder lebene. Und dar umbe gâben die heiligen vrœlîche ir leben durch die gerehticheit.

Nû spriche ich: sô dem guoten und gerehten menschen schade geschihet ûzerlîche, ist, daz er blîbet glîches gemüetes und in vride sînes herzen unbeweget, sô ist wâr, daz ich gesprochen hân, daz den gerehten niht enbetrüebet allez, daz im geschihet. Ist aber, daz er betrüebet wirt von dem ûzerlîchen schaden, wærlîche, sô ist gar billich und reht, daz got verhenget hât, daz der schade dem menschen ist geschehen, der dâ wolte und wânde gereht sîn und in doch sô kleiniu dinc betrüeben mohten. Ist ez danne reht gotes, wærlîche, sô sol er sich des niht betrüeben, sunder er sol sich des vröuwen vil mê dan sînes eigenen lebens, des sich doch mê vröuwet und werder ist einem ieglîchen menschen dan alliu disiu werlt; wan waz hülfe dem menschen alliu disiu werlt, als er niht enwære?

Daz dritte wort, daz man wizzen mac und sol, ist, daz in natiurlîcher wârheit ein einiger brunne und âder aller güete, wesender wârheit und trôstes ist got aleine, und allez, daz got niht enist, daz hât von im selber natiurlîche bitterkeit und

Gerechten in Leid zu versetzen; denn alles, was geschaffen ist, liegt weit unter ihm, ebenso weit wie unter Gott, und übt keinerlei Eindruck oder Einfluß auf den Gerechten aus und gebiert sich nicht in ihn, dessen Vater Gott allein ist. Drum soll der Mensch sich sehr befleißigen, daß er sich seiner selbst und aller Kreaturen entbilde und keinen Vater kenne als Gott allein; dann kann ihn nichts in Leid versetzen oder betrüben, weder Gott noch die Kreatur, weder Geschaffenes noch Ungeschaffenes, und sein ganzes Sein, Leben, Erkennen, Wissen und Lieben ist aus Gott und in Gott und ist Gott selbst.

Und ein *zweites* muß man wissen, das ebenfalls den Menschen tröstet in all seinem Ungemach. Das ist, daß der gerechte und gute Mensch sich sicherlich ungleich, ja unaussprechlich mehr am Werke der Gerechtigkeit erfreut, als er oder selbst der oberste Engel an seinem natürlichen Sein oder Leben Wonne und Freude hat. Darum auch gaben die Heiligen ihr Leben fröhlich hin für die Gerechtigkeit.

Nun sage ich: Wenn dem guten und gerechten Menschen ein äußerer Schaden widerfährt und er im Gleichmut und im Frieden seines Herzens unbewegt bleibt, so ist es wahr, was ich gesagt habe, daß den Gerechten nichts von alledem betrübt, was ihm widerfährt. Ist es hingegen so, daß er durch den äußeren Schaden betrübt wird, so ist es nur billig und recht, daß Gott zuließ, daß der Schaden dem Menschen widerfuhr, der da gerecht sein wollte und zu sein wähnte, während ihn doch so geringfügige Dinge zu betrüben vermochten. Ist es denn also Gottes Recht, fürwahr, so soll er sich nicht deswegen betrüben, sondern er soll sich dessen freuen viel mehr als seines eigenen Lebens, dessen sich doch jeglicher Mensch mehr freut und das ihm mehr wert ist als diese ganze Welt; denn was hülfe dem Menschen diese ganze Welt, wenn er nicht lebte?

Das *dritte* Wort, das man wissen mag und soll, ist dies, daß Gott allein natürlicher Wahrheit gemäß einziger Born und Quellader allen Gutseins, wesenhafter Wahrheit und des Trostes ist, und alles, was nicht Gott ist, das hat von sich

untrôst und leit und enleget nihtes niht zuo der güete, diu von gote und got ist, sunder si minnert und bedecket und verbirget süezicheit, wunne und trôst, den got gibet.

Nû spriche ich vürbaz, daz allez leit kumet von liebe des, daz mir schade hât benomen. Ist mir danne schade ûzerlîcher dinge leit, daz ist ein wâr zeichen, daz ich minne ûzerlîchiu dinc und minne in der wârheit leit und untrôst. Waz wunders ist danne, daz ich leidic wirde, sô ich leit und untrôst minne und suoche? Mîn herze und mîn minne gibet die güete der crêatûre, daz gotes eigenschaft ist. Ich kêre mich gegen der crêatûre, dannen untrôst von natûre kumet, und kêre mich von gote, von dem aller trôst ûzvliuzet. Waz wunders ist daz danne, daz ich leidic wirde und trûric bin? Wærlîche, vürwâr unmügelich ist gote und aller der werlt, daz der mensche gewâren trôst vinde, der trôst suochet an den crêatûren. Der aber got minnete aleine in der crêatûre und die crêatûre in gote aleine, der vünde gewâren, rehten und glîchen trôst in allen enden. Diz sî nû genuoc von dem êrsten teile dis buoches.

2.

Nû volget hernâch in dem andern teile von den stücken bî drîzigen, der ieglîchez aleine billîche trœsten sol den redelîchen menschen in sînem leide.

Daz êrste ist: wan allez ungemach und schade enist niht sunder gemach, noch kein schade enist lûter schade. Dar umbe sprichet sant *Paulus*, daz gotes triuwe und güete enlîdet des niht, daz kein bekorunge oder betrüepnisse unlîdelich werde. Er machet und gibet alle zît etwaz trôstes, dâ mite man sich behelfen mac; wan ez sprechent ouch die heiligen und die heidenischen *meister*, daz got und natûre enlîdet niht, daz lûter bœse oder leit müge gesîn.

Nû setze ich, daz ein mensche hât hundert mark; der verliuset er vierzic und beheltet sehzic. Wil der mensche nû

selbst her natürliche Bitterkeit und Untrost und Leid und fügt der Gutheit, die von Gott stammt und Gott ist, nichts hinzu, sondern sie ⟨d. h. die Bitterkeit⟩ mindert und bedeckt und verbirgt die Süßigkeit, die Wonne und den Trost, den Gott gibt.

Nun sage ich weiter, daß alles Leid aus der Liebe zu dem kommt, was mir der Schaden genommen hat. Ist mir denn nun ein Schaden an äußeren Dingen leid, so ist dies ein wahres Zeichen dafür, daß ich äußere Dinge liebe und in Wahrheit also Leid und Untrost liebe. Was Wunder also, daß ich dann in Leid gerate, wenn ich Leid und Untrost liebe und suche? Mein Herz und meine Liebe eignet der Kreatur das Gutsein zu, das Gottes Eigentum ist. Ich kehre mich der Kreatur zu, von der naturgemäß Untrost kommt, und kehre mich von Gott ab, von dem aller Trost ausfließt. Wie kann es dann wundernehmen, daß ich in Leid gerate und traurig bin? Wahrlich, es ist Gott und aller dieser Welt wirklich unmöglich, daß der Mensch wahren Trost finde, der Trost sucht bei den Kreaturen. Wer aber Gott allein in der Kreatur liebte und die Kreatur allein in Gott, der fände wahren, rechten und gleichen Trost allerorten. Dies sei nun genug vom ersten Teil dieses Buches.

2.

Nun folgen hiernach im *zweiten Teile* etwa dreißig Stücke, von denen ein jegliches für sich schon den verständigen Menschen in seinem Leide füglich trösten soll.

Das erste ist dies, daß kein Ungemach und Schaden ohne Gemach und kein Schaden bloßer Schaden ist. Drum sagt Sankt Paulus, daß Gottes Treue und Güte es nicht leiden, daß irgendwelche Prüfung oder Betrübnis unerträglich werde. Er schafft und gibt allzeit etwas Trost, mit dem man sich behelfen kann ⟨vgl. 1 Kor. 10,13⟩; denn auch die Heiligen und die heidnischen Meister sagen, daß Gott und die Natur es nicht zulassen, daß es pures Böses oder Leid geben könne.

Nun setze ich den Fall, ein Mensch habe hundert Mark; davon verliert er vierzig und behält sechzig. Will der Mensch

alle zît gedenken an die vierzic, die er hât verlorn, sô blîbet er ungetrôst und riuwic. Wie möhte der getrœstet sîn und âne leit, der sich kêret ze dem schaden und ze dem leide und bildet daz in sich und sich darîn und sihet daz ane, und ez sihet wider in ane und kôset mit im und sprichet mit dem schaden, und der schade kôset wider mit im und sehent sich ane von antlütze ze antlütze? Wære aber, daz er sich kêrte ûf die sehzic mark, die er noch hât und den rücke kêrte den vierzigen, die verlorn sint, und widerbildete sich in die sehzic und sæhe die ane von antlütze ze antlütze und kôsete mit in, sô würde er sicherlîche getrœstet. Daz iht ist und guot ist, daz mac trœsten; daz aber niht enist noch guot enist, daz mîn niht enist und mir verlorn ist, daz muoz von nôt untrôst geben und leit und betrüepnisse. Dâ von sprichet *Salomôn*: ›in den tagen des leides vergiz niht der tage der güete‹. Daz ist gesprochen: sô dû bist in leide und in ungemache, sô gedenke des guoten und des gemaches, daz dû noch hâst und behel-test. Ouch sol daz aber den menschen trœsten, ob er gedenken wil, wie manic tûsent der sint, hæten sie sehzic mark, die dû noch hâst, sie diuhte, daz sie herren und vrouwen wæren und daz sie vil rîche wæren und von herzen vrô.

Noch ist aber ein anderz, daz den menschen trœsten sol. Ist er siech und in grôzem smerzen sînes lîbes, doch hât er daz hûs und sîn nôtdurft an spîse und an tranke, an râte der arzete und an dienste sînes gesindes, an klage und an bîwesenne sîner vriunde: wie solde er tuon? Wie tuont arme liute, die daz selbe oder grœzer siechtagen und ungemach hânt und enhânt nieman, der in kalt wazzer gebe? Sie müezen daz blôze brôt suochen in dem regen und in dem snê und in der kelte von hûse ze hûse. Dar umbe, wiltû getrœstet werden, sô vergiz der, den baz ist, und gedenke alles der, den wirs ist.

Vürbaz spriche ich: allez leit kumet von liebe und von

nun immerfort an die vierzig denken, die er verloren hat, so bleibt er ungetröstet und bekümmert. Wie könnte auch der getröstet sein und ohne Leid, der sich dem Schaden zukehrt und dem Leid und das in sich und sich in es einprägt und es anblickt, und es schaut wiederum ihn an, und er plaudert mit ihm und spricht mit dem Schaden, und der Schaden hinwiederum plaudert mit ihm, und beide schauen sich an von Angesicht zu Angesicht? Wäre es aber so, daß er sich den sechzig Mark zukehrte, die er noch hat, und den vierzig, die er verloren hat, den Rücken kehrte und sich in die sechzig versenkte und die von Antlitz zu Antlitz anschaute und mit *ihnen* plauderte, so würde er sicherlich getröstet. Was etwas ist und gut ist, das vermag zu trösten; was aber weder ist noch gut ist, was nicht mein und mir verloren ist, das muß notwendig Untrost ergeben und Leid und Betrübnis. Darum spricht Salomon: ›In den Tagen des Leids vergiß nicht die Tage des Wohlseins‹ 〈Jes. Sir. 11,27〉. Das will sagen: Wenn du im Leid und Ungemach bist, so gedenke des Guten und des Gemaches, das du noch hast und behältst. Auch wird das hinwiederum den Menschen trösten, wenn er bedenken will, wie manches Tausend derer lebt, die, wenn sie die sechzig Mark besäßen, die du noch hast, sich für große Herren und Damen hielten und sich sehr reich dünkten und von Herzen froh wären.

Ein Weiteres aber gibt es, das den Menschen trösten soll. Ist er krank und in großem Schmerz seines Leibes, hat er jedoch seine Behausung und seine Notdurft an Speise und Trank, an Beratung der Ärzte und an Bedienung seines Gesindes, an Beklagung und Beistand seiner Freunde: wie sollte er sich da verhalten? Nun, was tun arme Leute, die dasselbe oder gar noch größere Krankheit und Ungemach zu ertragen und niemand haben, der ihnen auch nur kaltes Wasser gäbe? Sie müssen das trockene Brot suchen in Regen, Schnee und Kälte, von Haus zu Haus. Drum, willst du getröstet werden, so vergiß derer, denen es besser geht, und gedenk immerzu derer, die übler daran sind.

Weiterhin sage ich: Alles Leid kommt her von Liebe und

minne. Dar umbe, hân ich leit umbe zergenclîchiu dinc, sô hân ich und hât mîn herze noch liebe und minne ze zergenclîchen dingen und enhân got niht von allem mînem herzen liep und enminne noch niht, daz got wil von mir und mit im geminnet hân. Waz wunders ist danne, daz got verhenget, daz ich gar billîche schaden und leit lîde?

Sant *Augustînus* sprichet: »herre, ich enwolte dich niht verliesen, ich wolte aber mit dir besitzen die crêatûren von mîner gîticheit; und dar umbe verlôs ich dich, wan dir ist unmære, daz man mit dir, der wârheit, valscheit und trüge der crêatûren besitze«. Er sprichet ouch anderswâ, daz »der alze gîtic ist, dem an gote aleine niht engenüeget«. Und anderswâ sprichet er: »wie möhte dem genüegen an gotes gâben an den crêatûren, dem an gote selben niht engenüeget?« Einem guoten menschen ensol niht trôst, sunder ein pîn sîn allez, daz gote vremde und unglîch ist und niht got selbe aleine enist. Er sol alle zît sprechen: herre got und mîn trôst, wîsest dû mich ûf iht von dir, sô gip mir einen andern dich, daz ich gange von dir ze dir, wan ich enwil niht wan dich. Dô unser herre gelobete *Moyses* allez guot und sante in in daz heilige lant, daz daz himelrîche meinet, dô sprach *Moyses*: herre, niergen ensende mich, dû enwellest danne selber mite komen.

Alliu neigunge, lust und minne kumet von dem, daz im glîch ist, wan alliu dinc neigent und minnent ir selbes glîch. Der reine mensche minnet alle reinicheit, der gerehte minnet und neiget ze gerehticheit; der munt des menschen sprichet von dem, daz im inne ist, als unser herre sprichet, daz ›der munt sprichet von der vülle des herzen‹, und *Salomôn* sprichet, daz ›des menschen arbeit ist im in dem munde‹. Dar umbe ist daz ein wâr zeichen, daz niht got, sunder diu crêatûre ist in des menschen herzen, der noch ûzer neigunge und trôst vindet.

Dâ von solde sich ein guot mensche gar vaste schamen vor

Zuneigung. Drum, habe ich Leid wegen vergänglicher Dinge, so habe ich und hat mein Herz noch Liebe und Hang zu vergänglichen Dingen und habe ich Gott nicht aus meinem ganzen Herzen lieb und liebe noch nicht das, was Gott von mir und mit sich geliebt wissen will. Was Wunder ist es dann, wenn Gott zuläßt, daß ich ganz zu Recht Schaden und Leid erdulde?

Sankt Augustinus sagt: Herr, ich wollte dich nicht verlieren, ich wollte aber in meiner Gier mit dir zugleich die Kreaturen besitzen; und drum verlor ich dich, denn dir widerstrebt es, daß man mit dir, als der Wahrheit, die Falschheit und den Trug der Kreaturen besitze. Er sagt auch an anderer Stelle, daß der allzu gierig sei, dem an Gott allein nicht genüge. Und wieder an anderer Stelle sagt er: Wie könnte dem an Gottes Gaben in den Kreaturen genügen, dem Gott selbst nicht genügt? Einem guten Menschen soll nicht zum Trost, sondern zur Pein gereichen alles, was Gott fremd und ungleich und nicht ausschließlich Gott selbst ist. Er soll allzeit sprechen: Herr Gott und mein Trost! Weisest du mich von dir auf irgend etwas anderes, so gib mir einen andern Dich, auf daß ich von dir zu dir gehe, denn ich will nichts als dich. Als unser Herr dem Moses alles Gute verhieß und ihn in das Heilige Land sandte, womit das Himmelreich gemeint ist, da sprach Moses: ›Herr, sende mich nirgends hin, du wolltest denn selber mitkommen‹ ⟨vgl. 2 Mos. 33,15⟩.

Alle Neigung, Lust und Liebe kommt von dem, was einem gleich ist, denn alle Dinge neigen zu und lieben ihresgleichen. Der reine Mensch liebt alle Reinheit, der Gerechte liebt die und neigt zur Gerechtigkeit; der Mund des Menschen spricht von dem, was ihm innewohnt, wie denn unser Herr sagt, daß ›der Mund von der Fülle des Herzens redet‹ ⟨Luk. 6,45⟩, und Salomon sagt, daß ›des Menschen Mühsal in seinem Munde sei‹ ⟨Pred. 6,7⟩. Drum ist es ein wahres Zeichen, daß nicht Gott, sondern die Kreatur im Herzen des Menschen wohnt, wenn er noch draußen Neigung und Trost findet.

Deshalb sollte sich ein guter Mensch gar sehr vor Gott und

gote und vor im selben, daz er noch gewar wirt, daz got niht in im enist und got der vater niht in im enwürket diu werk, sunder diu leidige crêatûre noch in im lebet und neiget in und würket in im diu werk. Dar umbe sprichet künic *Dâvît* und klaget in dem salter: ›trehene wâren mîn trôst tac und naht; alle die wîle man noch sprechen mohte: wâ ist dîn got?‹ Wan neigen ûf ûzerlicheit und an untrôste trôst vinden und dâ von mit lust gerne und vil reden ist ein wâr zeichen, daz got in mir niht erschînet, niht enwachet, niht enwürket. Ouch vürbaz solte er sich schamen vor guoten liuten, daz sie des an im gewar würden. Ein guot mensche ensol niemer schaden geklagen noch leit; er sol daz aleine klagen, daz er klage und daz er klagennes und leides in im gewar wirt.

Die *meister* sprechent, daz unden an dem himel ist viur vil wît und sunder mittel und kreftic in sîner hitze, und doch enwirt der himel von im nihtes niht berüeret alzemâle. Nû sprichet ein *geschrift*, daz daz niderste der sêle ist edeler dan des himels hœhstez. Wie mac danne der mensche sich vermezzen, daz er ein himelischer mensche sî und daz sîn herze in dem himel sî, der noch betrüebet wirt und leidic von sô kleinen dingen?

Nû spriche ich ein anderz. Ein guot mensche enmac niht gesîn, der dâ niht enwil, daz got sunderlîche wil, wan unmügelich ist, daz got iht welle wan guot; und sunderlîche in dem und von dem, daz ez got wil, sô wirt ez und ist von nôt guot und ouch daz beste. Und dar umbe lêrte unser herre die aposteln und uns in in, und wir biten alle tage, daz gotes wille gewerde. Und doch, wenne gotes wille kumet und gewirdet, sô klagen wir.

Senecâ, ein heidenischer meister, vrâget: waz ist der beste trôst in lîdenne und in ungemache? und sprichet: daz ist, daz der mensche alliu dinc neme, als er des gewünschet habe und dar umbe gebeten habe; wan dû hætest ez ouch gewünschet,

vor sich selbst schämen, wenn er noch gewahr wird, daß Gott nicht in ihm ist und Gott der Vater nicht in ihm die Werke wirkt, sondern daß noch die leidige Kreatur in ihm lebt und seine Neigung bestimmt und in ihm die Werke wirkt. Darum spricht König David und klagt im Psalter: ›Tränen waren mein Trost Tag und Nacht, solange man noch sagen konnte: Wo ist dein Gott?‹ ⟨Ps. 41,4⟩. Denn das Hinneigen zur Äußerlichkeit und das Trostfinden an Untrost und das lustvoll eifrige und viele Reden darüber ist ein wahres Zeichen dafür, daß Gott in mir nicht sichtbar wird, nicht in mir wacht, nicht in mir wirkt. Und weiterhin auch sollte er ⟨d. h. der gute Mensch⟩ sich schämen vor guten Leuten, daß sie solches an ihm gewahr würden. Ein guter Mensch soll niemals über Schaden klagen noch über Leid; er soll vielmehr nur beklagen, *daß* er klage und daß er das Klagen und Leid in sich wahrnimmt.

Die Meister sagen, daß unterhalb des Himmels weit ausgedehntes und in seiner Hitze kraftvolles Feuer sei, und doch wird der Himmel ganz und gar in nichts von ihm berührt. Nun heißt es in einer Schrift, daß das Niederste der Seele edler sei als des Himmels Höchstes. Wie aber kann denn ein Mensch sich vermessen, er sei ein himmlischer Mensch und sein Herz sei im Himmel, wenn er noch betrübt und in Leid versetzt wird durch so kleine Dinge!

Nun spreche ich von etwas anderm. Ein guter Mensch kann der nicht sein, der nicht will, was Gott in jedem besondern Falle will, denn es ist unmöglich, daß Gott irgend etwas denn Gutes wolle; und insonderheit gerade darin und dadurch, daß es Gott will, wird es und ist es notwendig gut und zugleich das Beste. Und darum lehrte unser Herr die Apostel und uns in ihnen und beten wir alle Tage darum, daß Gottes Wille geschehe. Und doch, *wenn* Gottes Wille kommt und geschieht, so klagen wir.

Seneca, ein heidnischer Meister, fragt: Was ist der beste Trost im Leiden und im Ungemach? und antwortet: Es ist dies, daß der Mensch alle Dinge so hinnehme, als habe er's so gewünscht und darum gebeten; denn du hättest es ja auch

ob dû wistest, daz alliu dinc von gotes, mit gotes und in gotes willen geschehent. Ez sprichet ein heidenischer *meister*: herzoge und oberster vater und herre des hôhen himels, allez, daz dû wilt, des bin ich bereit; gip mir willen, nâch dînem willen ze wellenne.

Ein guot mensche sol des gote getrûwen, glouben und gewis sîn und got sô guoten wizzen, daz ez unmügelich gote sî und sîner güete und minne, daz er möhte lîden, daz dem menschen kein lîden oder leit zuokome, eintweder er wölte dem menschen grœzer leit benemen oder in ouch ûf ertrîche grœzlîcher trœsten oder etwaz bezzers dâ von und dar ûz machen, dâ gotes êre breiter und grœzlîcher ane læge. Doch, swie daz sî: in dem aleine, daz ez gotes wille ist, daz ez geschehe, sô sol des guoten menschen wille alsô gar mit gotes willen ein und geeiniget sîn, daz der mensche daz selbe mit gote welle, nochdenne ob ez sîn schade und joch sîn verdüemnisse wære. Dar umbe wunschte sant *Paulus*, daz er von gote gesundert wære durch got und durch gotes willen und durch gotes êre. Wan ein rehte volkomen mensche sol sich selben sô tôt gewenet sîn, sîn selbes entbildet in gote und in gotes willen sô überbildet, daz alliu sîn sælicheit ist, sich selben und allez niht wizzen und got aleine wizzen, niht wellen noch willen wizzen dan gotes willen und got wellen alsô bekennen, als got mich bekennet, als sant *Paulus* sprichet. Got bekennet allez, daz er bekennet, minnet und wil allez, daz er minnet und wil, in im selben in sîn selbes willen. Unser herre sprichet selber: ›daz êwige leben ist got bekennen aleine‹.

Dar umbe sprechent die *meister*, daz die sæligen in dem himelrîche die crêatûren bekennent blôz aller bilde der crêatûren, die sie bekennent in dem einen bilde, daz got ist und dâ sich selben und alliu dinc got weiz und minnet und wil. Und daz lêret uns beten und begern got selber, dâ wir sprechen:

gewünscht, wenn du gewußt hättest, daß alle Dinge aus Gottes, mit Gottes und in Gottes Willen geschehen. Es spricht ein heidnischer Meister: Herzog und oberster Vater und Herr des hohen Himmels, zu allem, was du willst, bin ich bereit; gib mir den Willen, nach deinem Willen zu wollen!

Ein guter Mensch soll darin Gott vertrauen, ihm glauben und gewiß sein und ihn als so gut kennen, daß es Gott und seiner Güte und Liebe unmöglich ist zuzulassen, daß dem Menschen irgendein Leiden oder Leid zustoße, ohne daß er entweder dem Menschen größeres Leid dadurch verhüten oder ihn auch auf Erden schon stärker trösten oder etwas Besseres davon und daraus machen wolle, worin Gottes Ehre umfassender und stärker in Erscheinung träte. Doch, wie dem auch sei: deshalb allein, weil es Gottes Wille ist, daß es geschehe, soll des guten Menschen Wille so ganz und gar mit Gottes Willen eins und geeint sein, daß der Mensch mit Gott dasselbe wolle, selbst wenn es sein Schaden und gar seine Verdammnis wäre. Darum wünschte Sankt Paulus, daß er um Gottes willen und um des Willen Gottes und um der Ehre Gottes willen von Gott geschieden wäre ⟨vgl. Röm. 9,3⟩. Denn ein recht vollkommener Mensch soll sich so gewöhnt haben, sich selbst abgestorben, seiner selbst in Gott so entbildet und in Gottes Willen so überbildet sein, daß seine ganze Seligkeit darin liegt, von sich selbst und von allem ⟨Sonstigen⟩ nichts zu wissen, vielmehr nur Gott allein zu wissen, nichts zu wollen noch einen Willen zu kennen als Gottes Willen und Gott so erkennen zu wollen, wie Gott mich erkennt, wie Sankt Paulus sagt ⟨vgl. 1 Kor. 13,12⟩. Gott erkennt alles, was er erkennt, liebt und will alles, was er liebt und will, in sich selbst in seinem eigenen Willen. Unser Herr sagt selbst: ›Das ist das ewige Leben, Gott allein zu erkennen‹ ⟨Joh. 17,3⟩.

Darum sagen die Meister, daß die Seligen im Himmelreich die Kreaturen erkennen ohne alle Bilder der Kreaturen, die sie vielmehr in dem *einen* Bilde erkennen, das Gott ist und in dem Gott sich selbst und alle Dinge weiß und liebt und will. Und dies lehrt uns Gott selbst beten und begehren, wenn wir

›vater unser‹, ›geheiliget werde dîn name‹, daz ist: dich bekennen blôz aleine; ›zuokome dîn rîche‹, daz ich nihtes niht enhabe, daz ich rîche ahte und wizze dan dich rîche. Dâ von sprichet daz êwangelium: ›sælic sint die armen des geistes‹, daz ist: des willen, und biten wir got, daz sîn ›wille werde‹ ›in der erde‹, daz ist in uns, ›als in dem himel‹, daz ist in gote selben. Ein sôgetân mensche ist sô einwillic mit gote, daz er allez daz wil, daz got wil und in der wîse, sô ez got wil. Und dar umbe, wan got etlîche wîs wil, daz ich ouch sünde hân getân, sô enwölte ich niht, daz ich sie niht enhæte getân, wan sô gewirdet gotes wille ›in der erden‹, daz ist in missetât, ›als in dem himel‹, daz ist in woltât. Sô wil der mensche gotes durch got enbern und von gote durch got gesundert sîn, und daz ist aleine rehtiu riuwe mîner sünden; sô ist mir sünde leit âne leit, als got hât leit aller bôsheit âne leit. Leit und meistez leit hân ich umbe sünde, wan ich entæte niht sünde umbe allez, daz geschaffen oder geschepfelich ist, ob joch tûsent werlte êwiclîche möhten wesen, doch âne leit; und ich nime und schepfe diu leit in gotes willen und ûz gotes willen. Sôgetân leit ist aleine volkomen leide, wan si kumet und urspringet von lûterer minne der lûtersten güete und vröude gotes. Sô wirt wâr und wirt man gewar, daz ich in disem büechelîn gesprochen hân, daz der guote mensche, als verre er guot ist, tritet in alle die eigenschaft der güete selbe, diu got in im selber ist.

Nû merke, waz wunderlîches und wünniclîches lebens hât dér mensche ›ûf erden‹ ›als in dem himel‹ in gote selben! Im dienet ungemach in gemach und leit glîches als liep, und dâ bî merke doch in dem selben sunderlîchen trôst: wan hân ich die gnâde und die güete, von der ich nû gesprochen hân, sô bin ich alle zît und in allen dingen glîche ganze getrœstet und vrô; enhân ich des niht, sô sol ich sîn enbern durch got und in gotes willen. Wil got geben, des ich beger, dar ane sô hân ich

sprechen: ›Vater unser‹, ›geheiliget werde dein Name‹, das heißt: dich erkennen ganz allein ⟨vgl. Joh. 17,3⟩; ›zukomme dein Reich‹, auf daß ich nichts habe, was ich als reich erachte, und wisse als dich, den Reichen. Deshalb sagt das Evangelium: ›Selig sind die Armen des Geistes‹ ⟨Matth. 5,3⟩, das heißt: des Willens, und bitten wir Gott, daß sein ›Wille geschehe‹ ›auf Erden‹, das heißt: in uns, ›wie im Himmel‹, das heißt: in Gott selbst. Ein solcher Mensch ist so einwillig mit Gott, daß er alles das will, was Gott will, und in der Weise, wie es Gott will. Und darum, da Gott in gewisser Weise will, daß ich auch Sünde getan habe, so wollte ich nicht, daß ich sie nicht getan hätte, denn so geschieht Gottes Wille ›auf Erden‹, das ist in Missetat, ›wie im Himmel‹, das ist im Rechthandeln. In solcher Weise will der Mensch Gott um Gottes willen entbehren und von Gott um Gottes willen geschieden sein, und das ist allein rechte Reue meiner Sünden; so ist mir die Sünde leid ohne Leid, wie Gott alles Böse leid ist ohne Leid. Leid und das größte Leid habe ich wegen der Sünde – denn ich täte um alles, was geschaffen oder erschaffbar ist, auch wenn es in Ewigkeit tausend Welten geben könnte, keine Sünde –, jedoch ohne Leid; und ich nehme und schöpfe die Leiden in und aus Gottes Willen. Solches Leid ist allein vollkommenes Leid, denn es kommt und entspringt aus der lauteren Liebe der lautersten Güte und Freude Gottes. So wird wahr und wird man gewahr, was ich in diesem Büchlein gesprochen habe: daß der gute Mensch, insoweit er gut ist, in das ganze Eigensein der Gutheit selbst, die Gott in sich selbst ist, eintritt.

Nun merke, welch wundersames und wonnigliches Leben dieser Mensch ›auf Erden‹ ›wie im Himmel‹ in Gott selbst hat! Ihm dient Ungemach zu Gemach und Leid gleicherweise wie Liebes, und doch beachte dabei in ebendem noch einen besonderen Trost: denn, wenn ich die Gnade und die Gutheit habe, von der ich gerade gesprochen habe, so bin ich allzeit und in allen Dingen gleichmäßig völlig getröstet und froh; habe ich aber nichts davon, so soll ich's um Gottes willen und in Gottes Willen entbehren. Will Gott geben, wonach ich

ez und bin in wunne; enwil got niht geben, sô nime ich ez enbernde in dem selben willen gotes, als er enwil niht, und alsô nime ich enbernde und niht nemende. Wes gebristet mir danne? Und sicherlîche: eigenlîcher nimet man got enbernde dan nemende; wan sô der mensche nimet, sô hât diu gâbe in ir selben, warumbe der mensche vrô sî und getrœstet. Sô man aber niht ennimet, sô enhât man niht noch envindet noch enweiz man niht, des man sich vröuwe, dan got und gotes willen aleine.

Ouch ist aber ein ander trôst. Hât der mensche verlorn ûzerlich guot oder sînen vriunt oder sînen mâc, ein ouge, eine hant oder swaz daz ist, sô sol er des gewis sîn, ob er daz lîdet durch got gedulticlîche, sô hât er allez daz vor gote ze dem minsten, dar umbe er daz niht lîden enwölte. Ein mensche verliuset ein ouge: enwölte er nû des ougen niht enbern umbe tûsent oder umbe sehs tûsent mark oder mê, sô hât er vor gote und in gote im behalten sicherlîche allez daz, dar umbe er den schaden oder daz leit niht lîden enwölte. Und daz meinet vil lîhte, dâ unser herre sprach: ›ez ist bezzer, daz dû komest in daz êwige leben mit einem ougen dan mit zwein ougen verlorn werden‹. Daz meinet ouch vil lîhte, daz got sprach: ›swer læzet vater und muoter, swester und bruoder, hof oder acker oder swaz daz ist, der sol nemen hundertvalt und êwic leben‹. Sicherlîche getar ich daz sprechen in gotes wârheit und bî mîner sælicheit, daz, swer durch got und durch güete læzet vater und muoter, bruoder und swester oder swaz daz ist, der nimet hundertvalt in zweierleie wîse: ein ist, daz im wirt sîn vater, muoter, bruoder und swester hundert wîs lieber wan sie ieze sint. Ein ander wîse ist, daz niht aleine hundert, sunder alle liute, als verre sie liute und menschen sint, werdent im unglîche lieber dan im nû natiurlîche sîn vater, muoter oder bruoder liep sint. Daz der

begehre, so habe ich es damit und bin in Wonne; will Gott hingegen nicht geben, nun, so empfange ich's entbehrend im gleichen Willen Gottes, in dem er eben *nicht* will, und so also empfange ich, indem ich entbehre und nicht nehme. Woran fehlt's mir dann? Und sicherlich, im eigentlicheren Sinne nimmt man Gott entbehrend als nehmend; denn, wenn der Mensch empfängt, so hat die Gabe das, weswegen der Mensch froh und getröstet ist, in sich selbst. Empfängt man aber nicht, so hat noch findet noch weiß man nichts, worüber man sich freuen könnte, als Gott und Gottes Willen allein.

Auch gibt's wieder einen andern Trost. Hat der Mensch äußeres Gut oder seinen Freund oder seinen Verwandten, ein Auge, eine Hand oder was es sei, verloren, so soll er dessen gewiß sein, daß, wenn er es um Gottes willen geduldig leidet, er zum mindesten alles das bei Gott zugute hat, um dessen Preis er jenes ⟨den Verlust⟩ nicht hätte erdulden wollen. Ein Mensch verliert ein Auge: hätte er nun dieses Auge nicht um tausend oder um sechstausend Mark oder mehr missen wollen, so hat er sich gewiß bei Gott und in Gott eben alles das ⟨= jenen ganzen Gegenwert⟩ zugute erhalten, um das er jenen Schaden oder jenes Leid nicht hätte erleiden wollen. Und dies meint wohl unser Herr, da er sprach: ›Es ist besser, daß du mit einem Auge in das ewige Leben kommst, als mit zweien verloren zu gehen‹ ⟨Matth. 18,9⟩. Und das meinte wohl auch Gott, wenn er sprach: ›Wer da läßt Vater und Mutter, Schwester und Bruder, Hof und Acker oder was es sei, der wird das Hundertfache und das ewige Leben empfangen‹ ⟨Matth. 19,29⟩. Sicherlich wage ich in Gottes Wahrheit und bei meiner Seligkeit zu sagen, daß der, der um Gottes und um der Gutheit willen Vater und Mutter, Bruder und Schwester oder was es sei verläßt, das Hundertfache empfängt auf zweierlei Weise: die eine Weise ist die, daß ihm sein Vater, seine Mutter, Bruder und Schwester hundertfach lieber werden, als sie jetzt sind. Die andere Weise ist die, daß nicht nur hundert, sondern alle Leute, insofern sie Leute und Menschen sind, ihm ungleich lieber werden, als ihm jetzt von Natur aus Vater, Mutter oder Bruder lieb sind. Daß der

mensche des niht gewar enwirt, daz kumet alles und aleine dâ von, daz er noch niht lûterlîche durch got und durch güete aleine genzlîche gelâzen enhât vater und muoter, swester und bruoder und alliu dinc. Wie hât dér vater und muoter, swester und bruoder gelâzen durch got, der sie noch ûf erden vindet in sînem herzen, der noch wirt betrüebet und gedenket und sihet ane, daz got niht enist? Wie hât dér alliu dinc gelâzen durch got, der noch ahtet und anesihet diz und daz guot? Sant *Augustînus* sprichet: hebe ûf diz und daz guot, sô blîbet lûter güete in ir selber swebende in sîner blôzen wîte: daz ist got. Wan, als ich oben gesprochen hân: diz und daz guot enleget nihtes niht der güete zuo, sunder ez verbirget und bedecket die güete in uns. Daz bekennet und wirt gewar, swer daz sihet und schouwet in der wârheit, wan ez wâr ist in der wârheit, und dar umbe muoz man sîn dâ gewar werden und anders niergen.

Doch sol man wizzen, daz tugent haben und lîden wellen hât eine wîte, als wir ouch sehen in der natûre, daz ein mensche grœzer ist und schœner an bilde, an varwe, an wizzenne, an künsten dan ein ander. Alsô spriche ich ouch, daz ein guot mensche wol mac ein guot mensche sîn und doch berüeret werden und wanken von natiurlîcher liebe vaters, muoter, swester, bruoders minner und mê und doch niht vellic werden von gote noch von güete. Doch nâch dem ist er guot und bezzer, dar nâch er minner und mê getrœstet und berüeret wirt und gewar wirt natiurlîcher minne und neigunge ze vater und muoter, swester und bruoder und ze im selben.

Nochdenne, als ich dâ oben geschriben hân: künde ein mensche daz selbe nemen in gotes willen, als verre als gotes wille ist, daz menschlîche natûre den gebresten habe sunderlîche von gotes gerehticheit von des êrsten menschen sünde, und ouch, ob daz niht enwære, er wölte es gerne enbern in

Mensch dessen nicht gewahr wird, das kommt einzig und allein daher, daß er noch nicht lauter nur um Gottes und der Gutheit willen allein gänzlich gelassen hat Vater und Mutter, Schwester und Bruder und alle Dinge. Wie hat *der* Vater und Mutter, Schwester und Bruder um Gottes willen gelassen, der sie noch auf Erden findet in seinem Herzen, der noch betrübt wird und noch das bedenkt und auf das sieht, was nicht Gott ist? Wie hat *der* alle Dinge um Gottes willen gelassen, der noch auf dies und das Gute achtet und sieht? Sankt Augustinus spricht: Nimm weg dies und das Gute, so bleibt die lautere Gutheit in sich selbst schwebend in ihrer bloßen Weite: das ist Gott. Denn, wie ich oben gesagt habe: Dies und das Gute fügt der Gutheit nichts hinzu, sondern es verbirgt und bedeckt die Gutheit in uns. Das erkennt und wird gewahr, wer es *in der Wahrheit* sieht und schaut, denn es ist in der Wahrheit wahr, und darum muß man es *dort* und nirgends anders gewahr werden.

Jedoch soll man wissen, daß Tugend-Besitzen und Leiden-Wollen eine gewisse Abstufungsweite hat, wie wir ja auch in der Natur sehen, daß ein Mensch größer ist und schöner in der Erscheinung, im Aussehen, im Wissen, in Künsten als ein anderer. So sage ich auch, daß ein guter Mensch wohl ein guter Mensch sein kann und doch von natürlicher Liebe zu Vater, Mutter, Schwester, Bruder mehr oder weniger berührt werden und schwanken, jedoch nicht von Gott noch von der Gutheit abfällig werden kann. Indessen ist er in dem Maße gut und besser, in dem er weniger und mehr getröstet und berührt wird von natürlicher Liebe und Zuneigung zu Vater und Mutter, Schwester und Bruder und zu sich selbst und sich ihrer bewußt wird.

Und doch, wie ich oben geschrieben habe: Wenn ein Mensch eben dies in Gottes Willen hinnehmen könnte angesichts dessen, daß es Gottes Wille ist, daß die menschliche Natur jenen Mangel insonderheit aus Gottes Gerechtigkeit im Hinblick auf die Sünde des ersten Menschen habe, und wenn er es anderseits doch auch wieder in Gottes Willen bereitwillig entbehren wollte, dafern es nicht so wäre, so

gotes willen, sô wære im gar reht und würde sicherlîche getrœstet in lîdenne. Daz meinet, daz sant *Johannes* sprichet, daz daz gewâre ›lieht liuhtet in die vinsternisse‹, und sant *Paulus* sprichet, daz ›diu tugent wirt volbrâht in krankheit‹. Möhte der diep wærlîche, genzlîche, lûterlîche, gerne, williclîche und vrœlîche den tôt lîden von minne der götlîchen gerehticheit, in der und nâch der got wil und sîn gerehticheit, daz der übeltætige getœtet werde, sicherlîche, er würde behalten und sælic.

Aber ein ander trôst ist: man envindet vil lîhte nieman, der niht ieman sô liep enhabe lebenden, daz er niht gerne enwölte enbern eines ougen oder blint sîn ein jâr, ob er dar nâch sîn ouge wider hæte und sînen vriunt alsô von dem tôde möhte erlœsen. Wölte danne ein mensche ein jâr enbern sînes ougen durch eines menschen erlœsunge von dem tôde, der doch in kurzen jâren sterben muoz, sô sol er gar billîche und gerner enbern zehen oder zwanzic oder drîzic jâr, diu er vil lîhte noch leben möhte, umbe daz er sich selben êwiclîche sælic machete und êwiclîche sehende werde got in sînem götlîchen liehte und in gote sich selben und alle crêatûren.

Aber ist ein ander trôst: ein guot mensche, als verre er guot ist und von güete aleine geborn und ein bilde der güete, sô ist im allez daz unmære und ein bitter leit und schade, daz geschaffen ist und diz und daz ist. Und dar umbe: daz verliesen ist lôs werden und verliesen leit und ungemach und schaden. Wærlîche, leit verliesen ist ein gewâre trôst. Dar umbe ensol der mensche niht schaden klagen. Er sol vil mê klagen, daz im trôst unbekant ist, daz in trôst niht trœsten enmac, als der süeze wîn niht ensmacket dem siechen. Er sol klagen, als ich hie vorhin geschriben hân, daz er niht ganze entbildet enist der crêatûren und niht mit allem dem sînen îngebildet enist der güete.

Ouch sol ein mensche gedenken in sînem leide, daz got die wârheit sprichet und gelobet bî im selben, der wârheit. Entviele got sînem worte, sîner wârheit, er entviele sîner

stünde es ganz recht mit ihm, und er würde sicherlich im Leiden getröstet. Das ist gemeint, wenn Sankt Johannes sagt, daß das ›wahre Licht in die Finsternis leuchtet‹ ⟨Joh. 1,5⟩, und Sankt Paulus sagt, daß ›die Tugend in der Schwachheit vollbracht wird‹ ⟨2 Kor. 12,9⟩. Könnte der Dieb wahrhaft, völlig, lauter, gern, willig und fröhlich den Tod erleiden aus Liebe zur göttlichen Gerechtigkeit, in der und nach der Gott und seine Gerechtigkeit will, daß der Übeltäter getötet werde, sicherlich, er würde gerettet und selig.

Wieder ein andrer Trost ist: Man findet wohl niemand, der nicht jemand so gern leben sähe, daß er nicht willig für ein Jahr ein Auge entbehren oder blind sein wollte, wenn er hernach sein Auge wiederhaben und seinen Freund so von dem Tode erlösen könnte. Wenn demnach ein Mensch ein Jahr sein Auge entbehren wollte, um einen Menschen, der nach kurzen Jahren doch sterben muß, vor dem Tode zu retten, so soll er wohl billigerweise und bereitwilliger zehn oder zwanzig oder dreißig Jahre, die er vielleicht noch leben könnte, entbehren, auf daß er sich selbst für ewig selig machte und ewig Gott in seinem göttlichen Licht und in Gott sich selbst und alle Kreaturen schauen werde.

Wiederum ein anderer Trost: Einem guten Menschen, soweit er gut und allein von der Gutheit geboren und ein Abbild der Gutheit ist, dem ist alles das, was geschaffen und dies und das ist, unleidlich, eine Bitternis und etwas Schädliches. Und dies verlieren heißt daher Leid und Ungemach und Schaden loswerden und verlieren. Wahrlich, Leid verlieren ist ein echter Trost. Darum soll der Mensch keinen Schaden beklagen. Er soll vielmehr beklagen, daß ihm Trost unbekannt ist, daß Trost ihn nicht zu trösten vermag, so wie der süße Wein dem Kranken nicht schmeckt. Er soll beklagen, wie ich oben geschrieben habe, daß er der Kreaturen nicht gänzlich entbildet und nicht mit seinem ganzen Sein der Gutheit eingebildet ist.

Auch soll der Mensch in seinem Leide daran denken, daß Gott die Wahrheit spricht und bei sich selbst als der Wahrheit Verheißungen macht. Fiele Gott von seinem Wort, seiner

gotheit und enwære niht got, wan er ist sîn wort, sîn wârheit. Sîn wort ist, daz unser leit sol gewandelt werden in vröude. Sicherlîche, wiste ich vürwâr, daz alle mîne steine solten verwandelt werden in golt, ie mê ich danne steine hæte und grœzer, ie lieber mirz wære; jâ, ich erbæte steine und erwürbe sie, ob ich möhte, die grôz wæren und der vil; ie sie mê wæren und grœzer, ie sie mir lieber wæren. Alsô, sicherlîche würde der mensche krefticlîche getrœstet in allem sînem leide.

Noch ist ein anderz dem glîch: kein vaz enmac zweierleie trank in im gehaben. Sol ez wîn haben, man muoz von nôt wazzer ûzgiezen; daz vaz muoz blôz und îtel werden. Dar umbe, soltû götlîche vröude und got nemen, dû muost von nôt die crêatûren ûzgiezen. Sant *Augustînus* sprichet: »giuz ûz, daz dû ervüllet werdest. Lerne niht minnen, daz dû lernest minnen. Kêre dich abe, daz dû zuogekêret werdest«. Kürzlîche gesaget: allez, daz nemen sol und enpfenclich sîn, daz sol und muoz blôz sîn. Die *meister* sprechent: hæte daz ouge dekeine varwe in im, dâ ez bekennet, ez enbekente weder die varwe, die ez hæte, noch die, der ez niht enhæte; wan ez aber blôz ist aller varwen, dâ von bekennet ez alle varwe. Diu want hât varwe an ir, und dar umbe enbekennet si weder ir varwe noch kein ander varwe und enhât keinen lust von der varwe, niht mê von golde oder von lâsûre dan von kolvarwe. Daz ouge enhât ir niht und hât sie wærlîche, wan ez bekennet sie mit lust und mit wunne und mit vröude. Und dar nâch daz die krefte der sêle durnehtiger und vürbaz blôz sint, dar nâch nement sie mê durnehticlîcher und wîter, swaz sie nement, und enpfâhent wîter und hânt grœzer wunne und werdent mê ein mit dem, daz sie nement, alsô verre, daz diu oberste kraft der sêle, diu aller dinge blôz ist und mit nihte niht gemeine enhât, ennimet niht minner dan

Wahrheit, ab, so fiele er von seiner Gottheit ab und wäre nicht länger Gott, denn er *ist* sein Wort, seine Wahrheit. Sein Wort nun aber ist, daß unser Leid in Freude verwandelt werden soll ⟨vgl. Jer. 31,13⟩. Sicherlich, wüßte ich zuverlässig, daß alle meine Steine in Gold verwandelt werden sollten, je mehr Steine und je größere ich dann hätte, um so lieber wäre es mir; ja, ich bäte um Steine, und wenn ich könnte, erwürbe ich solche, die groß wären, und ihrer die Menge; je mehr ihrer wären und je größer, um so lieber wären sie mir. Auf solche Weise würde der Mensch gewiß kräftig getröstet in allem seinem Leide.

Noch ein Weiteres, dem Ähnliches: Kein Gefäß kann zweierlei Trank in sich fassen. Soll es Wein enthalten, so muß man notgedrungen das Wasser ausgießen; das Gefäß muß leer und ledig werden. Darum: sollst du göttliche Freude und Gott aufnehmen, so mußt du notwendig die Kreaturen ausgießen. Sankt Augustinus sagt: Gieß aus, auf daß du erfüllt werdest. Lerne *nicht* lieben, auf daß du lieben lernst. Kehre dich ab, auf daß du zugekehrt werdest. Kurz gesagt: Alles, was aufnehmen und empfänglich sein soll, das soll und muß leer sein. Die Meister sagen: Hätte das Auge irgendwelche Farbe in sich, wenn es wahrnimmt, so würde es weder die Farbe, die es hätte, noch eine solche, die es nicht hätte, wahrnehmen; weil es aber aller Farben bloß ist, deshalb erkennt es alle Farben. Die Wand hat Farbe an sich, und drum erkennt sie weder ihre eigene Farbe noch irgendwelche andere Farbe und hat keine Freude an der Farbe, nicht mehr am Gold oder an Lasur als an der Farbe der Kohle. Das Auge hat keine Farbe und hat sie doch im wahrsten Sinne, denn es erkennt sie mit Lust und mit Wonne und mit Freude. Und je vollkommener und reiner die Kräfte der Seele sind, um so vollkommener und umfassender nehmen sie das, was sie erfassen, auf und empfangen um so mehr und empfinden um so größere Wonne und werden um so mehr eins mit dem, was sie aufnehmen, und zwar in dem Maße, daß schließlich die oberste Kraft der Seele, die aller Dinge bloß ist und mit nichts etwas gemein hat, nicht weniger als Gott selbst in der

got selben in der wîte und vülle des wesens. Und bewîsent die *meister*, daz der einunge und dem durchvluzze und der wunne sich niht glîchen enmac an lust und an wunne. Dar umbe sprichet unser herre gar merklîche: ›sælic sint die armen in dem geiste‹. Arm ist der, der niht enhât. Arm in dem geiste daz meinet: als daz ouge arm und blôz ist der varwe und enpfenclich aller varwen, alsô der arm ist an dem geiste, der ist enpfenclich alles geistes, und aller geiste geist ist got. Vruht des geistes ist minne, vröude und vride. Blôz, arm, niht-hân, îtel-sîn wandelt die natûre; îtel machet wazzer ze berge ûfklimmen und vil anders wunders, dâ von man nû niht sprechen ensol.

Dar umbe, wiltû ganze vröude und trôst haben und vinden in gote, sô sich, daz dû blôz sîst aller crêatûren, alles trôstes von den crêatûren; wan sicherlîche, alle die wîle daz dich trœstet und trœsten mac diu crêatûre, sô envindest dû niemer rehten trôst. Sô dich aber niht trœsten enmac dan got, wærlîche, sô trœstet dich got und mit im und in im allez, daz wunne ist. Trœstet dich, daz got niht enist, sô enhâst dû weder hie noch dâ ⟨trôst⟩. Trœstet dich aber crêatûre niht und ensmacket dir niht, sô vindest dû beidiu hie und dâ trôst.

Möhte und künde der mensche einen becher zemâle îtel gemachen und îtel behalten von allem dem, daz vüllen mac, ouch luftes, âne zwîvel der becher verzige und vergæze aller sîner natûre, und îtelkeit trüege in ûf biz an den himel. Alsô treget blôz, arm und îtel aller crêatûren die sêle ûf ze gote. Ouch ziuhet ûf in die hœhe glîchnisse und hitze. Glîchnisse gibet man dem sune in der gotheit, hitze und minne dem heiligen geiste. Glîchnisse in allen dingen, sunderlîche mê und ze dem êrsten in götlîcher natûre, ist geburt des einen, und glîchnisse von einem, in einem und mit einem ist ein begin und ursprunc der blüejenden, hitzigen minne. Ein ist begin âne allen begin. Glîchnisse ist begin von dem einen

Weise und Fülle seines Seins aufnimmt. Und die Meister erweisen, daß dieser Einigung und diesem Durchfluß und dieser Wonne sich nichts an Lust und Wonne vergleichen kann. Darum sagt unser Herr gar bemerkenswert: ›Selig sind die Armen im Geiste‹ ⟨Matth. 5,3⟩. Arm ist der, der nichts hat. »Arm im Geiste«, das heißt: So wie das Auge bloß ist an Farbe und empfänglich für alle Farben, so ist der, der arm im Geiste ist, empfänglich für allen Geist, und aller Geister Geist ist Gott. Frucht des Geistes ist Liebe, Freude und Friede. Bloß, arm ⟨sein⟩, nichts haben, leer sein verwandelt die Natur; Leere macht Wasser bergauf steigen und noch manch anderes Wunder, wovon nun nicht gesprochen werden soll.

Darum: Willst du volle Freude und Trost haben und finden in Gott, so sieh zu, daß du ledig seist aller Kreaturen, allen Trostes von den Kreaturen; denn sicherlich, solange dich die Kreatur tröstet und zu trösten vermag, findest du niemals rechten Trost. Wenn dich aber nichts zu trösten vermag als Gott, wahrlich, so tröstet dich Gott und mit ihm und in ihm alles, was Wonne ist. Tröstet dich, was nicht Gott ist, so hast du weder hier noch dort Trost. Tröstet dich hingegen die Kreatur nicht und schmeckt sie dir nicht, so findest du sowohl hier wie dort Trost.

Wäre der Mensch imstande und könnte er einen Becher vollkommen leer machen und leer halten von allem, was zu füllen vermag, auch von Luft, der Becher würde zweifellos seine Natur verleugnen und vergessen, und die Leere trüge ihn hinauf bis zum Himmel. Ebenso trägt Bloß-, Arm- und Leer-Sein von allen Kreaturen die Seele auf zu Gott. Auch zieht Gleichheit und Hitze hinauf in die Höhe. Gleichheit eignet man in der Gottheit dem Sohne zu, Hitze und Liebe dem Heiligen Geist. Gleichheit in allen Dingen, insbesondere aber und zum ersten mehr noch in göttlicher Natur, ist Geburt des Einen, und Gleichheit von dem Einen, in dem Einen und mit dem Einen ist Beginn und Ursprung der blühenden, feurigen Liebe. Das Eine ist Beginn ohne allen Beginn. Gleichheit ist Beginn von dem Einen allein und

aleine und nimet, daz ez ist und daz ez begin ist, von dem und in dem einen. Minne hât von ir natûre, daz si vliuzet und urspringet von zwein als ein. Ein als ein engibet niht minne, zwei als zwei engibet niht minne; zwei als ein gibet von nôt natiurlîche, williclîche, hitzige minne.

Nû sprichet *Salomôn*, daz alliu wazzer, daz ist alle crêatûren, vliezent und loufent wider in irn begin. Dar umbe sô ist von nôt wâr, als ich gesprochen hân: glîchnisse und hitzige minne ûfziuhet und leitet und bringet die sêle in den êrsten ursprunc des einen, daz ›vater‹ ist ›aller‹ ›in dem himel und in der erde‹. Sô spriche ich danne, daz glîchnisse, geborn von einem, ziuhet die sêle in got, als er ist ein in sîner verborgenen einunge, wan daz meinet ein. Des hân wir ein offenbâr angesiht: sô daz lîplîche viur enbrennet daz holz, ein vunke enpfæhet des viures natûre und wirt glîch dem lûtern viure, daz âne allez mittel haftet unden an dem himel. Alzehant vergizzet und verzîhet er vater und muoter, bruoder und swester ûf der erde und jaget ûf an den himelschen vater. Vater hie niden des vunken ist daz viur, muoter sîniu ist daz holz, bruoder und swester sîn sint die andern vunken; der enbeitet daz êrste vünkelîn niht. Ez jaget ûf snelliclîchen ze sînem rehten vater, daz der himel ist; wan, swer bekennet die wârheit, der weiz wol, daz daz viur niht enist ein reht, wâr vater des vunken, als ez viur ist. Der rehte, wâre vater des vunken und alles viuriges ist der himel. Noch ist daz gar sêre ze merkenne, daz diz vünkelîn niht aleine læzet und vergizzet vater und muoter, bruoder und swester ûf ertrîche; mêr ez læzet und vergizzet und verzîhet ouch sîn selbes von minne ze komenne ze sînem rehten vater, dem himel, wan ez muoz von nôt verleschen in der kelte der luft; doch wil ez bewîsen natiurlîche minne, die ez ze sînem wâren, himelschen vater hât.

Und als vor ist gesaget von îtelkeit oder blôzheit, daz, nâch dem als diu sêle durnehtiger, blœzer und ermer ist und

empfängt dies, daß sie ist und daß sie Beginn ist, von und in dem Einen. Die Liebe hat dies von Natur aus, daß sie von Zweien ausfließt und entspringt. Eins als Eins ergibt keine Liebe. Zwei als Zwei ergibt ebenfalls keine Liebe; Zwei als Eins, dies ergibt naturgemäße, drangvolle, feurige Liebe.

Nun sagt Salomon, daß alle Wasser, das heißt alle Kreaturen, in ihren Ursprung fließen und zurücklaufen ⟨Pred. 1,7⟩. Darum ist es notwendig wahr, wie ich gesagt habe: Gleichheit und feurige Liebe ziehen hinauf und führen und bringen die Seele in den ersten Ursprung des Einen, das ›Vater aller‹ ist ›im Himmel und auf Erden‹ ⟨vgl. Ephes. 4,6⟩. So sage ich denn, daß Gleichheit, geboren vom Einen, die Seele in Gott zieht, wie er das Eine ist in seiner verborgenen Einung, denn das ist mit Eins gemeint. Dafür haben wir ein sichtbares Anschauungsbild: Wenn das materielle Feuer das Holz entzündet, so empfängt ein Funke Feuersnatur und wird dem lauteren Feuer gleich, das ganz unmittelbar unten am Himmel haftet. Sofort vergißt und gibt er auf Vater und Mutter, Bruder und Schwester auf Erden und jagt hinauf zum *himmlischen* Vater. Vater des Funkens hienieden ist das Feuer, seine Mutter ist das Holz, seine Brüder und Schwestern sind die anderen Funken; auf sie wartet das erste Fünklein nicht. Es jagt schnell hinauf zu seinem rechten Vater, welches der Himmel ist; denn, wer die Wahrheit erkennt, der weiß wohl, daß das Feuer, sofern es Feuer ist, nicht ein rechter, wahrer Vater des Funkens ist. Der rechte, wahre Vater des Funkens und alles Feuerartigen ist der Himmel. Und fürder ist dies noch gar sehr zu beachten, daß dieses Fünklein nicht allein Vater und Mutter, Bruder und Schwester auf Erden verläßt; vielmehr verläßt, vergißt und verleugnet es auch sich selbst aus Liebesdrang, zu seinem rechten Vater, dem Himmel, zu kommen, denn es muß notgedrungen erlöschen in der Kälte der Luft; gleichviel will es die natürliche Liebe, die es zu seinem wahren, himmlischen Vater hat, bekunden.

Und wie vorhin vom Leer-Sein oder Bloß-Sein gesagt wurde, daß die Seele, je lauterer, entblößter und ärmer sie ist

minner hât der crêatûren und îteler ist aller dinge, diu niht got ensint, dar nâch nimet si got lûterlîcher und mê in gote und wirt vürbaz ein mit gote und sihet in got und got in sie von antlütze ze antlütze als in einem bilde überbildet, als sant *Paulus* sprichet, alsô spriche ich nû von glîchnisse und von der minne hitze: wan nâch dem, daz iht dem andern glîcher ist, dar nâch jaget ez mê dar zuo und ist sneller und ist im sîn louf süezer und wünniclîcher; und ie ez verrer kumet von im selben und von allem dem, daz jenez niht enist, dâ ez zuo jaget, und ie unglîcher ⟨ez wirt⟩ im selben und allem dem, daz jenez niht enist, dar nâch wirt ez ie glîcher dem, dar zuo ez jaget. Und wan glîchnisse vliuzet von dem einen und ziuhet und locket von der kraft und in der kraft des einen, dar umbe engestillet noch engenüeget niht noch dem, daz dâ ziuhet, noch dem, daz dâ gezogen wirt, biz daz sie in ein vereinet werdent. Dar umbe sprach unser herre in dem wîssagen *Isaias* und meinte, daz kein hôch glîchnisse und kein vride der minne engenüeget mir, biz daz ich selbe in mînem sune erschîne und ich selbe in der minne des heiligen geistes enbrant und enzündet wirde. Und unser herre bat sînen vater, daz wir mit im und in im ein würden, niht aleine vereinet. Dirre rede und dér wârheit hân wir ein offenlich bilde und bewîsunge in der natûre, ouch ûzerlîche: swenne daz viur würket und enzündet und enbrennet daz holz, sô machet daz viur alsô kleine daz holz und im selben unglîch und benimet im gropheit, kelte, swærheit und wezzericheit und machet daz holz im selben, dem viure, glîch mê und mê; doch gestillet noch geswîget noch genüeget niemer weder viure noch holze an keiner wermde noch hitze noch glîchnisse, biz daz viur gebirt sich selben in daz holz und gibet im sîne eigen natûre und ouch ein wesen sîn selbes, alsô daz allez ein viur glîche eigen ist, ungescheiden, weder minner noch mê. Und dar umbe, ê diz her zuo kome, sô ist dâ iemer ein rouch, ein widerkriec, ein prasteln, ein arbeit und ein strît

und je weniger Kreaturen sie hat und je leerer an allen Dingen sie ist, die Gott nicht sind, um so reiner Gott und um so mehr in Gott erfaßt und mehr eins mit Gott wird und in Gott schaut und Gott in sie von Antlitz zu Antlitz, wie in einem Bilde überbildet, wie Sankt Paulus sagt – ganz so sage ich's nun auch von der Gleichheit und vom Feuer der Liebe: denn, in dem Maße, in dem etwas einem andern mehr gleicht, in dem Maße jagt es zu diesem hin, ist es schneller und ist ihm sein Lauf beglückender und wonnevoller; und je weiter es von sich selbst und von allem dem wegkommt, was jenes nicht ist, zu dem es hinjagt, und je ungleicher es sich selbst und allem dem wird, was jenes nicht ist, in dem Maße wird es beständig dem gleicher, zu dem es hinjagt. Und da Gleichheit aus dem Einen fließt und durch die Kraft und in der Kraft des Einen zieht und lockt, drum wird Ruhe noch Genüge weder dem, das zieht, noch dem, das gezogen wird, bis daß sie in Eins vereint werden. Darum sagt unser Herr im Propheten Jesaia dem Sinne nach: daß keine hohe Gleichheit und kein Friede der Liebe mir genügt, bis daß ich selbst in meinem Sohne offenbar werde und ich selbst in der Liebe des Heiligen Geistes entbrannt und entzündet werde 〈vgl. Is. 62,1〉. Und unser Herr bat seinen Vater, daß wir mit ihm und in ihm Eins würden, nicht nur vereint. Für dieses Wort und diese Wahrheit haben wir ein sichtbares Bild und ein anschauliches Zeugnis auch äußerlich in der Natur. Wenn das Feuer seine Wirkung tut und das Holz entzündet und in Brand setzt, so macht das Feuer das Holz ganz fein und ihm selbst ungleich und benimmt ihm Grobheit, Kälte, Schwere und Wässerigkeit und macht das Holz sich selbst, dem Feuer, mehr und mehr gleich; jedoch beruhigt, beschwichtigt noch begnügt sich je weder Feuer noch Holz bei keiner Wärme, Hitze oder Gleichheit, bis daß das Feuer sich selbst in das Holz gebiert und ihm seine eigene Natur und sein eigenes Sein übermittelt, so daß es alles *ein* Feuer ist, beiden gleich eigen, unterschiedslos ohne Mehr oder Weniger. Und deshalb gibt es, bis es dahin kommt, immer ein Rauchen, Sich-Bekämpfen, Prasseln, Mühen und Streiten zwischen

zwischen viure und holze. Sô aber alliu unglîcheit wirt benomen und abegeworfen, sô gestillet daz viur und geswîget daz holz. Und ich spriche mê in der wârheit, daz diu verborgen kraft der natûre hazzet verborgenlîche glîchnisse, als verre ez in im treget underscheit und zweiunge, und suochet in im daz ein, daz si in im und durch ez selbe aleine minnet, als der munt in dem und an dem wîne suochet und minnet den smak oder die süezicheit. Hæte wazzer den smak, den der wîn hât, sô minnete der munt den wîn niht mê dan daz wazzer.

Und dar umbe hân ich gesprochen, daz diu sêle in glîchnisse hazzet und enminnet niht glîchnisse als in ir und durch sie, sunder si minnet sie durch daz ein, daz in ir verborgen ist und wâr ›vater‹ ist, ein begin âne allen begin, ›aller‹ ›in himel und in erde‹. Und dar umbe spriche ich: alle die wîle daz noch glîchnisse wirt vunden und erschînet zwischen viure und holze, sô enist niemer wârer lust noch swîgen noch rast noch genüegede. Und dar umbe sprechent die *meister*: gewerden des viures ist mit widerkriege, mit andunge und unruowe und in der zît; aber geburt des viures und lust ist sunder zît und sunder verre. Lust und vröude endünket nieman lanc noch verre. Allez, daz ich nû gesprochen hân, daz meinet, daz unser herre sprichet: ›sô diu vrouwe gebirt daz kint, sô hât si leit und pîn und trûricheit; sô aber daz kint geborn ist, sô vergizzet si leides und pîn‹. Dar umbe sprichet ouch und manet uns got in dem êwangeliô, daz wir biten den himelschen vater, daz unser vröude volkomen werde, und sant *Philippus* sprach: ›herre, wîse uns den vater, sô benüeget uns‹; wan vater meinet geburt und niht glîchnisse und meinet daz ein, in dem geswîget glîchnisse und ist gestillet allez, daz begirde ze wesene hât.

Nû mac der mensche offenlîche bekennen, war umbe und wâ von er ungetrœstet ist in allem sînem leide, ungemache und schaden. Daz kumet alles und aleine dâ von, daz er verre von gote ist und niht ledic der crêatûre, gote unglîch und kalt an götlîcher minne.

Feuer und Holz. Wenn aber alle Ungleichheit weggenommen und abgelegt ist, so wird das Feuer still und schweigt das Holz. Und ich sage weiterhin wahrheitsgemäß, daß die verborgene Kraft der Natur im geheimen die Gleichheit, insoweit sie Unterschiedenheit und Zweiung in sich trägt, haßt und in ihr das Eine, das sie in ihr und allein um seiner selbst willen liebt, sucht, so wie der Mund im und am Weine den Geschmack oder die Süßigkeit sucht und liebt. Wenn Wasser den Geschmack, den der Wein hat, besäße, so würde der Mund den Wein nicht mehr als das Wasser lieben.

Und aus diesem Grunde habe ich gesagt, daß die Seele in der Gleichheit die Gleichheit haßt und sie nicht an sich und um ihrer selbst willen liebt; sie liebt sie vielmehr um des Einen willen, das in ihr verborgen ist und wahrer ›Vater‹ ist, ein Beginn ohne jeden Beginn, ›aller‹ ›im Himmel und auf Erden‹. Und darum sage ich: Solange noch Gleichheit zwischen Feuer und Holz gefunden wird und in Erscheinung tritt, gibt es nimmer wahre Lust noch Schweigen, noch Rast, noch Genügen. Und darum sagen die Meister: Das Werden des Feuers vollzieht sich mit Widerstreit, mit Erregung und Unruhe und in der Zeit; die Geburt des Feuers aber und die Lust ist ohne Zeit und ohne Ferne. Lust und Freude dünkt niemand lang noch fern. Alles, was ich nun gesagt habe, meint unser Herr, da er spricht: ›Wenn die Frau das Kind gebiert, so hat sie Leid und Pein und Traurigkeit; wenn aber das Kind geboren ist, so vergißt sie Leid und Pein‹ 〈Joh. 16,21〉. Darum sagt auch und ermahnt uns Gott im Evangelium, daß wir den himmlischen Vater bitten, daß unsere Freude vollkommen werde, und Sankt Philippus sprach: ›Herr, weise uns den Vater, so genügt es uns‹ 〈Joh. 14,8〉; denn »Vater« besagt Geburt und nicht Gleichheit und besagt das Eine, in dem die Gleichheit zum Schweigen kommt und alles still wird, was Begierde nach Sein hat.

Nun kann der Mensch offen erkennen, warum und woher er in allem seinem Leide, Ungemach und Schaden ungetröstet ist. Das kommt stets und nur daher, daß er fern von Gott ist und nicht ledig der Kreatur, Gott ungleich und kalt an göttlicher Liebe.

Noch ist aber ein ander sache; swer die merken und bekennen wölte, sô würde er billîche getrœstet an ûzerlîchem schaden und leide.

Ein mensche vert einen wec oder tuot ein werk oder læzet ein ander werk, sô geschihet im ein schade: er brichet ein bein, einen arm oder verliuset ein ouge, oder er wirt siech. Wil er danne alles gedenken: hætest dû einen andern wec gevarn oder ein ander werk getân, sô enwære dir daz niht beschehen, sô blîbet er ungetrœstet und wirt von nôt leidic. Und dar umbe sol er gedenken: wærest dû einen andern wec gevarn oder hætest dû ein ander werk getân oder gelâzen, dir wære vil lîhte ein vil grœzer schade und leit beschehen; und sô würde er billîche getrœstet.

Noch setze ich aber ein anderz: dû hâst verlorn tûsent mark, sô soltû niht klagen die tûsent mark, die verlorn sint. Dû solt gote danken, der dir hât gegeben tûsent mark, die dû verliesen mohtest, und ouch læzet dich durch die tugent der gedult üeben êwic leben verdienen, daz manic tûsent menschen niht enhânt.

Noch aber ein anderz, daz den menschen getrœsten mac. Ich setze, daz ein mensche hât êre und gemach besezzen manic jâr und verliuset daz nû von gotes verhencnisse; sô sol der mensche wîslîche gedenken und gote danken. Sô er des schaden gewar wirt und des ungemaches, daz er nû hât, sô allerêrst weiz er, waz nutzes und gemaches er vor hâte, und sol gote danken des gemaches, des er sô manic jâr sich hât genietet und nie rehte bekante, daz im sô wol was, und enzürne niht. Er sol gedenken, daz der mensche nâch natiurlîcher wârheit niht von im selben enhât dan bôsheit und gebresten. Allez, daz guot ist und güete, daz hât im got gelihen und niht gegeben. Wan, swer bekennet wârheit, der weiz, daz got, der himelsche vater, dem sune und dem heiligen geiste gibet allez, daz guot ist; aber der crêatûre

Noch aber gibt's etwas anderes: wer das beachten und erkennen wollte, der würde zu Recht getröstet bei äußerem Schaden und Leid.

Ein Mensch zieht einen Weg hin oder verrichtet ein Werk oder unterläßt ein anderes, und dabei widerfährt ihm ein Schaden: er bricht ein Bein, einen Arm oder verliert ein Auge, oder er wird krank. Will er dann beständig denken: Wärest du einen andern Weg gezogen oder hättest du ein anderes Werk verrichtet, so wäre dir das nicht widerfahren, so bleibt er ungetröstet und wird notwendig leidbedrückt. Und deshalb soll er denken: Wärest du einen andern Weg gezogen oder hättest du ein anderes Werk verrichtet oder unterlassen, so wäre dir leichtlich ein viel größerer Schaden und Kummer widerfahren; und auf solche Weise würde er zu Recht getröstet.

Und wieder ein anderes will ich annehmen: Du hast tausend Mark verloren; dann sollst du nicht die tausend Mark beklagen, die verloren sind. Du sollst Gott danken, der dir tausend Mark gegeben hat, die du verlieren konntest, und der dich durch die Übung der Tugend der Geduld das ewige Leben verdienen läßt, was vielen tausend Menschen nicht vergönnt ist.

Noch ein Weiteres, was den Menschen trösten kann: Ich setze den Fall, daß ein Mensch Ehre und Gemach manches Jahr besessen hat und dies nun durch Gottes Fügung verliert; so soll der Mensch sich weise bedenken und Gott danken. Wenn er des Schadens und des Ungemachs, das er nun hat, inne wird, dann weiß er erst, wieviel Vorteil und Geborgenheit er vorher hatte, und er soll Gott danken für die Geborgenheit, die er so manches Jahr genoß, ohne doch je recht zu erkennen, daß er wohl daran war, und er grolle nicht. Er soll bedenken, daß der Mensch seinem natürlichen Sein nach von sich selbst nichts als Bosheit und Gebresten hat. Alles, was gut und Gutheit ist, das hat ihm Gott geliehen und nicht zu eigen gegeben. Denn wer die Wahrheit erkennt, der weiß, daß Gott, der himmlische Vater, dem Sohn und dem Heiligen Geiste alles, was gut ist, übergibt; der Kreatur

engibet er kein guot, sunder er verlîhet ez ir ze borge. Diu sunne gibet dem lufte hitze, aber lieht gibet si im ze borge; und dar umbe, alzehant sô diu sunne undergât, sô verliuset der luft daz lieht, aber diu hitze blîbet im, wan diu ist dem lufte gegeben alsam ze eigene. Und dar umbe sprechent die *meister*, daz got, der himelsche vater, ist des sunes vater und niht herre, noch des heiligen geistes herre. Aber got-vater-sun-und-heiliger-geist ist ein herre und ein herre der crêatûren, und sprechen wir, daz got was êwiclîche vater; aber mit der zît, dô er geschuof die crêatûren, sô ist er herre.

Nû spriche ich: sît dem mâle dem menschen allez daz, daz guot oder trœstlich oder zîtlich ist, im ze borge gelihen ist, waz hât er danne ze klagenne, sô, der ez im gelihen hât, ez wider nemen wil? Er sol gote danken, der ez im verlihen hât sô lange. Ouch sol er im danken, daz er im ez alzemâle niht wider ennimet, daz er im hât verlihen; und wære ouch billich, daz got allez daz, daz er im gelihen hât, wider næme, sô der mensche zürnet umbe daz, daz er im des ein teil nimet, daz doch sîn nie enwart und des er nie herre enwart. Und dar umbe sprichet gar wol *Jeremias*, der wîssage, dô er was in grôzem lîdenne und klagenne: manicvaltic sint gotes barmherzicheit, daz wir niht alzemâle ze nihte werden. Swer mir hæte gelihen sînen rok, kürsen und mantel, næme der wider sînen mantel und lieze mir den rok und die kürsen in dem vroste, ich solte im vil billîche danken und vrô sîn. Und sol man daz sunderlîche merken, wie grœzlîche unreht ich hân, sô ich zürne und klage, swanne ich iht verliuse; wan, als ich wil, daz daz guot, daz ich hân, sî mir gegeben und niht gelihen, sô wil ich herre sîn und wil gotes sun natiurlîche sîn und volkomen und enbin doch noch niht gotes sun von gnâden; wan eigenschaft gotes sunes und des heiligen geistes ist: sich glîche halten in allen dingen.

Ouch sol man wizzen, daz âne zwîvel ouch natiurlîchiu menschlîchiu tugent sô edel und sô kreftic ist, daz ir kein

aber *gibt* er kein Gut, sondern er leiht es ihr nur auf Borg. Die Sonne gibt der Luft Wärme, Licht aber gibt sie ihr auf Borg; und darum: sobald die Sonne untergeht, so verliert die Luft das Licht, die Wärme aber bleibt ihr, denn die ist der Luft als zu eigen gegeben. Und darum sagen die Meister, daß Gott, der himmlische Vater, des Sohnes Vater und nicht Herr noch auch des Heiligen Geistes Herr ist. Aber Gott-Vater-Sohn-und-Heiliger-Geist ist ein Herr, und zwar ein Herr der Kreaturen. Und wir sagen, daß Gott ewig Vater war; aber von dem Zeitpunkt an, da er die Kreatur schuf, ist er Herr.

Nun sage ich: Sintemalen dem Menschen alles das, was gut oder tröstlich oder zeitlich ist, auf Borg geliehen ist, was hat er dann zu klagen, wenn der, der es ihm geliehen hat, es zurücknehmen will? Er soll Gott danken, der es ihm so lange geliehen hat. Auch soll er ihm danken, daß er es ihm nicht insgesamt wieder wegnimmt, was er ihm geliehen hat; und es wäre doch auch nur billig, daß Gott ihm alles das, was er ihm geliehen hat, wieder wegnähme, wenn der Mensch zornig wird darüber, daß er ihm einen Teil dessen, was nie sein und dessen Herr er nie ward, wieder nimmt. Und darum spricht Jeremias, der Prophet, ganz recht, da er in großem Leiden und Klagen war: ›Mannigfaltig sind Gottes Erbarmungen, daß wir nicht gänzlich zunichte werden!‹ 〈Jer. 3,22〉. Wenn einer, der mir seinen Rock, Pelzrock und Mantel geliehen hätte, seinen Mantel zurücknähme und mir den Rock und den Pelzrock im Froste ließe, so sollte ich ihm sehr zu Recht danken und froh sein. Und man soll insonderheit erkennen, wie sehr ich unrecht habe, wenn ich zürne und klage, so ich irgend etwas verliere; denn, wenn ich will, daß das Gute, das ich habe, mir zu eigen gegeben und nicht nur geliehen sei, so will ich Herr sein und will Gottes Sohn von Natur und in vollkommenem Sinne sein und bin doch noch nicht einmal Gottes Sohn von Gnaden; denn Eigenschaft des Sohnes Gottes und des Heiligen Geistes ist es, sich gleich zu verhalten in allen Dingen.

Auch soll man wissen, daß zweifellos schon natürliche menschliche Tugend so edel und kräftig ist, daß ihr kein

ûzerlîchez werk ze swære ist noch grôz genuoge, daz si sich dar ane und dar inne bewîsen müge und sich darîn bilden. Und dar umbe ist ein inner werk, daz noch zît noch stat besliezen noch begrîfen enmac, und in dem selben ist, waz götlich und gote glîch ist, den noch zît noch stat besliuzet – er ist allenthalben und alle zît glîche gegenwertic – und ⟨ist⟩ ouch dar ane gote glîch, den kein crêatûre volkomenlîche enpfâhen mac, noch gotes güete enmac in sich bilden. Und dâ von sô muoz etwaz innigers und hœhers sîn und ungeschaffen, âne mâze und âne wîse, dâ sich der himelsche vater ganze înbilden und îngiezen und bewîsen müge: daz sint der sun und der heilige geist. Ouch enmac daz inner werk der tugent als wênic ieman gehindern, als man got niht hindern enmac. Daz werk glenzet und liuhtet tac und naht. Ez lobet und singet gotes lop und einen niuwen gesanc, als *Dâvît* sprichet: ›singet gote einen niuwen sanc‹. Des lop ist von der erde, und daz werk enminnet got niht, daz ûzer, daz zît und stat besliuzet, daz enge ist, daz man hindern mac und betwingen, daz müede wirt und alt von zît und von üebunge. Diz werk ist got minnen, guot und güete wellen, dâ allez daz, daz der mensche wil und wölte tuon mit lûterm ganzen willen in allen guoten werken, hât iezent getân, dar ane ouch glîch gote, von dem schrîbet *Dâvît*: allez, daz er wolte, daz hât er iezent getân und geworht.

Dirre lêre hân wir ein offenbâre bewîsunge an dem steine: des ûzer werk ist, daz er nider valle und lige ûf der erde. Daz werk mac gehindert werden, und envellet er niht alle zît noch âne underlâz. Ein ander werk ist noch inniger dem steine, daz ist neigunge niderwert, und daz ist im anegeborn; daz enkan im noch got noch crêatûre benemen noch nieman. Daz werk würket der stein âne underlâz tac und naht. Daz er tûsent jâr dâ obenân læge, er enneigete weder minner noch mê dan in dem êrsten tage.

äußeres Werk zu schwer noch groß genug ist, sich daran und darin erweisen und sich darein einformen zu können. Und darum gibt es ein inneres Werk, das weder Zeit noch Raum umschließen noch umfassen kann, und in demselben ist etwas, das göttlich und Gott gleich ist, den ⟨ja ebenfalls⟩ weder Zeit noch Raum umschließt – er ist allenthalben und allzeit gleich gegenwärtig –, und es ist auch darin Gott gleich, daß ihn keine Kreatur vollkommen in sich aufzunehmen noch Gottes Gutheit in sich einzuformen vermag. Und deshalb muß es etwas Innerliches und Höheres und Ungeschaffenes geben, ohne Maß und ohne Weise, in das der himmlische Vater sich ganz einzuprägen und einzugießen und in dem er sich zu offenbaren vermag: das sind der Sohn und der Heilige Geist. Auch vermag jemand das innere Werk der Tugend so wenig zu hindern, wie man Gott hindern kann. Das Werk glänzt und leuchtet Tag und Nacht. Es lobt und singt Gottes Lob und einen neuen Gesang, wie David spricht: ›Singet Gott einen neuen Gesang‹ ⟨Ps. 95,1⟩. *Dessen* Lob ist irdisch, und *das* Werk liebt Gott nicht, das äußerlich ist, das Zeit und Raum umschließt, das eng ist, das man hindern und bezwingen kann, das müde wird und alt durch Zeit und Ausübung. Jenes Werk aber ist: Gott lieben, ist Gutes und die Gutheit wollen, wobei der Mensch alles das, was er mit lauterem und ganzem Willen in allen guten Werken tun will und tun möchte, damit bereits jetzt getan hat, auch darin Gott gleichend, von dem David schreibt: ›Alles, was er wollte, das hat er jetzt getan und gewirkt‹ ⟨Ps. 134,6⟩.

Für diese Lehre haben wir ein anschauliches Zeugnis am Steine: dessen äußeres Werk ist es, daß er niederfällt und auf der Erde aufliegt. *Dieses* Werk kann gehindert werden, und er fällt nicht jederzeit noch ohne Unterlaß. Ein anderes Werk aber ist dem Stein noch inniger: das ist die Neigung niederwärts, und dies ist ihm angeboren: das kann ihm weder Gott noch Kreatur noch irgendwer benehmen. Dies Werk wirkt der Stein ohne Unterlaß Tag und Nacht. Und wenn er tausend Jahre da oben läge, er würde nicht weniger noch mehr niederwärts neigen als am ersten Tage.

Rehte alsô spriche ich von der tugent, daz si hât ein innigez werk: wellen und neigen ze allem guoten und îlen und wider kriegen von allem dem, daz bœse und übel ist, güete und gote unglîch. Und ie daz werk bœser ist und gote unglîcher, ie der widerkriec grœzer ist; und ie daz werk grœzer ist und gote glîcher, ie ir daz werk lîhter, williger und lustiger ist. Und alliu ir klage und leit ist, ob leit in sie gevallen möhte, daz diz lîden durch got alze kleine ist und al ûzer werk in der zît alze kleine, daz si sich niht ganze eröugen noch volle bewîsen noch darîn bilden enmac. Sich üebende wirt si kreftic, und von milte wirt si rîche. Si enwölte niht geliten noch überliten hân leit und lîden; si wil und wölte alle zît âne underlâz lîden durch got und durch woltât. Alliu ir sælicheit ist lîden, niht geliten-hân, durch got. Und dar umbe sprichet unser herre gar merklîche: ›sælic sint, die dâ lîdent durch die gerehticheit‹. Er ensprichet niht: ›die geliten hânt‹. Ein solich mensche hazzet geliten-hân, wan geliten-hân enist niht lîden, daz er minnet; ez ist ein vürganc und ein verlust lîdennes durch got, daz er aleine minnet. Und dar umbe spriche ich, daz ein solich mensche ouch hazzet noch-lîden-suln, wan daz ouch niht lîden enist. Doch hazzet er minner lîden-suln dan geliten-hân, wan geliten-hân ist verrer und unglîcher lîdenne, wan ez zemâle vergangen ist. Daz man aber lîden sol, daz enbenimet niht alzemâle lîden, daz er minnet.

Sant *Paulus* sprichet, daz er gotes durch got enbern wolte, umbe daz gotes êre gebreitert würde. Man sprichet, daz sant *Paulus* diz spræche in der zît, dô er noch niht volkomen enwas. Ich wæne aber, daz diz wort kæme von einem volkomenen herzen. Man sprichet ouch, daz er meinte, daz er eine wîle von gote wolte gescheiden sîn. Ich spriche, daz ein volkomen mensche als ungerne wölte sich von gote scheiden

Genauso sage ich von der Tugend, sie habe ein *inneres* Werk: ein Streben und Neigen zu allem Guten und ein Fliehen und Widerstreben weg von allem dem, was böse und übel ist, der Gutheit und Gott ungleich. Und je böser das Werk ist und Gott unähnlicher, um so größer ist das Widerstreben; und je bedeutender und Gott ähnlicher das Werk ist, um so leichter, lieber und lustvoller ist ihr das Werk. Und ihre ganze Klage und ihr Leid ist es – dafern Leid sie überhaupt befallen kann –, daß dieses Leiden um Gottes willen und alles äußere Werk in der Zeit viel zu klein ist, als daß sie sich ganz darin offenbaren und voll erweisen und darin erbilden kann. Durch Übung wird sie kräftig, und durch Freigebigkeit wird sie reich. Sie möchte nicht Leid und Leiden schon gelitten und überstanden haben; sie will und möchte allzeit ohne Unterlaß leiden um Gottes und des Wohltuns willen. Ihre ganze Seligkeit liegt im Leiden, nicht im Gelitten-Haben, um Gottes willen. Und darum sagt unser Herr gar beherzigenswert: ›Selig sind, die da leiden um der Gerechtigkeit willen‹ 〈Matth. 5,10〉. Er sagt nicht: »die gelitten haben«. Ein solcher Mensch haßt das Gelitten-Haben, denn Gelitten-Haben ist nicht das Leiden, das er liebt; es ist ein Überschreiten und ein Verlust des Leidens um Gottes willen, das er allein liebt. Und darum sage ich, daß ein solcher Mensch auch das Erst-noch-leiden-Werden haßt, denn auch das ist nicht Leiden. Indessen haßt er weniger das Leiden-Werden als das Gelitten-Haben, denn das Gelitten-Haben ist dem Leiden ferner und unähnlicher, da es gänzlich vergangen ist. Wenn aber jemand erst noch leiden *wird*, so beraubt ihn dies nicht völlig des Leidens, das er liebt.

Sankt Paulus sagt, daß er um Gottes willen Gott entbehren wolle 〈Röm. 9,3〉, auf daß Gottes Ehre gemehrt würde. Man sagt, Sankt Paulus habe dies in der Zeit geäußert, da er noch nicht vollkommen war. Ich hingegen meine, daß dies Wort aus einem vollkommenen Herzen kam. Man sagt auch, er habe gemeint, daß er nur für eine Weile von Gott geschieden sein wollte. Ich aber sage, daß ein vollkommener Mensch sich gleich ungern für eine Stunde wie für

eine stunde als tûsent jâr. Doch, wære ez gotes wille und gotes êre, daz er gotes enbære, sô wære im als lîht tûsent jâr oder joch êwiclîche als ein tac, ein stunde.

Ouch ist daz inner werk dar ane götlich und gotvar und smacket götlîche eigenschaft, daz, ze glîcher wîse alsam alle crêatûren, ob joch tûsent werlte wæren, eines hâres breite niht bezzer enist dan got eine, alsô spriche ich und hân ez dâ vor gesaget, daz diz ûzer werk noch sîn menge noch sîn grœze noch sîn lenge noch sîn wîte niht alzemâle mêret die güete des innern werkes; ez hât sîne güete in im selben. Dar umbe enkan daz ûzer werk niemer kleine gesîn, ob daz inner grôz ist, und daz ûzer enmac niemer grôz sîn noch guot, ob daz inner kleine oder niht enist wert. Daz inner werk hât in im beslozzen alle zît alle grœze, alle wîte und lenge. Daz inner werk nimet und schepfet allez sîn wesen niergen dan von und in gotes herzen; ez nimet den sun und wirt sun geborn in des himelschen vaters schôze; daz ûzer werk niht alsô, sunder ez nimet sîne götlîche güete mittels des innigen werkes, ûzgetragen und ûzgegozzen in einem nidervalle der gekleideten gotheit mit underscheide, mit menge, mit teile, daz allez und dem glîch und ouch glîchnisse selbe gote verre und vremde sint. Sie haftent und behaftent und gestillent in dem, daz guot ist, daz erliuhtet ist, daz crêatûre ist, blint alzemâle güete und liehtes in in selben und des einen, in dem got gebirt sînen eingebornen sun und in im alle, die gotes kint sint, geborn süne. Dâ ist ûzvluz und ursprunc des heiligen geistes, von dem aleine, alsam er gotes geist und geist got selber ist, enpfangen wirt der sun in uns, und ist ûzvluz von allen den, die gotes süne sint, nâch dem, daz sie minner oder mê lûterlîche von gote aleine geborn sint, nâch gote und in gote überbildet und entriuwet aller menge, der man doch und noch vindet in den obersten engeln natiurlîche, noch, der ez

tausend Jahre von Gott trennen möchte. Wäre es jedoch Gottes Wille und Gottes Ehre, daß er Gott entbehrte, so fielen ihm tausend Jahre oder gar die Ewigkeit so leicht wie ein Tag, eine Stunde.

Auch ist das innere Werk darin göttlich und gottartig und verrät göttliche Eigenheit, daß, gleichwie alle Kreaturen, selbst wenn es tausend Welten gäbe, nicht um Haaresbreite den Wert Gottes allein übersteigen würden – so sage ich und habe es schon vorhin gesagt, daß jenes äußere Werk, sein Umfang und seine Größe, seine Länge und seine Weite um ganz und gar nichts die Gutheit des inneren Werkes mehrt; es hat seine Gutheit in sich selbst. Darum kann das äußere Werk niemals klein sein, wenn das innere groß ist, und das äußere niemals groß oder gut, wenn das innere klein oder nichts wert ist. Das innere Werk hat allzeit Größe, alle Weite und Länge in sich beschlossen. Das innere Werk nimmt und schöpft sein ganzes Sein nirgends als von und in Gottes Herzen; es nimmt den Sohn und wird als Sohn geboren in des himmlischen Vaters Schoß. Nicht so das äußere Werk: vielmehr empfängt dies seine göttliche Gutheit vermittels des inneren Werkes als ausgetragen und ausgegossen in einem Abstieg der mit Unterschied, mit Menge, mit Teil umkleideten Gott*heit*: dies alles aber und dem ähnliches, wie auch die Gleichheit selbst, sind *Gott* fern und fremd. Denn dies alles haftet und verharrt und beruhigt sich in dem, was einzeln gut ist, was *erleuchtet* ist, was Kreatur ist, ganz und gar blind für die *Gutheit* und *das Licht an sich* und für *das Eine*, in dem Gott seinen eingeborenen Sohn gebiert und in ihm alle die, die Gottes Kinder, geborene Söhne, sind. Da ⟨d. h. in dem Einen⟩ ist der Ausfluß und Ursprung des Heiligen Geistes, von dem allein, sofern er Gottes Geist und Gott selbst Geist ist, der Sohn in uns empfangen wird, und da ist auch dieser Ausfluß ⟨des Heiligen Geistes⟩ aus allen denen, die Gottes Söhne sind, je nachdem sie minder oder mehr rein nur von Gott allein geboren sind, nach Gott und in Gott überbildet und aller Menge entrückt, die man doch und selbst noch in den obersten Engeln ihrer Natur nach findet, ja

wol bekennen wil, entriuwet der güete, der wârheit und allem dem, daz, joch in einem gedanke und in einem namen aleine, einen wân oder einen schaten keines underscheides lîdet, und getriuwet dem einen, blôz allerleie menge und underscheides, in dem ouch verliuset und wirt enblœzet aller underscheide und eigenschaft und ist ein und sint ouch ein got-vater-sun-und-heiliger-geist. Und daz ein machet uns sælic, und ie wir dem einen verrer sîn, ie minner wir süne und sun sîn und der heilige geist minner volkomenlîche in uns entspringet und von uns vliuzet; und dar nâch wir næher sîn dem einen, dar nâch sîn wir wærlîcher gotes süne und sun und ouch vliuzet von uns got-der-heilige-geist. Daz meinet, daz unser herre, gotes sun in der gotheit, sprichet: swer dâ trinket von dem wazzer, daz ich gibe, in dem entspringet ein brunne des wazzers, daz dâ springet in daz êwige leben, und sprichet sant *Johannes*, daz er daz spræche von dem heiligen geiste.

Der sun in der gotheit nâch sîner eigenschaft engibet niht anders dan sun-wesen, dan got-geborn-wesen, brunnen, ursprunc und ûzvluz des heiligen geistes, der minne gotes, und vollen, rehten, ganzen smak des einen, des himelschen vaters. Dar umbe sprichet des vaters stimme von dem himel ze dem sune: ›dû bist mîn geminter sun, in dem ich geminnet und behegelich bin‹, wan âne zwîvel, got enminnet nieman mit genüegede und lûterlîche, der niht gotes sun enist. Wan minne, der heilige geist, urspringet und vliuzet von dem sune, und der sun minnet den vater durch in selben, den vater in im selben und sich selben in dem vater. Dar umbe sprichet vil wol unser herre, daz ›sælic sint die armen in dem geiste‹, daz ist: die niht enhânt eigens und menschlîches geistes und blôz koment ze gote. Und sant *Paulus* sprichet: ›got hât ez uns geoffenbâret in sînem geiste‹.

Sant *Augustînus* sprichet, daz der allerbeste die geschrift vernimet, der blôz alles geistes suochet sin und wârheit der geschrift in ir selben, daz ist: in dem geiste, dar inne si

selbst noch, will man's recht erkennen, entrückt der Gutheit, der Wahrheit und allem dem, was, und sei's nur in Gedanken und in der Benennung, eine Ahnung oder einen Schatten irgendeines Unterschieds leidet, und anvertraut nur dem Einen, das frei ist von jederart Menge und Unterschied, in dem auch Gott-Vater-Sohn-und-Heiliger-Geist alle Unterschiede und Eigenschaften verliert und ihrer entblößt wird und Eins ist und sind. Und dieses Eine macht uns selig, und je ferner wir dem Einen sind, um so weniger sind wir Söhne und Sohn, und um so weniger vollkommen entspringt in uns und fließt von uns der Heilige Geist; hingegen, je nachdem wir dem Einen näher sind, um so wahrhaftiger sind wir Gottes Söhne und Sohn und fließt auch Gott, der Heilige Geist, von uns aus. Das ist gemeint, wenn unser Herr, Gottes Sohn in der Gottheit, spricht: ›Wer da von dem Wasser trinkt, in dem entspringt ein Quell des Wassers, das da ins ewige Leben springt‹ ⟨Joh. 4,14⟩, und Sankt Johannes spricht, er habe dies vom Heiligen Geist gesagt ⟨Joh. 7,39⟩.

Der Sohn in der Gottheit gibt seiner Eigenschaft gemäß nichts anderes als Sohn-Sein, als Gottgeboren-Sein, Quell, Ursprung und Ausfluß des Heiligen Geistes, der Liebe Gottes, und vollen, rechten, ganzen Geschmack des Einen, des himmlischen Vaters. Drum spricht des Vaters Stimme vom Himmel herab zum Sohn: ›Du bist mein geliebter Sohn, in dem ich geliebt und wohlgefällig bin‹ ⟨Matth. 3,17⟩, denn zweifellos liebt niemand, der nicht Gottes Sohn ist, Gott genugsam und lauter. Denn die Liebe, der Heilige Geist, entspringt und fließt aus dem Sohn, und der Sohn liebt den Vater um seiner selbst willen, den Vater in ihm selbst und sich selbst in dem Vater. Sehr recht sagt darum unser Herr: ›Selig sind die Armen im Geist‹ ⟨Matth. 5,3⟩, das heißt: die nichts von eigenem und menschlichem Geist haben und entblößt zu Gott kommen. Und Sankt Paulus spricht: ›Gott hat uns geoffenbart in seinem Geiste‹ ⟨Kol. 1,8⟩.

Sankt Augustinus sagt, daß *der* die Schrift am besten versteht, der, allen Geistes entblößt, Sinn und Wahrheit der Schrift in ihr selbst, das heißt in dem Geiste sucht, darin sie

geschriben ist und gesprochen ist: in gotes geiste. Sant *Pêter* sprichet, daz alle die heiligen liute hânt gesprochen in dem geiste gotes. Sant *Paulus* sprichet: nieman enmac bekennen und wizzen, waz sî in dem menschen, dan der geist, der in dem menschen ist, und nieman enmac wizzen, waz gotes geist und in gote ist, dan der geist, der gotes und got ist. Dar umbe sprichet gar wol ein *geschrift*, ein glôse, daz nieman enmac vernemen noch lêren kan sant Pauli schrift, er enhabe danne den geist, in dem sant Paulus sprach und schreip. Und daz ist alles und alliu mîn klage, daz grobe liute, die gotes geistes ledic sint und niht enhânt, nâch irm groben menschlîchen sinne wellent urteilen, daz sie hœrent oder lesent in der schrift, diu gesprochen und geschriben ist von dem und in dem heiligen geiste, und engedenkent niht, daz geschriben ist: ›daz unmügelich ist bî den liuten, daz ist mügelich bî gote‹. Und ouch gemeinlîche und natiurlîche: daz unmügelich ist der undern natûre, daz ist gewonlich und natiurlich der obern natûre.

Dâ von nû nemet doch noch, daz ich nû gesprochen hân, daz ein guot mensche, gotes sun in gote geborn, minnet got durch in selben und in im selben, und vil ander wort, diu ich vor gesprochen hân. Baz ze vernemenne sô sol man wizzen, als ich ouch mê gesprochen hân, daz ein guot mensche, von güete und in gote geborn, tritet in alle die eigenschaft götlîcher natûre. Nû ist ein eigenschaft an gote nâch *Salomônes* worten, daz alliu dinc got würket durch sich selben, daz ist, daz er niht ûz im anesihet warumbe dan durch sich selben; er minnet und würket alliu dinc durch sich selben. Dar umbe, sô der mensche minnet in selben und alliu dinc und würket alliu sîniu werk niht umbe lôn, umbe êre oder umbe gemach dan durch got und gotes êre aleine, daz ist ein zeichen, daz er gotes sun ist.

Noch vürbaz: got minnet durch sich selben und würket

geschrieben und gesprochen ist: in Gottes Geist. Sankt Peter sagt, daß alle die heiligen Leute im Geiste Gottes gesprochen haben ⟨2 Petr. 1,21⟩. Sankt Paulus sagt: Niemand vermag zu erkennen und zu wissen, was in dem Menschen sei, als der Geist, der im Menschen ist, und niemand vermag zu wissen, was Gottes Geist und in Gott ist, als der Geist, der Gottes und Gott ist ⟨1 Kor. 2,11⟩. Drum sagt eine Schrift, eine Glosse, sehr recht, daß niemand Sankt Pauls Schrift verstehen und lehren kann, er habe denn den Geist, in dem Sankt Paulus sprach und schrieb. Und dies ist immerfort und meine ganze Klage, daß grobsinnige Leute, die Gottes Geistes bar sind und nichts davon besitzen, nach ihrem groben menschlichen Verstand beurteilen wollen, was sie hören oder lesen in der Schrift, die gesprochen und geschrieben ist vom Heiligen Geiste, und nicht bedenken, daß geschrieben steht: ›Was unmöglich ist bei den Menschen, das ist möglich bei Gott‹ ⟨Matth. 19,26⟩. Und es gilt auch gemeinhin und im natürlichen Bereich: Was der untern Natur unmöglich ist, das ist der obern Natur gewohnt und naturgemäß.

Darüber nehmt nun doch noch hinzu, was ich vorhin gesagt habe: daß ein guter Mensch, als Gottes Sohn in Gott geboren, Gott um seiner selbst willen und in ihm selbst liebt, und viele andere Worte, die ich im voraufgehenden gesprochen habe. Um es noch besser zu verstehen, muß man wissen, daß, wie ich denn auch öfter gesagt habe, ein guter Mensch, von der Gutheit und in Gott geboren, in alle Eigenart göttlicher Natur eintritt. Nun ist es nach Salomons Worten eine Eigentümlichkeit Gottes, daß Gott alle Dinge um seiner selbst willen wirkt, das heißt, daß er auf kein Warum außerhalb seiner selbst als vielmehr nur auf das Um-seiner-selbst-Willen schaut; er liebt und wirkt alle Dinge um seiner selbst willen. Wenn daher der Mensch ihn selbst und alle Dinge liebt und alle seine Werke wirkt nicht um Lohn, um Ehre oder um Gemach, sondern nur um Gottes und Gottes Ehre willen, so ist das ein Zeichen, daß er Gottes Sohn ist.

Mehr noch: Gott liebt seiner selbst wegen und wirkt alle

alliu dinc durch sich selben, daz ist: er minnet durch minne, und er würket durch würken; wan âne zwîvel: got enhæte sînen eingebornen sun in der êwicheit nie geborn, enwære geborn niht gebern. Dar umbe sprechent die *heiligen*, daz der sun alsô êwiclîche geborn ist, daz er doch âne underlâz noch wirt geborn. Ouch enhæte got die werlt nie geschaffen, ob geschaffen-wesen niht enwære geschaffen. Dar umbe: got hât alsô geschaffen die werlt, daz er sie noch âne underlâz schepfet. Allez, daz vergangen ist und waz zuokünftic ist, daz ist gote vremde und verre. Und dar umbe: swer von gote geborn ist gotes sun, der minnet got durch in selben, daz ist: er minnet got durch minnengot und würket alliu sîniu werk durch würken. Got der enwirt minnennes und würkennes niemer müede, und ouch im ist allez ein minne, daz er minnet. Und dar umbe ist wâr, daz got ist diu minne. Und dar umbe sprach ich dâ oben, daz der guote mensche wil und wölte alle zît lîden durch got, niht geliten hân; lîdende hât er, daz er minnet. Er minnet lîden durch got und lîdet durch got. Dar umbe und dar ane sô ist er gotes sun, nâch gote und in got gebildet, der minnet durch sich selben, daz ist: er minnet durch minne, würket durch würken; und dar umbe minnet got und würket âne underlâz. Und gotes würken ist sîn natûre, sîn wesen, sîn leben, sîn sælicheit. Alsô wærlîche: dem gotes sune, einem guoten menschen, sô vil er gotes sun ist, durch got lîden, durch got würken ist sîn wesen, sîn leben, sîn würken, sîn sælicheit, wan alsô sprichet unser herre: ›sælic sint, die dâ lîdent durch die gerehticheit‹.

Noch spriche ich vürbaz ze dem dritten mâle, daz ein guot mensche, als verre er guot ist, hât gotes eigenschaft niht aleine dar ane, daz er minnet und würket allez, daz er minnet und würket, durch got, den er dâ minnet und durch den er würket, sunder er minnet und würket ouch durch sich selben, der dâ minnet; wan, daz er minnet, daz ist got-vater-ungeborn, der dâ minnet, ist got-sun-geborn. Nû ist der vater in

Dinge um seiner selbst willen, das heißt: er liebt um der Liebe und er wirkt um des Wirkens willen; denn zweifellos hätte Gott seinen eingeborenen Sohn in der Ewigkeit nie geboren, wäre das Geboren-Haben nicht dem Gebären gleich. Darum sagen die Heiligen, daß der Sohn so ewiglich geboren ist, daß er doch ohne Unterlaß noch geboren *wird*. Auch hätte Gott die Welt nie geschaffen, wenn Geschaffen-Sein nicht mit Erschaffen eins wäre. Drum: Gott hat die Welt in der Weise geschaffen, daß er sie immer ohne Unterlaß erschafft. Alles, was vergangen und was zukünftig ist, das ist Gott fremd und fern. Und darum: Wer von Gott als Gottes Sohn geboren ist, der liebt Gott um seiner selbst willen, das heißt: er liebt Gott um des Gott-Liebens willen und wirkt alle seine Werke um des Wirkens willen. Gott wird des Liebens und Wirkens nimmer müde, und auch ist ihm, was er liebt, alles *eine* Liebe. Und darum ist es wahr, daß Gott die Liebe ist. Und darum habe ich oben gesagt, daß der gute Mensch allzeit um Gottes willen leiden will und möchte, nicht gelitten haben; leidend hat er, was er liebt. Er liebt das Um-Gottes-willen-Leiden und leidet Gottes wegen. Deshalb und darin ist er Gottes Sohn, nach Gott und in Gott gebildet, der um seiner selbst willen liebt, das heißt: er liebt um der Liebe, er wirkt um des Wirkens willen; und darum liebt und wirkt Gott ohne Unterlaß. Und Gottes Wirken ist seine Natur, sein Sein, sein Leben, seine Seligkeit. Ganz so in Wahrheit ist für den Gottessohn, für einen Menschen, soweit er Gottes Sohn ist, das Leiden um Gottes willen, das Wirken um Gottes willen sein Sein, sein Leben, sein Wirken, seine Seligkeit, denn so spricht unser Herr: ›Selig sind, die da leiden um der Gerechtigkeit willen‹ 〈Matth. 5,10〉.

Überdies sage ich weiterhin zum dritten, daß ein guter Mensch, soweit er gut ist, Gottes Eigentum hat nicht allein darin, daß er alles, was er liebt und wirkt, liebt und wirkt um Gottes willen, den er da liebt und um dessentwillen er wirkt, sondern er, der da liebt, liebt und wirkt auch um seiner selbst willen; denn, *was* er liebt, das ist der ungeborene Gott-Vater, *wer* da liebt, ist der geborene Gott-Sohn. Nun ist der Vater im

dem sune und der sun in dem vater. Vater und sun sint ein. Von dem, wie daz innigeste und daz oberste der sêle schepfet und nimet gotes sun und gotes-sun-werden in des himelschen vaters schôze und herzen, daz suoche nâch dem ende dis buoches, dâ ich schrîbe ›von dem edeln menschen, der ûz vuor in ein verrez lant nemen an sich ein rîche und wider ze komenne‹.

Ouch sol man aber wizzen, daz in der natûre îndruk und învluz der obersten natûre und der hœhsten ist einem ieglîchen wünniclîcher und lustlîcher dan sîn selbes eigen natûre und wesen. Daz wazzer vliuzet von sîner eigenen natûre niderwert ze tal, und ouch liget sîn wesen dar ane. Doch von îndrucke und von învluzze des mânen in dem himel obenân sô verzîhet und vergizzet ez sîner eigenen natûre und vliuzet ze berge in die hœhe, und ist im der ûzvluz vil lîhter dan der vluz niderwert. Dâ bî sol der mensche wizzen, ob im reht wære, daz im wünniclich und vrœlich wære, sînen natiurlîchen willen ze lâzenne und ze verzîhenne und alzemâle ûz ze gânne in allem dem, daz got den menschen lîden wil. Und daz meinet nâch einem guoten sinne, daz unser herre sprach: ›swer wil komen ze mir, der sol sîn selbes ûzgân und verzîhen und sol sîn criuze ûfheben‹, daz ist: er sol abelegen und abetuon allez, daz criuze und leit ist. Wan sicher: swer sîn selbes verzigen hæte und wære ganze sîn selbes ûzgegangen, dem enmöhte niht criuze wesen noch leit noch lîden; ez wære im allez ein wunne, ein vröude, ein herzeliep, und der kæme und volgete wærlîche gote. Wan, als got niht enmac betrüeben noch leidic gemachen, als wênic möhte den menschen iht riuwic oder leidic gemachen. Und dar umbe: daz unser herre sprichet: ›swer wil ze mir komen, der verzîhe sîn selbes und hebe ûf sîn criuze und volge mir‹, daz enist niht aleine ein gebot, als man gemeinlîche sprichet und wænet: ez ist ein gelübede und ein götlîchiu lêre, wie dem menschen

Sohn und der Sohn im Vater. Vater und Sohn sind Eins. Darüber, wie das Innerste und das Oberste der Seele Gottes Sohn und das Gottes-Sohn-Werden in des himmlischen Vaters Schoß und Herzen schöpft und empfängt, das suche hinter dem Schluß dieses Buches, wo ich schreibe ›Vom edlen Menschen, der auszog in ein fernes Land, um ein Reich zu empfangen und wiederzukommen‹ 〈Luk. 19,12〉.

Man soll überdies wiederum wissen, daß in der Natur der Eindruck und Einfluß der obersten und höchsten Natur einem jeglichen Wesen wonnesamer und lustvoller ist denn seine eigene Natur und Wesensart. Das Wasser fließt infolge seiner eigenen Natur niederwärts zu Tal, und darin liegt auch sein Wesen. Jedoch unter dem Eindruck und Einfluß des Monds oben am Himmel verleugnet und vergißt es seine eigene Natur und fließt bergan in die Höhe, und dieser Ausfluß ist ihm viel leichter als der Fluß niederwärts. Daran soll der Mensch erkennen, ob er recht daran sei: daß es ihm wonnesam und erfreulich wäre, seinen natürlichen Willen zu lassen und zu verleugnen und sich völlig seiner selbst zu entäußern in allem, von dem Gott will, daß es der Mensch leidet. Und dies ist in rechtem Sinne gemeint, wenn unser Herr sprach: ›Wer zu mir kommen will, der muß sich seiner selbst entäußern und sich verleugnen und muß sein Kreuz aufheben‹ 〈Matth. 16,24〉, das heißt: er soll ablegen und abtun alles, was Kreuz und Leid ist. Denn sicherlich: Wer sich selbst verleugnet und sich gänzlich seiner selbst entäußert hätte, für den könnte nichts Kreuz noch Leid noch Leiden sein, es wäre ihm alles eine Wonne, eine Freude, eine Herzenslust, und ein solcher käme und folgte Gott wahrhaft. Denn so wie Gott nichts zu betrüben noch in Leid zu versetzen vermag, ebensowenig könnte einen solchen Menschen irgend etwas bekümmern oder in Leid bringen. Und wenn daher unser Herr sagt: ›Wer zu mir kommen will, der verleugne sich selbst und hebe sein Kreuz auf und folge mir‹, so ist das nicht nur ein Gebot, wie man gemeinhin sagt und wähnt: es ist vielmehr eine Verheißung und eine göttliche Anweisung, auf welche Weise dem Menschen sein

allez sîn lîden, alliu sîniu werk, allez sîn leben wünniclich und vrœlich wirt, und ist ein lôn mê dan ein gebot. Wan der mensche, der sôgetân ist, hât allez, daz er wil, und enwil niht übels, und daz ist sælicheit. Dar umbe sprichet aber unser herre wol: ›sælic sint, die dâ lîdent durch die gerehticheit‹.

Ouch, daz unser herre, der sun, sprichet: ›verzîhe sîn selbes und hebe ûf sîn criuze und kome ze mir‹, daz meinet: werde sun, als ich sun bin, geborngot, und daz selbe ein, daz ich bin, daz ich schepfe înwesende, inneblîbende in des vaters schôze und herzen. Vater, sprichet ouch der sun, ich wil, daz, der mir volget, der ze mir kumet, daz der sî, dâ ich bin. Nieman enkumet eigenlîche ze dem sune, als er sun ist, dan der sun wirt, und nieman enist, dâ der sun ist, der in des vaters schôze und herzen ist ein in einem, dan der sun ist.

›Ich‹, sprichet der vater, ›sol sie leiten in ein einœde und dâ sprechen ze irm herzen‹. Herze ze herzen, ein in einem minnet got. Allez, daz dem vremde und verre ist, daz hazzet got. Ze ein locket und ziuhet got. Ein suochent alle crêatûren, joch die nidersten crêatûren suochent ein, und daz ein bevindent die obersten; gezogen über natûre und überbildet suochent sie ein in einem, ein in im selben. Dar umbe vil lîhte sprichet der sun: in der gotheit sune in dem vater, dâ ich bin, dâ sol wesen, der mir dienet, der mir volget, der ze mir kumet.

Noch ist aber ein ander trôst. Man sol wizzen, daz aller natûre unmügelich ist, daz si iht breche, verderbe oder ouch rüere, in dem si niht enmeine ein bezzer guot dem selben, daz si rüeret. Ir engenüeget niht, daz si ein glîch guot mache; si wil alles ein bezzerz machen, als wie? Ein wîser arzât der enberüeret niemer den siechen vinger des menschen, daz er dem menschen wê tuo, ob er niht den vinger selben oder den menschen alzemâle bezzer machen und im lieber tuon

ganzes Leiden, sein ganzes Tun, sein ganzes Leben wonnevoll und freudig wird, und es ist eher ein Lohn als ein Gebot. Denn der Mensch, der so geartet ist, hat alles, was er will, und will nichts Schlechtes, und das ist Seligkeit. Deshalb wiederum spricht unser Herr mit Recht: ›Selig sind, die da leiden um der Gerechtigkeit willen‹ ⟨Matth. 5,10⟩.

Zudem, wenn unser Herr, der Sohn, spricht: ›der verleugne sich selbst und hebe sein Kreuz auf und komme zu mir‹, so meint er dies: Werde Sohn, wie ich Sohn bin, geborener Gott, und werde dasselbe Eine, das ich bin, das ich innewohnend, innebleibend in des Vaters Schoß und Herzen schöpfe. Vater, spricht der Sohn, ich will, daß, wer mir folgt, wer zu mir kommt, dort sei, wo ich bin ⟨vgl. Joh. 12,26⟩. Niemand kommt im eigentlichen Sinne zum Sohn, insofern dieser *Sohn* ist, als der, der selbst Sohn *wird*, und niemand *ist* dort, wo der Sohn ist, der in des Vaters Schoß und Herzen Eins in Einem ist, als der, der Sohn *ist*.

›Ich‹, spricht der Vater, ›will sie geleiten in eine Einöde und dort zu ihrem Herzen sprechen‹ ⟨Os. 2,14⟩. Herz zu Herzen, Eins in Einem, das liebt Gott. Alles, was *dem* fremd und fern ist, das haßt Gott; zum Einen lockt und zieht Gott. Das Eine suchen alle Kreaturen, selbst die niedersten Kreaturen suchen das Eine, und die obersten nehmen dieses Eine wahr; über ihre Natur hinausgezogen und überbildet, suchen sie das Eine im Einen, das Eine in ihm selbst. Darum will der Sohn wohl sagen: In der Gottheit Sohn im Vater, wo ich bin, da soll sein, wer mir dient, wer mir folgt, wer zu mir kommt.

Noch gibt es aber einen weiteren Trost. Man muß wissen, daß es der gesamten Natur unmöglich ist, irgend etwas zu zerbrechen, zu verderben oder auch nur zu berühren, ohne daß sie damit für das, was sie anrührt, etwas Besseres anstrebt. Ihr genügt es nicht, daß sie ein gleich Gutes schaffe; sie will stets ein Besseres machen. Wieso? Ein weiser Arzt berührt niemals den kranken Finger des Menschen, so daß er dem Menschen weh tut, wenn er nicht den Finger selbst oder den gesamten Menschen in einen besseren Zustand zu

enmöhte. Mac er den menschen und ouch den vinger bezzern, daz tuot er; enist des niht, er snîdet den vinger abe, daz er den menschen bezzer. Und daz ist vil bezzer, den vinger verliesen aleine und den menschen behalten, dan beidiu vinger und mensche verderbe. Wæger ist ein schade dan zwêne, sunderlîche, dâ der eine unglîche grœzer wære dan der ander. Ouch sol man wizzen, daz der vinger und diu hant und ein ieglich gelit natiurlîche den menschen, des ez ein gelit ist, vil lieber hât dan sich selben und sich gerne und unbedâht vrœlîche gibet in die nôt und in den schaden vür den menschen. Ich spriche sicherlîche und in der wârheit, daz diz gelit sich selben alzemâle nihtes niht enminnet dan durch daz und in dem, des ez ein gelit ist. Dar umbe wære vil billich, und natiurlîche wære uns reht, daz wir uns selben nihtes niht enminneten dan durch got und in gote. Und wære daz alsô, sô wære uns allez daz lîht und wunne, daz got von uns und in uns wölte, sunderlîche, sô wir gewis wæren, daz got unglîche minner mac gelîden neheinen gebresten noch schaden, ob er niht ein vil grœzer gemach dar inne wiste und meinte. Wærlîche, der des gote niht getrûwete, daz ist alzemâle billich, daz er lîden und leit habe.

Noch ist ein ander trôst. Sant *Paulus* sprichet, daz got kestiget alle, die er ze sünen nimet und enpfæhet. Ez gehœret dar zuo, sol man sun sîn, daz man lîde. Wan gotes sun in der gotheit und in der êwicheit niht lîden enmohte, dar umbe sante in der himelsche vater in die zît, daz er mensche würde und lîden möhte. Wiltû danne gotes sun wesen und enwilt doch niht lîden, sô hâst dû gar unreht. In *der wîsheit buoche* stât geschriben, daz got prüevet und versuochet, wer gereht sî, als man ein golt prüevet und versuochet und brennet in einem eitoven. Ez ist ein zeichen, daz der künic oder ein vürste einem ritter wol getrûwet, sô er in sendet in den strît.

versetzen und ihm Erleichterung zu schaffen vermöchte. Vermag er den Menschen und auch den Finger zu bessern, so tut er's; ist dem nicht so, so schneidet er den Finger ab, auf daß er den *Menschen* bessere. Und es ist viel besser, den Finger allein preiszugeben und den Menschen zu erhalten, als daß sowohl der Finger wie der Mensch verderbe. Besser ist *ein* Schaden als zwei, insonderheit, wenn der eine ungleich größer wäre als der andere. Auch soll man wissen, daß der Finger und die Hand und ein jegliches Glied von Natur aus den Menschen, dessen es ein Glied ist, viel lieber hat als sich selbst und sich gern und unbedenklich freudig in Not und Schaden begibt für den Menschen. Ich sage zuversichtlich und wahrheitsgemäß, daß ein solches Glied sich selbst durchaus nicht liebt, es sei denn um dessen willen und in dem, von dem es ein Glied ist. Drum wäre es gar billig und wäre für uns naturgemäß das Rechte, daß wir uns selbst keinesfalls liebten, wenn nicht um Gottes willen und in Gott. Und wäre dem so, so wäre uns alles das leicht und eine Wonne, was Gott von uns und in uns wollte, zumal, wenn wir gewiß wären, daß Gott ungleich weniger irgendein Gebresten oder einen Schaden zu dulden vermöchte, wenn er nicht einen viel größeren Gewinn darin erkennte und anstrebte. Wahrlich, wenn jemand darin zu Gott nicht Vertrauen hegt, so ist es nur zu billig, daß er Leiden und Leid hat.

Noch gibt es einen anderen Trost. Sankt Paulus sagt, daß Gott alle die züchtigt, die er zu Söhnen annimmt und empfängt ⟨vgl. Hebr. 12,6⟩. Es gehört, wenn man Sohn sein soll, dazu, daß man leide. Weil Gottes Sohn in der Gottheit und in der Ewigkeit nicht leiden konnte, darum sandte ihn der himmlische Vater in die Zeit, auf daß er Mensch würde und leiden könnte. Willst du denn Gottes Sohn sein und willst doch nicht leiden, so hast du gar unrecht. Im Buch der Weisheit steht geschrieben, daß Gott prüft und erprobt, wer gerecht sei, wie man Gold prüft und erprobt und brennt in einem Schmelzofen ⟨vgl. Weish. 3,5/6⟩. Es ist ein Zeichen, daß der König oder ein Fürst einem Ritter wohl vertraut,

Ich hân gesehen einen herren, der etwanne, sô er hâte einen ze gesinde enpfangen, daz er den sante ûz bî naht und reit in danne selber ane und vaht mit im. Und ez geschach eines, daz er vil nâhe getœtet wart von einem, den er alsô versuochen wolte; und den kneht hâte er dar nâch vil lieber dan vor.

Man liset, daz sant Antônius in der wüeste sunderlîche eines mâles grœzlîche in lîdenne was von den bœsen geisten, und dô er überwunden hâte sîn leit, dô erschein im ouch ûzerlîche unser herre vrœlîche. Dô sprach der heilige man: ach, lieber herre, wâ wære dû iezent, dô ich in sô grôzer nôt was? Dô sprach unser herre: ich was alhie, als ich nû bin. Ich wolte aber und mich luste ze schouwenne, wie vrom dû wærest. Ein silber oder ein golt ist wol reine; doch, sô man dar ûz wil machen ein vaz, dar ûz der künic trinken sol, sô brennet man daz sunderlîche mê dan ein anderz. Dar umbe ist von den aposteln geschriben, daz sie sich vröuweten, daz sie des wirdic wæren, smâcheit durch got ze lîdenne.

Gotes sun von natûre wolte von gnâden mensche werden, daz er durch dich lîden möhte, und dû wilt gotes sun werden und niht mensche, daz dû niht enmügest noch endürfest lîden durch got noch durch dich selben.

Ouch, wölte der mensche wizzen und gedenken, wie grôze vröude in der wârheit got selbe nâch sîner wîse und alle engel und alle, die got wizzent und minnent, hânt in gedult des menschen, sô er durch got lîdet leit und schaden, wærlîche, er solte sich durch daz aleine billîche trœsten. Ein mensche gibet doch sîn guot und lîdet ungemach, daz er sînen vriunt ervröuwen müge und im eine liebe bewîsen.

Ouch sol man aber gedenken: hæte ein mensche einen vriunt, der durch sîn willen in lîdenne wære und in leide und in ungemache, sicherlîche, ez wære gar billich, daz er bî im wære und in trôste mit sîn selbes gegenwerticheit und mit

wenn er ihn in den Kampf sendet. Ich habe einen Herrn gesehen, der bisweilen, wenn er jemand in sein Gesinde aufgenommen hatte, diesen bei Nacht aussandte und ihn dann selber anritt und mit ihm focht. Und es geschah einst, daß er beinahe getötet ward von einem, den er auf solche Weise erproben wollte: und diesen Knecht hatte er danach viel lieber als vorher.

Man liest, daß Sankt Antonius in der Wüste einmal besonders schwer zu leiden hatte von den bösen Geistern; und als er sein Leid überwunden hatte, da erschien ihm unser Herr auch äußerlich sichtbar und fröhlich. Da sprach der heilige Mann: ›Ach, lieber Herr, wo warst du eben, als ich in so großer Not war?‹ Da sprach unser Herr: ›Ich war ganz so hier, wie ich es jetzt bin. Ich hatte aber den Wunsch, und es gelüstete mich zu schauen, wie fromm du wärest.‹ Ein Stück Silber oder Gold ist wohl rein; doch, wenn man daraus ein Gefäß machen will, aus dem der König trinken soll, so brennt man es ausnehmend stärker als ein anderes. Darum steht von den Aposteln geschrieben, sie hätten sich gefreut, daß sie würdig waren, Schmach um Gottes willen zu erdulden 〈Apg. 5,41〉.

Gottes Sohn von Natur wollte aus Gnade Mensch werden, auf daß er um deinetwillen leiden könnte, und du willst Gottes Sohn werden und nicht Mensch, damit du nicht leiden mögest noch brauchst um Gottes noch um deiner selbst willen. Wollte der Mensch sich auch bewußt halten und bedenken, wie große Freude fürwahr Gott selbst nach seiner Weise und alle Engel und alle, die Gott kennen und lieben, an der Geduld des Menschen haben, wenn er um Gottes willen Leid und Schaden erduldet, wahrlich, durch das allein schon müßte er sich von Rechts wegen trösten. Ein Mensch gibt doch sein Gut hin und leidet Ungemach, auf daß er seinen Freund erfreuen und ihm etwas Liebes erweisen könne.

Auch soll man wiederum bedenken. Hätte ein Mensch einen Freund, der um seinetwillen im Leiden wäre und in Schmerz und in Ungemach, so wäre es gewiß gar billig, daß er bei ihm wäre und ihn tröstete mit seiner eigenen Gegen-

trôste, den er im getuon möhte. Dâ von sprichet unser herre von einem guoten menschen in dem salter, daz er mit im ist in dem lîdenne. Bî dem worte mac man nemen siben lêre und sibenerleie trôste.

Ze dem êrsten, daz sant *Augustînus* sprichet, daz gedult in lîdenne durch got ist bezzer, tiurer und hœher und edeler dan allez, daz man dem menschen wider sînen willen genemen mac; daz ist allez ûzerlich guot. Weiz got, man envindet nieman, der dise werlt minnet, sô rîchen, der niht williclîche und gerne enwölte lîden grôzen smerzen und lite ouch vil lange, daz er dar nâch möhte gewaltiger herre sîn dirre werlt.

Ze dem andern mâle ennime ich niht aleine bî dem worte, daz got sprichet, daz er ist mit dem menschen in sînem lîdenne, sunder ich nime ez ûz und in dem worte und spriche alsô: ist got mit mir in lîdenne, waz wil ich danne mê, waz wil ich danne anders? Ich enwil doch niht anders, ich enwil niht mê dan got, ob mir reht ist. Ez sprichet sant *Augustînus*: »der ist gar gîtic und unwîse, dem niht engenüeget an gote«, und sprichet anderswâ: »wie mac dem menschen genüegen an gotes gâben ûzerlîche oder innerlîche, sô im niht engenüeget an gote selben?« Dar umbe sprichet er aber anderswâ: herre, wîsest dû uns von dir, sô gip uns einen andern dich, wan wir enwellen niht wan dich. Dar umbe sprichet *daz buoch der wîsheit*: mit gote, der êwigen wîsheit, sint mir komen zemâle mit einander alliu guot. Daz meinet nâch einem sinne, daz niht guot enist noch enmac guot gesîn, waz kumet âne got, und allez, daz kumet mit gote, daz ist guot und dâ von aleine guot, daz ez mit gote kumet. Ich wil gotes geswîgen. Benæme man allen crêatûren aller dirre werlt daz wesen, daz got gibet, sô bliben sie blôz niht, ungenæme, unwert und hezzeclich. Vil anders edels sinnes hât daz wort inne, wie allez guot mit gote kumet, daz nû ze lange würde ze sprechenne.

Ez sprichet unser herre: ich bin mit dem menschen in

wart und mit aller Tröstung, die er ihm bereiten könnte. Daher sagt unser Herr im Psalter von einem guten Menschen, daß er mit ihm sei im Leiden ⟨Ps. 33,19⟩. Diesem Worte kann man sieben Lehren und siebenerlei Trostgründe entnehmen.

Zum ersten, was Sankt Augustinus sagt: daß Geduld im Leiden um Gottes willen besser, wertvoller und höher und edler ist als alles, was man dem Menschen gegen seinen Willen wegnehmen kann; das ist alles bloß äußerliches Gut. Weiß Gott, man findet gleichviel keinen noch so Reichen, der diese Welt liebt und nicht willig und gern großen Schmerz erleiden wollte und auch sehr lange erduldete, wofern er danach gewaltiger Herr dieser ganzen Welt sein könnte.

Zum zweiten leite ich es nicht nur aus jenem Worte, das Gott spricht, er sei mit dem Menschen in seinem Leiden, ab, sondern ich entnehme es unmittelbar aus und in dem Worte und sage so: Ist Gott mit mir im Leiden, was will ich dann mehr, was will ich dann sonst noch? Ich will doch nichts anderes, ich will nichts weiter als Gott, wenn es recht mit mir steht. Sankt Augustinus spricht: ›Der ist gar gierig und unweise, dem es an Gott nicht genügt‹, und er sagt anderswo: ›Wie kann es dem Menschen an Gottes äußeren oder inneren Gaben genügen, wenn es ihm an Gott selbst nicht genügt?‹ Darum sagt er wiederum an anderer Stelle: ›Herr, weisest du uns von dir, so gib uns einen andern Dich, denn wir wollen nichts als dich‹. Darum sagt das Buch der Weisheit: ›Mit Gott, der ewigen Weisheit, sind mir miteins alle Güter zusammen zugekommen‹ ⟨Weish. 7,11⟩. Das bedeutet in *einem* Sinne, daß nichts gut ist noch gut sein kann, was ohne Gott kommt, und alles, was mit Gott kommt, das ist gut und nur deshalb gut, weil es mit Gott kommt. Von Gott will ich schweigen. Benähme man allen Kreaturen dieser ganzen Welt das Sein, das Gott gibt, so blieben sie ein bloßes Nichts, unerfreulich, wertlos und hassenswert. Noch manch anderen köstlichen Sinn birgt das Wort, daß mit Gott alles Gute kommt, was auszuführen nun zu lang würde.

Es spricht unser Herr: ›Ich bin mit dem Menschen im

lîdenne. Dar ûf sprichet sant *Bernhart*: herre, bist dû mit uns in lîdenne, sô gip mir lîden alle zît, umbe daz dû alle zît bî mir sîst, daz ich dich alle zît habe.

Ze dem dritten mâle spriche ich: daz got mit uns ist in lîdenne, daz ist, daz er mit uns lîdet selbe. Wærlîche, der die wârheit bekennet, der weiz, daz ich wâr spriche. Got der lîdet mit dem menschen, jâ, er lîdet nâch sîner wîse ê und unglîche mê dan der dâ lîdet, der durch in lîdet. Nû spriche ich: wil danne got selber lîden, sô sol ich gar billîche lîden, wan, ist mir reht, sô wil ich, daz got wil. Ich bite alle tage, und got heizet mich biten: ›herre, dîn wille gewerde‹, und doch, sô got wil lîden, sô wil ich von lîdenne klagen; dem ist gar unreht. Ouch spriche ich sicherlîche, daz got sô gerne mit uns und durch uns lîdet, sô wir aleine durch got lîden, daz er lîdet sunder lîden. Lîden ist im sô wünniclich, daz lîden enist im niht lîden. Und dar umbe, wære uns reht, sô enwære ouch uns lîden niht lîden; ez wære uns wunne und trôst.

Ze dem vierden mâle spriche ich, daz vriundes mitlîden minnert natiurlîche diz lîden. Mac mich danne trœsten eines menschen lîden, daz ez mit mir hât, sô sol mich vil mê trœsten gotes mitlîden.

Ze dem vünften mâle: solte und wölte ich lîden mit einem menschen, den ich minnete und der mich minnete, sô sol ich gerne und gar billîche mit gote lîden, der dâ mit mir lîdet und durch mich lîdet von minne, die er ze mir hât.

Ze dem sehsten mâle spriche ich: ist, daz got vor lîdet, ê dan ich lîde, und lîde ich durch got, wærlîche, sô wirt mir lîhte trôst und vröude allez mîn lîden, swie grôz daz ist und manicvalt. Ez ist natiurlîche wâr: sô der mensche tuot ein werk durch ein anderz, sô ist daz, durch daz er ez tuot, næher sînem herzen, und daz er tuot, ist verrer von sînem herzen und enrüeret daz herze niemer dan durch daz, dar umbe und durch daz er ez tuot. Der dâ bûwet und houwet daz holz und bicket den stein dar umbe und durch daz, daz er ein hûs

Leiden‹ ⟨Ps. 90,15⟩. Dazu sagt Sankt Bernhard: ›Herr, du bist mit uns im Leiden, so gib mir allzeit zu leiden, auf daß du allzeit bei mir seiest, auf daß ich dich allzeit besitze.‹

Zum dritten sage ich: Daß Gott mit uns im Leiden ist, heißt, daß er selbst mit uns leidet. Fürwahr, wer die Wahrheit erkennt, der weiß, daß ich wahr spreche. Gott leidet mit dem Menschen, ja, er leidet auf seine Weise eher und ungleich mehr, als der da leidet, der um seinetwillen leidet. Nun sage ich: Will denn Gott selbst leiden, so soll *ich* gar billigerweise auch leiden, denn, steht es recht mit mir, so will ich, was Gott will. Ich bitte alle Tage, und Gott heißt's mich bitten: ›Herr, dein Wille geschehe!‹ Und doch, wenn Gott das Leiden will, so will ich über das Leid klagen; das ist gar unrecht. Auch sage ich für gewiß, daß Gott so gern mit uns und für uns leidet, wenn wir allein um Gottes willen leiden, daß er leidet ohne Leiden. Leiden ist ihm so wonniglich, daß Leiden für ihn nicht Leiden ist. Und darum, wäre es recht um uns bestellt, so wäre auch für uns Leiden nicht Leiden; es wäre uns Wonne und Trost.

Zum vierten sage ich, daß Freundes Mitleiden naturgemäß dies eigene Leiden mindert. Vermag mich denn also eines Menschen Leiden, das er mit mir empfindet, zu trösten, so wird mich um vieles mehr Gottes Mitleiden trösten.

Zum fünften: Sollte und wollte ich mit einem Menschen, den ich lieben und der mich lieben würde, leiden, so soll ich gern und gar billigerweise mit Gott leiden, der da mit mir und um meinetwillen leidet aus Liebe, die er zu mir hegt.

Zum sechsten sage ich: Ist es so, daß Gott früher leidet, ehe ich leide, und leide ich um Gottes willen, so wird mir leichtlich zu Trost und Freude all mein Leiden, wie groß und mannigfaltig es auch ist. Es ist von Natur aus wahr: Wenn der Mensch ein Werk um eines anderen Werkes willen verrichtet, so ist das Ziel, um dessentwillen er es tut, seinem Herzen näher, und das, was er tut, ist seinem Herzen ferner und berührt das Herz nur im Hinblick auf das, zu dessen Ende und um dessentwillen er es tut. Wer da baut und das Holz zuhaut und den Stein metzt darum und zu dem Ende, daß er

mache wider hitze des sumers und wider vrost des winters, des herze ist ze dem êrsten und alzemâle daz hûs und enhouwete niemer den stein, noch entæte die arbeit dan durch daz hûs. Nû sehen wir wol, sô der sieche mensche trinket den süezen wîn, sô dünket in und sprichet, daz er bitter sî, und ist wâr, wan der wîn verliuset alle sîne süezicheit in der bitterkeit der zungen ûzerlîche, ê dan der wîn kome inwendic, dâ diu sêle bekennet und urteilet den gesmak. Alsô ist, und unglîche mê und wærlîcher, sô der mensche würket alliu sîniu werk durch got, sô ist dâ got daz mittel und daz næheste der sêle, und enmac niht die sêle und daz herze des menschen rüeren, daz niht enverliese durch got und durch gotes süezicheit und enmüeze von nôt verliesen sîn bitterkeit und lûter süeze werden, ê dan ez des menschen herze iemer müge rüeren.

Ouch ist daz ein ander zeichen und glîchnisse: die *meister* sprechent, daz under dem himel ist viures vil al umbe und umbe, und dar umbe enmac kein regen noch wint noch allerleie stürme noch ungewitter von unden dem himel sô nâhe komen, daz in joch iht rüeren müge; ez wirt allez verbrant und verderbet von des viures hitze, ê dan ez an den himel kome. Alsô spriche ich: allez, daz man lîdet und würket durch got, daz wirt allez süeze in gotes süezicheit, ê dan ez ze des menschen herzen kome, der durch got würket und lîdet. Wan daz meinet daz wort, daz man sprichet ›durch got‹, wan ez enkumet an daz herze niemer dan durch gotes süezicheit vliezende, in der ez verliuset sîne bitterkeit. Ouch wirt ez verbrant von dem hitzigen viure der götlîchen minne, diu des guoten menschen herze al umbe in ir beslozzen hât.

Nû mac man offenbârlîche bekennen, wie billîche und in vil wîse ein guot mensche allenthalben getrœstet wirt in lîdenne, an leide und würkenne. Ein wîse ist, ob er lîdet und würket durch got; ein ander wîse, ob er ist in götlîcher

ein Haus gegen die Hitze des Sommers und den Frost des Winters herstelle, dessen Herzensanliegen ist zum ersten und ganz und gar das Haus, und er würde nimmer den Stein behauen und die Arbeit verrichten, wenn nicht des Hauses wegen. Nun sehen wir wohl, wenn der kranke Mensch den süßen Wein trinkt, so dünkt ihn und sagt er, daß er bitter sei, und es ist wahr; denn der Wein verliert alleine seine Süßigkeit draußen in der Bitterkeit der Zunge, ehe er nach innen kommt, dorthin, wo die Seele den Geschmack wahrnimmt und beurteilt. So ist, und zwar in ungleich höherem und wahrerem Sinne, wenn der Mensch alle seine Werke um Gottes willen wirkt, Gott dabei das Vermittelnde und das der Seele Nächstliegende, und nichts vermag die Seele und das Herz des Menschen zu berühren, das nicht durch Gott und Gottes Süßigkeit seine Bitterkeit verlöre und notwendig verlieren und lautere Süße werden müßte, ehe es des Menschen Herz je zu berühren vermöchte.

Auch gibt's ein anderes Zeugnis und Gleichnis: Die Meister sagen, daß unter dem Himmel Feuer sei, weithin ringsum, und darum kann kein Regen noch Wind noch irgendwelche Stürme noch Ungewitter von unten her dem Himmel so nahe kommen, daß es ihn auch nur zu berühren vermöchte; es wird alles verbrannt und vernichtet von der Hitze des Feuers, eh denn es an den Himmel komme. Ganz so, sage ich, wird alles, was man leidet und wirkt um Gottes willen, süß in Gottes Süßigkeit, ehe es zum Herzen *des* Menschen kommt, der um Gottes willen wirkt und leidet. Denn dies eben meint das Wort, wenn man sagt: »um Gottes willen«, da denn nichts je an das Herz gelangt denn im Durchfluß durch Gottes Süßigkeit, in der es seine Bitterkeit verliert. Auch wird es verbrannt von dem heißen Feuer der göttlichen Liebe, die des guten Menschen Herz ringsum in sich beschlossen hält.

Nun kann man deutlich erkennen, wie füglich und auf wie vielerlei Weise ein guter Mensch allenthalben getröstet wird im Leiden, im Leid und im Wirken. Auf eine Weise ist's, wenn er leidet und wirkt um Gottes willen; auf eine andere

minne. Ouch mac der mensche bekennen und wizzen, ob er alliu sîniu werk durch got würket und ob er sî in gotes minne; wan sicherlîche, swâ sich der mensche leidic und sunder trôst vindet, alsô verre enwas sîn werk niht durch got aleine, sich! und alsô verre enist er niht alles in götlîcher minne. Ein viur, sprichet künic *Dâvît*, kumet mit gote und vor gote, daz brennet al umbe und umbe allez, daz got wider im vindet und im unglîch ist, daz ist leit, untrôst, unvride und bitterkeit.

Noch ist daz sibende in dem worte, daz got mit uns ist in lîdenne und mitlîdet mit uns: daz uns krefticlîche sol trœsten gotes eigenschaft dâ von, daz er daz lûter ein ist sunder alle zuovallende menge underscheides, joch in gedanken; daz allez, daz in im ist, got selbe ist. Und, wan daz wâr ist, sô spriche ich: allez, daz der guote mensche lîdet durch got, daz lîdet er in gote, und got ist mit im lîdende in sînem lîdenne. Ist mîn lîden in gote und mitlîdet got, wie mac mir danne lîden leit gesîn, sô lîden leit verliuset und mîn leit in gote ist und mîn leit got ist? Wærlîche, als got wârheit ist und swâ ich wârheit vinde, dâ vinde ich mînen got, die wârheit: alsô ouch, noch minner noch mê, sô ich vinde lûter lîden durch got und in gote, dâ vinde ich got mîn lîden. Swer daz niht enbekennet, der klage sîne blintheit, niht mich noch die götlîche wârheit und minniclîche milticheit.

Nâch dirre wîse sô lîdet durch got, sît ez sô grœzlîche nütze ist und sælicheit. ›Sælic sint‹, sprach unser herre, ›die dâ lîdent durch die gerehticheit‹. Wie mac der güete-minnende got daz lîden, daz sîne vriunde, guote liute, niht alle zît âne underlâz in lîdenne ensint? Hæte ein mensche einen vriunt, der kurze tage lîden möhte, daz er dâ von grôzen nutze, êre und gemach verdienen und lange besitzen solde, wölte er daz

Weise, wenn er in göttlicher Liebe steht. Auch kann der Mensch erkennen und wissen, ob er alle seine Werke um Gottes willen wirkt und ob er in Gottes Liebe steht; denn sicherlich, soweit sich der Mensch leidvoll und sonder Trost findet, soweit geschah sein Wirken nicht um Gottes willen allein. Sieh, und insoweit steht er auch nicht beständig in göttlicher Liebe. ›Ein Feuer‹, spricht König David, ›kommt mit Gott und vor Gott her, das verbrennt ringsum alles, was Gott wider sich findet‹ ⟨vgl. Ps. 96,3⟩ und ihm ungleich ist, das ist: Leid, Untrost, Unfrieden und Bitterkeit.

Noch bleibt der siebente Trostgrund in dem Worte, daß Gott mit uns ist im Leiden und mit uns mitleidet: daß uns Gottes Eigenart kräftig zu trösten vermag in Ansehung dessen, daß er das lautere Eine ist ohne jede hinzutretende Vielheit eines Unterschieds, und sei's nur eines gedanklichen, – daß alles, was in ihm ist, Gott selbst ist. Und da dies wahr ist, so sage ich: Alles, was der gute Mensch um Gottes willen leidet, das leidet er in Gott, und Gott ist mit ihm leidend in seinem Leiden. Ist mein Leiden in Gott und leidet Gott mit, wie kann mir dann das Leiden ein Leid sein, wenn das Leiden das Leid verliert und mein Leid in Gott und mein Leid Gott ist? Wahrhaftig, so wie Gott die Wahrheit ist und, wo immer ich Wahrheit finde, ich meinen Gott, die Wahrheit, finde, ebenso auch, nicht weniger und nicht mehr, finde ich, wenn ich lauteres Leiden um Gottes willen und in Gott finde, mein Leiden als Gott. Wer das nicht erkennt, der klage seine Blindheit an, nicht mich noch die göttliche Wahrheit und liebenswerte Güte.

In dieser Weise also leidet um Gottes willen, da es so überaus heilsam und die Seligkeit ist! ›Selig sind‹, sprach unser Herr, ›die da leiden um der Gerechtigkeit willen‹ ⟨Matth. 5,10⟩. Wie kann der die Güte liebende Gott es zulassen, daß seine Freunde, gute Menschen, nicht beständig ohne Unterlaß im Leiden stehen? Hätte ein Mensch einen Freund, der wenige Tage zu leiden auf sich nähme, auf daß er dadurch großen Nutzen, Ehre und Gemach verdienen und auf lange Zeit besitzen dürfte, und wollte er das verhindern,

hindern oder wære sîn wille, daz ez von iemanne gehindert würde, man enspræche niht, daz er sîn vriunt wære oder daz er in liep hæte. Dar umbe: vil lîhte got enmöhte enkeine wîs lîden, daz sîne vriunde, guote liute, iemer sunder lîden enwæren, ob sie niht enmöhten unlîdende lîden. Alle güete des ûzerlîchen lîdennes kumet und vliuzet von güete des willen, als ich vor geschriben hân. Und dar umbe: allez, daz der guote mensche lîden wölte und bereit ist und begert ze lîdenne durch got, daz lîdet er vor gotes angesiht und durch got in gote. Künic *Dâvît* sprichet in dem salter: ich bin bereit in allem ungemache, und mîn smerze ist mir alle zît gegenwertic in mînem herzen, in mîner angesiht. Sant *Jeronimus* sprichet, daz ein reine wahs, daz wol weich ist und guot, dar ûz und dâ von ze würkenne, waz man sol und wil, hât in im beslozzen allez, daz man dâ von gewürken mac, aleine ouch ûzerlîche nieman dâ von iht würke. Ouch hân ich dâ oben geschriben, daz der stein niht minner swære enist, sô er niht nider enliget ûzerlîche ûf der erde; alliu sîniu swære ist volkomen in dem, daz er nider neiget und bereit ist in im selben nider ze vallenne. Alsô hân ich ouch dâ oben geschriben, daz der guote mensche hât iezent getân in himelrîche und in ertrîche allez, daz er tuon wolte, ouch glîch dar ane gote.

Nû mac man bekennen und wizzen gropheit der liute, die gemeinlîche wunder hânt, sô sie sehent guote liute smerzen lîden und ungemach, und vellet in dicke ein gedank în und ein wân, daz ez sî durch ir heimelîchen sünde, und sprechent ouch underwîlen: ach, ich wânde, daz der mensche gar guot wære. Wie ist, daz er sô grôz leit und ungemach lîdet, und ich wânde, im engebreste niht? Und ich spriche mit in: sicherlîche, wære ez leit und wære ez in leit und ungelücke, daz sie lîdent, sô enwæren sie niht guot noch âne sünde. Sint sie aber guot, sô enist in daz lîden niht leit noch ungelücke, sunder ez

oder wäre es sein Wunsch, daß es von sonst jemand verhindert würde, so würde man nicht sagen, daß er jenes Freund wäre oder daß er ihn lieb hätte. Darum könnte wohl leichtlich Gott in keiner Weise dulden, daß seine Freunde, gute Menschen, je ohne Leid wären, wenn sie nicht ohne Leiden zu leiden vermöchten. Alle Gutheit des äußeren Leidens kommt und fließt aus der Gutheit des Willens, wie ich oben geschrieben habe. Und darum: Alles, was der gute Mensch leiden möchte und zu leiden bereit ist und begehrt um Gottes willen, das leidet er tatsächlich vor Gottes Angesicht und um Gottes willen in Gott. König David spricht im Psalter: ›Ich bin bereit zu allem Ungemach, und mein Schmerz ist mir allzeit gegenwärtig in meinem Herzen, vor meinem Angesicht‹ ⟨Ps. 37,18⟩. Sankt Hieronymus sagt, daß ein reines Wachs, das ganz weich ist und gut dazu, alles daraus zu bilden, was man soll und will, alles das in sich beschlossen hält, was man daraus bilden kann, wenngleich auch äußerlich sichtbar niemand irgend etwas daraus bildet. Auch habe ich oben beschrieben, daß der Stein nicht weniger schwer ist, wenn er nicht äußerlich sichtbar auf der Erde aufliegt; seine ganze Schwere liegt vollkommen darin, daß er niederwärts strebt und in sich selber bereit ist, abwärts zu fallen. So habe ich denn auch oben geschrieben, daß der gute Mensch bereits jetzt im Himmel und auf Erden alles das getan *hat*, was er tun *wollte*, auch darin Gott gleichend.

Nun kann man erkennen und einsehen die Grobsinnigkeit der Leute, die es gemeinhin wundernimmt, wenn sie gute Menschen Schmerz und Ungemach erleiden sehen und ihnen dabei oft der Gedanke und der Wahn einfällt, daß es von der heimlichen Sünde jener herkomme, und sie sagen denn auch bisweilen: Ach, ich wähnte, daß jener Mensch gut sei. Wie kommt es, daß er so großes Leid und Ungemach erduldet, und ich glaubte doch, an ihm sei kein Fehl! Und ich stimme ihnen zu: Gewiß, *wäre* es wirkliches Leid und wäre es *für sie* Leid und Unglück, was sie erdulden, so wären sie nicht gut noch ohne Sünde. Sind sie aber gut, so ist ihnen das Leiden kein Leid noch Unglück, sondern es ist ihnen ein großes

ist in ein grôz gelücke und sælicheit. ›Sælic‹, sprach got, diu wârheit, ›sint alle, die dâ lîdent durch die gerehticheit‹. Dar umbe sprichet *daz buoch der wîsheit*, daz ›der gerehten sêlen sint gote in sîner hant‹. ›Tumbe liute dunket und wænent, daz sie sterben und verderben‹, ›doch sie sint in vride‹, in wunne und in sælicheit. Sant *Paulus*, dâ er schrîbet, wie vil der heiligen hânt geliten manigerleie grôze pîn, dâ sprichet er, daz diu werlt des unwirdic was, und daz wort hât in im, der im rehte tuot, drîerhande sinne. Einer ist, daz disiu werlt ist unwirdic vil guoter liute gegenwerticheit. Ein ander sin ist bezzer und sprichet, daz güete dirre werlt ist unmære und unwert; got ist aleine wert, dar umbe sint sie gote wert und gotes wert. Der dritte sin ist, den ich nû meine, und wil sprechen, daz disiu werlt, daz sint die liute, die dise werlt minnent, sint des unwert, daz sie leit und ungemach lîdent durch got. Dâ von ist geschriben, daz die heiligen aposteln sich des vröuweten, daz sie wirdic wâren, daz sie durch gotes namen pîn liten.

Nû sî der rede genuoc, wan ich in dem dritten teile dis buoches schrîben wil manigerleie trôst, wie sich ouch trœsten sol und mac ein guot mensche an sînem leide, wie man daz vindet an den werken, niht aleine an den worten guoter und wîser liute.

3.

Man liset in der *künige buoche*, daz einer dem künige Dâvît vluohte und im grôze smâcheit bôt. Dô sprach einer Dâvîdes vriunde, daz der den bœsen hunt ze tôde slahen wölte. Dô sprach der künic: nein! wan vil lîhte got wil und sol mir durch dise smâcheit mîn bestez tuon.

Man liset in *der veter buoche*, daz ein mensche klagete einem heiligen vater, daz er was in lîdenne. Dô sprach der vater: wiltû, sun, daz ich got bite, daz er dir daz beneme? Dô sprach

Glück und ist ihnen Seligkeit. ›Selig‹, sprach Gott, die Wahrheit, ›sind alle, die da leiden um der Gerechtigkeit willen‹ ⟨Matth. 5,10⟩. Drum heißt es im Buche der Weisheit, daß ›der Gerechten Seelen in Gottes Hand sind. Törichte Leute deucht's und sie wähnen, daß jene sterben und verderben, doch sie sind in Frieden‹ ⟨Weish. 3,1⟩, in Wonne und in Seligkeit. An der Stelle, wo Sankt Paulus schreibt, wie viele Heilige mancherlei große Pein erduldet haben, da sagte er, daß die Welt dessen nicht würdig war ⟨Hebr. 11,36ff.⟩. Und dieses Wort hat, wenn man's recht versteht, dreierlei Sinn. Der eine ist, daß diese Welt des Daseins vieler guter Menschen gar nicht wert ist. Ein zweiter Sinn ist besser und besagt, daß die Gutheit dieser Welt verachtenswert und wertlos erscheint: Gott allein ist wert, drum sind sie für Gott wert und Gottes wert. Der dritte Sinn ist der, den ich jetzt meine, und will besagen, daß diese Welt, das heißt die Leute, die diese Welt lieben, nicht wert sind, daß sie Leid und Ungemach um Gottes willen leiden. Darum steht geschrieben, daß die heiligen Apostel sich darüber freuten, daß sie würdig waren, für Gottes Namen Pein zu erdulden ⟨Apg. 5,41⟩.

Nun sei's der *Worte* genug. Im dritten Teile dieses Buches nämlich will ich von mancherlei Trost schreiben, mit dem sich ein guter Mensch in seinem Leide trösten soll und kann, wie er ihn findet in den *Werken*, nicht nur in den Worten guter und weiser Menschen.

3.

Man liest im Buch der Könige, daß einer dem König David fluchte und ihm schwere Schmähungen zufügte. Da sagte einer der Freunde Davids, er wolle den bösen Hund totschlagen. Da sprach der König: ›Nein! denn vielleicht will und wird Gott mir durch diese Schmähung mein Bestes bewirken‹ ⟨2 Kön. 16,5ff.⟩.

Man liest im Buch der Väter, daß ein Mensch einem heiligen Vater klagte, daß er zu leiden habe. Da sprach der Vater: »Willst du, Sohn, daß ich Gott bitte, er möge dir's

der ander: nein, vater, wan ez ist mir nütze; daz bekenne ich wol. Sunder bite got, daz er mir sîn gnâde gebe, daz ich ez willîche lîde.

Man vrâgete eines einen siechen menschen, warumbe er got niht enbæte, daz er in gesunt machete. Dô sprach der mensche, daz wölte er ungerne tuon durch drî sache: ein was, wan er wölte des gewis sîn, daz der minniclîche got niemer enmöhte daz gelîden, daz er siech wære, ez enwære sîn bestez. Ein ander sache was, wan ist der mensche guot, sô wil er allez, daz got wil, und niht, daz got welle, daz der mensche welle; dem wære gar unreht. Und dar umbe: wil er, daz ich siech sî – wan enwölte er sîn niht, sô enwære ez ouch niht –, sô ensol ich ouch niht wünschen gesunt wesen. Wan âne zwîvel, möhte daz gesîn, daz mich got gesunt machete âne sînen willen, mir wære unwert und unmære, daz er mich gesunt machete. Wellen kumet von minne, niht-wellen kumet von unminne. Vil lieber, bezzer und nützer ist mir, daz mich got minne und ich ouch siech sî, dan ob ich gesunt an dem lîbe wære und mich got niht enminnete. Daz got minnet, daz ist iht; waz got niht enminnet, daz enist niht, alsô sprichet *daz buoch der wîsheit*. Ouch hât daz die wârheit, daz allez, daz got wil, in dem selben und von dem selben, daz ez got wil, sô ist ez guot. Wærlîche, menschlîche ze sprechenne: mir wære lieber, daz mich ein rîcher, gewaltiger mensche, ein künic, minnete und mich doch ein wîle lieze âne gâbe, dan ob er mir alzehant hieze etwaz geben und mich niht enminnete *ze wâre*; sô er von minne mir nû zemâle niht engæbe und mir aber dar umbe nû niht engæbe, daz er mich dar nâch grœzlîcher und rîchlîcher begâben wölte. Nochdenne setze ich, daz der mensche, der mich minnet und mir nû niht engibet, niht gedenket mir noch ze gebenne; vil lîhte bedenket er sich her nâch baz und gibet mir. Ich sol gedulticlîche bîten, sunderlîche, als sîn gâbe von gnâden ist und unverdienet. Ouch sicherlîche: wes minne ich niht enahte und mîn wille sînem willen wider ist, aleine daz ich sîn gâbe hæte, sô ist daz gar

abnehmen?« Da sagte der andere: »Nein, Vater, denn es ist mir heilsam, das erkenne ich wohl. Bitte vielmehr Gott, er möge mir seine Gnade verleihen, auf daß ich's willig leide.«

Man fragte einst einen kranken Menschen, warum er Gott nicht bäte, er möchte ihn gesund machen. Da sagte der Mensch, das wolle er aus drei Gründen ungern tun. Der eine wäre, daß er dessen gewiß zu sein glaube, der liebevolle Gott könne niemals zulassen, daß er krank wäre, wenn nicht zu seinem Besten. Ein anderer Grund wäre der, daß der Mensch, falls er gut ist, alles will, was Gott will, und nicht, daß Gott wolle, was der Mensch will; denn das wäre sehr unrecht. Und darum: will er, daß ich krank sei – denn, wollte er's nicht, so wäre ich's auch nicht –, so soll ich auch nicht wünschen, gesund zu sein. Denn ohne Zweifel, könnte es sein, daß mich Gott gesund machte ohne seinen Willen, so wäre es mir wertlos und gleichgültig, daß er mich gesund machte. Wollen kommt vom Lieben, Nichtwollen kommt vom Nichtlieben. Viel lieber, besser und nützer ist es mir, daß Gott mich liebe und ich dabei krank bin, als wenn ich gesund am Leibe wäre und Gott mich nicht liebte. Was Gott liebt, das ist etwas; was Gott nicht liebt, das ist nichts, so sagt das Buch der Weisheit ⟨vgl. Weish. 11,25⟩. Auch liegt darin die Wahrheit, daß alles, was Gott will, eben darin und dadurch, daß Gott es will, gut ist. Wahrlich, um menschlich zu sprechen: Mir wäre es lieber, daß mich ein reicher, mächtiger Mensch, etwa ein König, liebte und mich doch eine Weile ohne Gabe ließe, als wenn er mir sogleich etwas geben ließe und mich dabei nicht liebte in aufrichtiger Weise, wenn er mir aus Liebe jetzt gar nichts gäbe, mir aber jetzt deshalb nichts schenkte, weil er mich hernach um so großartiger und reichlicher beschenken wollte. Und ich setze selbst den Fall, daß der Mensch, der mich liebt und mir nun nichts gibt, nicht vorhat, mir später etwas zu geben; vielleicht bedenkt er sich hernach eines Besseren und gibt mir. Ich werde geduldig abwarten, insbesondere, da seine Gabe von Gnaden ist und unverdient. Gewiß auch: Wessen Liebe ich nicht achte und wessen Willen der meine entgegen ist und bei wem ich es

billich, daz mir der niht engebe und mich ouch hazze und lâze mich in unsælden.

Diu dritte sache, war umbe mir unwert und unmære wære, daz ich got welle biten, daz er mich gesunt mache: wan ich enwil noch ensol den rîchen, minniclîchen, milten got umbe sô kleine niht biten. Wære, daz ich ze dem bâbeste kæme hundert oder zwei hundert mîle und sô ich danne kæme vor in und spræche: herre, heiliger vater, ich bin komen wol zwei hundert mîle swæres weges mit grôzer koste und bite iuch, dar umbe ich ouch her ze iu komen bin, daz ir mir gebet eine bône, wærlîche, er selbe und swer daz vernæme, spræche, und gar billîche, daz ich ein grôzer tôre wære. Nû ist daz ein gewissiu wârheit, daz ich spriche, daz allez guot, joch alle crêatûren, gegen gote ist minner dan ein bône gegen aller dirre lîplîchen werlt. Dar umbe versmâhete mir billîche, ob ich ein guoter, wîser mensche wære, daz ich wölte biten, daz ich gesunt wære.

Bî dirre rede spriche ich ouch: daz ist eines kranken herzen zeichen, sô ein mensche vrô oder leidic wirt umbe zergenclîchiu dinc dirre werlt. Man sölte sich des sêre schamen von herzen vor gote und sînen engeln und vor den liuten, daz man des iemer gewar würde. Man schamet sich sô vaste eines gebresten an dem antlütze, daz die liute sehent ûzerlîche. Waz wil ich langer reden? Diu buoch der alten ê und der niuwen und ouch der heiligen und ouch der heidenen sint des vol, wie vrome liute durch got und ouch durch natiurlîche tugent ir leben hânt gegeben und ir selbes williclîche verzigen.

Ein heidenischer meister, *Socrates*, sprichet, daz tugende machent unmügelîchiu dinc mügelich und ouch lîht und süeze. Ouch enwil ich des niht vergezzen, daz diu sælige vrouwe, von der schrîbet *daz buoch von den Machabeis*, ûf einen tac vor irn ougen sach wunderlîche und ouch ze hœrenne unmenschlîche und griuslîche pîn, die man irn siben sünen

einzig nur auf seine Gabe abgesehen hätte, der tut ganz recht daran, daß er mir nichts gibt, mich überdies haßt und mich im Unglück läßt.

Der dritte Grund, weshalb es mir minderwertig und zuwider wäre, Gott bitten zu wollen, daß er mich gesund machte, ist der: daß ich den reichen, freigebigen, liebevollen Gott um so Geringfügiges nicht bitten will und soll. Gesetzt, ich käme zum Papst über hundert oder zweihundert Meilen hin und spräche dann, wenn ich vor ihn träte: Herr, Heiliger Vater, ich bin wohl zweihundert Meilen beschwerlichen Weges unter großen Kosten hergekommen und bitte Euch – aus welchem Grund ich denn auch zu Euch hergekommen bin –, daß Ihr mir eine Bohne gebet, fürwahr, er selbst und jeder, der das vernähme, würde sagen, und zwar ganz mit Recht, ich sei ein großer Narr. Nun ist es aber gewisse Wahrheit, wenn ich sage, daß alles Gut, ja die gesamte Schöpfung gegen Gott weniger ist als eine Bohne gegen diese ganze körperliche Welt. Darum müßte ich es mit Recht verschmähen, wenn ich ein guter, weiser Mensch wäre, Gott bitten zu wollen, daß ich gesund würde.

In diesem Zusammenhang sage ich weiterhin: Es ist das Zeichen eines schwachen Herzens, wenn ein Mensch froh oder bekümmert wird um vergängliche Dinge dieser Welt. Man sollte sich dessen recht von Herzen schämen vor Gott und seinen Engeln und vor den Menschen, wenn man's bei sich bemerkte. Man schämt sich ja so sehr eines Gesichtsmakels, den die Leute äußerlich wahrnehmen. Was will ich noch länger reden? Die Bücher des Alten und des Neuen Testaments wie die der Heiligen und auch der Heiden sind voll davon, wie fromme Menschen um Gottes willen und auch aus natürlicher Tugend ihr Leben hingegeben und sich selbst willig verleugnet haben.

Ein heidnischer Meister, Sokrates, sagt, daß Tugenden unmögliche Dinge möglich und zudem leicht und angenehm machen. Auch will ich dies nicht vergessen, daß jene fromme Frau, von der das Buch der Makkabäer berichtet, eines Tages vor ihren Augen entsetzliche und unmenschliche und grau-

anelegete und anetete, und daz vrœlîche anesach und enthielt sie und manete sie alle sunderlîche dar zuo, daz sie niht erschræken und williclîche lîp und sêle ûfgæben durch gotes gerehticheit. Dâ mite sî des buoches ein ende. Doch sô wil ich noch zwei wort sprechen.

Einez ist, daz wærlîche ein guot, götlîcher mensche sölte sich gar übel und grœzlîche schamen, daz in iemer leit bewegete, sô wir daz sehen, daz der koufman durch gewin eines kleinen geltes und ouch ûf ein ungewis sô verre landes, sô pînlîche wege, berge und tal, wiltnisse und mer, rouber, morder lîbes und guotes dicke vert und lîdet grôzen gebresten an spîse und trankes, slâfes und anders ungemaches und doch alles des vergizzet gerne und williclîche durch sô kleinen ungewissen nutz. Ein ritter in einem strîte wâget guot, lîp und sêle durch zergenclîche und vil kurze êre, und uns dunket sô grôz, daz wir ein kleine lîden durch got, die êwige sælicheit.

Daz ander wort, daz ich meine, daz maniger grop mensche sol sprechen, daz vil wort, diu ich an disem buoche und ouch anderswâ geschriben hân, niht wâr ensîn. Dem antwürte ich, daz sant *Augustînus* sprichet in dem êrsten buoche sîner bîhte. Er sprichet, daz got allez, daz noch zuokünftic ist, joch über tûsent und tûsent jâr, ob diu werlt als lange solte wern, hât iezent gemachet, und allez, daz vergangen ist manic tûsent jâr, sol noch hiute machen. Waz mac ich, ob ieman daz niht enverstât? Und sprichet aber anderswâ, daz sich der mensche alze blœzlîche minnet, der ander liute blenden wil, dar umbe daz sîn blintheit verborgen wese. Mir genüeget, daz in mir und in gote wâr sî, daz ich spriche und schrîbe. Der einen stapschaft sihet gestôzenen in ein wazzer, den dunket der stap krump sîn, aleine er gar reht sî, und kumet daz dâ von, daz daz wazzer gröber ist dan der luft sî; doch ist der stap

senerregend anzuhörende Folter sah, die man ihren sieben Söhnen zufügte und antat, und dies frohen Mutes mit ansah und sie aufrecht erhielt und alle einzeln ermahnte, sich nicht zu erschrecken und willig Leib und Seele aufzugeben um der Gerechtigkeit Gottes willen. Dies sei der Schluß des Buches. Doch will ich noch zwei Worte hinzufügen.

Das eine ist dies: daß ein guter, göttlicher Mensch sich gar heftig und gründlich schämen sollte, daß ihn je Leid erschütterte, wenn wir sehen, daß der Kaufmann zur Erlangung eines kleinen Gewinstes und zudem aufs Ungewisse oft so fern über Land, so beschwerliche Wege, über Berg und Tal, Wildnisse und Meere zieht, bedroht durch Räuber und Mörder an Leben und Habe, und große Entbehrung an Speise und Trank und Schlaf und andere Unbill erleidet und doch alles gern und willig vergißt um so kleinen, ungewissen Nutzens willen. Ein Ritter wagt im Kampfe Gut, Leben und Seele um vergängliche und sehr kurze Ehre, und uns dünkt es so bedeutend, daß wir ein Geringes leiden um Gott und die ewige Seligkeit!

Das andere Wort, das ich noch sagen will, ist dies, daß mancher grobsinnige Mensch sagen wird, viele Worte, die ich in diesem Buche und auch anderswo geschrieben habe, seien nicht wahr. Dem antworte ich mit dem, was Sankt Augustinus im ersten Buche seiner »Bekenntnisse« sagt. Er bemerkt dort, daß Gott alles, was noch zukünftig ist, selbst über tausend und aber tausend Jahre, dafern die Welt so lange bestehen sollte, schon jetzt gemacht hat, und daß er alles, was schon manches Jahrtausend vergangen ist, noch heute machen wird. Was kann ich dafür, wenn jemand das nicht versteht? Und wiederum sagt er anderswo, daß *der* Mensch sich gar zu offensichtlich selbst liebe, der andere Leute blenden wolle, auf daß *seine* Blindheit verborgen bleibe. Mir genügt's, daß in mir und in Gott wahr sei, was ich spreche und schreibe. Wer einen Stab in Wasser getaucht sieht, den dünkt der Stab krumm, wenngleich er ganz gerade ist, und das kommt daher, daß das Wasser gröber ist als die Luft; gleichviel ist der Stab sowohl an sich wie auch in den

beidiu in im reht und niht krump und ouch in des ougen, der in sihet in lûterkeit des luftes aleine.

Sant *Augustînus* sprichet: swer âne allerleie gedenke, allerleie lîphafticheit und bilde inne bekennet, daz kein ûzerlich sehen îngetragen enhât, der weiz, daz ez wâr ist. Der aber des niht enweiz, der lachet und spottet mîn, und ich erbarme mich über in. Aber sôgetâne liute wellent schouwen und smacken êwigiu dinc und götlîchiu werk und in dem liehte stân der êwicheit, und ir herze vliuget noch in gestern, noch in morgen.

Ein heidenischer meister, *Senecâ*, sprichet: man sol von grôzen und von hôhen dingen mit grôzen und mit hôhen sinnen sprechen und mit erhabenen sêlen. Ouch sol man sprechen, daz man sôgetâne lêre niht ensol sprechen noch schrîben ungelêrten. Dar zuo spriche ich: ensol man niht lêren ungelêrte liute, sô enwirt niemer nieman gelêret, sô enmac nieman lêren noch schrîben. Wan dar umbe lêret man die ungelêrten, daz sie werden von ungelêret gelêret. Enwære niht niuwes, sô enwürde niht altes. ›Die gesunt sint‹, sprichet unser herre, ›die enbedürfen der arzenîe niht‹. Dar umbe ist der arzât, daz er die siechen gesunt mache. Ist aber ieman, der diz wort unrehte vernimet, waz mac des der mensche, der diz wort, daz reht ist, rehte sprichet? Sant Johannes sprichet daz heilige êwangelium allen geloubigen und ouch allen ungeloubigen, daz sie geloubic werden, und doch beginnet er daz êwangelium von dem hœhsten, daz kein mensche von gote hie gesprechen mac; und ouch sint sîniu wort und ouch unsers herren wort dicke unrehte vernomen.

Der minniclîche, milte got, diu wârheit, gebe mir und allen den, die diz buoch suln lesen, daz wir die wârheit in uns vinden und gewar werden. Âmen.

Augen dessen, der ihn nur in der Lauterkeit der Luft sieht, gerade und nicht krumm.

Sankt Augustinus sagt: Wer ohne vielfältige Begriffe, vielfältige Gegenständlichkeit und bildliche Vorstellungen innerlich erkennt, was kein äußeres Sehen eingetragen hat, der weiß, daß dies wahr ist. Wer aber davon nichts weiß, der lacht und spottet meiner; mich aber erbarmt es seiner. Indessen, solche Leute wollen ewige Dinge schauen und empfinden und göttliche Werke und im Lichte der Ewigkeit stehen, und dabei flattert ihr Herz noch im Gestern und noch im Morgen.

Ein heidnischer Meister, Seneca, spricht: Man soll von großen und hohen Dingen mit großen und hohen Sinnen sprechen und mit erhabener Seele. Auch wird man sagen, daß man solche Lehren nicht für Ungelehrte sprechen und schreiben solle. Dazu sage ich: Soll man nicht ungelehrte Leute lehren, so wird niemals wer gelehrt, und so kann niemand dann lehren oder schreiben. Denn darum belehrt man die Ungelehrten, daß sie aus Ungelehrten zu Gelehrten werden. Gäbe es nichts Neues, so würde nichts Altes. ›Die gesund sind‹, sagt unser Herr, ›bedürfen der Arznei nicht‹ ⟨Luk. 5,31⟩. Dazu ist der Arzt da, daß er die Kranken gesund mache. Ist aber jemand, der diese Worte unrecht versteht, was kann der Mensch dafür, der dieses Wort, das recht ist, recht äußert? Sankt Johannes verkündet das heilige Evangelium allen Gläubigen und auch allen Ungläubigen, auf daß sie gläubig werden, und doch beginnt er das Evangelium mit dem Höchsten, das ein Mensch über Gott hier auszusagen vermag; und oft sind denn auch seine sowie unseres Herrn Worte unrecht aufgefaßt worden.

Der liebreiche, barmherzige Gott, die Wahrheit selbst, gebe mir und allen denen, die dies Buch lesen werden, daß wir die Wahrheit in uns finden und gewahr werden. Amen.

II VON DEM EDELN MENSCHEN

Unser herre sprichet in dem êwangeliô: ›ein edel mensche vuor ûz in ein verrez lant enpfâhen im ein rîche und kam wider‹. Unser herre lêret uns in disen worten, wie edel der mensche geschaffen ist in sîner natûre und wie götlich daz ist, dâ er zuo komen mac von gnâden und ouch, wie daz der mensche dar zuo komen sol. Ouch ist in disen worten gerüeret ein grôz teil der heiligen geschrift.

Man sol ze dem êrsten wizzen und ist ouch wol offenbâr, daz der mensche hât in im zweierhande natûre: lîp und geist. Dar umbe sprichet ein *geschrift*: swer sich selben bekennet, der bekennet alle crêatûren, wan alle crêatûren sint eintweder lîp oder geist. Dar umbe sprichet diu geschrift von dem menschlîchen, daz in uns ist ein mensche ûzerlich und ein ander mensche innerlich. Ze dem ûzerlîchen menschen hœret allez, daz der sêle anehaftende ist, begriffen und vermischet mit dem vleische, und hât ein gemeine werk mit einem und in einem ieglîchen gelide lîphafticlîche als daz ouge, daz ôre, diu zunge, diu hant und des glîche. Und daz nemmet diu geschrift allez den alten menschen, den irdischen menschen, den ûzern menschen, den vîentlîchen menschen, einen dienstlîchen menschen.

Der ander mensche, der in uns ist, daz ist der inner mensche, den heizet diu geschrift einen niuwen menschen, einen himelschen menschen, einen jungen menschen, einen vriunt und einen edeln menschen. Und daz ist, daz unser herre sprichet, daz ›ein edel mensche vuor ûz in ein verrez lant und enpfienc im ein rîche und kam wider‹.

Noch sol man wizzen, daz sanctus *Jeronimus* sprichet und ouch die *meister* sprechent gemeinlîche, daz ein ieglich mensche von dem, daz er mensche ist, hât einen guoten geist, einen engel, und einen bœsen geist, einen tiuvel. Der guote engel rætet und âne underlâz neiget er ⟨ûf⟩ daz guot ist, daz

II VOM EDLEN MENSCHEN

Unser Herr spricht im Evangelium: ›Ein edler Mensch zog aus in ein fernes Land, sich ein Reich zu gewinnen, und kehrte zurück‹ 〈Luk. 19,12〉. Unser Herr lehrte uns in diesen Worten, wie edel der Mensch geschaffen ist in seiner Natur und wie göttlich das ist, wozu er aus Gnade zu gelangen vermag, und überdies, wie der Mensch dahin kommen soll. Auch ist in diesen Worten ein großer Teil der Heiligen Schrift berührt.

Man soll zum ersten wissen, und es ist auch deutlich offenbar, daß der Mensch in sich zweierlei Naturen hat: Leib und Geist. Darum sagt eine Schrift: Wer sich selbst erkennt, der erkennt alle Kreaturen, denn alle Kreaturen sind entweder Leib oder Geist. Darum sagt die Schrift vom Menschen, es gebe in uns einen äußeren und einen anderen, den inneren Menschen.

Zu dem äußeren Menschen gehört alles, was der Seele anhaftet, jedoch umfangen ist von und vermischt mit dem Fleische und mit und in einem jeglichen Gliede ein körperliches Zusammenwirken hat, wie etwa mit dem Auge, dem Ohr, der Zunge, der Hand und dergleichen. Und dies alles nennt die Schrift den alten Menschen, den irdischen Menschen, den äußeren Menschen, den feindlichen Menschen, einen knechtischen Menschen.

Der andere Mensch, der in uns steckt, das ist der innere Mensch; den heißt die Schrift einen neuen Menschen, einen himmlischen Menschen, einen jungen Menschen, einen Freund und einen edlen Menschen. Und der ist gemeint, wenn unser Herr sagt, daß ›ein edler Mensch auszog in ein fernes Land und sich ein Reich gewann und wiederkam‹.

Man soll fürderhin wissen, daß Sankt Hieronymus und auch die Meister gemeinhin sagen, ein jeglicher Mensch habe von Anbeginn seines menschlichen Daseins an einen guten Geist, einen Engel, und einen bösen Geist, einen Teufel. Der gute Engel rät und treibt beständig an zu dem, was gut ist,

götlich ist, daz tugent und himelschlich ist und êwic ist. Der bœse geist rætet und neiget alle zît den menschen ûf daz zîtlich und zergenclich ist und waz untugent ist, bœse und tiuvelisch. Der selbe bœse geist hât alle zît sîn kôsen mit dem ûzern menschen, und durch in lâget er heimlîche alle zît des innern menschen, rehte als der slange hâte sîn kôsen mit vrou Êven und durch sie mit dem manne Âdam kôsete. Der inner mensche daz ist Âdam. Der man in der sêle daz ist der guote boum, der alles âne underlâz bringet guote vruht, von dem ouch unser herre sprichet. Ez ist ouch der acker, dar în got sîn bilde und sîn glîchnisse hât îngesæjet und sæjet den guoten sâmen, die wurzel aller wîsheit, aller künste, aller tugende, aller güete: sâmen götlîcher natûre. Götlîcher natûre sâme der ist gotes sun, gotes wort.

Der ûzer mensche der ist der vîentlich mensche und der bœse, der unkrût hât dar ûf gesæjet und geworfen. Von dem sprichet sant *Paulus*: ich vinde in mir, daz mich hindert und dem wider ist, daz got gebiutet und daz got rætet und daz got hât gesprochen und noch sprichet in dem hœhsten, in dem grunde mîner sêle. Und anderswâ sprichet er und klaget: ›owê mir unsæligen menschen! wer lœset mich von disem tœtlîchen vleische und lîbe?‹ Und er sprichet ouch anderswâ, daz des menschen geist und sîn vleisch alle zît wider einander strîtent. Daz vleisch rætet untugent und bôsheit; der geist rætet minne gotes, vröude, vride und alle tugent. Der dâ volget und lebet nâch dem geiste, nâch sînem râte, der gehœret ze dem êwigen lebene. Der inner mensche ist der, von dem unser herre sprichet, daz ›ein edel mensche vuor ûz in ein verrez lant enpfâhen im ein rîche‹. Daz ist der guote boum, von dem unser herre sprichet, daz er alle zît bringet guote vruht und niemer bœse, wan er wil güete und neiget in güete, in güete in ir selber swebende, unberüeret von diz und von daz. Der ûzer mensche ist der bœse boum, der niemer enmac guote vruht bringen.

was göttlich ist, was Tugend und himmlisch und ewig ist. Der böse Geist rät und treibt den Menschen allzeit hin zu dem, was zeitlich und vergänglich ist und was Untugend, böse und teuflisch ist. Derselbe böse Geist hält beständig Zwiesprache mit dem äußeren Menschen, und durch ihn stellt er heimlich allzeit dem inneren Menschen nach, ganz so wie die Schlange mit Frau Eva plauderte und durch sie mit dem Manne Adam ⟨vgl. 1 Mos. 3,1ff.⟩. Der innere Mensch ist *Adam*. Der *Mann* in der Seele ist der gute Baum, der immerfort ohne Unterlaß gute Frucht bringt, von dem auch unser Herr spricht ⟨vgl. Matth. 7,17⟩. Er ist auch der Acker, in den Gott sein Bild und Gleichnis eingesät hat und darein er den guten Samen, die Wurzel aller Weisheit, aller Künste, aller Tugenden, aller Güte sät: den Samen göttlicher Natur ⟨2 Petr. 1,4⟩. Göttlicher Natur Same, das ist Gottes Sohn, Gottes Wort ⟨Luk. 8,11⟩.

Der äußere Mensch, das ist der feindliche Mensch und der böse, der Unkraut darauf gesät und geworfen hat ⟨vgl. Matth. 13,24ff.⟩. Von dem sagt Sankt Paulus: Ich finde in mir etwas, was mich hindert und wider das ist, was Gott gebietet und was Gott rät und was Gott gesprochen hat und noch spricht im Höchsten, im Grunde meiner Seele ⟨vgl. Röm. 7,23⟩. Und anderswo spricht er und klagt: ›O weh mir unseligem Menschen! Wer löst mich von diesem sterblichen Fleische und Leibe?‹ ⟨Röm. 7,24⟩. Und er sagt wieder anderswo, daß des Menschen Geist und sein Fleisch allzeit widereinander streiten. Das Fleisch rät Untugend und Bosheit: der Geist rät Liebe Gottes, Freude, Frieden und jede Tugend ⟨vgl. Gal. 5,17ff.⟩. Wer dem Geiste folgt und nach ihm, nach seinem Rate lebt, dem gehört das ewige Leben ⟨vgl. Gal. 6,8⟩. Der innere Mensch ist der, von dem unser Herr sagt, daß ›ein edler Mensch auszog in ein fernes Land, sich ein Reich zu gewinnen‹. Das ist der gute Baum, von dem unser Herr sagt, daß er allzeit gute Frucht bringt und nimmer böse, denn er will die Gutheit und neigt zur Gutheit, wie sie in sich selbst schwebt, unberührt vom Dies und Das. Der äußere Mensch ist der böse Baum, der nimmer gute Frucht zu bringen vermag ⟨vgl. Matth. 7,18⟩.

Von adel des innern menschen, des geistes, und von untiuricheit des ûzern menschen, des vleisches, sprechent ouch heidenische meister, *Tullius* und *Senecâ*, daz enkein redelich sêle enist sunder got; sâme gotes ist in uns. Hæte er einen guoten, wîsen und vlîzigen werkman, sô betrüejete er dester baz und wüehse ûf ze gote, des sâme er ist, und würde diu vruht glîch ein natûre gotes. Birboumes sâme wehset ze birboume, nuzboumes sâme in nuzboum, sâme gotes in got. Ist aber, daz der guote sâme hât einen tumben und einen bœsen werkman, sô wehset unkrût und bedecket und verdringet den guoten sâmen, daz er niht ûzliuhtet noch ûzwahsen enmac. Doch sprichet *Origenes*, ein grôz meister: wan got selber disen sâmen îngesæjet und îngedrücket und îngeborn hât, sô mac er wol bedecket werden und verborgen und doch niemer vertilget noch in im verleschet; er glüejet und glenzet, liuhtet und brinnet und neiget sich âne underlâz ze gote.

Der êrste grât des innern und des niuwen menschen, sprichet sant *Augustînus*, ist, sô der mensche lebet nâch dem bilde guoter und heiliger liute und aber noch gât an den stüelen und heltet sich nâhe bî den wenden, labet sich noch mit milche.

Der ander grât ist, sô er iezent anesihet niht aleine die ûzerlîchen bilde, ouch guote liute, sunder er löufet und îlet ze lêre und ze râte gotes und götlîcher wîsheit, kêret den rücke der menscheit und daz antlütze ze gote, kriuchet der muoter ûz der schôz und lachet den himelschen vater ane.

Der dritte grât ist, sô der mensche mê und mê sich der muoter enziuhet und er ir schôz verrer und verrer ist, entvliuhet der sorge, wirfet abe die vorhte, als, ob er möhte sunder ergerunge aller liute übel und unreht tuon, es enluste in doch niht; wan er ist mit minne gebunden alsô mit guotem vlîze mit gote, unz er in gesetzet und in gewîset in vröude und in süezicheit und sælicheit, dâ im unmære ist allez daz, daz dem unglîch ist und vremde.

Vom Adel des inneren Menschen, des Geistes, und vom Unwert des äußeren Menschen, des Fleisches, sagen auch die heidnischen Meister Tullius und Seneca: Keine vernunftbegabte Seele ist ohne Gott; der Same Gottes ist in uns. Hätte er einen guten, weisen und fleißigen Ackerer, so würde er um so besser gedeihen und wüchse auf zu Gott, dessen Same er ist, und die Frucht würde gleich der Natur Gottes. Birnbaums Same erwächst zum Birnbaum, Nußbaums Same zum Nußbaum, Same Gottes zu Gott ⟨vgl. 1 Joh. 3,9⟩. Ist's aber so, daß der gute Same einen törichten und bösen Ackerer hat, so wächst Unkraut und bedeckt und verdrängt den guten Samen, so daß er nicht ans Licht kommt noch auswachsen kann. Doch spricht Origenes, ein großer Meister: Da Gott selbst diesen Samen eingesät und eingedrückt und eingeboren hat, so kann er wohl bedeckt und verborgen und doch niemals vertilgt noch in sich ausgelöscht werden; er glüht und glänzt, leuchtet und brennt und neigt sich ohne Unterlaß zu Gott hin.

Die erste Stufe des inneren und des neuen Menschen, spricht Sankt Augustin, ist es, wenn der Mensch nach dem Vorbilde guter und heiliger Leute lebt, dabei aber noch an den Stühlen geht und sich nahe bei den Wänden hält, sich noch mit Milch labt.

Die zweite Stufe ist es, wenn er jetzt nicht nur auf die äußeren Vorbilder, darunter auch auf gute Menschen, schaut, sondern läuft und eilt zur Ehre und zum Rate Gottes und göttlicher Weisheit, kehrt den Rücken der Menschheit und das Antlitz Gott zu, kriecht der Mutter aus dem Schoß und lacht den himmlischen Vater an.

Die dritte Stufe ist es, wenn der Mensch mehr und mehr sich der Mutter entzieht und er ihrem Schoß ferner und ferner kommt, der Sorge entflieht, die Furcht abwirft, so daß, wenn er gleich, ohne Ärgernis aller Leute zu erregen, übel und unrecht tun könnte, es ihn doch nicht danach gelüsten würde; denn er ist in Liebe *so* mit Gott verbunden in eifriger Beflissenheit, bis der ihn setzt und führt in Freude und in Süßigkeit und Seligkeit, wo ihm alles das zuwider ist, was ihm ⟨= Gott⟩ ungleich und fremd ist.

Der vierde grât ist, sô er mê und mê zuonimet und gewurzelt wirt in der minne und in gote, alsô daz er bereit ist ze enpfâhenne alle anvehtunge, bekorunge, widermüete und leit lîden williclîche und gerne, begirlîche und vrœlîche.

Der fünfte grât ist, sô er lebet allenthalben sîn selbes in vride, stille ruowende in rîcheit und in übernutze der obersten unsprechelîcher wîsheit.

Der sehste grât ist, sô der mensche ist entbildet und überbildet von gotes êwicheit und komen ist in ganze volkomen vergezzenlicheit zerganclîches und zîtlîches lebens und gezogen ist und übergewandelt in ein götlich bilde, gotes kint worden ist. Vürbaz noch hœher enist enkein grât, und dâ ist êwigiu ruowe und sælicheit, wan daz ende des innern menschen und des niuwen menschen ist êwic leben.

Von disem innern edeln menschen, dâ gotes sâme und gotes bilde îngedrücket und îngesæjet ist, wie der sâme und daz bilde götlîcher natûre und götlîches wesens, gotes sun, erschîne und man sîn gewar werde und ouch etwenne verborgen werde, sprichet der grôze meister *Origenes* ein glîchnisse, daz gotes bilde, gotes sun, ist in der sêle grunde als ein lebender brunne. Der aber erde, daz ist irdische begerunge dar ûf wirfet, daz hindert und bedecket, daz man sîn niht erkennet noch gewar wirt; doch blîbet er in im selben lebende, und sô man die erde, diu von ûzwendic oben dar ûf geworfen ist, abenimet, sô erschînet er und wirt man sîn gewar. Und sprichet, daz disiu wârheit bezeichent ist in dem êrsten buoche *Moysi*, dâ geschriben ist, daz Abraham hâte gegraben in sînem acker lebende brunnen und übeltætige liute vulten sie mit erden; und dar nâch, dô diu erde wart ûzgeworfen, dô erschinen die brunnen lebende.

Noch ist des wol ein ander glîchnisse: diu sunne schînet âne underlâz; doch, sô ein wolke oder nebel zwischen uns

Die vierte Stufe ist es, wenn er mehr und mehr zunimmt und verwurzelt wird in der Liebe und in Gott, so daß er bereit ist, auf sich zu nehmen alle Anfechtung, Versuchung, Widerwärtigkeit und Leid-Erduldung willig und gern, begierig und freudig.

Die fünfte Stufe ist es, wenn er allenthalben in sich selbst befriedet lebt, still ruhend im Reichtum und Überfluß der höchsten unaussprechlichen Weisheit.

Die sechste Stufe ist es, wenn der Mensch entbildet ist und überbildet von Gottes Ewigkeit und gelangt ist zu gänzlich vollkommenem Vergessen vergänglichen und zeitlichen Lebens und gezogen und hinüberverwandelt ist in ein göttliches Bild, wenn er Gottes Kind geworden ist. Darüber hinaus noch höher gibt es keine Stufe, und dort ist ewige Ruhe und Seligkeit, denn das Endziel des inneren Menschen und des neuen Menschen ist: ewiges Leben.

Für diesen inneren, edlen Menschen, in den Gottes Same und Gottes Bild eingedrückt und eingesät ist, – wie nämlich dieser Same und dieses Bild göttlicher Natur und göttlichen Wesens, Gottes Sohn, zum Vorschein komme und man seiner gewahr werde, wie er aber auch dann und wann verborgen werde, – dafür trägt der große Meister Origenes ein Gleichnis vor: Gottes Bild, Gottes Sohn, sei in der Seele Grund wie ein lebendiger Brunnen. Wenn aber jemand Erde, das ist irdisches Begehren, darauf wirft, so hindert und verdeckt es ihn, so daß man nichts von ihm erkennt oder gewahr wird; gleichviel bleibt er in sich selbst lebendig, und wenn man die Erde, die von außen daraufgeworfen ist, wegnimmt, so kommt er wieder zum Vorschein und wird man ihn gewahr. Und er sagt, daß auf diese Wahrheit hingedeutet sei im ersten Buche Mosis, wo geschrieben steht, daß Abraham in seinem Acker lebendige Brunnen gegraben hatte, Übeltäter aber füllten sie mit Erde; danach aber, als die Erde herausgeworfen worden war, kamen die Brunnen lebendig wieder zum Vorschein ⟨1 Mos. 26,14ff.⟩.

Noch gibt's dafür wohl ein weiteres Gleichnis: Die Sonne scheint ohne Unterlaß; jedoch, wenn eine Wolke oder Nebel

und der sunne ist, sô enwerden wir des schînes niht gewar. Und ouch, sô daz ouge in im selber krank ist und siech oder bedecket ist, sô ist im der schîn unbekant. Ouch hân ich etwenne ein offenbâr glîchnisse gesprochen: sô ein meister bilde machet von einem holze oder von einem steine, er entreget daz bilde in daz holz niht, mêr er snîdet abe die spæne, die daz bilde verborgen und bedecket hâten; er engibet dem holze niht, sunder er benimet im und grebet ûz die decke und nimet abe den rost, und denne sô glenzet, daz dar under verborgen lac. Diz ist der schaz, der verborgen lac in dem acker, als unser herre sprichet in dem êwangeliô.

Sant *Augustînus* sprichet: sô des menschen sêle sich zemâle ûfkêret in die êwicheit in got aleine, sô schînet und liuhtet daz bilde gotes; swenne aber diu sêle sich kêret ûzwert, joch in die tugende ûzerlîcher üebunge, sô wirt alzemâle diz bilde bedecket. Und daz meinet, daz die vrouwen daz houbet bedecket hânt und die mannesnamen blôz nâch sant *Paulus* lêre. Und dar umbe: allez, daz sich der sêle niderkêret, daz nimet des selben, in daz ez sich kêret, ein decke, ein houbettuoch; daz sich aber ûftreget der sêle, daz ist blôz gotes bilde, gotes geburt, unbedecket blôz in blôzer sêle. Von dem edeln menschen, wie gotes bilde, gotes sun, sâme götlîcher natûre in uns niemer vertilget wirt, aleine er bedecket werde, sprichet künic *Dâvît* in dem salter: aleine valle in den menschen manigerleie îtelkeit, lîden und jâmerkeit, nochdenne blîbet er in dem bilde gotes und daz bilde in im. Daz gewære lieht liuhtet in der vinsternisse, aleine man des niht gewar enwerde.

›Niht enahtet‹, meinet *daz buoch der minne*, ›daz ich brûn bin, ich bin doch schœne und wol gestalt; aber diu sunne hât mich entverwet‹. Diu sunne ist daz lieht dirre werlt und meinet, daz daz hœhste und daz beste, daz geschaffen und gemachet

zwischen uns und der Sonne ist, so nehmen wir den Schein nicht wahr. Ebenso auch, wenn das Auge in sich selbst krank ist und siech oder verschleiert, so ist ihm der Schein nicht erkennbar. Überdies habe ich gelegentlich ein deutliches Gleichnis vorgetragen: Wenn ein Meister ein Bild macht aus Holz oder Stein, so trägt er das Bild nicht in das Holz hinein, sondern er schnitzt die Späne ab, die das Bild verborgen und verdeckt hatten, er gibt dem Holze nichts, sondern er benimmt und gräbt ihm die Decke ab und nimmt den Rost weg, und dann erglänzt, was darunter verborgen lag. Dies ist der Schatz, der verborgen lag im Acker, wie unser Herr im Evangelium spricht ⟨Matth. 13,44⟩.

Sankt Augustinus sagt: Wenn des Menschen Seele sich vollends hinaufkehrt in die Ewigkeit, in Gott allein, so scheint auf und leuchtet das Bild Gottes; wenn aber die Seele sich nach außen kehrt, und sei's selbst zu äußerlicher Tugendübung, so wird dies Bild vollkommen verdeckt. Und dies soll bedeuten, daß die Frauen das Haupt bedeckt tragen, die Männer aber entblößt, nach Sankt Paulus' Lehre ⟨vgl. 1 Kor. 11,4ff.⟩. Und darum: Alles das von der Seele, was sich niederwärts wendet, das empfängt von dem, zu dem es sich kehrt, eine Decke, ein Kopftuch; dasjenige der Seele aber, was sich emporträgt, das ist bloßes Bild Gottes, Gottes Geburt, unverdeckt bloß in entblößter Seele. Von dem edlen Menschen, wie nämlich Gottes Bild, Gottes Sohn, der Same göttlicher Natur in uns nimmer vertilgt wird, wenngleich er verdeckt werden mag, sagt König David im Psalter: Obzwar den Menschen mancherlei Nichtigkeiten, Leiden und Schmerzensjammer befällt, so bleibt er dennoch im Bilde Gottes und das Bild in ihm ⟨vgl. Ps. 4,2ff.⟩. Das wahre Licht leuchtet in der Finsternis, wenngleich man es nicht gewahr wird ⟨vgl. Joh. 1,5⟩.

›Nicht achtet darauf‹, meint das Buch der Liebe, ›daß ich braun bin, ich bin doch schön und wohlgestaltet; aber die Sonne hat mich entfärbt‹ ⟨Hohel. 1,5⟩. »Die Sonne« ist das Licht dieser Welt und meint, daß selbst das Höchste und Beste, das *geschaffen* und *gemacht* ist, das Bild Gottes in uns

ist, decket und entverwet daz bilde gotes in uns. ›Nemet abe‹, sprichet *Salomôn*, ›den rost von dem silber, sô liuhtet und glenzet ûz daz aller lûterste vaz‹, daz bilde, gotes sun, in der sêle. Und daz ist, daz unser herre meinet an disen worten, dâ er sprichet, daz ›ein edel mensche vuor ûz‹, wan der mensche muoz aller bilde und sîn selbes ûzgân und dem allem gar verre und gar unglîch werden, jâ, ob er wil und sol den sun nemen und sun werden in des vaters schôz und herzen.

Allerleie mittel ist gote vremde. ›Ich bin‹, sprichet got, ›der êrste und der jungeste‹. Underscheit enist noch in der natûre gotes noch in den persônen nâch der natûre einicheit. Diu götlîche natûre ist ein, und ieglîchiu persône ist ouch ein und ist daz selbe ein, daz diu natûre ist. Underscheit in wesene und in wesunge wirt genomen ein und ist ein. Dâ ez niht inne enist, dâ nimet ez und hât und gibet underscheit. Dar umbe: in dem einen vindet man got, und ein muoz er werden, der got vinden sol. ›Ein mensche‹, sprichet unser herre, ›gienc ûz‹. In underscheide envindet man noch ein noch wesen noch got noch rast noch sælicheit noch genüegede. Bis ein, daz dû got mügest vinden! Und wærlîche, wærest dû rehte ein, sô blibest dû ouch ein in underscheide und underscheit würde dir ein und enmöhte dich iezent nihtes niht hindern. Ein blîbet glîche ein in tûsentwarbe tûsent steinen als in vier steinen, und tûsentwarbe tûsent ist als wærlîche ein simpel zal, als vieriu ein zal ist.

Ez sprichet ein heidenischer *meister*, daz daz ein ist geborn ûz dem obersten gote. Sîn eigenschaft ist wesen ein mit einem. Swer ez suochet under gote, der triuget sich selber. Ouch sprichet der selbe meister ze dem vierden mâle, daz diz ein mit nihte eigenlîcher vriuntschaft enhât dan mit juncvrouwen oder megeden, als sant *Paulus* sprichet: ich hân iuch kiuschen juncvrouwen getriuwet und gelobet dem einen. Und alsô solte der mensche wesen, wan alsô sprichet unser herre: ›ein mensche gienc ûz‹.

verdeckt und entfärbt. ›Nehmt weg‹, spricht Salomon, ›den Rost von dem Silber, so leuchtet und glänzt hervor das allerlauterste Gefäß‹ ⟨Spr. 25,4⟩, das Bild, Gottes Sohn, in der Seele. Und das ist es, was unser Herr in jenen Worten sagen will, da er spricht, daß ›ein edler Mensch auszog‹, denn der Mensch muß aus allen Bildern und aus sich selbst ausgehen und allem gar fern und ungleich werden, wenn anders er wirklich den Sohn nehmen und Sohn werden will und soll in des Vaters Schoß und Herzen.

Jederart Vermittlung ist Gott fremd. ›Ich bin‹, spricht Gott, ›der Erste und der Letzte‹ ⟨Geh. Offenb. 22,13⟩. Unterschiedenheit gibt es weder in der Natur noch in den Personen entsprechend der Einheit der Natur. Die göttliche Natur ist Eins, und jede Person ist auch Eins und ist dasselbe Eine, das die Natur ist. Der Unterschied zwischen Sein und Wesenheit wird als Eins gefaßt und ist Eins. Erst da, wo es ⟨d. h. dieses Eine⟩ sich nicht mehr in sich verhält, da empfängt, besitzt und ergibt es Unterschied. Darum: Im Einen findet man Gott, und Eins muß der werden, der Gott finden soll. ›Ein Mensch‹, spricht unser Herr, ›zog aus‹. Im Unterschied findet man weder das Eine noch das Sein noch Gott noch Rast noch Seligkeit noch Genügen. Sei Eins, auf daß du Gott finden könntest! Und wahrlich, wärest du recht Eins, so bliebest du auch Eins im Unterschiedlichen, und das Unterschiedliche würde dir Eins und vermöchte dich nun ganz und gar nicht zu hindern. Das Eine bleibt gleichmäßig Eins in tausendmal tausend Steinen wie in vier Steinen, und Tausendmaltausend ist ebenso gewiß eine einfache Zahl, wie die Vier eine Zahl ist.

Ein heidnischer Meister sagt, daß das Eine aus dem obersten Gott geboren sei. Seine Eigenart ist es, mit dem Einen eins zu sein. Wer es unterhalb Gottes sucht, der betrügt sich selbst. Und zum vierten, sagt derselbe Meister, hat dieses Eine mit nichts eigentlichere Freundschaft als mit Jungfrauen oder Mägden, wie denn Sankt Paulus spricht: ›Ich habe euch keusche Jungfrauen dem Einen angetraut und verlobt‹ ⟨2 Kor. 11,2⟩. Und ganz so sollte der Mensch sein, denn so spricht unser Herr: ›*Ein* Mensch zog aus.‹

Mensche in der eigenschaft sînes namen in dem latîne meinet in einer wîse den, der sich alzemâle under got neiget und vüeget, allez, daz er ist und daz sîn ist, und ûfwert got aneschouwet, niht daz sîn, daz er hinder im, nider im, bî im weiz. Daz ist volliu und eigeniu dêmüeticheit; den namen hât er von der erden. Dar abe ich nû niht mê sprechen wil. Ouch meinet daz wort, sô man sprichet mensche, etwaz, daz über natûre ist, über zît ist und über allez daz, daz ze der zît ⟨ist⟩ geneiget oder nâch zît smacket, und daz selbe spriche ich ouch von stat und von lîphafticheit. Noch vürbaz enhât der mensche in einer wîse mit nihte niht gemeine, daz ist, daz er nâch disem noch nâch dem niht gebildet noch gelîchet sî und von nihte niht enwizze, daz man in im niergen des nihtes niht envinde noch gewar werde und daz im daz niht alsô gar benomen sî, daz man dâ aleine vinde blôz leben, wesen, wârheit und güete. Wer alsô getân ist, der ist ›ein edel mensche‹, jâ minner noch mê.

Noch ist ein ander wîse und lêre, waz unser herre heizet einen edeln menschen. Man sol ouch wizzen, daz, die got blôz bekennent, die bekennent ouch mit im die crêatûre; wan bekantnisse ist ein lieht der sêle, und alle menschen begernt von natûre bekantnisse, wan joch bœser dinge bekantnisse ist guot. Nû sprechent die *meister*, daz, sô man bekennet die crêatûre in ir selber, daz heizet ein âbentbekantnisse, und dâ sihet man die crêatûre in bilden etlîcher underscheide; sô man aber die crêatûre in gote bekennet, daz heizet und ist ein morgenbekantnisse, und alsô schouwet man die crêatûre âne alle underscheide und aller bilde entbildet und aller glîcheit entglîchet in dem einen, daz got selber ist. Diz ist ouch der edel mensche, von dem unser herre sprichet: ›ein edel mensche gienc ûz‹, dar umbe edel, daz er ist ein und daz er bekennet got und crêatûre in einem.

»Mensch« in der eigenen Bedeutung des Wortes im Lateinischen bedeutet in einem Sinne den, der sich mit allem, was er ist und was sein ist, unter Gott beugt und fügt und aufwärts Gott anschaut, nicht das Seine, das er hinter, unter, neben sich weiß. Dies ist volle und eigentliche Demut; diesen Namen hat er von der Erde. Davon will ich nun nicht weiter sprechen. Wenn man »Mensch« sagt, so bedeutet dieses Wort auch etwas, was über die Natur, über die Zeit und über alles, was der Zeit zugekehrt ist oder nach Zeit schmeckt, erhaben ist, und das gleiche sage ich auch mit Bezug auf Raum und Körperlichkeit. Überdies noch hat dieser »Mensch« in gewisser Weise mit nichts etwas gemein, das heißt, daß er weder nach diesem noch nach jenem gebildet oder verähnlicht sei und vom Nichts nichts wisse, so daß man in ihm nirgends vom Nichts etwas finde noch gewahr werde und daß ihm das Nichts so völlig benommen sei, daß man da einzig finde reines Leben, Sein, Wahrheit und Gutheit. Wer so geartet ist, der ist ein »edler Mensch«, fürwahr, nicht weniger und nicht mehr.

Noch gibt es eine andere Erklärungsweise und Belehrung für das, was unser Herr einen »edlen Menschen« nennt. Man muß nämlich auch wissen, daß diejenigen, die Gott unverhüllt erkennen, mit ihm zugleich die Kreaturen erkennen; denn die Erkenntnis ist ein Licht der Seele, und alle Menschen begehren von Natur nach Erkenntnis, denn selbst böser Dinge Erkenntnis ist gut. Nun sagen die Meister: Wenn man die Kreatur in ihrem eigenen Wesen erkennt, so heißt das eine »Abenderkenntnis«, und da sieht man die Kreaturen in Bildern mannigfaltiger Unterschiedenheit; wenn man aber die Kreaturen in Gott erkennt, so heißt und ist das eine »Morgenerkenntnis«, und auf diese Weise schaut man die Kreaturen ohne alle Unterschiede und aller Bilder entbildet und aller Gleichheit entkleidet in dem Einen, das Gott selbst ist. Auch dies ist der »edle Mensch«, von dem unser Herr sagt: ›Ein edler Mensch zog aus‹: darum edel, weil er Eins ist und Gott und Kreatur im Einen erkennt.

Noch wil ich sprechen und rüeren einen andern sin, waz der ›edel mensche‹ sî. Ich spriche: sô der mensche, diu sêle, der geist schouwet got, sô weiz er ouch und bekennet sich bekennende, daz ist: er bekennet, daz er schouwet und bekennet got. Nû hât gedunket etlîche liute und schînet gar gelouplich, daz bluome und kerne der sælicheit lige in bekantnisse, dâ der geist bekennet, daz er got bekennet; wan, daz ich alle wunne hæte und ich des niht enwiste, waz hülfe mich daz und waz wunne wære mir daz? Doch enspriche ich sicherlîche des niht. Aleine ist daz wâr, daz diu sêle âne daz doch niht sælic wære, doch enliget diu sælicheit dar ane niht; wan daz êrste, dâ sælicheit ane geliget, daz ist, sô diu sêle schouwet got blôz. Dâ nimet si allez ir wesen und ir leben und schepfet allez, daz si ist, von dem grunde gotes und enweiz von wizzenne niht noch von minne noch von nihte alzemâle. Si gestillet ganze und aleine in dem wesene gotes, si enweiz niht dan wesen dâ und got. Sô si aber weiz und bekennet, daz si got schouwet, bekennet und minnet, daz ist ein ûzslac und ein widerslac ûf daz êrste nâch natiurlîcher ordenunge; wan nieman bekennet sich wîzen wan der ouch wîz ist. Dar umbe, der sich bekennet wîzen, der bûwet und ist ûftragende ûf wîz-wesenne, und er nimet niht sîn bekennen sunder mittel und unwizzende noch von der varwe; sunder *er* nimet ir bekennen und ir wizzen von dem, daz iezent wîz ist, und enschepfet niht bekennen von der varwe aleine in ir selber, mê *er* schepfet bekennen und wizzen von geverwetem oder von wîzem und bekennet sich wîzen. Wîz ist vil minner und vil ûzerlîcher dan wîz-wesen. Ez ist vil anderz diu want und daz fundament, dar ûf diu want gebûwen ist.

Die *meister* sprechent, daz ein ander kraft ist, dâ von daz ouge sihet, und ein ander kraft, dâ von ez bekennet, daz ez sihet. Daz êrste, daz ez sihet, daz nimet ez alzemâle von der

Noch auf einen andern Sinn dessen, was der »edle Mensch« sei, will ich zu sprechen kommen und eingehen. Ich sage: Wenn der Mensch, die Seele, der Geist Gott schaut, so weiß und erkennt er sich auch als erkennend, das heißt: er erkennt, daß er Gott schaut und erkennt. Nun hat es etliche Leute bedünkt, und es scheint auch ganz glaubhaft, daß Blume und Kern der Seligkeit in jener Erkenntnis liegen, bei der der Geist erkennt, *daß* er Gott erkennt; denn, wenn ich alle Wonne hätte und wüßte nicht darum, was hülfe mir das und was für eine Wonne wäre mir das? Doch sage ich mit Bestimmtheit, daß dem nicht so ist. Ist es gleich wahr, daß die Seele ohne dies wohl nicht selig wäre, so ist doch die Seligkeit nicht darin gelegen; denn das erste, worin die Seligkeit besteht, ist dies, daß die Seele Gott unverhüllt schaut. Darin empfängt sie ihr ganzes Sein und ihr Leben und schöpft alles, was sie ist, aus dem Grunde Gottes und weiß nichts vom Wissen noch von Liebe noch von irgend etwas überhaupt. Sie wird ganz still und ausschließlich im Sein Gottes. Sie weiß dort nichts als das Sein und Gott. Wenn sie aber weiß und erkennt, daß sie Gott schaut, erkennt und liebt, so ist das der natürlichen Ordnung nach ein Ausschlag aus dem und ein Rückschlag in das Erste; denn niemand erkennt sich als weiß denn der, der wirklich weiß ist. Darum, wer sich als weiß erkennt, der baut und trägt auf dem Weiß-Sein auf, und er nimmt sein Erkennen nicht unmittelbar und noch unwissend direkt von der Farbe, sondern er nimmt das Erkennen ihrer ⟨d. h. der Farbe⟩ und das Wissen um sie von dem ab, was da gerade weiß ist, und schöpft das Erkennen nicht ausschließlich von der Farbe an sich; vielmehr schöpft er das Erkennen und Wissen von Gefärbtem oder von Weißem und erkennt *sich* als weiß. Weißes ist etwas viel Geringeres und viel Äußerlicheres als das Weiß-Sein ⟨oder: *die* Weiße⟩. Etwas ganz anderes ist die Wand und das Fundament, darauf die Wand gebaut ist.

Die Meister sagen, eine andere Kraft sei es, mit Hilfe derer das Auge sieht, und eine andere, durch die es erkennt, *daß* es sieht. Das erstere: daß es *sieht*, das nimmt es ausschließlich

varwe, niht von dem, daz geverwet ist. Her umbe ist daz al ein, ob daz, daz geverwet ist, ein stein sî oder ein holz, ein mensche oder ein engel: daz ez aleine varwe habe, dâ liget allez sîn wesen ane.

Alsô spriche ich, daz der edel mensche nimet und schepfet allez sîn wesen, leben und sælicheit von gote, an gote und in gote blôz aleine, niht von got bekennenne, schouwenne oder minnenne oder swaz dem glîch ist. Dar umbe sprichet unser herre herziclîche wol, daz daz êwic leben ist: bekennen got aleine einen wâren got, niht: bekennen, daz man got bekennet. Wie solte der mensche bekennen sich got bekennende, der sich selben niht enbekennet? Wan sicherlîche, der mensche der bekennet sich selben und anderiu dinc zemâle niht dan got aleine, jâ, in dem, dâ er sælic wirt und sælic ist: in der wurzeln und in dem grunde der sælicheit. Sô aber diu sêle bekennet, daz si got bekennet, sô bekennet si von gote und sich.

Und nû ist ein ander kraft, alsô ich dâ von hân gesprochen, von der der mensche sihet, und ein ander kraft ist, von der er weiz und bekennet, daz er sihet. Wâr ist daz, daz nû hie in uns diu kraft edeler und hœher ist, von der wir wizzen und bekennen, daz wir sehen, dan diu kraft, von der wir sehen; wan diu natûre beginnet irs werkes an dem krenkesten, aber got der beginnet sîner werke an dem volkomensten. Natûre machet den man von dem kinde und daz huon von dem eie, aber got machet den man vor dem kinde und daz huon vor dem eie. Natûre machet daz holz ze dem êrsten warm und hitzic, und dar nâch sô machet si daz wesen des viures; aber got gibet ze dem êrsten daz wesen aller crêatûre und dar nâch in der zît und doch sunder zît und sunder allez daz, daz dar zuo gehœret. Ouch gibet got den heiligen geist ê dan die gâben des heiligen geistes.

Alsô spriche ich, daz sælicheit enist âne daz niht, der mensche enbekenne und wizze wol, daz er got schouwet und bekennet, doch enwelle got des niht, daz mîn sælicheit dar

von der Farbe, nicht von dem, was gefärbt ist. Daher ist es ganz einerlei, ob das, was gefärbt ist, ein Stein sei oder Holz, ein Mensch oder ein Engel: einzig darin, daß es Farbe habe, liegt das Wesentliche.

So auch, sage ich, nimmt und schöpft der edle Mensch sein ganzes Sein, Leben und seine Seligkeit bloß nur von Gott, bei Gott und in Gott, nicht vom Gott-Erkennen, -Schauen oder -Lieben oder dergleichen. Darum sagt unser Herr beherzigenswert treffend, ewiges Leben sei dies: Gott allein als den einen, wahren Gott zu erkennen 〈Joh. 17,3〉, nicht aber: zu erkennen, daß man Gott erkennt. Wie sollte denn auch der Mensch sich als Gott-erkennend erkennen, der *sich selbst* nicht erkennt? Denn sicherlich, der Mensch erkennt sich selbst und andere Dinge überhaupt nicht, vielmehr nur Gott allein, fürwahr, wenn er selig wird und selig ist in der Wurzel und im Grunde der Seligkeit. Wenn aber die Seele erkennt, *daß* sie Gott erkennt, so gewinnt sie zugleich Erkenntnis von Gott und von sich selbst.

Nun ist aber eine andere Kraft – wie ich ausgeführt habe –, vermöge derer der Mensch sieht, und eine andere, durch die er weiß und erkennt, *daß* er sieht. Wahr ist es zwar, daß jetzt, hienieden, *in uns* jene Kraft, durch die wir wissen und erkennen, *daß* wir sehen, edler und höher ist als die Kraft, vermöge derer wir sehen; denn die Natur beginnt ihr Wirken mit dem Geringsten, Gott aber beginnt bei seinen Werken mit dem Vollkommensten. Die Natur macht den Mann aus dem Kinde und das Huhn aus dem Ei; Gott aber macht den Mann vor dem Kinde und das Huhn vor dem Ei. Die Natur macht das Holz zuerst warm und heiß, und danach erst läßt sie das Sein des Feuers entstehen; Gott aber gibt zuerst aller Kreatur das Sein und danach in der Zeit und doch ohne Zeit und jeweils gesondert alles das, was dazu 〈d. h. zum Sein〉 hinzugehört. Auch gibt Gott den Heiligen Geist eher als die Gaben des Heiligen Geistes.

So also sage ich, daß es zwar Seligkeit nicht gibt, ohne daß der Mensch sich bewußt werde und wohl wisse, *daß* er Gott schaut und erkennt; doch verhüte Gott, daß meine Seligkeit

ane lige! Dem anders genüeget, der habe ez im selber, doch erbarmet es mich. Hitze des viures und wesen des viures sint gar unglîch und wunderlîche verre von einander in der natûre, aleine sie gar nâhe sint nâch der zît und nâch der stat. Gotes schouwen und unser schouwen ist zemâle verre und unglîch einander.

Dar umbe sprichet unser herre gar wol, daz ›ein edel mensche vuor ûz in ein verrez lant enpfâhen im ein rîche und wider kam‹. Wan der mensche muoz in im selber ein sîn und muoz daz suochen in im und in einem und nemen in einem: daz ist schouwen got aleine; und herwider komen daz ist wizzen und bekennen, daz man got bekennet und weiz. Und alle dise rede hât vorgesprochen der wîssage *Ezechiel*, dô er sprach, daz ein michel adeler mit grôzen vlügeln, mit langen gelidern vol vedern manigerleie kam ze dem lûtern berge und nam daz mark oder den kernen des hœhsten boumes und zôch abe die hœhe sînes loubes und brâhte daz herabe. Daz unser herre heizet einen edeln menschen, daz nemmet der wîssage einen grôzen adeler. Wer ist danne edeler wan der einhalp geborn ist von dem hœhsten und von dem besten, daz crêatûre hât, und anderhalp von dem innigesten grunde götlîcher natûre und des einœde? ›Ich‹, sprichet unser herre in dem wîssagen *Osee*, ›wil die edeln sêle vüeren in ein einœde, und ich wil dâ sprechen in ir herze‹ ein mit einem, ein von einem, ein in einem und in einem ein êwiclîche. Âmen.

darauf beruhe! Wem's anders genügt, der behalte es für sich, doch erbarmt's mich. Die Hitze des Feuers und das Sein des Feuers sind gar ungleich und erstaunlich fern voneinander in der Natur, obzwar sie nach Zeit und Raum gar nahe beieinander sind. Gottes Schauen und unser Schauen sind einander völlig fern und ungleich.

Darum sagt unser Herr gar recht, daß ›ein edler Mensch auszog in ein fernes Land, sich ein Reich zu gewinnen, und zurückkam‹. Denn der Mensch muß in sich selber Eins sein und muß dies suchen in sich und im Einen und empfangen im Einen, das heißt: Gott lediglich *schauen*; und »zurückkommen«, das heißt: wissen und erkennen, *daß* man Gott erkennt und weiß.

Und alles hier Vorgetragene hat der Prophet Ezechiel vorausgesprochen, als er sagte, daß ›ein mächtiger Adler mit großen Flügeln, mit langen Gliedern voll mancherlei Federn zu dem lautern Berge kam und entnahm das Mark oder den Kern des höchsten Baumes, riß ab die Krone seines Laubes und brachte es herunter‹ ⟨Ez. 17,3f.⟩. Was unser Herr einen edlen Menschen heißt, das nennt der Prophet einen großen Adler. Wer ist denn nun edler, als der einerseits vom Höchsten und Besten, was die Kreatur besitzt, geboren ist und zum andern aus dem innersten Grunde göttlicher Natur und dessen Einöde? ›Ich‹, spricht unser Herr im Propheten Osee, ›will die edle Seele führen in eine Einöde, und ich will dort sprechen in ihr Herz‹ ⟨Os. 2,14⟩. Eines mit Einem, Eines von Einem, Eines in Einem und in Einem Eines ewiglich. Amen.

⟨TRAKTAT 2⟩

DIE REDE DER UNDERSCHEIDUNGE

Daz sint die rede, die der vicarius von türingen, der prior von erfurt, bruoder eckhart predigerordens mit solchen kindern hâte, diu in dirre rede vrâgeten vil dinges, dô sie sâzen in collationibus mit einander.

1. Von wârer gehôrsame daz êrste.

Wâriu und volkomeniu gehôrsame ist ein tugent vor allen tugenden, und kein werk sô grôz enmac geschehen noch getân werden âne die tugent; und swie kleine ein werk und swie snœde ez sî, sô ist ez nützer getân in wârer gehôrsame, ez sî messe lesen, hœren, beten, contemplieren oder swaz dû maht gedenken. Nim aber swie snœde ein werk dû wellest, ez sî swaz daz sî, ez machet dir wâriu gehôrsame edeler und bezzer. Gehôrsame würket alwege daz aller beste in allen dingen. Joch diu gehôrsame engeirret niemer niht und enversûmet ouch nihtes, swaz ieman tuot, in deheinen dingen, daz ûz der wâren gehôrsame gât, wan si enversûmet kein guot. Gehôrsame bedarf niemer niht gesorgen, ir engebrichet ouch keines guotes.

Swâ der mensche in gehôrsame des sînen ûzgât und sich des sînen erwiget, dâ an dem selben muoz got von nôt wider îngân; wan sô einez im selber niht enwil, dem muoz got wellen glîcher wîs als im selber. Swenne ich mînes willen bin ûzgegangen in die hant mînes prêlâten und mir selber niht enwil, dar umbe muoz mir got wellen, und versûmet er mich

TRAKTAT 2

REDEN DER UNTERWEISUNG

Das sind die Reden, die der Vikar von Thüringen, der Prior von Erfurt, Bruder Eckhart, Predigerordens, mit solchen ⟨geistlichen⟩ Kindern geführt hat, die ihn zu diesen Reden nach vielem fragten, als sie zu abendlichen Lehrgesprächen beieinander saßen.

1. Vom wahren Gehorsam

Wahrer und vollkommener Gehorsam ist eine Tugend vor allen Tugenden, und kein noch so großes Werk kann geschehen oder getan werden ohne diese Tugend; wie klein anderseits ein Werk sei und wie gering, es ist nützer getan in wahrem Gehorsam, sei's Messelesen oder -hören, Beten, Kontemplieren oder was du dir denken magst. Nimm wiederum ein Tun so geringwertig du nur willst, es sei, was es auch sei: wahrer Gehorsam macht es dir edler und besser. Gehorsam bewirkt allwegs das Allerbeste in allen Dingen. Fürwahr, der Gehorsam stört nie und behindert nicht, was einer auch tut, bei nichts, was aus *wahrem* Gehorsam kommt; denn *der* versäumt nichts Gutes. Gehorsam braucht sich nimmer zu sorgen, es gebricht ihm an keinem Gute.

Wo der Mensch in Gehorsam aus seinem Ich herausgeht und sich des Seinen entschlägt, ebenda muß Gott notgedrungen hinwiederum eingehen; denn wenn einer für sich selbst nichts will, für den muß Gott in gleicher Weise wollen wie für sich selbst. Wenn ich mich meines Willens entäußert habe in die Hand meines Oberen und für mich selbst nichts will, so muß Gott darum für mich wollen, und versäumt er

an dem teile, sô versûmet er sich selber. Alsô in allen dingen, dâ ich mir niht enwil, dâ wil mir got. Nû merke! Waz wil er mir, dâ ich mir niht enwil? Dâ ich mich ane lâze, dâ muoz er mir von nôt wellen allez, daz er im selben wil, noch minner noch mêr, und mit der selben wîse, dâ er im mit wil. Und entæte got des niht, in der wârheit, diu got ist, sô enwære got niht gereht noch enwære got, daz sîn natiurlich wesen ist.

In wârer gehôrsame ensol niht vunden werden ›ich wil alsô oder alsô‹ oder ›diz oder daz‹, sunder ein lûter ûzgân des dînen. Und dar umbe in dem aller besten gebete, daz der mensche mac gebeten, ensol niht sîn weder ›gip mir die tugent oder die wîse‹, oder ›jâ, herre, gip mir dich selber oder êwigez leben‹, dan ›herre, engip niht, wan daz dû wilt, und tuo, herre, swaz und swie dû wilt in aller wîse‹. Daz übertriffet daz êrste als der himel die erden. Und swenne man daz gebet alsô volbringet, sô hât man wol gebetet: als man zemâle ûzgegangen ist in got wârer gehôrsame. Und als wâriu gehôrsame niht ensol haben ›ich wil alsô‹, alsô ensol niemer von ir gehœret werden ›ich enwil niht‹; wan ›ich enwil niht‹ ist ein wâriu vergift aller gehôrsame. Als dâ sprichet sant *Augustînus*: »der getriuwe diener gotes den engelüstet niht, daz man im sage oder gebe, daz er gerne hœrte oder sæhe; wan sîn êrster, hœhster vlîz ist ze hœrenne, waz gote allermeist gevellet«.

2. Von dem aller kreftigesten gebete und von dem aller hœhsten werke.

Daz kreftigeste gebet und vil nâch daz almehtigeste, alliu dinc ze erwerbenne, und daz aller wirdigeste werk vor allen dingen, daz ist, daz dâ gât ûz einem ledigen gemüete. Ie lediger daz ist, ie daz gebet und daz werk kreftiger, wirdiger, nützer und lobelîcher und volkomener ist. Daz ledige gemüete vermac alliu dinc.

etwas für mich darin, so versäumt er es zugleich für sich selbst. So steht's in allen Dingen: Wo ich nichts für mich will, da will Gott für mich. Nun gib acht! Was will er denn für mich, wenn ich nichts für mich will? Darin, wo ich von meinem Ich lasse, da muß er für mich notwendig alles das wollen, was er für sich selbst will, nicht weniger noch mehr, und in derselben Weise, mit der er für sich will. Und täte Gott das nicht, – bei der Wahrheit, die Gott ist, so wäre Gott nicht gerecht, noch wäre er Gott, was ⟨doch⟩ sein natürliches Sein ist.

In wahrem Gehorsam darf kein »Ich will so oder so« oder »dies oder das« gefunden werden, sondern nur vollkommenes Aufgeben des Deinen. Und darum soll es im allerbesten Gebet, das der Mensch beten kann, weder »Gib mir diese Tugend oder diese Weise« noch »Ja, Herr, gib mir dich selbst oder ewiges Leben« heißen, sondern nur »Herr, gib mir nichts, als was du willst, und tue, Herr, was und wie du willst in jeder Weise!« Dies übertrifft das erste ⟨Gebet⟩ wie der Himmel die Erde; und wenn man das Gebet so verrichtet, so hat man wohl gebetet: wenn man in wahrem Gehorsam aus seinem Ich ausgegangen ist in Gott hinein. Und so wie wahrer Gehorsam kein »Ich will so« kennen soll, so soll auch niemals von ihm vernommen werden »Ich will nicht«; denn »Ich will nicht« ist wahres Gift für jeden Gehorsam. Wie denn Sankt Augustin sagt: »Den getreuen Diener Gottes gelüstet nicht, daß man ihm sage oder gebe, was er gern hörte oder sähe; denn sein erstes, höchstes Bestreben ist zu hören, was Gott am allermeisten gefällt.«

2. *Vom allerkräftigsten Gebet und vom allerhöchsten Werk*

Das kräftigste Gebet und nahezu das allmächtigste, alle Dinge zu erlangen, und das allerwürdigste Werk vor allen ist jenes, das hervorgeht aus einem ledigen Gemüt. Je lediger dies ist, um so kräftiger, würdiger, nützer, löblicher und vollkommener ist das Gebet und das Werk. Das ledige Gemüt vermag alle Dinge.

Waz ist ein ledic gemüete?

Daz ist ein ledic gemüete, daz mit nihte beworren enist noch ze nihte gebunden enist noch daz sîn bestez ze keiner wîse gebunden enhât noch des sînen niht enmeinet in deheinen dingen, dan alzemâle in dem liebesten willen gotes versunken ist und des sînen ûzgegangen ist. Niemer enmac der mensche dehein sô snœde werk gewürken, ez enneme hier inne sîne kraft und sîn vermügen.

Alsô krefticlîche sol man beten, daz man wölte, daz alliu diu gelider des menschen und krefte, beidiu ougen, ôren, munt, herze und alle sinne dar zuo gekêret wæren; und niht ensol man ûfhœren, man envinde denne, daz man sich welle einen mit dem, den man gegenwertic hât und bitet, daz ist got.

3. Von ungelâzenen liuten, die vol eigens willen sint.

Die menschen sprechent: ›eyâ, herre, ich wölte gerne, daz mir alsô wol mit gote wære und alsô vil andâht hæte und vride mit gote, als ander liute hânt, und wölte, daz mir alsô wære oder ich alsô arm sî‹, oder: ›mir enwirt niemer reht, ich ensî denne dâ oder dâ und tuo sus oder sô, ich muoz in ellende sîn oder in einer klûsen oder in einem klôster‹.

In der wârheit, diz bist dû allez selber und anders niht zemâle. Ez ist eigener wille, aleine enweist dû es niht oder endünket dich es niht: niemer enstât ein unvride in dir ûf, ez enkome von eigenem willen, man merke ez oder man enmerke ez niht. Swaz wir daz meinen, daz der mensche disiu dinc sol vliehen und jeniu sol suochen – daz sint die stete und die liute und die wîse oder diu menige oder diu werk –, daz enist niht schult, daz dich diu wîse oder diu dinc hindernt: dû bist ez in den dingen selber, daz dich hindert, wan dû heltest dich unordenlîche in den dingen.

Dar umbe hebe an dir selber an ze dem êrsten und lâz dich.

Was ist ein lediges Gemüt?

Das ist ein lediges Gemüt, das durch nichts beirrt und an nichts gebunden ist, das sein Bestes an keine Weise gebunden hat und in nichts auf das Seine sieht, vielmehr völlig in den liebsten Willen Gottes versunken ist und sich des Seinigen entäußert hat. Nimmer kann der Mensch ein noch so geringes Werk verrichten, das nicht hierin seine Kraft und sein Vermögen empfinge.

So kraftvoll soll man beten, daß man wünschte, alle Glieder und Kräfte des Menschen, Augen wie Ohren, Mund, Herz und alle Sinne sollten darauf gerichtet sein; und nicht soll man aufhören, ehe man empfinde, daß man sich mit dem zu vereinen im Begriffe stehe, den man gegenwärtig hat und zu dem man betet, das ist: Gott.

3. Von ungelassenen Leuten, die voll Eigenwillens sind

Die Leute sagen: »Ach, ja, Herr, ich möchte gern, daß ich auch so gut zu Gott stünde und daß ich ebensoviel Andacht hätte und Frieden mit Gott, wie andere Leute haben, und ich möchte, mir ginge es ebenso oder ich wäre ebenso arm«, oder: »Mit mir wird's niemals recht, wenn ich nicht da oder dort bin und so oder so tue, ich muß in der Fremde leben oder in einer Klause oder in einem Kloster.«

Wahrlich, darin steckt überall dein Ich und sonst ganz und gar nichts. Es ist der Eigenwille, wenn zwar du's auch nicht weißt oder es dich auch nicht so dünkt: niemals steht ein Unfriede in dir auf, der nicht aus dem Eigenwillen kommt, ob man's nun merke oder nicht. Was wir da meinen, der Mensch solle dieses fliehen und jenes suchen, etwa diese Stätten und diese Leute und diese Weisen oder diese Menge oder diese Betätigung – nicht das ist schuld, daß dich die Weise oder die Dinge hindern: du bist es ⟨vielmehr⟩ selbst in den Dingen, was dich hindert, denn du verhältst dich verkehrt zu den Dingen.

Darum fang zuerst bei dir selbst an und *laß dich*! Wahr-

In der wârheit, dû envliehest dich denne ze dem êrsten, anders, swâ dû hine vliehest, dâ vindest dû hindernisse und unvride, ez sî, swâ daz sî. Die liute, die vride suochent in ûzwendigen dingen, ez sî an steten oder an wîsen oder an liuten oder an werken oder daz ellende oder diu armuot oder smâcheit, swie grôz diu sî oder swaz daz sî, daz ist dennoch allez nihtes noch engibet keinen vride. Sie suochent alles unrehte, die alsô suochent: ie verrer sie ûzgânt, ie minner sie vindent, daz sie suochent. Sie gânt als einer, der eines weges vermisset: ie verrer er gât, ie mêr er irret. Mêr: waz sol er tuon? Er sol sich selber lâzen ze dem êrsten, sô hât er alliu dinc gelâzen. In der wârheit, lieze ein mensche ein künicrîche oder alle die werlt und behielte sich selber, sô enhæte er nihtes gelâzen. Jâ, und læzet der mensche sich selber, swaz er denne beheltet, ez sî rîchtuom oder êre oder swaz daz sî, sô hât er alliu dinc gelâzen.

Ez sprichet ein *heilige* ûf daz wort, daz sant *Pêter* sprach: ›sich, herre, wir hân alliu dinc gelâzen‹ – und er enhâte doch niht mêr gelâzen dan ein blôz netze und sîn schiffelîn – der heilige sprichet: swer daz kleine williclîche læzet, der enlæzet ez niht aleine, mêr: er læzet allez, daz werltlîche liute mügen gewinnen, jâ, ouch, daz sie mügen begern; wan, der sînen willen und sich selber læzet, der hât alliu dinc gelâzen als wærlîche, als sie sîn vrî eigen wæren und sie besezzen hæte in ganzem gewalte. Wan, daz dû niht enwilt begern, daz hâst dû allez übergeben und gelâzen durch got. Dar umbe sprach unser herre: ›sælic sint die armen des geistes‹, daz ist des willen. Und hier ane ensol nieman zwîvelen: wære dehein bezzer wîse, unser herre hæte sie gesprochen, als er ouch sprach: ›swer mir welle nâchvolgen, der verzîhe sich sîn selbes ze dem êrsten‹; dâ liget ez allez ane. Nim dîn selbes war, und swâ dû dich vindest, dâ lâz dich; daz ist daz aller beste.

haftig, fliehst du nicht zuerst dich selbst, wohin du sonst fliehen magst, da wirst du Hindernis und Unfrieden finden, wo immer es auch sei. Die Leute, die da Frieden suchen in äußeren Dingen, sei's an Stätten oder in Weisen, bei Leuten oder in Werken, in der Fremde oder in Armut oder in Erniedrigung – wie eindrucksvoll oder was es auch sei, das ist dennoch alles nichts und gibt keinen Frieden. Sie suchen völlig verkehrt, die so suchen. Je weiter weg sie in die Ferne schweifen, um so weniger finden sie, was sie suchen. Sie gehen wie einer, der den Weg verfehlt: je weiter der geht, um so mehr geht er in die Irre. Aber, was soll er denn tun? Er soll zuerst sich selbst lassen, dann hat er alles gelassen. Fürwahr, ließe ein Mensch ein Königreich oder die ganze Welt, behielte aber sich selbst, so hätte er nichts gelassen. Läßt der Mensch aber von sich selbst ab, was er auch dann behält, sei's Reichtum oder Ehre oder was immer, so hat er alles gelassen.

Zu dem Worte, das Sankt Peter sprach: ›Sieh, Herr, wir haben alle Dinge gelassen‹ ⟨Matth. 19,27⟩ – und er hatte doch nichts weiter gelassen als ein bloßes Netz und sein Schifflein –, dazu sagt ein Heiliger: Wer das Kleine willig läßt, der läßt nicht nur dies, sondern er läßt alles, was weltliche Leute gewinnen, ja selbst, was sie nur begehren können. Denn wer seinen Willen und sich selbst läßt, der hat alle Dinge so wirklich gelassen, als wenn sie sein freies Eigentum gewesen wären und er sie besessen hätte mit voller Verfügungsgewalt. Denn was du nicht begehren *willst*, das hast du alles hingegeben und gelassen um Gottes willen. Darum sprach unser Herr: ›Selig sind die Armen im Geist‹ ⟨Matth. 5,3⟩, das heißt: an Willen. Und hieran soll niemand zweifeln: Gäb's irgendeine bessere Weise, unser Herr hätte sie genannt, wie er ja auch sagte: ›Wer mir nachfolgen will, der verleugne zuerst sich selbst‹ ⟨Matth. 16,24⟩; daran ist alles gelegen. Richte dein Augenmerk auf dich selbst, und wo du *dich* findest, da laß von dir ab; das ist das Allerbeste.

4. Von dem nützen lâzenne, daz man tuon sol von innen und von ûzen.

Dû solt wizzen, daz sich nie dehein mensche sô vil geliez in disem lebene, er envünde sich dennoch mêr ze lâzenne. Der liute ist wênic, die des rehte war nement und dar ane bestânt. Ez ist rehte ein glîch widergelt und glîcher kouf: als vil dû ûzgâst aller dinge, als vil, noch minner noch mêr, gât got în mit allem dem sînen, als dû zemâle ûzgâst in allen dingen des dînen. Dâ hebe ane, und daz lâz dich kosten allez, daz dû geleisten maht. Dâ vindest dû wâren vride und niendert anderswâ.

Die liute endörften niemer vil gedenken, waz sie tæten; sie solten aber gedenken, waz sie wæren. Wæren nû die liute guot und ir wîse, sô möhten iriu werk sêre liuhten. Bist dû gereht, sô sint ouch dîniu werk gereht. Niht engedenke man heilicheit ze setzenne ûf ein tuon; man sol heilicheit setzen ûf ein sîn, wan diu werk enheiligent uns niht, sunder wir suln diu werk heiligen. Swie heilic diu werk iemer sîn, sô enheiligent sie uns zemâle niht, als verre sie werk sint, mêr: als verre als wir heilic sîn und wesen hân, als verre heiligen wir alliu unsriu werk, ez sî ezzen, slâfen, wachen oder swaz daz sî. Die niht von grôzem wesene sint, swaz werke die würkent, dâ enwirt niht ûz. Hie merke, daz man allen vlîz sol dar ûf legen, daz man guot sî, niht als vil, waz man getuo oder welherleie geslehte diu werk sîn, sunder, wie der grunt der werke sî.

5. Merke, waz daz wesen und den grunt guot mache.

Der grunt, dar ane daz liget, daz des menschen wesen und grunt guot sî grœzlîchen, dâ des menschen werk ir güete abe

4. Vom Nutzen des Lassens, das man innerlich und äußerlich vollziehen soll

Du mußt wissen, daß sich noch nie ein Mensch in diesem Leben so weitgehend gelassen hat, daß er nicht gefunden hätte, er müsse sich noch mehr lassen. Der Menschen gibt es wenige, die das recht beachten und darin beständig sind. Es ist ein gleichwertiger Austausch und ein gerechter Handel: So weit du ausgehst aus allen Dingen, so weit, nicht weniger und nicht mehr, geht Gott ein mit all dem Seinen, dafern du in allen Dingen dich des Deinen völlig entäußerst. Damit heb an, und laß dich dies alles kosten, was du aufzubringen vermagst. Da findest du wahren Frieden und nirgends sonst.

Die Leute brauchten nicht soviel nachzudenken, was sie *tun* sollten; sie sollten vielmehr bedenken, was sie *wären.* Wären nun aber die Leute gut und ihre Weise, so könnten ihre Werke hell leuchten. Bist *du* gerecht, so sind auch *deine Werke* gerecht. Nicht gedenke man Heiligkeit zu gründen auf ein Tun; man soll Heiligkeit vielmehr gründen auf ein Sein, denn die Werke heiligen nicht uns, sondern wir sollen die Werke heiligen. Wie heilig die Werke immer sein mögen, so heiligen sie uns ganz und gar nicht, soweit sie Werke sind, sondern: soweit wir heilig sind und Sein besitzen, soweit heiligen wir alle unsere Werke, es sei Essen, Schlafen, Wachen oder was immer es sei. Die nicht großen Seins sind, welche Werke die auch wirken, da wird nichts daraus. Erkenne hieraus, daß man allen Fleiß darauf verwenden soll, gut zu *sein,* – nicht aber so sehr darauf, was man tue oder welcher Art die Werke seien, sondern wie der Grund der Werke sei.

5. Beachte, was das Wesen und den Grund gut macht

Der Grund, an dem es liegt, daß des Menschen Wesen und Seinsgrund, von dem des Menschen Werke ihre Gutheit

nement, daz ist, daz des menschen gemüete genzlîche ze gote sî. Dar ûf setze al dîn studieren, daz dir got grôz werde und daz aller dîn ernst und vlîz ze im sî in allen dînen werken und in allem dînem lâzenne. In der wârheit, ie dû des mêr hâst, ie alliu dîniu werk, welherleie diu sint, bezzer sint. Hafte gote ane, sô henket er dir alle güete ane. Suoche got, sô vindest dû got und allez guot. Jâ, in der wârheit, dû möhtest in solcher meinunge ûf einen stein treten, ez wære mêr ein götlich werk, dan ob dû des dînen mêr meintest in dem, daz dû næmest den lîchamen unsers herren und dîn meinunge minner abegescheiden wære. Der gote anehaftet, dem haftet got ane und alliu tugent. Und daz dû vor suochtest, daz suochet nû dich; daz dû vor jagetest, daz jaget nû dich, und daz dû vor mohtest gevliehen, daz vliuhet nû dich. Dar umbe, der gote anehaftet grœzlîche, dem haftet ane allez, daz götlich ist, und vliuhet allez, daz gote unglîch und vremde ist.

6. Von der abegescheidenheit und von habenne gotes.

Ich wart gevrâget: etlîche liute zügen sich sêre von den liuten und wæren alles gerne aleine, und dar ane læge ir vride, und daz sie wæren in der kirchen, ob daz daz beste wære? Dô sprach ich: nein! und merke, war umbe! Wem reht ist, in der wârheit, dem ist in allen steten und bî allen liuten reht. Wem aber unreht ist, dem ist unreht in allen steten und bî allen liuten. Wem aber reht ist, der hât got in der wârheit bî im. Wer aber got rehte in der wârheit hât, der hât in in allen steten und in der strâze und bî allen liuten als wol als in der kirchen oder in der einœde oder in der zellen; ob er in anders rehte hât und ob er in aleine hât, den menschen enmac nieman gehindern.

War umbe?

beziehen, völlig gut sei, ist dies: daß des Menschen Gemüt gänzlich zu Gott ⟨gekehrt⟩ sei. Darauf setze all dein Bemühen, daß dir Gott groß werde und daß all dein Streben und Fleiß ihm zugewandt sei in allem deinem Tun und Lassen. Wahrlich, je mehr du davon hast, desto besser sind alle deine Werke, welcher Art sie auch sein mögen. Hafte Gott an, so hängt er dir alles Gutsein an. Suche Gott, so findest du Gott und alles Gute ⟨dazu⟩. Ja, fürwahr, du könntest in solcher Gesinnung auf einen Stein treten, und es wäre in höherem Grade ein gottgefälliges Werk, als wenn du den Leib unseres Herrn empfingest und es dabei mehr auf das Deinige abgesehen hättest und deine Absicht weniger selbstlos wäre. Wer Gott anhaftet, dem haftet Gott an und alle Tugend. Und was zuvor *du* suchtest, das sucht nun *dich*; wem zuvor *du* nachjagtest, das jagt nun *dir* nach; und was zuvor *du* fliehen mochtest, das flieht nun *dich*. Darum: wer Gott eng anhaftet, dem haftet alles an, was göttlich ist, und den flieht alles, was Gott ungleich und fremd ist.

6. Von der Abgeschiedenheit und vom Besitzen Gottes

Ich wurde gefragt: manche Leute zögen sich streng von den Menschen zurück und wären immerzu gern allein, und daran läge ihr Friede und daran, daß sie in der Kirche wären – ob dies das Beste wäre? Da sagte ich: »Nein!« Und gib acht, warum.

Mit wem es recht steht, wahrlich, dem ist's an allen Stätten und unter allen Leuten recht. Mit wem es aber unrecht steht, für den ist's an allen Stätten und unter allen Leuten unrecht. Wer aber recht daran ist, der hat Gott in Wahrheit bei sich; wer aber Gott recht in Wahrheit hat, der hat ihn an allen Stätten und auf der Straße und bei allen Leuten ebensogut wie in der Kirche oder in der Einöde oder in der Zelle; wenn anders er ihn recht und nur ihn hat, so kann einen solchen Menschen niemand behindern.

Warum?

Dâ hât er aleine got und meinet aleine got und werdent im alliu dinc lûter got. Dér mensche treget got in allen sînen werken und in allen steten, und alliu des menschen werk diu würket got lûterlîchen; wan wer daz werk sachet, des ist daz werk eigenlîcher und wærlîcher dan des, der dâ würket daz werk. Meinen wir denne got lûterlîchen und aleine, in der wârheit, sô muoz er unsriu werk würken, und an allen sînen werken enmac in nieman gehindern, weder menige noch stete. Alsô enmac disen menschen nieman gehindern, wan er enmeinet niht noch ensuochet niht noch ensmecket im nihtes dan got; wan er wirt dem menschen in aller sîner meinunge geeiniget. Und alsô, als got kein manicvalticheit enmac zerströuwen, alsô enmac disen menschen nihtes zerströuwen noch vermanicvaltigen, wan er ist einez in dem einen, dâ alliu manicvalticheit einez ist und ein unvermanicvalticheit ist.

Der mensche sol got nemen in allen dingen und sol sîn gemüete wenen, daz er alle zît got habe in gegenwerticheit in dem gemüete und in der meinunge und in der minne. Merke, wie dû dînen got meinest, sô dû bist in der kirchen oder in der zellen: daz selbe gemüete behalt und trac daz under die menige und in die unruowe und in die unglîcheit. Und – als ich mêr gesprochen hân – als man saget von glîcheit, sô enmeinet man niht, daz man alliu werk glîch sül ahten oder alle stete oder alle liute. Daz wære gar unreht, wan ez ist ein bezzer werk beten wan spinnen und ein edelriu stat diu kirche dan diu strâze. Aber dû solt in den werken ein glîchez gemüete haben und ein glîchez getriuwen und eine glîche minne ze dînem gote und einen glîchen ernst. Entriuwen, wære dir alsô glîch, sô enhinderte dich nieman dînes gegenwertigen gotes.

Aber, wem alsô in der wârheit got niht innen enist, sunder alles got von ûzwendic muoz nemen in dem und in dem, und wenne er in unglîcher wîse got suochet, ez sî werk oder liute

Weil er einzig Gott hat und es nur auf Gott absieht, und alle Dinge ihm lauter Gott werden. Ein solcher Mensch trägt Gott in allen seinen Werken und an allen Stätten, und alle Werke dieses Menschen wirkt allein Gott; denn wer das Werk verursacht, dem gehört das Werk eigentlicher und wahrhaftiger zu als dem, der da das Werk verrichtet. Haben wir also lauter und allein Gott im Auge, wahrlich, so muß er unsere Werke wirken, und an allen seinen Werken vermag ihn niemand zu hindern, keine Menge und keine Stätte. So kann also diesen Menschen niemand behindern, denn er erstrebt und sucht nichts, und es schmeckt ihm nichts als Gott; denn der wird mit dem Menschen in allem seinem Streben vereint. Und so wie Gott keine Mannigfaltigkeit zu zerstreuen vermag, so auch kann diesen Menschen nichts zerstreuen noch vermannigfaltigen, denn er ist eins in jenem Einen, in dem alle Mannigfaltigkeit Eins und eine Nicht-Mannigfaltigkeit ist.

Der Mensch soll Gott in *allen* Dingen ergreifen und soll sein Gemüt daran gewöhnen, Gott allzeit gegenwärtig zu haben im Gemüt und im Streben und in der Liebe. Achte darauf, wie du deinem Gott zugekehrt bist, wenn du in der Kirche bist oder in der Zelle: diese selbe Gestimmtheit behalte und trage sie unter die Menge und in die Unruhe und in die Ungleichheit. Und – wie ich schon öfter gesagt habe – wenn man von »Gleichheit« spricht, so meint man ⟨damit⟩ nicht, daß man alle Werke als gleich erachten solle oder alle Stätten oder alle Leute. Das wäre gar unrichtig, denn Beten ist ein besseres Werk als Spinnen und die Kirche eine würdigere Stätte als die Straße. Du sollst jedoch in allen Werken ein gleichbleibendes Gemüt haben und ein gleichmäßiges Vertrauen und eine gleichmäßige Liebe zu deinem Gott und einen gleichbleibenden Ernst. Traun, wärest du so gleichmütig, so würde dich niemand hindern, deinen Gott gegenwärtig zu haben.

Wem aber Gott nicht so wahrhaft innewohnt, sondern wer Gott beständig von draußen her nehmen muß in diesem und in jenem, und wer Gott in ungleicher Weise sucht, sei's in

oder stete, sô enhât er got niht. Und daz mac lîhte sîn, daz dén menschen hindert, wan er enhât gotes niht, und er ensuochet in niht aléine noch er enminnet noch enmeinet in niht aléine; und dar umbe enhindert in niht aleine bœsiu geselleschaft, sunder in hindert ouch diu guote und niht aleine diu strâze, sunder ouch diu kirche noch niht aleine bœsiu wort und werk, mêr: ouch guotiu wort und werk, wan diu hindernisse ist in im, wan in im enist niht got worden alliu dinc. Wan wære im daz, sô wære im in allen steten und bî allen liuten gar reht und wol, wan er hât got, und den enmac im nieman genemen noch sînes werkes enmac in nieman gehindern.

War ane liget nû diz wâre haben gotes, daz man in wærlîche habe?

Diz wærlîche haben gotes liget an dem gemüete und an einem inniclîchen vernünftigen zuokêrenne und meinenne gotes, niht an einem stæten anegedenkenne in einer glîchen wîse, wan daz wære unmügelich der natûre in der meinunge ze habenne und sêre swære und ouch daz aller beste niht. Der mensche ensol niht haben noch im lâzen genüegen mit einem gedâhten gote, wan, swenne der gedank vergât, sô vergât ouch der got. Mêr: man sol haben einen gewesenden got, der verre ist obe den gedenken des menschen und aller crêatûre. Dér got envergât niht, der mensche enkêre denne williclîche abe.

Der got alsô in wesenne hât, der nimet got götlîchen, und dem liuhtet er in allen dingen; wan alliu dinc smeckent im götlîchen, und got erbildet sich im ûz allen dingen. In im blicket got alle zît, in im ist ein abegescheiden abekêren und ein înbilden sînes geminneten gegenwertigen gotes. Glîcher wîs, als den dâ hitziclîchen dürstet in rehtem durste, der tæte wol anders dan trinken und mac ouch wol ander dinc gedenken; mêr: aber swaz er tuo oder bî swem er sî, in swelher meinunge oder swaz er gedenke oder swaz er würke, im

Werken oder unter den Leuten oder an Stätten, der *hat* Gott nicht. Und es mag leicht etwas geben, was einen solchen Menschen behindert, denn er *hat* Gott nicht, und er sucht nicht ihn allein noch liebt noch erstrebt er ihn allein. Und darum hindert ihn nicht nur böse Gesellschaft, sondern ihn hindert auch die gute, und nicht allein die Straße, sondern auch die Kirche, und nicht allein böse Worte und Werke, sondern auch gute Worte und Werke. Denn das Hindernis liegt in *ihm*, weil Gott in ihm noch nicht alle Dinge geworden ist. Denn wäre dies so bei ihm, so wäre ihm an *allen* Stätten und bei *allen* Leuten gar recht und wohl; denn er *hat* Gott, und den könnte ihm niemand nehmen, noch könnte ihn jemand an seinem Werk hindern.

Woran liegt nun dieses wahre Haben Gottes, daß man ihn wahrhaft besitze?

Dieses wahrhafte Haben Gottes liegt am Gemüt und an einem innigen, geistigen Sich-Hinwenden und Streben zu Gott, nicht ⟨dagegen⟩ an einem beständigen, gleichmäßigen Darandenken; denn das wäre der Natur unmöglich zu erstreben und sehr schwer und zudem nicht das Allerbeste. Der Mensch soll sich nicht genügen lassen an einem *gedachten* Gott; denn wenn der Gedanke vergeht, so vergeht auch der Gott. Man soll vielmehr einen *wesenhaften* Gott haben, der weit erhaben ist über die Gedanken des Menschen und aller Kreatur. *Der* Gott vergeht nicht, der Mensch wende sich denn mit Willen von ihm ab.

Wer Gott so, ⟨d. h.⟩ im Sein, hat, der nimmt Gott göttlich, und dem leuchtet er in allen Dingen; denn alle Dinge schmecken ihm nach Gott, und Gottes Bild wird ihm aus allen Dingen sichtbar. In ihm glänzt Gott allzeit, in ihm vollzieht sich eine loslösende Abkehr und eine Einprägung seines geliebten, gegenwärtigen Gottes. Vergleichsweise so, wie wenn es einen in rechtem Durst heiß dürstet: so mag der wohl anderes tun als trinken, und er mag auch wohl an andere Dinge denken; aber was er auch tut und bei wem er sein mag, in welchem Bestreben oder welchen Gedanken oder welchem Tun, so vergeht ihm doch die Vorstellung des

envergât doch daz bilde des trankes niht, die wîle der durst wert; und als vil grœzer der durst ist, als vil mêr und inwendiger und gegenwertiger und stæter ist daz bilde des trankes. Oder der dâ hitziclîchen ein dinc minnet mit ganzer kraft alsô, daz im niht anders ensmecket und ze herzen gât dan daz, und meinet daz aleine und anders zemâle nihtes: entriuwen, swâ der mensche ist oder bî swem er ist oder swes er beginnet oder swaz er tuot, sô erlischet niemer in im, daz er alsô minnet, und in allen dingen vindet er des dinges bilde und ist im als gegenwertic, als vil der minne mêrer und mêrer ist. Der mensche ensuochet niht ruowe, wan in enhindert kein unruowe.

Der mensche ist verre mêr vor gote gelobet, wan er alliu dinc götlîche nimet und mêr, dan diu dinc an in selber sint. Triuwen, hie zuo gehœret vlîz und minne und ein wol warnemen des menschen inwendicheit und ein wacker wâr venünftigez würklîchez wizzen, war ûf daz gemüete stât in den dingen und bî den liuten. Diz enmac der mensche niht gelernen mit vliehenne, daz er diu dinc vliuhet und sich an die einœde kêret von ûzwendicheit; sunder er muoz ein innerlich einœde lernen, swâ oder bî swem er ist. Er muoz lernen diu dinc durchbrechen und sînen got dar inne nemen und den krefticlîche in sich künnen erbilden in einer wesenlîchen wîse. Glîcher wîs als einer, der dâ wil schrîben lernen; triuwen, sol er die kunst künnen, er muoz sich vil und dicke an den werken üeben, swie sûr und swære ez im doch werde und swie unmügelîchen ez in dünket; wil er ez vlîziclîchen üeben und dicke, er lernet ez und gewinnet die kunst. Triuwen, ze dem êrsten muoz er haben ein anedenken eines ieglîchen buochstaben und den in sich verbilden vil vaste. Dar nâch, sô er nû die kunst hât, sô wirt er des bildes zemâle ledic und des anedenkennes; sô schrîbet er lediclîchen und vrîlîchen – oder ez sî videln oder deheiniu werk, diu ûz sîner

Trankes nicht, solange der Durst währt; und je größer der Durst ist, um so stärker und eindringlicher und gegenwärtiger und beharrlicher ist die Vorstellung des Trankes. Oder wer da etwas heiß mit ganzer Inbrunst so liebt, daß ihm nichts anderes gefällt und zu Herzen geht als ⟨eben⟩ dies, und er nur nach diesem verlangt und nach sonst gar nichts: ganz gewiß, wo immer ein solcher Mensch sein mag oder bei wem oder was er auch beginnt oder was er tut, nimmer erlischt doch in ihm das, was er so sehr liebt, und in allen Dingen findet er ⟨eben⟩ dieses Dinges Bild, und dies ist ihm um so stärker gegenwärtig, je mehr die Liebe stärker und stärker wird. Ein solcher Mensch sucht nicht Ruhe, denn ihn behindert keine Unruhe.

Dieser Mensch findet weit mehr Lob vor Gott, weil er alle Dinge als göttlich und höher erfaßt, denn sie in sich selbst sind. Traun, dazu gehört Eifer und Hingabe und ein genaues Achten auf des Menschen Inneres und ein waches, wahres, besonnenes, wirkliches Wissen darum, worauf das Gemüt gestellt ist mitten in den Dingen und unter den Leuten. Dies kann der Mensch nicht durch Fliehen lernen, indem er vor den Dingen flüchtet und sich äußerlich in die Einsamkeit kehrt; er muß vielmehr eine innere Einsamkeit lernen, wo und bei wem er auch sei. Er muß lernen, die Dinge zu durchbrechen und seinen Gott *darin* zu ergreifen und den kraftvoll in einer wesenhaften Weise.in sich hineinbilden zu können. Vergleichsweise so wie einer, der schreiben lernen will. Fürwahr, soll er die Kunst beherrschen, so muß er sich viel und oft in dieser Tätigkeit üben, wie sauer und schwer es ihm auch werde und wie unmöglich es ihn dünke: will er's nur fleißig üben und oft, so lernt er's doch und eignet sich die Kunst an. Fürwahr, zuerst muß er seine Gedanken auf jeden einzelnen Buchstaben richten und sich den sehr fest einprägen. Späterhin, wenn er dann die Kunst beherrscht, so bedarf er der Bildvorstellung und der Überlegung gar nicht mehr, und dann schreibt er unbefangen und frei, und ebenso ist es auch, wenn es sich um Fiedeln oder irgendwelche Verrichtungen handelt, die aus seinem Können geschehen sollen.

kunst suln geschehen. Dâ mite ist im zemâle genuoc, daz er ouch wizze, daz er daz werk sîner kunst wil üeben; und ob er sî âne stætez anegedenken; swaz er ouch denke, dennoch würket er sîn werk ûz sîner kunst.

Alsô sol der mensche mit götlîcher gegenwerticheit durchgangen sîn und mit der forme sînes geminneten gotes durchformet sîn und in im gewesent sîn, daz im sîn gegenwerticheit liuhte âne alle arbeit, mêr: eine blôzheit neme in allen dingen und der dinge zemâle ledic blîbe. Dâ muoz ze dem êrsten ein anegedenken und ein merklich înerbilden zuo gehœren, als dem schuoler ze der kunst.

7. Wie der mensche sîniu werk sol würken ûf daz hœhste vernünfticlîchen.

Der liute vindet man vil, und kumet der mensche lîhticlîche dar zuo, ob er wil, daz in diu dinc, dâ bî er wandelt, niht enhindernt noch kein blîbende bilde in in setzent; wan, swâ daz herze vol gotes ist, dâ enmugen die crêatûre niht stat gehaben noch vinden; mêr: dar ane ensol uns niht genüegen; wir suln uns alliu dinc grœzlîchen tuon ze vrumen, ez sî, swaz daz sî, swâ wir sîn, swaz wir sehen oder hœren, swie vremde daz sî oder swie unglîch. Denne allerêrst ist uns reht und niht ê, und niemer ensol der mensche hier ane ze ende komen, er enmüge hier ane âne underlâz wahsen und mêr gewinnen in einem wâren zuonemenne.

Und der mensche sol ze allen sînen werken und bî allen dingen sîner vernunft merklîchen gebrûchen und in allen dingen ein vernünftigez mitewizzen haben sîn selbes und sîner inwendicheit und nemen in allen dingen got in der hœhsten wîse, als ez mügelich ist. Wan der mensche sol sîn, als unser herre sprach: ›ir sult sîn als liute, die alle zît wachent und beitent irs herren!‹ Entriuwen, die beitenden liute sint wacheric und sehent sich umbe, wâ er her kome, des sie

Für ihn genügt es völlig zu wissen, *daß* er seine Kunst betätigen will: und wenn er auch nicht beständig bewußt dabei ist, so vollführt er sein Tun doch, woran er auch denken mag, aus seinem Können heraus.

So auch soll der Mensch von göttlicher Gegenwart durchdrungen und mit der Form seines geliebten Gottes durchformt und in ihm verwesentlicht sein, so daß ihm sein Gegenwärtigsein ohne alle Anstrengung leuchte, daß er überdies in allen Dingen Bindungslosigkeit gewinne und gegenüber den Dingen völlig frei bleibe. Dazu gehört zu Beginn notwendig Überlegung und ein aufmerksames Einprägen wie beim Schüler zu seiner Kunst.

7. *Wie der Mensch seine Werke am vernünftigsten wirken soll*

Man findet's bei vielen Leuten, und leicht gelangt der Mensch dahin, wenn er will: daß ihn die Dinge, mit denen er umgeht, nicht hindern noch irgendeine haftende Vorstellung in ihn hineinsetzen; denn, wo das Herz Gottes voll ist, da können die Kreaturen keine Stätte haben noch finden. Daran aber soll's uns nicht genügen; wir sollen uns alle Dinge in hohem Maße zunutze machen, sei's was immer es sei, wo wir sein, was wir sehen oder hören mögen, wie fremd und ungemäß es uns auch sei. Dann erst sind wir recht daran und nicht eher. Und nimmer soll der Mensch darin zu Ende kommen; vielmehr kann er darin ohne Unterlaß wachsen und immer mehr erreichen in einem wahren Zunehmen.

Und der Mensch soll zu allen seinen Werken und bei allen Dingen seine Vernunft aufmerkend gebrauchen und bei allem ein einsichtiges Bewußtsein von sich selbst und seiner Innerlichkeit haben und in allen Dingen Gott ergreifen in der höchsten Weise, wie es möglich ist. Denn der Mensch soll sein, wie unser Herr sprach: ›Ihr sollt sein wie Leute, die allzeit wachen und ihres Herrn harren‹ 〈Luk. 12,36〉. Traun, solche harrenden Leute sind wachsam und sehen sich um, von wannen er komme, dessen sie harren, und sie erwarten

beitent, und wartent sîn in allem dem, daz dâ kumet, swie vremde ez in doch sî, ob er dâ mite iht sî. Alsô suln wir haben ein wizzendez warnemen unsers herren in allen dingen. Dar zuo muoz vlîz gehœren und muoz kosten allez, daz man geleisten mac an sinnen und an kreften, sô wirt den liuten reht und nement got in allen dingen glîche und vindent gotes glîche vil in allen dingen.

Und dâ ist wol ein werk anders dan daz ander; aber der sîniu werk tæte ûz einem glîchen gemüete, in der wârheit, des werk wæren ouch alliu glîch; und dem reht wære, in der wârheit, dem liuhtet got als blôz in dem werltlîchen als in dem aller götlîchesten, dem got alsô wære worden. Triuwen, niht alsô, daz der mensche selber iht werltlîches oder unglîches würke, mêr: swaz im von ûzwendigen dingen zuovellet an sehenne und an hœrenne, daz sol er ze gote kêren. Dem got alsô gegenwertic ist in allen dingen und sîner vernunft an dem obersten gewaltic ist und der gebrûchende ist, der weiz aleine von wârem vride, und der hât ein reht himelrîche.

Wan, dem reht sol sîn, dem muoz ie under zwein dingen einez geschehen: eintweder er sol got nemen und lernen haben ín den werken, oder er sol alliu werk lâzen. Wan nû der mensche niht in disem lebene mac gesîn âne werk, diu menschlich sint, der vil ist, dar umbe sô lerne der mensche sînen got haben in allen dingen und ungehindert blîben in allen werken und steten. Und dar umbe, swenne der anehebende mensche iht sol würken mit den liuten, sô sol er sich krefticlîche gotes vor warnen und vesticlîche in daz herze setzen und alle sîne meinunge, gedenken, willen und krefte mit im vereinen, daz sich anders niht enmüge erbilden in dem menschen.

ihn in allem, was da kommt, wie fremd es ihnen auch sei, ob er nicht doch etwa darin sei. So sollen auch wir in allen Dingen bewußt nach unserm Herrn ausschauen. Dazu gehört notwendig Fleiß, und man muß sich's alles kosten lassen, was man nur mit Sinnen und Kräften zu leisten vermag; dann wird's recht mit den Leuten, und sie ergreifen Gott in allen Dingen gleich, und sie finden von Gott gleich viel in allen Dingen.

Wohl ist ein Werk anders als das andere; wer aber seine Werke aus einem gleichen Gemüt täte, wahrlich, dessen Werke wären auch alle gleich, und mit wem es recht stünde, wem Gott so ⟨eigen⟩ geworden wäre, fürwahr, dem leuchtete Gott ebenso unverhüllt im weltlichen wie im allergöttlichsten Werk. Traun, nun ist das aber nicht so ⟨zu verstehen⟩, daß der Mensch selbst etwas Weltliches oder Unpassendes tun solle: sondern, was ihm von äußeren Dingen her im Sehen und Hören zufällt, das soll er zu Gott kehren. Wem Gott so in allen Dingen gegenwärtig ist und wer seine Vernunft im Höchsten beherrscht und gebraucht, der allein weiß vom wahren Frieden, und der hat ein rechtes Himmelreich.

Denn wer recht daran sein soll, bei dem muß je von zwei Dingen eines geschehen: entweder muß er Gott *in* den Werken zu ergreifen und zu halten lernen, oder er muß alle Werke lassen. Da nun aber der Mensch in diesem Leben nicht ohne Tätigkeit sein kann, die nun einmal zum Menschsein gehört und deren es vielerlei gibt, darum lerne der Mensch, seinen Gott in allen Dingen zu haben und unbehindert zu bleiben in allen Werken und an allen Stätten. Und darum: Wenn der anhebende Mensch unter den Leuten etwas wirken soll, so soll er sich zuvor kräftig mit Gott versehen und ihn fest in sein Herz setzen und all sein Trachten, Denken, Wollen und seine Kräfte mit ihm vereinen, auf daß sich nichts anderes in dem Menschen erbilden könne.

8. Von dem stæten vlîze in dem hœhsten zuonemenne.

Der mensche ensol ouch niemer dehein werk sô wol genemen noch rehte getuon, daz er iemer sô vrî sol werden in den werken oder ze sicher, daz sîn vernunft iemer müezic sol werden oder geslâfen. Er sol sich ie mit den zwein kreften der vernunft und des willen erheben und sîn aller bestez dar inne in dem hœhsten nemen und sich vor allem schaden vernünfticlîchen warnen, ûzwendic und inwendic; sô enversûmet er in keinen dingen iemer ihtes, sunder er nimet âne underlâz zuo grœzlîchen.

9. Wie die neigunge ze den sünden dem menschen vrument ze allen zîten.

Dû solt wizzen, daz der anstôz der untugent enist in dem gerehten menschen niemer âne grôzen vrumen und nutz. Nû merke! Ez sint zwêne menschen: der ein mensche sî alsô, daz kein gebrente an in stôze oder wênic; aber der ander ist alsô, daz an in stôzent die gebresten. Von der ûzern gegenwerticheit der dinge sô wirt sîn ûzer mensche beweget, ez sî lîhte ze zorne oder ze îteln êren oder lîhte lîplîche, nâch dem als der gegenwurf ist. Aber mit sînen obersten kreften sô stât er zemâle stæte, unbeweget und enwil niht des gebresten tuon, weder zürnen noch keine der sünden und vihtet alsô wider den gebresten grœzlîche; wan der gebreste ist vil lîhte natiurlich, als manic mensche von natûre zornic oder hôchvertic ist, oder swie daz sî, und enwil doch die sünde niht tuon. Dirre sol verre mêr gelobet sîn und ist sîn lôn vil mêr und sîn tugent vil edeler dan des êrsten, wan volkomenheit der tugent kumet von dem strîte, als sant *Paulus* sprichet: ›diu tugent wirt volbrâht in der krankheit‹.

Diu neigunge ze den sünden enist niht sünde, aber wellen sünden, daz ist sünde, wellen zürnen, daz ist sünde. In der

8. Vom steten Fleiß im höchsten Zunehmen

Der Mensch soll auch nie ein Werk so gut beurteilen noch als so recht ausführen, daß er je so frei oder so selbstsicher in den Werken werde, daß seine Vernunft je müßig werde oder einschlafe. Er soll sich ständig mit den beiden Kräften der Vernunft und des Willens erheben und darin sein Allerbestes im höchsten Grade ergreifen und sich äußerlich und innerlich gegen jeden Schaden besonnen vorsehen; dann versäumt er nie etwas in irgendwelchen Dingen, sondern er nimmt ohne Unterlaß in hohem Grade zu.

9. Wie die Neigung zur Sünde dem Menschen allzeit frommt

Du mußt wissen, daß der Anstoß zur Untugend für den rechten Menschen niemals ohne großen Segen und Nutzen ist. Nun hör zu! Da sind zwei Menschen: der eine sei so geartet, daß er von keiner Schwäche angefochten wird oder doch nur wenig; der andere aber ist solcher Natur, daß ihm Anfechtungen zustoßen. Durch das äußere Gegenwärtigsein der Dinge wird sein äußerer Mensch erregt, sei's etwa zu Zorn oder zu eitler Ehrsucht oder vielleicht zu Sinnlichkeit, je nachdem, was ihm entgegentritt. Aber in seinen obersten Kräften steht er völlig fest, unbewegt und will den Fehl nicht begehen, weder das Erzürnen noch irgendeine der Sünden, und ficht also kräftig gegen die Schwäche an; denn vielleicht handelt es sich um eine in der Natur liegende Schwäche, wie ja mancher Mensch von Natur zornig oder hoffärtig ist oder sonstwie und doch die Sünde nicht begehen will. Ein solcher soll weit mehr gelobt sein, und sein Lohn ist viel größer, seine Tugend edler als des ersten; denn Vollkommenheit der Tugend kommt nur aus Kampf, wie Sankt Paulus sagt: ›Die Tugend wird in der Schwachheit vollbracht‹ 〈2 Kor. 12,9〉.

Die Neigung zur Sünde ist nicht Sünde, aber sündigen *wollen*, das ist Sünde, zürnen *wollen*, das ist Sünde. Wahrlich,

wârheit, dem reht wære, hæte der gewalt ze wünschenne, er ensölte niht wellen wünschen, daz im vergienge neigunge ze den sünden, wan âne die stüende der mensche ungewis in allen dingen und in allen sînen werken und âne sorge bî den dingen und darbete ouch der êren des strîtes und siges und des lônes; wan der anstôz und diu bewegunge der untugent diu bringent die tugent und den lôn in dem müejenne. Wan diu neigunge machet den menschen vlîziger alwege sich in der tugent grœzlîche ze üebenne und trîbet in ze der tugent mit gewalt, und si ist ein strengiu geisel, diu den menschen ze der huote und ze der tugent trîbet; wan ie sich der mensche krenker vindet, ie baz er sich der sterke und des siges warnen sol. Wan diu tugent und ouch diu untugent ligent in dem willen.

10. Wie der wille alliu dinc vermac und wie alle tugende in dem willen ligent, ob er anders gereht ist.

Der mensche ensol sich sô sêre deheines dinges erschrecken, die wîle er sich vindet in einem guoten willen, noch ensol sich niht betrüeben, ob er des niht volbringen enmac mit den werken; aber er ensol sich niht verre ahten von den tugenden, als er in im vindet einen rehten guoten willen, wan diu tugent und allez guot liget in dem guoten willen. Dir enmac nihtes gebrechen, ob dû einen wâren, rehten willen hâst, weder minne noch dêmüeticheit noch dehein tugent. Aber, daz dû krefticlîche und mit allem willen wilt, daz hâst dû, und daz enmac dir got und alle crêatûren niht benemen, ob der wille anders ganz und ein rehte götlich wille ist und gegenwertic ist. Niht alsô: ›ich wolte mêr‹, daz wære noch zuokünftic, sunder: ›ich wil, daz ez iezunt alsô sî‹. Nû merke! Wære ein dinc über tûsent mîle und wil ich ez haben, ich hân ez eigenlîcher, dan daz ich in mîner schôz hân und daz ich niht wil haben.

Daz guote enist niht minner kreftic ze dem guoten dan daz

hätte der, um den es recht bestellt wäre, die Gewalt zu wünschen, er würde nicht wünschen wollen, daß ihm die Neigung zur Sünde verginge, denn ohne die stünde der Mensch unsicher in allen Dingen und in allen seinen Werken und unbesorgt gegenüber den Dingen und auch der Ehre des Kampfes, des Sieges und des Lohnes ermangelnd. Denn der Anstoß und die Erregung durch die Untugend bringen die Tugend und den Lohn für das Bemühen. Die Neigung nämlich macht den Menschen allwegs beflissener, sich in der Tugend kräftig zu üben, und sie treibt ihn mit Macht zur Tugend und ist eine scharfe Geißel, die den Menschen zur Hut und Tugend antreibt; denn je schwächer sich der Mensch findet, desto besser muß er sich mit Stärke und Sieg wappnen, liegt doch Tugend wie Untugend im Willen.

10. Wie der Wille alles vermag, und wie alle Tugenden im Willen liegen, wenn anders er recht ist

Der Mensch soll über nichts groß erschrecken, solange er sich in einem guten Willen findet, noch soll er sich betrüben, wenn er ihn nicht in Werken zu vollbringen vermag; wiederum soll er sich nicht als fern von der Tugend achten, wenn er einen rechten, guten Willen in sich findet, denn die Tugend und alles Gute liegt im guten Willen. Dir kann's an nichts gebrechen, wenn du einen wahren, rechten Willen hast, weder an Liebe noch an Demut noch an irgendwelcher Tugend. Vielmehr, was du kräftig und mit ganzem Willen willst, das hast du, und Gott und alle Kreaturen können dir das nicht wegnehmen, wenn anders der Wille ein ganzer und ein recht göttlicher Wille und auf die Gegenwart gerichtet ist. Nicht also: »Ich möchte nächstens«, das wäre noch erst zukünftig, sondern: »Ich will, daß es jetzo so sei!« Hör zu: Wäre etwas tausend Meilen weit weg, will ich es haben, so habe ich's eigentlicher als das, was ich in meinem Schoß habe und nicht haben will.

Das Gute ist nicht minder mächtig zum Guten als das Böse

bœse ze dem bœsen. Daz merke! Daz ich niemer kein bœse werk getæte, dennoch, hân ich den willen ze dem bœsen, ich hân die sünde, als ob ich diu werk hæte getân; und ich möhte in einem ganzen willen alsô grôze sünde tuon, als ob ich alle werlt hæte getœtet und doch niemer dehein werk dar zuo getæte. War umbe ensolte daz selbe niht mügen gesîn in einem guoten willen? Jâ, vil und unglîches mêr!

In der wârheit, mit dem willen vermac ich alliu dinc. Ich mac aller menschen arbeit tragen und alle armen spîsen und aller menschen werk würken und swaz dû erdenken maht. Gebrichet dir niht an dem willen dan aleine an der maht, in der wârheit, vor gote hâst dû ez allez getân, und enmac dir daz nieman benemen noch dich des geirren einen ougenblik; wan wellen tuon, als balde ich mac, und haben getân, daz ist vor gote glîch. Ouch, wölte ich als vil willen haben, als alliu diu werlt hât, und ist mîn begerunge dar zuo grôz und ganz, in der wârheit, sô hân ich in; wan, daz ich wil haben, daz hân ich. Ouch, wölte ich in der wârheit als vil minne haben, als alle menschen ie gewunnen, und got als vil loben oder swaz dû erdenken maht, daz hâst dû allez in der wârheit, ob der wille ganz ist.

Nû möhtest dû vragen, wanne der wille ein reht wille sî?

Dâ ist der wille ganz und reht, dâ er âne alle eigenschaft ist und dâ er sîn selbes ûzgegangen ist und in den willen gotes gebildet und geformieret ist. Jâ, ie des mêr ist, ie der wille rehter und wârer ist. Und in dem willen vermaht dû alliu dinc, ez sî minne oder swaz dû wilt.

Nû vrâge: wie möhte ich dise minne gehaben, die wîle ich ir niht enpfinde noch gewar enwirde, als ich sihe an vil liuten, die bewîsent grôziu werk, und vinde an in grôze andâht und wunder, der ich niht enhân?

Hie solt dû zwei dinc merken, diu an der minne sint: daz ein ist ein wesen der minne, daz ander ist ein werk oder ein

zum Bösen. Merk dir: Wenn ich auch nimmer ein böses Werk täte, dennoch: habe ich den Willen zum Bösen, so *habe* ich die Sünde, wie wenn ich die Tat getan hätte; und ich könnte in einem entschiedenen Willen so große Sünde tun, wie wenn ich die ganze Welt getötet hätte, ohne daß ich doch je eine Tat dabei ausführte. Weshalb sollte das gleiche nicht auch einem guten Willen möglich sein? Fürwahr, noch viel und unvergleichlich mehr!

Wahrlich, mit dem Willen vermag ich alles. Ich kann aller Menschen Mühsal tragen und alle Armen speisen und aller Menschen Werke wirken und was du nur ausdenken magst. Gebricht's dir nicht am Willen, sondern nur am Vermögen, fürwahr, so hast du es vor Gott alles getan, und niemand kann es dir nehmen noch dich nur einen Augenblick daran hindern; denn tun *wollen*, sobald ich's vermag, und getan *haben*, das ist vor Gott gleich. Wollte ich ferner so viel Willen haben, wie die ganze Welt hat, und ist mein Begehren danach groß und umfassend, wahrhaftig, so habe ich ihn; denn was ich haben *will*, das habe ich. Ebenso: Wenn ich wahrhaft so viel Liebe haben wollte, wie alle Menschen je gewannen, und wenn ich Gott ebensosehr loben wollte, oder was du sonst ausdenken magst, das *hast* du wahrhaftig alles, wenn der Wille vollkommen ist.

Nun könntest du fragen, *wann* der Wille ein rechter Wille sei? Dann ist der Wille vollkommen und recht, wenn er ohne jede Ich-Bindung ist und wo er sich seiner selbst entäußert hat und in den Willen Gottes hineingebildet und -geformt ist. Ja, je mehr dem so ist, desto rechter und wahrer ist der Wille. Und in solchem Willen vermagst du alles, es sei Liebe oder was du willst.

Nun fragst du: »Wie könnte ich die Liebe haben, solange ich sie nicht empfinde noch ihrer gewahr werde, wie ich es an vielen Menschen sehe, die große Werke aufzuweisen haben und an denen ich große Andacht und wunders was finde, wovon ich nichts habe?«

Hier mußt du zwei Dinge beachten, die sich in der Liebe finden: Das eine ist das *Wesen* der Liebe, das andere ist ein

ûzbruch der minne. Des wesens der minne stat ist aleine in dem willen; wer mêr willen hât, der hât ouch der minne mêr. Aber, wer des mêr habe, daz enweiz nieman von dem andern, daz liget verborgen in der sêle, die wîle got verborgen liget in dem grunde der sêle. Disiu minne liget alzemâle in dem willen; wer mêr willen hât, der hât ouch mêr der minne.

Nû ist ein anderz, daz ist ein ûzbruch und ein werk der minne. Daz schînet sêre als innicheit und andâht und jubilieren und enist alwege daz beste niht; wan ez enist etwenne von minne niht, sunder ez kumet von natûre etwenne, daz man solchen smak und süezicheit hât, oder ez mac des himels îndruk sîn, oder ez mac sinnelîche îngetragen sîn. Und die des mêr hânt, daz ensint alwege die aller besten niht; wan, ez sî ouch, daz ez wol von gote sî, sô gibet unser herre daz solchen liuten durch ein lückern und durch ein reizen und ouch, daz man dâ mite sêre enthalten wirt von andern. Aber die selben, sô sie her nâch mêr minne gewinnent, sô enhânt sie lîhte niht als vil vüelennes und enpfindennes und dar ane schînet wol, daz sie minne hânt, ob sie âne solchen enthalt gote ganze und stæte triuwe haltent.

Nû sî, daz ez zemâle minne sî, sô enist ez doch daz aller beste niht; daz schînet dar ane: wan man sol solchen jubilus underwîlen lâzen durch ein bezzerz von minne und underwîlen durch ein minnewerk ze würkenne, dâ man sîn nôt hât, geistlîchen oder lîplîchen. Als ich mêr gesprochen hân: wære der mensche alsô in einem înzucke, als sant Paulus was, und weste einen siechen menschen, der eines suppelîns von im bedörfte, ich ahtete verre bezzer, daz dû liezest von minne von dem und dientest dem dürftigen in mêrer minne.

Niht ensol der mensche wænen, daz er gnâden in disem sül beroubet werden; wan, swaz der mensche von minne læzet

Werk oder ein *Ausbruch* der Liebe. Die Stätte des Wesens der Liebe ist allein im Willen; wer mehr Willen hat, der hat auch mehr Liebe. Aber *wer* davon mehr habe, das weiß niemand vom andern; das liegt verborgen in der Seele, dieweil Gott verborgen liegt im Grunde der Seele. Diese Liebe liegt ganz und gar im Willen; wer mehr Willen hat, der hat auch mehr Liebe.

Nun gibt's aber noch ein zweites: das ist ein Ausbruch und ein Werk der Liebe. Das sticht recht in die Augen, wie Innigkeit und Andacht und Jubilieren, und ist dennoch allwegs das Beste nicht. Denn es stammt mitunter gar nicht von der Liebe her, sondern es kommt bisweilen aus der Natur, daß man solches Wohlgefühl und süßes Empfinden hat, oder es mag des Himmels Einfluß oder auch durch die Sinne eingetragen sein; und die dergleichen öfter erfahren, das sind nicht allwegs die Allerbesten. Denn sei's auch, daß es wirklich von Gott stamme, so gibt unser Herr das solchen Menschen, um sie zu locken oder zu reizen und auch wohl, auf daß man dadurch von anderen Menschen recht ferngehalten wird. Wenn aber diese selben Menschen hernach an Liebe zunehmen, so mögen sie leicht nicht mehr soviel Gefühle und Empfindungen haben, und daran erst wird ganz deutlich, daß sie Liebe haben: wenn sie ⟨auch⟩ ohne solchen Rückhalt Gott ganz und fest Treue bewahren.

Gesetzt nun, daß es voll und ganz Liebe sei, so ist es doch das Allerbeste nicht. Das wird aus folgendem deutlich: Man soll nämlich von solchem Jubilus bisweilen ablassen, um eines Besseren aus Liebe willen und um zuweilen ein Liebeswerk zu wirken, wo es dessen not tut, sei's geistlich oder leiblich. Wie ich auch sonst schon gesagt habe: Wäre der Mensch so in Verzückung, wie's Sankt Paulus war, und wüßte einen kranken Menschen, der eines Süppleins von ihm bedürfte, ich erachtete es für weit besser, du ließest aus Liebe von der Verzückung ab und dientest dem Bedürftigen in größerer Liebe.

Nicht soll der Mensch wähnen, daß er dabei Gnaden versäume; denn was der Mensch aus Liebe willig läßt, das

williclîchen, daz wirt im vil edeler, wan, als *Kristus* sprach: ›wer iht læzet durch mich, der sol hundertvalt als vil wider nemen‹. Jâ, in der wârheit, swaz der mensche læzet und sich des verwiget durch got, jâ, ez sî ouch, daz der mensche grœzlîchen beger solches trôstes enpfindennes und innicheit, und tuot dar zuo, waz er vermac, und got gibet ez im niht und er getrœstet sich sîn und enbirt sîn williclîche durch got: in der wârheit, er sol in im vinden glîcher wîs, als ob er allez guot hæte gehabet, daz ie wart, in ganzer besitzunge und des williclîchen wære ûzgegangen und sich es getrœstet und verwegen hæte durch got; er sol hundertvalt als vil nemen. Wan, swaz der mensche gerne hæte und sich des getrœstet und enbirt durch got, ez sî lîplich oder geistlich, daz vindet er allez in gote, als ob daz der mensche hæte gehabet und es ûz wære gegangen williclîchen; wan der mensche sol williclîchen beroubet sîn aller dinge durch got und in der minne sich verwegen und getrœsten alles trôstes von minne.

Daz man solchez enpfinden sül durch minne lâzen underwîlen, daz bewîset uns der minnende *Paulus*, dâ er sprichet: ›ich hân gewünschet, daz ich müeste gescheiden werden von Kristô umbe die minne mîner brüeder‹. Daz meinet er in dirre wîse: er enmeinet niht in der êrsten wîse der minne, wan von der enwolte er niht sîn gescheiden einen ougenblik umbe allez, daz geschehen mac in himel und in erden; er meinet in dem trôste.

Dû solt aber wizzen, daz die vriunde gotes niemer âne trôst sîn, wan, swaz got wil, daz ist ir aller hœhster trôst, ez sî trôst oder untrôst.

11. Waz der mensche tuon sol, sô er gotes vermisset und sich verborgen hât.

Ouch solt dû wizzen, daz der guote wille gotes niht mac gemissen. Mêr: daz enpfinden des gemüetes daz misset sîn underwîlen und wænet dicke, got sî vür gegangen. Waz solt

wird ihm um vieles herrlicher zuteil, wie Christus sprach: ›Wer etwas läßt um meinetwillen, der wird hundertmal soviel zurückerhalten‹ ⟨Matth. 19,29⟩. Ja, fürwahr, was der Mensch läßt und was er aufgibt um Gottes willen – ja, sei's auch, daß, wenn er heftig nach solchem Trostempfinden und nach Innigkeit verlangt und alles dazu tut, was er vermag, Gott es ihm aber *nicht* verleiht, er ihm dann entsagt und willig darauf verzichtet um Gottes willen, – fürwahr, er wird's genau so in ihm ⟨d. h. in Gott⟩ finden, wie wenn er alles Gut, das es je gegeben hat, in vollem Besitz gehabt, sich aber willig seiner entäußert, entschlagen und begeben hätte um Gottes willen; er wird hundertmal soviel empfangen. Denn was der Mensch gern hätte, aber verschmerzt und entbehrt um Gottes willen, sei's leiblich oder geistig, das findet er alles in Gott, als wenn es der Mensch besessen und sich willig seiner entäußert hätte; denn der Mensch soll aller Dinge willig um Gottes willen beraubt sein und in der Liebe sich allen Trostes entschlagen und begeben *aus* Liebe.

Daß man solche Empfindung bisweilen aus Liebe lassen soll, das bedeutet uns der liebende Paulus, wo er sagt: ›Ich habe gewünscht, daß ich von Christo geschieden werden möge um der Liebe zu meinen Brüdern willen‹ ⟨Röm. 9,3⟩. Das meint er nach *dieser* Weise, nicht dagegen nach der ersteren Weise der Liebe, denn von *der* wollte er nicht einen Augenblick geschieden sein um alles, was im Himmel und auf Erden geschehen mag, er meint damit: den Trost.

Du mußt aber wissen, daß die Freunde Gottes nie ohne Trost sind; denn was Gott will, das *ist* ihr allerhöchster Trost, sei's nun Trost oder Untrost.

11. Was der Mensch tun soll, wenn er Gott vermißt und Gott sich verborgen hat

Du mußt ferner wissen, daß der gute *Wille* Gott gar nicht verlieren *kann.* Wohl aber vermißt ihn das Empfinden des Gemütes zuweilen und wähnt oft, Gott sei fortgegangen.

dû denne tuon? Rehte daz selbe, daz dû tætest, dâ dû in dem grœsten trôste wærest; daz selbe lerne tuon, sô dû in dem meisten lîdenne bist, und halt dich in aller wîse, als dû dich dâ hieltest. Ez enist kein rât als guot, got ze vindenne, dan wâ man got læzet; und wie dir was, dô dû in zem lesten hâtest, alsô tuo nû, die wîle dû sîn missest, sô vindest dû in. Mêr: der guote wille der enverliuset noch envermisset gotes niht noch niemer. Vil liute sprechent: wir hân guoten willen, sie enhânt aber niht gotes willen; sie wellent haben irn willen und wellent unsern herren lêren, daz er tuo alsô und alsô. Daz enist niht ein guoter wille. Man sol an gote suochen sînen aller liebesten willen.

Des râmet got in allen dingen, daz wir den willen ûfgeben. Dô sant *Paulus* mit unserm herren vil gekôsete, und unser herre vil mit im geredete, daz entruoc allez niht vür, biz daz er den willen ûfgap und sprach: ›herre, waz wilt dû, daz ich tuo?‹ Dô weste unser herre wol, waz er tuon solte. Alsô ouch, dô unser vrouwen der engel erschein: allez, daz si oder er ie geredeten, daz enhæte sie niemer muoter gotes gemachet, sunder, als balde si irn willen ûfgap, alzehant wart si ein wâre muoter des êwigen wortes und enpfienc got alzehant; der wart ir natiurlîcher sun. Ouch enmachet kein dinc einen wâren menschen âne daz ûfgeben des willen. In der wârheit, âne ûfgeben des willen in allen dingen sô schaffen wir niht mit gote alzemâle. Mêr: kæme ez alsô verre, daz wir allen unsern willen ûfgæben und uns aller dinge durch got törsten verwegen, ûzwendic und inwendic, sô hæten wir alliu dinc getân und niht ê.

Der liute vindet man wênic – sie wizzen oder enwizzen niht –, sie enwölten, daz in alsô wære und daz sie grôzer dinge enpfünden, und wölten die wîse und daz guot haben; ez enist allez nihtes dan ein eigen wille. Dû söltest dich gote genzlîche ergeben mit allen dingen, und dâ enruoche dich, waz er tuo mit dem sînen. Ez sint tûsent menschen tôt und in dem himel, die nie in rehter volkomenheit irs willen ûzgien-

Was sollst du dann tun? Genau dasselbe, was du tätest, wenn du im größten Trost wärest; dasselbe lerne tun, wenn du im größten Leiden bist, und verhalte dich ganz so, wie du dich dort verhieltest. Es gibt keinen gleich guten Rat, Gott zu finden, als ihn dort zu finden, wo man ihn fahrenläßt. Und wie dir war, als du ihn zuletzt hattest, so tu auch nun, da du ihn vermissest, so findest du ihn. Der gute Wille indessen verliert oder vermißt Gott nie und nimmer. Viele Leute sagen: »Wir haben guten Willen«, sie haben aber nicht *Gottes* Willen; sie wollen *ihren* Willen haben und unsern Herrn lehren, es so oder so zu machen. Das ist kein guter Wille. Man soll bei Gott nach *seinem* allerliebsten Willen forschen.

Darauf zielt Gott in allen Dingen, daß wir den Willen aufgeben. Als Sankt Paulus viel mit unserem Herrn redete und unser Herr viel mit ihm, da trug das alles nichts ein, bis er den Willen aufgab und sprach: ›Herr, was willst du, daß ich tue?‹ ⟨Apg. 9,6⟩. Da wußte unser Herr wohl, was er tun sollte. Ebenso auch, als Unserer Frau der Engel erschien: alles, was sie und er auch immer reden mochten, das hätte sie nimmer zur Mutter Gottes gemacht; sobald sie aber ihren Willen aufgab, ward sie sogleich eine wahre Mutter des Ewigen Wortes und empfing Gott auf der Stelle; der ward ihr natürlicher Sohn. Nichts auch macht einen zum wahren Menschen als das Aufgeben des Willens. Wahrhaftig, ohne Aufgabe des Willens in allen Dingen schaffen wir überhaupt nichts vor Gott. Käme es aber so weit, daß wir unsern ganzen Willen aufgäben und uns aller Dinge, äußerlich und innerlich, um Gottes willen zu entschlagen getrauten, so hätten wir *alles* getan, und eher nicht.

Solcher Menschen findet man wenige, die, ob wissentlich oder unwissentlich, nicht gern möchten, daß es mit ihnen ganz *so* stünde, daß sie aber dabei Großes empfänden, und sie möchten gern die *Weise und das Gut* haben: das alles ist nichts als Eigenwille. Du solltest dich Gott mit allem ganz ergeben, und dann kümmere dich nicht darum, was er mit dem Seinigen tue. Es sind wohl Tausende von Menschen gestorben und im Himmel, die nie in ganzer Vollkommen-

gen. Daz wære aleine ein volkomener und ein wârer wille, daz man ganz wære getreten in gotes willen und wære âne eigenen willen; und wer des mêr hât, der ist mêr und wærlîcher in got gesetzet. Jâ, ein Ave Marîâ gesprochen in dem, und dâ der mensche ûzgât in dem sîn selbes, daz ist nützer dan tûsent psalter gelesen âne daz; jâ, ein trit wære bezzer in dem dan über mer gegangen âne daz.

Der mensche, der alsô ganz wære ûzgegangen mit allem dem sînen, in der wârheit, der wære alsô ganz in got gesetzet, swâ man den menschen rüeren solte, dâ müeste man got in dem êrsten rüeren; wan er ist in gote alzemâle, und got ist umbe in, als mîn kappe umbe mîn houbet ist; und wer mich ane wölte grîfen, der müeste mîn kleit ze dem êrsten anerüeren. Glîcher wîs, sol ich trinken, sô muoz daz trank ze dem êrsten über die zungen gân; dâ vindet daz trank sînen smak. Ist diu zunge bekleidet mit bitterkeit, in der wârheit, swie süeze der wîn sî an im selber, er muoz ie bittern von dem, durch daz er an mich kumet. In der wârheit, der mensche, der des sînen wære ganz ûzgegangen, der würde alsô mit gote umbevangen, daz alle crêatûren in niht enmöhten berüeren, sie enrüerten got ze dem êrsten, und swaz an in komen solte, daz müeste durch got an in komen; dâ nimet ez sînen smak und wirt gotvar. Swie grôz daz lîden sî, kumet ez durch got, dar under lîdet got ze dem êrsten. Jâ, in der wârheit, diu got ist, niemer enist ein lîden sô kleine, daz dâ gevellet ûf den menschen, als verre als man ez in got setzet, ez sî missevallen oder widerwerticheit, ez enrüere got âne alle mâze mêr dan den menschen und ez ensî im mêr wider, als verre als ez dem menschen wider ist. Aber, lîdet ez got umbe ein solchez guot, daz er dir dar inne hât versehen, und wilt dû daz lîden, daz got lîdet und durch in kumet an dich, sô wirt ez billîche gotvar, ez sî smâcheit als êre, bitterkeit als süezicheit und daz meiste vinsternisse als daz klærste lieht: ez nimet allez sînen

heit sich ihres Willens entäußerten. Das allein ⟨aber erst⟩ wäre ein vollkommener und wahrer Wille, daß man ganz in Gottes Willen getreten und ohne Eigenwillen wäre. Und wer darin mehr erreicht hat, der ist um so mehr und wahrer in Gott versetzt. Ja, ein Ave Maria, gesprochen in dieser Gesinnung, wobei der Mensch sich seiner selbst entäußert, das ist nützer als tausend Psalter gelesen ohne sie; ja, ein Schritt darin wäre besser, als ohne sie übers Meer gefahren.

Der Mensch, der sich so gänzlich mit allem dem Seinen aufgegeben hätte, wahrlich, der wäre so völlig in Gott versetzt, daß, wo man den Menschen auch anrühren sollte, man zuerst Gott anrühren müßte; denn er ist rundum in Gott, und Gott ist um ihn herum, wie meine Kappe mein Haupt umschließt, und wer mich anfassen wollte, der müßte zuerst mein Kleid anrühren. Ebenso auch: Soll ich trinken, so muß der Trank zuerst über die Zunge fließen; dort empfängt der Trank seinen Geschmack. Ist die Zunge mit Bitterkeit überzogen, fürwahr, wie süß der Wein an sich auch sein mag, er muß stets bitter werden von dem, durch das hindurch er an mich gelangt. Fürwahr, ein Mensch, der sich des Seinen ganz entäußert hätte, der würde so mit Gott umhüllt, daß alle Kreaturen ihn nicht zu berühren vermöchten, ohne zuerst Gott zu berühren; und was an ihn kommen sollte, das müßte durch Gott hindurch an ihn kommen; da empfängt es seinen Geschmack und wird gotthaft. Wie groß ein Leiden auch sei, kommt es über Gott, so leidet zuerst Gott darunter. Ja, bei der Wahrheit, die Gott ⟨selber⟩ ist: Nimmer ist ein Leiden, das den Menschen befällt, so geringfügig, etwa ein Mißbehagen oder eine Widerwärtigkeit, daß es nicht, sofern man es in Gott setzt, Gott unermeßlich mehr berührte als den Menschen und es ihm nicht viel mehr zuwider wäre, als es dem Menschen zuwider ist. Erduldet Gott es aber um eines solchen Gutes willen, das er für dich darin vorgesehen hat, und bist du willens, das zu leiden, was Gott leidet und über ihn an dich kommt, so wird es naturgemäß gotthaft, Verachtung wie Ehre, Bitterkeit wie Süßigkeit und die tiefste Finsternis wie das klarste Licht: alles

smak an gote und wirt götlich, wan ez erbildet sich allez nâch im, swaz an disen menschen kumet, wan er meinet niht anders und im ensmecket niht anders; und dâ von nimet er got in aller bitterkeit als in der hœhsten süezicheit.

Daz lieht liuhtet in der vinsternisse, dâ wirt man sîn gewar. Waz sol den liuten diu lêre oder daz lieht, dan daz sie es nützen? Sô sie sint in der vinsternisse oder die in dem lîdene sint, sô sol man daz lieht sehen.

Jâ, ie mêr wir eigen sîn, ie minner eigen. Der mensche, der des sînen wære ûzgegangen, der enmöhte niemer gotes gemissen in keinen werken. Wære aber, daz sich der mensche verträte oder verspræche, oder daz solchiu dinc dar în vielen, daz unreht wære: die wîle daz got daz beginnen was in dem werke, sô muoz er von nôt den schaden ûf sich nemen, und dû ensolt dîn werk dar umbe deheine wîs niht lâzen. Des vinden wir ein bilde an sant Bernhart und an vil andern heiligen. Solcher învelle enmac man in disem lebene niemer ganz ledic werden. Dar umbe daz etwenne raten under daz korn vellet, dar umbe ensol man daz edel korn niht verwerfen. In der wârheit, dem reht wære und mit gote wol künde, dem würde alliu solchiu lîdunge und învelle ze grôzem vrumen. Wan den guoten koment alliu dinc ze guote, als sant *Paulus* sprichet, und als sant *Augustînus* sprichet: »jâ, ouch die sünden«.

12. Daz ist von sünden, wie man sich dar zuo halten sol, ob man sich in sünden vindet.

In der wârheit, sünde haben getân enist niht sünde, ob sie leit sint. Der mensche ensol niht sünde wellen tuon umbe allez, daz geschehen mac in zît oder in êwicheit, weder tœtlîche noch tegelîche noch deheine sünde. Der mit gote wol künde, der sölte alwege anesehen, daz der getriuwe minnende got

empfängt seinen Geschmack von Gott und wird göttlich, denn es artet sich alles nach ihm, was diesen Menschen ankommt, strebt er ja doch nach nichts anderem und schmeckt ihm ja nichts anderes; und darum ergreift er Gott in aller Bitterkeit wie in der größten Süßigkeit.

Das Licht leuchtet in der Finsternis, da wird man seiner gewahr. Wozu ⟨sonst⟩ soll den Leuten die Lehre oder das Licht, als daß sie's nützen? Wenn sie in der Finsternis oder im Leiden sind, dann werden sie das Licht sehen.

Ja, je mehr wir ⟨uns⟩ zu eigen sind, um so weniger sind wir ⟨Gott⟩ zu eigen. Der Mensch, der sich des Seinen entäußert hätte, der könnte Gott nie bei irgendwelchem Tun vermissen. Geschähe es aber, daß der Mensch fehlträte oder fehlspräche oder ihm Dinge, die unrecht wären, unterliefen, dann muß Gott, da er beim Beginn in dem Werke war, zwangsläufig auch den Schaden auf sich nehmen; du aber sollst darum keineswegs von deinem Werk ablassen. Dafür finden wir in Sankt Bernhard und in vielen anderen Heiligen ein Beispiel. Von solchen Vorfällen kann man in diesem Leben nie ganz verschont bleiben. Aber deshalb, weil dann und wann Rade unter das Korn fällt, darum soll man das edle Korn nicht verwerfen. Wahrlich, wer rechten Sinnes wäre und sich auf Gott wohl verstünde, dem gerieten alle solche Leiden und Vorfälle zu großem Segen. Denn den Guten schlagen alle Dinge zum Guten aus, wie Sankt Paulus ⟨vgl. Röm. 8,28⟩ sagt und wie Sankt Augustin äußert: »Ja, selbst die Sünden«.

12. Dies handelt von den Sünden: wie man sich verhalten soll, wenn man sich in Sünden findet

Fürwahr, Sünden getan haben ist nicht Sünde, wenn sie uns leid sind. Nicht soll der Mensch Sünde tun *wollen*, nicht um alles, was in Zeit oder in Ewigkeit geschehen mag, weder tödliche noch läßliche noch irgendwelche Sünde. Wer recht zu Gott stünde, der sollte sich allwegs vor Augen halten,

den menschen hât brâht ûz einem sündigen lebene in ein götlich leben, ûz einem sînem vîende hât gemachet einen sînen vriunt, daz mêr ist dan ein niuwez etrîche machen. Daz wære der meisten sachen einiu, daz den menschen zemâle sölte in got setzen, und wære ein wunder, wie sêre ez den menschen sölte enzünden in starker grôzer minne alsô, daz er des sînen zemâle ûzgienge.

Jâ, der rehte wære gesetzet in den willen gotes, der ensölte niht wellen, diu sünde, dâ er în gevallen was, daz des niht geschehen wære; niht alsô, als ez wider got was, sunder als verre als dû dâ mite bist gebunden ze mêrer minne und bist dâ mite genidert und gedêmüetiget, als daz aleine, daz er wider got hât getân. Aber dû solt gote wol getriuwen, daz er dir des niht verhenget hæte, er enwölte denne dîn bestez dar ûz ziehen. Wanne aber der mensche genzlîchen ûfstât von sünden und zemâle abekêret, sô tuot der getriuwe got, als ob der mensche nie in sünde enwære gevallen, und enwil in aller sîner sünden einen ougenblik niht lâzen engelten, und wære ir als vil, als alle menschen ie getæten: des enwil in got niemer lâzen engelten, er enmüge mit dem menschen alle heimlicheit haben, die er ie mit crêatûren gewan. Ob er in anders nû bereit vindet, sô ensihet er niht ane, waz er vor gewesen ist. Got ist ein got der gegenwerticheit. Wie er dich vindet, alsô nimet er und enpfæhet dich, niht, waz dû gewesen sîst, sunder waz dû iezunt bist. Allen den schaden und smâcheit, diu gote möhte geschehen von allen sünden, den wil er gerne lîden und haben geliten vil jâr, ûf daz der mensche dar nâch kome ze einer grôzen bekantnisse sîner minne und umbe daz sîn minne und sîn danknæmicheit deste mêr und sîn ernst deste hitziger werde, daz billîche und dicke kumet nâch den sünden.

Dar umbe lîdet got gerne den schaden der sünden und hât dicke geliten und aller dickest verhenget über die menschen,

daß der getreue, liebende Gott den Menschen aus einem sündigen Leben in ein göttliches gebracht, aus einem Feind zum Freund gemacht hat, was mehr ist, als eine neue Erde zu erschaffen. Das wäre einer der stärksten Antriebe, der den Menschen ganz in Gott versetzen würde, und man sollte sich wundern, wie sehr es den Menschen in starker, großer Liebe entzünden müßte derart, daß er sich seiner selbst völlig entäußerte.

Ja, wer recht in den Willen Gottes versetzt wäre, der sollte nicht wollen, daß die Sünde, in die er gefallen, nicht geschehen wäre. Freilich nicht im Hinblick darauf, daß sie gegen Gott gerichtet war, sondern, sofern du dadurch zu größerer Liebe gebunden und du dadurch erniedrigt und gedemütigt bist, also nur deshalb nicht, weil er gegen Gott gehandelt hat. Du sollst aber Gott darin recht vertrauen, daß er dir's nicht hat widerfahren lassen, ohne dein Bestes daraus ziehen zu wollen. Wenn aber der Mensch sich völlig aus den Sünden erhebt und ganz von ihnen abkehrt, dann tut der getreue Gott, als ob der Mensch nie in Sünde gefallen wäre, und will ihn aller seiner Sünden nicht einen Augenblick entgelten lassen; und wären ihrer auch so viele, wie alle Menschen ⟨zusammen⟩ je getan: Gott will es ihn nie entgelten lassen; er könnte mit einem solchen Menschen alle Vertraulichkeit haben, die er je mit einer Kreatur unterhielt. Wenn anders er ihn nur jetzt bereit findet, so sieht er nicht an, was er vorher gewesen ist. Gott ist ein Gott der Gegenwart. Wie er dich findet, so nimmt und empfängt er dich, nicht als das, was du gewesen, sondern als das, was du jetzt bist. Alle Unbill und alle Schmach, die Gott durch alle Sünden widerfahren könnten, die will er gern erleiden und viele Jahre erlitten haben, auf daß nur der Mensch hernach zu einer großen Erkenntnis seiner Liebe komme und damit seine eigene Liebe und Dankbarkeit um so größer und sein Eifer um so feuriger werde, wie das ja natürlicherweise und oft nach den Sünden geschieht.

Darum duldet Gott gern den Schaden der Sünden und hat ihn schon oft geduldet und alleröftest über *die* Menschen

die er hât versehen, daz er sie ze grôzen dingen ziehen wolte. Nim war! Wer was unserm herren ie lieber oder heimlîcher dan die aposteln wâren? Der bleip nie keiner, er enviele in tôtsünde; alle wâren sie tôtsünder gewesen. Daz hât er in der alten und niuwen ê dicke bewîset von den, die im verre die liebesten nâchmâles wurden; und ouch noch ervorschet man selten, daz die liute koment ze grôzen dingen, sie ensîn ze dem êrsten etwaz vertreten, und meinet unser herre hie mite, daz wir sîne grôze barmherzicheit erkennen und wil uns manen hie mite ze grôzer und wârer dêmüeticheit und andâht. Wan, sô riuwe erniuwert wirt, sô sol diu minne ouch grœzlîchen gemêret und erniuwert werden.

13. Von zweierleie riuwe.

Diu riuwe ist zweierleie: diu ein ist zîtlich oder sinnelich, diu ander ist götlich und übernatiurlich. Diu zîtlîche ziuhet sich alle zît niderwerts in ein mêrer leit und setzet den menschen in einen jâmer, als ob er iezunt verzwîveln sül, und dâ blîbet diu riuwe in dem leide und enkumet niht vürbaz; dâ enwirt niht ûz.

Aber diu götlîche riuwe ist vil anders. Als balde der mensche ein missevallen gewinnet, zehant erhebet er sich ze gote und setzet sich in ein êwigez abekêren von allen sünden in einem unbewegelîchen willen; und dâ erhebet er sich in ein grôz getriuwen ze gote und gewinnet eine grôze sicherheit; und dâ von kumet ein geistlîchiu vröude, diu die sêle erhebet ûz allem leide und jâmer und bevestent sie an gote. Wan, ie sich der mensche gebrestenlîcher vindet und mêr missetân hât, ie mêr er ursache hât, sich an got ze bindenne mit ungeteilter minne, dâ kein sünde und gebreste enist. Dar umbe: der beste grât, dar ûf man getreten mac, als man ze gote in ganzer andâht wil gân, daz ist, daz man âne sünde sî in der kraft der götlîchen riuwe.

Und ie man dâ die sünde grœzer wiget, ie got bereiter ist,

kommen lassen, die er dazu ausersehen hat, sie nach seinem Willen zu großen Dingen emporzuziehen. Sieh doch: Wer war unserm Herrn je lieber und vertrauter als die Apostel? Keinem von ihnen blieb es erspart, in Todsünde zu fallen; alle waren sie Todsünder gewesen. Das hat er auch im Alten und im Neuen Bunde oft an denen bewiesen, die ihm nachmals bei weitem die Liebsten wurden; und auch heute noch erfährt man selten, daß die Leute es zu Großem bringen, ohne daß sie zuerst irgendwie fehlgetreten wären. Und damit zielt unser Herr darauf ab, daß wir seine große Barmherzigkeit erkennen und er uns mahne zu großer und wahrer Demut und Andacht. Denn wenn die Reue erneuert wird, wird auch die Liebe stark gemehrt und erneuert werden.

13. Von zweierlei Reue

Es gibt zweierlei Reue: die eine ist zeitlich oder sinnlich, die andere ist göttlich und übernatürlich. Die zeitliche zieht sich immerfort hinab in größeres Leid und versetzt den Menschen in solchen Jammer, als ob er gleich jetzt verzweifeln müsse, und dabei beharrt die Reue im Leid und kommt nicht weiter; daraus wird nichts.

Die göttliche Reue aber ist ganz anders. Sobald der Mensch ein Mißfallen empfindet, sogleich erhebt er sich zu Gott und versetzt sich in einen unerschütterlichen Willen zu ewiger Abkehr von allen Sünden. Und darin erhebt er sich zu großem Vertrauen auf Gott und gewinnt eine große Sicherheit. Und daraus kommt eine geistige Freude, die die Seele aus allem Leid und Jammer erhebt und sie fest an Gott bindet. Denn je gebrechlicher sich der Mensch findet und je mehr er gefehlt hat, desto mehr Ursache hat er, sich mit ungeteilter Liebe an Gott zu binden, bei dem es keine Sünde und Gebresten gibt. Die beste Stufe drum, auf die man treten kann, wenn man in voller Andacht zu Gott gehen will, ist: ohne Sünde zu sein kraft der göttlichen Reue.

Und je schwerer man ⟨*selbst*⟩ die Sünde anschlägt, um so

die sünde ze vergebenne und ze der sêle ze komenne und die sünde ze vertrîbenne; wan ein ieglîcher ist daz aller vlîzigest abe ze tuonne, daz im allermeist wider ist. Und ie die sünde grœzer und mêrer sint, ie sie got âne mâze gerner vergibet und belder, wan sie im wider sint. Und denne, als diu götlîche riuwe sich erhebet ze gote, sô sint alle sünde belder verswunden in dem abgründe gotes, dan ich mîn ouge zuo möhte getuon, und werdent sô alzemâle ze nihte, als sie nie geschehen enwæren, ob ein ganziu riuwe dâ wirt.

14. Von der wâren zuoversiht und von der hoffenunge.

Wâre und volkomene minne die sol man dar ane prüeven, ob man hât grôze hoffenunge und zuoversiht ze gote; wan kein dinc enist, dar ane man ez mêr müge geprüeven, ob man ganze minne habe, dan an getriuwenne. Wan, wer den andern sêre und genzlîche minnet, daz sachet die triuwe; wan allez, daz man gote tar getriuwen, daz vindet man in der wârheit an im und tûsentmâl mêr. Und alsô, als got nie mensche möhte ze vil geminnen, alsô enmöhte im nie mensche ze vil getriuwen. Alliu dinc, diu man getuon mac, diu ensint niht als zimelich als grôz getriuwen ze gote. Alle, die grôze zuoversiht ze im ie gewunnen, die erliez er nie, er enwörhte grôziu dinc mit in. Dâ hât er wol bewîset an allen menschen, daz disiu getriuwunge kumet von minne, wan minne enhât niht aleine getriuwen, sunder si hât ein wâr wizzen und ein unzwîvellîche sicherheit.

15. Von zweierleie sicherheit des êwigen lebens.

Ez ist zweierleie wizzen in disem lebene des êwigen lebens: daz ein ist, daz ez got dem menschen selber sage oder ez im bî

bereiter ist Gott, die Sünde zu vergeben, zur Seele zu kommen und die Sünde zu vertreiben; ist doch ein jeder am meisten beflissen, das abzutun, was ihm am meisten zuwider ist. Und je größer und je schwerer die Sünden sind, um so unermeßlich lieber vergibt sie Gott und um so schneller, weil sie ihm zuwider sind. Und wenn dann die göttliche Reue sich zu Gott erhebt, sind alle Sünden bälder verschwunden im Abgrund Gottes, als ich mein Auge zutun könnte, und sie werden dann so völlig zunichte, als seien sie nie geschehen, dafern es nur eine vollkommene Reue wird.

14. Von der wahren Zuversicht und von der Hoffnung

Wahre und vollkommene Liebe soll man daran erkennen, ob man große Hoffnung und Zuversicht zu Gott hat; denn es gibt nichts, woran man besser erkennen kann, ob man ganze Liebe habe, als Vertrauen. Denn wenn einer den anderen innig und vollkommen liebt, so schafft das Vertrauen; denn alles, worauf man bei Gott zu vertrauen wagt, das findet man wahrhaft in ihm und tausendmal mehr. Und wie ein Mensch Gott nie zu sehr liebhaben kann, so könnte ihm auch nie ein Mensch zuviel vertrauen. Alles, was man sonst auch tun mag, ist nicht so förderlich wie großes Vertrauen zu Gott. Bei allen, die je große Zuversicht zu ihm gewannen, unterließ er es nie, große Dinge mit ihnen zu wirken. An allen diesen Menschen hat er ganz deutlich gemacht, daß dieses Vertrauen aus der Liebe kommt; denn die Liebe hat nicht nur Vertrauen, sondern sie besitzt auch ein wahres Wissen und eine zweifelsfreie Sicherheit.

15. Von zweierlei Gewißheit des ewigen Lebens

Zweierlei Wissen gibt es in diesem Leben vom ewigen Leben. Das eine kommt daher, daß Gott selber es dem Menschen sage oder es ihm durch einen Engel entbiete oder

einem engel enbiete oder mit einem sunderlîchen liehte bewîse; daz geschihet selten und wênic liuten.

Daz ander wizzen, daz ist vil unglîche bezzer und nützer, und daz geschihet dicke allen volkomenen minnenden liuten: daz ist, daz der mensche von minne und von heimlicheit, die er hât ze sînem gote, daz er im sô ganz getriuwe und sô sicher an im sî, daz er niht zwîveln müge und wirt dâ von alsô sicher, wan er in minnet âne underscheit in allen crêatûren. Und versageten im alle crêatûren und verswüeren im, jâ, versagete im ouch got selber, er enmissetriuwete niht; wan minne enkan niht missetriuwen, si getriuwet alles guoten. Und des enist kein nôt, daz man den minnenden und gemin-neten iht dürfe sagen; wan mit dem, daz er enpfindet, daz er sîn vriunt ist, dâ mite weiz er zehant allez daz, daz im guot ist und ze sîner sælicheit gehœret. Wan alsô liep dir ze im ist, des bist dû sicher, daz im âne alle mâze mêr und lieber ist ze dir und dir unglîches mêr getriuwet. Wan er ist selber diu triuwe; des sol man an im sicher sîn und sint alle die sicher, die in minnent.

Disiu sicherheit ist verre mêrer, ganzer und wârer dan diu êrste und enmac niht getriegen. Aber daz sagen möhte getriegen und wære lîhte ein unreht lieht. Mêr: dises enpfindet man in allen kreften der sêle und enmac niht getriegen in den, die in wærlîche minnent; die zwîvelnt als wênic, als der mensche an gote zwîvelt, wan minne vertrîbet alle vorhte. ›Diu minne enhât niht vorhte‹, als sant *Paulus* sprichet und ouch geschriben ist: ›diu minne bedecket die manicvalticheit der sünde‹. Wan, dâ sünde geschehent, dâ enmac niht ganz getriuwen sîn noch minne, wan si bedecket alzemâle die sünde; si enweiz niht von sünden. Niht alsô, daz man niht gesündet habe, sunder daz si zemâle sünde verderbet und vertrîbet, als ob sie nie gewesen wæren. Wan alliu werk gotes sint zemâle volkomen und übervlüzzic alsô:

durch eine besondere Erleuchtung offenbare. Dies ⟨jedoch⟩ geschieht selten und nur wenigen Menschen.

Das andere Wissen ist ungleich besser und nützer und wird allen vollkommenen liebenden Menschen oft zuteil: das beruht darauf, daß der Mensch aus Liebe und vertraulichem Umgang, den er mit seinem Gott hat, ihm so völlig vertraut und seiner so sicher ist, daß er nicht zweifeln könne, und er dadurch so sicher wird, weil er ihn unterschiedslos in allen Kreaturen liebt. Und widersagten ihm alle Kreaturen und sagten sich unter Eidschwur von ihm los, ja, versagte sich ihm Gott selber, er würde nicht mißtrauen, denn die Liebe *kann* nicht mißtrauen, sie erwartet vertrauend nur Gutes. Und es bedarf dessen nicht, daß man den Liebenden und den Geliebten irgend etwas ⟨ausdrücklich⟩ sage, denn damit, daß er ⟨= Gott⟩ empfindet, daß er ⟨= der Mensch⟩ sein Freund ist, weiß er zugleich alles das, was ihm gut ist und zu seiner Seligkeit gehört. Denn, so sehr du ihm auch zugetan sein magst, des sei gewiß, daß er dir über die Maßen mehr und stärker zugetan ist und dir ungleich mehr vertraut. Denn er ist die Treue selber, des soll man bei ihm gewiß sein und sind auch alle die gewiß, die ihn lieben.

Diese Gewißheit ist weit größer, vollständiger und echter als die erste, und sie kann nicht trügen. Die Eingebung hingegen könnte trügen, und es könnte leicht eine falsche Erleuchtung sein. *Diese* Gewißheit aber empfindet man in allen Kräften der Seele, und sie *kann* nicht trügen in denen, die Gott wahrhaft lieben; die zweifeln daran so wenig, wie ein solcher Mensch an Gott ⟨selber⟩ zweifelt, denn Liebe vertreibt alle Furcht. ›Die Liebe kennt keine Furcht‹ ⟨1 Joh. 4,18⟩, wie Sankt Paulus sagt; und es steht auch geschrieben: ›Die Liebe deckt die Fülle der Sünden zu‹ ⟨1 Petr. 4,8⟩. Denn wo Sünden geschehen, da kann nicht volles Vertrauen sein noch Liebe; denn die Liebe deckt die Sünde völlig zu, sie weiß nichts von Sünden. Nicht so, als habe man gar nicht gesündigt, sondern so, daß sie die Sünden völlig austilgt und austreibt, als ob sie nie gewesen wären. Denn alle Werke Gottes sind so gänzlich vollkommen und

swem er vergibet, dem vergibet er alzemâle und ganz und ouch vil gerner grôz dan kleine, und diz machet ganz getriuwen. Diz ahte ich verre und unglîche bezzer und bringet mêr lônes und ist wârer dan daz êrste wizzen; wan dâ enhindert weder sünde noch nihtes. Wan, swen got in glîcher minne vindet, den urteilet er glîche, ob er vil oder niht habe missetân. Aber, dem mêr vergeben wirt, der sol mêr minnen, als unser herre *Kristus* sprach: ›dem mêr vergeben wirt, der minne mêr‹.

16. Von der wâren pênitencie und sæligem lebene.

Vil liute dünket, daz sie grôziu werk süln tuon von ûzern dingen, als vasten, barvuoz gân und ander dinc des glîche, daz pênitencie heizet. Wâriu und diu aller beste pênitencie ist, dâ mite man grœzlîche und ûf daz hœhste bezzert, daz ist: daz der mensche habe ein grôz und volkomen abekêren von allem dem, daz niht zemâle got und götlich ist an im und an allen crêatûren, und habe ein grôz und ein volkomen und ein ganz zuokêren ze sînem lieben gote in einer unbewegelîchen minne alsô, daz sîn andâht und gelust grôz ze im sî. In swelhem werke dû des mêr hâst, in dem bist dû mêr gereht; als vil des mêr und mêr ist, rehte als vil deste wârer pênitencie und leschet mêr sünde abe und ouch alle pîne. Jâ, wol möhtest dû schiere in kurzer zît dich alsô krefticlîchen kêren von allen sünden mit alsô wârem missevallenne und dich alsô krefticlîchen ze gote kêren, hætest dû alle die sünde getân, die von Adâmes zîten ie geschâhen und iemermê geschehent, daz dir daz allez ganz würde vergeben mit der pîne, daz dû iezunt stürbest, dû vüerest vür daz antlütze gotes.

Diz ist diu wâre pênitencie, und daz kumet sunderlîche aller volkomenlîchest von dem wirdigen lîdenne in der volkomnen pênitencie unsers herren Jêsû Kristî. Ie mêr sich

reich im Überfluß, daß, wem er vergibt, er voll und ganz vergibt und viel lieber Großes als Kleines, und dies schafft ganzes Vertrauen. Dieses achte ich für weitaus und ungleich besser, und es bringt mehr Lohn und ist auch echter als das erstere Wissen; dann an ihm hindert weder Sünde noch sonst etwas. Denn wen Gott in gleicher Liebe findet, den beurteilt er auch gleich, ob einer nun viel oder gar nicht gefehlt habe. Wem aber mehr vergeben wird, der soll auch mehr Liebe haben, wie unser Herr Christus sprach: ›Wem mehr vergeben wird, der liebe auch mehr‹ 〈Luk. 7,47〉.

16. Von der wahren Buße und von seligem Leben

Es dünkt viele Leute, sie müßten große Werke in äußeren Dingen tun, wie Fasten, Barfußgehen und dergleichen mehr, was man Bußwerke nennt. Die wahre und allerbeste Buße 〈aber〉, mit der man kräftig und im höchsten Maße Besserung schafft, besteht darin, daß der Mensch sich gänzlich und vollkommen abkehre von allem, was nicht völlig Gott und göttlich an ihm selbst und an allen Kreaturen ist, und sich gänzlich und vollkommen seinem lieben Gott zukehre in einer unerschütterlichen Liebe, dergestalt daß seine Andacht und sein Verlangen zu ihm groß seien. In welchem Werk du mehr davon hast, in dem bist du auch gerechter; je mehr das zutrifft, um ebensoviel ist die Buße wahrer und tilgt um so mehr Sünden, ja, selbst alle Strafe. Ja, fürwahr, du könntest dich rasch in Kürze so kräftig mit solch echtem Abscheu von allen Sünden abkehren und dich ebenso kräftig Gott zuwenden, daß, hättest du alle Sünden getan, die von Adams Zeiten an je geschahen und hinfort je geschehen werden, dir das ganz und gar vergeben würde mitsamt der Strafe, so daß, wenn du jetzt stürbest, du hinführest vor das Angesicht Gottes.

Dies ist die wahre Buße, und die gründet insbesondere und am vollkommensten auf dem würdigen Leiden im vollkommenen Bußwerk unseres Herrn Jesu Christi. Je mehr

der mensche dar în erbildet, ie mêr im abevallent alle sünde und pîne der sünde. Ouch sol sich der mensche des wenen, daz er sich in allen sînen werken alle zît erbilde in daz leben und in diu werk unsers herren Jêsû Kristî in allem sînem tuonne und lâzenne und lîdenne und lebenne, und meine in alle zît hier inne, als er uns hât gemeinet.

Disiu pênitencie ist ein zemâle erhaben gemüete von allen dingen in got, und in welchen werken dû diz allermeist gehaben maht und hâst von den werken, diu tuo aller vrîlîchest; und hindert dich des dehein ûzerlich werk, ez sî vasten, wachen, lesen oder swaz ez sî, daz lâz vrîlîche âne alle sorge, daz dû hie mite iht versûmest deheine pênitencie; wan got ensihet niht ane, waz diu werk sîn, dan aleine, waz diu minne und diu andâht und daz gemüete in den werken sî. Wan im enist niht vil umbe unsriu werk, sunder aleine umbe unser gemüete in allen unsern werken, und daz wir in aleine minnen in allen dingen. Wan der mensche ist alze gîtic, den an gote niht engenüeget. Allen dînen werken sol dâ mite gelônet sîn, daz sie dîn got weiz und daz dû in dar inne meinest; dâ mite genüege dir alle zît. Ouch ie dû in lediclîcher meinest und einvelticlîcher, sô ie alliu dîniu werk eigenlîcher alle sünde büezent.

Ouch maht dû gedenken, daz got was ein gemeiner erlœser aller werlt, und dâ von bin ich im vil mêr dankennes schuldic, dan ob er mich aleine erlôst hæte. Alsô solt dû ouch sîn ein gemeiner erlœser alles des, daz dû mit sünden an dir verderbet hâst; und mit allem dem lege dich zemâle in in, wan dû hâst mit sünden verderbet allez, daz an dir ist: herze, sinne, lîchame, sêle, krefte und swaz an dir und in dir ist, ez ist allez gar siech und verdorben. Des vliuch ze im, an dem kein gebreste enist, sunder allez guot, daz er sî ein gemeiner erlœser aller dîner verderpnisse an dir, inwendic und ûzwendic.

sich der Mensch darein einbildet, um so mehr fallen alle Sünden und Sündenstrafen von ihm ab. Auch soll sich der Mensch gewöhnen, sich in allen seinen Werken allzeit in das Leben und Wirken unseres Herrn Jesu Christi hineinzubilden, in all seinem Tun und Lassen, Leiden und Leben, und halte hierbei allzeit ihn vor Augen, so wie er uns vor Augen gehabt hat.

Solche Buße ist ⟨nichts anderes als⟩ ein von allen Dingen fort ganz in Gott erhobenes Gemüt. Und in welchen Werken du dies am meisten haben kannst und durch die Werke hast, die tue ganz freimütig. Hindert dich aber ein äußeres Werk daran, sei's Fasten, Wachen, Lesen oder was es auch sei, so laß freiweg davon ab, ohne Besorgnis, daß du damit irgend etwas an Bußwerk versäumest. Denn Gott sieht nicht an, welches die Werke seien, sondern einzig, welches die Liebe und die Andacht und die Gesinnung in den Werken sei. Ihm ist ja nicht viel an unseren Werken gelegen, als vielmehr nur an unserer Gesinnung in allen unseren Werken und daran, daß wir ihn allein in allen Dingen lieben. Denn *der* Mensch ist allzu habgierig, dem's an Gott nicht genügt. Alle deine Werke sollen damit belohnt sein, daß dein Gott um sie weiß und daß du ihn darin im Sinne hast; das sei dir allzeit genug. Und je unbefangener und einfältiger du ihn im Blick hältst, um so eigentlicher büßen alle deine Werke alle Sünden ab.

Daran auch magst du denken, daß Gott ein allgemeiner Erlöser der ganzen Welt war, und dafür bin ich ihm viel mehr Dank schuldig, als wenn er mich allein erlöst hätte. So auch sollst du ⟨für dich⟩ ein allgemeiner Erlöser alles dessen sein, was du durch Sünden an dir verderbt hast; und mit alledem schmiege dich ganz an ihn, denn du hast mit Sünden verderbt alles, was an dir ist: Herz, Sinne, Leib, Seele, Kräfte und was an und in dir ist; es ist alles ganz krank und verdorben. Darum flieh zu ihm, an dem kein Gebresten ist, sondern lauter Gutes, auf daß er ein allgemeiner Erlöser für alle deine Verderbnis an dir sei, innen und außen.

17. Wie sich der mensche in vride halte, ob er sich niht envindet ûf ûzerlîcher arbeit, als Kristus und vil heiligen hânt gehabet; wie er gote sül nâchvolgen.

Den liuten mac vorhte und krankheit dâ von komen, daz unsers herren Jêsû Kristî leben und der heiligen alsô strenge und arbeitsam was und der mensche des niht vil vermac noch dar ûf ist getriben. Dar umbe, swenne sich die liute hier ane als unglîch vindent, sô ahtent sie sich dicke verre von gote, als dem sie niht enkünnen gevolgen. Daz ensol nieman tuon. Der mensche ensol sich deheine wîs niemer verre von gote genemen, weder umbe gebresten noch umbe krankheit noch umbe dehein dinc. Nû sî iemer, daz dich dîne grôze gebresten alsô ûztrîben, daz dû dich niht nâhen ze gote mügest nemen, sô solt dû dir doch got nâhen nemen. Wan dâ liget grôzer schade ane, daz der mensche im got verre setzet; wan der mensche gâ verre oder nâhe, got engât niemer verre, er blîbet ie stânde nâhent; und enmac er niht innen blîben, sô enkumet er doch niht verrer dan vür die tür.

Alsô ist ez nû in der gestrengicheit des nâchvolgennes. Daz merke, waz dînes nâchvolgennes dar ane sî. Dû solt merken und gemerket haben, war zuo dû von gote allermeist gemanet sîst; wan alle liute ensint mit nihte in éinen wec ze gote geruofen, als sant *Paulus* sprichet. Vindest dû denne, daz dîn næhster wec niht enist in vil ûzwendiger werke und grôzer arbeit oder in darbenne, – dâ alsô envalticlîchen ouch niht grôz ane liget, der mensche enwerde denne sunderlîche dar zuo getriben von gote und habe die maht, daz wol ze tuonne âne irrunge sîner inwendicheit, – und envindest dû dis niht in dir, sô bis ganz ze vride und ennim dich des niht vil ane.

Sô möhtest dû sprechen: enliget dar ane niht, wes hânt ez denne unser vorvarn, vil heiligen, getân?

17. Wie sich der Mensch in Frieden halte, wenn er sich nicht in äußerer Mühsal findet, wie Christus und viele Heilige sie gehabt haben; wie er Gott ⟨dann⟩ nachfolgen solle

Die Leute kann wohl Furcht und Verzagtheit überkommen darüber, daß unseres Herrn Jesu Christi und der Heiligen Leben so streng und mühselig war, der Mensch aber nicht eben viel darin vermag und sich auch nicht dazu getrieben fühlt. Deshalb erachten sich die Menschen, wenn sie sich hierin so abweichend finden, oft als fern von Gott, als welchem sie nicht nachfolgen könnten. Das soll niemand tun! Der Mensch soll sich in keiner Weise je als fern von Gott ansehen, weder wegen eines Gebresten noch wegen einer Schwäche noch wegen irgend etwas sonst. Und wenn dich auch je deine großen Vergehen so weit abtreiben mögen, daß du *dich* nicht als *Gott* nahe ansehen könntest, so sollst du doch *Gott* als *dir* nahe annehmen. Denn darin liegt ein großes Übel, daß der Mensch sich Gott in die Ferne rückt; denn, ob der Mensch nun in der Ferne oder in der Nähe wandele: *Gott* geht nimmer in die Ferne, er bleibt beständig in der Nähe; und kann er nicht drinnen bleiben, so entfernt er sich doch nicht weiter als bis vor die Tür.

So auch ist es mit der Strenge der Nachfolge. Achte darauf, in was deine Nachfolge darin bestehen kann. Du mußt erkennen und darauf gemerkt haben, wozu du von Gott am stärksten gemahnt seist; denn mitnichten sind die Menschen alle auf *einen* Weg zu Gott gerufen, wie Sankt Paulus sagt ⟨1 Kor. 7,24⟩. Findest du denn, daß dein nächster Weg nicht über viele äußere Werke und große Mühsal oder Entbehrung läuft – woran schlechterdings soviel auch nicht gelegen ist, der Mensch werde denn eigens von Gott dazu getrieben und habe die Kraft, solches recht zu tun ohne Beirrung seiner Innerlichkeit –, findest du davon also nichts in dir, so sei ganz zufrieden und laß dir nicht sehr daran gelegen sein.

Du könntest zwar sagen: Liegt nichts daran, weshalb haben's dann unsere Vorfahren, viele Heilige, so gemacht?

Sô gedenke: unser herre hât in die wîse gegeben und gap in ouch die maht, daz ze tuonne, daz sie der wîse möhten gevolgen, und im daz von in geviel; und dar inne solten síe irs besten bekomen. Wan got enhât des menschen heil niht gebunden ze deheiner sunderlîchen wîse. Waz éin wîse hât, daz enhât diu ander niht; daz mügen hât got allen guoten wîsen gegeben, und keiner guoten wîse enist daz versaget. Wan éin guot enist wider daz ander guot niht. Und dar an suln sich die liute merken, daz sie unreht tuont: sô sie etwenne einen guoten menschen sehent oder hœrent von im sagen und er denne niht envolget ír wîse, sô ist ez allez verlorn; ob in ir wîse niht engevellet, sô enahtent sie ouch zehant ir guoten wîse und ir guoten meinunge niht. Daz enist niht reht. Man sol mêr ahten der liute wîse, daz sie haben eine guote andâht, und versmæhen niemannes wîse. Ein ieglich enmac niht éin wîse gehaben, und alle menschen enmügen niht éin wîse gehaben noch ein mensche alle wîse noch eines ieglîchen wîse.

Ein ieglîcher halte sîne guote wîse und ziehe dar în alle wîse und neme in sîner wîse alliu guot und alle wîse. Wandelunge der wîse daz machet ein unstæte wîse und gemüete. Swaz dir mac gegeben éin wîse, daz maht dû ouch in der andern erkriegen, ob si guot und lobelich ist und got aleine meinet; noch alle menschen enmügen niht éinem wege gevolgen. Und alsô ist ez ouch von dem nâchvolgenne der gestrengicheit solcher heiligen. Die wîse solt dû wol minnen und mac dir wol gevallen, der dû doch niht endarft nâchvolgen.

Nû möhtest dû sprechen: unser herre Jêsus Kristus der hâte ie die hœhste wîse, dem suln wir iemer von rehte nâchvolgen.

Daz ist wol wâr! Unserm herren sol man billîche nâchvolgen, aber doch in áller wîse niht. Unser herre vaste vierzic tage. Alsô ensol sich des nieman anenemen, daz er alsô volge. Kristus der hât vil werke getân, dâ mite er meinte, daz wir im

So bedenke: Unser Herr hat ihnen diese Weise gegeben, gab ihnen aber auch die Kraft, so zu handeln, daß sie diese Weise durchhielten, und eben darin fand er bei *ihnen* sein Wohlgefallen; darin sollten *sie* ihr Bestes erreichen. Denn Gott hat der Menschen Heil nicht an irgendeine besondere Weise gebunden. Was *eine* Weise hat, das hat die andere nicht; das Leistungsvermögen aber hat Gott *allen* guten Weisen verliehen, und keiner guten Weise ist es versagt, denn *ein* Gutes ist nicht wider das andere. Und daran sollten die Leute bei sich merken, daß sie unrecht tun: wenn sie gelegentlich einen *guten* Menschen sehen oder von ihm sprechen hören, und er folgt dann nicht *ihrer* Weise, daß dann ⟨für sie⟩ gleich alles als verloren gilt. Gefällt ihnen deren *Weise* nicht, so achten sie gleich auch deren *gute* Weise und ihre gute Gesinnung nicht. Das ist nicht recht! Man soll bei der Leute Weise mehr darauf achten, daß sie eine gute Meinung haben, und niemandes Weise verachten. Nicht kann ein jeglicher nur *eine* Weise haben, und nicht können alle Menschen nur *eine* Weise haben, noch kann ein Mensch *alle* Weisen noch eines *jeden* Weise haben.

Ein jeder behalte *seine gute* Weise und beziehe *alle* ⟨anderen⟩ Weisen darin ein und ergreife in *seiner* Weise *alles Gute* und *alle Weisen.* Wechsel der Weise macht Weise und Gemüt unstet. Was dir die *eine* Weise zu geben vermag, das kannst du auch in der anderen erreichen, dafern sie nur gut und löblich ist und Gott allein im Auge hat. Überdies können nicht alle Menschen *einem* Wege folgen. So ist es auch mit der Nachfolge des strengen Lebenswandels jener Heiligen. Solche Weise sollst du wohl lieben, und sie mag dir wohlgefallen, ohne daß du ihr doch nachzufolgen brauchst.

Nun könntest du sagen: Unser Herr Jesus Christus, der hatte allemal die höchste Weise; dem sollten wir von Rechts wegen stets nachfolgen.

Das ist wohl wahr. Unserm Herrn soll man billigerweise nachfolgen und doch nicht in *jeder* Weise. Unser Herr, der fastete vierzig Tage; niemand aber soll es unternehmen, ihm darin zu folgen. Christus hat viele Werke getan in der

geistlîchen süln nâchvolgen und niht lîplîchen. Und dar umbe sol man sich vlîzen, daz man vernünfticlîchen künne nâchvolgen; wan er hât mêr gelâget unserre minne dan unsern werken. Wir suln im ie éigenlîchen nâchvolgen.

Als wie?

Daz merke: in allen dingen. – Wie und in welher wîse?

Als ich dicke hân gesprochen: ich ahte vil bezzer ein vernünftigez werk dan ein lîplîchez werk.

Als wie?

Kristus hât gevastet vierzic tage. Dar ane volge im, daz dû war nemest, war zuo dû allermeist sîst geneiget oder bereit: dâ verlâz dich ane und nim wol dîn selbes war. Daz gebürt dir dicke mêr und unbekümbert ze lâzenne, dan ob dû zemâle vastest aller spîse. Und alsô ist dir etwenne swærer ein wort ze verswîgenne, dan ob man zemâle swîge von aller rede. Und alsô ist einem menschen etwenne swærer ze vertragenne ein kleinez smæhelîchez wort, dâ niht ane enist, dan im lîhte wære ein grôzer slac, dâ er sich ûf gesetzet hât, und ist im vil swærer aleine ze sînne in der menige dan in der wüeste, und ist im dicke ein kleinez dinc swærer ze lâzenne dan ein grôz und ein kleinez werk zê üebenne dan einez, daz man vür vil grôz hât. Alsus mac der mensche wol unserm herren nâchvolgen nâch sîner krankheit und enmac noch endarf sich niemer verre dâ von genemen.

18. In welher wîse der mensche mac nemen, als im gebürt, zarte spîse und hôhiu kleit und vrœlîche gesellen, als im die anehangent nâch gewonheit der natûre.

Dû endarft in dér wîse niht sîn beworren mit spîse noch mit kleidern, ob sie dich ze guot dünkent, sunder wene dînen grunt und dîn gemüete, daz ez verre dar über erhaben sî, und ez ensol niht berüeren ze mügenne noch ze minnenne dan

Meinung, daß wir ihm geistig und nicht leiblich nachfolgen sollen. Darum soll man beflissen sein, daß man ihm in geistiger Weise nachfolgen könne; denn er hat es mehr abgesehen auf unsere Liebe als auf unsere Werke. Wir sollen ihm je auf *eigene* Weise nachfolgen.

Wie denn?

Hör zu: In *allen* Dingen! – Wie und in welcher Weise? – So wie ich's schon oft gesagt habe: Ich erachte ein geistiges Werk für viel besser als ein leibliches.

Wieso?

Christus hat vierzig Tage gefastet. Darin folge ihm damit, daß du darauf achtest, wozu du am meisten geneigt oder bereit bist: auf *das* verlege dich und achte scharf auf dich selbst. Es gebührt dir oft, *davon* mehr und unbekümmert abzulassen, als daß du dich ganz *aller* Speise enthältst. So auch ist's dir manchmal schwerer, ein Wort zu verschweigen, als daß man sich überhaupt aller Rede enthalte. Und so fällt es einem Menschen manchmal auch schwerer, ein kleines Schmähwort, das nichts auf sich hat, hinzunehmen, als vielleicht einen schweren Schlag, auf den er sich gefaßt gemacht hat, und es ist ihm viel schwerer, allein zu sein in der Menge als in der Einöde, und es ist ihm oft schwerer, etwas Kleines zu lassen als etwas Großes und ein kleines Werk zu verrichten als eines, das man für groß erachtet. So kann der Mensch in seiner Schwachheit unserm Herrn recht wohl nachfolgen und kann noch braucht sich nicht für weit von ihm entfernt zu halten.

18. In welcher Weise der Mensch, wie sich's ihm fügt, hinnehmen mag feine Speise, vornehme Kleider und fröhliche Gesellen, wie sie ihm der Naturgewohnheit gemäß anhangen

Du brauchst dich nicht über Speise und Kleider in der Weise zu beunruhigen, daß sie dich zu gut dünken; gewöhne vielmehr deinen ⟨innersten⟩ Grund und dein Gemüt daran, weit darüber erhaben zu sein. Nichts soll dein Gemüt berühren zu

aleine got; über diu andren dinc alliu sol ez erhaben sîn.

War umbe?

Wan daz wære ein krankiu inwendicheit, die daz ûzerlîche kleit solte berihten; daz inner sol daz ûzer berihten, als ez aleine an dir stât. Mêr: sô ez dir anders zuovellet, sô maht dû ez ûz dînem grunde guot nemen alsô, daz dû dich dar inne vindest, geviele ez anders, daz dû ez gerne und williclîche wöltest nemen. Alsô ist ez ouch mit der spîse und mit den vriunden und mâgen und mit allem dem, daz dir got gebe oder neme.

Und alsô ahte ich daz bezzer dan alliu dinc, daz sich der mensche gote lâze grœzlîche, swenne er ûf in ihtes werfen welle, ez sî smâcheit, ez sî arbeit, ez sî, swaz lîdens daz sî, daz er ez mit vröuden und danknæmicheit neme und lâze sich got mêr vüeren, dan daz sich der mensche selber dar în setze. Und dar umbe lernet gerne alliu dinc von gote und volget im, sô wirt iu reht! Und in dem sô mac man wol êre nemen oder gemach. Geviele aber ungemach und unêre ûf den menschen, daz man die ouch tragen möhte und gerne wölte tragen. Und dar umbe mit allem rehte und urteile mügen die wol ezzen, die als reht und bereit wæren ze dem vastenne.

Und daz ist wol diu sache, daz got sîne vriunde grôz und vil lîdens überhebet; und daz enmöhte sîn unmæzigiu triuwe anders niht erlîden, dar umbe daz sô vil und sô grôzer vrume in dem lîdene liget, und er die sînen niht enwil noch enzimet ze versûmenne in deheinen guoten dingen; und er læzet sich wol benüegen an einem guoten gerehten willen; anders enlieze er in kein lîden engân umbe den unzellîchen vrumen, der in dem lîdene liget.

Und alsô, die wîle got benüeget, sô bis ze vride; wanne im ein anderz behaget an dir, sô bis ouch ze vride. Wan der

Lust oder Liebe als Gott allein; über alle anderen Dinge soll es erhaben sein.

Warum?

Nun, weil es eine schwache Innerlichkeit wäre, die durch das äußere Kleid in's Rechte gesetzt werden müßte; das innere soll vielmehr das äußere recht bestimmen, soweit das allein bei dir steht. Fällt es ⟨d. h. das äußere Kleid⟩ dir aber anders zu, so kannst du's aus deinem ⟨innersten⟩ Grunde in *der* Weise als gut hinnehmen, daß du dich so darin erfindest, daß, wenn es wiederum anders ausfiele, du es ebenfalls gern und willig hinnehmen wolltest. So auch ist es mit der Speise und mit den Freunden und Verwandten und mit allem, was Gott dir geben oder nehmen möge.

Und so erachte ich dies als besser denn alles: daß sich der Mensch gänzlich Gott überlasse, so daß, wenn immer Gott irgend etwas ihm aufbürden wolle, sei's Schmach, Mühsal oder was es sonst für ein Leiden sei, er es mit Freuden und Dankbarkeit hinnehme und sich mehr von Gott führen lasse, als daß der Mensch sich selbst darein versetze. Und darum lernet gern von Gott in allen Dingen und folget ihm, so wird's recht mit euch! Und dabei kann man dann auch Ehre und Gemach hinnehmen. Befiele den Menschen aber Ungemach und Unehre, so würde man auch die ertragen und gern ertragen wollen. Und darum mögen dann die mit vollem Recht und Fug getrost essen, die ebenso recht bereit zum Fasten wären.

Und das ist wohl auch der Grund dafür, daß Gott seine Freunde großen und vielen Leidens enthebt; sonst könnte das seine unermeßliche Treue gar nicht zulassen, weil ja doch so viel und so großer Segen im Leiden liegt und er die Seinen nichts Gutes versäumen lassen will noch darf. Er aber läßt sich's wohl genügen an einem guten, rechten Willen; sonst ließe er ihnen kein Leiden entgehen um des unaussprechlichen Segens willen, der im Leiden liegt.

Dieweil es denn also Gott genügt, so sei ⟨auch du⟩ zufrieden; wenn ihm aber ein anderes an dir gefällt, so sei auch ⟨dann⟩ zufrieden. Denn der Mensch soll innerlich so

mensche sol inwendic gote sô ganz sîn in allem sînem willen, daz er sich niht vil bewerre weder mit wîse noch mit werken. Und sunderlîche solt dû vliehen alle sunderlicheit, ez sî an kleidern, an spîse, an worten – als hôhiu wort ze redenne – oder sunderlicheit der gebærde, dâ kein nutz ane liget. Mêr: doch solt dû wizzen, daz dir niht enist verboten álliu sunderlicheit. Ez ist vil sunderlicheit, die man in vil zîten und bî vil liuten halten muoz; wan, der sunderlich ist, der muoz ouch sunderlicheit tuon ze maniger zît in vil wîsen.

Der mensche sol sich îngebildet haben in unsern herren Jêsum Kristum inwendic in allen dingen, daz man in im vinde einen widerschîn aller sîner werke und sîner götlîchen bilde; und sol der mensche in im tragen in einer volkomenen glîchunge, als verre als er mac, alliu sîniu werk. Dû solt würken, und er sol nemen. Tuo dû dîn werk ûz aller dîner andâht und ûz aller dîner meinunge; des wene dîn gemüete ze aller zît und daz dû dich in allen dînen werken in in erbildest.

19. War umbe got ofte gestatet, daz guote liute, die in der wârheit guot sint, daz sie dicke werdent gehindert von irn guoten werken.

Dar umbe gestatet des der getriuwe got, daz dicke sîne vriunde vallent in krankheit, ûf daz in aller enthalt abegâ, dâ sie sich ûf neigen oder enthalten möhten. Wan daz wære einem minnenden menschen ein grôziu vröude, daz er vil und grôziu dinc vermöhte, ez sî an wachenne, an vastenne oder an andern üebungen und an sunderlîchen, grôzen und swæren dingen; diz ist in ein grôziu vröude und ein stiurunge und ein hoffenunge, alsô daz in iriu werk sint als ein enthalt und ein stiurunge und ein zuoverlâz. Daz wil unser herre in abenemen und wil, daz er aleine ir enthalt und zuoverlâz sî. Und daz tuot er umbe niht anders dan durch sîne einvaltigen güete und barmherzicheit. Wan got enbeweget niht ze

völlig mit seinem ganzen Willen Gott angehören, daß er sich nicht viel mit Weisen noch mit Werken beunruhigen soll. Zumal aber sollst du alle Sonderlichkeit fliehen, sei's in Kleidung, in Speise, in Worten – wie etwa große Worte zu machen – oder Sonderlichkeit der Gebärden, die zu nichts nütze ist. Indessen sollst du doch auch wissen, daß dir nicht *jede* Besonderheit verboten ist. Es gibt viel Besonderes, was man zu manchen Zeiten und bei vielen Leuten einhalten *muß*; denn wer ein Besonderer *ist*, der muß auch viel Besonderes *tun* zu mancher Zeit auf vielerlei Weisen.

Der Mensch soll sich innerlich in allen Dingen hineingebildet haben in unsern Herrn Jesum Christum, so daß man in ihm einen Widerschein aller seiner Werke und göttlichen Erscheinung finde; und es soll der Mensch in vollkommener Angleichung, soweit er's vermag, alle seine 〈= Christi〉 Werke in sich tragen. *Du* sollst wirken, und *er* soll 〈Gestalt〉 annehmen. Tu du dein Werk aus deiner vollen Hingabe und aus deiner ganzen Gesinnung; daran gewöhne dein Gemüt zu aller Zeit und daran, daß du dich in allen deinen Werken in ihn hineinbildest.

19. Warum Gott oft gestattet, daß gute Menschen, die wahrhaft gut sind, oft von ihren guten Werken gehindert werden

Nur deshalb läßt der getreue Gott zu, daß seine Freunde oft in Schwachheit fallen, damit ihnen aller Halt abgehe, auf den sie sich hinneigen oder stützen könnten. Denn es wäre für einen liebenden Menschen eine große Freude, wenn er viele und große Dinge vermöchte, sei's im Wachen, im Fasten oder in anderen Übungen sowie in besonderen, großen und schweren Dingen; dies ist ihnen eine große Freude, Stütze und Hoffnung, so daß ihnen ihre *Werke* Halt, Stütze oder Verlaß sind. 〈Gerade〉 das 〈aber〉 will unser Herr ihnen wegnehmen und will, daß er allein ihr Halt und Verlaß sei. Und das tut er aus keinem anderen Grunde als aus seiner bloßen Güte und Barmherzigkeit. Denn Gott bewegt nichts

deheinem werke dan sîn eigeniu güete; nihtes endienent unseriu werk dar zuo, daz uns got iht gebe oder uns tuo. Daz wil unser herre, daz sîne vriunde disem entvallent, und dar umbe nimet er sie abe von disem enthalte, ûf daz er aleine ir enthalt müeze sîn. Wan er wil in grôz geben und enwil umbe nihtes dan von sîner vrîen güete; und er sol ir enthalt und trôst sîn, und sie suln ein lûter niht sich vinden und sich ahten in allen den grôzen gâben gotes; wan ie blôzer und lediger daz gemüete ûf got vellet und von im enthalten wirt, ie der mensche tiefer in got gesetzet wirt und in allen den wirdigesten gâben gotes enpfenclîcher wirt. Wan der mensche sol aleine ûf got bûwen.

20. Von unsers herren lîchamen, wie man den nemen sol ofte und in welher wîse und andâht.

Swer den lîchamen unsers herren gerne nemen wil, der endarf niht warten des, daz er in im bevinde oder smecke, oder wie grôz diu innicheit oder andâht sî, sunder er sol war nemen, wie getân sîn wille und meinunge sî. Dû ensolt niht grôz wegen, wes dû enpfindest, mêr: ahte grôz, waz dû minnest und waz dû meinest.

Der mensche, der vrîlîche wil und mac ze unserm herren gân, der sol ze dem êrsten an im haben, daz er sîn gewizzen vinde âne allez strâfen der sünden. Daz ander ist, daz des menschen wille in got sî gekêret, daz er nihtes enmeine und daz in nihtes niht gelüste dan gotes und daz zemâle götlich ist, und daz im missevalle, waz gote unglîch ist. Wan an dem selben sol ouch der mensche prüeven, wie verre und wie nâhe er gote sî: rehte als vil er des minner oder mêr hât. Daz dritte ist, daz er an im sol haben, daz diu minne ze dem sacramente und ze unserm herren dâ von mêr und mêr wahse und daz diu êrbære vorhte dâ von sich niht minre von dem dicken

⟨anderes⟩ zu irgendeinem Werke als seine eigene Güte; nichts frommen *unsere Werke* dazu, daß Gott uns etwas gebe oder tue. Unser Herr will, daß seine Freunde davon loskommen, und deshalb entzieht er ihnen solchen Halt, auf daß er allein ihr Halt sei. Denn er will ihnen Großes geben und will's rein nur aus seiner freien Güte; und *er* soll ihr Halt und Trost sein, sie aber sollen sich als ein reines Nichts erfinden und erachten in all den großen Gaben Gottes. Denn je entblößter und lediger das Gemüt Gott zufällt und von ihm gehalten wird, desto tiefer wird der Mensch in Gott versetzt, und um so empfänglicher wird er Gottes in allen seinen kostbarsten Gaben, denn einzig auf Gott soll der Mensch bauen.

20. *Von unseres Herrn Leib, daß man den oft empfangen soll und in welcher Weise und Andacht*

Wer den Leib unseres Herrn gern empfangen will, der braucht nicht danach zu schauen, was er in sich empfinde oder spüre oder wie groß seine Innigkeit oder Andacht sei, sondern er soll darauf achten, wie beschaffen sein Wille und seine Gesinnung seien. Du sollst nicht hoch anschlagen, was du empfindest; achte vielmehr für groß, was du liebst und erstrebst.

Der Mensch, der unbekümmert zu unserm Herrn gehen will und kann, der muß zum ersten dies haben, daß er sein Gewissen frei von allem Vorwurf der Sünde finde. Das zweite ist, daß des Menschen Wille zu Gott gekehrt sei, so daß er nach nichts strebe und ihn nach nichts gelüste denn nach Gott und nach dem, was völlig göttlich ist, und daß ihm mißfalle, was Gott ungemäß ist. Denn eben daran soll der Mensch auch erkennen, wie fern oder wie nah er Gott sei: gerade daran, wieviel er weniger oder mehr von diesem Verhalten hat. Zum dritten muß ihm dies eigen sein, daß die Liebe zum Sakrament und zu unserm Herrn dadurch mehr und mehr wachse und daß die Ehrfurcht dabei sich nicht

zuogânne. Wan, daz dâ dicke ist éines menschen leben, daz ist des andern tôt. Dar umbe solt dû daz merken in dir, ob dîn liebe wahse ze gote und diu êrbæricheit niht verlischet; ie dû denne dicker ze dem sacramente gâst, ie dû verre bezzer bist und ouch vil und verre bezzer und nützer ist. Und dar umbe enlâz dir dînen got niht abesprechen noch -predigen; wan ie mêr, ie bezzer und gote vil lieber. Wan unsern herren gelüstet, daz er in dem und mit dem menschen wone.

Nû möhtest dû sprechen: eyâ, herre, ich vinde mich als blôz und kalt und træge, dar umbe entar ich niht ze unserm herren gân!

Sô spriche ich: deste baz bedarft dû, daz dû ze dînem gote gangest; wan von im wirst dû enzündet und hitzic und in im wirst dû geheiliget und im aleine zuogevüeget und geeiniget, wan díe gnâde vindest dû in dem sacramente und niendert anders als eigenlîchen, daz dîne lîplîchen krefte dâ werdent geeiniget und gesament von der wirdigen kraft der lîplîchen gegenwerticheit unsers herren lîchamen alsô, daz alle zerströute sinne des menschen und gemüete diu werdent hier inne gesament und geeiniget, und die sunderlîche wâren ze sêre geneiget, die werdent hie ûfgerihtet und gote ordenlîchen erboten. Und von dem înwonenden gote sô werdent sie inwendic gewenet und gespenet von lîplîchen hindernissen der zîtlîchen dinge und werdent geringe ze götlîchen dingen, und, gesterket von sînem lîchamen, sô wirt dîn lîchame erniuwet. Wan wir suln in in werden gewandelt und alzemâle werden geeiniget, daz daz sîne unser wirt, und allez daz unser wirt sîn, unser herze und daz sîne éin herze und unser lîchame und der sîne éin lîchame. Alsô suln unser sinne und unser wille, meinunge, krefte und glider in in getragen werden, daz man sîn enpfinde und gewar werde in allen kreften lîbes und sêle.

Nû möhtest dû sprechen: eyâ, herre, ich enwirde niht grôzer dinge in mir gewar dan armuot. Wie getörste ich denne ze im gân?

mindere durch das häufige Hinzugehen. Denn was oft des einen Menschen Leben ist, das ist des andern Tod. Darum sollst du dein Augenmerk darauf in dir richten, ob deine Liebe zu Gott wachse und die Ehrfurcht nicht verlischt. Je öfter du dann zum Sakrament gehst, um soviel besser wirst du und um soviel besser und nützer ist es auch. Und darum laß dir deinen Gott nicht abreden noch abpredigen; denn je mehr, desto besser und Gott ⟨nur⟩ um so lieber. Gelüstet's doch unsern Herrn danach, daß er in dem und bei dem Menschen wohne.

Nun könntest du sagen: Ach, Herr, ich finde mich so leer und kalt und träge, darum getraue ich mich nicht, zu unserm Herrn hinzugehen.

Dann sage ich: Um so mehr bedarfst du's, daß du zu deinem Gott gehest! Denn in ihm wirst du entzündet und heiß, und in ihm wirst du geheiligt und ihm allein verbunden und vereint. Im Sakrament nämlich und nirgends sonst so eigentlich findest du *die* Gnade, daß deine leiblichen Kräfte durch die hehre Kraft der körperlichen Gegenwart des Leibes unseres Herrn so geeinigt und gesammelt werden, daß alle zerstreuten Sinne des Menschen und das Gemüt hierin gesammelt und geeinigt werden, und sie, die für sich getrennt zu sehr niederwärts geneigt waren, die werden hier aufgerichtet und Gott in Ordnung dargeboten. Und vom innewohnenden Gott werden sie nach innen gewöhnt und der leiblichen Hemmungen durch die zeitlichen Dinge entwöhnt und werden behende zu göttlichen Dingen; und, gestärkt durch seinen Leib, wird dein Leib erneuert. Denn wir sollen in ihn verwandelt und völlig mit ihm vereinigt werden ⟨vgl. 2 Kor. 3,18⟩, so daß das Seine unser wird und alles Unsere sein, unser Herz und das seine *ein* Herz und unser Leib und der seine *ein* Leib. So sollen unsere Sinne und unser Wille und Streben, unsere Kräfte und Glieder in ihn hineingetragen werden, daß man ihn empfinde und gewahr werde in allen Kräften des Leibes und der Seele.

Nun könntest du sagen: Ach, Herr, ich werde nichts von großen Dingen in mir gewahr, sondern nur der Armut. Wie könnte ich da wagen, zu ihm zu gehen?

Entriuwen, wilt dû denne dîne armuot alle wandeln, sô ganc ze dem genüegenden schatze alles unmæzigen rîchtuomes, sô wirst dû rîch; wan dû solt daz wizzen in dir, daz er aleine ist der schatz, an dem dir mac genüegen und dich mac ervüllen. ›Dar umbe‹, sprich, ›wil ich ze dir gân, daz dîn rîchtuom ervülle mîne armuot und alliu dîn unmæzicheit ervülle mîne îtelkeit und dîn unmæzlîchiu, unbegriffenlîchiu gotheit ervülle mîne alze snœde verdorbene menscheit‹.

Eyâ, herre, ich hân vil gesündiget, ich enmac niht gebüezen!

Des ganc ze im, er hât wirdiclîche gebüezet alle schulde. In im maht dû wol opfern daz wirdige opfer dem himelischen vater vür alle dîne schulde.

Eyâ, herre, ich wölte gerne loben und ich enkan!

Ganc ze im, er ist aleine ein anenemende danknæmicheit des vaters und ein unmæzic, wâr gesprochen, volkomen lop aller götlîchen güete.

Kurzlîchen, wilt dû alles gebresten benomen werden alzemâle und mit tugenden und gnâden bekleidet werden und in den ursprunc wünniclîche geleitet und gevüeret werden mit allen tugenden und gnâden, sô halt dich alsô, daz dû daz sacrament wirdiclîche und dicke mügest nemen; sô wirst dû ze im geeinet und mit sînem lîchamen geedelt. Jâ, in dem lîchamen unsers herren wirt diu sêle alsô nâhe in got gevüeget, daz alle die engel, weder von Cherubîn noch von Seraphîn, enmügen den underscheit niht gewizzen noch vinden zwischen in beiden. Wan, swâ sie got rüerent, dâ rüerent sie die sêle, und swâ die sêle, dâ got. Nie enwart sô nâhiu einunge, wan diu sêle ist vil næher mit gote vereinet dan lîp und sêle, die éinen menschen machent. Disiu einunge ist vil næher, dan der einen tropfen wazzers güzze in ein vaz wînes: dâ wære wazzer und wîn, und daz wirt alsô in ein gewandelt, daz alle crêatûren niht enkünden den underscheit vinden.

Nû möhtest dû sprechen: wie mac diz gesîn? Nû enpfinde ich nihtes niht!

Traun, willst du denn deine Armut ganz wandeln, so gehe zu dem fülligen Schatz alles unermeßlichen Reichtums, so wirst du reich; denn du sollst in dir gewiß sein, daß er allein der Schatz ist, an dem dir genügen und der dich erfüllen kann. »Darum«, so sprich, »will ich zu dir gehen, auf daß dein Reichtum meine Armut erfülle und deine ganze Unermeßlichkeit erfülle meine Leere und deine grenzenlose, unfaßbare Gottheit erfülle meine allzu schnöde, verdorbene Menschheit.«

»Ach, Herr, ich habe viel gesündigt; ich kann's nicht abbüßen.«

Eben darum geh zu ihm, er hat gebührend alle Schuld gebüßt. In ihm kannst du dem himmlischen Vater das würdige Opfer für alle deine Schuld wohl opfern.

»Ach Herr, ich möchte gern lobpreisen, aber ich kann's nicht.«

Geh ⟨nur⟩ zu ihm, er allein ist ein für den Vater annehmbarer Dank und ein unermeßliches, wahrgesprochenes, vollkommenes Lob aller göttlichen Güte.

Kurz, willst du aller Gebresten völlig entledigt und mit Tugenden und Gnaden bekleidet und wonniglich in den Ursprung geleitet und geführt werden mit allen Tugenden und Gnaden, so halte dich so, daß du das Sakrament würdig und oft empfangen kannst; dann wirst du ihm zugeeint und mit seinem Leibe geadelt. Ja, im Leibe unseres Herrn wird die Seele so nah in Gott gefügt, daß alle Engel, sowohl die der Cherubim wie die der Seraphim, keinen Unterschied zwischen ihnen beiden mehr wissen noch herausfinden können; denn wo sie Gott anrühren, da rühren sie die Seele an, und wo die Seele, da Gott. Nie ward so nahe Einung! Denn die Seele ist viel näher mit Gott vereint als Leib und Seele, die *einen* Menschen ausmachen. Diese Einung ist viel enger, als wenn einer einen Tropfen Wassers gösse in ein Faß Wein: da wäre Wasser *und* Wein; das aber wird so in eins gewandelt, daß keine Kreatur den Unterschied herauszufinden vermöchte.

Nun könntest du sagen: Wie kann das sein? Ich empfinde doch gar nichts davon!

Waz liget dar ane? Ie dû minner enpfindest und grœzlîcher gloubest, ie dîn gloube lobelîcher ist und mêr geahtet und gelobet sol werden, wan ein ganz glouben ist vil mêr dan ein wænen in dem menschen. In im sô hân wir ein wâr wizzen. In der wârheit, uns engebrichet nihtes dan eines wâren glouben. Daz uns dünket, wir haben vil mêr guotes in einem dan in dem andern, daz enkumet niht dan von ûzern gesetzen, und enist an einem niht mêr dan an dem andern. Alsô, swer glîch gloubet, der nimet glîch und hât glîch.

Nû möhtest dû sprechen: wie möhte ich grœzer dinc glouben, die wîle ich mich niht alsô envinde, sunder mich gebrechlich vinde und geneiget ze vil dingen?

Sich, dâ solt dû zwei dinc merken an dir, diu ouch unser herre an im hâte. Er hâte die obersten und die nidersten krefte; die hâten ouch zwei werk: sîne obersten krefte die hâten eine besitzunge und eine gebrûchunge êwiger sælicheit. Aber die nidersten krefte wâren in den selben stunden in dem meisten lîdenne und strîtenne ûf der erde, und der werke keinez enhinderte daz ander an sînem vürwurfe. Alsô sol in dir sîn, daz die obersten krefte suln sîn erhaben in got und im zemâle erboten und zuogevüeget. Mêr: triuwen, allez lîden sol man zemâle bevelhen dem lîchamen und den nidersten kreften und den sinnen; aber der geist sol sich mit ganzer kraft erheben und lediclîchen in sînen got versenken. Mêr: diu lîdunge der sinne und der nidersten krefte diu engât in niht ane noch disiu anvehtunge; wan, ie der strît mêrer und sterker ist, ie ouch der sic und diu êre des siges grœzer und lobelîcher ist; wan ie denne diu anvehtunge grœzer ist und der anstôz der untugent sterker ist und der mensche doch überwindet, ie ouch dir diu tugent eigener ist und dînem gote lieber ist. Und dar umbe: wilt dû dînen got wirdiclîche enpfâhen, sô nim war, wie dîne obersten krefte in dînen got gerihtet sîn und wie dîn wille den sînen willen suochende sî und waz dû an im meinende sîst und wie dîn triuwe an im bestanden sî.

Was liegt daran? Je weniger du empfindest und je fester du glaubst, um so löblicher ist dein Glaube und um so mehr wird er geachtet und gelobt werden; denn ein ganzer Glaube ist viel mehr im Menschen als ein bloßes Wähnen. In ihm haben wir ein wahres Wissen. Fürwahr, uns gebricht's an nichts als an einem rechten Glauben. Daß uns dünkt, wir hätten viel mehr Gutes in dem einen als in dem andern, das rührt nur von äußeren Satzungen her, und doch ist in dem einen nicht mehr als in dem anderen. Wer daher gleich glaubt, der empfängt gleich und hat gleich.

Nun könntest du sagen: Wie könnte ich an höhere Dinge glauben, dieweil ich mich nicht in solchem Stande finde, sondern gebrechlich und zu *vielen* Dingen hingeneigt?

Sieh, da mußt du auf zweierlei Dinge an dir achten, die auch unser Herr an sich hatte. Auch er hatte oberste und niederste Kräfte, und die hatten auch zweierlei Werk: seine obersten Kräfte waren im Besitz und Genuß ewiger Seligkeit, die niedersten aber befanden sich zur selben Stunde im größten Leiden und Streiten auf Erden, und keines dieser Werke behinderte das andere an seinem Anliegen. So auch soll's in dir sein, daß die obersten Kräfte zu Gott erhoben und ihm ganz dargeboten und verbunden sein sollen. Mehr noch: alles Leiden, fürwahr, soll man ganz und gar dem Leibe und den niedersten Kräften und den Sinnen anbefehlen, wohingegen der Geist sich mit ganzer Kraft erheben und losgelöst in seinen Gott versenken soll. Das Leiden der Sinne aber und der niedersten Kräfte noch auch diese Anfechtung berühren ihn ⟨= den Geist⟩ nicht; denn je größer und je stärker der Kampf ist, um so größer und löblicher ist auch der Sieg und die Ehre des Sieges; denn je größer dann die Anfechtung und je stärker der Anstoß der Untugend ist und der Mensch ⟨sie⟩ doch überwindet, um so mehr ist dir auch die Tugend zu eigen und um so lieber deinem Gott. Und darum: Willst du deinen Gott würdig empfangen, so achte darauf, daß deine obersten Kräfte auf deinen Gott gerichtet seien, daß dein Wille seinen Willen sucht, und worauf du's bei ihm abgesehen hast und wie deine Treue zu ihm bestellt sei.

Der mensche enpfæhet den werden lîchamen unsers herren niemer in disem, er enpfâhe sunderlîche grôze gnâde, und ie dicker, ie nützer. Jâ, der mensche möhte den lîchamen unsers herren nemen in solcher andâht und meinunge, wære der mensche in der ordenunge, daz er sölte komen in den understen kôr der engel, er möhte in alsô enpfâhen ze éinem mâle, daz er in den andern würde erhaben; jâ, in solcher andâht möhtest dû in enpfâhen, dû würdest geahtet in den ahten oder in den niunden kôr. Dar umbe: wæren zwêne menschen in allem lebenne glîch und hæte der einez unsers herren lîchamen mit wirdicheit éin mâl enpfangen mêr dan der ander, durch daz sol der mensche iemer sîn als ein glitzendiu sunne vor dem andern und sol ein sunderlîche einunge mit gote haben.

Diz nemen und diz sælige niezen des lîchamen unsers herren enliget niht aleine an ûzwendigem niezenne, ez liget ouch an einem geistlîchen niezenne mit begirlîchem gemüete und in einunge in andâht. Diz mac der mensche sô getriulîchen nemen, daz er rîcher wirt an gnâden dan kein mensche ûf ertrîche. Diz mac tuon der mensche tûsentstunt in dem tage und mêr, er sî, swâ er sî, er sî siech oder gesunt. Mêr: man sol sich sacramentlîchen dar zuo vüegen und nâch wîse guoter ordenunge und nâch grôzheit der begerunge. Enhât man aber der begerunge niht, sô reize man sich dar zuo und bereite sich dar zuo und halte sich dar nâch, sô wirt man heilic in der zît und sælic in der êwicheit; wan gote nâchgân und im volgen, daz ist êwicheit. Die gebe uns der lêrære der wârheit und der minnære der kiuscheit und daz leben der êwicheit. Âmen.

21. Von dem vlîze.

Swenne ein mensche unsers herren lîchamen wil nemen, sô mac ez wol zuogân âne grôz bekümbernisse. Sô ist ez zime-

Nimmer empfängt der Mensch in solchem Stande den teuren Leib unseres Herrn, er empfange denn dabei sonderlich große Gnade; und je öfter, um so segensvoller. Ja, der Mensch vermöchte den Leib unseres Herrn in solcher Andacht und Gesinnung zu empfangen, daß, wenn der Mensch darauf hingeordnet wäre, in den untersten Chor der Engel zu kommen, er ihn bei einem einzigen Mal *so* empfangen könnte, daß er in den *zweiten* Chor erhoben würde; ja, in *solcher* Andacht vermöchtest du ihn zu empfangen, daß du des *achten* oder des *neunten* Chores wert erachtet würdest. Darum: wären zwei Menschen im ganzen Leben gleich, und hätte der eine nur *einmal* mehr unseres Herrn Leib mit Würdigkeit empfangen als der andere, so wird dieser Mensch dadurch vor dem anderen wie eine strahlende Sonne sein, und er wird eine besondere Einung mit Gott erlangen.

Dieses Empfangen und selige Genießen des Leibes unseres Herrn hängt nicht nur am äußeren Genuß, sondern liegt auch im *geistigen* Genuß mit begehrendem Gemüt und in andachtsvoller Einung. *Dies* kann der Mensch so vertrauensvoll empfangen, daß er reicher an Gnaden wird als irgendein Mensch auf Erden. Dies kann der Mensch tausendmal am Tag und öfter vollziehen, er sei, wo er wolle, ob krank oder gesund. Jedoch soll man sich wie zum Sakramentsempfang dazu bereiten und nach der Weise guter Verordnung und entsprechend der Stärke des Verlangens. Hat man aber kein Verlangen, so reize und bereite man sich dazu und halte sich dementsprechend, so wird man heilig in der Zeit und selig in der Ewigkeit; denn Gott nachgehen und ihm folgen, das ist Ewigkeit. Die gebe uns der Lehrer der Wahrheit und der Liebhaber der Keuschheit und das Leben der Ewigkeit. Amen.

21. Vom Eifer

Wenn ein Mensch unseres Herrn Leib empfangen will, so mag er wohl ohne große Besorgnis hinzutreten. Es ist aber

lich und sêre nütze, daz man vor bîhte, ouch ob man keine strâfunge hât, umbe die vruht des sacramentes der bîhte. Wære aber, daz den menschen iht strâfete, und mac der bîhte vor bekümbernisse niht bekomen, sô gange er ze sînem gote und gebe sich dem schuldic mit grôzem riuwenne und sî ze vride, biz daz er muoze habe der bîhte. Entvallent hier inne die gedanken oder daz strâfen der sünde, sô mac er gedenken, got habe ir ouch vergezzen. Man sol gote ê bîhten dan den menschen, und, ist man schuldic, die bîhte vor gote grôz wegen und sêre strâfen. Ouch ensol man niht lîhticlîchen, als man ze dem sacramente wil gân, daz übergân und underwegen lâzen durch ûzerlîchez lîden, wan des menschen méinunge an den werken gereht und götlich ist und guot.

Man sol daz lernen, daz man ín den werken ledic sî. Daz ist aber einem ungeüebeten menschen ungewonlich ze tuonne, daz ez der mensche dar zuo bringe, daz in kein menige noch kein werk enhinder – und dar zuo gehœret grôzer vlîz – und im got als gegenwertic sî und stæticlîche liuhte als blôz ze einer ieglîchen zît und in aller menige. Dar zuo gehœret gar ein behender vlîz und sunderlîche zwei dinc: daz ein, daz sich der mensche wol verslozzen habe inwendic, daz sîn gemüete sî gewarnet vor den bilden, diu ûzwendic stânt, daz sie ûzwendic im blîben und in keiner vremden wîse mit im wandeln und umbegân und keine stat in im vinden. Daz ander, daz sich sîn inwendigen bilde, ob ez bilde sîn oder ein erhabenheit des gemüetes, oder ûzwendic bilde oder swaz daz sî, daz der mensche gegenwertic hât, daz er sich in den iht zerlâze noch zerströuwe noch veriuzer in der menige. Der mensche sol alle sîne krefte dar zuo wenen und kêren und gegenwertic haben sîne inwendicheit.

Nû möhtest dû sprechen: der mensche muoz sich ûzkêren, sol er ûzwendigiu dinc würken; wan kein werk kan gewürket werden dan in sînem eigenen bilde.

geziemend und sehr nützlich, daß man vorher beichte, selbst wenn man kein Schuldbewußtsein hat, ⟨nur⟩ um der Frucht des Sakramentes der Beichte willen. Wär's aber, daß den Menschen irgend etwas schuldig spräche, er aber vor Belastung nicht zur Beichte zu kommen vermag, so gehe er zu seinem Gott und gebe sich dem schuldig in großer Reue und sei's zufrieden, bis er Muße zur Beichte habe. Entfällt ihm inzwischen das Bewußtsein oder der Vorwurf der Sünde, so mag er denken, Gott habe sie auch vergessen. Man soll Gott eher beichten als den Menschen und, wenn man schuldig ist, die Beichte *vor Gott* sehr ernst nehmen und sich scharf anklagen. Dies aber soll man, wenn man zum Sakrament gehen will, nicht leichtfertig übergehen und beiseite lassen um äußerer Buße willen, denn nur die *Gesinnung* des Menschen in seinen Werken ist gerecht und göttlich und gut.

Man muß lernen, mitten im Wirken ⟨innerlich⟩ ungebunden zu sein. Es ist aber für einen ungeübten Menschen ein ungewöhnliches Unterfangen, es dahin zu bringen, daß ihn keine Menge und kein Werk behindere – es gehört großer Eifer dazu – und daß Gott ihm beständig gegenwärtig sei und ihm stets ganz unverhüllt zu jeder Zeit und in jeder Umgebung leuchte. Dazu gehört ein gar behender Eifer und insbesondere zwei Dinge: das eine, daß sich der Mensch innerlich wohl verschlossen halte, auf daß sein Gemüt geschützt sei vor den Bildern, die draußen stehen, damit sie außerhalb seiner bleiben und nicht in ungemäßer Weise mit ihm wandeln und umgehen und keine Stätte in ihm finden. Das andere, daß sich der Mensch weder in seine inneren Bilder, seien es nun Vorstellungen oder ein Erhobensein des Gemütes, noch in äußere Bilder oder was es auch sein mag, was dem Menschen ⟨gerade⟩ gegenwärtig ist, zerlasse noch zerstreue noch sich an das Vielerlei veräußere. Daran soll der Mensch alle seine Kräfte gewöhnen und darauf hinwenden und sich sein Inneres gegenwärtig halten.

Nun könntest du sagen: Der Mensch muß sich ⟨aber doch⟩ nach außen wenden, soll er Äußeres wirken; denn kein Werk kann gewirkt werden, es sei denn in der ihm eigenen Erscheinungsform.

Daz ist wol wâr. Aber diu ûzerkeit der bilde ensint den geüebeten menschen niht ûzerlich, wan alliu dinc sint den inwendigen menschen ein inwendigiu götlîchiu wîse.

Dis ist vor allen dingen nôt: daz der mensche sîne vernunft wol und zemâle gote gewene und üebe, sô wirt im alle zît innen götlich. Der vernunft enist niht als eigen noch als gegenwertic noch als nâhe als got. Niemer gekêret si sich anderswar nâch. Ze den crêatûren enkêret si sich niht, ir engeschehe denne gewalt und unreht; si wirt dâ rehte gebrochen und verkêret. Dâ si denne ist verdorben in einem jungen menschen, oder swaz menschen daz ist, dâ muoz si mit grôzem vlîze gezogen werden und muoz man dar zuo tuon allez, daz man vermac, daz die vernunft her wider wene und ziehe. Wan, swie eigen oder natiurlich ir got sî, sô si doch mit dem êrsten wirt verkêret und wirt begründet mit den crêatûren und mit in verbildet und dar zuo gewenet, sô wirt si an dem teile alsô verkrenket und ungewaltic ir selbes und ir edeliu meinunge alsô sêre verhindert, daz aller vlîz, den der mensche vermac, der ist im iemer kleine genuoc, daz er sich alsô zemâle wider gewene. Sô er daz allez getuot, dannoch bedarf er stæter huote.

Vor allen dingen sô sol der mensche sehen dar zuo, daz er sich sêre und wol gewene. Daz sich ein ungewenet und ungeüebeter mensche alsô wölte halten und alsô tuon als ein gewenter mensche, der wölte sich alzemâle verderben und enwürde niemer nihtes ûz im. Swenne sich der mensche selber zemâle ze dem êrsten hât aller dinge entwenet und *in* entvremdet, dar nâch mac er danne gewærlîche alliu sîniu werk würken und der lediclîche gebrûchen und enbern âne alle hindernisse. Mêr: swaz der mensche minnende ist und lust nimet und im volget mit willen, ez sî in spîse oder in tranke oder in swaz dinge ez sî, daz enmac âne gebresten niht bestân in einem ungeüebeten menschen.

Das ist wohl wahr. Jedoch die äußeren Erscheinungsformen sind den geübten Menschen nichts Äußerliches, denn *alle* Dinge haben für die innerlichen Menschen eine inwendige göttliche Seinsweise.

Dies ist vor allen Dingen nötig: daß der Mensch seine Vernunft recht und völlig an Gott gewöhne und übe; so wird es allzeit in seinem Innern göttlich. Der Vernunft ist nichts so eigen und so gegenwärtig und so nahe wie Gott. Nimmer kehrt sie sich anderswohin. Den Kreaturen wendet sie sich nicht zu, ihr geschehe denn Gewalt und Unrecht, wobei sie geradezu gebrochen und verkehrt wird. Wenn sie dann in einem jungen oder sonst einem Menschen verdorben ist, dann muß sie mit großem Bemühen gezogen werden, und man muß alles daransetzen, was man vermag, das die Vernunft wieder hergewöhnen und herziehen kann. Denn so zu eigen und so naturgemäß Gott ihr auch sein mag: sobald sie erst einmal falsch gerichtet und auf die Kreaturen gegründet, mit ihnen bebildert und an sie gewöhnt ist, so wird sie in diesem Teil so geschwächt und ihrer selbst so unmächtig und an ihrem edlen Streben so behindert, daß dem Menschen aller Fleiß, den er aufzubringen vermag, immer noch zu klein ist, sich völlig wieder zurückzugewöhnen. Und setzt er auch das alles daran, so bedarf er selbst dann noch beständiger Hut.

Vor allen Dingen muß der Mensch darauf sehen, daß er sich selbst fest und recht gewöhne. Wollte sich ein ungewöhnter und ungeübter Mensch so halten und so handeln wie ein gewöhnter, der würde sich ganz und gar verderben, und es würde nichts aus ihm. Wenn sich der Mensch erst einmal aller Dinge selbst entwöhnt und sich ihnen entfremdet hat, so mag er hinfort dann umsichtig alle seine Werke wirken und sich ihnen unbekümmert hingeben oder sie entbehren ohne alle Behinderung. Hingegen: wenn der Mensch etwas liebt und Lust daran findet und er dieser Lust mit Willen nachgibt, sei's in Speise oder in Trank, oder in was immer es sei, so kann das bei einem ungeübten Menschen nicht ohne Schaden abgehen.

Der mensche sol sich wenen, daz er des sînen in keinen dingen niht ensuoche noch enmeine und daz er got in allen dingen vinde und neme. Wan got engibet keine gâbe noch nie gegap, daz man die gâbe hæte und dar ane geruowete; sunder alle die gâbe, die er ie gegap in himel und ûf erden, die gap er alle dar umbe, daz er éine gâbe geben möhte: daz was er selber. Mit disen gâben allen wil er uns bereiten ze der gâbe, diu er selber ist; und alliu diu werk, diu got ie geworhte in himel und in erden, diu worhte er durch éines werkes willen, daz er daz möhte gewürken: daz ist in sæligen, daz er uns möhte sæligen. Alsô spriche ich: in allen gâben und in allen werken suln wir got lernen anesehen, und an nihte suln wir uns lâzen genüegen und an nihte stân blîben. Ze keiner wîse enist unsers stânnes in disem lebene, noch nie menschen enwart, swie verre er ouch ie kam. Vor allen dingen sol sich der mensche alle zît haben gerihtet gegen den gâben gotes und alwege niuwe.

Ich spriche kurzlîchen von einem menschen, der wolte sêre gerne von unserm herren etwaz haben; dâ sprach ich: si enwære niht wol bereit, und gæbe ir got die gâbe alsô unbereit, sô sölte si verderben.

Ein vrâge: war umbe was si niht bereit? Si hâte doch einen guoten willen, wan ir sprechet, daz ér alliu dinc vermüge und in dem alliu dinc und volkomenheit lige?

Daz ist wâr. Ez sint zwêne sinne ze nemenne an dem willen: der ein ist ein zuovallender wille und ein ungewesenter wille, der ander ist ein zuoverhengender wille und machender wille und ein gewenter wille.

Triuwen, des enist niht genuoc, daz des menschen gemüete abegescheiden sî in einem gegenwertigen puncten, als man sich gote vüegen wil, sunder man muoz eine wolgeüebete abegescheidenheit haben, diu vor- und nâchgânde sî. Denne mac man grôziu dinc von gote enpfâhen und got in den dingen. Und ist man unbereit, man verderbet die

Der Mensch muß sich daran gewöhnen, in nichts das Seine zu suchen und zu erstreben, vielmehr in allen Dingen Gott zu finden und zu erfassen. Denn Gott gibt keine Gabe und hat noch nie eine gegeben, auf daß man die Gabe besitze und bei ihr ausruhe. Alle Gaben vielmehr, die er je im Himmel und auf Erden gegeben hat, die gab er alle nur zu dem Ende, daß er *eine* Gabe geben könne: die ist er selber. Mit allen jenen Gaben will er uns nur bereiten zu der Gabe, die er selber ist; und alle Werke, die Gott je im Himmel und auf Erden wirkte, die wirkte er nur, um *ein* Werk wirken zu können, d. h.: sich zu beseligen, auf daß er uns beseligen könne. So denn sage ich: In allen Gaben und Werken müssen wir Gott ansehen lernen, und an nichts sollen wir uns genügen lassen und bei nichts stehenbleiben. Es gibt für uns kein Stehenbleiben bei irgendeiner Weise in diesem Leben und gab es nie für einen Menschen, wie weit er auch je gedieh. Vor allen Dingen soll sich der Mensch allzeit auf die Gaben Gottes gerichtet halten und immer wieder von neuem.

Ich will kurz von einer erzählen, die wollte sehr gern von unserem Herrn etwas haben; ich aber sagte da, sie sei nicht recht bereitet, und wenn Gott ihr so unvorbereitet die Gabe gäbe, so würde diese verderben.

Nun fragt ihr: »Warum war sie nicht bereitet? Sie hatte doch einen guten Willen, und Ihr sagt doch, daß der alle Dinge vermöge und in ihm lägen alle Dinge und ⟨alle⟩ Vollkommenheit?«

Das ist wahr, ⟨jedoch⟩ muß man beim Willen zweierlei Bedeutungen unterscheiden: Der eine Wille ist ein zufälliger und unwesentlicher Wille, der andere ist ein entscheidender und schöpferischer und ein eingewöhnter Wille.

Traun, nun genügt's ⟨aber⟩ nicht, daß des Menschen Gemüt in einem eben gegenwärtigen Zeitpunkt, da man sich Gott ⟨gerade⟩ verbinden will, abgeschieden sei, sondern man muß eine wohlgeübte Abgeschiedenheit haben, die ⟨schon⟩ vorausgeht wie ⟨auch⟩ nachdauert; ⟨nur⟩ dann kann man große Dinge von Gott empfangen und Gott in den Dingen. Ist man aber unbereitet, so verdirbt man die Gabe

gâbe und got mit der gâbe. Daz ist diu sache, daz uns got niht gegeben enmac alle zît, als wir ez biten. Ez gebrichet an im niht, wan im ist tûsentstunt gæher ze gebenne wan uns ze nemenne. Aber wir tuon im gewalt und unreht mit dem, daz wir in sînes natiurlîchen werkes hindern mit unser unbereitschaft.

Der mensche sol sich in allen gâben lernen selber ûz im tragen und niht eigens behalten noch nihtes ensuochen, weder nutz noch lust noch innicheit noch süezicheit noch lôn noch himelrîche noch eigenen willen. Got gegap sich nie noch engibet sich niemer in deheinen vremden willen. Niht engibet er sich dan in sîn selbes willen. Swâ got sînen willen vindet, dâ gibet er sich în und læzet sich in den mit allem dem, daz er ist. Und ie wir mêr des unsern entwerden, ie mêr wir in disem gewærlîcher werden. Dar umbe enist im niht genuoc, daz wir ze éinem mâle ûfgeben uns selber und allez, daz wir hân und vermugen, sunder wir suln uns dicke erniuwen und alsô einigen und erledigen uns selber in allen dingen.

Ouch ist ez sêre nütze, daz im der mensche niht lâze genüegen dar ane, daz er hât die tugende in dem gemüete als gehôrsame, armuot und ander tugende, sunder der mensche sol sich selber an den werken und an den vrühten üeben der tugende und sich dicke versuochen und begern und wellen von den liuten werden geüebet und versuochet. Wan dâ mite enist ez niht genuoc, daz man tuo diu werk der tugent oder die gehôrsame getuon müge oder armuot oder smâcheit enpfâhen müge oder daz man sich mit einer andern wîse gedêmüetigen oder gelâzen müge, sunder man sol dar nâch stân und niemer ûfhœren, biz man die tugent gewinne in irm wesene und in irm grunde. Und daz man sie habe, daz mac man an dem prüeven: als man sich ze der tugent vindet geneiget vor allen dingen, und wenne man diu werk der tugent würket âne bereitunge des willen und würket sie ûz sunder eigenen ûfsaz einer gerehten oder grôzen sache und si würket sich als mêr durch sich selber und durch die minne der

und Gott mit der Gabe. Das ist auch der Grund, weshalb uns Gott nicht allzeit geben kann, wie wir's erbitten. An ihm fehlt's nicht, denn er hat's tausendmal eiliger zu geben, als wir zu nehmen. Wir aber tun ihm Gewalt an und Unrecht damit, daß wir ihn an seinem natürlichen Wirken hindern durch unsere Unbereitschaft.

Der Mensch muß lernen, bei allen Gaben sein Selbst aus sich herauszuschaffen und nichts Eigenes zu behalten und nichts zu suchen, weder Nutzen noch Lust noch Innigkeit noch Süßigkeit noch Lohn noch Himmelreich noch eigenen Willen. Gott gab sich nie noch gibt er sich je in irgendeinen fremden Willen; nur in seinen eigenen Willen gibt er sich. Wo aber Gott seinen Willen findet, da gibt er und läßt er sich in ihn hinein mit allem dem, was er ist. Und je mehr wir dem Unsern *ent*werden, um so wahrhafter *werden* wir in diesem. Darum ist's damit nicht genug, daß wir ein einzelnes Mal uns selbst und alles, was wir haben und vermögen, aufgeben, sondern wir müssen uns oft erneuern und uns selber so in allen Dingen einfaltig und frei machen.

Auch ist es sehr von Nutzen, daß der Mensch sich nicht daran genügen lasse, daß er die Tugenden, wie Gehorsam, Armut und andere Tugend, ⟨lediglich⟩ im Gemüte habe; vielmehr soll sich der Mensch selbst in den Werken und Früchten der Tugend üben und sich oft erproben und ⟨überdies⟩ begehren und wünschen, durch die Leute geübt und erprobt zu werden, ⟨denn⟩ damit ist es nicht genug, daß man die *Werke* der Tugend wirke, Gehorsam leiste, Armut oder Verachtung auf sich nehme oder sich auf andere Weise demütig oder gelassen halte; man soll vielmehr danach trachten und nimmer aufhören, bis man die Tugend in ihrem Wesen und Grunde gewinne. Und *daß* man sie habe, das kann man daran erkennen: wenn man sich vor allen anderen Dingen zur Tugend geneigt findet und wenn man die Werke der Tugend wirkt ohne ⟨besondere⟩ Bereitung des Willens und sie ohne besonderen eigenen Vorsatz zu einer gerechten und großen Sache wirkt, sie sich vielmehr um ihrer selbst willen und aus Liebe zur Tugend und um keines Warum

tugent und umbe kein warumbe – denne hât man die tugent volkomenlîche und niht ê.

Als lange lerne man sich lâzen, biz daz man niht eigens enbeheltet. Al gestürme und unvride kumet zemâle von eigenem willen, man merke ez oder enmerke ez niht. Man sol sich selber und mit allem dem sînen in einem lûtern entwerdenne willen und begerennes legen in den guoten und liebesten willen gotes mit allem dem, daz man wellen und begern mac in allen dingen.

Ein vrâge: sol man sich ouch gotes süezicheit williclîche erwegen? Enmac daz denne niht ouch wol komen von trâcheit und von kleiner minne ze im?

Jâ, harte wol âne daz bekennen des underscheides. Wan, ez kome von trâcheit oder von wârer abegescheidenheit oder von gelâzenheit, sô sol man merken, ob man sich hier inne vindet, als man sô gar von innen gelâzen ist, daz man denne gote als getriuwe ist, als man in dem grœsten enpfindenne wære, daz man hier inne allez daz tuo, daz man dâ tæte, und niht minner, und daz man sich als abegescheidenlîche halte von allem trôste und helfunge, als man tæte, sô man gegenwerticlîchen got enpfünde.

Dem rehten menschen in dem volkomen guoten willen enmac danne kein zît ze kurz sîn. Wan, wâ der wille alsô stât, daz er genzlîchen wil allez, daz er vermac – niht aleine nû, sunder, sölte er leben tûsent jâr, er wölte tuon allez, daz er vermöhte – dér wille bezalt als vil, als man in tûsent jâren möhte getuon mit den werken: daz hât er allez getân vor gote.

22. *Wie man gote volgen sol und von guoter wîse.*

Der mensche, der eines niuwen lebens oder werkes wil bestân, der sol gân ze sînem gote, und von dem sol er mit grôzer kraft und ganzer andâht begern, daz er im vüege daz aller beste und daz im aller liebest und wirdigest sî, und

willen wirkt, – dann hat man die Tugend vollkommen und eher nicht.

Solange lerne man sich lassen, bis man nichts Eigenes mehr behält. Alles Gestürm und aller Unfriede kommt allemal vom Eigenwillen, ob man's merke oder nicht. Man soll sich selbst mit allem dem Seinen in lauterem Entwerden des Wollens und Begehrens in den guten und liebsten Willen Gottes legen mit allem dem, was man wollen und begehren mag in allen Dingen.

Eine Frage: Soll man sich auch alles süßen Gottgefühls mit Willen entschlagen? Kann das dann nicht auch wohl aus Trägheit und geringer Liebe zu ihm herrühren?

Ja, gewiß wohl: wenn man den Unterschied übersieht. Denn, komme es nun von Trägheit oder von wahrer Abgeschiedenheit oder Gelassenheit, so muß man darauf achten, ob, wenn man innerlich so ganz gelassen ist, man sich in diesem Zustande so erfindet, daß man dann Gott genauso treu ist, wie wenn man im stärksten Empfinden wäre, daß man auch in diesem Zustande alles das tue, was man in jenem täte, und nicht weniger, und daß man sich aller Tröstung und aller Hilfe gegenüber ebenso ungebunden halte, wie man's täte, wenn man Gott gegenwärtig empfände.

Dem rechten Menschen in solch vollkommen gutem Willen kann denn auch keine Zeit zu kurz sein. Denn, wo es um den Willen so steht, daß er vollends alles will, was er vermag – nicht nur jetzt, sondern, sollte er tausend Jahre leben, er wollte alles tun, was er vermöchte –, ein solcher Wille trägt soviel ein, wie man in tausend Jahren mit Werken leisten könnte: vor Gott *hat* er das alles getan.

22. *Wie man Gott nachfolgen soll und von guter Weise*

Der Mensch, der ein neues Leben oder Werk beginnen will, der soll zu seinem Gott gehen und von ihm mit großer Kraft und mit ganzer Andacht begehren, daß er ihm das Allerbeste füge und das, was ihm am liebsten und würdigsten sei, und er

enwelle und enmeine dâ nihtes des sînen dan aleine den liebesten willen gotes und anders niht. Swaz im danne got zuovüege, daz neme er âne mittel von gote und halte ez vür sîn aller bestez und sî dar inne ganz und zemâle ze vride.

Swie wol im nâchmâles ein ander wîse baz gevellet, sô sol er gedenken: dise wîse hât dir got zuo gegeben, und sî im diu aller beste. Des sol er gote getriuwen und sol alle guote wîse in die selbe wîse ziehen und nemen alliu dinc in dem und nâch dem, swaz künnes sie sint. Wan, swaz got guotes hât getân und geben éiner wîse, daz mac man ouch vinden in állen guoten wîsen. Wan in éiner wîse sol man nemen alle guote wîse und niht die eigenschaft der wîse. Wan der mensche muoz ie einez tuon, er enmac niht alliu dinc getuon. Ez muoz ie einez sîn, und in dem einen sol man alliu dinc nemen. Wan, daz der mensche wölte allez tuon und diz und daz und von sîner wîse lâzen und nemen eines andern wîse, diu im nû vil baz geviele, in der wârheit, daz machete grôze unstæticheit; wan dér mensche ê volkomen würde, der ûz der werlt kæme zemâle in éinen orden, dan dér iemer würde, der ûz éinem orden kæme in einen andern, swie heilic der ouch gewesen wære: daz ist durch die wandelunge der wîse. Der mensche neme éine guote wîse und blîbe iemer dâ bî und bringe in die alle guote wîse und ahte, daz si von gote genomen sî, und beginne niht hiute einez und morgen ein anderz und sî âne alle sorge, daz er in dem iemer ihtes versûme. Wan mit gote enmac man niht versûmen; als wênic als got ihtes versûmen mac, als wênic mac man mit gote ihtes versûmen. Dar umbe nim einez von gote, und dar în ziuch allez guot.

Ist aber, daz ez sich niht wil vertragen, daz einez daz ander niht enlîdet, daz sî dir ein gewis zeichen, daz ez von gote niht enist. Éin guot enist wider daz ander niht; wan, als unser herre sprach: ›ein ieglich rîche, daz in im selber geteilet ist,

wolle und erstrebe dabei nicht das Seine, sondern einzig den liebsten Willen Gottes und sonst nichts. Was immer ihm Gott dann zufügt, das nehme er unmittelbar von Gott und halte es für sein Allerbestes und sei darin ganz und völlig zufrieden.

Obzwar ihm auch späterhin eine andere Weise besser gefällt, so soll er doch denken: Diese Weise hat Gott dir zugewiesen, und so sei sie ihm die allerbeste. Darin soll er Gott vertrauen, und er soll alle guten Weisen in eben diese selbe Weise miteinbeziehen und alle Dinge darin und demgemäß nehmen, welcher Art sie auch sein mögen. Denn, was Gott *einer* Weise an Gutem angetan und mitgegeben hat, das kann man auch in *allen* guten Weisen finden. In *einer* Weise eben soll man *alle* guten Weisen und nicht die Sonderheit ⟨eben⟩ dieser Weise ergreifen. Denn der Mensch muß jeweils nur eines tun, er kann nicht alles tun. Es muß je Eines sein, und in diesem Einen muß man alle Dinge ergreifen. Denn, wenn der Mensch alles tun wollte, dies und jenes, und von *seiner* Weise lassen und eines anderen Weise annehmen, die ihm just gerade viel besser gefiele, fürwahr, das schüfe große Unbeständigkeit. Wie denn *der* Mensch eher vollkommen würde, der aus der Welt ein für allemal in einen Orden träte, als der je werden könnte, der aus einem Orden in einen andern überginge, wie heilig der auch gewesen wäre: das kommt vom Wechsel der Weise. Der Mensch ergreife *eine* gute Weise und bleibe immer dabei und bringe in sie alle guten Weisen ein und erachte sie als von Gott empfangen und beginne nicht heute eines und morgen ein anderes und sei ohne alle Sorge, daß er darin je irgend etwas versäume. Denn mit Gott kann man nichts versäumen; so wenig Gott etwas versäumen kann, so wenig kann man mit Gott etwas versäumen. Darum nimm Eines von Gott, und dahinein ziehe *alles* Gute.

Erweist sich's aber, daß es sich nicht vertragen will, so daß eines das andere nicht zuläßt, so sei dir dies ein gewisses Zeichen, daß es nicht von Gott herrührt. Ein Gutes ist nicht wider das andere, denn wie unser Herr sagte: ›Ein jeglich Reich, das in sich selbst geteilt ist, das muß vergehen‹

daz muoz vergân‹, und als er ouch sprach: ›wer mit mir niht enist, der ist wider mich, und wer mit mir niht ensamenet, der zerströuwet‹, alsô sî dir ein gewis zeichen: welhez guot daz ander guot oder lîhte ein minner guot niht enlîdet oder zerstœret, daz daz von gote niht enist. Ez solte bringen und niht zerstœren.

Alsô wâren kurze rede, die hie învielen: daz dâ kein zwîvel enist, der getriuwe got nimet einen ieglîchen menschen in sînem aller besten.

Daz ist sicher wâr, und niemer ennimet er keinen menschen ligende, den er möhte alsô stânde haben vunden, wan diu guotheit gotes meinet alliu dinc im aller besten.

Dô wart gevrâget, war umbe denne got niht ennæme die liute, die er kennet, daz sie ûz der gnâde des toufes sölten vallen, daz sie stürben in ir kintheit, ê daz sie ze ir bescheidenheit kæmen, wan er von in erkennet, daz sie sölten vallen und niht wider ûfstân – daz wære ir bestez?

Dô sprach ich: got enist niht ein zerstœrer deheines guotes, sunder er ist ein volbringer! Got enist niht ein zerstœrer der natûre, sunder er ist ein volbringer. Ouch diu gnâde enzerstœret die natûre niht, si volbringet sie. Zerstôrte nû got die natûre alsô in dem beginnenne, sô geschæhe ir gewalt und unreht; des entuot er niht. Der mensche hât einen vrîen willen, dâ mite er gekiesen mac guot und übel, und leget im got vür in übeltuonne den tôt und in woltuonne daz leben. Der mensche sol sîn vrî und ein herre aller sîner werke und unzerstœret und ungetwungen. Gnâde enzerstœret niht die natûre, si volbringet sie. Diu glôrie enzerstœret niht gnâde, si volbringet sie, wan glôrie ist volbrâhtiu gnâde. Alsô enist niht in gote, daz dehein dinc zerstœre, daz iht wesens hât, sunder er ist ein volbringer aller dinge. Alsô ensuln wir kein kleine guot in uns zerstœren noch kleine wîse durch eine grôze, sunder wir suln sie volbringen in daz aller hœhste.

⟨Luk. 11,17⟩, und wie er ebenfalls sagte: ›Wer nicht mit mir ist, der ist wider mich, und wer nicht mit mir sammelt, der zerstreut‹ ⟨Luk. 11,23⟩. So sei's dir ein gewisses Zeichen: Wenn ein Gutes ein anderes oder gar ein geringeres Gutes nicht zuläßt oder ⟨gar⟩ zerstört, daß es nicht von Gott herrührt. Es sollte ⟨etwas⟩ einbringen und nicht zerstören.

So lautete eine kurze Bemerkung, die hier eingeworfen wurde: daß kein Zweifel darüber bestehe, daß der getreue Gott einen jeglichen Menschen in seinem Allerbesten nimmt.

Das ist sicherlich wahr, und nimmer nimmt er einen Menschen liegend, den er ebenso hätte stehend finden können; denn die Gutheit Gottes hat es für alle Dinge auf das Allerbeste abgesehen.

Da wurde gefragt, warum dann Gott jene Menschen, von denen er weiß, daß sie aus der Taufgnade fallen werden, nicht so von hinnen nehme, daß sie in ihrer Kindheit stürben, ehe sie noch zum Gebrauch der Vernunft kämen, wo er doch von ihnen weiß, daß sie fallen und nicht wieder aufstehen werden: das wäre ⟨doch⟩ *ihr* Bestes?

Da sagte ich: Gott ist nicht ein Zerstörer irgendeines Gutes, sondern er ist ein Vollbringer. Gott ist nicht ein Zerstörer der Natur, sondern ihr Vollender. Auch die Gnade zerstört die Natur nicht, sie vollendet sie ⟨vielmehr⟩. Zerstörte nun Gott die Natur derart schon im Beginn, so geschähe ihr Gewalt und Unrecht; das tut er nicht. Der Mensch hat einen freien Willen, mit dem er Gutes und Böses wählen kann, und Gott legt ihm für das Übeltun den Tod und für das Rechttun das Leben ⟨zur Wahl⟩ vor. Der Mensch soll frei sein und Herr seiner Werke, unzerstört und ungezwungen. Gnade zerstört die Natur nicht, sie vollendet sie. Die Verklärung zerstört die Gnade nicht, sie vollendet sie, denn Verklärung ist vollendete Gnade. Es gibt also nichts in Gott, was etwas zerstörte, das irgendwie Sein hat; vielmehr ist er ein Vollender aller Dinge. Ebenso sollen ⟨auch⟩ wir kein noch so kleines Gutes in uns zerstören noch eine geringe Weise um einer großen willen, sondern wir sollen sie vollenden zum Allerhöchsten.

Alsô wart gesprochen von einem menschen, der solte eines niuwen lebens beginnen von niuwem, und sprach ich alsô in dirre wîse: daz der mensche solte werden ein gotsuochender in allen dingen und gotvindender mensche ze aller zît und in allen steten und bî allen liuten in allen wîsen. In disem mac man alle zît âne underlâz zuonemen und wahsen und niemer ze ende komen des zuonemennes.

23. Von den innerlîchen und ûzerlîchen werken.

Ein mensche wölte sich in sich selber ziehen mit allen sînen kreften, inwendic und ûzwendic, und in dem selben stât er doch alsô, daz in im kein bilde noch getwanc enist, und stât alsô âne einic werk, inwendic und ûzwendic: dâ sol man wol war nemen, ob daz sich iht ziehen welle ze im selber. Ist aber, daz sich der mensche niht wil ze einem werke ziehen und sichs niht anenemen, sô sol man sich brechen in ein werk, ez sî inwendic oder ûzwendic, – wan an nihte ensol sich der mensche lâzen genüegen, swie guot ez schînet oder sî –, wâ er sich vindet in herticheit oder in twingunge sîn selbes, daz man mêr mac nemen, daz der mensche dâ werde geworht dan daz er würke, daz der mensche dâ lerne mitewürken mit sînem gote. Niht, daz man dem innern sül entgân oder entvallen oder vermeinen, sunder in dem und mit dem und ûz dem sol man lernen würken alsô, daz man die innicheit breche in die würklicheit und die würklicheit înleite in die innicheit und daz man alsô gewone lediclîche ze würkenne. Wan man sol daz ouge ze disem inwendigen werke kêren und dar ûz würken, ez sî lesen, beten oder – ob ez gebürt –

So wurde von einem Menschen gesprochen, der ein neues Leben von vorn beginnen sollte, und ich sprach in dieser Weise: daß der Mensch ein Gott in allen Dingen suchender und ein Gott zu aller Zeit und an allen Stätten und bei allen Leuten in *allen* Weisen findender Mensch werden müßte. Darin kann man allzeit ohne Unterlaß zunehmen und wachsen und nimmer an ein Ende kommen des Zunehmens.

23. *Von den inneren und äußeren Werken*

Gesetzt, ein Mensch wollte sich in sich selbst zurückziehen mit allen seinen Kräften, den inneren und den äußeren, und er stände in diesem Zustand doch ⟨überdies auch noch⟩ so da, daß es in seinem Innern weder irgendeine Vorstellung noch irgendeinen ⟨ihn⟩ zwingenden Antrieb ⟨von Gott her zum Wirken⟩ gäbe und er solchergestalt ohne jedes Wirken, inneres oder äußeres, dastände: – da sollte man ⟨dann⟩ gut darauf achten, ob es dabei ⟨in diesem Zustande⟩ nicht von selber ⟨den Menschen⟩ zum Wirken hindrängt. Ist es aber so, daß es den Menschen zu keinem Werk zieht und er nichts unternehmen mag, so soll man sich gewaltsam zwingen zu einem Werk, sei's ein inneres oder ein äußeres – denn an nichts soll sich der Mensch genügen lassen, wie gut es auch scheint oder sein mag –, damit, wenn er sich ⟨ein andermal⟩ unter hartem Druck oder Einengung seiner selbst ⟨durch das Wirken Gottes⟩ so befindet, daß man eher den Eindruck gewinnen kann, daß der Mensch dabei gewirkt *werde*, als daß er wirke, der Mensch dann mit seinem Gott mitzuwirken lerne. Nicht als ob man seinem Innern entweichen oder entfallen oder absagen solle, sondern gerade in ihm und mit ihm und aus ihm soll man so wirken lernen, daß man die Innerlichkeit ausbrechen lasse in die Wirksamkeit und die Wirksamkeit hineinleite in die Innerlichkeit und daß man sich so gewöhne, ungezwungen zu wirken. Denn man soll das Auge auf dieses *innere* Wirken richten und aus ihm heraus wirken, sei's Lesen, Beten oder – wenn es anfällt – äußeres

ûzwendigiu werk. Wil aber daz ûzwendic werk daz inner zerstœren, sô volge man dem innern. Möhten sie aber beidiu sîn in einem, daz wære daz beste, daz man ein mitewürken hæte mit gote.

Nû vrâge: wie sol man daz mitewürken gehaben, dâ der mensche im selben und allen werken entvallen ist und – als sant *Dionysius* sprach: der sprichet aller schœneste von gote, der von der vülle des inwendigen rîchtuomes allermeist kan von im geswîgen – dâ sô entsinkent bilde und werk, der lop und der dank, oder swaz er gewürken möhte?

Ein antwurt: éin werk blîbet im billîchen und eigenlîchen doch, daz ist: ein vernihten sîn selbes. Doch ist daz vernihten und verkleinen niemer sô grôz sîn selbes, got envolbringe ouch daz selbe in im selber, sô gebrichet im. Danne ist diu dêmüeticheit allerêrst genuoc volkomen, als got den menschen dêmüetiget mit dem menschen selber, und dâ aleine genüeget den menschen und ouch der tugent und niht ê.

Ein vrâge: wie sol got den menschen ouch mit im selber vernihten? Ez schînet, als daz vernihten des menschen wære gotes erhœhen, wan daz êwangelium sprichet: ›wer sich nidert, der sol erhœhet werden‹?

Antwurt: jâ und nein! Er sol sich selber nidern, und daz selbe enmac niht genuoc sîn, got der entuo ez; und er sol erhœhet werden, niht daz diz nidern einez sî und daz erhœhen ein anderz; sunder diu hœhste hœhe der hôcheit liget in dem tiefen grunde der dêmüeticheit. Wan ie der grunt tiefer ist und niderr, ie ouch diu erhœhunge und diu hœhe hœher und unmæziger ist, und ie der brunne tiefer ist, ie er ouch hœher ist; diu hœhe und diu tiefe ist einez. Dar umbe, swer sich mêr genidern kan, ie er hœher ist; und dar umbe sprach unser herre: ›wer der meiste wil sîn, der werde der minste under iu!‹ Wer dáz wil wesen, der sol díz werden. Díz

Werk. Will aber das äußere Werk das innere zerstören, so folge man dem inneren. Könnten aber beide in Einem bestehen, das wäre das Beste, auf daß man ein Mitwirken mit Gott hätte.

Nun erhebt sich die Frage: Wie soll man da noch ein Mitwirken haben, wo der Mensch doch sich selbst und allen Werken entfallen ist und – wie ja Sankt Dionysius sagt: Der spricht am allerschönsten von Gott, der vor Fülle des inneren Reichtums am tiefsten von ihm schweigen kann – wo doch alle Bilder und Werke, Lob und Dank oder was einer sonst wirken könnte, entsinken?

Antwort: *Ein* Werk bleibt einem billig und recht eigentlich doch: das ⟨aber⟩ ist: ein Vernichten seiner selbst. Indessen mag dieses Vernichten und Verkleinern seiner selbst auch noch so groß sein, es bleibt mangelhaft, wenn Gott es nicht in einem selbst vollendet. Dann erst ist die Demut vollkommen genug, wenn Gott den Menschen durch den Menschen selbst demütigt; und damit allein wird dem Menschen und auch der Tugend Genüge getan und nicht eher.

Eine Frage: Wie soll denn aber Gott den Menschen durch sich selber vernichten? Es scheint ⟨doch⟩, als wäre dieses Vernichten des Menschen ein Erhöhen durch Gott, denn das Evangelium sagt: ›Wer sich erniedrigt, der wird erhöht werden‹ ⟨Matth. 23,12; Luk. 14,11⟩.

Antwort: Ja und nein. Er soll sich selbst »erniedrigen«, und das eben kann nicht genugsam geschehen, Gott tue es denn; und er soll »erhöht werden«, nicht ⟨aber⟩, als ob dies Erniedrigen eines sei und das Erhöhen ein anderes. Vielmehr liegt die höchste Höhe der Erhöhung ⟨gerade⟩ im tiefen Grunde der Verdemütigung. Denn je tiefer der Grund ist und je niederer, um so höher und unermeßlicher ist auch die Erhebung und die Höhe, und je tiefer der Brunnen ist, um so höher ist er zugleich; die Höhe und die Tiefe sind eins. Darum, je mehr sich einer erniedrigen kann, um so höher ist er. Und darum sagte unser Herr: ›Wer der Größte sein will, der werde der Geringste unter euch‹ ⟨Mark. 9,34⟩. Wer jenes

wesen wirt aleine vunden in dém werdenne. Der der minste wírt, der íst in der wârheit der meiste; aber der der minste wórden ist, der íst iezunt der aller meiste. Und alsô wirt daz wort wâr und volbrâht des êwangelisten: ›wer sich nidert, der wirt erhœhet!‹ Wan allez unser wesen enliget an nihte dan in einem niht-werdenne.

›Sie sint rîche worden in allen tugenden‹, alsô stât geschriben. Entriuwen, daz enmac niemer geschehen, man enwerde ze dem êrsten arm von allen dingen. Swer alliu dinc wil nemen, der muoz ouch alliu dinc begeben. Daz ist ein glîcher kouf und ein glîch widergelt, als ich vorlanc eines sprach. Dar umbe, als got uns sich selber und alliu dinc wil ze einem vrîen eigene geben, dar umbe wil er uns alle eigenschaft gar und zemâle benemen. Jâ, in der wârheit, des enwil got deheine wîs niht, daz wir als vil eigens haben, als mir in mînen ougen möhte geligen. Wan alle die gâbe, die er uns ie gegap, noch gâbe der natûre noch gâbe der gnâde, gegap er nie deheine anders, dan er wölte, daz wir niht eigens enhæten; und dés enhât er niht gegeben noch sîner muoter noch keinem menschen noch keiner crêatûre in deheine wîs niht. Und durch daz, daz er uns lerne und uns dis gewarne, dar umbe nimet er uns dicke beidiu lîplich und geistlich guot; wan daz eigen der êre ensol niht unser sîn, sunder aleine sîn. Mêr: wir suln alliu dinc haben, als ob sie uns gelihen sîn und niht gegeben, âne alle eigenschaft, ez sî lîp oder sêle, sinne, krefte, ûzerlich guot oder êre, vriunde, mâge, hûs, hof, alliu dinc.

Waz meinet got dâ mite, daz er disem alsô sêre lâget?

Dâ wil er selber aleine und alzemâle unser eigen sîn. Diz wil er und diz meinet er, und disem lâget er aleine, daz er ez müge und müeze sîn. Hier ane liget sîn grœstiu wunne und spil. Und ie er diz mêr und grœzlîcher mac gesîn, ie sîn wunne

sein will, der muß dieses *werden*. Jenes *Sein* ist nur zu finden in diesem *Werden*. Wer der Geringste *wird*, der *ist* fürwahr der Größte; wer aber der Geringste *geworden ist*, der *ist* ⟨schon⟩ jetzt der Allergrößte. Und so ⟨denn⟩ bewahrheitet und erfüllt sich das Wort des Evangelisten: ›Wer sich erniedrigt, der wird erhöht‹ ⟨Matth. 23,12; Luk. 14,11⟩. Denn unser ganzes wesenhaftes Sein liegt in nichts anderem begründet als in einem Zunichtewerden.

›Sie sind reich geworden an allen Tugenden‹ ⟨1 Kor. 1,5⟩, also steht geschrieben. Fürwahr, das kann nimmer geschehen, man werde denn zuvor arm an allen Dingen. Wer alle Dinge empfangen will, der muß auch alle Dinge hergeben. Das ist ein gerechter Handel und ein gleichwertiger Austausch, wie ich lange vorauf einmal sagte. Darum, weil Gott sich selbst und alle Dinge uns zu freiem Eigen geben will, darum will er uns alles Eigentum ganz und gar benehmen. Ja, fürwahr, Gott will durchaus nicht, daß wir auch nur so viel Eigenes besitzen, wie mir in meinen Augen liegen könnte. Denn alle die Gaben, die er uns je gegeben hat, sowohl Gaben der Natur wie Gaben der Gnade, gab er nie in anderem Willen als in dem, daß wir nichts zu eigen besitzen sollten; und derart zu eigen hat er weder seiner Mutter noch irgendeinem Menschen oder sonst einer Kreatur etwas gegeben in irgendeiner Weise. Und um uns zu belehren und uns damit zu versehen, darum nimmt er uns oft beides, leibliches und geistiges Gut. Denn der Besitz der Ehre soll nicht unser sein, sondern nur ihm. Wir vielmehr sollen alle Dinge ⟨nur so⟩ haben, als ob sie uns geliehen seien und nicht gegeben, ohne jeden Eigenbesitz, es sei Leib oder Seele, Sinne, Kräfte, äußeres Gut oder Ehre, Freunde, Verwandte, Haus, Hof und alle Dinge.

Was beabsichtigt aber Gott damit, daß er darauf so sehr erpicht ist? Nun, er will selbst allein und gänzlich unser Eigen sein. Dies will und erstrebt er, und darauf allein hat er es abgesehen, daß er's sein könne und dürfe. Hierin liegt seine größte Wonne und Lust. Und je mehr und umfassender er das sein kann, um so größer ist seine Wonne und seine

und vröude grœzer ist; wan ie wir aller dinge mêr eigens hân, ie wir sîn minner eigens hân, und ie wir aller dinge minner minne hân, ie wir sîn mêr hân mit allem dem, daz er geleisten mac. Dar umbe, dô unser herre von allen sæligen sachen wolte reden, dô saste er die armuot des geistes ze einem houbete ir aller und was diu êrste ze einem zeichen, daz alliu sælicheit und volkomenheit al und alzemâle ein beginnen hân in der armuot des geistes. Und in der wârheit: daz dâ ein grunt wære, dâ alliu guot ûf gebûwet möhten werden, der enwære niht âne diz.

Daz wir uns blôz halten der dinge, diu ûzer uns sint, dâ wider wil got ze eigene geben allez, daz in dem himel ist, und den himel mit aller sîner kraft, jâ, allez, daz ûz im ie gevlôz und alle engel und heiligen hânt, daz daz unser als eigen sî als in, jâ, mêr dan mir dehein dinc eigen sî. Wider daz, daz ich mîn selbes ûzgân durch in, dâ wider sol got mit allem dem, daz er ist und geleisten mac, alzemâle mîn eigen sîn, rehte mîn als sîn, noch minner noch mêr. Tûsentstunt sol er mêr mîn eigen sîn, dan dehein mensche ie dehein dinc gewan, daz er in der kisten hât, oder sîn selbes ie wart. Nie enwart nihtes sô eigen, als got mîn sol sîn mit allem dem, daz er vermac und ist.

Diz eigen suln wir dâ mite erarnen, daz wir hie sîn âne eigenschaft unser selbes und alles, daz er niht enist; und ie disiu armuot volkomener und lediger ist, ie diz eigen eigener ist. Und daz selbe widergelt ensol niht gemeinet werden noch niemer anegesehen werden, und daz ouge ensol sich niemer eines dar ûf gekêren, ob man iemer iht gewinnen sül oder enpfâhen sül wan aleine durch minne der tugent. Wan ie lediger, ie eigener, als der edel *Paulus* sprichet: ›wir suln sîn habende, als ob wir niht enhaben, und doch alliu dinc besitzen‹. Der enhât niht eigenschaft, der niht enbegert noch enwil haben an im selber noch an allem dem, daz ûzer im ist, jâ, ouch an gote noch an allen dingen.

Freude; denn, je mehr wir von allen Dingen zu eigen haben, um so weniger haben wir ihn zu eigen, und je weniger Liebe zu allen Dingen wir haben, um so mehr haben wir ihn mit allem, was er zu bieten vermag. Darum, als unser Herr von allen Seligkeiten reden wollte, da setzte er die Armut des Geistes zum Haupt ihrer aller, und sie war die erste zum Zeichen dafür, daß alle Seligkeit und Vollkommenheit samt und sonders ihren Anfang haben in der Armut des Geistes. Und wahrlich, wenn es einen Grund gäbe, auf dem alles Gute aufgebaut werden könnte, der würde ohne dies nicht sein.

Daß wir uns frei halten von den Dingen, die außer uns sind, dafür will uns Gott zu eigen geben alles, was im Himmel ist, und den Himmel mit all seiner Kraft, ja alles, was je aus ihm ausfloß und was alle Engel und Heiligen haben, auf daß uns das so zu eigen sei wie ihnen, ja, in höherem Maße als mir irgendein Ding zu eigen ist. Dafür, daß ich um seinetwillen mich meiner selbst entäußere, dafür wird Gott mit allem, was er ist und zu bieten vermag, ganz und gar mein Eigen sein, ganz so mein wie sein, nicht weniger noch mehr. Tausendmal mehr wird er mein Eigen sein, als je ein Mensch ein Ding erwarb, das er in dem Kasten hat, oder er je sich selbst zu eigen wurde. Nie ward etwas einem so zu eigen, wie Gott mein sein wird mit allem, was er vermag und ist.

Dieses Eigen sollen wir damit verdienen, daß wir hienieden ohne Eigenbesitz unserer selbst und alles dessen sind, was nicht Er ist. Und je vollkommener und entblößter diese Armut ist, um so mehr zu eigen ist dieses Eigentum. Auf dieses Entgelt aber darf man es nicht absehen noch je danach ausschauen, und das Auge soll sich nie auch nur einmal darauf richten, ob man je etwas gewinnen oder empfangen werde, als einzig durch die Liebe zur Tugend. Denn: je ungebundener ⟨der Besitz⟩, um so eigener, wie der edle Paulus sagt: ›Wir sollen haben, als ob wir *nicht* hätten, und doch alle Dinge besitzen‹ ⟨2 Kor. 6,10⟩. Der hat keinen Eigenbesitz, der nichts begehrt noch haben will, weder an sich selbst noch an alledem, was außer ihm ist, ja, ⟨und da⟩ selbst weder an Gott noch an allen Dingen.

Wilt dû wizzen, waz ein wâr arm mensche ist?

Dér mensche ist wærlîche arm von geiste, der allez daz wol enbern mac, daz niht nôt enist. Dar umbe sprach der, der in der kuofen blôz saz, ze dem grôzen Alexander, der alle werlt under im hâte: ›ich bin‹, sprach er, ›vil ein grœzer herre dan dû bist; wan ich hân mêr versmæhet, dan dû besezzen hâst. Daz dû grôz ahtest ze besitzenne, daz ist mir ze kleine ze versmæhenne‹. Der ist vil sæliger, der aller dinge mac enbern und ir niht enbedarf, dan der alliu dinc besezzen hât mit nôtdurft. Der mensche ist der beste, der des enbern kan, des er keine nôt enhât. Dar umbe, der allermeist kan enbern und versmæhen, der hât allermeist gelâzen. Ez schînet ein grôz dinc, daz ein mensche tûsent mark goldes durch got gæbe und vil mit sînem guote bûwete klûsen und klœster und alle arme spîsete; daz wære ein grôz dinc. Mêr: der wære vil sæliger, der alsô vil durch got versmæhete. Der mensche hæte ein reht himelrîche, der sich durch got künde aller dinge verwegen, swaz got gæbe oder niht engæbe.

Sô sprichest dû: jâ, herre, enwære ichs denne niht ein sache noch ein hindernisse mit mînen gebresten?

Hâst dû gebresten, sô bite got dicke, ob ez sîn êre sî und im behage, daz er dir sie abeneme, wan dû âne in niht envermaht. Nimet er sie abe, sô danke im; und entuot er es niht, sô lîdest dû ez durch in, mêr: niht als einen gebresten einer sünde, sunder als eine grôze üebunge und dâ dû lôn ane verdienen solt und gedult ane solt üeben. Dû solt ze vride sîn, ob er dir sîne gâbe gibet oder niht engibet.

Er gibet einem ieglîchen nâch dem, daz sîn bestez ist und im vüeget. Sol man einem einen rok snîden, man muoz in machen nâch sîner mâze; der dem einen vüegete, der envüegete dem andern zemâle niht. Man mizzet einem ieglîchen nâch dem, und daz im vüeget. Alsô gibet got einem ieglîchen

Willst du wissen, was ein wahrhaft armer Mensch ist?

Der Mensch ist wahrhaft arm im Geiste, der alles das wohl entbehren kann, was nicht nötig ist. Darum sprach der, der nackt in der Tonne saß, zum großen Alexander, der die ganze Welt unter sich hatte: »Ich bin«, sagte er, »ein viel größerer Herr, als du bist; denn ich habe mehr verschmäht, als du in Besitz genommen hast. Was du zu besitzen für groß achtest, das ist mir zu klein, ⟨es auch nur⟩ zu verschmähen«. Der ist viel glücklicher, der alle Dinge entbehren kann und ihrer nicht bedarf, als wer alle Dinge mit Bedürfnis ⟨nach ihnen⟩ im Besitz hält. *Der* Mensch ist der beste, der das entbehren kann, was ihm nicht not tut. Darum: wer am allermeisten entbehren und verschmähen kann, der hat am allermeisten gelassen. Es erscheint als ein groß Ding, wenn ein Mensch tausend Mark Goldes um Gottes willen hingäbe und mit seinem Gut viele Klausen und Klöster erbaute und alle Armen speiste; das wäre eine große Sache. Aber der wäre viel glücklicher daran, der ebensoviel um Gottes willen verschmähte. *Der* Mensch hätte ein rechtes Himmelreich, der um Gottes willen auf alle Dinge verzichten könnte, was immer Gott gäbe oder nicht gäbe.

Nun sagst du: »Ja, Herr, wäre ich denn nicht eine ⟨hemmende⟩ Ursache und ein Hindernis dafür mit meinen Gebresten?«

Hast du Gebresten, so bitte Gott immer wieder, ob es nicht seine Ehre sei und es ihm gefalle, daß er sie dir abnehme, denn ohne ihn vermagst du nichts. Nimmt er sie ⟨dir⟩ ab, so danke ihm; tut er's aber nicht, nun, so erträgst du's um seinetwillen, jedoch ⟨nun⟩ nicht ⟨mehr⟩ als das Gebresten einer Sünde, sondern als eine große Übung, mit der du Lohn verdienen und Geduld üben sollst. Du sollst zufrieden sein, ob er dir seine Gabe gibt oder nicht.

Er gibt einem jeden nach dem, was sein Bestes ist und für ihn paßt. Soll man jemand einen Rock zuschneiden, so muß man ihn nach seinem Maß machen; und der dem einen paßte, der paßte dem andern gar nicht. Man nimmt einem jeglichen so Maß, wie's ihm paßt. So auch gibt Gott einem jeglichen

daz aller beste nâch dem, daz er erkennet, daz ez sîn næhstez ist. In der wârheit, der im des ganz getriuwet, der nimet und hât als vil in dem minsten als in dem aller grœsten. Wölte mir got geben, daz er sant Paulô gap, ich næme ez, ob er wölte, gerne. Mêr: nû er mir ez niht wil geben – wan harte wênic liuten wil er, daz sie in disem lebene daz wizzen –, daz mir daz got niht engibet, dar umbe ist er mir als liep und sage im als grôzen dank und bin als ze ganzem vride, daz er mir ez entheltet, als daz er mir ez gibet; und ist mir dar ane genuoc und als liep, als ob er mir ez tæte, ob mir anders reht ist. In der wârheit, alsô solte mir genüegen an dem willen gotes: in allem dem, dâ got wölte würken oder geben, dâ sölte mir sô liep und sô wert sîn ze sînem willen, daz mir daz niht minner wære, dan ob er mir die gâbe gæbe und in mir daz worhte. Sô wæren alle gâbe mîn und alliu werk gotes, und alle crêatûre tuon ir bestez oder ir ergestez dar zuo, des enmügen sie mir mit nihte benemen. Waz mac ich danne klagen, wenne aller menschen gâbe mîn eigen sint? In der wârheit, alsô wol genüeget mir in dem, daz mir got tæte oder daz er mir gæbe oder niht engæbe, daz ich ez mit einem heller niht wölte vergelten, daz ich alsolches lebens wære, daz ich wizzen möhte daz beste.

Nû sprichest dû: ich vürhte, ich entuo niht genuoc vlîzes dar zuo und bewar in niht, als ich möhte!

Daz lâz dir leit sîn und lîde daz selbe mit gedult, und nim ez vür eine üebunge und bis in vride. Got der lîdet gerne smâcheit und ungemach und wil gerne enbern sînes dienstes und lobes dar umbe, daz die in in vride hân, die in meinent und in anegehœrent. Wes ensölten wir danne niht vride haben, swaz er uns gebe oder swes wir enbern? Sô ist geschriben, und sprichet unser herre, daz ›sie sint sælic, die dâ lîdent umbe gerehticheit‹. In der wârheit, künde ein diep, den man iezunt hâhen solte, der ez wol verdienet hæte und hæte

das Allerbeste nach dem, wie er erkennt, daß es das ihm Gemäßeste ist. Fürwahr, wer ihm darin ganz vertraut, der empfängt und besitzt im Geringsten ebensoviel wie im Allergrößten. Wollte Gott mir geben, was er Sankt Paulus gab, ich nähme es, wenn er's wünschte, gern. Da er es mir nun aber nicht geben will – denn nur bei ganz wenigen Leuten will er, daß sie in diesem Leben ⟨schon⟩ zu solchem Wissen ⟨wie Paulus⟩ gelangen – wenn mir's also Gott nicht gibt, so ist er mir darum doch ebenso lieb, und ich sage ihm ebenso großen Dank und bin ebenso völlig zufrieden darum, daß er mir's vorenthält, wie darum, daß er mir's gibt; und mir ist daran ebenso genug, und es ist mir ebenso lieb, als wenn er's mir verliehe, wenn anders es recht um mich steht. Wahrlich, so sollte es mir am Willen Gottes genügen: In allem, wo Gott wirken oder geben wollte, sollte mir sein Wille so lieb und wert sein, daß mir das nicht weniger bedeutete, als wenn er *mir* diese Gabe gäbe oder dies *in mir* wirkte. So wären alle Gaben und alle Werke Gottes mein, und mögen dann alle Kreaturen ihr Bestes oder ihr Ärgstes dazu tun, sie können's mir nicht rauben. Wie kann ich dann klagen, da aller Menschen Gaben mein eigen sind? Wahrlich, so wohl genügt's mir an dem, was Gott mir täte oder gäbe oder nicht gäbe, daß ich ⟨auch⟩ nicht einen einzigen Heller dafür zahlen wollte, das beste Leben führen zu können, das *ich* mir vorzustellen vermöchte.

Nun sagst du: »Ich fürchte, ich setze nicht genug Fleiß daran und hege ihn nicht so, wie ich könnte.«

Das laß dir leid sein, und ertrage es mit Geduld, und nimm es als eine Übung, und sei zufrieden. Gott der leidet gern Schmach und Ungemach und will gern Dienst und Lob entbehren, auf daß die Frieden in sich haben, die ihn lieben und ihm angehören. Weshalb sollten denn *wir* nicht Frieden haben, was er uns auch gebe oder was wir auch entbehren? Es steht geschrieben, und es spricht unser Herr, daß die selig sind, die da leiden um der Gerechtigkeit willen ⟨Matth. 5,10⟩. Wahrhaftig: könnte ein Dieb, den man zu hängen im Begriff stünde und der's mit Stehlen wohl verdient hätte, oder einer,

gestoln, und einer, der gemürdet hæte, den man von rehte solte redern: künden sie in in daz vinden: sich, dû wilt daz lîden durch die gerehticheit, wan man dir rehte tuot, sie würden âne mittel sælic. In der wârheit, swie unreht wir sîn, nemen wir von gote, swaz er uns tæte oder niht entæte, von im rehte und lîden durch die gerehticheit, sô sîn wir sælic. Dar umbe enklage nihtes, dan daz klage aleine, daz dû noch klagest und daz dich niht benüeget; daz maht dû aleine klagen, daz dû ze vil hâst. Wan dem reht wære, der næme als in darbenne als in habenne.

Nû sprichest dû: eyâ, got würket alsô grôziu dinc in vil liuten, und sie werdent alsô mit götlîchem wesene überwesent, und got würket in in und sie niht.

Des danke got in in, und gibet er dirz, in gotes namen, sô nimz; engibet er dirz niht, sô solt dû sîn williclîchen darben, und enmeine nihtes dan in, und bis unbeworren, ob got dîniu werk würke oder ob dû sie würkest; wan got muoz sie würken, meinest dû in aleine, er welle oder enwelle.

Enruoche ouch dich, swaz wesens oder wîse got iemanne gebe. Wære ich alsô guot und heilic, daz man mich mit den heiligen erheben müeste, sô spræchen die liute und vorschten aber, ob ez gnâde oder natûre sî, daz in im ist, und sint dâ mite beworren. An dem ist in unreht. Lâz got würken in dir, dem gip daz werk und enruoche, ob er würke mit der natûre oder ob der natûre; beide ist diu natûre und gnâde sîn. Waz gât dich daz ane, wâ mite im vüeget ze würkenne oder waz er würke in dir oder in einem andern? Er sol würken, swie oder swâ oder in swelher wîse daz ez im vüeget.

Ein mensche hæte gerne geleitet einen brunnen in sînen garten und sprach: ›daz mir daz wazzer würde, des enahte ich zemâle niht, waz künnes diu rinne sî, dâ durch ez mir würde, weder îsenîn oder hülzîn oder beinîn oder rostic, sî, daz mir

der gemordet hätte und den man mit Recht zu rädern sich anschickte, könnten die in sich zur Einsicht finden: »Sieh, du willst dies leiden um der Gerechtigkeit willen, denn dir geschieht nur recht«, sie würden ohne weiteres selig. Fürwahr, wie ungerecht wir sein mögen, nehmen wir von Gott, was er uns täte oder nicht täte, als von ihm aus gerecht hin und leiden um der Gerechtigkeit willen, so sind wir selig. Darum klage nicht, klage vielmehr nur darüber, *daß* du noch klagst und kein Genügen findest; darüber allein magst du klagen, daß du ⟨noch⟩ zuviel hast. Denn wer rechten Sinnes wäre, der empfinge im Darben ebenso wie im Haben.

Nun sagst du: »Sieh doch, Gott wirkt so große Dinge in so vielen Menschen, und sie werden so mit göttlichem Sein überformt, und Gott ⟨ist es, der⟩ in ihnen wirkt, nicht aber sie.«

Dafür danke Gott in ihnen, und gibt er's *dir*, in Gottes Namen, so nimm's! Gibt er's dir nicht, so sollst du's willig entbehren; habe nur ihn im Sinn, und sei unbesorgt darum, ob Gott deine Werke wirke oder ob du sie wirkst; denn Gott *muß* sie wirken, wenn du nur ihn im Sinne hast, ob er ⟨nun⟩ wolle oder nicht.

Bekümmere dich auch darum nicht, welches Wesen oder welche Weise Gott jemandem gebe. Wäre ich so gut und heilig, daß man mich unter die Heiligen erheben müßte, so redeten die Leute und forschten wiederum, ob es sich um Gnade oder Natur handele, was darin stecke, und würden darüber beunruhigt. Darin tun sie unrecht. Laß Gott in dir wirken, ihm erkenne das Werk zu, und kümmere dich nicht darum, ob er mit der Natur oder übernatürlich wirke; beides ist sein: Natur wie Gnade. Was geht's dich an, womit zu wirken ihm füglich ist oder was er wirke in dir oder in einem andern? Er soll wirken, wie oder wo oder in welcher Weise es ihm paßt.

Ein Mann hätte gern einen Quell in seinen Garten geleitet und sprach: »Dafern mir nur das Wasser zuteil würde, so achtete ich gar nicht darauf, welcher Art die Rinne wäre, durch die es mir zuflösse, ob eisern, hölzern, knöchern oder

daz wazzer würde‹. Alsô ist den gar unreht, die sich dâ mite bewerrent, wâ durch got sîniu werk würke in dir, weder ez sî natûre oder gnâde. Dâ mite lâz in würken, und habe aleine vride.

Wan als vil bist dû in gote, als vil dû bist in vride, und als vil ûz gote, als vil dû bist ûz vride. Ist iht einez in gote, daz selbe hât vride. Als vil in gote, als vil in vride. Dar ane kenne, wie vil dû in gote bist und ob ez anders ist: ob dû vride oder unvride hâst; wan, wâ dû unvride hâst, in dem múoz dir von nôt unvride sîn, wan unvride kumet von der crêatûre und niht von gote. Ouch enist nihtes in gote, daz ze vürhtenne sî; allez, daz in gote ist, daz ist aleine ze minnenne. Alsô enist nihtes in im, daz ze trûrenne sî.

Der allen sînen willen hât und sînen wunsch, der hât vröude; daz enhât nieman, dan des wille und gotes wille alzemâle einez ist. Die einunge gebe uns got. Âmen.

rostig, wenn mir nur das Wasser zuteil würde«. So machen's die ganz verkehrt, die sich darum sorgen, wodurch Gott seine Werke in dir wirke, ob es Natur sei oder Gnade. Laß ihn dabei ⟨nur allein⟩ wirken, und habe du nur Frieden.

Denn so viel bist du in Gott, so viel du in Frieden bist, und so viel außer Gott, wie du außer Frieden bist. Ist etwas nur *in Gott*, so hat es Frieden. So viel in Gott, so viel in Frieden. Wieviel du in Gott bist, wie auch, ob dem nicht so sei, das erkenne daran: ob du Frieden oder Unfrieden hast. Denn wo du Unfrieden hast, darin *mußt* du notwendig Unfrieden haben, denn Unfriede kommt von der Kreatur und nicht von Gott. Auch ist nichts in Gott, das zu fürchten wäre; alles, was in Gott ist, das ist nur zu lieben. Ebenso ist nichts in ihm, über das zu trauern wäre.

Wer seinen vollen Willen hat und seinen Wunsch, der hat Freude. Das ⟨aber⟩ hat niemand, als wessen Wille mit Gottes Willen völlig eins ist. Diese Einung gebe uns Gott! Amen.

⟨TRAKTAT 3⟩

VON ABEGESCHEIDENHEIT

Ich hân der geschrift vil gelesen, beidiu von den heidenischen meistern und von den wîssagen und von der alten und niuwen ê, und hân mit ernste und mit ganzem vlîze gesuochet, welhiu diu hœhste und diu beste tugent sî, dâ mite der mensche sich ze gote allermeist und aller næhest gevüegen müge und mit der der mensche von gnâden werden müge, daz got ist von natûre, und dâ mite der mensche aller glîchest stande dem bilde, als er in gote was, in dem zwischen im und gote kein underscheit was, ê daz got die crêatûre geschuof. Und sô ich alle die geschrift durchgründe, als verre mîn vernunft erziugen und bekennen mac, sô envinde ich niht anders, wan daz lûteriu abegescheidenheit ob allen dingen sî, wan alle tugende hânt etwaz ûfsehennes ûf die crêatûre, sô stât abegescheidenheit ledic aller crêatûren. Dar umbe sprach unser herre ze Marthâ: ›unum est necessarium‹, daz ist als vil gesprochen: Marthâ, wer unbetrüebet und lûter welle sîn, der muoz haben einez, daz ist abegescheidenheit.

Die lêrære lobent die minne grœzlîche, als sant *Paulus* tuot, der sprichet: ›in waz üebunge ich mac gestân, enhân ich niht minne, sô enbin ich nihtes niht‹. Sô lobe ich abegescheidenheit vür alle minne. Von êrste dar umbe, wan daz beste, daz an der minne ist, daz ist, daz si mich twinget, daz ich got minne, sô twinget abegescheidenheit got, daz er mich minne. Nû ist vil edellîcher, daz ich twinge got ze mir, dan daz ich mich twinge ze gote. Und ist daz dâ von, wan got kan sich învüeclîcher vüegen ze mir und baz vereinigen mit mir, dan

TRAKTAT 3

VON ABGESCHIEDENHEIT

Ich habe viele Schriften gelesen sowohl der heidnischen Meister wie der Propheten, des Alten und des Neuen Testaments, und habe mit Ernst und mit ganzem Eifer danach gesucht, welches die höchste und die beste Tugend sei, mit der sich der Mensch am meisten und am allernächsten Gott verbinden und mit der der Mensch von Gnaden werden könne, was Gott von Natur ist, und durch die der Mensch in der größten Übereinstimmung mit dem Bilde stände, das er in Gott war, in dem zwischen ihm und Gott kein Unterschied war, ehe Gott die Kreaturen erschuf. Und wenn ich alle Schriften durchgründe, soweit meine Vernunft es zu leisten und soweit sie zu erkennen vermag, so finde ich nichts anderes, als daß lautere Abgeschiedenheit alles übertreffe, denn alle Tugenden haben irgendein Absehen auf die Kreatur, während Abgeschiedenheit losgelöst von allen Kreaturen ist. Darum sprach unser Herr zu Martha: ›Unum est necessarium‹ 〈Luk. 10,42〉, das besagt so viel wie: Martha, wer unbetrübt und lauter sein will, der muß Eines haben, das ist Abgeschiedenheit.

Die Lehrer loben die Liebe in hohem Maße, wie es Sankt Paulus tut, der sagt: ›Welches Tun auch immer ich betreiben mag, habe ich die Liebe nicht, so bin ich nichts‹ 〈vgl. 1 Kor. 13,1f.〉. Ich hingegen lobe die Abgeschiedenheit vor aller Liebe. Zum ersten deshalb, weil das Beste, das an der Liebe ist, dies ist, daß sie mich zwingt, daß ich Gott liebe, wohingegen die Abgeschiedenheit Gott zwingt, daß er mich liebe. Nun ist es um vieles vorzüglicher, daß ich Gott zu mir zwinge, als daß ich mich zu Gott zwinge. Und das liegt daran, weil Gott sich eindringlicher zu mir fügen und besser mit mir

ich mich künde vereinigen mit gote. Daz abegescheidenheit twinge got ze mir, daz bewære ich dâ mite: wan ein ieclich dinc ist gerne an sîner natiurlîchen eigen stat. Nû ist gotes natiurlîchiu eigen stat einicheit und lûterkeit, daz kumet von abegescheidenheit. Dâ von muoz got von nôt sich selber geben einem abegescheidenen herzen. Ze dem andern mâle lobe ich abegescheidenheit vür minne, wan minne twinget mich dar zuo, daz ich alliu dinc lîde durch got, sô bringet mich abegescheidenheit dar zuo, daz ich nihtes enpfenclich bin wan gotes. Nû ist vil edeler nihtes niht enpfenclich sîn wan gotes, dan alliu dinc lîden durch got, wan in dem lîdenne hât der mensche etwaz ûfsehennes ûf die crêatûre, von der der mensche daz lîden hât, sô stât abegescheidenheit genzlîche ledic aller crêatûre. Daz aber abegescheidenheit nihtes niht enpfenclich sî dan gotes, daz bewære ich dâ mite: wan swaz enpfangen werden sol, daz muoz eteswar în enpfangen werden. Nû ist abegescheidenheit dem nihte alsô nâhe, daz kein dinc sô kleinvüege enist, daz ez sich enthalten müge in abegescheidenheit dan got aleine. Der ist alsô einvaltic und alsô kleinvüege, daz er sich in dem abegescheidenen herzen wol enthalten mac. Dâ von ist abegescheidenheit nihtes enpfenclich dan gotes.

Die *meister* lobent ouch dêmüeticheit vür vil ander tugende. Aber ich lobe abegescheidenheit vür alle dêmüeticheit, und ist daz dar umbe, wan dêmüeticheit mac gestân âne abegescheidenheit, sô enmac volkomeniu abegescheidenheit niht gestân âne volkomene dêmüeticheit, wan volkomeniu dêmüeticheit gât ûf ein vernihten sîn selbes. Nû rüeret abegescheidenheit alsô nâhe dem nihte, daz zwischen volkomener abegescheidenheit und dem nihte kein dinc gesîn enmac. Dâ von enmac volkomeniu abegescheidenheit niht gesîn âne dêmüeticheit. Nû ist alle zît zwô tugende bezzer dan einiu. Diu ander sache ist, war umbe ich lobe abegescheidenheit vür dêmüeticheit, wan volkomeniu dêmüe-

vereinigen kann, als ich mich mit Gott vereinigen könnte. Daß Abgeschiedenheit ⟨aber⟩ Gott zu mir zwinge, das beweise ich damit, daß ein jeglich Ding gern an seiner naturgemäßen eigenen Stätte ist. Gottes naturgemäße eigene Stätte ist nun Einheit und Lauterkeit; das aber kommt von Abgeschiedenheit. Deshalb muß Gott notwendig sich selbst einem abgeschiedenen Herzen geben. Zum zweiten lobe ich die Abgeschiedenheit vor der Liebe, weil die Liebe mich dazu zwingt, daß ich alle Dinge um Gottes willen ertrage, während Abgeschiedenheit mich dazu bringt, daß ich für nichts empfänglich bin als für Gott. Nun ist es viel wertvoller, für nichts empfänglich zu sein denn für Gott, als alle Dinge zu ertragen um Gottes willen. Denn im Leiden hat der Mensch ⟨noch⟩ ein gewisses Hinsehen auf die Kreatur, von der dem Menschen das Leiden kommt, wohingegen Abgeschiedenheit gänzlich losgelöst ist von aller Kreatur. Daß aber Abgeschiedenheit für nichts empfänglich ist als für Gott, das beweise ich wie folgt: Was immer aufgenommen werden soll, das muß in etwas hinein aufgenommen werden. Nun ⟨aber⟩ ist die Abgeschiedenheit dem Nichts so nahe, daß nichts so fein ⟨subtil⟩ ist, daß es sich in der Abgeschiedenheit halten könnte, als Gott allein. ⟨Nur⟩ der ist so einfaltig und so feinfügig, daß er sich an dem abgeschiedenen Herzen wohl halten kann. Daher ist Abgeschiedenheit für nichts empfänglich als für Gott.

Die Meister loben auch die Demut vor vielen anderen Tugenden. Ich aber lobe die Abgeschiedenheit vor aller Demut, und zwar deshalb, weil Demut ohne Abgeschiedenheit, vollkommene Abgeschiedenheit aber nicht ohne vollkommene Demut bestehen kann, denn vollkommene Demut geht auf ein Vernichten des eigenen Selbst aus. Nun rührt ⟨aber⟩ Abgeschiedenheit so nahe an das Nichts, daß zwischen vollkommener Abgeschiedenheit und dem Nichts nichts sein kann. Daher kann vollkommene Abgeschiedenheit nicht ohne Demut sein. Nun sind allzeit zwei Tugenden besser als ⟨nur⟩ eine. Der zweite Grund, weshalb ich die Abgeschiedenheit vor der Demut lobe, ist der, daß vollkom-

ticheit ist sich selber neigende under alle crêatûre, und in dér neigunge sô gât der mensche ûz im selber ûf die crêatûre, sô blîbet abegescheidenheit in ir selber. Nû enmac kein ûzganc niemer sô edel werden, daz inneblîben ensî vil edeler in im selber. Dâ von sprach der wîssage *Dâvît*: ›omnis gloria eius filiae regis ab intus‹, daz ist gesprochen: ›des küniges tohter hât alle ir êre von ir inwendicheit‹. Volkomeniu abegescheidenheit enhât kein ûfsehen ûf keine neigunge under keine crêatûre noch über keine crêatûre; si enwil weder under noch obe sîn, si wil alsô stân von ir selber, niemanne ze liebe noch ze leide, und enwil weder glîcheit noch unglîcheit mit keiner crêatûre haben noch diz noch daz: si enwil niht anders wan sîn. Daz si aber welle diz oder daz sîn, des enwil si niht. Wan swer wil diz oder daz sîn, der wil etwaz sîn, sô enwil abegescheidenheit nihtes niht sîn. Dâ von stânt alliu dinc von ir unbeswæret. Nû möhte ein mensche sprechen: nû wâren doch alle tugende volkomenlîche in unser vrouwen, und alsô muoste ouch volkomeniu abegescheidenheit in ir sîn. Ist nû abegescheidenheit hœher dan dêmüeticheit, war umbe ruomte sich danne unser vrouwe ir dêmüeticheit und niht ir abegescheidenheit, dô si sprach: ›quia respexit dominus humilitatem ancillae suae‹, daz ist: ›er sach ane die dêmüeticheit sîner diernen‹, – war umbe ensprach si niht: er sach ane die abegescheidenheit sîner diernen? Des antwürte ich alsô und spriche, daz in gote ist abegescheidenheit und dêmüeticheit, als verre wir tugende von gote gesprechen mügen. Nû solt dû wizzen, daz diu minnebære dêmüeticheit got dâ zuo brâhte, daz er sich neigete in menschlîche natûre, und stuont abegescheidenheit unbewegelich in ir selber, dô er mensche wart, als si tete, dô er himelrîche und ertrîche beschuof, als ich dir her nâch sagen wil. Und wan unser herre, dô er mensche werden wolte, unbewegelich stuont an sîner abegescheidenheit, dô weste unser vrouwe wol, daz er des selben ouch von ir begerte und daz er in der sache anesach ir

mene Demut sich selbst unter alle Kreaturen neigt, und in dieser Neigung geht der Mensch aus sich selbst heraus auf die Kreaturen ⟨hin⟩, wohingegen die Abgeschiedenheit in sich selbst bleibt. Nun kann kein Ausgehen je so edel werden, daß nicht das Innebleiben in sich selbst viel edler sei. Deshalb sprach der Prophet David: ›Omnis gloria eius filiae regis ab intus‹, das heißt: ›Des Königs Tochter hat alle ihre Ehre von innen‹ ⟨Ps. 44,14⟩ Vollkommene Abgeschiedenheit hat kein Absehen auf irgendwelche Neigung unter irgendeine Kreatur noch über irgendeine Kreatur; sie will weder drunter noch drüber sein, sie will aus sich selbst dastehen, niemand zu Liebe noch zu Leide, und will weder Gleichheit noch Ungleichheit mit irgendeiner Kreatur haben noch dies und das: sie will nichts anderes als sein. Daß sie aber dies oder das sein möchte, das will sie nicht; denn wer dies oder das sein will, der will etwas sein, Abgeschiedenheit hingegen will nichts sein. Daher bleiben alle Dinge von ihr unbeschwert.

Nun könnte jemand sagen: Es waren aber doch alle Tugenden auf vollkommene Weise in Unserer Frau, und also mußte auch vollkommene Abgeschiedenheit in ihr sein. Ist nun ⟨aber⟩ Abgeschiedenheit höher als Demut, weshalb rühmte sich dann Unsere Frau ihrer Demut und nicht ihrer Abgeschiedenheit, als sie sprach: ›Quia respexit dominus humilitatem ancillae suae‹, das heißt: ›Er sah an die Demut seiner Magd‹ ⟨Luk. 1,48⟩, – warum also sprach sie nicht: »Er sah an die Abgeschiedenheit seiner Magd«? Darauf antworte ich wie folgt und sage, daß in Gott Abgeschiedenheit *und* Demut sind, sofern wir von Gott Tugenden aussagen können. Nun sollst du wissen, daß die liebeträchtige Demut Gott dazu brachte, daß er sich in menschliche Natur herabneigte, während ⟨seine⟩ Abgeschiedenheit unbeweglich in sich selbst verharrte, als er Mensch ward, wie sie es tat, als er Himmel und Erde erschuf, wie ich dir hernach ⟨noch⟩ darlegen will. Und weil unser Herr, als er Mensch werden sollte, unbeweglich in seiner Abgeschiedenheit verharrte, wußte Unsere Frau sehr wohl, daß er dasselbe auch von ihr begehrte und daß er in dieser Sache auf ihre Demut und nicht

dêmüeticheit und niht ir abegescheidenheit. Dâ von stuont si unbewegelich in ir abegescheidenheit und ruomte sich ir dêmüeticheit und niht ir abegescheidenheit. Und hæte si niuwan gedâht mit einem worte ir abegescheidenheit, daz si gesprochen hæte: er sach ane mîne abegescheidenheit, dâ mite wære diu abegescheidenheit betrüebet worden und wære niht ganz noch volkomen gewesen, wan dâ wære ein ûzganc geschehen. Sô enmac kein ûzganc sô kleine gesîn, in dem diu abegescheidenheit müge âne mâsen blîben. Und alsô hâst dû die sache, war umbe sich unser vrouwe ruomte ir dêmüeticheit und niht ir abegescheidenheit. Dâ von sprach der *wîssage*: ›audiam, quid loquatur in me dominus deus‹, daz ist gesprochen: ›ich wil‹ swîgen und wil ›hœren, waz mîn got und mîn herre in mich rede‹, als ob er spræche: wil got ze mir reden, sô kome her in mich, ich enwil niht hin ûz.

Ich lobe ouch abegescheidenheit vür alle barmherzicheit, wan barmherzicheit enist niht anders, wan daz der mensche ûz im selber gât ûf sînes ebenmenschen gebresten und dâ von sîn herze betrüebet wirt. Des stât abegescheidenheit ledic und blîbet in ir selber und lât sich kein dinc betrüeben; wan alle die wîle dehein dinc den menschen mac betrüeben, sô enist dem menschen niht reht. Kürzlîchen geredet: wenne ich alle tugende anesihe, sô envinde ich keine sô gar âne gebresten und ze gote zuovüegic, als abegescheidenheit ist.

Ein meister heizet *Avicenna*, der sprichet: des geistes, der abegescheiden stât, des adel ist alsô grôz, swaz er schouwet, daz ist wâr, und swes er begert, des ist er gewert, und swaz er gebiutet, des muoz man im gehôrsam sîn. Und solt daz wizzen vür wâr: swenne der vrîe geist stât in rehter abegescheidenheit, sô twinget er got ze sînem wesene; und möhte er gestân formelôsiclich und âne alle zuovelle, sô næme er gotes eigenschaft an sich. Daz enmac aber got niemanne geben dan im selber; dâ von enmac got niht mêr getuon dem abegescheidenen geiste, wan daz er sich selben im gibet. Und der mensche, der alsô stât in ganzer abegescheidenheit, der

auf ihre Abgeschiedenheit sah. Daher stand sie unbeweglich in ihrer Abgeschiedenheit und rühmte sich ihrer Demut und nicht ihrer Abgeschiedenheit. Und hätte sie auch nur mit einem Wort ihrer Abgeschiedenheit gedacht, so daß sie gesagt hätte: »Er sah an meine Abgeschiedenheit«, so wäre damit die Abgeschiedenheit getrübt worden und nicht ⟨mehr⟩ vollständig noch vollkommen gewesen, weil dabei ein Aus-sich-Heraustreten geschehen wäre. Kein Herausgehen aber kann so geringfügig sein, daß die Abgeschiedenheit dabei ohne Makel bleiben könnte. Und damit hast du den Grund, warum Unsere Frau sich ihrer Demut rühmte und nicht ihrer Abgeschiedenheit. Daher sprach der Prophet: ›Audiam quid loquatur in me dominus deus‹ ⟨Ps. 84,9⟩, das heißt: ›Ich‹ will schweigen und ›will hören, was mein Gott und mein Herr in mich rede‹, als ob er habe sagen wollen: »Will Gott zu mir reden, so komme er herein in mich, ich will nicht hinaus«.

Ich lobe die Abgeschiedenheit auch vor aller Barmherzigkeit, denn Barmherzigkeit ist nichts anderes, als daß der Mensch aus sich selbst herausgeht hin zu den Gebrechen seines Mitmenschen und dadurch sein Herz betrübt wird. Davon bleibt die Abgeschiedenheit frei und verharrt in sich selbst und läßt sich von nichts betrüben; denn solange irgend etwas den Menschen betrüben kann, steht es nicht recht um ihn. Kurz gesagt: Wenn ich alle Tugenden ansehe, so finde ich keine so ohne Makel und so Gott verbindend, wie es die Abgeschiedenheit ist.

Ein Meister heißt Avicenna, der spricht: Der Geist, der abgeschieden ist, dessen Adel ist so groß, daß, was immer er schaut, wahr ist und, was immer er begehrt, ihm gewährt ist und man in allem, was er gebietet, ihm gehorsam sein muß. Und das sollst du für wahr wissen: Wann immer der freie Geist in rechter Abgeschiedenheit steht, so zwingt er Gott zu seinem Sein; und könnte er ohne jede Form und ohne alle Akzidentien dastehen, so nähme er Gottes eigenes Sein an. Das aber kann Gott niemand geben als sich selbst; daher kann Gott dem abgeschiedenen Geist nicht mehr tun, als daß er ihm sich selbst gibt. Und der Mensch, der so in voller

wirt alsô gezücket in die êwicheit, daz in kein zergenclich dinc bewegen enmac, daz er nihtes niht enpfindet, daz lîplich ist, und heizet der werlte tôt, wan im smacket niht, daz irdisch ist. Daz meinet sant *Paulus*, dô er sprach: ›ich lebe und lebe doch niht; Kristus lebet in mir‹.

Nû maht dû vrâgen, waz abegescheidenheit sî, wan si als gar edel an ir selber ist? Hie solt dû wizzen, daz rehtiu abegescheidenheit niht anders enist, wan daz der geist alsô unbewegelich stande gegen allen zuovellen liebes und leides, êren, schanden und lasters als ein blîgîn berc unbewegelich ist gegen einem kleinen winde. Disiu unbewegelîchiu abegescheidenheit bringet den menschen in die grœste glîcheit mit gote. Wan daz got ist got, daz hât er von sîner unbewegelîchen abegescheidenheit, und von der abegescheidenheit hât er sîne lûterkeit und sîne einvalticheit und sîne unwandelbærkeit. Und dâ von, sol der mensche gote glîch werden, als verre als ein crêatûre glîcheit mit gote gehaben mac, daz muoz geschehen mit abegescheidenheit. Diu ziuhet danne den menschen in lûterkeit und von der lûterkeit in einvalticheit und von der einvalticheit in unwandelbærkeit, und diu dinc bringent eine glîcheit zwischen gote und dem menschen; und diu glîcheit muoz beschehen in gnâden, wan diu gnâde ziuhet den menschen von allen zîtlîchen dingen und liutert in von allen zergenclîchen dingen. Und dû solt wizzen: lære sîn aller crêatûre ist gotes vol sîn, und vol sîn aller crêatûre ist gotes lære sîn.

Nû solt dû wizzen, daz got in dirre unbewegelîchen abegescheidenheit ist êwelten gestanden und noch stât, und solt wizzen: dô got himelrîche und ertrîche beschuof und alle crêatûre, daz gienc sîne unbewegelîche abegescheidenheit als wênic ane, als ob nie crêatûre geschaffen wære. Ich spriche ouch mêr: allez daz gebet und guotiu werk, diu der mensche in der zît mac gewürken, daz gotes abegescheidenheit alsô wênic dâ von beweget wirt, als ob niendert gebet noch guotez werk in der zît beschæhe, und enwirt got niemer deste

Abgeschiedenheit steht, der wird so in die Ewigkeit entrückt, daß ihn nichts Vergängliches ⟨mehr⟩ bewegen kann, daß er nichts ⟨mehr⟩ empfindet, was leiblich ist, und er heißt tot für die Welt, denn ihm schmeckt nichts, das irdisch ist. Das meinte Sankt Paulus, da er sprach: ›Ich lebe und lebe doch nicht; Christus lebt in mir‹ ⟨Gal. 2,20⟩.

Nun magst du fragen, was Abgeschiedenheit sei, da sie so gar edel ist in sich selbst? Hierzu sollst du wissen, daß rechte Abgeschiedenheit nichts anderes ist, als daß der Geist so unbeweglich stehe gegenüber allem anfallenden Lieb und Leid, Ehren, Schanden und Schmähung, wie ein bleierner Berg unbeweglich ist gegenüber einem schwachen Winde. Diese unbewegliche Abgeschiedenheit bringt den Menschen in die größte Gleichheit mit Gott. Denn daß Gott Gott ist, das hat er von seiner unbeweglichen Abgeschiedenheit, und von der Abgeschiedenheit hat er seine Lauterkeit und seine Einfaltigkeit und seine Unwandelbarkeit. Und daher, soll der Mensch Gott gleich werden, soweit eine Kreatur Gleichheit mit Gott haben kann, so muß das geschehen durch Abgeschiedenheit. Die zieht dann den Menschen in Lauterkeit und von der Lauterkeit in Einfaltigkeit und von der Einfaltigkeit in Unwandelbarkeit, und die bringen eine Gleichheit zwischen Gott und dem Menschen hervor; diese Gleichheit aber muß in Gnade erstehen, denn die Gnade zieht den Menschen von allen zeitlichen Dingen weg und läutert ihn von allen vergänglichen Dingen. Und du sollst wissen: Leer sein aller Kreatur ist Gottes voll sein, und voll sein aller Kreatur ist Gottes leer sein.

Nun sollst du wissen, daß Gott in dieser unbeweglichen Abgeschiedenheit von Ewigkeit her gestanden hat und noch steht, und sollst wissen, daß, als Gott Himmel und Erde erschuf, das seine unbewegliche Abgeschiedenheit so wenig anging, als ob nie eine Kreatur geschaffen worden wäre. Ich sage auch weiterhin: Alle Gebete und guten Werke, die der Mensch im Zeitlichen verrichten kann, davon wird Gottes Abgeschiedenheit so wenig bewegt, als ob niemals ein Gebet oder gutes Werk in der Zeit verrichtet würde, und Gott wird

milter noch deste geneigeter gegen dem menschen, dan ob er daz gebet oder diu guoten werk niemer gewürhte. Ich spriche ouch mêr: dô der sun in der gotheit mensche werden wolte und wart und die marter leit, daz gienc die unbewegelîche abegescheidenheit gotes alsô wênic ane, als ob er nie mensche worden wære. Nû möhtest dû sprechen: sô hœre ich wol, allez gebet und alliu guotiu werk sint verlorn, wan sich got ir niht anenimet, daz in ieman dâ mite bewegen müge, und sprichet man doch: got wil umbe alliu dinc gebeten werden. Hie solt dû mich wol merken und rehte verstân, ob dû maht, daz got in sînem êrsten êwigen anblicke – ob wir einen êrsten anblik dâ nemen solten –, alliu dinc anesach, als sie beschehen solten, und sach in dem selben anblicke, wanne und wie er die crêatûre schepfen wolte und wanne der sun mensche werden wolte und lîden solte; er sach ouch daz minste gebet und guote werk, daz ieman solte tuon, und sach ane, welhez gebet und andâht er erhœren wolte oder solte; er sach, daz dû in morgen wilt mit ernste aneruofen und biten, und daz aneruofen und gebet enwil got niht morgen erhœren, wan er hât ez erhœret in sîner êwicheit, ê dû ie mensche würde. Enist aber dîn gebet niht endelich und âne ernst, sô enwil dir got niht nû versagen, wan er hât dir in sîner êwicheit versaget. Und alsô hât got in sînem êrsten êwigen anblicke alliu dinc anegesehen, und got würket nihtes niht von niuwem, wan ez ist allez ein vorgewürket dinc. Und alsô stât got alle zît in sîner unbewegelîchen abegescheidenheit, und enist doch dar umbe der liute gebet und guotiu werk niht verlorn; wan der wol tuot, dem wirt ouch wol gelônet, der übel tuot, dem wirt ouch dar nâch gelônet. Disen sin redet sant *Augustînus* in dem fünften buoche von der drîvalticheit in dem jüngesten capitel und sprichet alsô: »Deus autem« etc., daz ist als vil gesprochen: »nû enwelle got, daz ieman spreche, daz got ieman zîtlîche minne, wan bî im enist nihtes niht verloufen und ouch nihtes niht künftic und hât alle heiligen geminnet, ê diu werlt ie wart geschaffen, als er sie

deshalb nimmer gnädiger noch geneigter gegenüber dem Menschen, als wenn er das Gebet oder die guten Werke niemals verrichtete. Ich sage zudem weiter: Als der Sohn in der Gottheit Mensch werden wollte und ward und die Marter erlitt, ging das die unbewegliche Abgeschiedenheit Gottes so wenig an, wie wenn er nie Mensch geworden wäre. Nun könntest du sagen: So höre ich wohl, daß alles Gebet und alle guten Werke verloren sind, weil sich Gott ihrer nicht ⟨so⟩ annimmt, daß ihn jemand dadurch bewegen könnte, und doch sagt man: Gott will um alles gebeten werden. Hier sollst du mich wohl anhören und recht verstehen, wenn du kannst, daß Gott in seinem ersten ewigen Anblick – wenn wir einen ersten Anblick da annehmen sollten – alle Dinge ansah, so wie sie geschehen würden, und ⟨er⟩ sah in diesem selben Anblick, wann und wie er die Kreaturen erschaffen und wann der Sohn Mensch werden wollte und leiden sollte. Er sah auch das geringste Gebet und gute Werk, das jemand verrichten würde, und sah an, welches Gebet und ⟨welche⟩ andächtige Hingabe er erhören wollte oder sollte; er sah, daß du ihn morgen mit Ernst anrufen und bitten willst, und dieses Anrufen und Gebet wird Gott nicht ⟨erst⟩ morgen erhören, denn er hat es ⟨bereits⟩ in seiner Ewigkeit erhört, ehe du je Mensch wurdest. Ist aber dein Gebet nicht eindringlich und ohne Ernst, so wird dich Gott nicht ⟨erst⟩ jetzt abweisen, denn er hat dich ⟨ja schon⟩ in seiner Ewigkeit abgewiesen. Und so denn hat Gott in seinem ersten ewigen Anblick alles angesehen, und Gott wirkt nichts neu, denn alles ist vorausgewirkt. Und so steht Gott allzeit in seiner unbeweglichen Abgeschiedenheit, und doch sind darum der Leute Gebet und gute Werke nicht verloren; denn wer wohl tut, dem wird auch wohl gelohnt, wer übel tut, dem wird auch darnach gelohnt. Diesen Gedanken äußert auch Sankt Augustinus im fünften Buch ›Von der Dreifaltigkeit‹ im letzten Kapitel und sagt: »Deus autem« etc., das will besagen: »Behüte Gott, daß jemand spreche, Gott liebe jemand auf zeitliche Weise, denn bei ihm ist nichts vergangen und auch nichts zukünftig, und er hat alle Heiligen geliebt, ehe die

versehen hât. Und swenne ez kumet in die zît, daz er öuget in der zît, daz er in der êwicheit hât anegesehen, sô wænent die liute, got habe eine niuwe minne an sie geleget; und alsô, sô er zürnet oder etwaz guotes tuot, sô werden wir gewandelt und blîbet er unwandelbære, als der sunnen schîn tuot den siechen ougen wê und den gesunden wol, und blîbet doch der sunnen schîn unwandelbære an im selber«. Den selben sin rüeret *Augustînus* in dem zwelften buoche von der drîvalticheit in dem vierden capitel und sprichet alsô: »Nam deus non ad tempus videt, nec aliquid fit novi in eius visione«, »got ensihet niht nâch zîtlîcher wîse und enstât ouch kein niuwe gesiht in im ûf«. Ûf disen sin redet ouch *Isidôrus* in dem buoche von dem obersten guote und sprichet alsô: »ez vrâgent vil liute: waz tete got, ê daz er himelrîche und ertrîche beschuof, oder wannen kam der niuwe wille in got, daz er die crêatûre beschuof?« und antwürtet alsô: »kein niuwer wille gestuont nie ûf in gote, wan swie daz sî, daz diu crêatûre niht enwas in ir selber«, als si nû ist, »dâ was si doch êwelten in gote und in sîner vernunft«. Got geschuof niht himelrîche und ertrîche, als wir zergenclîche sprechen: ›daz werde!‹, wan alle crêatûre sint in dem êwigen worte gesprochen. Dar zuo mügen wir ouch nemen, als unser herre sprach ze Moyses, dô Moyses sprach ze unserm herren: ›herre, ob Pharâô ze mir sprichet, wer dû sîst, wie sol ich im antwürten?‹, dô sprach unser herre: ›sô sprich: der dâ ist, der hât mich gesant‹. Daz ist alsô vil gesprochen: der dâ unwandelbære ist an im selber, der hât mich gesant.

Nû möhte ein mensche sprechen: hâte Kristus ouch unbewegelîche abegescheidenheit, dô er sprach: ›mîn sêle ist betrüebet biz in den tôt‹ und Marîâ, dô si stuont under dem kriuze, und saget man doch vil von ir klage, – wie mac diz allez bestân mit unbewegelîcher abegescheidenheit? Hie solt dû wizzen, daz die *meister* sprechent, daz an einem ieglîchen

Welt geschaffen ward, so wie er sie vorhergesehen hat. Und wenn die Zeit kommt, daß er in der Zeit sichtbar macht, was er 〈schon〉 in der Ewigkeit geschaut hat, so wähnen die Leute, Gott habe ihnen eine neue Liebe zugewendet; so also, wenn er zürnt oder etwas Gutes tut, so werden wir gewandelt, während er unwandelbar bleibt, so wie der Sonnenschein den siechen Augen weh tut und den gesunden wohl, und doch bleibt 〈dabei〉 der Sonnenschein in sich selbst unwandelbar.« Denselben Gedanken berührt Augustinus auch im zwölften Buch ›Von der Dreifaltigkeit‹ im vierten Kapitel und sagt: »Nam deus non ad tempus videt, nec aliquid fit novi in eius visione« – »Gott sieht nicht auf zeitliche Weise, und es ersteht auch in ihm kein neues Sehen.« Zu diesem Gedanken äußert sich auch Isidorus in dem Buch »Vom höchsten Gute« und sagt wie folgt: »Es fragen viele Leute: Was tat Gott, ehe er Himmel und Erde erschuf, oder woher kam der neue Wille in Gott, daß er die Kreaturen erschuf?«, und er antwortet so: »Kein neuer Wille erstand jemals in Gott, denn obwohl es so ist, daß die Kreatur 〈als solche〉 in sich selbst 〈noch〉 nicht bestand«, wie sie es jetzt tut, »so war sie doch von Ewigkeit her in Gott und in seiner Vernunft.« Gott erschuf nicht Himmel und Erde, so wie wenn wir im Zeitablauf sagen: »Dies 〈oder das〉 werde!«, denn alle Kreaturen sind 〈schon〉 im ewigen Worte 〈mit〉 ausgesprochen. Dazu können wir auch heranziehen, was unser Herr zu Moses sprach, als Moses unsern Herrn fragte: ›Herr, wenn Pharao mich darauf anspricht, wer du seist, wie soll ich ihm antworten?‹, da sprach unser Herr: ›So sprich: Der da ist, der hat mich gesandt‹ 〈Exod. 3,13f.〉. Das heißt so viel wie: Der da unwandelbar ist an sich selber, der hat mich gesandt.

Nun könnte einer sagen: Hatte Christus auch unbewegliche Abgeschiedenheit, als er sprach: ›Meine Seele ist betrübt bis in den Tod‹ 〈Matth. 26,38; Mark. 14,34〉, und Maria, als sie unter dem Kreuze stand, wo man doch viel von ihrer Klage berichtet, – wie kann dies alles bestehen mit unbeweglicher Abgeschiedenheit? Hier sollst du wissen, daß die

menschen zweierhande menschen sint: der eine heizet der ûzer mensche, daz ist diu sinnelicheit; dém menschen dienent die fünf sinne und würket doch der ûzer mensche von kraft der sêle. Der ander mensche heizet der inner mensche, daz ist des menschen innerkeit. Nû solt dû wizzen, daz ein geistlîcher mensche, der got minnet, gebrûchet der sêle krefte in dem ûzern menschen niht vürbaz, wan als die fünf sinne ze nôt bedürfen; und diu inwendicheit enkêret sich niht ze den fünf sinnen, wan als verre als si ein wîser und ein leiter ist der fünf sinne und ir hüetet, daz sie niht gebrûchent irs gegenwurfes nâch vihelicheit, als etlîche liute tuont, die lebent nâch ir lîplîcher wollust, als diu vihe tuont, diu âne vernunft sint; und solhe liute heizent eigenlîcher vihe dan liute. Und swaz diu sêle krefte hât über daz si den fünf sinnen gibet, die krefte gibet diu sêle alle dem innern menschen, und sô dér mensche etwaz hôhes edeles gegenwurfes hât, sô ziuhet si an sich alle die krefte, die si den fünf sinnen gelihen hât, und heizet der mensche sinnelôs und verzücket, wan sîn gegenwurf ist ein vernünftic bilde oder etwaz vernünftiges âne bilde. Doch wizze, daz got von einem ieclîchen geistlîchen menschen muotet, daz er in minne mit allen kreften der sêle. Dâ von sprach er: ›minne dînen got von ganzem herzen‹. Nû sint etlîche liute, die verzernt der sêle krefte alzemâle in dem ûzern menschen. Daz sint die liute, die alle ir sinne und vernunft kêrent ûf zergenclich guot, die enwizzen nihtes niht von dem innern menschen. Nû solt dû wizzen, daz der ûzer mensche mac in üebunge sîn, daz doch der inner mensche des genzlîche ledic stât und unbewegelich. Nû was in Kristô ouch ein ûzwendiger mensche und ein inwendiger mensche, und ouch in unser vrouwen; und swaz Kristus und unser vrouwe ie geredeten von ûzern sachen, daz tâten sie nâch dem ûzern menschen, und stuont der inner mensche in einer

Meister sagen, daß in einem jeglichen Menschen zweierlei Menschen vorhanden sind: der eine heißt der äußere Mensch, das ist die Sinnlichkeit; diesem Menschen dienen die fünf Sinne, und doch *wirkt* der äußere Mensch kraft der Seele. Der andere Mensch heißt der innere Mensch, das ist des Menschen Innerlichkeit. Nun sollst du wissen, daß ein geistiger Mensch, der Gott liebt, die Kräfte der Seele im äußeren Menschen nicht mehr in Anspruch nimmt, als die fünf Sinne notwendig bedürfen; und das Innere kehrt sich den fünf Sinnen nur soweit zu, wie es ein Führer und ein Leiter der fünf Sinne ist und sie behütet, damit sie sich nicht wie die Tiere ihrem Sinnesgegenstand hingeben, wie etliche Leute es tun, die nach ihrer leiblichen Wollust leben, wie's die Tiere tun, die ohne Vernunft sind; und solche Leute heißen eigentlicher Vieh als Menschen! Und was die Seele über das hinaus, was sie den fünf Sinnen zuwendet, an Kräften besitzt, diese Kräfte gibt die Seele alle dem inneren Menschen. Und wenn dieser Mensch sich etwas Hohem und Edlem zuwendet, dann zieht die Seele alle die Kräfte an sich, die sie den fünf Sinnen geliehen hat, und dieser Mensch gilt ⟨dann⟩ als von Sinnen und verzückt; denn sein Vorwurf ist eine erkenntnismäßige Bildvorstellung oder etwas bildlos Erkenntnismäßiges. Doch wisse, daß Gott von einem jeden geistigen Menschen erwartet, daß er ihn mit *allen* Kräften der Seele *liebe*. Deshalb sprach er: ›Liebe deinen Gott aus ganzem Herzen!‹ ⟨Mark. 12,30; Luk. 10,27⟩. Nun gibt es etliche Menschen, die verbrauchen die Kräfte der Seele ganz und gar im äußeren Menschen. Das sind jene Leute, die alle ihre Sinne und ihre Vernunft vergänglichem Gut zukehren; die wissen nichts von dem inneren Menschen. Nun sollst du wissen, daß der äußere Mensch sich in Betätigung befinden kann und doch der innere Mensch davon gänzlich frei und unbewegt bleibt. Nun war in Christus auch ein äußerer und ein innerer Mensch und ebenso in Unserer Frau; und was Christus und Unsere Frau je über äußere Angelegenheiten redeten, das taten sie nach ihrem äußeren Menschen, und ⟨dabei⟩ stand der innere Mensch in einer unbeweglichen

unbewegelîchen abegescheidenheit. Und alsô redete Kristus, dô er sprach: ›mîn sêle ist betrüebet biz in den tôt‹, und swaz unser vrouwe klagete, und ander rede, die si tete, sô stuont doch alzît ir inwendicheit in einer unbewegelîchen abegescheidenheit. Und nim des ein ebenbilde: ein tür gât in einem angel ûf und zuo. Nû glîche ich daz ûzer bret an der tür dem ûzern menschen, sô glîche ich den angel dem innern menschen. Sô nû diu tür ûf und zuo gât, sô wandelt sich daz ûzer bret hin und her, und blîbet doch der angel an einer stat unbewegelich und enwirt dar umbe niemer verwandelt. Ze glîcher wîse ist ez ouch hie, ob dû im kanst rehte tuon.

Nû vrâge ich hie, waz der lûtern abegescheidenheit gegenwurf si? Dar zuo antwürte ich alsô und spriche, daz weder diz noch daz ist der lûtern abegescheidenheit gegenwurf. Si stât ûf einem blôzen nihte, und sage dir, war umbe daz ist: diu lûteriu abegescheidenheit stât ûf dem hœhsten. Nû stât der ûf dem hœhsten, in dem got nâch allem sînem willen gewürken mac. Nû enmac got niht in allen herzen gewürken nâch allem sînem willen, wan swie daz sî, daz got almehtic ist, sô enmac er doch niht gewürken, wan als er bereitschaft vindet oder machet. Und spriche ich dar umbe ›oder machet‹ von sant Paulus wegen, wan dâ envant er niht bereitschaft, aber er bereite in mit dem îngiezenne der gnâden. Dâ von spriche ich: got würket dar nâch, als er bereitschaft vindet. Sîn würken ist anders in dem menschen dan in dem steine. Des vinden wir ein glîchnisse in der natûre: sô man einen bakoven heizet und dar în leget einen teic von habern und einen von gersten und einen von roggen und einen von weizen, nû enist niht dan éin hitze in dem ovene und enwürket doch niht glîch in den teigen, wan der ein wirt schœne brôt, der ander wirt rûcher, der dritte noch rûcher. Und daz enist niht der hitze schult, ez ist der materien schult, diu dâ unglîch ist. Ze glîcher wîse sô enwürket got niht glîch in allen herzen; er würket dar nâch, als er bereitschaft und enpfenclicheit vindet. In welhem herzen ist nû diz oder daz, in dem ›diz oder daz‹ mac etwaz sîn, daz got ûf daz hœhste

Abgeschiedenheit. Und so auch redete Christus, als er sprach: ›Meine Seele ist betrübt bis in den Tod‹ ⟨Matth. 26,38; Mark. 14,34⟩; und bei allem, was immer Unsere Frau klagte und sonstwie redete, stand doch ihr Inneres allzeit in einer unbeweglichen Abgeschiedenheit. Und dazu nimm einen Vergleich: Eine Tür geht in einer Angel auf und zu. Nun vergleiche ich das äußere Brett der Tür dem äußeren Menschen, die Angel aber setze ich dem inneren Menschen gleich. Wenn nun die Tür auf- und zugeht, so bewegt sich das äußere Brett hin und her, und doch bleibt die Angel unbeweglich an ihrer Stelle und wird deshalb niemals verändert. Ebenso ist es auch hier, wenn du's recht verstehst.

Hier frage ich nun, was der lauteren Abgeschiedenheit Gegenstand sei. Darauf antworte ich wie folgt und sage, daß weder dies noch das der lauteren Abgeschiedenheit Gegenstand ist. Sie steht auf einem reinen Nichts, und ich sage dir, warum das so ist: Die lautere Abgeschiedenheit steht auf dem Höchsten. Nun aber steht der auf dem Höchsten, in dem Gott nach seinem ganzen Willen wirken kann. Nun kann Gott nicht in *allen* Herzen nach seinem ganzen Willen wirken, denn obgleich Gott allmächtig ist, so kann er doch nur soweit wirken, wie er Bereitschaft findet oder schafft. Und ich sage »oder schafft« Sankt Paulus' wegen, denn bei ihm fand er keine Bereitschaft, doch bereitete er ihn durch das Eingießen der Gnade. Deshalb sage ich: Gott wirkt danach, wie er Bereitschaft findet. Sein Wirken ist anders im Menschen als im Steine. Dafür finden wir ein Gleichnis in der Natur: Wenn man einen Backofen heizt und darein einen Teig von Hafer und einen von Gerste und einen von Roggen und einen von Weizen legt, so ist da nun nur eine Hitze in dem Ofen, und doch wirkt sie nicht gleich in den Teigen; denn der eine wird zu schönem Brot, der andere wird gröber, der dritte noch gröber. Und das ist nicht der Hitze Schuld, es ist die Schuld der Materie, die da ungleich ist. Ebenso wirkt Gott nicht gleich in allen Herzen; er wirkt danach, wie er Bereitschaft und Empfänglichkeit findet. In welchem Herzen nun dies oder das ist, da kann in dem »dies oder das« etwas sein,

niht gewürken enmac. Dâ von, sol daz herze bereitschaft haben ûf daz aller hœhste, sô muoz ez stân ûf einem blôzen nihte, und dar inne ist ouch diu grœste mügelicheit, diu gesîn mac. Wan nû daz abegescheiden herze stât ûf dem hœhsten, daz muoz sîn ûf dem nihte, wan dâ ist diu grœste enpfenclicheit inne. Des nim ein glîchnisse in der natûre. Wil ich schrîben an eine wehsîn taveln, sô enmac kein dinc sô edel gesîn, daz an der taveln geschriben stât, ez enirre mich, daz ich niht dar ane geschrîben enmac; und wil ich wol schrîben, sô muoz ich allez daz tilgen und tœten, daz an der taveln stât, und vüeget mir diu tavel niemer als wol ze schrîbenne, als sô nihtes niht an der taveln stât. Ze glîcher wîse: sol got in mîn herze schrîben ûf daz aller hœhste, sô muoz ûz dem herzen komen allez, daz diz und daz geheizen mac, und alsô stât daz abegescheiden herze. Dâ von sô mac got dâ gewürken ûf daz aller hœhste und nâch sînem obersten willen. Dâ von ist des abegescheidenen herzen gegenwurf weder diz noch daz.

Nû vrâge ich aber: waz ist des abegescheidenen herzen gebet? Des antwürte ich alsô und spriche, daz abegescheideniu lûterkeit enkan niht beten, wan swer betet, der begert etwaz von gote, daz im werde, oder begert aber, daz im got etwaz abeneme. Nû enbegert daz abegescheiden herze nihtes niht, ez enhât ouch nihtes niht, des ez gerne ledic wære. Dar umbe sô stât ez ledic alles gebetes und enist sîn gebet niht anders dan einförmic sîn mit gote. Dar ûf stât allez sîn gebet. Von disem sinne mügen wir nemen daz wort, daz sant Dionysius sprichet über daz wort sant *Pauls*, dâ er sprichet: ›ir sint vil, die alle loufent nâch der krône und enwirt doch niht dan einem‹ – alle krefte der sêle loufent nâch der krône und enwirt doch aleine dem wesene – hie sprichet *Dionysius*: der louf enist niht anders dan ein abekêren von allen crêatûren und sich vereinigen in die ungeschaffenheit. Und sô diu sêle dâ zuo kumet, sô verliuset si irn namen und ziuhet sie got

wodurch Gott nicht auf das höchste zu wirken vermag. Soll daher das Herz Bereitschaft haben zum Allerhöchsten, so muß es auf einem reinen Nichts stehen, und darin liegt auch die größte Möglichkeit, die sein kann. Da nun das abgeschiedene Herz auf dem Höchsten steht, so muß dies auf dem Nichts ⟨der Fall⟩ sein, denn in *dem* liegt die größte Empfänglichkeit. Dafür nimm ein Gleichnis in der Natur: Will ich auf eine Wachstafel schreiben, dann kann nichts ⟨noch⟩ so edel sein, was auf der Tafel geschrieben steht, daß es mich nicht behindert, so daß ich nicht darauf schreiben kann; will ich aber doch schreiben, so muß ich alles das tilgen und auslöschen, was auf der Tafel steht. Und die Tafel schickt sich mir nimmer so wohl zum Schreiben, wie wenn gar nichts auf der Tafel steht. Ganz ebenso muß, soll Gott auf das allerhöchste in mein Herz schreiben, alles aus dem Herzen herauskommen, was dies und das heißen kann, und ganz so steht es mit dem abgeschiedenen Herzen. Deshalb kann Gott darin auf das allerhöchste und nach seinem höchsten Willen wirken. Drum ist des abgeschiedenen Herzens Gegenstand weder dies noch das.

Nun frage ich wiederum: Was ist des abgeschiedenen Herzens Gebet? Darauf antworte ich wie folgt und sage: Abgeschiedene Lauterkeit *kann* nicht beten, denn wer betet, der begehrt etwas von Gott, das ihm zuteil werden solle, oder aber begehrt, daß ihm Gott etwas abnehme. Nun begehrt das abgeschiedene Herz gar nichts, es hat auch gar nichts, dessen es gerne ledig wäre. Deshalb steht es ledig allen Gebets, und sein Gebet ist nichts anderes, als einförmig zu sein mit Gott. Das macht sein ganzes Gebet aus. Hierzu können wir das Wort anführen, das Sankt Dionysius äußert zum Wort Sankt Paulus', wo der sagt: ›Ihrer sind viele, die alle nach der Krone laufen, und doch wird sie nur einem zuteil‹ ⟨vgl. 1 Kor. 9,24⟩ – *alle* Kräfte der Seele laufen nach der Krone, und doch wird sie nur dem Wesen zuteil – Dionysius also sagt: Der Lauf ist nichts anderes als eine Abkehr von allen Kreaturen und ein Sich-Vereinigen in die Ungeschaffenheit. Und wenn die Seele dazu kommt, so verliert sie

in sich, daz si an ir selber ze nihte wirt, als diu sunne daz morgenrôt an sich ziuhet, daz ez ze nihte wirt. Dâ zuo enbringet den menschen kein dinc dan lûteriu abegescheidenheit. Dâ zuo mügen wir ouch nemen daz wort, daz *Augustînus* sprichet: diu sêle hât einen heimlîchen înganc in götlîche natûre, dâ ir alliu dinc ze nihte werdent. Dirre înganc enist ûf ertrîche niht anders dan lûteriu abegescheidenheit. Und sô diu abegescheidenheit kumet ûf daz hœhste, sô wirt si von bekennenne kennelôs und von minne minnelôs und von liehte vinster. Dâ von mügen wir ouch nemen, daz ein *meister* sprichet: die armen des geistes sint die, die gote alliu dinc gelâzen hânt, als er sie hâte, dô wir niht enwâren. Diz enmac nieman getuon wan ein lûter abegescheiden herze. Daz got in einem abegescheidenen herzen lieber sî dan in allen herzen, daz merken wir dar ane, wan vrâgest dû mich: waz suochet got in allen dingen?, sô antwürte ich dir ûz dem buoche der wîsheit; dâ sprichet er: ›in allen dingen suoche ich ruowe!‹ Sô enist niendert ganziu ruowe dan aleine in dem abegescheidenen herzen. Dâ von ist got lieber dâ dan in andern tugenden oder in deheinen dingen. Ouch solt dû wizzen: ie mê sich der mensche dar ûf setzet, daz er enpfenclich sî des götlîchen învluzzes, ie sæliger er ist; und wer sich gesetzen mac dâ inne in die obersten bereitschaft, der stât ouch in der obersten sælicheit. Nû enmac kein mensche sich enpfenclich gemachen des götlîchen învluzzes dan mit einförmicheit mit gote, wan dâ nâch als ein ieglich mensche einförmic ist mit gote, dâ nâch ist er enpfenclich des götlîchen învluzzes. Nû kumet einförmicheit dâ von, daz sich der mensche wirfet under got; und als vil sich der mensche wirfet under die crêatûre, alsô vil ist er minner einförmic mit gote. Nû stât daz lûter abegescheiden herze ledic aller crêatûren. Dâ von ist ez alzemâle geworfen under got, und dâ von stât ez in der obersten einförmicheit mit gote und ist ouch aller enpfenclîchest des götlîchen învluzzes. Daz meinet sant

ihren Namen, und Gott zieht sie in sich, so daß sie an sich selbst zunichte wird, so wie die Sonne das Morgenrot an sich zieht, so daß es zunichte wird. Dahin bringt den Menschen nichts als lautere Abgeschiedenheit. Hierzu können wir auch das Wort heranziehen, das Augustinus spricht: »Die Seele hat einen heimlichen Eingang in die göttliche Natur, wo ihr alle Dinge zunichte werden«. Dieser Eingang ist auf Erden nichts anderes als lautere Abgeschiedenheit. Wenn die Abgeschiedenheit zum Höchsten gelangt, so wird sie von Erkennen erkenntnislos und von Liebe liebelos und von Licht finster. Dazu können wir auch anführen, was ein Meister spricht: Die Armen des Geistes sind diejenigen, die Gott alle Dinge so überlassen haben, wie er sie hatte, als wir ⟨noch⟩ nicht waren. Dies vermag niemand zu tun als ein lauteres, abgeschiedenes Herz. Daß Gott in einem abgeschiedenen Herzen lieber sei als in allen ⟨anderen⟩ Herzen, das erkennen wir an folgendem: Fragst du mich: »Was sucht Gott in allen Dingen?«, so antworte ich dir aus dem Buche der Weisheit; dort spricht er ⟨= Gott⟩: ›In allen Dingen suche ich Ruhe!‹ ⟨Eccli. 24,11⟩. Nirgends aber ist vollständige Ruhe als einzig im abgeschiedenen Herzen. Deshalb ist Gott dort lieber als in anderen Tugenden oder in irgendwelchen ⟨sonstigen⟩ Dingen. Auch sollst du wissen: Je mehr der Mensch danach strebt, des göttlichen Einflusses empfänglich zu werden, um so seliger ist er; und wer sich dabei in die höchste Bereitschaft zu versetzen vermag, der steht auch in der höchsten Seligkeit. Nun vermag sich kein Mensch des göttlichen Einflusses empfänglich zu machen als durch Einförmigkeit mit Gott; denn so weit wie ein jeglicher Mensch einförmig mit Gott ist, so weit ist er empfänglich des göttlichen Einflusses. Nun kommt Einförmigkeit daher, daß sich der Mensch Gott unterwirft; so weit sich aber der Mensch der Kreatur unterwirft, so weit ist er minder einförmig mit Gott. Nun steht das lautere, abgeschiedene Herz ledig aller Kreaturen. Daher ist es völlig Gott unterworfen, und dadurch steht es in der höchsten Einförmigkeit mit Gott und ist zugleich des göttlichen Einflusses am aller-

Paulus, dô er sprach: ›leget an iuch Jêsum Kristum‹, und meinet: mit einförmicheit mit Kristô, und daz anelegen enmac niht beschehen dan mit einförmicheit mit Kristô. Und wizze: dô Kristus mensche wart, dô ennam er niht an sich einen menschen, er nam an sich menschlîche natûre. Dâ von sô ganc ûz aller dinge, sô blîbet aleine, daz Kristus an sich nam, und alsô hâst dû Kristum an dich geleget.

Wer nû volkomener abegescheidenheit adel und nutz merken welle, der neme Kristî wort war, diu er von sîner menscheit sprach, dô er sprach ze sînen jüngern: ›ez ist iu nütze, daz ich von iu var, und gân ich niht von iu, sô enmac iu der heilige geist niht werden‹. Rehte als ob er spræche: ir hât ze vil lustes ûf mîn gegenwürtigez bilde geleget, dâ von enmac iu der volkomene lust des heiligen geistes niht werden. Dâ von scheidet abe diu bilde und einiget iuch mit formelôsem wesene, wan gotes geistlîcher trôst ist zart; dar umbe wil er sich niemanne erbieten dan dem, der lîplîchen trôst versmæhet.

Nû merket, alle vernünftigen liute! Ez enist nieman baz gemeit dan der dâ stât in der grœsten abegescheidenheit. Ez enmac kein vleischlîcher und lîplîcher trôst niemer gesîn âne geistlîchen schaden, ›wan daz vleisch begert wider den geist und der geist wider daz vleisch‹. Dar umbe, swer in dem vleische sæjet ungeordente minne, der snîdet abe den êwigen tôt; und swer in dem geiste sæjet ordenlîche minne, der snîdet von dem geiste daz êwige leben. Dâ von, ie belder der mensche vliuhet von der geschepfede, ie belder im zuoloufet der schepfer. Hie merket, alle vernünftigen menschen! Sît der lust, den wir gehaben möhten an dem lîplîchen bilde Kristî, uns sûmet an der enpfenclicheit des heiligen geistes, wie vil mê sûmet denne gegen gote der ungeordente lust, den wir hân ûf zergenclîchen trôst! Dâ von ist abegescheidenheit daz aller beste, wan si reiniget die sêle und liutert die gewizzene

empfänglichsten. Das meinte Sankt Paulus, als er sprach: ›Legt an euch Jesus Christus!‹, und er meinte: durch Einförmigkeit mit Christus; das Anlegen nämlich kann nur durch Einförmigkeit mit Christus geschehen. Und wisse: Als Christus Mensch ward, da nahm er nicht an sich einen Menschen, er nahm an die menschliche Natur. Entäußere dich deshalb aller Dinge, so bleibt allein, was Christus an sich nahm, und so denn hast du dir Christus angelegt.

Wer nun den Adel und Nutzen vollkommener Abgeschiedenheit erkennen will, der beachte Christi Worte, die er über seine Menschheit sprach, als er zu seinen Jüngern sagte: ›Es ist euch nütze, daß ich von euch gehe, und gehe ich nicht von euch, so kann euch der Heilige Geist nicht zuteil werden‹ ⟨Joh. 16,7⟩, gleichsam, als ob er spräche: Ihr habt zuviel Wohlgefallen an meiner gegenwärtigen Erscheinung gefunden, deshalb kann euch die vollkommene Freude des Heiligen Geistes nicht zuteil werden. Darum scheidet ab die bildhafte Erscheinung, und vereinigt euch mit dem formlosen Sein, denn Gottes geistiger Trost ist feingeartet; darum will er sich niemand darbieten als dem, der leiblichen Trost verschmäht.

Nun merkt auf, alle Verständigen! Niemand ist frohgemuter, als der da steht in der größten Abgeschiedenheit. Kein fleischlicher und leiblicher Trost kann je ohne geistigen Schaden sein, ›denn das Fleisch begehrt wider den Geist und der Geist wider das Fleisch‹ ⟨Gal. 5,17⟩. Wer immer daher im Fleische zuchtlose Liebe aussät, der erntet den ewigen Tod; und wer immer im Geiste rechte Liebe aussät, der erntet vom Geist das ewige Leben. Daher: je schneller der Mensch von der Schöpfung flieht, desto schneller läuft ihm der Schöpfer zu. Hier merkt auf, alle Verständigen! Da ⟨schon⟩ das Wohlgefallen, das wir an der leiblichen Erscheinung Christi empfinden könnten, uns an der Empfänglichkeit für den Heiligen Geist behindert, um wie viel mehr behindert uns denn Gott gegenüber die ungezügelte Lust, die wir nach vergänglichem Trost empfinden! Deshalb ist Abgeschiedenheit das Allerbeste, denn sie reinigt die Seele und läutert das

und enzündet daz herze und wecket den geist und machet snel die begirde und tuot got erkennen und scheidet abe die crêatûre und vereiniget sich mit gote.

Nû merket, alle vernünftigen menschen! Daz snelleste tier, daz iuch treget ze dirre volkomenheit, daz ist lîden, wan ez niuzet nieman mê êwiger süezicheit, dan die mit Kristô stânt in der grœsten bitterkeit. Ez enist niht gelligers dan lîden und enist niht honicsamers dan geliten-hân; ez entstellet den lîp nihtes mêr vor den liuten dan lîden und enzieret aber die sêle vor gote nihtes mêr dan geliten-hân. Daz vesteste fundament, dar ûf disiu volkomenheit gestân mac, daz ist dêmüeticheit, wan swelhes natûre hie kriuchet in der tiefsten niderkeit, des geist vliuget ûf in daz hœhste der gotheit, wan liebe bringet leit, und leit bringet liebe. Und dâ von, swer begert ze komenne ze volkomener abegescheidenheit, der stelle nâch volkomener dêmüeticheit, sô kumet er in die næhede der gotheit.

Daz uns daz allen widervar, des helfe uns diu oberste abegescheidenheit, daz ist got selber. Âmen.

Gewissen und entzündet das Herz und weckt den Geist und beschleunigt das Verlangen und läßt Gott erkennen und scheidet ab die Kreatur und vereinigt sich mit Gott.

Nun gebt acht, alle Verständigen! Das schnellste Tier, das euch zu dieser Vollkommenheit trägt, ist das Leiden; denn es genießt niemand mehr ewige Süßigkeit als die, die mit Christus in der größten Bitterkeit stehen. Es ist nichts galliger als Leiden, und es gibt nichts Honigsüßeres als Gelitten-Haben; es entstellt nichts mehr den *Leib* vor den *Leuten* als Leiden, hingegen ziert nichts mehr die *Seele* vor *Gott* als Gelitten-Haben. Das festeste Fundament, worauf diese Vollkommenheit stehen kann, das ist Demut; denn wessen Natur hier in der tiefsten Niedrigkeit kriecht, dessen Geist fliegt empor in das Höchste der Gottheit, denn Liebe bringt Leid, und Leid bringt Liebe. Wer daher zu vollkommener Abgeschiedenheit zu kommen begehrt, der trachte nach vollkommener Demut, dann kommt er in die Nähe der Gottheit. Daß uns das allen widerfahre, dazu verhelfe uns die höchste Abgeschiedenheit, das ist Gott selber. Amen.

LATEINISCHE WERKE
PROLOGUS GENERALIS IN OPUS TRIPARTITUM

PROLOGUS GENERALIS IN OPUS TRIPARTITUM

Prologus iste generalis, qui praemittitur, primo docet 1
auctoris intentionem, secundo operis distinctionem, tertio ordinem et modum in opere procedendi. Singulis tamen tribus operibus sua specialia prooemia praemittentur.

Auctoris intentio in hoc opere tripartito est satisfacere pro 2
posse studiosorum fratrum quorundam desideriis, qui iam dudum precibus importunis ipsum impellunt crebro et compellunt, ut ea quae ab ipso audire consueverunt, tum in lectionibus et aliis actibus scholasticis, tum in praedicationibus, tum in cottidianis collationibus, scripto commendet, praecipue quantum ad tria: videlicet quantum ad generales et sententiosas quasdam propositiones; item quantum ad diversarum quaestionum novas, breves et faciles declarationes; adhuc autem tertio quantum ad auctoritatum plurimarum sacri canonis utriusque testamenti raras expositiones, in his potissime quae se legisse alias non recolunt vel audisse, praesertim quia dulcius irritant animum nova et rara quam usitata, quamvis meliora fuerint et maiora.

Distinguitur igitur secundum hoc opus ipsum totale in tria 3
principaliter. Primum est opus generalium propositionum, secundum opus quaestionum, tertium opus expositionum.

Opus autem primum, quia propositiones tenet mille et amplius, in tractatus quattuordecim distinguitur iuxta numerum terminorum, de quibus formantur propositiones. Et quia »opposita iuxta se posita magis elucescunt« et »oppo-

DER ALLGEMEINE PROLOG ZUM DREIGETEILTEN WERK

Die hier vorangestellte allgemeine Vorrede belehrt erstens über die Absicht des Verfassers, zweitens über die Gliederung des Werkes, drittens über die Ordnung und das Verfahren in dem Werke. Den einzelnen drei Werken werden jedoch ihre besonderen Vorreden vorangestellt werden.

Der Verfasser beabsichtigt in diesem dreiteiligen Werke, nach Vermögen den Wünschen eifriger Mitbrüder zu genügen, die ihn schon lange mit inständigen Bitten oftmals angehen und drängen, das, was sie von ihm in Vorlesungen und anderen Schulübungen wie auch in Predigten und täglichen Besprechungen zu hören gewohnt waren, schriftlich niederzulegen, vornehmlich in dreifacher Hinsicht, nämlich hinsichtlich gewisser allgemeiner und lehrsatzartiger Thesen, zweitens hinsichtlich neuer kurzer und leicht faßlicher Erklärungen verschiedener Probleme, ferner aber drittens hinsichtlich ungewöhnlicher Auslegungen zahlreicher Aussprüche der Hl. Schrift beider Testamente; besonders solcher, die sie ihrer Erinnerung nach sonst nicht gelesen oder gehört haben, weil Neues und Ungewöhnliches ja einen angenehmeren Reiz auf den Geist ausübt als Gewohntes, möge dies auch besser und bedeutender sein.

Demgemäß gliedert sich das Gesamtwerk also in drei Hauptwerke. Das erste ist das Werk der allgemeinen Thesen, das zweite das Werk der Probleme, das dritte das Werk der Auslegungen.

Weil das erste Werk aber tausend und mehr Thesen enthält, gliedert es sich nach der Zahl der Begriffe, über welche die Thesen aufgestellt werden, in vierzehn Abhandlungen. Und weil »Gegensätze, wenn man sie nebeneinander stellt, schärfer hervortreten« und weil sie »Gegenstand ein-

sitorum eadem est scientia«, quilibet praedictorum tractatuum bipartitus est. Primo enim ponuntur propositiones de ipso termino, secundo ponuntur propositiones de eiusdem termini opposito.

Primus tractatus agit de esse et ente et eius opposito quod 4
est nihil.

Secundus de unitate et uno et eius opposito quod est multum.

Tertius de veritate et vero et eius opposito quod est falsum.

Quartus de bonitate et bono et malo eius opposito.

Quintus de amore et caritate et peccato, eius opposito.

Sextus de honesto, virtute et recto et eorum oppositis, puta turpi, vitio, obliquo.

Septimus de toto et parte, eius opposito.

Octavus de communi et indistincto et horum oppositis, proprio et distincto.

Nonus de natura superioris et inferioris eius oppositi.

Decimus de primo et novissimo.

Undecimus de idea et ratione et horum oppositis, puta de informi et privatione.

Duodecimus vero de quo est et quod est ei condiviso.

Decimus tertius agit de ipso deo summo esse, quod »contrarium non habet nisi non esse«, ut ait *Augustinus* De immortalitate animae et De moribus Manichaeorum.

Decimus quartus de substantia et accidente.

Opus autem secundum, quaestionum scilicet, distinguitur 5
secundum materiam quaestionum, de quibus agitur ordine quo ponuntur in Summa doctoris egregii venerabilis fratris *Thomae de Aquino*, quamvis non de omnibus sed paucis,

und desselben Wissens sind«, ist jede der genannten Abhandlungen zweiteilig. Denn zuerst werden Thesen über den Begriff selbst, zweitens über seinen Gegensatz aufgestellt.

Die erste Abhandlung handelt vom Sein und vom Seienden und seinem Gegensatz, dem Nichts.

Die zweite von der Einheit und dem Einen und seinem Gegensatz, dem Vielen.

Die dritte von der Wahrheit und dem Wahren und seinem Gegensatz, dem Falschen.

Die vierte von der Güte und dem Guten und dem Schlechten, seinem Gegensatz.

Die fünfte von der Minne und der Liebe und der Sünde, ihrem Gegensatz.

Die sechste vom sittlich Guten, von der Tugend und vom Geraden und deren Gegensatz, nämlich dem sittlich Schlechten, dem Laster und dem Ungeraden.

Die siebente vom Ganzen und vom Teile, seinem Gegensatz.

Die achte vom Gemeinsamen und Ununterschiedenen und seinem Gegensatz, dem Eigentümlichen und Unterschiedenen.

Die neunte von der Natur des Oberen und des Niederen, seines Gegensatzes.

Die zehnte vom Ersten und vom Letzten.

Die elfte vom Urbild und von der Idee und ihrem Gegensatz, nämlich dem Ungeformten und der Beraubung.

Die zwölfte von dem, wodurch etwas ist, und dem, was etwas ist, seinem Gegenstück.

Die dreizehnte handelt von Gott selbst, dem höchsten Sein, »das keinen Gegensatz außer dem Nichtsein hat«, wie Augustin in den Schriften Von der Unsterblichkeit der Seele und Von der Religion der Manichäer sagt.

Die vierzehnte von der Substanz und dem Akzidenz.

Das zweite Werk aber, also das der Probleme, gliedert sich nach dem Gegenstand der Probleme, die in der gleichen Reihenfolge wie in der Summe des hervorragenden Lehrers, des ehrwürdigen Bruders Thomas von Aquin behandelt

prout se offerebat occasio disputandi, legendi et conferendi.

Opus vero tertium, scilicet expositionum, in duo dividi- 6
tur. Quia enim nonnullas auctoritates utriusque testamenti in sermonibus specialiter diffusius auctor pertractavit et exposuit, placuit ipsi alias seorsum exponere et hoc opus sermonum nominari. Adhuc autem opus expositionum subdividitur numero et ordine librorum veteris et novi testamenti, quorum auctoritates in ipso exponuntur.

Et quamvis haec omnia pelagus quoddam scripturae 7
videantur requirere, duo tamen sunt quae brevitati, quantum licuit, deserviunt et opus succingunt. Primo, quia vix aliqua et rarissime alias habita hic ponuntur. Secundo, quia tam in opere quaestionum quam in opere expositionum intercise et de paucissimis respective hic tractatur. Quo etiam modo beatus *Augustinus* procedit in libris septem Quaestionum super primos septem libros veteris testamenti et in De 83 quaestionibus et Ad Orosium et nonnullis aliis libris suis.

Advertendum est autem quod nonnulla ex sequentibus propositionibus, quaestionibus, expositionibus primo aspectu monstruosa, dubia aut falsa apparebunt, secus autem si sollerter et studiosius pertractentur. Luculenter enim invenietur dictis attestari veritas et auctoritas ipsius sacri canonis seu alicuius sanctorum aut doctorum famosorum.

Ad evidentiam igitur dicendorum tria sunt praemittenda. 8
Primum est quod de terminis generalibus, puta esse, unitate, veritate, sapientia, bonitate et similibus nequaquam est

werden, jedoch nicht alle, sondern nur wenige, wie sie sich, je nach Gelegenheit, bei Disputationen, Vorlesungen und Besprechungen ergaben.

Das dritte Werk, nämlich das der Auslegungen, zerfällt in zwei Teile. Denn weil der Verfasser einige Aussprüche beider Testamente in Predigten mit besonderer Ausführlichkeit behandelt und ausgelegt hat, beschloß er, ⟨auch⟩ andere gesondert auszulegen und diesen ⟨Teil⟩ als Predigtwerk zu bezeichnen. Im übrigen aber gliedert sich das Werk der Auslegungen nach Zahl und Reihenfolge der Bücher des Alten und Neuen Testamentes, deren Aussprüche darin ausgelegt werden.

Und obwohl dies alles schier ein Meer von Büchern zu erfordern scheint, so sind es doch zwei Umstände, die der Kürze dienen, soweit es anging, und den Umfang des Werkes verringern. Erstens: nur das eine und andere und nur ganz selten anderswo Behandeltes wird hier aufgenommen. Zweitens: sowohl in dem Werk der Probleme wie in dem Werk der Auslegungen handelt es sich nicht um eine fortlaufende Erörterung, sondern nur um Besprechung einiger weniger Punkte unter Bezugnahme auf andere Stellen. In dieser Weise verfährt auch der heilige Augustin in den sieben Büchern über Probleme des Heptateuch und in dem Buch Über 83 Fragen und An Orosius und einigen anderen seiner Bücher.

Es ist aber zu beachten, daß einiges aus den folgenden Thesen, Problemen und Auslegungen beim ersten Anblick ungeheuerlich, zweifelhaft oder falsch erscheinen wird, anders aber verhält es sich, wenn man es mit Scharfsinn und größerer Hingebung durchdenkt. Dann wird man finden, daß die Wahrheit und das Gewicht der Heiligen Schrift oder eines Heiligen oder berühmten Lehrers für das Gesagte helleuchtendes Zeugnis ablegt.

Zum Verständnis der nachfolgenden Ausführungen ist also dreierlei vorauszuschicken. Das erste ist dies: Die Allgemeinbegriffe, zum Beispiel Sein, Einheit, Wahrheit, Weisheit, Güte und dergleichen darf man sich nicht vorstellen

imaginandum vel iudicandum secundum modum et naturam accidentium, quae accipiunt esse in subiecto et per subiectum et per ipsius transmutationem et sunt posteriora ipso et inhaerendo esse accipiunt. Propter quod et numerum et divisionem accipiunt in ipso subiecto in tantum, ut subiectum cadat in diffinitione accidentium huiusmodi in ratione qua esse habent. Secus autem omnino se habet de praemissis generalibus. Non enim ipsum esse et quae cum ipso convertibiliter idem sunt, superveniunt rebus tamquam posteriora, sed sunt priora omnibus in rebus. Ipsum enim esse non accipit quod sit in aliquo nec ab aliquo nec per aliquid, nec advenit nec supervenit alicui, sed praevenit et prius est omnium. Propter quod esse omnium est immediate a causa prima et a causa universali omnium. Ab ipso igitur esse ›et per ipsum et in ipso sunt omnia‹, ipsum non ab alio. Quod enim aliud est ab esse, non est aut nihil est. Ipsum enim esse comparatur ad omnia sicut actus et perfectio et est ipsa actualitas omnium, etiam formarum. Propter quod *Avicenna* VIII Metaphysicae 6 c. ait: »id quod desiderat omnis res, est esse et perfectio esse, inquantum est esse«; et subdit: »id ergo quod vere desideratur, est esse«.

Hinc est quod omnis res quamvis mobilis et transmutabilis 9
de consideratione est metaphysici, inquantum ens, etiam ipsa materia, radix rerum corruptibilium. Et iterum: esse rerum omnium, inquantum esse, mensuratur aeternitate, nequaquam tempore. Intellectus enim, cuius obiectum est ens et in quo secundum *Avicennam* ens cadit primo omnium, ab hic et nunc abstrahit et per consequens a tempore. *Augustinus* VII De trinitate c. 1 praedictis alludens dicit: »sapientia« »sapiens est et se ipsa sapiens est. Et« »quaecumque anima participa-

oder beurteilen nach der Seinsweise und Natur der Akzidentien. Denn diese empfangen ihr Sein in einem Träger und durch einen Träger und durch dessen Veränderung, sind also ⟨ihrer Natur nach⟩ später als er und empfangen ihr Sein als Sein an etwas. Deshalb empfangen sie auch ihre Zahl und Einteilung nach dem ⟨Verhältnis zum⟩ Träger, in dem Maße, daß er in die Begriffsbestimmung derartiger Akzidentien eingeht, sofern sie Sein haben. Völlig anders aber verhält es sich mit den genannten Allgemeinbegriffen. Denn das Sein selbst und was mit ihm bis zur Vertauschbarkeit identisch ist, kommt nicht wie etwas Späteres zu den Dingen hinzu, sondern ist früher als alles andere in den Dingen. Denn das Sein selbst empfängt sein Sein nicht an etwas noch von etwas noch durch etwas noch kommt es ⟨von außen⟩ herbei noch zu etwas hinzu, sondern es geht voraus und ist früher als alles. Deshalb ist das Sein aller Dinge unmittelbar von der ersten Ursache und von der allumfassenden Ursache aller Dinge. Vom Sein also ›und durch es und in ihm ist alles‹ ⟨Röm. 11,36⟩, es selbst aber ist von nichts anderem. Denn was verschieden ist vom Sein, ist nicht oder ist nichts. Denn das Sein als solches verhält sich zu allem anderen wie dessen Verwirklichung und Vollendung, ja es ist die Wirklichkeit aller Dinge, auch der Formen. Deshalb sagt Avicenna im 6. Kapitel des 8. Buches seiner Metaphysik: »das, was jedes Ding verlangt, ist das Sein und die Vollkommenheit des Seins, insofern es Sein ist«. Und er fügt hinzu: »das also, was wahrhaft verlangt wird, ist das Sein«.

Daher unterliegt jedes Ding, mag es auch beweglich und veränderlich sein, als seiendes der Betrachtung des Philosophen, sogar die Materie, die Wurzel der vergänglichen Dinge. Ferner hat das Sein der Dinge als solches sein Maß an der Ewigkeit, keineswegs an der Zeit. Denn der Geist, dessen Gegenstand das Seiende ist und der dies nach Avicenna zuerst von allem erfaßt, sieht vom Hier und Jetzt und folglich von der Zeit ab. Augustin, der im 1. Kapitel des 7. Buches Von der Dreifaltigkeit auf das Gesagte anspielt, sagt: »Die Weisheit ist weise und ist durch sich selbst weise.

tione sapientiae fit sapiens si rursum desipiat manet tamen in se sapientia, nec cum fuerit anima in stultitiam commutata, illa mutatur. Non ita est in eo qui ex ea fit sapiens, quemadmodum candor in corpore quod ex illo candidum est. Cum enim corpus in alium colorem fuerit commutatum, non manebit candor ille atque omnino esse desinet«.

Secundo est praenotandum quod universaliter priora et 10
superiora nihil prorsus accipiunt a posterioribus, sed nec ab aliquo afficiuntur quod sit in illis; sed e converso priora et superiora afficiunt inferiora et posteriora et in ipsa descendunt cum suis proprietatibus et ipsa sibi assimulant, utpote causa causatum et agens passum. De ratione enim primi et superioris, cum sit »dives per se«, est influere et afficere inferiora suis proprietatibus, inter quas est unitas et indivisio. Semper divisum inferius unum est et indivisum in superiori. Ex quo patet quod superius nullo modo dividitur in inferioribus, sed manens indivisum colligit et unit divisa in inferioribus.

Exemplum evidens praemissorum est in partibus animalis, in quibus dividitur non anima, sed manens indivisa singulas partes in se unit, ut ipsarum sit una anima, una vita, unum esse et unum vivere, in tantum quod si caput hominis imaginaretur in polo arctico et pedes in polo antarctico, non plus distabit pes a capite quam a se ipso nec erit inferior capite quantum ad esse, vivere, animam et vitam. In uno enim nulla est distantia, nihil inferius altero, nulla prorsus distinctio figurae, ordinis aut actus.

Tertio et ultimo est praenotandum quod opus secundum, 11

Und welche Seele immer durch Teilhabe an der Weisheit weise wird: wenn sie wieder unweise wird, bleibt doch die Weisheit in sich. Und wenn sich die Seele zur Torheit wandelt, wandelt sie sich nicht. Es verhält sich mit dem, der von ihr weise ist, nicht so wie mit der Weiße an einem Körper, der von ihr weiß ist. Denn wenn der Körper in eine andere Farbe umgefärbt wird, bleibt jenes Weiß nicht, sondern hört gänzlich auf zu sein«.

Zweitens ist vorher zu bemerken, daß ganz allgemein das Frühere und Obere durchaus nicht von dem Späteren empfängt, ja sogar auch von nichts in ihm berührt wird. Sondern das Frühere und Obere berührt vielmehr das Niedere und Spätere und steigt mit seinen Eigentümlichkeiten in es herab und gleicht sich – nämlich als Ursache und als Tätiges – jenes als das Verursachte und das Leidende an. Denn im Wesen des Ersten und Oberen liegt es, da es »von Natur reich« ist, das Niedere mit seinen Eigentümlichkeiten zu beeinflussen und zu berühren, zwischen denen Einheit und Ungeteiltheit besteht. Immer ist das im Niederen Geteilte eins und ungeteilt im Oberen. Daraus erhellt, daß das Obere in keiner Weise im Niederen geteilt wird, sondern es bleibt ungeteilt und bindet und eint das im Niederen Geteilte.

Ein anschauliches Beispiel für das Gesagte bieten die Teile eines Lebewesens: die Seele wird in ihnen nicht geteilt, sondern bleibt ungeteilt und eint die einzelnen Teile in sich, so daß sie *eine* Seele, *ein* Leben, *ein* Sein und *ein* Lebendigsein haben. Das ist so wahr, daß, wenn man sich das Haupt eines Menschen am Nord- und seine Füße am Südpol ⟨des Himmels⟩ dächte, der Fuß vom Haupt nicht weiter entfernt wäre als von sich selbst und hinsichtlich von Sein, Lebendigsein, Seele und Leben keinen niedereren Platz als das Haupt einnähme. Denn wo Einheit ist, da gibt es keine Entfernung, da ist nichts niedriger als das andere, da ist durchaus kein Unterschied der Gestalt, des Ranges oder der Wirklichkeit.

Drittens und letztens ist vorher zu bemerken, daß das

similiter et tertium sic dependent a primo opere, scilicet propositionum, quod sine ipso sunt parvae utilitatis, eo quod quaestionum declarationes et auctoritatum expositiones plerumque fundantur supra aliquam propositionum. Ut autem hoc exemplariter videatur et habeatur modus procedendi in totali opere tripartito, prooemialiter praemittemus primam propositionem, primam quaestionem et primae auctoritatis expositionem.

Prima igitur propositio est: *Esse est deus.* Prima quaestio de divinitate: *Utrum deus sit.* Prima auctoritas sacri canonis est: *In principio creavit deus caelum et terram.* Primo igitur videamus propositionis declarationem, secundo ex ipsa quaestionis solutionem, tertio ex eadem auctoritatis praemissae expositionem.

Esse est deus. Patet haec propositio primo, quia si esse est aliud 12
ab ipso deo, deus nec est nec deus est. Quomodo enim est aut aliquid est, a quo esse aliud, alienum et distinctum est? Aut si est deus, alio utique est, cum esse sit aliud ab ipso. Deus igitur et esse idem, aut deus ab alio habet esse. Et sic non ipse deus, ut praemissum est, sed aliud ab ipso, prius ipso, est et est sibi causa, ut sit.

Praeterea: omne quod est per esse et ab esse habet, quod sit sive quod est. Igitur si esse est aliud a deo, res ab alio habet esse quam a deo.

Praeterea: ante esse est nihil. Propter quod conferens esse creat et creator est. Creare quippe est dare esse ex nihilo. Constat autem quod omnia habent esse ab ipso esse, sicut omnia sunt alba ab albedine. Igitur si esse est aliud a deo, creator erit aliud quam deus.

zweite Werk und gleichfalls das dritte so von dem ersten Werk, nämlich dem der Thesen, abhängen, daß sie ohne es nur von geringem Nutzen sind, weil sich die Erklärungen der Probleme und die Auslegungen der Schriftworte meistens auf eine der Thesen gründen. Damit man das aber an einem Beispiel sieht und das Verfahren in dem gesamten dreiteiligen Werk vor Augen hat, werden wir einleitend die erste These, das erste Problem und die Auslegung des ersten Schriftwortes vorausschicken.

Die erste These lautet also: *Das Sein ist Gott.* Das erste Problem hinsichtlich der Gottheit: *Ist Gott?* Der erste Ausspruch der Hl. Schrift lautet: *Im Anfang hat Gott Himmel und Erde geschaffen.* Zuerst also wollen wir die Erklärung der These betrachten, zweitens auf Grund derselben die Lösung des Problems, drittens auf Grund derselben die Auslegung des angeführten Schriftwortes.

Das Sein ist Gott. Diese These erhellt erstens daraus: wenn das Sein etwas anderes ist als Gott, so ist Gott entweder nicht oder er ist nicht Gott. Denn wie ist das oder wie ist es irgend etwas, von dem das Sein verschieden, dem es fremd und von dem es unterschieden ist? Oder wenn Gott ist, so ist er in jedem Falle durch etwas anderes, da das Sein etwas anderes als er ist. Also ist Gott und das Sein dasselbe oder Gott hat sein Sein von einem anderen. Und so ist – gegen unsere Voraussetzung – nicht Gott selbst, sondern etwas anderes, Früheres als er, und das ist ⟨dann⟩ die Ursache seines Seins.

Außerdem: alles, was ist, hat es durch das Sein und von dem Sein, daß es sei oder daß es ist. Wenn also das Sein etwas anderes als Gott ist, hat das Wirkliche das Sein von etwas anderem als von Gott.

Außerdem: vor dem Sein ist nichts. Wer also Sein mitteilt, der schafft und ist Schöpfer. Schaffen heißt ja aus dem Nichts Sein geben. Es steht aber fest, daß alles das Sein vom Sein selbst hat, gleichwie alles weiß von der Weiße ist. Wenn also das Sein etwas anderes als Gott ist, müßte der Schöpfer etwas anderes als Gott sein.

Rursus quarto: omne habens esse est, quocumque alio circumscripto, sicut habens albedinem album est. Igitur si esse est aliud quam deus, res poterunt esse sine deo; et sic deus non est prima causa, sed nec causa rebus quod sint.

Amplius quinto: extra esse et ante esse solum est nihil. Igitur si esse est aliud quam deus et alienum deo, deus esset nihil aut, ut prius, esset ab alio a se et a priori se. Et istud esset ipsi deo deus et omnium deus. Praemissis alludit illud Exodi 3: ›ego sum qui sum‹.

Quaestio prima est: *Utrum deus sit.* Dicendum quod sit. Ex 13
propositione iam declarata primo sic: si deus non est, nihil est. Consequens est falsum. Ergo et antecedens, scilicet deum non esse. Consequentia probatur sic: si esse non est, nullum ens est sive nihil est, sicut si albedo non est, nullum album est. Sed esse est deus, ut ait propositio. Igitur si deus non est, nihil est. Consequentis falsitatem probat natura, sensus et ratio.

Praeterea secundo ad principale sic: nulla propositio est verior illa in qua idem de se ipso praedicatur, puta quod homo est homo. Sed esse est deus. Igitur verum est deum esse.

Tertio sic: nulla res se ipsam deserere potest, ut ait *Augustinus* De immortalitate animae. Sed esse est deus, ut prius. Igitur non potest esse deum deserere, ut non sit.

Praeterea quarto sic: res id quod est a nullo alio habet, ut ait *Avicenna.* Unde quocumque posito vel non posito homo est animal rationale mortale. Et *Augustinus* dicit quod nihil

Wiederum viertens: alles, was Sein hat, *ist* – wobei ich von allen anderen Bestimmungen absehe –, so wie alles, was weiße Farbe hat, weiß ist. Wenn also das Sein etwas anderes als Gott ist, müßten die Dinge ohne Gott sein können, und so ist Gott nicht nur nicht die *erste* Ursache, sondern überhaupt nicht die Ursache für das Sein der Dinge.

Weiter fünftens: außerhalb des Seins und vor dem Sein ist allein das Nichts. Wenn also das Sein etwas anderes als Gott und Gott fremd ist, wäre Gott nichts, oder, wie oben, wäre er von etwas anderem als er und etwas Früherem als er. Und das wäre dann der Gott für Gott und aller Dinge Gott. Auf das Gesagte spielt das Wort an: ›ich bin, der ich bin‹ 〈Exodus 3,14〉.

Das erste Problem ist: *Ist Gott?* Man muß sagen, daß er ist. Aus der schon erklärten These folgere ich erstens so: wenn Gott nicht ist, dann ist nichts. Der Nachsatz ist falsch. Also auch der Vordersatz, nämlich daß Gott nicht ist. Die Folgerung wird so bewiesen: wenn das Sein nicht ist, ist nichts Seiendes oder nichts, so wie wenn die Weiße nicht ist, nichts Weißes ist. Aber das Sein ist Gott, wie die These sagt. Wenn also Gott nicht ist, ist nichts. Daß der Nachsatz falsch ist, beweisen Natur, Sinne und Vernunft.

Außerdem ergibt sich als zweite Folgerung für unser Problem: kein Satz ist wahrer als der, in dem dasselbe von sich selbst ausgesagt wird, zum Beispiel der Mensch ist Mensch. Das Sein aber ist Gott. Also ist es wahr, daß Gott ist.

Drittens so: kein Ding kann sich selbst aufgeben, wie Augustin in der Schrift Von der Unsterblichkeit der Seele sagt. Das Sein aber ist Gott, wie oben. Also kann das Sein Gott nicht aufgeben, so daß er nicht ist.

Außerdem viertens so: ein Ding hat das, was es wesentlich ist, von keinem anderen, wie Avicenna sagt. Ob man nun die Existenz irgendeines Menschen überhaupt annimmt oder nicht: der Mensch ist ein vernünftiges sterbliches Lebewesen. Und Augustin sagt, daß nichts »so ewig ist wie die Idee des

»tam aeternum quam ratio circuli«. Sed esse est essentia dei sive deus. Igitur deum esse verum aeternum est. Igitur deus est. Consequens patet, quia omne, quod est, per esse est. Esse autem deus est. Et hoc est quod scribitur Exodi 3: ›qui est misit me‹.

In principio creavit deus caelum et terram. Notandum quod ex 14
praemissa propositione prima auctoritas hic exponitur quantum ad quattuor, ex quibus etiam aliae auctoritates exponuntur. Et iste erit modus totius operis expositionum et sermonum, quod videlicet in unius auctoritatis expositione plurimae aliae breviter et incidenter exponuntur suis locis ex intentione et diffusius exponendae.

Dicamus igitur quod ex propositione declarata supra 15
primo probatur quod deus et ipse solus *creavit caelum et terram*, id est suprema et infima et per consequens omnia. Secundo quod *creavit in principio*, id est in se ipso. Tertio quod *creavit* quidem in praeterito, sed tamen semper est *in principio* creationis et creare incipit. Quarto quod creatio et omne opus dei in ipso principio creationis mox simul est perfectum et terminatum. Ait enim: *in principio creavit*, quod est verbum praeteriti perfecti temporis.

Primum inter quattuor sic patet: creatio est collatio esse, 16
nec oportet addere ›ex nihilo‹, quia ante esse est nihil. Constat autem quod ab esse et ipso solo, nullo alio, confertur esse rebus, sicut esse album a sola albedine. Igitur *deus* et ipse solus, cum sit esse, creat sive *creavit*. Ex quo etiam manifeste solvitur quaestio illa qua quaeritur, utrum actus creationis possit communicari alicui alteri; de quo suo loco plenius apparebit.

Kreises«. Das Sein aber ist Gottes Wesenheit oder Gott. Also ist es ewig wahr, daß Gott ist. Also *ist* Gott. Der Nachsatz ist klar; denn alles, was ist, ist durch das Sein. Das Sein aber ist Gott. Das sagt das Wort: ›der da ist, hat mich gesandt‹ 〈Exodus 3,14〉.

Im Anfang hat Gott Himmel und Erde geschaffen. Es ist zu bemerken, daß auf Grund der vorangestellten These das erste Schriftwort hier nach vier Stücken ausgelegt wird, woraus sich auch die Auslegungen anderer Worte ergeben. Und dies soll das Verfahren in dem ganzen Werk der Auslegungen und der Predigten sein: bei der Auslegung eines Wortes werden nämlich sehr viele andere kurz und gelegentlich mitausgelegt, die an ihrem Orte planmäßig und ausführlicher ausgelegt werden sollen.

Geben wir nunmehr die 〈vier〉 Stücke an, die aus der oben erklärten These bewiesen werden: erstens, *Gott*, und er allein, *hat Himmel und Erde geschaffen*, das heißt das Oberste und Niederste, folglich alles. Zweitens, *er hat im Anfang*, das heißt in sich selbst, *geschaffen*. Drittens, *er hat* zwar *geschaffen* – in der Vergangenheit, dennoch aber ist er immer *im Anfang* der Schöpfung und hebt zu schaffen an. Viertens, die Schöpfung und jedes Werk Gottes ist in eben dem Anfang der Schöpfung alsbald zugleich vollendet und zum Zielpunkt geführt. Denn er sagt: *im Anfang hat er geschaffen* – das ist ein Zeitwort der vollendeten Vergangenheit.

Das erste unter den vier Stücken erhellt aus Folgendem: Schöpfung ist Mitteilung des Seins, und man braucht nicht hinzuzufügen: ›aus nichts‹ 〈2 Makk. 7,28〉, denn vor dem Sein ist nichts. Es steht aber fest, daß vom Sein und von ihm allein, von nichts anderem, das Sein den Dingen mitgeteilt wird, wie das Weißsein allein von der Weiße. Also ist es *Gott* und er allein – denn er ist das Sein –, der da schafft oder *geschaffen hat.* Dadurch findet auch jenes Problem eine klare Lösung, ob der Schöpfungsakt irgendeinem anderen Wesen übertragen werden kann, worauf an seinem Orte noch volleres Licht fallen wird.

Secundum inter quattuor, scilicet quod *creavit in principio*, 17
id est in se ipso, sic patet: creatio dat sive confert esse. Esse autem principium est et primo omnium, ante quod nihil et extra quod nihil. Et hoc est deus. Igitur *creavit* omnia *in principio*, id est in se ipso. Creavit enim omnia in esse, quod est principium, et est ipse deus. Ubi notandum quod omne quod deus creat, operatur vel agit, in se ipso operatur vel agit. Quod enim extra deum est et quod extra deum fit, extra esse est et fit. Sed nec fit quidem, quia ipsius fieri terminus est esse, *Augustinus* IV Confessionum: fecit deus omnia. »Non fecit atque abiit, sed ex illo in illo sunt«. Secus est in aliis artificibus. Domificator enim domum facit extra se, tum quia extra ipsum sunt entia alia, tum quia ligna et lapides, in quibus est domus et fit, non habent esse nec ab artifice nec in ipso, sed ab alio et in alio. Non ergo falso imaginandum est quasi deus proiecerit creaturas vel creaverit extra se in quodam infinito seu vacuo. Nihil enim nihil recipit nec subiectum esse potest nec terminus esse potest nec finis cuiusquam actionis. Sed si quid ponatur in nihilo recipi seu terminari in nihil, non est ens, sed nihil. Creavit ergo deus omnia non ut starent extra se aut iuxta se et praeter se ad modum aliorum artificum, sed vocavit ex nihilo, ex non esse scilicet, ad esse, quod invenirent et acciperent et haberent in se. Ipse enim est esse. Propter quod significanter non ait a principio, sed *in principio* deum creasse. Quomodo enim essent nisi in esse, quod est principium? Secundum hoc exponitur illud infra Sap. 1: ›creavit deus ut essent omnia‹ et Rom. 4:

Das zweite unter den vier Stücken, nämlich daß er *im Anfang*, das heißt in sich selbst *geschaffen hat*, erhellt aus Folgendem: die Schöpfung gibt oder verleiht das Sein. Das Sein aber ist der Anfang und zuerst von allem; vor ihm und außer ihm ist nichts. Das aber ist Gott. *Er hat* also alles *im Anfang*, das heißt in sich selbst *geschaffen*. Er hat nämlich alles im Sein geschaffen, welches der Anfang und Gott selbst ist. Hier ist zu bemerken, daß Gott alles, was er schafft, wirkt oder tut, in sich selbst wirkt oder tut. Denn was außerhalb Gottes ist und was außerhalb Gottes wird, ist und wird außerhalb des Seins. Ja, es wird überhaupt nicht, denn des Werdens Grenze ist das Sein. Augustin sagt im 4. Buch der Bekenntnisse: Gott hat alles geschaffen. »Nicht schuf er und wandte sich ab, sondern in ihm ist, was aus ihm ist«. Anders verhält es sich bei anderen Künstlern. Der Baumeister nämlich macht das Haus außerhalb seiner selbst, erstens weil außerhalb seiner ⟨noch⟩ andere Dinge existieren, zweitens weil das Holz und die Steine, aus welchen das Haus besteht und entsteht, ihr Sein weder vom Künstler noch in ihm haben, sondern von und in einem anderen. Man darf sich also nicht die falsche Vorstellung machen, als hätte Gott die Geschöpfe aus sich herausgesetzt oder als hätte er außerhalb seiner in einer Art Unbegrenztem oder Leerem geschaffen. Das Nichts nimmt ja nichts auf und kann weder Träger für etwas noch Begrenzung oder Ziel für irgendwelches Wirken sein. Nähme man aber an, etwas würde vom Nichts aufgenommen oder hätte im Nichts seine Begrenzung, so wäre es kein Seiendes, sondern selbst nichts. Also schuf Gott alles nicht nach Art anderer Schaffender so, daß es außer, neben und jenseits von ihm bestünde, sondern er rief es aus dem Nichts, das heißt aus dem Nichtsein, zum Sein, das es in ihm finden, empfangen und haben sollte. Denn er ist das Sein. Deswegen heißt es treffend, nicht vom Urgrund ⟨weg⟩, sondern *im Urgrund* habe Gott geschaffen. Wie sollten ⟨die Geschöpfe⟩ auch sein, wenn nicht im Sein, dem Urgrund? Entsprechend werden die ⟨in der Heiligen Schrift⟩ später folgenden Worte: ›Gott hat alles geschaffen, auf daß es sei‹

›vocat ea quae non sunt‹ etc. et plura huiusmodi. Ubi rursus notandum quod sicut ei quod est aliquid accidere potest, non autem ipsi esse quidquam accidit secundum *Boethium*, sic extra omne quod est aliquid esse potest, extra ipsum vero esse nihil esse potest.

Tertium inter quattuor, scilicet quod *creavit* quidem in 18
praeterito et tamen semper est *in principio* creationis, sic declaro: deus omne, utpote esse, agit in esse et ad esse, Sap. 1: ›creavit ut essent omnia‹. Esse autem initium primum et principium est omnium. Ex quo patet quod omne opus dei novum est, Sap. 7: ›in se permanens innovat omnia‹; Apoc. 22: ›ecce, ego nova facio omnia‹. Propter quod Is. 1 dicitur: ›ego primus et novissimus‹. Sic ergo *creavit*, ut nihilominus semper creet. Quod enim est in principio et cuius finis principium, semper oritur, semper nascitur, semper natum est. Unde *Augustinus* I Confessionum: »omnia quae hesterna sunt et retro, hodie facies, hodie fecisti«. *Creavit* ergo omnia *in principio*, quia in se ipso principio; et rursus in se ipso principio creavit, quia praeterita et retro hodie quasi in principio et primo creat, quorum utrumque in aliis artificibus deficit, quia nec in se agunt et acta deserunt, quia agere desinunt.

Quartum et ultimum, scilicet quod creatio et omne opus 19
dei in ipso principio creationis mox simul est et perfectum et terminatum, patet ex dictis. Ubi enim finis et initium idem, necessario simul fit et factum est, simul incipit et perfectum est. Deus autem, utpote esse, et initium est et ›principium et finis‹. Sicut enim ante esse est nihil, sic post esse nihil, quia esse est terminus omnis fieri. Quod enim est in quantum huiusmodi non fit nec fieri potest. Propter quod praesentibus

⟨Weish. 1,14⟩ und: ›er ruft das, was nicht ist, wie das, was ist‹ ⟨Röm. 4,17⟩ und dergleichen mehr ausgelegt. Hier ist wiederum zu bemerken: wie nach Boethius dem Seienden etwas zufallen kann, dem Sein selbst aber nichts zufällt, so kann außerhalb alles Seienden ⟨noch⟩ etwas sein, außerhalb des Seins aber kann nichts sein.

Das dritte unter den vier Stücken, nämlich daß er zwar in der Vergangenheit *geschaffen hat* und doch immer *im Anfang* der Schöpfung steht, erkläre ich so: Gott wirkt als das Sein alles im Sein und auf das Sein hin: ›er hat alles geschaffen, auf daß es sei‹ ⟨Weish. 1,14⟩. Das Sein aber ist der erste Beginn und Anfang aller Dinge. Daraus erhellt, daß alle Werke Gottes neu sind: ›in sich beharrend macht er alles neu‹ ⟨Weish. 7,27⟩; ›sieh, ich mache alles neu‹ ⟨Offb. 21,5⟩. Deswegen heißt es: ›ich bin der Erste und der Neueste‹ ⟨Jes. 41,4⟩. Er *hat* also so *geschaffen*, daß er gleichwohl immer schafft. Denn was im Anfang ist und wessen Ende ⟨sein⟩ Anfang ist, entsteht immer, wird immer geboren und ist immer geboren. Daher sagt Augustin im 1. Buch der Bekenntnisse: »alles, was von gestern und noch früher her ist, das wirst du heute machen, hast du heute gemacht«. Er *hat* also alles *im Anfang* geschaffen, weil in sich, dem Anfang selbst. Und ferner hat er in sich, dem Anfang selbst, geschaffen, weil er Vergangenes und Zurückliegendes heute gleichsam anfänglich und erstmalig schafft. Beides geht anderen, die etwas schaffen, ab, weil sie nicht in sich wirken und das Gewirkte verlassen, indem sie vom Wirken ablassen.

Das vierte und letzte, daß nämlich die Schöpfung und jedes Werk Gottes im Anfang der Schöpfung selbst alsbald zugleich sowohl vollendet als auch beendet ist, erhellt aus dem Gesagten. Denn wo Ende und Anfang dasselbe sind, da sind Werden und Gewordensein, Beginnen und Fertigsein notwendig zugleich. Gott aber, das Sein, ist Beginn und ›Anfang und Ende‹ ⟨Offb. 1,8; 22,13⟩. Wie nämlich vor dem Sein nichts ist, so ist nach dem Sein nichts; denn das Sein ist das Ziel alles Werdens. Das Seiende als solches wird nämlich nicht und kann nicht werden. Deswegen endet die Bewe-

habitibus cessat motus. Quod enim est domus, non fit domus, licet possit dealbari et huiusmodi, sed hoc est, in quantum non est alba. Sic ergo creatio et omne opus dei mox ut incipit perfectum est, Deut. 32: ›dei perfecta sunt opera‹, et Psalmus: ›dixit et facta sunt‹. Nam ipse initium sive ›principium et finis‹ est, Apoc. primo et ultimo.

Resumentes autem breviter dicamus sic per singula: 20

Esse est deus per essentiam. Ab ipso ergo et solo ipso accipiunt esse omnia. Igitur: *creavit deus caelum et terram.* Hoc de primo.

Rursus extra deum, utpote extra esse, nihil est. Igitur vel non creavit vel creavit in se ipso principio omnia. Hoc de secundo. *Augustinus*: »ex illo in illo sunt«.

Adhuc autem deus, utpote esse, est primum et ultimum, ›principium et finis‹. Igitur omne quod creavit praeteritum, creat ut praesens *in principio*; quod creat sive agit nunc ut *in principio*, simul creavit in praeterito perfecto. *Augustinus*: »omnia quae retro sunt, hodie facies, hodie fecisti«. Hoc de tertio et quarto.

Rursus etiam quia finis ibi est principium, semper 21
perfectum incipit et natum nascitur. Sic ergo deus creavit omnia, quia creare non desiit, sed semper creat et creare incipit, Ioh. 5: ›pater meus usque modo operatur et ego operor‹, et *Augustinus*: »non fecit ⟨etc.⟩ atque abiit« etc. Semper enim creaturae sunt in suae creationis fieri et principio. Et hoc est quod ait: *in principio creavit deus caelum et terram.* Eo enim quo perficit et finit, incipit, quia finis est initium, et quo incipit, finit sive perficit, quia initium est finis, Apoc. primo et ultimo.

gung, wenn der in ihr erstrebte Zustand erreicht ist. Was schon ein Haus ist, wird kein Haus mehr, wenn es auch geweißt werden kann und dergleichen; aber das geschieht nur insofern, als es noch nicht weiß ist. So also ist die Schöpfung und jedes Werk Gottes, sobald es anhebt, schon vollendet: ›Gottes Werke sind vollendet‹ ⟨Deut. 32,4⟩, und: ›er hat gesprochen, und es ist geworden‹ ⟨Ps. 32,9⟩. Denn er ist Beginn oder ›Anfang und Ende‹ ⟨Offb. 1,8; 22,13⟩.

Zusammenfassend wollen wir kurz im einzelnen folgendes sagen:

Das Sein ist Gott seinem Wesen nach. Von ihm also und ihm allein empfangen alle Dinge Sein. Also ⟨heißt es⟩: *Gott hat Himmel und Erde geschaffen.* Dies zum Ersten.

Ferner: außer Gott, außer dem Sein nämlich, ist nichts. Also hat er entweder überhaupt nicht geschaffen, oder er hat alles in sich selbst als dem Urgrund geschaffen. Dies zum Zweiten. Augustin: »in ihm ist, was aus ihm ist«.

Zudem aber ist Gott als das Sein das Erste und das Letzte, ›Anfang und Ende‹. Was immer er also Vergangenes geschaffen hat, schafft er wie gegenwärtig *im Anfang*; was er aber jetzt wie *im Anfang* schafft oder wirkt, hat er zugleich in vollendeter Vergangenheit geschaffen. Augustin: »alles, was von früher her ist, das wirst du heute machen, hast du heute gemacht«. Dies zum dritten und vierten Punkt.

Und wiederum: weil Ende hier Anfang ist, hebt das bereits Vollendete immer erst an und wird das bereits Geborene immer erst geboren. Gott hat also alles in der Weise geschaffen, daß er nicht abgelassen hat zu schaffen, sondern immer schafft und zu schaffen anhebt: ›mein Vater wirkt bis jetzt, und auch ich wirke‹ ⟨Joh. 5,17⟩. Augustin sagt: »nicht schuf er und wandte sich ab« und so weiter. Die Geschöpfe sind ja immer in ihrer Erschaffung Werden und Anfang. Das besagt das Wort: *im Anfang hat Gott Himmel und Erde geschaffen.* Denn womit er vollendet und beendet, hebt er an, weil ⟨hier⟩ Ende Beginn ist, und womit er anhebt, beendet oder vollendet er, weil ⟨hier⟩ Beginn Ende ist ⟨vgl. Offb. 1,8; 22,13⟩.

Postremo notandum quod ex praemissa prima proposi- 22
tione, si bene deducantur, omnia aut fere omnia, quae de deo quaeruntur, facile solvuntur, et quae de ipso scribuntur – plerumque etiam obscura et difficilia – naturali ratione clare exponuntur.

Sic igitur praemissa tria, scilicet propositio, quaestio et auctoritas hic prooemialiter et breviter exponuntur, in suis locis, in initiis scilicet trium operum, plenius pertractanda.

Als letztes ist zu bemerken: aus der ersten vorausgeschickten These lassen sich, wenn sie richtig abgeleitet werden, alle oder doch fast alle Gott betreffenden Probleme leicht lösen und die Schriftworte über ihn – fast immer auch die dunkeln und schwierigen – mit natürlicher Begründung lichtvoll auslegen.

So sind also die drei vorausgeschickten Stücke, These, Problem und Schriftwort, hier einleitend und kurz ausgelegt worden, sollen aber an ihrem Ort, nämlich an den Anfängen der drei Werke, vollständiger behandelt werden.

LATEINISCHE WERKE
EXPOSITIO SANCTI EVANGELII SECUNDUM IOHANNEM

EXPOSITIO SANCTI EVANGELII SECUNDUM IOHANNEM

⟨*Prooemium*⟩

In principio erat verbum. ›Aquila grandis magnarum alarum, 1
longo membrorum ductu, plena plumis et varietate, venit ad Libanum et tulit medullam cedri. Summitatem frondium eius avulsit, transportavit eam in terram Chanaan‹, Ezech. 17. Iohannes evangelista ipse est ›in arduis ponens nidum‹ intentionis, contemplationis et praedicationis, ›in praeruptis silicibus‹ ›atque inaccessis rupibus‹, Iob 35. ›Venit ad Libanum, tulit medullam cedri, summitatem frondium eius avulsit, in terram Chanaan transportavit‹, dum ipsum verbum in sinu patris hauriens habitantibus in terra manifestavit dicens: *in principio erat verbum.* Ipse enim »inter evangeliorum scriptores eminet in divinorum mysteriorum profunditate«, ut ait *Augustinus.* Et »in figura quattuor animalium«, Ezech. 1 et Apoc. 4, »aquilae«, »quae volat altius ceteris avibus et solis radios irreverberatis luminibus aspicit«, »comparatur«. Hic »supra pectus domini in cena recubuit, caelestis haustum sapientiae ceteris excellentius de ipso dominici pectoris fonte potavit«, »divinitatem Christi et mysterium trinitatis commendare curavit«. Et hoc est quod hic dicitur: *in principio erat verbum.*

In cuius verbi expositione et aliorum quae sequuntur, 2
intentio est auctoris, sicut et in omnibus suis editionibus, ea quae sacra asserit fides christiana et utriusque testamenti scriptura, exponere per rationes naturales philosophorum.

AUSLEGUNG DES HEILIGEN EVANGELIUMS NACH JOHANNES

Vorwort

Im Anfang war das Wort. ›Ein mächtiger Adler mit weiten Fittichen, langgestreckten Gliedern, in buntem Gefieder kam zum Libanon und trug das Mark der Zeder davon. Den Wipfel ihres Laubes riß er ab und brachte ihn in das Land Kanaan‹ ⟨Ezech. 17,3⟩. Johannes der Evangelist ist es, ›der den Horst‹, von dem er ausschaut, betrachtet und predigt, ›auf steiler Höhe baut‹, ›auf abschüssigem Gestein‹ ›und unzugänglichen Felsen‹ ⟨Hiob 39,27⟩. ›Er kam zum Libanon, trug das Mark der Zeder davon, riß den Wipfel ihres Laubes ab und brachte ihn in das Land Kanaan‹, indem er das Wort im Schoße des Vaters selbst in sich aufnahm und den Erdenbewohnern kundtat mit den Worten: *im Anfang war das Wort.* »Er überragt ja die anderen Evangelisten an Tiefe der göttlichen Geheimnisse«, wie Augustin sagt. Und »im Bilde der vier lebenden Wesen« ⟨Ezech. 1,5. Offb. 4,6⟩ »wird er mit dem Adler verglichen, der höher fliegt als die übrigen Vögel und die Sonnenstrahlen mit ungeblendeten Augen anblickt«. Er »ruhte beim Abendmahl an der Brust des Herrn; den Trank himmlischer Weisheit genoß er im Vorrang vor den übrigen aus der Quelle selbst, der Brust des Herrn, und war darauf bedacht, die Gottheit Christi und das Geheimnis der Dreifaltigkeit uns anzuvertrauen«. Und das tut er mit diesen Worten: *im Anfang war das Wort.*

Wie in allen seinen Werken hat der Verfasser bei der Auslegung dieses Wortes und der folgenden die Absicht, die Lehren des heiligen christlichen Glaubens und der Schrift beider Testamente mit Hilfe der natürlichen Gründe der Philosophen auszulegen. ›Denn was an Gott unsichtbar ist,

›Invisibilia enim dei a creatura mundi per ea, quae facta sunt, intellecta conspiciuntur: sempiterna quoque virtus eius‹, »id est filius«, ›et divinitas‹, »id est spiritus sanctus«, ut ait *Glossa*, Rom. 1. Et *Augustinus* l. VII Confessionum dicit se in libris Platonis legisse *in principio erat verbum* et magnam partem huius primi capituli Iohannis. Et De civitate dei l. X narrat de quodam Platonico, qui dicebat principium huius capituli usque ibi: ›fuit homo missus a deo‹ »aureis litteris conscribendum et« »in locis eminentissimis proponendum«.

Rursus intentio operis est ostendere, quomodo veritates 3
principiorum et conclusionum et proprietatum naturalium innuuntur luculenter – ›qui habet aures audiendi!‹ – in ipsis verbis sacrae scripturae, quae per illa naturalia exponuntur. Interdum etiam ponuntur expositiones aliquae morales.

⟨*Capitulum primum*⟩

Secundum hoc ergo exponendum quod hic dicitur: *in prin-* 4
cipio erat verbum. Notandum primo quod hoc ipsum ⟨quod hic⟩ dicitur: *in principio erat verbum, et verbum erat apud deum,* et plura quae sequuntur, continentur sub illis verbis quibus dicitur: ›dixitque deus: fiat lux, et facta est lux; et vidit deus lucem quod esset bona, et divisit lucem ac tenebras‹, Gen. 1.

Ad evidentiam ergo eius quod dicitur: *in principio erat verbum* usque ibi: ›fuit homo missus a deo‹ notandum primo quod naturaliter et generaliter, tam in divinis de quibus hic est sermo, quam etiam in naturalibus et artificialibus, sic se habet quod productum sive procedens ab aliquo prius est in illo. Non enim procederet ficus a ficulnea magis quam

wird von dem Geschöpf in der Welt durch das Geschaffene erkannt und erschaut: auch seine ewige Kraft‹, »das ist der Sohn«, ›und seine Gottheit‹, »das ist der Heilige Geist«, wie die Glosse zu Röm. 1,20 sagt. Augustin sagt im 7. Buch seiner Bekenntnisse, er habe in Platos Büchern den Satz *im Anfang war das Wort* und einen großen Teil dieses ersten Kapitels des Johannes gelesen. Und im 10. Buch Vom Gottesstaat berichtet er den Ausspruch eines Platonikers, man sollte den Anfang dieses Kapitels bis zu der Stelle: ›es war ein Mensch, von Gott gesandt‹ ⟨1,6⟩ »mit goldenen Lettern niederschreiben und an weithin sichtbaren Orten aufstellen«.

Ferner beabsichtigt das Werk zu zeigen, wie die Wahrheiten der Prinzipien, Folgerungen und Eigentümlichkeiten in der Natur für den, ›der Ohren hat zu hören‹ ⟨Matth. 13,43⟩, gerade in den Worten der Hl. Schrift, welche mit Hilfe dieser natürlichen Wahrheiten ausgelegt werden, klar angedeutet sind. Bisweilen werden auch einige Auslegungen erbaulicher Art eingefügt.

Erstes Kapitel

In diesem Sinne muß man also den Ausspruch auslegen: *im Anfang war das Wort*. Zuerst ist zu bemerken: der Ausspruch *im Anfang war das Wort, und das Wort war bei Gott* und mehrere folgende sind enthalten in den Worten: ›und Gott sprach: es werde Licht, und es ward Licht; und Gott sah, daß das Licht gut war, und er schied das Licht und die Finsternis‹ ⟨Gen. 1,3⟩.

Zum Verständnis des Textes *im Anfang war das Wort* bis ›es war ein Mensch, von Gott gesandt‹ ist also erstens folgendes zu bemerken: es ist naturgemäß und gilt allgemein, sowohl im Bereich des Göttlichen, von dem hier die Rede ist, als auch in Natur und Kunst, daß das von einem Hervorgebrachte oder aus ihm Hervorgehende vorher in ihm ist. Denn die Feige würde ebensogut aus dem Weinstock oder dem Birn-

a vite sive piro arbore, nisi praeesset et prius esset in ipsa ficulnea.

Adhuc autem secundo: praeest in illo sicut semen in suo principio. Et hoc est quod hic dicitur: *in principio erat verbum,* Luc. 8: ›semen est verbum dei‹.

Tertio notandum quod productum ab aliquo universaliter est verbum illius, dicens, nuntians et enuntians illud a quo procedit. Ait ergo: *in principio erat verbum.*

Quarto notandum quod procedens est in producente sicut ratio et similitudo, in qua et ad quam producitur procedens a producente. Et hoc est quod Graecus habet: *in principio erat verbum,* id est logos, quod latine est verbum et ratio.

Habes ergo quattuor, scilicet quod procedens est in producente, item quod est in ipso ut semen in principio, ut verbum in dicente, item quod est in ipso ut ratio, in qua et per quam procedit quod producitur a producente.

Adhuc autem quinto sciendum quod hoc ipso, quod quid procedit ab alio, distinguitur ab illo. Et hoc est quod sequitur: *verbum erat apud deum.* Non ait: sub deo, nec ait: descendit a deo, sed ait: *verbum erat apud deum.* Li enim *apud deum* sonat in quandam aequalitatem. Ubi notandum quod in analogicis semper productum est inferius, minus, imperfectius et inaequale producenti; in univocis autem semper est aequale, eandem naturam non participans, sed totam simpliciter, integraliter et ex aequo a suo principio accipiens.

Et propter hoc sexto sic: procedens est filius producentis. Filius est enim qui fit alius in persona, non aliud in natura.

baum hervorgehen wie aus dem Feigenbaum, wenn sie nicht gerade in dem Feigenbaum enthalten und vorher in ihm wäre.

Zudem aber zweitens: es ist in ihm enthalten wie der Same in seinem Ursprung. Das besagt dieser Ausspruch: *im Anfang war das Wort*; ›der Same ist das Wort Gottes‹ ⟨Luk. 8,11⟩.

Drittens ist zu bemerken: ganz allgemein ist das von einem Hervorgebrachte dessen Wort. Es nennt, meldet und verkündet jenes, aus dem es hervorgeht. Daher sagt er: *im Anfang war das Wort.*

Viertens ist zu bemerken: das Hervorgehende ist in dem Hervorbringenden wie die Idee und das Gleichnis, in dem und nach dem das Hervorgehende von dem Hervorbringenden hervorgebracht wird. Das besagt der griechische Text: *im Anfang war das Wort*, der Logos, was im Lateinischen Wort und Idee bedeutet.

Man hat also viererlei, nämlich: das Hervorgehende ist in dem Hervorbringenden, ferner ist es in ihm wie der Same in seinem Ursprung, wie das Wort im Sprechenden, ferner ist es in ihm wie die Idee, in der und durch die hervorgeht, was vom Hervorbringenden hervorgebracht wird.

Zudem muß man aber fünftens wissen: dadurch, daß etwas aus einem anderen hervorgeht, wird es von ihm unterschieden. Das besagt das Folgende: *das Wort war bei Gott.* Er sagt nicht: unter Gott, noch sagt er: es stieg von Gott herab, sondern: *das Wort war bei Gott.* Denn *bei Gott* deutet auf eine gewisse Gleichheit hin. Hierbei ist zu bemerken, daß da, wo eine analoge Beziehung vorliegt, das Hervorgebrachte immer niedriger, geringer, unvollkommener als das Hervorbringende und ihm ungleich ist; bei gleichartigen Dingen ist es ihm aber immer gleich: es nimmt nicht etwa nur an derselben Natur teil, sondern empfängt sie von seinem Ursprung schlechthin ganz, ohne Abzug und in derselben Vollkommenheit.

Und deshalb sechstens also: das Hervorgehende ist der Sohn des Hervorbringenden. Denn Sohn ist, wer ein anderer der Person nach, nicht ein anderes der Natur nach wird.

Ex quo sequitur septimo quod sit id ipsum filius sive 6
verbum, quod est pater sive principium. Et hoc est quod sequitur: *deus erat verbum.* Ubi tamen et hoc notandum quod, licet in analogicis productum sit descendens a producente, est tamen sub principio, non apud ipsum. Item fit aliud in natura, et sic non ipsum principium. Nihilominus tamen, ut est in illo, non est aliud in natura, sed nec aliud in supposito. Arca enim in mente artificis non est arca, sed est vita et intelligere artificis, ipsius conceptio actualis. Quod pro tanto dixerim, ut verba hic scripta de divinarum personarum processione doceant hoc ipsum esse et inveniri in processione et productione omnis entis naturae et artis.

Octavo notandum quod arca procedens sive producta 7
foris in esse, nihilominus est et manet in ipso artifice, sicut fuit a principio, antequam arca fieret, etiam si foris corrumpatur. Et hoc est quod sequitur: *verbum hoc erat in principio apud deum.* Praemiserat enim quod *in principio erat verbum.*

Nono sciendum quod processio sive productio et emana- 8
tio, de quibus loquimur, proprie, primo et maxime locum habet in generatione, quae non est cum motu nec in tempore, sed est finis et terminus motus, substantiam rei et esse respiciens. Propter quod consequenter non transit in non-esse nec labitur in praeteritum. Quod si sic, semper est *in principio* – nam et apud nos: tolle tempus, occidens est oriens –, et si semper *in principio,* semper nascitur, semper generatur; aut enim nunquam aut semper, quia principium sive *in principio* est semper. Hinc est quod filius in divinis, verbum *in principio,* semper nascitur, semper natus est. Et hoc est quod sequitur *erat: in principio erat verbum.* Li *erat* enim tria dicit:

Daraus folgt siebtens, daß der Sohn oder das Wort dasselbe ist, was der Vater oder der Ursprung ist. Das besagt das Folgende: *Gott war das Wort.* Hier ist aber auch dies zu bemerken: wo eine analoge Beziehung vorliegt, stammt das Hervorgebrachte zwar vom Hervorbringenden ab, ist aber unter seinem Ursprung, nicht bei ihm. Ferner wird es ein anderes der Natur nach, und so ist es nicht der Ursprung selbst. Nichtsdestoweniger aber ist es, insofern es in ihm ist, dasselbe der Natur wie dem Selbstand nach. Denn die Truhe im Geist des Künstlers ist keine Truhe, sondern Leben und Denken des Künstlers, sein lebendiger Entwurf. Das möchte ich deshalb gesagt haben, damit die hier vom Ausgang der göttlichen Personen geschriebenen Worte darüber belehren, daß im Ausgang und in der Hervorbringung alles Seins in Natur und Kunst dasselbe ist und gefunden wird.

Achtens ist zu bemerken: die Truhe, die nach außen zum Sein hervorgeht oder hervorgebracht wird, ist und bleibt nichtsdestoweniger im Künstler selbst, wie sie es von Anfang war, ehe sie eine Truhe wurde, auch wenn sie etwa draußen zerstört wird. Das besagt das Folgende: *dieses Wort war im Anfang bei Gott.* Denn er hatte vorausgeschickt: *im Anfang war das Wort.*

Neuntens muß man wissen: der Ausgang oder die Hervorbringung und das Ausfließen, von dem wir hier reden, findet eigentlich, zuerst und vor allem im Entstehen statt; dies geschieht nicht mit Bewegung noch in der Zeit, sondern ist Ziel und Ende der Bewegung, da es die Substanz und das Sein des Dinges betrifft. Deswegen geht es folglich nicht in Nicht-Sein über, noch sinkt es in die Vergangenheit. Ist das aber so, dann ist es immer *im Anfang* – so ist es doch auch bei uns: nimm die Zeit weg, und der Abend ist der Morgen –, und wenn es immer *im Anfang* ist, dann ist die Geburt immer, das Entstehen immer. Denn entweder niemals oder immer, weil der Anfang oder *im Anfang* immer ist. Daher kommt es, daß der Sohn in der Gottheit, das Wort *im Anfang*, immer geboren wird, immer geboren ist. Das besagt das folgende *war*: *im Anfang war das Wort.* Denn *war* besagt dreierlei: die

substantiam, cum sit verbum substantivum, item praeteritum, item imperfectum. Et quia substantivum, *verbum* est ipsa principii substantia; quia praeteritum, semper natum est; quia imperfectum, semper nascitur. Hinc est quod in qualibet clausularum primarum quattuor, ubi Iohannes loquitur de *verbo,* semper utitur hoc verbo *erat* substantivo, praeterito et imperfecto.

Decimo notandum quod proprium intellectus est obiec- 9
tum suum, intelligibile scilicet, accipere non in se, ut totum quoddam, perfectum et bonum est, sed accipere in suis principiis. Et hoc est quod hic dicitur: *in principio erat verbum,* et iterum: *verbum hoc erat in principio apud deum.*

Undecimo notandum quod verbum, conceptus mentis sive ars ipsa in mente artificis est id per quod artifex facit omnia, et sine quo ut sic nihil facit. Et hoc est quod sequitur: *omnia per ipsum facta sunt, et sine ipso factum est nihil.*

Duodecimo notandum quod arca in mente et in arte ipsa 10
nec arca est nec facta est, sed est ars ipsa, vita est, conceptus vitalis artificis est. Et hoc est quod sequitur: *quod factum est in ipso vita erat.*

Tertio decimo: verbum, utpote ratio, ad rationale pertinet, quod proprium est hominis. Est enim homo animal rationale, et »hominum genus arte et ratione« vivit, ut dicitur *I Metaphysicae.* Propter quod verbum non solum vita est, sed vita lux est hominum. Et hoc est quod sequitur: *et vita erat lux hominum.*

Rursus quarto decimo: verbum, ratio et ars ipsa, non 11
minus lucet in nocte quam in die, non minus interiora latentia

Substanz, da es ein substantivisches Wort ist, ferner die Vergangenheit, ferner die unvollendete Vergangenheit. Weil es substantivisch ist, so ist *das Wort* die Substanz des Ursprunges selbst; weil es der Vergangenheit angehört, so ist es immer geboren; weil die Vergangenheit aber unvollendet ist, so wird es immer geboren. Daher kommt es, daß Johannes in jedem der vier ersten Sätze, wo er von dem *Wort* redet, immer dieses Wort *war* gebraucht, welches die Substanz, die Vergangenheit und ⟨zwar⟩ die unvollendete Vergangenheit bezeichnet.

Zehntens ist zu bemerken: es ist dem Verstand eigen, seinen Gegenstand, das geistig Erfaßbare, nicht in seinem An-sich zu nehmen, insofern er ein Ganzes, Vollkommenes und Gutes ist, sondern ihn in seinen Ursprüngen zu nehmen. Und das besagt der Ausspruch: *im Anfang war das Wort*, und wiederum: *dieses Wort war im Anfang bei Gott.*

Elftens ist zu bemerken: das Wort, der ⟨schöpferische⟩ Gedanke oder die Kunst selbst im Geiste des Künstlers, ist das, wodurch der Künstler alles macht und ohne das er als Künstler nichts macht. Das besagt das Folgende: *alles ist durch ihn geworden, und ohne ihn ward nichts.*

Zwölftens ist zu bemerken: die Truhe im Geist oder im künstlerischen Vermögen selbst ist weder eine Truhe, noch ist sie gemacht, sie ist vielmehr die Kunst selbst, sie ist Leben, sie ist der lebendige Entwurf des Künstlers. Das besagt das Folgende: *was geworden ist, war in ihm Leben.*

Dreizehntens: das Wort, die Idee also, gehört zum vernünftigen Vermögen, das dem Menschen eigen ist. Denn der Mensch ist ein vernünftiges Lebewesen, und »das Leben des Menschengeschlechtes ⟨wird bestimmt⟩ durch Kunst und Vernunft«, wie es im 1. Buch der Metaphysik heißt. Deshalb ist das Wort nicht nur das Leben der Menschen, sondern das Leben ist auch ihr Licht. Das besagt das Folgende: *und das Leben war das Licht der Menschen.*

Wiederum vierzehntens: das Wort, die Idee und die Kunst selbst, leuchtet nicht weniger bei Nacht als bei Tage, erleuchtet nicht weniger das im Innern Verborgene als das

quam exteriora patentia illustrat. Et hoc est quod sequitur: *et lux in tenebris lucet,* ad differentiam lucis corporalis, quae non est vita, nec lux hominum proprie, nec in noctibus lucet, nec interius latentia illustrat.

Adhuc autem melius notandum quod in rebus creatis nihil lucet praeter ipsarum rationes. »Ratio enim rei, quam nomen significat, est diffinitio«, ut ait *philosophus.* Diffinitio autem est medium demonstrationis, aut potius est tota demonstratio faciens scire. Constat ergo quod in rebus creatis nihil lucet praeter solam rerum ipsarum rationem. Et hoc est quod hic dicitur de verbo, quod est *lux hominum,* ratio scilicet. Et hoc est etiam quod hic dicitur: *et lux in tenebris lucet,* quasi diceret: in rebus creatis nihil lucet, nihil cognoscitur, nihil facit scire praeter rerum ipsarum quiditatem, diffinitionem sive rationem.

Quinto decimo sciendum quod *verbum,* logos sive ratio 12
rerum sic est in ipsis et se tota in singulis, quod nihilominus est se tota extra singulum quodlibet ipsorum, tota intus, tota deforis. Patet hoc in animali et in qualibet eius specie et quolibet singulari specierum. Et propter hoc motis rebus, mutatis aut corruptis, tota rerum ratio manet immobilis nec corrumpitur. Nihil enim tam aeternum et immutabile quam ratio circuli qui corrumpitur. Quomodo enim corrumperetur corrupto circulo quod totum est extra circulum qui corrumpitur?

Est ergo ratio *lux in tenebris,* id est rebus creatis, non inclusa, non permixta, non comprehensa. Et hoc est quod hic, cum dixisset: *lux in tenebris lucet,* addidit: *et tenebrae eam non comprehenderunt.* Et hoc est quod in *De causis* dicitur: »causa prima regit res omnes praeter quod commisceatur cum eis«. Causa prima omnis rei ratio est, logos est, *verbum in principio.*

nach außen Offenliegende. Das besagt das Folgende: *und das Licht leuchtet in der Finsternis*, im Unterschied von dem stofflichen Licht, das kein Leben ist, noch eigentlich das Licht der Menschen, das weder in der Nacht leuchtet, noch das im Innern Verborgene erleuchtet.

Zudem aber ist es noch richtiger zu sagen, daß in den geschaffenen Dingen nichts leuchtet als ihre Ideen. »Denn die Idee eines Dinges, welche der Name bezeichnet, ist seine Begriffsbestimmung«, wie der Philosoph sagt. Die Begriffsbestimmung aber ist das Beweismittel oder vielmehr der ganze Beweis, der Wissen erzeugt. Also steht fest, daß in den geschaffenen Dingen nichts leuchtet außer ihrer Idee allein. Das wird hier vom Wort gesagt: es ist *das Licht der Menschen*, nämlich ihre Idee. Das besagt auch der Satz: *und das Licht leuchtet in der Finsternis*, als wollte er sagen: in den geschaffenen Dingen leuchtet nichts, wird nichts erkannt, erzeugt nichts Wissen außer der Washeit, Begriffsbestimmung oder Idee der Dinge selbst.

Fünfzehntens muß man wissen: *das Wort*, der Logos oder die Idee der Dinge ist so in ihnen, und ⟨zwar⟩ ganz in den einzelnen, daß sie trotzdem ganz außerhalb jedes einzelnen ist, ganz drinnen, ganz draußen. Das ist deutlich im Lebewesen und in allen seinen Arten und in jedem Einzelwesen innerhalb der Arten. Deswegen bleibt die ganze Idee der Dinge unbeweglich und unzerstört, mögen auch die Dinge selbst bewegt, verändert oder zerstört werden. Denn nichts ist so ewig und so unveränderlich wie die Idee des Kreises, der vergeht. Denn wenn der Kreis vergeht, wie sollte dann mit ihm vergehen, was ganz außerhalb des Kreises ist, der vergeht?

Also ist die Idee *das Licht in der Finsternis*, d. h. in den geschaffenen Dingen, ohne jedoch von ihr eingeschlossen, mit ihr vermischt oder von ihr erfaßt zu sein. Darum fügte er hier zu dem Satz: *das Licht leuchtet in der Finsternis* hinzu: *und die Finsternis hat es nicht erfaßt*. Und das sagt auch das Buch Von den Ursachen: »die erste Ursache leitet alle Dinge, ohne sich mit ihnen zu vermischen«. Die erste Ursache jedes Dinges ist die Idee, der Logos, *das Wort im Anfang*.

Patet ergo quomodo *in principio erat verbum* usque ibi: ›fuit 13
homo missus a deo‹ exponitur per rationes et proprietates rerum naturalium; iterum etiam quod ipsa verba evangelistae bene inspecta docent nos naturas rerum et ipsarum proprietates, tam in essendo quam in operando, et dum fidem astruunt, nos de rerum naturis instruunt. Ipse enim filius dei, *verbum in principio,* ratio est, »ars quaedam« »plena omnium rationum viventium incommutabilium, et omnes unum in ea«, ut ait *Augustinus* De trinitate l. VI capitulo ultimo.

Exemplum autem omnium praemissorum et aliorum 14
plurium frequenter dicendorum est, si quis advertat in iustitia gignente iustum, in quantum iustus est.

Constat enim primo quod iustus ut sic est in ipsa iustitia. Quomodo enim iustus esset, si extra iustitiam esset, divisus a iustitia foris staret?

Adhuc autem secundo: iustus praeest in ipsa iustitia, utpote concretum in abstracto et participans in participato.

Rursus tertio: iustus verbum est iustitiae, quo iustitia se 15
ipsam dicit et manifestat. Nisi enim iustitia iustificaret, nemo ipsam cognosceret, sed sibi soli esset cognita, secundum illud: ›deum nemo vidit unquam: unigenitus, qui est in sinu patris, ipse enarravit‹, infra Ioh. 1; ›neque patrem quis novit nisi filius‹, Matth. 11; et ›nemo scit, nisi qui accipit‹, Apoc. 2. Universaliter enim perfectionem divinam nemo novit, ›nisi qui accipit‹, puta iustitia sibi soli nota est et iusto assumpto ab ipsa iustitia. Et hoc est quod dicit *auctoritas* quod trinitas,

So erhellt, wie der Text *im Anfang war das Wort* bis ›es war ein Mensch, von Gott gesandt‹ sich durch die Ideen und Eigentümlichkeiten der Naturdinge auslegen läßt; außerdem erhellt, daß die Worte des Evangelisten selbst, wenn man sie richtig betrachtet, uns über die Natur der Dinge und ihre Eigentümlichkeiten sowohl im Sein als im Wirken belehren, und indem sie unseren Glauben aufrichten, uns über die Natur der Dinge unterrichten. Denn der Sohn Gottes selbst, *das Wort im Anfang*, ist die Idee, »die schöpferische Fülle aller lebendigen unveränderlichen Ideen, die alle eins in ihr sind«, wie Augustin im letzten Kapitel des 6. Buches Von der Dreifaltigkeit sagt.

Ein Beispiel für alles Vorausgehende und manches andere, von dem wir noch öfter zu sprechen haben, bietet die Betrachtung des Gerechten, insofern er gerecht ist, in der ihn gebärenden Gerechtigkeit.

Denn es steht erstens fest, daß der Gerechte als solcher in der Gerechtigkeit selbst ist. Denn wie wäre er gerecht, wenn er außerhalb der Gerechtigkeit wäre, getrennt von der Gerechtigkeit draußen stände?

Zudem aber zweitens: der Gerechte ist in der Gerechtigkeit selbst enthalten, wie das Konkrete im Abstrakten und das Teilhabende in dem, woran es teilhat.

Wiederum drittens: der Gerechte ist das Wort der Gerechtigkeit, durch das die Gerechtigkeit sich ausspricht und kundgibt. Denn wenn die Gerechtigkeit nicht gerecht machte, würde niemand sie erkennen, sondern sie wäre sich allein bekannt, gemäß dem Wort: ›Gott hat niemand je gesehen: der Eingeborene, der im Schoß des Vaters ist, er hat ihn kundgetan‹ ⟨1,18⟩; ›und niemand kennt den Vater als der Sohn‹ ⟨Matth. 11,27⟩; und ›niemand weiß, als wer empfängt‹ ⟨Offb. 2,17⟩. Denn ganz allgemein ⟨gilt⟩: eine göttliche Vollkommenheit kennt niemand, ›als wer sie empfängt‹; so ist die Gerechtigkeit sich allein bekannt und dem Gerechten, der von der Gerechtigkeit angenommen ist. Und das besagt der Ausspruch: die Dreifaltigkeit, Gott, ist sich allein bekannt und dem angenommenen Menschen. Daher heißt es im

deus, sibi soli nota est et homini assumpto. Unde in Psalmo: ›beatus, quem elegisti et assumpsisti‹.

Rursus quarto constat quod iustitia habet in se ipsa exemplar, quod est similitudo sive ratio, in qua et ad quam format et informat sive vestit omnem et omne iustum.

Quinto: iustus procedens et genitus a iustitia, hoc ipso ab 16
illa distinguitur. Nihil enim se ipsum gignere potest. Nec tamen iustus est aliud in natura quam iustitia, tum quia iustus solam iustitiam significat, sicut albus solam qualitatem, tum quia iustitia non faceret quempiam iustum, si esset natura alia hinc inde, sicut nec albedo facit nigrum, nec grammatica musicum.

Ex quo patet sexto quod iustus est proles et filius iustitiae. Filius enim est et dicitur eo quod fit alius in persona, non aliud in natura, Ioh. 10: ›ego et pater unum sumus‹: ›sumus‹ distincti in persona, quia nihil se ipsum gignit; ›unum‹ in natura, quia aliter iustitia non gigneret iustum, nec pater filium, qui fieret alius, nec esset generatio univoca. Et hoc est quod hic dicitur: *deus erat verbum.*

Quod si id ipsum unum in natura: pater et filius, iustitia et 17
iustus, septimo sequitur quod iustus sit aequalis, non minor quam iustitia, nec filius quam pater. Et hoc est: *verbum erat apud deum.* Li *apud* enim aequalitatem significat, ut dictum est prius.

Rursus octavo: iustitia pariendo iustum sive iustificando non desinit esse iustitia, nec desinit esse principium et ratio iusti. Et hoc est quod dicitur: *verbum hoc erat in principio apud deum.*

Adhuc nono constat quod iustitia, sed nec iustus ut sic non 18

Psalm: ›selig, den du erwählt und angenommen hast‹ ⟨Ps. 64,5⟩.

Wiederum steht viertens fest, daß die Gerechtigkeit in sich selbst ein Vorbild hat, welches das Gleichnis oder die Idee ist, in der und nach der sie jeden Gerechten und jedes Gerechte bildet und überbildet oder bekleidet.

Fünftens: der Gerechte, der aus der Gerechtigkeit hervorgeht und aus ihr geboren ist, wird eben dadurch von ihr unterschieden. Denn nichts kann sich selbst gebären. Und doch ist der Gerechte der Natur nach nicht ein anderes als die Gerechtigkeit, einmal weil der Gerechte die Gerechtigkeit allein bezeichnet, wie der Weiße diese Eigenschaft allein; sodann weil die Gerechtigkeit niemanden gerecht machte, wenn die Natur hier und dort eine andere wäre, wie auch die Weiße nicht schwarz und die Grammatik nicht musikalisch macht.

Daraus erhellt sechstens, daß der Gerechte Sproß und Sohn der Gerechtigkeit ist. Denn Sohn ist und heißt er deswegen, weil er ein anderer der Person nach wird, nicht ein anderes der Natur nach. ›Ich und der Vater sind eins‹ ⟨10,30⟩: ›wir sind‹ unterschieden der Person nach, weil nichts sich selbst gebiert; ›eins‹ der Natur nach, weil sonst die Gerechtigkeit nicht den Gerechten gebären würde, noch der Vater den Sohn, der ⟨nur⟩ ein anderer werden soll, noch eine Zeugung von Gleichartigem vorläge. Das besagt der Ausspruch: *Gott war das Wort.*

Wenn nun der Vater und der Sohn, die Gerechtigkeit und der Gerechte, ein und dasselbe der Natur nach sind, so folgt siebtens, daß der Gerechte der Gerechtigkeit gleich ist, nicht geringer als sie, noch der Sohn geringer als der Vater. Das besagt der Ausspruch: *das Wort war bei Gott*; denn *bei* bedeutet Gleichheit, wie oben gesagt wurde.

Wiederum achtens: indem die Gerechtigkeit den Gerechten gebiert oder gerecht macht, bleibt sie doch die Gerechtigkeit, bleibt sie Ursprung und Idee des Gerechten. Das besagt der Ausspruch: *dieses Wort war im Anfang bei Gott.*

Zudem steht neuntens fest, daß weder die Gerechtigkeit

cadunt sub motu et tempore, sicut nec vita nec lux. Et propter hoc iustus sic semper nascitur ab ipsa iustitia, sicut a principio, quo iustus, natus est, sicut est de generatione luminis in medio et eius conservatione: eo ipso continue, quia non continue.

Rursus decimo: iustus ut sic, id quod est se toto et se omni quod est, ab ipsa iustitia et in ipsa, suo principio, est. Et hoc est quod dicitur: *in principio erat verbum*. Adhuc autem iustus, in quantum iustus, nihil cognoscit, nec se ipsum quidem, nisi in ipsa iustitia. Quomodo enim ipsum iustum cognosceret extra ipsam iustitiam? Ipsa vero principium iusti est. Et hoc est proprium hominis et rationis cognoscere res in suis principiis.

Iterum autem undecimo constat quod iustitia omne opus 19
suum operatur mediante iustitia genita. Sicut enim non posset quidpiam iustum gigni sine iustitia, sic nec esse iustum genitum sine iustitia genita. Iustitia vero genita ipsa est verbum iustitiae in principio suo, parente iustitia. Hoc est ergo quod hic dicitur: *omnia per ipsum facta sunt, et sine ipso factum est nihil.*

Rursus duodecimo: iustus in ipsa iustitia iam non est genitus nec genita iustitia, sed est ipsa iustitia ingenita. Et hoc est quod dicitur: *quod factum est* sive productum quocumque modo productionis *in ipso vita erat,* id est »principium sine principio«. Hoc enim proprie vivit quod est sine principio. Nam omne habens principium operationis suae ab alio, ut aliud, non proprie vivit.

Adhuc autem tertio decimo: iustus in ipsa iustitia, 20
principio suo, hoc ipso quod est ingenitus, »princi-

noch der Gerechte als solcher der Bewegung und der Zeit unterliegen, ebensowenig wie Leben und Licht. Und deshalb wird der Gerechte immer so von der Gerechtigkeit geboren, wie er von Anfang an, seitdem er gerecht ist, ⟨aus ihr⟩ geboren worden ist; so verhält es sich auch mit dem Entstehen und der Erhaltung des Lichtes im Mittel: es entsteht gerade deshalb stetig, weil es dort nicht stetig beharrt.

Wiederum zehntens: der Gerechte als solcher ist das, was er ist, mit allem und jedem, was er ist, von der Gerechtigkeit und in ihr als seinem Ursprung. Das besagt der Ausspruch: *im Anfang war das Wort.* Zudem aber erkennt der Gerechte, insofern er gerecht ist, alles, auch sich selbst, nur in der Gerechtigkeit. Denn wie könnte er den Gerechten selbst außerhalb der Gerechtigkeit selbst erkennen? Sie ist aber der Ursprung des Gerechten. Und dies ist eine Eigentümlichkeit des Menschen und seiner Vernunft, die Dinge in ihren Ursprüngen zu erkennen.

Ferner aber steht elftens fest, daß die Gerechtigkeit all ihr Werk mittels der ⟨aus ihr⟩ geborenen Gerechtigkeit wirkt. Denn wie nichts Gerechtes ohne die Gerechtigkeit geboren werden könnte, so könnte auch das ⟨aus ihr geborene⟩ Gerechte nicht ohne die geborene Gerechtigkeit sein. Die geborene Gerechtigkeit aber ist das Wort der Gerechtigkeit in ihrem Ursprung, der Gebärerin Gerechtigkeit. Das besagt dieses Wort: *alles ist durch ihn geworden, und ohne ihn ward nichts.*

Wiederum zwölftens: der Gerechte in der Gerechtigkeit selbst ist noch nicht geboren, er ist auch nicht die geborene Gerechtigkeit, vielmehr ist er die ungeborene Gerechtigkeit selbst. Das besagt das Wort: *was geworden ist* oder nach irgendeiner Weise der Hervorbringung hervorgebracht ist, *war in ihm Leben*, das heißt »Ursprung ohne Ursprung«. Denn das lebt im eigentlichen Sinne, was ohne Ursprung ist. Denn alles, was den Ursprung seiner Tätigkeit von einem anderen als anderem hat, das lebt nicht im eigentlichen Sinne.

Zudem aber dreizehntens: dadurch, daß der Gerechte in der Gerechtigkeit als seinem Ursprung ungeboren, »Ur-

pium sine principio«, vita, lux est. Unumquodque enim lux est et lucet in suis principiis. Omnis enim cognitio rerum est per sua principia et in suis principiis; et quousque resolvatur in sua principia, semper obscura, tenebrosa et opaca est, quia cum formidine partis alterius. Demonstratio autem, id est syllogismus, faciens scire sine formidine et opinione, est ex propriis principiis. Et hoc est quod hic dicitur: *vita erat lux hominum.* Ait autem *hominum,* fortassis quia homo accipit cognitionem suam a posterioribus, procedens ad principia ratiocinando. Non sic creatura altior intellectualis. Et forte hoc est quod sequitur: *lux in tenebris lucet.* Res enim omnis creata sapit umbram nihili. ›Deus‹ solus ›lux est, et tenebrae in eo non sunt ullae‹. Ideo *lux in tenebris* est cognitio a posteriori, cognitio in phantasmate et per phantasma.

Vel aliter: universaliter principium lux est sui principiati, 21
et superius sui inferioris. E converso principiatum et inferius hoc ipso quod inferius et posterius, utpote habens esse ab alio, in se ipso tenebrae sunt privationis vel negationis: privationis quidem in corporalibus corruptibilibus, negationis in spiritualibus. Hoc est ergo quod dicitur: *lux in tenebris lucet.* Sed quia inferius nunquam adaequat suum superius, sequitur: *et tenebrae eam non comprehenderunt.*

Iustus enim, de quo nunc est sermo in exemplo, secundum 22
se, secundum id quod est in se ipso, lux non est. Unde de ipso Iohanne baptista iusto sequitur: ›non erat ille lux‹. Et hoc est quartum decimum quod iustus sive iustum, in se ipso tenebrosum, non lucet; in ipsa vero iustitia, suo principio,

sprung ohne Ursprung«, Leben ist, ist er ⟨in ihr⟩ Licht. Denn ein jedes ist Licht und leuchtet in seinen Ursprüngen. Denn alle Erkenntnis der Dinge erfolgt mittels ihrer Ursprünge und in ihren Ursprüngen. Und ehe sie nicht auf ihre Ursprünge zurückgeführt ist, bleibt sie immer dunkel, finster und düster, weil man fürchten muß, daß die entgegengesetzte Ansicht richtig ist. Aber der Beweis, das heißt der Schluß, der Wissen ohne Furcht und Meinung erzeugt, erwächst aus den eigentlichen Ursprüngen. Das besagt dieses Wort: *das Leben war das Licht der Menschen.* Er sagt aber *der Menschen*, vielleicht weil der Mensch seine Erkenntnis von dem Späteren empfängt und durch Schlußfolgerung zu den Ursprüngen vordringt. Nicht so ist es bei den höheren geistigen Geschöpfen. Das besagt vielleicht der folgende Satz: *das Licht leuchtet in der Finsternis.* Denn an allem Geschaffenen spürt man den Schatten des Nichts. ›Gott allein ist Licht, und keine Finsternis ist in ihm‹ ⟨1 Joh. 1,5⟩. Also ist *Licht in der Finsternis* die Erkenntnis aus dem Späteren, die Erkenntnis im Vorstellungsbild und durch das Vorstellungsbild.

Oder anders: ganz allgemein ist der Ursprung das Licht des aus ihm Entsprungenen, und das Obere das Licht seines Niederen. Umgekehrt ist das Entsprungene und Niedere eben dadurch, daß es das Niedere und Spätere ist – hat es doch sein Sein von einem anderen –, in sich Finsternis auf Grund seiner Gebrechlichkeit oder Nichtigkeit: Gebrechlichkeit in der vergänglichen Körperwelt, Nichtigkeit in der Welt des Geistigen. Das also besagt das Wort: *das Licht leuchtet in der Finsternis.* Aber weil das Niedere niemals seinem Oberen gleichkommt, folgt: *und die Finsternis hat es nicht erfaßt.*

Denn der Gerechte, von dem wir jetzt im Beispiel sprechen, ist an und für sich, nach seinem Wesen, nicht Licht. Deshalb heißt es später selbst von dem gerechten Johannes dem Täufer: ›er war nicht das Licht‹ ⟨1,8⟩. Daher gilt vierzehntens: der Gerechte oder das Gerechte ist in sich selbst dunkel und leuchtet nicht; aber in der Gerechtigkeit selbst,

lucet, et ipsa iustitia in iusto lucet, sed iustum ipsam non comprehendit, utpote inferius.

Adhuc autem quinto decimo manifestum est quod iustitia se tota est in iusto quolibet. Media enim iustitia non est iustitia. Quod si tota est in quolibet iusto, est et tota extra quodlibet et quemlibet iustum. Et hoc est quod dicitur: *tenebrae eam non comprehenderunt.*

Ex praemissis possunt exponi quam plurima in scriptura, 23
specialiter illa quae de filio dei unigenito scribuntur, puta quod est ›imago dei‹.

Imago enim, in quantum imago est, nihil sui accipit a subiecto in quo est, sed totum suum esse accipit ab obiecto, cuius est imago.

Iterum secundo accipit esse suum a solo illo.

Adhuc tertio accipit totum esse illius secundum omne sui, quo exemplar est. Nam si ab aliquo alio quidquam acciperet imago vel quidquam exemplaris sui non acciperet, iam non esset imago illius, sed cuiusdam alterius.

Ex quo patet quarto quod imago alicuius et in se unica est et unius tantum est. Propter quod in divinis unicus est filius et unius solius, patris scilicet.

Rursus quinto ex dictis patet quod imago est in suo exem- 24
plari. Nam ibi accipit totum suum esse. Et e converso exemplar, in quantum exemplar est, in sua imagine est, eo quod imago in se habeat totum esse illius, Ioh. 14: ›ego in patre, et pater in me est‹.

Adhuc autem sexto sequitur quod imago et cuius est imago, in quantum huiusmodi, unum sunt, Ioh. 10: ›ego et pater unum sumus‹. ›Sumus‹ inquit, in quantum exemplar exprimens sive gignens est, imago vero expressa sive genita est; ›unum‹, in quantum totum esse unius in altero est, et nihil alienum ibi est.

seinem Ursprung, leuchtet es, und die Gerechtigkeit leuchtet in dem Gerechten, aber das Gerechte erfaßt sie nicht, da es ja das Niedere ist.

Zudem aber ist fünfzehntens offenbar, daß die Gerechtigkeit ganz in jedem Gerechten ist. Denn eine halbe Gerechtigkeit ist keine Gerechtigkeit. Wenn sie aber ganz in jedem Gerechten ist, so auch ganz außerhalb von allem und jedem Gerechten. Das besagt das Wort: *die Finsternis hat es nicht erfaßt*.

Auf Grund des Vorausgehenden kann sehr vieles in der Hl. Schrift ausgelegt werden, besonders was von dem eingeborenen Sohn Gottes geschrieben steht, etwa daß er ›das Abbild Gottes‹ ist ⟨2 Kor. 4,4; Kol. 1,15⟩.

Denn das Abbild als Abbild empfängt nichts, was ihm zugehört, von dem Träger, an dem es ist; vielmehr empfängt es sein ganzes Sein von dem Gegenstand, dessen Abbild es ist.

Ferner zweitens: es empfängt sein Sein von ihm allein.

Zudem drittens: es empfängt dessen ganzes Sein nach all dem, wodurch er Vorbild ist. Denn empfinge das Abbild etwas von einem andern oder erhielte es etwas von seinem Vorbilde nicht, so wäre es nicht dessen Abbild, sondern das Abbild eines andern.

Daraus erhellt viertens, daß jemandes Abbild in sich einzig ist und nur *eines* ⟨Abbild⟩ ist. Deshalb ist in der Gottheit ein einziger Sohn und *eines* allein, nämlich des Vaters.

Wiederum erhellt fünftens aus dem Gesagten, daß das Abbild in seinem Vorbild ist. Denn dort empfängt es sein ganzes Sein. Und umgekehrt ist das Vorbild als Vorbild in seinem Abbild, weil das Abbild in sich das ganze Sein des Vorbildes hat: ›ich bin im Vater, und der Vater ist in mir‹ ⟨14,11⟩.

Zudem folgt aber sechstens, daß das Abbild und sein Vorbild als solche eins sind: ›ich und der Vater sind eins‹ ⟨10,30⟩. ›Wir sind‹, sagt er, insofern das Vorbild formend oder zeugend, das Abbild aber geformt oder gezeugt ist; ›eins‹, insofern das ganze Sein des einen im andern ist, und es da nichts Fremdes gibt.

Rursus septimo: talis expressio sive gignitio imaginis est 25
quaedam formalis emanatio. Propter quod *commentator* vult in II De anima quod parturitio speciei visibilis in visu non requirit lumen extrinsecum, nec propter visibile, quod se ipsum multiplicat se ipso, nec etiam propter visum, qui se ipso speciem visibilis suscipit, sed tantum propter medium deferens lumen extrinsecum requirit.

Iterum etiam octavo: imago et exemplar coaeva sunt – et hoc est quod hic dicitur, quod *verbum,* imago, *erat in principio apud deum –,* ita ut nec exemplar sine imagine nec imago sine exemplari possit intelligi, Ioh. 14: ›qui videt me, videt et patrem meum‹.

Adhuc autem nono: imaginem non novit nisi exemplar, 26
nec exemplar quis novit nisi imago, Matth. 11: ›nemo novit filium nisi pater, nec patrem quis novit nisi filius‹. Ratio est, quia unum est esse, nec quidquam alienum utriusque est. Eadem autem sunt principia essendi et cognoscendi, nec quidquam per alienum cognoscitur.

Praemissa autem et plura similia manifeste apparent comparando iustum iustitiae, ens suo esse, bonum bonitati, et universaliter concretum suo abstracto.

Ista autem quae de imagine dicta sunt, aperte colliguntur 27
Sap. 7, ubi dicitur de sapientia sive verbo dei quod est ›speculum sine macula‹, ›emanatio‹ ›dei sincera‹. Item quod est ›imago bonitatis illius‹, et quod ›nihil inquinatum incurrit in illam‹. Item quod est ›vapor virtutis dei‹ et ›candor lucis aeternae‹.

Per haec etiam exponuntur, ut dictum est supra, quasi omnia quae de divinitate filii scribuntur.

Wiederum siebtens: ein solches Formen oder Erzeugen des Abbildes ist gewissermaßen ein Ausfließen der Form nach. Deshalb behauptet der Kommentator im 2. Buch Von der Seele, daß die Erzeugung des Sehbildes im Gesichtssinne kein äußeres Licht erfordert: weder wegen des Sichtbaren, das sich von selbst vielfältig mitteilt, noch auch wegen des Gesichtssinnes, der das Bild des Sichtbaren von selbst aufnimmt: sie erfordert das äußere Licht vielmehr nur wegen des Mittels der Übertragung.

Ferner auch achtens: Abbild und Vorbild sind gleichzeitig – wie dieser Ausspruch besagt: *das Wort*, das Abbild, *war im Anfang bei Gott* –, so daß man weder das Vorbild ohne das Abbild, noch das Abbild ohne das Vorbild denken kann: ›wer mich sieht, sieht auch meinen Vater‹ 〈14,9〉.

Zudem aber neuntens: das Abbild kennt niemand als das Vorbild, und das Vorbild kennt niemand als das Abbild: ›niemand kennt den Sohn als der Vater, noch kennt den Vater jemand als der Sohn‹ 〈Matth. 11,27〉. Der Grund ist der, daß beide *ein* Sein haben und nichts vom einen dem andern fremd ist. Die Prinzipien des Seins und des Erkennens sind aber die gleichen, und nichts wird durch etwas Fremdes erkannt.

Das Vorausgehende aber und manches Ähnliche wird deutlich offenbar, wenn man den Gerechten mit der Gerechtigkeit, das Seiende mit seinem Sein, den Guten mit der Güte und überhaupt das Konkrete mit dem entsprechenden Abstrakten vergleicht.

Was aber über das Abbild gesagt ist, das wird offensichtlich im 7. Kapitel des Buches der Weisheit zusammengefaßt, wo von der Weisheit oder dem Worte Gottes gesagt wird, daß sie ›ein Spiegel ohne Flecken‹ ist, ›ein lauterer Ausfluß Gottes‹. Ferner, daß sie ›das Abbild seiner Güte‹ ist und daß ›nichts Unreines in sie eindringt‹. Ferner, daß sie ›der Gluthauch der Kraft Gottes‹ ist und ›der Abglanz des ewigen Lichtes‹ 〈7,25〉.

Hiernach läßt sich auch, wie oben gesagt wurde, fast alles auslegen, was von der Gottheit des Sohnes geschrieben steht.

Haec ergo sufficiant ad praesens quantum ad unum modum exponendi quod dicitur: *in principio erat verbum* usque ibi: ›fuit homo missus a deo‹.

Adhuc autem secundo ad intellectum eius quod dicitur: *in* 28
principio erat verbum sciendum quod *Augustinus* Libro 83 quaestionum capitulo De verbo dei sic ait: »*in principio erat verbum*. Quod graece logos dicitur, latine et rationem et verbum significat. Sed hoc loco melius verbum interpretamur, ut significetur non solum ad patrem respectus, sed ad illa etiam quae per verbum facta sunt operativa potentia. Ratio autem, etsi nihil per illam fiat, recte ratio dicitur«. Hucusque verba Augustini. Ad hoc facit manifeste quod scientia docens ratiocinari in singulis scientiis et de singulis logica dicitur a logos, ratio. Rursus et ipsa logica scientia dicitur sermocinalis, quia logos est sermo sive verbum.

Secundo notandum quod ratio dupliciter accipitur: est 29
enim ratio a rebus accepta sive abstracta per intellectum, et haec est rebus posterior a quibus abstrahitur; est et ratio rebus prior, causa rerum et ratio, quam diffinitio indicat et intellectus accipit in ipsis principiis intrinsecis. Et haec est ratio, de qua nunc est sermo. Propter quod dicitur quod logos, ratio scilicet, est in principio: *in principio*, inquit, *erat verbum*.

His praemissis sciendum quod omne agens, sive in natura 30
sive in arte, agit sibi simile, et propter hoc semper habet in se ipso id cui assimilat suum effectum. Et illud est principium quo agit agens; aliter enim ageret sorte, non arte. Verbi gratia: artifex domus habet in se ipso, in quantum artifex, formam domus in mente, cui assimilat domum extra; et ipsa

Das möge als eine Auslegung des Textes *im Anfang war das Wort* bis ›es war ein Mensch, von Gott gesandt‹ für jetzt genügen.

Zweitens: zum Verständnis des Ausspruches *im Anfang war das Wort* muß man wissen, daß Augustin in seinem Buch Von den 83 Fragen im Kapitel Vom Worte Gottes also sagt: »*Im Anfang war das Wort.* Das griechische Wort Logos bedeutet im Lateinischen sowohl Idee als Wort. Aber an dieser Stelle übersetzen wir es besser mit Wort, damit nicht nur die Beziehung zum Vater zum Ausdruck kommt, sondern auch zu all dem, was durch das Wort in wirksamer Macht geworden ist. Denn die Idee wird mit Recht auch dann Idee genannt, wenn nichts durch sie Dasein erhält«. Soweit Augustin. Hierher gehört offenbar, daß die Wissenschaft, die lehrt, in den einzelnen Wissenschaften die Begriffe 〈richtig〉 zu verknüpfen und von den einzelnen 〈Wissenschaften sich einen richtigen Begriff zu machen〉, Logik genannt wird von Logos, Begriff. Wiederum wird die logische Wissenschaft auch als 〈Wissenschaft〉 von rechter Rede bezeichnet, weil Logos Rede oder Wort heißt.

Zweitens ist zu bemerken, daß Idee in zweifachem Sinne genommen wird: denn es gibt eine Idee, die von den Dingen durch den Verstand genommen oder abstrahiert ist, und diese ist später als die Dinge, von denen sie abstrahiert wird; es gibt auch eine Idee, die vor den Dingen, die Ursache der Dinge und ihre Idee ist, welche die Begriffsbestimmung ansagt und der Verstand in den inneren Ursprüngen 〈der Dinge〉 selbst erfaßt. Das ist die Idee, von der jetzt die Rede ist. Deshalb heißt es, daß der Logos, nämlich die Idee, im Ursprung ist: *im Anfang*, sagt er, *war das Wort.*

Nach diesen Vorbemerkungen muß man wissen: jedes Wirkende, sei es in Natur oder Kunst, wirkt seinesgleichen, und darum trägt es stets in sich selbst dasjenige, dem es seine Wirkung angleicht. Das ist der Wirkgrund, kraft dessen das Wirkende wirkt; denn sonst wirkte es zufällig, nicht zielsicher. Zum Beispiel: der Baumeister hat in sich, insofern er Baumeister ist, die Form des Hauses in seinem Geiste; ihr

est principium quo artifex facit et producit extra in materia, et est verbum quo dicit et manifestat se ipsum et omne quod sui est, in quantum domificator est. Similiter in natura corpus calidum, puta ignis, sibi assimilat calefactibile, et calor est principium quo calefacit ignis, et est verbum quo ignis se dicit, loquitur seu manifestat, in quantum calidus est. Quod si domificator ipsa sua substantia, in quantum homo et hic homo, domificaret, domus ipsa extra, effectus suus, esset verbum, quo diceret se ipsum, substantiam suam, se totum, quod est homo et hic homo; et effectus suus, domus extra, esset in sua substantia, et per consequens esset ipsa sua substantia, sicut nunc est effectus domus in mente sive artis, et est ars ipsa, differens solum quibusdam alienis formae domus, puta materia, loco, tempore et similibus. Et hoc est quod dicitur: *in principio erat verbum, et deus erat verbum,* et *quod factum est in ipso vita erat.*

Adhuc autem notandum quod effectus est aliter in causa 31
proxima univoca, puta ignis in igne, ubi principium, ignis scilicet generans, habet quidem formam ignis generati, sed non habet rationem ignis. Natura enim corporalis ut sic non distinguit inter rem et rationem, quia non novit rationem, quam solum accipit et novit rationale sive intellectivum. Et propter hoc in intellectu non solum effectus suus in ipso est verbum, sed est verbum et ratio, quod utrumque significat logos, ut dictum est. Et hoc est quod signanter valde dictum est quod *in principio erat logos,* et quod *erat apud deum,* et quod *deus erat,* et quarto quod *hoc erat in principio apud deum. In* ipso enim intellectu primo utique est ratio proprie; et est *apud deum,* in omni scilicet intellectivo proximo sibi, quod est

gleicht er das Haus draußen an; sie ist der Wirkgrund, kraft dessen der Baumeister ⟨das Haus⟩ draußen in der Materie macht und hervorbringt, und das Wort, durch welches er sich selbst und alles, was ihm als Baumeister eigen ist, ausspricht und kundtut. In ähnlicher Weise gleicht in der Natur ein heißer Körper, etwa das Feuer, das Erhitzbare sich an, und die Hitze ist der Wirkgrund, kraft dessen das Feuer erhitzt, und das Wort, durch welches es sich ausspricht, von sich redet oder sich kundtut, insofern es heiß ist. Wenn nun der Baumeister kraft seiner Substanz selbst, insofern er Mensch und dieser Mensch ist, baute, so wäre seine Wirkung, das Haus draußen, das Wort, durch das er sich selbst, seine Substanz, sich ganz als Menschen und als diesen Menschen ausspräche; und seine Wirkung, das Haus draußen, wäre in seiner Substanz, und wäre folglich Substanz selbst, wie es jetzt die Wirkung des Hauses im Geiste ist, oder ⟨die Wirkung⟩ der Kunst, ja die Kunst selbst, unterschieden allein durch allerlei, was der Form des Hauses fremd ist, etwa Materie, Ort, Zeit und dergleichen. Das besagt der Ausspruch: *im Anfang war das Wort, und Gott war das Wort,* und *was geworden ist, war in ihm Leben.*

Zudem ist aber zu bemerken: auf andere Weise ist die Wirkung in der nächsten gleichartigen Ursache, etwa das Feuer im Feuer, wo der Wirkgrund, nämlich das erzeugende Feuer, zwar die Form des erzeugten Feuers hat, aber nicht die Idee des Feuers. Denn die körperliche Natur als solche unterscheidet nicht zwischen Ding und Idee, weil sie die Idee nicht kennt; denn diese erfaßt und kennt allein ein mit Vernunft oder Verstand begabtes Wesen. Deshalb ist die Wirkung des Verstandes in ihm selbst nicht nur Wort, sondern Wort und Idee, welches beides, wie gesagt, das Wort Logos bedeutet. Es ist also sehr treffend gesagt: *im Anfang war der Logos,* und *er war bei Gott,* und *er war Gott,* und viertens: *er war im Anfang bei Gott.* Denn in dem ersten Verstand ist ja die Idee im eigentlichen Sinne; sie ist auch *bei Gott,* nämlich in jedem mit Verstand begabten Wesen, das ihm ganz nahe ist, das sein Abbild ist oder nach seinem

imago sive ad imaginem suam, genus dei est, Act. 17. Vel *apud* ipsum, quia semper actu intelligit, et intelligendo gignit rationem; ipsa ratio, quam gignit ipsum intelligere suum, est ipse deus: *deus erat verbum,* et *hoc erat in principio apud deum,* quia semper intellexit, semper filium genuit. *Augustinus*: si semper fuit pater, semper habuit filium. Vel *erat a principio apud deum,* quia semper gignit actu sicut *erat,* id est sicut genuit, *a principio:* aut enim semper aut nunquam, quia finis et principium idem ibi est, ut dictum est supra. Et tale agens, principium scilicet in quo est logos, ratio, est agens essentiale nobiliori modo praehabens suum effectum, et est habens causalitatem super totam speciem sui effectus.

In principio erat verbum. Rursus tertio modo ad exposi- 32
tionem horum verborum notandum quod in rebus creatis ratio uniuscuiusque rei universaliter principium est et causa omnium proprietatum et passionum, quae sunt in ipsa. Unde *commentator* VII Metaphysicae dicit quod quaestio de rerum quiditate desiderata fuit semper sciri ab antiquis, eo quod scita quiditate ipsa scitur causa omnium, omnium scilicet quae sunt in re ipsa. Principia enim substantiae, quae partes diffinitionis indicant, ipsa sunt omnium principia proprietatum et passionum subiecti. Unde ipsa diffinitio, quae est ratio, indicat de subiecto quid, et de passionibus propter quid, et est medium demonstrationis et tota demonstratio faciens scire. Secundum hoc ergo exponitur quod hic dicitur: *in principio erat logos,* ratio scilicet.

Adhuc autem quarto modo ad expositionem eius quod 33
dicitur: *in principio erat verbum* notandum quod verbum, filius in divinis quattuor habet proprietates:

Prima, quod est intimum, Iac. 1: ›suscipite insitum verbum‹.

Abbild, das Gottes Geschlecht ist ⟨Apg. 17,29⟩. Oder *bei* ihm, weil er immer wirklich erkennt und erkennend die Idee zeugt; und die Idee, die sein Erkennen zeugt, ist Gott selbst: *Gott war das Wort*, und *dies war im Anfang bei Gott*, weil er immer erkannt, immer den Sohn gezeugt hat. Augustin sagt: wenn er immer Vater gewesen ist, hat er immer den Sohn gehabt. Oder *es war von Anfang an bei Gott*, weil er immer wirklich zeugt, wie er *war*, das heißt, wie er gezeugt hat, *von Anfang an*: denn entweder immer oder niemals, weil Ziel und Ursprung hier dasselbe ist, wie oben gesagt wurde. Ein solches Wirkendes, nämlich ein Ursprung, in dem der Logos ist, die Idee, ist ein wesenhaft Wirkendes, das auf edlere Weise seine Wirkung vorher in sich hat, und sein Wirkbereich erstreckt sich über die ganze Art.

Im Anfang war das Wort. Wiederum: bei der dritten Auslegung dieser Worte ist zu bemerken, daß in den geschaffenen Dingen ganz allgemein die Idee eines jeden Dinges der Ursprung und die Ursache aller Eigentümlichkeiten und Bestimmtheiten ist, die in ihm sind. Daher sagt der Kommentator im 7. Buch der Metaphysik, daß die Alten sich immer darum bemüht haben, die Frage nach der Washeit der Dinge zu beantworten; denn wenn man das Wesen weiß, weiß man die Ursache von allem, nämlich von allem, was in dem Ding ist. Denn die Ursprünge der Substanz, welche die Teile der Begriffsbestimmung ansagen, sind eben die Ursprünge aller Eigentümlichkeiten und Bestimmtheiten ihres Trägers. Daher sagt die Begriffsbestimmung, welche die Idee ist, vom Träger an, was er ist, und von den Bestimmtheiten, weshalb sie sind, und sie ist das Beweismittel und der ganze Beweis, der Wissen erzeugt. Demgemäß also legt man diesen Ausspruch aus: *im Anfang war der Logos*, nämlich die Idee.

Zudem aber ist bei der vierten Auslegung des Ausspruches: *im Anfang war das Wort* zu bemerken, daß das Wort, der Sohn in der Gottheit vier Eigentümlichkeiten hat:

Die erste: er ist zuinnerst: ›nehmet das in euch gesenkte Wort auf‹ ⟨Jak. 1,21⟩.

Secunda, quod est primogenitus omnis creaturae, Col. 1: ›imago dei invisibilis, primogenitus omnis creaturae‹.

Tertia, quod semper nascitur et semper natus est, ut supra expositum est.

Quarta, quod procedit a patre sub proprietate intellectus sicut spiritus sanctus secundum proprietatem amoris.

Et hoc est quod hic dicitur: *in principio erat verbum. In* quantum ad primum; *principio* quantum ad secundum; *erat* pro tertio, est enim verbum substantivum praeteriti imperfecti; *verbum* pro quarto, verbum enim ratio est. Ratio ad intellectum pertinet, cuius est accipere unum sub alia et alia ratione, et distinguere ea, quae unum sunt in natura et in esse, et ordinem accipere quomodolibet, sive quo unum prius est altero, sive quo unus ab alio.

Ubi signanter notandum est quod intellectus in deo 34
maxime, et fortassis in ipso solo, utpote primo omnium principio, se toto intellectus est per essentiam, se toto purum intelligere. In ipso quidem idem est res et intellectus. Propter quod »relationes, quae consequuntur operationem intellectus« in divinis, reales sunt. Et sic »verbum«, scilicet filius, »intellectualiter procedens« a patre, »non est relatio rationis tantum, sed rei, quia et ipse intellectus et ratio« res quaedam sunt vel »res quaedam est«. Unde et *Augustinus* dicit: »res quae nos beatos faciunt«, »sunt pater et filius et spiritus sanctus«.

De primo istorum, quod notat li *in,* praepositio, nota quod dei et divinorum omnium, in quantum divina sunt, est inesse et intimum esse. Patet hoc in prima propositione *De causis*, specialiter in commento. Patet etiam in primo effectu dei

Die zweite: er ist der Erstgeborene vor allen Geschöpfen: ›das Abbild des unsichtbaren Gottes, der Erstgeborene vor allen Geschöpfen‹ ⟨Kol. 1,15⟩.

Die dritte: er wird immer geboren und ist immer geboren, wie oben erläutert wurde.

Die vierte: er geht vom Vater aus nach der Eigentümlichkeit der Verstandeserkenntnis, wie der Heilige Geist gemäß der Eigentümlichkeit der Liebe.

Das besagt dieser Ausspruch: *im Anfang war das Wort. Im* bezieht sich aufs erste; *Anfang* aufs zweite; *war* aufs dritte, denn es ist ein substantivisches Zeitwort der unvollendeten Vergangenheit; *das Wort* aufs vierte, denn das Wort ist die Idee. Die Idee gehört zum Verstande, dem es eigen ist, ein und dasselbe unter verschiedenen Begriffen zu erfassen, was in der Natur und im Sein eins ist, zu unterscheiden und irgendwie die Ordnung ⟨des Unterschiedenen⟩ zu erfassen, nach der das eine vor dem andern ist, oder der eine von dem andern ⟨sein Sein hat⟩.

Hier ist nun besonders hervorzuheben, daß der Verstand in Gott vor allem, und vielleicht in ihm allein, als dem ersten Ursprung von allem, ganz und gar wesenhaft Verstand ist, ganz und gar reines Denken. In ihm ist Wirklichkeit und Verstand dasselbe. Darum sind »die Beziehungen, die der Tätigkeit des Verstandes in der Gottheit folgen, wirklich. Und so ist das Wort, nämlich der Sohn, das nach Art der Verstandeserkenntnis vom Vater ausgeht, nicht eine bloße Beziehung der Idee nach, sondern der Wirklichkeit nach, weil auch der Verstand und die Idee Wirklichkeiten sind oder vielmehr eine Wirklichkeit ist«. Daher sagt Augustin: »die Wirklichkeiten, die uns selig machen, sind der Vater und der Sohn und der Heilige Geist«.

Bezüglich des Ersten, was das Verhältniswort *im* bezeichnet, bemerke: es ist Gott und allem Göttlichen, insofern es göttlich ist, eigen, innen zu sein und zuinnerst zu sein. Das erhellt aus dem ersten Satz des Buches Von den Ursachen, besonders aus der Erläuterung. Das erhellt auch aus der ersten Wirkung Gottes nach außen; sie ist das Sein, das

foras, qui est esse, omnium intimum, secundum illud *Augustini*: »intus eras et ego foras«. Patet hoc tertio in ipsis potentiis animae, quae quanto diviniores et perfectiores, tanto interiores.

De secundo principali, quod notat li *principio,* patet ex supra dictis; intimum enim et primum uniuscuiusque ratio est. Verbum autem logos sive ratio est.

De tertio quod notat li *erat,* et de quarto quod notat li *verbum*, iam dictum est.

Hoc ergo est quod dicitur: *in principio erat verbum.*

Rursus quinto: *in principio erat verbum.* Ad litteram vult dicere evangelista quod in divinis est emanatio et generatio personalis filii a patre, in quo distinguitur novum testamentum a veteri, in quo non fit aperta mentio de personarum emanatione; novum autem ubique loquitur de filio, sive quantum ad divinitatem sive quantum ad humanitatem.

Quantum autem ad divinitatem pertinet, in his verbis quattuor notantur de filio dei respectu patris:

Primo quod est ipsi consubstantialis. Quod notatur, cum dicitur esse in patre: *in principio erat verbum.* Omne enim quod est in patre, patri consubstantiale est.

Secundum quod inter ipsos est distinctio personalis, cum dicitur: *verbum erat apud deum.*

Tertium est ipsorum in esse et in natura merissima unitas, quae nec partes rationis sive diffinitionis, scilicet genus et differentiam, admittit. Quod notatur, cum dicitur: *deus erat verbum,* id est ratio; rationis enim non est ratio.

Quartum est filii ad patrem coaeternitas: *verbum hoc erat in principio apud deum.*

Patet ergo in his emanatio personalis filii sive verbi a patre.

Innerste von allem, gemäß dem Wort Augustins: »du warst drinnen und ich draußen«. Das erhellt drittens aus den Vermögen der Seele, die desto mehr im Innern verborgen sind, je göttlicher und vollkommener sie sind.

Der zweite Hauptpunkt, den das Wort *Anfang* ausdrückt, erhellt aus dem oben Gesagten; denn das Innerste und Erste eines jeden ist die Idee. Das Wort aber ist der Logos oder die Idee.

Von dem Dritten, was *war* bezeichnet, und vom Vierten, was das *Wort* bezeichnet, ist schon gesprochen worden.

Das also besagt der Ausspruch: *im Anfang war das Wort.*

Wiederum fünftens: *im Anfang war das Wort.* Dem Wortlaut nach will der Evangelist sagen, daß es in der Gottheit ein persönliches Ausfließen und Gezeugtwerden des Sohnes vom Vater gibt. Hierin unterscheidet sich das Neue Testament vom Alten; in diesem wird das Ausfließen der Personen nicht offen erwähnt; das Neue aber redet überall vom Sohne, sei es hinsichtlich seiner Gottheit oder hinsichtlich seiner Menschheit.

Was aber die Gottheit angeht, so wird in diesen Worten viererlei vom Sohne Gottes in Beziehung zum Vater bemerkt:

Erstens: er ist ihm wesensgleich. Das wird dadurch bezeichnet, daß es von ihm heißt, er sei im Vater: *im Anfang war das Wort.* Denn alles, was im Vater ist, ist dem Vater wesensgleich.

Zweitens: zwischen ihnen ist eine Verschiedenheit der Person nach, wenn es heißt: *das Wort war bei Gott.*

Das Dritte ist ihre lauterste Einheit im Sein und in der Natur, die auch nicht die Teile der Idee oder Begriffsbestimmung, nämlich Gattung und Unterschied ⟨der Art nach⟩, zuläßt. Das bezeichnet der Ausspruch: *Gott war das Wort,* nämlich die Idee; denn von der Idee gibt es keine Idee.

Das Vierte ist die Gleichheit des Sohnes mit dem Vater hinsichtlich der Ewigkeit: *dies Wort war im Anfang bei Gott.*

Hieraus erhellt also, daß das Ausfließen des Sohnes oder des Wortes vom Vater persönlich ist. »Zum Wort gehört aber

»Oportet autem verbum spiritum habere. Etenim et nostrum verbum non expers est spiritus«, ut ait *Damascenus.* Et sic patet quod hic notatur in divinis trium distinctio personalis.

Et quia effectus expressivus et repraesentativus semper est 36
et verbum sui principii, hinc est quod verba praemissa *in principio erat verbum, et verbum erat apud deum, et deus erat verbum, hoc erat in principio apud deum* sexto modo possunt exponi de omni opere naturae et artis.

Constat enim primo quod in pictore sit forma figurae et imago eius, quod depingit foris in pariete, per modum formae inhaerentis. Et hoc est quod hic dicitur: *in principio erat verbum.*

Adhuc autem oportet secundo quod apud ipsum sit imago per modum exemplaris, secundum quod et ad quod aspiciens operatur. »Nihil autem ad rem pertinet, utrum foris habeat exemplar, ad quod referat oculos, an intus quod sibi ipse concipit«, ut ait *Seneca* in epistula quadam. Et hoc est quod hic dicitur: *verbum erat apud deum.*

Rursus tertio imago depicta in mente pictoris est ars ipsa, 37
qua pictor est principium imaginis depictae. Et hoc est quod hic dicitur: *deus erat verbum,* principium scilicet sive causa effectus, balneum in anima et balneum in materia, ut ait *commentator,* figura in mente et figura in pariete.

Iterum etiam quarto constat quod Polycletus, ut verbo utar *philosophi,* non est principium statuae, antequam artem accipiat faciendi statuam, nec principiare potest, si desinat artem habere. Patet ergo quod a principio, postquam est artifex et quamdiu est artifex potens principiare, apud ipsum manet ars ipsa. Et hoc est quod hic dicitur: *verbum hoc erat in principio apud deum,* id est ars apud artificem, ipsi coaeva, sicut

auch ein Hauch. Denn auch unser Wort entbehrt nicht des Hauches«, wie Johannes von Damaskus sagt. So erhellt, daß hier der persönliche Unterschied zwischen den Dreien in der Gottheit bezeichnet wird.

Und weil die Wirkung stets der Ausdruck und die Darstellung, mithin das Wort ihres Ursprunges ist, darum können die vorausgehenden Worte: *im Anfang war das Wort, und das Wort war bei Gott, und Gott war das Wort, dies war im Anfang bei Gott*, auf eine sechste Weise von jedem Werk der Natur und Kunst ausgelegt werden.

Denn es steht erstens fest, daß der Maler die Form der Gestalt und das Bild dessen, was er draußen auf die Wand malt, als eine ihm innehaftende Form besitzt. Das besagt dieser Ausspruch: *im Anfang war das Wort.*

Zudem muß zweitens das Bild bei ihm sein als das Vorbild, auf das er hinschaut und nach dem er arbeitet. »Es macht aber nichts aus, ob er draußen ein Vorbild hat, dem er seine Augen zuwendet, oder eins drinnen, das er sich selber entwirft«, wie Seneca in einem Brief sagt. Das besagt dieser Ausspruch: *das Wort war bei Gott.*

Wiederum drittens: das gemalte Bild im Geiste des Malers ist die Kunst selbst, durch die der Maler der Ursprung des gemalten Bildes ist. Das besagt dieser Ausspruch: *Gott war das Wort*, nämlich Ursprung oder Ursache der Wirkung, gleich wie sich nach dem Kommentator das Bad in der Seele zu dem materiellen Bad, die Gestalt im Geist zu der Gestalt an der Wand verhält.

Ferner viertens: offenbar ist Polyklet, um ein Wort des Philosophen zu gebrauchen, nicht der Ursprung der Bildsäule, bevor er sich die Bildhauerkunst erworben hat, noch kann er ihr Ursprung sein, wenn er diese Kunst nicht mehr besitzt. Es erhellt also, daß von dem Beginn an, da er Künstler ist, und solange er Künstler ist mit der Fähigkeit zu gestalten, die Kunst bei ihm weilt. Das besagt dieser Ausspruch: *dies Wort war im Anfang bei Gott*, das heißt die Kunst beim Künstler, gleichen Alters mit ihm, wie der Sohn mit dem Vater in der Gottheit. Darüber habe ich in der

filius patri in divinis. Notavi de hoc super illo: »tres vidit, et unum adoravit«, Gen. 18 in secunda editione.

Rursus septimo: *in principio erat verbum.* Notandum quod 38
quattuor sunt condiciones cuiuslibet principii essentialis naturales:

Prima, quod in ipso contineatur suum principiatum sicut effectus in causa. Et hoc notatur, cum dicitur: *in principio erat.*

Secunda, quod in ipsa non solum sit, sed etiam praesit et eminentius sit suum principiatum quam illud in se ipso.

Tertia, quod ipsum principium semper est intellectus purus, in quo non sit aliud esse quam intelligere, nihilo nihil habens commune, ut ait *Anaxagoras*, III De anima.

Quarta condicio, quod in ipso et apud ipsum principium sit effectus virtute coaevus principio.

Et haec tria notantur, cum dicitur *verbum,* quod est ratio. Ratio enim non solum habet, sed praehabet et eminentius habet, quia virtute, quod effectus habet formaliter. Iterum et ratio in intellectu est, intelligendo formatur, nihil praeter intelligere est. Iterum etiam coaeva est intellectui, cum sit ipsum intelligere et ipse intellectus. Et hoc est quod sequitur: *verbum erat apud deum, et deus erat verbum, hoc erat in principio apud deum.*

Notandum autem quod verba praemissa ad hoc multis 39
modis sunt exposita, ut ex ipsis lector nunc unum, nunc alium pro libito accipiat, prout ipsi videbitur expedire. Quem etiam modum exponendi idem multis modis teneo in multis nostris expositionibus.

Adhuc autem manet quaestio circa illud quod dicitur: *in* 40
principio erat verbum. Cum enim prima proprietas verbi sive filii in divinis videatur quod ipse est genitus a patre, quid est

zweiten Genesis-Auslegung ⟨Weiteres⟩ bemerkt zu dem Wort: »drei sah er, und einen betete er an« ⟨Glosse zu Gen. 18,2⟩.

Wiederum siebtens: *im Anfang war das Wort.* Es ist zu bemerken: vier natürliche Bedingungen gehören dazu, daß etwas ein wesenhafter Ursprung sei:

Erstens, daß das aus ihm Entsprungene in ihm enthalten sei wie die Wirkung in ihrer Ursache. Das wird bezeichnet, wenn es heißt: *im Anfang war es.*

Zweitens, daß das ⟨aus der Ursache⟩ Entsprungene in ihr nicht nur sei, sondern auch vorher und auf eine erhabenere Weise sei als in sich selbst.

Drittens, daß der Ursprung immer reiner Verstand ist, in dem kein anderes Sein ist als das Denken, der nach dem im 3. Buch Von der Seele angeführten Wort des Anaxagoras mit nichts etwas gemein hat.

Viertens, daß in und bei dem Ursprung die Wirkung der Kraft nach gleichen Alters mit dem Ursprung sei.

Die drei letzten ⟨Bedingungen⟩ werden ausgedrückt durch *das Wort*, das ist die Idee. Denn was die Wirkung der Form nach hat, das hat die Idee nicht bloß, sondern sie hat es zuvor und hat es in erhabenerer Weise, weil der Kraft nach. Ferner auch ist die Idee im Verstande, durch Denken wird sie gebildet, sie ist nichts als Denken. Ferner ist sie gleichen Alters mit dem Verstand, da sie das Denken selbst und der Verstand selbst ist. Das besagt das Folgende: *das Wort war bei Gott*, *und Gott war das Wort*, *dies war im Anfang bei Gott.*

Es ist aber zu bemerken: die vorgenannten Worte sind dazu auf viele Weisen ausgelegt worden, damit der Leser aus ihnen nach Belieben bald die eine, bald die andere nehme, je nachdem es ihm nützlich scheint. Diese Weise, dasselbe auf viele Weisen auszulegen, halte ich auch ⟨sonst⟩ in meinen zahlreichen Auslegungen inne.

Nun bleibt noch eine Frage hinsichtlich des Ausspruches: *im Anfang war das Wort.* Denn da es die erste Eigentümlichkeit des Wortes oder des Sohnes in der Gottheit zu sein scheint, daß er vom Vater gezeugt ist, warum heißt es hier: *im*

quod hic dicitur: *in principio erat verbum,* et non dicitur ›a‹ principio? Cuius ratio videtur multiplex.

Prima est quod verbum sive ars manet in artifice, quamvis foras procedat in opere.

Secunda ratio est quod divinorum proprium est inesse et intima esse.

Tertia ratio est, quia sic est a principio natus a patre quod nihilominus semper nascitur.

Quarta ratio est, quia rationis est res ipsas accipere in suis principiis. Et haec omnia quattuor supra ostensa sunt.

Quinta ratio est, quia verbum ipsum, exemplar rerum 41
creatarum, non est quid extra, ad quod deus respiciat, sicut apud nos figura parietis se habet ad pictorem qui ad exemplar parietis respicit, sed est in ipso patre: *in principio,* ait, *erat verbum.* Et hoc est quod *Boethius* III l. De consolatione dicit deo loquens:

»quem non externae pepulerunt fingere causae
materiae fluitantis opus, vero insita summi
forma boni«.

Ubi tamen et hoc melius est notandum quod exemplar extra inspectum nunquam opus principiat artificis, nisi ipsum accipiat rationem formae inhaerentis. Alioquin imperitus picturam faceret sicut peritus, cum uterque aequaliter exemplar extra aspiciat. Oportet ergo quod opus ›apud‹, ›extra‹, ›supra‹ fiat opus artificis ›in‹, informando scilicet artificem ad hoc quod faciat opus artis, secundum illud Luc. 1: ›spiritus sanctus superveniet in te‹, scilicet ut ›super‹ fiat ›in‹. Et hoc est quod hic dicitur *in principio erat,* et sequitur *et verbum erat apud deum:* primum pro causa formali, ut *in* patre, secundum pro forma vel causa exemplari, *apud* patrem.

Sexta ratio sive causa, quare verbum sive filius potius 42

Anfang war das Wort, und nicht ›vom‹ Anfang? Der Grund dafür dürfte vielfach sein.

Erster Grund: das Wort oder die Kunst bleibt im Künstler, mag sie auch im Werk nach außen hervorgehen.

Zweiter Grund: es ist dem Göttlichen eigen, innen zu sein und zuinnerst zu sein.

Dritter Grund: ⟨der Sohn⟩ ist so von Anfang an vom Vater geboren, daß er nichtsdestoweniger immer geboren wird.

Vierter Grund: es ist der Vernunft eigen, die Dinge in ihren Ursprüngen zu erfassen. Diese vier Punkte sind alle oben gezeigt worden.

Fünfter Grund: das Wort, das Vorbild der geschaffenen Dinge, ist nicht etwas außer Gott, worauf er hinschauen müßte, wie bei uns die Gestalt an der Wand sich zum Maler verhält, der auf das Vorbild an der Wand hinschaut, sondern es ist im Vater selbst: *im Anfang,* sagt er, *war das Wort.* Das sagt Boethius im dritten Buch Vom Trost der Philosophie, zu Gott gewandt:

»Keine äußere Macht trieb dich, aus wogenden Massen
deine Schöpfung zu formen, sondern des eigenen Wesens
lautere Güte.«

Hier ist jedoch noch besser dies zu bemerken: der Anblick des Vorbildes draußen wird nur dann zum Ursprung des Kunstwerkes, wenn es ⟨zugleich⟩ die Seinsweise der innehaftenden Form annimmt. Sonst malte der Stümper ebensogut wie der Könner, da beide gleichmäßig das Vorbild draußen anschauen. Also muß das Werk, welches bei, außer und über dem Künstler ist, zum innern Werk werden, und zwar dadurch, daß es zur innern Form des Künstlers wird, die ihn das Kunstwerk schaffen läßt, gemäß dem Worte: ›der Heilige Geist wird von oben her in dich kommen‹ ⟨Luk. 1,35⟩, damit nämlich das ›Oben‹ zum ›In‹ werde. Das besagt dieser Ausspruch: *im Anfang war es,* und der folgende: *und das Wort war bei Gott*; der erste drückt die Formursache aus, nämlich *im* Vater, der zweite die im Vorbild wirksame Form oder Ursache, *beim* Vater.

Der sechste Grund oder ⟨die sechste⟩ Ursache, weshalb

dicitur esse ›in‹ patre quam ›a‹ patre sive principio, est quia li ›a‹ notat causam efficientem vel sapit et notat efficientis proprietatem, li ›in‹ vero sapit naturam causae finalis. Deus autem, quamvis sit rerum omnium creatarum causa tam effectiva quam finalis, magis tamen longe verius, per prius et proprie est causa finalis omnium causatorum, iuxta id quod *philosophus* dicit quod »movet sicut amatum«; iterum etiam quod finis est prima causa in causando. Et sic competit primo, deo scilicet, qui est simpliciter prima causa. Adhuc autem efficiens non agit nisi per intentionem finis, et motum a fine et propter finem, et sic per consequens est »movens motum« et secundum in causando, quod deo proprie non competit. Notavi de hoc diffuse in tractatu *De fine.* Hoc est ergo quod hic dicitur: *in principio,* id est patre, *erat verbum,* non autem dicitur quod ›a‹ principio sive ›a‹ patre.

Ex praemissis ergo notandum quod productio rerum in 43
esse est a fine virtute, ab efficiente vero formaliter, et per consequens radicalius et per prius sive nobilius a fine quam ab efficiente. Sic et libertas in voluntate a ratione est et ab intellectu. Sic iterum potentia generandi in divinis in recto et principalius convenit essentiae quam relationi, quae est paternitas.

In principio erat verbum. Notandum quod omnis effectus 44
verius esse habet in sua causa et nobilius quidem, sed in sola causa prima habet esse absolute et simpliciter. Et hoc est quod hic dicitur: *in principio erat.* In omni enim causa citra effectus suus habet esse hoc vel hoc, sicut et ipsa est hoc vel hoc ens, in solo vero deo, qui est esse simpliciter, habet effectus omnis quod sit, secundum illud infra: ›omnia per ipsum facta sunt‹, ut ibidem exponetur.

man vom Wort oder Sohn lieber sagt, er sei ›im‹ Vater als ›vom‹ Vater oder Anfang, ist folgender: ›von‹ bezeichnet die bewirkende Ursache oder läßt die Eigentümlichkeit des Bewirkenden erkennen, ›in‹ aber läßt die Natur der Zielursache erkennen. Obgleich nun Gott sowohl die Wirk- als auch die Zielursache aller geschaffenen Dinge ist, so ist er doch bei weitem wahrhafter, eher und eigentlich die Zielursache alles Verursachten, gemäß dem Wort des Philosophen: »er bewegt als Geliebtes«; ferner sagt er auch: das Ziel ist die erste Ursache in der Reihe der Ursachen. Und so kommt es dem Ersten, nämlich Gott zu, der die schlechthin erste Ursache ist. Zudem aber wirkt das Bewirkende nur durch das Streben nach dem Ziel, bewegt von dem Ziel und wegen des Zieles, und so ist es folglich ein »bewegtes Bewegendes« und ein Zweites in der Ursachenreihe. Das kommt aber Gott nicht eigentlich zu. Darüber habe ich Ausführliches bemerkt in der Abhandlung Vom Ziel. Deshalb also heißt es hier: *im Anfang*, das ist im Vater, *war das Wort*, nicht aber heißt es: ›vom‹ Anfang oder ›vom‹ Vater.

Aus dem Vorhergehenden ergibt sich folgende Bemerkung: die Dinge werden vom Ziel der Kraft nach, vom Bewirkenden aber der Form nach zum Sein gebracht, folglich gründlicher und früher oder edler vom Ziel als vom Bewirkenden. So ist auch die Freiheit zwar im Willen, aber sie beruht auf der Vernunft und dem Verstand. So kommt ferner das Vermögen zu zeugen in der Gottheit unmittelbar der Wesenheit zu und ihr ursprünglicher als der Beziehung, welche die Vaterschaft ist.

Im Anfang war das Wort. Es ist zu bemerken: jede Wirkung hat zwar ein wahreres und edleres Sein in ihrer Ursache, aber in der ersten Ursache allein hat sie Sein ohne Einschränkung und schlechthin. Das besagt dieser Ausspruch: *im Anfang war es.* Denn in jeder Ursache diesseits ⟨von Gott⟩ hat deren Wirkung dieses oder jenes Sein, wie sie selbst auch dieses oder jenes Seiende ist; in Gott allein aber, der das Sein schlechthin ist, hat jede Wirkung Sein, gemäß dem Wort: ›alles durch ihn Gewordene *ist*‹ ⟨1,3⟩, wie dort ausgelegt werden wird.

Sed notandum quod filius in patre est verbum, id est ratio, quae non facta est; sed ipse idem filius in mundo est non iam sub proprietate verbi sive rationis et intellectus cognoscentis, sed sub proprietate esse. Et propter hoc mundus per ipsum factus est, sed ipsum non cognovit. Et hoc est quod hic dicitur: *in principio,* id est patre, *erat verbum;* sed infra dicitur: ›in mundo erat, et mundus per ipsum factus est, et mundus eum non cognovit‹, et post ⟨decimo⟩ septimo: ›pater iuste, mundus te non cognovit, ego autem te cognovi‹.

In principio erat verbum. Notandum quod res omnes 45
universi non erant ›ante constitutionem mundi‹ nihil, sed esse quoddam virtuale habebant, sicut notavi super illo: ›vidit deus lucem quod esset bona‹, Gen. 1. Et hoc est quod hic dicitur: *in principio,* scilicet ante mundi constitutionem, *erat verbum,* id est effectus in sua causa primordiali, essentiali et originali.

Adhuc autem vult dicere et docere quod est aliud rerum principium, altius natura, et quod hoc est intellectus ordinans res singulas naturales in certos fines. Et hoc est quod hic dicitur: *in principio erat verbum,* id est ratio ad intellectum et cognitionem pertinens.

In principio erat verbum, et verbum erat apud deum, et deus erat 46
verbum. Hoc erat in principio apud deum. Notandum ex *Augustino* De trinitate l. VIII c. 6 quod iustitia sive iustus animus videtur in animo non tamquam fictum aliquid extra ipsum animum, aut quasi aliquod absens, quomodo videtur Carthago vel Alexandria. Videtur quidem in animo ut praesens quoddam animo, sed tamen quasi foris stans ab ipsa iustitia, apud ipsam, similis quidem utcumque, nondum ipsam attingens. Sequitur autem si quomodo attingat, comprehendat,

Es ist aber zu bemerken: der Sohn ist im Vater Wort, das heißt Idee, die nicht geworden ist; aber derselbe Sohn ist in der Welt nicht mehr nach der Eigentümlichkeit des Wortes oder der Idee und des erkennenden Verstandes, sondern nach der Eigentümlichkeit des Seins. Deshalb ist die Welt zwar durch ihn geworden, sie hat ihn aber nicht erkannt. Darum wird hier gesagt: *im Anfang*, das heißt im Vater, *war das Wort*; weiter unten aber heißt es: ›er war in der Welt, und die Welt ist durch ihn geworden, und die Welt hat ihn nicht erkannt‹ ⟨1,10⟩, und nachher: ›gerechter Vater, die Welt hat dich nicht erkannt, ich aber habe dich erkannt‹ ⟨17,25⟩.

Im Anfang war das Wort. Es ist zu bemerken: alle Dinge des Weltalls waren ›vor der Weltschöpfung‹ ⟨17,24⟩ nicht etwa nichts, sondern hatten ein gewisses Sein der Kraft nach, wie ich zu dem Ausspruch: ›Gott sah, daß das Licht gut war‹ ⟨Gen. 1,4⟩ bemerkt habe. Das besagt dieser Ausspruch: *im Anfang*, nämlich vor der Weltschöpfung, *war das Wort*, das heißt die Wirkung in ihrer uranfänglichen, wesentlichen und ursprünglichen Ursache.

Zudem aber will er sagen und lehren, daß es einen anderen Ursprung der Dinge gibt, der höher als die Natur ist, und daß dies der Verstand ist, der die einzelnen Naturwesen auf bestimmte Ziele hinordnet. Das besagt dieser Ausspruch: *im Anfang war das Wort*, das heißt die Idee, die zum Verstand und zur Erkenntnis gehört.

Im Anfang war das Wort, und das Wort war bei Gott, und Gott war das Wort. Dies war im Anfang bei Gott. Aus Augustin, im 6. Kapitel des 8. Buches Von der Dreifaltigkeit, ist folgendes zu entnehmen: die Gerechtigkeit oder der gerechte Geist wird im Geist nicht wie ein Gebilde außerhalb des Geistes erschaut, noch auch so, als wäre sie etwas Fernes, wie man etwa Karthago oder Alexandria ⟨innerlich⟩ schaut. Sie wird zwar im Geist erschaut als etwas, was dem Geist gegenwärtig ist; aber ⟨der Geist⟩ steht doch gleichsam außerhalb der Gerechtigkeit, bei ihr, ihr zwar irgendwie ähnlich, doch ohne sie schon zu erreichen. Er strebt aber danach, ob er sie etwa erreiche und erfasse, in sie eingehe und eins mit ihr werde

intret et unum fiat in ipsa et ipsa in isto. Quod quidem fit »inhaerendo eidem ipsi formae«, »ut inde formetur et sit iustus animus« ipse. »Et unde inhaereret illi formae«, quae est iustitia, »nisi amando« iustitiam?

Ex praemissis verbis *Augustini* diligenter inspectis 47
notandum, sicut in *II Posteriorum* dicitur: »quaestiones aequales sunt numero his quae vere scimus«. Est autem quaestio de rebus: an sint, quales sint, quid sint, et quare. Et istis respondent quattuor, quae hic habentur, secundum ordinem. *In principio erat verbum*: ecce, habes quia est; ait enim *erat*. Quale autem sit verbum, notatur, cum sequitur: *et verbum erat apud deum,* sicut infra patebit. Quid autem sit, sequitur: *deus erat verbum.* Quare vero ostenditur, cum dicitur: *hoc erat in principio apud deum.*

Exempli gratia: audito quod iustitia sit quaedam rectitudo 48
»qua redditur unicuique quod suum est«, nonnulli foris stantes et »longe« »in regione dissimilitudinis« ›audientes non audiunt neque intelligunt‹, Matth. 13. Isti sunt simulacra, de quibus in Psalmo dicitur: ›aures habent, et non audient‹. Propter quod Matthaei, ubi supra, dicitur: ›qui habet aures audiendi, audiat‹.

Et alius qui auditum mente pertractans afficitur ad iustitiam, dulcescit cordi ipsius. Iam novit quale sit verbum, quoniam verbum bonum et suave, Cantica: ›talis est dilectus meus, et ipse est amicus meus‹. Amatum enim afficit amantem. *Augustinus*: »qualia amas, talis es«. Et hoc est quod sequitur: *et verbum erat apud deum. Apud* ait, utpote propinquum et afficiens, Psalmus: ›prope es tu, domine, et omnes viae tuae veritas‹. Nihil enim »fortius desiderat anima quam veritatem«, ut ait *Augustinus* in Homiliis; et Confessionum l.

und die Gerechtigkeit mit ihm. Das wird erreicht, wenn der Geist sich an eben diese Form anschmiegt, damit er von da aus geformt werde und ⟨so⟩ selbst gerecht sei. Und wie anders könnte er sich an jene Form, die die Gerechtigkeit ist, anschmiegen, wenn nicht durch die Liebe zur Gerechtigkeit?

Vertieft man sich gründlich in die vorausgehenden Worte Augustins, so ist aus ihnen zu entnehmen, was Aristoteles im 2. Buch der Zweiten Analytik sagt: »die Fragen sind an Zahl dem gleich, was wir wahrhaft wissen«. Man fragt aber bezüglich der Dinge: sind sie? wie sind sie beschaffen? was sind sie? und warum? Darauf antworten die vier ⟨Sätze⟩, die wir hier haben, der Reihe nach. *Im Anfang war das Wort*: sieh, hier hast du, daß es ist; denn er sagt *war*. Wie beschaffen aber das Wort sei, wird im folgenden bezeichnet: *und das Wort war bei Gott*, wie weiter unten deutlich werden wird. Es folgt aber, was es ist: *Gott war das Wort*. Das Warum aber zeigt der Ausspruch: *dies war im Anfang bei Gott*.

Ein Beispiel: wenn davon die Rede ist, daß die Gerechtigkeit eine gewisse Geradheit ist, »kraft deren man einem jeden zuteilt, was sein ist«, so hören das zwar manche, die draußen stehen, »fern, im Lande der Unähnlichkeit«, und ›hören es doch nicht und verstehen es auch nicht‹ ⟨Matth. 13,13⟩. Sie sind die Götzen, von denen es in einem Psalm heißt: ›sie haben Ohren, und werden doch nicht hören‹ ⟨113b,6⟩. Deshalb heißt es bei Matthäus an der angeführten Stelle ⟨13,9⟩: ›wer Ohren hat zu hören, der höre‹.

Ein anderer, der das Gehörte in seinem Gemüte erwägt und sich zur Gerechtigkeit hingezogen fühlt – seinem Herzen wird es süß. Er weiß schon, wie beschaffen das Wort ist, denn das Wort ist gut und lieblich: ›so ist mein Geliebter, und er ist mein Freund‹ ⟨Hohel. 5,16⟩. Denn das Geliebte ergreift den Liebenden. Augustin sagt: »wie das ist, was du liebst, so bist du«. Das besagt das Folgende: *und das Wort war bei Gott*. *Bei* sagt er, nämlich nahe und ergreifend: ›nahe bist du, o Herr, und alle deine Wege sind Wahrheit‹ ⟨Ps. 118,151⟩. Denn nichts »ersehnt die Seele stärker als die Wahrheit«, wie Augustin in seinen Homilien sagt; und im 10. Buch der

X dicit: »sic amatur veritas, ut quicumque aliud amant, hoc quod amant velint esse veritatem«. Sic affectus verbo, quod est veritas, novit quidem quale est, quoniam dulce est, sed nondum quid sit, sed adhuc quaerit quid sit.

Augustinus Confessionum l. X dicit sic: »intromittis me in 49
affectum multum ⟨inusitatum⟩ introrsus, ad nescio quam dulcedinem«. Et *Hugo de Sancto Victore* in persona animae quaerit dicens: »quid est dulce quod« »aliquando me tangere solet, et tam vehementer atque suaviter afficere, ut iam tota quodammodo a memet ipsa alienari et, nescio quo, abstrahi incipiam? Subito enim innovor et tota immutor, et bene mihi esse incipit, ultra quam dicere sufficiam. Exhilaratur conscientia, in oblivionem venit omnis praeteritorum dolorum miseria, exsultat animus, virescit intellectus, cor illuminatur, desideria iucundantur, iamque alibi, nescio ubi, me esse video et quasi quiddam amoris amplexibus intus teneo, et nescio quid illud sit«.

Et huic quaestioni, quid illud sit, respondet quod hic tertio 50
sequitur: *et deus erat verbum.* Iustus enim, verbum iustitiae, est ipsa iustitia, infra Ioh. 10: ›ego et pater unum sumus‹. Iustus enim solam iustitiam significat, ut supra dictum est.

Quare autem sit verbum, docemur, cum sequitur: *hoc erat in principio apud deum.* Finis enim universaliter est id ipsum quod principium. Non habet quare, sed ipsum est quare omnium et omnibus, Apoc. 1: ›ego sum principium et finis‹. Et similiter se habet de omni principio et principiato in arte et natura, plus tamen et minus, secundum quod aliquid est verius principium alio.

In principio erat verbum. Moraliter docemur quod princi- 51
pium omnis nostrae intentionis et actionis debet esse deus,

Bekenntnisse behauptet er: »die Wahrheit wird so geliebt, daß, wer etwas anderes liebt, wünscht, das, was er liebt, möchte die Wahrheit sein«. So weiß der, welcher von dem Worte der Wahrheit ergriffen ist, wie beschaffen es ist, da es süß ist, aber noch nicht, was es sei, sondern er sucht noch darnach, was es sei.

Augustin sagt im 10. Buch der Bekenntnisse also: »du versenkst mich in meinem Innern in ganz ungewohntes Ergriffensein, in ungekannte Süßigkeit«. Und Hugo von St. Viktor fragt in der Person der Seele: »Was ist das Süße, das mich zuweilen zu berühren und so heftig und lieblich zu ergreifen weiß, daß ich mir bald geradezu ganz entfremdet und, ich weiß nicht wohin, entrückt werde? Denn plötzlich fühle ich mich erneuert und ganz verwandelt, und es beginnt ein Glücksgefühl, größer, als ich zu sagen vermag. Das Bewußtsein heitert sich auf, in Vergessenheit gerät das ganze Elend vergangener Schmerzen, es jauchzt die Seele, es erstarkt der Geist, das Herz wird erleuchtet, das Sehnen gestillt. Schon seh ich mich anderswo und weiß nicht wo, und halte gleichsam etwas innen in den Armen der Liebe und weiß nicht, was es sei.«

Auf diese Frage, was es sei, antwortet der dritte Satz: *und Gott war das Wort.* Denn der Gerechte, das Wort der Gerechtigkeit, ist die Gerechtigkeit selbst: ›ich und der Vater sind eins‹ 〈10,30〉. Denn der Gerechte bezeichnet die Gerechtigkeit allein, wie oben gesagt worden ist.

Warum aber das Wort sei, das lehrt uns das Folgende: *dies war im Anfang bei Gott.* Denn das Ziel ist ganz allgemein dasselbe wie der Ursprung. Es kennt kein Warum, sondern ist selbst das Warum aller und für alle: ›ich bin der Anfang und das Ende‹ 〈Offb. 1,8〉. Ähnlich verhält es sich mit jedem Ursprung und dem aus ihm Entsprungenen in Kunst und Natur, freilich mehr oder weniger, je nachdem etwas in höherem 〈oder geringerem〉 Maße Ursprung ist als ein anderes.

Im Anfang war das Wort. Für unser sittliches Verhalten ergibt sich die Lehre, daß der Ursprung all unseres Strebens

quia *in principio erat verbum, et deus erat verbum.* Iterum, vis scire de omni actione tua interiori et exteriori, utrum sit divina vel non, et utrum deus ipsam operetur in te, et per ipsum sit facta: vide si finis intentionis tuae est deus. Quod si sit, actio est divina, quia principium et finis idem: deus.

Adhuc autem docemur quod opus nostrum debet esse rationabile et secundum dictamen et ordinem rationis principiantis opus. Ait enim: *in principio erat verbum,* quod est ratio, Rom. 12: ›rationabile obsequium vestrum‹; et 1 Petri 2: ›rationabiles sine dolo‹. Et *Dionysius* quarto capitulo De divinis nominibus dicit quod bonum hominis est secundum rationem esse, malum autem quod est »praeter rationem«. Et *I Metaphysicae* dicitur quod »hominum genus arte et ratione« vivit. Et hoc est quod in Psalmo dicitur: ›multi dicunt: quis ostendit nobis bona?‹ Et respondetur: ›signatum est super nos lumen vultus tui, domine‹, quasi dicat: ratio, quae nobis de vultu dei imprimitur, ipsa est quae ostendit bona. Illud enim quod secundum rationem fit, bene fit, recte fit et bonum est, et de vultu dei procedit, secundum illud: ›de vultu tuo iudicium meum prodeat‹. Et *Augustinus* De libero arbitrio docet quod omnis lex hoc ipso iusta est et bona, quod de vultu dei procedit; mala vero et iniusta, si abinde non procedit.

und Tuns Gott sein muß. Denn *im Anfang war das Wort, und Gott war das Wort.* Ferner, willst du von all deinem inneren und äußeren Tun wissen, ob es göttlich ist oder nicht, und ob Gott es in dir wirkt, und ob es durch ihn geschehen ist, so sieh zu, ob das Ziel deines Strebens Gott ist. Wenn er es ist, dann ist dein Tun göttlich, denn Ursprung und Ziel sind dasselbe: Gott.

Zudem aber erhalten wir die Lehre, daß unser Werk vernünftig sein und dem Spruch und der Anordnung der Vernunft folgen muß, die das Werk entspringen läßt. Denn er sagt: *im Anfang war das Wort*, das heißt die Vernunft. ›Vernünftig sei euer Dienst‹ 〈Röm. 12,1〉; und ›Vernünftige ohne Arg‹ 〈1 Petr. 2,2〉. Dionysius sagt im 4. Kapitel Von den Gottesnamen: das Gute besteht für den Menschen in vernunftgemäßem Leben, schlecht aber ist das, was »wider die Vernunft« ist. Und im 1. Buch der Metaphysik heißt es: »das Leben des Menschengeschlechtes 〈wird bestimmt〉 durch Kunst und Vernunft«. Das besagt das Wort des Psalmisten: ›viele sagen: wer zeigt uns das Gute?‹ Die Antwort lautet: ›aufgeprägt ist uns das Licht deines Antlitzes, o Herr‹ 〈Ps. 4,6〉, als wollte er sagen: die Vernunft, die uns von Gottes Antlitz eingeprägt wird, sie ist es, die uns das Gute zeigt. Denn was der Vernunft gemäß geschieht, das geschieht wohl, das geschieht recht und ist gut und geht vom Antlitze Gottes aus, gemäß dem Ausspruch: ›von deinem Antlitz laß mein Urteil ausgehen‹ 〈Ps. 16,2〉. Augustin lehrt in der Schrift Vom freien Willen, jedes Gesetz sei gerade dadurch gerecht und gut, daß es vom Antlitz Gottes ausgeht; schlecht aber und ungerecht, wenn es von da nicht ausgeht.

LATEINISCHE WERKE
QUAESTIO PARISIENSIS I

⟨QUAESTIO PARISIENSIS I⟩

Utrum in deo sit idem esse et intelligere

Dicendum quod sunt idem re, et forsan re et ratione. 1

Primo induco probationes quas vidi: quinque ponuntur *Contra gentiles* et sexta in *Prima parte* et omnes fundantur in hoc quod deus est primum et simplex; non enim potest aliquid esse primum, si non sit simplex.

Prima via est, quia intelligere est actus immanens, et quidquid est in primo, est primum. Ergo deus est ipsum suum intelligere et est etiam suum esse. Quare etc.

Secundo, quia in deo non est accidens, et in deo per consequens est idem esse et essentia. Cum igitur intelligere dei sit id ipsum quod deus et sua essentia, ideo etc.

Tertio, quia nihil est nobilius primo. Sed actus secundus est animae vigilia ad somnum, et hoc nobilius quid actu primo. Ergo sequitur quod intelligere sit ipsum esse dei.

Quarto, quia in deo nulla est potentia passiva. Esset 2
autem, nisi intelligere et esse sint idem in deo.

Quinto, quia omnis res est propter suam operationem. Si igitur intelligere sit aliud ab esse dei, erit dare finem ipsi deo alium a se et ab eo quod est. Quod est impossibile, quia finis

QUAESTIO PARISIENSIS I

Ist in Gott Sein und Erkennen identisch?

Darauf ist zu sagen, daß sie der Sache nach identisch sind, und vielleicht der Sache und dem Begriffe nach.

Ich führe dafür zunächst die Beweise an, die mir vorliegen. Fünf finden sich in ⟨des Thomas⟩ Summe wider die Heiden und ein sechster im ersten Teil ⟨der Summe über die Theologie⟩, und alle gründen sich darauf, daß Gott das Erste und Einfache ist; denn es kann etwas nicht das Erste sein, wenn es nicht einfach ist.

Der erste Beweisgang ist dieser: das Erkennen ist ein innebleibender Akt, und alles, was im Ersten ist, ist das Erste. Also ist Gott sein Erkennen selbst und ist auch sein Sein. Daher usw.

Zweitens: in Gott ist kein Akzidens, und folglich ist in Gott Sein und Wesenheit identisch. Da also das Erkennen Gottes eben das ist, was Gott ist, und seine Wesenheit, deshalb usw.

Drittens: nichts ist edler als das Erste. Nun ist aber die zweite Wirklichkeit für die Seele das Wachsein im Verhältnis zum Schlaf, und dieses ist etwas Vollkommeneres als die erste Wirklichkeit. Also folgt, daß das Erkennen das Sein Gottes selbst ist.

Viertens: in Gott ist kein passives Vermögen. Es wäre aber ein solches da, wenn nicht Sein und Erkennen in Gott identisch wären.

Fünftens: jedes Ding ist um seiner Tätigkeit willen da. Wenn also das Erkennen etwas anderes wäre als das Sein Gottes, so wäre es möglich, Gott selbst ein von sich und von dem, was er ist, verschiedenes Ziel zu geben. Das aber ist unmöglich, weil das Ziel Ursache ist, dem Ersten aber keine

est causa; non est autem dare primo causam. Item, quia primum est infinitum et infiniti non est finis.

Sexto sic: quia sic se habet intelligere ad speciem, sicut se habet esse ad essentiam. Essentia autem divina se habet loco speciei. Ergo cum in deo esse sit idem essentiae, et ideo omnia ista sunt ibi omnino idem.

Secundo hoc ostendo via quam dixi alias: licet ›homo‹ et 3
›rationale‹ convertantur, non tamen quia rationale, ideo homo, sed magis quia homo, ideo rationalis. Certum est autem, quia, si esse sit perfectum, per ipsum habentur omnia, et vivere et intelligere et agere quodcumque, nec oportet addere aliquid aliud propter quamcumque actionem habendam. Quia si ignis per formam suam posset omnia, et esse et calefacere, formae ignis, per quam in omnia ista posset, nec esset additio nec compositio. Cum igitur esse in deo sit optimum et perfectissimum, actus primus et omnium perfectio, omnes actus perficiens, quo sublato omnia nihil sunt, ideo deus per ipsum suum esse omnia operatur et intrinsecus in deitate et extrinsecus in creaturis, suo tamen modo; et sic in deo ipsum esse est ipsum ⟨intelligere⟩, quia ipso esse operatur et intelligit.

Tertio ostendo quod non ita videtur mihi modo, ut quia 4
sit, ideo intelligat, sed quia intelligit, ideo est, ita quod deus est intellectus et intelligere et est ipsum intelligere fundamentum ipsius esse. Quia dicitur Ioh. 1: ›in principio erat verbum, et verbum erat apud deum, et deus erat verbum‹. Non autem dixit evangelista: ›in principio erat ens et deus erat ens‹. Verbum autem se toto est ad intellectum et est ibi

Ursache gegeben werden kann. Ferner: das Erste ist unendlich, und das Unendliche hat kein Ziel ⟨Ende⟩.

Sechstens so: das Erkennen verhält sich so zum Erkenntnisbild, wie sich das Sein zur Wesenheit verhält. Die göttliche Wesenheit aber dient ⟨Gott⟩ als Erkenntnisbild. Also: da in Gott das Sein mit der Wesenheit identisch ist, deshalb sind alle genannten Dinge dort gänzlich identisch.

Sodann zeige ich dies auf einem Wege, den ich anderwärts ausgeführt habe: obschon ›Mensch‹ und ›vernünftig‹ in der Aussage vertauschbar sind, so ist doch das Verhältnis beider nicht so aufzufassen: weil etwas vernünftig ist, deshalb ist es Mensch, sondern vielmehr so: weil einer Mensch ist, deshalb ist er vernünftig. Es ist aber sicher, daß, wenn das Sein vollkommen ist, durch das Sein selbst alles gegeben ist, das Leben und das Erkennen und jegliches Wirken, und man braucht ⟨zu dem Sein⟩ nicht irgend etwas anderes hinzuzufügen, um jede beliebige Wirksamkeit zu erzielen. Denn wenn das Feuer durch seine Form alles könnte, nämlich sein und erwärmen, so gäbe es zu der Form des Feuers, durch die es zu all diesem befähigt wäre, keine Hinzufügung und keine Zusammensetzung. Da also das Sein in Gott das beste und vollkommenste ist, erste Wirklichkeit und aller Dinge Vollendung, durch die alle Wirklichkeiten vollendet werden und ohne die alles nichts ist, deshalb wirkt Gott durch sein Wesen alles sowohl innerhalb ⟨seines Wesens⟩, in der Gottheit, als auch außerhalb, in den Geschöpfen, jedoch beides auf seine besondere Weise. Und so ist in Gott das Sein selbst eben das Erkennen, weil er durch das Sein selbst wirkt und erkennt.

Drittens zeige ich, daß ich nicht mehr der Meinung bin, daß Gott erkennt, weil er ist; sondern, weil er erkennt, deshalb ist er, in der Weise, daß Gott Intellekt und Erkennen ist und das Erkennen selbst die Grundlage seines Seins ist. Denn Joh. 1,1 heißt es: ›im Anfang war das Wort, und das Wort war bei Gott, und Gott war das Wort‹. Nicht aber hat der Evangelist gesagt: ›im Anfang war das Sein, und Gott war das Sein‹. Das Wort aber ist seinem ganzen Wesen nach auf den Intellekt bezogen, und es ist dort als sprechendes

dicens vel dictum et non esse vel ens commixtum. Item dicit salvator Ioh. 14: ›ego sum veritas‹. Veritas autem ad intellectum pertinet importans vel includens relationem. Relatio autem totum suum esse habet ab anima et ut sic est praedicamentum reale, sicut quamvis tempus suum esse habet ab anima, nihilominus est species quantitatis realis praedicamenti. ›Ego‹ ergo ›sum veritas‹. Quod verbum tractat *Augustinus* VIII De trinitate c. 2. Unde patet veritatem ad intellectum pertinere sicut et verbum.

Et sequitur post verbum assumptum Ioh. 1: ›omnia per ipsum facta sunt‹, ut sic legatur: ›omnia per ipsum facta sunt‹, ut ipsis factis ipsum esse post conveniat. Unde dicit *auctor De causis*: »prima rerum creatarum est esse«. Unde statim cum venimus ad esse, venimus ad creaturam. Esse ergo habet primo rationem creabilis, et ideo dicunt *aliqui* quod in creatura esse solum respicit deum sub ratione causae efficientis, essentia autem respicit ipsum sub ratione causae exemplaris. Sapientia autem, quae pertinet ad intellectum, non habet rationem creabilis. Et si dicatur quod immo, quia Eccli. 24: ›ab initio et ante saecula creata sum‹, potest exponi ›creata‹, id est genita. Sed aliter dico sic: ›ab initio et ante saecula creata‹ ›sum‹. Et ideo deus, qui est creator et non creabilis, est intellectus et intelligere et non ens vel esse.

Et ad ostendendum hoc assumo primo quod intelligere est altius quam esse et est alterius condicionis.

Dicimus enim omnes quod opus naturae est opus intelligentiae. Et ideo omne movens est intelligens aut reducitur ad intelligentem, a quo in suo motu dirigitur. Et ideo habentia

oder als gesprochenes ⟨Wort⟩ und nicht als ein ⟨aus Sein und Intellekt⟩ gemischtes Sein oder Seiendes. Ferner sagt der Heiland: ›ich bin die Wahrheit‹ ⟨Joh. 14,6⟩. Die Wahrheit aber gehört zum Intellekt, da sie eine Beziehung ⟨zu ihm⟩ mit sich bringt oder einschließt. Die Beziehung hat aber ihr ganzes Sein von der Seele, und als solche ist sie eine reale Kategorie, wie die Zeit; obwohl diese ihr Sein von der Seele hat, ist sie trotzdem eine ⟨Unter⟩art der Quantität, also einer realen Kategorie. ›Ich‹ also ›bin die Wahrheit‹. Dieses Wort behandelt Augustin im 8. Buch Von der Dreifaltigkeit im 2. Kapitel, und aus seinen Worten geht hervor, daß die Wahrheit zum Intellekt gehört wie auch das Wort.

Auf das angezogene Wort folgt Joh. 1,3: ›alles ist durch ihn geworden‹, was so gelesen werden muß: alles durch ihn Gewordene ist, so daß dem Gewordenen nachher Sein zukommt. Deshalb sagt der Verfasser des Buches Von den Ursachen: »das erste der geschaffenen Dinge ist das Sein«. Sobald wir deshalb zum Sein kommen, kommen wir zum Geschöpf. Das Sein hat daher an erster Stelle die Wesensbestimmtheit des Erschaffbaren, und deswegen sagen einige, daß im Geschöpfe das Sein Gott nur als Wirkursache ansieht, die Wesenheit ihn dagegen als Exemplarursache ansieht. Die Weisheit aber, die zum Intellekt gehört, hat nicht die Wesensbestimmtheit des Erschaffbaren. Und wenn man sagt, das sei doch der Fall, weil es Jes. Sir. 24,14 heißt: ›im Anfang und vor der Welt bin ich geschaffen‹, so kann ›geschaffen‹ im Sinne von ›gezeugt‹ ausgelegt werden. Aber anders erkläre ich es so: ›im Anfang und vor der geschaffenen Welt bin ich‹. Und deshalb ist Gott, der Schöpfer und nicht erschaffbar ist, Intellekt und Erkennen und nicht seiend oder Sein.

Und um das zu zeigen, unterstelle ich erstens, daß das Erkennen höher ist als das Sein und einer andern Schicht angehört.

Wir sagen nämlich alle, daß das Werk der Natur das Werk eines intelligenten Wesens ist, und deshalb ist alles, was bewegt, intelligent oder läßt sich auf ein intelligentes Wesen zurückführen, von dem es in seiner Bewegung geleitet wird.

intellectum sunt perfectiora non habentibus, sicut in ipso fieri imperfecta tenent primum gradum, ita quod in intellectu et intelligente stat resolutio sicut in summo et perfectissimo. Et ideo intelligere est altius quam esse.

6 Dicunt tamen *aliqui* quod esse, vivere et intelligere dupliciter possunt considerari: uno modo secundum se, et sic prius est esse, secundo vivere, tertio intelligere; vel in comparatione ad participantem, et sic prius est intelligere, secundo vivere, tertio esse.

Ego autem credo totum contrarium. ›In principio‹ enim ›erat verbum‹, quod ad intellectum omnino pertinet, ut sic ipsum intelligere teneat primum gradum in perfectionibus, deinde ens vel esse.

7 Secundo accipio quod ipsum intelligere et ea quae ad intellectum pertinent, sunt alterius condicionis quam ipsum esse. Dicitur enim *III Metaphysicae* quod in mathematicis non est finis nec bonum, et ideo per consequens nec ens, quia ens et bonum idem. Dicitur etiam *VI Metaphysicae*: bonum et malum sunt in rebus, et verum et falsum in anima. Unde ibi dicitur quod verum, quod est in anima, non est ens sicut nec ens per accidens, quod non est ens, quia non habet causam, ut ibi dicitur.

Ens ergo in anima, ut in anima, non habet rationem entis et ut sic vadit ad oppositum ipsius esse. Sicut etiam imago in quantum huiusmodi est non ens, quia quanto magis consideras entitatem suam, tanto magis abducit a cognitione rei cuius est imago. Similiter, sicut alias dixi, si species quae est in anima, haberet rationem entis, per ipsam non cogno-

Und deshalb sind die Wesen, die Intellekt haben, vollkommener als die, die keinen haben, wie in dem Werdeprozeß das Unvollkommene die erste Stufe einnimmt, so daß die Untersuchung beim Intellekt und beim intelligenten Wesen als dem Höchsten und Vollkommensten haltmacht. Und deshalb ist das Erkennen höher als das Sein.

Jedoch sagen einige, daß Sein, Leben und Erkennen in zweifacher Weise betrachtet werden können: einerseits an sich, und so ist erstlich das Sein, dann das Leben, an dritter Stelle das Erkennen; oder im Vergleich zu dem, der daran teilhat, und so ist erstlich das Erkennen, dann das Leben, an dritter Stelle das Sein.

Ich aber glaube das gerade Gegenteil. ›Im Anfang‹ nämlich ›war das Wort‹, das ganz und gar zum Intellekt gehört, so daß eben das Erkennen die erste Stufe in der Rangordnung der Vollkommenheiten einnimmt, die nächste das Seiende oder das Sein.

Zweitens unterstelle ich, daß das Erkennen und das, was zum Intellekt gehört, einer andern Schicht angehört als das Sein. Es heißt nämlich im 3. Buch der Metaphysik, daß es im Mathematischen keine Zweckbeziehung gibt und nicht den Begriff des Guten und folglich auch nicht den des Seins, weil Sein und Gutsein identisch sind. Auch heißt es im 6. Buch der Metaphysik: das Gute und Schlechte ist in den Dingen, das Wahre und Falsche in der Seele. Deshalb wird ebenda gesagt, daß das Wahre, das in der Seele ist, nicht ein Seiendes ist, ebensowenig wie das akzidentell Seiende ein Seiendes ist, da es keine Ursache hat, wie ebenda gesagt wird.

Folglich hat das in der Seele Seiende, insofern es in der Seele ist, nicht die Wesensbestimmtheit des Seienden, und in dieser Hinsicht bewegt es sich auf das Gegenteil des Seins selbst hin. Wie auch das Bild als solches ein Nichtseiendes ist; denn je mehr man das Bild seinem Seinsgehalt nach betrachtet, um so mehr lenkt es von der Erkenntnis des Gegenstandes, dessen Bild es ist, ab. Ähnlich verhält es sich, wie ich anderwärts gesagt habe, mit dem Erkenntnisbild, das in der Seele ist: hätte es die Wesensbestimmtheit eines Seienden, so

sceretur res cuius est species; quia si haberet rationem entis, in quantum huiusmodi duceret in cognitionem sui et abduceret a cognitione rei cuius est species.

Quae ergo ad intellectum pertinent, in quantum huiusmodi, sunt non-entia. Intelligimus enim, quod deus non posset facere, ut intelligens ignem non intelligendo eius calorem; deus tamen non posset facere quod esset ignis et quod non calefaceret.

Tertio accipio quod hic imaginatio deficit. Differt enim 8
nostra scientia a scientia dei, quia scientia dei est causa rerum et scientia nostra est causata a rebus. Et ideo cum scientia nostra cadat sub ente, a quo causatur, et ipsum ens pari ratione cadit sub scientia dei; et ideo, quidquid est in deo, est super ipsum esse et est totum intelligere.

Ex his ostendo quod in deo non est ens nec esse, quia nihil est formaliter in causa et causato, si causa sit vera causa. Deus autem est causa omnis esse. Ergo esse formaliter non est in deo. Et si tu intelligere velis vocare esse, placet mihi. Dico nihilominus quod, si in deo est aliquid, quod velis vocare esse, sibi competit per intelligere.

Item: principium nunquam est principiatum, ut punctus 9
nunquam est linea. Et ideo cum deus sit principium vel scilicet ipsius esse vel entis, deus non est ens vel esse creaturae; nihil quod est in creatura, est in deo nisi sicut in causa, et non est ibi formaliter. Et ideo cum esse conveniat creaturis, non est in deo nisi sicut in causa, et ideo in deo non est esse, sed puritas essendi. Sicut quando quaeritur de nocte ab

könnte der Gegenstand, dessen Bild es ist, nicht erkannt werden; denn wenn es die Wesensbestimmtheit eines Seienden hätte, würde es als solches zur Erkenntnis seiner selbst hinlenken und von dem Gegenstand ablenken, dessen Erkenntnisbild es ist.

Was also zum Intellekt gehört, ist als solches ein Nichtseiendes. Wir erkennen nämlich etwas, was Gott nicht machen könnte, wie z. B. jemand das Feuer denkt, ohne seine Wärme mitzudenken. Gott aber könnte nicht machen, daß ein Feuer existierte und daß es nicht wärmte.

Drittens unterstelle ich, daß hier unsere Vorstellungskraft versagt. Es unterscheidet sich nämlich unser Wissen vom Wissen Gottes, weil das Wissen Gottes Ursache der Dinge ist, während unser Wissen von den Dingen verursacht ist. Während deshalb unser Wissen ein Abfall vom Seienden ist, von dem es verursacht wird, ist das Seiende selbst aus dem gleichen Grunde ein Abfall vom Wissen Gottes, und deshalb liegt alles, was in Gott ist, über dem Sein selbst und ist ganz Erkennen.

Aus diesen Voraussetzungen zeige ich nun, daß in Gott kein Seiendes noch ein Sein ist. Denn nichts ist seinem Wesen nach in der Ursache und im Verursachten, vorausgesetzt, daß die Ursache eine wahre Ursache ist. Gott aber ist *die* Ursache alles Seins. Folglich ist das Sein seinem Wesen nach nicht in Gott. Willst du aber das Erkennen Sein nennen, so habe ich nichts dagegen. Nichtsdestoweniger behaupte ich: wenn in Gott etwas ist, was du Sein nennen willst, so kommt es ihm zu durch das Erkennen.

Ferner: das Prinzip ist niemals das aus dem Prinzip Abgeleitete, wie der Punkt niemals die Linie ist. Und deshalb, da Gott Prinzip ist, nämlich entweder des Seins oder des Seienden, so ist Gott nicht das Seiende oder das Sein des Geschöpfes. Alles, was im Geschöpf ist, ist in Gott nur wie in seiner Ursache und nicht seinem Wesen nach. Und deshalb ist das Sein, da es den Geschöpfen zukommt, in Gott nur wie in seiner Ursache, und deshalb ist in Gott nicht das Sein, sondern die Lauterkeit des Seins. Wie wenn einer, der

aliquo, qui vult latere et non nominare se: quis es tu? respondet: ›ego sum qui sum‹, ita dominus volens ostendere puritatem essendi esse in se dixit: ›ego sum qui sum‹. Non dixit simpliciter ›ego sum‹, sed addidit: ›qui sum‹. Deo ergo non competit esse, nisi talem puritatem voces esse.

Item: potentia lapis non est lapis nec lapis in sua causa est 10
lapis, et ideo ens in causa sua non est ens. Cum igitur deus sit universalis causa entis, nihil quod est in deo, habet rationem entis, sed habet rationem intellectus et ipsius intelligere, de cuius ratione non est, quod causam habeat, sicut est de ratione entis quod sit causatum; et in ipso intelligere omnia continentur in virtute sicut in causa suprema omnium.

Item: in his quae dicuntur secundum analogiam, quod est 11
in uno analogatorum, formaliter non est in alio, ut sanitas solum est in animali formaliter, in diaeta autem et urina non est plus de sanitate quam in lapide. Cum igitur omnia causata sunt entia formaliter, deus formaliter non erit ens. Unde, sicut alias dixi, cum accidentia dicantur in habitudine ad substantiam, quae est ens formaliter et sibi competit esse formaliter, accidentia non sunt entia nec dant esse substantiae, sed accidens bene est quantitas aut qualitas et dat esse quantum aut quale: extensum, longum aut breve, album aut nigrum, sed non dat esse nec est ens.

Nec valet quod dicitur: generatur generatione secundum

verborgen bleiben und sich nicht nennen will, bei Nacht gefragt: wer bist du? antwortet: ›ich bin, der ich bin‹, so wollte der Herr die Lauterkeit seines Seins mit den Worten zeigen: ›ich bin, der ich bin‹ ⟨Exodus 3,15⟩. Er hat nicht schlechtweg gesagt: ›ich bin‹, sondern hinzugefügt: ›der ich bin‹. Gott kommt also nicht das Sein zu, es sei denn, du wolltest eine solche Lauterkeit Sein nennen.

Ferner: das was ⟨nur⟩ der Möglichkeit nach Stein ist, ist nicht Stein, so wenig wie der Stein in seiner Ursache Stein ist, und deshalb ist das Seiende in seiner Ursache kein Seiendes. Da also Gott die allgemeine Ursache des Seienden ist, so hat nichts, was in Gott ist, die Wesensbestimmtheit des Seienden, sondern die des Intellekts und des Erkennens selbst; zu dessen Wesensbestimmtheit gehört es aber nicht, eine Ursache zu haben, wie es zur Wesensbestimmtheit des Seienden gehört, verursacht zu sein. Und eben in dem Erkennen ist alles der Kraft nach enthalten, als in der obersten Ursache von allem.

Ferner: stehen Dinge zueinander in analoger Beziehung, so ist der Wesensgehalt des einen Gliedes der Analogie nicht in dem andern, wie die Gesundheit ihrem Wesen nach nur in dem Lebewesen ist, in der Speise aber oder im Harn ist nicht mehr von der Gesundheit als im Stein. Da also alles Verursachte seinem Wesen nach ein Seiendes ist, so ist Gott seinem Wesen nach kein Seiendes. Daraus folgt, was ich anderwärts gesagt habe: da die Akzidentien ihren Namen von ihrem Verhältnis zur Substanz haben, die ihrem Wesen nach Seiendes ist und der das Sein wesensmäßig zukommt, so sind die Akzidentien kein Seiendes und verleihen nicht das Sein der Substanz. Das Akzidens ist aber wohl Quantität oder Qualität und verleiht das Sogroß- oder Sobeschaffensein: das Ausgedehntsein, das Lang- oder Kurzsein, das Weiß- oder Schwarzsein, aber es verleiht nicht das Sein noch ist es ein Seiendes.

Es beweist auch nichts, wenn man sagt: ⟨das Akzidens⟩ entsteht doch auf eine Weise, die man, wenngleich in einem eingeschränkten Sinne, als ⟨wirkliches⟩ Entstehen be-

quid, ergo et est ens secundum quid. Dico quod non generatur etiam generatione secundum quid. Didici enim quod quando e substantia minus formali generatur substantia magis formalis, quod tunc est generatio simpliciter; quando vero e converso, quod est generatio secundum quid. Quando autem aliquid mutatur de accidente in accidens, non didici quod dicatur generatio secundum quid, sed alteratio. Unde non nego accidentibus quod suum est, nec volo eis concedere quod suum non est.

Sic etiam dico quod deo non convenit esse nec est ens, sed 12
est aliquid altius ente. Sicut enim dicit *Aristoteles* quod oportet visum esse abscolorem, ut omnem colorem videat, et intellectum non esse formarum naturalium, ut omnes intelligat, sic etiam ego ⟨nego⟩ ipsi deo ipsum esse et talia, ut sit causa omnis esse et omnia praehabeat, ut sicut non negatur deo quod suum est, sic negetur eidem ⟨quod suum non est⟩. Quae negationes secundum *Damascenum* primo libro habent in deo superabundantiam affirmationis. Nihil igitur nego deo, ut sibi natum est convenire. Dico enim quod deus omnia praehabet in puritate, plenitudine, perfectione, amplius et latius, exsistens radix et causa omnium. Et hoc voluit dicere, cum dixit: ›ego sum qui sum‹.

Equardus.

zeichnen kann; also ist es auch in einem eingeschränkten Sinne ein Seiendes. Ich antworte: es entsteht nicht, auch nicht in einem eingeschränkten Sinne. Denn nach der Lehre, die ich erhalten habe, liegt dann ein Entstehen schlechthin vor, wenn aus einer Substanz, die weniger durch ihre Form bestimmt ist, eine entsteht, die mehr durch ihre Form bestimmt ist. Im umgekehrten Falle liegt aber ein Entstehen in eingeschränktem Sinne vor. Wird aber etwas akzidentell verwandelt, so nennt man das nach der Lehre, die ich erhalten habe, nicht Entstehen in eingeschränktem Sinne, sondern Veränderung. Daher bestreite ich den Akzidentien nichts, was ihnen zukommt, ich will ihnen aber auch nicht etwas zusprechen, was ihnen nicht zukommt.

So sage ich denn auch, daß Gott das Sein nicht zukommt, und daß er kein Seiendes ist, sondern er ist etwas Höheres als das Seiende. Denn wie Aristoteles sagt, daß der Gesichtssinn farblos sein muß, um alle Farben wahrnehmen zu können, und daß der Intellekt selbst nicht durch die in der Natur gegebenen Formen bestimmt sein darf, um alle erkennen zu können, so streite auch ich Gott selbst das Sein an sich und dergleichen ab, damit er die Ursache alles Seins sein und alles in sich im voraus enthalten kann, so daß Gott nichts abgestritten wird, was ihm zukommt, wohl aber, was ihm nicht zukommt. Diese Verneinungen bedeuten nach Johannes von Damaskus, im 1. Buch, in Gott den Überschwang der Bejahung. Nichts also streite ich Gott ab, was ihm von Natur zukommt. Ich behaupte nämlich, daß Gott alles im voraus in sich enthält in Reinheit, Fülle und Vollkommenheit, weit und groß, da er Wurzel und Ursache aller Dinge ist. Und das wollte er sagen, als er sprach: ›ich bin, der ich bin‹.

〈Verfasser:〉 Eckhart.

LATEINISCHE WERKE
SERMONES

VAS AURI SOLIDUM ORNATUM OMNI LAPIDE PRETIOSO, ECCLI. 50.

Ad commendationem beati Augustini potest proprie intro- 1
duci haec auctoritas, et inter cetera commendatur sub vasis metaphora in tribus quae in vase continentur: primo in pretiositate materiae, quia per aurum intelligitur sapientia, ibi: *vas auri*, secundo in dispositione formae, ibi: *ornatum omni lapide pretioso*, tertio in ponderis quantitate, ibi: *solidum*.

Primo ergo commendatur a pretiositate materiae, id est 2
multitudine sapientiae et scientiae sub diversis habitibus collectae. Ipse enim erat bonus theoricus, egregius logicus et excellentissimus ethicus. Sic enim dividunt nobis magistri scientiam philosophiae, scilicet in theoricam, logicam et ethicam sive practicam. Et hoc secundum illa tria, quae ita vicissim occupant homines, ut nunquam aliquo tempore ab aliquo istorum trium feriari videantur; et ea sunt cogitatio, locutio et operatio. Theoricam sive speculativam ulterius partiuntur in mathematicam, physicam et ethicam sive theologiam. »In naturalibus autem rationabiliter, in mathematica disciplinabiliter, et in divinis intellectuabiliter versari oportebit neque deduci ad imagines, sed potius respicere formam, quae vere forma est nec imago est et quae esse est et ex qua esse est«, quia secundum *Boethium* libro De trinitate »omne esse ex forma est«. Mathematicus autem formas et figuras materiae actu inhaerentes disciplinabili con-

EIN GOLDENES GEFÄSS, FEST, GESCHMÜCKT MIT DER EDELKEIT ALLES GESTEINES, JES. SIR. 50,10.

Zum Preise des hl. Augustinus kann dieses Schriftwort passend angeführt werden; und zwar wird er außer anderm unter dem Bilde des Gefäßes in drei Dingen gepriesen, die sich an dem Gefäß finden: erstlich in der Kostbarkeit des Stoffes, indem durch das Gold die Weisheit versinnbildet wird: *ein goldenes Gefäß*, zweitens in der Anlage der Form: *geschmückt mit der Edelkeit alles Gesteines*, drittens in der Größe seines Gewichtes: *fest*.

Erstlich also wird er gepriesen wegen der Kostbarkeit des Stoffes, das heißt der Fülle der Weisheit und Wissenschaft, die ⟨in ihm⟩ unter verschiedenen Habitus vereinigt war. Er war nämlich ein guter Theoretiker, ein vorzüglicher Logiker und ein überragender Ethiker. Denn so gliedern uns die Meister die Wissenschaft der Philosophie, nämlich in theoretische, logische und ethische oder praktische Philosophie. Diese Einteilung beruht auf jenen drei Tätigkeiten, die abwechselnd die Menschen so beschäftigen, daß sie niemals zu einer Zeit von einer der drei gänzlich ausruhen: Denken, Sprechen und Handeln. Die theoretische Philosophie teilen sie dann weiter ein in Mathematik, Physik und Ethik oder Theologie. »In der Naturphilosophie muß man sich aber«, wie Boethius in seinem Buch Von der Dreifaltigkeit ausführt, »in logischer Schlußfolgerung, in der Mathematik nach methodischer Gesetzmäßigkeit und in der Theologie spekulativ bewegen, und man darf sich ⟨in dieser Wissenschaft⟩ nicht zu ⟨bloß⟩ bildlicher Auffassung verleiten lassen, sondern muß vielmehr die Form betrachten, die im wahren Sinne Form ist und nicht nur Abbild ⟨jene Form⟩, die das Sein ist und aus der das Sein ist; denn alles Sein stammt aus der Form«. Der Mathematiker aber scheidet in methodischer Betrachtung die Formen und Figuren, die der Materie tatsächlich anhaften,

sideratione sequestrat. Physicus, id est naturalis, causas qualitatum, motuum et quantitatum inquirit. Ethicus sive theologus ideas rerum, quae in mente divina, antequam prodirent in corpora, ab aeterno quo modo ibi intelligibiliter exstiterunt, subtilius intuetur.

Et de divinis aliquando ratiocinatur auctoritatibus 3
maiorum, aliquando exemplis extra quaesitis, aliquando vero ipsam divinam usiam sine subiecta materia contemplatur. Auctoritatibus usus fuit beatus *Augustinus*, quando trinitatem personarum cum unitate essentiae primo nobis volens insinuare introduxit illud in Genesi: ›faciamus hominem ad imaginem et similitudinem nostram‹, et per verbum pluralis numeri trinitatem intelligens et per nomina singularis numeri declarans substantiae unitatem. Exemplo etiam usus est *Plato* in Timaeo, qui dum de principe summo rerum loqui esset animatus, dicit: ita ⟨im⟩possibile est aliquid de deo profari, sicut difficile est ipsum reperiri. Et ideo idem confugit ad rerum similitudines et exempla et inter omnes res creatas solem ei quam simillimum repperit; unde et solem nominavit. Et Iohannes evangelista, dum de verbo increato loqui auderet, lucem ipsum appellavit, quia lux est prima et universalis species formarum corporalium et principium vitae in corporalibus. Et sic verbum dei patris est omnium »exsistentium substantia« et omnium »viventium vita« et »omnis substantiae et vitae principium est et causa«, secundum *Dionysium* De divinis nominibus.

Et sic contingit theologum duplici ditari cognitione in via: 4
una est ›per speculum et in aenigmate‹, alia est per speculum et in lumine. Prima fit tripliciter, scilicet ablatione, eminentia et causa.

ab. Der Physiker, das heißt der Naturphilosoph, untersucht die Ursachen der Qualitäten, der Bewegungen und der Quantitäten. Der Ethiker oder Theologe betrachtet tiefer schauend die Ideen der Dinge, die im göttlichen Geiste, bevor sie in die Körperwelt hinausgingen, von Ewigkeit her in intelligibler Form bestanden.

Und über das Göttliche macht er seine Schlußfolgerungen teils mit den Aussprüchen der Vorfahren, teils mit von außen hergenommenen Beispielen, teils aber betrachtet er das göttliche Sein ohne zu Grunde liegende Materie. Auf die Autorität ⟨der Schrift⟩ stützte sich der hl. Augustinus, als er uns die Dreiheit der Personen zugleich mit der Einheit des Wesens nahebringen wollte; da führte er zunächst das Wort an: ›laßt uns den Menschen machen nach unserm Bild und Gleichnis‹ ⟨Gen. 1,26⟩. Hierbei verstand er unter der Mehrzahl beim Zeitwort die Dreiheit ⟨der Personen⟩ und deutete die Einzahl der Hauptwörter auf die Einheit des Wesens. Des Beispiels hat sich auch Plato im Timäus bedient, der, als er den Mut fand, über den obersten Herrn des Alls zu reden, erklärt: es ist ebenso unmöglich, von Gott etwas auszusagen, wie es schwierig ist, ihn zu finden. Deshalb nahm er seine Zuflucht zu den Bildern und Beispielen, welche die Dinge bieten, und dabei fand er unter allen Geschöpfen nichts Gott ähnlicher als die Sonne, weshalb er ihn auch die Sonne nannte. Und als der Evangelist Johannes von dem ungeschaffenen Wort zu reden wagte, bezeichnete er es als das Licht ⟨Joh. 1,4⟩, weil das Licht die erste und allgemeine Art der körperlichen Formen und das Prinzip des Lebens in der Körperwelt ist. Und so ist, wie Dionysius ⟨im Buch⟩ Von den Gottesnamen sagt, das Wort Gottvaters aller »existierenden Dinge Substanz« und aller »lebenden Wesen Leben« und »aller Substanz und allen Lebens Prinzip und Ursache«.

So wird der Theologe durch eine doppelte Erkenntnis auf Erden bereichert: die eine ist ⟨die Erkenntnis⟩ ›durch den Spiegel und im Rätsel‹ ⟨1 Kor. 13,12⟩, die andere die durch den Spiegel und im Licht. Die erste vollzieht sich in drei Formen, nämlich durch Verneinung, Heraushebung und Ursächlichkeit.

Ablatione in hunc modum procedendo: nullum corpus est deus; nullum intelligibile creatum est deus. Et cum demonstratio de re cognoscibili fiat ad sensum vel ad intellectum, de deo autem cognoscendo non potest fieri demonstratio ad sensum, quia est incorporeus, nec ad intellectum, quia forma nobis cognita caret, sed per solam alterius formae remotionem: quasi ab aliis eligendo separatur et separando eligitur. Quod innuit *Boethius* in libro De duabus naturis dicens: »deus et materia integro perfectoque intellectu capi non possunt, sed aliquo modo privatione ceterarum rerum capiuntur«. Unde *Dionysius* dicit quod affirmationes de deo factae vel dictae incompactae sunt, negationes vero verae.

Eminentia cognoscitur, quando in unoquoque, quod nobilius est et eminentius, deo attribuitur. Secundum quod dicit *Augustinus* X Confessionum: qui facit pulchra, pulchrior est, qui fortia, fortior et qui bona, melior est. Disce ergo homo ex creaturis cognoscere creatorem, et ne inhaereas ei quod factum est et perdas eum per quem factum est.

Causa vero cognoscitur, quando omnia mobilia ad unum immobile, omnia variabilia ad unum invariabile, omnia corporabilia ad unum simplex et omnium multitudinem ad primam resolvimus unitatem, quae quidem »principium et causa est omnium« eorum quae sunt. Unum enim est in generatione omnium ante multa, et simplex est ante compositum prioritate naturali, secundum *philosophum* in De caelo et mundo.

Secundo cognoscitur in via per speculum et in lumine, quando scilicet lux divina per effectum suum aliquem specialem irradiat super potentias cognoscentes et super

Durch Verneinung auf folgende Weise: kein Körper ist Gott; kein geschaffenes Intelligibiles ist Gott. Und da die Beweisführung für einen Erkenntnisgegenstand sich entweder auf die sinnliche Wahrnehmung oder auf den Begriff stützt, für die Gotteserkenntnis aber weder eine Beweisführung aus der sinnlichen Wahrnehmung möglich ist, weil er unkörperlich ist, noch aus dem Begriff, weil er keine uns bekannte Form besitzt, sondern bloß durch Verneinung einer andern Form: so wird er gleichsam von den andern Wesen durch Auswahl geschieden und durch Scheidung ausgewählt. Das deutet Boethius an in dem Buch Über die zwei Naturen: »Gott und Materie können nicht durch einen vollständigen und vollkommenen Begriff erfaßt werden, sondern nur einigermaßen durch Wegnahme der übrigen Dinge.« Deshalb sagt Dionysius, daß die bejahenden Aussagen über Gott unzutreffend, die Verneinungen dagegen wahr sind.

Durch Heraushebung wird er erkannt, wenn man Gott das, was jeweils in einem Bereiche edeler und erhabener ist, zuspricht. In diesem Sinne sagt Augustin im 10. Buch der Bekenntnisse: der das Schöne macht, ist schöner ⟨als dieses⟩, der das Starke, stärker, und der das Gute, besser. Lerne also, o Mensch, aus den Geschöpfen den Schöpfer erkennen, und bleibe nicht haften an dem, was gemacht ist, und verliere den nicht, durch den es gemacht ist.

Durch Ursächlichkeit wird er erkannt, wenn wir alles Bewegliche auf ein Unbewegliches, alles Veränderliche auf ein Unveränderliches, alles Körperliche auf ein Einfaches und die Vielheit des Alls auf die erste Einheit zurückführen, die Ursprung und Ursache alles dessen ist, was existiert. Das Eine ist nämlich in der Entstehung aller Dinge vor dem Vielen und das Einfache seiner Natur nach vor dem Zusammengesetzten, wie der Philosoph in der Schrift Vom Himmel und der Welt lehrt.

Zweitens wird er im Diesseits erkannt durch den Spiegel und im Lichte, wenn nämlich das göttliche Licht durch eine besondere Wirkung über die Erkenntniskräfte und das

medium in cognitione, elevans intellectum ipsum ad id quod naturaliter non potest. »Mentis enim humanae acies invalida in tam excellenti lumine non figitur, nisi per iustitiam fidei prius purius emundetur«, secundum *Augustinum* libro De trinitate; et in VII Confessionum dicit: »aeterna veritas et vera caritas et cara aeternitas, tu es deus meus, tibi suspiro ›die ac nocte‹; cum te primo cognovi, tu assumpsisti me«. Ecce qualiter dicit quod assumptus fuerit, ut videret esse quod viderat, »et nudum me esse qui videram; et reverberasti infirmitatem meam radians in me vehementer, et contremui amore et horrore et inveni me longe esse a te in regione dissimilitudinis«.

Et haec cognitio operatur ad tria: primo ad occulta vel 6
futura pronuntiandum, secundo ad meritorie operandum, tertio ad divinam dulcedinem praegustandum. Primus modus est prophetalis; secundus in habitibus gratuitis usque ad fructus; tertius in exstasi mentis, et haec in fructibus. Secundus et tertius perfecte erant in eo, quia de tertio dicitur secundum quod est in intellectu practico. Haec cognitio scientia vel sapientia, quasi sapida scientia, quae aliquando intromittit hominem in affectum multum.

Ecce quomodo *vas* illud *auri* commendatur a pretiositate materiae, id est utilitatis scientiae. Et secundum hoc talis et tanta scientia non fuit in materia vitii, sed virtutis. Unde dicitur *X Confessionum*: »da mihi te, deus meus, redde te mihi«; non enim amo ›primos recubitos in cenis‹ nec ›salutari in foro‹, nec ›vocari ab hominibus rabbi‹; sed te »amo et, si

Erkenntnismittel ausstrahlt, indem es den Intellekt zu dem emporhebt, was er von Natur nicht vermag. »Der Scharfblick des menschlichen Geistes kann sich in seiner Ohnmacht nicht auf ein so überhelles Licht heften, er werde denn zuvor durch die Gerechtigkeit des Glaubens gereinigt und geläutert«, wie Augustin im Buch Über die Dreifaltigkeit lehrt; und im 7. Buch der Bekenntnisse sagt er: »die ewige Wahrheit, wahre Liebe und geliebte Ewigkeit bist du, mein Gott, zu dir seufze ich ›Tag und Nacht‹ ⟨Ps. 1,2⟩; da ich dich zum ersten Mal erkannte, hast du mich zu dir aufgenommen ⟨vgl. Ps. 26,10⟩«. Seht, wie er sagt, er sei aufgenommen worden, um zu sehen, daß das ist, was er gesehen hatte, »und daß ich nackt sei, der ich gesehen hatte; und du hast meine Schwachheit zurückgestoßen, indem du überhell in mir leuchtetest, und ich erzitterte vor Liebe und Schrecken und fand mich fern von dir im Lande der Ungleichheit«.

Diese Erkenntnis wirkt zu dreierlei: erstlich zum Aussprechen des Geheimen und Zukünftigen, zweitens zum verdienstlichen Handeln, drittens zum Vorgenuß der göttlichen Süßigkeit. Die erste Weise ist die prophetische; die zweite die in den aus Gnade verliehenen Habitus bis zu den Früchten hin; die dritte in der Ekstase des Geistes, und diese in den Früchten. Die zweite und dritte Weise waren in vollkommener Form in ihm: denn von der dritten wird gesprochen, insofern sie im praktischen Intellekt ist. Diese Erkenntnis ist Wissen oder Weisheit, gleichsam ›schmeckendes Wissen‹, und diese bringt den Menschen zuweilen in einen heftigen Affekt.

Seht, in welcher Weise jenes *goldene Gefäß* gepriesen wird von der Kostbarkeit seines Stoffes her, das heißt der Nützlichkeit des Wissens, und dementsprechend war ein Wissen dieser Art und dieses Umfangs ⟨wie bei Augustin⟩ nicht ein Fehler, sondern eine Tugend. Deshalb heißt es im 10. Buch der Bekenntnisse: »gib mir dich, mein Gott, gib mir dich zurück«; denn ich liebe nicht ›die ersten Plätze bei den Gastmählern‹, noch ›die Begrüßungen auf dem Markt‹ noch ›die Anrede Meister‹ ⟨Matth. 23,6⟩, sondern »ich liebe dich, und

parum est, amem validius. Et nec possum metiri, quantum mihi desit amoris ad id, quod satis est, donec currat vita mea in amplexus tuos et abscondatur in absconsione vultus tui. Hoc tamen scio, quia mihi male praeter te, non solum extra me, sed etiam in me ipso, et omnis copia, quae deus non est, egestas mihi est« .

Secundo commendatur beatus *Augustinus* a dispositione 7
formae in eo quod dicitur *ornatus omni lapide pretioso.* Dispositio autem formae in ipso est exhibitio virtutis in operatione. Et bene dicitur virtus gratuita forma, quia rem esse est a forma, secundum *Boethium* De trinitate. Et bene dicitur esse a virtute, quia sicut improprie dicuntur mortui homines, ita malus improprie dicitur esse. Esse enim est »quod ordinem retinet servatque naturam«, secundum *Boethium* in III Consolationum. Et virtus est ordo, secundum *Augustinum*, ordo inquam amoris, quia qui virtutem habet, ordinem tenet servatque naturam. »Nihil enim est quod servans naturam deo contraire conetur«, secundum *Boethium* in eodem.

Sapientia igitur beati *Augustini* fuit sibi pro materia virtu- 8
tis, virtutis inquam monasticae, politicae et theologicae. Monastica virtus ordinat et perficit hominem in se ipso, quia opus eius est carnis suppeditatio. Actus virtutis monasticae est ⟨hic; fructus eius est⟩ spiritualis laetitia. Unde ad Gal. 5: ›fructus autem spiritus caritas, gaudium‹. De quo gaudio Eccli. 30: ›non est sensus supra sensum salutis, et non est oblectamentum supra cordis gaudium‹. De quo gaudio *Augustinus* X Confessionum dicit: »est gaudium, quod non datur

wenn das zu wenig ist, will ich dich noch heftiger lieben. Und ich kann nicht einmal ermessen, wie viel mir noch an Liebe fehlt zu dem, was hinreicht, bis mein Leben hineilt in deine Umarmung und verborgen wird ›in der Verborgenheit deines Antlitzes‹ ⟨Ps. 30,21⟩. Das aber weiß ich, daß es mir schlecht geht außer dir, nicht nur außerhalb meiner, sondern auch in mir selber, und daß mir aller Reichtum, der nicht Gott ist, Armut ist«.

Zweitens wird der hl. Augustinus gepriesen wegen der Anlage der Form dadurch, daß gesagt wird: *geschmückt mit der Edelkeit alles Gesteines.* Die Anlage der Form besteht bei ihm in dem Aufweis der Tugend im Handeln. Und zutreffend wird die aus Gnade geschenkte Tugend Form genannt, weil nach Boethius, Über die Dreifaltigkeit, das Sein eines Dinges von der Form herrührt. Und mit Recht wird gesagt, daß er durch die Tugend *ist*, weil wie die Toten im uneigentlichen Sinne Menschen genannt werden, so von dem Bösen im uneigentlichen Sinne gesagt wird, daß er ist. Nach Boethius im 3. Buch Vom Trost der Philosophie ist Sein nämlich das, »was die Ordnung einhält und die Natur wahrt«. Und nach Augustin ist Tugend Ordnung, Ordnung nämlich der Liebe; denn wer Tugend hat, hält die Ordnung und wahrt die Natur. Denn wie Boethius in derselben Schrift sagt, »gibt es nichts, was die Natur wahren und doch gegen Gott sich auflehnen möchte«.

Die Weisheit also des hl. Augustinus war für ihn Tugend, Tugend nämlich, die auf das Einzelwesen, die Gesellschaft und auf Gott gerichtet war. Die auf den Menschen als Einzelwesen gerichtete Tugend ordnet und vervollkommnet ihn in sich selbst, und ihr Werk ist die Unterwerfung des Fleisches ⟨unter den Geist⟩. Dies ist also der Akt der auf das Einzelwesen gerichteten Tugend; ihre Frucht ist die geistliche Freude. Deshalb heißt es: ›die Frucht aber des Geistes ist Liebe und Freude‹ ⟨Gal. 5,22⟩. Von dieser Freude gilt das Wort: ›es gibt kein Gefühl über das Gefühl des Heils, und keine Ergötzung über die Freude des Herzens‹ ⟨Jes. Sir. 30,16⟩. Von dieser Freude sagt Augustin im 10. Buch der

impiis, sed eis qui te gratis colunt«, domine, »quorum gaudium tu ipse es. Et ipsa est beata vita: gaudere ad te, in te, propter te, ipsa est vita et non est altera«.

Virtus politica est luculenta bonorum operum exercitatio 9
et perficit hominem et ordinat in civium collegio. Actus virtutis politicae est haec, quae exhibet opera amicis in deo et inimicis propter deum in tantum, ut ›si esurierit inimicus, cibat illum; si sitit, potum dat ei‹. Fructus autem qui ex hoc sequitur, est non tantum civium, sed etiam inimicorum vindicata amicitia. Unde ad Rom. 12: ›hoc enim faciens carbones ignis congeres super caput eius‹, et ad Rom. 12: ›caput eius‹ est mens animae, super quam carbones congeruntur, dum per praeventionem beneficiorum ad reddendum compelluntur.

Theologica virtus perficit hominem cum deo, quia est 10
integra spiritus conservatio ex carnis subiectione. Actus virtutis theologicae, id est fidei, dilectionis, est hic. Fructus eius est spiritualis effectus gratiae ad perfectionem iustitiae.

Sed quia non contingit nos de deo aliquid scire nisi per 11
effectus, ideo distinguamus septem modos gratiae adventus in *vas* taliter *ornatum.* Venit enim primo per modum nivis refrigerantis, et sic relinquitur eius effectus in anima, scilicet ab aestu carnalium desideriorum refrigeratio. Secundo venit per modum roris impinguantis, et sic relinquitur eius effectus in anima, scilicet aeternorum desideriorum impinguatio. Tertio venit per modum vini inebriantis, et sic relinquitur eius effectus in anima, scilicet omnimoda rerum muta-

Bekenntnisse: »es gibt eine Freude, die nicht verliehen wird den Gottlosen, sondern nur denen, die dich nicht um Lohn verehren, o Herr, deren Freude du selbst bist. Und das ist das glückselige Leben: sich freuen auf dich, in dir, um deinetwillen, das ist das Leben und nicht ein anderes«.

Die gesellschaftliche Tugend besteht in der offenkundigen Übung guter Werke; sie vervollkommnet und ordnet den Menschen in der Gemeinschaft seiner Mitbürger. Der Akt der gesellschaftlichen Tugend besteht darin, daß sie den Freunden Gutes tut in Gott und den Feinden um Gottes willen, bis zu dem Grade, daß ›wenn der Feind Hunger leidet, sie ihn speist; wenn er dürstet, sie ihm zu trinken gibt‹ ⟨Röm. 12,20⟩. Die Frucht aber, die daraus erwächst, ist eine gesicherte Freundschaft nicht nur mit den Mitbürgern, sondern auch mit den Feinden. Daher heißt es ⟨a. a. O.⟩: ›wenn du dies tust, wirst du glühende Kohlen auf sein Haupt sammeln‹. Die Glosse zu Röm. 12,20 besagt: ›sein Haupt‹ ist das Gemüt in der Seele, auf das glühende Kohlen gesammelt werden, wenn ⟨die Feinde⟩ durch zuvorkommende Erweisung von Wohltaten zur Vergeltung angespornt werden.

Die göttliche Tugend vervollkommnet den Menschen in seinem Verhältnis zu Gott, da sie die unangetastete Bewahrung des Geistes infolge der Unterwerfung des Fleisches ist. Der Akt der göttlichen Tugend, das heißt des Glaubens und der Liebe, ist dieser. Seine Frucht ist die geistliche Wirkung der Gnade zur Vollendung der Gerechtigkeit.

Weil wir nun aber von Gott nur durch seine Wirkungen etwas wissen, deshalb wollen wir sieben Arten unterscheiden, wie die Gnade in ein so *geschmücktes Gefäß* kommt. Sie kommt nämlich erstlich wie ein kühlender Schnee, und so bleibt ihre Wirkung in der Seele zurück: die Abkühlung von der Hitze der fleischlichen Begierden ⟨vgl. 1 Petr. 2,11⟩. Zweitens kommt sie wie ein befruchtender Tau, und so bleibt ihre Wirkung in der Seele zurück: die Befruchtung der Sehnsucht nach dem Ewigen ⟨vgl. Gen. 49,26⟩. Drittens kommt sie wie ein berauschender Wein ⟨vgl. Ps. 22,5⟩, und so bleibt ihre Wirkung in der Seele zurück: die völlige Verges-

bilium oblivio. Quarto venit per modum olei subiectum penetrantis, et sic relinquitur eius effectus in anima, scilicet illuminatio dei et inflammatio. Quinto venit per modum ignis depurantis, et sic relinquitur eius effectus in anima, scilicet perfecta purgatio. Sexto venit per modum lucis se cum subiecto unientis, et sic relinquitur eius effectus in anima, scilicet ›in eandem imaginem‹ cum deo transformatio. Septimo venit per modum spiritus vehementer impellentis, et sic relinquitur eius effectus in anima, scilicet naturalis vitae defectio.

Ecce per istum modum beatus Augustinus fuit ditatus, ideo dicitur sic ›vas electionis‹ a dispositione formae.

Tertio commendatur beatus Augustinus a ponderis 12
quantitate in eo quod dicitur *solidum*. Quantitas autem in pondere est vehementia in amore. De quo *idem*: »Quantum te amabo, bone Iesu? Tuus amor sicut fons, meus sicut sitis. Ex toto enim tu amasti me. Scio enim, quid faciam. Ponam totum meum contra totum tuum, quia plus non possum. Potero autem, cum donare volueris. Unum scio, quia non quiescam, donec totus amor fiam.« Quod nobis praestare dignetur, qui vivit deus. Amen.

Iste sermo sic est reportatus ab ore magistri Echardi de hochheim, die beati Augustini Parisius.

senheit aller vergänglichen Dinge. Viertens kommt sie wie ein den Stoff durchdringendes Öl, und so bleibt ihre Wirkung in der Seele zurück: die Erleuchtung und Entflammung durch Gott. Fünftens kommt sie wie ein läuterndes Feuer, und so bleibt ihre Wirkung in der Seele zurück: die vollkommene Läuterung. Sechstens kommt sie wie ein mit seinem Träger sich einigendes Licht, und so bleibt ihre Wirkung in der Seele zurück: die Umwandlung ›in dasselbe Bild‹ mit Gott ⟨2 Kor. 3,18⟩. Siebtens kommt sie wie ein heftig wehender Wind, und so bleibt ihre Wirkung in der Seele zurück: das Absterben des natürlichen Lebens.

Seht, auf diese Weise wurde der hl. Augustinus bereichert, und deshalb wird er so nach der Anlage der Form ein ›Gefäß der Auserwählung‹ ⟨Apg. 9,15⟩ genannt.

Drittens wird der hl. Augustinus gepriesen wegen der Größe des Gewichtes dadurch, daß gesagt wird: *ein festes* ⟨Gefäß⟩. Die Größe im Gewicht ist aber die Heftigkeit in der Liebe. Davon sagt derselbe: »Wie sehr soll ich dich lieben, o guter Jesus? Deine Liebe ist wie ein Quell, meine wie ein Durst. Denn du hast mich aus ganzem ⟨Herzen⟩ geliebt. Ich weiß also, was ich tun soll. Ich will alles, was mein ist, einsetzen gegen alles, was dein ist; denn mehr kann ich nicht. Ich werde es aber können, wenn du es mir schenken willst. Das eine weiß ich, daß ich nicht ruhen werde, bis ich ganz Liebe werde.« Das möge uns verleihen der lebendige Gott. Amen.

Diese Predigt ist so nachgeschrieben worden nach dem mündlichen Vortrag des Meisters Eckhart von Hochheim, am Tage des hl. Augustinus in Paris.

GRATIA DOMINI NOSTRI IESU CHRISTI ET CARITAS DEI ET COMMUNICATIO SANCTI SPIRITUS SIT SEMPER ETC., COR. 13.

Inter omnes sollemnitates ista videtur sublimior, tum quia 9
ipsa de deitate et trinitate, tum quia non videtur praesentis ecclesiae militantis, sed potius triumphantis sollemnitas. In magnis autem sollemnitatibus personae, quarum est sollemnitas, notificantur et famantur, personae autem aliae inferiores congratulantur, consolantur et munerantur. Iuxta ergo hoc apostolus, iam pridem ›raptus in paradisum‹, scilicet in ›tertium caelum‹ ecclesiae triumphantis, in verbis praemissis personas divinas nobis informat et insinuat sive notificat: *Iesu, dei et spiritus sancti.* Item personas inferiores praesentis ecclesiae consolatur, exprimens dona seu munera nobis a personis divinis collata sive conferenda: *gratia, caritas et communicatio.*

Dicit ergo: *gratia domini nostri Iesu* etc., ubi tria sunt 10
praenotanda: primo, quod nomine *dei* pater hic intelligitur, eo quod »pater« secundum *Augustinum* »principium est totius deitatis«. Propter quod et *caritas* in proposito appropriatur patri, quia ipsa principium est omnium meritorum. Secundo, quod sunt reddenda singula singulis et singula omnibus, cum dicitur: *gratia domini nostri Iesu Christi* etc. Tertio, quod li *domini nostri* replicari debet super singulas personas, puta *domini nostri Iesu Christi, domini nostri dei,* scilicet patris, et *domini nostri spiritus sancti,* iuxta illud Is. 6: ›sanctus, sanctus, sanctus dominus‹ etc. Secundum hoc ergo in verbis nostri

DIE GNADE UNSERES HERRN JESU CHRISTI UND DIE LIEBE GOTTES UND DIE GEMEINSCHAFT DES HEILIGEN GEISTES SEI IMMER ⟨MIT EUCH ALLEN⟩, 2 KOR. 13,13.

Unter allen Festen erscheint dies ⟨Fest der heiligen Dreieinigkeit⟩ erhabener, einmal weil es sich auf die Gottheit und Dreieinigkeit selbst bezieht, sodann weil es kein Fest der irdischen kämpfenden Kirche, sondern eher ⟨ein Fest⟩ der triumphierenden ⟨Kirche⟩ ist. Bei großen Festen aber werden die Personen, deren Fest gefeiert wird, bekanntgegeben und gerühmt, die andern geringeren Personen aber wünschen Glück und werden ermuntert und beschenkt. Demgemäß macht uns der Apostel, der schon zuvor ›in das Paradies entrückt‹ wurde, nämlich in den ›dritten Himmel‹ ⟨2 Kor. 12,4⟩ der triumphierenden Kirche, in den vorliegenden Worten die göttlichen Personen vorstellig, offenbar und bekannt: *Jesu, Gottes und des Heiligen Geistes.* Desgleichen ermuntert er die geringeren Personen der irdischen Kirche, indem er die Geschenke oder Gaben zum Ausdruck bringt, die uns von den göttlichen Personen dargeboten wurden oder werden sollen: *Gnade, Liebe und Gemeinschaft.*

Er sagt also: *die Gnade unseres Herrn Jesu* usw., wobei dreierlei im voraus zu bemerken ist: erstens: hier wird unter dem Namen *Gottes* der Vater verstanden, weil nach Augustin »der Vater der Urgrund der ganzen Gottheit ist«. Deshalb wird auch im vorliegenden ⟨Text⟩ *die Liebe* dem Vater zugeeignet, weil sie der Urgrund aller Verdienste ist. Zweitens: die einzelnen ⟨Gaben⟩ sind den einzelnen ⟨Personen⟩ und zugleich allen zuzuschreiben, wenn es heißt: *die Gnade unseres Herrn Jesu Christi ⟨und die Liebe Gottes und die Gemeinschaft des Heiligen Geistes⟩*. Drittens: die Worte *unseres Herrn* müssen auf die einzelnen Personen verteilt werden, also: *unseres Herrn Jesu Christi, unseres Herrn Gottes*, nämlich des Vaters, und *unseres Herrn des Heiligen Geistes*, nach dem Wort: ›heilig, heilig, heilig ist der Herr‹ usw. ⟨Jes. 6,3⟩. Demgemäß wird also in den Worten unseres Vorspruches dreierlei ausge-

thematis notantur tria: essentiae divinae unitas: *domini nostri*; personarum trinitas: *Iesu Christi, dei et sancti spiritus*; indivisae operationis appropriata congruitas: *gratia, caritas et communicatio*. Indivisio respicit essentiae unitatem, appropriatio personarum ⟨trinitatem⟩. Unde sequitur: *sit cum omnibus vobis*. Li *sit* respicit unitatem, *cum omnibus vobis* pluralitatem.

De primis duobus, scilicet essentiae unitate et personarum 11
trinitate, et quia magis ad scholas pertinet, exponamus unicam auctoritatem apostoli Rom. 11: ›ex ipso et per ipsum et in ipso sunt omnia. Ipsi honor et gloria‹. Videtur autem mihi quod in hoc verbo habetur personarum trinitas, ipsarum proprietas, earum aequalitas et ipsarum in esse identitas. ›Ex ipso‹, scilicet patre: ecce persona patris et eius proprietas. Nam ab ipso, scilicet patre, ›omnis paternitas in caelo et in terra nominatur‹, Eph. 3. ›Per ipsum‹, filium scilicet, Ioh. 1: ›omnia per ipsum facta sunt‹. ›Et in ipso‹, spiritu sancto, cuius proprietas est, ut in ipso sint omnia, tum quia nexus, tum quia finis sive ultima persona non in esse, sed origine sive processione.

Ad expositionem ergo huius auctoritatis fecundissimae 12
notandum primo quod radix, origo prima et per consequens fecundissima distinctio est illa, quae est distinctio rationum sive per rationes vel rationem. Hoc expone. Hinc Ioh. 1 dicitur: ›in principio erat verbum‹; Graecus: logos, quod est ratio. Hinc etiam dicimus intellectum praestantiorem voluntate, eo quod voluntas formaliter ⟨respicit⟩ sive accipit bonum, intellectus autem rationem boni. Unde et causa vocatur ratio, quando communiter dicimus: huius ratio est.

drückt: die Einheit des göttlichen Wesens ⟨durch⟩ *unseres Herrn*, die Dreieinigkeit der Personen ⟨durch⟩ *Jesu Christi*, *Gottes* und *des Heiligen Geistes*, die ⟨den einzelnen Personen⟩ entsprechende Zueignung der ungeteilten Wirksamkeit ⟨durch⟩ *Gnade*, *Liebe* und *Gemeinschaft*. Die Unteilbarkeit bezieht sich auf die Einheit des Wesens, die Zueignung auf die Dreiheit der Personen. Daher folgt: *sei mit euch allen*. Das *sei* bezieht sich auf die Einheit, das *mit euch allen* auf die Mehrheit.

Was die ersten beiden Punkte betrifft, nämlich die Einheit des Wesens und die Dreiheit der Personen, und zwar, weil sie mehr in den Unterricht gehören, wollen wir nur einen Spruch des Apostels auslegen: ›aus ihm und durch ihn und in ihm sind alle Dinge, ihm sei Ehre und Herrlichkeit‹ ⟨Röm. 11,36⟩. Es scheint mir aber, daß in diesem Wort die Dreiheit der Personen, ihre Eigentümlichkeit, ihre Gleichheit und ihre Identität im Sein enthalten ist. ›Aus ihm‹, nämlich dem Vater: hier ⟨haben wir⟩ die Person des Vaters und seine Eigentümlichkeit. Denn von ihm, das heißt dem Vater, ›hat alle Vaterschaft im Himmel und auf Erden ihren Namen‹ ⟨Eph. 3,15⟩. ›Durch ihn‹, nämlich den Sohn: ›alles ist durch ihn geworden‹ ⟨Joh. 1,3⟩. ›Und in ihm‹, dem Heiligen Geist, dessen Eigentümlichkeit es ist, daß in ihm alle Dinge sind, einmal, weil er das Band ist, sodann weil er das Ziel oder die letzte Person nicht dem Sein, sondern dem Ursprung und Hervorgang nach ist.

Zur Auslegung dieses inhaltsreichen Apostelwortes ist also erstens zu bemerken, daß die erste Wurzel und der Ursprung ⟨der Unterscheidung⟩ und infolgedessen die ergiebigste Unterscheidung die der Ideen oder durch Ideen oder durch eine Idee ist. Dies lege dar. Daher heißt es: ›im Anfang war das Wort‹ ⟨Joh. 1,1⟩, der Logos, wie der Grieche sagt, was Idee heißt. Deshalb nennen wir auch den Verstand vortrefflicher als den Willen, deshalb, weil der Wille seinem Wesen nach das Gute ansieht oder annimmt, der Verstand aber die Idee des Guten. Deshalb wird auch die Ursache Idee genannt, wenn wir gemeinhin sagen: die Idee dieser Sache ist usw.

Secundo notandum ex iam dicto quod cum tantum sit triplex genus causae, consequenter est trina et haec sola distinctio per rationem sive relationem; pater ›ex quo‹ omnia effective, filius ›per quem‹ omnia formaliter, spiritus sanctus ›in quo‹ omnia ut in fine.

Tertio notandum quod si ›ex‹ patre omnia, ›per‹ filium 13
omnia, ›in‹ spiritu sancto omnia, patet ipsorum aequalitas. Non enim eadem et omnia essent ex quolibet, si non essent aequales et id ipsum sive unum.

Ubi quarto notandum quod omne quod est ab aliquo, consequenter est per illud et in illo. Verbi gratia varietur nomen *dei*, de quo nobis sermo. Dicamus esse, quod unus est deus. Constat quod ab ipso esse sunt omnia. Similiter per esse sunt omnia et in esse sunt omnia. Quod enim extra esse est, utique nihil est. Sed numquid domus, quae est ab aliquo, puta Martino, aut Robertus a Petro, patre suo, sunt per illos et in illis? Dico quod utique domus, in quantum est a Martino, sic est et per ipsum et in ipso. Unde etiam pater et filius non dicuntur unus spirator, sed duo spirantes, quia nec a domificatore est domus, sed a domificante actu.

Patet igitur personarum verissima distinctio, secundum 14
ipsarum in tres distinctio, tertio ipsa⟨rum⟩ aequalitas, et quarto ipsarum in esse identitas. Verbi gratia in exemplo: color et sapor in pomo distinguuntur verissime et plenissime rationibus suis, sunt tamen idem penitus loco, subiecto et inesse. Unde sequitur: ›ipsi honor et gloria‹. Non ait: ipsis.

Rursus notandum quod ait: ›ex ipso omnia‹. Non ergo ipse

Zweitens ist auf Grund des bereits Gesagten zu bemerken: da es nur eine dreifache Gattung der Ursache gibt, so gibt es folgerichtig nur eine dreifache Unterscheidung der Idee oder der Beziehung nach. Der Vater ist der, ›aus dem‹ alles der Wirkung nach, der Sohn der, ›durch den‹ alles der Form nach, der Heilige Geist der, ›in dem‹ alles dem Ziel nach ist.

Drittens ist zu bemerken: wenn ›aus‹ dem Vater alles, ›durch‹ den Sohn alles, ›in‹ dem Heiligen Geist alles ist, so erhellt daraus ihre Gleichheit. Denn dieselben Dinge, und ⟨zwar⟩ alle, wären nicht aus jeder ⟨Person⟩, wenn diese nicht gleich und dasselbe oder eins wären.

Dazu ist viertens zu bemerken, daß alles, was von etwas ist, folgerichtig durch dieses und in diesem ist. So möge zum Beispiel der Name *Gott*, von dem wir eben predigen, durch einen andern ersetzt werden. Nennen wir ihn das Sein, welches der eine Gott ist. Es steht fest, daß vom Sein selbst alle Dinge sind. Gleichermaßen sind durch das Sein alle Dinge und im Sein sind alle Dinge. Was nämlich außerhalb des Seins ist, das ist sicherlich nichts. Ist nun aber das Haus, das von jemandem, zum Beispiel von Martin, ist, oder Robert, ⟨der⟩ von Peter, seinem Vater ⟨ist⟩, auch durch diese oder in ihnen? Ich sage, daß sicherlich das Haus, soweit es von Martin ist, auch durch ihn und in ihm ist. Deshalb werden auch der Vater und der Sohn nicht ein Aushaucher ⟨des Heiligen Geistes⟩, sondern zwei Hauchende genannt; denn auch das Haus ist nicht vom Baumeister ⟨im allgemeinen⟩, sondern von dem, der es tatsächlich baut.

Es erhellt also ⟨erstens⟩ die durchaus wahre Unterscheidung der Personen, zweitens ihre Unterscheidung in Drei, drittens ihre Gleichheit und viertens ihre Identität im Sein. Zum Beispiel etwa: Farbe und Geschmack werden am Apfel durchaus wahr und vollständig nach ihrem Wesensgehalt unterschieden, trotzdem sind sie durchaus dasselbe nach Ort, Träger und Innesein. Daher folgt: ›ihm sei Ehre und Herrlichkeit‹ ⟨Röm. 11,36⟩. Er sagt nicht: ›ihnen‹.

Wiederum ist zu bemerken, daß er sagt: ›aus ihm sind alle Dinge‹. Nicht also gehört Gott zu allen Dingen, sondern er

inter omnia, sed causa et ratio omnium et super omnia, non conumeratur nec condividitur illis nec distinguitur. Ubi nota quod li ›ex quo‹ non est causa efficiens, sed est ratio, logos, scilicet causae efficientis. Similiter li ›per quem‹ est ratio causae formalis et ›in quo‹ logos sive ratio, scilicet causae finalis.

Gratia domini nostri etc.

Nota quod apostolus et hic et frequenter, maxime in prin- 15
cipiis et in finibus epistularum suarum, gratiam nobis optat. Propter quod duo videamus: primo, quid in nobis gratia operetur; secundo, quo gratia fertur sive datur.

Quantum ad primum nota quod gratia tria in nobis operatur. Primo a culpa, quae maximum malum est, iustificat, Tit. 3: ›iustificati gratia ipsius‹ – de Christo loquitur – ›heredes simus secundum spem vitae aeternae‹. ›Iustificati‹: *Augustinus*: maius est iustificare impium quam creare caelum et terram. ›Heredes simus‹: ›heredes quidem dei, coheredes autem Christi‹, Rom. 4c. *Gre⟨gorius⟩*: »gloriosum prorsus«. ›Secundum spem‹, quia ›spes non confundit‹, Rom. 5a, vel quia ›quanto tempore parvulus heres est, nihil differt a servo‹, Gal. 4a; Ioh. 3: ›nondum apparuit‹ etc., vel quia spes est de arduo, Sap. 38: ›spes illorum immortalitate plena est‹, et invisibilis; Rom. 8e: ›spes quae videtur, non est spes‹.

Secundo ad omne opus bonum et in bono opere confortat sive fortificat, Tim. 5a: ›tu ergo, fili mi, confortare in gratia, quae est in Christo Iesu‹, et haec est *gratia domini nostri Iesu Christi.*

Tertio animam vere et perfecte vivificat, cum sit vita et vita 16
aeterna, Rom. 6: ›gratia dei vita aeterna‹; et quia »vivere viventibus est esse«, ideo Cor. 15 dicitur: ›gratia dei sum id

ist die Ursache und der Grund aller Dinge, und er ist über allen und hat nicht teil an ihrer Zählung, Teilung oder Unterscheidung. Bemerke hierzu, daß das ›aus ihm‹ nicht die Wirk-Ursache, sondern die Idee der Wirk-Ursache ist. Ähnlich ist das ›durch ihn‹ die Idee der Form-Ursache und das ›in ihm‹ der Logos oder die Idee der Ziel-Ursache.

Die Gnade unseres Herrn usw.

Bemerke, daß der Apostel sowohl hier wie auch sonst häufig, meistens in den Anfangs- oder Schlußworten seiner Briefe, uns Gnade wünscht. Deshalb wollen wir zweierlei sehen: erstens, was die Gnade in uns wirkt, zweitens, wem die Gnade gebracht oder geschenkt wird.

Was das Erste betrifft, so bemerke, daß die Gnade dreierlei in uns wirkt. Erstens rechtfertigt sie von der Schuld, die das größte Übel ist: ⟨›so daß wir⟩ gerechtfertigt durch seine Gnade‹ – er spricht von Christus – ›Erben nach der Hoffnung des ewigen Lebens sind‹ ⟨Tit. 3,7⟩. ›Gerechtfertigt‹: Augustin sagt: etwas Größeres ist es, einen Gottlosen zu rechtfertigen, als Himmel und Erde zu schaffen. ›Erben sind‹: ›Erben Gottes, aber Miterben Christi‹ ⟨Röm. 8,17⟩. Gregor sagt: »wahrhaft ruhmwürdig ist es, ⟨Christi Miterbe zu werden«⟩. ›Nach der Hoffnung‹, weil ›die Hoffnung nicht zu Schanden macht‹ ⟨Röm. 5,5⟩ oder weil ›der Erbe, solange er klein ist, sich in nichts vom Knecht unterscheidet‹ ⟨Gal. 4,1⟩; ›noch ist nicht erschienen, ⟨was wir sein werden‹⟩ ⟨1 Joh. 3,2⟩, oder weil die Hoffnung sich auf das Schwierige richtet: ›ihre Hoffnung ist voller Unsterblichkeit‹ ⟨Weish. 3,4⟩, und weil sie unsichtbar ist: ›Hoffnung, die man sieht, ist nicht Hoffnung‹ ⟨Röm. 8,24⟩.

Zweitens: die Gnade bestärkt oder kräftigt zu jedem guten Werk und in ⟨jedem⟩ guten Werk: ›du also, mein Sohn, werde stark in der Gnade, die ist in Christus Jesus‹ ⟨2 Tim. 2,1⟩, und das ist *die Gnade unseres Herrn Jesu Christi.*

Drittens: ⟨die Gnade⟩ gibt der Seele ein wahrhaftes und vollkommenes Leben, da sie Leben und ⟨zwar⟩ ewiges Leben ist: ›die Gnade Gottes ist ewiges Leben‹ ⟨Röm. 6,23⟩; und weil »das Leben für die Lebewesen Sein ist«, so heißt es:

quod sum‹. Ubi notandum quod li ›quod‹ prae ›sum‹ potest accipi pro ⟨pro⟩nomine vel pro coniunctione, et utroque modo convenienter exponitur in proposito. Sed subtilius et melius est quod accipiatur pro coniunctione. Dat enim gratia homini abnegare se ipsum et tollere crucem suam et sequi deum, vivere deo, non sibi, Cor. 5c: ›qui vivunt, iam non sibi vivant‹; Gal. 5d: ›vivo ego, iam non ego‹. Iustus siquidem soli iustitiae vivit.

Quia igitur haec tria gratia operatur, scilicet quod a culpa liberat iustificando, ad opus bonum provehit et in opere subsequitur confortando, animam beatificat vitam aeternam conferendo, ideo Cor. 15 ait dominus: ›sufficit tibi gratia mea‹. ›Sufficit‹: ecce dei liberalitas; ›tibi‹: nostra utilitas; ›gratia mea‹: doni pretiositas. ›Optimum ergo est gratia stabilire cor‹, Hebr. 13c.

Secundo principaliter videamus quo gratia datur. Datur 17
autem primo humilibus, primae ⟨Petri⟩ 5b: ›omnes enim invicem humilitatem insinuate, quia deus superbis resistit, humilibus dat gratiam. Humiliamini igitur‹. Eccli. 3d: ›humilia te in omnibus et coram deo invenies gratiam‹. Expone utramque auctoritatem. Quod autem dicit ›coram deo‹, uno modo expone iuxta Tim. 4a: ›testificor coram deo‹. Datur ergo humilibus, contra fastuosos. Secundo datur legaliter viventibus, contra voluptuosos, Prov. 1b: ›audi, fili mi, disciplinam patris tui‹ etc., ›ut addatur gratia capiti tuo‹. Expone. Tertio datur omnibus, contra meticulosos sive formidolosos, Tit. 3: ›apparuit gratia salvatoris nostri dei omnibus hominibus, erudiens nos, ut abnegantes‹ etc.

›durch die Gnade Gottes bin ich, was ich bin‹ ⟨1 Kor. 15,10⟩. Dazu ist zu bemerken, daß man das Wort quod vor sum als Fürwort ⟨was⟩ oder als Bindewort ⟨daß⟩ nehmen kann, und auf beiderlei Weise läßt es sich im vorliegenden Zusammenhang auslegen. Es ist aber feinsinniger und besser, es als Bindewort zu nehmen. Denn die Gnade verleiht dem Menschen die Kraft, sich selbst zu verleugnen, sein Kreuz auf sich zu nehmen und Gott zu folgen ⟨Matth. 16,24⟩, Gott zu leben, nicht sich: ›die da leben, sollen nicht mehr sich leben‹ ⟨2 Kor. 5,15⟩; ›ich lebe, nicht mehr ich‹ ⟨Gal. 2,20⟩. Lebt doch auch der Gerechte allein der Gerechtigkeit.

Weil also die Gnade diese drei Dinge wirkt, nämlich die Seele durch die Rechtfertigung von der Schuld befreit, durch Stärkung zum guten Werk antreibt und im Werk unterstützt und durch Verleihung des ewigen Lebens beseligt, deswegen sagt der Herr: ›es genügt dir meine Gnade‹ ⟨2 Kor. 12,9⟩. ›Es genügt‹: sieh da Gottes Freigebigkeit; ›dir‹: ⟨sieh da⟩ unsern Vorteil; ›meine Gnade‹: ⟨sieh da⟩ der Gabe Kostbarkeit. ›Das Beste ist also, durch die Gnade das Herz fest zu machen‹ ⟨Hebr. 13,9⟩.

Im zweiten Hauptpunkt wollen wir sehen, wem die Gnade gegeben wird. Sie wird aber zuerst den Demütigen gegeben: ›alle untereinander haltet fest an der Demut; denn der Herr widersteht den Hochmütigen, den Demütigen gibt er Gnade. Demütigt euch also‹ ⟨1 Petr. 5,5⟩. ›Demütige dich in allem, und du wirst vor Gott Gnade finden‹ ⟨Jes. Sir. 3,20⟩. Lege beide Schriftworte aus! Wenn er aber sagt: ›vor Gott‹, so lege dies auf *eine* Weise aus nach dem Wort: ›ich bezeuge vor Gott‹ ⟨2 Tim. 4,1⟩. Die Gnade wird also den Demütigen gegeben; das richtet sich gegen die Hochtrabenden. Zweitens wird die Gnade gegeben denen, die nach dem Gesetz leben; das richtet sich gegen die Wollüstigen: ›höre, mein Sohn, die Lehre deines Vaters‹ usw., ›auf daß Gnade über dein Haupt komme‹ ⟨Spr. 1,8⟩. Lege dies aus! Drittens wird ⟨die Gnade⟩ allen gegeben. Das richtet sich gegen die Ängstlichen und Verzagten: ›erschienen ist die Gnade unseres Erlösergottes allen Menschen, und lehrt uns, daß wir ⟨der

›Omnibus hominibus‹. ⟨›Hominibus‹⟩ ab humo, ⟨id est⟩ humilibus quantum ad primum. Vel ›hominibus‹, id est mansuetis. Est enim homo animal mansuetum natura, Prov. 3d: ›mansuetis gratiam dabit‹. Vel ›hominibus‹: »hominum genus arte et ratione« vivit. ›Omnibus‹ vel nulli. Omnes docet, docet omnem, scilicet hominem, et docet veritatem omnem: omnem vel nullum hominem, quia omnes in unum, omnes ut unum, omnes simul et unum apud deum et in deo. Praeterea: omnem veritatem vel nullam, quia unico verbo loquitur. Praeterea aequaliter est omnis et omnium veritas in verbo dei. Igitur omnem vel nullam docet.

Gratia domini nostri Iesu Christi.

Nota quod sic dictum est, aut quia gratiam dat in quantum 18
deus, aut quia solus ille gratiam accipit, qui est filius dei. Ipsa enim gratia facit suscipientem filium dei, facit esse christianum, fratrem Christi ex utroque parente. Rursus omnis virtus faciens filium dei est gratia. Adhuc autem omne donum dei, omne bonum universaliter in nobis, cum sit sine meritis nostris – ›sine paenitentiis enim sunt dona et vocatio dei‹, Rom. 11 –, hinc est quod totum est gratia. Nihil enim in nobis est a nobis. Nullum ergo proprie: ›non enim sufficientes sumus cogitare aliquid ex nobis quasi ex nobis‹, Cor. 3. Hinc est illud Eccli. 24: ›in me gratia omnis‹. Ubi nota quod omne, quod ex sua tota materia est, ⟨est⟩ unicum, sicut caelum vel mundus; et »quod per excellentiam dicitur uni soli convenit«. Sic ergo in solo deo, sapientia dei, filio, est omnis gratia, quia sine merito sunt eius dona omnia et sui solius. Ideo dicit: ›in me gratia omnis‹, tum quia in ipso omnis aut nulla, tum quia in nullo alio. Primum enim, et hoc solum,

Gottlosigkeit und den weltlichen Begierden⟩ entsagen sollen‹ ⟨Tit. 2,11⟩. ›Allen Menschen‹. ›Den Menschen‹, so genannt nach der Erde, das heißt zum ersten den Demütigen. Oder ›den Menschen‹, das heißt den Friedfertigen. Der Mensch ist nämlich ein von Natur friedfertiges Wesen: ›den Friedfertigen wird Gott Gnade geben‹ ⟨Spr. 3,34⟩. Oder ›den Menschen‹: »das Leben des Menschengeschlechtes ⟨wird bestimmt⟩ durch Kunst und Vernunft«. ›Allen‹ oder keinem. Alle lehrt er, er lehrt einen jeden, Menschen nämlich, weil alle vereint, alle wie eins, alle zugleich und eins bei Gott und in Gott sind. Außerdem ⟨lehrt er⟩ alle Wahrheit oder keine, denn durch ein einziges Wort spricht er. Außerdem ist jede und aller Wahrheit gleichermaßen im Wort Gottes. Also lehrt er alle oder keine.

Die Gnade unseres Herrn Jesu Christi.

Bemerke, daß es entweder so heißt, weil er die Gnade gibt, sofern er Gott ist, oder weil allein der die Gnade empfängt, der Sohn Gottes ist. Denn die Gnade selbst macht den, der sie aufnimmt, zum Sohn Gottes, sie macht, daß er Christ ist, Bruder Christi dem Vater ⟨Gott⟩ und der Mutter ⟨Maria⟩ nach. Wiederum ist alle Tugend, die einen zum Sohn Gottes macht, Gnade. Da zudem aber jede Gabe Gottes, überhaupt alles Gute in uns ohne unser Verdienst ist – ›denn ohne Bußwerke sind die Gnade und die Berufung Gottes, ⟨Röm. 11,29⟩ –, so kommt es, daß das Ganze Gnade ist. Denn nichts in uns ist von uns; nichts also auf eigene Weise: ›denn wir sind nicht tüchtig, etwas zu denken von uns als von uns selber‹ ⟨2 Kor. 3,5⟩. Daher heißt es auch: ›in mir ist alle Gnade‹ ⟨Jes. Sir. 24,25⟩. Dazu bemerke, daß alles, was aus seiner ganzen Materie besteht, einmalig ist, wie der Himmel oder die Welt; und »was in überragender Weise ausgesagt wird, kommt einem allein zu«. So ist also in Gott allein, der Weisheit Gottes, dem Sohn, alle Gnade, weil alle seine Gaben, und seine allein, ohne Verdienst sind. Deswegen sagt er: ›in mir ist alle Gnade‹, einmal weil in ihm alle ⟨Gnade⟩ oder keine ist, sodann, weil in keinem andern ⟨Gnade ist⟩. Das Erste nämlich, und es allein, fällt seiner Natur nach nicht

ex sui natura non cadit sub merito, sed cadit sive stat semper sub gratia. Unde est illud: ›qui edunt me, adhuc esurient‹.

unter das Verdienst, sondern fällt oder steht immer unter der Gnade. Daher heißt es auch: ›die mich essen, werden weiter ⟨nach mir⟩ hungern‹ ⟨Jes. Sir. 24,29⟩.

DOMINICA SEXTA POST TRINITATEM
DE EPISTULA ⟨ROM. 6,3-11⟩

1.

In novitate vitae ambulemus, Rom. 6.

Nota: *novitas* et *vita* utrumque est proprium deo. Primum, 153
quia operatur ex nihilo et ideo suaviter, tum quia tollit malum, omne malum, radicem mali, tum quia non spoliat aliquo, tertio, quia confert bonum optimum – ›omnia cum illo‹ – intimum ad intima. Secundum nova, quia filius per quem operatur semper nascitur. Nota: operatur pater per filium sicut iustitia ingenita per iustitiam genitam et similia. Tertio nova, quia omnis casus extra deum plus facit distare a principio quam nunc hodie a nunc primo temporis. Igitur si istud »facit vetus«, et illud. Quarto novum, quia in proximo nunc, aut potius in hoc ipso praesenti nunc. Quinto novum, quia semper in ipso principio, tum quia ›in‹, tum quia ›principio‹ Creatura vero agit extra se, non in se. Sexto novum, quia solus deus finis est principium, Apoc. 1: ›ego principium et finis‹.

2.

In novitate vitae ambulemus.

Novitate. Dic illud sapientis: ›nihil sub sole novum‹. *Augu-* 154
stinus super illud Psalmi: ›universa vanitas omnis homo vivens‹: »sub sole omnia visibilia; quidquid visibile non est, sub sole non est. Non est visibilis fides, spes, caritas, beni-

AM SECHSTEN SONNTAG NACH DEM FEST DER HEILIGEN DREIEINIGKEIT ÜBER DIE EPISTEL ⟨RÖM. 6,3-11⟩

1.

In Neuheit des Lebens sollen wir wandeln.

Bemerke: *Neuheit* und *Leben* ist beides Gott eigentümlich. Erstens, weil er aus dem Nichts schafft und daher auf liebliche Weise; einmal, weil er das Böse, alles Böse und die Wurzel des Bösen beseitigt, sodann weil er nichts wegnimmt, und drittens, weil er das beste Gut verleiht, – ›alles mit ihm‹ ⟨Röm. 8,32⟩ – das Innerste zum Innersten. Zweitens ⟨ist das Wirken Gottes⟩ neu, weil der Sohn, durch den er wirkt, immer geboren wird. Bemerke: der Vater wirkt durch den Sohn wie die ungezeugte Gerechtigkeit durch die gezeugte Gerechtigkeit und wie Ähnliches ⟨in ähnlichen Fällen wirkt⟩. Drittens neu, weil jeder Fall aus Gott den Abstand vom Ursprung noch größer macht als den Abstand des heutigen Jetzt vom ersten Jetzt der Zeit. »Macht« daher diese »alt« ⟨nämlich die Zeit⟩, dann auch jener ⟨nämlich der Fall⟩. Viertens neu, weil ⟨Gott⟩ im allernächsten Jetzt oder vielmehr in diesem gegenwärtigen Jetzt ⟨wirkt⟩. Fünftens neu, weil es immer im Ursprung ist, teils weil es *im* Ursprung ⟨innebleibend⟩, teils weil es im *Ursprung* ist. Das Geschöpf dagegen wirkt außer sich, nicht in sich. Sechstens neu, weil Gott, das Endziel, allein auch der Ursprung ist: ›ich bin der Ursprung und das Ziel‹ ⟨Offb. 1,8⟩.

2.

In Neuheit des Lebens sollen wir wandeln.

⟨*In*⟩ *Neuheit.* Führe das Wort des Weisen an: ›nichts Neues ist unter der Sonne‹ ⟨Pred. 1,10⟩. Augustin sagt über das Wort: ›lauter Eitelkeit ist jeder lebende Mensch‹ ⟨Ps. 38,6⟩: »unter der Sonne ist alles sichtbar; was nicht sichtbar ist, ist nicht unter der Sonne. Nicht ist sichtbar Glaube, Hoffnung, Liebe, Güte, keusche Furcht; wer in ihnen Süßigkeit empfin-

gnitas, timor castus; in his dulcedinem habens ultra solem est, ›conversatio eius in caelis est‹«. Rursus: ipsum ›nihil‹ est ›novum sub sole‹, ›novum‹, id est recens, quia continue oriuntur, insurgunt et accrescunt mala in hoc mundo, Ioh.: ›totus mundus in maligno positus est‹. Declaral. Aut: quia supra caelos non invenitur malum nec peccatum proprie, quod est nihil, ipsum ›nihil‹ est ›novum‹ et oritur ›sub sole‹.

Rursus ›nihil sub sole novum‹: primo ex persona dicen- 155
tium mundum ab aeterno fuisse; secundo, quia omnia ›sub sole‹ cadunt sub tempore, »tempus autem facit vetus«; tertio, quia novum est propinquum principio, sed ea, quae sunt ›sub sole‹, sunt »longe« a principio rerum, scilicet deo, »in regione dissimilitudinis«, utpote corruptibilia. Omnis autem actio dei nova est et ›innovat omnia‹, Sap. 7g; Apoc. 21: ›ecce nova facio omnia‹. Iterum solius dei actio est nova, quia verbum semper gignitur, et res quoad esse, quod secundum se praecedit motum, semper fit, nec tamen semper creatur. ›Sub sole‹ autem non sic, sed ›factum est‹. Gen. 1 ›dixit: fiat‹ ex parte verbi stat, et ›factum est‹ ex parte creaturae.

Item ›nihil novum‹ etc., quia natura non facit rem totam 156
nisi ex materia. Tum ergo, quia non totam rem, tum quia ex materia veteri, non fit novum. Non enim est domus nova, sed innovata et quasi petiata, cuius solum tectum est novum. Quod si natura non facit novum, longe minus ars. Sed deus et ipse solus ›in se permanens innovat omnia‹, Sap. 7; ›ecce nova facio omnia‹.

det, der ist ⟨schon⟩ jenseits der Sonne, dessen ›Wandel ist im Himmel‹ ⟨Phil. 3,20⟩«. Wiederum ist ›das Nichts‹ selbst ›neu unter der Sonne‹, ›neu‹, das heißt jeweils neu, weil ununterbrochen in dieser Welt Übel entstehen, aufsprießen und zunehmen: ›die ganze Welt liegt im Argen‹ ⟨1 Joh. 5,19⟩. Dies erkläre. Oder ⟨sage⟩: weil über dem Himmel Böses sich nicht findet noch Sünde im eigentlichen Sinne, die ein Nichts ist, deshalb ist ›das Nichts‹ selbst ›neu‹ und entsteht ⟨erst⟩ ›unter der Sonne‹.

Wiederum ist ›nichts Neues unter der Sonne‹ erstens nach Ansicht derer, die behaupten, die Welt sei von Ewigkeit gewesen. Zweitens, weil alles ›unter der Sonne‹ unter die Zeit fällt, »die Zeit aber macht alt«. Drittens, weil das Neue dem Ursprung nahe ist, die Dinge ›unter der Sonne‹ aber »weit« vom Ursprung der Dinge sind, nämlich von Gott, »im Bereich der Unähnlichkeit«, da sie vergänglich sind. Alles Wirken Gottes aber ist neu und ›macht alles neu‹ ⟨Weish. 7,27⟩; ›siehe, ich mache alles neu‹ ⟨Offb. 21,5⟩. Wiederum ist allein das Wirken Gottes neu, weil das Wort immer gezeugt wird und weil das Ding hinsichtlich seines Seins, das seiner Natur nach der Bewegung vorangeht, immer im Werden begriffen ist, aber trotzdem nicht immer geschaffen wird. ›Unter der Sonne‹ aber ist es nicht so, sondern ⟨hier gilt:⟩ ›es ist geschaffen‹. Gen. 1 ⟨V. 3⟩ heißt es vom Wort: ›Gott sprach: es werde‹, von der Kreatur aber: ›es ist geschaffen‹.

Ebenso ist ›nichts Neues unter der Sonne‹ ⟨Pred. 1,10⟩, weil die Natur ein Ding nicht als Ganzes hervorbringt, sondern nur aus der ⟨schon vorhandenen⟩ Materie. Weil sie es also nicht als Ganzes, sodann, weil sie es aus der alten Materie hervorbringt, deshalb wird nichts Neues. Denn ein Haus, an dem allein das Dach neu ist, ist kein neues, sondern nur ein erneuertes und gewissermaßen ein geflicktes Haus. Macht nun schon die Natur nichts Neues, dann noch viel weniger die Kunst. Aber Gott, und er allein, ›macht in sich bleibend alles neu‹ ⟨Weish. 7,27⟩; ›siehe, ich mache alles neu‹ ⟨Offb. 21,5⟩.

Boethius:

»stabilis manens das cuncta moveri«.

Mal. 2: ›ego deus et non mutor‹ Sic non veterascit, quin immo in ipso innovantur omnia; primo, quia dum res est et stat in suo esse, stat in suo principio nec est longe nec distans a suo principio; non ergo est vetus, sed novum. Secundo, quia ipsum esse, deus, non recedit, non dimittit aliquem, sed ipse dimittitur, ipsum esse dimittit, quicumque cadit ab esse quocumque et quocumque modo. Esse ergo non flectitur, non curvatur, non veterascit, non mutatur, sed ⟨qui⟩ ab ipso est elongatus, veterascit, et quo plus aut pluribus modis ab ipso elongatur, plus et plus antiquatur. Accedens autem ad ipsum esse innovatur, renovatur, et quo plus, et plus, Psalmus: ›renovabitur ut aquilae iuventus tua‹.

Sic ergo deus, qui semper operatur et semper est, ⟨novus 157
est⟩. Ideo novum est omne ens, inquantum a deo est, et a nullo alio habet novitatem. Accedendo ergo ad deum, appropinquando, recurrendo, redeundo, convertendo se ad deum innovantur omnia, bona fiunt omnia, purgantur, mundantur, sanctificantur omnia; recedendo e converso veterascunt, intereunt, peccant: ›stipendia autem peccati mors‹, Rom. 6. Exemplum de scientia et de scibili.

Nos igitur praedictis modis *in novitate ambulemus* et in novi- 158
tate non solum quacumque, sed *vitae*; nec vitae, quae vapori et umbrae comparatur, non tam pro brevitate durationis quam pro nulleitate – est enim esse nostrum quasi intentionale, Sap.: ›nos nati continuo desinimus esse‹; Iob: ›nunquam in eodem statu permanet‹ – sed in novitate vitae et virtutis, quae per gratiam datur. ›Gratia‹ enim ›dei vita

Boethius sagt:

»selbst nimmer bewegt, bewegst du das Weltall«.

›Ich bin Gott und wandle mich nicht‹ 〈Mal. 3,6〉. So wird er nicht alt, vielmehr werden alle Dinge in ihm neu; erstens, weil ein Ding, solange es ist und in seinem Sein steht, in seinem Ursprung steht und nicht weit und ferne von seinem Ursprung ist. Es ist also nicht alt, sondern neu. Zweitens, weil das Sein selbst, Gott, seinerseits nicht von jemand sich abkehrt noch ihn von sich stößt, sondern jeder wird selbst verstoßen, jeder stößt das Sein selbst von sich, der von irgendeinem Sein auf irgendeine Weise abfällt. Das Sein also beugt sich nicht, krümmt sich nicht, altert nicht, wandelt sich nicht, sondern 〈umgekehrt〉 altert der, der sich von ihm entfernt hat, und je mehr und je mannigfacher er sich von ihm entfernt, um so mehr altert er. Wer sich aber dem Sein zukehrt, der wird neu und erneuert, und je mehr er dies tut, desto mehr: ›deine Jugend wird sich erneuern wie die des Adlers‹ 〈Ps. 102,5〉.

Auf diese Weise ist Gott, der immer wirkt und immer ist, 〈immer〉 neu. Daher ist alles Seiende neu, soweit es von Gott ist, und hat von keinem andern seine Neuheit. Alles wird neu, gut, rein, lauter und heilig, indem es sich Gott zukehrt, sich ihm nähert, zu ihm zurückeilt und zurückkehrt und ihm sich zuwendet. Umgekehrt: wenn es sich von ihm abkehrt, altert, vergeht und sündigt alles: ›der Sold der Sünde aber ist der Tod‹ 〈Röm. 6,23〉. Beispiel: das Wissen und sein Gegenstand.

Wir sollen auf die vorherbeschriebene Weise *in der Neuheit wandeln*, und zwar nicht in einer beliebigen Neuheit, sondern in der Neuheit *des Lebens*, und auch nicht in der Neuheit *des* Lebens, das dem Dunst und Schatten verglichen wird 〈1 Chron. 29,15; Jak. 4,15〉, nicht so sehr wegen seiner Kürze als seiner Nichtigkeit – unser Sein ist nämlich gewissermaßen intentional: ›kaum geboren hören wir 〈schon〉 ständig auf zu sein‹ 〈Weish. 5,13〉; 〈der Mensch〉 ›bleibt niemals im selben Zustand‹ 〈Hiob 14,2〉 –, sondern in der Neuheit des Lebens und der Tugend, die durch die Gnade geschenkt wird. Denn

aeterna‹, quam solus deus operatur in nobis sine nobis, Psalmus: ›gratiam et gloriam dabit dominus‹. De nostra vita umbratica et fugitiva dic illud *Augustini* XIII De civitate dei c. 10: »nihil est vitae huius tempus quam cursus ad mortem, in quo nemo vel paululum stare vel aliquando tardius ire permittitur«. Et infra: »nunquam igitur homo, quamdiu est in isto corpore moriente plusquam vivente, in vita est, sed in vita et in morte simul est«.

Sed de vita gratiae, qua semper homo renovatur, dicit 159
idem *Augustinus* libro De misera vita corporis et animae: »vita quae in aeternitate consistit, vita sine morte, iuventus sine senectute, lux sine tenebris, gaudium sine tristitia, pax sine discordia, voluntas sine iniuria, regnum sine commutatione«. De utraque idem IX Confessionum: »carnalium sensuum delectatio quantalibet in quantalibet luce corporea prae illius vitae iucunditate non comparatione, sed nec commemoratione digna videtur«. Idem super Genesim l. XV, versus finem est: »una ibi et tota virtus est amare quod videas et summa felicitas habere quod amas«. »Ubi secura quies erit et ineffabilis visio veritatis«. De qua veritate idem III De libero arbitrio in fine: »tanta est pulchritudo, tanta iucunditas lucis aeternae, hoc est incommutabilis veritatis atque sapientiae, ut, etiamsi non liceret amplius in ea manere quam unius diei mora, propter hoc solum innumerabiles anni huius vitae pleni deliciis et circumfluentia temporalium bonorum recte meritoque contemnerentur«. Adducit illud Psalmi: ›melior est dies‹ etc. et subdit Super Genesim ubi

›die Gnade Gottes ist ewiges Leben‹ ⟨Röm. 6,23⟩, das Gott allein in uns ohne uns wirkt: ›Gnade und Herrlichkeit wird der Herr schenken‹ ⟨Ps. 83,12⟩. Zu dem schattenhaften und flüchtigen Charakter unseres Lebens führe das Wort Augustins aus dem 10. Kapitel des 13. Buches Vom Gottesstaat an: »nichts ist die Zeit dieses Lebens als ein Lauf zum Tode, bei dem es niemand vergönnt ist, auch nur ein Weilchen stehenzubleiben oder ein wenig langsamer zu gehen«. Und weiter unten: »niemals also ist der Mensch im Leben, solange er in diesem eher sterbenden als lebenden Leibe ist, sondern ⟨immer⟩ zugleich im Leben und im Sterben ⟨begriffen⟩«.

Aber über das Leben der Gnade, durch die der Mensch immer erneuert wird, sagt derselbe Augustin im Buch Über das elende Leben des Leibes und der Seele: »das Leben, das in der Ewigkeit seinen Stand hat, ist Leben ohne Tod, Jugend ohne Alter, Licht ohne Finsternis, Freude ohne Traurigkeit, Friede ohne Zwietracht, Wille ohne Unrecht, Herrschaft ohne Wechsel«. Über beide Arten von Leben schreibt derselbe Augustin im 9. Buch der Bekenntnisse: »jede noch so große Ergötzung der fleischlichen Sinne in jedem noch so hellen körperlichen Licht erscheint neben der Lieblichkeit jenes Lebens keines Vergleiches, ja nicht einmal der Erwähnung wert«. Derselbe sagt im 15. Buch seiner Genesisauslegung gegen Ende: »dort ⟨im Himmel⟩ besteht die einzige und ganze Tugend darin, zu lieben, was du siehst, und die höchste Glückseligkeit, zu besitzen, was du liebst«. »Dort wird eine sichere Ruhe und Schau der unaussprechlichen Wahrheit sein.« Über diese Wahrheit schreibt derselbe im 3. Buch der Schrift Über den freien Willen am Ende: »so groß ist die Schönheit, so groß die Lieblichkeit des ewigen Lichtes, das heißt der unwandelbaren Wahrheit und Weisheit, daß, dürfte man auch nur für die Dauer eines Tages darin verweilen, man dafür ungezählte Jahre dieses Lebens, voll von Wonnen und Überfluß an zeitlichen Gütern, mit vollem Recht verachten würde«. Er führt das Wort an: ›besser ist ein Tag ⟨in deinen Vorhöfen als tausend andere‹, Ps. 83,11⟩, und er fügt in der Genesisauslegung an derselben Stelle wie oben

supra: »beata vita in fonte suo bibitur, unde spargitur aliquid huic humanae vitae, ut in temptationibus huius saeculi temperanter, fortiter, iuste prudenterque vivatur«. »Spargitur«: in Psalmo, postquam dixerat: ›occulta sapientiae tuae manifestasti mihi‹, sequitur: ›asperges me, et mundabor; lavabis me‹ etc.

Nota: *in hac novitate ambulantibus* et exercitatis datur 160
quandoque illud *Augustini* X Confessionum c. 27: »intromittis me in affectum multum inusitatum introrsus, ad nescio quam dulcedinem, quae si perficiatur in me, nescio quid erit quod vita ista non erit. Sed recidor et resorbeor solitis«. »Hic esse valeo nec volo, illic volo nec valeo, miser utrobique«.

Ambulemus proficiendo per desideria continue innovata, 161
ut simus ›perfecti, in nullo deficientes‹, Psalmus: ›ibunt de virtute in virtutem‹ etc. Ubi nota quod perfectionem frustra quaerimus extra bona temporalia, quamdiu in ipsorum praesentia et ex praesentia dissimiles sumus et afficimur. Nam ex una et eadem radice procedit amare praesentia et absentia appetere, nec refert utrum amore afficiar vel desiderio sive appetitu. Unde quamdiu praesentibus adhuc afficior, tamdiu utique adhuc appeterem adhuc absentia sive habenda.

Rursus: ›qui ambulat simpliciter‹ etc., quia quaerens delectari in deo sub uno modo quocumque aut quamvis sublimi necesse habet illo cessante quandoque non delectari

hinzu: »Dort wird das selige Leben an seinem Quell getrunken, und von ihm wird dieses menschliche Leben ein wenig besprengt, damit man sich in den Versuchungen dieser Welt mäßig, tapfer, gerecht und klug verhalte«. »Wird besprengt«. Im Psalm folgen auf die Worte: ›die Geheimnisse deiner Weisheit hast du mir offenbart‹, die Worte: ›besprenge mich, und ich werde rein; wasche mich, ⟨und ich werde weißer als der Schnee‹, Ps. 50,8/9⟩.

Bemerke: denen, die *in dieser Neuheit wandeln* und darin geübt sind, wird manchmal das gegeben, was Augustin im 27. Kapitel des 10. Buches der Bekenntnisse so beschreibt: »du läßt mich eintreten in meinem Innern in ein ganz ungewohntes Ergriffensein, in eine unbekannte Wonne; wenn die in mir vollendet wird, weiß ich nicht, ob es außer diesem Leben überhaupt noch etwas gibt. Mich behindert und verzehrt aber der Alltag«. »Hier kann ich sein, will es aber nicht, dort will ich sein, kann es aber nicht, und so bin ich elend hier und dort«.

Wir sollen wandeln, indem wir fortschreiten durch das ständig erneuerte Sehnen, ›vollkommen zu sein, ohne in etwas zu fehlen‹ ⟨Jak. 1,4⟩: ›sie werden von Tugend zu Tugend schreiten‹ usw. ⟨Ps. 83,8⟩. Dabei bemerke, daß wir die Vollkommenheit vergebens außerhalb der zeitlichen Güter suchen, solange wir in ihrer Gegenwart und auf Grund ihrer Gegenwart unähnlich sind und bestimmt werden. Denn aus ein und derselben Wurzel entspringt beides: die Liebe zu den gegenwärtigen und das Streben nach den abwesenden Gütern, und es ist einerlei, ob mich Liebe ⟨zu den gegenwärtigen⟩ oder Wunsch und Streben ⟨nach den abwesenden⟩ bestimmt. Solange ich mich daher noch von den gegenwärtigen Gütern bestimmen lasse, solange werde ich jedenfalls auch weiterhin Güter erstreben, die ich noch nicht habe und die ich noch haben will.

Wiederum heißt es: ›wer einfach wandelt, ⟨wandelt selbstsicher‹, Spr. 10,9⟩. Denn wer sich in Gott auf jeweils nur eine Weise zu erfreuen sucht, mag diese auch noch so erhaben sein, dessen Freude und Lust wird notwendigerweise bis-

sive non gaudere. Sed qui in nullo hoc, sed in omni et quolibet, ille semper delectatur, et hoc deus vult, Gen. 17: ›ambula coram me‹ etc., quia natura divinitatis hoc est et hoc exigit quod non uno aliquo modo, sed nec in modo nec una hora vel tempore sive quandoque delectemur in ipsa, sed in omnibus et in omnibus aequaliter, semper et semper aequaliter. Si secus, iam in non-deo delectamur, Psalmus: ›ego vero delectabor in domino‹. Expone. Et iterum: ›ambulans in via immaculata, hic mihi ministrabat‹.

Ambulemus etiam proximum attrahendo, aedificando, lucificando, lucrifaciendo, Ioh. 1: ›vita erat lux hominum‹. Ubi dic quod talis debet esse vita nostra, ut sit lux hominum, quia ›vos estis lux mundi‹. Sequitur: ›videant opera vestra bona‹ etc. Isaias: ›ambulabunt gentes in lumine tuo‹ etc.

weilen aufhören, wenn nämlich diese eine Weise aufhört. Wer sich aber in Gott in keiner bestimmten Weise, sondern in aller und jeder Weise erfreut, der erfreut sich immer, und das will Gott: ›wandle vor mir ⟨und sei vollkommen‹, Gen. 17,1⟩; denn die Natur der Gottheit ist das und fordert das, daß wir uns nicht auf eine bestimmte Weise, ja überhaupt nicht auf eine Weise oder zu einer bestimmten Stunde oder Zeit oder ⟨nur⟩ bisweilen in ihr erfreuen, sondern in allen Dingen, und zwar in allen Dingen gleich, immer und immer gleich. Wenn anders, so erfreuen wir uns bereits im Nicht-Gott. ›Ich aber erfreue mich im Herrn‹ ⟨Ps. 103,34⟩. Dies lege aus. Und wiederum: ›er wandelte auf unbeflecktem Wege und diente mir‹ ⟨Ps. 100,6⟩.

Wir sollen auch *wandeln*, indem wir den Nächsten anziehen, ihn erbauen, ihn erleuchten, ihn gewinnen ⟨vgl. 1 Kor. 9,19/22⟩: ›das Leben war das Licht der Menschen‹ ⟨Joh. 1,4⟩. Hierbei sage: unser Leben muß derart sein, daß es ein Licht der Menschen ist, denn ›ihr seid das Licht der Welt‹ ⟨Matth. 5,14⟩. Es folgt: ›sie sollen eure guten Werke sehen‹ usw. ⟨V. 16⟩. ›Die Völker werden in deinem Licht wandeln‹ usw. ⟨Jes. 60,3⟩.

DOMINICA UNDECIMA POST TRINITATEM
DE EPISTULA ⟨I COR. 15,1-10⟩

I.

Gratia dei sum id quod sum, Cor. 15.

Omne quod quid est id quod est laudat et praedicat suum 251
quo est. ›Ex ipso‹ enim efficienter, ›per ipsum‹ formaliter, ›in
ipso‹ finaliter est quod est et quod quid est. Propter hoc id
quod est semper materiale est, potentiale est et subiectum est;
ipsum vero quo est nunquam est materiale, nunquam est
subiectum, semper est praedicatum«. Propter hoc *Boethius*
dicit, secundum verum intellectum, quod »forma simplex
subiectum esse non potest«. Patet ergo quod ipsum quo est de
ordine praedicatorum est. Et hoc est quod ipse »praedicator
veritatis et doctor« ait gratiam dei laudans et praedicans:
gratia dei sum id quod sum.

Ipsum autem quo est ad maius et ad minus triplex est, puta 252
efficiens a quo est, forma per quam est, finis ad quem est,
secundum illud: »ex quo omnia, per quem omnia, in quo
omnia«, *Augustinus.* Causa quidem efficiens foras descendit a
ratione sive proprietate patris in deitate, ubi nec causa nec
efficiens est, sed ratio causandi et efficiendi, secundum illud
Eph. 3: ›ex quo omnis paternitas in caelo et in terra‹.

Propter quod filius in divinis ait Ioh. 10: ›pater quod dedit
mihi, maius omnibus est‹, quia non inter omnia, sed super 253
omnia, Psalmus: ›omnia subiecisti sub pedibus eius‹.
›Omnia‹ autem ›facta sunt‹, efficiens habent, causam habent,
quorum nihil locum habet in divinis. ›Maius‹ ergo ›omni-
bus‹, quia non omnia, sed ratio omnium, Ioh. 1: ›in principio

AM ELFTEN SONNTAG NACH DEM FEST DER HEILIGEN DREIEINIGKEIT ÜBER DIE EPISTEN ⟨1 KOR. 15,1-10⟩

1.

Durch die Gnade Gottes bin ich das, was ich bin.

Jedes Wesen lobt und kündet entsprechend dem, was es ist, das, wodurch es ist. Denn ›aus ihm‹ hat es dem Ursprung nach, ›durch es‹ der Form nach, ›in ihm‹ dem Ziel nach, daß es *ist* und ⟨dieses⟩ *Wesen* ist ⟨vgl. Röm. 11,36⟩. Deshalb ist das, was es ist, immer stofflich, möglich und Subjekt; das aber, wodurch es ist, ist niemals stofflich, ist niemals Subjekt, sondern immer Ausgesagtes. Deshalb sagt Boethius, nach der richtigen Deutung: »die einfache Form kann nicht Subjekt sein«. Es erhellt also, daß das, wodurch etwas ist, zur Ordnung des Ausgesagten gehört. Und dazu stimmt nun, daß auch »der Verkünder und Lehrer der Wahrheit« zum Lob und Preis der Gnade Gottes sagt: *durch die Gnade Gottes bin ich das, was ich bin.*

Das aber, wodurch etwas ist, ist mehr oder weniger dreifach, nämlich ein Wirkendes, von dem her etwas ist, eine Form, durch die es ist, und ein Ziel, auf das hin es ist, nach dem Wort Augustins: »aus dem alles, durch den alles, in dem alles ist« ⟨vgl. 1 Kor. 8,6; Röm. 11,36⟩. Die Wirkursache steigt von der Idee oder Eigentümlichkeit des Vaters in der Gottheit nach außen herab. Dort ist weder Ursache noch Wirkendes, sondern die Idee des Verursachens und Wirkens, nach dem Wort: ›aus dem alle Vaterschaft im Himmel und auf Erden ist‹ ⟨Eph. 3,15⟩.

Deshalb sagt der Sohn in der Gottheit: ›was mir der Vater gegeben hat, ist größer als alles‹ ⟨Joh. 10,29⟩, weil es nicht eins unter allen, sondern über allen ⟨Gütern⟩ ist: ›alles hast du ihm zu Füßen gelegt‹ ⟨Ps. 8,8⟩. ›Alles aber ist geschaffen‹ ⟨Joh. 1,3⟩, hat ein Bewirkendes, hat eine Ursache, aber nichts davon gibt es in der Gottheit. ›Größer ist es also als alles‹, weil es nicht alles ist, sondern die Idee von allem: ›im Anfang

erat verbum‹, logos, ratio. Et post sequitur: ›omnia per ipsum facta sunt‹. Rursus ›maius omnibus est‹, quia omnia exiverunt in esse per creationem, filius a patre per generationem, Ioh. 16: ›exivi a patre et veni in mundum‹ per creationem, non tantum per incarnationem, Ioh. 1: ›in mundo erat, et mundus per ipsum factus est‹, quasi diceret: per hoc quod mundum fecit, in mundum venit. Ioh. 1: ›quod factum est, in ipso vita erat‹. Vita non est in mundo facto, creato, quia ›vita erat lux hominum‹.

Secundum hoc gratia dei in verbis praemissis laudatur et praedicatur a forma, quia *gratia*, ab efficiente: *dei*, a fine: *sum id quod sum*. Ex forma est rei cuiuslibet pretiositas et speciositas, ex efficiente generositas, ex fine fructuositas. De primo Sap. 7: ›vapor est virtutis dei et emanatio dei sincera‹. Et post 8c: ›in animas sanctas se transfert, amicos dei et prophetas constituit‹. Haec est ›mulier illa prudentissima et speciosa‹, quae virum suum a morte liberavit, oves et familiam salvavit, iram regis David placavit, Reg. 25. ›Mulier speciosa‹, quia ex forma, ut dictum est, accipitur rei speciositas, Sap. 7: ›speciosior sole est‹. Adhuc autem ex forma est rei pretiositas. Gratia quid pretiosius? Iob 28: ›nescit homo pretium eius‹. Propter quod damnatur simoniaca pravitas, quae gratiam pretio aestimavit. *Thomas* docet quod perfectio gratiae uniuscuiuslibet hominis praeponderat etc. Gratia quid speciosius?

Sequitur de causa ipsius gratiae effectiva, cum dicitur: *dei*. Ex qua patet et accipitur rei generositas, Sap. 8: ›generositatem illius glorificat contubernium habens dei‹.

war das Wort‹ 〈Joh. 1,1〉, der Logos, die Idee. Dann folgen die Worte: ›alles ist durch ihn geschaffen‹ 〈V. 3〉. Wiederum ist es ›größer als alles‹, weil alles ins Sein ausging durch die Schöpfung, der Sohn aber aus dem Vater 〈ausgeht〉 durch Zeugung: ›ich ging vom Vater aus und kam in die Welt‹ 〈Joh. 16,28〉 durch die Schöpfung, nicht nur durch die Menschwerdung: ›er war in der Welt, und die Welt ist durch ihn geschaffen‹ 〈Joh. 1,10〉, als ob er sagen wollte: dadurch, daß er die Welt schuf, ist er in die Welt gekommen. ›Was geschaffen wurde, war in ihm Leben‹ 〈V. 3〉. Leben ist nicht in der gewordenen, geschaffenen Welt, denn ›das Leben war das Licht der Menschen‹ 〈V. 4〉.

Demgemäß wird in den voraufgehenden Textworten die Gnade Gottes gelobt und gepriesen von ihrer Form her: *durch die Gnade*, vom Bewirkenden her, *Gottes*, vom Ziel her, *bin ich das, was ich bin.* Von der Form her stammt der Wert und die Schönheit eines jeglichen Dinges, vom Bewirkenden her sein Adel, vom Ziel her seine Fruchtbarkeit. Vom ersten 〈gilt das Wort〉: ›sie ist der Gluthauch der Kraft Gottes und ein reiner Ausfluß Gottes‹ 〈Weish. 7,25〉, und das folgende Wort: ›in heilige Seelen ergießt sie sich, macht sie zu Gottesfreunden und Propheten‹ 〈V. 27〉. Sie ist ›jene sehr kluge und schöne Frau‹, die ihren Mann vom Tode befreite, Haus und Hof rettete und den Zorn des Königs David besänftigte 〈1 Kön. 25〉. ›Eine schöne Frau‹, denn von der Form her empfängt, wie gesagt, ein Ding seine Schönheit: ›sie ist schöner als die Sonne‹ 〈Weish. 7,29〉. Weiter aber stammt von der Form der Wert eines Dinges. Was ist wertvoller als die Gnade? ›Der Mensch kennt nicht ihren Wert‹ 〈Hiob 28,13〉. Daher wird das Verbrechen der Simonie verurteilt, weil sie die Gnade nach einem Kaufwert einschätzt. Thomas lehrt, daß die Vollkommenheit der Gnade eines jeden einzelnen Menschen mehr wert ist 〈als die Schöpfung des Himmels und der Erde〉. Was ist schöner als die Gnade?

Das folgende *Gottes* bezeichnet die Wirkursache der Gnade. Daraus erhellt und versteht sich der Adel der Sache: ›ihren Adel verherrlicht, wer Gemeinschaft mit Gott hat‹ 〈Weish. 8,3〉.

Gratia dei ratione caelestis est, divina est, a solo deo et immediate est. ›Nihil inquinatum incurrit in illam‹, quia nihil creatum cooperatur ad illam.

Gratia dei. Gratia, quia gratis data, quia sine merito, 256
Eph. 2: ›gratia salvi facti estis‹. *Sapientes antiquorum* et *praecipuorum aliqui* ponebant formas substantiales esse quidem a datore aliquo deo formarum, sed tamen dari secundum merita materiarum. Propter quod nec semper datur forma materiae nec omni materiae nec omnis forma semper. Non ergo gratis. Deus autem ›dat‹, contra primum; ›omnibus‹, contra secundum; ›affluenter‹, contra tertium. Quia igitur sine merito, gratis et pro nihilo dat deus sua dona et gratiam, dicitur Sap. 8: ›attingit a fine usque ad finem fortiter‹ etc. ›Suaviter‹: primo, quia sua vi; secundo, quia pro nihilo; tertio, quia primo dat se ipsum; quarto, ⟨quia⟩ quod operatur nobis et in nobis, passive ab extra est; quinto, quia operatur bonum in communi. Ubi prosequere quam utiliter, quam pacifice viveret universum, si pars universo serviret.

Tertio attollitur gratia ex fine: *sum id quod sum.* Per quod 257
accipitur gratiae fecunditas sive melius fructuositas, Prov. 3: ›primi et purissimi fructus eius‹. ›Primi‹: quid prius esse? Sive ›purissimi‹: quid purius quod quid erat esse?

Id quod sum. Exodi 3 de deo scribitur: ›sum qui sum‹. Nota conformitatem hominis in gratia et distinctionem simul ad deum, sicut imago et ad imaginem. *Id ergo, quod sum, sum gratia dei.* Omne opus dei in creatura est gratia, et solius dei

Die Gnade Gottes ist ihrem Wesensgehalt nach himmlisch, göttlich, sie kommt von Gott allein und unmittelbar her. ›Nichts Beflecktes hat Zugang zu ihr‹ ⟨Weish. 7,25⟩, denn nichts Geschaffenes wirkt bei ihr mit.

Durch die Gnade Gottes. Gratia ⟨Gnade⟩, weil *gratis*, das heißt ohne Verdienst gegeben: ›durch Gnade seid ihr erlöst worden‹ ⟨Eph. 2,8⟩. Die Weisen des Altertums und einige hervorragende Denker ⟨der neueren Zeit⟩ lehrten, die Wesensformen stammten zwar von einem göttlichen Formgeber, sie würden aber nach dem Verdienst der Stoffe verteilt, ⟨die diese Formen empfangen⟩. Deshalb wird die Form weder immer noch jedem Stoff gegeben, aber auch nicht immer jede Form, also nicht unverdient. Gott aber ›gibt‹, entgegen dem ersten, ›allen‹, entgegen dem zweiten, ›überreichlich‹ ⟨Jak. 1,5⟩, entgegen dem dritten. Weil Gott also seine Gaben und seine Gnade ohne Verdienst, ohne Gegengabe und umsonst gibt, darum heißt es: ›er reicht von einem Ende zum anderen in Stärke ⟨und ordnet alles lieblich‹, Weish. 8,1⟩. ›Lieblich‹ heißt es erstens, weil ⟨Gott⟩ durch eigene Kraft ⟨gibt⟩; zweitens, weil er ohne Gegengabe ⟨gibt⟩; drittens, weil er zuerst sich selbst gibt; viertens, weil das, was er für uns und in uns wirkt, wir von außen her empfangen; fünftens, weil er das Gute im allgemeinen wirkt. Dabei führe weiter aus, wie nützlich, wie friedlich das All leben würde, wenn ⟨jeder⟩ Teil dem All diente.

Drittens wird die Gnade von ihrem Ziel her gepriesen: *bin ich das, was ich bin.* Darin liegt die Ergiebigkeit oder besser Fruchtbarkeit der Gnade: ›ihre Früchte sind die ersten und reinsten‹ ⟨Spr. 3,14⟩. ›Die ersten‹: was ist eher als das Sein? Oder ›die reinsten‹: was ist reiner als die Wesenheit?

Das, was ich bin. Im Exodus ⟨3,14⟩ steht von Gott geschrieben: ›ich bin, der ich bin‹. Bemerke, daß der Mensch in der Gnade gleichförmig mit Gott und zugleich von ihm unterschieden ist, wie das in ⟨seiner Bezeichnung als⟩ Bild und nach dem Bilde ⟨Gottes⟩ zum Ausdruck kommt. *Das* also, *was ich bin, bin ich durch die Gnade Gottes.* Jedes Werk Gottes im Geschöpf ist Gnade, und zwar ist die Gnade eine Tat oder ein

actus sive donum est gratia. Propter quod ait: *gratia dei.* Quod sic, patet ex ipso nomine.

Gratia dicitur quasi gratis data, gratis adverbialiter vel 258
gratis nominaliter. Prima usitate dicitur gratia gratis, id est sine meritis, data, secunda dicitur gratia gratum faciens. Prima est communis bonis et malis et etiam omnibus creaturis, secunda est propria tantum intellectivis et bonis.

Prima procedit a deo sub ratione et proprietate entis sive boni potius, *Augustinus*: »quia bonus est, sumus«. Essentia enim ut sic non generat, sed nec creat nisi in supposito. Secunda gratia procedit a deo sub ratione et proprietate personalis notionis. Propter quod ipsius capax est solum intellectivum, in quo relucet proprie imago trinitatis. Rursus deus sub ratione boni est principium ebullitionis ad extra, sub ratione vero notionis est principium bullitionis in se ipso, quae se habet causaliter et exemplar⟨iter⟩ ad ebullitionem. Propter quod emanatio personarum in divinis est prior, causa et exemplar creationis.

Adhuc prima gratia consistit in quodam effluxu, egressu a 259
deo. Secunda consistit in quodam refluxu sive regressu in ipsum deum.

Hoc tamen habent commune gratia prima et secunda quod utraque est a solo deo. Propter quod ait apostolus: *gratia dei.* Ratio, quia gratia est ex sui natura quod datur sine meritis, datur gratis, pro nihilo, sine medio disponente. Hoc autem competit tantum primo, quodcumque sit illud in suscipiente. Primum autem in singulis est id, quod a deo est. Aliter enim

Geschenk Gottes allein. Deshalb sagt er: *durch die Gnade Gottes*. Daß dies so ist, erhellt bereits aus dem Namen.

Gratia ⟨Gnade⟩ hat ihren Namen daher, daß sie gratis gegeben wird, wobei sich gratis entweder als Adverb ⟨umsonst⟩ oder als Hauptwort ⟨den [Gott] Angenehmen⟩ auffassen läßt. Die erste Gnade wird üblicherweise als umsonst, das heißt ohne Verdienst verliehene, die zweite als ⟨Gott⟩ angenehm machende Gnade bezeichnet. Die erste ist Guten und Bösen und sogar allen Geschöpfen gemeinsam, die zweite ist nur den der Vernunfterkenntnis fähigen Wesen und ⟨zwar allein⟩ den guten eigen.

Die erste geht von Gott aus, insofern ihm das Sein oder vielmehr die Güte eigentümlich ist. Augustin: »weil er gut ist, sind wir«. Denn das Wesen zeugt und schafft als solches nur, insofern es im ⟨göttlichen⟩ Selbstand ist. Die zweite Gnade geht von Gott unter dem Gesichtspunkt und der Eigentümlichkeit eines personbildenden Merkmals aus. Deswegen ist nur ein der Vernunfterkenntnis fähiges Wesen für sie empfänglich, da in ihm im eigentlichen Sinne das Bild der Dreifaltigkeit widerleuchtet. Wiederum ist Gott, insofern er gut ist, der Ursprung des Übersprudelns nach außen, insofern ihm aber die ⟨personbildenden⟩ Merkmale zukommen, ist er der Ursprung des Sprudelns in sich selbst, das sich nach Art der urbildlichen Ursache zum Übersprudeln verhält. Daher ist der Ausgang der Personen in Gott als urbildliche Ursache der Schöpfung früher als sie.

Weiter besteht die erste Gnade in einer Art Ausfluß, Ausgang von Gott; die zweite besteht in einer Art Rückfluß oder Rückkehr in Gott.

Die erste und zweite Gnade haben aber gemeinsam, daß sie beide von Gott allein herstammen. Deswegen sagt der Apostel: *durch die Gnade Gottes*. Grund, weil die Gnade ihrer Natur nach das ist, was ohne Verdienst, umsonst, für nichts, ohne vorbereitendes Mittel gegeben wird. Dies aber steht allein dem Ersten zu, was immer es im Empfangenden sein mag. Das Erste in jedem Wesen ist aber das, was von Gott ist. Sonst wäre nämlich Gott nicht die erste Ursache, noch wäre

deus non esset prima causa nec deus esset. Primum autem est ex nihilo, et ante ipsum est nihil, et sic sine merito, sine medio, sine dispositione, et per consequens gratis. Sic ergo omnis operatio dei in creatura gratia est.

Hinc iterum est illud Sap. 8: ›attingit a fine usque ad finem 260
fortiter et disponit omnia suaviter‹. ›Suaviter‹ dando habitum. Virtus enim sive habitus in nobis ex actibus adhuc dissimilibus nascitur, ideo cum labore. Secus de habitu infuso. Ubi nota quomodo inferius dimensiones praecedunt formam, secus in caelo. Iterum ibi caelum prius quam hoc caelum, e converso inferius prius hic homo quam homo. In actione singularium enim natura occulte operatur. Vel: prius caelum quam hoc caelum, quia caelum est per formam, hoc caelum per dimensiones. Sic in nobis, si divini sumus, si caelestes, si ›nostra conversatio in caelis est‹, amore, non terreni timore, fit opus suave.

Item ›suaviter‹, quia primo se ipsum dat. 261

Item ›a fine in finem‹, et quia principium ipsum est finis. Finis autem semper suavis est. Item ›a fine‹ adepto ›ad finem‹ relictum, ›ibique renascens‹. Et propter hoc ›fortiter‹: semper revirescit et vigorescit.

Item ›suaviter‹, quia actio respicit bonum absolute semper, non hoc aut illud bonum particulare.

er Gott. Das Erste aber ist aus dem Nichts, und vor ihm ist nichts, und so ⟨wird es⟩ ohne Verdienst, ohne Mittel, ohne Vorbereitung und folglich umsonst ⟨gegeben⟩. So ist also jedes Wirken Gottes im Geschöpf Gnade.

Auch deshalb heißt es: ›er reicht von einem Ende zum andern in Stärke und ordnet alles lieblich‹ ⟨Weish. 8,1⟩. ›Lieblich‹, indem er allem den Habitus gibt. Denn die Tugend oder der ⟨erworbene⟩ Habitus entspringt in uns aus ⟨einzelnen⟩ Akten, die zunächst noch unähnlich sind, ⟨er entspringt⟩ daher unter Anstrengung. Anders verhält es sich mit dem eingegossenen Habitus. Dabei bemerke, daß hienieden die Abmessungen der Form vorangehen; beim Himmel ist es umgekehrt. Ferner ist da der Himmel als solcher vor seiner individuellen Bestimmtheit; umgekehrt ist hienieden der Einzelmensch vor dem Menschen als solchem. Denn beim Wirken der Einzeldinge ist die Natur in verborgener Weise tätig. Oder: der Himmel als solcher ist vor seiner individuellen Bestimmtheit, weil er Himmel durch seine Form, individuell bestimmt aber durch seine Abmessungen ist. So wird in uns unser Werk lieblich, wenn wir durch die Liebe göttlich, wenn wir durch sie himmlisch sind, wenn ›unser Wandel im Himmel ist‹ ⟨Phil. 3,20⟩, nicht irdisch durch die Furcht.

Ferner: ›lieblich‹, weil ⟨Gott⟩ zuerst sich selbst gibt.

Ferner: ›von einem Ziel zum andern‹ ⟨Weish. 8,1⟩; erstens, weil der Ursprung selbst das Ziel ist – das Ziel aber ist immer lieblich – und ferner: ›vom Ziel‹, das erreicht ist, ⟨wieder zurück⟩ ›zum Ziel‹, das ⟨anfangs⟩ zurückgelassen wurde, ›und dort vollzieht sich die Wiedergeburt‹ ⟨Pred. 1,5⟩. Und deshalb ›in Stärke‹: ständig erstarkt und belebt er sich von neuem.

Ferner ›lieblich‹, weil sein Wirken sich immer auf das Gute schlechthin bezieht, nicht auf dies oder jenes einzelne Gute.

2.

Gratia dei sum id quod sum.

Gratia longe super caritatem: primo sicut anima super 262
potentiam, secundo sicut esse super opus, tertio sicut principium et causa super causatum, et sic extra genus, sicut scis, et consequenter est super intellectum. Nam intellectus potentia est et in ratione veri versatur. *Gratia dei sum id quod sum*, id ipsum, Psalmus: ›in id ipsum dormiam et requiescam‹.

Gratia dei id sum quod sum. Nota primo quod gratia est 263
ebullitio quaedam parturitionis filii, radicem habens in ipso patris pectore intimo. Vita est, non solum esse – ›nomen eius: verbum‹ – eminentior natura. Non ergo inter omnia, sed super omnia bona. Item respectu suscipientis gratiam gratia est confirmatio, configuratio sive potius transfiguratio animae in deum et cum deo. Secundo dat esse unum cum deo, quod est plus assimilatione. Nota quomodo verbum assumpsit naturam, quae est aequaliter ad omnem hominem. In Christo autem non est aliud esse quam esse divinum.

Gratia dei. Nota quod gratia est a solo deo pari ratione 264
sicut et ipsum esse. Praeterea sicut aer totus se habet immediate ad solem in ratione illuminabilis, quamvis sit ordo partium aeris in situ, sic omnis creatura immediate se habet ad deum quantum ad esse, quantum ad gratiam et quantum ad omnes perfectiones, maxime communes, indeterminatas ad hoc et hoc. Hoc enim et hoc creatura est, proprium est, mendacium est. Hinc est quod huiusmodi, scilicet perfectiones communes et gratia, dicuntur gratis dari, a deo dari,

2.

Durch die Gnade Gottes bin ich das, was ich bin.

Die Gnade steht hoch über der Liebe: erstens so hoch, wie die Seele über einem ⟨ihrer⟩ Vermögen, zweitens so hoch, wie das Sein über dem Werk, drittens so hoch, wie der Ursprung und die Ursache über dem Verursachten steht, und so ist sie außerhalb der Gattung, wie du weißt, und folglich ist sie auch über dem Intellekt. Denn der Intellekt ist ein ⟨Seelen-⟩ Vermögen und bewegt sich in der Gattung des Wahren. *Durch die Gnade Gottes bin ich das, was ich bin*, d. h. identisch: ›in der Identität will ich schlafen und ruhen‹ ⟨Ps. 4,9⟩.

Durch die Gnade Gottes bin ich das, was ich bin. Bemerke erstens, daß die Gnade eine Art Übersprudeln der Zeugung des Sohnes ist und ihre Wurzel im innersten Herzen des Vaters hat. Sie ist Leben, nicht nur Sein – ›sein Name ist: das Wort‹ ⟨Offb. 19,13⟩ – erhabener als die Natur. Sie ist also nicht eins unter allen Gütern, sondern über allen. Für den, der sie empfängt, ist die Gnade eine Festigung, eine Gleichgestaltung der Seele mit Gott oder vielmehr deren Umgestaltung in Gott. Zweitens verleiht sie das Eines-Sein mit Gott, das mehr ist als Verähnlichung. Bemerke, daß das Wort eine Natur angenommen hat, die sich gleichmäßig zu allen Menschen verhält. In Christus aber ist kein anderes Sein als das göttliche Sein.

Durch die Gnade Gottes. Bemerke, daß die Gnade von Gott allein herkommt aus dem gleichen Grund wie auch das Sein. Außerdem: wie die ganze Luft sich unmittelbar zur Sonne verhält hinsichtlich ihrer Erleuchtbarkeit, obwohl die einzelnen Luftteilchen verschieden angeordnet sind, so verhält sich jedes Geschöpf unmittelbar zu Gott hinsichtlich des Seins, hinsichtlich der Gnade und hinsichtlich aller Vollkommenheiten, am meisten der allgemeinen, die nicht auf dies und das beschränkt sind. Denn das Dies und Das ist Geschöpf, ist Eigenes, ist Lüge. Daher werden, wie man sagt, dergleichen Dinge, nämlich die allgemeinen Vollkommenheiten und die Gnade, umsonst gegeben, von Gott gegeben, das heißt ohne Verdienst gegeben, weil nichts

sine meritis dari scilicet, quia nihil creatum se habet ad huiusmodi active aut fortassis dispositive proprie. Hinc est quod dicitur gratia esse supernaturalis.

Rursus etiam causalitas non est sine ordine. Creaturae 265
autem non habent ordinem ad invicem nisi quantum ad differentias, non autem quantum ad genus. Omnes enim species sunt in genere et aequalem habent ordinem ad genus. Aequaliter enim participant genus suum, sed inaequalitas ipsis ex suis differentiis et per consequens ordo. Hinc est quod ordinem habent ad invicem, non autem ad genus. Sic et potentiae animae se habent ad ipsam animam. Unde secundum ordinem potentiarum animae est ordo specierum animalis.

Ubi notandum quod creatura universaliter non videtur 266
esse capax passive sive susceptive gratiae aut cuiusquam perfectionis, communis maxime, in quantum creatura sive ⟨in⟩ quantum hoc et hoc, sed solum ut in ordine ad deum, circumscripta et exuta ab omni ordine et respectu sui ad se aut ad aliud creatum sive ad hoc et hoc. Unde *Augustinus* dicit quod anima eo quod imago dei est capax. Imago enim, in quantum imago, se tota ad illud est, cuius imago est, sive in ordine, quem ad illud habet, et ad nihil ⟨aliud⟩. Ad hoc est etiam quod convenienter dicitur . . . ⟨Dicitur⟩ enim: ›nisi quis renuntiaverit omnibus, quae possidet‹ etc. Item: ›beati pauperes‹. Item: ›abneget semet ipsum‹. Item: ›obliviscere populum tuum et domum patris tui‹. Item: ›egredere de terra tua‹ etc. Item: ›dedit eis potestatem filios dei fieri‹, ›qui

Geschaffenes sich zu dergleichen Dingen tätig oder etwa im eigentlichen Sinne vorbereitend verhält. Daher heißt die Gnade übernatürlich.

Wiederum gibt es auch Ursächlichkeit nur da, wo es Hinordnung ⟨aufeinander⟩ gibt. Die Geschöpfe sind aber nur insofern aufeinander hingeordnet, als sie verschieden sind, nicht insofern sie der Gattung ⟨Geschöpf⟩ angehören. Denn alle Arten gehören irgendeiner Gattung an und sind in gleicher Weise auf sie hingeordnet. Denn sie nehmen in gleicher Weise an ihrer Gattung teil, aber ihre Ungleichheit kommt ihnen auf Grund ihrer Artunterschiede zu, und folglich auch ihre Hinordnung aufeinander. Daher kommt es, daß ⟨die Geschöpfe⟩ wohl aufeinander hingeordnet sind, nicht aber auf ihre Gattung ⟨Geschöpf⟩. So haben auch die Seelenvermögen das ⟨gleiche⟩ Verhältnis zur Seele. Daher ergibt sich aus der Hinordnung der Seelenvermögen die Ordnung der Arten der Gattung Sinneswesen.

Hier ist nun zu bemerken: es scheint allgemein so zu sein, daß kein Geschöpf als solches oder, insofern es dies und das ist, für die Gnade oder irgendeine Vollkommenheit, besonders eine allgemeine, aufnahmefähig oder -bereit ist, sondern nur insofern es auf Gott hingeordnet und von all seiner Beziehung und Rücksicht auf sich oder ein anderes Geschaffenes oder ein Dies und Das gelöst und befreit ist. Daher sagt Augustin, die Seele sei nur dadurch, daß sie Bild Gottes ist, für ihn empfänglich. Denn das Bild ist als Bild ganz auf das bezogen und hingeordnet, dessen Bild es ist, und diese Hinordnung hat es nur zu diesem und zu nichts anderem. Dem entspricht auch die zutreffende Lehre, ⟨daß wir uns verleugnen und auf das Eigene verzichten müssen⟩. Es heißt ja: ›wenn einer nicht auf alles verzichtet, was er besitzt, ⟨kann er mein Jünger nicht sein‹, Luk. 14,33⟩; ›selig sind die Armen‹ ⟨Matth. 5,3⟩; ›er verleugne sich selbst‹ ⟨Matth. 16,24⟩; ›vergiß dein Volk und das Haus deines Vaters‹ ⟨Ps. 44,11⟩; ›zieh aus deinem Lande ⟨und von deiner Verwandtschaft und aus dem Hause deines Vaters‹, Gen. 12,1⟩; ›denen gab er Macht, Gottes Söhne zu werden,

non ex sanguinibus‹ etc. Abnegatio proprii est abnegatio creaturae sive huius et huius. Hoc enim et hoc proprium est, creatura est.

Gratia dei sum. Nota quod gratia non est in potentia 26
animae, sed in substantia, in intimo scilicet vel potius in ipso esse animae, quia *sum id quod sum.* Secundo nota consequenter ex hoc quod in anima si est gratia, est omnis gratia, Eccli. 24: ›in me gratia omnis‹. Primo, quia anima talis deum habet, qui est fons omnis gratiae, illuminans omnem hominem. Secundo, quia omnis vel nulla. ›Lux‹ enim ›quae illuminat omnem hominem‹ unica est, id ipsum in omnibus et omnia unum in illo cui relucet. Sic et gratia. Tertio, quia ipsi esse animae, in quo gratia ponitur, nihil est absens. Nihil enim potest 〈de〉esse et esse absens ipsi esse. Praeterea esse commune est omnibus, non solum commune aut idem in omnibus, et sic semper nihil gratiae deest ipsi esse animae. Quarto, quia conexae sunt virtutes et omnis gratia in esse. Vide super ›conexio virtutum‹. Anima vero per suum esse stat in esse dei, in deo. Ubi nota quod omnia sunt in deo tantum ratione sui esse et ut sic se totis.

Gratia dei. Nota quod opus gratiae praestantius est omni 26
opere creationis, utpote supernaturale. Unde cum sit super naturam, utpote superius, primo sequitur quod sit quasi virtute continens in se indivise unite totam naturam. Secundo quod nulla creatura in opus potest gratiae. Nihil enim agit in suum superius, quia »primum« semper »est dives per se«. Tertio apparet quod est etiam incognitum opus gratiae dei intellectui stanti in solo lumine naturali. Iuxta quod notandum quod parvuli decedentes absque sacramento gratiae nihil sciunt penitus de statu gloriae beatorum, et haec

die nicht aus dem Blute ⟨. . . sondern aus Gott geboren sind‹, Joh. 1,12/13⟩. Das Eigene verleugnen heißt das Geschaffene, heißt dies und das verleugnen. Denn das Dies und Das ist Eigenes, ist Geschöpf.

Durch die Gnade Gottes bin ich. Bemerke, daß die Gnade nicht im Vermögen der Seele ist, sondern in ihrem Wesen, nämlich im Innersten oder vielmehr im Sein der Seele selbst, denn *ich bin das, was ich bin.* Zweitens zieh daraus die Folgerung: wenn in der Seele die Gnade ist, ist alle Gnade in ihr: ›in mir ist alle Gnade‹ ⟨Jes. Sir. 24,25⟩. Denn erstens besitzt eine solche Seele Gott, welcher der Quell aller Gnade ist und jeden Menschen erleuchtet. Zweitens, entweder ist alle oder gar keine ⟨Gnade⟩ da. Denn ›das Licht, das jeden Menschen erleuchtet‹ ⟨Joh. 1,9⟩, ist ein einziges, ist dasselbe in allen, und alles ist eines in jenem, dem es leuchtet. So ist es auch bei der Gnade. Drittens, dem Sein der Seele, in dem nach unserer Ansicht die Gnade ist, ist nichts fern. Denn dem Sein kann nichts fehlen oder fern sein. Außerdem ist das Sein allen Dingen gemeinsam und nicht nur in allen gemeinsam oder dasselbe, und so fehlt dem Sein der Seele niemals etwas von der Gnade. Viertens, die Tugenden und alle Gnaden sind im Sein verknüpft. Sieh ⟨die Aufzeichnungen⟩ über »Verknüpfung der Tugenden«. Die Seele aber steht durch ihr Sein im Sein Gottes, in Gott. Dazu bemerke, daß alles nur auf Grund seines Seins in Gott ist und insofern ganz und gar.

Durch die Gnade Gottes. Bemerke, daß das Werk der Gnade höher steht als das ganze Werk der Schöpfung, da es übernatürlich ist. Weil es also die Natur überragt, da es ja das Obere ist, folgt erstens, daß es gleichsam der Kraft nach die ganze Natur ungeteilt und geeint in sich umfaßt. Zweitens, daß kein Geschöpf das Werk der Gnade wirken kann. Nichts wirkt nämlich auf sein Oberes ein, denn immer »ist das Erste von Natur reich«. Drittens erhellt, daß das Werk der Gnade Gottes auch dem Verstand unbekannt ist, sofern er nur vom natürlichen Licht erleuchtet ist. Demnach ist zu bemerken, daß die Kinder, die ohne das Sakrament der Gnade sterben, überhaupt nichts vom Stand der Herrlichkeit der Seligen

videtur vera ratio quod non dolent de non consecuta gratia sive gloria illa beatorum.

wissen; und dies scheint der wahre Grund dafür zu sein, weshalb sie keinen Schmerz darüber empfinden, daß sie jene Gnade, das heißt die Herrlichkeit der Seligen, nicht erlangt haben.

DOMINICA SEPTIMA DECIMA POST TRINITATEM DE EVANGELIO ⟨LUC. 14,1-11⟩

Amice, ascende superius etc., Luc. 14.

Nota: tantum bonum est honor apud homines, ut, sicut 379 narrat *Augustinus*, *Ennius*, inter antiquos famosus, hoc solum esse ⟨dixerit⟩ quod omnes volunt. Hoc enim quidam ponebant summum bonum, sicut patet *I Ethicorum*. Unde dicit *Tullius* quod vix invenit, qui honorem etiam amici suo praeferret honori. Et idem dicit *Glossa* super illud: ›in cathedra pestilentiae non sedit‹. Secundum hoc ergo salvator noster, qui, ut ait apostolus, ›vult omnes homines salvos fieri‹ et quod uni dicit, omnibus dicit, excitando nos ad profectum ad esse melius, ad esse superius, promittit honorem dicens: *amice* etc.

Chrysostomus super illud Matth. 5: ›beati pauperes‹ etc. 38 dicit quod »in terra viventibus gravis est iustitia et propter hoc labor iustitiae non suscipitur, nisi merces operis exspectetur«. *Augustinus* autem dicit quod merces humilitatis est claritas et meritum claritatis est humilitas. Et hodie in evangelio in fine concluditur: *omnis qui se humiliat exaltabitur.* Phil. 2: ›humiliavit semet ipsum‹, ›propter quod‹ etc.

Secundum hoc ergo in verbis propositis primo notatur meritum humilitatis: *ascende superius.* Non enim ascendit nisi qui in basso est, qui inferius est. Secundo notatur praemium claritatis: *tunc erit tibi gloria.*

De humilitate ergo quae est meritum dicit: *amice, ascende* 38

AM SIEBZEHNTEN SONNTAG NACH DEM FEST DER HEILIGEN DREIEINIGKEIT ÜBER DAS EVANGELIUM ⟨LUK. 14,1-11⟩

Freund, steig höher hinauf! ⟨Dann wirst du Herrlichkeit haben.⟩

Bemerke: bei den Menschen gilt die Ehre als so hohes Gut, daß, wie Augustin berichtet, der im Altertum berühmte Ennius sagen konnte, dies sei das einzige, was alle wollten. Manche hielten sie ja für das höchste Gut, wie aus dem 1. Buch der Nikomachischen Ethik erhellt. Daher sagt Cicero, er habe kaum jemanden gefunden, dem selbst eines Freundes Ehre über die eigene ging. Dasselbe sagt die Glosse zu dem Wort: ›er sitzt nicht auf dem Stuhl des Verderbens‹ ⟨Ps. 1,1⟩. Nun will unser Erlöser nach den Worten des Apostels, ›daß alle Menschen selig werden‹ ⟨1 Tim. 2,4⟩. Um uns daher zum Streben nach einem besseren oder höheren Sein anzuspornen, verheißt er uns mit dem an einen gerichteten, aber für uns alle bestimmten Wort Ehre, indem er sagt: *Freund ⟨steig höher hinauf! Dann wirst du Herrlichkeit haben⟩*.

Chrysostomus sagt in der Auslegung des Wortes: ›selig die Armen ⟨im Geist, denn ihrer ist das Himmelreich‹, Matth. 5,3⟩: »denen, die auf Erden leben, ist die Gerechtigkeit beschwerlich, und daher nehmen sie deren Mühsal nur auf sich, wenn sie Lohn für ihr Tun erwartet«. Augustin aber sagt: der Lohn der Demut ist die Verklärung, und das Verdienst der Verklärung erwirbt die Demut. Und das heutige Evangelium schließt mit den Worten: *jeder, der sich erniedrigt, wird erhöht werden.* ⟨Christus Jesus⟩ ›erniedrigte sich selbst. Deshalb ⟨hat Gott ihn auch erhöht‹, Phil. 2,8f.⟩.

Demnach weist also der Vorspruch erstens auf das Verdienst der Demut hin: *steig höher hinauf!* Denn nur für den, der in der Tiefe, der unten ist, gibt es einen Aufstieg. Zweitens auf den Lohn der Verklärung: *dann wirst du Herrlichkeit haben.*

Von der Demut, in der das Verdienst liegt, sagt er also:

superius. Sunt autem tria necessaria homini ascendere volenti. Primum est quod fundamentum, basis scalae sive radix in solido et tuto collocetur. Secundum, quod ipse ascendens exoneretur. Tertium, quod supremum scalae, puta esse superius, sursum esse, ex corde ametur. Ista tria etiam in ascensu materiali et corporali multum expediunt ascensum et ascendentem. Primum facit humilitas, secundum paupertas, tertium amor sive caritas.

De primo *Augustinus*: humilitas est fundamentum patientiae – propter concussiones scilicet et impetus hincinde adversitatum; fulciens est illud quod sequitur – radix bonitatis, ordo ⟨a⟩moris, lux decoris, gradus honoris. Haec est, qua nulla gratior ad convictum, nulla utilior ad meritum, nulla securior ad praemium. Fundamentum ergo et radix est humilitas.

Humilitas ab humo nomen trahit; humus terra. Terra vero 382
proprie habet ex specie sua fixionem et stabilitatem, Psalmus et Hebr. 1: ›in initio tu, domine, terram fundasti‹. ›In initio‹. »Primum in unoquoque est causa omnium aliorum«. Propter quod *commentator* ipsum caelum locat et fundat per terram sive centrum. Psalmus: ›fundasti terram super stabilitatem suam‹ etc.

Necessitatem autem et stabilitatem et utilitatem humilitatis in ascensu spirituali docet natura, mathematica et scriptura. Natura, quia licet terra maxime distet inter omnia corporalia a caelo tam in natura quam in situ et quasi sibi invicem adversentur ut inimica, tamen, quia terra se humiliat et quasi substernit se totam ipsi caelo, intimum caelum, ut sic dicam, reconciliat, ut se toto et omnibus stellis et planetis infundat terrae, sicut ostendit rerum diversitas multiplex, quae in terra et super terram generantur et vivunt, Psalmus

Freund, steig höher hinauf! Dreierlei braucht der Mensch, der aufsteigen will. Erstens muß er das Fundament, die Basis oder den Fuß der Stiege auf festen und sicheren Grund setzen, zweitens sich selbst entlasten und drittens sein Herz der Spitze der Stiege, nämlich dem Oben- und In-der-Höhe-Sein, zuwenden. Diese drei Stücke sind ja auch beim Hinaufsteigen auf einer materiellen Stiege eine große Hilfe für den Aufstieg und den Steigenden. Das erste bewirkt die Demut, das zweite die Armut, das dritte die Liebe.

Zum Ersten sagt Augustin: die Demut ist das Fundament der Geduld – das ist wegen der Widerwärtigkeiten gesagt, die uns erschüttern und von allen Seiten bedrängen; das folgende stützt diesen Gedanken –, die Wurzel der Güte, die Ordnung der Liebe, der Glanz der Würde und die Stufe zur Ehre. Nichts macht das Zusammenleben angenehmer als die Demut, nichts steigert das Verdienst mehr, nichts bietet sicherern Lohn. Die Demut ist also Fundament und Wurzel.

Die Demut ⟨humilitas⟩ hat ihren Namen vom Boden ⟨humus⟩; Boden ist Erde. Zur Arteigentümlichkeit der Erde gehört es, daß sie unbeweglich feststeht: ›zuerst hast du, Herr, die Erde gegründet‹ ⟨Ps. 101,26; Hebr. 1,10⟩. ›Zuerst‹. »Das Erste ist in jedem ⟨Bereich⟩ die Ursache alles andern«. Deshalb läßt der Kommentator den Himmel durch die Erde als Mittelpunkt ⟨des Weltgebäudes⟩ örtlich bestimmt und gegründet sein. ›Du hast die Erde gegründet, daß sie feststeht ⟨und sie wird in Ewigkeit nicht wanken‹, Ps. 103,5⟩.

Wie notwendig und nützlich es ist, beim geistlichen Aufstieg in der Demut festzustehen, lehrt uns die Natur, die Mathematik und die Hl. Schrift. Die Natur: obgleich die Erde ihrer Natur wie ihrer Lage nach unter allen Körpern den größten Abstand vom Himmel hat und sich beide gleichsam wie Feinde gegenüberstehen, so versöhnt sie doch sozusagen das Innerste des Himmels, weil sie sich demütigt und gleichsam dem Himmel ganz unterwirft, so daß dieser sich ganz und gar mit allen Sternen und Planeten in und über die Erde ergießt. Das erweist die große Mannigfaltigkeit der Wesen, die in und auf der Erde entstehen und leben: ›du hast

›visitasti terram‹ etc. Mathematica primo si⟨c⟩: vas tanto est capacius, quanto inferius; secundo, quod circulo surgente in conum centrum fit polus. Scriptura: ›deus superbis resistit, humilibus dat gratiam‹. Nota quod deus non posset superbo dare gratiam nec posset humili negare gratiam. Expone.

Sequitur de secundo valente ad ascensum, quod est 383
paupertas, Reg. 2: ›ascende, calve! ascende, calve!‹ Per ›calvum‹ apte pauper significatur. *Augustinus*: »quid est quod dicis: ego dives, ille pauper, nisi: ille levis, ego oneratus?« Vide super illud: ›tibi derelictus est pauper‹. *Seneca*: »nemo alius dignus est deo, nisi qui opes contempserit«. *Augustinus* super Ps. 93: »qui sunt pauperes? Qui sunt inopes? Qui spem non habent nisi in illo, in quo solo spes eorum non fallitur«. »Non pauperes, qui omnino nihil habent«. »Invenis enim pauperem hominem, ⟨qui,⟩ quando patitur aliquam iniuriam, non attendit nisi patronum suum, in cuius domo manet, cuius inquilinus est, cuius colonus est, cliens est«. »In homine spes ipsius, cinis in cinere. Sunt autem alii qui opulenti sunt et honoribus humanis fulciuntur, et tamen nec in pecunia sua nec in fundis suis nec in familia sua spem ponunt nec in claritate transitoria dignitatis, sed totam spem in illo ponunt, qui mori non potest, qui falli et fallere non potest. Tales etsi multa videntur habere, ea gubernant ad refectionem indigentium. Inter pauperes domini numerantur«. »Sic conversantur in opulentia, quomodo viator in stabulo, transiturus, non possessurus«. ›Calvus‹ ergo, pauper, facile ascendere potest.

die Erde heimgesucht, ⟨hast sie getränkt und überreich ausgestattet‹, Ps. 64,10⟩. Die Mathematik ⟨belehrt uns⟩ erstens so: je tiefer ein Gefäß steht, um so leichter ist es zu füllen; zweitens: konstruiert man aus einem Kreis einen Kegel, so wird sein Mittelpunkt zur Spitze. ⟨Schließlich lehrt⟩ die Schrift: ›den Hochmütigen widersteht Gott, den Demütigen schenkt er seine Gnade‹ ⟨Jak. 4,6⟩. Bemerke, daß Gott weder einem Hochmütigen seine Gnade schenken noch einem Demütigen sie versagen könnte, und lege das genauer dar.

Nun zum zweiten Stück, das den Aufstieg erleichtert, das heißt zur Armut. Im 4. Buch der Könige lesen wir: ›Steig herauf, Kahlkopf! steig herauf, Kahlkopf!‹ ⟨2,23⟩. Mit dem ›Kahlkopf‹ läßt sich treffend der Arme bezeichnen. »Wenn du sagst: ich bin reich, jener arm, was«, fragt Augustin, »meinst du anders, als: er ist unbeschwert, ich beladen?« Vergleiche die Auslegung des Wortes: ›der Arme ist dir überlassen‹ ⟨Ps. 9,35⟩. »Niemand ist Gottes wert«, sagt Seneka, »der nicht den Reichtum verschmäht«. In der Auslegung von Ps. 93 sagt Augustin: »wer sind die Armen? Wer die Besitzlosen? Das sind die, die ihre Hoffnung nur auf den setzen, in dem allein ihre Hoffnung nicht betrogen wird, nicht aber die Armen, die gar nichts besitzen. Du kannst nämlich Arme finden, die sich bei jeder Unbill ganz auf ihren Schutzherrn verlassen, in dessen Haus sie wohnen, dessen Mieter, dessen Pächter und Schutzbefohlene sie sind. Auf einen Menschen setzen sie ihre Hoffnung, Staub auf Staub! Es gibt aber auch Leute, die zwar im Wohlstand leben und sich auf ihr Ansehen bei den Mitmenschen stützen könnten, aber ihre Hoffnung weder auf ihr Geld noch ihren Grundbesitz oder ihre Familie noch auf den vergänglichen Glanz ihrer Würde setzen, sondern ganz auf den, der nicht sterben, der sich und andere nicht täuschen kann. Besitzen solche Menschen auch anscheinend viel, so verwenden sie es doch zur Erquickung der Bedürftigen. Sie werden zu den Armen des Herrn gerechnet. So leben sie in ihrem Wohlstand wie der Wanderer in der Herberge: er will weiterreisen, nichts in Besitz nehmen«. Der ›Kahlkopf‹ also, der Arme, kann leicht aufsteigen.

Nota quod pauper hoc modo, eo quod nihil habet, omnia 384
habet, longe plus quam habentes quaevis temporalia, secundum illud: ›nihil habentes et omnia possidentes‹. Ratio: primo, quia non coloratum recipit omnem colorem. Secundo, quia diligit proximum sicut se ipsum. Tertio, quia habet sine dolore, sine maerore. *Seneca*: »magnus ille est qui in divitiis pauper est«. Sic ergo paupertas facit ad ascensum spiritualem, scilicet elongatio a terrenis. Cuius signum et argumentum est in potentiis animae, quae, quanto plus elongantur a materia et eius appenditiis, tanto sunt altiores in sua natura et in suis operationibus.

Tertio facit ascendere amor: *amice*. Amor enim, qui et caritas, ignis est, Cant.: ›lampades eius lampades ignis‹ – dicitur de caritate – et illud: »tui amoris in eis ignem accende«, et iterum: »ignem sui amoris accendat deus in cordibus nostris«. Ignis autem est ascendere.

Sed ⟨cur⟩ dicit *superius*? *Seneca* dicit quod »nullum in 385
alto malum est«, et *Avicenna* dicit quod supra sphaeram lunae malum non invenitur. Ubi notandum quod in ipsa quidem sphaera lunae malum cadit, sicut ostendit eius facies vel macula in ipsa apparens ⟨et⟩ eclipsis sua; quod malum est ex vicinitate terrae. Propter quod et ipsa »faex est corporum caelestium, sicut terra faex est aliorum elementorum«, hoc indicante natura quod ex amore et affectione terrenorum maculatur anima et privatur lumine gratiae, veritatis et virtutis. Unde *Origenes* in quodam Sermone ad populum sic dicit: »quod amas in terra, viscus est pennarum spiritualium« »quibus volatur ad deum. Capi non vis et viscum diligis. Num-

Bemerke: der auf diese Weise Arme besitzt deshalb, weil er nichts hat, alles, weit mehr 〈also〉 als die, die alle erdenklichen zeitlichen Güter haben. In ihm erfüllt sich das Wort: ›besitzlos und doch im Besitz von allem‹ 〈2 Kor. 6,10〉. Der Grund ist erstens der: was nicht gefärbt ist, nimmt alle Farben auf. Zweitens: er liebt den Nächsten wie sich selbst 〈vgl. Matth. 22,39〉. Drittens: sein Besitz bereitet ihm weder Leid noch Kummer. »Groß ist«, sagt Seneka, »wer mitten im Reichtum arm ist«. So trägt also die Armut, das heißt die Abkehr vom Irdischen, zum geistlichen Aufstieg bei. Einen Hinweis darauf und einen Beweisgrund dafür bieten die Seelenvermögen, die in ihrer Natur und in ihren Akten um so höher sind, je weiter sie von der Materie und dem ihr Anhaftenden abgekehrt sind.

Drittens läßt die Liebe 〈uns〉 hinaufsteigen: *Freund* 〈sagt er〉. Denn die Liebe – ich meine die göttliche Liebe – ist ein Feuer: ›ihre Lampen sind Feuerlampen‹ sagt das Hohelied 〈8,6〉 von der göttlichen Liebe. Auch 〈beten wir〉: »entzünde in ihnen das Feuer deiner Liebe«, und: »das Feuer seiner Liebe entzünde Gott in unseren Herzen«. Dem Feuer ist es aber eigen aufzusteigen.

Warum heißt es aber *höher*? »In der Höhe gibt es kein Übel«, wie Seneka sagt; und Avicenna lehrt, daß oberhalb der Mondsphäre sich kein Übel findet. Dazu ist zu bemerken, daß in der Mondsphäre selbst Übel vorkommen, wie des Mondes Gesicht oder vielmehr der auf ihm erscheinende Flecken und sein Lichtwechsel zeigt; dieses Übel rührt von der Nachbarschaft zur Erde her. Aus diesem Grund ist »der Mond der geringste der Himmelskörper, wie die Erde das geringste gegenüber den andern Elementen« – ein Hinweis der Natur, daß die Seele durch die anhängliche Liebe zum Irdischen befleckt wird und ihr das Licht der Gnade, der Wahrheit und Tugend verlorengeht. Darum sagt Origenes in einer Predigt für das Volk: was du auf Erden liebst, ist Leim für die geistlichen Flügel, mit denen man zu Gott fliegt. Du willst dich nicht fangen lassen und liebst doch den Leim. Wirst du etwa deshalb nicht gefangen, weil der Köder süß ist,

quid non ideo caperis, quia dulciter caperis? Certe, quanto magis delectat, tanto fortius strangulat«. »Noli ergo amare impedimentum, si non vis invenire tormentum«. »Dulciter caperis«. *Augustinus* De misera vita corporis et animae: »o misera vita« et infra: »dulcis es stultis, amara sapientibus«. Et illud *Augustini*: »o munde immunde«, et in fine: »quem non deciperes dulcis, si sic amarus dulcia mentiris!«

Unde dominus volens revocare a terrenis et perituris, a peccati maculis, et ad caelestia aeterna reducere dicit: *amice* etc. Sed non ascendunt nisi humiles. Non enim ascendit, nisi qui in imo est: *qui se humiliat exaltabitur*; Psalmus: ›ascensiones in corde suo disposuit in valle‹. Item ascendunt pauperes, Reg. 2: ›ascende, calve!‹ Item amantes, ut hic: *amice, ascende* etc.

Sequitur de praemio: *tunc erit tibi gloria. Tunc* ait. Nunc 386
enim ›soli deo honor et gloria‹, Luc. 2: ⟨›gloria⟩ in altissimis deo‹ etc. De hoc praemio et gloria dicitur Rom. 8: ›non sunt condignae passiones huius temporis ad futuram gloriam‹, et Cor. 4: ›id quod in praesenti momentaneum est et leve, supra modum in sublimitate aeternum gloriae pondus operabitur in nobis‹.

Sed quare sic appetitur honor et gloria? Primo, quia est 387
quoddam divinum, secundum illud: ›soli deo honor et gloria‹. Deum autem et divinum amat omne quod est sciens aut nesciens. Secundo, quia, sicut anima rationalis non quiescit nisi in intimo et purissimo, quod est ipsa rerum ratio, concupiscibilis non nisi in optimo, sic irascibilis non ⟨nisi⟩ in

der dich fängt? Fürwahr, je besser er schmeckt, desto heftiger quält er. Liebe also nicht das Hemmnis, sonst findest du dich einst in der Schlinge. »Süß ist der Köder, der dich fängt«. 〈Das sagt auch〉 Augustin in der Predigt Vom elenden Leben des Leibes und der Seele: »o elendes Leben«, »süß bist du den Toren, bitter den Weisen«. In einer andern Predigt sagt er: »o unreine Welt«, »da du Süßigkeit vortäuschen kannst, obwohl du so bitter bist, wen würdest du nicht betören, wenn du wirklich süß wärest!«

Der Herr will uns nun vom Irdischen und Vergänglichen, von der Befleckung durch die Sünde zurückrufen und zum Himmlischen und Ewigen hinführen. Daher sagt er: *Freund, steig höher hinauf!* Aber nur die Demütigen steigen hinauf. Denn nur für den, der in der Tiefe ist, gibt es einen Aufstieg: *wer sich erniedrigt, wird erhöht werden*; ›im Tal hat er die Aufstiege in seinem Herzen erwogen‹ 〈Ps. 83,6/7〉. Ferner steigen die Armen hinauf: ›steig herauf, Kahlkopf!‹ 〈4 Kön. 2,23〉. Endlich die Liebenden, wie es hier heißt: *Freund, steig höher hinauf!*

Über den Lohn folgt nun: *dann wirst du Herrlichkeit haben. Dann*, heißt es. Denn jetzt hat ›Gott allein Ehre und Herrlichkeit‹ 〈1 Tim. 1,17〉; ›Herrlichkeit ist Gott in der Höhe 〈und Friede den Menschen auf Erden‹, Luk. 2,14〉. Von der Herrlichkeit, in der dieser Lohn besteht, heißt es: ›die Leiden dieser Zeit sind nicht wert der zukünftigen Herrlichkeit‹ 〈Röm. 8,18〉, und: ›die gegenwärtige, schnell vorübergehende und leichte Last 〈unserer Trübsal〉 wird eine überschwengliche, erhabene und ewige Fülle der Herrlichkeit in uns wirken‹ 〈2 Kor. 4,17〉.

Warum aber trachten die Menschen so nach Ehre und Herrlichkeit? Erstens ist sie etwas Göttliches, nach dem Wort: ›Gott allein hat Ehre und Herrlichkeit‹. Alles aber, was da ist, liebt – ob es Wissen besitzt oder nicht – Gott und das Göttliche. Zweitens: wie die Seele als vernünftige nur im Innersten und Lautersten der Dinge, nämlich in ihrer Idee, zur Ruhe kommt, so als begehrende nur im Besten und als zürnende im schwer Erreichbaren, ja nur im Höchsten.

arduo et supremo. Propter quod ›aquae furtivae dulciores‹ etc.

Darum ⟨heißt es⟩, daß ›gestohlenes Wasser süßer ⟨und heimliches Brot verlockender‹ ist, Spr. 9,17⟩.

ANHANG

⟨Nachtrag zu Predigt 70
Text der Predigt nach Pf. Nr. XLI S. 138-140⟩

Modicum videbitis me et modicum non videbitis.

Ich habe ein wortelîn gesprochen in latîne, daz schrîbet uns sant Johannes im êwangeliô unde tiutet als vil, daz unser herre sprach zuo sînen jungern ›ein klein wênig oder ein lützel sullent ir mich sehen, aber ein kleine und ein lützel sullent ir mich niht sehen.‹ Die junger wâren unbekant und enwisten niht, waz er meinde, unde sprâchen under einander ›wir wizzen niht, waz er meinet.‹ Diz schrîbet sant Johannes, der dâ bî was. Ein glîchnisse, daz dar ûf gât, daz lâz ich ligen. Dô er ir herze bekande, dô sprach er offenbâr ›ich sol iuch aber eines sehen und iuwer herze sol erfröuwet werden unde diu vröude sol iu niemer benomen werden.‹

Nû dunket mich, daz diz wortelî vier sinne habe. Sie sint ein teil glîch an den worten, nochdanne sô tragent sie grôz underscheit. Der kerne des êrsten begriffes unde der êwiger sêlikeit lît an bekentnüsse. Ein meister sprach ze Parîs unde ruofte unde donde unde wolte wîsen, daz des niht enwêre. Dô sprach ein ander meister, wol bezzer denne alle die von Parîs bezzere haben: meister, ir ruofet harte vaste: hiet ez got im êwangeliô niht gesprochen, sô ruoftent und dondint ir harte sêre. Unser herre sprach ›daz ist êwic leben, daz sie dich bekennen einen gewâren got.‹ ›Ein kleine unde sullent ir mich niht sehen.‹ Wil got sprechen, ez enkome dar zuo, daz ir elliu dinc in iu vindent kleine und als ein niht, sô mügent ir got niht sehen. Dâ von sol man vil wol merken, waz gehindern oder gefürdern möhte an gotes bekentnüsse. Wan wie klein ez doch ist, daz von gote kumet, der ime rehte tuot, ez treit unde kumet wider în, wan wir haben ein eigenschaft an gote, dâ mite wir würken mügen als mit unser eigener sêle, niht alsô, daz ich würke und er nâch schüre, mêre: daz ich mite würke alse mit mînem gezowede, daz mîn ist und daz in mir ist. Dar umbe sol der mensche ûf gezogen sîn in zît und ûz im selber, sol er got sehen. Ich sprach etwenne: dô sant Paulus niht sach, dô sach er got. Ich spriche aber nû baz: dô sant Paulus sach al niht, dô sach er got: dô er alliu dinc sach alse niht, dô sach er got, unde wil got sprechen ›wenne alliu dinc in iu werdent niht, sô sehent ir mich.‹

Nû sprichet er ›aber ein kleine unde sulent ir mich niht sehen.‹ Die wîle diu zît unde welt, diu klein ist, in iu ist, die wîle mügent ir mich niht sehen. Der engel swuor bî dem êwigen lebenne, daz nâch disem lebenne niemer zît mê würde gegeben. Nû sprichet sant Johannes offenbâr an dem êwangeliô ›diu welt wart durch in gemachet unde sie bekanden sîn niht.‹ Ez sprichet nochdenne ⟨e⟩in heidenischer meister, daz diu welt unde diu zît kleine sî. Als man wirt gesetzet ûz der welt und ûz der zît, dâ bekennet man got.

Zem dritten mâle sprach er ›ein kleine und ir ensehent mich niht.‹ Er wil sprechen: wie kleine daz ist, daz der sêle vrömde ist, die wîle mac si got niht sehen, alse der himel enkeinen vrömden îndruc enpfâhet; unde wölte ein engel eins andern himels sich underwinden, er enkunde dâ mite niht, dar umbe daz er ime vrömde ist. War umbe bekennet mîn munt oder mîn ôre des himels niht? Daz ist dâ von, daz sie sîner glîcheit niht hânt. Sant Bernhart sprichet: mîn ouge ist gelîch dem himel, daz ez sinewel ist unde lûter und an dem obersten teil des lîchnamen stât, daz ez enkeinen vrömden îndruc erlîden mac. Sol mîn ouge daz bilde bekennen, daz an der want gemâlet ist, daz muoz kleinlich in dem lufte gebiutelt werden, noch kleinlîcher muoz ez getragen werden in mîn bilderîn; in mîme bekentnisse wirt ez ein. Dise eigenschefte bêde muoz diu sêle von nôt haben unde diz glîchnisse, wie kleine ez ist, ein stöubelî, ein sündelî oder sündesippe, daz enmac diu sêle niht gelîden, wan ez der sêle vrömde ist. Wêre got der sêle vrömde, si möhte sîn niht gelîden. Sol daz ouge iht bekennen, daz muoz mit mitel unde mit bilde in ez werden getragen. Wêre enkein mitel, sô ensêhe man niht. Sol ein engel einen andern engel bekennen oder allez daz got geschaffen hât, er muoz ez bekennen mit mitel. Aber sich selben unde got bekennet er âne mitel. Sol mîn sêle ein engel bekennen, si muoz in bekennen mit mitel unde mit bilde, ein bilde âne bilde, niht bilde alse hie bilde sint. Sêle und engel sint als lîphaftic dinc wider gote. Engels bekentnüsse und allez daz geschaffen ist, daz ist ein mitel. Diz velt alzemâle an got; aber der wirt bekant âne mitel und âne kleine. Sol mîn sêle got bekennen âne mitel, sô muoz daz von nôt sîn, daz dû bî ich sîst, und ich bî dû.

Ich spriche nû einen sin, der liutet alzemâle wider disen drin. ›Die wîle sô ir kleine sint, sô ensehent ir mich niht. Sulent ir mich sehen, sô müezent ir grôz werden.‹ Diu vernunft diu ist gar grôz und ist doch kleine wider dem gotlîchen liehte. Unser herre strâfte sîne aposteln und sprach ›in iu ist noch ein kleine lieht‹. Si wâren niht âne lieht, ez was aber kleine daz lieht der gnâden, daz dar oben swebende ist ob allem dem, daz got ie geschuof oder noch geschaffen möhte, ob er wolte. Nochdanne ist diu sêle kleine, die wîle si ist in der gnâde. Diu sêle muoz etwenne in der gnâde ûf gên. Gnâde hêt die sêle niht under geworfen, si sol ûf gên in der gnâde, umz si vollebrâht werde und kumet oben gnâde; dâ bekennet si got.

Daz vierde ›und ir ensehent mich niht‹: die wîle ir klein sint an lieht und an gnâden, die wîle mügent ir got niht sehen. Swer dâ got sehen sol, der muoz grôz sîn in lieht und in gnâden. Gnâde ist ein überswebendez lieht und ist über dem engel. Man sihet got in der gnâde, aber von verrens. Die wîle daz gnâde als gnâde in uns ist, die wîle mügen wir got niht sehen. ›Ir ensehent mich niht, wan ich gân zuo mînem vater.‹ Die wîle daz der mensche ein zuonemen hât, die wîle mac er got niht sehen. Die wîle wir zuo gote gên, sô enhaben wir sîn niht. Sulen wir got haben, daz muoz sîn sunder zuoganc, als unser herre sprach zuo sante Marîen Magdalênen ›rüere mich niht, ich enbin in dir noch niht zuo mînem vater komen.‹ Die wîle got ein ûfklimmen hât in der sêle und in diu sêle niht gesetzet hât in daz aller beste, daz got geleisten mac, sô mügen wir got niht sehen. Dar ûf sprichet sant Paulus ›got wonet in eime unzuogenclîchen liehte.‹ Ein heilige sprichet: nie mensche gesach got. Sant Paulus sprichet ›wir werden got bekennende als wir bekant sîn.‹ Als got sich selben bekennet, alsô werden wir in bekennende, und als er elliu dinc bekennet in ime, alsô werden wir elliu dinc in ime bekennende. Sant Paulus sprichet ›wir werden bekennende als wir bekant sîn.‹ Swenne daz kleine wirt ûz gebiutelt, sô sol ich bekennen als ich bekant bin, als er sich selber bekennet âne kleine und âne mitel in ime selben alzemâle und in ime elliu dinc und nihtes niht ûz ime, und wir sullen ouch bekennen âne kleine und âne mitel. Wir werden bekennende in dem sune. Der sun ist ein bilde der gotheit und niht der gotheit: er ist ein bilde gotes des vater. Des vater bilde ist sîn eingeborner sun. In daz bilde, dâ niht ist, in dem bilde werden wir widergebildet in dem sune unde widerbildet durch den sun wider in den vater, in daz bilde al ein, dâ niht ist diz noch daz, in daz bilde mit gotes eingebornem sun sulen wir got bekennen. Daz uns diz kleine abe gê unde wir bekennen dich aleine einen gewâren got, des helf uns diu gotlich kraft. Âmen.

⟨Nachtrag zu Predigt 77
Text der Predigt nach N_1 f. 28vb-29va⟩

E⟨*Initiale*⟩ in wort ist in dem ewangelio daz spricht alzo: ›Ich sent euch meinen engel. Nu dez ersten ist ze wizzen, waz ein engel sey, Wann den engeln sei wir glich. Ein meister sait, daz der engel sei ein bild gotes. Der ander seit, daz er nach got gepildet sei. So sprichet einer, daz er sei ein lauter spigel, der in sich hat geleicht gutheit vnd gotlich lautercheit dez stilnuͤz vnd der verborgenheit gotes, alz vil ez muglich ist. So spricht einer, daz er sei ein vernunftig liht, bloz gescheiden von allen naturlichen dingen. Ein iglich ding, daz bechennet, daz mvz bechennen in einem liht, daz in der zeit ist, vnd, wes ich gedench, des gedenk ich in einem liht, daz in der zeit ist. aber der engel bechennet in einem liht, daz vber zeit ist, vnd bechennet in einem ewigen nuͤ. Awer der mensch bechennet in einem nv der zit, daz aller minnest ist. dar vm leg ab daz nu der zeit, so pistu weder dicz noch daz niht alle ding, wan, alz du pist dicz oder daz, dort oder hie oder daz meist oder daz du vil sein, so bistu weder dicz noch daz vnd bist niht allenthalden. Dar vm scheid ab allentalden alle dinch, daz du niht enseist vnd en habest, Vnd alzo pist du allentalden. vnd alz lang du daz hast vnd daz bist vnd daz vild sein, so bist tu niht allentalben. Dar vmd scheid ab alle dinch, so bistu alle dinch. Vnd alz verre du gescheiden pist von allen dingen, alz verre bist du got vnd alzo bist du allentalben vnd pist weder dicz noch daz. Gocz guͤtheit ist dar an, daz er vngescheiden ist von allen dingen; Er ist den dingen inniger vnd nehener, dan si in selben sein. Vnd der mensch, der alzo vngescheiden ist von allen dingen, der nimt di guͤtheit, do got sin guͤtheit nemend ist. Der engel ist vernunfticlich in siner stat vnd wurchet vernunfticlich in seiner stat vnd swebet an vnderlaz seinen gegenwuͤrf. Sein gegenwuͤrf ist ein vernunftig wesen, bloz gescheiden von allen dingen vnd von allem dem, daz alharet ⟨!⟩ geheizen mak oder zal. Wan dan ist er verre vnd verre, vnd alzo selten wir den engeln glich sein. Ein gescrift di spricht: ›Seht, ich sent ev meinen engel‹ Spricht der prophet. awer der ewangelist gesweiget dez namen vnd screibet: ›Secht, ich sent ev mein engel‹. Waz nu daz meinet, daz di ein gescrift gesweiget dez namen vnd spricht: ›Seht, ich sent ev mein engel‹? Daz meint des ersten gotes isticheit, da got ist in lautricheit seines grundes; da ist er vber alle namen vnd ist vber alle wort vnd ist vnsprechlich allen creaturen. Daz ander: es meinet, daz got vnd di sel alz gar ein ist, daz si sich nimt in irm eigen grund. Da di drei person an einem blozsen wesen sint da ist si einicheit. ⟨In⟩ dē grund da ist si vn nemlich vnd vnsprec⟨h⟩lich alle wort. Da enchan chein wort hin chomen niht. Daz dritte: ez meint, daz got allein ist in der worheit. vnd alle creaturen sin ein snoͤd dink vnd ein plozzē niht gein got. waz auzwendich gotes ist, daz ist in der worheit niht. Dar vͤm: waz si sint, daz sint si in der worheit niht wan got alein in der worheit, wan daz beweiset vns ein ewich ist. Daz vird: ez meint, daz got vnd di sel so gar ein ist, daz chein vnderscheid da wesen mak. Sint daz chein vnderscheid da wesen mak noch anderheit, mit dē er ein anders sei von der sel vnd daz ich noch er niht gesprechen mak: ›Seht, ich sent ev minen engel‹. vnd sprech er ich, so west ir ein anders von der sel, des er niht entuͤt noch vermak von seiner gotheit. alzo ist vns beweiset ein ewich ist. Vnd ist ein beweglicheit eines ewigen ihtes. Vnd, als ich e. sprach von den engeln, daz si sind ein bild gotes vnd daz si sint noch got gepildet vnd daz si sint ein lauter spigel, der in sich hat gelichait goͤtlicher guͤtheit vnd ein lautercheit gotes des stilnus der verborgenheit gotes, alz vil ez muͤglich ist, alzo solten wir ein pild gotes sein, vnd got hat vns gemacht ein pild sein selbes. Ein meister, der ein pild machen wil, der machet es noch einem menschen, daz heizzet Cunrat oder Heinrich, so macht er es noch Heinrich niht den selben cunraden vnd im zu mal glich; vnd chond er baz, daz tet er gern. Nu chan got vnd mak got, daz er dich mache eine seines selbs vnd im glich. awer im glich weiset ein fremdes. Hie muz ich der warheit gesweigen, ich vnd alle meister. waz hie von gesprochen wirt, daz ist der warheit verre. Glicheit muz da ab. Dar vm muz glicheit ab, wan waz glicheit hat, der sint zwei; dar vm muz glicheit ab, daz es eins ist. Dar vm: waz man mit worten hei ⟨*!*⟩ von sprechen mak von glicheit, daz ist es niht in der worheit; wan di worheit ist in ir selben. Hie von weiz ich niht mer ze sprechen. ze diser worheit helf vns got.

⟨Nachtrag zu Predigt 81
Text der Predigt nach M_2 f. 165v-167r [= Pf. Pr. LXIV S. 200-202]⟩

›F⟨*Initiale*⟩luminis impetus letificat‹. ›der rausch oder snellfluß hat gefreüt dy stat gottes.‹ ⟨Nu⟩ sullen wir merken drew ding. daz erst: den snellen fluß; daz ander: dy stat, da er hin fleusset; daz drit: den nücz, der dauon kümbt.

der prophet waiß nit, wie er den heyligen geist nemen sol von seinem snellen ausfliessen, wan der heylig geist fleußt in dy sel recht alz volkomenleich, alz sy ausgebrochen ist an der demutikait vnd alz verr sy sich geweitet hat; wan der heylig geist mag sich nit enthaben, er e⟨i⟩nfließ in allez daz, da er stat vindet. Zw dem andern mal so süllen wir prüfen, welhes dy stat sey, da er hin fleüßt; daz ist aigenleich dy sel. Ain stat bedeüt alz vil alz ain ding, daz beslozzen ist vnd in mir veraint. also sol dy sel sein, in dy got fliessen sol. Sy sol aussen beslossen sein vor aller hindernüß vnd jnnen veraint an allen kreften. darumb spricht sandt johannes, daz dy zwelfbotten zesame gesamet waren, do sy den heyligen geist enphiengen. Also můß dy sel ze samen vnd in sich selben pracht sein, dy den gotleichen fluß enphachen sol, der sy erfült vnd erfrewet.

Ich hab ez etwan gesprochen: beginnerinne, dy aines gůten lebens beginne wolten, dy süllen tůn alz ainer, der ainen zirkel macht: alz er den ersten punt geseczt, bestet der also, so wirt dy linie guet. das ist alz vil gesprochen: der mensch lern an dem ersten, daz sein hercz stët beleib an got vnd an tugenden vnd an tugentleichen werken; wann tůt der mensch grosse werck vnd ist sein hercz vnstët, ez hilft wenig oder nicht. Es waren zwen maister, der sprach ainer, der gůt mensch möcht nit bewegt werden. der ander waz da wider. Ich sprich: der gůt mensch mag wol bewegt werden, er wirt aber nit entworffen an vntugenden. Ich sprich, daz ain gůter mensch nicht leicht gehindert mag werden; ergert er sich aber von kainen dingen, so ist er nit volkomen.

daz drit ist der nucz, der dauon kümbt. das ist, daz der prophet spricht: ›vnser herre der wondt mitten ⟨in mir⟩ in ir; da wirt sy nit verbandelt‹. da maint er dy sel. dy sel wil nicht, daz got mit ir würk, daz gemenget sey mit creatur. Etleich werck würkt got mit hilff der creatur, etleichs an hilff. Mocht dy genad, dy an hilff ist, dy in mein wort gebunden ist, an mittel komen in ewr hercz, alz ob ez got sprëch, dy sel wurd allzwhand bekert vnd wurde heylig vnd mocht sich dauon nicht enthalden. Wann ich dann gotes wort sprich, so pin ich ain mitwurker mit vnßm herren, vnd dy genad wirt in mir vermenget, wann ez got durch mich spricht, vnd, wann ich gen euch daz mittel pin, so enwirt sy nit genczleich enphangen in der sele. Aber dy genade, dy der heilig geist selber spricht, dy wirt enphangen vnd an vnderschaid gedruckt in dy sel vnd an mittel, ob od dy sel gesammet ist an dy ainfaltigen kraft, dy got bekennet. dy genad entspringt jn dem herczen dez vater vnd fleusset in den sun vnd in der minne ir payder fleußt sy aus der weyshait dez suns in dy gůte dez heyligen geistes vnd wirt gesant in dem heyligen geist in dy sel. vnd dy genad ist ain antlicz gottes vnd wirt an mittel vnd an vnderschaid gedruckt in dy sel mit dem geist gottes vnd bildet dy sel nach got. daz würkt got selb an hilff der creatur. Es enist kain creatur so edel, dy zw dem werk ain diener müg gesein, wann got enhat dy edelchait irer natur nicht geben. Noch danne vermocht er ez wol an der edelchait seiner natur, Got möcht ez nit erleyden, daz im kain creatur da dynen solt, wann in der stunde hat er dy sel so hoch erhaben vber ir naturleich wonstat, daz sy kain creatur erlangen mag. Noch denn vermöcht ez der engel wol an der edelchait seiner natur vnd ließ auch got wol den engel einen diener sein, so versmacht ez doch der sel, wan sy versmacht in der stund allz daz, daz mit der creatur vermengt ist. noch denne daz liecht vnd dy genad, in der sy veraint wirt, daz versmächt dy sel, enwest sy nicht, daz sy ez nicht ϋber komen mag; wann ϋber ain ez ist ir nicht naturleich, es ist ir alles vber nature, wan sy versmächt in der stund alles, daz got nit enist, wan got *laitet* sein praut auz aller creature wirdikait in sich selber vnd spricht ir dann in ir hercz, daz ist: er macht sy im selber geleich in der genade. Zw dysem edelen werck sol sich dy sel samenen. Also werdent all kreft der sel erfüllet vnd erfrewet von dem lauttern influß der genaden; wann dy genade haltet sich zw got alz der schein zw der sunnen vnd ist ain mit im vnd bringet dy sel in daz götleich wesen vnd macht sy got*var*, vnd da smechet sy götleich edelchait.

dy sel, dy enphangen hat vnd gesmeket götleich edelcheit, der wirt pitter vnd vnmër alles daz, daz got nit ist. daz ander ist, daz dy sel wil daz aller höchst, daz sy nicht ob ir erleyden mag. Ich sprich daz vnd tor ez wol gesprechen, daz sy got ob ir nicht erleyden mag, vnd daz bewëre ich damit: vnd wër dy sel also hoche auf gezogen vber alle ding an ir hochsten freyhait, daz sy got an rürt an sein blosse götleiche natur, dannoch gerwet sy nymmer, sy brächt in dar zw, daz er sy versanckt in sich selber vnd sich selber versenckt in sy. allain, wie got in seiner edelkait vnd an seiner nature verre ob ir sey, so enmag sy doch nit gerwen, ee sy doch got begreift, alz verre es mügleich ist ain*er* creatur got begreiffen. ⟨daz drit:⟩ das dy sel wil daz aller lustleichest, das got gewürken mag. der grost wollust in himel vnd in erde der ligt in götleichem gleichnüß. daz götleich natur würke*t* an dem höchsten, daz ist geleichnuß sein selbs, vnd darnach ist dy sel criegent, wann kain sel enmag got genczleichen gevolgen, sy trag ein gleichnüß gotes in ir. daz sol der mensch dar an merken, ob alle dy genad, dy er enphangen hat, gotleich sey vnd ob sy smeke nach götleicher edelkait vnd ob sy gemain ist vnd auß flüssig ist an seiner genade in alles daz, daz *sein* enphëngleich ist. Also sol der mensch ausflussig sein in alles daz, daz sy enphangen mag. Amen. des helff ÿns ÿnser herre jhs̄ xp̄s, Marien sun. Amen.

⟨Nachtrag zu Predigt 82
Text der Predigt nach St_1 f. 122r-124r [= Pf. Pr. LXII S. 195-197]⟩

›⟨–⟩as wunders sol werden von disem kinde? gottes hant ist mit im‹. Die hand gotes betútet den hailigen gaist dürch zwai ding. Das erste, das man mit der hand würket die werk; das ander, das si ain ist mit dem arme vnd mit dem lichamen; wan alle die werk, die der mensch würket, die entspringent in dem hertzen vnd trettent fürbas in die gelider vnd werdent vollebracht an der hand. also als der sele wesen in dem hertzen allermaist ist, So ist och das gespring ir werke in dem hertzen aller maist. also ist der vater ain gespring vnd ain begin aller götlicher werke vnd der sun ist v̇ns bezaichent bi dem arm, als da geschriben stat an dem magnificat, das er sinen gewalt vollebracht hat an der ⟨!⟩ arme. So tritet die götlich kraft fürbas von dem lichamen an die arme in die hand, da bi der hailig gaist betůtet ist, also as die sele ist bewunden in dem lichamen vnd in materlichen dingen, was man ir gaistlicher dingen bewisen sol. Hervmb bewiset man den hailigen gaist bi der hand, die dis werk gewürket hat an disem kinde. Nu merckent, wie die sel sin sol, in der gothait ⟨hait *v. and. Hd. über d. Zeile nachgetr.*⟩ würket. da er spricht ›ain kind‹, da mainet er ainen lutern lust oder aine stat, die ane flecken ist. also sol die sele luter vnd rain sin, in der got würken sol. ain maister spricht: die ewig wißhait die ist beheftet in sÿon, vnd ir rüwe sol sin in der luteren stat; vnd ⟨vnd *v. and. Hd. über d. Zeile nachgetr.*⟩ syon sprichet also vil als ain höhe vnd ain warte. Zü dem andern male sol si ingezogen sin von vergeñklichen dingen vnd wandelhaften dingen. Zu dem dritten mal sol si ston an der warte vor kůnftiger hindernůße. Nu kumet got dürch die gunst vnd dürch die liebi, die er zu der sele hat, So hat er ir gegeben ain götlich liecht, das im selber glich ist, vf das er an sines selbes gelichnůße an ir lüstlich gewůrken muge. Nu enmag liebi nit sin, si envinde gelich oder mache gelich. Solte ich ainen menschen laitten, enpfieng er nit mine gelichnůsse in sich, er gevolgete mir niemer willeklich. also ist es vmb die sele dů gotte wan alle lůte müssen gotte volgen, si wellen oder enwellen. volgent si im willeklich so ist es im pinlich; also wirt niemer werk lustlich geworcht sunder gelichnisse. Nu enmag kain creature fürbas gewürken, den si an ir selber hat. da von mag die sele fürbas nit gewürken wann mit dem liecht, das ir got gegeben hat, wan es ir aigen ist vnd ir von got gegeben ist zü ainer morgen gabe. Nu kumet got mit der liebi zü der sele, vf das sich die sele erheb, das si mit der liebi v̇ber sich selber gewürken muge. nu enmag liebi nit gesin, si envinde gelich oder mach gelich, wann also verre würket got mit der liebi v̇ber die sele. Nu enrüwet die sele nit der gnaden werk, wan es ir nature nit enist, si enkeme dar, da got selber würket, da das werk also edel ist als der werkmaister, das ist sin selbes nature, als man brüffen mag bi dem liechte. an dem holtze würket es sines gelichnisse, das ist hitze vnd fůr, vnd ie der wind me wäyet ie das fůr größer wirt. Nu nemen wir die liebi bi dem fůre, dem ⟨!⟩ hailigen gaist bi dem winde: ie der hailig gaist fester wäget, ie das fůr volkomner wirt, doch nit alzemale, sunder algemechliche dürch das zunemen der sele; wann verbrunne der mensch zemale, das wer nit güt. Wann lebte der mensch tusent jare, er mocht zů nemen an liebi blümmen; an wichtigen ⟨!⟩ dingen würket das liecht, das si wachsent vnd frucht bringent. an lebenden creaturen würket es leben; Aber an dem menschen würket es selikait. das kumet von der gnaden gottes, důs die sele uf erhebet. wan sol die sel götlich werden, so müß si ůber sich selber bracht sin. Amen.

⟨Nachtrag zu Traktat 2, Abschnitt 23 Textfragment von Ha$_2$⟩

⟨ ⟩Je mensche die eyns nü- / wen leuens oft werc- / kes wille bestaen die / sal gaen toe sinē gode / ende van deme sal hij mit groeter / cracht ende aendacht begheeren dat / hij hem toe voeghe dat alre / beste ende gode dat alre / liefste ende weerdichste ende enwille / noch enmeyne daer aen niet des / siins Maer alleyne den alre liefsten / wille gods ende anders niet Soe wat / hem dan god toevoeghet dat ne- / me hii sonder middel van gode- / ende halde dat voer siin alre beste / Ende si daer ynne gans ende toe mael / in vreden al est dat hem naema- / els eyn ander wijse bet behaeghet Soe sal hij dencken dese / wyse hebbe hem god gegeuen / ende sy hem die alre beste wyse des sal hij gode getrouwen ende / sal alle guet in die selue wyse / tien off trecken ende nemen alle / dinc in den ende nae derre wysen / Wat kunne dattet sy Want wat / gudes dat god heuet gegeuen / in eynre wysen dat machmen / oec vynden in aller gueder wysen / Want in der wysen des leuens sal / salmen meynen dat wesen des / menschen ende niet die eyghenescap / der wise Want men moet om- / mer eyn doen ende in den eynen / sal men alle meynen Want dat / die mensche wolde al doen nv / dit nv dat ende laten beghynnen ende / nummermeer volbrengen nv van / der eynre wysen laeten ende nemen / eyn ander die oen meer beuelle / inder waerheit dat maket gro- / ete onstedicheit Want nummer / ofte selden wert derre menschen / eynich volcomen Die also vallen wyt eynre wisen in die ander ende / si moeten werden onstedich / Voel balder worde die mensche / volcomen die vter werelt toe / mael quame in een orden Dan / die ommer worde die wt eynre / orden quame in die ander woe / heylich hii oec waere Dat es / om die verwandelinge der wise / Die mensche neme aen sich eyn / guede weyse ende bliue altijt daer / by Ende brenghe in die alle guede / wyse ende reken die als van gode genomen Ende en beghynne niet / hueden eyns ende morghen eyns / anderen Ende sie oec aen alle sorge / dat hij in deser wisen ommer niet / enversueme Want in gode en ma / ch een nummermeer niet versuͤ- / men also wenich alse got yet mach versuͤmen Daeromme / nym eyn van gode ende daer in tee alle guet Jst eüer alsoe / dattet sich niet en wil ver- / draghen so es dat eyn wis / teyken dattet van gode niet en / es Want wanner eyn guet / dat ander niet en lidet ende dat / eyn tieghen dat ander es Dat / en mach niet beyde staen Als xp̄s / spriect Eyn yegeliic riic dat in / hem seluen gedeelt es dat moet / vergaen oec sprect hij Soe wie / mit my niet en es die es tiegen / my Ende wie mit my niet en ver- / gadert die verstroeyt Also sy / dy een seker teyken soe welke / guet dat eyn ander guet ⟨*dahinter* niet / en lidet *getilgt*⟩ ofte lichte eyn mynre / guet niet en lidet mer verstre / yt dat dat van gode niet en / es Het sal volbrengen ende / niet verstreyen Also waren / cortliken reden die hier in / vallen Du salt dat weten dat daer gheyn twiuel aen / en es Die guede god hij en neme / enen yegeliken mensche in sinen / alre besten Doe waert ghevra- / ghet waer omme dat dan god niet / en neme tot sich die lude van / welken he bekennet Dat sij vter / genaden der doepen sullen vallen / in hoerre kintheit eer dat sij tot / hoerre bescheydenheit comen / na dien dat he van hoen bekent / dat sy sullen vallen ende niet we- / der op staen of dat waere oer / beste Jc sprac doe Also god niet / en es een verderuer der na- / tueren Mer eyn volbrenger Oec / die genade en toe storet die na- / tuere niet mer sy volbrenget / se Want waer dat god die natue- / re testuerde inden beghynne / soe geschiede oer gewaelt ende / onrecht Des en doet god niet die mensche heuet eynen vryen / wille Daer mede hii keysen mach / ende woert voer ghelacht guet / en quact die doet ende dat leuen / Ende hij es vry ende eyn heer alle sij- / nre werken en hon en to stortet / die ghenade noch die natuere / niet mer sy volbrenget want / die glorie es ⟨?⟩ eyn volbracht / der ghenade Also en est mit / gode niet dat hii eynich denck / toe store dat yet wesens heeft / Mer hij es eyn volbrenger alre / dinghen Alsoe en sullen wij gheen / cleyn guet aen ons verstoren noch / eyn cleyne wyse om eyn groeter / Mer wy sullen se volbrenghen / in dat alre hoechste Also wert / cortelik gesproken van eynen men- / sche Hy soilde eyns nuͤwen leue- / ns beghynnen van nuwes Doe / sprac ic die mensche solde werden eyn god suekende mensche in allen / dingen Ende een god mynnende men- / sche tot alre tijt in allen steden / by allen lueden in alre wyse Jn / desen machmen alle tijt toenemen / sonder onderlaet ende wassen ende / nummermeer to den eynde comen / des toe nemens

⟨Nachträge zu Traktat 3
I Schluß des Traktats in der ß-Fassung
unmittelbar anschließend an oben S. 458,14 liebe *nach Pfeiffer⟩*

Der menschen üebunge ist vil: einer lebet sus, der ander sô. Swer komen wil ûf daz hœhste leben in dirre zît, der neme mit kurzen worten ûz aller geschrift die kurze lêre, diu hie nâch geschriben stêt.

Halt dich abegescheidenlich von allen menschen, halt dich lûterlich von allen îngezogenen bilden, frîe dich von allem dem, daz zuoval, anhaftunge unde kumber bringen mac unde rihte dîn gemüete alle zît ûf ein tugentlîchez schouwen, in deme dû got in dînem herzen tragest mit stêtem gegenwurfe, ob dem sîn ougen niemer gewankent; unde swaz ander üebunge ist, ez sî vasten, wachen, beten, die rihte dar zuo als ûf ir ende unde habe ir als vil, als si dich dar zuo gefürdern müge, sô gewinnest dû daz ende der vollekomenheit. Nû möhte ein mensche sprechen: wer mac in dem unverwanten aneblicke götlîches gegenwurfes bestân? Dâ spriche ich: nieman der hiute lebet in dirre zît. Ez ist dir dar umbe geseit alleine, daz dû wizzest, waz daz hœhste sî unde wâ nâch dû stellen unde begerunge haben solt. Wan aber dirre aneblic dir underzogen wirt, bist dû ein guot mensche, sô sol dir sîn, als dir dîn êwigiu sêlikeit benomen sî, unde solt balde widerkêren in daz selbe, daz ez dir wider werde, unde solt dîn selbes alle zît ahte haben unde sol dîn meinunge unde dîn fluht dar inne sîn, alsô verre ez müglich sî. Herre got, sîest gelobet êwiclich. Âmen.

⟨*II Gebets-Plusstück der a-Fassung hinter oben S. 452,25* gote *nach* St_5⟩

Hie moͤhtest du frogen Wie mag ein mensche dar zuͤ komen vnd / so er dar zuͤ komet Mag er iht lange do / vffe bliben Hie soltu lernen wie ein gůt / gebet ane vohet vnd wa sin vrsprung si vnd wie sine ordenunge si Das edel gebet / nymet sinen vrsprung in dem hertzen mit / einem gůten gedancke vnd kummet danne / von dem gedancke in eine andaht vnd von / der andaht in eine vssewendige vͤbunge / mit worten Sol nv das gebet kummen an / das hoͤheste So muͤs es wider húnder sich / gan vnd von erste sich der mensche scheiden / von den worten vnd geschiht das in gros / sem ernste Wan das aller minste an dem / gebette das sint wort vnd was vssewen / diger vͤbunge ist vnd also vil also me abe / gat vssewendiger vͤbunge also vil ist / das gebet edeler So nu die vssewendige / vͤbunge abe gat so mag dannoch bliben / andaht noch danne ist das gebet nit vf / dem hoͤhesten Doch sol ich in die andaht / nemen zuͤ mir alle die fúr die ich sun / derlich begere Wil ich nv der andaht reh / te tuͤn So sol ich mich mit allen den die / ich zuͤ mir genomen habe vf tragen mit / der andaht In die wunden xp̄i mag ich / dar inne gestan ane abe wencken vf de / heine creature So stan ich rehte doch stan / ich nit vf dem hoͤhesten Sol aber ich vf das hoͤheste komen das muͤs besche / hen da mitte das mir solliche gnade besche / he Das ich min selbes al zuͤ mole ver / gisse Vnd xp̄i menscheit Vnd aller siner / wunden vergisse Vnd alles des so cre / atúrlich nam̄en het Vnd beschiht das so / die sele alle die krefte die sú den funf synen hat geluhen zúhet von den synnen / ie sich Vnd das der vsser mensche keine / vͤbunge hat Vnd der heisset ein verzuc / keter mensche Vnd wisse das die natu / re nit liden mag das der mensche lange / also stande

KOMMENTAR

DEUTSCHE WERKE II
DEUTSCHE PREDIGTEN

PREDIGT 66

Die Predigt ist in sechs Hss. und im BT (309va) ganz, in einer Hs. fragmentarisch überliefert. Sie ist hsl. für Meister Eckhart bezeugt. Vgl. Pfeiffer, Pr. LVIII, S. 184-188. Auf die vorliegende Predigt bezieht sich wohl Valentin Weigel im 13. Kap. des zweiten Teils seines Traktats *Gnothi seauton* (vgl. Zeller, *Meister Eckhart*, S. 335f.). Der Rückverweis S. 12,3-9 bezieht sich wahrscheinlich auf die Ausführungen der Pr. 68, S. 32,21-34,2.

Literaturhinweise: Mojsisch, *Meister Eckhart*, S. 102f.; Libera, *Introduction*, S. 260; Quint, DW III, S. 106f.; Theisen, *Predigt*, S. 276-278.

Das Leitzitat Matth. 25,21.23 steht in einer Evangelienperikope, die nach dem alten Dominikanermissale an den folgenden Heiligenfesten Verwendung findet: Sylvester (31. Dezember), Marcellus (16. Januar), Urban (25. Mai), Remigius (1. Oktober). BT weist die Predigt *Vff Martini oder Nicolaifest*, Theisen entscheidet sich aus inhaltlichen Gründen für den 16. Januar (*Predigt*, S. 276). Vgl. Pr. 64 und 65, die vor allem in ihren Ausführungen über das Gutsein Gottes mit der vorliegenden Predigt Übereinstimmungen aufweisen.

Auch hier legt der Prediger die einzelnen Elemente des Schriftverses nacheinander aus. Im Anschluß an das Schriftwort handelt er zuerst über die Güte (S. 10,8-12,13), danach über die Treue (S. 12,14-18,21), schließlich über das Gutsein (S. 18,21-20,6) und die Freude Gottes (S. 20,7-33). Den scheinbaren Widerspruch zwischen der Aussage des Leitzitats und Mark. 10,17f., zwischen dem Wort vom »guten Knecht« und dem Jesuswort, Gott allein sei gut, nimmt Eckhart zum Anlaß der Erklärung, daß allein derjenige Mensch gut sei, der sich selbst verleugnet und mit Gott eins ist. Ist der Mensch seiner selbst entäußert, wird er durch die Gnade, was Gott von Natur ist. So läßt sich denn auch von diesem Menschen sagen, er sei gut, da er – durch die Gnade – im Gutsein Gottes gut ist. Darin geht Gottes Sein und Leben in diesen Menschen ein. Insofern also Gott in seinem Knecht lebt, ist dieser gut (S. 10,8-12,13). Die »Treue« des Knechts besteht darin, aus seiner Position heraus, in die ihn Gott gesetzt hat, kraft der Vernunft und kraft des Willens alle Dinge zu überwinden, die nicht Gott selbst sind, und diese Gott ganz zu überantworten. Da der Knecht alle Dinge und sich selbst »ließ«, freute sich Gott an ihm in unermeßlicher Weise. Diese Freude kann jeder Mensch empfinden, der sich, wie die Samariterin im beigezogenen Gleichnis, von seinen Bindungen an die Kreatur befreit und im freien Willen mit dem Willen Gottes eins wird. Tut der Mensch dies – und er vermag es dank der Gnade –, offenbart sich ihm Gott. In dieser Offenbarung Gottes wird der Mensch von Gott erfüllt und er quillt von der Überfülle Gottes selbst über (S. 12,14-18,25). Daß der Herr dem Knecht, der so von Gott erfüllt ist, sagt, er setze ihn »über« alles Gut des Herrn, wird im dritten Schritt ausgelegt: Das Gut des Herrn ist das Gutsein, an dem alle Dinge teilhaben, insofern sie gut sind. Es ist auch alles, was die Vernunft von Gott auszusagen vermag. Und es ist drittens das Gutsein »über« allem Gutsein der Dinge und über allen von der Vernunft ausgesagten Namen, das doch eins ist mit beidem (S. 18,26-20,6). Der Knecht, der so in Gott eingeht, also auch »über« seinem Willen und seiner Vernunft eins wird mit dem Gutsein des Herrn »über« den Dingen und den Namen Gottes, wird eins mit der Freude des Herrn, die eins ist mit seiner lebendigen, wesenhaft seienden Vernunft, in der Gottes Sein, Leben und Erkennen eins sind, ohne daß dies weiter bestimmt werden könnte (S. 20,7-33).

10,16-18 *crêatûre ⟨...⟩ got aleine]* Die Kreatur *ist* nur, ist nur *gut* und *wahr*, insofern sie in ihrem Sein, in ihrem Gut-Sein, in ihrem Wahr-Sein am Sein, am Guten und am Wahren teilhat (vgl. Anm. 232,26-236,12). Sie erhält also ihr Sein und ihr Gut-Sein allein von Gott, dessen Wesen darin besteht, sich mitzuteilen (vgl. Bd. I dieser Ausgabe, S. 108,16-24 und Anm. 50,1f.).

10,23 *ledic]* Das Ledigsein und das Bloßsein zielen auf die Abgeschiedenheit des Menschen, der sich von allen Erkenntnisbildern und von sich selbst befreit hat (vgl. Bd. I dieser Ausgabe, Anm. 318,15-24 und unten Anm. 434,14).

10,25 *von gnâden ⟨...⟩ von natûre]* Die Einung mit Gott geschieht nicht kraft der Natur, sondern kraft der Gnade, durch die der Mensch durch die Gnade wird, was Gott von Natur ist (vgl. Anm. 600,4-18).

10,26 *keinen underscheit]* Ist der Mensch gnadenhaft mit Gott vereint, besteht kein Unterschied mehr zwischen Mensch und Gott. Der Mensch geht dann unmittelbar aus dem Grund der Gottheit hervor (im Sinne der Univozität: vgl. Anm. 492,18-27), ja, er ist selbst eins mit dem Grund der Gottheit (vgl. Bd. I dieser Ausgabe, Anm. 72,16-21).

12,3-9 *Ich hân ⟨...⟩ guot]* Gott teilt allem Seienden das Sein mit, ist also in jeder Kreatur. Der Mensch jedoch vermag darüber hinaus *sælic* zu sein, insofern er das Leben Gottes in der Einung mit Gott vernunfthaft mitvollzieht. Vgl. unten S. 32,21-34,2 und Bd. I dieser Ausgabe, Anm. 108,35-112,23.

12,22 *zwischen zît und êwicheit]* Vgl. Bd. I dieser Ausgabe, Anm. 108,35-112,23 und Anm. 272,8-13.

12,23 *vrî]* Der edle Mensch ist frei in seinem Erkennen, seinem Wollen und seinem Handeln, das heißt, er hat sich, wie die folgenden Zeilen ausführen, von allen kreaturhaften Bindungen und Selbstverfügungsansprüchen gelöst und alles Gott anheimgestellt. Wiederum sind hier die drei Ebenen präsent: die Vernunft, in der der Mensch im Erkennen die Dinge in ihren Ursprung zurückführt (vgl. Bd. I dieser Ausgabe, Anm. 108,35-112,23), der Wille, durch den der Mensch alle Dinge läßt (vgl. Bd. I dieser Ausgabe, Anm. 552,27-554, 16), und die Ebene des Seins, auf der der Mensch alle Dinge Gott anheimstellt (vgl. Bd. I dieser Ausgabe, Anm. 18,2-9 und Anm. 52,16-22). Darin hat er sich selbst, insofern er geschaffen, also aus Gott herausgetreten ist, und die Dinge überwunden und ist in Gott, das heißt, in die grundlose Fülle aller Dinge zurückgekehrt.

12,28 *gruntlôse natûre]* Zur Grundlosigkeit Gottes siehe Bd. I dieser Ausgabe, Anm. 72,16-21.

14,5 *iuwer keinez]* Nach den Ausführungen Eckharts (vgl. S. 18) sind alle Menschen erwählt und wird jedem Menschen die Gnade geschenkt, der danach begehrt. Das Begehren ist denn auch Ausgangspunkt einer Bewegung, die den Menschen an Gott bindet und Gott »zwingt«, sich dem Menschen zu schenken. Insofern Gott sich dem Menschen mitteilt und den Menschen liebt, kann er die Gnade dem Menschen, der nicht »verstockt« ist, auch nicht vorenthalten. Einzig die Abwendung des Menschen von Gott führt dazu, daß der Mensch die Teilhaftigkeit der Gnade verliert, die er als Mensch immer schon besitzt (vgl. Anm. 600,4-18). Zum Begriff des Begehrens siehe Bd. I dieser Ausgabe, Anm. 418,9-13.

16,21 *vrîer wille]* Zur Willensfreiheit und zur Konformität des menschlichen Willens mit dem göttlichen Willen siehe Bd. I dieser Ausgabe, Anm. 552,27-554,16.

18,4f. *ûzquellende]* Zur Metaphorik des Fließens siehe Anm. 602,14 und Anm. 472,15-474,9.

18,12 *begerunge]* Das Begehren danach ist die Voraussetzung des Empfangens der Gnade: Ist dieses vorhanden, muß sich Gott dem Menschen mitteilen (vgl. Bd. I dieser Ausgabe, Anm. 50,1f.). Zum Stellenwert des Begehrens vgl. Bd. I dieser Ausgabe, Anm. 418,9-13.

18,30 *von im aleine]* Wie bereits gesagt, ist nur gut, was durch das Gutsein Gottes gut ist. Vgl. Anm. 232,26-236,12.

18,26 *des herren guot]* Eckhart expliziert das Gutsein Gottes in den folgenden Zeilen dreifach: als Gutsein in der Kreatur, als Gutsein, durch das die Kreatur gut ist, und als unaussprechliches Gutsein, das mit Gott eins ist.

20,1f. *über ⟨...⟩ ein ander]* Gott steht, auch wenn er mit dem Gutsein eins ist, über dem Gutsein. Zur Unsagbarkeit Gottes siehe Bd. I dieser Ausgabe, Anm. 72,16-21.

20,22 *vröude]* Die Freude des Herrn besteht in der Identität der Triade *esse-vivere-intelligere*. Dem Begriff *leben* kommt dabei zentrale Bedeutung zu, denn er kennzeichnet die in sich selbst ruhende Lebendigkeit dieser Dreiheit, die nichts ihr gegenüber Äußeres kennt, auf das sich ihr Wirken richtet, und nichts, das sie ursächlich bestimmt. Vgl. *In Ioh.* n.19, S. 504,25-27: *Hoc enim proprie vivit quod est sine principio. Nam omne habens principium operationis suae ab alio, ut aliud, non proprie vivit.* In der Freude und Lust – die die Fülle Gottes kennzeichnet (vgl. Bd. I dieser Ausgabe, Anm. 406,31-408, 26) – drückt sich diese Unmittelbarkeit des Lebens aus, an der der Mensch zu partizipieren vermag, wenn er in Gott eingeht (vgl. Bd. I dieser Ausgabe, S. 370,6-372,6, S. 628,7-634,2).

20,24 *istige vernünfticheit]* Dieser Terminus ist der *puritas essendi* der *Quaestio Parisiensis I* gleichzusetzen. Vgl. Anm. 548,27.

20,27 *wîse âne wîse]* Eckhart betont, durch die Bestimmung der Freude Gottes, die er hier vornimmt, Gott eben nicht zu bestimmen: Gott ist vielmehr weiselos, insofern in der Freude intentionslose Einheit und Unbestimmtheit ist. Vgl. Bd. I dieser Ausgabe, Anm. 72,16-21. Damit der Mensch sich Gott einen kann, muß auch er in seinem Weg zu Gott weiselos werden. Vgl. Bd. I dieser Ausgabe, Anm. 46, 7-19.

PREDIGT 67

Die Predigt ist in drei Hss. ganz, in zwei Hss. fragmentarisch überliefert. Vgl. Jundt, Pr. 9, S. 259-261. Der erste Teil der Predigt (bis S. 24,17) steht in engem inhaltlichem Zusammenhang mit den Pr. 63, 64 und 65.

Literaturhinweise: Libera, *Introduction*, S. 253-259; Quint,

DW III, S. 127-128; Theisen, *Predigt*, S. 182-184; Zum Brunn/Libera, *Maître Eckhart*, S. 74f. und S. 93.

Das Leitzitat 1 Joh. 4,16 steht in der Epistel des ersten Sonntags nach Dreifaltigkeit. Vgl. Pr. 63, 64 und 65, daneben auch *Sermo VI/1*.

Ausgehend vom Schrifttext legt Eckhart im ersten Teil der Predigt dar, wie Gott in der Seele und wie die Seele in Gott ist. Es geht ihm zuerst um den Begriff dieses Inneseins: Obwohl die Engel unermeßlich edel sind, ihre Zahl unendlich ist und die Seele bis ans Ende der Welt dienen müßte, um das Verdienst zu erwerben, einen einzigen Engel in seiner Lauterkeit zu schauen, hat der abgeschiedene Mensch in seiner Seele alle Engel und die Freude und Wonne aller Engel in sich. Dies wird dadurch erklärt, daß die Natur des Geistigen darin besteht, das, was es in sich hat, ganz und ungeteilt in sich zu haben. Ist die Seele also ganz geistig, das heißt, abgeschieden vom Kreaturhaften, hat sie sich selbst und alle Engel ganz in sich. Doch hat sie so den Engel nicht in der Weise eines Erkenntnisobjekts in sich, sondern »unverschlossen«, also in völlig offener und nicht kategorial bestimmter Weise. Das heißt, daß sich die abgeschiedene Seele in der Freude des Engels auf geistige Weise aller Freude und Seligkeit Gottes erfreut, ja daß sie in ihrer Abgeschiedenheit ganz in die Freude Gottes eingeht. In diesem Sinne ist die Seele in Gott und ist Gott in der Seele (S. 22,4-24,5). So ist denn auch die Bitte, die sich an Gott richtet, nur dort recht, wo sie nicht um irgend etwas bittet, sondern ganz der geistigen Einheit des Menschen mit Gott entspringt (S. 24,6-17). Diese Einheit ist im Bildsein des Menschen begründet: Das Bildsein bezieht sich einerseits auf die Dreifaltigkeit, andererseits auf die Einheit Gottes. Im Bild der Dreifaltigkeit, an der der Mensch als ihr Bild geistig partizipiert, treten Sein und Wirken jedoch noch in gewisser Weise auseinander, insofern sich das Wirken auf die Personen, auf die Kraft des Vaters, die Weisheit des Sohnes und die Liebe des Hl. Geistes bezieht. In der Einheit Gottes hingegen sind Sein und Wirken eins. Darin sind die göttlichen Personen noch nicht aus der Einheit, aus ihrem Grund hervorgetreten und bleiben so *éin grunt*, eine *blôze isticheit*. Erst darin erfaßt die Seele Gott ganz, wie er über allem Sein vollkommen da ist. Die geistige Einung mit Gott, von der im ersten Teil der Predigt die Rede war, ist dieser Einheit noch nicht gleich. Erst im Jenseits wird der Mensch mit Gott so vereint sein, daß er Gott nicht nur geistig, sondern mit Leib und Seele genießt. Dies wird der Fall sein, wenn das Personsein des Menschen ganz mit dem Personsein Christi eins ist und der Mensch so, wie er im diesseitigen Leben in geistiger Weise mit Gott eins zu werden vermag, in der Einheit von Leib und Seele ganz mit dem göttlichen Grund vereint sein wird. Darin wird der äußere Mensch ganz im Personsein des inneren Menschen aufgehen, also nicht mehr kreaturhafter Absicherung und Vermittlung dienen. Dies setzt voraus, daß der innere Mensch sich nicht mehr auf den äußeren abstützt, sondern daß sein Personsein in der Einheit mit Christus durch Gott erhalten wird. Ist dies im irdischen Leben geistig dort der Fall, wo der Mensch geistig in Gott eingeht, vermag der innere Mensch in diesem Leben wohl dem äußeren Menschen schon Trost und Freude zu vermitteln, doch bedeutet dies immer auch, daß er sich nach außen wenden muß. Um den äußeren Menschen zu erreichen und ihm kraft der Gnade, die ihm zufließt, Trost zu spenden, muß er aus der Einheit mit dem Grund heraustreten – wie die Gottheit aus dem Grund heraustreten muß in die Dreifaltigkeit, um zu wirken. Da mithin im irdischen Leben keine vollkommene Einheit von innerem und äußerem Menschen erlangt zu werden vermag, kann auch der Mensch nicht auf rein geistige Weise ganz vollkommen, d. h. ganz eins werden mit Gott. Erst wo der äußere Mensch ganz in der Einheit des inneren Menschen aufgeht, kann auch der innere Mensch seine vollkommene Einung erlangen, da er erst dann sich nicht mehr nach außen wenden muß. Dies ist erst dort der Fall, wo der Mensch in seinem Substanz-Sein und in seinem Person-Sein ganz mit Christus eins ist, wo er also ganz in die Trinität eingegangen ist. Darin geht der

Mensch denn auch mit Leib und Seele in den Grund der Gottheit ein (S. 24,18-30,2).

22,4-6 *Got ⟨...⟩ in gote]* Insofern Gott sich dem Menschen mitteilt, kann er sich ihm nur ganz mitteilen, da Gott selbst unteilbar und eins ist. Er muß sich dem Menschen also, wenn er sich ihm mitteilt, mit allen Kreaturen mitteilen, die er in zeitloser Weise in sich hat. Im Seelenfunken, dem Höchsten der menschlichen Seele, ist denn Gott auch immer in dieser Weise gegenwärtig (vgl. Bd. I dieser Ausgabe, Anm. 32,26-36,5). In diesem Sinne ist die Seele immer in Gott, denn sie fließt in ihrem Innersten in ihn zurück, aus dem sie hervorgetreten ist. Das Geschehen dieses Zurückfließens ist die Gottesgeburt, in der sich Gott der Seele ganz mitteilt und in der diese gleichzeitig Gott zurückgebiert, insofern sie, da er sich ihr ja ganz mitteilt, gleichzeitig Geborene und Gebärende ist (vgl. Bd. I dieser Ausgabe, Anm. 82,21-86,7). Diese dynamische Einheit, in der Gott und Seele immer schon aufeinander bezogen sind, erklärt den scheinbar paradoxen Sachverhalt, daß die Seele in Gott, Gott aber auch gleichzeitig in der Seele ist.

22,9 *Der engel]* Zum Begriff des Engels siehe Anm. 146,23-148,7.

22,16 *geistlîchen dingen]* Das Geistige zeichnet sich dadurch vor dem Körperlichen aus, daß es sich nicht teilt, daß es in sich wirkt und so eins ist. Während das Körperliche in einer Weise eins ist, die doch immer einen Rest von Differenz erkennen läßt, insofern es als Einheit immer vereint, aber nicht wirklich eins ist (wie das Wasser, das im Faß ist, mit diesem eins ist, aber doch nicht ganz eins, sondern darin aufbewahrt), ist das Geistige in anderer Weise eins, da im Geistigen die Einheit wirkliches Einssein bedeutet (wie der Gedanke, der mit dem Denken real eins ist). Vgl. Bd. I dieser Ausgabe, S. 186,17-25 und Anm. sowie Anm. 82,2-7.

22,18-29 *in ir blôzen natûre ⟨...⟩ über natûre]* Abgelöst von ihrer Bindung an die Kreatur, in ihrem geistigen Grund, ist die Seele dem Engel gleich. Sie besitzt so *in ir natûre von natûre,* in ihrem Wesen naturhaft dieselbe Vollkommenheit, die die Engel besitzen. Insofern hat die Seele – da ihr Gott in ihrem Innersten alles mitteilt – alle Engel in sich, ohne daß diese einander ausschließen (wie dies beim Körperlichen, in Raum und Zeit Entfalteten der Fall ist: zwei können nicht gleichzeitig und ganz an einem Ort sein), sondern vielmehr in der Art des Geistes eine einzige Gegenwart bilden. Über diese naturhafte Vollkommenheit, die den Geist des Menschen dem Engel gleichsetzt, führen jedoch die *vröude* und *sælicheit* hinaus, in der die Seele sich mit Gott freut. Darin, in dieser übernatürlichen Weise, ist die Seele eins mit Gott. Zum Verhältnis des Menschen zum Engel vgl. Bd. I dieser Ausgabe, Anm. 16,30f. und unten, Anm. 146,23-150,3.

24,2 *dâ ist ein]* Zur Einheit des Seelengrundes mit Gott siehe Bd. I dieser Ausgabe, Anm. 32,26-36,5, zur Einheit Gottes Bd. I dieser Ausgabe, Anm. 72,16-21.

24,8 *ich aleine]* Die Einheit von Gott und »Ich« ist über und jenseits aller Kreatur, da sie sich in unmittelbarer Weise konstituiert, und alle Kreatur sich im Gegensatz dazu immer über Mittel verwirklicht. Vgl. Anm. 140,2-142,30.

24,11 *daz gebet]* Das rechte Gebet bittet um nichts als Gott. Vgl. Bd. I dieser Ausgabe, Anm. 216,21.

24,15 *Heinrich ⟨...⟩ Kuonrât]* Die beiden Namen kennzeichnen exemplarisch die individuelle Bestimmtheit des Menschen in Raum und Zeit. Diese muß im wahren Gebet, das die individuelle Bestimmtheit überwinden soll, zurückgelassen werden. Bittet der Mensch im Gebet nicht um etwas für sich, konstituiert sich auch kein kreaturhaftes Ich, das sich in seiner Intentionalität vermittelt auf Gott beziehen würde. Vielmehr übersteigt der Mensch im Akt des Gebets, in dem er nicht sich selbst und sein Heil im Auge hat, diese kreaturhafte Individualität. Vgl. Bd. I dieser Ausgabe, Anm. 216,21.

24,18 *kraft]* Dem Folgenden liegt die von Augustinus geprägte Trinitätsformel zugrunde, die dem Vater die *potentia*, dem Sohn die *sapientia*, dem Hl. Geist die *bonitas* zuordnet. Vgl. Bd. I dieser Ausgabe, Anm. 20,11.

24,18-26,12 *bilde ⟨...⟩ grunt]* Die Seele ist der Trinität

entsprechend Bild Gottes. Sie ist erstens Bild Gottes, insofern dieser *potentia*, Macht und Möglichkeit ist. Sie ist zweitens wesenhaft Bild der Dreifaltigkeit, und ihr ganzes Wirken geht in diesem Bildsein auf, in dem sie durch die Macht des Vaters ist, durch die Weisheit des Sohnes erkennt und durch die Liebe des Geistes liebt. Über diesem Bildsein der Seele, in dem sie als Bild ist, ihr Sein jedoch dem Wesen der Personen entsprechend im Wirken durch diese bestimmt wird, steht die vollkommene Einheit von Wirken und Sein: Diese ist absolute Identität, Eins-Sein, Immanenz, aus der die Trinität sich wirkend entfaltet (*înhangunge* übersetzt den lat. Terminus technicus *inhaerentia*). Da ist das *lûter wesenlich bilde*, die *wesenlich vernünfticheit gotes*. Darüber steht schließlich der reine Grund, die *blôze isticheit*.

Es lassen sich hier drei Ebenen des Aufstiegs erkennen: Auf der einen Ebene ist die Seele als Bild Gottes Bild der Trinität, insofern sie in ihrem Wirken (Analogie der Seelenvermögen *intellectus-memoria-voluntas*, »Intellekt«-»Wille«-»Vernunft«, mit den drei Personen der Gottheit) durch die personale Entfaltung der Trinität bestimmt ist. Darüber hinaus führt die Ebene der Einheit, in der Wirken und Sein in einem Grund der Identität zusammenfallen, dem die Trinität inne ist. Auch dort ist die Seele Bild, Bild jedoch nicht im Wirken als Verwirklichung des Seins, sondern Bild der ursprunghaften Einheit von Sein und Wirken, die die seinshafte Vernunft Gottes als Grund der Trinität ist. Bild ist auf dieser Stufe im Menschen die höchste Vernunft, die Eckhart – Albertus Magnus folgend – mit dem *intellectus possibilis* identifiziert (vgl. S. 162,32-164,3). Doch auch diese Ebene ist noch zu überschreiten: Alle Bildhaftigkeit ist in der *lûter absoluciô des vrîen wesens* aufgehoben, wo sich die Seele mit dem Grund, der *blôzen isticheit*, über allem Sein vereint. Wenn Eckhart hier den Begriff des *intellectus possibilis* einführt, so deshalb, weil dieser die absolute Unbestimmtheit des Intellekts und mithin die absolute Unbestimmtheit des Seins ausdrückt, in der erst der Mensch die göttliche Überformung zu empfangen vermag. Überschreitet die Seele die Verwirklichung ihres Bildseins, also ihr durch die Wirkmächtigkeit der Trinität bestimmtes Sein, dann wird sie lautere Intellektualität, und zwar in der Weise absoluter Unbestimmtheit und Potentialität. Erst in dieser uneingeschränkten Potentialität kann sie mit dem Grund eins werden, der absolute Freiheit ist und in seiner Gegenwart – die über dem Sein und über der Verwirklichung von Sein steht – absolute Möglichkeit voraussetzt. Im selben Sinne spricht Eckhart in der Pr. 18, Bd. I dieser Ausgabe, S. 210,2f., vom *intellectus possibilis.* Vgl. Bd. I dieser Ausgabe, Anm. 108,35-112,23 und Anm. 402,18-404,7. Siehe zur vorliegenden Stelle auch Libera, *Introduction,* S. 253-259.

26,14-25 *diu beste volkomenheit* ⟨...⟩ *understantnisses]* Eckharts vorangehende Ausführungen zum dreistufigen Aufstieg zur Gottheit beziehen sich, wie jetzt hervorgehoben wird, auf dieses – irdische – Leben des Menschen, also auf seinen Status *in via,* in dem der Mensch die Möglichkeit besitzt, gnadenhaft und geistig mit Gott eins zu werden. Das *iemer* S. 26,15 bezieht sich hingegen auf den Status des Menschen *in patria,* also in der Ewigen Seligkeit: Dieser Status ist dadurch gekennzeichnet, daß die Einung mit der Gottheit nicht nur auf geistige Weise vollzogen wird, sondern in der Einheit von Leib und Seele besteht. Dies ist so zu verstehen, daß *in patria* der äußere Mensch, also der Leib und die kreaturhafte Konstitution des Menschen nicht mehr kreaturhafte eigene Konstitution als individuelle Verwirklichung in Raum und Zeit ist, sondern unmittelbare Konstitution des Personhaften an sich durch die Personhaftigkeit Christi.

Christus ist Person, insofern er die unvermittelte Einheit von Gottheit und Menschheit ist. Dies entspricht der Einheit von innerem und äußerem Menschen, die in der kreaturhaften Existenz auseinandertreten. Ist nun Christus in seiner Natur Gott, in seiner Person Mensch (als Verwirklichung der Menschnatur, nicht des kreaturhaften individuellen Menschseins), läßt sich dies übertragen auf den Menschen, der in Christus die kreaturhafte Scheidung von innerem und äußerem Menschen zu überwinden vermag: Dort, wo dies wirklich geschehen wird, also *in patria*, in der Ewigen Seligkeit, ist der äußere Mensch eins mit der Menschheit Christi, das heißt, mit seiner personhaften Verwirklichung, die Verwirklichung der Menschnatur als Personhaftigkeit an sich ist, während der innere Mensch eins ist mit der Gottheit Christi, das heißt, mit dem Grund, aus dem alle Personhaftigkeit hervorgeht. Natürlich wird *in patria* nicht mehr zwischen äußerem und innerem Menschen, also auch nicht mehr zwischen personhafter Verwirklichung und gottheitlichem Grund zu unterscheiden sein, vielmehr wird das Personhafte eins sein mit dem Grund aller Personhaftigkeit, so wie jetzt, *in via*, der Geist eins zu werden vermag mit dem Grund der Gottheit. Eckhart betont hier also, daß in Gott, das heißt, in der Ewigen Seligkeit, der Mensch eingeht in den Prozeß der Trinität, in dem dreifaltige, personhafte Verwirklichung als eins zu denken ist mit dem Sein des Grundes. Allein *in via* treten diese Ebenen auseinander, und deshalb muß *in via* der innere Mensch (der Geist) den äußeren Menschen (den Leib) stützen und auf sich ausrichten. Deshalb auch ist vollkommene Einung von Leib und Geist mit Gott hier noch nicht möglich, da sich der Geist nach außen wenden muß, um dem äußeren Menschen die geistig gewonnene Seligkeit zu vermitteln. Erst im Jenseits, wo der Mensch sein eigenes Gehaltensein abgelegt hat und ganz von Gott gehalten ist, wird hier unvermittelte Einheit sein in der personhaften Einheit von Gottheit und Menschheit in Christus.

26,25-28,16 *Diz persônlich wesen 〈...〉 wesen ist]* Eckhart spricht nun wieder über den Status *in via*: Hier steht die geistig gewonnene Einheit über dem äußeren Menschen, der in seiner kreaturhaften Existenz dadurch – das heißt durch die geistige Einung – wohl Trost und Süße zu empfangen vermag, aber dies doch immer nur insoweit, als sich der innere Mensch, der im Geist geeinte Mensch, nach außen wendet und im Licht der Gnade den äußeren, naturhaft sich entfaltenden Menschen unterstützt. Vollkommene Einung kann also *in via* nicht sein, da hier der mit Gott vereinte Geist aus sich heraustreten muß. Sie wäre allein möglich, wenn der äußere Mensch sich selbst verleugnen könnte im Maße, wie der Geist dies tut: Der äußere Mensch müßte wie der Geist seine gesamte Selbstverfügung und seine Naturhaftigkeit ablegen – dies tut der Geist, der sich in den dargelegten drei Schritten mit Gott vereint – und gänzlich mit dem personhaften Sein, das Christus ist, eins werden. Nur dann könnten innerer und äußerer Mensch – Substanz-Sein (Gottheit Christi) und Person-Sein (Menschheit Christi) – in unvermittelter Weise eins sein, ohne daß sich der der Einheitserfahrung teilhaftige Geist des Menschen nach außen, das heißt zum äußeren Menschen, hinwenden müßte.

28,17-30,2 *zwei wesen ⟨...⟩ éin sun]* Die in den vorangehenden Zeilen getroffene Unterscheidung greift Eckhart nochmals auf: Die Person Christi – und der Mensch *in patria* als Einheit von Leib und Seele – ist Verwirklichung der Gottheit, das heißt des reinen göttlichen Seins, und der Personhaftigkeit an sich, das heißt Christi. Eckhart legt in den folgenden Zeilen seine Lehre von der Inkarnation und der hypostatischen Union dar. 1. Er unterscheidet im Anschluß an die Tradition in Christus zuerst das Gott-Sein (*daz blôz substanzlich wesen*) und das Person-Sein (*das persônlich wesen*). 2. Beides hat, betont er, trotzdem eine einzige Substanz (*understôz*): die Personhaftigkeit Christi. Eckhart lehrt also – mit Albertus Magnus und Thomas von Aquin – die Einheit des Seins Christi als Person, die Gott-Sein und Mensch-Sein umfaßt (Auer, *Jesus Christus*, S. 250f.). 3. In seiner Person ist Christus Gott und Mensch (*beidiu weselich und persônlich*; vgl. Thomas, *Sententiae* III d.2 q.2 a.2f.: *unio ⟨...⟩ ad unum esse personale*). 4. Als Trägerin des Person-Seins Christi ist diese *individua substantia*, die Gott-Sein wie Mensch-Sein umfassende Substanz Christi, Trägerin der Menschheit Christi. 5. Dieselbe Substanz ist als Trägerin der Menschheit Christi auch Substanz der Seele, insofern ja Christus in der Inkarnation die Menschheit, das Mensch-Sein angenommen hat. Da nun Christus eins ist (Punkt 2), muß auch der Mensch eins, also Christus werden, das heißt, kraft der Gnade sich mit dem personhaften Sein Christi vereinen und sein äußeres

Wirken und Handeln diesem Mensch-Sein unterwerfen. 6. Dadurch ist der Mensch mit dem Person-Sein Christi gnadenhaft vereint. 7. Insofern der Mensch mit Christus eins ist – denn sein Mensch-Sein ist dem Sein der Seele gleich – und insofern Christus als Gott immer in seinem Grund – dem Gott-Sein – bleibt, ist die Substanz Christi und des Menschen so eins, daß also auch Mensch und Gott – dank der gnadenhaften Annahme der Menschnatur in Christus – eins sind. 8. In der Rückführung des Leibes von seinem kreaturhaft vermittelten Eigen-Sein auf das durch Christus gewonnene Gott-Sein sind denn auch Geist und Leib eins. Das heißt, daß in der Inkarnation der Mensch als Einheit von Leib und Seele in die Trinität überführt wird und in Christus eins ist mit Gott und dem Sohn Gottes.

Weiter ist hier für den Begriff der Person folgendes festzuhalten: Christus ist als Wort Gottes (*logos*) Person, und zwar ungeschaffen in der Weise der innertrinitarischen unmittelbaren Entfaltung der Personalität. Als diese Person nimmt er in der Inkarnation die Menschnatur an, und zwar gnadenhaft, das heißt, ohne daß diese als etwas zu seiner Natur Hinzukommendes zu begreifen wäre. Die Menschnatur ist vielmehr im Hervorgehen des Wortes aus Gott mit dem Wort immer schon eins und ist daher als exemplarisch in Gott gegründete Personhaftigkeit zu verstehen, die von der individuellen kreaturhaften Verwirklichung der Personalität des Menschen zu unterscheiden ist. Das kreaturhafte Personsein bezieht sich immer auf die innerweltliche Individuation des Menschen, während das im Wort Gottes und mithin in Christus begründete Personsein sich auf die Personhaftigkeit selbst bezieht, die aus der Gottheit sich trinitarisch in Christus und im Hl. Geist entfaltet (vgl. auch *In Ioh.* n.289-291). In diesem Gedanken ist Eckharts Lehre von der ursprünglichen – und in der Inkarnation wiederhergestellten – Gleichheit der Menschen begründet (vgl. *Sermo XX* n.199: *Vere enim christianus a Christo habet omnem hominem ut se ipsum, quia Christus naturam assumpsit, non personam.* »Der wahre Christ hat durch Christus den ganzen Menschen 〈also alle

Menschen⟩ wie sich selbst, da Christus die Natur des Menschen an sich nahm, nicht die Person.«). Diese Gleichheit in Christus findet der Mensch, wo er sich selbst verleugnet, also seine kreaturhafte Individualität ablegt und den Nächsten unmittelbar in dieser Gleichheit liebt (vgl. Bd. I dieser Ausgabe, Anm. 18,2-9 und Anm. 50,22-26). Zur Annahme der Menschnatur durch Christus und zum Einssein des Menschen mit Christus vgl. die folgenden wichtigen Stellen: Bd. I dieser Ausgabe, S. 58,1-22, S. 66,20-68,5, S. 280,12-16, S. 290,9-24, S. 490,20-492,20, S. 510,19-24, S. 518,30, S. 630, 28-632,6; Bd. II dieser Ausgabe, S. 130,15-24, S. 146,7-16, S. 456,1-7. Siehe auch Bd. I dieser Ausgabe, Anm. 58,14-22. Vgl. dazu auch: *Von der minne*, ed. Ruh, S. 217,187-219,231 und S. 226f.; *Die Blume der Schauung*, ed. Ruh, S. 45,97-47, 131.– Literaturhinweise: Haas, *Nim din*, S. 52ff.; Haas, ... *das Persönliche*; Langer, *Mystische Erfahrung*, S. 280-285.

PREDIGT 68

Die Predigt ist in einer Hs. und im KT (16va) ganz, in einer Hs. fragmentarisch überliefert. Vgl. Pfeiffer, Pr. LXIX, S. 220-223.

Literaturhinweise: Libera, *Introduction*, S. 259ff.; Quint, DW III, S. 139; Theisen, *Predigt*, S. 73-75; Zum Brunn/Libera, *Maître Eckhart*, S. 197f.

Das Leitzitat Luk. 21,31 steht im Evangelium des zweiten Adventssonntags.

Das »Wissen« um die »Nähe« des Reiches Gottes (*Scitote*) steht im Vordergrund der ganzen Predigt. Die Verwirklichung des Reichs Gottes ist denn auch ohne dieses Wissen und ohne die dazugehörige Erkenntnis nicht möglich (S. 32, 6-20). Dieses Wissen beruht auf der Kraft in der Seele, in der der Mensch Gott unmittelbar empfängt. Da der Mensch zu wissen vermag, ist er seliger als der Stein und das Holz, die wie der Mensch das Sein von Gott empfangen, dies jedoch nicht zu erkennen vermögen. Der Mensch ist als Mensch nur insofern selig, als er Gott erkennt und so weiß, daß Gott ihm »nahe« ist (S. 32,21-34,6). Wer dies erkennt, bedarf keiner Predigt und keiner Unterweisung, da er in sich weiß und erkennt und dadurch unterwiesen wird. Er vermag dadurch Gott in allen Kreaturen zu erkennen (S. 34,7-36,6). Damit die Seele Gott in allen Dingen gleichermaßen erkennen kann, also nicht durch die Unruhe des Irdischen darin beeinträchtigt wird, muß sie »himmlisch« sein: Sie muß dem Irdischen fern sein, ohne sich durch die Kreatur beirren zu lassen. Der äußersten Himmelssphäre gleich muß sie frei über Raum und Zeit stehen. Die Gotteserkenntnis setzt weiter voraus, daß sie sich selbst vergißt. Nur wo die Seele die Kreatur und sich selbst überwindet, vermag sie Gott und in ihm sich selbst und die Dinge zu erkennen. Sie erkennt dann alles in seinem Ursprung, wo es das Sein erhält. In dieser Erkenntnis erkennt sie das Reich Gottes in sich (S. 36,7-40, 4). Die vieldiskutierte Frage, wie Gott erkannt werden könne, ist in diesem Sinne zu beantworten: Wo sich die Seele öffnet, um Gott zu empfangen, gibt sich ihr Gott, da er der Seele immer »nahe« ist. Gott begehrt nach der Seele, ja er ist in ihr, doch ist die Seele ihm fremd. Wo die Seele jedoch sich selbst und die Dinge überwindet, wird sie empfänglich für Gott, der immer schon in ihr ist (S. 40,5-24).

32,17 *meister]* Eckhart steht mit seiner Hochschätzung der Vernunft und des Erkennens im Blick auf das Erlangen der Ewigen Seligkeit in der von Albertus Magnus begründeten Tradition der deutschen Dominikanerschule, auf den er sich hier wohl auch bezieht (siehe etwa: Albertus Magnus, *Super Dionisii de Mystica theologia* c. 1). Vgl. Bd. I dieser Ausgabe, Anm. 108,35-112,23.

32,19f. *kraft ⟨...⟩ enpfenclich]* Eckhart spricht hier wohl vom Seelengrund bzw. dem Seelenfunken, auch wenn er mit der Qualifizierung der *kraft* durch das *enpfenclich* daran denken läßt, daß er vom *intellectus possibilis* spricht. Doch schließen sich diese Deutungen nicht aus, da er ja an anderer Stelle den *intellectus possibilis* als höchste Vernunft und höchste Bildhaftigkeit der Seele Gott gegenüber bestimmt, die unmittelbar der Einung mit dem Grund vorausgeht. Vgl. Bd. I dieser Ausgabe, Anm. 32,26-36,5, Anm. 108,35-112,23 und Anm. 402,18-404,7.

32,21-34,2 *Ich ⟨...⟩ wízzende bin]* Das Sein aller Dinge hängt nach Eckhart von Gottes Gegenwart unmittelbar ab (vgl. Bd. I dieser Ausgabe, Anm. 52,16-22). Doch hat allein der Mensch als vernunftbegabtes Geschöpf die Möglichkeit, Gott zu erkennen, also kraft der Vernunft Gott in seinem Innern zu schauen und sich mit ihm in der Gottesgeburt zu einen. Dies macht den Menschen selig. Vgl. S. 12,3-9 und Bd. I dieser Ausgabe, Anm. 108,35-112,23.

34,8 *swîgen]* Zum Verstummen vor der Unfaßbarkeit Gottes siehe Bd. I dieser Ausgabe, Anm. 386,17-29.

34,11-18 *Ich ⟨...⟩ ich]* Eckhart spricht hier einen Erfahrungsaspekt an, der dem Einungsgeschehen eignet: Dieses entzieht sich in seiner Ereignishaftigkeit jedem Begriff. So läßt sich denn auch über die in ihrem Grunde mit Gott vereinte Seele nichts positiv aussagen. Vgl. Bd. I dieser Ausgabe, Anm. 32,26-36,5.

34,19 *in allen crêatûren]* Gottes Anwesenheit in den Kreaturen ist bei Eckhart in drei Aspekten entfaltet: Er ist ihr Sein, ihre Vollendung, und in ihm ist die Kreatur als Idee immer schon aufgehoben.

34,24f. *meister ⟨...⟩ dingen]* Auf welchen *meister* sich Eckhart bezieht, ist unklar. Zur Gotteserkenntnis in allen Dingen siehe Bd. I dieser Ausgabe, Anm. 496,5-19.

34,25 *Ich sprach]* Vgl. Pfeiffer, Pr. LXXV, S. 235,18ff. (auf diese Stelle bezieht sich Eckhart hier vielleicht) und Bd. I dieser Ausgabe, S. 262,2-5. Eckhart betont konsequent, daß die Furcht durch die Liebe aufgehoben wird.

34,29 *pînlich leben]* Zum Begriff des Leidens siehe Anm. 276,1-24.

36,6 *glîche bekennet]* Gott muß also gleichermaßen und überall erkannt werden. Vgl. Bd. I dieser Ausgabe, Anm. 46,7-19 und 496,5-19

36,7 *Bernhart]* Vgl. Bernhard von Clairvaux, *Sermones super Cantica* XXXI n.2. Voraussetzung des Sehens ist weiterhin die Gleichheit: Diese bezieht sich darauf, daß das Auge den Himmel sieht, weil es dem Himmel gleich ist, während das Ohr den Himmel eben nicht sieht, weil es ihm in dieser Beziehung nicht gleich ist. Vgl. S. 58,24-27 und Anm.

36,10 *himelisch]* Als »himmlische Seele« wird die Seele im folgenden mit dem Himmel, dem höchsten Körper innerhalb der Ordnung der Welt, verglichen.

36,12 *meister]* Nach Aristoteles und nach scholastischer Anschauung ist der Himmel inkorruptibel. Zu den folgenden Vorstellungen über den Himmel vgl. Bd. I dieser Ausgabe, Anm. 574,33-576,23.

36,19-32 *himel 〈...〉 zît]* Eckhart bezieht sich hier auf mittelalterliche Anschauungen über den Himmel, die oberste Sphäre: Dieser ist inkorruptibel, allen Dingen gleich fern, rein, über Zeit und Raum, dieweil er die Zeit entstehen läßt in seiner einfachen und schnellen Bewegung und als Ort aller Dinge diese enthält. Der Mond hingegen, der der Erde nächste Himmelskörper, ist nicht so rein, da er eine niedere, dem Werden und Vergehen unterworfene Position einnimmt, in der er selbst Einflüssen der Erde unterworfen ist (vgl. *Sermo XXXVIII* n.385). »Hebamme der Erde« wird der Mond im Anschluß an Isidor von Sevilla, *Etymologiae* III c.71 n.2 (*Luna dicta quasi Lucina, ablata media syllaba.* Vgl. *In Gen. I* n.106), genannt, der für *Lucina* auf Vergil (*Bucolica*, ecloga 4,10) verweist. Der Mond wird dadurch mit der Geburtsgöttin (*Lucina – Juno*) in Verbindung gebracht. Zu den Vorstellungen über den Himmel vgl. Bd. I dieser Ausgabe, Anm. 574,33-576,23.

38,1 *zît und stat]* Zeit und Ort sind die Konstitutionsmerkmale der Kreatur, die dadurch als Vielheit entfaltet und bestimmt ist. Demgegenüber ist Gott Einheit.

38,4f. *got bekennen]* Die Gotteserkenntnis setzt die Ablösung des Erkennens von Zeit und Ort und von allen Vorstellungsbildern voraus. Den folgenden Vergleich mit dem Auge führt Eckhart öfter an: Er besagt, auf den Intellekt übertragen, daß dieser etwas nur zu erkennen vermag, insoweit er dafür offen ist, daß er also Gott, die absolute Fülle, nur erkennen kann, wenn er absolut leer ist. Vgl. Bd. I dieser Ausgabe, Anm. 108,35-112,23.

38,9 *meister]* Um Gott zu erkennen, darf die Seele mit nichts etwas gemein haben. Eckhart greift hier das über Aristoteles, *De anima* III, vermittelte Diktum des Anaxagoras auf, das besagt, der Intellekt müsse »unvermischt« sein, um alles erkennen zu können (vgl. Bd. I dieser Ausgabe, Anm. 108,35-112,23).

38,11 *alle crêatûren niht]* Vor Gott ist die Kreatur nichts, da sie, insoweit sie überhaupt ist, ihr Sein von Gott erhält. Vgl. Bd. I dieser Ausgabe, Anm. 52,16-22.

38,14-20 *Ich pflige* ‹...› *genzlîche]* Um Gott zu erkennen, muß die Seele sich von sich selbst und ihrer Erkenntnis der Dinge lösen. Erst dann ist sie leer und vermag sie Gott zu erkennen, in dem sie sich selbst und alle Dinge wiederfindet. Zu den Dimensionen der Loslösung siehe Anm. 434,14, zur Selbsterkenntnis Bd. I dieser Ausgabe, Anm. 176,24-32, zum Sein der Dinge in Gott Bd. II dieser Ausgabe, Anm. 550,7-12.

38,20 *güete]* Zum Verhältnis des Guten zum Gutsein und des Seienden zum Sein siehe Anm. 232,26-236,12.

38,26 *menscheit]* Der Begriff *menscheit* bezeichnet die Menschnatur, die Christus angenommen hat. Diese ist im kreaturhaften irdischen Menschen nicht *ganz*, sondern in je spezifischer und individueller Weise verwirklicht und so von der reinen Menschnatur in Christus verschieden. Um zur Menschnatur zu finden, die Gott in Christus angenommen hat, muß der Mensch sich von allen kreaturhaften Bestimmungen lösen. Vgl. Anm. 28,17-30,2.

38,27-29 *bekennet* ‹...› *nâch dem wesene]* Im Erkennen überwindet die Seele die spezifische, individuelle Entfaltung und Bestimmung der Menschnatur des kreaturhaften Menschen, insofern das Erkennen in den Ursprung zurückkehrt und darin die Menschnatur wesenhaft findet. Im damit angesprochenen Übergang werden denn auch Erkennen und Sein eins, da das Erkennen darin in das überseiende Sein Gottes eingeht und sich mit diesem vereint. Aus dieser Perspektive der Einung ist keine Differenz zwischen Erkennen und Sein mehr denkbar (vgl. Bd. I dieser Ausgabe, Anm. 108,35-112, 23, und unten Anm. 542,24f.)

40,1f. *vünf stücke]* Gemeint sind die S. 36f. anhand des Beispiels vom Himmel erläuterten Aspekte.

40,5 *meister ⟨...⟩ schuole]* Eckhart spricht die zeitgenössischen Diskussionen an den Universitäten und an den Ausbildungsstätten der Orden an. Zum Hintergrund und zur Position Eckharts im historischen Umfeld siehe Wéber, *Eléments*, S. 208-213; Wicki, *Die Lehre.*

40,10 *enpfâhen ⟨...⟩ geben]* In diesen zwei Worten ist der Kerngedanke Eckharts präsent: Die Seele muß empfänglich werden, um Gott aufzunehmen, dessen Wesen im Geben besteht. Vgl. Bd. I dieser Ausgabe, Anm. 50,1f.

40,13f. *abescheidenne]* Im Begriff der *abegescheidenheit* sind alle Dimensionen des Loslösungsprozesses zusammengefaßt. Vgl. Anm. 434,14.

40,18f. *got des begert]* Daß Gott nach dem Menschen begehrt, ja daß sein Sein vom Menschen abhängt, ist im Begriff seines Wesens gegeben, der besagt, daß er sich mitteilen muß, da er das Gute ist, dessen Wesen darin besteht, sich mitzuteilen. Vgl. Bd. I dieser Ausgabe, Anm. 50,1f.

PREDIGT 69

Die Predigt ist in sechs Hss. und im BT (258ra) ganz, in acht Hss. und im KT (101ra) fragmentarisch überliefert. Sie ist hsl. für Meister Eckhart bezeugt. Vgl. Pfeiffer, Pr. XLII, S. 140-145. Das *Lehrsystem* enthält den Schlußteil der Predigt (siehe Anm. 52,20-54,3). Die vorliegende Predigt steht zweifellos, wie die Pr. 9 und 70 sowie eine Reihe weiterer Predigten, in engem inhaltlichem Zusammenhang mit Eckharts *Quaestiones Parisienses.* Sie wird kurz nach der Rückkehr Eckharts vom ersten Pariser Magisterium entstanden sein (vgl. Überblickskomm., Bd. I dieser Ausgabe, S. 737f.).

Literaturhinweise: Imbach, *Deus*, S. 164ff.; Libera, *Introduction*, S. 261-264; Mojsisch, *Meister Eckhart*, S. 128f.; Quint, DW III, S. 157f.; Theisen, *Predigt*, S. 134-137; Wéber, *Eckhart*, S. 34; Zum Brunn, *Dieu n'est pas être*, S. 93-100; Zum Brunn/Libera, *Maître Eckhart*, S. 98.

Das Leitzitat Joh. 16,16 steht im Evangelium, im Allelujavers und im Communiovers des dritten Sonntags nach Ostern. Vgl. Pr. 70, Anhang.

Auch hier folgt Eckhart dem Schema der Homilie. Ausgehend vom *Modicum* legt er zuerst dar, daß die Seele, die Gott erkennen soll, von allem, selbst vom kleinsten Rest an Kreaturhaftigkeit frei sein muß. Sie muß – wie die Braut des Hohelieds – alle Bindung an die Kreatur überspringen. Erst dann gelangt sie in die Liebe, in der Gott die Seele liebt (S. 42,7-44,19). Die Konstitution dieser Unmittelbarkeit wird in einem zweiten Schritt am Beispiel des Gesichtssinns erläutert. Eckhart greift dabei die sich widersprechenden Meinungen von Aristoteles und Demokrit auf, um schließlich beide Positionen zu bejahen. Er geht zuerst auf die Ansicht Demokrits ein: Wäre nichts Vermittelndes zwischen der Seele und Gott, vermöchte die Seele Gott unmittelbar zu schauen. Sie muß daher von jedem Mittel frei werden, um Gott zu schauen. Andererseits setzt die Wahrnehmung eines Gegenstandes, wie Aristoteles sagt, eine Vermittlung voraus, die den Gegenstand »läutert«. Erst dann kann er sich in der Seele abbilden und in ihr als Bild des Gegenstands erscheinen. Dabei sieht die Seele jedoch nicht den Gegenstand und das Bild des Gegenstands, sondern nur das Bild. Die Erkenntnis findet denn auch nicht in einer weiteren Abbildung, sondern im unmittelbaren Bezug auf das Bild statt, das also gleichzeitig Mittel der Erkenntnis und Bild des Erkannten ist. Dies ist auch bei der Gotteserkenntnis der Fall: Das »Ewige Wort« ist dabei gleichzeitig Mittel der Erkenntnis und Bild des Erkannten, mit dem das Erkennende im Erkennen eins ist. Darin ist die Seele unmittelbar Bild Gottes (S. 44,20-46,30). Diese unmittelbare Erkenntnis findet in der Seele kraft der Vernunft statt. Diese ist dazu fähig, weil sie die folgenden Eigenschaften besitzt: Sie löst von Zeit und Raum, ist von allem anderen unterschieden, sie ist rein und in ihrem Wirken nach innen gerichtet, also nicht auf die Kreatur bezogen. Bild Gottes ist die Vernunft jedoch nur, solange Gott der Vernunft gegenwärtig ist. Als Bild bricht sie zu ihm durch und vereint sich nicht nur mit dem Sohn als Sohn, sondern nimmt diesen dort wahr, wo er noch nicht aus dem Vater hervorgegangen ist. In der Vernunft nimmt die Seele also Gott in seiner Einheit über dem Gutsein oder der Weisheit Gottes, das heißt über der trinitarischen Entfaltung, im Grunde wahr, dem der Sohn und der Hl. Geist entspringen (S. 46,31-54,3).

42,7 *haftet]* Das Wörtchen drückt (wie das *kleben*, S. 58,9) eine Bindung der Seele an das Kreaturhafte aus. Selbst die kleinste Bindung daran muß überwunden werden, soll die Seele Gott erkennen. Vgl. Bd. I dieser Ausgabe, Anm. 18, 2-9.

42,8 *Augustînus]* Vgl. Augustinus, *Sermo CL* c.8 n.10.

44,2f. *der minne buoche]* Das Motiv der Suche, des Begehrens, des Irrens in der Einöde entnimmt die Spiritualität des Mittelalters hauptsächlich dem Hohelied. Dieses liefert die Folie für das Verständnis der Dramatik, die sich zwischen gottsuchender Seele und dem den Menschen suchenden Gott ereignet. Vgl. Bd. I dieser Ausgabe, Anm. 614,5.

44,10 *überhüpfen]* Dieses Überspringen der Kreatur geschieht in der Abgeschiedenheit. Vgl. Anm. 434,14.

44,12-18 *Nû ⟨...⟩ geist]* Gottes Leben und Sein besteht darin, die Seele zu lieben. Seine Güte besteht darin, daß er sich in die Kreatur verströmt, die sich ihm gegenüber öffnet (vgl. Bd. I dieser Ausgabe, Anm. 50,1f.), und daß er in der Liebe des Hl. Geistes die Seele liebt und zu sich zurückführt. Der Hl. Geist ist derjenige Aspekt der Trinität, der die Liebe Gottes zum Ausdruck bringt, während der Vater gemeinhin mit der Macht, der Sohn mit der Weisheit und Intellektualität der Gottheit identifiziert wird (S. 518,5f.; vgl. Bd. I dieser

Ausgabe, Anm. 20,11 und S. 22,2). Innerhalb der trinitarischen Entfaltung ist der Hl. Geist daher als die Liebe zu sehen, in der sich Vater und Sohn liebend aufeinander beziehen (Bd. I dieser Ausgabe, S. 120,9f., S. 638,2-5), ohne dabei eine Zweiheit zu bilden (vgl. Bd. I dieser Ausgabe, Anm. 72, 16-21). Vielmehr gibt diese Liebe der *glîcheit* Ausdruck, die in der trinitarischen Entfaltung der Gottheit herrscht. Das Hervorgehen des Hl. Geistes in der Trinität faßt Eckhart häufig als »Ausblühen«, »Erblühen« oder »Überfließen« und »Ausquellen« der Gottheit, in dem Gott den Menschen in derselben Weise und mit derselben Liebe liebt, mit der er sich selbst liebt (S. 96,18f.; vgl. Bd. I dieser Ausgabe, S. 126,6-12, S. 134,15-24). Das heißt auch, daß das Hervorgehen des Hl. Geistes im Menschen die Gottesgeburt im Menschen voraussetzt, aus der der Hl. Geist fließt als die Liebe, in der sich Vater und Sohn lieben, da sie sich gegenseitig als gleich erkennen (Bd. I dieser Ausgabe, S. 134,15-24, S. 310,15-21, S. 332,21-31). Nur insofern der Vater sich in den Menschen gebiert und sich den Menschen so gleich macht, entspringt im Menschen die Liebe, die der Hl. Geist ist: *Nieman enhât den heiligen geist, er ensî denne der eingeborne sun* (Bd. I dieser Ausgabe, S. 332,21f.; vgl. ebenda, S. 156,21ff.). Das bedeutet, daß der Hl. Geist sein Wesen unter dem Blickpunkt der Gottesgeburt im Menschen sowohl vom gebärenden Gott wie vom geborenen Menschen empfängt (Bd. I dieser Ausgabe, S. 288,6-11). Insofern der Hl. Geist durch den in Gott geborenen Menschen ausfließt, geht dieser dabei ganz in die Gottheit und in die Liebe der Gottheit ein (S. 280,7-32). Eckhart übernimmt die Vorstellung, der Mensch liebe in derselben Liebe, in der Gott sich selbst liebe, also unmittelbar im Hl. Geist, von Petrus Lombardus, *Sententiae* I d.17 c.1 n.1, der sich auf Röm. 5,5 und auf Augustinus stützt. Den Hintergrund dieses Verständnisses des Hl. Geistes bildet bei Eckhart aber zweifellos das Denken Wilhelms von St. Thierry, der darin ältere Motive aufnimmt (Wéber, *Eléments*, S. 196-200, stellt die Quellen dar und verweist auf Dionysius, Eriugena, Maximus, Proclus und Plotin). Eckhart folgt in seinem Verständnis der Gegenwart des Hl. Geistes der im 13. Jahrhundert in der Regel kritisierten und von Bonaventura und Thomas von Aquin neu interpretierten Meinung des Lombarden. Er weist denn auch verschiedentlich die einschränkenden Interpretationen zurück und betont, die Liebe des Menschen und die Liebe des Hl. Geistes seien eins (Diskussion der Stellen: Bd. I dieser Ausgabe, Anm. 304,18; vgl. Wéber, *Eléments*, S. 210-312; siehe dazu auch: *Von der minne*, ed. Ruh, S. 212,28ff. und S. 222-225; *Die Blume der Schauung*, ed. Ruh, S. 69,413-71,440). Eckhart gibt dieser Formel jedoch eine bestimmte und eigene Tönung, insofern er sie ganz auf die Gottesgeburt im Menschen bezieht. Es verhält sich demnach nicht so, daß die Liebe des Menschen mit der göttlichen Liebe eins ist, vielmehr wird der Mensch, geht er in Gott ein, von der göttlichen Liebe aufgenommen (Bd. I dieser Ausgabe, S. 436,23-438,1, S. 610,31f., S. 666,27-668,12, S. 676,10-16). Das heißt, daß der Mensch in der Gottesgeburt an der göttlichen Liebe partizipiert, die nicht mit dem Seelenvermögen Liebe gleichgesetzt werden darf. Wiederum ist also auch hier die Selbstverleugnung des Menschen vorausgesetzt, in der dieser selbst die Seelenvermögen Liebe und Vernunft zu übersteigen hat, um sich dem Grund zu einen, in dem er eins wird mit der Liebe Gottes, die der Hl. Geist ist. Sobald der Mensch demütig und abgeschieden ist, sobald der Mensch also reine Empfänglichkeit ist, fließt der Hl. Geist in ihn und erfüllt ihn mit feuriger Liebe (S. 166,8-21, S. 204, 5-8).

Auch hier ist an die Perspektive radikaler Gleichzeitigkeit zu erinnern, die charakteristisch ist für Eckharts Denken: Es verhält sich natürlich nicht so, daß Gott *zuerst* seinen Sohn in der Seele des Menschen gebiert und *danach* der Hl. Geist als die Liebe daraus hervorgeht. Vielmehr ist die Geburt und die Liebe nur in absoluter Gleichzeitigkeit und Einheit denkbar. In diese zeitlose Einheit ist denn auch das Wirken des Hl. Geistes einbezogen, wenn davon die Rede ist, er nehme die Seele, läutere diese und führe sie im Licht der Gnade zu Gott zurück, oder er führe sie im Brand der Liebe zu Gott empor.

In jedem Fall erscheint die Liebe des Hl. Geistes dabei als einendes Prinzip, in dem Gott und die Seele ganz verschmelzen, wenn der Mensch alles zurückgelassen und die naturhafte Verwirklichung seiner Seelenvermögen überwunden hat (Bd. I dieser Ausgabe, S. 206,28f., S. 236,13-24, S. 266,21-32): *swâ der sun offenbære wirt in der sêle, dâ wirt ouch offenbære diu minne des heiligen geistes* ⟨...⟩ *Des heiligen geistes wesen ist, daz ich in im verbrant werde und in im zemâle versmolzen werde und zemâle minne werde. Der alsô in der minne ist und zemâle minne ist, der wænet, daz got nieman minne dan in aleine, und er enweiz nieman minnen noch von niemanne dan von im aleine.* (Bd. I dieser Ausgabe, S. 426,6-15.) Das bedeutet auch, daß Gott der Seele im Hl. Geist alles mitteilt (Bd. I dieser Ausgabe, S. 398,15-20) und daß die Seele nichts anderes mehr darin wahrnimmt als die Liebe, in der sie zerfließt (S. 70,25) und in ihren Ursprung zurückkehrt (S. 572,16-19). – Literaturangaben: Wéber, *Eléments*; Wéber, *Maître Eckhart.* Zum Hintergrund vgl. Seppänen, *Zur Liebesterminologie.*

44,20 *meister]* Der Meister ist Demokrit, dessen Meinung Aristoteles, *De anima* II c.7 (II c.7 419a15ff.), diskutiert und ablehnt. Vgl. auch *In Sap.* n.285, wo Eckhart Demokrit nennt.

44,22f. *viur* ⟨...⟩ *luft]* Also diejenigen Elemente in der Hierarchie der Elemente, die über der Erde und dem Wasser stehen und die Sicht behindern. Dies sind Feuer und Luft.

44,24 *meister]* Der zweite hier zitierte Meister ist Aristoteles (vgl. Anm. 44,20), auf dessen Ansicht Eckhart S. 46, 11f. zurückkkommt.

44,29 *kein mittel]* Gott ist unmittelbar, ja die Unmittelbarkeit selbst, insofern er *actus purus*, also absolute Aktualität ist und keine mittelbare Verwirklichung, keine Differenzierung seines Wesens kennt. Wäre nichts Vermittelndes, also keine Kreatur, zwischen Auge oder Seele und Gott, würde jene Gott unmittelbar erkennen.

44,30 *entblœzet]* Das Bloßsein der Seele bezeichnet den Zustand ihrer absoluten Unbestimmtheit, Unvermitteltheit und Empfänglichkeit, die sie in ihrem Grund ist. Vgl. Bd. I dieser Ausgabe, Anm. 32,26-36,5.

46,2 *lîbe und sêle]* Leib und Seele sind in einer das menschliche Verstehen übersteigenden Weise eins. Vgl. Bd. I dieser Ausgabe, Anm. 88,24f.

46,5 *Boethius]* Boethius, *Consolatio* I, metrum 7. Zum hier angesprochenen Konzept des Gleichmuts siehe Anm. 276,1-24.

46,11 *Der ander meister]* Die Rede ist nun von Aristoteles (vgl. Anm. 44,20). Vgl. zur hier vorgetragenen Theorie *De anima* II c.7 (II c.7 419a12-15) und Albertus Magnus, *De anima* II tr.3 c.14. Es verhält sich demnach – entgegen der Meinung Demokrits – so, daß das Auge nichts sieht, was unmittelbar auf dem Auge liegt, sondern im Sehakt die Erleuchtung durch das Licht und die mediatisierende Funktion der Luft als vermittelndes Kontinuum voraussetzt. Diesen Sachverhalt beschreibt Eckhart im Blick auf die Beispielkraft für die Seele: Es ist die *gropheit* des Gegenstandes, die diesen dem Auge unsichtbar macht, wenn er direkt auf ihm liegt. Und es ist die Läuterung in Licht und Luft, die etwas dem Auge sichtbar macht. Ebenso muß geläutert und abgeschieden sein, was die Seele erkennen soll.

46,18 *ein solch spiegel]* Auge und Seele sind Spiegel, in denen ein Bild des Gegenstandes erscheint. Dieses Bild ist der Seele und dem Auge unmittelbar gegenwärtig, da es nicht im Auge oder in der Seele durch etwas Drittes, das heißt, durch ein weiteres Abbild vermittelt wird. Vielmehr ist das Bild im Auge als Bild das Vermittelnde selbst: Wir sehen nicht ein Pferd *und* das Bild eines Pferdes, wenn wir ein Pferd sehen, sondern wir sehen im Bild des Pferdes das Pferd selbst. Das Bild ist also im Auge als Mittel ohne Vermittelndes, als Bild ohne Bild (*bild âne bilde*). Dieser Gedanke läßt Eckhart auf die Gegenwart des Ewigen Wortes in der Seele ausgreifen: Wie das Bild im Auge unmittelbar da ist, so ist das Ewige Wort unmittelbar in der Seele. Es ist das Vermittelnde selbst — das *mittel âne mittel* – und das Bild selbst – das *bild âne bilde*. In der Erkenntnis dieser unmittelbaren Anwesenheit des Ewigen Wortes erkennt die Seele daher Gott unvermittelt und bildlos. S. 48,5 wird die *vernünfticheit* als dieses Bild bestimmt. Zur Bildtheologie Eckharts siehe Bd. I dieser Ausgabe, Anm. 186,28-190,27.

46,31-54,3 *kraft* 〈...〉 *ûzblüejende ist]* Insofern die Vernunft als *kraft* bezeichnet wird, scheint sich der Begriff auf das Seelenvermögen Vernunft, nicht aber auf den Seelengrund oder den Funken der Seele zu beziehen. Die Vernunft besitzt fünf Aspekte: Sie löst vom Hier und Nun, insofern sie das Wesen der Dinge wahrnimmt; sie gleicht nichts, ist also absolut unbestimmt, und vermag insofern alles – und letztlich Gott in allen Dingen – zu erkennen; sie ist rein und unvermischt, ist also ganz durch ihr eigenes Tätigsein bestimmt, wenn sie erkennt; ihr Tätigsein bezieht sich auf das Erkennen selbst, ist also der Vernunft ganz innerlich; schließlich ist die Vernunft »Bild«, insofern sie in ihrem Aufstieg reine Empfänglichkeit wird und darin als Bild Gottes aus Gott hervorgeht. Als Bild Gottes ist denn die Vernunft auch nicht mehr als Vermögen oder als Kraft der Seele zu sehen, sondern als Seelengrund, in den Gott unmittelbar eingeht. Vgl. Bd. I dieser Ausgabe, Anm. 32,26-36,5 und Anm. 108,35-112,23. Zur Metaphorik des »Schmeckens« siehe Bd. I dieser Ausgabe, Anm. 140,3-13.

48,6 *von hie und von nû]* Das ablösen vom Hier und Jetzt ist die erste Funktion der Vernunft. Sie tut dies, insofern sie die Dinge in ihrer Ursache, das heißt als Idee, erkennt und so hinter die Entfaltung der Dinge in Raum und Zeit zurückgeht. Dabei läßt sie das ›Nu‹ der Zeit, also den Augenblick als kleinste Einheit der Zeit hinter sich, da sie das Wesen, die Idee der Dinge in ihrem überzeitlichen Sein wahrnimmt. Es handelt sich bei dieser Erkenntnis nicht um eine momentane, augenblickliche Erkenntnis im kreaturhaften Sinn, sondern um die Erkenntnis des Überzeitlichen selbst. Vgl. zum Begriff des Augenblicks Bd. I dieser Ausgabe, Anm. 406,31-408,26.

48,15-21 *Daz ander* 〈...〉 *glîch]* Die absolute Unterschiedenheit durch seine Ununterschiedenheit ist ein Kennzeichen Gottes gegenüber der Kreatur (vgl. Bd. I dieser Ausgabe, Anm. 72,16-21 und 104,19-24). Insofern der Vernunft nichts gleich ist, ist sie daher der absoluten Unterschiedenheit Gottes gleich. Sie vermag sich deshalb mit Gott zu vereinen (vgl. Bd. I dieser Ausgabe, Anm. 108,35-112,23). Zum Gedanken, daß die Einung mit Gott selbst die *glîcheit* hinter sich läßt, vgl. Bd. I dieser Ausgabe, Anm. 72,16-21.

48,23 *alle crêatûren]* Die Kreatur strebt in ihrer naturhaften Entfaltung nach der Gleichheit mit Gott: Diese ist das Ziel, das ihr Streben ausrichtet, da alle Kreatur ihre Erfüllung sucht, die sie in der Fülle ihres Wesens in Gott findet. Vgl. Anm. 266,22-268,31.

50,5 *lûter und unvermenget]* Daß die Vernunft rein und unvermischt ist, macht sie Gott gleich, da sie in ihrer Unbestimmtheit unmittelbar von Gott überformt und mit Christus geeint wird. Vgl. Bd. I dieser Ausgabe, Anm. 82,21-86,7 und Anm. 108,35-112,23.

50,20 *inwendic suochende]* Das Sein der Vernunft besteht in ihrem Erkennen. Ihr Tätigsein und das Ziel ihres Tätigseins sind ihr also beide immanent. Im Gegensatz dazu richtet sich der Wille auf etwas Äußeres. In ihrer Immanenz ist die Vernunft daher – im Gegensatz zum Willen – Gott gleich, der in seiner Selbstmitteilung ausschließlich in sich selbst wirkt (vgl. Anm. 442,27-446,27). Zum Verhältnis von Wille und Vernunft siehe Bd. I dieser Ausgabe, Anm. 108,35-112,23.

50,27f. *geverwet ⟨...⟩ varwe]* Das Verhältnis des Gefärbt-Seins zur Farbe entspricht dem von Eckhart wiederholt erläuterten Verhältnis des Gerechten zur Gerechtigkeit. Vgl. Anm. 232,26-236,12.

52,1 *wege]* Alle Wege und Weisen müssen zurückgelassen werden, da einzig im Sein in Gott Wahrheit ist und die Wege immer etwas Vermittelndes darstellen, das vom Ursprung der Wahrheit entfremdet. Vgl. Bd. I dieser Ausgabe, Anm. 46,7-19.

52,4 *ein bilde]* Die Vernunft ist Bild: Dies ist so zu verstehen, daß die Vernunft Bild Gottes ist und daß ihr ganzes Sein in diesem Bild-Sein aufgeht. Sie ist Bild ihres Urbilds, als Bild also eins mit ihrem Urbild. Zur Bildlehre Eckharts siehe Bd. I dieser Ausgabe, Anm. 186,28-190,27.

52,20 *Vernünfticheit]* Der letzte Abschnitt der Predigt präzisiert den Begriff des Bild-Seins der Vernunft. Das Bild-Sein der Vernunft ist nicht einfach Bild-Sein, sondern Mitvollzug des Konstitutionsgrundes der Bildhaftigkeit: Die Vernunft dringt über die trinitarische Entfaltung der Gottheit hinaus in den Grund der Gottheit vor; sie geht über die Transzendentalien Wahrheit, Gutsein, Weisheit hinaus in den Grund der Gottheit, also ins *principium*, aus dem das Wort hervorgeht. Bleibt der Wille beim Gutsein Gottes stehen, ist es die Vernunft, die in die *wurzeln* vordringt, der der Sohn und der Hl. Geist entspringen. – Der hier vorliegende Vernunftbegriff und das Fehlen des Begriffs »Seelenfunke« oder »Seelengrund« rücken die vorliegende Predigt zweifellos in die Nähe der *Quaestiones Parisienses.* Dennoch ist der Begriff der Vernunft hier nicht mit dem Begriff naturhafter Vernunft gleichzusetzen. Was Eckhart anspricht, ist vielmehr der gnadenhafte Aufstieg der Vernunft zu Gott, der zunächst das vollkommene Leerwerden der naturhaften Vernunft erfordert und diese dadurch befähigt sieht, in Gottes Grund einzugehen, aus dem sie im Sohn wiederum als Vernunft hervorzugehen vermag. Vgl. Libera, *Introduction*, S. 261f., und Bd. I dieser Ausgabe, Anm. 108,35-112,23.

52,20-54,3 *Vernünfticheit ⟨...⟩ ist]* Die Stelle ist im *Lehrsystem* paraphrasiert (ed. Greith, S. 155,25-34; ed. Cadigan, S. 102,18-104,7).

PREDIGT 70

Die Predigt ist in fünf Hss. und im BT (257ra) ganz, in drei Hss. fragmentarisch überliefert. Eine weitere Hs. verzeichnet im Inhaltsverzeichnis nur den lat. Vorspruch. Die Predigt ist hsl. für Meister Eckhart bezeugt. Vgl. Pfeiffer, Pr. XLI, S. 138-140; *Par. an.*, Pr. 28, S. 62-64; Jostes, Pr. 14, S. 9 (Text ungedruckt). Im Anhang, S. 629-632, ist der Text Pfeiffers abgedruckt. Heinrich von Erfurt hat die Predigt in seine Postille als Schlußstück einer Predigt auf denselben Schrifttext aufgenommen. Das *Lehrsystem* enthält einen Satz (siehe Anm. 56,11f.). Die Reminiszenz an den Pariser Lehrbetrieb und an den Disput mit Gonsalv von Spanien (S. 56,12-17) sowie der gedankliche Gehalt der Predigt und ihre Aufnahme in die Sammlung des *Par. an.* weisen diese, wie eine Reihe weiterer Predigten, in die Nähe der Zeit des ersten Pariser Magisteriums. Sie wird kurz danach gehalten worden sein (vgl. Überblickskomm., Bd. I dieser Ausgabe, S. 737f.).

Literaturhinweise: Imbach, *Deus*, S. 163ff.; Libera, *Introduction*, S. 267ff.; Quint, DW III, S. 185f.; Ruh, *Meister Eckharts Pariser Quaestionen*; Seppänen, *Studien*, S. 101; Theisen, *Predigt*, S. 137-138; Zum Brunn, *Dieu n'est pas être*, S. 93-100.

Das Leitzitat Joh. 16,16 steht im Evangelium des dritten Sonntags nach Ostern. Vgl. die Pr. 69 und 71, mit denen die Predigt viele inhaltliche Übereinstimmungen aufweist.

Eckhart folgt im Aufbau der Predigt wiederum dem Schema der Homilie. Er greift als Erläuterung zum *videbitis* zunächst auf den Gelehrtenstreit zurück, ob die Seligkeit im Erkennen oder in der Liebe bestehe, um klarzustellen, daß dem Erkennen der Vorrang gebühre, die Vollendung der Seligkeit aber sowohl in der Erkenntnis wie in der Liebe bestehe (S. 56,10-20). Im zweiten Schritt wird das *Modicum* gedeutet. Es meint als erstes, daß dem Menschen, der Gott schauen soll, alle Dinge zunichte werden müssen; zweitens, daß der Mensch die Welt und die Zeit überwinden muß; drittens, daß er die Seele von allem befreien muß, was an ihr haftet, um schließlich unmittelbar Gott erkennen zu können. Die Seele muß sich also von allen Erkenntnisbildern lösen, damit Gott sich mit der Seele unmittelbar zu einen vermag. Viertens muß die Seele, ist sie zunächst klein und zunichte geworden, schließlich groß werden im Licht der Gnade und ins göttliche Licht eingehen, in dem sie selbst die Gnade überschreitet. Dies gelingt nur dort, wo die Seele mit dem Bild Gottes, das der Sohn ist, eins ist und in diesem Bild in den Vater zurückkehrt. Soweit der Vater sich in diesem Bild erkennt, soweit also der Mensch Christus gleich ist, erkennt er auch den Vater. In dieser Erkenntnis besteht das Ewige Leben (S. 56,21-62,23).

56,11f. *meister ⟨...⟩ bekantnisse]* Eckhart bezieht sich dabei auf die in der Dominikanerschule verteidigte These, daß die Gotteserkenntnis sich primär der Vernunft, nicht dem Willen verdanke. Vgl. Bd. I dieser Ausgabe, Anm. 108,35-112,23, und unten den Überblickskomm. zur *Quaestio Parisiensis I*, S. 870-876. – Die Stelle ist zitiert im *Lehrsystem* (ed. Greith, S. 187,25f.; ed. Cadigan, S. 71,20-23).

56,12 *pfaffe]* Wie in der Pr. 9 (Bd. I dieser Ausgabe, S. 106,20-31) bezieht sich Eckhart hier auf einen Disput während seiner ersten Pariser Lehrtätigkeit. Er weist hier die Meinung des Franziskanermagisters Gonsalv von Spanien – der in seiner *Quaestio Utrum laus dei in patria sit nobilior eius dilectione in via* gegen Eckhart Stellung bezieht – zurück, die Erkenntnis Gottes und die Einung mit Gott vollziehe sich primär kraft der Liebe. Eckhart markiert auch hier klar seine Gegenposition: Das Erkennen erkennt unverhüllt, was es erkennt, dringt also zuerst in die Gottheit vor, während die folgende Verwirklichung der Seligkeit Erkennen und Liebe umfaßt. Deshalb ist das Erkennen primär. Beim zweiten *meister* mag es sich um einen Dominikaner handeln, der in dieser Frage Stellung bezog. Quint denkt an Jean Quidort (DW III, S. 189). – Die Reminiszenz an den Lehrdisput rückt die vorliegende Predigt in die Nähe der Zeit des ersten Pariser Magisteriums. Eckhart wird sie kurz nach seiner Rückkehr von Paris gehalten haben. Zur Auseinandersetzung mit den Franziskanern vgl. den Überblickskomm. zur *Quaestio Parisiensis I*, S. 873f. Dürfte man die Beschreibung des Vorgangs – es handelt sich um die Veranstaltung einer *Quaestio disputata* – wörtlich nehmen, wäre sie ein Zeugnis der außerordentlichen Lebendigkeit der Disputationen an der Pariser Universität.

56,22 *vier sinne]* Die vier folgenden Punkte benennen Aspekte des Aufstiegs der Seele zu Gott: Die Seele muß sich von den Dingen lösen (S. 56,24-28), Raum und Zeit überwinden (S. 56,29-58,8), in ihrer absoluten Innerlichkeit Gott in sich finden (S. 58,9-60,13), um schließlich gnadenhaft mit Gott vereint und in der Glorie verklärt zu werden (S. 60,19-62,19). Dieser Aufstieg ist als Aufstieg im *bekennen* zu verstehen. Auf einer letzten Stufe wird die Vernunft dabei gnadenhaft überformt und mit dem göttlichen Licht vereint. Dies ist der Status der Glorie. Siehe Anm. 600,4-18.

56,25 *Augustînus]* Augustinus, *Sermo CCLXXIX* n. 1.

58,5 *meister]* Welchen Meister Eckhart hier im Auge hat, ist unklar.

58,9 *klebet]* Solange auch nur das Geringste an der Seele haftet (vgl. S. 42,7f.), kann diese Gott nicht sehen. Zum Begriff der Sünde siehe Bd. I dieser Ausgabe, Anm. 608,13f.

58,11 *meister]* Eckhart bezieht sich auf die Aristotelische Lehre von der Inkorruptibilität des Himmels. Vgl. dazu und zur Hierarchie der Himmelssphären, die von einzelnen Engeln bewegt werden, Bd. I dieser Ausgabe, Anm. 574,33-576,23.

58,15 *Ein pfaffe]* *Par. an.* überliefert anschließend: *sprach zu meister Eckarde* (S. 63,14). Man darf dies wohl kaum als Argument gegen die Echtheit der Predigt interpretieren (so Seppänen, *Studien*, S. 101), sondern muß es vielmehr als Zeichen der veränderten Rezeptionsbedingungen der Predigt lesen: Diese ist im *Par. an.* als Lesepredigt aufgezeichnet und enthält deshalb zu Recht den verdeutlichenden Zusatz. – Inhaltlich besagt die Stelle folgendes: Wie jeder Himmelssphäre ein einziger Engel zugeordnet ist, so ist auch jedem Leib eine einzige Seele bestimmt. Würde die Seele Eckharts im Leib des genannten Pfaffen wirken, verhielte sie sich dort als *tœrinne*. Zum Verhältnis von Seele und Leib siehe Bd. I dieser Ausgabe, Anm. 88,24f.

58,20 *ouge]* Um sehen zu können, muß das Auge frei sein. Eckhart stellt im folgenden drei Punkte zusammen, die den Gesichtssinn der Schau Gottes vergleichbar machen: 1. Freiheit des Wahrnehmenden. 2. Voraussetzung dieser Freiheit ist Läuterung als Bedingung der Gleichheit. 3. Voraussetzung ist letztlich aber die Gleichheit selbst. Vgl. Bd. I dieser Ausgabe, Anm. 148,26-34.

58,20 *meister]* Der *meister* ist Aristoteles. Siehe oben S. 44, 20-22 sowie S. 46,11-30 und Anm. zum aristotelischen Verständnis des Sehens.

58,24 *Bernhart]* Bernhard von Clairvaux, *Sermones super Cantica* XXXI n. 2. Vgl. oben S. 36,7-9.

58,31f. *vremden îndruk ⟨...⟩ vremden îndruk]* Nach scholastisch-aristotelischer Lehre ist der Himmel, als höchster Körper in der Hierarchie des Seienden, inkorruptibel. Soll die Seele sich zu Gott aufschwingen, muß sie ebenso inkorruptibel, das heißt, himmlisch werden. Vgl. S. 36,10-18.

58,34-60,10 *Sol diu sêle ⟨...⟩ mittel]* Die Wahrnehmung eines Engels oder eines anderen der Seele gegenüber äußeren geistigen Gegenstandes ist auf eine Vorstellung angewiesen, die kein »Bild« ist, also nicht auf eine äußere Wahrnehmung zurückgeht. Dies ist auch der Fall, wenn der Engel einen anderen Engel erkennt, da der Engel ja hinsichtlich seines Erkennens dem Menschen gleichgestellt ist (vgl. Anm. 146, 23-148,7). Allein in der Selbsterkenntnis, die nichts Äußeres wahrnimmt, kommt das Erkennen ohne die Vorstellung, ohne die *bildelîne âne bilde* aus und erkennt unmittelbar sich selbst (zur Selbsterkenntnis siehe Bd. I dieser Ausgabe, Anm. 176,24-32). Auch die Gotteserkenntnis muß in diesem Sinne unmittelbar sein und ohne Vorstellungsbilder auskommen. Will der Mensch also Gott erkennen, müssen Gott und Ich in dem Maße zusammenfallen, daß der Mensch, wenn er aus sich wirkt, aus Gott wirkt – so wie die Seele mit dem Leib wirkt. Zum Verhältnis von Seele und Leib vgl. Bd. I dieser Ausgabe, Anm. 88,24f., zu Eckharts Begriff des Ich vgl. Anm. 140,2-142,30.

60,19 *widerwertic]* Insofern der vierte Aspekt die Größe meint, widerspricht er den drei vorangehenden Punkten, die alle das Klein- und Ledigsein im Auge hatten. Hier ist nun mit der »Größe« das Übersteigen gemeint, in dem die Seele vom Licht der Vernunft kraft des Lichts der Gnade zum göttlichen Licht aufsteigt, in dem sie Gott schaut.

60,20-32 *lieht ⟨...⟩ lieht]* Das Licht der Sonne wird vom Licht der Vernunft, dieses vom Licht der Gnade, schließlich vom Licht der Glorie überformt. Dabei ist die Hierarchie des Erkennens mitzudenken, das beim sinnenhaften Erkennen ansetzt, über das vernunfthafte Erkennen zur Gnade hinführt, von dieser gnadenhaft überformt und in die Schau Gottes, die Glorie überführt wird, die die Gnade übersteigt. Zur Metaphysik des Lichts siehe Bd. I dieser Ausgabe, Anm. 12,28, zu den Begriffen Gnade und Glorie vgl. unten, Anm. 600,4-18.

62,2 *kein zuoganc]* Eckhart betont, daß es keinen Weg gebe, der zu Gott führt. Jeder Weg stellt ja etwas Vermittelndes dar, das der Unmittelbarkeit Gottes entgegensteht. Vgl. Bd. I dieser Ausgabe, Anm. 46,7-19.

62,4-6 *menschen ⟨...⟩ ruowe]* Solange der Mensch als Mensch sich auf Gott hin zu verwirklichen sucht, ist er im *zuogange*, also auf dem Weg. Darin vermag er Gott nicht zu schauen, da er in diesem Auf-dem-Weg-Sein auf Vermittlung angewiesen, mithin in Vorstellungen und Bildern, in Raum und Zeit gefangen bleibt. Erst dort, wo er die *lûter ruowe* gefunden hat, vermag er Gott zu sehen. Die Ruhe ist denn auch ein eschatologischer Begriff, der die Fülle in Gott und das Erlangen dieser Fülle bezeichnet. Vgl. Bd. I dieser Ausgabe, S. 636,10-18 und Anm.

62,9-19 *sich selben bekennet ⟨...⟩ sich selben bekennet]* Im Stand der Glorie erkennt der Mensch Gott so, wie dieser sich selbst erkennt, denn Gottes Wesen besteht in der Erkenntnis seiner selbst (vgl. Bd. I dieser Ausgabe, Anm. 176,24-32). Der nun folgende Gedankengang scheint so verstanden werden zu müssen: Auch der Engel erkennt Gott in der Weise seiner eigenen Selbsterkenntnis und in dieser Selbsterkenntnis (vgl. S. 82,7-11). Eckhart stellt sich hier nicht gegen Thomas, wie Seppänen (*Studien*, S. 101) meint, sondern folgt seiner Ansicht: *Quia enim imago dei est in ipsa natura angeli impressa per suam essentiam, angelus deum cognoscit, inquantum est similitudo dei. Non tamen ipsam essentiam dei videt.* (»Da das Bild Gottes der Natur des Engels wesenhaft eingeprägt ist, erkennt er Gott, insofern er Bild Gottes ist. Dennoch vermag er das Wesen Gottes nicht zu schauen.« *Summa theologica* I q.56 a.3.) Der Engel erkennt also in seiner Selbsterkenntnis Gott, insofern er in seiner Natur *speculum divinam similitudinem repraesentans* ist (»Spiegel, der die Ähnlichkeit Gottes aufnimmt«, ebd.). Doch vermag der – von der Inkarnation nicht betroffene – Engel nicht unmittelbar die *essentia dei* zu schauen. Dies ist der Weise vorbehalten, auf die der in der Inkarnation erlöste Mensch in Gott sich und Gott erkennt: Der Mensch erkennt Gott im *widerbilde* der Gotheit, das heißt, im Sohn, dem der Mensch gleich ist. Insoweit der Mensch dem Sohn gleich ist, erkennt er in diesem alles, da in ihm die Bilder aller Dinge aus dem Vater ausgeflossen sind. Im Sohn werden die Bilder – insofern der Sohn dem Vater gleich ist – wieder in den Vater, aus dem sie geflossen sind, zurückgetragen. Darin erkennt der Vater sich selbst. Insoweit also der Vater den Sohn in uns erkennt – deutet Eckhart das Pauluszitat abschließend –, erkennen wir den Vater. Und dies tun wir, insofern wir Sohn sind, auf die Weise, in der der Vater sich selbst erkennt, denn er erkennt sich ja im Sohn. Zur Sohnschaft des Menschen bzw. zur Gottesgeburt im Menschen siehe Bd. I dieser Ausgabe, Anm. 82,21-86,7, zum Begriff des Bildes Bd. I, Anm. 186,28-190,27, zur Selbsterkenntnis Bd. I, Anm. 176,24-32. Zum Unterschied zwischen Mensch und Engel vgl. auch Bd. I, Anm. 16,30f.

PREDIGT 71

Die Predigt ist in vier Hss. und im BT (242va) ganz, in acht Hss. fragmentarisch überliefert. Sie ist hsl. für Meister Eckhart bezeugt. Vgl. Pfeiffer, Pr. XIX, S. 79-84. Das *Lehrsystem* enthält drei Textstücke (siehe Anm. 72,7-11, 72,16-18, 74,9-11, 76,6-10). Die Predigt steht in engem inhaltlichem Zusammenhang mit den Pr. 69 und 70. Ihr gedanklicher Gehalt weist sie in die Nähe der *Quaestiones Parisienses*. Sie wird kurz nach dem ersten Pariser Magisterium entstanden sein (vgl. Überblickskomm., Bd. I dieser Ausgabe, S. 737f.).

Literaturhinweise: Egerding, *Got bekennen*, S. 145-160;

Imbach, *Deus*, S. 164ff.; Libera, *Introduction*, S. 274 und S. 285ff.; Mojsisch, *Meister Eckhart*, S. 106; Quint, DW III, S. 209f.; Theisen, *Predigt*, S. 282f.; Zum Brunn, *Dieu n'est pas être*, S. 93-100; Zum Brunn/Libera, *Maître Eckhart*, S. 168 und S. 172.

Das Leitzitat Apg. 9,8 ist der Epistel am Fest der Bekehrung des Apostels Paulus entnommen (25. Januar).

Eckhart konzentriert sich in der Deutung des in der Apostelgeschichte geschilderten Geschehens auf ein Wort des Leitverses: Es geht ihm zentral um das *nihil*, das nach ihm vier Bedeutungen besitzt (S. 64,7-12). Der Erläuterung dieser vier Bedeutungen, die den zweiten Teil der Predigt bildet (S. 72,4-78,10), geht ein Rückgriff auf Apg. 9,3 voraus, wobei Eckhart diesem Vers das »Licht vom Himmel« entnimmt, dem die Ausführungen des ersten Teils der Predigt gelten (S. 64,13-72,3). Von der Charakterisierung dieses »Lichts« geht Eckhart aus: Es ist ganz in sich verschränkt und den Sinnen des Menschen unzugänglich. Soll der Mensch Gott sehen, muß er in dieses Licht gelangen, das keinen Zugang besitzt. Geschieht dies, umfängt das göttliche Licht die Seele des Menschen mit all ihren Kräften. Dies ist mit Paulus geschehen, als er entrückt wurde. Ihm wurde in der Überhelle des göttlichen Lichts alle Kreatur zur Nacht. Damit die Seele das göttliche Licht zu schauen vermag, muß auch sie frei werden von aller Kreatur. Selbst das Geringste, das die Seele im Zustand der Überformung durch Gott noch wahrnimmt, muß überschritten werden, damit sie Gott als Eines zu erkennen vermag. Die Seele vermag denn auch Gott nicht zu benennen, wenn sie mit ihm vereint ist (S. 64,13-72,3). In diesem Sinne sah Paulus »nichts«, als er mit offenen Augen Gott sah, denn Gott steht über allem Nennbaren und über aller Kreatur, das heißt, im »Nichts«, wo sich die Seele mit ihm vereint. Die Seele erkennt dabei die Nichtigkeit aller Kreatur, und sie erkennt gleichzeitig in Gott das Sein aller Kreatur, da sie vom göttlichen Licht ganz umfaßt wird. Dieses selbst ist »nichts«, da es nicht in kreaturhafter Weise gesehen wird, sondern die Überwindung aller Kreatur, das »Erblinden« und Zunichtewerden des Menschen voraussetzt. Nur in dieser absoluten Freiheit von jeder bestimmten Weise der Wahrnehmung vermag die Seele Gott, der über allen bestimmten Weisen des Seins und der Wahrnehmung steht, wirklich zu erkennen (S. 72,4-78,10).

64,9 *daz niht was got]* Inwiefern Gott als »Nichts« bezeichnet werden kann, führt der Text S. 72,6-29 weiter aus.

64,11 *in allen dingen]* Vgl. Bd. I dieser Ausgabe, Anm. 496, 5-19.

64,12 *als ein niht]* Zum Nichtsein der Kreatur Gott gegenüber vgl. Bd. I dieser Ausgabe, Anm. 52,16-22.

64,16 *meister]* Vgl. Albertus Magnus, *De caelo et mundo* II tr.1 c.2 und c.11, tr.3 c.1f. und c.15. Eckhart legt in den folgenden Zeilen eine hierarchische Stufung dar: Der Himmel ist in sich Licht, dieses tritt jedoch – insofern es im Himmel vollkommen und in sich verschränkt ist (Albertus Magnus, *De caelo et mundo* II tr.3 c.2) – nicht nach außen; die Sonne ist in sich Licht, und dieses tritt nach außen; die Sterne schließlich leuchten, doch empfangen sie das Licht.

64,19 *meister]* Vgl. Albertus Magnus, *De caelo et mundo* II tr.3 c.2. Auf der höchsten Stufe, das heißt in der Reinheit seiner Natur, tritt das Feuer nicht aus sich heraus, ist also nicht sichtbar. Man sieht es denn auch nur, insofern es aus sich heraustritt und sich in einem anderen Ding verwirklicht, indem es dieses sich ähnlich und schließlich gleich macht. Vgl. Anm. 266,22-268,31.

64,27-66,7 *lieht ⟨...⟩ ist]* Das über das Licht des Himmels Gesagte ist dem göttlichen Licht zu vergleichen: Auch dieses ist vollkommen in sich selbst, in seiner eigenen Natur verschränkt, so daß nichts nach außen tritt. Deshalb gibt es keinen *zuganc*, keinen Weg zu Gott (vgl. Bd. I dieser Ausgabe, Anm. 46,7-19). Alles Zunehmen in der Gnade und im Licht Gottes ist ein Weg, auf dem man Gott nicht sieht und der deshalb letztlich überwunden werden muß. Erst dann sieht der Mensch Gott in dem Lichte, das Gott selbst ist. Zur

Lichtmetaphysik Eckharts siehe Bd. I dieser Ausgabe, Anm. 12,28.

66,7 *meister]* Die Herkunft des Zitats läßt sich nicht nachweisen.

66,11-25 *sîner sêle iht* ⟨...⟩ *sêle]* Das ganze Wesen, das ganze Sein der Seele, also sowohl die äußeren wie die inneren Vermögen der Seele sind im Akt der Schau aufgehoben: Es sind dies die niederen Kräfte, also die äußeren Sinne, dann das Denken, schließlich die suchende Vernunft und die höchste Vernunft, die mit dem Seelengrund eins ist. Ob Eckhart mit der suchenden Vernunft den *intellectus possibilis*, mit der obersten Vernunft den *intellectus agens* meint, ist unklar. Die Stelle ist doch eher so zu verstehen, daß Eckhart hier mit der suchenden Vernunft die Vernunft als Seelenvermögen, mit der obersten Vernunft aber den *intellectus possibilis* oder, unter dem Blickwinkel der Inkarnation, den Seelengrund meint, der vom Licht Gottes überformt wird. Klar wird dies jedoch hier nicht. Vor allem S. 66,31 erinnert stark an Formulierungen Dietrichs von Freiberg, der – im Gegensatz zu Eckhart und Albertus Magnus – die Gottesschau im *intellectus agens* verankert sieht (vgl. Mojsisch, *Dynamik*). Es ist auch denkbar, daß Eckhart hier, insoweit er von der Gottesschau, nicht aber von der Gottesgeburt in der Seele spricht, auf die Terminologie Dietrichs zurückgreift. – Wichtig ist an der vorliegenden Stelle die Perspektive der Einheit, unter der alle Seelenvermögen, auch die niederen, im Akt der Schau ins göttliche Licht überführt werden, wobei Eckhart wiederum die Unergründlichkeit und Unerfaßbarkeit, das heißt, die Grundlosigkeit dieser Überführung hervorhebt. Zur Hierarchie der Seelenkräfte siehe Bd. I dieser Ausgabe, Anm. 108,35-112,23, zum Verhältnis von *intellectus agens* und *intellectus possibilis* Bd. I, Anm. 402,18-404,7.

66,26 *meister]* Vgl. Thomas, *Summa theologica* I q.58 a.4 ad 1. Beim Engel entfällt natürlich die Sinneserkenntnis und das diskursive Denken: In ihm eint sich die rezeptive Vernunft unmittelbar der reinen Vernunft, denn er schaut ganz in sich, was er erkennt. Vgl. Anm. 146,23-148,7.

66,34 *meister]* Eckhart erwähnt diesen Grundsatz häufig: Vgl. unten, *Prol. gen.* n.10, S. 470,8-19, und dazu *Liber de causis* prop. 21.

68,1 *Got vliuzet]* Zur Metaphorik des Fließens siehe Anm. 602,14.

68,4-8 *meister ⟨...⟩ herzen]* Eckhart widerspricht der Ansicht, die Seele habe nur im Herzen ihren Ort, auch an anderer Stelle. Vgl. Bd. I dieser Ausgabe, S. 104,24-28 und Anm. sowie Bd. I, Anm. 88,24f.

68,9 *himel]* Der Himmel ist nach mittelalterlicher Anschauung inkorruptibel und umfaßt alles, ohne von diesem berührt zu werden. Vgl. Bd. I dieser Ausgabe, Anm. 574,33-576,23.

68,12 *viur]* Das Feuer nimmt die höchste Stellung unter den vier Elementen Erde, Wasser, Luft und Feuer ein, steht also unmittelbar unter dem Himmel, ohne diesen jedoch zu berühren. Vgl. Bd. I dieser Ausgabe, Anm. 574,33-576,23.

68,16 *als niht]* Gottes Sein gegenüber ist alle Kreatur ein Nichts, Gottes Licht gegenüber ist sie Nacht (S. 68,27). Vgl. Bd. I dieser Ausgabe, Anm. 52,16-22.

68,24-26 *Diu sunne ⟨...⟩ lieht]* Zum Scheinen der Sonne während der Nacht siehe Bd. I dieser Ausgabe, S. 166,13-23.

70,12-15 *lieht ⟨...⟩ wesen ⟨...⟩ güete ⟨...⟩ ein]* Die Transzendentalien sind in bezug auf die Einheit Gottes *zuolegunge*, also etwas, das die Gottheit bereits bestimmt (vgl. Bd. I dieser Ausgabe, Anm. 72,16-21). In der Einung mit Gott ist selbst diese Bestimmung Gottes zu überwinden. Deshalb ist jede Erkenntnis, die Gott als etwas Bestimmtes erkennt, keine Gotteserkenntnis. Die Vernunft hat jede Bestimmung zu überwinden, um für Gottes absolute Ununterschiedenheit offen zu werden.

70,22 *über alle namen]* Zur Namenlosigkeit Gottes siehe Bd. I dieser Ausgabe, Anm. 72,16-21.

70,25 *minne]* In der Liebe Gottes geht die Seele ganz auf, so daß sie nichts als diese Liebe kennt und sich von dieser Liebe nicht abzuwenden vermag. Darin sind alle Namen Gottes aufgehoben. Die Liebe, von der hier die Rede ist, ist der Hl. Geist, in dem sich der Mensch mit der Gottheit in der Gottesgeburt vereint. Vgl. Anm. 44,12-18.

72,6f. *Got 〈...〉 niht]* »Gott ist Nichts und Sein. Was ist, ist auch nichts.« Wie der folgende Verweis auf Dionysius zeigt, ist diese Aussage im Licht der negativen Theologie zu sehen. Vgl. Bd. I dieser Ausgabe, Anm. 72,16-21.

72,7-11 *Dâ von 〈...〉 sî]* Zitiert im *Lehrsystem* (ed. Cadigan, S. 145,7-14).

72,8 *Dionysius]* Dionysius Areopagita, *De mystica theologia* c.5.

72,14f. *lieht 〈...〉 vinsternisse]* Vgl. Bd. I dieser Ausgabe, Anm. 12,28.

72,16-18 *Ein 〈...〉 im]* Zitiert im *Lehrsystem* (ed. Cadigan, S. 134,16-20).

72,17 *meister]* Vgl. Augustinus, *De trinitate* VIII c.2 n.3; *Liber XXIV philosophorum* prop. 23. Eckhart weist hier im Rahmen seiner negativen Theologie jede Rede in *glîchnisse* über Gott ab.

72,20-25 *verworfenheit 〈...〉 nihte]* Der Ausdruck *verworfenheit ir selbes* bezeichnet die vollkommene Überwindung des Selbstseins des Menschen in der Einung mit Gott. Dabei wird die Seele zunichte. In Verbindung mit dem Schwangerschaftsmotiv bedeutet dies, daß die Seele in ihrem Nichts-Sein und ihrem Nicht-Sein vollkommen von Gott überformt wird, insofern er sich in sie gebiert. Vgl. Bd. I dieser Ausgabe, Anm. 18,2-9, zur Gottesgeburt Bd. I, Anm. 82,21-86,7. – Zum Motiv des Traums in der deutschen Mystik des Mittelalters siehe Haas, *Gottleiden*, S. 109-126.

72,27f. *Er 〈...〉 er]* Die ersten zwei *er* beziehen sich auf Paulus, das dritte auf Gott.

72,28 *in im]* Gott umfaßt das Sein aller Kreaturen, insofern er das Sein selbst ist, insofern er die Idee aller Kreatur in sich hat, aber auch insofern er die Kreatur auf die Weise ihres Grundes und ihres Zieles enthält. Er ist Ursprung und Erfüllung aller Kreatur. Siehe Bd. I dieser Ausgabe, Anm. 406, 31-408,26.

72,31-74,7 *meister 〈...〉 ensint]* Eckhart bezieht sich auf

die antike und mittelalterliche Erkenntnislehre. Alle Welterkenntnis bezieht sich auf Äußeres und wird von diesem Äußeren affiziert. Kraft der Abstraktion gewinnt das Erkennen daraus den Begriff der Dinge. Die Erkenntnis im Grunde der Seele hingegen bezieht sich nicht auf dieses Äußere, sondern auf die Ideen der Dinge, also auf ihr Sein in Gott, in ihrer Ursache (vgl. Bd. I dieser Ausgabe, S. 394,4-19 und Anm.). In Gott schließlich erkennt die Seele nichts als Gott, denn Gott teilt sich nicht. So erkennt sie Gott allein, die Kreatur also nicht. Deshalb sah Paulus allein Gott – und sonst nichts.

74,9-11 *Ein ⟨...⟩ hât]* Zitiert im *Lehrsystem* (ed. Cadigan, S. 184,1-7).

74,9-20 *meister ⟨...⟩ mittel]* Die drei Meisterzitate sind so allgemein gehalten, daß sie kaum auf bestimmte Quellen zu beziehen sind.

74,21 *lieht]* Zur Lichtmetaphorik siehe Bd. I dieser Ausgabe, Anm. 12,28.

76,4 *Augustînus]* Augustinus, *Sermo CCLXXIX* c.1 n.1.

76,6-10 *Dâ ⟨...⟩ blicke]* Zitiert im *Lehrsystem* (ed. Greith, S. 157,6-11; ed. Cadigan, S. 299,14-300,2).

76,7 *Augustînus]* Gott ist der Seele näher, als sie sich selber ist. Vgl. Augustinus, *De trinitate* VIII c.7 n.11.

76,9 *von nôt]* Gott muß sich der abgeschiedenen Seele mitteilen. Vgl. Bd. I dieser Ausgabe, Anm. 50,1f.

76,14-16 *Bekantnisse ⟨...⟩ bekantnisse]* Wie in den *Quaestiones Parisienses* und an verschiedenen anderen Stellen seines Werks setzt Eckhart auch hier das Erkennen über das Sein. Das Erkennen ist *ein gruntveste und ein fundament alles wesennes*, besitzt also unter bestimmter Hinsicht auch eine Priorität vor dem Sein. Dies heißt jedoch nicht, daß in Gott Erkennen und Sein zu unterscheiden wären. Es geht Eckhart vielmehr darum, das Sein Gottes klar vom Sein der Kreatur zu unterscheiden. Diese ist überhaupt nur, insofern ihr Gott das Sein mitteilt, doch ist das göttliche Sein nicht mit dem kreaturhaften Sein zu vermischen. Das göttliche Sein ist als erkenntnishaftes, vollständig sich selbst transparentes und vollkommen erfülltes Sein *puritas essendi* und in dieser Lauterkeit eins mit dem göttlichen Erkennen, also *istige vernünfticheit* (S. 20, 24; vgl. Anm. 548,27). Auch die Liebe ist immer durch die Erkenntnis vermittelt, denn nur das Erkannte kann geliebt werden; vgl. Bd. I dieser Ausgabe, Anm. 108,35-112,23.

76,18 *meister]* Aristoteles, *De anima* II c.7 (II c.7 418b26).

76,33-78,9 *dâ ez ûzbrichet ⟨...⟩ keine wîse]* Das Licht Gottes soll nicht wahrgenommen werden, insofern es die Seele berührt, sondern insofern es in Gott ist, im Ort also, aus dem es hervorgeht. Selbst das Hervorgehen des Lichts, selbst das *sweben* des Lichts im Ursprung muß hintergangen werden. Diese Steigerung bringt zum Ausdruck, daß Gott absolut unnennbar, daß er »Weise ohne Weise«, »Sein ohne Sein«, also absolut unfaßbar ist. Vgl. Bd. I dieser Ausgabe, Anm. 72,16-21.

78,9 *Bernhart]* Pseudo-Bernhard, *In Cantica*, sermo 7 (PL, Bd. 184, Sp. 44C).

PREDIGT 72

Die Predigt ist in drei Hss. und im BT (305va) ganz, in neun Hss. fragmentarisch überliefert. Sie ist hsl. für Meister Eckhart bezeugt. Vgl. Pfeiffer, Pr. XCVIII, S. 314-317; *Par. an.*, Pr. 51, S. 113-115. Die Aufnahme der Predigt in die Sammlung des *Par. an.* läßt die Vermutung zu, daß die Predigt kurz nach dem ersten Pariser Magisterium Eckharts entstanden ist (vgl. Überblickskomm., Bd. I dieser Ausgabe, S. 737f.).

Literaturhinweise: Mojsisch, *Meister Eckhart*, S. 142; Quint, DW III, S. 237f.; Zum Brunn, *Dieu n'est pas être*, S. 90.

Das Leitzitat Matth. 5,1 steht im Evangelium derjenigen Heiligenfeste, die bei der Pr. 52 angeführt sind. BT weist sie auf Allerheiligen. Die Predigt ist jedoch liturgisch nicht verankert, sondern zentral am Motiv des Berges, der Höhe und der Verklärung orientiert.

Der Aufbau folgt auch hier dem Schema der Homilie. Eckhart beginnt mit der Auslegung der Worte »und lehrte«, die er auf die Seele bezieht. Soll diese Gottes Lehre empfangen, muß sie sich sammeln und von der Welt abwenden. Erst wenn sie über ihre eigenen Vermögen und über das Denken hinausgestiegen ist, kann Gott sich ihr mitteilen, da sie nur dann nicht zerstreut, sondern einfach ist (S. 80,6-17). Auf dieser »Höhe« teilt sich ihr Gott mit: Der »Berg«, von dem im Schriftvers die Rede ist, meint die Höhe und die Süße Gottes, die über aller Kreatur steht. Der Mensch, der auf dieser Höhe steht, nimmt nichts wahr als Gott und sich selbst, insofern er Bild Gottes ist. Was hoch ist, ist deshalb Gott nahe und erkennt ihn ohne Bild und Gleichnis, also nicht in der Weise kreaturhaften Erkennens. Diese höchste Stufe des Erkennens ist bildlos und vorstellungslos (S. 80, 18-82,11). Darin wird die Seele »verklärt«: Sie wird eins mit dem Bild Gottes, das Christus ist, und kehrt so in die Unmittelbarkeit der verborgenen Gottheit zurück. Darin ist sie ganz eins mit der Gottheit und empfängt alles unmittelbar in der Gottheit (S. 82,12-28). Dies setzt die Einfaltigkeit der Seele voraus, in der sie sich über die Kreatur erhebt, um das göttliche Licht zu schauen. Die Finsternis der Kreatur überwindet nur der, der blind ist und an nichts haftet, der so vom göttlichen Licht übergossen und geblendet wird, daß er schließlich um nichts mehr weiß und selbst dem Licht entwächst. Die Seele muß also über ihre Vermögen hinausgehen, in denen das Licht wirkt, wenn es sie leitet, um in ihrem Grund Gott zu begegnen. Erst dort wird sie mit der Trinität ganz eins und überschreitet schließlich selbst die trinitarische Entfaltung der Gottheit, um sich mit dem Licht über dem Licht, mit der Einheit Gottes zu vereinen, in der Gott nicht aus sich heraustritt (S. 82,29-88,9).

80,6 *Augustînus]* Augustinus, *De disciplina christiana* c.14 n.15.

80,9 *sich verzîhen]* Der vorliegende Abschnitt stellt einen ganzen Katalog von Termini bereit, die zusammen die Voraussetzung der Einung in der Abgeschiedenheit der Seele bilden (vgl. Völker, *Die Terminologie*). Vgl. Bd. I dieser Ausgabe, Anm. 18,2-9.

80,12 *krefte der sêle]* Das Übersteigen der äußeren Seelenvermögen und der diskursiven Vernunft auf die Einung hin erläutert Eckhart ausführlich in der vorangehenden Predigt, S. 66,10-25 (vgl. Anm.).

80,20f. *got und sich]* Zur Selbsterkenntnis in der Gotteserkenntnis vgl. Bd. I dieser Ausgabe, Anm. 176,24-32.

80,23 *krefte]* Gemeint sind die obersten Seelenkräfte. Vgl. Bd. I dieser Ausgabe, Anm. 108,35-112,23.

80,29f. *sunder bilde ⟨...⟩ in bilde]* In Gott erkennt der Mensch alles ohne Bild und Gleichnis, während sein naturhaftes, kreaturhaftes Erkennen gerade dadurch charakterisiert ist, daß es immer vermittelt ist. Vgl. Bd. I dieser Ausgabe, Anm. 108,35-112,23.

82,1-6 *Augustînus ⟨...⟩ engeln]* Zu den drei Stufen der Erkenntnis – nach Augustinus, *De Genesi ad litteram* XII c.34 – siehe Bd. I dieser Ausgabe, S. 644,24-646,10, sowie Bd. I dieser Ausgabe, Anm. 108,35-112,23. Hinsichtlich dem Erkennen ist der Mensch dem Engel gleich, während er diesen Status in der Gottesgeburt übersteigt. Vgl. Bd. I dieser Ausgabe, Anm. 16,30f.

82,7-9 *engel ⟨...⟩ engel]* Zur Hierarchie der Engel (Throne, Cherubim und Seraphim) und zu ihrer Erkenntnisweise siehe Anm. 146,23-150,3.

82,8 *meister]* Eckhart bezieht sich auf Thomas von Aquin. Vgl. Anm. 62,9-19.

82,13 *in daz bilde]* Eckhart legt hier die Grundzüge seiner Bildtheologie dar. Vgl. Bd. I dieser Ausgabe, Anm. 186,28-190,27. Zum Einssein Gottes siehe Bd. I dieser Ausgabe, Anm. 72,16-21.

82,31-84,5 *meister ⟨...⟩ dingen]* Vgl. Thomas von Aquin, *Sententiae* II d.20 q.2 a.2 ad 5 und Albertus Magnus, *De anima* III tr.1 c.1. Die Einfalt der Tiere und der Kinder macht diese unmittelbar empfänglich für den Einfluß des Himmels und der Sterne (vgl. Bd. I dieser Ausgabe, Anm. 574,33-576,23), während der denkende und bewußt wahrnehmende Mensch sich im Umgang mit der Mannigfaltigkeit der Welt seine eigene, durch sein erkennendes und denkendes Wahrnehmen vermittelte Welt baut. Diese Selbstverwirklichung des Menschen in der Mannigfaltigkeit macht ihn unempfänglich für Gott. Ihre Überwindung ist aber nur metaphorisch als Rückkehr in die Kindheit zu deuten: Die Empfänglichkeit, die im vorliegenden Beispiel das Kind auszeichnet, erlangt der Mensch allein in Abgeschiedenheit und Gelassenheit wieder (vgl. Anm. 434,14).

84,8 *durch die engel]* Die Kreatur ist zuerst in Gott, geht dann aus ihm hervor und durch die Engel hindurch nach außen. Dies ist – mit dem folgenden Verweis auf Augustinus – erkenntnistheoretisch, nicht ontologisch zu verstehen, da Eckhart ja keine seinsvermittelnde Funktion der Engel kennt (vgl. Bd. I dieser Ausgabe, Anm. 98,20-25): Insofern der Engel nicht im selben Sinne wie der Mensch Kreatur ist, insofern er Gott nahe ist und sich in seiner Natur unmittelbar auf Gott bezieht, erkennt er in diesem Bezug alle Dinge. Er nimmt diese unmittelbar wahr, weil er nicht – wie die gefallene Kreatur – der Unmittelbarkeit dieser Schau beraubt ist (vgl. Anm. 146,23-150,3).

84,16 *Augustînus]* Augustinus, *De Genesi ad litteram* IV c.24 n.41.

84,19 *niuwe 〈...〉 zîtlicheit]* In der Ewigkeit sind alle Dinge immer neu, während sie in der Zeit alt werden und vergehen. Vgl. Bd. I dieser Ausgabe, Anm. 406,31-408,26.

84,27f. *tage der êwicheit]* Der »Tag der Ewigkeit« meint die Überwindung alles Zeitlichen in der zeitlosen Fülle Gottes. Vgl. Bd. I dieser Ausgabe, Anm. 406,31-408,26.

84,29 *lieht 〈...〉 naht]* Der Gegensatz zwischen Gott und Kreatur ist als Gegensatz von Tag und Nacht zu sehen. Zu den folgenden Ausführungen über die Finsternis vgl. Bd. I dieser Ausgabe, Anm. 12,28.

86,10 *meister]* Vgl. S. 64,16f. und Anm.

86,15f. *meister]* Es ist unklar, welchen *meister* Eckhart im Auge hat. Vgl. etwa Augustinus, *Soliloquia* I c.1 n.3; *Liber de intelligentiis*, ed. Baeumker, S. 8ff.

86,18 *meister]* Alcher von Clairvaux, *De spiritu et anima* c.27.

86,21f. *kreften ⟨...⟩ grunt]* Zum Unterschied zwischen Seelenkräften und Seelengrund siehe Bd. I dieser Ausgabe, Anm. 32,26-36,5.

86,26 *meister]* Die Einheit des Seins der Seelenkräfte und des Seins der Seele vertritt Thomas, *Summa theologica* III q.90 a.3. Vgl. Bd. I dieser Ausgabe, Anm. 108,35-112,23.

86,28 *vernünfticheit ûzbrichet]* Das angeführte Beispiel besagt, daß Seele und Seelenvermögen wie das Feuer und der Schein des Feuers eins sind. Die Vernunft jedoch führt über diese Einheit hinaus, insofern sie ihren Grund wahrnimmt, also ihr Sein über der Entfaltung in Feuer und Schein. Die Vernunft bezieht sich so auf die *puritas essendi*, auf die undifferenzierte Einheit und Fülle des Seins in Gott. Vgl. Anm. 548,27.

86,31-88,2 *Dâ got ⟨...⟩ bekantnisse]* Die Einung der Seele mit Gott führt über das Hervorgehen des Sohns hinaus, also auch über alles Licht und alles Erkennen. Sie geht im Überschreiten aller Kategorien ein in die Dunkelheit des ganz in sich verschränkten Gottes. Vgl. Bd. I dieser Ausgabe, Anm. 72,16-21.

88,5 *lêrære]* Eckhart wird sich auf einen Kommentar zur zitierten Stelle des Matthäusevangeliums beziehen. Die »Gotteserkenntnis durch die Schrift« meint natürlich die Offenbarung Gottes in der Hl. Schrift. Zur Gotteserkenntnis in der Kreatur siehe Bd. I dieser Ausgabe, Anm. 496,5-19.

PREDIGT 73

Die Predigt ist in drei Hss. und im BT (253vb) ganz, in drei Hss. fragmentarisch überliefert. Außer der allgemeinen Bezeugung im BT fehlt eine Zuweisung. Vgl. Pfeiffer, Pr. LXXIII, S. 228-231.

Literaturhinweise: Quint, DW III, S. 257f.; Theisen, *Predigt*, S. 283f.

Das Leitzitat Jes. Sir. 45,1f. steht in der Lesung des Festes des hl. Benedikt (21. März). Vgl. *Sermo I.*

Eckhart führt zunächst aus, wie das Schriftzitat auf den hl. Benedikt zu beziehen ist, um sich dann sogleich dem Thema der Verklärung zuzuwenden. Diese wird gefaßt als das Licht der Vernunft, das die Seele über alles Körperliche und Zeitliche, schließlich auch über die Weisheit und das Gutsein hinausführt. Die Vernunft ist denn auch, im Gegensatz zum Willen, nicht durch etwas bestimmt, auf das sie bezogen wäre. Dies ist allein beim Willen, der kraft des Gutseins will, und beim diskursiven Erkennen, das kraft der Wahrheit erkennt, der Fall. Die Vernunft selbst hingegen überschreitet diese Grenzen. Über dem Licht der Vernunft steht ein weiteres Licht: Es ist das Licht der Gnade, in dem alles Kreaturhafte, selbst die naturhafte Vernunft, klein wird. Im Licht der Gnade »schmeckt« die Seele Gott (S. 90,17-92,33). Nach diesen Ausführungen zum Begriff der *klârheit* wendet sich Eckhart dem Eingang des Schriftverses zu: Daß der Schrifttext das Wörtchen »ist« verschweigt, hat nach ihm die Bedeutung, daß in diesem die Wandelhaftigkeit und die Zeitlichkeit der Kreatur zum Ausdruck kommt. Gerade dem ist jedoch Gott enthoben: Das Sein steht über allem Wandelbaren und enthält alles in sich. Es ist eins und unerkennbar. Dennoch teilt es sich der Seele mit, die völlig entblößt ist und sich von der Kreatur und der Zeitlichkeit gelöst hat. Sobald die Seele bloß ist, spricht Gott sein Wort in die Vernunft. Diese Abgeschiedenheit der Seele verdankt sich der Gnade, dank der es der Seele leicht fällt, alle Dinge zu lassen (S. 94,1-96,11). Geschieht dies, liebt Gott sich selbst in der Seele, da er in ihr sein Gleiches erkennt. In diesem Sinne zwingt die abgeschiedene Seele Gott, sie zu lieben, da sie ihm in der Abgeschiedenheit gleich geworden ist und er sich dem Gleichen nicht vorenthalten kann. So liebt denn Gott in der Seele die Seele mit göttlicher Liebe und wirkt in ihr das göttliche Werk, das die Seele erleidet (S. 96,12-98,4).

90,8 *eigenlîche]* Eckhart stellt den Bezug her zwischen den Worten *in benedictione* des Schriftverses und dem hl. Benedikt.

90,13 *von im liset]* Eckhart bezieht sich auf die *Vita S. Benedicti* im Buch II der *Dialogi* Gregors des Großen.

90,17 *Grêgôrius]* Vgl. Anm. 90,13.

90,19-92,14 *natiurlich lieht ⟨...⟩ vernünfticheit]* Das Moment der *klârheit* in Benedikts Schau erläutert Eckhart zuerst mit der natürlichen Vernunft des Menschen: Diese überschreitet den Horizont der zeitlichen und räumlichen Entfaltung alles Geschaffenen, insofern sie alles Geschaffene erkennend auf seinen Ursprung zurückführt. Die Vernunft ist mit dem Geschaffenen nicht vermischt, sondern in sich absolut unbegrenzt und unbestimmt. Sie steht über allem, selbst über der Wahrheit und der Weisheit, wie Gott über den Transzendentalien, der Weisheit und dem Gutsein steht. Sie ist nicht, wie der Wille, abhängig davon. Aus dieser unvermischten und unbestimmten Vernunft, die reines Licht ist, geht das Erkennen (*bekantnisse*) hervor. Eckhart wendet hier das Schema der Unterscheidung zwischen dem Sohn und dem Vater – als der Gottheit – an, um analog den Begriff der Vernunft und denjenigen des Erkennens zu fassen. Auf eine solche Unterscheidung zwischen *vernünfticheit* und *bekantnisse* trifft man sonst selten in Eckharts Werk. Zumeist sind die Begriffe austauschbar. Zum Begriff der Vernunft und zum Unterschied zwischen Vernunft und Wille siehe Bd. I dieser Ausgabe, Anm. 108,35-112,23, zum Begriff des Lichts Bd. I, Anm. 12,28.

92,15 *lieht der gnâde]* Das Licht der Vernunft wird vom Licht der Gnade überboten. Vgl. Anm. 600,4-18; Bd. I dieser Ausgabe, Anm. 12,28.

92,31 *heilige]* Es ist unklar, wen Eckhart meint.

94,3 *›ist‹]* Eckhart erklärt das Fehlen des Wörtchens *ist* im Schriftvers damit, daß das *ist* die Wandelhaftigkeit und Zeitlichkeit der kreaturhaften Existenz zum Ausdruck bringe. Es wird weggelassen im Blick auf das unwandelbare Sein (*wesen*) Gottes, das in sich alle Dinge enthält und sich jeder Benennung entzieht. Vgl. Bd. I dieser Ausgabe, S. 244,9, wo Eckhart das *ist*, von dem er dort jedoch nicht explizit spricht, im selben Sinne deutet.

94,11 *Dionysius]* Dionysius Areopagita, *De caelesti hierarchia* c.2 § 5. Zur negativen Theologie Eckharts siehe Bd. I dieser Ausgabe, Anm. 72,16-21.

94,16 *meistern]* Eckhart bezieht sich auf die theologischen Diskussionen über das Wesen der *visio beatifica* bzw. der *unio.* Vgl. Bd. I dieser Ausgabe, Anm. 82,21-86,7. Zum Hintergrund vgl. die oben, Anm. 40,5, verzeichnete Literatur.

94,20 *sîn gotheit hanget]* Wie Eckhart bereits gesagt hat, hält Gott nach dem Menschen Ausschau, da sein Gottsein darin besteht, sich dem Menschen mitzuteilen. Vgl. Bd. I dieser Ausgabe, Anm. 50,1f.

94,24-31 *entblœzet ⟨...⟩ vernünfticheit]* Damit sich Gott der Seele mitzuteilen vermag, muß diese empfänglich sein dafür. Dies ist sie nur, wo sie *blôz* ist, also in der Abgeschiedenheit (vgl. Anm. 434,14) aller ihrer Eigenbestimmung und ihrer Bindung an Zeit und Kreatur verlustig geht. Dies ist der Zustand der Nacht oder des Schweigens (vgl. Bd. I dieser Ausgabe, Anm. 386,17-29), in dem die Seele in der Weise der Geburt das Wort Gottes empfängt.

94,31f. *wort ⟨...⟩ wort]* Gott spricht das Wort in der dafür bereiten Vernunft. Vgl. zur Worttheologie Anm. 512,7.

96,4 *gnâde]* Zum Wirken der Gnade siehe Anm. 600,4-18.

96,12 *in der sêle]* Gott ist in der Seele und in allen Dingen, doch ist er in vorzüglicherer Weise in der Seele, insofern er ihrem Grunde immer ganz gegenwärtig ist (vgl. Bd. I dieser Ausgabe, Anm. 32,26-36,5) und insofern die Seele die Möglichkeit besitzt, vernunfthaft zu Gott aufzusteigen, von dem sie gnadenhaft überformt und in die Einheit überführt wird (vgl. S. 22,4-24,5). In dieser Einheit ist die Seele Gottes Ruhestatt, da sich Gott in ihr ganz ausspricht und sich ihr ganz mitteilt. Die Seele geht dadurch ein in die Fülle und Ruhe Gottes. Vgl. Bd. I dieser Ausgabe, Anm. 636,10-18.

96,14 *meister]* Daß Gott nur sich selbst liebt, ist darin begründet, daß er alles liebt, insofern es in ihm ist und aus ihm fließt. Dieser Gedanke, den Eckhart in den folgenden

Zeilen ausführt, ist grundsätzlich in der Struktur der Liebe begründet, insofern die Liebe sich auf das Gleiche bezieht, also nur Gleiches Gleiches zu lieben vermag und Gott daher in uns nichts als sich selbst – das uns von ihm in seiner Güte Mitgeteilte – zu lieben vermag. Liebe setzt denn auch immer Erkenntnis voraus, da sie sich erst entfaltet, wo Gleiches sich als Gleiches erkennt. Siehe Anm. 262,29-264,5.

96,18 *ûzblüejen]* In der Liebe Gottes, also in der Liebe Gottes zu sich selbst, erblüht der Hl. Geist. Vgl. Anm. 44,12-18 und Anm. 262,29-264,5.

96,20 *heilige]* Vgl. Augustinus, *Epistulae* CXCIV c.5 n.19 und *De gratia et libero arbitrio* c.6 n.15.

96,28-98,4 *nôt* ⟨...⟩ *würken]* Zum Gedanken, daß Gott des Menschen bedürfe und sich dem Menschen nicht vorenthalten könne, siehe Bd. I dieser Ausgabe, Anm. 50,1f. Bei der Einung des Menschen mit Gott ist alles Wirken Gott anheimgestellt. Was der Mensch beizutragen vermag, bezieht sich nur auf die Empfänglichkeit und auf das Aufgeben allen menschlichen Widerstands, das heißt allen Selbstverfügungsanspruchs.

PREDIGT 74

Die Predigt ist im BT (302rb) ganz, in einer Hss. fragmentarisch überliefert. Eine dritte Hs. bietet einen weiteren kleinen Splitter. Zur besseren Vergleichbarkeit wurde der Text der zweiten Hs. dem Text des BT gegenübergestellt. Außer der allgemeinen Bezeugung im BT fehlt eine Zuweisung. Vgl. Pfeiffer, Pr. LXXXVI, S. 275-279.

Literaturhinweise: Kern, *Der »Arme«*, S. 1f.; Quint, DW III, S. 272f.; Ruh, *Meister Eckhart*, S. 159f.; Theisen, *Predigt*, S. 307-309.

Das Leitzitat Jes. Sir. 45,1 ist der Lesung des Festes des hl. Franziskus von Assisi entnommen (4. Oktober). Vgl. die Pr. 73 zum Fest des hl. Benedikt.

Eckhart führt zunächst aus, daß die Exemplarität des Lebens des hl. Franziskus in der wahren Armut und in der wahren Demut begründet ist. Wahre Armut zielt auf die Abgeschiedenheit von der Kreatur, wahre Demut auf die Verneinung des eigenen Selbst (S. 100,4-102,4). Der Prediger kehrt danach zum Schriftwort zurück und deutet zunächst das *Dilectus*: Wer Gott liebt, wird von allen Heiligen und Engeln geliebt. Er geht in diese unermeßliche Liebe ein und kann keine Feinde mehr haben, da sein Feind Gottes Feind ist und Gott ihm denn auch verzeiht oder an ihm Rache übt. Der mögliche Einwand, schlechte Menschen, diejenigen also, die Gott nicht lieben, hätten es besser hier auf Erden, ist nicht durch die drohende Strafe zu entkräften. Vielmehr straft derjenige sich selbst, der Übles tut. Dadurch, daß er sündigt, ist er bestraft (S. 102,5-104,18). Ursprünglich, fährt Eckhart fort, war der der Predigt zugrundeliegende Schrifttext auf Moses bezogen: Er ist der Mensch, der »aus dem Wasser gezogen« wurde, der also die vergänglichen Dinge zurückgelassen hat und abgeschieden ist. Nur derjenige, der die Welt verschmäht und allein für Gott lebt, wer das Seinige vergißt und es Gott überantwortet, gelangt zu Gott und gewinnt die Tugend. In ihr übersteigt der Mensch die Dinge und sich selbst, sie läßt ihn dies alles vergessen und vereint ihn schließlich mit Gott. Ist der Mensch völlig *sein*, d. h. Gottes, ist Gott völlig *dein*, d. h. des Menschen. Dies ist der Fall, wenn der Mensch nach nichts begehrt als nach Gott. Dann hat der Mensch an allem teil, was je in Gott und aus Gott gewirkt wurde, wie wenn er es selbst gewirkt hätte, und er liebt jeden Menschen in derselben Weise (S. 104,19-108,13). Eckhart wendet sich nun dem zweiten Teil des Schriftverses zu: Der Mensch, der von Gott geliebt wird, besitzt die Seligkeit und das Verdienst aller Menschen, selbst der Jungfrau Maria. Dies setzt jedoch auf der Seite des Menschen nicht nur einen guten Willen, sondern die vollkommene Loslösung von allem Eigenen voraus. Erst in der Entäußerung des Menschen wird ihm die genannte Seligkeit, die Fülle des Verdiensts und der Tugend zuteil. Erst in der Entäußerung auch vermag der Mensch alle anderen Menschen so zu lieben wie sich selbst oder seinen Bruder. Dabei steht nicht das Gebot der Nächstenliebe im Vordergrund, sondern die Überwindung des Eigenen, in der der Mensch mit der Liebe eins wird und kraft dieser Liebe aus Gott den Nächsten und alle Dinge in gleicher Weise liebt. In dieser Liebe empfängt der Mensch, hat er sich des Eigenen entäußert, das Sein jedes Dings in der Weise geistiger Einheit. Er vermag alles in intentionsloser Offenheit zu empfangen. Je offener und allgemeiner der Mensch ist, desto mehr umfaßt er denn auch alles und desto mehr ist er mit dem allgemeinen Sein eins, das unmittelbar Gott entspringt (S. 108,14-114,17).

100,9 *geware armůt]* Eckhart äußert sich ausführlich zum Armutsbegriff in der Pr. 52. Er stellt hier wie dort den Begriff der »geistigen Armut« ins Zentrum (S. 100,26f.). Vgl. Bd. I dieser Ausgabe, Anm. 550,11.

100,9 *Man lißt]* Vgl. Bonaventura, *Legenda Sancti Francisci* c.7 n.6.

100,29 *ware demůtigkeit]* Zum Begriff der Demut siehe Bd. I dieser Ausgabe, Anm. 174,10-176,5.

102,1 *verworffenheit sein selbs]* Vgl. Bd. I dieser Ausgabe, Anm. 18,2-9.

102,9 *alle die lieb]* Alle Liebe, die der Mensch sich erdenken oder vorstellen kann, ist der Liebe ungleich, in der er von den Heiligen und Engeln im Himmel geliebt wird. Dies ist so zu verstehen, daß der Mensch, insofern er Gott liebt, diesen nicht kraft seiner kreaturhaften Liebe liebt, sondern kraft der umfassenden Liebe, in die er eingeht. In dieser Liebe stehen auch die in die Seligkeit eingegangenen Heiligen und die Engel, die also notwendigerweise den in die göttliche Liebe eingegangenen Menschen kraft der göttlichen Liebe lieben. Diese göttliche Liebe entzieht sich aller Vorstellung.

102,20 *meister]* Zur Zahllosigkeit und zur Natur der Engel vgl. Anm. 146,23-150,3.

104,9 *dein schad]* Der Schaden, der aus der schlechten Tat resultiert, ist also nicht die Strafe, sondern die schlechte Tat selbst. In ihr schadet sich der Mensch, insofern er im Tun der Sünde sich seiner Seligkeit beraubt. Es ist dies die höchste Strafe, die selbst die Höllenstrafe überbietet. Der »Zorn Gottes« wird hier vollständig ins Jetzt des Lebens eingebettet und im Sinne einer präsentischen, ganz auf die Gegenwart bezogenen Eschatologie gedeutet: In der Sünde beraubt sich der Mensch selbst der Fülle, die er im Guten zu erlangen vermag. Er stürzt dadurch ins Nichts. Zum Begriff der Sünde und der Hölle siehe Bd. I dieser Ausgabe, Anm. 68,19-22 und Anm. 608,13f.

104,22 *vom wasser ist genommen]* Eckhart bezieht sich auf 2 Mos. 2,10. Zur nachfolgenden Deutung vgl. Isidor von Sevilla, *Etymologiae* VII c.6 n.46 und Hieronymus, *Liber interpretationis Hebraicorum nominum*, ed. de Lagarde, S. 14,1.

104,25 *abgescheiden]* Zum Begriff der Abgeschiedenheit siehe Anm. 434,14.

106,5 *andern sermon]* Es ist unklar, an welche Predigt Eckhart hier denkt. Zur Liebe vgl. Anm. 262,29-264,5.

106,8 *Omne]* (Lat.) »Alles«.

106,9 *Des meinen]* Zur Überwindung alles Eigenen siehe Bd. I dieser Ausgabe, Anm. 18,2-9. Eckhart führt den Gedanken im übernächsten Abschnitt weiter: Der Mensch muß sich ganz preisgeben, ganz Gottes sein, damit Gott sein wird.

106,14 *vierley grad]* Auch der Weg der Tugend ist als Weg der Selbstverneinung und der Abgeschiedenheit zu denken, an dessen Ziel der Mensch im Einen alle Tugend erlangt. Die Tugend bereitet den Menschen vor, läßt ihn die Bindung ans Vergängliche überwinden, so daß er dieses schließlich vergißt und ganz in Gott eingeht. Zum Begriff der Tugend vgl. Anm. 276,1-24.

108,1 *geschrifft]* *In Exod.* n.12 und im *Sermo LV/4* verweist Eckhart für denselben Gedanken auf Avicenna, *Metaphysica* IX c.7.

108,8 *er]* Es wird der Prophet gemeint sein.

108,24-34 *›alk ⟨...⟩ hett]* Der Mensch, der das Eigene aufgegeben hat und mit Gott vereint ist, ist mit allem eins, was in Gott ist. Er hat also auch an allem teil, was je aus der Tugend gewirkt wurde. Vgl. Anm. 278,4-22.

110,13-112,24 *sprich ich ⟨...⟩ gleich]* Eckharts Antwort auf den vorangehenden Einwand sucht gerade im Einwand das festzumachen, was er zu überwinden fordert. Der Einwand bringt denn auch zum Ausdruck, daß der Mensch, der ihn formuliert, es auf etwas *abgesehen* hat, also intentional handelt und etwas für sich will. Die Überwindung dieses Eigenwillens ist jedoch die einzige Möglichkeit, an der zuvor beschriebenen Tugend in Gott zu partizipieren. Durch den Verzicht geht der Mensch in die Gleichheit ein, in der er auch, da er ja in der Gleichheit, also in der Einheit mit der Liebe Gottes liebt, den Nächsten wie sich selbst liebt. Wo der Mensch hingegen sein eigenes Heil, also das Seinige intendiert, vermag er sich dieser einen Liebe nicht zu verbinden. Dies geschieht nur, wo er im Geist das Seinige überwindet. Siehe Bd. I dieser Ausgabe, S. 50,22-26 und Anm.

112,25 *gleichniß]* Das folgende Wasser-Faß-Beispiel führt Eckhart öfter an, um die Differenz zwischen Körperlichem und Geistigem zu illustrieren. Vgl. Bd. I dieser Ausgabe, S. 186,17-25 und Anm.; Bd. I dieser Ausgabe, Anm. 82,2-7.

112,30-35 *engel ⟨...⟩ gemein]* Da der Engel ein geistiges Wesen ist, ist er nicht der kreaturhaften, körperlichen Differenzierung, Bestimmung und Einschränkung des Daseins unterworfen. Als geistiges Wesen ist er vielmehr eins, und alles, was in ihm ist, ist denn auch eins mit ihm. Deshalb sind das Sein und die Seligkeit des höchsten Engels in nichts vom Sein und der Seligkeit des niedersten Engels unterschieden, da beide als geistige Wesen ganz mit dem Wesen des Engelhaften eins sind. Eckhart sucht mit dem vorliegenden Beispiel den Gegensatz geistiger Einheit zu körperlicher Einheit zu illustrieren: Im Bereich des Körperlichen, z. B. im Fall eines mit Wasser gefüllten Fasses, verhält es sich so, daß Wasser und Faß wohl eins, aber eben doch nur vereint sind, während im Geistigen das Geistige selbst real und unzertrennlich eins ist mit dem, wovon es erfüllt ist. So ist das Denken vollkommen eins mit dem Gedanken und der Engel, der ja geistig ist, vollkommen eins mit seinem Wesen. Zum Begriff des Engels siehe Anm. 146,23-148,7.

114,8-17 *gemeiner ⟨...⟩ es ist]* Die Hierarchie des Seienden führt vom Niederen, dem besonderen und individuell bestimmten Seienden, zum Höheren, dem Allgemeinen. Der allgemeinste Begriff ist der des Seins, da dieses unmittelbar in Gott seinen Ursprung hat und alle Kreaturen darin ihr Sein dauernd, das heißt in zeitloser Form, erhalten. Daraus erst fließt in der absteigenden Entfaltung des Seienden das Leben. Zu diesem Bild hierarchischer Entfaltung siehe Bd. I dieser Ausgabe, Anm. 152,9-23 und Anm. 574,33-576,23. Zum Verhältnis der Begriffe *leben* und *wesen* siehe Bd. I, S. 98, 5-15 und Anm.

PREDIGT 75

Die Predigt ist in einer Hs. und im BT (297vb) ganz, in einer Hs. fragmentarisch überliefert. Außer der allgemeinen Bezeugung im BT fehlt eine hsl. Zuweisung. Vgl. Pfeiffer, Pr. LXXXV, S. 272-275; Wackernagel, Pr. LXVI, S. 175-179.

Literaturhinweise: Libera, *Introduction*, S. 291-293; Quint, DW III, S. 291.

Das Leitzitat Joh. 13,34f. findet wie dasjenige der Pr. 81 in keinem Meßformular des dominikanischen Missale Verwendung (Theisen, *Predigt*, S. 72). BT weist die Predigt dem Fest des hl. Bartholomäus zu, was jedoch auf einer Verwechslung der Schriftstelle mit Joh. 15,12 beruhen dürfte.

Der Prediger unterscheidet zu Beginn dreierlei Liebe: die natürliche, die gnadenhafte und die göttliche Liebe. Diese Unterscheidung wird aber nur aus dem Blickwinkel des Menschen getroffen, der zu Gott aufsteigt und dabei diese drei Stufen durchläuft, während in Gott selbst die Liebe eine ist. Die erste Form der Liebe läßt erkennen, wie Gott in seiner Güte sich in die Kreatur verströmt und diese dadurch schafft. Wäre die Seele des Menschen ganz offen, würde sie ganz von dieser Liebe Gottes erfüllt, in der Gott alle Kreatur in gleicher Weise liebt. Damit die Kreatur jedoch diese Liebe ganz zu empfangen vermag, muß sie aus sich, also aus ihrer kreaturhaften Bestimmtheit heraustreten und Gott empfangen. Gott ergießt sich in sie im Maße ihrer Fähigkeit zu empfangen. Insofern im Menschen alle Kreatur versammelt ist, insofern er in seiner Seele alle Dinge birgt, ist er gewissermaßen Mitte der Kreatur. Er soll deshalb alle Kreaturen gleich lieben, wie Gott alle Kreaturen gleich liebt und ihnen das Sein verleiht. Darin vermag der Mensch auf naturhafte Weise Frieden inmitten der Kreatur zu finden (S. 116,8-118, 25). Diesen Horizont naturhaften Friedens mit der Kreatur überschreitet der Mensch in der gnadenhaften Liebe: In seiner gnadenhaften Liebe fließt Gott nicht auf allgemeine Weise in die Kreatur, sondern spezifisch in die vernunftbegabte Kreatur, das heißt, in die Seele des Menschen und in den Engel. Das Licht der Gnade, das den Menschen und den Engel erfüllt, enthebt sie der Eigenlust, die die naturhafte Liebe charakterisiert. Diese Überformung durch die gnadenhafte Liebe setzt voraus, daß die naturhafte Vernunft sich von den Dingen abwendet und von Gott erleuchtet wird. In der Erleuchtung wird sie mit der gnadenhaften Liebe eins und liebt und erkennt Gott in dieser Einheit (S. 118,26-120, 23). Ist die Seele in dieser Weise über sich selbst hinausgetreten und gnadenhaft in Gott eingegangen, gebiert sich Gott in sie. Diese Geburt, in der sich Gott von Ewigkeit her gebiert, ist die Selbsterkenntnis Gottes. Darin geht der Sohn aus Gott in der Seele hervor. Er ist das Licht, in dem die Seele über das Licht der Gnade herauswächst. Die Liebe, in der die Seele, die der Sohn ist, dann geliebt wird, ist der Hl. Geist. Die Seele des Menschen ist so Maria gleich, insofern sie Gott in sich gebiert und damit in die Liebe eingeht, in der sich Gott liebt (S. 120,24-122,22). Will der Mensch durch diese drei Formen der Liebe zu Gott aufsteigen, setzt dies die *abegescheidenheit* von aller Kreatur, ein tätiges Leben aus dem ruhenden Grunde der Seele, ein beschauliches Leben und einen nach oben strebenden Geist voraus. In solchem Aufstreben des Geistes erlangt der Mensch das allgemeine Sein, in dem alles eins ist, und er wird schließlich eins mit dem

Sohn, in dem er alles vom Vater empfängt (S. 122,23-124, 16).

116,8 *drîerleie minne]* Eckhart hebt hervor, daß der Mensch im Aufstieg zu Gott – auch wenn in Gott Einheit und also keine Unterscheidung verschiedener Weisen der Liebe herrscht – drei Formen der Liebe zu unterscheiden hat. Sie sind aus der grundlegenden Schematik allen Aufstiegs zu verstehen als naturhafte, gnadenhafte und göttliche Liebe. Diese drei Formen göttlicher Liebe entfalten sich als naturhafte Liebe in der Schöpfung, als gnadenhafte Liebe in der Erleuchtung der menschlichen Vernunft, als göttliche Liebe in der Inkarnation. Die Formen der Liebe und des Erkennens bilden denn auch das Paradigma des menschlichen Aufstiegs zu Gott: von der Erkenntnis Gottes in der Natur über die vernunfthafte Erleuchtung zur Einung mit dem Sohn. Bei der Erläuterung dieses Aufstiegs greift Eckhart zumeist auf das Bild des Lichts zurück (vgl. Bd. I dieser Ausgabe, Anm. 12,28). Zur Gottesliebe vgl. Anm. 262,29-264,5. Zur Einfachheit Gottes vgl. Bd. I dieser Ausgabe, Anm. 72,16-21.

116,17 *natiurlîchiu güete]* Es ist dem Gutsein eigen, sich mitzuteilen. Deshalb entspricht es Gottes Natur, sich mitzuteilen, insofern er das Gutsein selbst ist (vgl. Bd. I dieser Ausgabe, Anm. 50,1f.). Insofern die Liebe Gottes nicht teilbar ist, da ja Gott ununterschieden ist in sich, kommt sie jeder Kreatur gleich zu. Das Maß des Verströmens dieser Liebe bzw. des Seins setzt allein die Empfänglichkeit der Kreatur (vgl. S. 118,10-12).

116,23 *engel]* Zu den häufigen Vergleichen zwischen Mensch und Engel vgl. Bd. I dieser Ausgabe, Anm. 16,30f., und unten Anm. 146,23-148,7.

116,25 *zirkel]* Eckhart stellt sich Punkte auf einem Kreis vor, die alle den gleichen Abstand zum Mittelpunkt haben (vgl. Mahnke, *Unendliche Sphäre*, S. 153). Kreis-Exempel finden sich auch S. 168,15-19.

118,4 *niht ûzer im]* Gott wirkt nicht außerhalb seiner

selbst, da sein Wirken darin besteht, sich selbst mitzuteilen und den Dingen also die Ähnlichkeit mit ihm zu verleihen, in der sie in Gott eingehen und die Fülle ihres Wesens erlangen. So sind Gottes Schöpfungswerk, das die Dinge ins Sein hebt, und die Inkarnation, in der die Kreatur erlöst wird, immer *in* Gott, da sie sich auf das Sein und die Fülle des Seins der Kreatur in Gott beziehen. Vgl. Anm. 442,27-446,27.

118,10 *gesament]* Alle Kreatur ist im Menschen »versammelt«. Dies ist so zu verstehen, daß der Mensch vernunfthaft die Idee aller Kreaturen zu schauen vermag und diese, insofern er wesenhaft Vernunft ist, immer schon in sich hat (vgl. Bd. I dieser Ausgabe, Anm. 202,7-29). Es ist aber auch so zu verstehen, daß Gott sich dem Menschen, der sich ihm öffnet, in der Gottesgeburt ganz mitteilt, also mit der gesamten Schöpfung (vgl. Bd. I dieser Ausgabe, Anm. 82,21-86,7). Der Mensch, der Gott liebt, muß deshalb auch alle Kreatur kraft der göttlichen Liebe lieben, in der Gott die Kreatur schafft und im Sein erhält. Siehe Anm. 262,29-264,5.

118,24 *heidenischer lêrære]* Vgl. Aristoteles, *Topica* V t.21 (V c.8 138a10f.), und unten S. 580,3. Eckhart hebt hervor, daß diese Erkenntnis schon von den Heiden, also im Licht der natürlichen Vernunft, gemacht wurde.

118,30-32 *liehte 〈...〉 von gnâden]* Das Licht der Gnade und die geistige Erkenntnis führen über das naturhafte Licht der Vernunft hinaus. Es bewirkt, daß der Mensch der Lust an sich selbst beraubt wird und in die Gnade eingeht. Zum Begriff der Gnade vgl. Anm. 600,4-18. Zur Lichtmetaphorik siehe Bd. I dieser Ausgabe, Anm. 12,28.

120,5f. *geminnen 〈...〉 bekennen]* Jede Liebe setzt die Erkenntnis des Geliebten voraus. Deshalb muß die Überformung der Vernunft in der Gnade der Liebe vorangehen: Nur dort, wo sich die Vernunft von der Welt abkehrt und in der Gnade Gott schaut, liebt sie ihn, wie er selbst ist, das heißt, nicht kraft der Eigenliebe des Menschen, sondern kraft der Liebe Gottes, in die der Mensch eingeht, wenn er gnadenhaft Gott erkennt.

120,24-122,23 *Diu dritte 〈...〉 minne]* Die dritte Stufe

göttlicher Liebe besteht in der Gottesgeburt in der Seele des Menschen. Siehe dazu und zum Meisterzitat Bd. I dieser Ausgabe, Anm. 82,21-86,7.

122,24 *vier stücke]* Die Einung mit Gott setzt diese vier Punkte voraus, ist aber auch, insofern sie sich als Überwindung der Zeit versteht, mit ihnen eins: die Abgeschiedenheit (vgl. Anm. 434,14), das aktive Leben aus dem Grunde der Seele heraus, das kontemplative Leben, der nach oben gerichtete Geist. Zur Deutung der biblischen Namen Lia und Rachel siehe weiter *In Gen. II* n.217 und dazu: Gregor der Große, *Epistulae* I epist. 5,35ff.; Isidor von Sevilla, *Etymologiae* VII c.6 n.36. Zum Verhältnis des tätigen und des schauenden Lebens bei Eckhart vgl. vor allem Pr. 86 und dort Anm. 208,8-20.

122,30 *jünger 〈...〉 meister]* Lehrgespräche dieser Art, die in der mittelalterlichen geistlichen Literatur verbreitet sind, begegnen in Eckharts Werken selten. Spuren davon sind etwa noch in den *Reden der underscheidunge* zu fassen. Die Eckhart-Legenden und vor allem Heinrich Seuse werden jedoch auf diese Form zurückgreifen, um Lehrgehalte Eckhartscher Prägung zu vermitteln.

PREDIGT 76

Die Predigt ist in acht Hss. und im BT (314ra) ganz, in vier Hss. fragmentarisch überliefert. Sie ist hsl. für Meister Eckhart bezeugt. Vgl. Pfeiffer, Pr. VII, S. 38-42. Nach Theisen wurde sie im Jahre 1311, 1316 oder 1322 gehalten (*Predigt*, S. 139).

Literaturhinweise: Albert, *Meister Eckharts These*, S. 255-258; Egerding, *Got bekennen*, S. 133-144; Libera, *Introduction*, S. 276; Quint, DW III, S. 307-309; Schürmann, *Maître Eckhart*, S. 242ff.; Theisen, *Predigt*, S. 138-144.

Das Leitzitat 1 Joh. 3,1 findet im alten Dominikanermissale keine Verwendung. Theisen datiert die Predigt mit einer Hs. auf den zweiten Sonntag nach der Osteroktav.

Im Anschluß an das *Videte* des Schriftverses erläutert Eckhart vorerst die Einheit von Sehen und Gesehen-Werden, Erkennen und Erkannt-Werden: Wie die Luft nur erleuchtet ist, insofern sie erleuchtet wird, so erkennt auch der Mensch nur, insofern er von Gott erkannt wird. Sein Erkennen hängt also ganz davon ab, daß Gott ihn erkennen macht (S. 126,4-15). Der Prediger greift dann auf den ganzen Schriftvers zurück, um ihm den Gedanken der Gottessohnschaft des Menschen zu entnehmen. Sohn Gottes ist der Mensch nur, insofern er dasselbe Sein hat, das der Sohn Gottes besitzt. Dies jedoch ist dem Menschen verborgen, solange er nicht das innere Erkennen vom äußeren Erkennen unterscheidet und im inneren Erkennen ins Leben der Seele eingeht, in dem alle Dinge eins sind. Dieses innere Erkennen ist das Seelenfünklein, in dem sich der Mensch der kreaturhaften Erkenntnisordnung von Raum und Zeit enthebt und mit Christus eins wird. Im vernunfthaften Leben mit Christus ist alles eins, wie im Körper alle Glieder eins sind. In dieser Einheit ist alles in allem, ist die Gnade, die Maria empfing, dieselbe Gnade, die der Engel und die Heiligen empfangen, ja, es ist in jedem Fall die eigentliche, ursprüngliche Gnade, die jedem ganz zukommt. Ebenso ist die Gnade, die Maria empfing, in der Einheit nicht zu unterscheiden von der Gnade, die der Mensch empfängt: Er erhält keine in irgendeiner Form abgeleitete oder vermittelte Gnade, sondern diese selbst, und er erhält sie so ganz, vollumfänglich und unmittelbar zu eigen. Die Sohnschaft erhält der Mensch im selben Sinne. Sie ist in keiner Weise durch etwas vermittelt, sondern unmittelbar dasselbe Sein, in dem der Sohn Gottes Sohn ist. Diese Gleichheit des Seins offenbart sich jedoch nur dort, wo der Mensch sehend wird (S. 126,16-130,24). Um dies genauer zu erläutern, greift Eckhart auf die eingangs gemachte Feststellung zurück, Sehen und Gesehen-Werden seien eins: Der Mensch ist denn auch nur in dieser Einheit Sohn Gottes, da in der Einheit von Erkennen und Erkannt-Werden das Erkennen Gottes und darin Gottes Sein in ihn eingehen. Da Gott aber nichts anderem gleich ist, muß der Mensch, um Gott gleich zu werden, zunichte werden. Dies gelingt nur, wo der Mensch sich ganz von seinen Erkenntnisbildern befreit und dadurch in das eine Sein eingeht, das Gott ist. Hat der Mensch sich von allen eigenen Bildern befreit, wird er sehend, da Gott sich ihm offenbart. Demgegenüber ist alles andere »Nichts«, insofern es etwas Bestimmtes und daher etwas dem Sein Gottes und der Unmittelbarkeit seiner Fülle gegenüber Abgegrenztes ist (S. 130,25-134,9). Der Übergang in die Fülle der Gottheit ist die Geburt: Diese findet dort statt, wo der Mensch in sich kein Leid mehr empfindet und in die Freude Gottes eingeht. Solange der Mensch noch Schmerz erfährt, ist er – als noch in der Welt Gebärender – wohl der Geburt nahe, aber noch nicht in ihr. In der Geburt des Kindes selbst jedoch, in der Geburt des Sohnes im Menschen, die über die Welt hinausführt, ist nur noch Freude und Liebe (S. 134,10-136,25).

126,4 *ein ist nâch dingen]* Gott zu erkennen und von Gott erkannt zu werden ist der Sache nach eins. Dies ist, wie die vorliegende Predigt zeigt, nur von der gnadenhaften Einheit des Menschen mit Christus her zu verstehen. Insofern Gott sich Christus ganz mitteilt und der Mensch ganz eins wird mit Christus, sind in Christus Erkennen und Erkanntwerden eins. Vgl. unten S. 130,4-132,4 und Anm. 512,7.

126,24 *daz selbe wesen gotes]* Das Verhältnis des Weisen zur Weisheit gibt hier das Erklärungsparadigma ab für das Verhältnis des Menschen zum Sohn Gottes: Wie der Weise nur im Einssein mit der Weisheit, also nur durch diese weise ist, ist der Mensch nur im Einssein mit Christus Sohn Gottes. Also ist der Mensch nur Sohn Gottes, insofern er dasselbe Sein besitzt, das Christus besitzt. Dieses eine Sein, führt die Predigt im zweiten Schritt aus (S. 128,8-25), besitzen wir im Seelenfunken, der in uns ist als Bild Gottes.

128,8 *vünkelîn der redelicheit]* Der Seelenfunke wird hier als Funke des Erkennens bzw. der obersten Vernunft bezeichnet. Zu den folgenden Ausführungen siehe Bd. I dieser Ausgabe, Anm. 32,26-36,5.

128,26 *glîchnisse]* Das folgende Gleichnis soll die Einheit aller Dinge in Gott illustrieren: Wie Kopf und Fuß mit dem Leib eine Einheit bilden, insofern jeder Teil des Leibes diesen als *seine* Einheit begreift, so begreift etwa der Engel die Gnade, die Maria empfing, als seine Gnade, insofern er die Gnade in der Einheit begreift, die sie in Gott ist. Und ebenso der Heilige: Insofern er mit der Einheit eins ist, begreift er diese als seine Einheit und die Gnade ganz als seine Gnade.

130,5 *einen andern sin]* In der weiteren Deutung geht Eckhart über das zuvor im Beispiel Erläuterte hinaus: War dort von der aus Gott hervorgehenden Gnade die Rede, so jetzt von der Gnade, die ganz in Gott ist. In der Einheit mit Gott begreift der Mensch hier die Gnade nicht nur als etwas, das er ganz besitzt, sondern auch als etwas, das ganz in ihm ist und sein Sein – wie das Sein der anderen – vollkommen aus sich heraus konstituiert. In diesem Sinne besitzt der Mensch dasselbe Sein wie der Sohn Gottes. Zum Begriff der Gnade vgl. Anm. 600,4-18.

130,21 *âne allen underscheit]* Zur vollkommenen Einheit des Menschen mit Christus siehe Bd. I dieser Ausgabe, Anm. 82,21-86,7, und oben Anm. 28,17-30,2.

130,19-24 *Dar umbe ⟨...⟩ ist]* Zum Gedanken, daß die Einung mit Gott selbst die *glîcheit* hinter sich läßt, siehe Bd. I dieser Ausgabe, Anm. 154,29-156,9 und die Stellen, auf die dort verwiesen ist, besonders Bd. I, S. 82,2-13.

130,25-132,3 *Got ⟨...⟩ sun gotes]* Wie das Erkennen des Lehrers und des Schülers als Erkennen eins sind, da ja beide im Erkennen dasselbe erkennen, so ist das Erkennen Gottes und des Menschen eins. Darüber hinaus aber ist dieses Erkennen, insofern Gottes Sein sein Erkennen ist, *ein* Sein. In diesem Sinne des einen Seins, das in der Einheit des Erkennens besteht, ist der Mensch Sohn Gottes.

132,11 *wir niht sîn]* Gottes absolute Unterschiedenheit fordert vom Menschen auch die absolute Unterschiedenheit, soll dieser eins werden mit Gott. Dies ist nur möglich, wenn der Mensch alle kreaturhafte Bestimmung ablegt und zunichte wird. Das wird hier in die Formulierung gefaßt: *daz ich mich gebilde in niht und niht engebilde in mich*, daß ich mich also nicht über die kreaturhafte Vermittlung begreife. Ist der Mensch nichts, vermag sich Gott ihm ganz zu öffnen. Vgl. Bd. I dieser Ausgabe, Anm. 18,2-9.

132,19-32 *Und ⟨...⟩ enwerde]* Vielleicht bezieht sich Eckhart in der Pr. 11, Bd. I dieser Ausgabe, S. 138,2, auf diese Stelle zurück.

132,33 *gebreste]* Alle Sünde ist Nichtsein. Vgl. Bd. I dieser Ausgabe, Anm. 608,13f.

134,10 *zweierleie geburt]* Vgl. Bd. I dieser Ausgabe, Anm. 82,21-86,7.

136,5 *guoten werke]* Ist der Mensch in der Geburt in Gott eingegangen, freut er sich über jedes gute Werk, insofern er dadurch an allen guten Werken im Gutsein Gottes partizipiert. Darin besteht denn auch die Überwindung des Leidens. Vgl. Anm. 278,4-22.

136,18f. *zorn gotes]* Zum Zorn Gottes vgl. S. 104,9-18 und Anm.

PREDIGT 77

Die Predigt ist in vier Hss. ganz, in einer Hs. fragmentarisch überliefert. Vgl. Pfeiffer, Pr. XLIX, S. 161-164; Jostes, Pr. 23, S. 18 (Text ungedruckt). Dieser Text ist im Anhang, S. 632-634, abgedruckt.

Literaturhinweise: Kobusch, *Freiheit*, S. 193f.; Libera, *Introduction*, S. 241ff.; Mojsisch, *Meister Eckhart*, S. 103ff. und S. 118f.; Quint, DW III, S. 332f.; Theisen, *Predigt*, S. 75-77; Zum Brunn, *Dieu n'est pas être*, S. 92; Zum Brunn/Libera, *Maître Eckhart*, S. 193.

Das Leitzitat steht in der Epistel des Festes Mariä Lichtmeß (Mal. 3,1) und im Evangelium des dritten Adventssonntags (Matth. 11,10).

Die Frage nach dem Wesen des Engels steht im Zentrum des ersten Teils der Predigt, doch interessiert sie den Prediger nur insoweit, als sich das Erkennen des Engels, das immer auf Gott ausgerichtet ist, dem Erkennen des Menschen vergleichen läßt, der sich von der Kreatur gelöst hat. Darin überschreitet der Mensch die Zeit und wird »alles« (S. 138,5-30). Eckhart stellt dann den Leitvers der Predigt derselben Stelle des Lukas-Evangeliums gegenüber, die das Wörtchen »ich«, das hier verschwiegen wird, ausspricht. Eckhart deutet dieses Verschweigen zunächst als Hinweis auf die Unaussprechlichkeit Gottes und der Seele, darauf als Hinweis auf die Einheit von Gott und Seele, in der weder die Seele noch Gott »ich« zu sagen vermögen, da dieses »ich« die Einheit zerstören würde. Das »Ich« meint denn auch eigentlich die Einheit des göttlichen Seins, in dem alle Dinge aufgehoben sind und durch das Gott in allen Dingen ist. Ist der Mensch im selben Sinne von allen Dingen ungeschieden, ist er also seines eigenen »Ich« ganz verlustig gegangen und nichts geworden, vereint er sich mit diesem einen Sein und so auch mit allen Dingen. Er nimmt Gott in sich selbst, das heißt, in der Gottheit wahr, in der Gott als einziges wirkliches »Ich« vollkommen unberührbar und unbeweglich steht. Gott ist insofern absolute Identität, die frei ist vom Zufälligen und Fremden, durch das alles Irdische charakterisiert ist (S. 140,1-142,30). Im dritten Teil der Predigt kehrt Eckhart zum Thema der Engel zurück. Diese sind in ihrer Ausrichtung auf Gott Spiegel und Bild der Gottheit. Ebenso soll der nach dem Bild Gottes geschaffene Mensch Bild Gottes sein, und zwar nicht nur Bild Gottes – wie der Engel –, sondern völlige Ebenbildlichkeit, die ganz in Gott eingeht und mit Gott eins ist. Dies setzt voraus, daß der Mensch sich von allem befreit, was nicht die Gottheit selbst ist, und daß er in seinem ganzen Streben nur die Gottheit im Auge hat (S. 142,31-144,24).

138,6 *geschrift 〈...〉 meister]* Vgl. Dionysius Areopagita, *De divinis nominibus* c.4 § 22 und *De caelesti hierarchia* c.3 § 2. Auch die folgenden drei Meisterzitate beziehen sich auf die genannte Stelle aus Dionysius Areopagita, *De divinis nominibus.* Zum Begriff des Engels siehe Anm. 146,23-150,3.

138,13-20 *Ein ieglîchez ⟨...⟩ alle zît]* Vgl. Bd. I dieser Ausgabe, Anm. 406,31-408,26.

138,23 *Scheit abe]* Die Abgeschiedenheit besteht in der Loslösung vom »dies und das« (vgl. Anm. 434,14). Ist der Mensch abgeschieden, so ist er alle Dinge, da sich ihm Gott in der Abgeschiedenheit ganz, das heißt, mit der Fülle des Seins mitteilt.

138,26 *engel]* Zur Erkenntnisweise der Engel siehe Anm. 146,23-150,3.

140,2-142,30 *ich ⟨...⟩ machent]* Eckhart bezieht sich hier auf Mal. 3,1 und auf Luk. 7,27. Der Evangelist nennt an der zitierten Stelle das »Ich« nicht, was Eckhart folgendermaßen erklärt: Es ist die Unaussprechlichkeit Gottes und die Unaussprechlichkeit des Seelengrundes, was verbietet, das »Ich« zu nennen. Auf diese beiden bezieht sich denn auch das Wort »Ich«, das also etwas ausdrückt, was eigentlich unnennbar ist und die Sprache übersteigt. Würde Gott sagen: »Ich schicke einen Engel in die Seele«, müßte dies eine Zweiheit konstituieren. Dies aber ist gerade nicht der Fall: Das ungesagte »Ich« meint den Punkt, wo Seele und Gott im Grunde eins sind. Dieser Punkt ist eigenschaftslos, unterschiedslos, frei von *anderheit* (vgl. Bd. I dieser Ausgabe, Anm. 124,1-3), also eins und unaussprechlich, da jede Benennung eine Unterschiedenheit statuieren würde. Warum Mal. 3,1 dagegen das »Ich« nennt, erklärt Eckhart im folgenden Abschnitt: Das »Ich« bezieht sich auf die *isticheit* Gottes, durch die alle Dinge sind (vgl. S. 154,5-12). Es verweist weiter auf die Unmittelbarkeit, die alles Seiende im Sein an Gott bindet. In derselben Ununterschiedenheit, in der Gott zu allen Dingen steht, muß auch die Seele stehen, soll sie mit Gott vereint sein. Drittens meint das »Ich« die Beständigkeit Gottes, also das Sein hinter allen Namen. Viertens bedeutet es die Reinheit, der gegenüber alle Benennungen etwas hinzufügen.

Im Begriff des »Ich«, den Eckhart hier vorbringt, treffen alle Aspekte der Gottheit zusammen. Diese ist unnennbar und eins, gleichzeitig aber auch der Grund des Seins aller Dinge und die Anwesenheit des Seins in allen Dingen. Das

Wort »Ich« ist so im eigentlichen Sinne nur auf die Gottheit anwendbar, denn nur diese *ist* wirklich und vermag von sich auszusagen, daß sie wirklich ist: *›Ego‹, daz wort ›ich‹, enist nieman eigen dan got aleine in sîner einicheit.* (Bd. I dieser Ausgabe, S. 322,33f.; ebenso S. 348,31-350,1; vgl. *In Exod.* n.14: *Li ›ego‹ pronomen est primae personae. Discretivum pronomen meram substantiam significat, meram, inquam, sine omni accidente, sine omni alieno, substantiam sine qualitate, sine forma hac aut illa, sine hoc aut illo.* [»Ich ist Fürwort der ersten Person. Das unterscheidende Fürwort bezeichnet die reine Substanz, die reine, sage ich, ohne alles Zufallende [Akzidens], ohne irgend etwas Fremdes, die Substanz ohne Beschaffenheit, ohne diese oder jene Form, ohne Dies oder Jenes.«] Ebenso: *In Exod.* n.264, n.276; *In Eccli.* n.3, n.8; *In Ioh.* n.162, n.231, n.450, n.502, n.529, n.730; *Sermo XII* n.213; *Sermo LIV/2* n.533.) Das »Ich« bezeichnet aber darüber hinaus, insofern es die Einheit meint, auch die Einheit der Seele mit Gott, die absolute und sprachlose Einheit, die den Seelengrund unmittelbar an Gott bindet. So meint das »Ich« das Ziel der Verwirklichung der Seele auf Gott hin, in der diese in der Geburt Gottes ihr wahres, nicht kreaturhaft vermitteltes »Ich« in der Gottheit findet und nichts als dieses »Ich« ist (S. 24,7f., S. 58, 34-60,10; Bd. I dieser Ausgabe, S. 320,13-19, S. 348,31-350, 15, S. 678,9-11). In dieser unsagbaren Wüste der Gottheit erkennt die Seele sich selbst und die Gottheit über aller Vernunft (siehe Bd. I dieser Ausgabe, Anm. 176,24-32). Vgl. zu Eckharts Begriff des »Ich«: Libera, *Introduction*, S. 238-242; Largier, *Zeit*, S. 77-79; Mojsisch, *Die Theorie des Ich*; Mojsisch, *Dynamik*, S. 139ff.

144,3-12 *bilde 〈...〉 sîn selbes]* Insofern der Mensch Bild Gottes ist, ist darin alle kreaturhafte Individualität, die sich im Eigennamen des Menschen – Heinrich oder Konrad – ausdrückt, aufgehoben, da Gott das Bild nicht nach dem Vorbild eines kreaturhaft Individuellen gemacht hat. Er hat das Bild vielmehr nach sich selbst gemacht und im Bild sich selbst ausgesprochen. Vgl. Bd. I dieser Ausgabe, Anm. 186, 28-190,27.

144,12-16 *Aber ⟨...⟩ ist]* Daß in der *glîcheit* immer noch eine Zweiheit zwischen Mensch und Gott bestehe, die im Einssein überwunden werde, führt Eckhart öfter aus. Siehe Bd. I dieser Ausgabe, Anm. 154,29-156,9 und die Stellen, auf die dort verwiesen ist, besonders Bd. I dieser Ausgabe, S. 82, 2-13.

144,23 *mitewesen]* Also etwas, das zur Gottheit hinzukommt und nicht die Einheit von Gott und Mensch im Grunde Gottes und der Seele meint.

PREDIGT 78

Die Predigt ist in vier Hss. ganz, in vier Hss. fragmentarisch überliefert. Sie ist hsl. für Meister Eckhart bezeugt. Vgl. Pfeiffer, Pr. XXVIII, S. 103-104; Jostes, Pr. 55, S. 57 (Text ungedruckt). Der Spruch Pfeiffer, Spr. 28 (S. 605,22-24), der namentlich Meister Eckhart zugeschrieben ist, ist der vorliegenden Predigt, S. 146,9f., entnommen.

Literaturhinweise: Quint, DW III, S. 350; Theisen, *Predigt*, S. 223-224.

Das Leitzitat Luk. 1,26f. liegt auch der Pr. 38 zugrunde. Beide Predigten werden am Fest Mariä Verkündigung (25. März) gehalten worden sein.

Nach einer kurzen einleitenden Bemerkung, in der Eckhart hervorhebt, daß das Heil des Menschen ganz von der Inkarnation Gottes abhängt und daß diese zuerst als geistiger Akt zu verstehen ist, dem die leibliche Geburt folgt (S. 146,7-16), läßt er sich im Hauptteil der Predigt über das Wesen und die Funktion des Engels aus. Der Engel, führt er zunächst aus, übt seine Funktion als Überbringer der Botschaft nicht aufgrund seines eigenen Lichts aus, sondern insofern, als in ihm das göttliche Licht gegenwärtig ist. Der Engel ist denn auch Spiegel und Bild Gottes, wie die Seele in ihrem Innersten Bild Gottes ist, in dem Gott unablässig leuchtet. Der Engel ist daher frei und aller Materie feind (S.

146,17-148,7). Die Funktion des Engels besteht darin, daß er die Seele reinigt und befreit, sie mit seinem Licht erleuchtet, das das göttliche Licht in sich birgt, und die Seele dadurch engelgleich macht. In dieser Gleichheit wird der Mensch fähig, das göttliche Licht zu empfangen, damit schließlich der Sohn Gottes in ihm geboren werden kann (S. 148,8-150,3). Die Funktion des Engels besteht also in der Reinigung, der Erleuchtung und der Vollendung, auch wenn Eckhart hier über den letzten Punkt nicht mehr spricht.

146,7 *Bêdâ]* Beda Venerabilis, *Homiliae* I hom. 3,1.

146,8 *Ich hân]* Daß Gott alles nur deswegen tut, damit wir eins werden mit ihm, ist in seinem Wesen begründet: Dieses besteht darin, sich mitzuteilen und – insofern Gott Eins ist – sich ganz mitzuteilen. Vgl. Bd. I dieser Ausgabe, Anm. 50, 1f.

146,11 *meister]* Vgl. Augustinus, *Sermo CCXV* n.4 und *De sancta virginitate* c.3 n.3.

146,15 *menschlîche natûre]* Zu Eckharts Lehre von der hypostatischen Union siehe Anm. 28,17-30,2.

146,19 *des engels lieht]* Zur Metaphysik des Lichts siehe Bd. I dieser Ausgabe, Anm. 12,28.

146,23-150,3 *ein engel ⟨...⟩ volbringet]* Nach der gängigen mittelalterlichen Anschauung, an die Eckhart anschließt, sind die Engel reine Geistwesen, die nicht der Zeit unterworfen, also unvergänglich sind. Im Gegensatz zur Ewigkeit Gottes und zur Zeitlichkeit der übrigen Kreatur kommt ihnen denn auch eine eigene Form der Dauer zu, in der sie sich entfalten: das *aevum* oder die »Engelzeit«, die den temporalen Status ihrer geschaffenen Existenz ausdrückt (vgl. Bd. I dieser Ausgabe, S. 272,23-26 und Anm.). In seinem rein geistigen Dasein ist jeder Engel eine eigene Art, was auch bedeutet, daß die Engel nicht zählbar, also zahllos sind, da ihre Zahl nicht gedacht werden kann. (Eckhart folgt hier Thomas von Aquin: Gezählt werden können nur Dinge, bei denen eine übergeordnete Art besteht. Gerade dies ist aber bei den Engeln nicht der Fall, da jeder eine eigene Art ist. Vgl. S. 102,

20-23; Bd. I dieser Ausgabe, S. 50,3-6, S. 410,3-6, S. 410,15, S. 428,33-430,2, S. 666,4f., S. 676,28-678,4.) Als reine Geistwesen erkennen die Engel nicht sinnenhaft vermittelt, nicht abstraktiv und diskursiv. Ihr Erkennen ist vielmehr unmittelbare Schau der Wahrheit, die sich *in einem êwigen nû* ereignet (S. 138,13-17). Die Engel sind rein, und sie sind daher unmittelbar Spiegel und Bild Gottes (S. 146,23-148,7, S. 138,5-13, S. 138,26-30). Sie erkennen darin sich selbst und Gott unmittelbar; sie stehen dem göttlichen Licht offen gegenüber und saugen es unaufhörlich in sich. Dadurch werden sie Gott ähnlich (Bd. I dieser Ausgabe, S. 352,18-23). Dieselbe engelhafte Erkenntnis ohne Vorstellung und Abstraktion ist auch der Seele in ihrem Grund möglich (S. 82,1-11). Das Höchste der Seele ist, insofern es Vernunft ist, den obersten drei Engelchören gleich und wird von den obersten Engeln, den Cherubim, die die Weisheit sind, zu Gott geführt (Bd. I dieser Ausgabe, S. 400,22-29, S. 640,18-27). Aus dieser Gleichheit der Vernunfthaftigkeit des Seelengrundes und der obersten Engel ergibt sich denn auch die Funktion, die die Engel in bezug auf die Seele ausüben. Die Engel werden zur Seele geschickt, reinigen diese, sammeln sie in sich selbst und machen sie wissend (S. 148,11-15; Bd. I dieser Ausgabe, S. 378,25-27; unschwer erkennt man hier im Hintergrund das Bild des Engels der Verkündigung, der Maria die Geburt des Gottessohns mitteilt). Zweitens erleuchten die Engel die Seele, indem sie sich die Seele im Licht des Engels gleich machen (vgl. Bd. I dieser Ausgabe, Anm. 12,28). Dadurch machen sie sie stark genug, das göttliche Licht zu erleiden.

Unter dieser Perspektive ist die Seele eins mit dem Engel und dem Licht des Engels, da sie geistig ist und den Engel ganz in sich aufgenommen hat, das heißt, in geistiger Weise eins ist mit ihm (S. 22,16-28). Die Funktion des Lichts des Engels besteht also darin, die Seele auf das göttliche Licht vorzubereiten, das ihr sonst zu stark wäre (S. 148,15-30). Der Mensch ist bestimmt, den Engeln gleich zu werden in der Reinheit seines Erkennens, das von allem Materiellen und Zeitlichen abgelöst ist (S. 138,11-13). Gleichzeitig vermag der Mensch aber auch, sich über die Engel zu erheben, wenn er sich mit Gott vereint. Er überschreitet dabei das Licht des Engels und die den Engeln eigene Form der Zeitlichkeit (Bd. I dieser Ausgabe, S. 272,23-26). Diese Möglichkeit besitzt der Mensch, da er im Grunde der Seele alle *wîse*, also alle Bestimmtheit als Kreatur abzulegen und in dieser absoluten Freiheit Gott gleich zu werden vermag, auch wenn er, wie der Engel, geschaffen ist. Demgegenüber sind die Engel an die bestimmte Weise ihrer Verwirklichung gebunden und können nie in die dem Menschen geschenkte Freiheit gelangen (Bd. I dieser Ausgabe, S. 16,19-31), die in der Geburt Gottes in der Seele gründet und den Menschen ganz dem göttlichen Licht assimiliert.

Prägend für das Verständnis der Engel sind Augustinus, Johannes Damascenus und Dionysius Areopagita. Der letztere hat in seiner Schrift über die Himmelsordnung (*De caelesti hierarchia*) denn auch das Bild der Hierarchie entworfen, auf das Eckhart verschiedentlich rekurriert. Demnach ist das Reich der Engel in neun Chöre gegliedert, die sich als drei Triaden darstellen lassen: Seraphim, Cherubim und Throne – Herrschaften, Mächte und Kräfte – Fürsten, Erzengel und Engel (vgl. Bd. I dieser Ausgabe, S. 216,32f., S. 400,22-29). Die Engel sind so in die hierarchische Stufung des Kosmos einbezogen, der aus Gott hervorgeht (Bd. I dieser Ausgabe, S. 350,16-32, S. 666,4-10). Sie stehen im Rahmen dieser Hierarchie Gott am nächsten und gehen daher der übrigen Kreatur immer schon voraus. Bevor die körperliche Kreatur aus Gott hervorgeht, hat sie Gott im Engel in der Weise der Idee und des Exemplars schon ausgesprochen und geschaffen (S. 84,7-25). In dieser Kraft, die dem Engel so von Gott verliehen wurde, werden die Engel zum Mittler zwischen Gott und der körperlichen Kreatur. Die Engel sind es, die den Himmel und die Himmelskörper bewegen und mit dem Himmel auf die tiefer stehenden Lebewesen und Kreaturen einwirken (vgl. Bd. I dieser Ausgabe, Anm. 574,33-576,23). Das heißt natürlich nicht, daß den Engeln selbst eine schöpferische oder seinsverleihende Kraft zukommen würde (vgl.

Bd. I dieser Ausgabe, S. 98,20-25 und Anm., S. 208,3-17 und Anm.). Sie teilen vielmehr dasjenige dem hierarchisch tiefer Stehenden mit, was Gott in sie ergossen hat (S. 176,21-178, 1). Doch sind die Engel darin, daß Gott sich in sie ergossen hat, Gott so ähnlich, daß der oberste Engel Gott fast gleich ist (Bd. I dieser Ausgabe, S. 208,7-13). Sammelt sich der Mensch in innerer Andacht, schlägt er den Weg der Einung mit Christus ein, so wird er vom Engel in der genannten Weise geführt und steigt von Engelchor zu Engelchor auf (S. 402,1-14), um schließlich die Engelchöre auf die Einheit mit Gott hin in der Gottesgeburt zu übersteigen (vgl. Bd. I dieser Ausgabe, Anm. 82,21-86,7).

146,24 *Dionysius]* Vgl. Dionysius Areopagita, *De divinis nominibus* c.4 § 22.

146,26f. *Augustînus]* Vgl. Augustinus, *Confessiones* XII c.7, und Thomas, *Summa theologica* I q.44 a.2.

146,28 *Damascênus]* Johannes Damascenus, *De fide orthodoxa* II c.3.

148,1 *obersten wipfel]* Gemeint ist der Seelengrund. Vgl. Bd. I dieser Ausgabe, Anm. 32,26-36,5.

148,9 *Dionysius]* Dionysius Areopagita, *De caelesti hierarchia* c.3 § 2.

148,26 *swarzen buochen]* Gemeint ist die Schwarze Kunst, also die Magie. Eckhart will offenbar sagen, daß Zauberer oft ein Tier mit sich führen, damit sie in ihrer Zauberkraft von der Lebenskraft dieses Tieres gestärkt werden.

PREDIGT 79

Die Predigt ist in zwei Hss. und im BT (252vb) ganz, in fünf Hss. fragmentarisch überliefert. Sie ist nur durch den allgemeinen Hinweis im BT und durch eine Randnotiz Sudermanns für Meister Eckhart bezeugt. Vgl. Pfeiffer, Pr. XCI, S. 299-301. Das *Lehrsystem* enthält zwei Textstücke (siehe Anm. 156,10-12 und 156,13-15). Theisen datiert die Predigt auf den 13. März 1326. Nach ihm ist sie einer Fastenpredigtreihe zuzurechnen, deren Glieder die Pr. 1, 49, 37, 51, 19, 26, 25, 18, 79 und 59 bilden (*Predigt*, S. 121).

Literaturhinweise: Quint, DW III, S. 361f.; Theisen, *Predigt*, S. 506-542.

Die beiden Leitzitate Is. 49,13 und Joh. 8,12 stehen in der Epistel und im Evangelium des Samstags vor dem ersten Passionssonntag.

Eckhart legt im ersten Teil der Predigt den Epistelvers (S. 152,10-154,4), im zweiten Teil in zwei Schritten den Vers des Evangeliums aus (S. 154,5-158,2). Im Zentrum des ersten Teils steht der Begriff der Freude. Eckhart bezieht die ersten Worte des Schriftverses einerseits auf die unermeßliche Freude der Engel, der Heiligen und in weit größeren Maße auch Gottes über jedes gute Werk, andererseits auf die Freude des armen Menschen, der von Gott getröstet wird, Gott in allen Dingen findet und in ihm allein selig ist, insofern er seine Seligkeit in nichts anderem erlangt (S. 152,10-154,4). Beim letzten Gedanken setzt auch die Auslegung des zweiten Schriftverses ein: Daß er im wahren Sinne *ist*, kann nur Gott von sich selbst aussagen, denn das Wörtchen *sum* (»ich bin«) beinhaltet alles. Gerade dies, nämlich *alles* zu sein, ist der Kreatur versagt. Jede Kreatur ist ja in ihrer Weise bestimmt und vermag nur in dieser bestimmten Weise dem Menschen Trost und Freude zu vermitteln. Darin, daß sie dies vermag, zeugt sie von Gott, denn er ist das Gute in ihr, das Sein in ihr, das tröstet. Dennoch ist dieser Trost immer durch den Mangel charakterisiert, denn er vermag nicht über alles zu trösten. Demgegenüber ist Gott der umfassende Trost, der sich der Kreatur notwendigerweise mitteilt, da Gottes Sein eins ist mit dem Gutsein. Darin teilt Gott sich dem Menschen mit, als wäre er in ihn allein vernarrt. Gleichzeitig teilt er sich darin der ganzen Kreatur mit, die – wie die Seele des Menschen – in all ihren Zügen Gott entgegenstrebt (S. 154,5-156,15). Gott ist ein verborgener Gott, und dennoch ist er ein Gott, der sich mitteilt: Er meldet sich im Innern des Menschen und reizt ihn mit seiner Süßigkeit, in der allein der Mensch Ruhe zu finden vermag und der er deshalb immer nachjagt (S. 156,16-158,2).

152,15 *vröude]* Daß sich die Engel und die Heiligen in jedem guten Werk erfreuen, ist darin begründet, daß sie in derselben Freude leben, in der das Werk, insofern es eben gut ist, sein Gutsein nimmt. Gott, der ganz eins und Freude ist, also noch über allen Engeln und Heiligen steht, freut sich darob am meisten.

152,27 *Die armen]* Zum Begriff der Armut siehe Bd. I dieser Ausgabe, Anm. 550,11.

154,1 *gelâzen]* Zum Begriff der Gelassenheit siehe Bd. I dieser Ausgabe, Anm. 318,15-24.

154,6 *›Ich bin‹]* Die folgenden Ausführungen scheinen denjenigen zum »Ich« in der Pr. 77, S. 140,2-142,30, zu widersprechen. Doch bezieht sich Eckhart hier auf das »Ich« in einem anderen Sinne: In der Wendung »Ich bin« will er die Bedeutung des Seins herausstellen, das allein Gott zukommt und durch das alles Seiende ist. Zum Begriff des Seins vgl. Bd. I dieser Ausgabe, S. 52,16-22.

154,26 *trôst]* Der Trost Gottes geht insofern über den Trost hinaus, den die Kreatur zu vermitteln vermag, als er allen Trost umfaßt. Dagegen ist der Trost der Kreatur vom Mangel und der Veränderung geprägt.

154,29 *im ist als nôt]* Daß Gott nach dem Menschen sucht und daß er sich dem Menschen mitteilen muß, ist in seinem Wesen begründet. Vgl. Bd. I dieser Ausgabe, Anm. 50,1f.

156,7 *drîe krefte]* Eckhart meint die Seelenvermögen *rationalis – irascibilis – concupiscibilis*. Vgl. S. 192,19-31 und S. 622,25-624,1; Bd. I dieser Ausgabe, Anm. 108,35-112,23 und Anm. 164,9-32.

156,10-12 *wan 〈...〉 machet]* Zitiert im *Lehrsystem* (ed. Greith, S. 155,34-36; ed. Cadigan, S. 105,17-21).

156,13-15 *aller 〈...〉 nâchjagent]* Zitiert im *Lehrsystem* (ed. Greith, S. 164,20-21; ed. Cadigan, S. 360,11-13).

156,13f. *aller crêatûren wesen]* Alle Kreatur ist in ihrem Streben auf Gott ausgerichtet. Vgl. Anm. 266,22-268,31.

156,18 *gotheit]* Zum Begriff der Gottheit siehe Bd. I dieser Ausgabe, Anm. 72,16-21.

156,28 *heilige]* Vgl. Augustinus, *Confessiones* X c.40 n.65.

PREDIGT 80

Die Predigt ist in fünf Hss. ganz, in zehn Hss. fragmentarisch überliefert. Sie ist hsl. für Meister Eckhart bezeugt. Vgl. Pfeiffer, Pr. XCVII, S. 312-314; *Par. an.*, Pr. 59, S. 125-127. Nikolaus von Landau hat einige Textstücke in die Predigten *Ego sum genus et radix David, stella splendida et matutina* und *Benedictio domini super caput iusti* übernommen (vgl. Zuchhold, *Des Nikolaus von Landau Sermone*). Das *Lehrsystem* enthält drei Stücke (siehe Anm. 160,10-17, 162,5-9 und 164,17-19). Die Aufnahme der Predigt in die Sammlung des *Par. an.* läßt die Vermutung zu, daß die Predigt kurz nach dem ersten Pariser Magisterium Eckharts entstanden ist (vgl. Überblickskomm., Bd. I dieser Ausgabe, S. 737f.).

Literaturhinweise: Mojsisch, *Meister Eckhart*, S. 97; Libera, *Introduction*, S. 260; Quint, DW III, S. 377; Theisen, *Predigt*, S. 81-83; Zum Brunn, *Maître Eckhart et le nom*, S. 659 und S. 665; Zum Brunn, *La doctrine*, S. 137; Zum Brunn/Libera, *Maître Eckhart*, S. 47f.

Das Leitzitat Luk. 16,19 findet sich an zwei Terminen des dominikanischen Missales, dem Donnerstag nach dem zweiten Fastensonntag und dem ersten Sonntag nach Dreifaltigkeit. Theisen schließt aufgrund liturgischer Kriterien auf den ersten Termin (*Predigt*, S. 81).

Nachdem Eckhart kurz auf die Deutungsmöglichkeiten des Schriftzitats eingegangen ist, das sich gleicherweise auf die Gottheit und die Seele beziehen läßt, greift er zwei Worte des Schrifttexts heraus, die er nacheinander auslegt: *Mensche* (S. 160,8-162,12) und *rîche* (S. 162,13-164,26). Nach einem Rückgriff auf die aristotelische Definition des Menschen, die diesen als vernunftbegabtes Wesen faßt, bezieht Eckhart den

Begriff des Menschen aus der Hl. Schrift auf Gott: Das göttliche Wesen ist, wenn man es überhaupt begrifflich bestimmen kann, am treffendsten als Erkennen zu bezeichnen, das sich selbst offenbar ist und in dem die Gottheit sich selbst und alle Dinge hervorbringt. Es ist das Erkennen Gottes, aus dem die Trinität und die ganze Kreatur hervorgeht. Doch ist dieser Begriff des Erkennens grundsätzlich vom menschlichen Erkennen zu unterscheiden. Die Seele vermag Gott nicht zu benennen, denn alle Namen Gottes entnimmt diese ihrem eigenen, also nicht dem göttlichen Erkennen. Das naturhafte Erkennen – in dem die Seele erkennt, wenn sie nicht wie Paulus gnadenhaft Gott schaut und darin allen sprachlichen Ausdruck überschreitet – ist gebunden an die Kreatur, insofern es Erkenntnis aus der Ursache, aus der bestimmten Weise oder aus der Wirkung eines Gegenstand, also immer kategoriale Erkenntnis ist. Den Kategorien und allen Begriffen jedoch ist Gott enthoben, da er über der Ursache steht, weiselos und ohne zeitliches Wirken ist. Aus diesem Grunde ist er namenlos, und der Mensch kann ihn denn auch nicht erkennend verstehen, insofern er in seinem naturhaften Erkennen immer an die Kreatur gebunden bleibt. Dies ist es, was der *Liber de causis* meint, wenn er betont, daß Gott *über* allem sei (S. 160,8-162,12). Auch das *rîche* des Bibelverses ist auf Gott zu beziehen. Er ist reich, insofern er erste Ursache von allem ist, insofern er einfaltig in seinem Sein ist, insofern er überquillt und sich den Dingen mitteilt, schließlich auch, insofern er unwandelbar und vollkommen ist (S. 162,13-22). Diese fünf Punkte werden im letzten Abschnitt der Predigt nochmals aufgegriffen, wobei jetzt das zentrale Interesse der Dynamik zwischen Gott und Kreatur, im besonderen aber zwischen Gott und der Seele gilt (S. 162,23-164,26).

160,9 *meister]* Eckhart bezieht sich auf die Aristotelische Definition des Menschen als vernunftbegabtes Lebewesen (vgl. Aristoteles, *Ethica Nicomachea* X c.7, 1178a6ff.).

160,10 *menschen ⟨...⟩ got]* Eckhart zielt mit seiner Aussage auf Christus.

160,10-17 *Sant* ⟨...⟩ *gesîn]* Zitiert im *Lehrsystem* (ed. Cadigan, S. 198,17-199,10).

160,11 *Grêgôrius]* Das Gregorzitat ist nicht nachzuweisen. Zu den folgenden Ausführungen zur *verstantnisse* vgl. Bd. I dieser Ausgabe, Anm. 108,35-112,23. Zum Gedanken, daß das Sein Gottes in seiner Intellektualität gründe, siehe Anm. 542,24f.

160,19 *der gruntlôse got]* Mit dem Ausdruck ist die Gottheit gemeint, die zu benennen unmöglich ist (vgl. Bd. I dieser Ausgabe, Anm. 72,16-21). Alle Namen Gottes schöpft die Seele aus ihrem eigenen Verstehen, nicht aber aus Gott. Daß die Seele Gott in ihrem naturhaften Erkennen nicht zu verstehen vermag, beruht jedoch nicht darauf, daß Gott sich ihr nicht mitzuteilen vermöchte, sondern darauf, daß sie in der Struktur dieses Erkennens für ihn nicht empfänglich ist.

160,22 *meister]* Vgl. *Liber de causis* prop. 5.

160,26 *von gnâden]* Zum Wirken der Gnade siehe Anm. 600,4-18.

162,5-9 *Moyses* ⟨...⟩ *verstân]* Zitiert im *Lehrsystem* (ed. Cadigan, S. 137,14-18).

162,10 *meister]* Vgl. Anm. 160,22.

162,24 *meister]* *Liber de causis* prop. 1.

162,27 *Albreht]* Eckhart führt hier einen zentralen Gedanken seines Werks auf Albertus Magnus zurück, wenn er dem Selbstsein der Dinge jedes eigene Sein abspricht und alles Sein in der Einheit Gottes begründet sieht, in der und durch die die Dinge überhaupt sind. Die Stelle, die Eckhart im Auge hat, ist nicht identifiziert. Zum Gedanken, daß die Kreatur in sich nicht ist, siehe Bd. I dieser Ausgabe, Anm. 52, 16-22.

162,33 *Albreht]* Auch dieses Albertuszitat ist nicht nachgewiesen. Eckhart faßt hier zweifellos die Lehre des Albertus Magnus vom Hervorgehen der Dinge aus Gott zusammen, die dieser in seiner Paraphrase zum *Liber de causis* (*De causis et processu universitatis*) entwickelt (vgl. Libera, *Albert*, S. 117-177).

164,2 *mügentheit]* Auch das Bild der Rückkehr ist Albertus

Magnus verpflichtet. Der Begriff der *mügentheit*, den Eckhart in bezug auf die Vernunft verwendet, meint nichts anderes als den *intellectus possibilis*, in dem der Mensch alle Dinge zu sein vermag. Dies jedoch geschieht nur durch die Überformung im göttlichen Licht, in dem die Dinge in ihre Ursache zurückgeführt werden (vgl. S. 24,18-26,12 und Anm.). Zum Begriff des *intellectus possibilis* siehe Bd. I dieser Ausgabe, Anm. 32,26-36,5, Anm. 108,35-112,23 und Anm. 402,18-404,7. Zu Eckharts Lichtmetaphysik siehe Bd. I dieser Ausgabe, Anm. 12,28.

164,9f. *Kristus 〈...〉 in iuch]* Es handelt sich nicht um ein Schriftzitat, sondern um ein Zitat aus Augustinus, *Confessiones* VII c.10 n.16. Doch ist es an der genannten Stelle zweifellos Christus, der zu Augustinus spricht.

164,17-19 *diu sêle 〈...〉 ir sîn]* In der Einung mit Gott verliert die Seele ihre kreaturhaften Bestimmungen, also ihre Namen und ihre Vermögen, nicht aber ihren Willen und ihr Sein. Diese sind nun vielmehr mit der Gottheit vereint. Dies macht das folgende Albertuszitat (*Super Matthaeum* 7,2) deutlich: Stirbt der Mensch im Willen Gottes, das heißt, stirbt er, insofern er in seinem Eigenwillen stirbt und sich ganz dem Willen Gottes anheimstellt, lebt er ewig im Willen Gottes. – Das Albertuszitat begegnet auch im *Lehrsystem* (ed. Cadigan, S. 393,19-23).

164,25 *aller dinge guot]* Siehe Bd. I dieser Ausgabe, Anm. 50,1f.

PREDIGT 81

Die Predigt ist in vier Hss. ganz, in acht Hss. fragmentarisch überliefert. Sie ist hsl. für Meister Eckhart bezeugt. Vgl. Pfeiffer, Pr. LXIV, S. 200-202. Der Text der Hs., auf die sich Pfeiffer stützt, ist im Anhang abgedruckt (S. 634-637).

Literaturhinweise: Quint, DW III, S. 393f.; Zum Brunn, *Dieu n'est pas être*, S. 84.

Wie im Falle der Pr. 75 ist auch hier das Leitzitat weder im alten Dominikanermissale noch im römischen Missale nachzuweisen.

Die Predigt legt den Leitvers in drei Schritten aus. Dabei steht zunächst der *snelle vluz* (S. 166,8-21), danach die *stat* (S. 166,22-170,5), schließlich der *nutz*, also die Deutung des *ervröuwet* (S. 170,6-178,30) im Zentrum. Das Schwergewicht liegt auf dem Verständnis des Einfließens der Gnade und des Hl. Geistes in die Seele. Wäre die Seele bereit dazu, würde sie vom Hl. Geist erfüllt wie von einem rauschenden Fluß (S. 166,8-21). Dies geschieht, wo die Seele in ihrem Inneren geeint und nach außen verschlossen ist. Das folgende Beispiel erläutert diesen Gedanken: Ein Gegenstand bildet sich nur dort ab, wo das Abbildende konzentriert und dicht ist (dies ist beim Auge und dem Spiegel der Fall), nicht aber dort, wo etwas, wie die Luft, durchlässig ist. Ebenso erfüllt Gott die Seele nur, wenn sie nicht durchlässig, also konzentriert und in sich eins ist. Dazu muß das Herz des Menschen beständig sein in allen Werken, was aber nicht heißt, daß der Mensch nicht innerlich bewegt werden darf in seinem Verhältnis zur Welt. Es besagt vielmehr, daß er alles wirken muß, ohne dabei sündhaft zu werden und ohne vom eingeschlagenen Weg abzukommen (S. 166,22-170,5). Ist dies der Fall, wohnt Gott in der Seele. Dann will die Seele nur das Lauterste, ohne sich auf kreaturhafte Weise, also kraft kreaturhafter Intentionalität zu entfalten. Dann fließt Gott in der Gnade des Hl. Geistes, also über allen anderen Wirkungen der Gnade, unmittelbar in die Seele und bildet diese nach sich selbst. Die Seele wird in dieser unmittelbaren Wirkung Gottes zum Bild der Trinität, die sich in sie einprägt. Nichts Vermittelndes, weder das Wort des Predigers noch das Mitwirken eines Engel, tritt hier zwischen Gott und die Seele. Selbst das Licht der Gnade ist der Seele hier zuwider, insofern es eben Licht und also etwas Vermittelndes ist. Sie nimmt es allein wahr, weil das Licht der Gnade eins ist mit der Gnade und also auch mit Gott (S. 170,6-172,28). Der Seele, die Gott so empfängt, wird – erstens – alles zuwider, was nicht Gott ist, und sie überschreitet – zweitens – alles, was über ihr ist. Zur Ruhe kommt sie erst dort, wo sie Gott gleich ist, sich Gott ganz in sie ergießt und sie in die vollkommene göttliche Freiheit eingeht. Dies geschieht, wenn sie – drittens – ins Lustvollste eingeht, das in der vollkommenen Gleichheit besteht, in der die Seele in Gott sich selbst hervorbringt (S. 172,29-174,16). Diese Gleichheit ist die Bedingung der Nachfolge Gottes, und der Mensch erkennt sie an sich, wenn er in derselben Weise wie Gott sein Gutsein allem anderen mitteilt und darin überfließt (S. 174,17-176,4). Im Schlußteil kommt Eckhart mit der Deutung von Hebr. 13,9 nochmals auf die Beständigkeit des Menschen zurück, die bereits im zweiten Abschnitt angesprochen worden ist. Diese Beständigkeit erlangt, wer das Herz in der Gnade auf das Gute auszurichten vermag. Die Funktion des Herzens ist denn auch mit dem Himmel zu vergleichen. Wie dieser Ursache aller Bewegung ist, ist das Herz Ursache aller Bewegung des Körpers. Und wie der Himmel durch den Engel bewegt wird, so soll der Mensch durch die Gnade Gottes bewegt werden, der sich darin, wie der Engel dem Himmel, der Seele unmittelbar einprägt. Dies geschieht, wo der Mensch in seinem Willen das Vollkommene will (S. 176,5-178,30).

166,11 *heiligen geist]* Zum Wirken des Hl. Geistes vgl. Anm. 44,12-18.

166,16 *dêmüeticheit]* Voraussetzung des Wirkens des Hl. Geistes ist die Empfänglichkeit der Seele. Empfänglich wird sie in der Demut. Vgl. Bd. I dieser Ausgabe, Anm. 174,10-176,5. Zur Metaphorik des Fließens siehe Anm. 602,14.

166,23 *geistlîche]* Im übertragenen Sinne, allegorisch, bedeutet *stat* die Seele.

166,24 *›civium unitas‹]* Vgl. *Sermo XXXVI* n.364: *Nota: Iesus, salus, vadit et venit in civitatem, id est animam bene munitam et securam contra temptationes carnis, mundi et diaboli* ⟨...⟩ *Item civitas, id est civium, id est virium, potentiarum et affectuum, unitas, tranquillitas.* (»Bemerke: Jesus, das Heil, geht und kommt ›in eine Stadt‹, das heißt in die gegen die Versuchung des Fleisches, der Welt und des Teufels wohl befestigte und gesicherte Seele 〈...〉. Ferner ist die Stadt die Einheit und Ruhe der Bürger, das heißt der Kräfte, Vermögen und Affekte.«)

168,1 *ouge]* Zum Auge und zum Sehen vgl. Bd. I dieser Ausgabe, Anm. 148,26-31.

168,9 *die edelste kraft]* Gemeint ist der Seelenfunke. Vgl. Bd. I dieser Ausgabe, Anm. 32,26-36,5.

168,15 *glîchnisse]* Ein ähnliches Beispiel führt Eckhart S. 116,25 an. Hier ist die Bedeutung jedoch verschoben. Es geht jetzt um die Beständigkeit. Nur wenn das Standbein – der eine Arm des Zirkels – am selben Ort, also immer im Zentrum des Kreises bleibt, kann dieser gelingen.

168,21 *meister]* Wer die beiden Meister sind, ist nicht zu eruieren. Eckhart will hier hervorheben, daß auch die vollkommenen Menschen innerlich bewegt werden, also nicht in stoischer Unberührtheit verharren, daß sie aber dabei nicht in Sünde fallen können. Dieselbe Frage wird in der Pr. 86, S. 224,14-226,9 (vgl. Anm.) ausführlich erörtert. Auch die vorliegende Stelle ist im Rahmen solcher auf die konkrete Situation der Seelsorge bezogener Ausführungen der Pr. 86 zu verstehen.

170,16f. *mitewürker gotes]* Insoweit die Gnade nicht unmittelbar aus Gott ins Herz des Menschen zu gelangen vermag, wird sie durch Werke vermittelt, so etwa durch das Wort des Predigers. Die Gnade des Hl. Geistes und die Gnade des Sohnes hingegen fließen unmittelbar in den Grund der Seele. Zum Begriff der Gnade siehe Anm. 600,4-18.

172,9 *daz lieht]* Selbst das Licht, das die Seele Gott eint, wird von dieser überwunden, insofern es ein letztes Vermittelndes ist, das an der Unmittelbarkeit zu Gott hindert: Die Seele muß daher mit der Gnade eins werden und diese nicht als Mittel erfahren.

172,17-22 *glîchnisse 〈...〉 sêle]* Zur Unmittelbarkeit zwischen Seele und Körper vgl. Bd. I dieser Ausgabe, S. 104,24-28 und Anm.

174,11 *götlîche vrîheit]* Die Seele ist in der Einung mit Gott erst dann am Ziel, wenn sie eins ist mit der absoluten Freiheit Gottes. Vgl. Bd. I dieser Ausgabe, Anm. 12,33-14,7.

174,14 *nâch ir selben]* Ist die Seele ganz mit Gott vereint, ist sie erst wirklich sich selbst, da es dann keinen Unterschied mehr gibt zwischen ihrem Selbst-Sein und dem Ursprung ihres Seins. Sie ist dann ununterschieden von Gott. Dieser Punkt bildet denn auch die Schnittstelle, aus der heraus Eckhart in den folgenden Zeilen den Übergang zum aktiven Leben faßt. Unmittelbar aus der Einung, die kontemplatives Eingehen und Übersteigen des eigenen Selbst-Seins ist, resultiert die aktive Seite, auf der die Seele, wie Gott und aus Gott, sich allen Dingen mitteilt und mit den Menschen in Freundschaft lebt. Vgl. dazu vor allem die Pr. 86 und Anm. 208,8-20.

176,10-178,15 *Daz ist* ⟨...⟩ *herzen]* Das Herz ist Ursprung aller Bewegung des Körpers, wie der Himmel, in der Kraft, die ihm vom Engel mitgeteilt wird, Ursprung aller Bewegung der Welt ist. Vgl. Bd. I dieser Ausgabe, S. 104,24-28 und Anm., und ebenda, Anm. 574,33-576,23. Da der Himmel die Ursache aller Bewegung ist, stünde alles still, wenn er zum Stillstand käme. Deshalb würde auch das Feuer die Hand nicht brennen. Zur Funktion der Engel siehe Anm. 146,23-148,7.

PREDIGT 82

Die Predigt ist in sechs Hss. ganz überliefert. Sie ist hsl. für Meister Eckhart bezeugt. Vgl. Pfeiffer, Pr. LXII, S. 195-197; *Par. an.*, Pr. 48, S. 108-110. Der Text, auf den sich Pfeiffer stützt, ist im Anhang abgedruckt (S. 637-639). Nikolaus von Landau hat ein Textstück in seine Predigt *Exaltavi electum me* eingebaut (vgl. Zuchhold, *Des Nikolaus von Landau Sermone*). Auch der Traktat *Dù reissunge vnd die bewisunge zů dem beschŏwende lebende* hat einige Stellen eingearbeitet (siehe Anm. 182,20-186,21). Die Aufnahme der Predigt in die Sammlung des

Par. an. läßt die Vermutung zu, daß die Predigt kurz nach dem ersten Pariser Magisterium Eckharts entstanden ist (vgl. Überblickskomm., Bd. I dieser Ausgabe, S. 737f.).

Literaturhinweise: Quint, DW III, S. 420f.; Seppänen, *Studien*, S. 238ff.; Theisen, *Predigt*, S. 234-237.

Das Leitzitat Luk. 1,66 steht im Evangelium des Festes der Geburt des hl. Johannes des Täufers (24. Juni).

Die Predigt legt den Schriftvers in drei Schritten aus, wobei sie beim letzten Teil des Zitats einsetzt: *gotes hant* (S. 180, 5-28), *kinde* (S. 180,29-184,15), *waz wunders sol werden* (S. 184, 16-186,29). Die »Hand Gottes« bedeutet den Hl. Geist, denn wie die Hand Werke tut, wirkt der Hl. Geist in der Gottheit, und wie die Hand eins ist mit dem Arm und dem Leib, ist der Hl. Geist eins mit der Gottheit. Die Einheit des Leibes und die Gegenwart der Seele im ganzen Leib wird so zum Bild der Trinität und ihres Verhältnisses zur Gottheit. Ist der Vater der Leib und das Herz, also das Ganze und der Ursprung aller Bewegung und alles Lebens des Ganzen, so ist der Sohn der Arm, durch den Gott wirkt, und der Hl. Geist die Hand. Und wie die Seele eins ist im ganzen Leib und alle Glieder eins sind mit dem Leib, so ist die Gottheit eins in der Trinität, in der sie sich entfaltet (S. 180,5-28). Soll Gott und mit ihm der Hl. Geist in der Seele wirken, muß diese »Kind« sein, das heißt, rein und lauter. Dies ist sie, wenn sie über dem Vergänglichen steht, sich diesem entzieht und auch vor künftiger Behinderung durch die Kreatur auf der Hut ist. Zweitens setzt das Wirken des Hl. Geistes voraus, daß die Seele Gott gleich ist, ihm also in ihrem Willen nachfolgt. Diese Möglichkeit ist ihr in ihrem Innersten – dem Seelenfunken – gegeben, das Gott der Seele geschenkt hat, als er sie schuf (S. 180,29-182,22). Dies heißt jedoch nicht, daß die Seele kraft dieses ihr von Gott geschenkten, also geschaffenen Vermögens selbständig zu Gott aufzusteigen vermöchte. Der Aufstieg setzt vielmehr die göttliche Liebe, also das Wirken des Hl. Geistes voraus, das die Seele über sich selbst hinausführt. Die Liebe setzt jedoch Gleichheit voraus, denn sie vermag nur zu wirken, wo sie etwas sich Gleiches vorfindet. Dieses Gleiche ist der Seelenfunke, der die Liebe empfängt, in der der Mensch immerzu auf Gott hin wächst (S. 182,23-184,15). Doch weist die Gleichheit wiederum über die Liebe des Hl. Geistes hinaus. In der durch die Liebe zu Gott geführten Seele vereinigt sich Gott gnadenhaft mit der Seele und macht sie gottförmig. Selbst die Gnade wird überstiegen in dieser Einung, zu der die Gnade hinführt: dort, wo die Seele eins wird mit der Natur Gottes und aus dieser Natur heraus wirkt. Diese Einheit ist vollkommen weiselos, sie ist Sein über dem Sein, das heißt namenlose Einheit (S. 184,16-186,29).

180,13 *drîvalticheit]* Die Analogie zwischen dem Verhältnis von Herz und Körper – dasselbe Bild begegnet in der Pr. 81, S. 176f.; vgl. Bd. I dieser Ausgabe, Anm. 104,24-28 – und der Dreifaltigkeit soll das Verhältnis zwischen Einheit und Dreifaltigkeit Gottes illustrieren: Wie die Seele den ganzen Körper erfüllt und dennoch am meisten im Herzen ist, das dem Körper das Leben verleiht, so ist der Vater der Ursprung der Dreifaltigkeit, wiewohl diese ganz eins ist mit der Gottheit.

182,1-8 *lûter ⟨...⟩ hindernisse]* Damit die Seele den Hl. Geist empfangen kann, muß sie lauter, also sündlos, weiter über das Vergängliche erhoben und schließlich aufmerksam auf das sein, was ihr begegnet. Zur Deutung von *Syon* vgl. Bd. I dieser Ausgabe, Anm. 422,30-33.

182,2 *meister]* Vgl. Isidor von Sevilla, *Etymologiae* XV c.1 n.5.

182,11 *glîchnisse]* Gleichheit ist Voraussetzung des Wirkens und der Liebe. Vgl. Anm. 262,29-264,5.

182,20-186,21 *sô hât ⟨...⟩ sî]* Mit größeren Auslassungen und einzelnen Umstellungen eingearbeitet in den Traktat *Dû reissunge vnd die bewisunge zů dem beschŵwende lebende*, ed. Preger, S. 496,25-498,15.

182,20 *götlich lieht]* Es handelt sich um den Seelengrund. Vgl. Bd. I dieser Ausgabe, Anm. 32,26-36,5. Eckhart hebt hier – unter schöpfungstheologischer Perspektive – deutlich hervor, daß dieses Licht, das Gott der Seele geschenkt hat, geschaffen ist. Dies scheint im Widerspruch zu anderen Stellen zu stehen, an denen Eckhart betont, der Seelengrund sei nicht geschaffen, ja nicht erschaffbar (vgl. die genannte Anmerkung). Die Stelle ist folgendermaßen zu verstehen: Gott hat der Seele ein Licht verliehen, damit sie ein Gleichnis seiner selbst sei. Dieses Licht aber ist nicht kraft seines eigenen Selbstseins fähig, zu Gott aufzusteigen. Es ist vielmehr darauf angewiesen, von Gott erkannt zu werden und in seiner Liebe erhoben zu werden. Natürlich ist dieses Licht, insofern es im Menschen ist, geschaffen, denn vor der Schöpfung gab es allein Gott, kein Licht und keine Finsternis. Und es ist geschaffen, insofern es nicht aufgrund seines Selbstandes zu seinem Ursprung aufzusteigen vermag. Es ist mithin reine Möglichkeit, die in sich selbst nichts, in Gott aber alles ist. Die Überformung dieser Möglichkeit in die göttliche Wirklichkeit geschieht im Licht des Hl. Geistes, also in der Liebe und kraft der Gnade, wie der nächste Abschnitt ausführt.

182,26 *morgengâbe]* Der Gedanke, daß Gott der Seele den Seelenfunken als Mitgift oder als Brautgeschenk am Morgen nach der gemeinsamen Nacht gegeben habe, ist eines der wenigen brautmystischen Motive, die bei Eckhart begegnen. Vgl. Bd. I dieser Ausgabe, Anm. 614,5.

186,8 *gnâde]* Zum Wirken der Gnade siehe Anm. 600,4-18. Der Mensch strebt, wie die folgenden Zeilen ausführen, letztlich über die Gnade hinaus, insofern diese nicht unmittelbar Gott ist und ihr eine letzte Mittelbarkeit anhaftet. Über die Perspektive der Gnade hinaus führt der Gesichtspunkt der Einheit. Darin wirkt der Mensch unmittelbar aus der Natur der Gottheit, mit der er verschmolzen ist. Die Gnade ist vor diesem Hintergrund immer etwas Vermittelndes, das in der Einheit mit der Gottheit überwunden werden muß (S. 186,16-21).

186,13 *Dionysius]* Dionysius Areopagita, *De caelesti hierarchia* c.7 § 3.

186,23 *Bernhart]* Bernhard von Clairvaux, *De diligendo deo* c.10 n.28. Zur Weiselosigkeit vgl. Bd. I dieser Ausgabe, Anm. 46,7-19, zur Unaussprechlichkeit Gottes Bd. I dieser Ausgabe, Anm. 72,16-21.

186,27 *ein wesen weselôs]* Daß Gottes Sein seinslos sei, ist nur vor dem Hintergrund der vorliegenden apophatischen Theologie verständlich, die Gott alle Namen abspricht. Dies geschieht im Blick auf die Erhöhung des Wesens Gottes, das sich allen menschlichen Verstandeskategorien und Begriffen entzieht und daher nicht zu fassen ist. Eckhart bezeichnet es denn auch, über den Begriffen Sein und Vernunft, als *bloz einekeit gotiz* (S. 188,23). Vgl. Bd. I dieser Ausgabe, Anm. 72, 16-21, und unten Anm. 548,27.

PREDIGT 83

Die Predigt ist in einer Hs. ganz, in vier Hss. fragmentarisch überliefert (Quint, DW III, Nachtrag S. 449). Vgl. Pfeiffer, Pr. XCIX, S. 317-320. Die Predigt Jundt, Pr. 13, S. 270-274, enthält als Schlußstück ein Stück der vorliegenden Predigt, das auch im Traktat Pfeiffer, Tr. XVIII, S. 585,34-586,4 begegnet (siehe Anm. 188,5-21).

Literaturhinweise: Haas, *Gottleiden*, S. 221; Libera, *Introduction*, S. 241f. und S. 294f.; Mojsisch, *Meister Eckhart*, S. 103 und S. 106; Quint, DW III, S. 436; Theisen, *Predigt*, S. 197-200; Zum Brunn, *Dieu n'est pas être*, S. 107; Zum Brunn/Libera, *Maître Eckhart*, S. 175f., S. 189 und S. 195.

Das Leitzitat Ephes. 4,23 steht in der Epistel des 19. Sonntags nach Dreifaltigkeit. Vgl. Tauler, Pr. 56, und *Par. an.*, Pr. 45 (Eckhart Rube).

Eckhart legt die einzelnen Elemente des Schriftverses nacheinander aus, wobei er wiederum die Reihenfolge umkehrt: *mens* (S. 188,5-23), *ernïwet* (S. 188,24-192,13), *an dem geiste* (S. 192,14-196,9). Der Begriff des »Geistes«, den Eckhart dem Schrifttext entnimmt, bezieht er unmittelbar auf den Augustinischen Begriff der *mens* bzw. des *abditum mentis*, das heißt des Seelenfunkens, den Gott in der Seele geschaffen hat als Bild aller Dinge und seiner selbst. Dieses Oberste der Seele begründet die Gleichheit zwischen Seele und Gott, insofern Gott darin im Sohn und im Hl. Geist ausfließt. Wo die Seele sich daher von allen vermittelnden Erkenntnisbildern löst, die dieses oberste Vermögen verdecken, wo sich die Seele selbst vom Bild Gottes und der Trinität löst und »abgeschieden« wird, vermag sie in ihrem Innersten die Gottheit »bloß« zu schauen. Ihr nacktes Sein begegnet dann dem göttlichen Sein und wird eins mit ihm, insofern das Sein der Seele ganz im passiven Erleiden des göttlichen Seins besteht (S. 188,5-23). Darin ist sie befreit von allem zeitlichen Neuwerden und der göttlichen Ewigkeit als Bild Gottes unmittelbar eins. Wie Gott selbst ist auch die Seele in der Ewigkeit namenlos (S. 188,24-192,13). Dies setzt jedoch voraus, daß alle Kräfte der Seele des Menschen ganz auf Gott ausgerichtet sind und daß die oberste Kraft, die Vernunft, Gott vollkommen bildlos schaut, sich mit ihm also in einer Weise vereint, daß das Ich darin ganz Gott und Gott ganz Ich wird. Dabei darf nichts Vermittelndes dazwischentreten. Wie die Seele Gott also ganz bildlos erkennen muß, um sich mit ihm ganz zu vereinen, muß sie ihn auch ganz bildlos und intentionslos lieben, soll sie in ihn eingehen. Das heißt, daß die Seele alle Begriffe, alle Bilder, selbst »Gott« und »Geist« überschreiten muß. Dies gelingt nur, wo sie vom »Etwas zum Nichts«, vom Geist zum »Nicht-Geist«, von der Person zur »Nicht-Person« wird, also alle Kategorien und alles Vermittelnde hinter sich läßt (S. 192,14-196,9).

188,5-21 *augustinus ⟨...⟩ ime selben]* Eckhart identifiziert seinen Begriff des Seelengrundes mit dem *abditum mentis* des Augustinus (*In Eccli.* n.27.). Im Seelengrund überschreitet die Seele die Analogie der Trinität in ihr (die Vermögen Wille, Gedächtnis, Vernunft), wenn sie abgeschieden ist von allen Bildern, wenn sie also ganz leer wird und selbst das Bild Gottes verliert. Sie tritt dann in ihrem Grund ein in *das blose formlose wesen gotlicher einkeit, dc do ist ein vberwesende wesen*, in dem sie erleidend liegt (*lidende ligende*, S. 188,21) und in diesem Erleiden in die göttliche Einheit eingeht, die sie erfüllt. Vgl. Bd. I dieser Ausgabe, Anm. 32,26-36,5.

188,5-21 *Nv ⟨...⟩ selben]* Mit abweichendem Schluß zitiert bei Jundt, Pr. 13, S. 274,4-15, und bei Pfeiffer, Tr. XVIII, S. 585,34-586,4.

188,26 *ewikeit]* Im Gegensatz zur Kreatur, die durch zeitliches Werden und Vergehen charakterisiert ist, ist Gott die Ewigkeit. In ihr trifft nicht Neues auf Altes, denn in der Ewigkeit ist alles immer jung, da das Wesen der Ewigkeit die Fülle und die Erfüllung ist. Zum Begriff der Ewigkeit siehe Bd. I dieser Ausgabe, Anm. 406,31-408,26.

190,2 *engel]* Zum Begriff des Engels siehe Anm. 146,23-148,7.

190,6 *forme des libes]* Die Seele ist nach aristotelisch-scholastischer Lehre das formgebende Prinzip, während die Materie das formempfangende Prinzip ist. Zum Verhältnis von Seele und Leib siehe Bd. I dieser Ausgabe, Anm. 88,24f.

190,13 *meister]* Vgl. *Liber de causis* prop. 6 und prop. 22. Zur negativen Theologie Eckharts siehe Bd. I dieser Ausgabe, Anm. 72,16-21.

190,26 *augustinus]* Es handelt sich um Dionysius Areopagita, *De mystica theologia* c.1 § 1. Zum Schweigen vor Gott siehe Bd. I dieser Ausgabe, Anm. 386,17-29.

192,2 *meister]* Vgl. Augustinus, *Sermo CXVII* c.3 n.5. Gotteserkenntnis kann nur dort gelingen, wo der Mensch sein eigenes Erkennen gänzlich ablegt und in Gott eingeht, sich also mit seiner *nitheit*, seinem unbeschreiblichen Wesen vereint (zum »Nichts« der Gottheit siehe Bd. I dieser Ausgabe, Anm. 72,16-21). Der Begriff *ungewordene istikeit* ist auf die *puritas essendi* in Gott zu beziehen. Vgl. Anm. 548,27.

192,16 *sehs crefte]* Gemeint und im folgenden besprochen sind die drei niederen Kräfte *rationalis – irascibilis – concupiscibilis*, dann die drei höheren Kräfte *memoria – intellectus – voluntas*. Siehe dazu Bd. I dieser Ausgabe, Anm. 108,35-112, 23.

194,22-196,9 *nichgeistliche ⟨...⟩ nıte]* Der erste Begriff sucht die übergeistige Weise des Erkennens zum Ausdruck zu bringen: Solange die Seele geistig erkennt, erkennt sie mittels ihrer Vorstellungen. Diese aber sind zu überwinden auf die vollkommene Einheit hin, von der nichts aussagbar ist. Darin ist allein Einheit, absolute Unbestimmtheit und Freiheit, also »Nichts«. Vgl. Bd. I dieser Ausgabe, Anm. 108, 35-112,23 und Anm. 72,16-21.

PREDIGT 84

Die Predigt ist in fünf Hss. ganz überliefert. Sie ist hsl. Meister Eckhart zugewiesen. Vgl. *Par. an.*, Pr. 57, S. 122-124. Vgl. auch den Traktat *Von der sêle werdikeit und eigenschaft*, Pfeiffer, Tr. III, S. 394-416, der S. 400,18 bis S. 401,5 eine Zusammenfassung der vorliegenden Predigt zu enthalten scheint. Die Aufnahme der Predigt in die Sammlung des *Par. an.* läßt vermuten, daß die Predigt kurz nach Eckharts erstem Pariser Magisterium entstanden ist (vgl. Überblickskomm., Bd. I dieser Ausgabe, S. 737f.).

Literaturhinweise: Haas, *Geistliches Mittelalter*, S. 368f.; Langer, *Mystische Erfahrung*, S. 125 und S. 225-230; Mieth, *Meister Eckhart*, S. 156ff.; Quint, DW III, S. 452f.; Steer, *Die Stellung*, S. 651f.; Theisen, *Predigt*, S. 200-204; Wehrli-Johns, *Maria*, S. 361; Welte, *Meister Eckhart*, S. 187ff.

Das Leitzitat Luk. 8,54 verweist auf den 24. Sonntag nach Dreifaltigkeit, wobei im alten Dominikanermissale wie im römischen Missale der Bericht der Auferweckung nach Matth. 9,23ff. geboten wird. Bei Matthäus fehlt jedoch das *surge*, was Eckhart bewogen haben dürfte, auf das Lukas-Evangelium zurückzugreifen. Vgl. Pr. 85.

Die ganze Predigt gilt der Auslegung des Wortes *stant ûf*. Diese ist, nach einer kurzen Einleitung, in vier Abschnitte gegliedert. Ausgehend von der Feststellung, daß in diesem einen Wort, das Christus gesprochen hat, der Aufstieg der

Seele zum Vater angesprochen ist und der Vater selbst sich in einem Wort, nämlich Christus, allem mitgeteilt und darin alles ausgesprochen hat, faßt Eckhart dieses »eine Wort« als vollkommene Gegenwart, in dem alles ist (S. 198,4-15). Der Aufstieg der Seele zu Gott zielt auf diese Gegenwart. Die Seele findet im Aufstieg erstens die vollkommene Lust, mit der sie in Gott unmittelbar alle Dinge empfängt, die aus ihm fließen (S. 198,16-27). Zweitens findet sie darin alle Dinge in vollkommener Lauterkeit (S. 198,28-200,4). Drittens findet sie die unterschiedslose Allgemeinheit und Ruhe, in der alles, auch Weisheit, Gerechtigkeit und Gutsein, eins ist. Sie überschreitet darin alle kreaturhaften Unterscheidungen und Bestimmungen, ja ihr eigenes Selbstsein und ihre Vernunft (S. 200,5-202,10). Schließlich findet sie viertens da die Unermeßlichkeit, insofern alle Dinge in Gott immer neu sind. Dies sind sie, weil sie in der überzeitlichen Geburt des Sohnes in Gott immer und zeitlos neu sind und die Seele eingeht in diese Geburt, in der sie aus Gott hervorgeht und in ihn zurückfließt. In dieser Geburt stirbt sie vor Freude, das heißt, sie stirbt sich selbst ab, wenn sie in Furcht, Hoffnung und Begehren auf Gott hin wächst, diese Beweggründe schließlich überschreitet, alles Zeitliche und Kreaturhafte vergißt und in Gott eingeht, mit dem sie ewig wirkt (S. 202, 11-30).

198,6f. *mit éinem worte]* Dieses eine Wort, *surge*, spricht der Vater im Sohn aus. Der Sohn selbst ist das Wort, in dem sich der Vater ganz in der Seele des Menschen ausspricht. Zu den Grundzügen dieser Worttheologie siehe Anm. 512,7.

198,16 *vier dinc]* Der Aufstieg der Seele bringt vier Dinge mit sich: die unermeßliche Lust, insofern die Seele in Gott alle Kreatur und Gott selbst findet; die Reinheit aller Dinge in Gott, also ihre Befreiung von kreaturhafter Vergänglichkeit; die unterschiedslose Einheit in Gott, insofern sich die Seele ihrer Liebe und ihres Erkennens enthebt; schließlich das ewige Neusein von allem in Gott.

200,2-4 *vinsternisse ⟨...⟩ niht]* Gegenüber Gott, der Licht und Sein ist, ist die Kreatur Nacht und Nichts (vgl. Bd. I dieser Ausgabe, Anm. 52,16-22).

200,11f. *geneiget* ⟨...⟩ *begernt]* Die Seele strebt naturhaft dem Gutsein zu, wie die Kreatur generell naturhaft der Vollendung zustrebt. Vgl. Anm. 266,22-268,31.

200,16 *Augustîn]* Vgl. Augustinus, *De Genesi ad litteram* XII c.35. Zur Frage der Einheit von Seele und Leib siehe Bd. I dieser Ausgabe, Anm. 88,24f.

200,29-202,10 *minnet* ⟨...⟩ *nâch im]* Hinsichtlich der Liebe wie hinsichtlich des Erkennens muß die Seele über sich hinaus, soll sie mit Gott eins werden. Sie muß sich also über das Sein erheben, das sie von Gott empfangen hat und das sie über alles liebt; ebenso muß sie sich über das Erkennen erheben, da sie sich im Erkennen mit Gott nicht zu vereinen vermag. Er steht über ihrem Erkenntnisvermögen. Erst wenn die Seele so über sich hinausgeht, vermag Gott in ihr zu wirken und sie nach ihm zu formen. Die Seele erleidet dann in Gott die Überformung durch Gott (vgl. S. 188,5-23).

202,15f. *niuwe* ⟨...⟩ *hiute]* In der zeitlosen Geburt im Sohn sind alle Dinge immer neu. Vgl. Bd. I dieser Ausgabe, Anm. 82,21-86,7.

202,19 *sterben von vröuden]* Die *mors mystica*, das Absterben seiner selbst, ist hier als ein Sterben vor Freude gefaßt, in dem die Seele ihrer selbst verlustig geht und sich mit Gott vereint. Zur *mors mystica* siehe Bd. I dieser Ausgabe, Anm. 482,12-17.

202,22 *vorhte* ⟨...⟩ *hoffenunge* ⟨...⟩ *begerunge]* Vgl. Bd. I dieser Ausgabe, Anm. 108,35-112,23 und Anm. 418,9-13.

202,31f. *hie* ⟨...⟩ *in der êwicheit]* Der Gedanke des Sterbens und der vier dargelegten Schritte ist auf das diesseitige Leben, also unser Dasein *in via*, die Einheit im Wirken Gottes auf das Dasein *in patria* bezogen. Hervorzuheben ist, daß Eckhart diese Scheidung wohl macht, sie aber auch dauernd unterläuft. In der Gottesgeburt, die als eschatologisches Geschehen der Einung und Erfüllung zu begreifen ist, vollzieht sich dauernd die Erlösung des Menschen und der Kreatur.

Dennoch vollzieht sich diese Erlösung *in via* noch nicht vollständig, da der Mensch im Diesseits immer an seine mittelbare Verwirklichung in der Welt gebunden ist, insofern sein Leib nicht ganz mit dem zu Gott aufsteigenden Geist eins zu sein vermag. Vgl. S. 26,14-30,2 und Anm.

PREDIGT 85

Die Predigt ist in zwei sehr eng verwandten Hss. überliefert, die beide den Text nur fragmentarisch bieten. Der vorliegende Text folgt der *Par. an.*-Hs. Die Predigt ist hsl. für Meister Eckhart bezeugt. Vgl. *Par. an.*, Pr. 58, S. 124-125. Die Aufnahme der Predigt in die Sammlung des *Par. an.* läßt vermuten, daß sie kurz nach dem ersten Pariser Magisterium Eckharts entstanden ist (vgl. Überblickskomm., Bd. I dieser Ausgabe, S. 737f.).

Literaturhinweise: Quint, DW III, S. 466f.; Theisen, *Predigt*, S. 205-206.

Das Leitzitat Luk. 8,54 verweist wie bei der Pr. 84 auf den 24. Sonntag nach Dreifaltigkeit. Die Predigten wurden wohl an demselben Sonntag in verschiedenen Jahren gehalten.

Ohne daß der Prediger auf den Schrifttext näher eingehen und ihn wie in der Pr. 84 dem Gang der Predigt zugrunde legen würde, bildet dieser doch den Hintergrund der folgenden Gedanken: Die Ausführungen, die die Einung der Seele mit Gott und die Bedingungen der Einung zum Thema haben, schließen eng an das *stant vf* des Schriftverses an. Damit ist der Aufstieg der Seele zu Gott gemeint, der nur möglich ist, wenn die Seele in feuriger Liebe zu Gott entflammt ist und sich mit Gott vereint. Dies setzt voraus, daß die Seele von allen Dingen abgeschieden ist und daß sie »allein«, also nicht in die Ordnung der Kreatur eingebunden ist (S. 204,4-17). Dazu muß die Seele geistig sein, denn nur Geistiges kann sich vollkommen einen. Dies ist bei materiellen Dingen nicht so: Sie können sich wohl vereinen, doch bleibt immer ein Moment der Differenz bestehen. Diese Differenz jedoch ist aufgehoben, wenn Gott und die Seele geeint sind (S. 204, 18-206,6), wenn die Seele die Mannigfaltigkeit in der Einheit, die Vergänglichkeit in der Zeitlosigkeit, die Körperlichkeit in der geistigen Lauterkeit überwunden hat. Dann jagen sich Gott und die Seele gegenseitig (S. 206,7-23).

204,5 *der helige geist]* Vgl. Anm. 44,12-18.

204,13 *foreinit]* Gott hat die Seele erschaffen, damit sie mit ihm eins werde. Sie ist Bild Gottes und in ihrem Innersten mit Gott unmittelbar eins. Vgl. Bd. I dieser Ausgabe, Anm. 32,26-36,5.

204,13 *helige]* Augustinus, *De Genesi ad litteram* VII c.21.

204,18 *Geistliche ⟨...⟩ lipliche]* Die Ungleichheit von Geistigem und Körperlichem erläutert Eckhart öfter im Sinne der folgenden Beispiele. Einheit kann im Bereich des Körperlichen nicht sein, während sie im Bereich des Geistigen geradezu das Wesen des Geistigen ausmacht: Das Denken des Gedankens ist das Wesen des Denkens, also eins mit ihm, während das die Luft erleuchtende Licht nicht ganz eins ist mit der erleuchteten Luft, sondern diese an verschiedenen Stellen mehr oder weniger erhellt. – Nun ist das Verhältnis der Seele zu Gott ein geistiges Verhältnis, doch nicht so, daß die Seele Gott aufnehmen würde – sie wäre ja dann sein Maß, was nicht sein kann —, sondern daß Gott die Seele auf geistige Weise in sich aufnimmt.

206,1f. *lip vnd sele]* Zur Einheit von Leib und Seele siehe Bd. I dieser Ausgabe, Anm. 88,24f.

206,7 *hindirnisse]* An der Einung wird die Seele durch ihre Zerstreutheit im Mannigfaltigen der Welt, durch die Zeitlichkeit und durch ihre Bindung an den Leib gehindert. Diese drei Aspekte, deren Überwindung der nächste Abschnitt fordert, läßt die Seele in der Abgeschiedenheit hinter sich (vgl. Anm. 434,14).

206,19 *Augustinus]* Vgl. Augustinus, *Enarrationes in psalmos* VXIX n.6 und unten S. 344,11-16, wo Eckhart auf dasselbe Bild der Begegnung der freien Seele mit Gott zurückgreift. Vgl. Lüers, *Die Sprache*, S. 204.

PREDIGT 86

Die Predigt ist in sechs Hss. ganz, in fünf Hss. fragmentarisch überliefert. Sie ist hsl. für Meister Eckhart bezeugt. Vgl. Pfeiffer, Pr. IX, S. 47-53. Das *Lehrsystem* enthält einen Satz (siehe Anm. 222,16f.)

Literaturhinweise: Haas, *Geistliches Mittelalter*, S. 368f., Haas, *Gottleiden*, S. 97-108; Langer, *Mystische Erfahrung*; S. 125 und S. 225-230; Mieth, *Die Einheit von vita activa*, S. 186-233; Mieth, *Die Einheit von Theorie*, S. 271-286; Quint, DW III, S. 479f.; Steer, *Die Stellung*, S. 651f.; Theisen, *Predigt*, S. 293-296; Wehrli-Johns, *Maria*; Welte, *Meister Eckhart*, S. 187ff.

Das Leitzitat Luk. 10,38ff. steht in einer Perikope, die sowohl am Fest Mariä Himmelfahrt (15. August) wie am Fest der hl. Martha (27. Juli) gelesen wird. Die Predigt verweist inhaltlich klar auf den zweiten Termin.

Die sehr lange Predigt, in deren Zentrum die Deutung der Verhaltensweisen Marias und Marthas steht, läßt sich zunächst in drei größere Abschnitte gliedern (vgl. Mieth, *Die Einheit von vita activa*, S. 188, Anm. 224): Gegenüberstellung der beiden Frauen (S. 208,8-210,6), die Vollkommenheit Marthas (S. 210,7-220,10), Marias Vollendung (S. 220,11-228,29). Die Predigt setzt ein mit der Gegenüberstellung Marthas und Marias, wobei die beiden Frauen jeweils durch drei Eigenschaften charakterisiert werden: Ist Maria von der Güte Gottes umfangen, von unermeßlichem Verlangen erfüllt und schöpft sie süßen Trost aus den Worten Christi, so steht ihr Martha gegenüber, die durch ihr reifes Alter, durch ihre Weisheit und durch den Blick auf die Würde des Gastes charakterisiert ist. In einem zweiten Schritt hebt der Prediger kontrastierend hervor, daß Gott dem Menschen in jeder Hinsicht genug tut, daß der geistige Trost in Gott, die geistige Genugtuung sich darin äußert, daß der Mensch nicht im Wohlgefühl dieses Genusses ertrinkt, sondern geistig darüber steht. Dann vermögen Freude und Leid die Spitze der Seele, die auf Gott ausgerichtet ist, nicht zu beirren (S. 208,8-210,6).

Vor dem Hintergrund dieser Ausführungen wird im folgenden Abschnitt die Überlegenheit Marthas über Maria dargestellt. Diese besteht darin, daß Martha aufgrund ihrer Lebenserfahrung Maria besser erkannte als diese jene und daß sie aufgrund der Lebenserfahrung im Erkennen die Tugend besaß, was bei der Verzückung allein nicht der Fall ist. Aus diesem Grunde bat Martha Jesus – neckisch, wie Eckhart beifügt –, Maria zum Aufstehn aufzufordern, da diese, ohne die nötige Lebenserfahrung zu haben, sich der Verzückung und dem Verlangen danach ergab (S. 210,7-212,15). Eckhart schweift nun etwas ab, wenn er fragt, weshalb Jesus Marthas Namen zweimal nannte. Er begründet dies, nachdem er angemerkt hat, daß jeder, der von Christus je genannt wurde, in die Seligkeit eingehe, damit, daß Martha im zeitlichen Wirken vollkommen sei und gleichzeitig alles besitze, was zur ewigen Seligkeit nötig sei. Christus hat demnach hervorgehoben, daß Marthas Umgang mit den Dingen keine Behinderung darstellt, sondern unmittelbar zur ewigen Seligkeit steht, insofern Marthas Handeln besonnen und umsichtig war, sie also von innen heraus wirkte und darin die Zeit überwand. In ihrem *gewerbe*, also dem freien Umgang mit den Dingen aus dem Grund der Seele heraus, war Martha aber noch nicht ganz eins mit der Ewigkeit. Sie stand am »Rand der Ewigkeit« und war mit Gott noch nicht ganz vereint. Zu diesem »Rand der Ewigkeit« gelangt die Seele auf drei Wegen: Wenn sie Gott mit ihrer Liebe in den Kreaturen findet, wenn sie Gott in der Verzückung unvermittelt und frei von allem Kreaturhaften schaut, schließlich, wenn sie – der höchste Weg, den die Seele einschlägt – in der Nachfolge Christi von diesem in Gott hinein geleitet wird. Erst darin ist die Seele wirklich zu Hause (S. 212,16-220,10).

Im dritten Teil der Predigt kehrt der Prediger zunächst zu Martha zurück: Ihr Wirken in der Zeit, ihre besonnene, ordentliche und einsichtsvolle Art, *bei* der Sorge und *bei* den

Dingen zu stehen, ohne von diesen beherrscht zu werden, ist ebenso gut wie jede Verzückung. Martha war frei in ihrem Geist und in ihrem Leben. Die Antwort Christi auf ihre Bitte ist denn auch so zu verstehen, daß er ihr damit sagen wollte, Maria werde schließlich auch wie sie (S. 220,11-222,24). Wiederum fügt Eckhart hier einen Exkurs ein: Die Tugendhaftigkeit – die Martha exemplarisch lebte – besteht darin, daß der Mensch seinen Willen preisgibt und sich Gott überantwortet. Dies geschieht, wo der Mensch im Willen vom sinnenhaften Willen, der nach wahrer Belehrung sucht, zum vernunfthaften Willen, der Christus nachfolgt, und zum ewigen Willen aufsteigt, in dem Gott sein Wort unmittelbar in die Seele spricht. Dies heißt jedoch nicht, daß der im diesseitigen Leben stehende Mensch dadurch nicht mehr von Freude und Leid bewegt würde. Selbst Christus und die Heiligen waren dadurch bewegt. Es heißt vielmehr, daß der Mensch im obersten Wipfel seiner Seele mit Gott immer geeint bleibt, auch wenn er bewegt wird durch Freude und Leid (S. 222,25-226,9). Genau dies war bei Martha, die darin zur vorbildlichen Verwirklichung der Verknüpfung von aktivem und kontemplativem Leben wird, der Fall. Durch das, was sie in ihrem Leben wirkte, war sie wohl mit der Kreatur verbunden und in ihrem Lebensweg auf Vermittelndes – im Fleiß und in der Tugend – bezogen, doch bildete dies, da sie im Innersten immer unmittelbar zu Gott stand, nie ein Hindernis. Martha selbst war zuvor Maria, bevor sie zur eigentlichen Maria wurde, die sie jetzt ist (S. 226,10-26). Dieser Übergang gelingt jedoch nicht, wo man sich abrupt loslöst von den Sinnen und der Bindung an die Welt: Es ist vielmehr entscheidend, den Willen nach Gott zu formen und sich in diesem geformten Willen von der Kreatur zu lösen. Doch darf man dabei nicht auf ein tätiges Leben verzichten. Wenn nämlich der Mensch den Hl. Geist empfängt, wenn er also von Gott begnadet und geheiligt ist, vermag er erst tugendhaft zu wirken und zu handeln (S. 226,27-228,29).

208,8-20 *Driu dinc ⟨...⟩ gastes]* Die Gegenüberstellung der Figuren Maria und Martha ist als Gegenüberstellung der *vita contemplativa* und der *vita activa*, also als grundlegende Reflexion auf die Bedeutung der äußeren Werke für die Rechtfertigung des Menschen vor Gott zu lesen (vgl. zum Hintergrund: Mieth, *Die Einheit von vita activa*, S. 29-117). Wie überhaupt in seinem Begriff des guten Werks rekurriert Eckhart dabei ganz auf die Innerlichkeit des Menschen, das heißt, auf den Bezug zu Gott, in dem allein das Werk gerecht und gut ist (vgl. Anm. 278,4-22). Dies wird hier an der Figur Marthas, die der kontemplativen Maria gegenübergestellt ist, deutlich gemacht. Dabei wird eine Kritik spürbar, die Eckhart an gewissen monastischen Gebräuchen und an der zeitgenössischen Nonnenspiritualität übt: Zentral angesprochen ist dies dort, wo er die *lust* kritisiert, die den *redelîchen nutz* hintanstellt (S. 212,7f., S. 222,1f., S. 222,19-23; zu dieser Kritik Eckharts siehe Bd. I dieser Ausgabe, Anm. 140, 14-27). Eckhart meint hier zweifellos Irrwege der kontemplativen Spiritualität, denen er mit seinem integrativen Modell gegenzusteuern sucht (vgl. Langer, *Mystische Erfahrung*; Langer, *Zur dominikanischen Frauenmystik*; Langer, *Meister Eckharts Lehre*; Mieth, *Die Einheit von vita activa*, S. 191-198). Es ist jedoch sicher nicht von einer grundsätzlichen Kritik Eckharts an der Spiritualität der Nonnen auszugehen, sondern von einem Dialog, in dem Eckhart in wichtigen Punkten seines Denkens von der Frauenmystik inspiriert ist. Auch das vorliegende integrative Modell, in dem die Einheit von aktivem und kontemplativem Leben an der Figur Marthas aufgewiesen wird, muß vor diesem Hintergrund gelesen werden, in dem die Begine und die Nonne als sozial engagierte tätige Person ein Bild der Verwirklichung des Ideals abgibt. Darin soll überwunden und aufgehoben werden, was im kontemplativen Leben die größte Versuchung darstellt, nämlich der Stillstand des Lebens in der Verzückung der Seele angesichts der göttlichen Gnade (S. 210,11f., S. 212, 5-8).

Maria, die verzückt zu Füßen Jesu sitzt und ihm zuhört,

kann daher nicht den Endzustand des auf Gott hin wachsenden Menschen darstellen. Sie ist vielmehr, insofern sie exemplarisch die Verzückung (die *ekstasis* oder den *raptus*; zum Hintergrund: Balthasar, *Thomas und die Charismatik*, S. 377-383) verkörpert, erst im Anfang eines Lebens, das noch nicht ganz in Gott eingegangen ist. Sie hat den Weg der Schau eingeschlagen (S. 218,1-27), der im Jenseits, *in patria*, die transzendente Erfüllung in der ewigen Schau Gottes finden wird (S. 218,29-220,6). Doch ist nicht dies die Vollendung des diesseitigen Lebens. Diese verkörpert vielmehr Martha. Sie ist der Mensch, der »bei den Dingen« und »bei der Sorge« steht, der mit einer in der Zeit gereiften Lebenserfahrung mit den Dingen umgeht und sich dabei nicht von den Dingen und der Sorge beherrschen läßt (S. 208,14-20, S. 210,12-17, S. 214,12-216,15). Martha zeugt von einem »geübten Grund« ihrer Seele, aus dem sie hier alles gut und frei zu wirken vermag (S. 220,20-24, S. 222,8-14). Das heißt, daß Martha nicht die Vorstufe der kontemplativen Maria, sondern ihre Vollendung ist, da sie in ihrem Handeln in der Welt im Innersten immer auf Gott ausgerichtet bleibt und so das Kontemplative in sich aufhebt (S. 222,21-24). Entscheidend ist dabei nicht, daß sie von der Welt nicht mehr berührt wird, sondern daß sie, obwohl sie von der Welt berührt wird, doch immer aus der Einheit des Grundes ihrer Seele mit Gott zu wirken vermag und in diesem Wirken Christus nachfolgt (S. 224,14-228,29). So liegt denn die Vollendung des Menschen in der Integration des aktiven und des kontemplativen Lebens, die nur dort gelingen kann, wo der Grund der Seele ganz auf Gott ausgerichtet ist, wo also Maria Martha, oder – in einem anderen Beispiel – Rachel Lia in sich aufgenommen hat (vgl. S. 122,25-29 und Anm.) und so die Kontemplation unmittelbar sich im Handeln ausdrückt. – Vgl. die im Überblickskomm. zur Predigt genannte Literatur und weiter: Haas, *Gottleiden*, S. 97-108; Gandillac, *Deux figures*.

208,25 *vriunden gotes]* Eckhart verwendet diesen Ausdruck nicht als *terminus technicus*, sondern im Sinne von Joh. 15,15. Vgl. Bd. I dieser Ausgabe, Anm. 126,22-24.

210,1 *daz oberste wipfelîn]* Dies ist eine von einer ganzen Reihe paralleler Metaphern, mit denen Eckhart den Seelenfunken bezeichnet. Vgl. Bd. I dieser Ausgabe, Anm. 32,26-36,5.

210,14-19 *Leben 〈...〉 âne got]* Eckhart würdigt die naturhafte – nicht gnadenhafte – Selbsterkenntnis Marthas, die durch ihre Lebenserfahrung vermittelt ist. Zur Selbsterkenntnis siehe Bd. I dieser Ausgabe, Anm. 176,24-32. Eckhart lobt auch im selben Sinne die Erkenntnisweise der »heidnischen Meister«, also der antiken, arabischen und jüdischen Tradition.

210,21 *Paulus]* Zur Verzückung des hl. Paulus siehe Bd. I dieser Ausgabe, Anm. 108,35-112,23.

212,10-15 *Kristus 〈...〉 begerte]* Eckhart deutet hier die Antwort Christi in eigener Weise. Er versteht sie so, daß Christus Martha mit seinem Satz mitteilt, Maria habe das bessere Teil erwählt und werde deshalb (in Zukunft) so werden, wie es Martha bereits sei. Auf dieser eigenwilligen Deutung bauen denn auch die folgenden Ausführungen zu Maria und Martha auf (vgl. S. 222,14-24).

212,17 *Isidôrus]* Das angebliche Isidor-Zitat konnte bisher nicht nachgewiesen werden. Zur doppelten Nennung des Namens vgl. Augustinus, *Sermo CIII* n.2.

212,21 *êwigez wizzen]* In Christus ist alle Kreatur aufgehoben, insofern er Wort Gottes ist, in dem Gott sich selbst und alle Dinge ausspricht. Die Trinität ist so ein »Lebendes Buch«, in dem alle Dinge aus dem Vater hervorgehen, in Christus benannt werden und in der Liebe in den Vater zurückfließen. Was in diesem Buch benannt ist, kann nicht verloren gehen, da es sein Sein in Gott hat (vgl. Anm. 512,7). Zur Metapher des »Lebenden Buches« bzw. des »Buches des Lebens« vgl. Kohlenberger, *Buch des Lebens.*

214,16 *âne hindernisse]* Dadurch, daß die Dinge nicht in Marthas Seele stehen, daß sie also frei mit ihnen umzugehen vermag, indem sie sorgsam mit ihnen umgeht, ist Martha frei von Behinderung. In ihrem sorgsamen Umgang mit den Dingen ist also die Abgeschiedenheit aufgehoben. Martha steht so *bî den dingen*, ohne daß ihr eigenes Dasein durch die Dinge vermittelt würde.

214,22 *Mittel]* Eckhart macht eine Unterscheidung im Blick auf den Begriff der Vermittlung, den er an dieser Stelle positiv wertet: Vermittlung ist einerseits *werk* und *gewerbe*, wobei das *gewerbe* als das Tätigsein aus dem geübten Seelengrund heraus die höhere Stelle besetzt; Vermittlung ist andererseits der vernunfthafte Aufstieg zu Gott (vgl. Bd. I dieser Ausgabe, Anm. 32,26-36,5 und Anm. 108,35-112,23), also das, was alle Mittelbarkeit schließlich im Licht Christi aufhebt (S. 216,12-15).

216,4 *zît læsen]* Vgl. Bd. I dieser Ausgabe, Anm. 406,31-408,26.

216,16 *Marthâ]* Martha wird nun als Verkörperung der idealen Überwindung der Mittelbarkeit interpretiert: Sie ist eins, da sie die Zweiheit in sich aufgehoben hat. Der Begriff des Zwei-Einen unmittelbar unterhalb des Ein-Einen ist auf die trinitarische Entfaltung der Gottheit zu beziehen, wobei der »brennende Geist« den Hl. Geist als Liebesbrand zwischen Vater und Sohn bezeichnet. Martha steht demnach in ihrem Grund über der trinitarischen Entfaltung der Gottheit in der absoluten Einheit (zu diesem Begriff vgl. Bd. I dieser Ausgabe, Anm. 72,16-21). – Im Traktat *Von abegescheidenheit* bezieht Eckhart das folgende Christuswort auf die Abgeschiedenheit (vgl. S. 434,17-19).

216,26f. *drî wege]* Die folgenden drei Wege sind gesamthaft als Aufstieg zu verstehen, der über das Wirken in der Kreatur aus der Liebe zu Gott in aller Kreatur hinausführt zur Begegnung mit dem trinitarischen Gott, wo der Mensch (im nachfolgenden Beispiel: Petrus) Gott noch gegenübersteht, mit dem er sich schließlich auf der dritten Stufe unvermittelt in Gottes eigenem Sein vereint. Das heißt, daß der Mensch über die Kreatur hinaus in Christus in Gott hinein versinkt. Dies ist nach dem zuvor Gesagten bei Martha der Fall.

222,1f. *in der wüeste]* Eckhart bezieht sich auf die Legende, in der die drei Marien, Maria Magdalena, Maria von Bethanien und die Sünderin Maria, zu einer Person verwoben sind. Maria Magdalena zog sich demnach in die Wüste zurück. Sie wurde dort täglich von Engeln in den Himmel erhoben, wo sie die *lust* des Himmels genoß, und danach wieder in ihre Einsiedelei zurückgebracht. Vgl. Jacobus von Voragine, *Legenda Aurea* c.96.

222,9 *gevestenter tugent]* Zum Begriff der Tugend vgl. die folgenden Ausführungen (S. 222,25-224,13) und die Anm. 276,1-24.

222,12 *weselîche]* Seinshaft, im Grunde des Seins, das Gott ist. Vgl. Bd. I dieser Ausgabe, Anm. 52,16-22.

222,16f. *züge* ⟨...⟩ *nihte]* Zitiert im *Lehrsystem* (ed. Greith, S. 151,11f.; ed. Cadigan, S. 183,14-16). Zöge Gott sich von der Kreatur zurück, würde diese zunichte, da ihr kein selbständiges Sein zukommt. Vgl. Bd. I dieser Ausgabe, Anm. 52,16-22.

222,25f. *drî puncte]* Tugendhaftigkeit ist zu verstehen als eine zunehmende Überformung des Willens. Vgl. Anm. 276, 1-24.

224,14 *guoten liute]* Eckhart greift die folgende Frage auch in der Pr. 81, S. 168,21-170,5 auf. Er stellt sie dort als Diskussion zwischen zwei Lehrmeinungen vor, doch wird auch jene Stelle im Licht der Ausführungen der Pr. 86 zu verstehen sein. Die folgenden Gedanken deuten sicher darauf hin, daß das Publikum Eckharts hier unmittelbar von der Frage betroffen war. Eckharts Lösung des Problems beruht auf seinem Begriff des Seelengrundes. Wie er S. 226,7-9 ausführt, vermag die Einheit des Seelengrundes nichts zu stören, was nicht in den Seelengrund »fällt«. Dies ist bei Martha der Fall, insofern sie *bî* den Dingen, *bî* der Sorge zu stehen vermag, ohne *in* der Sorge bzw. den Dingen zu stehen, insofern sie also in ihrem Grunde unberührt bleibt und aus dieser Unmittelbarkeit heraus wirkt. Dies führt Eckhart S. 226,10-26 weiter aus. Vgl. auch S. 228,1-29. Zur Kritik Eckharts an bestimmten Lebensformen siehe Bd. I dieser Ausgabe, Anm. 140,14-27.

224,26 *heiligen vereinunge]* Zum Begriff der hypostatischen Union siehe Anm. 28,17-30,2.

226,14 *Marîâ was ê Marthâ]* Die Stelle scheint dem Gesagten zu widersprechen. Trotzdem handelt es sich wohl nicht um eine Vertauschung der Namen (Quint, DW III, S. 502, Anm. 50). Ebensowenig wird Eckhart hier bewußt eine Paradoxie intendieren, die die Unaufhebbarkeit des Verhältnisses der beiden Figuren und gleichzeitig auch die Einheit von Aktion und Kontemplation ausdrücken soll (Mieth, *Die Einheit von vita*, S. 188). Denkbar ist es dagegen, daß Eckhart die mit dem Namen Maria gegebenen Möglichkeiten ausschöpft und zuerst die Gottesmutter Maria meint, die ja eigentlich – *an dem wesene* – die Verwirklichung der Martha ist, insofern sie Gott gebiert. Dann ließe sich zu Recht sagen, daß die zu Füßen Christi sitzende Maria erst »dem Namen nach«, jedoch noch nicht wesenhaft Maria war, und daß sie so erst Martha werden mußte, um schließlich wesenhaft Maria zu werden und den Sohn in sich zu gebären – so, wie jeder Mensch empfänglich werden muß wie die Gottesmutter Maria, um Gott zu gebären und in der Welt fruchtbar zu werden wie Martha.

228,1 *unser guoten liute]* Die Kritik Eckharts zielt in dieselbe Richtung wie die vorangehende (S. 224,14-226,9 und Anm.). Eckhart hebt hier noch spezifischer hervor, daß es keinen absoluten Übergang des äußeren Menschen in den Zustand der Kontemplation geben könne, sondern nur den mit *grôzer arbeit* verbundenen sorgsamen Umgang mit den Dingen, der jedoch, wie seine Ausführungen zur Figur Marthas zeigen, auf der Einheit des Seelengrundes mit Gott beruht. Eckharts Position ist also hier, wie auch im folgenden letzten Abschnitt, wo er über *etelîche liute* spricht, sehr differenziert. Er betont mit Nachdruck, daß der Mensch im irdischen Dasein sich vom Äußeren, vom Wirken nicht zu lösen vermöge, daß er aber im Hl. Geist aus der Einheit des Seelengrundes mit Gott in einer Art zu wirken vermöge, in der das Wirken ganz dieser Einheit unterstellt ist. Dies ist der Fall, wo der Mensch – wie Martha – *bî den dingen* steht und gleichzeitig in seinem Innern vollkommen auf Gott rekurriert.

DEUTSCHE WERKE II
TRAKTATE

Das Deutsche Werk Meister Eckharts umfaßt neben den Predigten die folgenden Traktate: *Die rede der underscheidunge* (RdU), den sogenannten *Liber ›Benedictus‹*, der aus dem *Buoch der gœtlîchen trœstunge* (BgT) und aus der Lesepredigt *Von dem edeln menschen* (VeM) besteht, und den Traktat *Von abegescheidenheit*.

1. LIBER »BENEDICTUS«

Der Titel *Liber ›Benedictus‹* ist den Prozeßakten entnommen, die die Echtheit des Traktats bezeugen (*Proc. Col. I*, n. 1, ed. Théry, S. 157; ed. Sturlese, S. 198). Er bezieht sich auf den Schriftvers 2 Kor. 1,3, der den Traktat einleitet. Der *Liber ›Benedictus‹* setzt sich zusammen aus dem *Buoch der gœtlîchen trœstunge* und der Predigt *Von dem edeln menschen.* Daß das *Buch der göttlichen Tröstung* und die Predigt *Vom edeln Menschen* zusammengehören, bezeugt Eckhart selbst im zweiten Teil des Traktats mit einem Verweis auf die Predigt. Es handelt sich also um einen Traktat und um eine Lesepredigt, die möglicherweise für die Königin Agnes von Ungarn geschrieben wurden, welche seit 1318 ein halbgeistliches Leben im Klarissenkloster Königsfelden führte. Johannes Wenck von Herrenberg, der bemerkt, Eckhart habe das Buch für die Königin verfaßt, ist die Quelle dieser Annahme (*De ignota literatura*, ed. Vansteenberghe, S. 24f.). Die Feststellung wird jedoch durch die Prozeßakten nicht bestätigt: Sie sprechen einzig davon, daß Eckhart das Buch der Königin geschickt habe, nicht aber davon, daß er es eigens für sie verfaßte (*Proc. Col. I*, n. 1, ed. Sturlese, S. 198). Trusen, *Der Prozeß*, hebt denn auch hervor, daß Eckhart eindeutig einen weiteren Leserkreis im Auge hatte (S. 30, vgl. S. 80f.). Auf jeden Fall sind ältere Annahmen (vgl. Quint, DW V, S. 107f.), wonach Eckhart die Predigt *Von dem edeln menschen* vor der Königin Agnes in der Königsfelder Klosterkirche gehalten haben soll, durch nichts gestützt (Ruh, *Meister Eckhart*, S. 115f.). Ebenfalls gegen die ältere communis opinio, die den Text zwischen 1308 und 1314 datierte (vgl. die bei Quint, DW V, S. 6f. verzeichneten Datierungsversuche), ist davon auszugehen, daß er während der Straßburger Jahre Eckharts, also nach 1314 entstanden ist. Dies bestätigt die im *Trostbuch* vorgetragene Lehre, die zweifellos das zweite Pariser Magisterium voraussetzt (Ruh, *Meister Eckhart*, S. 117, S. 135), aber auch das Zeugnis der Prozeßakten, die zu Beginn des Verfahrens vornehmlich auf Straßburger Material und insbesondere auf den *Liber ›Benedictus‹* zurückgriffen (vgl. Trusen, *Der Prozeß*, S. 80).

Literatur zum *Buoch der gœtlîchen trœstunge*: Albert, *Meister Eckharts These*, S. 204; Bindschedler, *Die Trostgründe*; Brethauer, *Die Sprache*; Duclow, *My suffering*; Flasch, *Die Intention*, S. 298; Haas, *Sermo mysticus*, S. 186-208; Hammerich, *Das Trostbuch*; Haubst, *Nikolaus von Kues*, S. 80f.; Koch, *Meister Eckharts Weiterwirken*, S. 141f.; Kopper, *Die Metaphysik*, S. 67; Kremer, *Das Seelenfünklein*, S. 33; Kunisch, *Offenbarung*, S. 141-148; Langer, *Mystische Erfahrung*, S. 240-247; Mojsisch, *Meister Eckhart*, S. 70ff.; Roos, *Zur Datierung*; Roos, *Zur Abfassungszeit*; Ruh, *Meister Eckhart*, S. 115-128; Stiehl, *Meister Eckharts Buch*; Théry, *Le ›Benedictus‹*; Waldschütz, *Meister Eckhart*, S. 77-155.

Literatur zur Predigt *Von dem edeln Menschen*: Egerding, *Got bekennen*, S. 114-130; H. Fischer, *Grundgedanken*, S. 69-72; Frühwald, *Formzwang*; Haas, *Geistliches Mittelalter*, S. 204; Kopper, *Die Metaphysik*, S. 86; Langer, *Mystische Erfahrung*, S. 159-162; Mieth, *Meister Eckhart*, S. 98ff.; Ruh, *Meister Eckhart*, S. 128-135; Siegroth, *Versuch*, S. 191ff.; Piesch, *Der Aufstieg*; Waldschütz, *Meister Eckhart*, S. 156-193; Zum Brunn/Libera, *Maître Eckhart*, S. 50f.

I DAZ BUOCH DER GOETLÎCHEN TROESTUNGE

Das *Buch der göttlichen Tröstung* ist in zwei Hss. ganz, in zwei weiteren Hss. fragmentarisch überliefert. Der Text folgt derjenigen Hs., die den im ganzen verläßlichsten Wortlaut bietet, und zieht die übrigen Hss. zur Korrektur bei. Vgl. Pfeiffer, Tr. V, S. 419-448; Strauch, *Meister Eckharts Buch.* Johannes von Dambach hat mehrere ins Latein übersetzte Exzerpte des vorliegenden Texts in seine *Consolatio theologiae* eingefügt (vgl. A. Auer, *Johannes von Dambach*). Johannes Wenck zitiert in der Schrift gegen Nikolaus von Kues *De ignota litteratura* unter Verweis auf den *magister Eghardus* den dem vorliegenden Traktat entnommenen Artikel *Proc. Col. I* n.10 (ed. Théry, S. 161; ed. Sturlese, S. 202; vgl. Anm. 240,4-10). Jordanus von Quedlinburg bezieht sich auf einige der inkriminierten Stellen (vgl. Anm. 240,4-10, 266,20-33 und 272,33-274,15).

Prozeßdokumente: *Proc. Col. I* n.2-21 (ed. Théry, S. 157-166; ed. Sturlese, S. 198-208). *Gutachten* a.27 (ed. Pelster, S. 1123). *Bulle* a.14 (vgl. Suárez-Nani, *Philosophie- und theologiehistorische Interpretationen*, S. 71-74). Die Dokumente des *Proc. Col. I* (n.24-30, ed. Théry, S. 167-169; ed. Sturlese, S. 209f.) enthalten weiter Auszüge aus einer uns nicht mehr erhaltenen Antwort Eckharts auf eine ebenfalls verschollene Sammlung inkriminierter Stellen aus dem *Liber ›Benedictus‹*, den *Genesiskommentaren* und dem *Exoduskommentar*, die der *Rechtfertigung* vom 26. September 1326 voranging. Vgl. dazu auch *Proc. Col. I* n.105-111 (ed. Théry, S. 191f.). Für die einzelnen Stellen siehe Anm. 232,26-236,12, 236,20-238,4, 240,4-10, 242,9f., 252,7-18, 252,23-25, 254,4-9, 266,20-33, 268,3-5, 268,11-15, 268,27-29, 272,33-274,15, 284,16-27, 284,28-286,1.

Mit seinem *Trostbuch* schließt Eckhart an eine lange Tradition christlicher Trostliteratur an, auch wenn er es vermeidet, den konkreten Anlaß anzusprechen, den die Trostliteratur in der

Regel als Motiv des Trostes nennt, welcher einer bestimmten Person in einer bestimmten Situation zugedacht ist (zum Hintergrund vgl. von Moos, *Consolatio*; A. Auer, *Johannes von Dambach*). Ein solcher konkreter Anlaß ist wohl beim vorliegenden Text nicht vorauszusetzen, obwohl die ältere Forschung davon ausging, daß die Schrift für die leidgeprüfte Königin Agnes von Ungarn verfaßt wurde (Quint, DW V, S. 6; vgl. Überblickskomm., S. 748f.). Es geht Eckhart hier, ohne daß er dabei eine bestimmte Situation der Not ins Auge fassen würde, vielmehr darum, den Begriff des Trostes im Rahmen einer Theologie des Leids zu entfalten und auf der Grundlage seiner theologischen Metaphysik zu bedenken (Ruh, *Meister Eckhart*, S. 119f.).

Der Traktat ist in drei Teile gegliedert: einen kurzen theoretischen Teil, eine Sammlung von »etwa dreißig« Trostgründen und schließlich eine Reihe von Taten guter und weiser Menschen, aus denen Trost zu schöpfen ist. Eckhart selbst verweist im Prolog auf diese Dreiteilung, nachdem er einleitend mit 2 Kor. 1,3f. Gott als dem Ursprung allen Trostes dreierlei kreaturhafte Betrübnisse entgegengestellt hat: den Schaden an äußerem Gut, den Schaden der Mitmenschen, schließlich den eigenen Schmerz und das eigene Leiden (S. 232,5-24).

Der erste Teil (S. 232,26-242,19) setzt ein mit der Darlegung des Verhältnisses der transzendentalen Allgemeinbegriffe zu ihren irdischen Trägern: des Weisen zur Weisheit, des Wahren zur Wahrheit, des Gerechten zur Gerechtigkeit, des Guten zum Gutsein. Eckhart führt dies am Beispiel des Gutseins exemplarisch aus. Das Gutsein ist weder geschaffen, noch gemacht, noch geboren, sondern selbst das Gebärende, das den Guten gebiert und diesem sein ganzes Sein mitteilt. Das heißt, daß der Gute und das Gutsein identisch sind bis auf die eine Differenz: Das Gebären bzw. das Geborenwerden unterscheidet sie. Diese Differenz unterscheidet sie jedoch nicht hinsichtlich ihres Seins oder ihres Lebens. Darin sind sie eins, denn der Gute lebt nur im Gutsein, erkennt sich selbst und alles andere darin, liebt und tut alles nur darin. Zwischen Gutem und Gutsein besteht die Einheit, die zwischen Gottvater und Gottsohn besteht. Bezeichnen wir etwas als ›gut‹, beziehen wir uns auf nichts anderes als auf dieses eine Gutsein: nicht jedoch hinsichtlich ihres ungeborenen Seins, sondern hinsichtlich ihres Gebärens oder Ausfließens in das Gute, das dadurch in Gott sein Leben empfängt. Dies, fährt Eckhart fort, gilt in gleicher Weise von den übrigen genannten Transzendentalien, vom innertrinitarischen Prozeß der Geburt des Sohnes und von allem, was unmittelbar Gott entspringt (S. 232,26-236,12).

Im Rekurs auf die Schrift belegt und theologisch im Blick auf den einzelnen Menschen erschlossen wird dieser spekulativ-philosophische Gedanke in der Auslegung von Joh. 1, 12f.: Der Mensch wird zum Sohn Gottes – und gelangt so in die oben geforderte Unmittelbarkeit der Geburt –, wenn er in seinem Seelenleben hinausgeht über die vegetativen Kräfte, über diejenigen Kräfte, die Seele und Leib gemein sind, schließlich auch über die rein seelischen Kräfte, die nach dem Bilde Gottes geschaffen sind. Da all diese Kräfte geschaffen sind, müssen sie zurückgelassen, das heißt, *ir selbes entbildet ⟨...⟩ und in got aleine überbildet* werden. In der Befreiung von den kreaturhaft vermittelnden Bildern und vom kreaturhaften Ich verliert die Seele ihr Geschaffen-Sein zugunsten ihres Geboren-Seins. Der Mensch wird so zum Sohn Gottes, das heißt, als Gerechter zum Sohn der Gerechtigkeit, als Guter zum Sohn des Gutseins. Diese Lehre, merkt Eckhart an, die sowohl vom Evangelium vertreten wie von der Vernunft erkannt wird, ist der wahre Trost für alles Leiden (S. 236,13-238,8).

Im dritten Abschnitt des ersten Teils wird nun der Ursprung des Leids identifiziert und auf drei Aspekte des Trostes bezogen. Das Leid entspringt der Abwendung von Gott. In der Gerechtigkeit ist es aber immer schon überwunden, da in ihr der Mensch unmittelbar Sohn Gottes ist. In diesem Zustand der Geburt, in dem der Mensch sich auf den Vater zurückbezieht, kann das kreaturhafte Unrecht den Menschen nicht berühren. Deshalb tut es not, *daz er sich entbilde sîn selbes und aller crêatûren*, um in Gott einzugehen und dort seinen Trost zu finden. Darüber hinaus ist es die Freude, die den gerechten Menschen tröstet. Er kann sich an seinem Wirken weit mehr erfreuen als derjenige, der sich in seinem Leben nur auf die Kreatur bezieht. Wird der Mensch trotzdem durch einen Schaden betrübt, bedeutet dies, daß er noch nicht vollkommen gerecht ist. Drittens ist Gott auch der Vernunft gemäß die Quelle alles Guten, während alles, was nicht Gott entspringt, bitter ist. Erfährt der Mensch nun Leid, bedeutet dies, daß er sich von Gott abgewandt hat. In der Hinwendung zu Gott hingegen erfährt er Trost, denn darin überwindet der Mensch das Leid, das dort entsteht, wo er die Kreatur als solche liebt und sich in dieser Hinwendung an die äußeren Dinge dem Leid ergibt. Derjenige aber, der in der Kreatur Gott liebt, findet wahren Trost, da er sich über das Leid der Kreatur erhebt (S. 238,9-242,19).

Im zweiten Teil des Traktats (S. 242,21-304,22) folgen etwa dreißig Trostgründe, die – im Unterschied zum dritten Teil – Trost*worte* sein wollen. Eckharts Text ist zu verwoben und zu unsystematisch, als daß es möglich wäre, die dreißig Gründe eindeutig zu identifizieren. Hervorzuheben sind jedoch die Leitlinien, die die Auflistung prägen. Es geht Eckhart grundsätzlich darum, zu zeigen, daß Leidbewältigung nur dort gelingen kann, wo der Mensch sich im Rahmen eines asketischen Programms von sich selbst und von seiner Bindung an die Welt befreit. Dann geht der Mensch ein in Gott und gewinnt in ihm den Trost, der ihn allem irdischen Leid enthebt. Gleichzeitig begegnet in den aufgelisteten Trostgründen auch die Bejahung des Leids. Dieses ist nicht einfach zu verdrängen, sondern anzunehmen in Christus. Man begegnet in den vorliegenden Beispielen und Ausführungen denn auch einer eigentlichen Leidensspiritualität, die das im ersten Teil unter metaphysischer Perspektive exponierte Programm der Leidensbewältigung nochmals aufgreift und einerseits dem asketischen Grundzug – die »Entbildung« des Menschen vom Kreaturhaften ist einziger Weg wahren Trosts – klarer Kontur verleiht, andererseits diesen

Weg christologisch im Gedanken der Nachfolge und der darin begründeten Bejahung des Leidens verankert. In dieser Verschränkung der beiden Perspektiven ist die Überwindung des Leids nur in der Form zu denken, daß der Mensch es gleichzeitig annimmt und auf Gott hin überwindet. Dies kann ihm nur in der Nachfolge Christi gelingen, denn Gott selbst hat in Christus das Leid gleichzeitig angenommen und überwunden.

Der dritte Teil des Traktats (S. 304,24-312,31) referiert schließlich eine Reihe von Werken, aus denen Trost zu schöpfen ist. Es geht hier – in konsequenter Fortführung der Perspektive des zweiten Teils – um das willige Leiden, was immer heißt, um den von Gott im Leiden verfügten höheren Sinn, der dem Leidenden noch nicht durchsichtig ist, auf den er jedoch zählt. Drei Gründe lassen den Leidenden von seinem Leiden nicht Abstand zu nehmen suchen: das Vertrauen in Gott, die Konformität des Willens des guten Menschen mit dem Willen Gottes in der Liebe, schließlich die Ehrfurcht vor der Größe Gottes. Ist die Seele des Menschen in diesem Sinne auf Gott ausgerichtet, erfährt der Mensch das Leiden nicht mehr im kreaturhaften Sinne als Leiden, da ihm die Kreatur – und mithin Leid und Freude der Kreatur – auf Gott hin transparent geworden ist. Dies bezeugen die Bücher des Alten und Neuen Testaments, die Leben der Heiligen und der Heiden, die tugendhaft gelebt haben (S. 304,24-310,5).

Im Schlußabschnitt des Traktats, der durchaus schon Züge einer Apologie besitzt, die auf das gegen Eckhart geführte Verfahren vorausweist, verteidigt sich Eckhart gegen Mißverständnisse. Gleichzeitig hebt er mit Nachdruck seinen Anspruch hervor, Ungelehrte, also Laien, auch in schwierigen theologischen Fragen zu belehren (S. 310,18-312,28).

232,2f. *Liber ⟨...⟩ træstunge]* Der Titel ist hinzugefügt. *Proc. Col. I* n.1 benennt das Werk mit dem Incipit: *Qui libellus sic incipit: ›Benedictus deus ⟨...⟩‹*. Die zweite Zeile ist hsl. – ohne die römische Zahl – als Titel des Werks belegt.

232,26-236,12 *Von dem êrsten ⟨...⟩ geborn sint*] *Proc. Col. I* n.2-7 (ed. Théry, S. 157-159; ed. Sturlese, S. 198-201). Eckharts Antwort: *Proc. Col. I* n.87-92 (ed. Théry, S. 187-189). – Die vorliegenden Ausführungen Eckharts, die im Rahmen des gegen ihn geführten Verfahrens inkriminiert wurden, bilden ein Kernstück seines Denkens. Sie betreffen das Verhältnis der sogenannten *perfectiones generales*, also der Transzendentalien *ens*, *unum*, *verum*, *bonum* zu ihren Trägern. In seinen Überlegungen zum Verständnis der Transzendentalien schließt Eckhart an die scholastische Tradition an, in deren Ontologie und Metaphysik die Transzendentalienlehre eine zentrale Rolle spielt. Zwei Punkte sind für das Verständnis der Transzendentalienlehre Eckharts zunächst von Bedeutung. Er lehrt erstens die Konvertibilität der Transzendentalien, geht also davon aus, daß das Eine, das Sein, das Wahre, das Gute vertauscht werden können und sich nicht auf Differentes beziehen (*In Ioh.* n.114, n.360, n.526, n.561f.; *In Sap.* n.5, n.293; *In Gen. I* n.231; *In Gen. II* n.17, n.86, n.188; *In Exod.* n.29, n.134; *Sermo XXX/2* n.317; *Sermo XXXVII* n.377). Mit diesem Gedanken ist zweitens verbunden, daß Gott das Sein ist und somit alle Transzendentalien mit Gott eins sind: *Ipse enim, utpote esse purum, semper esse operatur, quod cum bono convertitur.* (»Denn als das lautere Sein wirkt er immer Sein, das mit dem Guten vertauschbar ist.« *In Gen. I* n.175. Vgl. *In Sap.* n.140, n.300.) Das heißt, daß im eigentlichen Sinne nur Gott Seiendes, Wahres, Gutes und Eines ist und daß diese Begriffe, falls sie von etwas anderem als Gott ausgesagt werden, nicht im selben Sinne ausgesagt werden können (vgl. *In Ioh.* n.97; *Prol op. prop.* n.5). Im Prolog zum *Opus propositionum* führt Eckhart den Nachweis der Richtigkeit dieses Ausgangspunkts seiner Lehre von den Transzendentalien (n.4-8). Was daraus im Rahmen seines Systems folgt, ergibt sich unmittelbar. Wenn die Transzendentalbegriffe nur auf Gott im eigentlichen Sinne, auf alles andere aber im uneigentlichen Sinne bezogen werden können, ist dieser Bezug genauer zu bestimmen. Zunächst ist festzuhalten, daß alles, was überhaupt ist, was wahr, gut und eins ist, nur durch Gott überhaupt ist, wahr, gut und eins ist, da er allein Sein, Wahrheit, Gutsein und Einheit ist (*Prol. op. prop.* n.9f.; vgl. unten S. 466,25-470,9). Die Transzendentalien gehen also in ihrem Bezug zur Kreatur allen anderen Ordnungen voraus, in die die Kreatur eingebettet ist. Sie entspringen unmittelbar der ersten Ursache und teilen sich der Kreatur unmittelbar mit, bevor andere Ursachen zur Wirkung kommen (n.11f.). Dennoch kann von der Kreatur nicht im selben Sinne wie von der ersten Ursache ausgesagt werden, daß sie ist, wahr, gut und eins ist. Sie ist dies vielmehr nur durch die unmittelbare Gegenwart der ersten Ursache, während diese es unmittelbar durch und in sich selbst ist. Dabei kann kein Mittleres gedacht werden: Gott ist unmittelbar das, wodurch die Kreatur überhaupt ist. Doch ist sie nicht selbst die Fülle des Seins, sondern in ihrer zeitlichen Entfaltung vom Werden und Vergehen geprägt, mithin in ihrem Vollzug immer auch dem Nichts ausgesetzt, das dem Sein gegenübersteht, welches die eigentliche, tiefe Wirklichkeit bildet, an der die Dinge partizipieren, insofern sie sind. Dennoch ist nur Gott selbst das Sein, das Wahre, das Gute und das Eine. Von ihm allein ist demnach zunächst zu sagen, er sei dies. Und von der Kreatur läßt sich nur in analoger Weise dasselbe sagen. So hebt Eckhart hervor, *quod deus veniens et eius praesentia immediate et nullo cooperante operatur in omnibus entitatem, unitatem, veritatem et bonitatem, analogice quidem* (»daß Gott durch sein Kommen und seine Gegenwart unmittelbar und ohne die Mitwirkung eines anderen in allem die Seiendheit, die Einheit, die Wahrheit und das Gutsein bewirkt, allerdings nur im Sinne der Analogie«, *In Ioh.* n.97; vgl. *In Gen. I* n.128; *In Eccli.* n.52f.). Das heißt, daß die transzendentalen Begriffe von Gott immer im eigentlichen Sinne, von der Kreatur aber in analoger Weise ausgesagt werden. (Vgl. dazu Bd. I dieser Ausgabe, Anm. 52,16-22).

Vor diesem Hintergrund sind die Ausführungen am Anfang des BgT zu lesen: Die Begriffe Gutsein, Weisheit, Wahrheit, Gerechtigkeit beziehen sich zunächst unmittelbar auf

Gott. Gutsein, Wahrheit, Weisheit und Gerechtigkeit sind daher weder geschaffen, noch gemacht, noch geboren. Sie sind vielmehr, und hier ist der Kernpunkt in Eckharts Lehre von den Transzendentalien zu fassen, selbst gebärend: Alles Gerechte ist geborene Gerechtigkeit, alles Gute geborenes Gutsein, alles Wahre geborene Wahrheit, alles Weise geborene Weisheit. Sprechen wir also über die Weisheit, die Wahrheit, das Gutsein und die Gerechtigkeit des Menschen, so meinen wir nichts anderes als die Transzendentalien selbst, also Gott, doch meinen wir damit gleichzeitig eine bestimmte Weise der Partizipation des Menschen an Gott. Diese bezeichnet Eckhart als das Geboren-Sein. Insofern der Mensch gerecht ist, ist er geborene Gerechtigkeit. Unschwer ist hier zu erkennen, daß Eckhart in dieser Aussage den Horizont der Analogielehre überschreitet. Es ist nicht nur die Rede davon, wie die Gerechtigkeit von der Kreatur im allgemeinen und von Gott, ihrem eigentlichen Träger, *ausgesagt* werden kann, sondern davon, in welcher Form der Mensch an der Gerechtigkeit und an den anderen Transzendentalien *partizipiert*. Diese Partizipation beschreibt der Begriff der Geburt. Er bezieht sich nicht auf die Analogie der Bezeichnung, sondern auf die Weise der Partizipation, die mit Johannes 1,12f. als die den Menschen gnadenhaft geschenkte Möglichkeit zu verstehen ist, Söhne Gottes zu werden. Im geborenen Gerechten ist die Gerechtigkeit in einer Weise da, die dazu zwingt, daß vom Ursprung der Gerechtigkeit und vom gerechten Menschen in univoker Weise ausgesagt werden muß, sie seien gerecht. Den einzigen Unterschied bildet das Gebären und das Geboren-Sein (vgl. S. 492,18-494,12, S. 500,10-508,7). Doch ist es *ein* Leben der Gerechtigkeit, das die Gerechtigkeit Gottes und den gerechten Menschen eint. Das heißt, daß im Faktum der Geburt, in dem der Mensch an der Gerechtigkeit Gottes und an Gott überhaupt partizipiert, der Horizont der Analogielehre insofern überschritten ist, als der Mensch darin als Sohn Gottes gebiert und ihm Gott sich selbst ganz mitteilt (vgl. Bd. I dieser Ausgabe, Anm. 82,21-86,7). Begründet ist dies natürlich in der Lehre von der Inkarnation, die hier die ontologische und logische Ebene der Analogie unterläuft und den Menschen, insofern er ist, gut, wahr, eins (und schön) ist, ganz aus der Dynamik des Inkarnationsgeschehens begreift, in dem der Mensch als Sohn Gottes zur Mitte der Schöpfung wird. Diese Mitte ist er, insofern er an Gott gnadenhaft partizipiert. – Zur Transzendentalienlehre vgl.: Albert, *Meister Eckharts These*, S. 109-189, bes. S. 164-166; Haas, *Sermo*, S. 191-195; Mojsisch, *Meister Eckhart*, S. 70-74. Siehe weiter die in Bd. I dieser Ausgabe, Anm. 52,16-22, verzeichnete Literatur zur Analogielehre Eckharts.

236,13-32 *Bî dem bluote* ⟨...⟩ *gebirt*] Eckhart unterscheidet in hierarchischer Stufung diejenigen Vermögen, die sich dem Willensentscheid gänzlich entziehen, diejenigen, die sich vom Willen teilweise kontrollieren lassen, und schließlich diejenigen, die frei sind von kreaturhaften Neigungen. Dies ist beim Willen selbst und insbesondere bei der Vernunft der Fall, die vom Hier und Jetzt zu abstrahieren vermag und dadurch am meisten Gott gleicht (ebenso: *In Ioh.* n.154). Doch müssen im Aufstieg zur Gottesgeburt auch die Vernunft und der Wille überholt werden, da sie Gott nicht gleich sind. Zur Hierarchie der Seelenkräfte siehe Bd. I dieser Ausgabe, Anm. 108,35-112,23, zum Konzept der Gottesgeburt Bd. I dieser Ausgabe, S. 82,21-86,7 und Anm.

236,20-238,4 *Bî dem* ⟨...⟩ *wârheit*] *Proc. Col. I* n.8 und n.9 (ed. Théry, S. 159; ed. Sturlese, S. 201f.). Eckharts Antwort: *Proc. Col. I* n.91f. (ed. Théry, S. 189).

238,5-7 *êwangeliô* ⟨...⟩ *natiurlîchen liehte*] Mit dem letzteren meint Eckhart die Vernunft. Die Versöhnung von Offenbarungswahrheit und Vernunft entspricht, wie an der vorliegenden Stelle, einer Grundintention Eckharts. Vgl. Anm. 488,25-27.

238,9 *Augustînus*] Augustinus, *Enarrationes in psalmos* XXXVI, sermo 1 n.3. Eckhart zitiert dieselbe Stelle *In Sap.* n.164.

240,4-10 *Her umbe* ⟨...⟩ *got*] *Proc. Col. I* n.10 (ed. Théry, S. 161; ed. Sturlese, S. 202). Eckharts Antwort: *Proc. Col. I* n.93 (ed. Théry, S. 189). Jordanus von Quedlinburg, *Opus Ior* 81A, und Johannes Wenck, *De ignota litteratura*, ed. Vansteenberghe, S. 24f., beziehen sich auf die Stelle. – Die Entbildung des Menschen zielt auf die Abgeschiedenheit. Vgl. Anm. 434,14.

240,19 *glîches gemüetes]* Zum Gleichmut des Gerechten im Leiden und zum Begriff des Leidens siehe Anm. 276,1-24.

242,2 *minnert und bedecket]* Die Metapher der Bitterkeit, die hier auf die Kreatur angewendet wird, steht im Bildfeld des Schmeckens. Eckhart greift darauf gelegentlich zurück und hebt hervor, daß die Süße Gottes nur erfahrbar sei, wenn die Seele von ihrem kreaturhaften Belag frei ist, so wie die Süße nur spürbar ist, wenn die Zunge frei ist von einem Belag, der Mensch also gesund ist. Vgl. Bd. I dieser Ausgabe, S. 140,3-13 und Anm.

242,9f. *Mîn herze ⟨...⟩ ist]* *Proc. Col. I* n.11 (ed. Théry, S. 161; ed. Sturlese, S. 203). Eckharts Antwort: *Proc. Col. I* n.94 (ed. Théry, S. 189). Wie immer geht es Eckhart darum, das Gutsein ganz und allein auf Gott zurückzuführen. Liebt der Mensch hingegen die Kreatur als Kreatur, so geht er davon aus, daß die Kreatur aus sich selbst gut ist, und läßt sich dadurch von Gott wegführen. Trost kann einzig dort sein, wo der Mensch das wahre Gutsein findet, das heißt, in Gott.

242,21f. *bî drîzigen]* Hammerich, *Das Trostbuch*, S. 88-91, versucht, die dreißig Trostgründe gegeneinander abzugrenzen. Die Zahlangabe wird jedoch nicht wörtlich zu nehmen sein.

242,30 *meister]* Vgl. Aristoteles, *Ethica Nicomachea* IV c.12 (IV c.11 1126a12) und Augustinus, *Confessiones* VII c.12 n.18. – Auch die Natur ist nach Eckhart in ihren Prozessen auf das Gute ausgerichtet. Vgl. Anm. 266,22-268,31.

246,7-11 *Augustînus ⟨...⟩ besitze]* Augustinus, *Confessiones* X c.41 n.66. Dieselbe Stelle zitiert Eckhart öfter: Bd. I dieser Ausgabe, S. 132,28-31; *Sermo XII*, n.140; *Sermo XXIV* n.242; *In Ioh.* n.242.

246,11-15 *Er ⟨...⟩ engenüeget]* Vgl. Augustinus, *Sermo CV* n.3f. und *Sermo LIII*, n.6 sowie die Stellen, auf die in der Anmerkung zu Eckhart, *In Ioh.* n.231 verwiesen ist.

246,18-20 *gip ⟨...⟩ dich]* Diese Wendung, die Eckhart öfter anführt, führt er an anderen Stellen auf Augustinus zurück: vgl. Bd. I dieser Ausgabe, S. 222,28f. und S. 664,5f. sowie unten S. 294,21-23. Er bezieht sich dabei vielleicht auf *Confessiones* XIII c.8.

246,25 *minnent ⟨...⟩ glîch]* Die Liebe ist in der Gleichheit begründet. Vgl. Anm. 262,29-264,5.

248,14 *meister]* Nach gängiger mittelalterlicher Anschauung nimmt das Feuer unter den Elementen die höchste Stellung ein. Es ist dem Himmel unmittelbar verbunden, vermag diesen jedoch nicht zu affizieren. Das heißt, daß es in hierarchischer Sicht unter ihm steht (vgl. dazu *In Sap.* n.92 und n.134) und alles verbrennt und läutert, was in den Himmel aufsteigt (so unten S. 298,16-22). Dieses kosmologische Bild führt Eckhart öfter an, um einerseits zu zeigen, daß Gott über das unter ihm Stehende verfügt, ohne von diesem affiziert zu werden, und um andererseits darzustellen, daß die Seele aufsteigt wie ein Funke (unten S. 264,14-32) und geläutert werden muß, bevor sie zu Gott gelangen kann.

248,17 *geschrift]* Im *Sapientiakommentar*, *In Sap.* n.131, verweist Eckhart für dieselbe Aussage auf Augustinus (vgl. *De quantitate anime* c.5 n.9). Eckhart betont die Vorzugsstellung der Seele öfter in ähnlicher Weise: vgl. Bd. I dieser Ausgabe, S. 408,27-410,2. Die Vorzugsstellung ist in der geistigen Daseinsweise der Seele begründet, dank der sie auf geistige Weise eins zu werden vermag mit dem, worauf sie sich bezieht, was dem Körperlichen nicht möglich ist.

248,22-29 *mensche ⟨...⟩ klagen wir]* Vgl. Bd. I dieser Ausgabe, S. 48,16-21 und Anm. zur Konformität des menschlichen mit dem göttlichen Willen. – Zum richtigen Bitten siehe Bd. I, Anm. 216,21.

248,30 *Senecâ]* Seneca, *Naturales quaestiones* III, praefatio n.12.

250,2 *meister]* Seneca, *Epistulae morales ad Lucilium* 197, 11. Eckhart übernimmt die Stelle aus Augustinus, *De civitate dei* V c.8.

250,17-19 *Paulus ⟨...⟩ êre]* Dieselbe Paulusstelle zitiert

Eckhart verschiedentlich: siehe Bd. I dieser Ausgabe, Anm. 144,26-146,10.

250,20f. *tôt 〈...〉 entbildet 〈...〉 überbildet]* Zur *mors mystica* siehe Bd. I dieser Ausgabe, Anm. 482,12-17.

250,29 *meister]* Vgl. Thomas von Aquin, *Summa theologica* I q.12 a.9. In der Seligkeit erkennt der Mensch sich und die Dinge nicht in ihrer kreaturhaften Entfaltung und in ihrem kreaturhaften Sein, sondern in ihrer exemplarischen Existenz – als *ratio*, *logos* – in ihrer Ursache, das heißt in Gott. Siehe Anm. 550,7-12 und Bd. I dieser Ausgabe, Anm. 24,13.

252,1 *›vater unser‹]* Zu Eckharts Lehre vom Gebet siehe Bd. I dieser Ausgabe, Anm. 216,21.

252,7-18 *Ein 〈...〉 âne leit]* *Proc. Col. I* n.12 (ed. Théry, S. 162; ed. Sturlese, S. 203). Eckharts Antwort: *Proc. Col. I* n.95 (ed. Théry, S. 189). Vgl. *Gutachten* a.27 (ed. Pelster, S. 1123,27-31) und *Bulle* a.14 (vgl. Suárez-Nani, *Philosophie- und theologiehistorische Interpretationen*, S. 71-74). – Eckhart hebt hier die absolute Konformität des Willens des guten Menschen mit dem göttlichen Willen hervor. Siehe Bd. I dieser Ausgabe, S. 552,27-554,16 und Anm.

252,23-25 *daz der 〈...〉 ist]* Die Stelle steht im *Proc. Col. I* n.13 (ed. Théry, S. 162; ed. Sturlese, S. 203). Eckharts Antwort: *Proc. Col. I* n.96 (ed. Théry, S. 189). Zum Verhältnis des Guten zum Gutsein siehe S. 232,26-236,12 und Anm.

254,4-9 *eigenlîcher 〈...〉 aleine]* Der Satz findet sich im *Proc. Col. I* n.14 (ed. Théry, S. 162; ed. Sturlese, S. 204). Eckharts Antwort: *Proc. Col. I* n.97 (ed. Théry, S. 189).

256,5-8 *gelâzen 〈...〉 gelâzen]* Zum Begriff der Gelassenheit siehe Bd. I dieser Ausgabe, Anm. 318,15-24.

256,9 *Augustînus]* Augustinus, *De trinitate* VIII c.3 n.4.

258,24 *geschaffen 〈...〉 diz und daz]* Die Wendung kennzeichnet den Status des Kreaturhaften, insofern sich dieses in Zeit und Raum entfaltet und so dem Einen entfremdet. Die zwei folgenden Begriffe *entbilden* und *înbilden* führen darüber hinaus, insofern sie den Rückzug vom Kreaturhaften und die Einung mit dem Ursprung aller Kreatur, dem Gutsein, geltend machen. Auf S. 260,11-13 spricht Eckhart denn auch vom *ûzgiezen* der Kreatur, damit die Seele leer werde, um Gott zu empfangen.

260,13 *Augustînus]* Augustinus, *Enarrationes in psalmos* XXX, sermo 3 n.11.

260,17-262,1 *meister ⟨...⟩ wesens]* Das vorliegende Beispiel vom Auge und der Farbe führt Eckhart öfter an, um die Notwendigkeit des Leerwerdens vor Gott zu illustrieren: Nur wenn der Mensch alle anderen Bestimmungen ablegt, wenn er frei wird und empfänglich, kann er sich mit Gott vereinen. Dies geschieht in der obersten Kraft der Seele, welche »mit nichts etwas gemein hat«, also gänzlich unbestimmt und daher offen für die Fülle des Seins ist. Mit der Kraft ist die oberste Vernunft gemeint. Siehe dazu Bd. I dieser Ausgabe, Anm. 108,35-112,23. Der Begriff der Fülle verweist auf den Horizont präsentischer, auf die Gegenwart bezogener Eschatologie, der Eckharts Denken kennzeichet: Die Fülle in Gott ist Erfüllung allen Strebens. Vgl. Bd. I dieser Ausgabe, Anm. 406,31-408,26.

262,2 *meister]* Vgl. Thomas von Aquin, *Summa theologica* I II q.3 a.2 ad 4 und q.3 a.4, wo auf Augustinus, *Confessiones* X c.23 verwiesen ist.

262,5f. *Arm in dem geiste]* Zur Armut des Geistes vgl. die Pr. 52 und dort insbesondere Anm. 550,11.

262,27f. *glîchnisse ⟨...⟩ minne]* So auch *In Sap.* n.57: *Sicut enim in divinis Patri appropriatur unitas, sic Filio aequalitas.* (»Wie auf den Vater die Einheit, wird die Gleichheit auf den Sohn bezogen.«) Zu den Trinitätsformeln vgl. Bd. I dieser Ausgabe, Anm. 20,11.

262,29-264,5 *Glîchnisse ⟨...⟩ minne]* Die Gleichheit geht nach der vorliegenden Stelle in der Weise der Geburt aus dem Einen hervor, ist also immer schon unmittelbar – wie der Sohn – auf das Eine zurückbezogen und nicht etwas, das sich nachträglich konstituiert. Im *Johanneskommentar* faßt Eckhart diesen Bezug als Univozität. Es ist dies die erste Stufe der Unterschiedenheit des Hervorgebrachten vom Hervorbringenden. In der Gleichheit besteht demnach eine Identität der Natur nach, aber eine Differenz der Person nach, während auf der zweiten Stufe des Hervorgehens, der Analogie, die Differenz sowohl der Natur wie der Person nach besteht (S. 492,18-494,12). Die Univozität und der mhd. Begriff der *glîcheit* stehen also zwischen der absoluten und jedem Begriff enthobenen Einheit Gottes und der Vielheit der Kreatur, von der nur in analoger Weise, also im Rückbezug auf die Fülle des göttlichen Seins, ausgesagt werden kann, daß sie ist (vgl. Bd. I dieser Ausgabe, Anm. 52,16-22). Die Art und Weise des Rückbezugs des Hervorgebrachten zum Hervorbringenden drückt sich in der Liebe aus. Diese ist nicht zwischen Zweien, die zwei sind, sondern zwischen Zweien, die eins sind, und zwar insofern eins, als sie sich gleich sind. Die Gleichheit ist daher – dies führt Eckhart in Anlehnung an die Tradition aus (vgl. Bd. I dieser Ausgabe, S. 38,15, S. 468,13-31, S. 504,1-3 und die jeweiligen Anm.) – die Voraussetzung der Einung und der Liebe, denn die Liebe ist die Liebe zum Gleichen im anderen und daher das Verschmelzen in der Einheit, das über die Zweiheit hinausführt. Das Wesen der Liebe besteht denn auch darin, im Feuer der Liebe den Liebenden ganz in den Geliebten zu verwandeln und ihn im Allgemeinsten, aller Differenzen Enthobenen, verschmelzen zu lassen (S. 264,33-268,31; Bd. I dieser Ausgabe, S. 50,20f., S. 60,21-30, S. 304,11-306,5, S. 606,30-608,11, S. 640,18-27; *In Sap.* n.34).

Wie bei Eckharts Begriff der Vernunft ist auch beim Begriff der Liebe von der Unterscheidung zwischen dem Seelenvermögen, das sich naturhaft als Liebe verwirklicht, und der übernatürlichen Liebe auszugehen, die unmittelbar der Gottheit entspringt. Diese ist der Hl. Geist, der aus der Gottheit in der Geburt des Sohnes hervorgeht. Ist im Sohn die Gleichheit mit dem Vater geboren, tritt daraus, insofern sich Vater und Sohn als gleich erkennen, die Liebe hervor (vgl. Anm. 44,12-18, S. 182,9-22; Bd. I dieser Ausgabe, S. 156,21f., S. 308,16f.). Diese ist Verwirklichung der Einheit als Gleichheit, da sie die zwei, die sich gleich sind, im Feuer der Liebe verschmelzen läßt. So ist denn die Liebe das einende Prinzip, das Vater und Sohn immer schon konstitutiv aneinander bindet. Als einendes Prinzip ist sie in bezug auf den Menschen das, was den Menschen zu Gott emporführt, insoweit dieser Gott gleich ist. Auch hier ist also wiederum die Gottesgeburt im Menschen vorausgesetzt. Nur wo Gott sich im Menschen geboren und diesen dadurch sich gleich gemacht hat, entfaltet sich die Liebe als dasjenige Prinzip, das den Menschen mit der Gottheit vereint und ihn in die Trinität zurückführt (S. 264,6-13). In dieser Rückkehr, die sich im abgeschiedenen Menschen vollzieht, ist die Liebe, die der Mensch besitzt, eins mit dem Hl. Geist (vgl. Bd. I dieser Ausgabe, S. 304,11-26 und Anm. 304,18). Dies setzt die Gelassenheit des Menschen voraus (Bd. I dieser Ausgabe, S. 82, 18-20), in der dieser jede *eigenminne*, also die Selbstliebe und die Liebe zur Kreatur als Kreatur überwindet (Bd. I dieser Ausgabe, S. 200,27-202,6, S. 436,23-438,1, S. 676,10-16). Erst dann gebiert Gott sich in ihm, nimmt ihn in die Trinität auf und führt ihn in der Liebe in die Gottheit zurück (Bd. I dieser Ausgabe, S. 438,2-12). Darin ist die Einheit der Liebe gegründet, in der der Mensch *liebe mit gotes liebe* hat und in der ganzen Kreatur, auch in seinem Körper, nicht die Kreatur, sondern das unmittelbare Bild Gottes liebt (S. 118,6-25; Bd. I dieser Ausgabe, S. 610,22-32). Obwohl die Liebe innerhalb der trinitarischen Entfaltung nur als sekundäres Phänomen gedacht werden kann, das aus dem Vater und dem Sohn im Hl. Geist hervorgeht, ist sie doch immer absolut gleichzeitig und von der Einheit nicht abzutrennen. Sie gewinnt selbst tendenziell die Oberhand unter der Hinsicht, daß sie das einende Prinzip ist, auch wenn sie als solches immer auf dem Hervorgehen des Sohns und dem darin gestifteten Erkennen der Gleichheit beruht. Als Prinzip der Einung hebt sie die *glîcheit* denn auch immer schon in der Einheit auf (vgl. S. 278,14-22; Bd I dieser Ausgabe, S. 154, 28-156,32).

Auch im Bereich der Seelenvermögen ist die Liebe als sekundäres Phänomen zu betrachten. Insofern die Liebe immer auf das Gutsein bezogen ist, vermag sie dieses nicht zu übersteigen. Nimmt sie Gott wahr und bezieht sie sich auf

Gott, kann sie ihn also immer nur als etwas Bestimmtes wahrnehmen. Dies jedoch muß überwunden werden, wo die Seele sich mit Gott vereinen soll (vgl. Bd. I dieser Ausgabe, Anm. 108,35-112,23, S. 216,1-14, S. 246,17f.). Sie hat dabei von der untersten Stufe der Gottesliebe, die sich auf die Selbstmitteilung Gottes in die Kreatur kraft des Gutseins bezieht, zur mittleren Stufe, die in der gnadenhaften Überformung der Vernunft besteht, und schließlich zur obersten Stufe aufzusteigen, wo Gott sich in der Inkarnation der Seele schenkt und diese in seine innertrinitarische Einheit aufnimmt (S. 116,8-122,9). Die Seele vermag so die Naturordnung, die selbst von der göttlichen Gegenwart zeugt und von der göttlichen Liebe durchwirkt ist (vgl. die Pr. 63, Bd. I dieser Ausgabe, S. 662-668,12, und unten Anm. 266,22-268, 31), zu übersteigen und sich mit der göttlichen Liebe zu vereinen, die unmittelbar der trinitarischen Entfaltung der Gottheit entspringt. – Zum Begriff der Nächstenliebe siehe Bd. I dieser Ausgabe, Anm. 50,22-26. – Vgl. auch: Wéber, *Eléments*; Wéber, *Maître Eckhart*, S. 106-115.

264,6f. *wazzer* ⟨...⟩ *begin*] Wie die Seele, die zu Gott aufsteigt, so bewegt sich auch alle Kreatur auf Gott hin. Sie strebt nach dem Zustand ihrer Vollkommenheit, in dem ihr Ursprung und ihr Ziel zusammenfallen (vgl. Anm. 266,22-268,31). Doch ist das Streben derjenigen Dinge, die nicht vernunftbegabt sind, der Möglichkeit beraubt, die der Mensch besitzt, in der Vernunft und im Seelenfunken die Rückkehr in den Ursprung zu vollziehen. Vgl. Bd. I dieser Ausgabe, Anm. 82,21-86,7 und Anm. 108,35-112,23.

264,14-32 *angesiht* ⟨...⟩ *hât*] Das vorliegende Beispiel vom Feuer und den Funken beruht auf der Meinung, daß der Himmel »Ort« des Feuers sei. Dies führt Eckhart im Anschluß an Aristoteles oben S. 248,14-16 aus. Da der Himmel der natürliche Ort des Feuers ist, streben denn auch die Funken nach oben und ihrem Ursprung zu. Eckhart schöpft dieses Beispiel – das natürlich nur vor dem Hintergrund der Aristotelischen Bewegungslehre verständlich ist, nach der die Bewegung das Streben des Dings an seinen natürlichen

Ort ausdrückt – hier noch weiter aus: Der Ort, auf den der Funke zustrebt, ist nicht einfach das Feuer, sondern der Himmel, also der Ursprung allen Feuers, der selbst über dem Feuer steht; um dahin zu gelangen, muß der Funke durch die Kälte der Luft hindurchgehen und so zunichte werden, bevor er mit dem Ursprung eins zu werden vermag. Dies alles ist metaphorisch auf die Bewegung der Seele auf Gott hin zu beziehen. Die Seele muß sich verhalten wie der Funke und zunichte werden, bevor sie sich mit ihrem Ursprung zu vereinen vermag. Ähnliche Beispiele aus dem Naturbereich führt Eckhart öfter an, denn die Bewegung der Natur läßt nach ihm exemplarisch erkennen, daß das Prinzip allen Strebens die Rückkehr in den Ursprung ist. Vgl. Anm. 266,22-268,31.

266,4 *überbildet]* In der Einung mit Gott wird die Seele von Gott »überbildet«. Vgl. Bd. I dieser Ausgabe, Anm. 82, 21-86,7.

266,6-22 *hitze ⟨...⟩ vereinet]* Wie Eckhart bereits zuvor ausgeführt hat, beruht die Liebe auf der Gleichheit. Diese ist, wie der Text hier präzisierend ausführt, die Gegenwart des Einen im Vielen. Vgl. S. 262,29-264,5 und Anm.

266,20-33 *unser herre ⟨...⟩ mê] Proc. Col. I* n.15 (ed. Théry, S. 163f.; ed. Sturlese, S. 204f.). Eckharts Antwort: *Proc. Col. I* n.98 (ed. Théry, S. 190). Jordanus von Quedlinburg, *Opus Ior* 51A, bezieht sich auf diese Stelle.

266,22-268,31 *Dirre rede ⟨...⟩ wesene hât]* Zur Erläuterung und zur Illustration seiner Aussagen greift Eckhart oft auf Beispiele aus dem Bereich der Natur zurück. Dabei ist der Exempelcharakter nicht nur in der bildlichen Vergleichbarkeit des seelischen Lebens und des Lebens der Natur begründet, sondern in einer tiefen Analogie, in der die Dynamik der Seele und die Dynamik der Natur in gleicher Weise immer schon auf Gott ausgerichtet sind. So vermag das Feuer-Exempel, das Eckhart an der vorliegenden Stelle anbringt, zu zeigen, wie alle Naturprozesse als solche in ihrer Dynamik auf Gott bezogen sind und die Erfüllung in Gott anstreben. Innerhalb dieses universalen Prozesses verwandelt das Feuer – das höchste der Elemente – das Holz in sich, indem es sich im Holz gebiert, wobei diese Geburt einen Prozeß des Werdens voraussetzt, in dem das Feuer das Holz entzündet und dieses unter Beschwerden schließlich dem Feuer immer ähnlicher wird, bis es ganz zu Feuer wird (S. 266,22-268,3, S. 264,13-16; Bd. I dieser Ausgabe, S. 86,14-18, S. 134,25-32; vgl. *In Exod.* n.140 und n.169; *In Ioh.* n.129, n.409, n.574, n.632). Dieser Prozeß, der als Beispiel für alle Naturprozesse anzusehen ist (S. 268,3-8), ist im selben Sinne zu verstehen wie die Geburt Gottes in der Seele des Menschen. Sie geschieht, wo der Mensch in seinem zeitlichen Werden unter Mühe frei geworden ist von allem, was ihn von Gott unterscheidet und schließlich in der Geburt Gottes ganz in Gott eingeht, wodurch er der Zeit enthoben wird. Dasselbe geschieht im Bereich der Natur. Alles Werden und Vergehen zielt auf die Geburt, insofern es die Erfüllung seiner Form anstrebt. Das entzündete Holz kommt erst zur Ruhe, wenn es ganz zu Feuer geworden ist und so als Holz nicht mehr da ist. Dann ist die Begierde, die das Feuer in ihm entzündet hat, zur Ruhe gekommen und das Leiden, das der Ruhe vorangeht, in der Freude der Einheit überwunden (S. 268,11-31). Insofern Gott in allen Dingen ist als der, der ihnen das Sein und die Fülle ihrers Wesens verleiht, strebt alle Kreatur auf Gott hin, denn er ist das Prinzip ihrer Bewegung, die demnach immer nach dem Gleichen strebt. In diesem Streben ist die Kreatur charakterisiert durch den Durst nach der Fülle ihres Seins, die sie in der Gleichheit mit Gott und in Gott, der ja ihre Fülle ist, findet (S. 48,21-50,4, S. 156,12-15, S. 200,11f., S. 264,6f.; Bd. I dieser Ausgabe, S. 256,24-34, S. 406,14-16).

Am stärksten bringt die Natur dieses Streben darin zum Ausdruck, daß sie überall auf die Geburt hin tendiert, sich also fortzupflanzen und darin Gott ähnlich zu werden sucht (vgl. Bd. I, S. 406,14-19, S. 460,25-28, S. 470,18-31, S. 542, 13-31, S. 544,28-546,15). In diesem universalen Gebären, in dem die ganze Natur Spiegel und Spur Gottes ist (vgl. Bd. I, Anm. 496,5-19), zielt sie letztlich immer auf das Höchste innerhalb der Natur, das der Mensch ist. So strebt die Natur immer das Gute, das Bessere und das Höhere an (S. 242,30f., S. 288,26-29; Bd. I, S. 96,27-98,3, S. 206,24-27). Das heißt, daß die Elemente wohl sich vom Niederen zum Höheren (wie das Holz zu Feuer), nie aber vom Höheren ins Niedere wandeln (etwa Feuer zu Wasser); es heißt auch, daß alle Bewegung innerhalb des Kosmos die gleichförmigste naturhafte Bewegung anstrebt, die diejenige des Himmels ist, und diese in ihrem Streben nach Ruhe und Gleichförmigkeit zu imitieren sucht. Dabei ist die Natur in der Art der Entfaltung ihrer Dynamik von Gott absolut unterschieden. Gott verleiht zuerst das Sein, zuerst die Fülle, zuerst die Form, während die Natur nach dem Sein, nach der Fülle, nach der Form strebt (S. 330,24-32). Dieses Streben ist das Werden der Natur, das sich in der Zeit entfaltet und zeitliches Werden und Vergehen ist. Als zeitliches Werden ist es immer vermittelt in seiner Verwirklichung und vermag nicht aus eigener Kraft unmittelbar seine Erfüllung zu finden, sondern muß sich dabei auf Mittel und auf Prozesse des Werdens stützen, in denen es seine Form zu erlangen sucht. Alles zeitliche Werden bezieht sich aber letztlich auf das Sein und findet sein Ende nur im Sein (S. 478,9, S. 480,29; vgl. Anm. 494,20; *In Eccli.* n.44).

So sind göttliche Heilsordnung und Naturordnung immer zutiefst aufeinander bezogen und werden in diesem Bezug nur gestört, wo der Mensch sich in der Freiheit seines Willens gegen Gott entscheidet (S. 416,18-33). Dies bedeutet, daß die Natur von Gott nicht zerstört, sondern erfüllt und in der Gnade und der Glorie auf ihre Fülle zurückgeführt wird (S. 416,18-33). Dabei wirkt Gott in der Kraft der Natur und in der Kraft der Gnade auf die Fülle hin (S. 430,23-25). Zentral ist es der Begriff der *generatio*, der »Geburt«, der diesem Geschehen Ausdruck gibt. Alles in der Zeit Entfaltete und zeitlich Werdende wird in seinem Werden dauernd von Gott erlöst, also auf seine zeitlose Form zurückgeführt, insofern es in jedem Moment des Werdens auch immer *ist*, das heißt, aus Gottes Schöpfungskraft das Sein verliehen erhält, und gleichzeitig *erfüllt* ist, das heißt, an seiner in Gott geborgenen Idealität partizipiert, die jeder Kreatur in der Geburt verliehen wird (vgl. Anm. 494,20 und die dort verzeichnete Literatur). So läßt sich denn sagen, daß Gott immer nach der Kreatur jagt, während diese selbst immer nach Gott jagt (Bd. I dieser Ausgabe, S. 662,13-664,4, S. 674,17-20). Ein weiteres auf der Aristotelischen Bewegungslehre beruhendes Beispiel stellt diese natürliche Bewegung des Kosmos auf den »wahren«, »naturnotwendigen« Ort hin dar: Jedes Ding bewegt sich demnach naturgemäß auf seinen natürlichen Ort hin. Deshalb fällt der Stein zur Erde, und er tendiert auch danach, zur Erde zu fallen, wenn er am Fall gehindert wird. So sucht der Stein aufgrund seiner Natur immer, Ruhe zu finden (S. 274,25-33; Bd. I dieser Ausgabe, S. 216,6f., S. 642, 24-31). Ebenso soll die Seele, deren natürlicher Ort bei und in Gott ist, insofern sie Bild Gottes ist, ihrer natürlichen Bewegungstendenz folgen, die darin besteht, zu Gott zurückzukehren. Umgekehrt zeigt das Beispiel von Ebbe und Flut, wie der Mensch sich durch Gott überformen und zum Aufstieg bewegen lassen soll, wie das Wasser sich vom Mond zum Steigen bewegen läßt. Daß das Wasser schneller steigt als fällt, läßt erkennen, daß die Überformung durch die Kraft des Mondes süßer ist als die Eigenbewegung nach unten. Ebenso soll der Mensch sich vom Willen Gottes bestimmen lassen und die Süße des Aufstiegs kosten (S. 286,8-19 und Anm.). – Zur Hierarchie der Naturdinge siehe Bd. I dieser Ausgabe, Anm. 152,9-23 und Anm. 574,33-576,23.

268,3-5 *Und ⟨...⟩ zweiunge]* *Proc. Col. I* n.16 (ed. Théry, S. 163; ed. Sturlese, S. 205). Eckharts Antwort: *Proc. Col. I* n.98 (ed. Théry, S. 190).

268,11-15 *Und ⟨...⟩ erde]* *Proc. Col. I* n.17 (ed. Théry, S. 163; ed. Sturlese, S. 205). Eckharts Antwort: *Proc. Col. I* n.98 (ed. Théry, S. 190).

268,27-29 *und ⟨...⟩ uns]* *Proc. Col. I* n.18 (ed. Théry, S. 163; ed. Sturlese, S. 205). Eckharts Antwort: *Proc. Col. I* n.98 (ed. Théry, S. 190).

270,31-272,1 *geliben ⟨...⟩ ze borge]* Sein im eigentlichen

Sinne kommt nach Eckhart nur Gott zu, während es aller Kreatur nur soweit zukommt, wie es ihr von Gott zufließt, ihr also von Gott geliehen ist. Vgl. Bd. I dieser Ausgabe, Anm. 52,16-22.

272,6-10 *meister ⟨...⟩ herre]* Vgl. Petrus Lombardus, *Sententiae* I d.19 c.1, und zum Hintergrund *Symbolum »Quicumque« pseudo-Athanasianum* (*Enchiridion* n.75). In bezug auf die in Zeit und Raum entfaltete Schöpfung ist Gott der »Herr«, nicht aber in bezug auf seine innertrinitarische Entfaltung. So hebt sich denn auch, wie Eckhart verschiedentlich betont, die »Herrschaft« Gottes dort auf, wo der Mensch in seinen eigenen Ursprung zurückkehrt. Vgl. Bd. I dieser Ausgabe, S. 126,22-24 und Anm.

272,27-274,24 *wan ⟨...⟩ geworht]* So täuscht den Menschen der Anspruch, das Gutsein seinem eigenen Verdienst zuzuschreiben. Dieser Anspruch meint ja nichts anderes, als davon auszugehen, der Mensch könne Gottes Sohn sein und Gutes wirken, ohne dies der Gnade zu verdanken. Die Voraussetzung inneren Gutseins ist jedoch, dies führt der Text weiter aus, immer die Sohnschaft in der Gnade und die Partizipation an der Trinität, durch die der innere Mensch mit dem Gutsein eins wird und das Gute aus der Einheit heraus zu wirken vermag. Zur Gnade siehe Anm. 600,4-18.

272,33-274,15 u. 274,20 *Ouch ⟨...⟩ gesanc / Diz ⟨...⟩ minnen] Proc. Col. I* n.19 (ed. Théry, S. 164; ed. Sturlese, S. 206f.). Eckharts Antwort: *Proc. Col. I* n.99 (Théry S. 190). Jordanus von Quedlinburg, *Opus Ior* 50C und *Opus Postillarum* 411C, bezieht sich auf die Stelle.

274,25 *an dem steine]* Dies ist eines der verschiedenen Beispiele dafür, wie – der Aristotelischen Bewegungslehre entsprechend – im Reich der Kreatur alles aus innerstem Antrieb heraus seinem eigentlichen Ort zustrebt. Der Stein strebt immer nach unten, auch wenn er am aktuellen Fall gehindert wird. Dieser Sachverhalt hat für die Seele exemplarische Bedeutung: Insofern sie im Innersten unmittelbar zu Gott steht und Bild Gottes ist, strebt sie naturgemäß auf Gott zu, wenn sie daran nicht durch ihre Bindung an die Kreatur gehindert wird. Zur exemplarischen Geltung der Naturprozesse siehe die Anm. 266,22-268,31.

276,1-24 *tugent* ⟨...⟩ *minnet]* Eckhart verbindet an der vorliegenden Stelle den Begriff der Tugend eng mit dem Begriff des Leidens. Die Tugend ist demnach als *innigez werk* zu begreifen, in dem der Mensch das Böse flieht und die Gleichheit mit dem Guten, also mit Gott sucht. Daß diese Gleichheit sich im zeitlichen Dasein des Menschen, mithin in seinem kreaturhaften Wirken, nicht vollkommen offenbaren kann, macht den Menschen in der Tugend leiden. So ist denn das Leiden des Menschen in keinem Fall als Verdienst zu sehen, mit dem er die Tugend in Gott, mithin die Rechtfertigung Gottes erlangen kann. Eckhart hebt vielmehr hervor, daß das Leiden der aktuellen Situation des Menschen Ausdruck gibt, in der dieser sich befindet, geht er auf der einen Seite in der Tugend unmittelbar in Gott ein und ist er auf der anderen Seite in seiner Kreaturhaftigkeit der Möglichkeit beraubt, diese Tugend zeitlos und unmittelbar zu offenbaren. Das gegenwärtige Leiden ist aus diesem Grunde zu verstehen als Verfaßtheit des Daseins des Menschen, der in Gott eingeht und so gleichzeitig das Leiden immer schon überwunden hat (ebenso S. 284,15-27). Demgegenüber ist das Gelitten-Haben und das Leiden-Werden immer ein Begriff und eine Repräsentationsform des Leidens, die dieses als etwas begreift, was das Heil zu vermitteln vermag. Das heißt, daß das Gelitten-Haben und das Leiden-Werden sich mittelbar zwischen den Menschen und Gott stellen, während das aktuelle Leiden als Ausdruck einer Spannung immer Ausdruck und Verwirklichung der fundamentalen Dramatik zwischen der kreaturhaften Verfaßtheit des Menschen und seiner Rückkehr in die Gerechtigkeit Gottes ist.

Eckhart zielt dabei auf die fundamentale Gleichzeitigkeit der Ruhe des Menschen in Gott und des mühevollen Lebens in der Welt (S. 34,28-31, S. 302,5-10), die den Menschen in seinem Dasein charakterisiert. Der Weg der Tugend ist denn auch als Aufstieg zu Gott zu denken, in dem der Mensch im Leiden sich selbst verneint und schließlich in Gott eingeht (S.

106,14-19). Dies meint immer eine Loslösung von der Bindung an die Kreatur und an das Vergängliche. Dabei ist der Gleichmut als philosophisches Lebensideal ausgeschlossen, besser: aufgehoben in der Forderung der Nachfolge Christi (S. 222,25-224,13; vgl. S. 240,18-31, S. 224,14-228,29, S. 380, 29-382,6, S. 384,19-30; Bd. I dieser Ausgabe, S. 376,17-378,8, S. 524,12-526,21). In der Nachfolge sind das Leiden Gottes und das Leiden des Menschen ein Leiden, in dem alle Ungleichheit verbrennt (S. 294,5-298,29, S. 300,9-23, S. 372, 32-374,12, S. 428,25-430,10). Auch hier geht es Eckhart, der eine eigentliche Leidensmystik nicht kennt, vor allem darum, den Begriff des Leidens von allen Aspekten zu befreien, die das Leiden als Werk begreifen lassen, welches das Heil vermitteln soll (vgl. S. 46,5-10).

Ebenso ist das Werk der Tugend nicht als Werk zu begreifen, das das Heil zu vermitteln vermag. Die Tugend bedeutet vielmehr, daß der Mensch sich selbst und die Welt verleugnet und darin in Gott eingeht, wo er am Gutsein Gottes partizipiert und aus diesem Gutsein heraus seine Werke wirkt (vgl. Anm. 232,26-236,12 und Anm. 278,4-22). Tugendhaftigkeit setzt in diesem Sinne die radikale Überformung des Willens in der vollkommenen Preisgabe des Eigenwillens voraus. Dies geschieht in der *abegescheidenheit* (vgl. Anm. 434,14), in der der Mensch schon immer an der Tugend in Gott teilhat, aber auch in der Übung der Tugend in der Welt, durch die der Mensch erst abgeschieden und gelassen zu werden vermag (S. 410,19-412,9, S. 604,7-16). Der Begriff der Tugend bleibt dadurch eng mit dem Begriff des Leidens verknüpft. In der Überformung des Menschen durch Gott, in der der Mensch erst tugendhaft wird, ist der Mensch nichts als ein Erleiden der Gottheit, die sich in ihm ausspricht. So vollzieht sich in der *abegescheidenheit* auch die Überwindung des Leidens, insofern diese als vollkommenes Erleiden nichts ist als vollkommene Überformung durch Gott (S. 436,10-22; Bd. I dieser Ausgabe, S. 154,7-11, S. 194, 30-34, S. 446,8-24). Das heißt, daß der Mensch, der die Tugend in Gott gefunden hat, alle Tugend besitzt und diese unmittelbar wirkt (Bd. I dieser Ausgabe, S. 328,16-330,4, S. 480,8-26, S. 528,5-530,12). So ist denn die Tugend eins mit dem Lohn der Tugend: Ihre Frucht ist Gott selbst, den der Mensch darin lustvoll gewinnt (Bd. I dieser Ausgabe, S. 318, 1-14).

Im Verhältnis von Tugend und Leiden, das von zentraler Bedeutung für das Verständnis beider Begriffe ist, wird faßbar, was als Eckharts Theologie des Kreuzes bezeichnet werden kann: Insofern die Tugend immer den Rekurs auf die Gottheit bedeutet, der das tugendhafte Handeln, soll es wirklich tugendhaft sein, unmittelbar entspringen soll, und insofern dieser Rekurs nicht anders denkbar ist denn als Nachfolge Christi, in der der Mensch sich selbst und sein Verhältnis zur Welt preisgibt, ist die Tugend eins mit dem Leiden und mithin universale Gegenwart des Kreuzes. Diese Einheit gewinnt jedoch in verschiedener Weise Gestalt. Sie ist Leiden in und an der Welt, da der Mensch in diesem Leben seinen inneren Bezug zu Gott nicht unmittelbar zu leben vermag, sondern immer in der Spannung zwischen Innen und Außen steht, die in der Einheit des kontemplativen und aktiven Lebens aufgehoben werden muß (vgl. Anm. 208,8-20). Sie ist zweitens Leiden als Erleiden der Gottheit, insofern das innere Einssein nur als passive Überformung des Menschen durch Gott in der Gottesgeburt gedacht werden kann (vgl. Bd. I dieser Ausgabe, Anm. 82,21-86,7 und Anm. 108,35-112,23). Sie ist drittens Überwindung des Leidens, insofern das Erleiden der Gottheit immer schon die Überführung der als Leiden charakterisierten Spannung des Lebens zwischen innerer Einheit und äußerer Zeitlichkeit und Vielfalt beinhaltet und so davon auszugehen ist, daß der Mensch in Christus erlöst ist von der Zeitlichkeit und der Vielfalt, das heißt von der Mühsal der Welt. So ist das Leiden in der Dramatik der Nachfolge Christi denn auch das *snelleste tier*, das den Menschen zur Vollkommenheit trägt (S. 458,4-17). – Zum Begriff des Leidens siehe Haas, *Gottleiden*, S. 127-152; Haas, *Die Einstellung*. Zum Hintergrund vgl. auch Auer, *Leidenstheologie*.

276,25-278,3 *Sant Paulus ⟨...⟩ stunde]* Dieselbe Paulusstelle legt Eckhart verschiedentlich aus. Vgl. Bd. I dieser Ausgabe, S. 144,26-146,10 und Anm.

278,4-22 *inner werk ⟨...⟩ sint]* Eckharts Begriff des guten, tugendhaften Wirkens ist unter der Perspektive seines Begriffs der Fruchtbarkeit und des Bildes der Gottesgeburt im Menschen zu sehen, durch die allein, wie Eckhart an der vorliegenden Stelle betont, das äußere Wirken des Menschen gut ist (vgl. Mieth, *Die Einheit von vita activa*, S. 149-157). Am treffendsten drückt dies die Formel von der »Jungfrau, die eine Frau ist«, aus. Sie besagt, daß das gute Werk ganz der jungfräulichen Geburt Gottes in der Seele entspringt, also durch nichts Kreaturhaftes vermittelt ist (vgl. Pr. 1 und 2, Bd. I dieser Ausgabe, S. 10-36). So richtet sich denn auch die Kritik Eckharts vor allem gegen einen Begriff des Werks, der dieses als verdiensthaft und mithin die göttliche Gnade als etwas durch gutes menschliches Handeln Vermitteltes begreift (vgl. Bd. I, Anm. 140,14-27 und unten Anm. 600,4-18). Eckhart weist diese Ansicht wiederholt zurück und betont, daß das gute Werk unmittelbar der Gnade in der Gottesgeburt entspringt (Bd. I, S. 340,4-13, S. 376,19-378,8). Dies heißt jedoch nicht, daß Eckhart das äußere Wirken des Menschen entwerten würde. Bei seiner Bezugnahme auf Figuren wie Martha (Pr. 86), die hl. Elisabeth von Thüringen (Pr. 32) und den hl. Franziskus (Pr. 74) hebt er das Gewicht hervor, das dem äußeren Wirken in der Welt zukommt. Doch hat dieses, wie Eckhart vor allem in der Pr. 86 (S. 208-228) ausführlich darlegt, aus einer im Grunde mit Gott geeinten Seele zu geschehen, die ganz auf Gott ausgerichtet ist und sich durch die Kreatur nicht beirren läßt, also von aller konstitutiven Bindung an die Kreatur befreit ist (vgl. Bd. I, Anm. 18,2-9). So wird das Wirken aus dem im Leben geübten und auf Gott hin befreiten Grunde der Seele zur Verwirklichung der Einheit des Menschen mit dem göttlichen Willen und zu dessen Ausdruck in der Welt. Dies heißt, daß es nicht die Werke sein dürfen, die dem Menschen in der Welt Halt bieten, sondern allein Gott, in dem die Seele im Innersten ruht.

Entscheidend ist daher auch nicht die Intention des Werks, sondern der Geist des Menschen, der ausschließlich in Gott seinen Halt gefunden hat (S. 382,7-22, S. 392,20-394,12). Dies allein kann die Werke der Ordnung der Entfremdung entheben, in der der Mensch sich verliert, wenn er sich intentional an die Werke bindet und sie als etwas begreift, durch das er sich sein Heil selbst vermitteln kann (Bd. I, S. 134,33-136,12 und Anm. 18,2-9). Hat der Mensch dies überwunden und ist er in der Gelassenheit in Gott eingegangen, so partizipiert er an allen guten Werken, die je gewirkt wurden, da er in der Fülle der Güte Gottes steht und aus dieser, die seit je alle guten Werke wirkt, die guten Werke vollbringt (Bd. I, S. 60,4-7, S. 290,5-8, S. 306,27-29, S. 340,4f., S. 352, 23-32). Dann wirkt der Mensch aus seinem Eigenen, das eins ist mit Gott und mit dem Ursprung allen Gutseins, in dem alle guten Werke aufgehoben sind (S. 62,15-30). Jedes gute Werk setzt also die Einheit mit Gott im Geiste voraus (Bd. I, S. 214,21-24), und nur in dieser Einheit vermag das Werk wirklich gut zu sein, da es sich dann nicht als etwas Vermittelndes zwischen den Ursprung des Gutseins und den Menschen schiebt. Dann sind die Werke rein (Bd. I, S. 246,6-10), da sie sich nicht aufgrund eines ›Warum‹, also einer kreaturhaften Intention des Menschen, mit der er sich sein Heil erkaufen will, konstituieren, sondern aufgrund des inneren Bezugs, in dem der Mensch auf Gott rekurriert und unmittelbar aus der göttlichen Gerechtigkeit die Gerechtigkeit des Menschen gebiert (Bd. I, S. 420,18-424,13; vgl. oben, Anm. 232,26-236,12). In diesem Sinne sind die guten Werke denn auch ganz der Zeit enthoben, da sie nicht etwas Gutes in der Zeit zu konstituieren trachten, sondern unmittelbar dem Gutsein entspringen (Bd. I, S. 424,15-24). Die Werke des Menschen sind dann lebendige Werke, insofern sie in der Gottessohnschaft Ausdruck der Fülle des Lebens der Gottheit sind (Bd. I, S. 492,21-494,23; *In Ioh.* n.310).

Die Komplexität, die Eckharts Werkbegriff zweifellos anhaftet, reflektiert den Versuch, die Einheit von aktivem und kontemplativem Leben zu denken. Dies versucht Eckhart, indem er die zwei Lebensformen nicht einander gegenüberstellt, sondern sie in ihrer Komplementarität zu begreifen sucht. Dabei ist das aktive Leben als Vollendung des kontemplativen Lebens, das kontemplative Leben, das in der Gottesgeburt gipfelt, als immer gleichzeitige und immanente Voraussetzung des aktiven Lebens zu begreifen. Vgl. dazu Anm. 208,8-20 und die dort verzeichnete Literatur; zur Ethik Eckharts vgl.: Flórez, *La ética*; Kobusch, *Mystik*; Mieth, *Die theologische Transposition*; Mieth, *Meister Eckharts Ethik*; Mojsisch, *Meister Eckharts Kritik*; Piesch, *Meister Eckharts Ethik*; Schönberger, *Secundum rationem esse.*

278,21 *glîchnisse ⟨...⟩ vremde]* Zum Gedanken, daß die Einung mit Gott in der Gottesgeburt selbst die *glîcheit* hinter sich lasse, siehe Bd. I dieser Ausgabe, Anm. 154,29-156,9. Vgl. auch unten, Anm. 262,29-264,5.

278,22-280,17 *Sie haftent ⟨...⟩ geiste]* Das innere Werk macht nicht, wie alles äußere, beim einzelnen Guten halt, sondern es dringt zum Gutsein selbst vor, das heißt, zum Ursprung alles Guten. Dies geschieht in der Gottesgeburt im Menschen. Insofern die Menschen aus Gott geboren sind, gehen sie ein in die Einheit der Trinität, in der alle Differenz aufgehoben und der Mensch eins ist mit seinem Ursprung. Diese Einheit enthebt jeder Kausalität und jeder Intentionalität. Zur Gottesgeburt siehe Bd. I dieser Ausgabe, S. 82, 21-86,7 und Anm.

280,18-28 *Der sun ⟨...⟩ vater]* Vgl. Anm. 44,12-18 und Anm. 262,29-264,5.

280,33 *Augustînus]* Augustinus, *De doctrina christiana* III c.27 n.38, vgl. *In Ioh.* n.376. Zum Schriftverständnis und zur Hermeneutik Eckharts siehe Anm. 488,25-27.

282,7 *geschrift]* Dasselbe führt Eckhart *In Sap.* n.209 aus. Er bezieht sich auf die *Glossa ordinaria* zur Stelle und auf Origenes, *In Ezechielem* hom. 2 n.2. Zum Schriftverständnis Eckharts siehe Anm. 488,25-27.

282,10 *grobe liute]* Zur Kritik Eckharts an bestimmten Menschen und Lebensformen siehe Bd. I dieser Ausgabe, Anm. 140,14-27.

282,23-32 *mensche ⟨...⟩ gotes sun]* Besitzt der Mensch in der Einheit mit Gott *alle die eigenschaft götlîcher natûre*, bedeutet dies, daß er ›ohne Warum‹ wirkt, also alles um seiner selbst willen und intentionslos aus dem Ursprung heraus tut. Dies zeichnet das göttliche Wirken und Sein wie dasjenige des gelassenen Menschen aus. Vgl. Bd. I dieser Ausgabe, Anm. 12,4.

284,2-10 *got ⟨...⟩ verre]* Eckhart hebt die Zeitlosigkeit der Inkarnation und der Schöpfung hervor. Vgl. Anm. 442, 27-446,27 und Bd. I dieser Ausgabe, Anm. 82,21-86,7.

284,16-27 *guote mensche ⟨...⟩ gerehticheit]* *Proc. Col. I* n.20 (ed. Théry, S. 165f.; ed. Sturlese, S. 207). Eckharts Antwort: *Proc. Col. I* n.100 (ed. Théry, S. 190). Vgl. oben S. 276,1-24 und Anm. zu Eckharts Begriff des Leidens.

284,28-286,1 *ein guot mensche ⟨...⟩ sint ein]* *Proc. Col. I* n.21 (ed. Théry, S. 166; ed. Sturlese, S. 208). Eckharts Antwort: *Proc. Col. I* n.101 (ed. Théry, S. 190).

286,4f. *nâch dem ende dis buoches]* Eckhart verweist hier auf die nachfolgende Predigt *Von dem edeln menschen*, unten S. 314-332.

286,8-16 *in der natûre ⟨...⟩ niderwert]* Hinter dem Beispiel steht das mittelalterliche Verständnis von Ebbe und Flut. Aufgrund seiner Natur strebt das Wasser, wie alle anderen Dinge auch, immer seinem natürlichen Ort zu und fließt daher nach unten. Durch den Einfluß des Mondes aber wird diese natürliche Bewegung aufgehoben, wenn das Wasser sich bei Flut anhebt. Den Beweis dafür, daß dem Wasser die Bewegung nach oben »süßer« sei, liefert die Beobachtung, daß das Wasser sich schneller hebe als senke: *Argumentum huius, scilicet sursum, habet velociorem, sicut ad sensum apparet.* (*In Sap.* n.174; vgl. *In Sap.* n.130, *In Ioh.* n.229 und n.235. Eckhart folgt Albertus Magnus, *De causis proprietatum elementorum* I tr.2 c.5, in der Meinung, daß die Senkung nichts mit dem Mond zu tun habe, sondern Ausdruck der Eigenbewegung sei.) Auch dieses Beispiel zielt darauf, zu zeigen, daß selbst im Reich der Natur die Ordnung des Höheren und Niederen durch die Überformung des Niederen durch das

Höhere geprägt ist. Dasselbe soll mit dem Menschen geschehen. Er soll seinen kreaturhaften natürlichen Willen aufgeben, um vom göttlichen Willen überformt und emporgezogen zu werden. – Zu den Beispielen, die Eckhart aus dem Naturbereich gewinnt, siehe Anm. 266,22-268,31.

288,9-15 *sun ⟨...⟩ sun]* Zur Thematik des Kreuzes und der Nachfolge Gottes, die bei Eckhart in der Lehre von der Gottesgeburt aufgehoben ist, siehe oben Anm. 276,1-24, und Bd. I dieser Ausgabe, S. 82,21-86,7 und Anm.

288,19f. *Ein suochent alle crêatûren]* Die Kreaturen sind alle ausgerichtet auf ihre Vervollkommnung, doch nur die höchsten, die vernunftbegabten Kreaturen können sich dem Einen ganz nähern. Vgl. Bd. I dieser Ausgabe, Anm. 574,33-576,23, zum Aufstieg der Vernunft siehe Bd. I, Anm. 108,35-112,23.

288,27-30 *natûre ⟨...⟩ bezzerz]* Zur Ausrichtung der Natur, die in ihrem Wirken immer nach dem Besseren strebt, siehe Anm. 266,22-268,31.

292,6 *Man liset]* Vgl. *Vitae Patrum* I, *Vita beati Antonii abbatis* c.9.

294,5 *Augustînus]* Augustinus, *Epistulae* CXXXIIX c.3 n.12. Eckhart verweist auf dieselbe Stelle *In Ioh.* n.76 und n.458.

294,12-14 *bî dem worte ⟨...⟩ ûz und in dem worte]* Zum Schriftverständnis und zur Hermeneutik Eckharts siehe Anm. 488,25-27.

294,17 *Augustînus]* Die beiden folgenden Augustinuszitate führt Eckhart auch S. 246,11-15 an. Vgl. Anm. zu dieser Stelle.

294,21 *aber anderswâ]* Auch diese Stelle zitiert Eckhart bereits S. 246,18-20. Er führt sie öfter an. Vgl. die Anm. zur genannten Stelle.

294,30 *blôz niht]* Eckhart lehrt, daß der Kreatur kein eigenes Sein zukomme, daß ihr vielmehr alles Sein dauernd und vollständig von Gott verliehen werde. Siehe Bd. I dieser Ausgabe, Anm. 52,16-22.

294,32 *guot mit gote]* Zur Vorstellung von der überquellenden Güte Gottes, auf die Eckhart hier nicht weiter eingeht, siehe *In Sap.* n.96ff. und Bd. I dieser Ausgabe, Anm. 50,1f.

296,1 *Bernhart]* Bernhard von Clairvaux, *In Psalmum XC*, sermo 17 n.4.

296,5 *daz er mit uns lîdet]* Daß Gott mit dem Menschen leidet, ja daß er selbst leidet, führt Eckhart S. 300,9-23 näher aus. Zum Begriff des Leidens siehe Anm. 276,1-24.

296,29-298,15 *werk ⟨...⟩ rüeren]* Das vorliegende Beispiel drückt den zentralen Gedanken Eckharts aus: Alles Handeln auf ein Ziel hin setzt dieses Ziel vor sich und handelt um des Erreichens des Zieles willen. Dies ist die Ordnung des ›Warum‹, also des ›Worum-willen‹, die den Menschen an der Unmittelbarkeit Gott gegenüber hindert – wie der Belag auf der Zunge den Kranken den Wein nicht schmecken läßt. Die Überwindung dieser Vermittlungsordnung gelingt nur, wo der Mensch alles um Gottes willen tut. Vgl. Bd. I dieser Ausgabe, Anm. 12,4.

298,4-8 *Nû ⟨...⟩ gesmak]* Zur Metaphorik des Schmekkens siehe Bd. I dieser Ausgabe, Anm. 140,3-13.

298,16-22 *meister ⟨...⟩ kome]* Vgl. S. 248,14 und Anm.

300,10-23 *mitlîdet ⟨...⟩ milticheit]* Daß Gott mit dem Menschen leidet, hat Eckhart bereits oben, S. 296, ausgeführt. Hier wird der Gedanke deutlicher auf die Einheit des Menschen mit Gott bezogen. Ist der Mensch mit Gott geeint, so eint ihn auch sein Leiden mit Gott. Siehe Anm. 276,1-24. – Zur Einheit Gottes siehe Bd. I dieser Ausgabe, Anm. 72,16-21.

302,7 *als ich ⟨...⟩ hân]* Vgl. S. 274,20-24, besonders aber S. 276,1-24 und Anm.

302,12-23 *Jeronimus ⟨...⟩ gote]* Das unter Verweis auf Hieronymus (vgl. *Epistulae* CXX c.10) erwähnte Beispiel des Wachses soll wie das Beispiel des Steins (vgl. S. 274,25) deutlich machen, daß die Natur eines Dings, seine wesenhafte Bestimmung immer da ist, auch wenn sie aktuell nicht verwirklicht wird. Ebenso – und in einer die Natur übersteigenden gnadenhaften Weise – ist dem Menschen die Möglichkeit gegeben, wesenhaft mit dem Gutsein und Gott eins zu sein und aus dieser Einheit heraus zu wirken, auch wenn er dies aktuell nicht tut. In diesem Sinne kann gesagt werden, daß der Mensch, insofern er diese Möglichkeit wesenhaft besitzt, das Gute immer schon getan hat und immer schon aus dem Gutsein in Gott heraus gewirkt hat (vgl. oben S. 274,20-24). Dasselbe führt Eckhart mit anderen Worten auch S. 320,15-30 sowie mit einem anderen Beispiel S. 320,31-322, 11 aus. Daß diese dem Menschen geschenkte Möglichkeit jedoch erfüllt werden kann, setzt die Befreiung der Seele in der Abgeschiedenheit voraus. Vgl. Anm. 434,14.

302,24 *liute]* Eckhart spricht verschiedentlich über die Kritik bestimmter Leute an anderen Menschen und an den Lebensformen von anderen. Vgl. Bd. I dieser Ausgabe, Anm. 140,14-27.

304,29 *veter buoche]* *Vitae Patrum* III, *Verba seniorum* n.8.

306,4-19 *Man vrâgete ⟨...⟩ enminnete]* Vgl. Bd. I dieser Ausgabe, S. 48,16-21 und Anm. zur Konformität des menschlichen mit dem göttlichen Willen. – Zum richtigen Bitten und Beten siehe Bd. I, Anm. 216,21.

308,29 *Socrates]* Vgl. Plato, *Timaeus, interprete Chalcidio*, ed. Wrobel, S. 210,26ff.

310,18-312,28 *maniger grop mensche ⟨...⟩ unrehte vernomen]* Dem ganzen Schlußabschnitt der Predigt haftet, einsetzend mit der ersten Zeile, ein apologetischer Ton an. Man stellt sich hier wohl zurecht die Frage, wie weit die vorliegende Textstelle schon im Lichte des kommenden Prozesses zu lesen ist. Vgl. Überblickskomm., Bd. I dieser Ausgabe, S. 722f. und S. 726.

310,21-26 *Augustînus ⟨...⟩ enverstât]* Augustinus, *Confessiones* I c.6 n.10. Eckhart zitiert diese Stelle wiederholt auch im *Proc. Col.* (vgl. I n.151; II n.2 und n.73). Nikolaus von Kues setzt das Zitat in seiner *Apologia doctae ignorantiae* (ed. Klibansky, S. 25,18ff.) ähnlich ein wie Eckhart.

310,26-29 *sprichet ⟨...⟩ schrîbe]* Augustinus, *Confessiones* X c.23f. n.34f.

310,30-312,2 *stapschaft ⟨...⟩ aleine]* *In Ioh.* n.429 führt

Eckhart das vorliegende Beispiel auf Augustinus, *De vera religione* c.33 n.62, zurück.

312,3-10 *Augustînus ⟨...⟩ morgen]* Augustinus, *Confessiones* XI c.8 n.10 und XI c.11 n.13

312,11 *Senecâ]* Seneca, *Epistulae* 71,24.

312,15-18 *spriche ich ⟨...⟩ gelêret]* Eckhart tritt hier explizit mit einem Bildungsanspruch auf und hebt hervor, daß er die Ungelehrten, also die Laien, auch in schwierigen Materien zu unterweisen gedenke. Vgl. Bd. I dieser Ausgabe, Überblickskomm., S. 726, und S. 190,28-30.

II VON DEM EDELN MENSCHEN

Die Predigt ist in zwei Hss., die das BgT vollständig umfassen, direkt im Anschluß an diesen Text, in einer dritten, die Quint als Leiths. wählt, einzeln überliefert. Jordanus von Quedlinburg bezieht sich auf eine im Verfahren gegen Eckhart inkriminierte Stelle der Predigt (siehe Anm. 318,3f.). Vgl. den Überblickskomm. zum *Liber ›Benedictus‹*, S. 748f.

Prozeßdokumente: *Proc. Col. I* n.22 und n.23 (ed. Théry, S. 166f.; ed. Sturlese, S. 208f.). *Gutachten* a.25 (ed. Pelster, S. 1122). *Bulle* a.24 (vgl. Suárez-Nani, *Philosophie- und theologiehistorische Interpretationen*, S. 83ff.). Vgl. Anm. 318,3f. und Anm. 324,9-13.

Das Leitzitat Luk. 19,12 steht in der Epistel zweier Festtage: des Papsts und Märtyrers Stephan (2. August) und des Papsts und Bekenners Marcus (7. Oktober). Der gleiche Text liegt der Pr. 15 zugrunde, ohne daß weitere Übereinstimmungen zwischen den beiden Predigten festzustellen wären.

Die Predigt folgt in ihrem Aufbau weitgehend dem Schrifttext, den sie – der gängigen scholastischen Bauform der Predigt entsprechend – Stück für Stück auslegt. Es ergeben sich so fünf Abschnitte: *ein edel mensche* (S. 314,9-316,34), *vuor ûȥ in ein verreȥ land* (S. 318,1-324,8), *enpfâhen im ein rîche* (S. 324,9-34), Einschub: *mensche* (S. 326,1-32), *und kam wider*

(S. 328,1-332,25). Der Gang der Predigt ist jedoch nicht durch dieses Schema, sondern durch das Thema geprägt, das der Prediger dem Schriftzitat folgen läßt. Demnach wird die Rede sein davon, wie edel der Mensch geschaffen ist, wohin er in der Gnade zu gelangen vermag und wie er dahin kommt (S. 314,4-7). Eckhart geht von der Konstitution des Menschen aus. Er stellt den Geist dem Leib, den inneren dem äußeren, den neuen dem alten Menschen gegenüber. Der edle Mensch, von dem in der Schrift die Rede ist, ist der innere Mensch, der sich der Verführung durch die Kreatur und den Teufel entgegensetzt und das ewige Leben gewinnt. Der innere Mensch ist der Same Gottes im Menschen, der zum Wachsen bestimmt ist. Er steigt vom äußeren Vorbild guter Menschen auf, wendet sich innerlich Gott zu, entfernt sich mehr und mehr vom Äußeren, wurzelt schließlich in Gott, in dessen Weisheit er ruht, um am Ende ganz von Gott überformt zu werden (S. 314,9-320,14).

Dies gelingt nur, wenn der Mensch frei ist, also alle kreaturhaften Hindernisse und alle kreaturhafte Vermittlung hinter sich gelassen hat. Dann wird er zum Sohn Gottes. Er tritt ein in die Einheit der Natur Gottes, die gänzlich ununterschieden ist (S. 320,15-324,34). Das Wort *homo* drückt nach Eckhart die Voraussetzung dieses Einswerden aus, die dem Menschen als Möglichkeit immer schon geschenkt ist. *Homo* wird etymologisierend auf *humus*, »Erde«, und in diesem Kontext auf die Demut bezogen. Dies bringt die grundlegende Ausrichtung des Menschen auf Gott zum Ausdruck: Ist er ganz niedrig und demütig, überwindet der Mensch alle Kreatur und alle Zeit, da er dann allem entbildet ist, zunichte wird, und von Gott erfüllt wird. Gleichzeitig bezieht sich das Wort *Mensch* auf das Erkennen, durch das sich der Mensch konstitutiv von den anderen Lebewesen unterscheidet. Im Erkennen vermag der Mensch einerseits die Welt begrifflich zu verstehen, er vermag darin aber auch alle Begrifflichkeit zu überschreiten und ins Eine einzugehen, in dem er Gott und alle Dinge in Gott schaut. Doch besteht die Seligkeit nicht darin, daß der Mensch reflexiv erkennt, daß er Gott und in ihm alle Dinge erkennt, sondern darin, daß der Mensch alles überschreitet, alle Kategorien und alle Begriffe verliert und ganz in Gott eingeht, aus dem er sein Sein und sein Leben schöpft. Nur dann, wenn der Mensch in dieser Weise alles, selbst seine höchsten Erkenntnisvermögen preisgegeben hat, geht er ganz in Gottes Einheit ein. Erst in zweiter Linie gehört denn auch die reflexive Erkenntnis, also das Wissen darüber, daß er erkennt, daß er Gott erkennt, zum Wesen der Seligkeit des Menschen in Gott. Wäre dem anders, wäre also der reflexive Akt konstitutiv für die Gotteserkenntnis, würde diese der Weise menschlichen Erkennens unterworfen und die Begegnung mit Gott der absolut repräsentationslosen Unmittelbarkeit und Freiheit beraubt (S. 326,1-332,6). Deshalb muß denn auch der edle Mensch in die Fremde ziehen, um sein Reich zu gewinnen, denn er muß zuerst alles Eigene und die naturhafte Vernunft zurücklassen, um Gott unmittelbar zu schauen und in seine Einheit einzugehen, bevor er weiß, daß er Gott erkennt. Deshalb muß die Seele, wie der Adler, in die Einöde ausziehen, um Gott zu begegnen (S. 332,7-25).

314,1 *II Von dem edeln menschen]* Der Titel ist hinzugefügt. Er ist hsl. nicht belegt: In zwei Überlieferungsträgern schließt der Text der vorliegenden Predigt direkt an den Text des BgT an, in der dritten Hs. fehlt ein Titel.

314,10-26 *lîp und geist ⟨...⟩ einen edeln menschen]* Zum Verhältnis von Leib und Geist, von innerem und äußerem Menschen siehe Bd. I dieser Ausgabe, Anm. 202,7-29.

314,11-13 *geschrift ⟨...⟩ geist]* Vgl. etwa Isaac Israeli, *Liber de diffinitionibus*, ed. Muckle, S. 306, und Dominicus Gundissalinus, *De divisione philosophiae*, ed. Bauer, S. 7,16ff. Zu Eckharts Begriff der Selbsterkenntnis siehe Bd. I dieser Ausgabe, Anm. 176,24-32.

314,13 *geschrift]* Vgl. 2 Kor. 4,16.

314,29-32 *Jeronimus ⟨...⟩ meister ⟨...⟩ tiuvel]* Vgl. *In Sap.* n.230 und dazu: Hieronymus, *In Matthaeum* III c.18 n.10f.; Petrus Lombardus, *Sententiae* II d.11 c.1 n.74, der neben Hieronymus auf Gregor den Großen, *Moralia in Iob* II c.20 n.38, verweist.

316,7f. *Êven ⟨...⟩ Âdam]* Zur Identifikation des Mannes mit dem inneren Menschen siehe Bd. I dieser Ausgabe, Anm. 202,7-29.

318,3 *Tullius und Senecâ]* Cicero, *Tusculanae disputationes* III c.1 n.2. Seneca, *Epistulae* 73,16. Eckhart verweist *In Gen. II* n.198 auf dieselben Stellen.

318,3f. *enkein ⟨...⟩ got]* *Proc. Col. I* n.22 (ed. Théry, S. 166f.; ed. Sturlese, S. 208). Eckharts Antwort: *Proc. Col. I* n.102 (ed. Théry, S. 191). Jordanus von Quedlinburg, *Opus Ior* 51A, bezieht sich auf die vorliegende Stelle. In seiner Verteidigung erwähnt Eckhart auch die folgende Origenes-Stelle, die er jedoch mit falscher Stellenangabe zitiert (vgl. Rahner, *Die Gottesgeburt*, S. 82f.).

318,12 *Origenes]* Origenes, *Homilia IV in psalmum XXXVI*, in: PG, Bd. 12, Sp. 1357 (vgl. Bd. I dieser Ausgabe, Anm. 32,26-36,5). Vgl. Origenes, *Homilia in Genesim* XIII n.4. Eckhart zitiert diese Stelle auch *In Gen. II* n.193.

318,19 *Augustînus]* Augustinus, *De vera religione* c.26 n.49. Vgl. *Sermo VII* n.80 und *Sermo XII/2* n.131. Eckhart übernimmt das Stufenschema von Augustinus, wobei hier die sechste und die siebte Stufe zusammenzufallen scheinen. Trotzdem ist S. 320,8-14 davon auszugehen, daß Eckhart von zwei Stufen spricht, die er jedoch in eins faßt: einerseits von der Sohnschaft in Gott, andererseits von der vollkommenen Einheit mit Gott.

320,19 *Origenes]* Vgl. die S. 318,12 bereits zitierte Stelle. Zum sachlichen Gehalt der folgenden Beispiele siehe auch S. 302,12-23 und Anm. Wie die folgenden Abschnitte (bis S. 322,11) zeigen, geht es darum, die Präsenz Gottes im Menschen zu »entbergen«, sie also aufzudecken.

322,12 *Augustînus]* Augustinus, *De trinitate* XII c.7 n.10. Zur Bildlehre Eckharts siehe Bd. I dieser Ausgabe, Anm. 186,28-190,27.

322,27 *vinsternisse]* Zu Licht und Finsternis siehe Bd. I dieser Ausgabe, Anm. 12,28.

324,6-8 *aller bilde 〈...〉 herzen]* Die Voraussetzung der Gottesgeburt (vgl. Bd. I dieser Ausgabe, S. 82,21-86,7 und Anm.) ist die Befreiung von allen Bildern, das heißt von allen Vorstellungen, und die Überwindung des Selbst. Vgl. Bd. I dieser Ausgabe, Anm. 18,2-9 und Anm. 108,35-112,23.

324,9-13 *Allerleie 〈...〉 natûre ist] Proc. Col. I* n.23 (ed. Théry, S. 167; ed. Sturlese, S. 208f.). Eckharts Antwort: *Proc. Col. I* n.103 (ed. Théry, S. 191). *Gutachten* a.25 (ed. Pelster, S. 1122). *Bulle* a.24 (vgl. Suárez-Nani, *Philosophie- und theologiehistorische Interpretationen*, S. 83ff.).

324,13-25 *Underscheit 〈...〉 zal ist]* Eine Differenz zwischen Sein und Wesenheit, die das Kreaturhafte kennzeichnet, entsteht erst dort, wo etwas aus der Einheit in Gott hinaustritt. Wer Gott finden will, muß daher in die Einheit zurückkehren. Er wird dadurch auch im Vielen der Welt immer das Eine wahrnehmen und im Einen bleiben. Siehe Bd. I dieser Ausgabe, Anm. 72,16-21.

324,26 *meister]* Vgl. Macrobius, *Commentarii in Somnium Scipionis* I 6,7-10. Eckhart zitiert dieselbe Stelle *In Sap.* n.149, *In Ioh.* n.55 und *In Gen. II* n.15.

326,1-17 *Mensche 〈...〉 mê]* Eckhart setzt *homo* in Beziehung zu *humus*, »Erde«, und schafft so etymologisierend den Bezug zur Demut. Vgl. Bd. I dieser Ausgabe, S. 474,9f. und Anm. Die zweite Deutung bezieht sich auf die Vernunft. Insofern der Mensch kraft der Vernunft erkennt, enthebt er sich der Zeit und den kreaturhaften Bestimmungen, da er in der Vernunft die Dinge auf ihre Ursachen zurückführt. Siehe dazu Bd. I dieser Ausgabe, S. 102,12-31 und Anm., Anm. 108,35-112,23.

326,19f. *got 〈...〉 crêatûre]* In der Gotteserkenntnis erkennt der Mensch auch alle Kreatur, da alle Kreatur in Gott, im *logos* aufgehoben ist. Vgl. Anm. 550,7-12.

326,21-23 *alle menschen 〈...〉 guot]* In der Ansicht, der Mensch strebe von Natur nach Erkenntnis, folgt Eckhart Aristoteles, *Metaphysica* I c.1 (I c.1 980a21), den er verschiedentlich zitiert (vgl. Bd. I dieser Ausgabe, S. 122,11f.; *In Ioh.* n.671). Da das Erkennen Verwirklichung der Natur des

Menschen ist, ist auch die Erkenntnis des Bösen – als Erkenntnis – gut: vgl. *In Sap.* n.140, *In Ioh.* n.509 und Thomas von Aquin, *Summa contra gentiles* I c.71.

326,23-32 *meister ⟨...⟩ in einem]* Zur Unterscheidung zwischen Morgen- und Abenderkenntnis siehe Bd. I dieser Ausgabe, S. 100,6-10. Seuse zitiert die vorliegende Stelle bis S. 326,31 (*ist*) im *Büchlein der Wahrheit*, ed. Bihlmeyer, S. 346,21-347,6.

328,2-29 *Ich spriche ⟨...⟩ gebûwen ist]* Die Frage, ob die Gottesschau in einem reflexiven Akt bestehe, stellt Eckhart auch an anderen Stellen seines Werks. So bezeichnet er im *Johanneskommentar* die Annahme, die Gotteserkenntnis bestehe in einem reflexiven Akt der Vernunft, in dem der Mensch erkenne, daß er Gott erkenne, als *error* (*In Ioh.* n.108). Er verweist dort darauf, daß er sich mit der Frage ausführlich im – verschollenen – *Opus quaestionum* auseinandergesetzt habe. Auch *In Ioh.* n.678f., wo er ausführlich das Problem der *beatitudo* diskutiert, weist Eckhart die These zurück. Eckharts Position ist folgendermaßen zu verstehen: Er betont an der vorliegenden Stelle, daß die Seele ohne den Akt der Reflexion, in dem sie erkennt, daß sie Gott erkennt, nicht selig wäre. So gehört denn dieser Akt, insofern die Gottesschau nach Eckharts Ansicht ja immer von der Vernunft abhängt (siehe Bd. I dieser Ausgabe, Anm. 108,35-112,23), durchaus zur Gottesschau; dies betont Eckhart nochmals S. 330,33-332,12. Doch weist er darauf hin, daß der Akt der Reflexion nicht konstitutiv ist für den Akt der Schau, in dem die Seligkeit besteht. Diese ist vielmehr dadurch charakterisiert, daß in ihr Gott unverhüllt (*blôz*) erkannt wird, das heißt nach Eckhart: Die Seele soll ihr Sein und ihr Leben und alles, was sie ist, aus Gott empfangen, ohne darüber – reflexiv – etwas zu wissen. Sobald nämlich die Seele etwas darüber weiß, tritt sie aus der Einheit des Empfangens heraus. Dann ist ihr Erkennen – im Gegensatz zur immer gnadenhaften Schau Gottes – naturhaft: Die Vernunft wendet sich darin einem Objekt zu (*ûzslac*) und kehrt danach zu sich selbst zurück (*widerslac*). Der Terminus *ûzslac* übersetzt hier

das lat. *exitus*, *widerslac* das lat. *reflexio* oder *reditus*. Eckhart folgt damit Thomas von Aquin, *De veritate* q.2 a.2 ad 2: *in nobis ⟨scil.: intelligere⟩ fit per quemdam discursum, secundum quem est exitus et reditus in animam nostram, dum cognoscit seipsam. Primo enim actus ab ipsa exiens terminatur ad obiectum; et deinde reflectitur super actum ⟨...⟩. Sed in divina cognitione non est aliquid discursus ⟨...⟩*. (»Unser Erkennen vollzieht sich in der Art einer Bewegung, in der die Seele aus sich heraustritt und in sich zurückkehrt, wenn sie sich selbst erkennt. Dabei bezieht sich der Erkenntnisakt, in dem die Seele aus sich heraustritt, zunächst auf ein Objekt. Die Seele bezieht sich dann reflexiv auf diesen Akt des Erkennens ⟨...⟩. Im göttlichen Erkennen hingegen gibt es keine solche Bewegung ⟨...⟩.«)

Das Beispiel, das Eckhart darauf anführt, meint folgendes: Wer sich als weiß erkennt, kann nicht das Weiß-Sein (den Ursprung, Gott) als solches wahrnehmen bzw. empfangen, sondern er erkennt das Weiße an sich (an seiner Person). Ebenso ist der Mensch, der sich als Gott-Erkennender erkennt, bereits nicht mehr derjenige, der Gott in sich unmittelbar empfängt. Er unterscheidet im Erkenntnisakt vielmehr zwischen Gott, den er empfängt, und sich selbst, der Gott empfängt. Eckhart illustriert dasselbe übrigens nochmals anhand des Funktionierens der Sinneserkenntnis, unten S. 328,30-330,17. Das entscheidende Element, das über die Reflexivität hinausführt, ist in den vorliegenden Ausführungen das Wörtchen *blôz*: In der darin geltend gemachten Unmittelbarkeit ist alle Reflexivität und alle Subjekt-Objekt-Spaltung überboten. Ähnlich argumentiert Eckhart auch im *Johanneskommentar*, *In Ioh.* n.678f., auf den oben bereits verwiesen wurde. Er benennt dort weiter den Punkt, wo Mensch und Gott unmittelbar kommunizieren. Im Anschluß an Augustinus faßt Eckhart dieses konstitutive Moment der Unmittelbarkeit, in dem der Mensch alle Reflexivität überschreitet, als das *abditum mentis*, das heißt den Seelengrund (siehe Bd. I dieser Ausgabe, S. 32,26-36,5 und Anm.).

Es ist nicht einfach, zu bestimmen, gegen welchen scholastischen Theologen sich Eckharts Kritik hier richtet. Vor

Johannes von Puilly, auf dessen Quaestio *Utrum beatitudo hominis consistat in actu hominis recto aut reflexo* (*Quodlibeta* V q.6) vom Advent 1312 oder der Fastenzeit 1313 Roos (*Zur Datierung*, S. 224ff.) hingewiesen hat, diskutierte Durandus de S. Porciano in seinem Sentenzenkommentar um 1308/09 die Frage (*Sententiae* I d.1 q.2). Roos hat ferner in einem zweiten Aufsatz (*Zur Abfassungszeit*, S. 45ff.) auf Jean Quidort hingewiesen, der die These bereits 1282/84 vorgetragen hat und der zwischen der *visio simplex et nuda* und ihrer Vollendung in der *visio reflexa* unterscheidet, also eine Postition vertritt, die Eckhart zurückweist (*In Ioh.* n.108, n.609). Eine Datierung des Trostbuchs aufgrund dieser Bezüge ist denn auch nicht statthaft (vgl. Quint, DW V, S. 131ff., Anm.47), da Eckhart sich wohl nicht auf eine bestimmte Quelle, sondern auf Diskussionen um das Wesen der beseligenden Schau bezieht, die um 1300 das universitäre und monastische Milieu zutiefst bewegt haben (vgl. Libera, *Les »Raisons d'Eckhart«*, S. 111-114, insbesondere Anm. 13; Wéber, *L'être*, S. 51-54).

328,12-20 *wan ⟨...⟩ ordenunge]* Seuse übernimmt die vorliegenden Stelle im *Büchlein der Wahrheit*, ed. Bihlmeyer, S. 346,8-16.

328,30-330,17 *meister ⟨...⟩ und sich]* Eckhart greift im Anschluß an Aristoteles, *De anima* III c.2 (III c.2 425b12-17 und 426b12-29) auf die Unterscheidung zwischen *sensus particularis* und *sensus communis* zurück. Aufgabe des ersteren, des spezialisierten Sinnes, ist die Erkenntnis des Objekts, Aufgabe des zweiten die Erkenntnis der Wahrnehmung des Objekts durch das Sinnesorgan; in dieser Reflexion vermag der *sensus communis* die den verschiedenen Sinnesorganen übergeordnete und die Sinneswahrnehmung ordnende und beurteilende Perspektive zu konstituieren. – Insofern sich nun das Sehen, als *sensus particularis*, auf die Farbe bezieht, nimmt es das Rote oder das Blaue an etwas wahr, ohne daß bei dieser spezifischen Erkenntnis von Bedeutung wäre, ob das Rote ein Stein oder eine Blume ist. Das Farbe-Sehen nimmt also sein ganzes Sein, das im Farbe-Sehen besteht, von der Farbe, die es wahrnimmt. In derselben Weise, führt der Text weiter aus, nimmt der vollkommene Mensch Gott wahr: Er empfängt sein ganzes Sein und Leben von Gott, ohne daß etwas Reflexives dazwischenträte. Der Akt der Reflexion, in dem der Mensch erkennt, daß er erkennt, ist der Funktion des *sensus communis* vergleichbar. Erkennt der Mensch, daß er erkennt, so nimmt er nicht einfach Gott wahr, sondern sich selbst als Erkennenden und Gott als Erkannten. Vgl. oben S. 328,2-29 und Anm. sowie *In Ioh.* n.100 und *In Exod.* n.6. – Zum Begriff der Selbsterkenntnis siehe Bd. I dieser Ausgabe, Anm. 176,24-32.

330,21-32 *kraft 〈...〉 geistes]* Zur Hierarchie der Seelenvermögen siehe Bd. I dieser Ausgabe, Anm. 108,35-112,23. Die Naturordnung ist durch das zeitliche Werden der Dinge auf ihre Vollkommenheit hin charakterisiert (vgl. Anm. 266, 22-268,31), während das Wirken Gottes immer von der Vollkommenheit ausgeht: Strebt in der Natur alles im Werden nach dem Sein, geht Gottes Wirken zuallererst von der Seinsverleihung aus. In diesem Sinne geht auch der Hl. Geist, das Allgemeine, den Gaben des Hl. Geistes voraus (ebenso: *In Ioh.* n.326).

332,14 *adeler]* Vgl. S. 488,4-23 und Anm.

332,22 *einœde]* Eckhart bezeichnet den Grund der Gottheit, das Eine, im Anschluß an die Schrift und an die Tradition gelegentlich als »Wüste« oder »Einöde« (vgl. Bd. I dieser Ausgabe, Anm. 72,16-21).

2. DIE REDE DER UNDERSCHEIDUNGE

Der Traktat ist in sechs Hss. ganz, in 45 Hss. fragmentarisch überliefert. Neu entdeckte, in DW V nicht berücksichtigte Hss. verzeichnen Quint, *Neue Funde*, S. 377ff., 382ff.; Quint, *Fundbericht*, Register, S. 94f.; Schmidtke, *Eine Beuroner*, S. 283. Der Traktat ist hsl. für Meister Eckhart bezeugt (S. 334, 3-6). Für die Echtheit sprechen zweifellos auch die Grundgedanken und der Stil des Texts. Vgl. Pfeiffer, Tr. XVII, S. 543-578; Diederichs, *Meister Eckharts Reden.* Im Anhang, S.

639-641, ist das in zwei Hss. gesondert, aber einheitlich überlieferte Kap. 22 abgedruckt. Godfrid van Wevel, ein Schüler Ruusbroecs, hat eine Reihe von Exzerpten in seinen Traktat *Van den XII doghenden* übernommen. Dieser Text ist nach Lücker (*Meister Eckhart*, S. 59-65; vgl. Quint, DW V, S. 149ff.) als Bindeglied zwischen Eckhart und der *Devotio moderna* anzusehen. Zudem läßt sich eine beachtliche Anzahl von Textparallelen in Predigten Johannes Taulers feststellen (Liste bei Quint, DW V, S. 170). Der vorliegende Traktat ist nach der Rückkehr Eckharts von Paris, wo er 1293/94 als Sentenzenlektor wirkte, zwischen 1294 und 1298 in Erfurt entstanden. Eckhart war zu dieser Zeit Prior des Erfurter Dominikanerkonvents. Bemerkenswert ist, daß Eckhart seine Mitbrüder, die ja des Lateins mächtig waren, nicht in der gewohnten Schulsprache, sondern in der Volkssprache unterwies. Dies stellt zweifellos eine Ausnahme dar (vgl. Ruh, *Meister Eckhart*, S. 43ff.).

Prozeßdokumente: vgl. Anm. 372,8-10.

Literaturhinweise: Albert, *Meister Eckharts These*, S. 99ff.; Flórez, *La ética*, S. 9-54; Hödl, *Meister Eckharts theologische Kritik*, S. 38-44; Kopper, *Die Metaphysik*, S. 94f.; Langer, *Mystische Erfahrung*, S. 156-238; Margetts, *Die rede*; Ruh, *Meister Eckhart*, S. 31-46; Waldschütz, *Meister Eckhart*, S. 16-76; Zum Brunn, *Dieu n'est pas être*, S. 86f.

Im Unterschied zu den übrigen überlieferten Traktaten zeugen die RdU weniger von einem spekulativen Interesse als von einem Anliegen moralischer und praktischer Natur. Dennoch sind bereits hier Eckharts asketisches Programm und praktisch alle Grundgedanken gegenwärtig, die er im späteren Werk philosophisch und theologisch eingehend thematisieren und in den Begriffen Gottesgeburt und Seelenfunke spekulativ entfalten wird. Im Vordergrund der RdU stehen Fragen des religiösen Lebens von Ordensleuten. Daß die Reden im klösterlichen Rahmen gehalten wurden, bezeugen, neben der eingangs angesprochenen und für das Ordensleben zentralen Thematik des Gehorsams, verschiedene Textstellen, etwa die Erwähnung des Vorstehers der Gemeinschaft (S. 334,25), die Fragen asketischer Praxis und das Thema Kirche und Zelle (S. 346,19f.). Die Reden werden denn auch als *collationes* bezeichnet, das heißt, als Lehrgespräche, in denen ein geistlicher Leiter die *kinder* (S. 334,5), also Mitbrüder und Novizen unterwies. Der Fortgang des Textes ist geprägt von Fragen und Themen, die Mitbrüder einbrachten und die Eckhart in der Folge aufgriff und behandelte. Dies erklärt den zwanglosen und relativ unsystematischen Aufbau des Texts, der nicht von Kapitel zu Kapitel planmäßig fortschreitet, sondern gleiche oder ähnliche Gedanken unter verschiedenen Perspektiven aufgreift, dabei gelegentlich auf schon Behandeltes zurückverweist oder es auch ganz rekapituliert. Der Charakter des Lehrgesprächs ist, auch wenn er in der schriftlichen Form natürlich stark zurücktritt, im Text denn auch an einigen Stellen spürbar. Daß dabei Fragen der Praxis des klösterlichen und generell des geistlichen Lebens im Vordergrund standen, ist selbstverständlich. Dennoch begnügt sich der vorliegende Text nicht damit: Er greift an vielen Stellen aus und gewinnt den Charakter einer eigentlichen christlichen »Lebenslehre« (Ruh, *Meister Eckhart*, S. 32), die vom Gedankengut des jungen, gedanklich reifen Eckhart Zeugnis ablegt.

Die Abfolge der Themen, die im Laufe des Texts behandelt werden, beginnt mit dem Gehorsam, der zentralen Frage des christlichen Ordenslebens. Bereits hier ist ein Kernbegriff des Denkens Eckharts angesprochen, wenn der Gehorsam mit der Forderung verknüpft wird, das »Seine zu verlassen« (S. 334,21f.) und den Eigenwillen zu überwinden. In einer ersten Gruppe von Kapiteln, die das Gebet (Kap. 2), die Suche in Gelassenheit (Kap. 3), die Verwirklichung der Gelassenheit im Sein (Kap. 4), das Haften an Gott (Kap. 5), schließlich das Leben in der Gelassenheit (Kap. 6), die dabei vorausgesetzte Selbsterkenntnis und Selbstprüfung (Kap. 7) und das Wachsen auf Gott hin bespricht (Kap. 8), wird diese im ersten Kapitel entworfene Perspektive eines asketischen Programms in aufsteigender Folge entfaltet. In einer zweiten

Kapitelgruppe (Kap. 9-16) wendet sich Eckhart dem Begriff der Sünde zu. Er bespricht zuerst das Verhältnis der sündhaften Neigung zum willentlichen Sündigen (Kap. 9), um dann über den rechten Willen und die rechte Liebe zu handeln (Kap. 10 und 11). Überwindung der Sünde ist nur in Gott möglich, der den Menschen annimmt, wenn dieser sich ihm zuwendet (Kap. 12). Dies setzt die rechte Reue voraus, in der der Mensch nicht dem Jammer verfällt, sondern unbegrenztes Vertrauen in Gott faßt (Kap. 13) und so in Hoffnung, Zuversicht und Liebe die Gewißheit der Seligkeit und der Gottesliebe findet (Kap. 14 und 15). Reue meint denn auch nicht Buße im Sinne asketischer Hochleistung, sondern Nachfolge Christi, das heißt, das rechte Verhältnis zu allen Dingen (Kap. 16).

Das Thema der Nachfolge Christi bildet den Hintergrund der nun folgenden dritten Kapitelgruppe (Kap. 17-23). Dabei werden vor allem Fragen der konkreten Lebensführung aufgeworfen, die sich zweifellos im Rahmen der Gespräche stellten. Nochmals verfolgt Eckhart das Thema der Selbsterkenntnis als Bedingung echter Nachfolge und innerlicher Überformung in Christus (Kap. 17 und 18). Konkrete Probleme der Lebensführung stellen zweifellos die folgenden Punkte dar: die Schwäche des Menschen (Kap. 19), die Fragen nach den Bedingungen der Kommunion (Kap. 20), der Beichte, des inneren Eifers (Kap. 21) und des inneren, andächtigen Gesprächs (Kap. 22). Die Erörterung des Verhältnisses des innern zum äußeren Wirken des Menschen bildet den Schlußstein, der die am Anfang des Traktats gestellte Forderung nach Überwindung des Eigenwillens in den Begriffen Demut, Armut und Geduld nochmals ausführlich aufgreift und auf den Begriff des Friedens bezieht, den der Mensch findet, wenn er in Gott eingeht (Kap. 23).

334,2 *Die rede der underscheidunge]* Der vorangestellte mhd. Titel ist sicher nicht ursprünglich. Er tritt in einer kleinen Gruppe späterer Hss. auf und kombiniert *rede* mit dem Registertitel *materie der unterscheidunge* (Ruh, *Meister Eckhart*, S. 31).

334,5f. *in collationibus]* Das mhd. *rede* ist wohl als *terminus technicus* anzusehen, der das lat. *collatio* übersetzt. Darunter hat man sich abendliche Lehrgespräche vorzustellen, bei denen als Ergänzung zur Schriftlesung (vgl. Isidor von Sevilla, *Sententiae* III c.15) unter der Leitung eines geistlichen Lehrers oder Vorgesetzten Fragen der Schriftauslegung, des monastischen und generell des spirituellen Lebens besprochen wurden (Belege für die Bedeutung des Wortes *collatio* bei Quint, DW V, S. 312). – Ähnlich wie hier begründet Eckhart auch das Projekt des *Opus tripartitum* (vgl. S. 462,7-11). Es handelt sich dabei natürlich um einen Bescheidenheitstopos.

334,8 *gehôrsame]* Mit dem Problem des Gehorsams greift Eckhart einen zentralen Punkt des klösterlichen Lebens auf. Der Eintritt ins klösterliche Leben ist durch das Gelübde gekennzeichnet, in dem der Mensch sich zum Gehorsam im Rahmen der jeweiligen Ordensregel verpflichtet. Dieser Gehorsam intendiert natürlich immer Gott und ist so als Preisgabe des Eigenwillens zugunsten des göttlichen Willens zu verstehen.

334,21f. *des sînen ûzgât* ⟨...⟩ *muoz got]* Bereits hier führt Eckhart ein Leitthema seines Denkens ein. Er deutet den klösterlichen Gehorsam und die Unterordnung als Überwindung und Verlust des »Ich«, was für Gott offen macht. Ist der Mensch leer, also frei von seinem kreaturhaft vermittelten Ich, muß Gott sich ihm schenken. Siehe dazu Bd. I dieser Ausgabe, Anm. 50,1f. Zur Preisgabe des Willens siehe Bd. I, Anm. 552,27-554,16.

334,25 *prêlâten]* Eckhart meint damit den Vorsteher der Klostergemeinschaft, dem der Ordensangehörige Gehorsam schuldet.

336,10 *aller besten gebete]* Das vollkommene Gebet muß immer vom Verzicht auf das Eigene ausgehen. Vgl. Bd. I dieser Ausgabe, Anm. 216,21.

336,21 *Augustînus]* Vgl. Augustinus, *Confessiones* X c.26 n.37. Dasselbe Zitat führt Eckhart *In Ioh.* n.230 an.

336,25 *kreftigesten gebete]* Vgl. oben S. 336,8-24 und Bd. I dieser Ausgabe, Anm. 216,21.

338,1-8 *ein ledic gemüete ⟨...⟩ vermügen]* Der freie, abgeschiedene Geist setzt die Überwindung allen Eigenwillens und aller Ich-Bindung voraus. Siehe Bd. I dieser Ausgabe, Anm. 552,27-554,16.

338,29-340,16 *dû ⟨...⟩ gelâzen]* Wie in seinem Begriff der *eigenschaft* (vgl. S. 360,23-27 und Bd. I dieser Ausgabe, Anm. 18,2-9) hebt Eckhart auch hier hervor, daß es das Verhältnis des Menschen zu den Dingen ist, was ihn an der Begegnung mit Gott hindert. Insofern sich der Mensch dem Eigenwillen entsprechend zu den Dingen verhält und intentional mit ihnen umgeht, ist er in den Dingen und in seiner Intention gefangen. Die Gelassenheit ist die Voraussetzung der Befreiung von dieser Einbindung der Dinge und des Menschen in die intentionale Ordnung. Vgl. Bd. I dieser Ausgabe, Anm. 318,15-24.

340,17 *ein heilige]* Zu den folgenden Ausführungen siehe: Gregor der Große, *Homiliae in evangelia* I hom. 5 n. 2 und Augustinus, *Enarrationes in psalmos* CIII, sermo 3 n. 16.

340,31f. *Nim dîn selbes war]* Zur Funktion der Selbsterkenntnis siehe Bd. I dieser Ausgabe, Anm. 176,24-32.

342,10 *wâren vride]* Zum Begriff des Friedens siehe Bd. I dieser Ausgabe, Anm. 88,8-12.

342,12-26 *liute ⟨...⟩ werke sî]* Eckhart hebt durchgehend hervor, daß die guten Werke den Menschen nicht zu heiligen vermögen. Dies gelingt allein dort, wo der Mensch in der Gelassenheit zu Gott zurückkehrt und aus der Einheit mit Gott die Werke wirkt. Auch hier geht es Eckhart darum, den Menschen von der Ordnung der *eigenschaft* zu befreien, die sich zwischen ihn und Gott schiebt. Diese besteht darin, daß der Mensch sich mit den Werken heiligen will, die Heiligung also als etwas durch die Werke, das heißt, durch die Kreatur Vermitteltes begreift und letztlich sich selbst – nicht Gott – intendiert. Dadurch entfremdet sich der Mensch in der Welt der Mittelbarkeit. Überwunden wird dies einzig in der Abgeschiedenheit und in der Gelassenheit, in der sich der Mensch mit Gott vereint und in der Einheit die Tugend ganz besitzt. Siehe Anm. 278,4-22.

344,13 *jagetest]* Dasselbe Bild begegnet in der Pr. 85, S. 206,19-23.

344,18 *etlîche liute]* Wie S. 342,12-26 werden auch hier diejenigen kritisiert, die sich auf bestimmte Werke und Lebensformen fixieren, um dadurch das Heil zu erlangen. Dies ist aus den oben genannten Gründen unmöglich. Zur Kritik an bestimmten religiösen Lebensformen siehe Bd. I dieser Ausgabe, Anm. 140,14-27.

346,16 *in allen dingen]* Siehe unten S. 248,25-350,12 und Bd. I dieser Ausgabe, Anm. 496,5-19.

348,15-21 *vernünftigen zuokêrenne* 〈...〉 *gewesenden got]* Nach Eckhart ist es nicht der Wille, der Gott zu fassen vermag, sondern die Vernunft. In den folgenden Zeilen führt er aus, daß die Schau Gottes durch die Vernunft nicht in einem Denkakt besteht, sondern in einer strukturellen Verschiebung, in der sich die Vernunft auf Gott hin öffnet und von seinem Sein, das im Gegensatz zum Sein der Kreatur als *puritas essendi* zu verstehen ist (vgl. Anm. 548,27), überformt wird. Nur dadurch wird Gott zu einem *wesenhaften* Gott, das heißt, zu einem Gott, der in der Seele unmittelbar gegenwärtig ist, dieser das Sein verleiht, und zu einem Gott, dem sich die Seele in einer Weise geöffnet hat, daß ihr Wirken unmittelbar diesem Sein entspringt.

350,18 *enmac der mensche]* Eckhart kritisiert hier erneut den Gedanken asketischer Leistung. Siehe oben S. 344,18 und Bd. I dieser Ausgabe, Anm. 140,14-27.

352,7 *gewesent sîn]* Das heißt, zurückgeführt in die Fülle des Seins, die Gott ist.

356,18-20 *ûzer mensche* 〈...〉 *obersten kreften]* Eckhart greift hier auf die Unterscheidung zwischen äußerem und innerem Menschen zurück. Die obersten Kräfte sind identisch mit dem *inneren Menschen.* Siehe dazu und zur Hierarchie der Seelenkräfte Bd. I dieser Ausgabe, Anm. 108,35-112,23.

356,30f. *sünden* 〈...〉 *sünde]* Zum Begriff der Sünde vgl. Bd. I dieser Ausgabe, Anm. 608,13f.

360,23-27 *wille* 〈...〉 *wilt]* Die vorangehenden Ausführungen zum guten Willen sind vor dem Hintergrund der vorliegenden Stelle zu verstehen: Wo der Mensch auf seinen Eigenwillen verzichtet hat, wo er sein Ich hinter sich gelassen hat und von Gott überformt ist, ist sein Wille mit dem göttlichen Willen geeint. In diesem Sinne läßt sich denn auch sagen, daß der Mensch im guten Willen alles vermöge. Zur Überwindung des Eigenwillens siehe Bd. I dieser Ausgabe, Anm. 552,27-554,16.

360,33-362,2 *wesen ⟨...⟩ mêr]* Das Verhältnis von Liebe und Wille bestimmt Eckhart hier mit Thomas von Aquin, *Summa theologica* II II q.24 a.1.

362,4f. *got ⟨...⟩ in dem grunde der sêle]* Damit ist der Seelenfunke gemeint, in dem Gott in der Seele ist. Siehe Bd. I dieser Ausgabe, Anm. 32,26-36,5.

362,8-29 *innicheit ⟨...⟩ minne]* Hier distanziert sich Eckhart wiederum kritisch von Werken und Gefühlen, die Ausdruck besonderer Begnadung sein sollen. Vgl. Bd. I dieser Ausgabe, Anm. 140,14-27. Der Text spielt auf 2 Kor. 12,2f. an.

364,18-25 *Daz man ⟨...⟩ trôste]* Dieselbe Paulusstelle zur Trennung von Gott um Gottes Willen zitiert Eckhart verschiedentlich: siehe Bd. I dieser Ausgabe, S. 144,26-146,10 und Anm.

364,26 *vriunde gotes]* Eckhart verwendet die Wendung hier nicht – wie später dann Tauler – im Sinne des *terminus technicus* »Gottesfreund«, sondern in Anlehnung an die Hl. Schrift (Joh. 15,15). Vgl. Bd. I dieser Ausgabe, Anm. 126,22-24.

366,4f. *wâ man got læzet]* In der Aufforderung, selbst Gott zu lassen, formuliert Eckhart die radikale Konsequenz seines Postulats der Gelassenheit. Insofern darin vom Menschen verlangt wird, alle Vorstellungen und Erkenntnisbilder, alles eigene Wollen und das Ich zu überwinden, beinhaltet dies auch, von Gott zu lassen, insoweit er ein Objekt des eigenen Wollens und Erkennens ist. Erst dann kann sich der Mensch mit dem göttlichen Willen vereinen. Vgl. Bd. I dieser Ausgabe, Anm. 318,15-24.

368,4 *ein Ave Marîâ]* Zum richtigen Beten siehe Bd. I dieser Ausgabe, Anm. 216,21.

368,14-23 *Glîcher wîs* ⟨...⟩ *gotvar]* Zur Metaphorik des Schmeckens siehe Bd. I dieser Ausgabe, Anm. 140,3-13.

370,16 *sant Bernhart]* Was Eckhart hier konkret im Auge hat, ist nicht zu sagen.

370,18 *raten]* Es handelt sich um den Raden, dessen Same unter den Samen des Korns gerät und mit ihm aufgeht.

370,23 *Augustînus]* Vgl. Augustinus, *De correptione et gratia* IX n.24 und *De libero arbitrio* III c.9 n.26.

370,27-372,31 *sünde* ⟨...⟩ *sünden]* Zum Begriff der Sünde siehe Bd. I dieser Ausgabe, Anm. 608,13f.

372,8-10 *Jâ* ⟨...⟩ *wære]* Vgl. dazu a.15 der *Bulle*: *Si homo commisisset mille peccata mortalia, si talis homo esset recte dispositus, non deberet velle se ea non commisisse.* (»Auch wenn der Mensch tausend Todsünden begangen hätte, soll er nicht wollen, sie nicht begangen zu haben, wenn er ⟨jetzt⟩ auf Gott hin ausgerichtet ist.«) Der Artikel, der sich weder im *Proc. Col.* noch im *Gutachten* findet, konnte bisher auf keine Stelle des bekannten Werks Meister Eckharts bezogen werden. Auch wenn der Satz mit der vorliegenden Stelle nicht übereinstimmt, stellt er doch eine wichtige Parallele dar (vgl. Suárez-Nani, *Philosophie- und theologiehistorische Interpretationen*, S. 72ff.).

372,32 *lîdet got gerne]* Bereits oben, S. 368,23-370,4, hat Eckhart vom Leiden Gottes gehandelt (vgl. Anm. 276,1-24).

374,33-376,5 *Und ie* ⟨...⟩ *sint]* Vielleicht bezieht sich Eckhart in der Pr. 4 auf die vorliegende Stelle zurück. Dies würde bedeuten, daß beide Texte am selben Ort entstanden sind. Vgl. Bd. I dieser Ausgabe S. 48,30f. und Anm.

376,27 *zweierleie wizzen]* Eckhart unterscheidet in den folgenden Abschnitten zwischen zwei Formen des Wissens, einerseits das in *revelationes* bzw. Visionen, andererseits das im inneren Gespräch mit Gott erworbene Wissen um Gott. Dabei steht er den Visionen – wie immer (vgl. Pfeiffer, Pr., S. 240,21ff. und S. 656,6ff.) – skeptisch gegenüber und zieht das zweite, das wortlose innere Gespräch mit Gott vor. Diese Skepsis gegenüber den Visionen ist durchaus im Zusammenhang mit anderen in den RdU vorgebrachten Einwänden gegenüber spezifischen Praktiken des religiösen Lebens zu sehen: So kritisiert Eckhart die Leistungsaskese (unten S. 380,11-19), jeden übertriebenen Ausdruck spezieller Begnadung und generell die Bevorzugung des Erfahrungsmoments vor dem Glauben (S. 400,1-9). Vgl. Bd. I dieser Ausgabe, Anm. 140,14-27. Zum Begriff des Glaubens siehe Bd. I, Anm. 654,5.

380,11 *Vil liute]* Wie hier kritisiert Eckhart öfter die spezifischen Elemente eines Lebens, das sich auf asketische Leistung fixiert. Siehe Bd. I dieser Ausgabe, Anm. 140,14-27.

380,31 *pênitencie* ⟨...⟩ *Kristî]* In der Nachfolge Christi findet der Mensch das wahre Leiden, in dem gleichzeitig alles Leiden aufgehoben ist, insofern der Mensch darin in Gott eingeht. Vgl. Anm. 276,1-24.

382,14 *gemüete in den werken]* Wie Eckhart im Laufe der RdU wiederholt betont, dürfen die Werke dem Menschen nicht Halt bieten. Dies kann einzig Gott. Deshalb hat sich der Mensch in seinem Geist auf Gott zurückzubeziehen, um von diesem gehalten zu werden und dann gute Werke verrichten zu können. Vgl. unten S. 392,20-394,12 und Anm. 278,4-22.

382,23f. *ein gemeiner erlœser aller werlt]* In Christus ist nicht nur der Mensch, sondern die ganze Welt erlöst. Vgl. Bd. I dieser Ausgabe, Anm. 406,31-408,26, und unten Anm. 442, 27-446,27.

384,20-30 *dînes nachvolgennes* ⟨...⟩ *ane]* Eckhart betont, daß es nicht eine für alle Menschen verbindliche *wîse*, nicht einen verbindlichen *wec* der Nachfolge gebe. Vgl. unten S. 392,10-17 und Bd. I dieser Ausgabe, Anm. 46,7-19.

390,25 *lîdene]* Zum Leiden siehe Anm. 276,1-24.

392,20-394,12 *Dar umbe* ⟨...⟩ *bûwen]* Vgl. Anm. 278,4-22.

394,13 *unseres herren lîchamen]* Das folgende Kapitel ist Fragen der Eucharistie gewidmet. Dabei geht es insbesondere um das Problem der häufigen Kommunion. Hervorzuheben ist hier auch die Form des Kapitels: Es trägt deutlicher als die vorangehenden Abschnitte die Züge eines Lehrgesprächs, in dem in lockerer Folge Einwände formuliert und von Meister Eckhart entkräftet werden. Zur Bedeutung der Sakramente, insbesondere der Eucharistie im Denken Eckharts: Lasson, *Meister Eckhart*, S. 325ff.; Boeckl, *Die Eucharistielehre*, S. 79ff.; Weiss, *Die Heilsgeschichte*, S. 135ff.; Theisen, *Predigt*, S. 50-62. Zum Hintergrund vgl. den Art. *Communion fréquente* im *Dictionnaire de spiritualité ascétique et mystique*, Bd. 2, Paris 1953, Sp. 1260-1268.

396,29-32 *sinne ⟨...⟩ sêle]* Zur Ausrichtung der Seelenvermögen siehe Bd. I dieser Ausgabe, Anm. 108,35-112,23.

396,34 *armuot]* Zum Begriff der Armut siehe Bd. I dieser Ausgabe, Anm. 550,11.

398,29-33 *einunge ⟨...⟩ vinden]* Zur Einheit von Gott und Seele, die keine Differenz mehr zuläßt, siehe Bd. I dieser Ausgabe, Anm. 32,26-36,5. Auf das Bild von Wasser und Wein, das bereits die patristische Tradition verwendet, greift Eckhart öfter zurück, um diesen Sachverhalt zu illustrieren. Zur Einheit von Leib und Seele vgl. Bd. I, Anm. 88,24f.

400,1-9 *minner enpfindest ⟨...⟩ hât glîch]* Nicht die Empfindung oder Wahrnehmung Gottes zeugt von der Einung, sondern der Glaube. Diese nachdrücklich hervorgehobene Unterscheidung entspricht der Unterscheidung zwischen dem aus Visionen und dem aus dem inneren Gespräch mit Gott erworbenen Wissen um Gott (vgl. S. 376,27-378,26). Wie dort auch, gibt sich Eckhart hier dem Erfahrungsmoment gegenüber skeptisch und hebt das Glaubensmoment hervor, in dem sich ein sicheres Wissen erst konstituiert. Zum Verhältnis von Wissen und Glauben siehe Bd. I dieser Ausgabe, Anm. 654,5.

400,15 *zwei werk]* Zur Unterscheidung der inneren und äußeren Seelenkräfte sowie zu ihrer hierarchischen Stufung siehe Bd. I dieser Ausgabe, S. 108,35-112,23.

400,20 *vürwurfe]* Zu übersetzen mit »Objekt«, »Ziel«, »Ausrichtung«.

402,6 *kôr der engel]* Die Vorstellung, daß der Mensch durch das Empfangen der Eucharistie sich mehr und mehr mit Gott vereine und so von Engelchor zu Engelchor aufsteige, begegnet auch bei Tauler (ed. Vetter, S. 129,18ff.). Zur Hierarchie der Engelchöre siehe Anm. 146,23-150,3.

404,1 *bîhte]* Auch im Falle des Sakraments der Beichte hebt Eckhart das Gewicht der richtigen Intention hervor: Es geht ihm vor allem um die Loslösung vom Äußeren und um die innere Konzentration auf Gott, die nur gelingen kann, wo der Mensch sich nicht von Bildern und Vorstellungen beirren läßt.

406,2f. *alliu dinc* 〈...〉 *wîse]* Zum Gedanken, daß dem göttlichen Menschen Gott in allen Dingen begegnet, siehe Bd. I dieser Ausgabe, Anm. 496,5-19.

406,4 *vernunft]* Allein der Vernunft ist es nach Eckhart möglich, sich mit Gott unmittelbar zu vereinen. Dies findet dort statt, wo die Vernunft sich von der Ausrichtung auf die Kreatur befreit hat, wo sie bildlos geworden ist und nurmehr Gott wahrnimmt. Vgl. Bd. I dieser Ausgabe, Anm. 108,35-112,23.

408,1f. *des sînen* 〈...〉 *niht ensuoche]* Die Befreiung des Menschen gelingt dort, wo er in seinem Handeln und in seiner Wahrnehmung nicht sich selbst intendiert, sondern in der Intentionslosigkeit für die Präsenz Gottes offen wird.

408,6 *éine gâbe]* Zum Gedanken, daß Gott alles gebe, um die eine Gabe – sich selbst – zu geben, siehe Bd. I dieser Ausgabe, Anm. 50,1f.

408,26-28 *willen* 〈...〉 *wille]* Eckhart unterscheidet zwischen einem zufälligen (*accidentalis*), unwesentlichen (*non-essentialis*) und einem schöpferischen, entscheidenden Willen. Nur im zweiten, in dem der Mensch seinen Eigenwillen überwunden hat, kann die Seele Gottes Gaben empfangen und in der Einheit mit Gott wirken (S. 410,7-18). Wesentlich ist hier die Perspektive der *Übung*, wobei diese im Sinne Eckharts zu verstehen ist. Es geht darum, daß der Mensch im Wollen sich selbst zu überwinden lernt (S. 412,3-9) und trotzdem der Welt wirkend verbunden bleibt. Am eindringlichsten stellt diese Forderung die Interpretation der Figur Marthas dar (vgl. dazu Pr. 86 und unten Kap. 23). In diesem Zusammenhang ist denn auch in der Pr. 86, S. 224,1-9, von einer stufenhaften Überformung des Willens die Rede.

410,20 *tugende]* Zum Begriff der Tugend siehe Anm. 276, 1-24.

412,10 *gotes süezicheit]* Auch hier geht es Eckhart darum, kritisch den Zustand besonderer Begnadung (vgl. Bd. I dieser Ausgabe, Anm. 140,14-27) zu befragen. Vorausgesetzt ist dabei immer die Einung mit Gott in der Abgeschiedenheit der Seele. Diese muß jedem Zustand besonderen Glücksgefühls mit Gott vorausgehen und kann, wie die Pr. 86 exemplarisch ausführt, vom Wirken in der Welt nicht entbinden.

412,26f. *wille ⟨...⟩ werken]* Insofern der Mensch im vollkommenen Willen mit Gott geeint ist, tut er alles mit Gott in der Ewigkeit Gottes. So läßt sich sagen, daß der Mensch, der im Willen vollkommen ist, im Auge Gottes alle möglichen guten Werke immer schon getan habe.

412,29 *wîse]* Das Kapitel wiederholt zum Teil wörtlich Ausführungen des 11. Kapitels. Wie Eckhart des öftern bemerkt, gibt es keine für alle Menschen verbindliche Weise, zu Gott zu gelangen. Es geht vielmehr darum, in jeder Weise Gott zu finden. Dies gelingt dort, wo der Mensch in der Weise seines Lebens nicht sich selbst intendiert, sondern ganz in den Willen Gottes eingeht. Siehe Bd. I dieser Ausgabe, Anm. 46,7-19.

412,32 *begern]* Zur notwendigen Voraussetzung des Begehrens siehe Bd. I dieser Ausgabe, Anm. 418,9-13.

416,18-23 *got ⟨...⟩ niht]* Eckhart hebt immer hervor, daß Heilsordnung und Naturordnung aufeinander hingeordnet seien. Gottes Wirken, das gnadenhaft ist, kann so nicht der Natur zuwiderlaufen; es muß vielmehr als Vollendung des Wirkens der Natur begriffen werden. Zum Verständnis der Naturordnung und zum Verhältnis von Natur und Gnade siehe Anm. 266,22-268,31.

416,23f. *vrîen willen]* Was sich der Heilsordnung entgegenstellt, ist nie die Natur, sondern nur der Mensch, der in seinem freien Willen die Sünde wählt. Vgl. oben S. 370,27-372,31 und Bd. I dieser Ausgabe, Anm. 552,27-554,16.

416,27f. *Gnâde ⟨...⟩ glôrie]* Zu den Begriffen Gnade und Glorie siehe Anm. 600,4-18.

418,8 *innerlîchen und ûzerlîchen]* Zum Verhältnis von Innerem und Äußerem sowie zum äußeren Wirken siehe die Überlegungen oben S. 408f. und die Interpretation der Figur Marthas in Pr. 86.

420,7 *Dionysius]* Dionysius, *De mystica theologia* c.1 § 1. Zum Schweigen und Verstummen vor Gott siehe Bd. I dieser Ausgabe, Anm. 386,17-29.

420,12 *vernihten sîn selbes]* Eckhart zielt mit seinen Ausführungen bis S. 424,34 auf den Begriff der Armut im Geiste, den er S. 426,1-18 einführt und erläutert. Die zentralen Ausführungen gelten der immanenten Voraussetzung dieser Armut. Sie besteht darin, daß der Mensch von aller Ich-Bindung, von allem *proprium*, aller *eigenschaft* (S. 424,32) frei wird. Siehe Bd. I dieser Ausgabe, Anm. 18,2-9.

420,27 *dêmüeticheit]* Vgl. Bd. I dieser Ausgabe, Anm. 174, 10-176,5.

426,2 *arm von geiste]* Zum Begriff der Armut siehe Pr. 52 und insbesondere Anm. 550,11.

426,3-8 *Dar umbe ⟨...⟩ versmæhenne]* Eckhart bezieht sich auf die Szene, die sich zwischen Diogenes, dem kynischen Philosophen, und Alexander dem Großen abgespielt haben soll. Vgl. Cicero, *Tusculanae disputationes* 5,92.

428,26 *Got der lîdet gerne]* Zum Leiden Gottes siehe Anm. 276,1-24.

430,25 *natûre und gnâde]* Sowohl die Ordnung der Natur wie die Ordnung der Gnade haben ihren Ursprung und ihr Ziel in Gott. Vgl. Anm. 266,22-268,31.

432,5 *vride]* Im Begriff des Friedens, mit dem Eckhart die RdU abschließt, drückt sich die Einheit des Menschen mit Gott aus. Der Friede ist das Maß dieser Einheit. Siehe Bd. I dieser Ausgabe, Anm. 88,8-12.

3. VON ABEGESCHEIDENHEIT

Der Traktat ist in 13 Hss. ganz, in zwei Hss. mit fehlendem Schluß und in 20 Hss. fragmentarisch überliefert. In Quints Ausgabe noch nicht berücksichtigt sind verschiedene Hss., von denen jedoch nur eine den Text vollständig bietet (Quint, DW V, S. 461-468; Quint, *Fundbericht*, S. 23; Schmidtke, *Eine Beuroner*, S. 279 Anm. 6). Im Anhang sind der Schluß des Traktats nach Pfeiffers Text und ein Gebetsschlußstück abgedruckt, das eine Gruppe von Hss. überliefert (S. 641-643). Vgl. Pfeiffer, Tr. IX, S. 483-493; Schäfer, *Meister Eckharts Traktat*.

Obwohl Quint den Text in seine Ausgabe aufgenommen hat, bleiben viele frühere Einwände gegen die Echtheit des Traktats bis heute unausgeräumt (vgl. Quint, DW V, S. 392-397). Man wird deshalb mit Kurt Ruh von einer »eingeschränkten Authentizität« sprechen dürfen (*Meister Eckhart*, S. 165). Ist die gedankliche Nähe zu den echten Werken Eckharts auf der einen Seite unbestreitbar, sind doch gewisse Unsicherheiten und Inkonsistenzen der Terminologie nicht zu übersehen. Der Vorschlag Ruhs, davon auszugehen, daß hier möglicherweise ein Bearbeiter am Werk gewesen sei, dem Notizen Eckharts zum Problem der Abgeschiedenheit vorgelegen hätten, ist daher durchaus plausibel. Dafür spricht auch, daß der Text der Inquisition nicht zur Verfügung stand, die sonst zweifellos darauf zurückgegriffen hätte. Trotz allem ist die tiefe gedankliche und sprachliche Nähe des Textes zu den echten Texten Eckharts unbestreitbar. Größere Textstücke des vorliegenden Traktas finden sich bei Pfeiffer, Tr. III und Tr. XI, und im sogenannten *Granatapfel-Traktat* (vgl. Quint, DW V, S. 382-386). Auch die Johannes von Sterngassen zugeschriebenen Tr. IX 2 und 4, die Pfeiffer in der ›Zeitschrift für deutsches Altertum‹ (8 [1851], S. 253-255 und S. 257) herausgegeben hat, sind dem vorliegenden Traktat eng verwandt. Marquard von Lindau wird den Traktat gekannt haben (Steer, *Der Armutsgedanke*, S. 299f.). Vollständig ist der Text in der Frankfurter Ausgabe des fälschlich Tauler zugeschriebenen *Buch von der geistlichen Armut oder die Nachfolgung des armen Lebens Jesu* (1670) sowie bei Gerhard Teerstegen (*Werke*, Bd. 3, Essen 1786, S. 559-566) überliefert, wobei Teerstegen neben dem Frankfurter Druck auf die nicht ganz vollständige Fassung Gottfried

Arnolds (*Leben der Gläubigen*, Halle 1701, S. 22-32) zurückgriff. Der Frankfurter Druck hat das Werk Niklaus von Flüe zugeschrieben (vgl. Ruh, *Rezension*, S. 104f.; Quint, DW V, S. 397).

Literaturhinweise: Albert, *Meister Eckharts These*, S. 258ff.; Langer, *Mystische Erfahrung*, S. 175ff.; Mieth, *Meister Eckhart*, S. 81ff.; Quint, *Das Echtheitsproblem*; Quint, DW V, S. 394; Quint, *Meister Eckharts Traktat*; Ruh, *Meister Eckhart*, S. 165-167; Steer, *Der Armutsgedanke*, S. 299f.; Waldschütz, *Meister Eckhart*, S. 195-244.

Im Traktat *Von abegescheidenheit*, der nicht viel länger als eine größere Predigt ist, begegnen wir allen wichtigen Elementen des Denkens Eckharts. Nach einer kurzen Einleitung, in der Eckhart den Begriff der Abgeschiedenheit einführt und diese als den »Ort« bezeichnet, an dem der Mensch durch die Gnade zu werden vermag, was Gott von Natur ist (S. 434,3-19), stellt Eckhart die Abgeschiedenheit in einem ersten Teil des Texts der Liebe, der Demut und der Barmherzigkeit gegenüber (S. 434,20-440,24). Im zweiten Teil führt er aus, daß die Abgeschiedenheit notwendigerweise zur Einung mit Gott führt (S. 440,25-450,11). Der dritte Teil fragt nach dem Objekt, dem Bezugspunkt der Abgeschiedenheit, der nichts anderes ist als die Einförmigkeit mit Christus (S. 450,12-458,3). Der Schluß spricht den Leser oder Hörer direkt an und bezeichnet das Leiden in Christus als Weg der Abgeschiedenheit (S. 458,4-17).

Abgeschiedenheit ist der Liebe vorzuziehen, da sie Gott dazu zwingt, den Menschen zu lieben. Insofern die Abgeschiedenheit Reinheit und Lauterkeit ist, muß sich Gott der Seele mitteilen, die abgeschieden ist, da er selbst Reinheit und Lauterkeit ist. Zweitens ist die Abgeschiedenheit der Liebe vorzuziehen, da sie sich ganz von der Kreatur löst, während die Liebe immer an die Kreatur gebunden bleibt. Die Abgeschiedenheit ist reine Empfänglichkeit ohne jede Beirrung durch die Kreatur und ohne jedes Leiden an der Kreatur (S. 434,20-436,22). Die Abgeschiedenheit ist der

Demut vorzuziehen, da sie über diese hinausführt und diese voraussetzt. Sie ist die Vollendung der Demut, insofern sie den Menschen ins Nichts führt. Parallel zu den Ausführungen über die Liebe steht der zweite Punkt. Auch die Demut bleibt der Kreatur in bestimmter Weise verhaftet, während die Abgeschiedenheit alle Bestimmungen und Bindungen aufhebt (S. 436,23-440,15). Ebenso verhält es sich mit der Barmherzigkeit, über die die Abgeschiedenheit hinausführt, insofern sie alle Betrübnis durch die Kreatur, also das Motiv der Barmherzigkeit, hinter sich läßt (S. 440,16-24). In diesem Sinne ist die Abgeschiedenheit die höchste aller Tugenden. Wenn der Mensch abgeschieden ist, zwingt er Gott, sich ihm mitzuteilen und ihn in die Ewigkeit zu entrücken. Dies geschieht, weil die Abgeschiedenheit, insofern sie Negation aller kreaturhaften Bestimmungen ist, den Menschen lauter und einfaltig, also Gott gleich macht. Ist die Seele in der Abgeschiedenheit ganz leer geworden, wird sie von Gott ganz erfüllt, der immer und seit je über der Kreatur steht. Dies bewirken nicht Gebete und gute Werke, sondern nur die Einheit mit Gott in der unbeweglichen Abgeschiedenheit Gottes und der Seele. Diese Einheit ist über der Zeit und der Veränderung, das heißt im Innern des Menschen, das ganz auf Gott ausgerichtet ist. Die Abgeschiedenheit schließt deshalb auch nicht aus, daß der äußere Mensch von äußeren Dingen bewegt wird, doch erfordert sie, daß der innere Mensch – wie im Falle Christi und Mariä – ganz und unbeweglich auf Gott bezogen ist (S. 440,25-450,11).

In der Abgeschiedenheit bezieht sich der Mensch daher auf nichts Räumliches, Zeitliches oder Begriffliches, sondern auf das reine »Nichts«: Dieses Nicht-Sein des Menschen ist seine Bereitschaft, die Gott in ihm wirken läßt. Ist die Bereitschaft groß, ist der Mensch also ganz zunichte geworden, wird er ganz von Gott überformt (S. 450,12-452,17). In diesem Zustand der Abgeschiedenheit kann die Seele nicht beten, da sie nichts mehr begehrt. Ihr Gebet ist vielmehr die Einförmigkeit mit Gott, in der die Seele ganz auf Gott bezogen ist und in ihrer vollkommenen Bereitschaft die Seligkeit empfängt.

Diese Einförmigkeit findet der Mensch in Christus, der die Natur des Menschen angenommen und erlöst hat. Verliert der Mensch alle individuellen Bestimmungen, entäußert er sich aller Dinge in der Abgeschiedenheit, findet er darin Christus, der seine Natur ist und über allen bildhaften Vorstellungen der Nachfolge steht. Denn in der Abgeschiedenheit wird alles überwunden, was dem Menschen in kreaturhaftem Sinne Trost zu spenden vermöchte, also auch die bildhafte Vorstellung Christi als Tröster (S. 452,18-458,3). Einheit mit Christus ist daher primär als Einheit im Leiden, nicht als Imitation eines Vorbilds zu verstehen. Dieses Leiden zeichnet den Menschen vor Gott aus, denn es ist tiefste Niedrigkeit und Demut, und läßt den Mensch so zur Abgeschiedenheit Gottes aufsteigen (S. 458,4-17).

434,2 *Von abegescheidenheit]* Der Titel ist hsl. in dieser Form überliefert.

434,8f. *von gnâden ⟨...⟩ von natûre]* Wie Eckhart unten S. 442,22-25 ausführt, geschieht die Überformung des Menschen in der Abgeschiedenheit nicht auf naturhafte, sondern auf gnadenhafte Weise. Zum Begriff der Gnade siehe S. 600, 4-18 und Anm.

434,10f. *bilde ⟨...⟩ geschuof]* Eckhart spricht von der Daseinsweise des Menschen, »wie er war, als er noch nicht war«, also vom Sein des Menschen als Idee in Gott. Vgl. Bd. I dieser Ausgabe, Anm. 24,13, und unten, S. 550,7-12 und Anm. Zur Bildtheologie Eckharts siehe Bd. I dieser Ausgabe, Anm. 186,28-190,27.

434,14 *lûteriu abegescheidenheit]* Der Terminus *abegescheidenheit* ist wohl eine deutsche Prägung Meister Eckharts. Das lat. Äquivalent ist im Begriff der *separatio* zu sehen (vgl. *In Ioh.* n.83, n.318; *In Gen. II* n.211), wobei auch *abstractio* in Frage kommen kann. So übersetzt ein Exzerpt im *Proc. Col. II* das deutsche *abegescheiden* durch lat. *abstractus* (n.129, ed. Théry, S. 263; vgl. Bd. I dieser Ausgabe, S. 118,13-15). Dabei ist primär das Erkennen des von der Materie und der Zeit getrennten Geistes im Blick, der in seiner Lauterkeit bildlos und weiselos erkennt: *Intellectus autem abstrahit ab hic et nunc, et secundum genus suum nulli nihil habet commune: impermixtus est, separatus est ⟨...⟩. Esto talis: humilis, scilicet subjectus deo, separatus a tempore et continuo, impermixtus, nulli nihil habens commune: venis ad deum, et deus ad te.* (»Der Verstand sieht aber vom Hier und Jetzt ab und hat als solcher mit nichts etwas gemein ⟨...⟩. So sollst du sein: demütig, das heißt Gott unterworfen, getrennt von Zeit und Ausdehnung, unvermischt und mit nichts etwas gemein habend: dann kommst du zu Gott, und Gott zu dir.« *In Ioh.* n.318; vgl. *In Gen. I* n.211; *Prol. gen.* n.9.) In diesem Sinne zielt die Abgeschiedenheit auf die unbegrenzte Offenheit und Rezeptivität des Intellekts, die Eckhart wichtig ist und auf die er im Anschluß an Anaxagoras und Aristoteles immer wieder verweist (vgl. Bd. I, Anm. 108,35-112,23, S. 178,1-31). Das Bild intellektueller Ablösung vom Kreaturhaften und Zeitlichen, das im Begriff der Abgeschiedenheit so immer gegenwärtig ist, ist jedoch vor dem Hintergrund von Eckharts Predigtprogramm zu sehen. Darin bildet die Abgeschiedenheit einen Kernbegriff, insofern sie den Endpunkt eines spirituellen Wegs meint, an dem der Mensch auf Gott trifft und sich mit ihm vereint: *Swenne ich predige, sô pflige ich ze sprechenne von abegescheidenheit und daz der mensche ledic werde sîn selbes und aller dinge. Ze dem andern mâle, daz man wider îngebildet werde in daz einvaltige guot, daz got ist. Ze dem dritten mâle, daz man gedenke der grôzen edelkeit, die got an die sêle hât geleget, daz der mensche dâ mite kome in ein wunder ze gote. Ze dem vierden mâle von götlîcher natûre lûterkeit – waz klârheit an götlîcher natûre sî, daz ist unsprechelich.* (Bd. I, S. 564,6-14.) Abgeschiedenheit meint in diesem Zusammenhang den Gipfel einer Bewegung, in der der Mensch sich entblößt (S. 94, 23-26, S. 240,4-10), demütig wird (Bd. I, Anm. 174,10-176, 5), das Vergängliche hinter sich läßt (S. 104,23-28) und im Innersten seiner Seele in Gott eingeht. Das heißt, daß in der Abgeschiedenheit die Bindung an die Kreatur im Erkennen, im Wollen und im Haben zugunsten der absoluten Lauterkeit der Seele im Sinne innerer geistiger Armut aufgehoben wird (Bd. I, Anm. 550,11).

So ist die Abgeschiedenheit der Ort, wo Gott und die Seele aufeinandertreffen, insofern diese sich von allem kreaturhaften Erkennen gelöst hat, in ihrem Intellekt frei, ja »nichts« geworden ist und in dieser Lauterkeit Gott gleich wird. Dann treffen sich das Erkennen der Seele und das göttliche Erkennen in der Einheit (Bd. I, S. 118,10-15). Die Abgeschiedenheit bildet in diesem Sinne den Gipfel der Selbstaufgabe, die Gott dem Menschen abfordert (S. 38,14-20). Darin überspringt die Seele die Kreatur (S. 44,10) und wird ganz empfänglich für Gott. Scheidet sie sich von allem, empfängt sie in Gott alle Dinge wieder und ist alle Dinge (S. 138,23-26). Dies ist nur denkbar, weil der Mensch in der Abgeschiedenheit »nichts« ist und darin die Fülle des Seins, die in Gott immer schon ist, unmittelbar aus Gott empfängt. Er wird darin also das, was *er was, dô er niht enwas* (Bd. I, S. 24, 13 und Anm.). Der Mensch verschmilzt so im unnennbaren Grund seiner Seele mit dem unnennbaren Grund der Gottheit (vgl. Bd. I, Anm. 72,16-21). Er ist in der Abgeschiedenheit vollkommene Einheit und trifft darin auf die Einheit Gottes (Bd. I, S. 178,1-15), in der er mit allen Dingen und mit der Tugend in Gott eins wird. Die Abgeschiedenheit ist in diesem Sinne gleichzeitig Voraussetzung und Vollzugsort der Gottesgeburt im Menschen, in der der Mensch in die Trinität eingeht (vgl. Bd. I, Anm. 82,21-86,7). – Zum Begriff der Abgeschiedenheit siehe: Haas, *Meister Eckhart*, S. 32-35; Haas, *Sermo*, S. 173f.; Haas, *Geistliches Mittelalter*, S. 193-197; Welte, *Meister Eckhart als Aristoteliker*; Welte, *Der mystische Weg*; Welte, *Meister Eckhart*, S. 31-56, S. 85-110.

434,17 *ze Marthâ]* Vgl. zu dieser Stelle die Pr. 86, besonders S. 216,16-25.

434,20 *die minne]* Zum Begriff der Liebe siehe Anm. 262, 29-264,5.

434,24f. *minne ⟨...⟩ abegescheidenheit]* Die Gründe, die Eckhart für die Vorzugsstellung der *abegescheidenheit* anführt, beziehen sich auf zwei Aspekte: einerseits darauf, daß die Abgeschiedenheit »Gott zwingt«, andererseits darauf, daß die Liebe den Menschen nicht gänzlich vom Bezug zur Kreatur ablöst, was hingegen der Abgeschiedenheit gelingt. Beide Aspekte beziehen sich auf das Leer- oder Nichts-Werden in der Abgeschiedenheit. Ist der Mensch leer, muß sich Gott ihm schenken. Vgl. Bd. I dieser Ausgabe, Anm. 50, 1f. – Was Eckhart hier in bezug auf das Verhältnis von Abgeschiedenheit und Liebe ausführt, macht er an anderer Stelle in ähnlicher Weise für das Verhältnis von Vernunft und Liebe geltend: Die Vernunft ist der Liebe insofern übergeordnet, als sie Gott nicht unter einem »Kleide« wahrnimmt, sondern sich über alle Bestimmungen zu erheben vermag. Vgl. Bd. I, Anm. 108,35-112,23.

436,3 *dinc 〈...〉 stat]* Eckhart rekurriert hier – wie an vielen anderen Stellen seines Werks – auf die von Aristoteles im vierten Buch seiner Physik dargelegte Lehre, daß jedem Ding sein natürlicher Ort zukomme. Insofern Gott durch Einheit und Lauterkeit charakterisiert ist (vgl. Bd. I, Anm. 72,16-21), ist sein »Ort« die Abgeschiedenheit, und insofern die Seele abgeschieden ist, trifft sie an diesem »Ort« auf Gott.

436,11 *lîden]* Zum Begriff des »Leidens« siehe Anm. 276, 1-24.

436,17 *dem nihte alsô nâhe]* Daß die Abgeschiedenheit dem Nichts nahe ist, bedeutet, daß sie über alle Maßen empfänglich ist und deshalb nur Gott zu empfangen vermag. Alles andere wird ja von der Abgeschiedenheit abgelegt, insofern es etwas Bestimmtes ist. So ist denn die Abgeschiedenheit als Negation aller Bestimmung ein Nichts, so wie Gott als Negation aller Bestimmung ein Nichts ist (vgl. Bd. I dieser Ausgabe, Anm. 72,16-21). In diesem Nichts, das die Abgeschiedenheit ist, ist sie Aufhebung aller kreaturhaften Andersheit, das heißt aller Differenz, die das Kreaturhafte charakterisiert (vgl. Bd. I dieser Ausgabe, S. 124,1-3 und Anm.).

436,23 *meister 〈...〉 dêmüeticheit]* Die Meister, auf die Eckhart an verschiedenen Stellen seines Werks in genannter Hinsicht verweist, sind in der Regel Bernhard von Clairvaux und Augustinus; vgl. *In Ioh.* n.90, *Sermo VII* n.78 und *Sermo XXXVIII* n.381. Es ist hier auf eine breite Tradition zu verweisen, von der Eckhart sich mit der vorliegenden Erörterung zum Begriff der Abgeschiedenheit abhebt. Er zielt vor allem darauf, den Begriff der Abgeschiedenheit auf eine unberührbare Innerlichkeit zu beziehen, die auf der Demut aufbaut, welche sich immer, auch in radikaler Selbstvernichtung, auf das Äußere, das Leben in der Welt bezieht. Zum Begriff der Demut, die ein *vernihten sîn selbes* ist, siehe Bd. I dieser Ausgabe, Anm. 174,10-176,5.

438,12f. *niht anders wan sîn]* Insofern die Abgeschiedenheit das Nichts ist, empfängt sie die Fülle des Seins, die Gott ist. Vgl. Anm. 434,14.

440,16 *barmherzicheit]* Zur Nächstenliebe siehe Bd. I dieser Ausgabe, Anm. 50,22-26.

440,25 *Avicenna]* Avicenna, *De anima* IV c.4 (*anima nobilis*).

440,29-32 *vrîe geist* ⟨...⟩ *gotes eigenschaft]* Der Ausdruck *vrîe geist* ist hier mit Bestimmtheit auf die abgeschiedene Seele und nicht auf die Sekte der Freigeister (siehe Bd. I dieser Ausgabe, Anm. 140,14-27 und Anm. 328,16) zu beziehen. Könnte der Geist sich von der kreaturhaften Bestimmung – vermittelte Form, Akzidens – lösen, würde er zu Gott, der allein diesen Bestimmungen enthoben ist.

442,23 *in gnâden]* Zum Begriff der Gnade siehe S. 600,4-18 und Anm.

442,27-446,27 *Nû* ⟨...⟩ *gesant]* Eckhart geht aus von einer absoluten Präsentialität sowohl der Schöpfung wie der Inkarnation. Beides ist nicht als historisches Geschehen, sondern als überzeitliche Selbstmitteilung Gottes zu begreifen. Dies heißt primär, daß Gott in seinem Verhältnis zur geschaffenen Welt als etwas absolut Zeitfreies gedacht werden muß, in dem sich alles, auch die Schöpfung und die Inkarnation, auf zeitfreie Weise vollzieht. Da Gott so über der Zeit steht, vermag er auch nicht durch zeitliche Werke berührt zu werden. Er steht vielmehr in der Ewigkeit, in der er alles immer schon gesehen und gewußt hat. So ist die ganze Schöpfung im Ewigen Wort, in dem sie Gott ausspricht, immer schon aufgehoben als Fülle des Seins. Diese Fülle ist, insofern sie zeitlos ist, Ursprung und Endziel aller Kreatur (vgl. Bd. I dieser Ausgabe, Anm. 406,31-408,26). Als zweiter Punkt ist hervorzuheben, daß unter dieser Perspektive die Schöpfung und die Inkarnation als zeitlose, aber kontinuierliche Prozesse (*creatio continua* und *incarnatio continua*) verstanden werden müssen. Da Gott zeitlose Fülle ist, ist seine Selbstmitteilung in der Schöpfung und in der Inkarnation ebenso zeitlos und also etwas, das sich dauernd ereignet (S. 284,4-9, S. 516,1-12, S. 584,9f.; Bd. I, S. 54,17f., S. 348,26-30). Insofern ist denn auch alles Geschaffene immer in Gott (S. 478,1-480,5, S. 482,11-13: *Rursus extra deum, utpote extra esse, nihil est. Igitur vel non creavit vel creavit in se ipso principio omnia*). Und insoweit es das Sein besitzt, partizipiert alles an der überzeitlichen Fülle des göttlichen Seins (S. 478,1-9). Was davon trennt, ist allein die Verwirklichung des Kreaturhaften in der Zeit, die jedoch immer als ein Werden zu begreifen ist, welches auf die göttliche Fülle hinstrebt (S. 478,8-11, Anm. 494,20). Dabei bleibt die Seinsverleihung, die als *creatio ex nihilo* zu denken ist, der fundamentale überzeitliche Akt, der die Dinge ins Sein hebt und aller Kreatur die Fülle verleiht, die sie letztlich in allen ihren Bewegungen zu erringen sucht: *Sic ergo ›creavit‹, ut nihilominus semper creet. Quod enim est in principio et cuius finis principium, semper oritur, semper nascitur, semper natum est.* (S. 480,12-16.) Es verhält sich also nicht so, daß Gott die Dinge in einer überzeitlichen Idealität erschaffen und in einem zeitlichen Prozeß aus sich entlassen hätte (Bd. I, S. 610,10-25). Die Dinge sind vielmehr, insofern sie sind, immer schon und immer weiter in Gott.

Bezeichnet der Begriff der Schöpfung das Hervorgehen der Dinge aus dem Grund der Gottheit, ist der Begriff der Inkarnation auf die Rückkehr alles Geschaffenen in die Gottheit zu beziehen. In der Inkarnation, der Geburt des Sohnes, wird die Schöpfung erlöst, das zeitlich Entfaltete in die Fülle des Seins und den göttlichen Frieden zurückgeführt. Das Inkarnationsgeschehen läßt sich denn auch auf zwei Ebenen darstellen: einerseits auf der allgemeinen Ebene der Erlösung der Kreatur, die im zeitlosen Inkarnationsgeschehen von der Mühsal ihres Werdens auf ihre Fülle hin befreit wird (vgl. Anm. 494,20), andererseits auf der Ebene des Menschen, der als Mensch in der Inkarnation erlöst und von der zeitlichen Struktur seines Daseins befreit ist (Bd. I, S. 124,5-22, S. 128,11-25, S. 170,5-13, S. 402,6-12, S. 476,7-13). Der Mensch wird in der Gottesgeburt in seiner Seele selbst in das Inkarnationsgeschehen aufgenommen und partizipiert gnadenhaft daran (vgl. Bd. I, Anm. 82,21-86,7). Er partizipiert darin auch gnadenhaft an der *creatio continua*, deren Begriff bei Eckhart mit dem Begriff der *incarnatio continua* verschmilzt. Aus der Perspektive des einen Gottes, der sich in seiner Güte mitteilt, ist keine Unterschiedenheit zwischen Schöpfungsakt und Inkarnationsakt zu denken (vgl. Haas, *Geistliches*, S. 192f.). Es ist vielmehr *ein* Wort, in dem Gott die Schöpfung und sich selbst ausspricht, in dem er der Kreatur das Sein verleiht und in dem diese immer schon erlöst ist. So gelangt denn der abgeschiedene Mensch in der Gottesgeburt in die göttliche Dynamik hinein und wird darin zur Mitte der Schöpfung, zum Ort also, an dem sich der göttliche Heilsplan gnadenhaft vollzieht. Daß dies sich im Menschen vollzieht, ist in der hypostatischen Union begründet, in der das von Gott gesprochene Schöpfungswort personal Gestalt annimmt und die Natur des Menschen gnadenhaft erhöht. In dieser personalen Struktur, in der Gott sich im Innersten des Menschen dem Menschen ganz mitteilt und als Person Gestalt annimmt, ist denn auch die Differenz zwischen dem Schöpfungswort und dem Erlösungswort, die ein Wort sind, zu sehen (vgl. Lossky, *Théologie négative*, S. 285f., S. 364f.). Vgl. dazu weiter: Largier, *Zeit*, S. 137-143; Mieth, *Die Einheit von vita activa*, S. 132-134.

444,30 *Augustînus]* Augustinus, *De trinitate* V c.16 n.17.

446,8 *Augustînus]* Augustinus, *De trinitate* XII c.7 n.10. Die Angabe im Text ist nicht korrekt.

446,12 *Isidôrus]* Isidor von Sevilla, *Sententiae* I c.8 n.4. Eckhart verweist auf das Incipit des Buches: *Summum bonum Deus est.*

446,33-448,21 *meister 〈...〉 sêle]* Zur Unterscheidung des inneren und des äußeren Menschen und zur Hierarchie und

Ausrichtung der Seelenkräfte siehe Bd. I dieser Ausgabe, Anm. 108,35-112,23. Entscheidend ist hier die Perspektive der Ganzheit, die Eckhart entwickelt. Es geht nicht darum, die äußeren Seelenvermögen abzustoßen, sondern alle Vermögen in der Ausrichtung auf das Obere zu integrieren, wie dies exemplarisch Christus und Maria getan haben.

448,18f. *verzücket* 〈...〉 *bilde]* Zur Vision und Verzückung bzw. zum *raptus* vgl. *Sermo XXII* n.216, *In Ioh.* n.376, *In Gen. II* n.218 und Thomas von Aquin, *De veritate* q.13 a.2 ad ultimum. Eckhart unterscheidet zwischen einer bildhaften und einer absolut bildlosen Schau. Er steht dabei in einer Tradition, die im Anschluß vor allem an Augustinus grundsätzlich von zwei Stufen der Entrückung ausgeht. Die erste führt von der Körperlichkeit zur Schau seelischer Bilder, die zweite von der Schau seelischer Bilder zur rein intellektuellen Schau. Auf dieser höchsten Stufe wird ohne bildhaftes Gleichnis die absolute Wahrheit geschaut (Augustinus, *De Genesi ad litteram*, c.26; vgl. Balthasar, *Thomas und die Charismatik*, S. 377-379). Eckhart nimmt gegenüber visionären Erfahrungen und grundsätzlich zur punktuellen Entrückung skeptisch Stellung. – Vgl. Anm. 376,27 und Bd. I dieser Ausgabe, Anm. 140,14-27.

450,13-15 *diz* 〈...〉 *nihte]* »Dies und das« charakterisiert die Kreatur in ihrer kreaturhaften Entfaltung, wie sie in ihrer weltlichen Daseinsweise in Zeit und Raum begegnet. Demgegenüber ist der Bezugspunkt der Abgeschiedenheit das Nichts, also das, was alle kategoriale Wahrnehmung, die sich auf die kreaturhafte Enfaltung bezieht, übersteigt.

450,23 *îngiezenne der gnâden]* Zum Wirken der Gnade siehe S. 600,4-18 und Anm.

452,7 *eine wehsîn taveln]* Das Bild der wächsernen Tafel verwendet Eckhart im Anschluß an Aristoteles für den Intellekt und für den leeren, bloßen Geist, der von Gott beschrieben wird. Der Intellekt ist in diesem Sinne *intellectus possibilis*, der alles zu werden vermag. Vgl. Bd. I dieser Ausgabe, Anm. 108,35-112,23 und Anm. 402,18-404,7

452,19 *gebet]* Zu den folgenden Ausführungen über das Gebet vgl. Bd. I dieser Ausgabe, Anm. 216,21.

452,30 *Dionysius]* Vgl. Dionysius Areopagita, *De divinis nominibus* c.4 § 9 und c.13 § 3.

452,33 *verliuset si irn namen]* In der Abgeschiedenheit verliert die Seele ihren Namen, das heißt, sie wird namenlos, wie Gott selbst namenlos ist. Vgl. Bd. I dieser Ausgabe, Anm. 32,26-36,5.

454,4f. *Augustînus]* Worauf sich Eckhart bezieht, ist unklar.

454,9f. *bekennenne ⟨...⟩ vinster]* Wo es darum geht, die höchste Einung des Menschen mit Gott sprachlich zu fassen, ist dem einzig die Paradoxie angemessen. Eckhart greift auf dieses Stilmittel zurück, um zum Ausdruck zu bringen, was begrifflich nicht faßbar ist. Vgl. Bd. I dieser Ausgabe, Anm. 50,14.

454,11f. *meister ⟨...⟩ enwâren]* Die Aussage, die hier als Meisterzitat erscheint, bezieht sich auf das Sein der Dinge als Idee in Gott. Vgl. Bd. I dieser Ausgabe, S. 24,13 und Anm. für ähnliche Formulierungen Eckharts, die jedoch nie auf einen *meister* Bezug nehmen (vgl. auch Anm. 550,7-12). Nicht auszumachen ist, auf welche Quelle sich Eckhart bezieht. Es liegt daher nahe, die Stelle als Argument gegen die Echtheit des vorliegenden Traktats anzuführen und zu vermuten, daß er nicht von Eckhart stammt und der anonyme Autor an der vorliegenden Stelle auf Eckhart, vielleicht auf die Pr. 52 (Bd. I, S. 552,33) verweist. Dieser Verdacht wird wohl, auch wenn sich für die vorliegende Stelle weder inhaltlich noch formal eine genau entsprechende Textparallele im echten Werke nachweisen läßt, nie endgültig aus dem Weg geräumt werden können (vgl. Ruh, *Rezension*, S. 102f.). In Erwägung zu ziehen ist aber auch eine Verderbnis des ursprünglichen Textes (vgl. dazu Quint, DW V, S. 456f., Anm. 94). Zur Armut des Geistes siehe insbesondere die Pr. 52 und dort die Anm. 550,11.

454,18 *ganziu ruowe]* Alles Streben Gottes zielt auf die Ruhe. Diese findet er im abgeschiedenen Herzen, insofern es in seiner Abgeschiedenheit der eigentliche Ort Gottes ist. Zum Begriff der Ruhe vgl. Bd. I dieser Ausgabe, Anm. 636, 10-18.

456,2-5 *einförmicheit mit Kristô ⟨...⟩ menschlîche natûre]* Die *imitatio Christi* ist immer das Maß der Verwirklichung der Einheit von Mensch und Gott. Insofern Christus nicht die Individualität des Menschen angenommen hat, sondern die Menschnatur, ist das Maß der Nachfolge darin zu sehen, daß der Mensch seine Individualität ablegt. Soweit er dies tut, geht er in Christus ein. Zur Annahme der Menschnatur durch Christus vgl. Anm. 28,17-30,2.

456,15 *scheidet abe diu bilde]* Zum Ablegen aller Bilder und Vorstellungen siehe Bd. I dieser Ausgabe, Anm. 18,2-9 und Anm. 108,35-112,23.

458,4-17 *snelleste tier ⟨...⟩ gotheit]* Der Schlußabschnitt scheint den vorangehenden Ausführungen zu widersprechen, in denen Eckhart geltend macht, daß die Abgeschiedenheit das Leiden (S. 436,6-22, vgl. Anm. 276,1-24) und die Demut (S. 436,26-440,15) hinter sich lasse. Er zeugt jedoch von der Perspektivität des Denkens Eckharts. Es geht ihm darum, die Voraussetzung der Abgeschiedenheit – Leiden und Demut – nicht als zeitliche Voraussetzungen zu denken, sondern als ein zeitloses, immanentes Moment des Übergangs in die Ewigkeit Gottes. Dieser Übergang beruht auf der Innerlichkeit, auf der Abgeschiedenheit als Nichtigkeit, die sich als radikale Innerlichkeit nur konstituiert, wo Leiden und Demut als charakteristische Elemente der *imitatio Christi* vom Außen und von der Individualität der Person zu lösen vermögen.

LATEINISCHE WERKE

Die lateinischen Werke Eckharts, deren Echtheit trotz der äußerst schmalen Überlieferung bis auf den wohl kaum aus Eckharts Hand stammenden Sentenzenkommentar (vgl. Libera, *Les »raisons«*, S. 112, Anm. 15) gesichert ist, sind praktisch in ihrer Gesamtheit unter der Perspektive des *Opus tripartitum* zu sehen. Dieses Werk, das als umfassende Synthese von Schriftauslegung, theologischer und philosophischer Tradition gedacht war, sollte nach Eckharts eigener Aussage im *Prologus generalis* (hier S. 462-484) drei Teile umfassen: das *Opus propositionum* (Thesenwerk) mit über tausend Thesen in 14 Traktaten, das *Opus quaestionum* (Fragen zu einzelnen Problemen) und das *Opus expositionum* (Werke der Schriftauslegung, von denen hier ein Abschnitt des *Johanneskommentars*, S. 488-536, und ein Teil des lateinischen Predigtwerks, S. 570-624, geboten wird). Wie die drei Werke angelegt sein sollten und was man sich dabei vorzustellen hat, erläutert Eckhart im *Prologus generalis* (S. 462-484). Exemplarisch führt er im zweiten Teil des Prologs vor, wie sich *Propositio* (These: »Das Sein ist Gott«, S. 472,15-474,9), *Quaestio* (Frage: »Ist Gott?«, S. 474,10-476,6) und *Expositio* (Schriftexegese: »Am Anfang hat Gott Himmel und Erde geschaffen«, S. 476,7-484,5) zueinander verhalten sollten. Auch wenn große Teile des *Opus* unausgeführt blieben, ist das Ausgeführte doch beachtlich: Überliefert sind der allgemeine Prolog (*Prol. gen.*), der Prolog zum *Opus propositionum* (*Prol. op. prop.*), zwei kurze Prologe des *Opus expositionum* (*Prol. op. expos.*), verschiedene Schriftkommentare und das *Opus sermonum* mit lateinischen Predigtentwürfen.

Vom *Opus propositionum*, dem Thesenwerk, ist nur der Aufriß und das durchgeführte Beispiel *esse est deus* überliefert. Will man sich ein Bild von der Form machen, die das *Opus propositionum* hätte annehmen sollen, muß man sich an ähnliche Werke halten, die Eckhart bekannt waren. Unmittelbar denkt man hier an die Στοιχείωσις Θεολογική des Proclus, die Wilhelm von Moerbeke 1268 unter dem Titel *Elementatio theologica* ins Lateinische übersetzte, an den *Liber de causis*, an die *Maximae theologiae* des Alanus von Lille oder an den pseudohermetischen *Liber XXIV philosophorum*. Die wenigen Rückverweise Eckharts auf das *Opus propositionum* lassen annehmen, daß er wohl nicht über einige wenige Traktate hinausgekommen ist (erwähnt sind etwa: *De natura superioris et inferioris*, *De accidente*). Trotzdem ist das *Opus propositionum* nach Eckhart als Grundlage der zwei anderen Teile des Werks zu verstehen, insofern es bestimmt war, die Grundbegriffe zu klären.

Anders das ebenfalls nicht erhaltene *Opus quaestionum*. Hier sollten offenbar, in der Anordnung dem Aufbau der *Summa theologiae* des Thomas von Aquin entsprechend, eine relativ kleine Zahl von spezifischen Fragen besprochen werden, die nicht im *Opus propositionum* unterzubringen waren oder werden sollten. Daß die uns überlieferten Fragen der Pariser Zeit in diesen Teil des Werks Aufnahme gefunden hätten, ist nicht mit Sicherheit anzunehmen. Dennoch wird wohl davon auszugehen sein (vgl. Kaluza, *Les Questions*, S. 164).

In einer besseren Lage befindet man sich schließlich beim dritten Teil des Werks. Vom *Opus expositionum*, das die Schriftkommentare und das *Opus sermonum* umfassen sollte, sind neben den Predigtentwürfen die zwei *Genesiskommentare*, der *Kommentar zum Johannesevangelium*, zu *Exodus*, zu *Ecclesiasticus* (Jesus Sirach), zum *Weisheitsbuch* und zum *Hohen Lied* erhalten (*In Gen. I*, *In Gen. II*, *In Ioh.*, *In Exod.*, *In Eccli.*, *In Sap.*, *In Cant.*). Vieles ist offenbar verlorengegangen. So verweist Eckhart den Leser gelegentlich auf nicht überlieferte Traktate des *Opus quaestionum*, auf einen Kommentar zum Römerbrief und zu einer ganzen Anzahl biblischer Bücher (vgl. Weiss, LW I, Einleitung; Reffke, *Studien*, S. 19).

Neben diesem großangelegten Werk, das Eckhart wohl in der Zeit des zweiten Pariser Magisteriums (1311/13) konzipiert hat, sind einige frühe lateinische Predigten, die Antrittsrede als Sentenzenmeister (*Collatio*), ein *Vaterunserkommentar* (*Tractatus*) und die bereits genannten *Quaestiones Parisienses* (*Qu. Par.*) erhalten. In die vorliegende Ausgabe wurde als Beispiel einer akademischen Predigt die Pariser Predigt vom Tag des hl. Augustinus (*Sermo die b. Augustini*, S. 556-568) und als wichtiges Dokument der Auseinandersetzungen Eckharts mit zeitgenössischen philosophischen Problemen die *Quaestio Parisiensis I* aufgenommen (S. 540-552), die für das Verständnis des gesamten Eckhartschen Werks Bedeutung besitzt.

Die Überlieferung des *Opus tripartitum* beruht im wesentlichen auf vier Hss. (Erfurt: E, Trier 14. Jh.: T, Cues 1444: C, Berlin: B), wovon die Hs. B nur den *Johanneskommentar* überliefert. Die Hs. C – sie stammt aus der Hospitalbibliothek in Kues – war das Handexemplar des Kardinals Nikolaus von Kues, dessen Denken in vielen Zügen vom Einfluß Eckharts zeugt. Hinzu kommt eine Exzerptsammlung aus dem Kölner Dominikanerkloster, die 592 Exzerpte aus allen bekannten lateinischen Werken mit Ausnahme der *Sermones* überliefert und in der Mitte des 14. Jahrhunderts entstanden ist (vgl. Kaeppeli, *Eine Kölner Handschrift*; Weiss, LW I, S. 3-25). L. Sturlese hat in Oxford eine weitere Hs. entdeckt, die aus dem 14. Jahrhundert stammt und die zwei *Genesiskommentare* sowie die Prologe und eine *Tabula contentorum per alphabetum* zum zweiten *Genesiskommentar* enthält (Sturlese, *Un nuovo manoscritto*). Dieser Text wird von Sturlese als Band 1,2 der Stuttgarter Ausgabe herausgegeben. Er wird zweifellos dazu beitragen, einen authentischeren Text als denjenigen der CT-Rezension herzustellen. Es lassen sich nämlich aus dem handschriftlichen Befund einige Rückschlüsse auf die Entstehung des Werks ziehen. Offenbar liegen uns in der Hs. E eine frühere, in den Hss. C und T eine spätere, überarbeitete und ergänzte Fassung des Werks vor, die beide auf Eckhart selbst zurückgehen. Dennoch lassen einzelne Stellen der CT-Rezension vermuten, daß die Neuordnung der Teile offenbar nicht Eckharts Intention entspricht, daß mit anderen Worten der CT-Rezensent – ein »Kölner Eckhartist« (vgl. Sturlese, *Die Kölner Eckhartisten*, S. 205ff.) – gliedernd, ordnend und zum Teil auch mit Neuformulierungen und erweiterten Quellenangaben in den Text eingegriffen hat. Daneben sind gelegentlich Verschlechterungen gegenüber der E-Fassung festzustellen. Hinzukommt eine weitere wichtige Beobachtung: Die Exzerpte des *Proc. Col.* wie das *Gutachten* und die *Bulle* rekurrieren offenbar weder auf die E- noch auf die CT-Rezension. Es ist also davon auszugehen, daß im Jahre 1326 die E-Fassung in einer erweiterten Form existierte, welche weder in der Anordnung noch in den einzelnen Formulierungen mit der CT-Rezension identisch war. Das heißt nun, daß davon auszugehen ist, daß die CT-Rezension das Werk eines Rezensenten ist, der gliedernd und neuordnend, wahrscheinlich auch neu formulierend und überarbeitend in eine Fassung eingegriffen hat, die als erweiterte Fassung der E-Form betrachtet werden muß. Ein Vergleich von C und T ergibt denn auch, daß C und T offenbar auf eine gemeinsame Vorlage zurückgehen, wobei dem C-Rezensenten offenbar eine weitere Hs. zur Verfügung stand, die nicht mit E identisch war und als E-Redaktion bezeichnet werden kann. Diese Feststellungen, die Weiss bei seiner Edition der Texte machen konnte (LW I, S. 107-118), sind nun durch die Entdeckung Sturleses zu ergänzen, der mit der Ausgabe der Hs. L (Oxford, Bodleian Library) den, im Gegensatz zu E, vollständigen und, im Gegensatz zu CT, nicht interpolationsverdächtigen Text der Vorreden und der *Genesiskommentare* vorlegen wird, dem die im Verfahren gegen Eckhart inkriminierten Stellen entnommen sind, wobei die Sammlung dieser inkriminierten Stellen in der Soester Hs. 33 (*Rechtfertigungsschrift*) nicht als Verhandlungsprotokoll, sondern als »propagandistische Schrift der Kölner Eckhartisten« zu betrachten ist (Sturlese, *Die Kölner Eckhartisten*, S. 198).

Literaturhinweise: Albert, *Meister Eckharts These*; Bascour, *La double rédaction*; Brunner, *La structure*; Hödl, *Naturphilosophie*; H. Fischer, *Meister Eckhart*; Kaeppeli, *Eine Kölner*

Handschrift; Koch, LW III, S. VIII-XXII; Reffke, *Studien*; Ruh, *Meister Eckhart*, S. 72-94; Sturlese, *Un nuovo manoscritto*; Sturlese, *Maestro Eckhart*; Sturlese, *Die Kölner Eckhartisten*; Weiss, LW I, S. 3-25.

PROLOGUS GENERALIS IN OPUS TRIPARTITUM

Die vorliegende Ausgabe des Prologus generalis folgt den Hss. C und T. T bildet dabei, als ältere und zuverlässigere Fassung, die Leiths., die in ständiger Rücksicht auf E und C sowie auf den Text des *Proc. Col.* ediert wird. Johannes Wenck bezieht sich auf die im Verfahren gegen Eckhart inkriminierten Textstellen (vgl. Anm. 468,8-18 und Anm. 472, 15-474,9).

Prozeßdokumente: vgl. Anm. 468,8-18 und 472,15-474,9.

Literaturhinweise: Brunner, OL I, S. 97-142; H. Fischer, *Zur Frage*, S. 116f.; Libera, *A propos*, S. 1f. und 13ff.

In der Hauptvorrede zu seinem dreiteiligen Werk legt Eckhart den Plan, die Gliederung und die methodische Intention des *Opus tripartitum* dar. Ausgehend von der Erläuterung seiner Motivation und Absicht (S. 462,7-19) erläutert er die Gliederung des Werks (S. 462,20-466,6) und schickt er Bemerkungen zu seinem Verfahren (S. 466,9-23) voraus (n.1-11). Diese methodischen Anmerkungen werden durch drei ausführliche Vorbemerkungen ergänzt, die das Verhältnis der Allgemeinbegriffe (*termini generales*) zum Besonderen (S. 466,24-470,7), das Verhältnis des Oberen zum Niederen (S. 470,8-23) und das Verhältnis der Teile seines geplanten Werks zueinander (S. 470,24-472,8) zum Thema haben. Anschaulich gemacht wird dies im zweiten Teil des Prologs (n.12-22) an einem Beispiel: Eckhart führt probeweise je ein Stück aus dem Anfang des *Opus propositionum* (*Esse est deus*, S. 472,15-474,9), des *Opus quaestionum* (*Utrum deus sit*, S. 474,10-476,6) und des *Opus expositionum* (*In prinicipio creavit deus caelum et terram*, S. 476,7-482,29) vor. In der abschließenden Bemerkung wird ein zentraler Gedanke der Vorbemerkungen im Rückblick auf die drei Beispielstücke nochmals aufgenommen. Die Beantwortung der *Quaestio* und die exemplarisch – wenn auch nur rudimentär – praktizierte Schriftauslegung lassen erkennen, daß sich aus der vorangestellten These, also aus dem *Opus propositionum*, sowohl die schwierigen theologischen Probleme lösen wie die schwierigen Fragen der Schriftauslegung beantworten lassen. Es ist also eine Abhängigkeit postuliert, die das dreigeteilte Werk charakterisieren soll. Auszugehen sein wird immer von den Thesen, aus denen die Antworten auf theologische Probleme und hermeneutische Fragen abgeleitet werden sollen. Beachtung verdient ein weiteres Element des Schlußabschnittes: Eckhart betont, daß die Schrift auf diese Weise *naturali ratione* (»kraft der Vernunft«) ausgelegt werden könne. Es ist dies eine hermeneutische Position, die er zu Beginn des *Johanneskommentars* wiederholt (vgl. S. 488,27 und Anm. 488, 25-27).

462,6 *specialia prooemia]* Überliefert sind die folgenden Prologe: *Prologus in opus propositionum*, zwei Prologe ins *Opus expositionum*. Der Prolog zum *Opus quaestionum* ist, wie das Werk selbst, nicht überliefert oder vielleicht gar nie geschrieben worden.

462,7 *Auctoris intentio]* Ähnlich begründet Eckhart auch die Niederschrift der *Reden der Unterweisung*, S. 334,5f. Grundsätzliche programmartige Bemerkungen macht Eckhart an verschiedenen Stellen seines Werks. Siehe dazu Bd. I dieser Ausgabe, S. 564,6-14, und unten S. 488,25-27 und Anm.

462,19 *nova et rara]* Eckhart hebt die Ungewöhnlichkeit (*rara*), die Neuigkeit (*nova*), aber auch die Verständlichkeit (*faciles declarationes*, S. 462,14) seiner Ausführungen hervor. Hinzu kommt die Absicht, nur das »selten anderswo Behandelte« aufzunehmen (S. 466,12) und die Schrift nicht fortlaufend zu erörtern, sondern – nach dem Vorbild des Augustinus (S. 466,15) – im Blick auf bestimmte Punkte und Probleme (S. 466,12-14). Das Vorgehen ist also in erster Linie nicht auf Vollständigkeit der Kommentierung bedacht, sondern problembezogen. Hinzu kommt, daß Eckhart betont, einige der behandelten Thesen, Fragen und Auslegungen könnten *primo aspectu monstruosa, dubia aut falsa* (»auf den ersten Blick ungeheuerlich, zweifelhaft oder falsch«, S. 466, 21f.) erscheinen, wenn sie nicht sorgfältig durchdacht würden. Vgl. *Proc. Col. I* n.79-81 (ed. Théry, S. 185ff.). Zum vorliegenden Programm und zur Hermeneutik Eckharts siehe Anm. 488,25-27.

462,21-23 *Distinguitur* 〈...〉 *expositionum]* Eckhart spricht S. 466,9 von einem *pelagus quoddam scripturae*, einem »Meer von Schriften«, das das geplante Werk zu erfordern scheine (vgl. dazu den Überblickskommentar, S. 816f.). Er weist verschiedentlich auf Teile des Werks hin, die nicht erhalten sind: vgl. *In Gen. I* n.143 und n.224; *In Eccli.* n.53 (*Opus propositionum*); *In Gen. I* n.9, n.115, n.291, n.296, n.303; *In Eccli.* n.65; *In Exod.* n.24, n.86; *In Sap.* n.9, n.97, n.125, n.183; *In Ioh.* n.108, n.678; *Sermo I/1* n.8 (*Opus quaestionum*); daneben verweist er an verschiedenen Stellen auf nicht erhaltene Teile des *Opus expositionum* (vgl. Weiss, LW I, S. 149, Anm. 4). Dies heißt, daß offenbar ein größerer Teil des *Opus tripartitum* geschrieben war.

462,27 *»opposita«* 〈...〉 *elucescunt]* Vgl. *In Ioh.* n.81 und Aristoteles, *De caelo et mundo* II t.40 (II c.6 289a7), *Sophistici elenchi* II t.14 (II c.15 174b5).

462,27-464,1 *»oppositorum* 〈...〉 *scientia«]* Vgl. *In Sap.* n.104 und Aristoteles, *Topica* I t.12 (I c.14 105b5).

464,5-26 *Primus* 〈...〉 *accidente]* Das geplante Werk der Thesen sollte nach dem vorliegenden Strukturschema an erster Stelle die allgemeinen Grundbegriffe der Metaphysik, also die Transzendentalien Sein, Eines, Wahres, Gutes und ihrer Gegensätze behandeln. Dabei bildet nicht die Einheit die erste Stelle, sondern das Sein, dem alles übrige untergeordnet wird. (Über die Transzendentalien und das Verhältnis der Kreatur zu den transzendentalen Bestimmungen äußert sich Eckhart an vielen Stellen seines Werks, vgl. Anm. 232,26-236,12.) Vom vierten Punkt, dem Gutsein, geht Eckhart im fünften und sechsten Punkt zu praktischen Fragen, der Liebe und der Tugend über. Zweifellos zeigt sich auch hier die von Eckhart immer hervorgehobene Einheit, die das Verhältnis tugendhaften Lebens zum Grund der Tugend in Gott auszeichnet. So steht denn auch in den Punkten sieben, acht und neun wiederum die Frage nach der Einheit im Vordergrund, wobei mit den Gesichtspunkten des Ganzen, des Allgemeinen und des Höheren im Blick auf ihre Gegensätze konkreter das Verhältnis der Kreatur zum Einen in den Blick kommt. Der Gesichtspunkt der Überführung der Kreatur in die Einheit wäre denn wohl auch im zehnten Punkt aufgegriffen worden, der vom Ersten und Letzten, also von der Fülle der Gottheit hätte handeln sollen. Dieser Begriff der Fülle, die nach Eckhart immer als Fülle der Dinge in Gott zu begreifen ist, hätte wohl den Hintergrund der drei folgenden Punkte gebildet, die jeweils einen bestimmten Aspekt der spezifischen Unterschiedenheit des Kreaturhaften von seinem Ursprung thematisieren. Vgl. zu diesem Plan: Brunner, *La structure*; Brunner, OL I, S. 104-112.

464,7 *Secundus]* Eckhart erwähnt diesen Traktat *In Gen. I* n.91.

464,11 *Quartus]* Eckhart erwähnt diesen Traktat *In Sap.* n.16 und n.120.

464,18 *Nonus]* Eckhart erwähnt diesen Traktat *In Gen. I* n.14, n.25, n.63; *In Eccli.* n.13; *In Exod.* n.262; *In Sap.* n.2, n.39; *In Ioh.* n.279, n.593.

464,19 *Decimus]* Vielleicht bezieht sich Eckhart *In Ioh.* n.42 auf diesen Traktat.

464,22 *Duodecimus]* Eckhart erwähnt diesen Traktat *In Exod.* n.85.

464,23 *Decimus tertius]* Eckhart erwähnt diesen Traktat *In Gen. II* n.179.

464,24 *Augustinus]* Augustinus, *De immortalitate animae* c.12 n.19 und *De moribus Manichaeorum* c.1 n.1.

464,26 *Decimus quartus]* Eckhart erwähnt diesen Traktat *In Sap.* n.95.

464,29 *in Summa doctoris]* Der Aufbau des Werks der Quaestionen sollte demnach dem Aufbau der *Summa theolo-*

gica des Thomas von Aquin folgen, ohne jedoch deren Vollständigkeit anzustreben. In diesem Konzept bereits ist eine Änderung der wissenschaftlichen Methode zu spüren, die sich zwischen Thomas und Eckhart vollzieht und die auch das Werk des Dominikaners Dietrich von Freiberg charakterisiert. Wenn Eckhart hier betont, daß er Fragen aufgreifen werde, wie sie sich bei Disputationen, Vorlesungen und anderen Gelegenheiten stellten, so zeigt sich darin die Veränderung der Form der Thematisierung solcher Fragen. Nicht mehr die *Summa* und ihre Totalität ist angestrebt, sondern die Erarbeitung der Probleme in einzelnen Traktaten, welche wohl noch der Ordnung einer *Summa* entsprechend angeordnet werden können, aber nicht mehr von demselben Anspruch zeugen.

466,12 *rarissime]* Zu diesem Anspruch Eckharts vgl. S. 462,19 und Anm., sowie Anm. 488,25-27.

466,18-23 *nonnulla 〈...〉 famosorum]* Vgl. Anm. 462,19. Der Rekurs auf die Autorität der Schrift, der Heiligen und der Lehrer ist hierarchisch zu sehen. Zur Schriftauslegung siehe Anm. 488,25-27.

466,25 *de terminis generalibus]* Eckhart kommt hier in dieser ersten Vorbemerkung mit dem Problem des Verhältnisses der Transzendentalien zu ihren Trägern auf eine wesentliche Grundlage seines ganzen Denkens zu sprechen. Vgl. BgT, S. 232,26-236,12 und Anm.

468,1f. *secundum modum accidentium]* Zum Begriff des Akzidens, dem innerhalb des *Opus propositionum* ein eigener Traktat hätte gewidmet werden sollen (S. 464,26), vgl. S. 550,17-552,9; *In Sap.* n.41; *In Ioh.* n.514, n.534; *In Exod.* n.54; *Quaestio Utrum intelligere angeli sit suum esse* n.3 und n.5. – Dem Akzidens kommt nach Eckhart das Sein nur durch seinen Träger, das *subiectum*, zu. Die Akzidentien sind deshalb »später« als ihr Träger und in der Hierarchie des Seienden diesen untergeordnet. Demgegenüber beziehen sich die Allgemeinbegriffe auf das »Frühere«, auf das Sein, das Gute, das Wahre, und sie sind aus diesem Grunde allem anderen vorgeordnet. Als Seiende partizipieren alle Dinge, insofern sie sind, unmittelbar an diesem »Früheren«, am Sein und an der Fülle des Seins, die durch die Allgemeinbegriffe ausgedrückt wird. Das Akzidentelle hingegen ist auf das Werden und Vergehen aller Dinge zu beziehen, also auf ihre Entfaltung in der Zeit, in der die Dinge das Sein zu erlangen suchen, das ihre Fülle und ihre letzte Wirklichkeit ist. Als solches ist das Akzidentelle auf das Sein hingeordnet, das der Begriff der Substanz bezeichnet, ohne aber selbst das Sein zu besitzen. Die Akzidentien haben ihre Namen denn auch allein von ihrem Verhältnis zur Substanz, der das Sein wesenhaft zukommt (S. 550,17-23). Das heißt, daß das Akzidentelle kein Sein zu vermitteln vermag, daß also die Verwirklichung des substantiellen Seins im Erlangen der Fülle der Form in keinem Falle vom zeitlichen Werden und von der Mittelbarkeit des Akzidentellen abhängt. Die Fülle der Form und des substantiellen Seins macht vielmehr das Akzidentelle überflüssig, und in Gott, der Fülle des Seins, ist denn auch nichts Akzidentelles (*In Exod.* n.14, n.264, n.157, n.276; *In Eccli.* n.3, n.8; *In Ioh.* n.162, n.231). So charakterisiert der Begriff des Akzidentellen das Kreaturhafte im Blick auf sein zeitliches Werden, der Begriff der Substanz hingegen die Fülle und die Unmittelbarkeit, die alles auszeichnet, insofern es überhaupt ist. Der Begriff des Akzidentellen ist daher immer nur auf den Bereich der *alteratio* zu beziehen, an dessen Ende die plötzliche, zeitlose Überformung steht, in der das Seiende die Fülle seines Seins und somit seine substantielle Form erlangt, die es in Gott immer schon besitzt. Dieses Erlangen der Form benennt der Begriff der *generatio* (vgl. Anm. 494, 20). Auf den Menschen bezogen heißt dies, daß er in Gott die Fülle des Seins und der Dinge findet, wenn er das Akzidentelle, das Verhaftetsein in akzidentellen Formen der Verwirklichung, in der Gelassenheit überwindet (Bd. I dieser Ausgabe, S. 30,20-24, S. 186,14-16, S. 426,26-28, S. 630,1-7). – Zu den Begriffen Substanz und Akzidens siehe Albert, *Meister Eckharts These*, S. 174-179.

468,8-18 *ipsum esse ⟨...⟩ formarum]* Die Allgemeinbegriffe sind mit dem Begriff des Seins austauschbar (vgl.

Anm. 232,26-236,12) und wie dieses den Dingen und ihrer individuellen Existenz vorgängig: Das Sein ist früher als alles andere, es verhält sich unmittelbar zur ersten Ursache, der es unmittelbar entspringt, ohne entstanden zu sein. Gleichzeitig ist das Sein nicht nur der Ursprung aller Dinge, sondern die Fülle, die alle Dinge anstreben, denn es ist reine Aktualität (vgl. Thomas von Aquin, *Summa theologica* I q.4 a.1 ad 3) und also Wirklichkeit als Verwirklichung alles dessen, was hier im Werden auf ein Ziel hin begriffen ist. Die vorliegenden Ausführungen (S. 468,10-26) wurden im *Proc. Col. I* n.34f. inkriminiert (ed. Théry, S. 171; ed. Sturlese, S. 212; vgl. Sturlese, *Die Kölner Eckhartisten*, S. 199-202). Eckharts Antwort: *Proc. Col. I* n.115f. (ed. Théry, S. 193). Johannes Wenck, *De ignota litteratura*, ed. Vansteenberghe, S. 26,3-5, bezieht sich auf die vorliegende Aussage Eckharts. Zum Begriff des Seins siehe Bd. I dieser Ausgabe, Anm. 18, 2-9.

468,18 *Avicenna]* Avicenna, *Metaphysica* VIII c.6.

468,23 *de consideratione ⟨...⟩ metaphysici]* Nach Avicenna, *Metaphysica* I c.2 ist das *ens inquantum ens* Gegenstand der ersten Philosophie, das heißt der Metaphysik. Avicenna folgt hierin der Tradition.

468,24 *materia]* Der scholastische Begriff der Materie geht auf den Materie-Begriff (»hyle«) des Aristoteles zurück. Er bezeichnet zunächst ganz allgemein dasjenige, woraus etwas geformt wird. Der Materie-Begriff ist somit grundsätzlich auf die Form bezogen, durch die die Materie Gestalt gewinnt. Das heißt, daß alle Dinge aus Materie und Form gewissermaßen zusammengesetzt sind. In dieser Zusammensetzung partizipieren alle Dinge, insofern sie Form sind, an der exemplarischen Existenz ihrer Form in der göttlichen Fülle des Seins, die alle Dinge als Idee und Form in sich birgt. Demgegenüber ist die Materie das individuierende Prinzip, insofern die allgemeine Form, die sich mit der Materie verbindet, dadurch konkret und individuell Gestalt annimmt. In diesem Sinne ist die Materie, wie Eckhart hier sagt, die Wurzel der Vergänglichkeit, da sie die überzeitliche Form in die zeitliche Daseinsweise des Werdens und Vergehens aller Dinge überführt.

468,24-28 *esse ⟨...⟩ a tempore]* Das Sein der Dinge läßt sich – als Sein – nicht auf die Zeit beziehen, sondern es ist auf die Ewigkeit zu beziehen. Denn insofern die Dinge Sein haben, partizipieren sie am Ursprung, der überzeitlich ist. Und insofern sie im eigentlichen Sinne *sind*, empfangen sie das Sein und sind so zeitlos. Insofern sich der Intellekt als Intellekt auf das Sein bezieht, denn dieses ist sein eigentlicher Gegenstand (Avicenna, *Metaphysica* I c.1; vgl. Thomas, *De veritate* q.1 a.1), nimmt er also das wahr, was an den Dingen zeitlos ist; er abstrahiert von den zeitlichen und räumlichen Bestimmungen und nimmt so das Ewige an den Dingen wahr. Zum Verhältnis von Zeit und Ewigkeit siehe Bd. I dieser Ausgabe, Anm. 406,31-408,26.

468,28 *Augustinus]* Augustinus, *De trinitate* VII c.5 n.2. Vgl. auch *In Ioh.* n.172.

470,8f. *priora et superiora]* In der zweiten Vorbemerkung spricht Eckhart im Verhältnis des Höheren zum Niederen ein weiteres Leitthema seiner Metaphysik an: Die Entstehung der Dinge ist als ihr Hervortreten aus dem Einen zu begreifen, das als Höchstes alles Niedere in sich birgt und es, ohne sich selbst zu teilen, aus sich entläßt. Dabei empfängt das Niedere vom Oberen, dessen Eigentümlichkeit darin besteht, sich mitzuteilen, ohne sich selbst dabei zu teilen. Das Obere bleibt daher immer ganz, undifferenziert und umfassend. Zum Verhältnis des Oberen zum Niederen siehe Bd. I dieser Ausgabe, Anm. 152,9-23 und Anm. 574,33-576,23.

470,20-28 *Exemplum ⟨...⟩ actus]* Zum Verhältnis der Seele zum Körper siehe Bd. I dieser Ausgabe, Anm. 88,24f. und Anm. 104,24-28. Vgl. Aristoteles, *De caelo et mundo* II t.13 (II c.2 285b1-3), und Thomas, *De caelo et mundo* II lect. 3 n.12.

470,26 *In uno]* Zum Begriff des Einen und der Einheit siehe Bd. I dieser Ausgabe, Anm. 72,16-21.

472,1 *dependent a primo]* Nach Eckharts Aussage hängen das *Opus quaestionum* und das *Opus expositionum* gänzlich vom *Opus propositionum* ab. Zur Gliederung des *Opus tripartitum* siehe Überblickskomm. S. 816f.

472,15-474,9 *Esse 〈...〉 sum]* *Proc. Col. I* n.36-40 (ed. Théry, S. 172f.; ed. Sturlese, S. 212). Eckharts Verteidigung: *Proc. Col. I* n.117 (ed. Théry, S. 193). Johannes Wenck, *De ignota litteratura*, ed. Vansteenberghe, S. 26,3-5, bezieht sich auf diese Stelle.

Die These *esse est deus*, die Eckhart hier und öfter (vgl. Bd. I dieser Ausgabe, S. 498,28, und unten S. 588,7-12) vertritt, mag den Leser überraschen, der vom früheren Werk Eckharts herkommt (vgl. die *Quaestio Parisiensis I*, insbesondere S. 548,21-550,5). Es lassen sich denn auch im Denken Eckharts drei Phasen unterscheiden: In einer ersten Phase, von der die *Collatio in libros sententiarum* und die *Rede der underscheidunge* zeugen, faßt Eckhart Gott als das Sein. Auf diesem Gedanken baut das spirituelle Konzept der RdU auf, wenn es vom Menschen verlangt, zunichte zu werden und das Geschaffene zu durchbrechen, um vom Sein Gottes erfüllt zu werden. Mit dieser Perspektive scheint Eckhart in der ersten *Quaestio Parisiensis* der Jahre 1302/03 zu brechen. Er führt dort aus, daß er nicht mehr das Sein Gottes als Primäres zu betrachten vermöge, sondern daß das Erkennen in Gott das Sein begründe (siehe S. 542,22-25 und Anm.). Das heißt, daß im Bereich der Ontologie das negative Moment stärker hervortritt und Gott als »Nichts« bezeichnet wird. Aus dieser Perspektive hebt Eckhart die Intellektualität Gottes und des Aufstiegs des Menschen zu Gott hervor. In einer dritten Phase seines Denkens, während der der größte Teil des *Opus tripartitum* entstanden sein wird, kehrt Eckhart scheinbar zur ontologischen Phase der Anfänge zurück. Die Art und Weise jedoch, wie Eckhart in den deutschen Predigten, die zum Teil von der zweiten, zum Teil von der dritten Phase seines Schaffens zeugen (vgl. Bd. I dieser Ausgabe, Überblickskomm. S. 736-740), vom Sein Gottes spricht, läßt durchweg ein Nebeneinander beider Redeweisen erkennen: Gott wird gleichzeitig als Nichts und als Sein bezeichnet, und unbestreitbar wird der Intellektualität in der Rückkehr des Menschen zu Gott der Vorrang gewährt, den sie in der ersten *Quaestio Parisiensis* als Grund des göttlichen Seins besitzt.

Dennoch ist ein Punkt hervorzuheben, der in der dritten Phase mehr Gewicht gewinnt. Es ist die Perspektive der Einheit Gottes, die Sein und Intellektualität umfaßt (vgl. dazu den *Sermo XXIX*, der von Volpe, *Il misticismo*, S. 145-148, als Übergangstext betrachtet wurde). In Sinne einer Einheitsmetaphysik ist denn auch in bezug auf die dritte Phase von der Einheit der Begriffe Intellekt und Sein auszugehen, die die ersten zwei Phasen des Denkens Eckharts ablöst, ohne zu einer früheren Perspektive zurückzukehren (vgl. Zum Brunn, *Dieu n'est pas être*, S. 105). Dabei spielt der intellektuelle Aufstieg die zentrale Rolle, insofern er die Voraussetzung der Abgeschiedenheit bildet. Gleichzeitig betont Eckhart die Über-Intellektualität und das Über-Sein der Schau und der Einung (vgl. *Sermo XI* und Bd. I dieser Ausgabe, Anm. 72,16-21 und Anm. 108,35-112,23). Ohne hier in übertriebener Weise den Denkweg Eckharts harmonisieren zu wollen, scheint doch alles dafür zu sprechen, daß man von einer konsequenten Entwicklungslinie ausgehen darf: Diese führt von der ursprünglichen Position der Identifikation Gottes mit dem Sein über die *Quaestiones Parisienses*, die das *Nichts* Gottes und damit die Intellektualität hervorheben, zum Versuch einer Lösung der Frage, in welchen Begriffen theologisch korrekt und philosophisch konsistent von Gott und der Partizipation des Menschen an der Gottheit gesprochen werden kann. Diese Lösung übernimmt den Gedanken des Nichts und der Intellektualität aus den *Quaestiones Parisienses*, faßt ihn aber unter einer Einheitsperspektive, die dem Einen die Intellektualität und das Sein integriert, um das Eine – mit Dionysius Areopagita – als Fülle (*plenitudo*) zu denken, die alles enthält und als Einheit von Denken, Sein und Leben zu begreifen ist (vgl. S. 552,19-22 und Bd. I, Anm. 406,31-408,26).

Mit der These *esse est deus*, die Eckhart an der vorliegenden Stelle im zweiten Hauptteil des Prologs zu seinem *Opus tripartitum* exemplarisch behandelt, greift er die ontotheologische Grundfrage der mittelalterlichen Theologie auf. Er stellt damit den Bezug her zu einer Tradition, die Gott im

Anschluß an 2 Mos. 3,14 als das Sein faßt. Vgl. Beierwaltes, *Esse est deus*, zu Eckhart besonders S. 37-67. Dort sind auch die wichtigsten Stellen aus Eckharts Lateinischem Werk, insbesondere dem *Exoduskommentar* nachgewiesen und eingehend analysiert. Wie Beierwaltes zeigt, bleibt Eckhart in seinem Seinsbegriff der Intention des Augustinus treu, Gott als unwandelbares, ewiges Sein zu verstehen, überschreitet jedoch die Augustinische Perspektive darin, daß er dieses Sein, dessen Identität mit Gott an der vorliegenden Stelle nachgewiesen wird, »als sich selbst denkende Bewegtheit« versteht (S. 47). In diesem Horizont entfaltet sich die Denkfigur, daß Gott als absolute Affirmation *negatio negationis*, also vollkommene Aufhebung aller Negation, und als absolute Affirmation im denkenden Selbstvollzug auch Hervorgehen und Rückkehr des Wortes in sich selbst, also trinitarische Entfaltung ist. In dieser Form ist Gott als Sein gleichzeitig Denken und so als reiner Akt zu begreifen, in dem Gott, sich selbst denkend, ist. Dieser göttliche Selbstvollzug ist trinitarisch, das heißt, ewige Geburt des Sohnes oder des Wortes, in dem der Vater sich selbst ausspricht. Das Hervorgehen der Person des Sohnes und des Hl. Geistes in Gott bezeichnet Eckhart als *emanatio* (*In Ioh.* n.8, S. 494,18-496,7), als göttliche *bullitio*, aus der in der schöpferischen *ebullitio* die Kreatur hervorgeht: *deus sub ratione boni est principium ebullitionis ad extra, sub ratione vero notionis est principium bullitionis in se ipso, quae se habet causaliter et exemplariter ad ebullitionem. Propter quod emanatio personarum in divinis est prior, causa et exemplar creationis.* (»Gott ist, insofern er gut ist, der Ursprung des Übersprudelns nach außen; insofern er erkennt, ist er der Ursprung des Sprudelns in sich selbst, das Grund und Urbild des Übersprudelns ist. Deshalb auch ist das Hervorgehen der Personen in Gott vor der Schöpfung, und zwar als deren Grund und Urbild.« S. 602,13-18; zur Herkunft der Begriffe siehe Beierwaltes, *Esse est deus*, S. 55f.) Das göttliche Sein, das zu verstehen ist als intellektuelles Sprudeln in sich selbst, in dem es trinitarisch in sich hervorgeht, quillt also unter dem Aspekt der Güte, die bedingungslose Selbstmitteilung ist, in die Kreatur über und teilt dieser so das Sein mit (vgl. Bd. I, Anm. 50,1f. und Anm. 52,16-22). Der Mensch wiederum vermag in seinem intellektuellen Aufstieg am göttlichen Licht zu partizipieren, das der göttlichen *bullitio* unmittelbar entspringt und Ausdruck der intellektuellen Verfaßtheit des göttlichen Seins ist (vgl. S. 602,11-13).

Denkt also Eckhart Gott als das Sein, heißt dies, daß er ihn in seinem intellektuellen Selbstvollzug als absolutes, in sich bewegtes Sein faßt. Dieses ist in seiner trinitarischen Entfaltung *bullitio* und in der Mitteilung des Seins in der Schöpfung *ebullitio*, gleichzeitig, in seiner intellektuellen Verfaßtheit, aber immer auch Licht, das alles erhellt (vgl. Bd. I, Anm. 12, 28). So ist Gott als Identität von Sein und Erkennen universaler Grund von allem, als solcher von allem absolut unterschieden, gleichzeitig aber in seiner Selbstmitteilung immer schon auf alles bezogen und letzte, absolute Wirklichkeit aller Dinge: Er ist *substantia se tota stans in se ipsa tota* (*In Eccli.* n.10) und *plenitudo esse* (vgl. *Sermo XXIX*), die sich allem bedingungslos mitteilt. – Literaturhinweise: Albert, *Meister Eckharts These*; Beierwaltes, *Deus est esse*; Libera, *L'Etre*; Lossky, *Théologie négative*; Schönberger, *Die Transformation*; Wéber, *Eckhart et l'ontothéologie*.

474,10f. *Ex propositione]* Wie Eckhart S. 472,1f. betont hat, baut das Werk der Fragen auf dem Thesenwerk auf. Dies führt Eckhart hier exemplarisch vor; er übernimmt die These und baut sein Argument darauf auf.

474,18f. *nulla propositio ⟨...⟩ praedicatur]* Vgl. Boethius, *In librum De interpretatione commentaria minora* (PL, Bd. 64, Sp. 387D).

474,22f. *Augustinus]* Augustinus, *De immortalitate animae* c.10 n.17.

474,26 *Avicenna]* Avicenna, *Metaphysica* I c.6.

474,27 *Augustinus]* Augustinus, *De immortalitate animae* c.4 n.6.

476,6f. *ex praemissa propositione]* Auch hier bezieht sich Eckhart zurück auf die erste These, um zu illustrieren, wie das Thesenwerk das Fundament der zwei anderen Teile des *Opus tripartitum* bildet. Vgl. S. 472,1f. und S. 474,10f.

476,8 *ad quattuor]* Zur Methode der Schriftauslegung siehe oben Anm. 462,19 sowie den *Prologus in opus expositionum II* n. 1f. – Die Auslegung »nach vier Stücken« ist nur auf die vorliegende Stelle zu beziehen, ohne daß Eckhart darin ein allgemeines Prinzip seiner Methode der Auslegung formulieren würde. Die vier Punkte beziehen sich auf die folgenden vier Punkte der Schöpfungslehre Eckharts, die er S. 482,7-29 nochmals zusammenfaßt: 1. Schöpfung ist Seinsverleihung (und es gibt keine andere mögliche Form der Seinsverleihung). 2. Diese ist dem Schöpfer immanent, denn die Seinsverleihung hebt aus dem Nichts ins Sein, also in Gott (es gibt kein Außerhalb des Seins, nichts außer Gott). 3. Gott schafft nicht in einem zeitlichen Anfang, sondern in der Zeitlosigkeit, in der er der Schöpfung, auch wenn er sie in der Vergangenheit geschaffen hat, das Sein verleiht (die Schöpfung altert nicht, sondern ist immer neu). 4. Insofern ist die Schöpfung immer im Anfang und in der Vollendung, da in Gott Anfang und Ende zusammenfallen (auch die Geschöpfe sind immer im Zustand des Anfangs, des Werdens und der Vollendung gleichzeitig).

476,22 *collatio esse]* Zur Seinsverleihung durch Gott siehe Bd. I dieser Ausgabe, Anm. 52,16-22.

476,27f. *utrum 〈...〉 alteri]* Die Frage, ob die Schöpfungsfähigkeit – das Vermögen, etwas Sein zu verleihen, das zuvor nicht war – von Gott der Kreatur mitgeteilt werde, ob also Engel oder Intelligenzen im Schöpfungsprozeß selbst seinsverleihend mitwirken, ist natürlich abschlägig zu beantworten, da Gott allein das Sein ist und nur das Sein Sein zu verleihen vermag. Aus diesem Grunde weist Eckhart wiederholt die Annahme einer Vermittlungsfunktion der Engel oder der Intelligenzen im Schöpfungsprozeß zurück. Vgl. Bd. I dieser Ausgabe, S. 98,20-25 und Anm., S. 178,16-25 und Anm.

476,28 *suo loco]* Vgl. *In Sap.* n. 183, wo Eckhart für die Beantwortung der Frage auf eine – nicht überlieferte – Stelle des *Opus quaestionum* verweist.

478,2 *in se ipso]* Die folgenden Ausführungen stimmen

auch mit Eckharts Vorbemerkung zum Verhältnis des Oberen und des Niederen überein. Wie er vorausgeschickt hat, bleibt das Niedere, das sich als Niederes in der Vielfalt der Welt zerteilt, im Oberen ganz und aufgehoben in der Einheit, aus der es entspringt. So versteht Eckhart denn auch den Schöpfungsakt: Alles, was Gott schafft, schafft er in sich (siehe Anm. 442,27-446,27). Vgl. Augustinus, *Confessiones* XI c.11 n.13.

478,9 *fieri terminus]* Das Ziel allen Werdens ist das Sein. Vgl. Anm. 266,22-268,31.

478,10 *Augustinus]* Augustinus, *Confessiones* IV c.11 n.17 und c.12 n.18.

480,3 *Boethium]* Vgl. Thomas, *Summa theologica* I q.3 a.6, der auf Boethius verweist, und Boethius, *Quomodo substantiae in eo quod sint bonae sint*, ed. Elsässer, S. 36, 35-37.

480,16 *Augustinus]* Augustinus, *Confessiones* I c.6 n.10.

480,29 *terminus omnis fieri]* Das Sein ist das Ziel bzw. der Endpunkt allen Werdens. Vgl. Anm. 266,22-268,31.

482,13 *Augustinus]* Augustinus, *Confessiones* IV c.12 n.18.

482,17 *Augustinus]* Augustinus, *Confessiones* I c.6 n.10.

482,24 *Augustinus]* Augustinus, *Confessiones* IV c.12 n.18.

484,1 *notandum]* Eckhart hebt nochmals die Einheit des ganzen Werkes hervor, die darauf beruht, daß alles aus dem Werk der Thesen ableitbar sein soll, so wie er es hier am vorliegenden Beispiel zu zeigen suchte. Vgl. S. 472,1f., S. 474,10f. und S. 476,6f.

484,4 *naturali ratione]* Vgl. Anm. 488,25-27.

EXPOSITIO SANCTI EVANGELII SECUNDUM IOHANNEM

Die Ausgabe des *Johanneskommentars* kann auf zwei Überlieferungsträger zurückgreifen: Die Berliner (B) und die Kueser Hs. (C), die beide aus derselben Vorlage kopiert wurden. Hinzu kommt eine Kölner Hs., die eine Reihe von Exzerpten aus dem *Johanneskommentar* bietet. Sie trägt nach ihrem Entstehungsort die Sigle K. Es ist unzweifelhaft, daß die Berliner Hs. älter ist. Sie ist, obwohl sie viele Fehler und Lücken aufweist, um vieles zuverlässiger als C. Die Hs. B wurde denn auch von den Herausgebern als Leiths. der vorliegenden Ausgabe zugrunde gelegt. Gelegentlich konnte zur Korrektur von Textmängeln auf weitere mittelalterliche Quellen zurückgegriffen werden, die Eckharts *Johanneskommentar* benutzt haben. Dies ist bei Jordanus von Quedlinburg in seinen *Sermones*, bei Marquard von Lindau in seiner deutschen *Auslegung des Johannesevangeliums* und natürlich beim Besitzer der Hs. C, Nikolaus von Kues, der Fall. Vor allem letzterer lehnt sich in einigen Predigten eng an Eckhart an, während Marquard eher an den moralischen Ausführungen interessiert ist und Jordanus mosaikartig Textstücke in seine Predigten einbaut. In einer Predigt vom Tag des Apostels Johannes (27. Dezember 1453) hat Nikolaus von Kues Exzerpte des vorliegenden Kommentars (n.4-6) übernommen, wobei er am Schluß darauf hinweist, daß Jordanus von Quedlinburg diesen Text in seiner Predigt *In die Nativitatis domini* verwendet, ohne Eckhart namentlich zu erwähnen.

Literaturhinweise: Koch, *Meister Eckharts Weiterwirken*, S. 145ff.; Hödl, *Naturphilosophie*; Steer, *Der Armutsgedanke*, S. 291; Störmer/Caysa, *Zum Verhältnis*; vgl. auch die im Überblickskomm. zum Lateinischen Werk angegebene Literatur, S. 819f.

Der *Johanneskommentar*, der innerhalb des *Opus expositionum* einen Teil des *Opus tripartitum* bildet, nimmt eine zentrale Stellung im Werk Meister Eckharts ein. Um einen Kommentar, der linear und vollumfänglich dem kommentierten Text folgt, handelt es sich dabei indes nicht. Eckhart erläutert nicht nach dem Vorbild anderer Schriftkommentare das Evangelium Vers für Vers. Er wird seiner Absicht gerecht, *novas expositiones* oder *nova et rara* vorzutragen und nicht zu wiederholen, was andere schon gesagt haben (vgl. S. 462,12-19 und S. 466,9-17). Ein Blick auf den *Johanneskommentar*, der stellvertretend für die anderen Kommentare stehen kann, bestätigt dies. Mehr als zwei Drittel des Kommentars sind dem Prolog des Evangeliums gewidmet, einzelne Kapitel werden übersprungen, andere nur in einzelnen Versen berührt. Offenbar interessiert den Prediger weder das einzelne Buch noch das einzelne Kapitel, sondern der Schriftvers, die einzelne *auctoritas*. Diese wird jeweils einer Deutung zugrunde gelegt, die theologisch und philosophisch weit ausgreifen kann und dem Leser vom selben Vers verschiedene Interpretationsmöglichkeiten anbieten will, aus denen der Leser die nützliche herausgreifen kann: »damit der Leser aus ihnen nach Belieben bald die eine, bald die andere nehme, je nachdem es ihm nützlich scheint« (S. 525,29-31). Diese Schriftauslegung ist einem Leitkonzept untergeordnet, das versucht, die Heilsbotschaft kraft des philosophischen Begriffs zu verstehen, den die Vernunft in der Welterkenntnis von Gott und der Ordnung der Dinge zu gewinnen vermag. Eckhart formuliert diese Grundlage seiner Exegese im Prolog, nachdem er in einem ersten Abschnitt die Bedeutung des Evangelisten gewürdigt hat. Es wird ihm darum gehen, den christlichen Glauben und die Schrift im Blick auf die *rationes naturales philosophorum* zu verstehen (S. 490,24-27), in einem zweiten Schritt von der philosophischen Erörterung auf eine Reihe von Schriftstellen auszugreifen, die sich dadurch erläutern lassen, und in einem dritten Schritt gelegentlich eine moralische Auslegung anzufügen. Das Ziel der Auslegung – und die Voraussetzung ihrer Möglichkeit – liegt also in der

Harmonie zwischen vernunfthafter Erkenntnis und im Schrifttext geoffenbarter Wahrheit. Einer Harmonie, die aus der Gegenseitigkeit der Erklärungsmodi zu verstehen ist. Die Erkenntnis der inneren Struktur der Natur erhellt die Worte des Evangelisten, diese wiederum erhellen das Verständnis der Natur und bestärken dadurch den Menschen im Glauben (S. 500,1-6).

Methodisch ist der Abschnitt des ersten Kapitels des *Johanneskommentars*, der hier abgedruckt ist, an diesem Leitkonzept orientiert. Die Auslegung der ersten Verse des Evangeliums erfolgt in drei größeren Einheiten: A) Im ersten Teil legt Eckhart, ausgehend von der Verbindung von Joh. 1,1 mit 1 Mos. 1,3, in philosophischen Begriffen dar, wie das Verhältnis des Hervorbringenden, des Ursprungs, des *principium* zum Hervorgebrachten zu verstehen sei. Er erläutert dies nach einer kurzen methodischen Reflexion (S. 500, 1-9) am Beispiel des Verhältnisses zwischen dem Gerechten (dem Hervorgebrachten) zur Gerechtigkeit, seinem Ursprung (S. 500,10-508,7), und zeigt dann, wie auf der Grundlage des bisher Gesagten diejenigen Schriftstellen verstanden werden können, wo vom eingeborenen Sohn Gottes die Rede ist (S. 508,8-510,29). Er genügt also in diesem ersten Auslegungsschritt der methodischen Forderung, ausgehend vom philosophischen Begriff eine Reihe von Schriftstellen verstehen zu können. Im zweiten Schritt der Auslegung folgt eine Erweiterung des Gesagten: B) Eckhart reiht eine Reihe von Möglichkeiten auf, den Schriftvers zu verstehen, wobei hier die Vielfalt der Deutungsmöglichkeiten leitend ist (vgl. S. 524,22-26). Diese Vielfalt wird mit einer Frage auf die zentrale Perspektive zurückgeführt, die jetzt im Schema der Worttheologie gefaßt ist (S. 524,27-534,28). Den letzten Schritt bildet die moralische Auslegung: C) Das Gesagte lehrt, daß alles Streben des Menschen auf seinen Ursprung in Gott ausgerichtet sein soll. Dies ist der Fall, wenn der Mensch der Vernunft folgt, insofern er darin Bild Gottes ist (S. 534,29-536,23). Eckharts Vorgehen läßt sich also seiner methodischen Vorgabe gemäß als Übergang vom philosophischen Begriff zum theologischen Schema der Worttheologie und schließlich zur moralischen Deutung, beziehungsweise als Übergang vom *sensus litteralis* zum *sensus spiritualis* und zum *sensus moralis* beschreiben.

Im folgenden werden die genannten Abschnitte paraphrasiert, wobei in der Regel nicht der von Eckhart verwendeten Zählung der Gedanken gefolgt, sondern der Gedankengang durch eine eigene Gliederung einsichtig gemacht wird:

A) 1. Die Grundlage der Ausführungen Eckharts bildet das Konzept, daß sowohl im Bereich der Rede über Gott wie im Bereich der Rede über die Natur und im Bereich der Rede über die Kunst davon auszugehen ist, daß das Hervorgebrachte zuerst im Hervorbringenden, das Verursachte zuerst in der Ursache ist. Für diese Immanenz sprechen vier Argumente, die Eckhart anführt (S. 490,22-492,16).

2. Dennoch unterscheidet sich das Verursachte von der Ursache. Dieser Unterschied kann in Form einer Beziehung der Analogie oder in Form einer Beziehung der Univozität gefaßt werden. Von Univozität ist zu sprechen, wo das Hervorgebrachte sich nur seiner Person nach (die nicht mit der kreaturhaften individuellen Bestimmung zu verwechseln ist), nicht aber seiner Natur nach vom Hervorbringenden unterscheidet. Daher herrscht in der univoken Beziehung Gleichheit. Die Beziehung des Sohnes zum Vater ist als solche zu verstehen, und in diesem Sinne wird das Hervorgehen des Sohnes aus dem Vater als *generatio* bezeichnet. Dies drückt eine Gleichheit im Blick auf das Sein aus. Von Analogie ist dort zu sprechen, wo das Hervorgebrachte nicht gleich, sondern niedriger ist, das heißt, sich vom Hervorbringenden sowohl seiner individuellen Bestimmung wie seiner Natur nach unterscheidet. So unterscheidet sich die Truhe als Werk des Künstlers von diesem; nichtsdestoweniger ist sie in ihrer ideellen Form im Geist des Künstlers aufgehoben und ist dort zeitlos da – wie das Wort in Gott (S.

492,17-494,17). Dieses zeitlose Hervorgehen benennt der Begriff der *generatio*: Darin ist das Hervorgehende immer in seinem Anfang und in seinem Ende, denn es ist nicht der Bewegung und Veränderung unterworfen. Insofern bezieht sich der Begriff der *generatio* auf die Substanz bzw. das Sein des Dings, nicht aber auf sein zeitliches Werden und Vergehen. Insofern auch ist der Sohn im Vater immer schon geboren; er ist darin eins mit der Substanz des Ursprungs, er ist immer schon geboren und wird immer geboren (S. 494,18-496,7).

3. Eckhart wendet sich nun dem Begriff des Intellekts zu. Dem Intellekt ist es eigen, die Dinge in ihren Ursachen wahrzunehmen, denn darin besteht seine Tätigkeit, das Erkennen. Im Erkennen wird der Gegenstand der Erkenntnis auf seine Ursprünge zurückgeführt. Der Intellekt ist zweitens das, worin das Kunstwerk – das Wort – ist, bevor es (nach außen) hervorgebracht wird. Im Intellekt schließlich ist das Kunstwerk kein (nach außen) hervorgebrachtes und so gemachtes Kunstwerk, sondern es ist das Leben des Geistes des Künstlers, der lebendige Entwurf, die Idee des Künstlers. So läßt sich denn zusammenfassend sagen, daß das Wort bzw. die Idee das Leben des Menschen ist, insofern sich ja der Mensch dadurch definiert, daß er ein vernünftiges Lebewesen ist. Vernunft – bzw. Wort, Idee – ist also einerseits Leben, andererseits – insofern sie erkennend die Ursprünge erleuchtet – Licht (S. 496,8-26).

4. Ist die Idee somit als Licht der Vernunft zu verstehen, so ist sie das Licht, das die geschaffenen Dinge erleuchtet – indem sie diese auf ihre Ursprünge zurückführt –, ohne sich mit den Dingen zu vermischen. Idee, Logos ist eins mit der ersten Ursache jedes Dings, nicht aber mit den Dingen, insofern sie von der Ursache (nach außen) hervorgebracht sind (S. 496,27-32).

Nach einer kurzen methodischen Erörterung, in der Eckhart nochmals die Harmonie von Heilsbotschaft und Naturerkenntnis hervorhebt, führt er ein Beispiel an, das die Gültigkeit des Gesagten einsichtig zu machen vermag. Er bezieht sich in diesem Beispiel, das vom Verhältnis des Gerechten zur Gerechtigkeit handelt, auf die einzelnen Punkte des Ausgeführten zurück:

ad 1. Der Gerechte ist als solcher, das heißt, insofern er Gerechter ist, in der Gerechtigkeit, denn nur in dieser ist er gerecht. Auch hier ist auf die vier oben angeführten Argumente zurückzugreifen (S. 500,10-502,5).

ad 2. Insofern der Gerechte aus der Gerechtigkeit hervorgeht, unterscheidet er sich von ihr. Doch tut er dies nicht der Natur nach. Er bezieht sich in univokem Sinn auf den Ursprung zurück und ist insofern Sohn der Gerechtigkeit: ein anderer der Person nach, derselbe der Natur nach. Er ist also der Gerechtigkeit gleich, und diese bleibt sein Ursprung. In diesem Heraustreten ist der Gerechte daher auch der Zeit nicht unterworfen (S. 502,6-504,5).

ad 3. Der Gerechte erkennt, insofern er gerecht ist, denn er erkennt in seinem Ursprung, der die Gerechtigkeit ist. Und er wirkt auch, insofern er gerecht ist, da er die geborene Gerechtigkeit, das Wort der Gerechtigkeit ist. Die Gerechtigkeit ist somit das Leben des Gerechten, denn er lebt in der ungeborenen Gerechtigkeit und ist in diesem Leben eins mit der Gerechtigkeit. In dieser Hinsicht ist er ungeboren. In diesem Sinne ist er Licht, das heißt, vollkommene Gegenwart des Ursprungs (S. 504,6-506,23).

ad 4. Das heißt nicht, daß der Gerechte selbst – in sich, durch sich – das Licht wäre. Es ist vielmehr die Gegenwart des Ursprungs, die Gerechtigkeit, die in ihm und durch ihn leuchtet. Diese Gerechtigkeit ist ganz in ihm.

Im Anschluß an die methodische Vorbemerkung, er wolle aufgrund der dargelegten philosophischen Ausführungen zeigen, wie dadurch verschiedene Stellen der Schrift erläutert werden können, fährt Eckhart nun fort: Er zeigt, wie aufgrund des Gesagten die biblische Rede vom »eingeborenen Sohn Gottes« verstanden werden kann. Er setzt ein bei der Aussage, der Sohn sei das Abbild Gottes (2 Kor. 4,4; Kol. 1, 15) und hebt die folgenden Punkte hervor:

1. Das Abbild erhält sein Sein vom Gegenstand, dessen Abbild es ist.

2. Es empfängt das Sein von diesem allein.

3. Es empfängt dieses Sein ganz.

4. Das Abbild ist Abbild nur eines Vorbilds.

5. Das Abbild ist in seinem Vorbild, denn von ihm empfängt es das Sein. Ebenso ist das Vorbild im Abbild, denn das Abbild bildet ja das ganze Sein des Vorbilds ab.

6. Abbild und Vorbild sind demnach eins, unterschieden allein dadurch, daß das Vorbild das Abbild zeugt, das Abbild hingegen gezeugt ist.

7. Diese Zeugung ist ein Ausfließen des Vorbilds hinsichtlich seiner Form.

8. Abbild und Vorbild sind gleichzeitig.

9. Abbild und Vorbild haben ein Sein. Deshalb kennen sie nichts außer sich.

Diese Punkte, die hier – im Anschluß an die eingeführten philosophischen Konzepte – auf das Verhältnis des Sohnes zum Vater bezogen wurden, lassen sich nun auf alle Beziehungen zwischen abstrakten und konkreten Begriffen anwenden: diejenige zwischen Seiendem und Sein, Gerechtem und Gerechtigkeit, Gutem und Gutsein. Und es läßt sich dadurch verstehen, was in der Bibel von der Gottheit des Sohnes gesagt wird.

B) In der zweiten Auslegungseinheit (S. 512,4-534,28) geht Eckhart vom Begriff *logos* des Johannesverses aus. Dieser ist am treffendsten durch den lateinischen Terminus *verbum* zu übersetzen, da in diesem Begriff die Beziehung zum Vater, dem Hervorbringenden, wie die Beziehung zum Hervorgebrachten, der Schöpfung, zum Ausdruck kommt. Der Terminus *ratio* hingegen bezeichnet das Hervorgebrachte, insofern es im Hervorbringenden ist, auch wenn es nicht aus dem Hervorbringenden heraustritt. Die *ratio* kann so einerseits dasjenige bezeichnen, was der Intellekt im Prozeß der Abstraktion als Begriff eines Dings gewinnt; sie kann aber auch – und Eckhart setzt hier den Schwerpunkt – dasjenige bezeichnen, was vor den Dingen bereits als ihr Ursprung da war, auf den sich die Begriffsbestimmung des Intellekts zurückbezieht und die der Verstand in sich selbst zu erfassen vermag. Diese terminologischen Vorbemerkungen machen deutlich, wie Eckhart hier *logos* verstanden wissen will: einerseits als *verbum*, als Wort, was als Begriff den Bezug zum Hervorbringenden und zum nach außen Hervorgebrachten deutlich macht, andererseits als *ratio*, was das Innesein, das Begründetsein des Hervorgebrachten im Hervorbringenden, dem *principium*, deutlich macht. Das Verständnis der Begriffe *principium* (Ursprung), *ratio* (Idee) und *verbum* (Wort), versuchen denn auch die folgenden Ausführungen zu den Johannesversen präziser zu fassen, wobei jeder Punkt als eine spezifische Auslegungsmöglichkeit des biblischen Textes zu betrachten ist. Dabei steht zweifellos die Klärung des Begriffs des *principium essentiale*, des »wesenhaften Ursprungs«, und dessen Verhältnis zu den Begriffen *ratio* und *verbum* im Zentrum dieses Teils der Auslegung.

1. Wie in der ersten Auslegungseinheit setzt Eckhart auch hier bei der Gleichheit von Natur und Kunst ein. Es geht ihm vorerst um die in allen Bereichen herrschende Einheit von *principium* und *verbum*. Wo immer etwas wirkt, wirkt es etwas dem Grund des Wirkens Gleiches. So entsteht das Haus, das der Baumeister errichtet, der Form entsprechend, die er davon in seinem Geiste hat. Ebenso erwärmt das Feuer, insofern es heiß ist, einen anderen Körper. In beiden Fällen sind also *principium* (Form des Hauses im Geist bzw. Hitze im Feuer) und *verbum* (Form des gebauten Hauses bzw. Hitze des erwärmten Körpers) eins. Alle Wirkung jedoch, die sich nicht auf eine solche Wirkursache im Bewirkenden zurückführen läßt, ist zufällig. Vermöchte der Baumeister kraft seines ganzen Menschseins Baumeister zu sein, wäre daher das gebaute Haus eins mit ihm, eins mit seiner Substanz, durch die er ist – so wie jetzt das Haus (als Idee) eins ist mit seinem Geist, von dem sich das gebaute Haus allein durch die körperlichen Bedingungen (Raum, Zeit, Materie) unterscheidet. Im Sinne der zuerst genannten Einheit sagt Johannes, daß »im Anfang das Wort« war, daß es »eins war mit Gott« und »in ihm Leben« war (S. 512,24-514,16).

2. In einem zweiten Schritt differenziert Eckhart zwischen der Wirkung im Bereich der Natur und des Intellekts. Teilt sich im Bereich der körperlichen Natur auch die Form des Wirkenden mit – das Feuer entzündet bzw. wärmt –, so doch nicht die Idee. Diese erfaßt allein der Verstand. Deshalb ist allein im Bereich des Verstandes beides, was der Begriff *logos* bei Johannes meint: *verbum*, Wort, und *ratio*, Idee. Aus dieser Perspektive ist zu verstehen, wenn Johannes sagt, daß das Wort »bei Gott« war: als Idee im ersten Verstand, als Idee in jedem mit Verstand begabten Wesen, als in Gott immer schon erkannte und gezeugte Idee, als Idee schließlich, in der in Gott Ursprung und Ziel zeitlos zusammenfallen (S. 514, 17-516,12).

3. Im Bereich der Dinge meint die Idee eines Dings seinen Ursprung und die Ursache all seiner Bestimmtheiten. Dies ist es, was in der Definition eines Dings zum Ausdruck kommt, insofern eine solche benennt, was das Ding ist und weshalb es in einer bestimmten Weise ist. So bezieht sich die Definition auf die *ratio* des Dings, die diesem als dessen *principium* vorangeht (S. 516,13-26).

4. Eckhart benennt nun vier Eigenschaften des Wortes bzw. des Sohnes im Verhältnis zum Hervorbringenden, der Gottheit. Das Wort ist zuinnerst in Gott, geht allen Geschöpfen voraus, wird immer geboren und geht in der Weise der Verstandeserkenntnis aus Gott hervor. Insofern das Wort Idee ist, gehört es dem Verstand an, der in Gott als erstem Ursprung wesenhafter Verstand, also reines zeitloses Erkennen ist. Darin ist Sein und Erkennen eins. Diesem entspringt als erste Wirkung, als Innerstes aller Dinge, das Sein (S. 516,27-520,10).

5. Die folgenden Ausführungen gelten dem Hervorgehen des Sohnes aus dem Vater. Dieser ist dem Vater wesensgleich (d. h. »im Anfang war das Wort«). Er ist vom Vater der Person nach unterschieden (d. h. »das Wort war bei Gott«). Beide sind jedoch dem Sein und der Natur nach eins, also begrifflich und definitorisch nicht zu unterscheiden (d. h. »Gott war das Wort«). Der Sohn ist dem Vater gleich hin-

sichtlich der Ewigkeit (d. h. »im Anfang bei Gott«) (S. 520, 11-522,3).

6. Da die Wirkung in allen Bereichen Ausdruck, also Wort des Ursprungs ist, wie in Punkt eins ausgeführt wurde, hat das unter Punkt fünf im Blick auf die Gottheit und das Hervorgehen des Sohnes Gesagte in analoger Weise auch im Bereich der Natur und der Kunst Gültigkeit (S. 522,4-524, 2).

7. So läßt sich denn aus dem Gesagten in allgemeiner Form festhalten, daß vier Bedingungen die wesenhafte Ursache (*principium essentiale*) charakterisieren. Das Hervorgebrachte (*verbum*) muß – wie die Wirkung in der Ursache – im Hervorbringenden (*principium*) enthalten sein. Das Hervorgebrachte muß in diesem in einer höheren Weise – als Idee – enthalten sein. Das Hervorbringende muß reiner Verstand sein, der kein anderes Sein hat als das Denken, denn nur so ist er mit nichts anderem vermischt und insofern reiner Ursprung. Schließlich muß die Wirkung, insofern sie im Ursprung ist, dem Ursprung gleichzeitig, also wie dieser zeitlos sein (S. 524,3-22).

Nach einer kurzen methodischen Zwischenbemerkung folgt eine Frage, die es erlaubt, nochmals vertiefend das Verhältnis zwischen *principium* und *verbum* zu erörtern: Eckhart geht von den vier Aspekten aus, die er in Punkt sieben zusammenfassend dargelegt hat (S. 524,28-526,10), fügt jedoch noch weitere Aspekte an, die auf diesen vier Gesichtspunkten aufbauen. Dabei steht die Immanenz der Idee der Dinge in ihrer Ursache im Zentrum der Ausführungen. Diese ist als Exemplarität in Gott zu fassen (S. 526,11-30), welche im eigentlichen Sinne, wenn Gott auch gleichzeitig Wirk- und Zielursache ist bzw. in seinem Wirken alle Ursachenreihen übersteigt, als Zielursache zu verstehen ist, auf die sich alles zubewegt (S. 526,31-528,22). Allein in Gott vermag denn auch das Hervorgebrachte jede Ursächlichkeit und die Ordnung der Verursachung auf sein uneingeschränktes Sein hin zu übersteigen (S. 528,23-30). Dies ist beim Sohn der Fall, insofern dieser im Vater Wort, also Idee und mithin Erkennen *ist*. Die Welt hingegen ist durch ihn *geworden*, ist in ihr Sein hinausgetreten und erkennt den Vater so nicht mehr, da ihr Sein nicht mehr im Erkennen, in der Idee des Vaters besteht, sondern im Werden der Welt. Sie ist dadurch von demjenigen Sein getrennt, das sie – als ein *esse virtuale* – in ihrer Ursache, dem Vater, der *causa essentialis*, hat und das als ein Sein im Verstande – ein Sein in der Weise der Idee bzw. des Erkennens – zu sehen ist (S. 539,1-21). Betrachtet man das Verhältnis des menschlichen Geistes (des Hervorgebrachten) zur Gerechtigkeit (dem Hervorbringenden), läßt sich dieses als Annäherung beschreiben, in der der Geist in die Gerechtigkeit eingeht, sich ihrer Form anschmiegt und die genannte Trennung schließlich übersteigt. Dabei zeigt Eckhart nochmals, indem er Augustinus mit Aristoteles in Verbindung bringt, wie sich die Philosophie und die Heilsbotschaft des Evangeliums in ihrem Begriff der Ursache bzw. des Wesens der Dinge oder der Idee treffen (S. 530,22-534,28).

C) Den dritten Hauptteil des vorliegenden Abschnitts (S. 534,29-536,23) aus Eckharts *Johanneskommentar* bildet die moralische Erläuterung der Schriftverse. Sie ist sehr kurz gehalten und formuliert ein sittliches Fazit aus dem Gesagten. Insofern Gott der Ursprung ist, soll er Ursprung allen Strebens sein. Alles Tun ist dann gut, wenn es auf Gott ausgerichtet ist. Da der Ursprung *logos*, Vernunft, ist, bedeutet dies, daß unser Handeln vernünftig sein soll, denn in der Vernunft besteht das Gute (nach Dionysius Areopagita), in ihr ist der Mensch eigentlich Mensch (nach Aristoteles) und Abbild Gottes.

488,4 *Aquila]* Zum Bild des Adlers vgl. *In Eccli.* n.9; *In Exod.* n.265; *In Ioh.* n.568. Im Schlußabschnitt der Predigt *Von dem edeln menschen* wird der Adler mit dem »edlen Menschen« identifiziert (S. 332,12-25).

488,16 *Augustinus]* Diese Augustinusworte sind der – wohl pseudo-augustinischen – *Praefatio* zu den *Tractatus in*

Iohannem entnommen (ed. Willems, S. XIV), welche die *Glossa ordinaria* zitiert. Doch begegnen sie bei Augustinus auch an anderen Stellen (vgl. etwa Augustinus, *In Iohannem* tr. 36 n. 1). In Erwägung zu ziehen ist hier auch der Einfluß von Johannes Scotus Eriugena, *Homilia super prologum Joannis* n. 2, wobei wohl kaum von einem direkten Einfluß ausgegangen werden kann. Wenn hier Gedanken Eriugenas ins Denken Eckharts Eingang gefunden haben, dann mit größter Wahrscheinlichkeit über die *Lectura super Iohannem* des Thomas von Aquin. Vgl. Jeauneau, *Introduction*, S. 143f. Dies wird auch bei den meisten anderen Stellen der Fall sein, die auf Eriugena zurückgeführt werden können. Bislang gelang es – abgesehen von den Dionysius-Übersetzungen Eriugenas – in keinem Fall, einen direkten Bezug zwischen Eriugenas Werk und Meister Eckhart herzustellen (Ruh, *Geschichte*, S. 178f.). Zur Rezeption Eriugenas und zum Verhältnis Eckharts zu Eriugena siehe: Haas, *Gottleiden*, S. 241-263; Liebeschütz, *Mittelalterlicher Platonismus*; Rahner, *Gottesgeburt*; Ruh, *Geschichte*, S. 176-183 (zu Eriugenas Auslegung des Johannes-Prologs: S. 183-195).

488,21 *pectoris fonte potavit]* Vgl. zu diesem Motiv: H. Rahner, *De Dominici pectoris*.

488,25-27 *intentio ⟨...⟩ philosophorum]* Das Programm, das Eckhart hier darlegt, ist mit verschiedenen anderen Stellen seines Werks in Verbindung zu setzen, wo er in ähnlicher Weise über die Grundsätze seines Denkens, seines Schriftverständnisses und seines methodischen Zugangs spricht. Von zentraler Bedeutung ist das methodische Prinzip, die Schrift *per rationes naturales philosophorum* zu deuten, oder, wie er im allgemeinen Prolog anmerkt, sie *naturali ratione clare* auszulegen (S. 484,4f.; vgl. S. 238,5-8 und S. 490,10-14). Auch die Rückgriffe auf Bilder aus der Naturwelt sind vom Gedanken geleitet, daß von einer Übereinstimmung der im Lichte der natürlichen Vernunft begriffenen Wahrheit und der Wahrheit der Heilsbotschaft auszugehen ist. Eckhart merkt im *Liber parabolarum Genesis* präzisierend an: »Man darf nicht meinen, wir wollten, wenn wir solche Bildreden behandeln, aus ihnen Beweise für ⟨die auf⟩ Gott, die Natur und das sittliche Handeln ⟨bezüglichen Wahrheiten⟩ führen. Vielmehr wollen wir zeigen, daß das, was die Wahrheit der Hl. Schrift in Bildreden gleichsam verborgen andeutet, mit dem, was wir über Gott, das sittliche Handeln und die Natur beweisen und ausführen, übereinstimmt.« (*In Gen. II* n.4.) In diesem Sinne der Konkordanz von *divina*, *naturalia*, *artificialia* und *moralia* (S. 490,25f.; *In Ioh.* n.441, n.444, n.509) ist das Anliegen Eckharts zu fassen. Es geht ihm um die Harmonie zwischen dem Bereich der Natur und der Heilsgeschichte, dem Bereich der naturhaften Vernunft und der begnadeten Vernunft, dem Bereich der Offenbarung der Schrift und der Erkenntnis.

Die vorliegende Aussage Eckharts, er wolle die Schrift *per rationes naturales philosophorum* deuten, wird denn auch nicht primär als Aufklärungsgestus zu lesen sein, der die Philosophie der Theologie gegenüberstellt und sie ihr überordnet (so Flasch, *Die Intention*, S. 317; Flasch, *Das philosophische Denken*, S. 418; Mojsisch, *Meister Eckhart*, S. 6-11; Mojsisch, *Mittelalterliche Grundlagen*). Das darf umgekehrt natürlich nicht heißen, daß Eckhart die Philosophie geringschätzen würde. Zweifellos hat er aus den »damals allgemein anerkannten philosophischen Prämissen Konsequenzen gezogen«, und zweifellos haben wir Eckhart in seinem Anspruch »als originären Philosophen mit strengem Beweisanspruch« (Flasch, *Aufklärung*, S. 163) zu sehen. Doch ist seine philosophische Auslegung der Schrift und sein eminenter intellektualistischer Anspruch, der bereits in den *Quaestiones Parisienses* klar hervortritt, im Zusammenhang seines Werks zu sehen, das in ganz bestimmter Weise ein spirituelles Anliegen in den Vordergrund rückt. Dieses betont er, wenn er sagt: *Swenne ich predige, sô pflige ich ze sprechenne von abegescheidenheit und daz der mensche ledic werde sîn selbes und aller dinge. Ze dem andern mâle, daz man wider îngebildet werde in daz einvaltige guot, daz got ist. Ze dem dritten mâle, daz man gedenke der grôzen edelkeit, die got an die sêle hât geleget, daz der mensche dâ mite kome in ein wunder ze gote. Ze dem vierden mâle von götlîcher natûre lûterkeit – waz klârheit an götlîcher natûre sî, daz ist unsprechelich.* (Bd. I dieser Ausgabe, S. 564,6-14.) Aus dieser Perspektive ist die Philosophie und die konsistente philosophische Argumentation ein Mittel (vgl. Koch, *Sinn und Struktur*, S. 80), das in epistemologischer Hinsicht keineswegs der Theologie untergeordnet wird, aber zentral immer auf das Faktum der christlichen Glaubenswahrheit Bezug nimmt (vgl. Haas, *Aktualität*, S. 233-268; Largier, *Zeit*, S. 72-81). Dabei ist weder die intellektuelle Ambition, »Neues und selten Gehörtes« vorzubringen (S. 462,19f., S. 524,22-26), noch der zweifellos gegenwärtige Aufklärungsgestus (vgl. S. 312,11-28, S. 462, 7-19, S. 466,9-23; *In Ioh.* n.361) letztlich bestimmend, sondern ein Verständnis von Philosophie, das vom umfassenden Begriff der Weisheit ausgeht und darin an antike und patristische Traditionen anschließt (zum Hintergrund siehe: Hadot, *Philosophie*, S. 164-181). In diesem Begriff der Philosophie als Weisheit ist zweifellos die Autorität des Augustinus im Hintergrund gegenwärtig, der den aus der Antike übernommenen Weisheitsbegriff im christlichen Sinne deutet und als Wissen in Christus und um die Exemplarität Christi faßt (vgl. *De trinitate* XII-XIV). So ist auch die unmittelbare Rezeption von Eckharts Denken nicht vom Bild des *lesemeisters*, also des Theoretikers geprägt, sondern von dem des *lebemeisters*, der die philosophischen Konzepte im Sinne eines Weisheitsideals unmittelbar an ihren christlichen existentiellen Vollzug bindet (Pfeiffer, Spr., S. 599,19f.; Jundt, *Histoire*, S. 281f.; Spamer, S. 143ff., S. 175; vgl. Haas, *Geistliches Mittelalter*, S. 317-321; Ruh, *Mystische Spekulationen*). Diese Deutung ist bis zur Wiederentdeckung Eckharts im 19. Jahrhundert bestimmend (Haas, *Aktualität*, S. 205-209).

Man wird Eckhart in diesem Zusammenhang durchaus als *Mystiker* bezeichnen dürfen, auch wenn große Vorsicht bei der Verwendung dieser Bezeichnung am Platz ist (vgl. Flasch, *Aufklärung*, S. 159-166; Flasch, *Meister Eckhart und die ›Deutsche Mystik‹*; Flasch, *Meister Eckhart. Versuch*; siehe dazu die Diskussion des Problems in *Abendländische Mystik im Mittelalter*, S. 219-227 sowie Haas, *Aktualität*, und Haas,

Von der Eigenart). Mit dem Begriff Mystik ist weder ein irrationales Element noch eine antiintellektualistische Tendenz gemeint, sondern der Bezug auf eine Tradition (vgl. Haas, *Was ist Mystik?*; Heidrich, *Mystik*), die auch das Denken des Nikolaus von Kues und dessen Eckhart-Rezeption ausschlaggebend mitbestimmt (vgl. Haas, *Deum mystice videre*; Haubst, *Nikolaus*; Haug, *Die Mauer*; Koch, *Nikolaus*; Wackerzapp, *Der Einfluß*). Ebensowenig ist mit dem Begriff Mystik eine Erlebnismystik oder eine diffuse Emphase euphorischer Natur gemeint, sondern eine bestimmte philosophische und theologische Denkform, die auf verschiedenen Ebenen im Denken Eckharts entfaltet wird und generell dem Überschreiten des Begrifflichen, der Repräsentation und der konstitutiven Bindung an die Kreatur Ausdruck gibt. Dieses Überschreiten hat als nicht-diskursiver Erkenntnisvollzug die Gestalt der Erfahrung, auch wenn es bei Eckhart nie die Form eines singulären, gnadenhaften Erfahrungsmoments der Schau besitzt. Dennoch ist Eckharts Postulat der Gegenwart Gottes im Menschen, also der unmittelbaren Präsenz des Absoluten und Einen im Menschen nur im Sinne von Erfahrung zu denken, und zwar im Sinne einer alles Handeln und Erkennen dauernd und immer schon unterlaufenden und es in Gott begründenden Erfahrung, die der Mensch im intellektuellen Aufstieg zu erlangen vermag, die aber gleichzeitig, da sie die Überformung durch Gott meint, alles Erkennen begründend überschreitet und darin alles Handeln, Wollen und Erkennen umfaßt (vgl. Bd. I, Anm. 82,21-86,7 und Anm. 108,35-112,23). Nur in einem solchen Begriff der reflexionslosen Erfahrung (Anm. 328,2-29), die immer auch komplexe Erfahrung der Grenze des Sagbaren ist (vgl. Haas, *Sermo*, S. 136-167), kann die Einheit Gottes in der Welt, also die Präsenz des Einen im Reich der Differenz, als etwas immer, unmittelbar und absolut bildlos Gegenwärtiges gedacht werden.

Der Spannung von Einheit und Differenz, von Unmittelbarkeit und Vermittlung geben Eckharts Schriftverständnis und seine Hermeneutik Ausdruck. Verfährt seine Exegese auf der einen Seite argumentierend und rekurriert sie so auf theologische und philosophische Denkmuster, ist sie andererseits im Glauben verankert, der die Harmonie der verschiedenen epistemologischen Felder allein zu verbürgen vermag. Diese Spannung zeigt sich vornehmlich dort, wo Eckhart – im Anschluß an 1 Kor. 2,10 und 16, Röm. 11,34 – hervorhebt, das Wort der Schrift könne nur verstehen, wer es bereits verstanden habe, wer also bereits in Gott eingegangen sei (vgl. Bd. I, S. 550,19-22, S. 562,22-27). Eckhart betont so auch im Anschluß an Augustinus und Origenes, daß derjenige die Schrift am besten verstehe, der sie im Geiste Gottes verstehe. Dies setzt die Einung mit Gott voraus, welche das tiefe Verständnis der Schrift allein ermöglicht (S. 280,33-282,18 und Anm.; *In Sap.* n.209). Nur auf diese Weise gelingt es dem Menschen, nicht nur *aus* dem Schriftwort die Gegenwart Gottes abzuleiten, sondern sie *im* Wort selbst wahrzunehmen (S. 294,12-17). Ausführlich legt dies Eckhart in der Pr. 51 dar. Er hebt dort im Anschluß an Gregor den Großen und an Ambrosius (Eckhart nennt irrtümlich Augustinus) die unergründliche Tiefe der Schrift hervor, die der Klugheit des Menschen spottet, der glaubt, sie ergründen zu können, denn: *Alles, das wir hie hören mögen, vnnd alles, das man vns gesagen mag, das hat alles eynen anderen, verborgenen synn darinn. Wann alles das, daß wir hie versteend, das ist alles als vngleich dem, als es in im selber ist, vnd dem, das es in gott ist, als ob es nitt sey.* (Bd. I, S. 538,16-540,16; vgl. ebenda, S. 258,12f.) So ist denn in der Schrift, also nicht *aus* dem Wort, sondern *im* Wort, der verborgene, mystische Sinn zu fassen, wenn die Schale aller Gleichnisse zerbrochen wird und die Seele den Weg in das Licht der Finsternis der Gottheit findet. Dies geschieht, wo der Mensch zum Sohn Gottes wird. (Bd. I, S. 540,17-548,18. Diese Stelle stimmt übrigens genau mit Mojsischs Verständnis des Begriffs Mystik überein; vgl. *Dynamik*, S. 138f.) In diesen Aussagen ist alle Hermeneutik immer zurückgebunden an die dem Menschen in Christus mitgeteilte Weisheit, an der der Mensch in der Gottesgeburt zu partizipieren vermag und die er in der Exegese des Offenbarungstexts in der Form einer Philosophie des Christentums zu explizieren vermag (vgl. *In Ioh.* n.125, n.137, n.142, n.185f., n.486; *In Gen. II* n.1f.), sei es in naturphilosophischer, in metaphysischer, in theologischer Weise oder in dem von Eckhart in der Regel praktizierten unmittelbaren Übergang vom Litteralsinn der Aussage zum geistlichen Sinn, den er gelegentlich auch der Methode des vierfachen Schriftsinns entsprechend entfaltet (vgl. Pr. 8 und Largier, *Zeit*, S. 91-101). – Literaturhinweise zur Geschichte der Hermeneutik: Brinkmann, *Mittelalterliche Hermeneutik*; de Lubac, *Exégèse*; Ohly, *Der geistige Sinn.* Zur Exegese bei Meister Eckhart: Caputo, *Radical Hermeneutics*; Koch, *Sinn und Struktur* ; K. Weiss, *Meister Eckharts biblische Hermeneutik*; Winkler, *Exegetische Methoden*; Winkler, *Wort Gottes.*

490,3 *Glossa]* *Glossa ordinaria* zu Röm. 1,20.

490,4 *Augustinus]* Augustinus, *Confessiones* VII c.9 n.13.

490,4f. *in libris Platonis]* Der Rekurs auf Plato und den Platonismus erfolgt hier nicht aus sachlichen Gründen, sondern allein, um das Gewicht der philosophischen Tradition und des philosophischen Denkens durch die Autorität des Augustinus zu stützen.

490,6 *De civitate dei]* Augustinus, *De civitate dei* X c.29.

490,10 *intentio operis]* Vgl. Anm. 488,25-27.

490,17 *Notandum primo]* Vgl. *In Gen. II* n.48-51.

490,23-27 *notandum primo* ⟨...⟩ *in illo]* Die Regel, daß das Hervorgebrachte zuerst im Hervorbringenden sei, die sowohl im Bereich der *divina* (die Schöpfung in Gott), der *naturalia* (die Feige im Feigenbaum) und der *artificialia* (das Werk im Geist des Künstlers) gilt, reflektiert die von Eckhart vertretene Theorie der Ideen als Theorie der *causae primordiales* oder *seminales*, die im Laufe des *Johanneskommentars* entwickelt wird. Sie basiert auf dem neuplatonisch inspirierten Gedanken, daß im Verursachenden das Verursachte immer schon und in höherer Form enthalten sei. In diesem Sinne ist Gott die *causa essentialis* aller Schöpfung in einer jede kreaturhafte Verursachung überschreitenden Art und Weise, während alle kreaturhafte Ursache als Ursache das Verursachte in einer dem Verursachten gegenüber höheren, aber von Gott absolut unterschiedenen Weise in sich enthält (vgl. Anm. 550,7-12).

492,7 *verbum illius*] Das Hervorgebrachte ist Wort, das heißt, ausgesprochenes Wesen des Hervorbringenden (vgl. Anm. 512,7).

492,10 *similitudo*] Den Begriff *similitudo* übersetzt das mhd. Wort *glîcheit*.

492,18-27 *procedit* ⟨...⟩ *in natura*] Nachdem Eckhart das Innesein des Hervorgebrachten im Hervorbringenden dargelegt hat, analysiert er im folgenden die Differenz zwischen Hervorbringendem und Hervorgebrachtem. Insofern der Schrifttext betont, daß das Wort »bei Gott« sei, kann es sich nicht um einen Bezug der Analogie handeln, der das Verhältnis zwischen Hervorbringendem und Hervorgebrachtem charakterisieren würde. Analogie meint nämlich immer Unterordnung und Ungleichheit. Das *apud* benennt vielmehr die Univozität, die zwischen den beiden herrscht, das heißt die *glîcheit*, von der Eckhart in den Deutschen Werken spricht. Deshalb ist im Blick auf das Hervorgebrachte vom »Sohn« zu sprechen. Dieser ist wohl ein anderer in bezug auf die Person, aber kein anderer in bezug auf die Natur. Hierin ist er dem Hervorbringenden gleich. Dieses Konzept erklärt den Begriff der »Gleichheit«, den Eckhart gewöhnlich gebraucht, um das Verhältnis zwischen Mensch und Gott zu charakterisieren. Ohne daß Eckhart hier darauf hinweist, erklärt diese Stelle auch, weshalb Eckhart vom Menschen fordert, er solle das Persönliche verleugnen, denn gerade dies bildet die Voraussetzung der Rückkehr in die Einheit mit dem Ursprung, in dem vollkommene Gleichheit herrscht. Zur Gleichheit und zur Liebe siehe Anm. 262,29-264,5. Die Univozität, die hier das *apud* ausdrückt, benennt im Deutschen Werk das Wörtchen *bî*: vgl. Bd. I dieser Ausgabe, S. 82, 2-7 und Anm., S. 112,24-114,7 und Anm. Zu Eckharts Begriff der Univozität siehe Mojsisch, *Meister Eckhart*, S. 57-81.

494,6f. *ut est in illo*] Auch wenn das Hervorgebrachte als

Hervorgebrachtes unterhalb seines Prinzips steht, ist es doch – in der Weise des Hervorbringenden – ganz im Hervorbringenden.

494,8 *Arca]* Eckhart entnimmt das Beispiel Augustinus, *In Iohannem* tr.1 n.17.

494,10-12 *verba ⟨...⟩ artis]* Eckhart hebt wiederum hervor, daß das Gesagte sowohl für den Bereich des Hervorgehens der göttlichen Personen wie für den Bereich der Natur und der Kunst gelte, daß also in allen drei Bereichen dieselben Arten des Hervorgehens aus dem Prinzip herrschen. Vgl. Anm. 266,22-268,31.

494,13-16 *arca ⟨...⟩ corrumpatur]* Eckhart greift nochmals auf das Beispiel bei Augustinus, *In Iohannem* tr.1 n.17 zurück.

494,18f. *processio sive productio et emanatio]* Alle drei Begriffe beschreiben denselben Vorgang: Das Hervorgehen des Verursachten aus seinem Prinzip, ohne daß dieses Hervorgehen als Verursachung im Sinne naturhafter Kausalität zu verstehen wäre. Das Hervorgehen des Verursachten aus dem Verursachenden, allgemein der Schöpfung aus dem Schöpfer, ist als *creatio ex nihilo* zu denken, als Seinsverleihung. Vgl. Anm. 442,27-446,27. Zum Begriff der *emanatio* vgl. Kremer, *Emanation.*

494,20 *in generatione]* Der Begriff der *generatio* (mhd. *geburt*) bezieht sich nicht auf die zeitliche Entfaltung des Hervorgebrachten, sondern auf die *substantia rei*, also auf die Substanz, die überzeitliche Fülle seines Wesens in Gott. Darin besteht das Sein des Dings, das dieses in der Vollendung seiner zeitlichen Entfaltung (*terminus motus*) erlangt, aber auch, insofern es als Hervorgebrachtes im Hervorbringenden ist, immer schon hat. Das *principium*, aus dem jedes Ding zeitlos auf die Weise der Geburt hervorgeht, ist also gänzlich zeitfrei als seinsverleihender Grund zu denken: *Tertium est quod, quia esse rerum sapit naturam dei ›primi et novissimi‹, propter hoc forma substantialis omnis, cum sit esse et dans esse, unitur materiae et ipsam perficit immediate se ipsa. Propter quod forma est causa intrinseca rei. Secus de agente et fine, quae non dant se ipsa substantialiter nec illa respicit materia nec appetit ipsorum substantiam nec per ipsum sui, materiae, esse, naturam. Propter quod agens et finis causae sunt extrinsecae rerum materialium. Secus autem est fieri rerum, quod stat citra generationem, quae est ipsius esse et ipsum esse. Ibi enim cadunt media, cadunt accidentia et dispositiones additae, quas respicit alteratio, quae est via quaedam ad generationem et ad esse.* (»Drittens: weil das Sein der Dinge etwas von der Natur Gottes, ›des Ersten und Letzten‹ ⟨vgl. Jes. 44,6⟩, verspüren läßt, vereinigt sich jede Wesensform, da sie Sein ist und Sein gibt, unmittelbar der Materie und vollendet sie durch sich selbst. Deswegen ist die Form innere Ursache des Dinges. Anders ist es beim Wirkenden und beim Ziel, die sich selbst nicht ihrer Substanz nach geben; zu ihnen hat die Materie auch keine ⟨unmittelbare⟩ Beziehung, noch begehrt sie deren Substanz noch vermittels dieser ihr eigenes, nämlich der Materie, Sein oder Natur. Deswegen sind das Wirkende und das Ziel äußere Ursachen der materiellen Dinge. Anders aber ist es beim Werden der Dinge, das vor dem Sein und vor dem Entstehen liegt. Das Entstehen bezieht sich auf das Sein und ist das Sein. Das Werden hängt von Mittelursachen, Zufallendem und besonderen Zurichtungen ab; hierauf bezieht sich die Veränderung, die ein Weg zum Entstehen und damit zum Sein ist.« *In Exod.* n.52. Vgl. *Prol. op. prop.* n.14; *In Sap.* n.27-31.)

Diese Ausführungen erlauben es, den Unterschied zwischen dem *esse absolutum* Gottes und dem *esse hoc et hoc* (vgl. Anm. 524,16f.) genauer zu fassen: Gott als das Sein ist *perfectio*, Fülle des Wesens der Dinge, während die Kreatur ein Mittleres ist, das zwischen Sein und Nichts schwebt, ja aus sich selbst gar nicht ist. Die Kreatur ist vom Mangel gekennzeichnet (vgl. *In Exod.* n.157), insofern sie die Fülle ihres Seins, ihre absolute Verwirklichung im kreaturhaften zeitlichen Sein nicht *ist*, sondern erst erlangt. Sie strebt also – naturgemäß, da der Mangel konstitutiv ist für alles Kreaturhafte als solches – auf die Fülle hin und ist in diesem Streben auf Vermittelndes angewiesen. Das Vermittelnde bildet die Naturordnung, in der alle Dinge sich zeitlich auf ihr Ziel hin –

die Erfüllung des in ihnen angelegten Wesens – entwickeln. Diese Vermittlungsprozesse – und als Vermittlungsprozesse sind unter der gegebenen teleologischen Perspektive alle Naturprozesse zu begreifen – lassen sich allgemein als *alteratio*, das heißt, als Veränderung beschreiben. Sie sind jedoch auf ein Ziel hin gebunden und diesem unterworfen: *Alteratio enim serva est et servit naturae ad generationem.* (»Die Veränderung ist Dienerin und zielt im Bereich der Natur auf die Geburt.« *In Sap.* n.31.) Alle Veränderung – *alteratio et motus communiter et omnis operatio generabilium et corruptibilium* (»die Veränderung und überhaupt die Bewegung und alles Wirken dessen, was entsteht und vergeht», *In Gen. I* n.246) – dient also nur dem einen: der *generatio.* Diese ist Erfüllung des Werdens und als solche die süße Erlösung von der Mühsal des Werdens, welches mühsam, schmerzhaft, unruhig und bitter ist (vgl. *In Exod.* n.156-159 und *In Ioh.* n.324). Sie verleiht dem Werdenden, ist es an seinem Ziel angelangt, die Fülle seines Wesens und hebt so alle Zeitlichkeit auf (*In Ioh.* n.409). In ihrer Zeitlosigkeit ist die *generatio* denn auch kein geschichtliches Ereignis, sondern die erlösende Präsenz des Göttlichen in der Schöpfung. Sie ist also der Seinsverleihung im trinitarischen Sinne komplementär: Was der Vater im Sohn ausspricht, kehrt im Sohn in den Vater zurück. Das heißt, daß die ganze Natur in einen trinitarischen Prozeß eingebunden ist und daß im Werden der Natur das ausgeschieden wird, was ihr als Vermittelndes in der zeitlichen Entfaltung notwendige Bedingung aller Verwirklichung ist.

Hervorzuheben ist hier die Perspektive der Harmonie, die Eckhart zwischen Naturordnung und Heils- bzw. Gnadenordnung herstellt und die er auf den Bereich der Dingwelt wie auf denjenigen der menschlichen Seele anwendet. In beiden Bereichen geschieht die Überformung durch die göttliche Fülle des Seins plötzlich, also zeitlos, in der Weise der *generatio*, wenn auch für den Bereich der menschlichen Seele besondere, ihn den Naturdingen gegenüber auszeichnende und in den Begriffen Inkarnation (zur hypostatischen Union vgl. Anm. 28,17-30,2), Seelenfunke, Vernunft und Wille erläuterte Prinzipien gelten (vgl. Bd. I, Anm. 32,26-36,5). In der Vorstellung, die Vollendung der Form erfolge plötzlich, folgt Eckhart, wie gezeigt werden konnte (vgl. OL VI, S. 366ff.), der aristotelisch-thomistischen Lehre von der Bewegung und der Veränderung: Insofern der Punkt, in dem eine Bewegung ihr Ende gefunden, die *alteratio* ihr Ziel erreicht hat, Ende der Bewegung ist, kann dieser Punkt nicht zum Kontinuum der Bewegung gezählt werden. Er ist vielmehr plötzliche Überformung. Eckhart geht jedoch in der Radikalität über Thomas hinaus, indem er dieses Modell zum eigentlichen Grundmodell der Interpretation des Lebens der Seele wie des Lebens der Natur macht und so beide Bereiche unmittelbar mit der trinitarischen Entfaltung der Gottheit in Beziehung setzt. Es ist dies der Versuch, Schöpfungsordnung und Inkarnationsordnung, Altes Testament und Neues Testament unmittelbar aufeinander zu beziehen, und dies im Bereich der Natur wie der Seele.

Ein weiterer Aspekt ist hier hervorzuheben: Dieses Modell gibt auch den Rahmen ab, in dem Eckharts Rede von der Weiselosigkeit des Aufstiegs der Seele zu Gott, seine Kritik an jeder Vorstellung eines bestimmten Wegs zu sehen ist: Jeder Weg ist ja per se *alteratio*, Bewegung und Wachstum auf etwas hin. So ist auch der spirituelle Weg Wachstum auf Gott hin. Doch kann die Überformung durch Gott nicht Teil dieses Weges, Moment des Werdens sein; sie ist vielmehr immer Geworden-Sein, Überformt-Sein. – Zum Verhältnis von *generatio* und *alteratio* siehe: Albert, *Meister Eckharts These*, S. 231f.; Largier, *Zeit*, S. 105-123; OL VI, S. 365-371; Zum Brunn/Libera, *Maître Eckhart*, S. 91-98.

494,29 *Li erat]* Die folgenden Ausführungen zur Bedeutung des *erat* übernimmt Thomas – der sie Origenes zuschreibt – in seiner *Expositio continua super Iohannem (Catena aurea)* 1,1, von Johannes Eriugena, *Homilia super prologum Joannis* VI n.1-14. Dieser scheint sie von Origenes übernommen zu haben. Eckhart hat sie wohl von Thomas übernommen. Er konnte sie auch in dessen *Lectura super Iohannem* I c.1 n.39 lesen. Zum Verhältnis Eckharts zu Eriugena vgl. Anm. 488,16.

496,3f. *semper natum* ⟨...⟩ *semper nascitur*] Die Formel ist Petrus Lombardus, *Sententiae* I d.9 c.4 n.4 entnommen. Im Hintergrund stehen dabei Formulierungen von Augustinus (*De diversis quaestionibus* q.37) und Origenes (*In Ieremiam* IX n.4), wobei Eckhart bei Augustinus die Vorstellung der Kontinuität der Gottesgeburt, bei Origenes diejenige der zeitlosen Immanenz der Gottesgeburt im Menschen wichtig sind (vgl. Bd. I dieser Ausgabe, Anm. 82,21-86,7). Dieses Moment der Geburt, das heißt ihre Zeitlosigkeit, bezeichnet in der Regel das mhd. *nû*.

496,8 *proprium intellectus*] Eckhart spricht hier vom Intellekt, insofern dieser aufnimmt, also vom *intellectus possibilis*. Sein Begriff davon deckt sich hier mit demjenigen des Albertus Magnus und Dietrichs von Freiberg: [*intellectus possibilis*], *qui est cognitivus rerum uniuscuiusque in sua ratione seu in suis principiis et solum sic.* (Dietrich von Freiberg, *De visione beatifica* III 2, 9, 8.) Vgl. Bd. I dieser Ausgabe, Anm. 108,35-112,23 und Anm. 402,18-404,7.

496,24 *Metaphysicae*] Aristoteles, *Metaphysica* I c.1 (I c.1 980b27).

498,7 *philosophus*] Aristoteles, *Metaphysica* IV t.28 (IV c.7 1012a24).

498,18f. *tota intus, tota deforis*] Die Idee ist also ganz innerhalb jedes Dings, insofern sie sein Wesen ausmacht, aber auch ganz außen, insofern sie nicht der Zeit unterworfen und also unvergänglich ist.

498,23 *ratio circuli*] Vgl. Augustinus, *De immortalitate animae* c.4 n.6 und Dietrich von Freiberg, *De intellectu et intelligibili* II 37,6.

498,29 *De causis*] *Liber de causis* prop. 19.

500,9 *Augustinus*] Eckhart bezieht sich hier für den Gedanken, daß alle Dinge *idealiter* im Sohn sind, auf Augustinus, *De trinitate* VI c.10 n.11.

500,12 *iustitia* ⟨...⟩ *iustus*] Der Gerechte ist, insofern er gerecht ist, Sohn der Gerechtigkeit, geht also in der Weise der *generatio* aus dieser hervor (vgl. Anm. 232,26-236,12). An diesem Beispiel wird in den folgenden Abschnitten das Gesagte erläutert.

500,26 *auctoritas]* Vgl. Albertus Magnus, *Super Iohannem* c.1,18; Thomas von Aquin, *Sententiae* III d.14 q.1 a.2 obi. 1; Isidor von Sevilla, *Sententiae* I c.3.

502,14 *alius in persona]* Zur Differenz der Person nach siehe Anm. 28,17-30,2 und Anm. 492,18-27.

504,4f. *luminis ⟨...⟩ continue]* Im Gegensatz zur Verbreitung der Wärme stellt sich Eckhart die Verbreitung des Lichts als etwas Zeitloses, Plötzliches vor (vgl. *In Ioh.* n.70). Das Licht verbreitet sich also momentan, indem es alles Transparente durchdringt, ohne daß indes dieses selbst zur Quelle des Lichts würde. In diesem Sinne ist wohl das *quia non continue* aufzufassen (vgl. dazu: Zum Brunn/Libera, *Maître Eckhart*, S. 84-87). Dazu paßt die Aussage, daß der Gerechte in sich selbst nicht Licht sei, sondern nur, insofern die Gerechtigkeit in ihm leuchtet (S. 506,24-508,2). Zur Lichtmetaphysik Eckharts siehe Bd. I dieser Ausgabe, Anm. 12,28.

504,12 *rationis]* Hier ist wiederum der *intellectus possibilis* gemeint. Vgl. oben S. 496,8ff. und Bd. I dieser Ausgabe, Anm. 108,35-112,23 und Anm. 402,18-404,7.

504,24f. *»principium sine principio«]* Vgl. Petrus Lombardus, *Sententiae* I d.29 c.1 n.3 und *Liber XXIV philosophorum* prop. 7.

504,25 *proprie vivit]* Leben im eigentlichen Sinne bezeichnet das freie Aus-sich-selbst-Sein. Zum Begriff des Lebens siehe Anm. 20,22.

506,2 *lux]* Zur Lichtmetaphysik Eckharts siehe Bd. I dieser Ausgabe, Anm. 12,28.

506,6 *Demonstratio autem]* Eckhart bezieht sich auf die Unterscheidung zwischen dialektischer Argumentation und Beweisführung bei Aristoteles, *Analytica posteriora* I c.2 (71b–72b). Der Beweis bezieht sich auf die Idee, führt also in den sicheren Grund der Dinge und des Wissens.

506,19 *tenebrae ⟨...⟩ negationis]* Die Dunkelheit der Kreatur, der »Schatten des Nichts«, den sie trägt, hängt mit der *negatio* bzw. *privatio* zusammen, die sie kennzeichnet. Jede Kreatur ist ja durch ihre Unterschiedenheit, also durch die *anderheit* charakterisiert. Vgl. Bd. I dieser Ausgabe, Anm. 124,1-3.

508,10 *»imago dei«]* Die im ersten Schritt dargelegten Grundzüge der Lehre vom Hervorgehen des Hervorgebrachten aus dem Hervorbringenden, die im zweiten Schritt am Beispiel vom Gerechten und der Gerechtigkeit exemplifiziert wurden, werden nun in einem dritten Schritt auf die Aussage der Hl. Schrift bezogen, der Sohn Gottes sei Bild Gottes. Vgl. dazu Bd. I dieser Ausgabe, Anm. 186,28-190, 27, wo die wichtigen Aspekte der Bildlehre zusammengefaßt sind.

510,2 *commentator]* Averroes, *De anima* II comm. 67.

510,8 *coaeva]* Abbild und Urbild sind gleichzeitig. Vgl. Bd. I dieser Ausgabe, S. 534,29-536,15.

510,20f. *comparando* ⟨...⟩ *abstracto]* Vgl. Anm. 232,26-236,12.

512,5 *Augustinus]* Augustinus, *De diversis quaestionibus* q.63.

512,7 *logos]* Das Wort, das Gott in die Seele spricht, ist der Sohn selbst (S. 198,6f.). Dieser geht in der Weise des Worts aus dem Vater hervor und enthält in der Weise des Wortes alles, was im Vater ist, denn er ist als Wort ausgesprochenes Wesen des Vaters, unterschieden allein der Person nach, aber eins in der Natur. Der Sohn ist als Wort zugleich Wort der Inkarnation und Erlösung, wie auch Schöpfungswort, das die Fülle des Seins aller Dinge in sich birgt und dem Menschen, der ihn in der Abgeschiedenheit hört, diese Fülle mitteilt (Bd. I dieser Ausgabe, S. 18,13-20,4; vgl. ebenda, Anm. 50,8-14). So spricht Gott im Wort gleichzeitig die ganze Schöpfung und sich selbst im Sohn aus, und er ist selbst in all seinen Aspekten Wort (Bd. I, S. 472,29-474,5). Im Wort teilt er sich der abgeschiedenen Seele mit, die selbst schweigt (S. 94,26-33) und empfänglich ist für das Wort, es also zu hören vermag. Sie wird im Hören des Wortes eins mit Christus, der ihr seine Weisheit, das ausgesprochene Wesen des Vaters, unmittelbar mitteilt (Bd. I, S. 510,19-24). So ist denn die Erkenntnis des Worts in der Seele eins mit dem Erkannt-werden der Seele, da diese, insofern sie selbst schweigt, ganz ins Wort eingeht und von diesem erfüllt wird (vgl. Pr. 53 und Pr. 76). Die zentrale Bedeutung, die dem Wort bei Meister Eckhart im Anschluß an Joh. 1,1 zukommt, hebt er auch hinsichtlich des gesprochenen menschlichen Wortes hervor: Dieses erhält seine Kraft aus dem ersten, von Gott gesprochenen Wort, und jedes menschliche Wort wird in dieser Kraft zur Antwort auf das Wort Gottes (Bd. I, S. 212,1-12, S. 406,19-30).

Eckharts Worttheologie ist somit als ein umfassender theologischer Entwurf zu lesen, der immer das tiefe Zusammenwirken Gottes und des Menschen hervorhebt, indem er das Leben der Seele als das Zurücksprechen des Wortes in die Gottheit faßt, dem das Wort entspringt. Dies vermag sich jedoch nur dort zu vollziehen, wo die Seele selbst schweigt und Gott sprechen läßt. Dann offenbart sich sein Wort mit allen Dingen, die er darin ausspricht, in der Seele des Menschen, wo es immer schon verborgen ist (Bd. I, S. 214,3-12). In diesem Wort, das Gott in der Seele spricht, spricht er sich selbst aus, und in diesem Aussprechen gebiert er den Sohn in der Seele und nimmt so den Menschen in die trinitarische Einheit auf (Bd. I, S. 340,14-28).

Die Worttheologie stellt in dieser Form immer den dialogischen Aspekt in den Vordergrund, der zwischen Mensch und Gott besteht. Im Wortgeschehen, das sich im Innern des Menschen vollzieht, spricht sich Gott ganz aus und teilt so dem Menschen als seinem Sohn das Vermögen mit, sich in Gott zurückzusprechen. So wird alles Sprechen des Menschen, das dem Hören des Wortes im Innern des Menschen entspringt, zum Lob Gottes, in dem Gott und die Seele gleichzeitig ihr Leben finden (vgl. Bd. I, S. 212,1-12). Dadurch kommt denn auch im »Wort«, wie die vorliegende Stelle betont, nicht nur der Bezug zum Vater, sondern die Schöpfung, das heißt, all das in den Blick, was durch das Wort geworden ist und allein kraft des Wortes lebt (S. 512,8-10). Die Worttheologie ist so zweifellos als Zentrum von Eckharts Denken anzusehen, auf das seine Ontologie und seine Intelletttheorie hingeordnet sind, die beide auf das Freiwerden des Menschen für die Geburt des Wortes zielen. Sie ist typologisch auf das Hervorgehen des Menschen als Bild Gottes zu beziehen (vgl. Bd. I, Anm. 186,28-190,27) und stellt einen unmittelbaren Bezug zwischen dem biblischen Schöpfungsbericht und dem Johannesevangelium her. – Vgl. dazu: Haas, *Geistliches Mittelalter*, S. 203-207, S. 233-237; Haas, *Sermo*, S. 136-185; Flasch, *Die Intention*; Zum Brunn/Libera, *Maître Eckhart*, S. 71-155.

512,14 *logica scientia]* Vgl. Roger Bacon, *Summa grammatica*, prooemium n.12.

512,16 *ratio dupliciter accipitur]* Eckhart unterscheidet zwischen dem Erkennen, das von den Dingen ausgeht und deren Wesen kraft der Abstraktion – *a posteriori* – faßt, und dem Erkennen der *ratio*, *a priori*, auf die sich die Begriffsbestimmung bezieht und die die Vernunft in sich unmittelbar erfaßt. Die erste Form der Erkenntnis der *ratio* vermag nicht in den Ursprung der Dinge zurückzukehren, da sie von den Dingen abstrahiert, also von diesen ausgeht, während die zweite in sich unmittelbar in den Ursprung der Dinge zurückkehrt, indem sie deren Idee faßt. Die zweite Form der Erkenntnis ist *Wort*, also eins mit der Idee der Dinge und daher auch den Dingen vorgängig, insofern sie eins ist mit deren Prinzip, ihrer Idee in Gott. Vgl. Augustinus, *De diversis quaestionibus* q.46 n.2: *Sunt namque ideae principales formae quaedam vel rationes rerum stabiles atque incommutabiles, quae ipsae formatae non sunt ac per hoc aeternae ac semper eodem modo sese habentes, quae in divina intelligentia continentur.* (»Denn die Ideen sind ursprüngliche Formen und beständige, unveränderliche Gründe der Dinge, die in der göttlichen Vernunft geborgen und also selbst nicht geformt, sondern ewig und immer in derselben Weise sind.«) Zum Hintergrund vgl. OL VI, S. 66ff., Anm. 1.

514,22-516,12 *rationale ⟨...⟩ effectus]* Allein der Intellekt vermag zwischen der Sache und ihrer *ratio* zu unterscheiden, nicht die Sache selbst. Insofern besteht das Wesen des Intellekts im Wort, da er sich verwirklicht im Rückbezug auf die *ratio*, also auf die Ursache eines Dings und in dieser Rückkehr sein Sein gewinnt. Darin ist der Intellekt Gott ähnlich (*genus dei*), wenn er auch nicht – wie Gott — *semper actu intelligit* (»immer wirklich erkennt«). Dies kommt allein Gott zu, der darin immer seinen Sohn gebiert. Gott ist insofern ein *agens essentiale*, ein »wesenhaft Wirkendes«, das in sich die *ratio* aller Dinge besitzt. Er ist, wie Eckhart an anderer Stelle ausführt, *causa essentialis* (vgl. Anm. 550,7-12).

516,5 *Augustinus]* Augustinus, *De trinitate* VI c.1 n.1. Vgl. Petrus Lombardus, *Sententiae* I d.9 c.2 n.4, auf den sich Eckhart hier wohl stützt. Zur *incarnatio continua* siehe Anm. 442, 27-446,27.

516,17 *commentator]* Averroes, *Metaphysica* VII comm. 5. Vgl. *In Gen. I* n.3.

518,5 *procedit a patre]* Der Sohn geht, wie oben ausgeführt, vom Vater »nach der Eigentümlichkeit der Verstandeserkenntnis«, also als Wort und *intellectus* aus (vgl. Wéber, *Eckhart et l'ontothéologisme*, S. 40-54), während der Hl. Geist auf die Art der Liebe aus ihm hervorgeht. Siehe Anm. 44,12-18.

518,17 *intellectus est per essentiam]* Vgl. Anm. 542,24f.

518,23 *Augustinus]* Eckhart verbindet zwei Stellen aus Augustinus, *De doctrina christiana* I c.3 n.3 und c.5 n.5, die Petrus Lombardus, *Sententiae* I d.1 c.2 n.1 und n.4 zitiert.

518,28 *De causis]* *Liber de causis* prop. 1.

520,1 *qui est esse]* Mit dem *Liber de causis* (*prima rerum creatarum est esse*) wird das *esse* als erster *effectus dei* verstanden, der jedoch absolut innerlich bleibt, also, wie das folgende Augustinus-Zitat belegt, nicht nach außen tritt. So wird hier das Sein, wie auch an anderen Stellen, als etwas der Intellektualität Gottes gegenüber Sekundäres betrachtet, doch nimmt Eckhart diese Unterscheidung dort zurück, wo er vom Sein als der *puritas essendi* spricht. Diese ist unmittelbar eins mit der Intellektualität Gottes, der das Sein unmittelbar und vollkommen gleichzeitig entspringt. Vgl. den Überblickskomm., S. 870-873 und Anm. 548,27.

520,1f. *Augustini]* Augustinus, *Confessiones* X c.27 n.38.

520,2f. *potentiis animae]* Je höher die Seelenkräfte stehen, desto mehr beziehen sie sich in ihrem Wirken auf das Innere. Dies ist bei der Vernunft, deren Wirken im Erkennen besteht, also ganz im Innern bleibt, am meisten der Fall.

520,18 *quattuor]* Eckhart entnimmt die vier Punkte wohl dem *Johanneskommentar* des Albertus Magnus, *Super Iohannem* 1,1.

520,21f. *consubstantiale* ‹...› *distinctio personalis]* Vgl. Anm. 28,17-30,2 und Anm. 492,18-27.

520,27 *rationis enim non est ratio]* Dies entspricht der Wendung *principium sine principio*, das heißt, der absoluten Freiheit von aller Ursächlichkeit, die in der Gottheit herrscht. Eckhart drückt dasselbe in der mhd. Wendung *grunt âne grunt* und in ähnlichen apophatischen Formeln aus. Vgl. Bd. I dieser Ausgabe, Anm. 72,16-21.

522,2 *Damascenus]* Johannes Damascenus, *De fide orthodoxa* VII c.1.

522,8 *naturae et artis]* Wiederum hebt Eckhart die Übereinstimmung von *divina*, *naturalia* und *artificialia* hervor.

522,17 *Seneca]* Seneca, *Epistulae* 65,7.

522,23 *commentator]* Vgl. Averroes, *Metaphysica* XII comm. 36.

522,25 *philosophi]* Vgl. Aristoteles, *Metaphysica* V t.3 (V c.2 1013b34-1014a6) und *Physica* II t.33 (II c.3 195a32–b3).

524,2 *in secunda editione]* *In Gen. II* n.179f.

524,4 *principii essentialis]* Der Begriff ist mit dem bereits angesprochenen *agens essentiale* und so mit Eckharts Theorie der *causa essentialis* in Verbindung zu setzen (vgl. Anm. 550, 7-12).

524,12 *Anaxagoras]* Eckhart bezieht sich auf die Lehre des Anaxagoras, die Aristoteles, *De anima* III c.4 (III c.4 429b22-24) referiert. Vgl. Bd. I dieser Ausgabe, Anm. 108, 35-112,23.

524,16f. *eminentius habet]* Vgl. Dionysius Areopagita, *De divinis nominibus* c.7 § 3, und Proclus, *Elementatio* prop. 65 comm. und prop. 103 comm. Die *ratio* des Dings in Gott hat auf höhere, virtuelle Weise in sich, was das Ding als Hervorgebrachtes *formaliter* besitzt. Eckhart greift diesen Aspekt S. 528,16-30 und S. 530,12 nochmals auf. Er unterscheidet aus dieser Perspektive hinsichtlich der Dinge ein *duplex esse rerum*: *Nota quod omnis creatura duplex habet esse. Unum in causis suis originalibus, saltem in verbo dei; et hoc est esse firmum et stabile.* ⟨...⟩ *Aliud est esse rerum extra in rerum natura, quod habent res in forma propria. Primum est esse virtuale, secundum est esse formale, quod plerumque infirmum et variabile.* (»Bemerke: Jedes Geschöpf hat ein zweifaches Sein. Das eine in seinen ursprünglichen Ursachen, das heißt, im Wort Gottes, und das ist das feste und beständige Sein. ⟨...⟩ Das andere Sein ist dasjenige, das die Dinge in der äußeren Wirklichkeit, in der ihnen eigenen Form haben. Das erste ist das Sein in der Ursache, das zweite ist das durch die eigene Form bestimmte Sein, das unstet und veränderlich ist.« *In Gen. I* n.77. Vgl. *In Gen. I* n.25; *In Gen. II* n.52, n.217; *In Sap.* n.21f., n.32; *In Ioh.* n.518.) Es ist also an jedem Ding ein doppeltes Sein zu unterscheiden: das Sein in Gott – in der *causa essentialis* als *verbum*, *ratio*, *logos* – und das kreaturhafte Sein, das durch das Werden und Vergehen charakterisiert ist. Auf das erste Sein, das stabil, unveränderlich und zeitlos ist, beziehen sich die Begriffe *esse*, *generatio*, *substantia* und *forma substantialis*, auf das zweite, kreaturhafte und zeitliche Sein (das *esse hoc et hoc*) die Begriffe *mutatio*, *variatio*, *corruptio*, *alteratio* und *fieri* (vgl. Anm. 494,20). Im *Proc. Col.* wird Eckhart, um dasselbe auszudrücken, auf die Thomas entlehnten Begriffe *esse absolutum* und *esse formaliter inhaerens* zurückgreifen (*Proc. Col. I* n.117, ed. Théry, S. 193; dazu Albert, *Meister Eckharts These*, S. 69ff.). Nun heißt dies jedoch nicht, daß wir zwei verschiedene Sein oder zwei verschiedene Begriffe des Seins zu unterscheiden hätten, vielmehr ist der Begriff Sein im eigentlichen Sinne auf Gott und nur im uneigentlichen Sinne – im Sinne der Analogie (vgl. Bd. I dieser Ausgabe, Anm. 52,16-22) – auf die Kreatur anzuwenden. Zum *duplex esse rerum* siehe weiter: Haas, *Gottleiden*, S. 172-188; Largier, *Zeit*, S. 105-110; Lossky, *Théologie négative*, S. 46f.

524,23f. *multis modis]* Eckhart kommt hier nochmals auf

seine exegetischen Prinzipien zu sprechen. Vgl. Anm. 488, 25-27.

526,15 *Boethius]* Boethius, *Consolatio* III, metrum 9.

528,6 *causa finalis]* Gott ist demnach, auch wenn er Wirkursache aller Dinge ist, im eigentlicheren Sinne deren Zielursache. Er ist Fülle des Seins, *plenitudo esse* und *plenitudo temporis* (vgl. Bd. I dieser Ausgabe, Anm. 406,31-408,26), mithin Zielpunkt allen Werdens, da er, als *causa essentialis*, alle Erfüllung des Werdens bereits in sich hat (vgl. unten, S. 534,22-25).

528,7 *philosophus]* Aristoteles, *Metaphysica* XII t.37 (XII c.7 1072b3).

528,8 *finis est prima causa]* Vgl. Aristoteles, *Metaphysica* II t.8 (II c.2 994b9-11).

528,10 *per intentionem finis]* Vgl. Aristoteles, *Metaphysica* II t.8 (II c.2 994b13-14).

528,11f. *»movens motum«]* Aristoteles, *De anima* III c.10 (III c.10 433b14).

528,13 *De fine]* Dieser Traktat ist nicht erhalten. Er erscheint auch nicht im Katalog der für das *Opus propositionum* vorgesehenen Traktate, *Prol. gen.* n.4 (S. 464).

528,17 *virtute ⟨...⟩ formaliter]* Siehe Anm. 524,16f.

528,19 *libertas]* Die Freiheit des Willens entspringt dem Intellekt. Eckhart betont, im Anschluß an die dominikanische Tradition (vgl. Thomas von Aquin, *Summa theologica* II II q.17 a.1 ad 2), generell den Vorrang des Intellekts vor dem Willen. Vgl. Bd. I dieser Ausgabe, Anm. 108,35-112,23.

528,21 *convenit essentiae]* Eckhart folgt hier Thomas von Aquin, *Summa theologica* I q.41 a.5.

528,27 *esse hoc vel hoc]* In Gott ist die Kreatur eins mit Gott, während das *esse hoc et hoc* das Dasein der Kreatur meint, das als Bestimmtes und Begrenztes erscheint, das heißt, in einer Form, die nicht mehr eins ist mit der Einfachheit ihres Grundes. Vgl. *Prol. op. prop.* n.3 und OL I, S. 147-152.

530,4f. *sub proprietate esse ⟨...⟩ cognovit]* Das Hervorgehen des Sohns in die Welt vollzieht sich nicht mehr unter der

Eigentümlichkeit des Verstandes, unter der der Sohn im Vater ist, sondern unter der Eigentümlichkeit des Seins, unter der er in der Welt hervorgeht. Um ihn zu erkennen und um sich in ihm zu erkennen, muß sich die Kreatur daher vernunftmäßig über die Dunkelheit der Kreatur erheben. Vgl. Bd. I dieser Ausgabe, Anm. 108,35-112,23.

530,12 *esse quoddam virtuale]* Vgl. Anm. 524,16f.

530,15f. *causa primordiali ⟨...⟩ originali]* Zum Begriff der *causa essentialis* siehe Anm. 550,7-12.

530,23f. *ex Augustino]* Augustinus, *De trinitate* VIII c.6 n.9. Der ganze Abschnitt bis S. 532,4 ist dieser Stelle verpflichtet.

532,6 *II Posteriorum]* Aristoteles, *Analytica posteriora* II c.1 (II c.1 89b23).

532,8 *an ⟨...⟩ quare]* In den vier Fragen folgt Eckhart, obwohl er sie Aristoteles zuschreibt, nicht diesem, sondern Avencebrol, *Fons vitae* V c.24.

532,15f. *rectitudo ⟨...⟩ suum est]* Eckhart verbindet hier Anselms Begriff der *rectitudo* (Anselm von Canterbury, *De veritate* c.10; *Monologion* c.16) mit Formulierungen Iustinians (*Digesta* I c.1). Das *suum cuique* begegnet auch bei Ambrosius und bei Augustinus, *De civitate dei* XIX c.19 n.1. Vgl. Bd. I dieser Ausgabe, S. 76,7 und Anm.

532,17 *»in regione dissimilitudinis«]* Augustinus, *Confessiones* VII c.10 n.16. Vgl. Bd. I dieser Ausgabe, Anm. 468,18.

532,26 *Augustinus]* Augustinus, *In epistulam Iohannis ad Parthos* II n.2. Zur Gleichheit zwischen Liebendem und Geliebtem siehe Anm. 262,29-264,5.

532,30 *in Homiliis]* Augustinus, *In Iohannem* tr.26 n.5.

532,30 *Confessionum]* Augustinus, *Confessiones* X c.13 n.34.

534,5 *Augustinus]* Augustinus, *Confessiones* X c.40 n.65.

534,7 *Hugo]* Hugo von St. Victor, *Soliloquium de arrha animae* (PL, Bd. 176, Sp. 970).

534,21 *iustitiam significat]* Zum Verhältnis des Gerechten zur Gerechtigkeit siehe Anm. 232,26-236,12.

534,23f. *Finis ⟨...⟩ est quare]* Vgl. S. 528,3-8 und Anm.

Es ist hier – im Rückgriff auf die Deutschen Werke Eckharts – hinzuzufügen: Das Ziel ist das ›Warum‹, hat aber selbst kein ›Warum‹, insofern es Einheit von Anfang und Ziel ist. Ebenso muß der Mensch, der mit der Einheit von Ursprung und Ziel eins werden soll, alles ›Warum‹ überwinden. Vgl. Bd. I dieser Ausgabe, Anm. 12,4.

534,29 *Moraliter]* Zum Schluß legt Eckhart den Schriftvers moralisch aus. Er überträgt die Grundzüge seiner Theorie des Hervorgehens aus dem Ursprung auf den Bereich des Handelns. Das bedeutet – und hier trifft sich das Vorgetragene mit dem Leitgedanken der Deutschen Werke –, daß der Mensch abgeschieden sein muß (vgl. Anm. 434,14), um auf den göttlichen Ursprung hin transparent zu werden, und daß er in seinem Handeln der Vernunft folgen muß, die allein in ihrem Rekurs auf die *ratio*, den Ursprung allen Handelns fähig ist, das Handeln richtig auszurichten.

536,10 *Dionysius]* Dionysius Areopagita, *De divinis nominibus* c.4 § 32.

536,13 *I Metaphysicae]* Aristoteles, *Metaphysica* I c.1 (I c.1 980b27).

536,20 *Augustinus]* Augustinus, *De libero arbitrio* I c.6 n.15.

QUAESTIO PARISIENSIS I

Als Magister der Theologie in Paris war Eckhart gehalten, drei verschiedene Formen von Lehrveranstaltungen durchzuführen: Schriftexegese, Predigt (vgl. die Predigt vom Tag des hl. Augustinus, S. 556-568) und Disputation. Die Disputation, die *Quaestio disputata*, an der gewöhnlich der Meister, seine Studenten und die *bacchalaurei* seines eigenen Lehrstuhls und anderer Lehrstühle bzw. Schulen teilnahmen, wickelte sich nach folgendem Schema ab: Der Magister entschied sich für ein Thema, das diskutiert werden sollte. Dieses wurde im voraus an allen Lehrstühlen angekündigt. Bei der Veranstaltung selbst waren zwei Phasen zu unterscheiden. Zunächst wurden die Argumente für und gegen eine bestimmte Lösung der Frage von den Teilnehmern vorgebracht und diskutiert, danach löste der Magister das Problem, indem er auf die Argumente dafür und dagegen einging und seine Schlußfolgerungen vorlegte. Überliefert sind uns die Aufzeichnungen dieser Veranstaltungen in Form der *Quaestiones disputatae.*

Vier *Quaestiones* Meister Eckharts sind erhalten: 1. *Utrum intelligere angeli, ut dicit actionem, sit suum esse*, 2. *Utrum in deo sit idem esse et intelligere*, 3. *Utrum aliquem motum esse sine termino implicet contradictionem*, 4. *Utrum in corpore Christi morientis in cruce remanserint formae elementorum.* (Sie werden hier in chronologischer Reihenfolge angeführt, während die zweite Quaestio in unserer Ausgabe wie in der Stuttgarter Ausgabe die Nummer I trägt.) Diesen vier *Quaestiones* ist eine weitere hinzuzufügen, die nicht von Eckhart, sondern vom Franziskanermagister Gonsalv von Spanien stammt, der im Laufe der Diskussion einer Frage *rationes Equardi*, also Argumente Eckharts zitiert. Es handelt sich dabei um die *Quaestio Utrum laus Dei in patria sit nobilior eius dilectione in via.*

Die ersten beiden Quaestionen und die Quaestio Gonsalvs sind in einer Hs. der Bibliothèque Communale von Avignon, die beiden weiteren in einer Hs. der Bibliothek des Vatikans überliefert. Die communis opinio ist, daß die ersten beiden Quaestionen und diejenige Gonsalvs auf das Jahr 1302/03 (erste Pariser Lehrtätigkeit), die dritte auf das Jahr 1311/12, die vierte auf die Jahre 1312/14 zu datieren sind (zweite Pariser Lehrtätigkeit). Daß diese Datierung keineswegs gesichert ist und vieles für eine Datierung aller vier Fragen auf die Jahre 1302/03 spricht, ist kürzlich von Z. Kaluza dargelegt worden (*Les Questions*, S. 159-164). Der Zustand und die Form der Überlieferung lassen mit Sicherheit schließen, daß es sich bei den vier Quaestionen nicht um *ordinationes*, also um vollständige und von Eckhart selbst redigierte Quaestionen handelt. Im übrigen bleibt fraglich, ob es *reportationes*, also Nachschriften eines Zuhörers sind. Vieles spricht dagegen. Es ist wohl eher davon auszugehen, daß wir es mit Abschriften bzw. Zusammenfassungen zu tun haben, die auf redigierte Vorlagen zurückgehen, welche uns nicht überliefert sind. Dabei zeigt es sich, daß das Interesse des Verfassers der Abschriften bzw. Zusammenfassungen fast ausschließlich den Argumenten Eckharts galt, nicht aber den Gegenargumenten. Die argumentative Konsistenz und die Nähe zu den übrigen Werken Eckharts lassen vermuten, daß dem Verfasser *ordinationes*, also von Eckhart selbst redigierte Vorlagen zur Verfügung standen – Vorlagen, auf die auch Nikolaus von Kues in seiner *Apologia doctae ignorantiae* Bezug nimmt und die wohl in das *Opus quaestionum* hätten übernommen werden sollen (vgl. Kaluza, *Les Questions*, S. 159-164). – Von der Bedeutung der *Quaestiones Parisienses* für das Lebenswerk Eckharts zeugt eine Reihe von Predigten, die vor allem Bezug nehmen auf den hier entfalteten und offenbar in den Pariser Diskussionen vehement ausgefochtenen Konflikt zwischen Franziskanern und Dominikanern über den Primat von Wille oder Vernunft hinsichtlich der Gotteserkenntnis. Dazu zählen mit Bestimmtheit die im *Paradisus anime intelligentis* überlieferten Pr. 9 und 70, zu denen wohl noch eine Reihe von Predigten hinzuzunehmen sind (vgl. Überblickskomm., Bd. I dieser Ausgabe, S. 737f.).

Literaturhinweise: vgl. die Beiträge in den Aufsatzsammlungen *Von Meister Dietrich zu Meister Eckhart* und *Maître Eckhart à Paris*; Caputo, *The Nothingness*; Grabmann, *Neuaufgefundene Pariser Quaestionen*; Imbach, *Deus*; Longpré, *Questions*; Ruh, *Meister Eckhart*, S. 22ff. (vgl. Langer, *Rezension*, S. 456); Ruh, *Meister Eckharts Pariser Quaestionen*; Sturlese, *Eckhart, Teodorico*, S. 197; Zum Brunn, *Dieu n'est pas être*. Zur Bedeutung der *Quaestio* im akademischen Lehrbetrieb der Zeit siehe: *Chartularium Universitatis Parisiensis* n.1188; Glorieux, *L'enseignement*.

Thema der vorliegenden *Quaestio* ist das Verhältnis von Sein und Erkennen in Gott. Eckhart betont, hier nicht mehr dieselbe Meinung zu vertreten, die er früher vertreten habe (S. 542,22-25; zur Periodisierung des Denkens Eckharts siehe Anm. 472,15-474,9), und hebt hervor: »daß ich nicht mehr der Meinung bin, daß Gott erkennt, weil er ist; sondern weil er erkennt, deshalb ist er, in der Weise, daß Gott Intellekt und Erkennen ist und das Erkennen selbst die Grundlage seines Seins ist«. – Nachdem Eckhart mit den Argumenten des Thomas von Aquin (S. 540,4-542,6) und mit aus einem eigenen früheren Werk entlehnten Gedanken (S. 542,7-21) die Identität von Sein und Erkennen in Gott dargelegt hat, nimmt er, wie gesagt, Abstand von der früheren, wohl im *Sentenzenkommentar* vertretenen Meinung, Gott erkenne, insofern er sei. Vielmehr wendet er sich jetzt gegen diese Position, indem er auf die ersten Verse des Johannes-Evangeliums zurückgreift. Dies führt ihn in einer ersten Gruppe von Argumenten dazu, das Sein als etwas Geschaffenes zu bezeichnen, demgegenüber der Intellekt unerschaffen ist. Er greift dabei auf die entscheidende Autorität, die Hl. Schrift zurück, um mit Joh. 1,1 (*In principio erat verbum*) ein Gegengewicht zur ontologischen Perspektive von 2 Mos. 3,14 (*ego sum qui sum*) zu schaffen. Nicht das Sein, sondern das Wort ist in Gott primär. Dies wird in einem zweiten Schritt mit Joh.

14,6 und Augustinus, *De trinitate* ergänzt. Wort und Wahrheit sind auf den Intellekt zu beziehen und in einen Gegensatz zum Sein zu setzen. Schließlich wird, wiederum im Rekurs auf die Autorität der Schrift und den neuplatonisches Erbe tradierenden *Liber de causis* festgehalten, daß das Sein erschaffen sei, während dies beim Erkennen nicht der Fall sei (S. 542,22-544,23). Auf die vorgelegten Autoritätsargumente folgen die Argumente der Vernunft. Eckhart schickt drei Bemerkungen voraus. Erstens ist der Intellekt das Höchste, das hinter allem Werden und Sein steht. Dies ist nicht nur aus der Perspektive der Kreatur, sondern – nach dem Zeugnis der Schrift – auch in Gott der Fall. Zweitens kann von dem, was über den Intellekt ausgesagt werden kann, nicht im selben Sinne wie beim Geschaffenen von Sein gesprochen werden. Der Intellekt ist von anderer Art, und dies in einer Weise, die sich unserem Vorstellungsvermögen entzieht (S. 544,24-548,14). Auf dieser Grundlage, die erkennen läßt, daß der Intellekt unerschaffen und nicht-seiend ist, entwickelt Eckhart fünf Argumente (S. 548,15-552,9) und hält seine Position abschließend (S. 552,10-22) fest.

Zusammenfassend läßt sich sagen: Eckhart hebt gegenüber den eingangs angeführten Argumenten des Thomas von Aquin hervor, daß in Gott nicht Sein und Erkennen zu identifizieren, sondern dem Intellekt eine begründende Vorrangigkeit zuzuschreiben sei. Dennoch bildet wohl nicht die Identifizierung von Sein und Erkennen in Gott den zentralen Punkt der Kritik Eckharts. Er gesteht ja durchaus zu: »Willst du aber das Erkennen Sein nennen, so habe ich nichts dagegen. Nichtsdestoweniger behaupte ich: wenn in Gott etwas ist, was du Sein nennen willst, so kommt es ihm zu durch das Erkennen.« Offenbar geht es ihm darum, einen bestimmten Begriff von Sein zu kritisieren, indem er das in Gott durch das Erkennen konstituierte Sein vom Sein der Kreatur radikal zu unterscheiden sucht. Er spannt mit der zitierten Aussage denn auch einen Bogen zum Schluß der *Quaestio*, wo im Geiste des Dionysius Areopagita von der *superabundantia affirmationis*, von der *puritas* und der *plenitudo*

Gottes die Rede ist, und stellt damit die *Quaestio* in den Rahmen einer negativen Theologie, die an die Ausführungen der Pr. 9 erinnert, welche mit den Pr. 69, 70 und 71 wohl auch zeitlich eng an die *Quaestiones Parisienses* anschließt. Eckhart sagt dort: »Gott wirkt oberhalb des Seins ⟨...⟩ er wirkt im Nichtsein. Ehe es noch Sein gab, wirkte Gott; er wirkte Sein, als es Sein noch nicht gab. Grobsinnige Meister sagen, Gott sei ein lauteres Sein; er ist so hoch über dem Sein, wie es der oberste Engel über einer Mücke ist. ⟨...⟩ Gott ist weder dies noch das. Und ein Meister sagt: Wer da glaubt, daß er Gott erkannt habe, und dabei irgend etwas erkennen würde, der erkennte Gott nicht. Wenn ich aber gesagt habe, Gott sei kein Sein und sei *über* dem Sein, so habe ich ihm damit nicht das Sein abgesprochen, vielmehr habe ich es in ihm erhöht.« (S. 107,20-32.)

Festzuhalten bleibt daher, daß Eckhart in der vorliegenden *Quaestio* Gott das Sein nicht abspricht, sondern es ihm in einer Art und Weise zuzusprechen sucht, die klar zwischen Gott und dem Sein der Kreatur unterscheidet. Der Begriff der *puritas essendi* (S. 548,27) liefert den Schlüssel für eine Lektüre des Texts, die davon ausgeht, daß Eckhart hier eine Neuinterpretation von 2 Mos. 3,14 unter Einschluß von Joh. 1,1 vorzulegen sucht. Diese Neuinterpretation setzt ein bei den Argumenten des Thomas von Aquin für die Identität von Sein und Erkennen in Gott, problematisiert aber den Begriff des Seins im Rückgriff auf die neuplatonische Einschränkung des Seinsbegriffs auf das Endliche (*Liber de causis* prop. 4) und im Anschluß an zeitgenössische Diskussionen, in die Eckhart in Paris verwickelt war, um den Begriff des Seins auf einer höheren Ebene wieder einzuführen: Gott als *plenitudo* und als *puritas essendi* umfaßt das Erkennen wie das Sein, doch ist der Begriff des Erkennens – in seiner absoluten Unbestimmtheit – allein fähig, den Konstitutionsgrund dieser Fülle zu beschreiben. Eckharts Interesse geht nicht dahin, Gott das Sein abzusprechen, als vielmehr die Ordnung der *perfectiones transcendentales* umzustellen, die begründende Funktion des Intellekts herauszustreichen und so eine Perspektive der Einheit aufzubauen, unter der *intelligere* und *puritas essendi* eins sind, ohne daß dabei das Sein in Gott mit dem Sein der Kreatur verwischt würde (vgl. Lossky, *Théologie négative*, S. 214).

Zur historischen Situierung des Texts: Die communis opinio war bisher, daß Eckhart in der vorliegenden *Quaestio* hauptsächlich und bewußt gegen Thomas von Aquin Stellung beziehe (vgl. Gilson, *La philosophie*, S. 695f.; Flasch, *Das Philosophische Denken*, S. 408; Ruh, *Meister Eckharts Pariser Quaestionen*, S. 311). Dagegen vermochte P. Vignaux mit überzeugenden Argumenten darzulegen, daß Eckhart sich hier nicht primär gegen Thomas, sondern – an der Seite anderer dominikanischer Theologen – gegen antiintellektualistische Strömungen, vor allem gegen die Ansichten von Franziskanertheologen, wohl diejenigen Gonsalvs von Spanien und des Duns Scotus, wandte. Bei Scotus begegnet denn auch in den *Reportata Parisiensia* I c.7 q.1 ein Argument gegen die Position Eckharts (Vignaux, *Pour situer*, S. 141-154; vgl.: Bérubé, *Le dialogue*; Zum Brunn, *Dieu n'est pas être*, S. 88, S. 91; Libera, *Les »Raisons d'Eckhart«*, S. 122-132). Somit ist die vorliegende *Quaestio* historisch primär im Streit zwischen den Bettelorden zu situieren (zur Position der Gegner Eckharts: Wéber, *Eckhart et l'ontothéologisme*, S. 26-29 und S. 45-54). Dabei geht Eckhart von Argumenten aus, die Thomas entwickelt hat, antwortet aber mit diesen Argumenten auf eine neue Situation mit schärferen Fragestellungen, die ihn zwingen, die Position des Thomas weiterzudenken und sich von ihm abzusetzen (S. 544,15-23 und S. 546,5-13). Eckhart rückt den Aspekt des Erkennens in den Vordergrund, ohne jedoch die Identität von Sein und Erkennen wirklich zu untergraben; vielmehr führt ihn dies dazu, den Begriff des Seins im Rekurs auf den Begriff des Intellekts zu überdenken und scharf zwischen dem Sein, das der Kreatur zukommt, und der *puritas essendi* zu unterscheiden, eine Unterscheidung, die sicherlich auch auf den Einfluß neuplatonischer Denkmodelle (vgl. die zitierte Stelle aus dem *Liber de causis* prop. 4) und auf denjenigen von Dionysius Areopagita zurückzuführen ist. Eckhart bereitet damit den Boden vor für die von ihm später mit Nachdruck hervorgehobene Perspektive der Einheit Gottes, die *esse* und *intelligere* subsumiert, aber bei dem hier als *puritas essendi* gefaßten, allein Gott eigenen und in der Intellektualität Gottes gegründeten Begriff des Seins bleibt. Vor diesem Hintergrund werden denn auch Texte wie die Pr. 8, die scheinbar in die ontotheologische Sprache zurückkehren, zu lesen sein.

Ein zweiter Punkt ist hier aufzugreifen. Es wurde bemerkt, daß die vorliegende *Quaestio* die »Entstehung der neuzeitlichen Subjektivität« dokumentiere (Flasch, *Das philosophische Denken*, S. 408; vgl. Wulf, *Das Aufkommen neuzeitlicher Subjektivität*). Dies ist in bestimmter Hinsicht durchaus der Fall. Auch wenn mit Vignaux die Kontinuität Thomas-Eckhart stärker zu gewichten ist als die Opposition Eckharts gegen Thomas, die im Kontext der antithomistischen Elemente des Denkens der deutschen Dominikanerschule (vgl. Flasch, *Einleitung*) zu sehen wäre, bleibt hervorzuheben, daß bei Eckhart die Bedeutung des Intellekts, stärker als bei Thomas, mit großem Nachdruck herausgearbeitet wird. Dies ist ohne Zweifel dem Einfluß der Kölner Dominikanerschule zuzuschreiben. In ihr verbinden sich seit Albertus Magnus Elemente der aristotelisch-averroistischen Intellekttheorie mit Konzepten des Dionysius Areopagita und mit dem Neuplatonismus Proclischer Prägung in neuartiger Weise (Wéber, *Eckhart et l'ontothéologisme*, S. 29-40; zum Hintergrund: Beierwaltes, *Deus est esse*; Imbach, *Le néo-platonisme*; Libera, *Introduction*; Wéber, *Eléments*). Das Gewicht der intellekttheoretischen Überlegungen in der Kölner Schule, von denen die vorliegende *Quaestio* zeugt, zeigt sich in den Traktaten Dietrichs von Freiberg, deren Einfluß auf Eckhart hier und vor allem in den *rationes equardi* der *Quaestio* Gonsalvs von Spanien spürbar ist (vgl. Mojsisch, *Die Theorie des Intellekts*; Libera, *Les »Raison d'Eckhart«*, S. 122-132; Zum Brunn, *Dieu n'est pas être*, S. 89f.). Im Blick auf die »Entstehung der neuzeitlichen Subjektivität« bedeutet dies, daß wohl mit Nachdruck die Intellektualität des Menschen in der Begegnung mit Gott im Rahmen einer neuplatonischen Einheitsmetaphysik herausgearbeitet ist, daß jedoch gleichzeitig diese Funktion der Intellektualität nicht im Sinne einer aufgeklärten vernunfthaften Selbstbegründung des Subjekts mißverstanden werden darf: Der Begriff der Subjektivität ist im Rahmen des Denkens Eckharts nicht auf die Intellektualität des Aufstiegs allein, nicht auf die konstitutive Funktion des Intellekts, sondern auf die Dynamik von Intellektualität und Überwindung der Intellektualität zu beziehen. Die Verankerung des Aufstiegs zu Gott im Intellekt ist immer im Zusammenhang zu sehen mit der negativen Theologie und mit der existentiellen Struktur der Schriftauslegung, die Eckhart postuliert. Gleichzeitig ist der intellektuelle Aufstieg mit dem Bild einer dramatischen, eschatologisch geprägten Begegnung zwischen Mensch und Gott in Verbindung zu bringen, das Eckhart von der sogenannten Frauenmystik des 13. Jahrhunderts erbt (zum Hintergrund siehe Largier, *›In einicheit‹*). In diesem Rahmen ist der Begriff der Vernunft, den Eckhart in den *Quaestiones* und auch im späteren Werk auf Gott und den Seelengrund bezieht, durchaus als Höchstes und also auch als nicht-diskursive und nichtreflexive Vernunft zu begreifen, in der sich die Seele mit der Gottheit in ihrem vernunfthaften Selbstvollzug vereint (Mojsisch, *Rezension*, S. 50). Doch schafft die negative Theologie hier einen Vorbehalt, der vom Menschen her nicht zu übersteigen ist und ihn immer wieder neu auf die Gnade zurückverweist, die jede Selbstermächtigung der Vernunft in ihrem naturhaften Vollzug verbietet. Dies bedeutet bei Eckhart nicht, daß die Theologie die Philosophie dominiert, sondern es meint die Einheit von Theologie und Philosophie im Gedanken, daß der Vollzug der Vernunft in Freiheit vom Menschen her nur dann als Einung mit dem Absoluten gedacht werden kann, wenn sein Bezug zum Absoluten in einer den Vollzug der Vernunft überschreitenden Unmittelbarkeit erfahren wird: Diese Unmittelbarkeit, die nicht als konstitutives Moment der menschlichen Vernunft verstanden werden darf, benennt der theologische Begriff der Gnade. Ihren Grund macht in der vorliegenden *Quaestio* die transzendente Einheit von *puritas essendi* und *intelligere*, von »überwesenhaftem Sein« und »Erkennen« namhaft.

Stellen wir die *Quaestio Parisiensis I* in den Kontext von Eckharts Werk, ist ein entscheidender Punkt hervorzuheben: Neben den wichtigen Aspekten, in denen Eckhart hier über das Denken des Ordenslehrers Thomas von Aquin hinausgeht – auch wenn betont werden muß, daß bereits Thomas die Grundzüge davon in vielem bedacht hat (vgl. Wéber, *Eckhart et l'ontothéologisme*, S. 29-54 und S. 57-64) –, schafft er mit dem Begriff des Intellekts, der *causa essentialis* und der *puritas essendi* die Grundlagen der Metaphysik, die sein späteres Werk, den Begriff der Gottesgeburt und des Seelengrundes entscheidend prägen wird. Diese Metaphysik wird wohl – vgl. Anm. 472,15-474,9 – am glücklichsten als »Einheitsmetaphysik« bezeichnet: »Die Einheit oder das Eine scheint das Eigentümliche und die Eigentümlichkeit des Intellekts zu sein«, formuliert Eckhart im *Sermo XXIX* (n.300). Gleichzeitig ist es, insofern der Begriff der Einheit bei Eckhart nicht vom Begriff der Trinität, der Aufstieg des Menschen zu Gott nicht vom Begriff der Inkarnation und der Gnade getrennt werden kann, eine eminent christliche Einheitsmetaphysik. Dieses platonisch inspirierte und christlich interpretierte Konzept der Einheit, in dem der Intellekt und Gott immer schon aufeinander bezogen sind, macht denn auch hier im Hintergrund, das heißt, jenseits jeder Polemik der Doktrinen, das zentrale – und das weiterführende – Anliegen der *Quaestio* aus.

540,3 *Dicendum]* Vgl. Thomas von Aquin, *Summa theologica* I q.26 a.2: *In deo autem non est aliud esse et intelligere secundum rem, sed tantum secundum intelligentiae rationem*. Vgl. Eckhart, *In Gen. I* n.11 und n.168, *In Gen. II* n.215.

540,5 *Contra gentiles ⟨...⟩ Prima parte]* Eckhart bezieht sich in den ersten fünf Argumenten auf die *Summa contra gentiles* I c.45, im sechsten auf die *Summa theologiae* I q.14 a.4 des Thomas von Aquin.

540,7 *primum 〈...〉 simplex]* Das Erste ist dadurch definiert, daß es das Einfache ist, während alles Spätere durch die Einschränkung dieser Einfachheit charakterisiert ist. Vgl. *In Gen. II* n.10 und dazu: Thomas von Aquin, *Summa theologica* I q.3; *Summa contra gentiles* I c.16-24; *Liber de intelligentiis* prop. 13.

540,8 *actus immanens]* Das Erkennen bleibt dem Erkennenden innerlich, insofern es nicht, wie etwa die Wärme, von einem Gegenstand auf einen anderen Gegenstand übergeht. Es gibt also nichts Äußeres, das das Erkennen erleiden würde. Insofern besteht die Wirkung des Erkennens in der eigenen Vervollkommnung. Vgl. Thomas von Aquin, *Summa contra gentiles* I c.45; *Liber de intelligentiis* prop. 12,2 comm.

540,9 *in primo 〈...〉 primum]* Was im Ersten, das heißt, im Einen ist, muß mit dem Einen, das ja durch Einfachheit charakterisiert ist, eins sein, da im anderen Falle das Eine etwas von sich Verschiedenes beinhalten würde. Insofern also der Akt des Erkennens ein immanenter Akt ist, ist er als Rückkehr ins Eine mit dem Einen eins. Vgl. *In Gen. II* n.10 und *Liber de intelligentiis* prop. 13/1.

542,7 *dixi alias]* Vgl. *In Gen. I* n.188 und n.197, wenn sich auch Eckhart hier nicht auf diese – sicher später entstandenen – Stellen beziehen kann.

542,24f. *intelligere fundamentum ipsius esse]* Mit der Aussage, daß das Erkennen in bezug auf das Sein eine begründende Funktion besitze, geht Eckhart über die dargelegten Argumente des Thomas und über sein eigenes früheres Argument hinaus, die alle darauf hinauslaufen, die Identität von Sein und Erkennen in Gott zu beweisen. Eckhart greift dazu im folgenden auf Joh. 1,1 zurück. Man hat dafür gehalten, daß Eckhart den Schritt, den er hier vollzieht, in seinem späteren Werk, insbesondere im *Genesiskommentar* und in verschiedenen deutschen Predigten, zurückgenommen habe (siehe Bd. I dieser Ausgabe, S. 42,9-18; vgl. auch *In Gen. I* n.11; *In Exod.* n.176; *In Ioh.* n.34, n.38, n.669; *Sermo XXIX* n.301). Doch ist grundsätzlich wohl davon auszugehen, daß Eckhart weder den hier entworfenen Intellektbegriff noch den in der Intellektualität Gottes fundierten Seinsbegriff, in dem Intellekt und Sein konvergieren, zurücknimmt. Gott ist demnach wesenhaft Intellekt, und als solcher steht er über dem Sein und bewirkt als Erstes das Sein (*In Ioh.* n.34, S. 518,15-520,4; vgl. *In Eccli.* n.10; *Sermo XXIV/2* n.247). Als Intellekt *ist* Gott aber auch immer schon, und zwar im Sinne der *puritas essendi* oder der *isticheit*, die von allem kreaturhaften Sein zu unterscheiden ist und der Kreatur in einer von der Naturkausalität vollkommen unterschiedenen Weise das Sein verleiht (vgl. Anm. 548,27). Emphatisch hebt Eckhart denn auch in der Pr. 80 die Vernunfthaftigkeit Gottes mit einem angeblichen Gregoriuszitat hervor: *Sant Grêgôrius sprichet: wære an gote iht edeler einez dan daz ander, ob man daz gesprechen möchte, daz wære verstantnisse; wan an verstantnisse ist got im selben offenbære, an verstantnisse verfliuzet got in sich selber, an verstantnisse vliuzet got ûz in alliu dinc, an verstantnisse schuof got alliu dinc. Und enwære an gote niht verstantnisse, sô enmöhte diu drîvalticheit niht gesîn; sô enwære ouch nie crêatûre ûzgevlozzen.* (S. 160,10-18.)

Doch ist an dieser Stelle auch schon indiziert, weshalb Gott nicht einfach mit seiner absoluten Intellektualität gleichgesetzt werden darf. Eckhart betont, daß dieser Lobpreis des Intellekts das Zugeständnis voraussetzt, daß etwas Bestimmtes in Gott die höchste Stelle einnehme. Gerade das ist aber nicht der Fall, denn Gott ist absolut namenlos aus dem Blickpunkt der kreaturhaften Vernunft: *got ist überwesenlich und überredelich und überverstentlich, daz natiurlîch verstân ist* (S. 160,22-24). Doch bleibt es auch unter der Perspektive gnadenhaften Verstehens die Vernunft, der die Vorzugsstellung zukommt: *Si engeruowet niemer; si brichet in den grunt, dâ güete und wârheit ûzbrichet, und nimet ez ›in principio‹, in dem beginne, dâ güete und wârheit ûzgânde ist, ê ez dâ deheinen namen gewinne, ê ez ûzbreche, in einem vil hôhern grunde, dan güete und wîsheit sî. Mêr: ir swester, dem willen, genüeget wol an gote, als er guot ist. Aber vernünfticheit diu scheidet diz allez abe und gât în und durchbrichet in die wurzeln, dâ der sun ûzquillet, und der heilige geist ûzblüejende ist.* (S. 52,23-54,3.) So dringt die Vernunft in der absoluten Abgeschiedenheit des Menschen, das heißt dort, wo die Vernunft selbst absolut offen und unbestimmt geworden ist, in den Grund der Gottheit ein und gewinnt darin ihr Sein, das nicht mehr kreaturhaftes Sein ist (S. 38,27-29; vgl. Bd. I, Anm. 108,35-112,23). Eckhart betont deshalb auch: *Bekantnisse ist ein gruntveste und ein fundament alles wesennes.* (S. 76,14f.) Er bezieht sich darin aber nicht auf eine dem Denken Dietrichs von Freiberg vergleichbare Intellekttheorie, sondern auf die Worttheologie (vgl. Anm. 512,7), in die sowohl seine intellekttheoretischen wie seine ontologischen Aussagen eingebettet sind (vgl. Zum Brunn/Libera, *Maître Eckhart*, S. 71-155, besonders S. 153-155; Beierwaltes, *Deus est esse*, S. 50-54). – Vgl. zu diesem Problemkreis die im Literaturverzeichnis angeführten Titel von Flasch und Mojsisch, sowie Zum Brunn, *Dieu n'est pas être.*

544,3-5 *Relatio* ⟨...⟩ *praedicamentum reale]* Vgl. *In Exod.* n.54. Eckhart übernimmt den Gedanken, daß die Beziehung ihr Sein durch die Seele erhalte, von Dietrich von Freiberg (Zum Brunn, *Dieu n'est pas être*, S. 90; Flasch, *Einleitung*, S. XXII-XXV; Mojsisch, *Die Theorie des Intellekts*, S. 49-54).

544,5-7 *tempus* ⟨...⟩ *praedicamenti]* Ob die Zeit nur in der Seele oder auch außerhalb der Seele sei, war im Mittelalter umstritten. Eckhart scheint hier der Meinung zuzuneigen, die davon ausgeht, daß das Sein der Zeit sich durch die Seele konstituiere (vgl. Largier, *Zeit*, S. 149-174). Trotzdem ist die Zeit – im Rahmen der Aristotelischen Kategorienlehre – eine Art von Quantität (insofern sie mißt), und also Unterart einer realen Kategorie. Vgl. Aristoteles, *Categoriae* c.6 (4b20).

544,7f. *Augustinus]* Augustinus, *De trinitate* VIII c.2 n.3.

544,12 *factis* ⟨...⟩ *conveniat]* Das heißt, daß das Geschaffene vor dem Geschaffen-Sein als Idee, also vernunfthaft, in Gott ist (vgl. Anm. 524,16f.). Die Rückkehr in diesen Ursprung aller Dinge ist ein Leitgedanke auch des Deutschen Werks Eckharts (vgl. Bd. I dieser Ausgabe, Anm. 24, 13).

544,13 *De causis*] *Liber de causis* prop. 4. Vgl. auch *In Sap.* n.24.

544,15 *aliqui*] Die dargelegte Meinung referiert Gottfried von Fontaines, *Quodlibeta* VIII q.3. Eckhart folgt hier dem *Liber de causis*, der das Sein als erstes Geschaffenes versteht, und wendet sich, wie vor ihm bereits Dietrich von Freiberg, gegen die Seinsmetaphysik des Thomas von Aquin (vgl. Flasch, *Einleitung*, S. XXIV; siehe auch: *In Gen. I* n.4; *In Gen. II* n.121; *In Ioh.* n.443). Es geht Eckhart an der vorliegenden Stelle zentral darum, den Gottesbegriff von jeder Verursacherqualität, die mit dem Kreaturhaften zu vermischen wäre, zu befreien. Aus diesem Grunde ist Gott auch das Sein und die Verursacherqualität, die ein mit dem kreaturhaften Sein verwechselbarer Begriff des Seins nahelegt, abzusprechen. Ebenso argumentiert Eckhart im *Sermo II/2*, S. 574,27-576,6 und im *Sermo XXV/1*, S. 596,16-22: Gott ist nicht *causa efficiens* noch *causa finalis*, sondern *causa essentialis*, also *logos* oder *ratio* jeder Ursächlichkeit (vgl. Anm. 550,7-12).

544,18 *Sapientia*] Zum Begriff der *sapientia* vgl. *In Sap.* n.94 und Bd. I dieser Ausgabe, Anm. 20,11 und Anm. 432, 28-33.

544,26f. *opus naturae* ⟨...⟩ *opus intelligentiae*] Vgl. *In Gen. II* n.203 und n.214; Thomas von Aquin, *Summa contra gentiles* III c.24; Albertus Magnus, *Metaphysica* IV tr.3 c.1.

546,5-13 *Dicunt* ⟨...⟩ *esse*] Mit den *aliqui* ist wohl kaum, sicher nicht ausschließlich, Thomas von Aquin gemeint. Dieser erläutert die Triade *esse-vivere-intelligere* im Rekurs auf Dionysius Areopagita, *De divinis nominibus* c.5 § 3, in der *Summa theologica* I q.4 a.2 ad 3. Thomas unterscheidet die drei Begriffe nur im Blick auf unser Erkennen (*ratione*). Dennoch geht Eckhart über Thomas hinaus, insofern er den Intellekt bevorzugt und den Begriff der *puritas essendi* einführt. Eckhart wird auch hier hauptsächlich die Argumente der Franziskanermagister im Auge haben. Er setzt sich in der Pr. 8 und *In Ioh.* n.63 mit demselben Problem auseinander (vgl. Bd. I dieser Ausgabe, S. 98,5-15 und Anm.). Die hier negierte Unterscheidung übernimmt er dort. Eine erste Lektüre der Pr. 8 scheint dafür zu sprechen, daß Eckhart dort zum Primat des Seins in Gott zurückgekehrt ist, doch ist davon auszugehen, daß der Seinsbegriff, der in der Pr. 8 zur Anwendung kommt, und der deutsche Begriff *ein überswenkend wesen* (Bd. I, S. 42,12) mit dem Begriff der *puritas essendi* der vorliegenden *Quaestio* gleichzusetzen sind.

546,16 *III Metaphysicae]* Aristoteles, *Metaphysica* III t.3 (III c.2 996a29). Vgl. *In Sap.* n.20.

546,18 *VI Metaphysicae]* Aristoteles, *Metaphysica* VI t.4 (VI c.2 1026a34f.).

546,19f. *ibi dicitur]* Aristoteles, *Metaphysica* VI t.4 (VI c.2 1027a7).

546,24f. *imago in quantum huiusmodi]* Nur das »Nichtsein« des Bildes als Bild und generell das »Nichtsein« des *ens in anima* ermöglicht die Erkenntnis des Gegenstandes, dessen Bild das Bild ist. Wäre das Bild selbst ein bestimmtes Seiendes, könnte der Gegenstand nicht erkannt werden, dessen Bild das Bild ist, da sich das Bild als etwas selbst schon Bestimmtes zwischen den Gegenstand und die Erkenntnis schieben würde. Das heißt, daß das Bild sein Sein ganz vom Gegenstand erhält, dessen Bild es ist. Vgl. Bd. I dieser Ausgabe, Anm. 186,28-190,27.

546,27f. *alias dixi]* Eckhart bezieht sich im vorliegenden Abschnitt auf seine *Quaestio Utrum intelligere angeli sit suum esse* (n.4-6), die der vorliegenden *Quaestio* zeitlich vorangeht.

548,17f. *esse formaliter ⟨...⟩ deo]* Vgl. *Sermo XI* n.118.

548,21 *principium ⟨...⟩ principiatum]* Zur Beziehung des *principium* zum *principiatum* siehe *In Ioh.* n.134-139. Eckharts Lehre vom Verhältnis des Begründenden zum Begründeten ist vom Begriff der *causa essentialis* geprägt. Vgl. Anm. 550,7.

548,27 *puritas essendi]* Nachdem Eckhart Gott das Sein abgesprochen und in einem zweiten Schritt die Möglichkeit zugestanden hat, das *intelligere* in Gott Sein zu nennen, bezeichnet er dieses mit dem Begriff der *puritas essendi*, der in den Deutschen Werken als *lûterkeit des wesens*, als *isticheit*, manchmal aber auch einfach als *wesen* begegnet. Wie der Text ausführt, steht dabei der Begriff der *puritas*, der *lûterkeit* im

Zentrum. Dieser entspricht der vollkommenen Unbestimmtheit des Intellekts, die zuvor herausgearbeitet wurde. *In Eccli.* n.8 führt Eckhart aus: *sapientia dei notat sui puritatem dicens: ›ego‹. Li ›ego‹ enim meram et puram substantiam significat* 〈...〉. (»Nach der ersten Weise der Auslegung also tut die Weisheit Gottes ihre Reinheit mit dem Wort *ich* kund. Denn *ich* bezeichnet die bloße und reine Substanz 〈...〉.« Vgl. auch n.3 und n.9; *In Exod.* n.14, *Sermo LIV/2* n.533.) Im Begriff der *puritas essendi* – *In Exod.* n.15 spricht Eckhart vom *purum esse* und vom *nudum esse*, das nur Gott zukommt – wird das eigentliche Interesse deutlich, das die *Quaestio* leitet: Es geht Eckhart darum, den auf Gott bezogenen Begriff des Seins von jedem Bezug zum Sein der Kreatur zu befreien. Dies gelingt nur im Rekurs auf den Intellekt, dessen Charakteristika Unvermischtheit, absolute Unterschiedenheit von allem Seienden, auch auf den Begriff der *puritas essendi* anzuwenden sind (vgl. Zum Brunn, *Dieu n'est pas être*, S. 91f.). Deutsche Wendungen, die dem Begriff entsprechen, sind: *lûterkeit des wesens, lûter wesen, überswenkend wesen* (Bd. I, S. 42, 9-18), *isticheit* (Bd. I, S. 80,31 und S. 146,3-10), *istige vernünfticheit* (Bd. II, S. 20,24), *wesenlich vernünfticheit* (Bd. II, S. 26, 4f.). Ebenso zielen die Feststellungen, Gott wirke über dem Sein (Bd. I, S. 106,17f.) und er sei *ein wesen weselôs* (Bd. II, S. 186,27), auf diesen Sachverhalt, der immer auch mit der negativen Theologie Eckharts zusammenzusehen ist (vgl. Bd. I, Anm. 72,16-21). Hervorzuheben ist jedoch auch, daß Eckhart gelegentlich selbst den Begrif der *puritas essendi*, der *isticheit* zu überbieten sucht. Er spricht dann von der *blôzen isticheit*, die nichts ist als *grunt* (S. 26,7-12). Es ist dies der Punkt der Einheit der Seele mit der Gottheit.

550,2-5 *ego sum* 〈...〉 *esse]* Auf den ersten Blick scheint die – spätere – Auslegung von 2 Mos. 3,15 im Prolog des *Opus tripartitum* der vorliegenden Stelle zu widersprechen. Dennoch ist nicht davon auszugehen, daß Eckhart im Spätwerk zu einer Perspektive zurückgekehrt ist, die vom Primat des Seins in Gott ausgeht. Vielmehr baut im späteren Werk – vgl. auch Pr. 8 – der Begriff des Seins auf dem vorliegenden Begriff der *puritas* auf. Vgl. dazu S. 472,15-474,9 und Anm.

550,7-12 *in causa sua ⟨...⟩ omnium]* Eckhart spricht hier von der *causa essentialis* oder vom *principium essentiale.* Vgl. *In Sap.* n.21: *Rursus tertio notandum quod res in sua causa essentiali sive originali non habet esse, similiter nec in arte sua nec in intellectu. Domus enim in mente domus non est, calor in sole, motu sive lumine calor non est. Esse autem domus vel esse caloris formale accipit, in quantum extra producitur et educitur a causa et per causam efficientem. Omnia autem sunt in deo tamquam in causa prima intellectualiter et in mente artificis. Igitur non habent esse suum aliquid formale, nisi causaliter educantur et producantur extra, ut sint.* (»Ferner ist drittens zu bemerken: ein Ding hat in seiner wesenhaften oder ursprünglichen Ursache kein Sein, desgleichen nicht in der Kunst oder im Verstand des Künstlers. Ein gedachtes Haus ist kein Haus, die Hitze in der Sonne, in der Bewegung oder im Licht ist keine Hitze. Das Haus und die Hitze erhalten ihr formales Sein, wenn sie von einer Wirkursache und durch diese hervorgebracht und in die Wirklichkeit gesetzt werden. Alles ist aber in Gott als der Erstursache nach Weise des Denkens; ebenso im Geist des Künstlers. Alles erhält also erst dann sein formales Sein, wenn es von seiner Ursache in die Wirklichkeit gesetzt und hervorgebracht wird, daß es sei.« Vgl. unten, *Sermo II/2*, S. 572,20-23; *Sermo XXV/1*, S. 596,16-598,1; *In Ioh.* n.31 und n.45; *Sermo II/1* n.6; *Sermo VIII* n.90; *In Eccli.* n.38.)

Die *causa essentialis* ist die im letzten Abschnitt der *Quaestio* erwähnte Fülle, die als *logos*, als *verbum*, als *intellectus* und mithin als *puritas essendi* gefaßt werden kann. In der *causa essentialis* sind alle Dinge idealiter aufgehoben, bevor sie das Sein erhalten (S. 552,15 und 19f.). Insofern der Mensch qua Intellekt abgeschieden, leer und frei zu werden vermag (vgl. Bd. I dieser Ausgabe, Anm. 108,35-112,23), kann er von Gott, der *causa essentialis*, überformt werden und so unmittelbar alles erkennen, insofern dieses, bevor es in die Schöpfungsordnung hinaustritt, in der *causa essentialis* aufgehoben ist. Deshalb hebt Eckhart hervor: *Intellectus enim, in quantum intellectus, est similitudo totius entis, in se continens universitatem entium, non hoc aut illud cum praecisione. Unde et eius obiectum est ens absolute, non hoc aut illud tantum.* (»Der Intellekt als Intellekt ist allem Seienden gleich und enthält alles Seiende, nicht aber dies und jenes als Bestimmtes. Daher ist sein Gegenstand das absolute Sein, nicht dieses und jenes.« *In Gen. I* n.115.)

In seinem Begriff der *causa essentialis* und des *intellectus* ist Eckhart zweifellos von Dietrich von Freiberg beeinflußt (vgl. Mojsisch, »*Causa essentialis*«, S. 110f.; OL VI, S. 379f.), auch wenn er in zentralen Punkten der Theorie Dietrichs nicht folgt (vgl. Largier, *Zeit*; Mojsisch, *Meister Eckhart*). Im Begriff der *causa essentialis* versuchen Albertus Magnus (vgl. insbesondere seinen Kommentar zu Dionysius, *De divinis nominibus*) und seine Schüler – im Anschluß an Averroes und Aristoteles, aber mit einem entscheidenden Rückgriff auf Proclus und Dionysius (vgl. OL VI, S. 371-381) – die Ursächlichkeit Gottes neu und frei von jeder Vergleichbarkeit mit der Naturkausalität zu denken. Dies heißt denn auch, daß der Bezug Gottes zur Kreatur mit größerem Nachdruck als unmittelbare Selbstmitteilung, der Bezug der Kreatur zu Gott mit größerem Nachdruck als Partizipation der Kreatur an Gott gesehen wird. Daß auch Eckhart der Ursächlichkeit Gottes jede mit der Naturkausalität verwechselbare Form abspricht, äußert sich nicht zuletzt darin, daß er für das Hervorgehen aus Gott auf ein Feld von Metaphern zurückgreift, die die Vorstellung des Kausalen untergraben. Dies ist vor allem die Metaphorik des Fließens und der Emanation (vgl. Anm. 602,14). Es äußert sich auch darin, daß er der Kreatur jedes eigene Sein abspricht (vgl. Bd. I dieser Ausgabe, Anm. 52,16-22) und daß er alle Ebenen des Seienden schöpfungs- und inkarnationstheologisch auf den Konvergenzpunkt ihrer Überformung durch Gott hin faßt. Dies ist sowohl für das der Fall, was auf univoke Weise (als Sohn), wie für das, was auf analoge Weise (als Kreatur) aus Gott hervorgeht (vgl. *In Ioh.* n.5f.). – Zweifellos ist auch der mhd. Terminus *grunt* und der Ausdruck *grunt âne grunt* vor dem Hintergrund dieser Lehre zu sehen. – Literaturhinweise: Albert, *Meister Eckharts These*, S. 236-244; Eberle, *Die Schöpfung*; Lossky, *Théologie négative*, S. 72-74; Mojsisch, *Causa essentialis*; Schlötermann, *Logos und Ratio*; Zum Brunn/Libera, *Maître Eckhart*, S. 38-41.

550,13 *secundum analogiam]* Vgl. *In Eccli.* n.52f. Zum Begriff der Analogie siehe Bd. I dieser Ausgabe, Anm. 52,16-22.

550,18 *alias dixi]* Zum Begriff des Akzidens siehe Anm. 468,1f. Eckhart wird sich hier kaum auf die *Quaestio Utrum intelligere angeli sit suum esse* (vgl. n.3 und n.5) beziehen, sondern auf eine nicht überlieferte *Quaestio*.

552,11 *Aristoteles]* Aristoteles, *De anima* II c.7 (II c.7 418b27). Eckhart führt diese Parallelität zwischen Gesichtssinn und Intellekt öfter an. Vgl. Bd. I dieser Ausgabe, Anm. 108,35-112,23.

552,17 *Damascenum]* Johannes Damascenus, *De fide orthodoxa* I c.4.

552,19f. *deus omnia praehabet]* Vgl. Anm. 550,7-12 und Dionysius Areopagita, *De divinis nominibus* c.5 § 4f. Eckhart verrät in diesen letzten Zeilen, wie stark die Grundintention der *Quaestio*, den Begriff Gottes scharf von allem Geschaffenen und vom Sein des Geschaffenen zu trennen, durch die negative Theologie des Dionysius Areopagita und durch dessen Verbindung von *puritas* (»Lauterkeit«) und *plenitudo* (»Fülle«) inspiriert ist. Die *puritas* spielt denn auch als *lûterkeit* und absolute Bildlosigkeit (vgl. Dionysius Areopagita, *De caelestis hierarchia* c.2 § 3) im Deutschen Werk eine ganz wesentliche Rolle. Vgl. Bd. I dieser Ausgabe, Anm. 72,16-21.

SERMONES

Abgesehen von der ersten Predigt, die Eckhart am Tag des hl. Augustinus am 28. August 1302 oder 1303 in Paris hielt, stammen alle hier vorgelegten Predigten bzw. Predigtentwürfe aus einer einzigen Handschrift. Sie sind in der aus dem Besitz des Nikolaus von Kues stammenden und in seinem Auftrag hergestellten Hs. 21 des St. Nikolaus-Hospitals in Kues (Hs. C) überliefert. Ihr Text ist an vielen Stellen fehlerhaft und bereits von Nikolaus von Kues mit Korrekturen und Marginalien versehen worden. Die Herausgeber sahen sich daher zu vielen Konjekturen gezwungen. Zudem enthält die Hs. C eine ganze Reihe unechter Predigten und *collationes*, die auszuscheiden waren. Eckharts Werk zuzurechnen sind eine Gruppe *Sermones de tempore* sowie eine Gruppe *Sermones de sanctis.* Echt ist auch ein Sermo auf den ersten Adventssonntag, der sich zwischen den verschiedenen Gruppen von Texten befindet, die zum Teil nicht an der ihnen jeweils zukommenden Stelle stehen. Daß ein Teil der Predigten nicht echt ist – gegen die Echtheit spricht die Methode des Predigers und das Fehlen jedes Rückverweises im Corpus der echten Predigten –, hatte offenbar bereits Nikolaus von Kues bemerkt, der das größere Corpus der – echten – Predigten durchgearbeitet und mit handschriftlichen Notizen versehen hat, während die unechten Predigten und *collationes* keine solchen Zeichen tragen.

Bei den lateinischen Predigten Eckharts handelt es sich, abgesehen von fünf ausgearbeiteten Predigten (*Sermo Paschalis a. 1294 Parisius habitus*, *Vas auri solidum*, zwei Sermones zu *Ecclesiasticus* und dem in den *Johanneskommentar* aufgenommenen Sermo), um Predigtentwürfe im Rahmen des *Opus sermonum*, das als Teil des *Opus expositionum* in den dritten Teils des geplanten *Opus tripartitum* hätte aufgenommen werden sollen. Man hat es also mit einer Sammlung von mehr oder weniger weit ausgeführten Vorarbeiten zu Predigten zu tun, die Eckhart als integralen Bestandteil in sein Werk der Schriftauslegung aufzunehmen gedachte. Einige vollständig ausgeführte Predigten hat Eckhart denn auch in seine Schriftkommentare eingebaut (vgl. *In Eccli.* n. 1-16 und n. 31-40; *In Ioh.* n. 226-248), wobei er bei einer hervorhebt, daß sie ins *Opus sermonum* gehöre (*In Ioh.* n. 226). Alle anderen überlieferten Sermones sind Entwürfe, und zwar in überwiegender Zahl Entwürfe zu lateinischen Predigten (für die Ausnahmen vgl. die Überblickskommentare zu den Predigten 17-21; dazu: Koch, LW IV, S. XXIX; Steer, *Zur Authentizität*, S. 135-139), die vor dem Klerus, also im akademischen Rahmen gehalten wurden oder gehalten werden sollten. Als Entwürfe, Gedanken- und Materialsammlungen sind die Sermones denn auch äußerst reizvoll, insofern sie, wie der Herausgeber J. Koch hervorhebt, Einblick in »Eckharts Werkstatt« gewähren (LW IV, S. XXIXf.; Steer, *Zur Authentizität*, S. 144f.). Der Prediger wechselt hier dauernd die Formen und die Perspektiven. Neben exegetischen Ausführungen stehen theologische und philosophische Gedanken und Verknüpfungen von Schriftworten; neben dem kunstvoll durchdachten Aufbau steht die Auslegung, die Wort für Wort vorgeht.

Hervorzuheben bleibt trotzdem: In fast allen Fällen ist davon auszugehen, daß die fertiggestellten Predigten den Anforderungen der akademischen Predigt rhetorisch hätten genügen sollen. Diese bestanden darin, das der Schrift entnommene Thema so zu wählen, daß sich die ganze Predigt darauf aufbauen ließ. Daraus war die Haupteinteilung der Predigt, gewöhnlich die Dreiteilung, in kurzen Zügen abzuleiten. Die darauf folgende Aufforderung zum Gebet konnte durch ein kurzes, einführendes Schriftzitat (Prothema, häufig in liturgischem Zusammenhang mit dem Thema) eingeleitet sein, bevor der Prediger auf die Haupteinteilung (*divisio*) zurückkam und das Thema nach einer kurzen Einleitung anhand von Zitaten (*auctoritates*), Argumenten (*argumenta*) und Beispielen (*exempla*) im Hauptteil (*tractatio*) der Predigt entwickelte. Dabei war unter dem Gesichtspunkt der Schriftauslegung die Idee leitend, daß das Thema der Predigt durch andere Schriftworte ergänzt und erhellt werden sollte, deren innerer Zusammenhang vom Prediger darzutun war. Daneben bestand natürlich auch die Möglichkeit, von einem oder zwei Worten des Themas auszugehen und die Predigt darauf aufzubauen (vgl. den Überblickskommentar zu den deutschen Predigten, Bd. I dieser Ausgabe, S. 740f.).

Ein weiteres wichtiges Element der akademischen lateinischen Predigt bildet der *color rhythmicus*. Er besteht darin, die Gliederungspunkte der Predigt möglichst kunstvoll in Reimprosa zu bringen. Auch dies begegnet hier gelegentlich (etwa im *Sermo XXVIII* n. 279: *potentiam creationis / sapientiam distinctionis / bonitatem ordinationis*; vgl. unten S. 598,12f.). Am Beispiel der Pr. 24, die auf dem *Sermo LII* fußt, konnte G. Steer zeigen, daß dieses Stilmittel auch in den deutschen Predigten begegnet (*Zur Authentizität*, S. 143). Auch wenn nun die im *Opus sermonum* gesammelten Predigten öfter von einer nur ansatzweise entwickelten Disposition und von viel Unausgeführtem zeugen, sind sie doch – dies lassen verschiedene Entwürfe erkennen – am dargestellten Leitbild orientiert. Selbst dort, wo Eckhart ein Thema Wort für Wort auslegt, lehnt sich der Text in der zumeist dreiteiligen Struktur ans Modell der akademischen Predigt an, das in der ausgeführten Fassung realisiert worden wäre.

Zur vorliegenden Auswahl ist vorauszuschicken, daß die Texte nicht nach rhetorischen Kriterien ausgewählt wurden. Es handelt sich dabei – abgesehen von der akademischen Predigt zum Festtag des hl. Augustinus (S. 556-568) – vielmehr um *Sermones*, die zentralen theologischen und philosophischen Fragen und Problemen gewidmet sind: der Frage nach dem Wesen der Trinität und der Gnade (*Sermo II/2*, S. 570-582), der Frage nach der absoluten Zeitlosigkeit Gottes im Blick auf Schöpfung und Inkarnation (*Sermo XV/1* und *Sermo XV/2*, S. 584-594), der Frage nach der Gnade und der

Art der Ursächlichkeit Gottes (*Sermo XXV/1* und *Sermo XXV/2*, S. 596-612) und schließlich der Frage nach dem Aufstieg zu Gott (*Sermo XXXVIII*, S. 614-624).

Literaturhinweise: Koch, LW IV, S. XIII-XXXVII; Steer, *Zur Authentizität*, S. 139-145. Vgl. weiter die Bd. I dieser Ausgabe, S. 742, verzeichneten Studien und Quellensammlungen zur Gattung »Predigt«.

VAS AURI SOLIDUM

Diese am Tag des hl. Augustinus in Paris gehaltene Predigt ist auf dem Vorsatzblatt einer Handschrift der Erfurter Stadtbücherei überliefert. Die Schrift gehört ins beginnende 14. Jahrhundert. Es handelt sich um die Abschrift einer Mitschrift (*reportatio*, vgl. S. 568,22) der Predigt, für deren Zuverlässigkeit insbesondere die Genauigkeit bei der Zitierung der Quellen spricht.

Die Predigt gehörte, wie die Disputation und die Schriftauslegung, zur Pflicht des Magisters der Theologie im Rahmen seiner akademischen Lehraufgaben. So zeugt denn auch die vorliegende Predigt Eckharts nicht – wie die deutschen Predigten – vom großen innovativen Elan des Predigers, sie ist vielmehr von einer gewissen akademischen Trockenheit. Man würde Zweifel an der Echtheit zu äußern wagen, wenn nicht die Unterschrift und der Rückverweis Eckharts in der Pr. 16 vorlägen, die übrigens inhaltlich keine Parallelen zur vorliegenden Predigt erkennen läßt. Der Aufbau des Textes ist schematisch. Der Prediger stützt sich auf eine Reihe von Aufzählungen und Einteilungen, die wohl durchwegs fremdes Matrial übernehmen. Dies ist nicht ungewöhnlich bei mittelalterlichen Predigern, und es mag an dieser Stelle einen Einblick geben in die Rhetorik akademischer Predigten der Zeit. Die Predigt ist auf den 28. August 1302 oder auf den 28. Februar 1303 zu datieren.

Literaturhinweis: Kurdzialek, *Mistrz Eckhart.*

Der Aufbau der Predigt folgt der Dreiteilung des Schriftverses (Eccli. [Jes. Sir.] 50,10): *vas auri*, *ornatum omni lapide pretioso* und *solidum* werden nacheinander ausgelegt (S. 556, 8-564,6; S. 564,7-568,12; 568,13-20). Das Bild der Kostbarkeit des Gefäßes, das auf Augustinus zu beziehen ist, wird vorerst im Blick auf den »Stoff« des Gefäßes, die Fülle der Weisheit des Augustinus ausgelegt. Diese umfaßt sämtliche Bereiche der Philosophie. Den Gipfel bildet dabei die theoretische Philosophie und darin die Ethik, die mit der Theologie gleichgesetzt wird. Diese stützt sich auf die Autorität der Schrift und der Tradition, auf die Beispiele, die der Welt entnommen sind, und auf die Betrachtung des göttlichen Seins. Anhand der Antwort des Augustinus auf die Frage nach dem Trinitätsbegriff läßt sich dies exemplarisch zeigen.

Die theoretische Tätigkeit des Theologen ist somit als eine doppelte Erkenntnis zu beschreiben: einerseits als »Erkenntnis durch den Spiegel und im Rätsel«, andererseits als »Erkenntnis durch den Spiegel und im Licht«. Erstere vollzieht sich – im Anschluß an die *via negativa* und *via eminentiae* des Dionysius Areopagita – durch Verneinung, Heraushebung und Ursächlichkeit, das heißt: durch die Befreiung von allen Bezeichnungen, insofern diesen der Bezug zur Kreatur anhaftet; durch die Überhöhung, indem die qualifizierenden Bezeichnungen auf einen Gipfel hin gesteigert werden, der durch die Kreatur nicht erreicht zu werden vermag; durch die Rückführung von allem auf den Ursprung. Die zweite Erkenntnis vollzieht sich, wo der Geist des Menschen durch das göttliche Licht über seine naturhaften Fähigkeiten emporgehoben wird. Dies bewirkt dreierlei: Der Mensch weiß das der Natur Verborgene und so auch die Zukunft, er handelt verdienstlich und gelangt drittens in den Vorgenuß seiner Seligkeit. Diese Erkenntnis ist die *sapientia*, also das »schmeckende Wissen« (von lat. *sapere*, schmecken).

Der zweite Teil der Predigt ist der »Form«, dem Schmuck des Gefäßes gewidmet. Die Form, von der Augustinus zeugt, ist die gnadenhaft geschenkte Tugend. Diese bestimmt, als Form, sein Sein, denn nur durch die Tugend *ist* er, wie ja generell alles durch die *Form* ist. Diese Form ist die Verwirklichung der Weisheit, von der im ersten Teil der Predigt die Rede war. Die Frucht dieser Verwirklichung der Weisheit in der Tugend ist im Blick auf den Einzelnen die geistige Freude, im Blick auf das Verhältnis des Einzelnen zur Gemeinschaft die Freundschaft, im Blick auf Gott das Erlangen der Gnade, die die Gerechtigkeit vollendet. Das Wirken der Gnade wird im folgenden in sieben Arten unterschieden. Der Gipfel ihres Wirkens ist dort erreicht, wo das natürliche Leben des Menschen abstirbt und der Mensch ganz aus der Gnade lebt. – Im kurzen dritten Teil der Predigt geht Eckhart auf das »Gewicht« des Gefäßes ein. Dieses ist auf die Liebe zu beziehen, die den Menschen bedingungslos Gott anheimstellt. – Über denselben Schriftvers handelt die Pr. 16.

556,12-19 *magistri ⟨...⟩ theologiam]* Eckhart hat die vorliegende Gliederung der Philosophie fast wörtlich von Clarembaldus von Arras, einem Vertreter der Schule von Chartres im 12. Jahrhundert, *Expositio super librum Boethii De trinitate*, introductio n.2f., übernommen. Der Begriff der Philosophie gipfelt im augustinischen Begriff der *sapientia*, die den Höhepunkt der theologischen Erkenntnis kennzeichnet und von Augustinus, *De trinitate* XIV c.1 n.3, von der auf die naturhafte Erkenntnis begrenzten *scientia* abgegrenzt wird. Zum Begriff der *sapientia* siehe Bd. I dieser Ausgabe, Anm. 20,11 und Anm. 432,28-33.

556,23 *secundum Boethium]* Boethius, *De trinitate* c.2.

556,24-558,19 *Mathematicus ⟨...⟩ repperit]* Auch diesen Abschnitt hat Eckhart von Clarembaldus, *Expositio super librum Boethii De trinitate*, introductio n.4 und n.14-16, übernommen. Vgl. Plato, *Timaeus, interprete Chalcidio*, 28C.

558,19f. *solem nominavit]* Plato, *Respublica* VI 508. Zur Lichtmetaphysik Eckharts siehe Bd. I dieser Ausgabe, Anm. 12,28.

558,26 *secundum Dionysium]* Dionysius Areopagita, *De divinis nominibus* c.1 § 3. Eckhart benutzt die Übersetzung des Iohannes Sarracenus.

558,28f. *una ⟨...⟩ in lumine]* Der theologischen Erkenntnis liegt eine Unterscheidung in drei Weisen der Erkenntnis zugrunde: die Erkenntnis im Himmel (*per speciem et lumen*), im Paradies (*per speculum in lumine*) und die Erkenntnis des gefallenen Menschen (*per speculum in aenigmate*). Vgl. Alexander von Hales, *Summa theologica* II I q.512.

558,29 *tripliciter]* Vgl. Dionysius Areopagita, *De divinis nominibus* c.1 § 5.

560,8 *Boethius]* Boethius, *Contra Eutychen et Nestorium* c.1.

560,11 *Dionysius]* Dionysius Areopagita, *De caelesti hierarchia* c.2 § 3. Eckhart scheint die Übersetzung des Johannes Scotus Eriugena zu benutzen. Vgl. auch *In Ioh.* n.74, n.326, n.745.

560,15 *Augustinus]* Vielleicht bezieht sich Eckhart auf Augustinus, *Confessiones* XI c.4 n.6. Vgl. auch *Confessiones* XIII c.20 n.28.

560,22f. *»principium ⟨...⟩ omnium«]* Vgl. Dionysius Areopagita, *De divinis nominibus* c.1 § 3.

560,25 *philosophum]* Aristoteles, *De caelo et mundo* II t.22 (II c.4 286b16). Vgl. *In Gen. II* n.10.

562,4 *secundum Augustinum]* Augustinus, *De trinitate* I c.2 n.4.

562,5 *VII Confessionum]* Augustinus, *Confessiones* VII c.10 n.16. Zum Begriff der *regio dissimilitudinis* vgl. Bd. I dieser Ausgabe, Anm. 468,18.

562,20f. *sapientia ⟨...⟩ affectum multum]* Eckhart folgt Augustinus, *Confessiones* X c.40 n.65. Vgl. Anm. 556,12-19.

562,25 *X Confessionum]* Augustinus, *Confessiones* XIII c.8 n.90. Vgl. *In Ioh.* n.202 und n.559.

564,11 *secundum Boethium]* Boethius, *De trinitate* c.2.

564,13 *malus ⟨...⟩ esse]* Daß das Böse eigentlich nicht sei, betont Eckhart verschiedentlich. Vgl. Bd. I dieser Ausgabe, Anm. 608,13f.

564,14 *secundum Boethium]* Boethius, *Consolatio* IV, prosa 2,33f.

564,15 *secundum Augustinum]* Augustinus, *De civitate dei* XV c.22.

564,18 *secundum Boethium]* Boethius, *Consolatio* III, prosa 12,19.

564,19f. *Sapientia ⟨...⟩ theologicae]* Die Verwirklichung der Weisheit in der Tugend besitzt eine auf das Einzelwesen, auf die Gemeinschaft und auf Gott bezogenen Dimension, deren Früchte die Freude, die Freundschaft und die spezielle Gnade sind. Zum Begriff der Tugend siehe Anm. 276,1-24.

564,26f. *Augustinus]* Augustinus, *Confessiones* X c.22 n.32. Vgl. *In Ioh.* n.233.

566,10f. *ad Rom. 12 ⟨...⟩ ad Rom. 12]* Vgl. *Glossa interlinearis* zu Röm 12,20.

566,20 *septem modos gratiae]* Eckhart stützt sich hier zweifellos auf eine Quelle, der er die Stufung der Wirkungen der Gnade entnimmt. Sie ist nicht bekannt.

568,15 *vehementia in amore]* Vgl. Augustinus, *Confessiones* XIII c.9 n.10 und Eckharts *Sermo LV/4* n.553.

568,15 *de quo idem]* Das Zitat ist wohl nicht einem Text des Augustinus, sondern Bernhards von Clairvaux oder eines anderen mittelalterlichen Theologen entnommen. Vgl. etwa Bernhard von Clairvaux, *De diligendo deo* c.6.

GRATIA DOMINI NOSTRI

Zur Überlieferung und Form siehe oben S. 886-889. Es handelt sich um den *Sermo II/2*, LW IV, S. 11-20.

Dieser Sermo vom Fest der Hl. Dreifaltigkeit ist dreiteilig, wobei dem Hauptteil mit seinen Ausführungen zum Begriff der Gnade eine lange Vorbemerkung zum Begriff der Trinität vorausgeht. Nach einer kurzen Einleitung legt Eckhart in der Vorbemerkung dar, inwiefern die Trinität gleichzeitig als Einheit und als Dreifaltigkeit zu begreifen ist. Dieser Teil mündet in die an die *Quaestiones Parisienses* erinnernde These, daß die Ursächlichkeit Gottes, die Einheit Gottes, in keiner Weise mit der Ursächlichkeit zu verwechseln ist, die die Kreatur in Form der Wirk- bzw. Zielursache kennt. Gott ist vielmehr *ratio* jeder Ursächlichkeit schlechthin (570,10-576,6). Nach diesen konzisen Erörterungen zum Begriff der Trinität, die dem Festtag angemessen sind, aber doch wohl die Funktion einer Vorbemerkung haben, geht Eckhart in drei Punkten auf den Begriff der Gnade ein (S. 576,7-582,3). Er fragt dabei zunächst nach der Wirkung der Gnade (S. 576, 12-578,15), dann danach, wem die Gnade geschenkt werde (S. 578,16-580,11). Der Schlußteil gilt der Frage nach dem Wesen der Gnade in ihrem Verhältnis zum Gottessohn (S. 580,17-582,3). Die Wirkung der Gnade, hält der Prediger im Anschluß an die von ihm zitierten Autoritäten fest, ist die Rechtfertigung, die Bestärkung in den guten Werken, schließlich die Verleihung des ewigen Lebens. Die Verleihung der Gnade, hält er im zweiten Punkt fest, setzt an erster Stelle die Demut, an zweiter Stelle die Gesetzestreue voraus. Sie wird aber, an dritter Stelle, allen geschenkt. Wer die Gnade empfängt, führt der Schlußteil der Predigt aus, wird zum Sohn Gottes. Dies ist etwas, das der Mensch ohne eigenes Verdienst erlangt, das ihm allein in Christus geschenkt wird. In Christus also, darf man hier schließen, ist allein der Weg zurück in die Trinität, von der in der Vorbemerkung die Rede war, denn in ihm ist die Weisheit Gottes.

570,19 *secundum Augustinum]* Augustinus, *De trinitate* IV c.20 n.29.

570,20f. *caritas* ⟨...⟩ *appropriatur patri]* Vgl. Thomas von Aquin, *Summa theologica* II II q.2 a.9 ad 1. Die Liebe ist im allgemeinen Appropriation des Hl. Geistes. Vgl. Bd. I dieser Ausgabe, Anm. 20,11.

572,1f. *essentiae* ⟨...⟩ *trinitas]* Zum Verhältnis von Einheit und Dreifaltigkeit Gottes siehe Bd. I dieser Ausgabe, Anm. 72,16-21.

572,16-19 *spiritu* ⟨...⟩ *processione]* Zum Hervorgehen des Hl. Geistes aus Vater und Sohn siehe Anm. 44,12-18.

572,21-23 *radix* ⟨...⟩ *rationem]* Eckhart evoziert hier das Konzept der *causa essentialis*, in der alles als Idee, das heißt *intellectualiter* ist, bevor es ins Sein hinaustritt. Vgl. Anm. 550, 7-12 und *In Gen. I* n.69.

572,25-27 *intellectum ⟨...⟩ rationem boni]* Eckhart lehrt die Überlegenheit der Vernunft über den Willen. Vgl. Bd. I dieser Ausgabe, Anm. 108,35-112,23.

574,12 *Dicamus esse]* Zur Identifikation Gottes mit dem Sein siehe Anm. 472,15-474,9.

576,3 *non est causa efficiens]* Auch hier trifft sich Eckharts Argumentation mit derjenigen in der *Quaestio Parisiensis I*, wo er versucht, den Gottesbegriff von jeder kreaturhaften Ursächlichkeit freizuhalten. Gott ist nicht die Wirkursache, sondern *causa essentialis*, das heißt *logos* bzw. *ratio* aller Ursächlichkeit. Vgl. S. 544,10-23 und Anm.

576,10f. *gratia ⟨...⟩ gratia]* Eckhart analysiert den Begriff der Gnade in drei Schritten. Er nennt zunächst die Wirkung der Gnade, fragt darauf, wer die Gnade empfange, und stellt schließlich fest, daß die Gnade allein in Christus bestehe. Zum Begriff der Gnade vgl. Anm. 600,4-18.

576,16 *Augustinus]* Augustinus, *In Iohannem* tr.72 n.3.

576,18 *Gre⟨gorius⟩]* Es ist unklar, auf welche Stelle sich Eckhart bezieht.

576,29f. *»vivere ⟨...⟩ esse«]* Aristoteles, *De anima* II c.4 (II c.4 415b13).

578,5 *abnegare se ipsum]* Vgl. Bd. I dieser Ausgabe, Anm. 18,2-9.

578,7f. *Iustus ⟨...⟩ iustitiae vivit]* Das Verhältnis des Gerechten zur Gerechtigkeit erläutert Eckhart zu Beginn des BgT. Vgl. Anm. 232,26-236,12.

578,17 *humilibus]* Zum Begriff der Demut vgl. Bd. I dieser Ausgabe, Anm. 174,10-176,5.

578,26 *omnibus]* Der Gedanke, Gott schenke die Gnade allen Menschen, ist in der in den folgenden Zeilen dargelegten Lehre begründet, daß der Mensch ein von Natur demütiges (vgl. die Etymologisierung: *homo-humus*, Bd. I dieser Ausgabe, Anm. 474,9f.) und friedfertiges Wesen sei, von Gott also die Gnade immer schon erhalte, insofern er Mensch sei. S. 602,3-7 führt Eckhart aus, daß die Gnade als *gratia gratis data* allen Geschöpfen geschenkt sei, insofern sie alles Wirken Gottes in der Kreatur bezeichne (S. 600,26f.), während die *gratia gratum faciens* nur auf das vernunftbesitzende Geschöpf und spezifisch auf den guten Menschen zu beziehen sei. An anderer Stelle führt Eckhart aus, daß die Gnade unmittelbar auf das Wesen der Seele zu beziehen sei und Gott darin jeden Menschen erleuchte (S. 610,4-10). Zum Begriff der Gnade siehe Anm. 600,4-18.

580,3 *animal mansuetum natura]* Die Meinung, daß der Mensch ein von Natur friedfertiges Wesen sei, geht auf Aristoteles zurück. Vgl. *Topica* V t.21 (V c.8 138a10f.) und oben S. 118,24f.

580,9 *omnem veritatem vel nullam]* Eine Teilung in Gott wäre undenkbar, da er Einheit und Einfachheit ist. Insofern kann sich Gott auch nicht teilen, wenn er sich mitteilt, da dies seinem Wesen widersprechen würde. Vgl. Bd. I dieser Ausgabe, Anm. 50,1f.

580,14 *filius dei]* Die Gnade vermag nur der Sohn Gottes zu empfangen. Dies scheint dem zuvor Gesagten zu widersprechen, doch geht Eckhart davon aus, daß jeder Mensch, insofern er Mensch ist, Sohn Gottes *per gratiam adoptionis* (*In Ioh.* n.106) ist. Er muß sich jedoch in der Selbstverleugnung dieser Sohnschaft öffnen, indem er an sich verwirklicht, was Eckhart hier ausführt: *Nihil enim in nobis est a nobis.* Vgl. Bd. I dieser Ausgabe, Anm. 18,2-9 und 82,21-86,7.

580,25f. *»quod ⟨...⟩ convenit«]* Aristoteles, *Topica* V t.2 (V c.5 134b24).

580,26 *sapientia dei]* Zur Identifizierung des Sohnes mit der Weisheit bzw. dem Intellekt Gottes siehe Bd. I dieser Ausgabe, Anm. 20,11 und 432,28-33 sowie Bd. II, Anm. 488, 25-27. Zum Begriff der Gnade vgl. Anm. 600,4-18.

580,29-582,2 *Primum ⟨...⟩ gratia]* Die Gnade kann nicht durch ein Verdienst erworben werden, da sie selbst Prinzip des Verdienstes ist. Vgl. Thomas, *Summa theologica* III q.2 a.11, und Eckhart, *In Sap.* n.81 und n.272.

DOMINICA SEXTA

Zur Überlieferung und Form siehe oben S. 886-889. Es handelt sich um den *Sermo XV/1* und um den *Sermo XV/2*, LW IV, S. 142-154.

Der erste kurze Predigtentwurf zum sechsten Sonntag nach Dreifaltigkeit sucht den Gedanken der *novitas* des Schaffens Gottes zu fassen. Der Prediger zählt dabei sechs Gründe auf: Gottes Wirken ist insofern immer »neu«, als es aus dem Nichts schafft, als es den Sohn immer aus sich gebiert, als es im Ursprung ist und daher nicht alt wird, als es schließlich auch nicht außerhalb des Ursprungs wirkt, sondern in sich, wo Gott Ursprung und Ziel gleichzeitig ist.

Der zweite Predigtentwurf zum selben Tag ist weiter ausgeführt. Der erste Teil ist der »Neuheit« (*novitate*, S. 584, 22-588,22), der zweite Teil dem »Leben« (*vitae*, S. 588,23-592,12), der dritte Teil dem »Wandeln« (*ambulemus*, S. 592, 13-594,14) gewidmet. Das Motiv der »Neuheit« verbindet Eckhart mit der Aussage von *Eccl.* 〈Pred.〉 1,10, es sei nichts Neues unter der Sonne. Er legt es, im Rückgriff auf eine ganze Reihe von Schriftzitaten, in drei Schritten aus, um schließlich die Zeitlosigkeit des Ursprungs gegenüber allem Altern, allem Werden und Vergehen abzugrenzen. Dieses überzeitliche Sein Gottes bildet die Grundlage der folgenden Ausführungen zu den Begriffen Leben und Gnade, denn allein in bezug auf die Verleihung der Gnade durch Gott *ist* der Mensch wirklich. Der Begriff des »Lebens« ist im Licht der Gnade zu sehen, die Gott im Menschen ohne dessen Mittun wirkt. Eckhart läßt dieser Feststellung eine Sammlung von *auctoritates* (Lehrsätzen) zum »Leben der Gnade« folgen, welche sehr gut den Entwurfcharakter und die kompilatorische Arbeitsweise des mittelalterlichen Predigers dokumentieren. Sie zeigen auch die Perspektive des Aufstiegs, die er diesem zweiten Teil der Predigt verleihen will: Das Leben der Gnade führt schließlich in die höchste Glückseligkeit, deren Vorgeschmack gewissen Menschen bereits auf Erden vergönnt ist. Der Weg dahin, hebt der Prediger im dritten Teil des Entwurfs hervor, führt über die Sehnsucht bzw. das Begehren, das sich nicht auf die zeitlichen Güter beziehen darf. Der Mensch hat jede Zeit und Raum verhaftete Weise der Nachfolge Gottes zu überwinden, damit er Gott in allen Dingen und jederzeit zu begegnen vermag. Darin, schließt der Text, ist der Mensch seinem Nächsten ein Licht.

584,6 *ex nihilo* ⟨...⟩ *suaviter*] Insofern Gott aus dem Nichts schafft, ist sein Schaffen »süß«, da es unmittelbar alles schafft, also nicht in der immer mittelbaren und mühevollen Weise der Kreatur etwas hervorbringt. Vgl. unten S. 600,14-18 und S. 604,5-23.

584,9f. *filius* ⟨...⟩ *semper nascitur*] Zur Zeitlosigkeit der Geburt des Gottessohnes, zur von Eckhart gelehrten *incarnatio continua* siehe Anm. 442,27-446,27 und Bd. I dieser Ausgabe, Anm. 82,21-86,7.

584,11 *iustitia ingenita per iustitiam genitam*] Zum Verhältnis der Gerechtigkeit zum Gerechten siehe Anm. 232,26-236,12.

584,13-15 *nunc* ⟨...⟩ *nunc*] Eckhart unterscheidet das Jetzt der Zeit vom Jetzt des Wirkens Gottes. Im letzteren ist der Ursprung uneingeschränkt gegenwärtig, während im ersteren das Altern und der Abstand zum Ursprung zum Ausdruck kommen. Zum Begriff des Augenblicks siehe Bd. I dieser Ausgabe, Anm. 406,31-408,26.

584,14 *»facit vetus«*] Aristoteles, *Physica* IV t.117 (IV c.12 221a31).

584,16 *semper in ipso principio*] Der Gedanke, daß Gott nie aus sich heraus trete, sondern alles in sich wirke, ist darin begründet, daß das Eine vollkommen in sich verschränkt ist und nicht aus sich heraus tritt. Insofern Gott das Sein verleiht, verleiht er es als Sein, das er in sich selbst ist. Demgegenüber charakterisiert sich die Kreatur gerade dadurch, daß sie nach außen wirkt. Vgl. Bd. I dieser Ausgabe, Anm. 72,16-21 und 160,14-162,6.

584,18 *finis ⟨...⟩ principium]* Gott ist Anfang und Ende, Ursprung und Erfüllung zugleich. Vgl. S. 528,3-9 und Anm.

584,22 *Novitate]* Die Abschnitte S. 584,22-588,22 wiederholt Eckhart fast wörtlich, wenn auch in vertauschter Reihenfolge im *Sermo XLI/1* n.417f.

584,22f. *Augustinus]* Augustinus, *Enarrationes in psalmos* XXXVIII n.10.

586,6f. *malum ⟨...⟩ nihil]* Das Böse bzw. die Sünde sind im eigentlichen Sinne nicht. Vgl. Bd. I dieser Ausgabe, Anm. 608,13f.

586,9 *mundum ab aeterno fuisse]* Das Problem, ob die Welt ewig sei, stellte sich für die scholastische Theologie und Philosophie im Anschluß an die Aristotelesrezeption und an die Rezeption der arabischen Aristoteleskommentare. In der Regel wurde bei den scholastischen Autoren auf die Lehren des Augustinus zurückgegriffen und davon ausgegangen, daß die Kreatürlichkeit der Welt den zeitlichen Anfang in sich schließe. Die entgegengesetzte Ansicht, die vor allem die lateinischen Averroisten vertreten haben, wurde 1277 in Paris scharf verurteilt. Zum Problem der Ewigkeit der Welt siehe Behler, *Ewigkeit der Welt.*

586,10 *sub tempore]* Zum Verhältnis der Zeit zur Ewigkeit siehe Bd. I dieser Ausgabe, Anm. 406,31-408,26.

586,10 *tempus ⟨...⟩ facit]* Aristoteles, *Physica* IV t.117 (IV c.12 221a31).

586,12f. *»in regione dissimilitudinis«]* Augustinus, *Confessiones* VII c.10 n.16. Zum Begriff der *regio dissimilitudinis* siehe Bd. I dieser Ausgabe, Anm. 468,18.

586,16f. *verbum ⟨...⟩ fit]* Dem Geborenwerden des Wortes, das immer und zeitlos ist, steht das Werden des Geschaffenen in der Zeit gegenüber. Vgl. Anm. 494,20.

586,20f. *natura ⟨...⟩ ex materia]* Vgl. Aristoteles, *Physica* I t.63 (I c.7 190b5-10).

588,1 *Boethius]* Boethius, *Consolatio* III, metrum 9.

588,7 *ipsum esse, deus]* Zur Identifikation des Seins mit Gott siehe Anm. 472,15-474,9.

588,21 *peccant]* Zum Begriff der Sünde und des Alterns siehe Bd. I dieser Ausgabe, Anm. 608,13f.

588,22 *Exemplum]* Vgl. *In Gen. I* n.199.

588,26f. *esse ⟨...⟩ intentionale]* Die Stelle besagt, daß das volle Sein – die Fülle des Lebens – dem Menschen nur in bezug auf die Seinsverleihung durch Gott zukommt, also nur *in novitate vitae et virtutis*, das heißt nur in bezug auf die Gnade. Demgegenüber ist das eigene Sein des Menschen intentional, und zwar in dem Sinne, daß es immer schon auf das Vergehen ausgerichtet ist.

588,29 *per gratiam]* Der Text führt in den folgenden Zeilen aus, daß die Gnade in uns wirke, ohne daß wir etwas dazu beizutragen vermöchten. Siehe dazu Anm. 600,4-18.

590,3 *Augustini]* Augustinus, *De civitate dei* XIII c.10.

590,10 *Augustinus]* (Pseudo-) Augustinus, *Sermones ad fratres in eremo*, sermo 49 (PL, Bd. 40, Sp. 1332).

590,14 *IX Confessionum]* Augustinus, *Confessiones* IX c.10 n.24.

590,17 *super Genesim]* Augustinus, *De Genesi ad litteram* XII c.26.

590,21 *De libero arbitrio]* Augustinus, *De libero arbitrio* III c.25 n.77.

590,27-592,1 *ubi supra]* Siehe S. 590,17.

592,8 *Augustini]* Augustinus, *Confessiones* X c.27 n.65.

592,13 *per desideria]* Das Begehren spielt bei Eckhart eine fundamentale Rolle. Siehe Bd. I dieser Ausgabe, Anm. 418, 9-13.

592,16f. *bona temporalia ⟨...⟩ dissimiles]* Die *dissimilitudo*, also der Abstand zum Ursprung, entsteht durch das Verhaftetsein in den zeitlichen Gütern. Zur *dissimilitudo* siehe Bd. I dieser Ausgabe, Anm. 124,1-3 und 468,18.

592,23-594,7 *delectari ⟨...⟩ semper aequaliter]* Erfreut sich der Mensch in nur einer, das heißt in bestimmter Weise Gottes, schränkt er dadurch die Gottheit auf diese Weise ein. Er muß deshalb jede bestimmte Weise überwinden, um sich Gottes zeitlos, das heißt zu aller Zeit, und nicht an einem bestimmten Ort, das heißt in allen Dingen, zu erfreuen. Vgl. Bd. I dieser Ausgabe, Anm. 46,7-19.

594,10 *proximum]* Zum Begriff der Nächstenliebe siehe Bd. I dieser Ausgabe, Anm. 50,22-26.

DOMINICA UNDECIMA

Zur Überlieferung und Form siehe oben S. 886-889. Es handelt sich um den *Sermo XXV/1* und um den *Sermo XXV/2*, LW IV, S. 230-244.

Die folgenden beiden Predigten vom elften Sonntag nach Dreifaltigkeit beschäftigen sich, im Anschluß an das der Epistel entnommene Schriftwort 1 Kor. 15,10, mit dem Begriff der Gnade. Sie entsprechen sich in der Disposition und im Inhalt weitgehend, auch wenn die Schwerpunkte etwas anders gesetzt sind.

Nach einer längeren Einführung, in der Eckhart die Ursächlichkeit, soweit sie auf die Naturdinge zu beziehen ist, scharf von der Ursächlichkeit Gottes trennt und die Gottheit als *logos* oder *ratio* faßt, dem alles Sein entspringt (S. 596,5-598,9), erörtert er den Begriff der Gnade in den drei Hauptteilen der Predigt. Er tut dies zunächst anhand der Begriffe *pretiositas* bzw. *speciositas*, *generositas* und *fructuositas* im Rückgriff auf das traditionelle Schema der Form-, der Wirk- und der Zielursache. Dabei hebt er die Unmittelbarkeit und Verdienstlosigkeit der Verleihung der Gnade hervor, die dadurch von jedem Moment kreaturhafter Vermittlung abgehoben wird. Er betont weiter den umfassenden Charakter der Gnade (S. 598,10-600,22). Im zweiten Teil greift der Prediger auf diesen Gedanken zurück, indem er betont, daß der Mensch als Bild Gottes in der Gnade Gott gleich werde, aber auch jedes andere Werk Gottes in der Kreatur Gnade sei, ohne daß die Kreatur am Wirken der Gnade selbst mitwirkend teilhaben würde. Die Verschiedenheit der Gnade in bezug auf alle Dinge und in bezug auf die vernünftige Kreatur wird in den folgenden Abschnitten präziser gefaßt. Trotz der beschriebenen Differenz (vgl. Anm. 600,4-18) wird festgehalten, daß die Gnade in jedem Fall unmittelbar und also verdienstlos sei (600,23-604,4). Der Schlußteil der Predigt gilt der Verbindung von Gnade und Tugend. Die Gnade ist nicht auf die in einer Vielzahl von guten Werken erworbene Tugend zu beziehen, sondern auf die Tugend, insofern sie als ganze über aller individuellen Verwirklichung im Ursprung ist und dem Menschen in der Einung mit Gott durch die Gnade zuteil wird (S. 604,5-23).

In der zweiten – wiederum dreiteilig konzipierten – Predigt greift Eckhart nach einer kurzen Einleitung, die die Vortrefflichkeit der Gnade betont, ein bereits in der ersten Predigt angesprochenes Motiv auf: Die Gnade entspringt der Zeugung des Sohnes und hat daher ihre Vortrefflichkeit, durch die sie das Eins-Sein mit Gott zu verleihen vermag. Sie entspringt demselben Grund, dem auch das Sein entspringt; und jedes Geschöpf ist, wird es aus seinem Verhängtsein in die Geschöpflichkeit befreit, transparent auf diesen Grund hin. So wird denn die Gnade auch nicht mittelbar verliehen, da nichts Kreaturhaftes vermittelnd an ihrer Verleihung teilhaben kann. Ihr Wirken ist demnach übernatürlich. Voraussetzung der Empfänglichkeit für die Gnade ist daher die Hinordnung auf Gott. Diese Hinordnung meint keine Hierarchie im irdischen Sinne, sondern die Ausrichtung des Innersten auf Gott, was allein im Bildbezug gelingen kann, den die Seele zu Gott hat. Dieser ist freizulegen, indem der Mensch auf das Eigene, auf sich selbst verzichtet (S. 606,10-610,3). Im Rekurs auf den zweiten Teil des Schriftworts (*sum id quod sum*) hebt der Prediger nun hervor, daß die Gnade auf den Ort dieser Bildhaftigkeit, das Sein der Seele und nicht auf die Kräfte der Seele zu beziehen ist. Insofern besitzt die Seele Gott und die Gnade ganz, denn die Gnade ist, da sie unmittelbar auf Gott zurückgeht, nicht teilbar. In der Gnade ist der Mensch also allem nah, da er in ihr das Sein empfängt und mithin am Sein aller Dinge teilhat. Das Sein in der Gnade schließt folglich auch den Besitz der Tugenden und die unmittelbare Verankerung der Seele im Grund des Seins in Gott ein (S. 610,4-20). Der dritte Teil des Predigtentwurfs gilt dem Wirken der Gnade. Dieses umfaßt die ganze Natur, ohne daß jedoch ein Geschöpf am Wirken der Gnade teilhaben würde. Insofern ist das Wirken der Gnade übernatürlich, also auch über dem naturhaften Verstand. Wer daher nicht von der Gnade übernatürlich überformt ist, den kann auch das Fehlen der Gnade bzw. der Glorie nicht schmerzen (S. 610,21-612,2).

596,5f. *quod quid ⟨...⟩ quo est]* Der Terminus *quod quid est* (vgl. Aristoteles, *Metaphysica* I t.11, I c.8 988b29) bezeichnet die *quiditas*, die »Washeit« einer Sache, ebenso der Terminus *id quod est*, den Boethius eingeführt hat (vgl. *De trinitate* c.2). Der Terminus *quo est* hingegen bezeichnet das, wodurch etwas ist, die Ursache, durch die es ist, also die Existenz einer Sache. In Gott fallen die beiden Aspekte zusammen, während sie in der Kreatur auseinandertreten. In seiner »Washeit« verweist nach Eckhart jedes Ding, insofern es ein Bestimmtes ist, auf die Ursache, durch die es bestimmt ist. Diese Ursache faßt Eckhart im folgenden traditionsgemäß dreifach: als Wirk-, Form- und Zielursache, um jedoch der Gottheit selbst jede Ursächlichkeit, die mit der Naturkausalität zu verwechseln wäre, abzusprechen. Gott ist nicht *causa*, sondern *ratio causae*, also *logos* oder *causa essentialis*. Das Grundelement seines Gottesbegriffs, das Eckhart hier zur Sprache bringt, spielt schon in den *Quaestiones Parisienses* eine zentrale Rolle (siehe Anm. 544,15 und 550,7-12). Zur Unterscheidung zwischen *quo est* und *quod est* siehe Lossky, *Théologie négative*, S. 339-345.

596,10 *Boethius]* Boethius, *De trinitate* c.2.

596,16-22 *Ipsum ⟨...⟩ in terra]* Vgl. Anm. 596,5f.

596,19 *Augustinus]* Augustinus, *De vera religione* c.55 n.113.

598,3f. *per creationem ⟨...⟩ per generationem]* Zur Differenz zwischen Schöpfung und Inkarnation vgl. Anm. 442,27-446, 27.

598,12f. *Ex forma ⟨...⟩ fructuositas]* Eckhart bietet die Gliederungspunkte hier, der rhetorischen Anforderung des *color rhythmicus* gemäß, in Reimprosa: *pretiositas / speciositas / generositas / fructuositas*. Er führt die drei Punkte im folgenden aus, vgl. S. 598,12-25, S. 598,26-590,18, S. 600,19-22.

598,23 *Thomas]* Thomas von Aquin, *Summa theologica* I II q.113 a.9.

600,4-18 *Gratia ⟨...⟩ serviret]* Nachdem Eckhart bereits festgestellt hat, daß die Kreatur an der Verleihung der Gnade nicht mitzuwirken vermöge, hebt er den Gedanken der Verdienstlosigkeit nochmals hervor und grenzt dieses christliche Konzept von der »Meinung der Alten« ab. Er hat dabei eine im Mittelalter Plato zugeschriebene Ansicht im Auge: *Nota quod Plato dicebat formas dari secundum merita materiae.* (»Bemerke, daß nach Plato die Formen der Würdigkeit des Stoffes entsprechend verteilt werden.« *Sermo VI/3* n.64; ebenso: *In Ioh.* n.182. Bei Plato findet sich eine solche Aussage nicht. Eckhart stützt sich hier vielleicht auf Albertus Magnus, *Sententiae* I d.36 a.7, IV d.23 a.3.) Unklar ist, ob er mit den *aliqui*, S. 600,6, Avicenna meint; vgl. Avicenna, *Metaphysica* IX c.2, und Eckharts *Sermo XI/2* n.119.

Grundsätzlich geht es Eckhart hier darum, die vollkommene Unbedingtheit der Gnade zu betonen. Das Geschöpf vermag nicht, kraft eines eigenen Verdiensts die Gnade zu erwirken. Es ist allein Gott, der die Gnade *gratis* verleiht. (Vgl. dazu *Sermo XXV* n.256: *Quia igitur sine merito, gratis et pro nihilo dat deus sua dona et gratiam.* Ebenso: *Sermo XLIII* n.431. *In Sap.* n.69: *deus iustificat et beatificat fideles quoslibet se ipso immediate, non habens cooperans.* Vgl. Thomas von Aquin, *Summa theologica* I II q.111 a.1f.; Augustinus, *De gratia et libero arbitrio* c.17.) In diesem Sinne hebt sich der Begriff der Gnade von allem ab, was aufgrund von Bedingungen und so immer mittelbar, das heißt naturhaft, verliehen wird. Die Gnade besteht im übernatürlichen Geben Gottes, der allen und immer gibt (S. 606,20-608,3). Sie ist daher ein reines, himmlisches Geschenk an den Menschen und generell an das Geschöpf (S. 600,1-3). Alles Wirken Gottes in der Kreatur ist denn auch, da es unmittelbares Wirken ist, als gnadenhaftes Wirken zu verstehen (S. 600, 26f.). Dabei ist jedoch zu unterscheiden zwischen der allen Geschöpfen immer schon und absolut verdienstlos geschenkten Gnade und derjenigen Gnade, die den vernunftbegabten, guten Wesen geschenkt wird. Der Ursprung beider Formen der Gnade ist die sich verströmende und seinsverleihende Güte Gottes (S. 606, 20f.), doch bezieht sich die zweite Gnade darüber hinaus auf die personale Entfaltung der Gottheit in der Trinität. In der trinitarischen Entfaltung wird die Gottheit als Ursprung ihrer selbst faßbar. Bezieht sich der erste Begriff der Gnade auf das Geschehen, in dem Gott in seiner Güte sein Sein schaffend nach außen verströmt, so bezieht sich der zweite Begriff der Gnade auf die diesem Schaffen vorangehende Entfaltung der Gottheit in sich, insofern die Gottheit darin sich selbst als aus sich hervorgehender Ursprung konstituiert. Dieses Geschehen bezeichnet der Begriff der Trinität, der die Gnade in ihrem Ursprung als Hervorgehen des Sohnes in der Gottheit und als Unmittelbarkeit des Lebens der Gottheit verstehen läßt (S. 606,10-14). Das bedeutet, daß sich der erste Begriff der Gnade auf das Ausfließen der Gottheit, aus der Perspektive der Kreatur also auf das Empfangen des Seins, der zweite Begriff der Gnade aber auf die Rückkehr, die in Gott immer schon ist, aus der Perspektive der Kreatur also auf den vernunfthaften Aufstieg zu Gott bezieht (S. 602,3-21). In beiden Fällen ist die Gnade auf das Innerste des Geschöpfs bezogen, wo es verdienstlos und unmittelbar von Gott empfängt, insofern es auf ihn hingeordnet ist (S. 602,22-604,4, S. 608,14-610,3). Allgemein ist dieses Innerste der Ort, wo jede Kreatur das Sein empfängt, beim Menschen ist es darüber hinaus der Seelengrund, in dem der Mensch an der trinitarischen Entfaltung kraft der ihm von Gott geschenkten speziellen Gnade zu partizipieren vermag (Bd. I dieser Ausgabe, S. 416,17-24, spricht Eckhart von zwei »Brunnen«: von demjenigen der Inkarnation und von demjenigen der Schöpfung). Die Wirkung der speziellen Gnade auf den Menschen besteht nun darin, daß sie den Menschen in seinem Innersten Gott ähnlich macht und ihn schließlich in die Einheit mit Gott zurückführt (S. 608,14-19).

Die Wirkung der Gnade bezieht sich daher auch nicht unmittelbar auf die Seelenkräfte, sondern auf den Seelengrund, auf das Wesen der Seele, in dem diese Bild Gottes ist (S. 608,19-610,6). In diesem Innersten der Seele drückt die Gnade die Gegenwart der Fülle Gottes aus, da die Seele darin Gott besitzt mit seinem ganzen Sein und allen Tugenden (S. 610,6-20). Durch die Gnade wird die Seele ganz über die natürliche Ordnung, das heißt, auch über ihr eigenes intellektuelles und voluntatives Vermögen gehoben (S. 60,20-22, S. 92,6-22, S. 160,21-28, S. 606,3-9, S. 610,27f.; Bd. I dieser Ausgabe, S. 462,22-464,5; *In Ioh.* n.521). Die Gnade reinigt die Seele, macht diese Gott ähnlich und bewirkt, daß sie sich auf Gott ausrichtet. Sie befreit die Seele von der Sünde und befähigt sie, mühelos Gutes zu tun (Bd. I, S. 366,20-368,7). Dabei empfängt die Seele im Hl. Geist die Gnade, die unmittelbar dem Herzen des Vaters entspringt und die Seele nach Gott formt (S. 170,16-28), indem sie den Menschen rechtfertigt, seine Werke gut macht und ihn mit Christus eint (S. 576,10-582,2). Die Seele geht dadurch in Gott ein, da sich Gott in der Gnade in die Seele gebiert. Auch die Gnade ist so bei Eckhart wesentlich an das Geschehen der Gottesgeburt, das heißt, an seinen Begriff der Inkarnation gebunden. Die Gnade selbst, hebt er hervor, entspringt dem Geburtsgeschehen, in dem Gott im Innersten der Seele gebiert und die Seele von der Zeitlichkeit und Kreaturhaftigkeit erlöst (Bd. I, S. 132,11-16). Das »Wirken« der Gnade ist denn auch kein »Werk« und kein »Wirken« im naturhaften Sinne, sondern *ein innesîn und ein anehaften und ein einen mit gote* (Bd. I, S. 416,32; ebenso S. 464,4f.), das heißt, der unmittelbare Ausdruck des göttlichen Geschehens, das sich in übernatürlicher Weise in der Seele als Geburt des Sohnes vollzieht (S. 170,16-28; Bd. I, S. 416,1-418,3 und S. 462,22-464,20). Die Gnade ist zu verstehen als das Leben Gottes in der Seele (S. 588,29-590,2). Darin geht der Mensch schließlich in den Status der Verherrlichung, der Glorie ein, denn die Gnade in Christus ist Fülle der Zeit (Bd. I, S. 132,17, S. 140,28-30, S. 560,9f.), und in ihr erhält der Mensch dasselbe Sein, das Christus besitzt (S. 130,15-18). Gnade und Glorie verhalten sich zueinander wie die Blume zur Frucht: Die Gnade läßt die Seele zu Gott aufsteigen, der sie schließlich in der Glorie fruchtbar macht (Bd. I, S. 250,6-24). Wie das Licht der Gnade zuerst das Licht der Vernunft überholt, so wird schließlich auch das Licht der Gnade vom göttlichen Licht überholt, das den Menschen in sich aufnimmt und der göttlichen Natur gleich macht (S. 60,19-32, S. 186,6-13). In diesem Sinne vollendet die Gnade die Natur und die Glorie die Gnade, insofern darin die Kreatur in ihre Fülle in der Gottheit zurückgeführt wird: *Gnâde enzerstœret niht die natûre, si volbringet sie. Die glôrie enzerstœret niht gnâde, si volbringet sie, wan glôrie ist volbrâhtiu gnâde. Alsô enist niht in gote, daz dehein dinc zerstœre, daz iht wesens hât, sunder er ist ein volbringer aller dinge.* (S. 416,27-31.)

Grundsätzlich ist das Wirken der Gnade, wird es auf den Menschen bezogen, als unmittelbares Wirken Gottes im Menschen zu verstehen, das diesen fähig macht, über die Naturordnung hinauszugehen und sich mit Gott zu vereinen. Das Gesagte ist denn auch nur vor dem Hintergrund der Formel des Maximus Confessor (*Ambigua* c.2) zu verstehen, »der Mensch werde durch die Gnade, was Gott von Natur sei«. Eckhart führt dies folgendermaßen aus: *Swenne der mensche sîn selbes zemâle ledic ist durch got und er niemans ist dan gotes aleine und durch niht enlebet dan durch got aleine, sô ist er waerlîche daz selbe von gnâden, daz got ist von natûre, und got enbekennet sîn selbes keinen underscheit zwischen im und disem menschen. Ich hân aber gesprochen: von gnâden. Wan got der ist und dirre mensche ist, und alsô als got guot ist von natûre, alsô ist dirre mensche guot von gnâden, wan gotes leben und sîn wesen ist in disem menschen alzemâle.* (S. 10,22-30; vgl. S. 130,4-24, S. 272,25-32.) In diesen Zeilen ist gleichzeitig die Voraussetzung des Aufstiegs zu Gott und mithin die Voraussetzung des Wirkens der speziellen Gnade im Menschen ausgesprochen. Auch wenn Eckhart immer wieder hervorhebt, die Gnade werde ganz bedingungslos, ohne jedes Verdienst verliehen, so vermag sich ihre Gegenwart im Innern des Menschen doch nur dort Ausdruck zu verschaffen, wo der Mensch frei und ungebunden ist. Das heißt, daß die überformende Wirkung der Gnade die Selbstverleugnung voraussetzt, in der sich der Mensch Gott anheimstellt. Wo vom zweiten Begriff der Gnade, also der speziellen Gnade die Rede ist, setzt diese voraus, daß das vernunftbegabte Geschöpf, das die Gnade empfangen soll, *gut* ist (S. 602,7) und nach Gott begehrt. Erst in der *abegescheidenheit* der Seele vermag daher der Mensch durch Gnade zu werden, was Gott von Natur ist, da er nur in der *abegescheidenheit* wirklich gut ist (S. 434,3-19). Doch heißt dies nicht, daß der Mensch *zuerst* gut und abgeschieden sein soll, damit er *dann* die Gnade empfangen kann. Es handelt sich dabei vielmehr um ein komplementäres Geschehen, in dem der Mensch abgeschieden wird, in die Gnade eingeht und dabei schon immer von der Gnade gestützt und geläutert ist (S. 96, 1-11, S. 442,16-26, S. 450,16-452,17). Die Bereitschaft des Menschen, die hier immer vorausgesetzt wird, hat nach Eckhart – im Anschluß an Augustinus, *In Iohannem* tr. 104 n. 3 – von der Demut auszugehen: *merces humilitatis est claritas et meritum claritatis est humilitas* (S. 614,18f.). Ist die Demut das Fundament, vermag die Armut die Entlastung vom Irdischen, die Liebe schließlich die Hinwendung auf Gott zu bewirken (S. 614,26-616,8.) In diesem Übergang nimmt das Licht der Gnade dem Menschen die naturhafte Lust an sich selbst und verleiht ihm die gnadenhafte Lust im Einssein mit Gott (S. 118,26-120,4).

Festzuhalten ist hier, daß Eckhart den Begriff der Gnade ganz von der Inkarnationslehre her begreift und die Rechtfertigung durch die Gnade mit der Lehre von der Gottesgeburt verbindet. Die Einwohnung des Wortes Gottes in jedem Menschen, die Geburt Gottes in der Seele jedes Menschen ist der Ausdruck und die Verkörperung der dem Menschen geschenkten Gnade, in der der Mensch wird, was Gott von Natur ist. Neben verschiedenen Schriftstellen (Joh., 1 Joh., Röm. 8,15 und 8,29, Gal. 4, 2 Kor. 3,18), auf die sich Eckhart stützt, ist dieses Verständnis der Gnade und der Geburt Gottes in der Seele grundlegend verankert in Anschauungen der griechischen Kirchenväter, vor allem des Origenes, des Dionysius Areopagita und des Maximus Confessor (Wéber, *Maître Eckhart*, S. 97-106; Wéber, *Eléments*,

S. 199f.). – Literaturhinweise: Haas, *Aktualität*, S. 254-259; Lossky, *Théologie négative*, S. 175-192; Steer, *Scholastische Gnadenlehre*; Wéber, *Eléments*, S. 212f. Zur Formel des Maximus Confessor siehe Châtillon, *Quidquid*.

600,24f. *conformitatem* ⟨...⟩ *imaginem*] Die Gleichheit und Unterschiedenheit im Verhältnis des Menschen zu Gott erläutert Eckhart öfter anhand des Bild-Seins des Menschen. Siehe Bd. I dieser Ausgabe, Anm. 186,28-190,27.

602,14 *ebullitionis*] Eckhart greift in seinem Werk an vielen Stellen auf eine neuplatonisch inspirierte Metaphorik des Fließens zurück, wenn vom Hervorgehen in und aus Gott und von der Rückkehr in Gott die Rede ist. So spricht er etwa vom »Ausquellen« (S. 18,4f.), vom »Ausfließen« (S. 68,1, S. 166,14f.), vom »Ausschmelzen« (Bd. I dieser Ausgabe, S. 380,15), von der *ebullitio* (S. 606,11) der Gnade und des Hl. Geistes, generell aber auch des Sohnes aus dem Vater und des Seins in die Kreatur. In dieser Form der Metaphorik des Fließens kommt primär die Intention zum Ausdruck, die Eigenbewegung der Gottheit und die Selbstmitteilung der Gottheit frei von aller naturhaften Kausalität zu denken, sie also in ihrer von allem Kreaturhaften absolut verschiedenen Art zu fassen (siehe dazu weiter Anm. 472,15-474,9). Vgl. zum Hintergrund dieser Metaphorik, die in der deutschen Dominikanerschule großes Gewicht bekommt: Libera, *Albert*, S. 117-177; Libera, *Introduction*, S. 25-41.

602,9 *Augustinus*] Augustinus, *De doctrina christiana* I c. 32 n. 35.

604,7-16 *Virtus* ⟨...⟩ *opus suave*] Der eingegossene Habitus der Tugend ist, im Gegensatz zum Erlernten, unmittelbar da, während das Erlernte mühsam im Leben angeeignet werden muß. Dies geschieht im diesseitigen Leben, wenn der Mensch in einzelnen Akten tugendhaft handelt und so immer tugendhafter wird. Im Gegensatz dazu ist der innere Habitus immer schon da; und er ist süß, weil er nicht mühsam und unter Anstrengung erlernt werden muß. Das hierarchisch Niedere, das dem Werden und Vergehen unterworfen ist, ist denn auch dadurch charakterisiert, daß in ihm das Einzelne dem Allgemeinen vorangeht. Im Diesseits erscheint der Mensch zuerst als Einzelmensch, dann erst als Mensch überhaupt. Ebenso verhält es sich mit allen übrigen Dingen. Sie sind im Diesseits zuerst als Einzeldinge bestimmt, bevor sie die Fülle ihrer Form erhalten. Das hierarchisch Höhere – der Himmel – jedoch ist zuerst Fülle seiner Form, bevor es als Einzelding erscheint. Bezogen auf den Menschen bedeutet dies, daß er das Einzelsein überschreiten muß, um seine wahre Form, das Menschsein, zu erlangen und aus diesem allgemeinen Menschsein tugendhaft zu wirken. Er muß aus dem inneren Habitus schöpfen, damit sein Tugendwerk nicht mühsam gewirktes Einzelwerk ist, das die Tugend intendiert, sondern unmittelbar dem Innersten entspringt, das in der Liebe auf Gott zurückführt. Zum Begriff der Tugend siehe Anm. 276,1-24.

604,18 *principium ⟨...⟩ finis]* Gott ist die Einheit von Anfang und Ende, von Ursprung und Ziel aller Kreatur. Vgl. S. 528,3-8 und Anm.

606,3 *Gratia ⟨...⟩ super caritatem]* Die folgenden Ausführungen zum Begriff der Gnade werden in Anm. 600,4-18 erläutert.

606,3f. *anima super potentiam]* Die Seele – der Begriff ist hier mit der *essentia animae* gleichzusetzen – steht über den einzelnen Vermögen der Seele. Siehe Bd. I dieser Ausgabe, Anm. 32,26-36,5 und 108,35-112,23.

606,6f. *super intellectum ⟨...⟩ potentia est]* Der Begriff *intellectus* kann bei Eckhart das bestimmte Vermögen der Seele, aber auch – als *logos*, *ratio* – den Konstitutionsgrund aller Dinge in Gott bezeichnen. Insofern der Intellekt das Vermögen der Seele ist, das sich auf das Wahre bezieht, wird er von der Gnade überstiegen. Diese bezieht sich ja, wie Eckhart sagt, nicht auf ein Vermögen der Seele, sondern auf ihr Wesen (*substantia* oder *esse animae*, S. 610,5f.). Eckhart betont dies auch in der Pr. 43, Bd. I dieser Ausgabe, S. 462,22-464,5. Zum Verhältnis der Seele zu ihren Vermögen, zum Begriff der Vermögen der Seele und des Intellekts siehe Bd. I, Anm. 108,35-112,23. Zum Begriff der Gnade siehe oben Anm. 600, 4-18.

606,11 *ebullitio*] Zur Metaphorik des Fließens bzw. Übersprudelns vgl. Anm. 602,14.

606,12 *Vita* ⟨...⟩ *esse*] Die Gnade ist Leben und insofern dem Sein überzuordnen. Eckhart hebt diesen Aspekt auch im *Johanneskommentar* hervor: Bevor etwas aus dem Urgrund, dem *logos*, der *ratio*, hervorgeht, ist es Leben im Geist. Der Ausdruck *vita* bezeichnet in diesem Zusammenhang das ideelle Sein im Ursprung, in der *causa primordialis* bzw. *essentialis*, in der alle Dinge aufgehoben sind, bevor sie ihr naturhaftes Sein erlangen. Ort dieses Aufgehobenseins ist der *logos*, die *ratio*, und die Weise ihres Aufgehobenseins ist »Leben«. Vgl. S. 494,8f. und S. 496,17-20.

606,15f. *transfiguratio* ⟨...⟩ *esse unum*] Zur Überformung der Seele und ihrer Einung mit Gott siehe Bd. I dieser Ausgabe, Anm. 82,21-86,7.

606,17f. *verbum* ⟨...⟩ *hominem*] Christus hat nicht die menschliche Person in ihrer Individualität angenommen, sondern die menschliche Natur. Vgl. Anm. 28,17-30,2.

606,20 *pari ratione*] Gnade und Sein entspringen demselben Grund in Gott. Diesen faßt Eckhart im Anschluß an Joh. 1,1 als *logos*, als Wort, das alle kreaturhafte Ursächlichkeit übersteigt. Vgl. Anm. 548,27.

606,23f. *immediate* ⟨...⟩ *ad esse*] Zur Unmittelbarkeit der Seinsverleihung vgl. Bd. I dieser Ausgabe, Anm. 52,16-22.

606,25 *ad omnes perfectiones*] Zum Begriff der *perfectiones generales* siehe Anm. 232,26-236,12.

606,26f. *Hoc* ⟨...⟩ *mendacium*] Insofern die Kreatur als dies und das bestimmt ist, sich also kreaturhaft und nicht in der Unmittelbarkeit zu Gott entfaltet, ist sie durch das Eigen-Sein, ihre je eigene kreaturhafte Bestimmung, charakterisiert und nicht durch die Transparenz auf den Grund ihres Seins hin. Daher ist sie »Lüge«. Siehe Bd. I dieser Ausgabe, Anm. 52,16-22.

608,4-13 *Rursus* ⟨...⟩ *animalis*] Wiederum spricht Eckhart dem Hervorgehen des Geschöpfs aus Gott die Form der Naturkausalität ab. Diese setzt die Ordnung der Dinge voraus, welche jedoch nur dort herrscht, wo die Dinge sich innerhalb einer Reihe von Arten entfalten und darin geordnet sind. Dies ist hingegen nicht der Fall im Verhältnis der Einzelwesen zur Gattung (»Geschöpf«): Jede Art und jedes Wesen verhält sich im Bezug darauf unmittelbar, denn jedes Wesen ist »Geschöpf«, egal welche Stelle es in der Hierarchie der Arten einnimmt. Dasselbe ist bei den Seelenkräften der Fall. Sie sind in ihrem Verhältnis zueinander geordnet und hierarchisch gestuft, aber im Verhältnis zur Seele bzw. zur *essentia animae* unmittelbar und gleich. Vgl. Bd. I dieser Ausgabe, Anm. 108,35-112,23.

608,18 *circumscripta et exuta]* Das heißt »abgeschieden«. Vgl. Anm. 434,14.

608,19 *Augustinus]* Vgl. Augustinus, *De trinitate* XIV c.8 n.11.

608,20 *Imago]* Zur Bildlehre Eckharts siehe Bd. I dieser Ausgabe, Anm. 186,28-190,27.

610,1-3 *Abnegatio* 〈...〉 *creatura est]* Eckhart fordert die *abnegatio proprii*, die Abkehr von allem Eigenen, durch das sich die Kreatur als Kreatur konstituiert. Vgl. Bd. I dieser Ausgabe, Anm. 18,2-9.

610,6 *esse animae]* Dieser Terminus ist mit dem »Seelengrund« der Deutschen Werke zu identifizieren. Die Gnade ist also nicht unmittelbar auf die Vermögen der Seele oder auf ein bestimmtes Vermögen zu beziehen, sondern auf den Seelengrund. Zum Begriff des Seelengrundes siehe Bd. I dieser Ausgabe, Anm. 32,26-36,5; zum Begriff der Gnade vgl. oben Anm. 600,4-18.

610,21-24 *opus gratiae* 〈...〉 *naturam]* Da das Wirken der Gnade über aller Naturkausalität steht, umfaßt es diese, insofern es etwas Allgemeineres ist als die Natur. Daher auch vermag kein Geschöpf am Wirken der Gnade teilzuhaben; es vermag die Wirkung der Gnade einzig zu erleiden und wird dadurch von der Naturordnung in die Gnadenordnung gehoben.

610,26f. *»primum* 〈...〉 *per se«]* *Liber de causis* prop. 21.

610,28-612,2 *intellectui* 〈...〉 *beatorum]* Insofern das Werk der Gnade übernatürlich ist, kann es der naturhaft erkennende Verstand nicht erkennen. Er bleibt also davon unberührt. Allein die Gnade kann ihm das Wissen über das vermitteln, was dem Menschen gnadenhaft von Gott geschenkt ist. Diejenigen, die ohne das Sakrament der Gnade sterben – die ungetauften Kinder –, werden denn auch nicht unter dem Fehlen der Gnade und der ewigen Seligkeit leiden müssen, da sie nichts davon wissen können.

DOMINICA SEPTIMA DECIMA

Zur Überlieferung und Form siehe oben S. 886-889. Es handelt sich um den *Sermo XXXVIII*, LW IV, S. 325-333.

Die Predigt vom siebzehnten Sonntag nach Dreifaltigkeit setzt mit dem Motiv des weltlichen Aufsteigens ein, leitet zu dessen theologischer Bedeutung über und führt dazu im Anschluß an Chrysostomus und Augustinus aus, daß in der Armut und Demut die entscheidenden Voraussetzungen des Aufstiegs, in der Verklärung dessen Lohn bestehe (S. 614,4-25). Der Aufbau der Predigt folgt diesen Ausführungen. In einem ersten Teil werden die drei zentralen Elemente des Aufstiegs nacheinander erläutert: Es sind Demut (S. 614,26-618,5), Armut (S. 618,6-620,11) und Liebe (S. 620,12-16). Zu diesem Teil gehört auch die Erläuterung des *superius* (S. 620, 17-622,14), insofern darin zur Sprache kommt, daß der Aufstieg über das Irdische hinausführt. Der zweite und dritte Teil der Predigt ist nur in den Grundzügen entworfen. Eckhart fragt darin nach dem Lohn, der dem Menschen zuteil wird (S. 622,15-21), und nach dem Motiv, das den Menschen nach Herrlichkeit streben läßt (S. 622,22-624,2).

614,5 *Augustinus]* Augustinus, *De trinitate* XIII c.3 n.6.

614,7 *I Ethicorum]* Aristoteles, *Ethica Nicomachea* I c.3 (I c.3 1095b22).

614,8 *Tullius]* Cicero, *De amicitia* 17 n.64.

614,9 *Glossa]* *Glossa ordinaria* zu Luk 14,10. Vgl. Augustinus, *Enarrationes in psalmos* I n.1.

614,15 *Chrysostomus]* (Pseudo-) Johannes Chrysostomus, *Opus imperfectum in Matthaeum* hom. 8 (PG, Bd. 56, Sp. 678). Zum Begriff der Armut des Geistes vgl. die Pr. 52 und dort Anm. 550,11.

614,18 *Augustinus]* Augustinus, *In Iohannem* tr. 104 n. 3.

614,26 *meritum]* Zum »Verdienst« vgl. Anm. 600,4-18.

616,2 *basis scalae]* Der geistige Aufstieg des Menschen wird – vor allem im Anschluß an Jakob (1 Mos. 28,12f.), an des Johannes Klimakos *Paradiesesleiter* und an Benedikts *Regula commentata* (c.7 »De humilitate«) – oft mit dem Bild der Leiter oder Stiege verbunden. Vgl. *Lexikon der christlichen Ikonographie*, Freiburg i. Br. 1973, Bd. V, Sp. 283f.

616,9 *Augustinus ⟨...⟩ humilitas]* Es ist unklar, auf welche Augustinusstelle sich Eckhart bezieht. Zum Begriff der Demut siehe Bd. I dieser Ausgabe, Anm. 174,10-176,5.

616,16 *Humilitas ab humo]* Vgl. zu dieser etymologisierenden Erklärung Bd. I dieser Ausgabe, Anm. 474,9f.

616,16f. *Terra ⟨...⟩ stabilitatem]* Eckhart geht natürlich vom geozentrischen Weltbild aus, das im Mittelalter galt.

616,20 *commentator]* Averroes, *Physica* IV comm. 43 (zu Aristoteles, *Physica* IV c.5 212a31–b3).

616,25-31 *Natura ⟨...⟩ vivunt]* Vgl. Bd. I dieser Ausgabe, Anm. 574,33-576,23.

618,3f. *›deus ⟨...⟩ gratiam‹]* Der Hochmut bildet das Gegenstück zur Demut (vgl. Bd. I dieser Ausgabe, Anm. 174,10-176,5 und 360,27). In ihm fixiert sich der Mensch in seinem Eigenwillen und läßt Gott dadurch nicht wirken. Daß Gott sich dem Demütigen öffnen muß, ist in seiner Natur begründet. Vgl. Bd. I, Anm. 50,1f.

618,7 *paupertas]* Eckhart äußert sich ausführlich zur Frage der Armut in der Pr. 52. Wie hier geht er auch dort vom Begriff der geistigen Armut aus, die der physischen Armut vorzuziehen ist. Dies entspricht seinem Denkansatz, der das innere Freiwerden des Menschen ins Zentrum stellt. Dieses setzt die Demut voraus. Vgl. Bd. I dieser Ausgabe, Anm. 550,11.

618,8 *Augustinus]* Augustinus, *De disciplina christiana* c.8 n.8.

618,10 *Vide super illud]* Eckhart verweist hier offenbar auf ein Notizheft, das er nach Stichworten geordnet hatte. Dies tut er in den *Sermones* öfter. Auch in den Deutschen Werken begegnen Stellen, wo er ein Notizbuch erwähnt (siehe Bd. I dieser Ausgabe, S. 168,23-26 und S. 320,2). – Vgl. zur vorliegenden Stelle auch: Augustinus, *Enarrationes in psalmos* IX n.31.

618,10 *Seneca]* Seneca, *Epistulae* 18,13.

618,11 *Augustinus]* Augustinus, *Enarrationes in psalmos* LXXXXIII n.7.

620,1f. *pauper 〈...〉 omnia habet]* Vgl. Bd. I dieser Ausgabe, Anm. 550,11.

620,6 *Seneca]* Seneca, *Epistulae* 20,10.

620,9 *in potentiis animae]* Zu den Seelenvermögen siehe Bd. I dieser Ausgabe, Anm. 108,35-112,23.

620,12 *amor]* Zum Begriff der Liebe siehe Anm. 262,29-264,5.

620,14f. *»tui 〈...〉 accende«]* *Missale Ordinis Praedicatorum* und *Missale Romanum*: *Versiculus Sequentiam in missa dom. Pentecostes praecedens.*

620,15f. *»ignem 〈...〉 nostris«]* *Breviarium Ordinis Praedicatorum* und *Breviarium Romanum*: *Benedictio VI in Matutino.*

620,16 *Ignis 〈...〉 ascendere]* Nach der Aristotelischen Lehre, die davon ausgeht, daß jedem Ding sein natürlicher Ort zukommt, zu dem es hinstrebt, ist der Ort des Feuers in der Hierarchie der Elemente oben. Vgl. Bd. I dieser Ausgabe, Anm. 574,33-576,23.

620,17 *Seneca]* Seneca, *Epistulae* 72,5.

620,18 *Avicenna]* Avicenna, *Metaphysica* IX c.6. Die folgenden Ausführungen gehen von der Unterscheidung einer sublunaren und einer translunaren Welt aus, die in der mittelalterlichen Kosmologie gängig war. Robertus Anglicus legt die Meinung, die Eckhart hier vertritt, in seinem Kommentar zum *Tractatus de sphaera* von Iohannes de Sacrobosco, lect.15, dar. Vgl. dazu auch: *In Gen. I* n.102 und n.107, sowie *In Ioh.* n.272.

620,22f. *»faex 〈...〉 elementorum«]* Vgl. Cicchus Aesculanus, *In Iohannis de Sacrobosco Tractatum de sphaera* c.4. Vgl. *In Gen. I* n.86; *In Sap.* n.1; *In Ioh.* n.554.

620,26-622,4 *Origenes ⟨...⟩ caperis]* Das Zitat, das Eckhart auch an anderen Stellen Origenes zuschreibt, stammt von Augustinus, *Sermo CCCXI* n.4.

622,4 *Augustinus]* Pseudo-Augustinus, *Sermones ad fratres in eremo*, sermo 49 (PL, Bd. 40, Sp. 1332).

622,6 *Augustini]* Augustinus, *Sermo CV* c.6 n.8.

622,15 *de praemio]* Lohn der Demut und des Aufstiegs ist die Herrlichkeit, die *gloria.* Vgl. Anm. 600,4-18.

622,24f. *Deum ⟨...⟩ amat ⟨...⟩ nesciens]* Daß alles, was überhaupt ist, Gott liebt, ob es dies weiß oder nicht, ist im folgenden Gedanken begründet: Insofern etwas ist, ist es allein durch Gott, da nur dieser das Sein ist und der Kreatur das Sein verleiht. Insofern nun weiter die Liebe immer darin besteht, das Gleiche zu lieben, liebt Gott in der Kreatur sich selbst und umgekehrt die Kreatur, insofern sie ist, Gott.

622,25-624,1 *anima ⟨...⟩ supremo]* Die Seele bezieht sich in verschiedener Hinsicht auf das Höchste: als *anima rationalis* auf die Idee der Dinge in Gott, als *anima concupiscibilis* auf das Gute in Gott, als *anima irascibilis* auf das Höchste in Gott. Vgl. zu dieser Unterscheidung Bd. I dieser Ausgabe, Anm. 108,35-112,23 sowie S. 164,9-32 und Anm.

ABKÜRZUNGEN

a.	articulus
c.	caput
comm.	commentum
d.	distinctio
hom.	homilia
Hs., Hss.	Handschrift, Handschriften
hsl.	handschriftlich
l.	liber
lect.	lectio, lectura
m.	metrum, membrum
n.	numerus
obi.	obiectio
Pr.	Predigt
p.	prosa
prop.	propositio
t.	textus
tr.	tractatus
V.	Vers

In der Textausgabe verwendete Zeichen:

⟨ ⟩ bezeichnet einen Zusatz zum lateinischen bzw. mittelhochdeutschen Text gegenüber den Handschriften. In der Übersetzung der Texte bezeichnet das Zeichen einen erläuternden Zusatz.

› ‹ bezeichnet ein wörtliches Schriftzitat im lateinischen oder mittelhochdeutschen Text und in der Übersetzung.

» « bezeichnet ein wörtliches Autorenzitat im lateinischen oder mittelhochdeutschen Text und in der Übersetzung.

Kursiviert sind im lateinischen Text die einer bestimmten Auslegung zugrundeliegenden Schriftzitate, Autorennamen und besonders hervorgehobene Worte, im mittelhochdeutschen Text Autorennamen und besonders hervorgehobene Worte. Dasselbe gilt für die Übersetzung der Texte.

hg. v. J. Koch und H. Fischer, in: LW II, S. 301-634.

Jostes — *Meister Eckhart und seine Jünger. Ungedruckte Texte zur Geschichte der deutschen Mystik*, hg. v. F. Jostes, Freiburg/Schweiz 1895 (Collectanea Friburgensia, Fasc. 4); Nachdruck Berlin und New York 1972.

Jundt — Auguste Jundt, *Histoire du panthéisme populaire au moyen âge et au seizième siècle*, Paris 1875.

KT — Tauler, *Opera*, Köln 1543.

Lehrsystem — Rosemary Cadigan, *The »Compilatio mystica« (Greith's Traktat) in the Original. An Edition of Ms. C 1088 Zürich, with reference to four other parallel manuscripts*, Diss. University of North Carolina at Chapel Hill 1973 ⟨zit. als ed. Cadigan⟩. – Carl Greith, *Die deutsche Mystik im Prediger-Orden, nach ihren Grundlehren, Liedern und Lebensbildern, aus handschriftlichen Quellen*, Freiburg i. Br. 1861 ⟨zit. als ed. Greith⟩.

Lotze — Alfred Lotze, *Kritische Beiträge zu Meister Eckhart*, Diss. Halle 1907.

LW — Meister Eckhart, *Die deutschen und lateinischen Werke*, hg. im Auftrag der Deutschen Forschungsgemeinschaft, Abt. II: *Die lateinischen Werke*, hg. v. J. Koch, H. Fischer, K. Weiss, K. Christ, B. Decker, A. Zimmermann, B. Geyer, E. Benz, E. Seeberg und L. Sturlese, Stuttgart 1936ff. ⟨zit. mit Bandnummer⟩.

OL — *Les Œuvres latines de Maître Eckhart*, hg. v. E. Zum Brunn, A. de Libera und E. Wéber, Paris 1984ff. ⟨zit. mit Bandnummer⟩.

Par. an. — *Paradisus anime intelligentis (Paradis der fornunftigen sele)*, aus der Oxforder Handschrift Cod. Laud. Misc. 479 nach E. Sievers' Abschrift hg. v. Ph. Strauch, Berlin 1919 (Deutsche Texte des Mittelalters, Bd. 30).

Pfeiffer, Pr. — *Deutsche Mystiker des vierzehnten Jahrhunderts*, hg. v. F. Pfeiffer, Bd. 2: *Meister Eckhart*, Leipzig 1857; Nachdruck Aalen 1962, S. 1-370.

Pfeiffer, Spr. — *Deutsche Mystiker des vierzehnten Jahrhunderts*, hg. v. F. Pfeiffer, Bd. 2: *Meister Eckhart*, Leipzig 1857; Nachdruck Aalen 1962, S. 595-627.

Pfeiffer, Tr. — *Deutsche Mystiker des vierzehnten Jahrhunderts*, hg. v. F. Pfeiffer, Bd. 2: *Meister Eckhart*, Leipzig 1857; Nachdruck Aalen 1962, S. 371-593.

PG — *Patrologiae cursus completus. Series Graeca*, hg. v. J.-P. Migne, Bde. 1-162, Paris 1857-1912.

PL — *Patrologiae cursus completus. Series Latina*, hg. v. J.-P. Migne, Bde. 1-217, Paris 1844-55; Paris ^{2}1878-90.

Proc. Col. I — *Processus Coloniensis I*, in: Gabriel Théry, *Édition critique des pièces relatives au procès d'Eckhart contenues dans le manuscrit 33b de la bibliothèque de Soest*, in: Archives d'histoire doctrinale et littéraire du moyen âge 1 (1926/27), S. 129-268 ⟨zit. als ed. Théry⟩; in: *Acta*, S. 198ff. ⟨zit. als ed. Sturlese⟩.

Proc. Col. II — *Processus Coloniensis II*, in: Gabriel Théry, *Édition critique des pièces relatives au procès d'Eckhart contenues dans le manuscrit 33b de la bibliothèque de Soest*, in: Archives d'histoire doctrinale et littéraire du moyen âge 1 (1926/27), S. 129-268.

Prol. gen. — Meister Eckhart, *Prologus generalis in opus tripartitum*, hg. v. K. Weiß, in: LW I, S. 148-165; in: Bd. II dieser Ausgabe, S. 462-484.

Prol. op. expos. — Meister Eckhart, *Prologus in opus expositionum*, hg. v. K. Weiß, in: LW I, S. 183f.

Prol. op. prop. — Meister Eckhart, *Prologus in opus propositionum*, hg. v. K. Weiß, in: LW I, S. 166-182.

Quint, Üb. — Meister Eckehart, *Deutsche Predigten und Traktate*, hg. und übersetzt von J. Quint, München 1955.

Qu. Par. — Meister Eckhart, *Quaestiones Parisienses*, hg. v. B. Geyer, in: LW V, S. 27-83; *Qu. Par. I* in: Bd. II dieser Ausgabe, S. 540-552.

RdU — Meister Eckhart, *Die rede der underscheidunge*, hg. v. J. Quint, in: DW V, S. 137-376; in: Bd. II dieser Ausgabe, S. 334-432.

RS — siehe *Proc. Col. I* und *Proc. Col. II.*

SC — *Sources chrétiennes*, hg. v. H. de Lubac und J. Daniélou, Paris 1941ff.

Sermo — Meister Eckhart, *Sermones*, hg. v. E. Benz, B. Decker und J. Koch, in: LW IV; Auswahl in: Bd. II dieser Ausgabe, S. 570-624 ⟨zit. mit Nr.⟩.

Sermo die b. Augustini — Meister Eckhart, *Sermo die b. Augustini Parisius habitus*, hg. v. B. Geyer, in: LW V, S. 86-99; in: Bd. II dieser Ausgabe, S. 556-568.

Sermo paschalis — Meister Eckhart, *Sermo paschalis a. 1294 Parisius habitus*, hg. v. L. Sturlese, in: LW V, S. 131-148.

Sievers, Pr. — Eduard Sievers, *Predigten von Meister Eckhart*, in: Zeitschrift für deutsches Altertum 15 (1872), S. 373-439.

Spamer — *Texte aus der deutschen Mystik des 14. und 15. Jahrhunderts*, hg. v. A. Spamer, Jena 1912.

Theologia deutsch — *»Der Franckforter« (»Theologia Deutsch«). Kritische Textausgabe*, hg. v. W. von Hinten, München 1982 (Münchener Texte und Untersuchungen, Bd. 87).

Tractatus — Meister Eckhart, *Tractatus super Oratione*

Dominica, hg. v. E. Seeberg, in: LW V, S. 101-130.

VeM — Meister Eckhart, *Von dem edeln menschen*, hg. v. J. Quint, in: DW V, S. 106-136; in: Bd. II dieser Ausgabe, S. 314-332.

Wackernagel, Pr. — *Altdeutsche Predigten und Gebete*, aus Handschriften gesammelt und zur Herausgabe vorbereitet von W. Wackernagel, Basel 1876.

QUELLENTEXTE

Alanus von Lille, *Maximae theologiae*, in: PL, Bd. 210, S. 617-686.

Albertus Magnus, *Opera omnia*, ad fidem codicum manuscriptorum edenda, apparatu critico notis prolegomenis indicibus instruenda curavit Institutum Alberti Magni Coloniense Bernhardo Geyer Preside, Münster i. W. 1951ff. ⟨= ed. Colon.⟩.

Albertus Magnus, *Opera omnia*, cura ac labore Augusti Borgnet, Paris 1890-99 ⟨= ed. Borgnet⟩.

Albertus Magnus, *De anima*, hg. v. C. Stroick, ed. Colon., Bd. 7/1.

Albertus Magnus, *De animalibus*, hg. v. H. Stadler, Münster 1916-20 (Beiträge zur Geschichte der Philosophie des Mittelalters, Bde. 15-16).

Albertus Magnus, *De caelo et mundo*, hg. v. P. Hoßfeld, ed. Colon., Bd. 5/1.

Albertus Magnus, *De causis et processu universitatis*, ed. Borgnet, Bd. 10, S. 361-628.

Albertus Magnus, *De causis proprietatum elementorum*, hg. v. P. Hoßfeld, ed. Colon., Bd. 5/2, S. 47-106.

Albertus Magnus, *Metaphysica*, hg. v. B. Geyer, ed. Colon., Bd. 16.

Albertus Magnus, *Meteora*, ed. Borgnet, Bd. 4, S. 477-808.

Albertus Magnus, *Mineralia*, ed. Borgnet, Bd. 5, S. 1-102.

Albertus Magnus, *Physica*, ed. Borgnet, Bd. 3.
Albertus Magnus, *Summa de creaturis*, ed. Borgnet, Bd. 35.
Albertus Magnus, *Summa theologiae*, ed. Borgnet, Bde. 31-33.
Albertus Magnus, *Super Dionysii De mystica theologia*, hg. v. P. Simon, ed. Colon., Bd. 37.
Albertus Magnus, *Super Dionysii De divinis nominibus*, hg. v. P. Simon, ed. Colon., Bd. 37/1.
Albertus Magnus, *Super Iohannem*, ed. Borgnet, Bd. 24.
Albertus Magnus, *Super libros sententiarum*, ed. Borgnet, Bde. 25-30 ⟨zit. als *Sententiae*⟩.
Albertus Magnus, *Super Matthaeum*, hg. v. B. Schmidt, ed. Colon., Bd. 21.
Alcher von Clairvaux, *De spiritu et anima*, in: PL, Bd. 40, Sp. 779-832.
Alexander von Hales, *Summa theologica*, Quaracchi 1924-48.
Ambrosius, *De officiis ministrorum*, hg. v. G. Banterle, Milano 1977 (*Opera omnia*, Bd. 13).
Ambrosius, *Epistulae*, hg. v. G. Banterle, Milano 1988 (*Opera omnia*, Bde. 19-21).
Angelus Silesius, *Cherubinischer Wandersmann*, hg. v. L. Gnädinger, Stuttgart 1984.
Anselm von Canterbury, *L'œuvre*, hg. v. M. Corbin, Paris 1986ff. ⟨= ed. Corbin⟩.
Anselm von Canterbury, *De veritate*, ed. Corbin, Bd. 2, S. 124-177.
Anselm von Canterbury, *Monologion*, ed. Corbin, Bd. 1, S. 48-205.
Anselm von Canterbury, *Proslogion*, ed. Corbin, Bd. 1, S. 232-318.
Aristoteles, *Analytica posteriora*, hg. v. W. D. Ross, Oxford 1964.
Aristoteles, *Analytica posteriora. Translatio Iacobi*, hg. v. L. Minio-Paluello und B.G. Dod, in: *Aristoteles Latinus*, Bd. 4/1, Brügge und Paris 1968, S. 5-107.
Aristoteles, *Categoriae*, hg. v. L. Minio-Paluello, Oxford 1949.
Aristoteles, *Categoriae vel Praedicamenta. Translatio Boethii*

– *Editio composita, translatio Guillelmi de Moerbeka, Lemmata e Simplicii commentario decerpta, Pseudo-Augustini Paraphrasis Themistiana*, hg. v. L. Minio-Paluello, Brügge 1961 (Aristoteles Latinus, Bd. 1/1-5).

Aristoteles, *De anima*, hg. v. W. D. Ross, Oxford 1956.

Aristoteles, *De anima*, in: Thomas von Aquin, *In Aristotelis librum De anima commentarium*, hg. v. M. Pirotta, Turin ^{4}1959 ⟨auf diesen Text beziehen sich die Stellenangaben vor der Klammer⟩.

Aristoteles, *De caelo et mundo*, hg. v. D. J. Allan, Oxford ^{2}1955 ⟨die jeweiligen Stellenangaben vor der Klammer beziehen sich auf die Zählung in der Ausgabe Venedig 1562-74, siehe unter Averroes⟩.

Aristoteles, *De caelo et mundo. Translatio Gerardi*, in: Albertus Magnus, *De caelo et mundo*, hg. v. I. Opelt, ed. Colon., Bd. 5/1.

Aristoteles, *De generatione animalium*, hg. v. P. Louis, Paris 1961.

Aristoteles, *De generatione et corruptione*, hg. v. Ch. Mugler, Paris 1966.

Aristoteles, *De generatione et corruptione. Translatio Gerardi*, in: Albertus Magnus, *De natura loci*, *De causis proprietatum elementorum*, *De generatione et corruptione*, hg. v. P. Hoßfeld, ed. Colon., Bd. 5/2, S. 109-213 ⟨die jeweiligen Stellenangaben vor der Klammer beziehen sich auf die Zählung in der Ausgabe Venedig 1562-74, siehe unter Averroes⟩.

Aristoteles, *De memoria et reminiscentia*, in: *Parva naturalia*, hg. v. W. D. Ross, Oxford 1955, 449b-453b.

Aristoteles, *Ethica Nicomachea*, hg. v. L. Bywater, Oxford 1894.

Aristoteles, *Ethica Nicomachea. Translatio Roberti Grosseteste*, hg. v. R.A. Gauthier, Leiden und Brüssel 1972 (Aristoteles Latinus, Bd. 26/1-3) ⟨auf diese Ausgabe beziehen sich die Stellenangaben vor der Klammer⟩.

Aristoteles, *Historiae animalium*, hg. v. P. Louis, 3 Bde., Paris 1964-69 ⟨die Stellenangaben vor der Klammer beziehen sich auf die Zählung in der Ausgabe Venedig 1562-74, siehe unter Averroes⟩.

Aristoteles, *Metaphysica*, hg. v. W. Jaeger, Oxford 1957 ‹die jeweiligen Stellenangaben vor der Klammer beziehen sich auf die Zählung in der Ausgabe Venedig 1562-74, siehe unter Averroes›.

Aristoteles, *Metaphysica. Translatio media*, in: Albertus Magnus, *Metaphysica*, hg. v. B. Geyer, ed. Colon., Bd. 16.

Aristoteles, *Physica*, hg. v. W. D. Ross, Oxford ²1956 ‹die jeweiligen Stellenangaben vor der Klammer beziehen sich auf die Zählung in der Ausgabe Venedig 1562-74, siehe unter Averroes›.

Aristoteles, *Physica. Translatio Guillelmi*, in: Thomas von Aquin, *In octo libros Physicorum Aristotelis expositio*, hg. v. M. Maggiolo, Turin und Rom 1965.

Aristoteles, *De Sophisticis elenchis. Translatio Boethii, Fragmenta translationis Iacobi et Recensio Guillelmi de Moerbeka*, hg. v. B. G. Dod, Leiden 1975 (Aristoteles Latinus, Bd. 6/1-3).

Aristoteles, *Topica et Sophistici elenchi*, hg. v. W.D. Ross, Oxford 1958 ‹die jeweiligen Stellenangaben vor der Klammer beziehen sich auf die Zählung in der Ausgabe Venedig 1562-74, siehe unter Averroes›.

Aristoteles, *Topica. Translatio Boethii, Fragmentum Recensionis Alterius et Translatio anonyma*, hg. v. L. Mini-Paluello, Leiden 1969 (Aristoteles Latinus, Bd. 5/1-3).

Augustinus, *Confessionum libri XIII*, hg. v. L. Verheijen, Turnhout 1981 (CC.SL, Bd. 27) ‹zit. als *Confessiones*›.

Augustinus, *De civitate dei*, hg. v. B. Dombart und A.Kalb, Turnhout 1955 (CC.SL, Bd. 47-48).

Augustinus, *De consensu evangelistarum*, hg. v. F. Weihrich, Wien-Leipzig 1904 (CSEL, Bd. 43).

Augustinus, *De correptione et gratia*, hg. v. J. Chéné und J. Pintard, in: *Bibliothèque Augustinienne. Œuvres de Saint Augustin*, Bd. 24, Paris 1962 , S. 267-381.

Augustinus, *De disciplina christiana*, hg. v. R. Vander Plaetse, in: CC.SL, Bd. 46, Turnhout 1969, S. 205-224.

Augustinus, *De diversis quaestionibus octoginta tribus*, hg. v. A. Mutzenbecher, in: CC.SL, Bd. 44A, Turnhout 1975, S. 3-249.

Augustinus, *De doctrina christiana*, hg. v. I. Martin, in: CC.SL, Bd. 32, Turnhout 1962, S. 1-167.

Augustinus, *De Genesi ad litteram*, hg. v. J. Zycha, Wien 1894 (CSEL, Bd. 28/1).

Augustinus, *De gratia et libero arbitrio*, hg. v. J. Chéné und J. Pintard, in: *Bibliothèque Augustinienne. Œuvres de Saint Augustin*, Bd. 24, Paris 1962, S. 89-207.

Augustinus, *De immortalitate animae*, hg. v. W. Hörmann, in: CSEL, Bd. 89, Wien 1986, S. 99-128.

Augustinus, *De libero arbitrio*, hg. v. G. Madec, in: *Bibliothèque Augustinienne. Œuvres de Saint Augustin*, Bd. 6, Paris 1976, S. 190-527.

Augustinus, *De moribus ecclesiae catholicae et de moribus manichaeorum*, hg. v. B. Roland-Gosselin, in: *Bibliothèque Augustinienne. Œuvres de Saint Augustin*, Bd. 1, Paris [2]1949, S. 136-367.

Augustinus, *De quantitate anime*, hg. v. W. Hörmann, in: CSEL, Bd. 89, Wien 1986, S. 129-231.

Augustinus, *De sancta virginitate*, hg. v. I. Zycha, in: CSEL, Bd. 41, Wien und Leipzig 1900, S. 233-302.

Augustinus, *De trinitate*, hg. v. W. J. Montain und F. Glorie, Turnhout 1968 (CC.SL, Bde. 50 und 50A).

Augustinus, *De vera religione*, hg. v. K.-D. Daur, in: CC.SL, Bd. 32, Turnhout 1962, S. 187-260.

Augustinus, *Enarrationes in psalmos*, hg. v. E. Dekkers und I. Fraipont, Turnhout 1956 (CC.SL, Bd. 39).

Augustinus, *Epistulae*, hg. v. A. Goldbacher, Wien 1895-1923 (CSEL, Bde. 34, 44, 57, 58).

Augustinus, *In epistulam Iohannis ad Parthos*, hg. v. P. Agaësse, Paris 1961 (SC, Bd. 75).

Augustinus, *In Iohannis evangelium tractatus CXXIV*, hg. v. R. Willems, Turnhout 1990 (CC.SL, Bd. 36) ⟨zit. als *In Iohannem*⟩.

(Pseudo-) Augustinus, *Praefatio* zu *In Iohannem*, in: Augustinus, *In Iohannis evangelium tractatus CXXIV*, hg. v. R. Willems, Turnhout 1990 (CC.SL, Bd. 36), S. XIV.

Augustinus, *Quaestiones in Heptateuchum*, hg. v. I. Zycha, Wien und Leipzig 1895 (CSEL, Bd. 28/2).

Augustinus, *Retractationes*, hg. v. A. Mutzenbacher, Turnhout 1984 (CC.SL, Bd. 57).

Augustinus, *Sermones*, in: PL, Bd. 38.

(Pseudo-) Augustinus, *Sermones ad fratres in eremo*, in: PL, Bd. 40, Sp. 1235-1358.

Augustinus, *Soliloquia*, hg. v. W. Hörmann, in: CSEL, Bd. 89, Wien 1986, S. 1-98.

Avencebrol, *Fons vitae. Ex arabico in latinum translatus ab Johanne Hispano et Dominico Gundissalino*, hg. v. C. Baeumker, Münster 1892-95 (Beiträge zur Geschichte der Philosophie des Mittelalters, Bd. 1/2-4).

Averroes, *Aristotelis Opera cum Averrois commentariis*, Venedig 1562-74; Nachdruck Frankfurt a. M. 1962.

Avicenna, *Opera*, Venedig 1508; Nachdruck Frankfurt a. M. 1961.

Avicenna, *Liber de anima seu Sextus de naturalibus*, hg. v. S. Van Riet, Löwen und Leiden 1968-72 ⟨zit. als *De anima*⟩.

Avicenna, *Liber de philosophia prima sive scientia divina*, hg. v. S. Van Riet, Löwen und Leiden 1977-80 ⟨zit. als. *Metaphysica*⟩.

Beda Venerabilis, *Homiliarum evangelii libri II*, hg. v. D. Hurst, in: CC.SL, Bd. 122, Turnhout 1955, S. 1-378 ⟨zit. als *Homiliae*⟩.

Beda Venerabilis, *In cantica canticorum*, hg. v. D. Hurst, in: CC.SL, Bd. 119B, Turnhout 1983, S. 165-375.

Benedikt von Nursia, *Regula*, hg. v. R. Hauslink, Wien ^{2}1977 (CSEL, Bd. 75).

Bernhard von Clairvaux, *De diligendo deo*, in: *Tractatus et opuscula*, hg. v. J. Leclercq und H. M. Rochais, Rom 1963 (*Opera*, Bd. 3), S. 119-154.

Bernhard von Clairvaux, *Sermones super Cantica canticorum*, hg. v. J. Leclercq, C.H. Talbot und H. M. Rochais, Rom 1957-58 (*Opera*, Bde. 1-2).

Bernhard von Clairvaux, *In psalmum XC sermones*, in: *Sermones*, hg. v. J. Leclercq und H. M. Rochais, Rom 1966 (*Opera*, Bd. 4), S. 119-244.

Bernhard von Clairvaux, *Liber de praecepto et dispensatione*, in:

Tractatus et opuscula, hg. v. J. Leclercq und H. M. Rochais, Rom 1963 (*Opera*, Bd. 3), S. 253-294.

(Pseudo-) Bernhard (Gillebertus de Hollandia), *In Cantica sermones*, in: PL, Bd. 184, Sp. 11-252.

Die Blume der Schauung, hg. v. K. Ruh, München 1991 (Kleine deutsche Prosadenkmäler des Mittelalters, Bd. 16).

Boethius, *Consolatio philosophiae*, hg. v. L. Bieler, Turnhout [2]1984 (CC.SL, Bd. 94).

Boethius, *Contra Eutychen et Nestorium*, hg. v. M. Elsässer, in: *Die Theologischen Traktate*, hg. v. M. Elsässer, Hamburg 1988, S. 64-114.

Boethius, *De institutione arithmetica*, hg. v. G. Friedlein, Leipzig 1867; Nachdruck Frankfurt a. M. 1966.

Boethius, *De trinitate*, hg. v. M. Elsässer, in: *Die Theologischen Traktate*, hg. v. M. Elsässer, Hamburg 1988, S. 2-26.

Boethius, *In librum De interpretatione commentaria minora*, in: PL, Bd. 64, S. 293-392.

Boethius, *Quomodo substantiae in eo quod sint bonae sint*, hg. v. M. Elsässer, in: *Die Theologischen Traktate*, hg. v. M. Elsässer, Hamburg 1988, S. 34-44.

Boethius, *Utrum pater et filius et spiritus sanctus de divinitate substantialiter praedicentur*, hg. v. M. Elsässer, in: *Die theologischen Traktate*, hg. v. M. Elsässer, Hamburg 1988, S. 28-32.

Bonaventura, *Itinerarium mentis in deum*, in: *Opera theologica selecta*, hg. v. A. Sépinski, Bd. 5, Quaracchi 1954, S. 179-214.

Bonaventura, *Legenda sancti Francisci*, in: *Opera omnia*, hg. v. A. Lauer, Bd. 8, Quaracchi 1898, S. 504-564.

Das Buch von geistlicher Armut, bisher bekannt als Johann Taulers Nachfolgung des armen Lebens Christi, hg. v. H. S. Denifle, München 1877. – Übersetzung: *Das Buch von der geistigen Armut. Eine mittelalterliche Unterweisung zum vollkommenen Leben*, aus dem Mittelhochdeutschen übertragen und mit einem Nachwort und Anmerkungen von N. Largier, München-Zürich 1989.

Chartularium Universitatis Parisiensis, hg. v. H. Denifle, 4 Bde., Paris 1891-99.

Cicchus Aesculanus, *In Iohannis de Sacrobosco Tractatum de sphaera*, in: *The sphere of Sacrobosco and its commentators*, hg. v. L. Thorndike, Chicago 1949, S. 343-411.

Cicero, *De amicitia*, hg. v. G. Pacitti, Mailand 1965 (*Tutte le opere di Cicerone*, Bd. 30, S. 121-209).

Cicero, *Tusculanae disputationes*, hg. v. O. Gigon, München 1951.

Clarembaldus von Arras, *Expositio super librum Boethii De Trinitate*, hg. v. N. M. Häring, in: N. M. Häring, *Life and Works of Clarembald of Arras. A twelfth-century Master of the School of Chartres*, Toronto 1965, S. 65-186.

Daniel Czepko, *Consolatio ad Baronissam Cziganeam*, in: *Geistliche Schriften*, hg. v. W. Milch, Breslau 1930 (Einzelschriften zur schlesischen Geschichte, Bd. 4), S. 31-173.

Augustinus Daniels, *Eine lateinische Rechtfertigungsschrift des Meister Eckhart. Mit einem Geleitwort von C. Baeumker*, Münster 1923 (Beiträge zur Geschichte der Philosophie des Mittelalters, Bd. 23/5).

Heinrich S. Denifle, *Actenstücke zu Meister Eckharts Process*, in: Zeitschrift für deutsches Altertum 29 (1885), S. 259-266.

Heinrich S. Denifle, *Acten zum Processe Meister Eckeharts*, in: Archiv für Litteratur- und Kirchengeschichte des Mittelalters 2 (1886), S. 616-640.

Enchiridion symbolorum definitionum et declarationum de rebus fidei et morum, hg. v. H. Denzinger und A. Schönmetzer, Barcelona, Freiburg i. Br. und Rom [36]1976.

Dietrich von Freiberg, *De intellectu et intelligibili*, hg. v. B. Mojsisch, in: *Opera omnia*, Bd. 1, hg. v. K. Flasch und B. Mojsisch, Hamburg 1977, S. 131-216.

Dietrich von Freiberg, *De intelligentiis*, hg. v. L. Sturlese, in: *Opera omnia*, Bd. 2, hg. v. K. Flasch, R. Imbach, M. R. Pagnoni-Sturlese, H. Steffan und L. Sturlese, Hamburg 1980, S. 343-369.

Dietrich von Freiberg, *De visione beatifica*, hg. v. B. Mojsisch, in: *Opera omnia*, Bd. 1, hg. v. K. Flasch und B. Mojsisch, Hamburg 1977, S. 9-124.

Dionysius Areopagita, *De caelesti hierarchia*, in: PG, Bd. 3, S. 119-340.

Dionysius Areopagita, *De caelesti hierarchia*, in: *Dionysiaca. Recueil donnant l'ensemble des traductions latines des ouvrages attribués au Denys de l'Aréopage*, 2 Bde., Brügge 1937, 727-1039.

Dionysius Areopagita, *De divinis nominibus*, in: PG, Bd. 3, Sp. 585-984.

Dionysius Areopagita, *De divinis nominibus*, in: *Dionysiaca. Recueil donnant l'ensemble des traductions latines des ouvrages attribués au Denys de l'Aréopage*, 2 Bde., Brügge 1937, S. 727-1039.

Dionysius Areopagita, *De mystica theologia*, in: PG, Bd. 3, Sp. 997-1064.

Dionysius Areopagita, *De mystica theologia*, in: *Dionysiaca. Recueil donnant l'ensemble des traductions latines des ouvrages attribués au Denys de l'Aréopage*, 2 Bde., Brügge 1937, S. 565-605.

Dominicus Gundissalinus, *De divisione philosophiae*, hg. und philosophiegeschichtlich untersucht v. L. Baur, Münster 1903 (Beiträge zur Geschichte der Philosophie des Mittelalters, Bd. 4/2-3).

Durandus de S. Porciano, *In Sententias Theologicas Petri Lombardi Commentariorum libri quatuor*, Paris 1556; Nachdruck London 1964 ⟨zit. als *Sententiae*⟩.

Meister Eckhart, *Die deutschen und lateinischen Werke*, hg. im Auftrag der Deutschen Forschungsgemeinschaft von J. Quint und G. Steer ⟨Deutsche Werke, zit. als DW, mit Bandnummer⟩ und von J. Koch, H. Fischer, K. Weiss, K. Christ, B. Decker, A. Zimmermann, B. Geyer, E. Benz, E. Seeberg und L. Sturlese ⟨Lateinische Werke, zit. als LW, mit Bandnummer⟩, Stuttgart 1936ff.

Gellius, *Noctes Atticae*, hg. v. P. K. Marshall, Oxford 1968.

Glossa interlinearis, in: *Biblia sacra cum Glossis interlineari et ordinaria*, Paris 1545.

Glossa ordinaria, in: PL, Bde. 113-114.

Godfried van Wevel, *Vanden XII Doghenden*, in: Jan van

Ruusbroc, *Werken*, hg. von J. van Mierlo und L. Reypens, Bd.4, Tielt 1932, S. 227-308.

Gonsalv von Spanien, *Quaestiones disputatae et de Quolibet*, hg. v. L. Amorós, Quaracchi 1935.

Gottfried von Fontaines, *Quodlibeta*, hg. v. M. de Wulf, A. Pelzer, O. Lottin und J. Hoffmans, 5 Bde., Louvain 1904-37 (Les Philosophes Belges, Bde. 2-5 und 14).

Gregor der Große, *Dialogi de vita et miraculis patrum Italicorum*, hg. v. A. de Vogüé, Paris 1978-80 (SC, Bde. 251, 260, 265).

Gregor der Große, *Epistulae*, hg. v. P. Minard, Paris 1991ff. (SC, Bde. 370 und 371).

Gregor der Große, *Homiliae in evangelia*, in: PL, Bd. 76.

Gregor der Große, *Homiliae in Hiezechihelem*, hg. v. M. Adriaen, Turnhout 1971 (CC.SL, Bd. 142).

Gregor der Große, *Moralia in Iob*, hg. v. M. Adriaen, Turnhout 1979 (CC.SL, Bde. 143 und 143A).

Hadewijch d'Anvers, *Poèmes*, hg. v. J.-B. P. ⟨Poirion⟩, Paris 1954.

Hieronymus, *Commentariorum in Matheum libri IV*, hg. v. D. Hurst und M. Adriaen, Turnhout 1969 (CC.SL, Bd. 77) ⟨zit. als *In Matthaeum*⟩.

Hieronymus, *Commentariorum in Hiezechielem libri XIV*, hg. v. F. Glorie, Turnhout 1964 (CC.SL, Bd. LXXV) ⟨zit. als *In Hiezechielem*⟩.

Hieronymus, *Epistulae*, hg. v. I. Hilberg und A. Goldbacher, Wien und Leipzig 1910-11 (CSEL, Bd. 54-57).

Hieronymus, *Liber interpretationis Hebraicorum nominum*, hg. v. P. de Lagarde, in: CC.SL, Bd. 72, Turnhout 1959, S. 57-161 ⟨ich folge der Zählung der älteren Ausgabe von P. de Lagarde, die in der Ausgabe des CC mitgedruckt ist⟩.

Homer, *Ilias*, hg. v. P. Mazon, 4 Bde., Paris 1965-67.

Honorius Augustodunensis, *Imago mundi*, hg. v. V. I. J. Flint, in: Archives d'histoire doctrinale et littéraire du moyen âge 57 (1983), S. 1-153.

Hugo von St. Victor, *Soliloquium de arrha animae*, in: PL, Bd. 176, S. 951-968.

Innocentius Papa III, *De sacro altaris mysterio*, in: PL, Bd. 214, Sp. 1118-1123.

Isaac Israeli, *Liber de diffinitionibus*, hg. v. I. T. Muckle, in: Archives d'histoire doctrinale et littéraire du moyen âge 12-13 (1938), S. 299-340.

Isidor von Sevilla, *Etymologiarum sive Originum libri XX*, hg. v. W. M. Lindsay, Oxford 1911 ⟨zit. als *Etymologiae*⟩.

Isidor von Sevilla, *Sententiarum libri III*, in: PL, Bd. 83, S. 538-738 ⟨zit. als *Sententiae*⟩.

Iustinianus, *Digesta*, hg. v. Th. Mommsen und P. Krueger, Berlin 1954 (Corpus Iuris Civilis, Bd. 1).

Jacobus von Voragine, *Legenda aurea*, hg. v. Th. Graesse, Leipzig und Dresden 1846; Nachdruck Osnabrück 1965.

Jan van Ruusbroec, *Die geestelijke brulocht*, in: *Werken*, Bd. 1, hg. v. J. B. Poukens und L. Reypens, Tielt 1944, S. 103-249.

Jan van Ruusbroec, *Vanden XII beghinen*, in: *Werken*, Bd. 4, hg. v. J. van Mierlo und L. Reypens, Tielt 1948, S. 1-224.

(Pseudo-) Johannes Chrysostomos, *Opus imperfectum in Matthaeum*, in: PG, Bd. 56.

Johannes Climacus, *Scala paradisi*, in: PG, Bd. 88, S. 632-1208.

Johannes Damascenus, *De fide orthodoxa*, in: PG, Bd. 94, S. 781-1228.

Johannes Damascenus, *De fide orthodoxa. Translatio Burgundionis*, hg. v. E.M. Buytaert, St. Bonaventure 1955 (Franciscan Institute Publications, Text series, Bd. 8).

Johannes Scotus Eriugena, *Homilia super prologum Joannis*, hg. v. E. Jeauneau, Paris 1969 (SC, Bd. 151).

Otto Karrer und Herma Piesch, *Meister Eckeharts Rechtfertigungsschrift vom Jahre 1326*, Erfurt 1927.

Konrad von Megenberg, *Das Buch der Natur*, hg. v. F. Pfeiffer, Stuttgart 1861.

Marie H. Laurent, *Autour du procès de Maître Eckhart. Les documents des Archives Vaticanes*, in: Divus Thomas 39 (1936), S. 331-348 und S. 430-447.

Liber XXIV philosophorum. Le livre des XXIV philosophes, hg. v. F. Hudry, Grenoble 1989.

Liber de causis, hg. v. A. Pattin, in: Tijdschrift voor Filosofie 28 (1966), S. 134-203.

Liber de intelligentiis, in: C. Baeumker, *Witelo. Ein Philosoph und Naturforscher des XIII. Jahrhunderts*, Münster 1908 (Beiträge zur Geschichte der Philosophie des Mittelalters, Bd. 3/2), S. 1-71.

Macrobius, *Commentarii in Somnium Scipionis*, hg. v. I. Willis, Leipzig 1963.

Marguerite Porete, *Miroir des simples âmes*, in: *Il movimento del Libero Spirito. Testi e documenti*, hg. v. Romana Guarnieri, in: Archivio Italiano per la Storia della Pietà 4 (1965), S. 501-708. – Übersetzung: Margareta Porete, *Der Spiegel der einfachen Seelen. Wege der Frauenmystik*, aus dem Altfranzösischen übertragen und mit einem Nachwort und Anmerkungen von L. Gnädinger, Zürich 1987.

Marquard von Lindau, *Dekalogtraktat. Text der Ausgabe Venedig 1483*, hg. v. J. W. van Maren, Amsterdam 1984.

Marquard von Lindau, *De paupertate*, hg. v. J. Hartinger, in: Ders., *Der Traktat De paupertate von Marquard von Lindau*, Diss. Würzburg 1965, S. 18-100.

Maximus Confessor, *Ambigua ad Iohannem, iuxta Iohannis Scotti Eriugenae interpretationem*, hg. v. E. Jeauneau, Turnhout 1988 (CC.SG, Bd. 18).

Moses Maimonides, *Dux seu director dubitantium aut perplexorum*, Paris 1520 ⟨zit. als *Dux neutrorum*⟩.

Nikolaus von Kues, *Apologia doctae ignorantiae*, hg. v. R. Klibansky, Leipzig 1932.

Nikolaus von Kues, *Apologia doctae ignorantiae*, in: *Philosophisch-theologische Schriften*, hg. v. L. Gabriel, Bd. 1, Wien 1982, S. 519-591.

Nikolaus von Kues, *De visione dei*, in: *Philosophisch-theologische Schriften*, hg. v. L. Gabriel, Bd. 3, Wien 1982, S. 93-219.

Nikolaus von Straßburg, *Predigten*, in: *Deutsche Mystiker des vierzehnten Jahrhunderts*, hg. v. F. Pfeiffer, Bd. 1: *Hermann von Fritslar, Nicolaus von Straßburg, David von Augsburg*, Leipzig 1845; Nachdruck Aalen 1962, S. 261-305.

Origenes, *Commentarium in Canticum canticorum*, hg. v. L. Brésard und H. Crouzel, Bd. 1, Paris 1991 (SC, Bd. 375).

Origenes, *Homilia IV in psalmum XXXVI*, in: PG, Bd. 12, Sp. 1549-1559.

Origenes, *Homiliae in Canticum canticorum*, hg. v. O. Rousseau, Paris 1953 (SC, Bd. 37).

Origenes, *Homiliae in Ezechielem*, hg. v. M. Borret, Paris 1989 (SC, Bd. 352).

Origenes, *Homiliae in Genesim*, hg. v. L. Doutreleau und H. de Lubac, Paris 1943 (SC, Bd. 7).

Origenes, *Homiliae in Ieremiam*, hg. v. P. Nautin, Paris 1976-77 (SC, Bde. 232 und 238).

Origenes, *Homiliae in Leviticum*, hg. v. M. Borret, Paris 1981 (SC, Bde. 286 und 287).

Origenes, *In Lucam homiliae*, hg. v. H.-J. Sieben, Freiburg i. Br. 1991-92 (FC, Bd. 4/1-2).

(Pseudo-) Origenes, *Homilia super »Maria stabat ad monumentum foris plorans«*, in: *Opera*, Basel 1571, Bd. II, S. 453f.

Paradisus anime intelligentis (Paradis der fornunftigen sele), aus der Oxforder Handschrift Cod. Laud. Misc. 479 nach E. Sievers' Abschrift hg. v. Ph. Strauch, Berlin 1919 (Deutsche Texte des Mittelalters, Bd. 30) ⟨zit. als *Par. an.*⟩.

Franz Pelster, *Ein Gutachten aus dem Eckehart-Prozeß in Avignon*, in: *Aus der Geisteswelt des Mittelalters. Studien und Texte Martin Grabmann zur Vollendung des 60. Lebensjahres von Freunden und Schülern gewidmet*, hg. v. A. Lang, J. Lechner und M. Schmaus, Münster 1935 (Beiträge zur Geschichte der Philosophie des Mittelalters, Supplementbd. 3), 2. Halbbd., S. 1099-1124.

Petrus Lombardus, *Sententiae in IV libros distinctae*, Grottaferrata 1971-81 (Spicilegium Bonaventurianum, Bde. 4-5).

Plato, *Res publica* (*Politeia*), hg. v. E. Chambry, 2 Bde., Paris ^{8}1981-82 (*Œuvres complètes*, Bde. 6-7).

Plato, *Timaeus, a Chalcidio translatus commentarioque instructus*, hg. v. J. H. Waszink, London und Leiden 1962 (Plato Latinus, Bd. 4).

Plotin, *Enneades*, hg. v. P. Henry und H. R. Schwyzer, Oxford 1964-82.

Proclus, *The Elements of Theology*, hg. v. E. R. Dodds, Oxford ^{2}1963.

Proclus, *Elementatio theologica*, hg. v. E. Vansteeenkiste, in: Tijdschrift voor Philosophie 13 (1951), S. 263-302 und S. 491-531.

Proclus, *In Parmenidem*, in: *Opera inedita*, hg. v. V. Cousin, Paris 1864; Nachdruck Frankfurt a. M. 1962, S. 603-1314.

Dü reissunge vnd die bewisunge zů dem beschŵwende lebende, hg. v. W. Preger, in: Zeitschrift für historische Theologie, Jg. 1866, S. 492-500.

Robertus Anglicus, *In Iohannis de Sacrobosco Tractatum de sphaera*, in: *The sphere of sacrobosco and its commentators*, hg. v. L. Thorndike, Chicago 1949, S. 143-198.

Roger Bacon, *Summa grammatica necnon Summule dialectices*, hg. v. R. Steele, London 1940.

Seneca, *Epistulae morales ad Lucilium*, hg. v. L. D. Reynolds, Oxford 1965.

Seneca, *Naturales quaestiones*, hg. v. Th. H. Corcoran, 2 Bde., London und Cambridge 1971-72.

Seneca Rhetor, *Declamationes*, hg. v. M. Winterbottom, 2 Bde., London und Cambridge 1974.

Heinrich Seuse, *Deutsche Schriften*, hg. v. K. Bihlmeyer, Stuttgart 1907; Nachdruck Frankfurt a. M. 1961.

Johannes Tauler, *Die Predigten Taulers*, aus der Engelberger und der Freiburger Handschrift sowie aus Schmidts Abschriften der ehemaligen Straßburger Handschriften hg. v. F. Vetter, Berlin 1910 (Deutsche Texte des Mittelalters, Bd. 11).

Gabriel Théry, *Édition critique des pièces relatives au procès d'Eckhart contenues dans le manuscrit 33b de la bibliothèque de Soest*, in: Archives d'histoire doctrinale et littéraire du moyen âge 1 (1926/27), S. 129-268.

Thomas von Aquin, *Catena aurea in quatuor evangelia*, hg. v. A. Guarienti, 2 Bde., Turin und Rom [9]1953.

Thomas von Aquin, *De ente et essentia*, hg. v. M. D. Roland-Gosselin, Paris 1948 (Bibliothèque Thomiste, Bd. 8).

Thomas von Aquin, *De caelo et mundo*, in: *In Aristotelis libros De caelo et mundo, De generatione et corruptione, Meteorologicorum expositio*, hg. v. R. M. Spiazzi, Turin 1952, S. 1-311.

Thomas von Aquin, *In Aristotelis librum De anima commentarium*, hg. v. M. Pirotta, [4]Turin 1959 ⟨zit. als *De anima*⟩.

Thomas von Aquin, *In librum Beati Dionysii De divinis nominibus expositio*, hg. v. C. Pera, Turin 1950.

Thomas von Aquin, *Scriptum super libros Sententiarum Petri Lombardi*, hg. v. P. Mandonnet und F. Moos, Paris 1929-47 ⟨zit. als *Sententiae*⟩.

Thomas von Aquin, *Super evangelium Iohannis lectura*, hg. v. R. Cai, Turin und Rom [5]1952 ⟨zit. als *Lectura super Iohannem*⟩.

Thomas von Aquin, *Super evangelium Matthaei lectura*, hg. v. R. Cai, Turin und Rom [5]1951.

Thomas von Aquin, *Super librum De causis expositio*, hg. v. H.-D. Saffray, Fribourg und Louvain 1954 (Textus philosophici Friburgenses, Bde. 4-5) ⟨zit. als *De causis*⟩.

Thomas von Aquin, *Summa theologiae*, ed. Leonina Manualis, Turin 1950.

Thomas von Aquin, *Summa contra gentiles*, ed. Leonina Manualis, Turin 1940.

Thomas von Aquin, *Quaestiones disputatae*, hg. v. R. Spiazzi und P. Bazzi, 2 Bde., Turin 1953.

Vergil, *Bucolica*, in: *Opera*, hg. v. R. A. B. Mynors, Oxford 1969, S. 1-28.

Vitae patrum, in: PL, Bde. 73-74.

Von den drin fragen, in: Heinrich Denifle, *Taulers Bekehrung, kritisch untersucht*, Straßburg 1879 (Quellen und Forschungen zur Sprach- und Culturgeschichte der germanischen Völker, Bd. 36), S. 137-143.

Von der minne, hg. v. K. Ruh, in: *Philologie als Kulturwissenschaft. Festschrift für Karl Stackmann*, hg. v. L. Grenzmann, Göttingen 1987, S. 211-220.

Von der sêle werdikeit und eigenschaft, hg. v. F. Pfeiffer, in: *Deutsche Mystiker des vierzehnten Jahrhunderts*, hg. v. F. Pfeiffer, Bd. 2: *Meister Eckhart*, Leipzig 1857; Nachdruck Aalen 1962, S. 394-416.

Von der wirkenden und möglichen Vernunft (Ler von der selikeyt), hg. v. W. Preger, in: Sitzungsberichte der philosophischphilologischen und historischen Classe der königlich bayrischen Akademie der Wissenschaften zu München 1871, München 1871, S. 176-189.

Von lyden, hg. v. A. Spamer, in: *Texte aus der deutschen Mystik des 14. und 15. Jahrhunderts*, hg. v. A. Spamer, Jena 1912, S. 108-112.

Valentin Weigel, *Kurtzer Bericht und Anleitung zur Deutschen Theologey*, in: *Sämtliche Schriften*, hg. v. W.-E. Peuckert und W. Zeller, Bd. 3, Stuttgart und Bad Cannstatt 1966, S. 89-128.

Johannes Wenck, *De ignota litteratura*, hg. v. E. Vansteenberghe, Münster 1910 (Beiträge zur Geschichte der Philosophie des Mittelalters, Bd. 8/6).

WISSENSCHAFTLICHE LITERATUR

Werner Achelis, *Über das Verhältnis Meister Eckeharts zum Areopagiten Dionysius*, Diss. Marburg 1922.

Pierre Adnès, *Mariage spirituel*, in: *Dictionnaire de spiritualité ascétique et mystique*, Bd. 10, Paris 1980, Sp. 388-408.

Karl Albert, *Der Grundgedanke der Philosophie Meister Eckharts*, in: Meister Eckhart heute, hg. v. W. Böhme, Karlsruhe 1980 (Herrenalber Texte, Bd. 20), S. 11-19.

Karl Albert, *Der philosophische Grundgedanke Meister Eckharts*, in: Tijdschrift voor Filosofie 27 (1965), S. 320-339.

Karl Albert, *Meister Eckharts Mystik der Seinserkenntnis*, in: *Abendländische Mystik im Mittelalter. Symposium Kloster Engelberg 1984*, hg. v. Kurt Ruh, Stuttgart 1986 (Germanistische Symposien, Berichtsbd. 7), S. 7-16. – Diskussionsbericht von Freimut Löser: S. 94-98.

Karl Albert, *Meister Eckharts These vom Sein. Untersuchungen zur Metaphysik des Opus tripartitum*, Saarbrücken 1976.

Karl Albert, *Meister Eckhart über das Schweigen*, in: *Festschrift für Lauri Seppänen zum 60. Geburtstag*, Tampere 1984 (Acta Universitatis Tamperensis, Ser. A, Bd. 183), S. 301-309.

Erika Albrecht, *Der Trostgehalt in Meister Eckharts Buch der göttlichen Tröstung und seine mutmaßliche Wirkkraft*, Diss. [masch.] Berlin 1953.

Erika Albrecht, *Zur Herkunft Meister Eckharts*, in: Amtsblatt der Evangelisch-Lutherischen Kirche in Thüringen, Jg. 31, Nr. 3 vom 10. 2. 1978, S. 28-34.

Mathilde Allweyer, *Der Begriff von »leit« und »liden« bei Meister Eckhart und Heinrich Seuse*, Diss. [masch.] Freiburg i. Br. 1951.

Giacomo Ambrosini, *Negazione e contraddizione in Meister Eckhart*, in: Verifiche 10 (1981), S. 241-243.

Giacomo Ambrosini, *Negazione e proposta morale in Meister Eckhart*, Padova 1980 (Ethos, Bd. 13).

Albert Ampe, *Een XVII-eeuwsch Verzamelhandschrift met mystieken inhoud*, in: Ons Geestelijk Erf 17 (1943), S. 197-243.

Heinrich Appel, *Die Synteresis in der mittelalterlichen Mystik*, in: Zeitschrift für Kirchengeschichte 13 (1892), S. 535-544.

Albert Auer, *Johannes von Dambach und die Trostbücher vom 11.-16. Jahrhundert*, Münster 1928 (Beiträge zur Geschichte der Philosophie des Mittelalters, Bd. 37/1-2).

Albert Auer, *Leidenstheologie im Spätmittelalter*, St. Ottilien 1952 (Kirchengeschichtliche Quellen und Studien, Bd. 2).

Stephanus G. Axters, *Beschouwingen bij een leerling van Meester Eckhart*, in: Verslagen en Mededelingen van de Koninklijke Academie voor Nederlandse Taal- en Letterkunde, Jg. 1972, S. 341-348.

Hans Urs von Balthasar, *Theodramatik*, Bd. 4: *Das Endspiel*, Einsiedeln 1983.

Hans Urs von Balthasar, *Thomas und die Charismatik*, in: Thomas von Aquin, *Summa theologica. Die deutsche Thomas-Ausgabe*, Bd. 23: *Besondere Gnadengaben und die zwei Wege menschlichen Lebens*, München und Wien 1954, S. 253-464.

Hans Urs von Balthasar, *Wort und Schweigen*, in: Ders., *Verbum caro. Skizzen zur Theologie*, Einsiedeln 1960, S. 135-155.

Wilhelm Bange, *Meister Eckeharts Lehre vom göttlichen und geschöpflichen Sein. Dargestellt mit besonderer Berücksichtigung der lateinischen Schriften*, Limburg a.d. Lahn 1937.

Hildebrand Bascour, *La double rédaction du premier commentaire de Maître Eckhart sur la genèse*, in: Revue de Théologie ancienne et médiévale 7 (1935), S. 294-320.

Till Beckmann, *Daten und Anmerkungen zur Biographie Meister Eckharts und zum Verlauf des gegen ihn angestrengten Inquisitionsprozesses. Mit einer Bibliographie von Texten, Übersetzungen und Interpretationen*, Frankfurt a. M. 1978.

Till Beckmann, *Studien zur Bestimmung des Lebens in Meister Eckharts deutschen Predigten*, Frankfurt a. M. und Bern 1982 (Europäische Hochschulschriften, Reihe XX, Bd. 85).

Ernst Behler, *Ewigkeit der Welt*. In: *Historisches Wörterbuch der Philosophie*, hg. v. J. Ritter, Bd. 2, Basel 1972, Sp. 844-848.

Werner Beierwaltes, *Andersheit. Grundriß einer neuplatonischen Begriffsgeschichte*, in: Archiv für Begriffsgeschichte 16 (1972), S. 166-197.

Werner Beierwaltes, *Denken des Einen. Studien zur neuplatonischen Philosophie und ihrer Wirkungsgeschichte*, Frankfurt a. M. 1985.

Werner Beierwaltes, *Der Begriff des »unum in nobis« bei Proklos*, in: *Die Metaphysik im Mittelalter*, hg. v. Paul Wilpert, Berlin 1963 (Miscellanea Mediaevalia, Bd. 2), S. 255-266.

Werner Beierwaltes, *Deus est esse – esse est deus. Die onto-theologische Grundfrage als aristotelisch-neuplatonische Denkstruktur*, in: Ders., *Platonismus und Idealismus*, Frankfurt a. M. 1972 (Philosophische Abhandlungen, Bd. 40), S. 5-82.

Werner Beierwaltes, *Identität und Differenz*, Frankfurt a. M. 1980 (Philosophische Abhandlungen, Bd. 49).

Werner Beierwaltes, *Licht*, in: *Historisches Wörterbuch der Philosophie*, hg. v. J. Ritter, Bd. 5, Basel 1980, Sp. 282-286.

Werner Beierwaltes, *Platonismus und Idealismus*, Frankfurt a. M. 1972 (Philosophische Abhandlungen, Bd. 40).

Werner Beierwaltes, *Regio beatitudinis. Zu Augustins Begriff des glücklichen Lebens*, Heidelberg 1981 (Sitzungsberichte der Heidelberger Akademie der Wissenschaften, Philosophisch-historische Klasse, Jg. 1981, Heft 6).

Ernst Benz, *Die Mystik in der Philosophie des deutschen Idealismus*, in: Euphorion 46 (1952), S. 280-300.

Kurt Berger, *Die Ausdrücke der Unio mystica im Mittelhochdeutschen*, Berlin 1935 (Germanische Studien, Bd. 168).

Matthäus Bernards, *Speculum Virginum. Geistigkeit und Seelenleben der Frau im Hochmittelalter*, Köln und Graz 1955.

Camille Bérubé, *Le dialogue de Duns Scot et d'Eckhart à Paris en 1302*, in: Collectanea Franciscana 55 (1985), S. 323-350.

Maria Bindschedler, *Der lateinische Kommentar zum Granum sinapis*, Basel 1949 (Basler Studien zur deutschen Sprache und Literatur, Bd. 9); Nachdruck Hildesheim 1985.

Maria Bindschedler, *Die Trostgründe Meister Eckharts für die Königin Agnes von Ungarn*, in: Dies., *Mittelalter und Moderne. Gesammelte Schriften zur Literatur*, hg. v. A. Schnyder, Bern und Stuttgart 1985, S. 154-160.

Maria Bindschedler, *Meister Eckharts Lehre von der Gerechtigkeit*, in: Dies., *Mittelalter und Moderne. Gesammelte Schriften zur Literatur*, hg. v. André Schnyder, Bern und Stuttgart 1985, S. 36-47.

Maria Bindschedler, *Zu den deutschen Seinsbezeichnungen bei Meister Eckhart*, in: Dies., *Mittelalter und Moderne. Gesammelte Schriften zur Literatur*, hg. v. André Schnyder, Bern und Stuttgart 1985, S. 198-202.

David Blamires, *Eckhart and Tauler: a Comparison of their Sermons on »Homo quidam fecit cenam magnam«*, in: Modern Language Review 66 (1971), S. 608-627.

Hein Blommestijn, *Découverte de soi-même ou quête de dieu: l'itinéraire de soi en dieu chez Maître Eckhart*, in: Studies in spirituality 1 (1991), S. 75-95.

Karl Boeckl, *Die Eucharistielehre der deutschen Mystiker des Mittelalters*, Freiburg i. Br. 1924.

Jean Borella, *Le symbolisme de la lumière et des ténèbres chez Maître Eckhart*, in: *Le Mal et la Maladie de Maître Eckhart à Thomas Bernhard. Actes du Colloque organisé par le Centre de Recherches Germaniques et Scandinaves de l'Université de Nancy II (6, 7, 8 février 1987)*, hg. v. J.-M. Paul, Nancy 1988, S. 21-38.

Karl Bormann, *Das Verhältnis Meister Eckharts zur Aristotelischen Philosophie. Zu einer Aristotelischen Lehre bei Meister

Eckhart, in: *Freiheit und Gelassenheit. Meister Eckhart heute*, in Verbindung mit H. Falcke und F. Hoffmann hg. v. U. Kern, München und Mainz 1980, S. 53-59.

Karl Bosl, *Armut Christi. Ideal der Mönche und Ketzer, Ideologie der aufsteigenden Gesellschaftsschichten vom 11. bis zum 13. Jahrhundert*, München 1981 (Bayerische Akademie der Wissenschaften. Philologisch-Historische Klasse, Sitzungsberichte, 1981/1).

Ernst von Bracken, *Meister Eckhart. Legende und Wirklichkeit. Beiträge zu einem neuen Eckhartbild*, Meisenheim a. Glan 1972 (Monographien zur philosophischen Forschung, Bd. 85).

Ernst von Bracken, *Meister Eckhart und Fichte*, Würzburg 1943.

Karl Brethauer, *Die Sprache Meister Eckharts im »Buch der göttlichen Tröstung«*, Diss. Göttingen 1931.

Karl Brethauer, *Neue Eckharttexte*, in: Zeitschrift für deutsches Altertum 70 (1933), S. 68-80.

Stanislas Breton, *Deux mystiques de l'excès. J.-J. Surin et Maître Eckhart*, Paris 1985 (Cogitatio fidei, Bd. 135).

Stanislas Breton, *Le rapport: être-Dieu chez Maître Eckhart*, in: *L'être et Dieu. Colloque de Strasbourg, Mai 1985*, travaux dirigés par Dominique Bourg, préface de H.-B. Vergote, Paris 1986 (Cogitatio fidei, Bd. 138), S. 43-58.

Stanislas Breton, *Les métamorphoses du langage religieux chez Maître Eckhart*, in: Recherches de science religieuse 67 (1979), S. 373-395.

Stanislas Breton, *Métaphysique et mystique chez Maître Eckhart*, in: Recherches de science religieuse 64 (1976), S. 161-181.

Hennig Brinkmann, *Mittelalterliche Hermeneutik*, Darmstadt 1980.

Fernand Brunner, *Compatibilité chez Maître Eckhart de la thèse »esse est deus« et de l'affirmation de l'»esse rerum«*, in: *Von Meister Dietrich zu Meister Eckhart*, hg. v. K. Flasch, Hamburg 1984 (Corpus Philosophorum Teutonicorum Medii Aevi, Beiheft 2), S. 138-146.

Fernand Brunner, *Création et Emanation. Fragment de philosophie comparée*, in: Studia philosophica 33 (1973), S. 33-63.

Fernand Brunner, *Foi et raison chez Maître Eckhart*. In: *Permanence de la philosophie. Mélanges offerts à Joseph Moreau*, Neuchâtel 1977, S. 196-207.

Fernand Brunner, *Hegel et Maître Eckhart*, in: Recherches Hégéliennes 8 (1973), S. 16-21.

Fernand Brunner, *L'analogie chez Maître Eckhart*, in: Freiburger Zeitschrift für Philosophie und Theologie 16 (1969), S. 333-349.

Fernand Brunner, *La structure de l'Opus propositionum de Maître Eckhart*, in: *Histoire et structure. A la mémoire de Victor Goldschmidt*, études réunies par J. Brunschwig, C. Imbert et A. Roger, Paris 1985, S. 241-249.

Fernand Brunner, *Le mysticisme de Maître Eckhart. Étude comparative*, in: *Das »Einig Ein«. Studien zu Theorie und Sprache der deutschen Mystik*, hg. v. A. M. Haas und H. Stirnimann, Freiburg/Schweiz 1980 (Dokimion, Bd. 6), S. 63-86.

Fernand Brunner, *Maître Eckhart et le mysticisme spéculatif*, in: Revue de théologie et de philosophie, 3. Folge, 20 (1970), S. 1-11.

Adeltrud Bundschuh, *Die Bedeutung von »gelassen« und die Bedeutung der »Gelassenheit« in den deutschen Werken Meister Eckharts unter Berücksichtigung seiner lateinischen Schriften*, Frankfurt a. M. und Bern1990 (Europäische Hochschulschriften, Reihe XX, Bd. 302).

Caroline W. Bynum, *Jesus as Mother. Studies in the Spirituality of the Higher Middle Ages*, Berkeley und Los Angeles 1982.

Caroline W. Bynum, *Holy Feast and Holy Fast. The Religious Significance of Food to Medieval Women*, Berkeley und Los Angeles 1987.

John D. Caputo, *Meister Eckhart and the Later Heidegger. The Mystical Element in Heidegger's Thought*, in: Journal of the History of Philosophy 12 (1974), S. 479-494 und 13 (1975), S. 61-80.

John D. Caputo, *The Nothingness of the Intellect in Meister Eckhart's Parisian Questions*, in: The Thomist 39 (1975), S. 85-115.

John D. Caputo, *Radical Hermeneutics. Repetition, Deconstruc-*

tion, and the Hermeneutic Project, Bloomington und Indianapolis 1987.

John D. Caputo, *The Poverty of Thought. A Reflection on Heidegger and Eckhart*, in: *Heidegger. The Man and the Thinker*, hg. v. Th. Sheehan, Chicago 1982, S. 209-216.

Odo Casel, *De philosophorum graecorum silentio mystico*, Gießen 1919.

Th.-M. Charland, *Artes Praedicandi. Contribution à l'histoire de la rhétorique au moyen âge*, Paris und Ottawa 1936.

Jean Châtillon, *Les régions de la dissemblance et de la ressemblance selon Achard de Saint-Victor*, in: Recherches Augustiniennes 2 (1962), S. 237-250.

Jean Châtillon, *»Quidquid convenit Filio Dei per naturam convenit filio hominis per gratiam«*. In: *Misceallanea André Combes*, Rom 1967, Bd. 2, S. 319-331.

Louis Cognet, *Gottes Geburt in der Seele. Einführung in die deutsche Mystik*, Geleitwort von A. M. Haas, Freiburg, Basel und Wien 1980.

Edmund Colledge, *Eckhart's Orthodoxy Redonsidered*, in: New Blackfriars 71 (1990), S. 176-184.

Edmund Colledge und J.C. Marler, *A Meister Eckhart Autograph?* in: Scriptorium 36 (1982), S. 90-95. – Vgl.: J. P. Gumbert, *The Eckhart autograph. A note*, in: Scriptorium 37 (1983), S. 286.

Edmund Colledge und J.C. Marler, *»Poverty of the Will«: Ruusbroec, Eckhart and »The Mirror of Simple Souls«*, in: *Jan van Ruusbroec. The sources, content and sequels of his mysticism*, hg. v. P. Mommaers und N. de Paepe, Leuven 1984, S. 14-47.

Katharina Comoth, *Albertus Magnus und die spekulative deutsche Mystik*, in: Dies., *Mediaevalia Moderna, im Gange des Denkens von Augustinus bis Hegel*, Heidelberg 1988, S. 20-26.

Katharina Comoth, *Hegemonikon. Meister Eckharts Rückgriff auf Origenes*, in: Dies., *Mediaevalia Moderna, im Gange des Denkens von Augustinus bis Hegel*, Heidelberg 1988, S. 42-49.

Katharina Comoth, *Werden zu Gott. Ein Beitrag zur spekulativen Theologie Meister Eckharts*, in: Neue Zeitschrift für systematische Theologie 21 (1979), S. 92-101.

Carmelo G. Conticello, *La dottrina dell'essere nelle opere latine di Meister Eckhart*, in: Rivista di filosofia neoscolastica 77 (1985), S. 50-80.

Pierre Courcelle, *Connais-toi toi-même de Socrate à Saint Bernard*, Paris 1974-75.

Pierre Courcelle, *Treize textes nouveaux sur la région de dissemblance*, in: Revue Augustinienne 16 (1970), S. 271-281.

John E. Crean, *Bilden/beelden in the Writings of Eckhart and Ruusbroec*, in: Zeitschrift für deutsche Sprache 25 (1969), S. 65-95.

John E. Crean, *Mystical »Schauen« in Meister Eckhart and Jan van Ruusbroec*, in: Monatshefte 62 (1970), S. 37-44.

John E. Crean, *Studies in Fourteenth Century Mystical Terminology. The Middle High German of Meister Eckhart and the Middle Netherlandic of Jan van Ruusbroec*, New Haven 1967.

Alistair C. Crombie, *Von Augustinus bis Galilei*, Köln und Berlin 1959.

Rudolf Cruel, *Geschichte der deutschen Predigt im Mittelalter*, Detmold 1879; Nachdruck Darmstadt 1966.

Marie-Madeleine Davy und Jean-Pierre Renneteau, *La lumière dans le Christianisme*, in: *Le thème de la lumière dans le Judaisme, le Christianisme et l'Islam*, hg. v. M.-M. Davy, Paris 1976, S. 137-319.

Oliver Davies, *Meister Eckhart: Mystical Theologian*, London 1991.

Oliver Davies, *Why were Eckhart's propositions condemned?*, in: New Blackfriars 71 (1990), S. 433-445.

Ingeborg Degenhardt, *Studien zum Wandel des Eckhartbildes*, Leiden 1967 (Studien zur Problemgeschichte der antiken und mittelalterlichen Philosophie, Bd. 3).

Heinrich Suso Denifle, *Das Cusanische Exemplar lateinischer Schriften Eckeharts in Cues*, in: Archiv für Litteratur- und Kirchengeschichte des Mittelalters 2 (1886), S. 673-687.

Heinrich Suso Denifle, *Die deutschen Mystiker des 14. Jahrhun-*

derts. Beitrag zur Deutung ihrer Lehre, aus dem literarischen Nachlaß hg. v. O. Spiess, Freiburg/Schweiz 1951 (Studia Friburgensia, Neue Folge, Bd. 4).

Heinrich Suso Denifle, *Meister Eckeharts lateinische Schriften und die Grundanschauung seiner Lehre*, in: Archiv für Litteratur- und Kirchengeschichte des Mittelalters 2 (1886), S. 417-615.

Heinrich Suso Denifle, *Über die Anfänge der Predigtweise der deutschen Mystiker*, in: Archiv für Litteratur- und Kirchengeschichte des Mittelalters 2 (1886), S. 641-652.

Ernst Diederichs, *Meister Eckharts »Reden der Unterscheidung«. Eine literarkritische Untersuchung*, Diss. Halle 1912.

Bernward Dietsche, *Der Seelengrund nach den deutschen und lateinischen Predigten*, in: *Meister Eckhart, der Prediger. Festschrift zum Eckhart-Gedenkjahr*, hg. im Auftrag der Dominikaner-Provinz Teutonia von U. M. Nix und R. Öchslin, Freiburg, Basel und Wien 1960, S. 200-258.

Walther Dolch, *Die Verbreitung oberländischer Mystikerwerke im Niederländischen. Auf Grund der Handschriften dargestellt*, Diss. Leipzig 1909.

Donald F. Duclow, *Hermeneutics and Meister Eckhart*, in: Philosophy today 28 (1984), S. 36-43.

Donald F. Duclow, *»My suffering is God«. Meister Eckhart's Book of Divine Consolation*, in: Theological Studies 44 (1983), S. 570-586.

Pierre Duhem, *Le système du monde. Histoire des doctrines cosmologiques de Platon à Copernic*, Paris 1917ff.

Heinrich Ebeling, *Meister Eckharts Mystik. Studien zu den Geisteskämpfen um die Wende des 13. Jahrhunderts*, Stuttgart 1941 (Forschungen zur Kirchen- und Geistesgeschichte, Bd. 21); Nachdruck Aalen 1966.

Jürgen Eberle, *Die Schöpfung in ihren Ursachen. Untersuchung zum Begriff der Idee in den lateinischen Werken Meister Eckharts*, Diss. Köln 1973.

Eckardus Theutonicus, homo doctus et sanctus. Nachweise und Berichte zum Prozeß gegen Meister Eckhart, hg. v. H. Stirnimann und R. Imbach, Freiburg/Schweiz 1992 (Dokimion, Bd. 11).

Willehad P. Eckert, *Eckhart-Rezeption und Umdeutung in der neueren deutschen Literatur*, in: *Freiheit und Gelassenheit. Meister Eckhart heute*, in Verbindung mit H. Falcke und F. Hoffmann hg. v. U. Kern, München und Mainz 1980, S. 183-197.

Richard Egenter, *Die Idee der Gottesfreundschaft im vierzehnten Jahrhundert*, in: *Aus der Geisteswelt des Mittelalters. Studien und Texte Martin Grabmann zur Vollendung des 60. Lebensjahres von Freunden und Schülern gewidmet*, Münster 1935 (Beiträge zur Geschichte der Philosophie und Theologie des Mittelalters, Supplementbd. 3), 2. Halbband, S. 1021-1063.

Richard Egenter, *Gottesfreundschaft. Die Lehre von der Gottesfreundschaft in der Scholastik und Mystik des 12. und 13. Jahrhunderts*, Augsburg 1928.

Michael Egerding, *»Einsamkeit« in der deutschen Mystik*, in: *Spuren. Festschrift für Theo Schumacher*, hg. v. H. Colberg und D. Petersen, Stuttgart 1986 (Stuttgarter Arbeiten zur Germanistik, Bd. 184), S. 131-156.

Michael Egerding, *Got bekennen. Strukturen der Gotteserkenntnis bei Meister Eckhart. Interpretation ausgewählter Predigten*, Frankfurt a. Main, Bern und New York 1984 (Europäische Hochschulschriften, Reihe I, Bd. 810).

Heinrich Emundts, *Meister Eckhardts Predigt »Uff Sant Dominicustag«. Versuch einer Textherstellung*, Diss. [masch.] Bonn 1924.

Georgette Epinay-Burgard, *La critique d'Eckhart par Ruusbroek et son disciple Jean de Leeuwen*, in: *Von Meister Dietrich zu Meister Eckhart*, hg. v. K. Flasch, Hamburg 1984 (Corpus Philosophorum Teutonicorum Medii Aevi, Beiheft 2), S. 177-185.

Rudolf Fahrner, *Wortsinn und Wortschöpfung bei Meister Eckhart*, Marburg a. L. 1929 (Beiträge zur Geschichte der deutschen Literaturwissenschaft, Bd. 31); Nachdruck New York und London 1968.

Werner Fechter, *Eine Thalbacher Handschrift mit Eckhartpredigten, Exzerpten aus Seuse, dem Ps.-Albertischen »Paradisus animae« und anderem in Pavia (mit Textpublikation)*, in: Zeitschrift für deutsches Altertum 103 (1974), S. 311-333.

Ephrem Filthaut, *Johannes Tauler und die deutsche Dominikanerscholastik des 13./14. Jahrhunderts*, in: *Johannes Tauler. Ein deutscher Mystiker. Gedenkschrift zum 600. Todestag*, hg. v. E. Filthaut, Essen 1961, S. 94-121.

Heribert Fischer, *Die theologische Arbeitsweise Meister Eckharts in den lateinischen Werken*, in: *Methoden der Wissenschaft und Kunst des Mittelalters*, hg. v. A. Zimmermann, Berlin 1970 (Miscellanea Mediaevalia, Bd. 7), S. 50-75.

Heribert Fischer, *Die theologischen Werke Meister Eckharts*, in: Scholastik 35 (1960), S. 408-413.

Heribert Fischer, *Grundgedanken der deutschen Predigten*, in: *Meister Eckhart, der Prediger. Festschrift zum Eckhart-Gedenkjahr*, hg. im Auftrag der Dominikaner-Provinz Teutonia von U. M. Nix und R. Öchslin, Freiburg, Basel und Wien 1960, S. 25-72.

Heribert Fischer, *Meister Eckhart. Einführung in sein philosophisches Denken*, Freiburg i. Br. 1974.

Heribert Fischer, *Thomas von Aquin und Meister Eckhart*, in: Theologie und Philosophie 49 (1974), S. 213-235.

Heribert Fischer, *Zur Frage nach der Mystik in den Werken Meister Eckharts*, in: *La mystique rhénane. Colloque de Strasbourg 16-19 mai 1961*, Paris 1963 (Travaux du centre d'études supérieures spécialisé d'histoire des religions de Strasbourg), S. 109-132.

Kurt Flasch, *Das philosophische Denken im Mittelalter*, Stuttgart 1986.

Kurt Flasch, *Die Intention Meister Eckharts*, in: *Sprache und Begriff. Festschrift für Bruno Liebrucks*, hg. v. H. Röttges, Meisenheim a. Glan 1974, S. 292-318.

Kurt Flasch, *Kennt die mittelalterliche Philosophie die konstitutive Funktion des menschlichen Denkens? Eine Untersuchung zu Dietrich von Freiberg*, in: Kant-Studien 63 (1972), S. 182-206.

Kurt Flasch, *Meister Eckhart. Versuch, ihn aus dem mystischen Strom zu retten*, in: *Gnosis und Mystik in der Geschichte der*

Philosophie, hg. v. P. Koslowski, Zürich und München 1988, S. 94-110.

Kurt Flasch, *Meister Eckhart und die »Deutsche Mystik«. Zur Kritik eines historiographischen Schemas*, in: *Die Philosophie im 14. und 15. Jahrhundert. In memoriam Konstanty Michalski (1879-1947)*, hg. v. O. Pluta, Amsterdam 1988 (Bochumer Studien zur Philosophie, Bd. 10), S. 439-463.

Kurt Flasch, *Procedere ut imago. Das Hervorgehen des Intellekts aus seinem göttlichen Grund bei Meister Dietrich, Meister Eckhart und Berthold von Moosburg*, in: *Abendländische Mystik im Mittelalter. Symposium Kloster Engelberg 1984*, hg. v. K. Ruh, Stuttgart 1986 (Germanistische Symposien, Berichtsbd. 7), S. 125-134. – Diskussionsbericht von Siegbert Peetz: S. 218-224.

Kurt Flasch, *Zum Ursprung der neuzeitlichen Philosophie im späten Mittelalter. Neue Texte und Perspektiven*, in: Philosophisches Jahrbuch 85 (1978), S. 1-18.

Alfonso Flórez Flórez, *La ética de Meister Eckhart*, Bogotà 1983 (Colleccìon Universitas philosophica, Bd. 2).

Erich Fromm, *To Have or to Be?*, New York, San Francisco und London 1976. – Deutsch unter dem Titel: *Haben oder Sein. Die seelischen Grundlagen einer neuen Gesellschaft*, Stuttgart 1976.

Wolfgang Frühwald, *Albert der Große und die deutschsprachige Mystik des Mittelalters*, in: *Albert der Große. Ein Zeuge für Spiritualität und geistliche Bildung*, Augsburg 1980 (Katholische Akademie Augsburg, Akademie Publikation 54), S. 23-49.

Wolfgang Frühwald, *Formzwang und Gestaltungsfreiheit in Meister Eckharts Predigt »Von dem edeln Menschen«*, in: *Unterscheidung und Bewahrung. Festschrift für Hermann Kunisch zum 60. Geburtstag*, hg. v. K. Lazarowicz und W. Kron, Berlin 1961, S. 132-146.

Wolfram M. Fues, *Mystik als Erkenntnis? Kritische Studien zur Meister-Eckhart-Forschung*, Bonn 1981 (Studien zur Germanistik, Anglistik und Komparatistik, Bd. 102).

Wolfram M. Fues, *Unio inquantum spes: Meister Eckhart bei*

Ernst Bloch, in: *Das »Einig Ein«. Studien zu Theorie und Sprache der deutschen Mystik*, hg. v. A. M. Haas und H. Stirnimann, Freiburg/Schweiz 1980 (Dokimion, Bd. 6), S. 109-166.

Maurice de Gandillac, *Deux figures eckhartiennes de Marthe*, in: *Métaphysique. Histoire de la philosophie. Recueil d'études offert à Fernand Brunner*, Neuchâtel 1981, S. 119-134.

Maurice de Gandillac, *La »dialectique« de Maître Eckhart*, in: *La mystique rhénane. Colloque de Strasbourg 16-19 mai 1961*, Paris 1963 (Travaux du centre d'études supérieures spécialisé d'histoire des religions de Strasbourg), S. 59-94.

Bernhard Geyer, *Albertus Magnus und Meister Eckhart*, in: *Festschrift Josef Quint anläßlich seines 65. Geburtstages*, hg. v. H. Moser, R. Schützeichel und K. Stackmann, Bonn 1964, S. 121-126.

Étienne Gilson, *La philosophie au Moyen Age*, Paris [2]1986.

Étienne Gilson, *Regio dissimilitudinis de Platon à Saint Bernard de Clairvaux*, in: Mediaeval Studies 9 (1947), S. 108-130.

Palémon Glorieux, *L'enseignement au Moyen Age*, in: Archives d'histore doctrinale et littéraire du moyen âge 35 (1968), S. 65-186.

Louise Gnädinger, *Die spekulative Mystik im »Cherubinischen Wandersmann« des Johannes Angelus Silesius*, in: Studi Germanici, Neue Folge, 4 (1966), S. 29-59 und S. 145-190.

Tullio Goffi, *Meister Eckhart interprete mistico della S. Scrittura*, in: Studi Ecumenici 5 (1988), S. 395-406.

Dietmar Goltschnigg, *Mystische Tradition im Roman Robert Musils*, Heidelberg 1974.

María-Josefa Gonzalez-Haba, *La figura de Maria en el Maestro Eckhart*, in: Revista de Espiritualidad 20 (1961), S. 363-377.

María-Josefa Gonzalez-Haba, *Metafisica de la muerte en el Maestro Eckhart*, in: *Die Metaphysik im Mittelalter. Ihr Ursprung und ihre Bedeutung*, hg. v. P. Wilpert, Berlin 1963 (Miscellanea Mediaevalia, Bd. 2), S. 296-303.

María-Josefa Gonzalez-Haba, *Valoración del tiempo y lo temporal en el Maestro Eckhart*, in: La Ciudad de Dios 178 (1965), S. 33-61.

María-Josefa Gonzalez-Haba, *Valoración del tiempo y lo temporal en la obra del Maestro Eckhart*, in: *La filosofia della natura nel medioevo. Atti del terzo congresso internazionale di filosofia medioevale*, Milano 1966, S. 634-640.

Bernard Gorceix, *Amis de Dieu en Allemagne au siècle de Maître Eckhart*, Paris 1984.

Martin Grabmann, *Der Einfluß Alberts des Großen auf das mittelalterliche Geistesleben. Das deutsche Element in der mittelalterlichen Scholastik und Mystik*, in: Ders., *Mittelalterliches Geistesleben. Abhandlungen zur Geschichte der Scholastik und Mystik*, Bd. 2, München 1936, S. 324-412.

Martin Grabmann, *Die Lehre des heiligen Thomas von Aquin von der scintilla animae in ihrer Bedeutung für die deutsche Mystik im Predigerorden*, in: Jahrbuch für Philosophie und systematische Theologie 14 (1900), S. 413-427.

Martin Grabmann, *Mittelalterliche Deutung und Umbildung der aristotelischen Lehre vom* ΝΟΥΣ ΠΟΙΗΤΙΚΟΣ *nach einer Zusammenstellung im Cod. B III 22 der Universitätsbibliothek Basel*, in: Ders., *Gesammelte Akademieabhandlungen*, Bd. 1, Paderborn, München, Wien und Zürich 1979 (Veröffentlichungen des Grabmann-Institutes, Neue Folge, Bd. 25/1), S. 1021-1122.

Martin Grabmann, *Mittelalterliches Geistesleben. Abhandlungen zur Geschichte der Scholastik und Mystik*, Bd. 1, München 1926, Bd. 2, München 1936, Bd. 3, mit der Bibliographie M. Grabmanns hg. v. Ludwig Ott, München 1956.

Martin Grabmann, *Neuaufgefundene Pariser Quaestionen Meister Eckharts und ihre Stellung in seinem geistigen Entwicklungsgange*, in: Ders., *Gesammelte Akademieabhandlungen*, Bd. 1, Paderborn, München, Wien und Zürich 1979 (Veröffentlichungen des Grabmann-Institutes, Neue Folge, Bd. 25/1), S. 261-382.

Ernesto Grassi, *La preminenza della parola metaforica. Heidegger, Meister Eckhart, Novalis*, Modena 1986.

Ernesto Grassi, *Tod und Schmerz. Zu einer Interpretation von Meister Eckhart*, in: *Im Angesicht des Todes. Ein interdisziplinäres Kompendium*, hg. v. H. Becker, 2 Bde., St. Ottilien 1987, Bd 2, S. 1391-1420.

Carl Greith, *Die deutsche Mystik im Prediger-Orden (von 1250-1350). Nach ihren Grundlehren, Liedern und Lebensbildern aus handschriftlichen Quellen*, Freiburg i. Br. 1861; Nachdruck Amsterdam 1965.

Herbert Grundmann, *Freiheit als religiöses, politisches und persönliches Postulat im Mittelalter*, in: Historische Zeitschrift 183 (1957), S. 23-52.

Herbert Grundmann, *Religiöse Bewegungen im Mittelalter. Untersuchungen über die geschichtlichen Zusammenhänge zwischen der Ketzerei, den Bettelorden und der religiösen Frauenbewegung im 12. und 13. Jahrhundert und über die geschichtlichen Grundlagen der deutschen Mystik*, Darmstadt [2]1961 (Historische Studien, Bd. 267); Nachdruck Darmstadt 1970.

Romana Guarnieri, *Il movimento del Libero Spirito. Testi e documenti*, in: Archivio Italiano per la Storia della Pietà 4 (1965), S. 353-708.

Alois M. Haas, *Aktualität und Normativität Meister Eckharts*, in: *Eckardus Theutonicus, homo doctus et sanctus. Nachweise und Berichte zum Prozeß gegen Meister Eckhart*, hg. v. H. Stirnimann und R. Imbach, Freiburg/Schweiz 1992 (Dokimion, Bd. 11), S. 205-268.

Alois M. Haas, *Apophatik bei Meister Eckhart und im Zen-Buddhismus*, in: Zen Buddhism Today. Annual Report of the Kyoto Zen Symposium 2 (1984), S. 150-169.

Alois M. Haas, *»... das Persönliche und Eigene verleugnen« – Mystische »vernichtigkeit und verworffenheit sein selbs« im Geiste Meister Eckharts*, in: *Individualität*, hg. v. M. Frank und A. Haverkamp, München 1988 (Poetik und Hermeneutik, Bd. 13), S. 106-122.

Alois M. Haas, *Deum mystica videre ... in caligine coincidencie. Zum Verhältnis Nikolaus' von Kues zur Mystik*, Basel und Frankfurt a. M. 1989 (Vorträge der Aeneas-Silvius-Stiftung an der Universität Basel, Bd. 24).

Alois M. Haas, *Die Problematik von Sprache und Erfahrung in der deutschen Mystik*, in: Werner Beierwaltes, Hans U. von Balthasar und Alois M. Haas, *Grundfragen der Mystik*, Einsiedeln 1974, S. 73-104.

Alois M. Haas, *Geistliches Mittelalter*, Freiburg/Schweiz 1984 (Dokimion, Bd. 8).

Alois M. Haas, *Gottleiden – Gottlieben. Zur volkssprachlichen Mystik im Mittelalter*, Frankfurt a. M. 1989.

Alois M. Haas, *Jesus Christus – Inbegriff des Heils und verwirklichte Transzendenz im Geist der deutschen Mystik*, in: *Epiphanie des Heils. Zur Heilsgegenwart in indischer und christlicher Religion*, hg. v. G. Oberhammer, Wien 1982, S. 193-216.

Alois M. Haas, *Meister Eckhart als normative Gestalt geistlichen Lebens*, Einsiedeln 1979 (Kriterien, Bd. 51).

Alois M. Haas, *Nim din selbes war. Studien zur Lehre von der Selbsterkenntnis bei Meister Eckhart, Johannes Tauler und Heinrich Seuse*, Freiburg/Schweiz 1971 (Dokimion, Bd. 3).

Alois M. Haas, *Sermo mysticus. Studien zu Theologie und Sprache der deutschen Mystik*, Freiburg/Schweiz 1979 (Dokimion, Bd. 4).

Alois M. Haas, *Überlegungen zum mystischen Paradox*, in: *Probleme philosophischer Mystik. Festschrift für Karl Albert zum siebzigsten Geburtstag*, hg. v. E. Jain und R. Margreiter, Sankt Augustin 1991, S. 109-124.

Alois M. Haas, *Von der Eigenart christlicher Mystik*, in: Theologische Zeitschrift 45 (1989), S. 175-191.

Alois M. Haas, *Was ist Mystik?*, in: *Abendländische Mystik im Mittelalter. Symposium Kloster Engelberg 1984*, hg. v. K. Ruh, Stuttgart 1986 (Germanistische Symposien, Berichtsbd. 7), S. 319-341. – Diskussionsbericht von Klaus Kirchert: S. 342-346.

Jeremiah M. Hackett, *»Verbum mentalis conceptio« in Meister Eckhart and Jordanus of Quedlinburg. A text study*, in: *Sprache und Erkenntnis im Mittelalter*, hg. v. J. P. Beckmann, 2 Bde., Berlin und New York 1981 (Miscellanea Mediaevalia, Bd. 13), Bd. 2, S. 1003-1011.

Alois Halder, *Das Viele, das Eine und das »Selbst« bei Meister Eckhart*, in: *All-Einheit. Wege eines Gedankens in Ost und West*, hg. v. D. Henrich, Stuttgart 1985, S. 115-135.

Louis L. Hammerich, *Das Trostbuch Meister Eckeharts*, in: Zeitschrift für deutsche Philosophie 56 (1931), S. 69-98.

Monika Hansen, *Der Aufbau der mittelalterlichen Predigt unter besonderer Berücksichtigung der Mystiker Eckhart und Tauler*, Diss. Hamburg 1972.

Burkhard Hasebrink, *Formen inzitativer Rede bei Meister Eckhart. Untersuchungen zur literarischen Konzeption der deutschen Predigt*, Tübingen 1991 (Texte und Textgeschichte, Bd. 32).

Rudolf Haubst, *Nikolaus von Kues als Interpret und Verteidiger Meister Eckharts*, in: *Freiheit und Gelassenheit. Meister Eckhart heute*, in Verbindung mit H. Falcke und F. Hoffmann hg. v. U. Kern, München und Mainz 1980, S. 75-96.

Walter Haug, *Das Wort und die Sprache bei Meister Eckhart*, In: *Zur deutschen Literatur und Sprache des 14. Jahrhunderts. Dubliner Colloquium 1981*, hg. v. W. Haug, Heidelberg 1983, S. 25-44.

Walter Haug, *Die Mauer des Paradieses. Zur »mystica theologia« des Nicolaus Cusanus in »De visione dei«*, in: Theologische Zeitschrift 45 (1989), S. 216-230.

Walter Haug, *Zur Grundlegung einer Theorie des mystischen Sprechens*, in: *Abendländische Mystik im Mittelalter. Symposium Kloster Engelberg 1984*, hg. v. K. Ruh, Stuttgart 1986 (Germanistische Symposien, Berichtsbd. 7), S. 494-508. – Diskussionsbericht von Barbara Küper: S. 529-534.

Rainer Hauke, *Trinität und Denken. Die Unterscheidung der Einheit von Gott und Mensch bei Meister Eckhart*, Frankfurt a. M., Bern und New York 1986 (Kontexte, Bd. 3).

Klaus Hedwig, *Sphaera lucis. Studien zur Intelligibilität des Seienden im Kontext der mittelalterlichen Lichtspekulation*, Münster 1980 (Beiträge zur Geschichte der Philosophie und Theologie des Mittelalters, Neue Folge, Bd. 18).

Peter Heidrich, *Maimunizitate bei Meister Eckhart*, Diss. Rostock 1959.

Peter Heidrich, *Mystik*, in: *Historisches Wörterbuch der Philosophie*, hg. v. J. Ritter, Bd. 6, Basel und Stuttgart 1984, Sp. 268-273.

Wolfgang Hempel, *Superbia. Untersuchungen zu Wesen, Geschichte und Wirkung eines mittelalterlichen Zentralgedankens*, Diss. Göttingen 1963.

Julio A. Hernández, *Studien zum religiös-ethischen Wortschatz der deutschen Mystik. Die Bezeichnung und der Begriff des Eigentums bei Meister Eckhart und Johannes Tauler*, Berlin 1984 (Philologische Studien und Quellen, Bd. 105).

Gotthard Hiecke, *Meister Eckhart und die Stoa*, Diss. Rostock 1970.

Eugen Hillenbrand, *Nikolaus von Straßburg. Religiöse Bewegung und dominikanische Theologie im 14. Jahrhundert*, Freiburg i. Br. 1968 (Forschungen zur oberrheinischen Landesgeschichte, Bd. 21).

Gabriele von Hippel, *Licht und Finsternis in der Sprache Meister Eckharts. Eine Studie zu Meister Eckhart, angeschlossen ein besonderer Vergleich mit Tauler und Seuse*, Diss. Bonn 1953.

Ludwig Hödl, *Meister Eckharts theologische Kritik des reinen Glaubensbewußtseins*, in: *Freiheit und Gelassenheit. Meister Eckhart heute*, in Verbindung mit H. Falcke und F. Hoffmann hg. v. U. Kern, München und Mainz 1980, S. 34-52.

Ludwig Hödl, *Metaphysik und Mystik im Denken des Meisters Eckehart*, in: Zeitschrift für katholische Theologie 82 (1960), S. 257-274.

Ludwig Hödl, *Naturphilosophie und Heilsbotschaft in Meister Eckharts Auslegung des Johannesevangeliums*, in: *Filosofia della natura nel medioevo. Atti del Terzo congresso internazionale di filosofia medioevale*, Milano 1966, S. 641-651.

Hans Hof, *Scintilla animae. Eine Studie zu einem Grundbegriff in Meister Eckharts Philosophie mit besonderer Berücksichtigung des Verhältnisses der Eckhartschen Philosophie zur neuplatonischen und thomistischen Anschauung*, Lund und Bonn 1952.

Ernst Hoffmann, *Gottesschau bei Meister Eckehart und Nikolaus von Cues*, in: *Festschrift für Heinrich Zangger*, 2 Tle., Zürich 1935, Tl. 2, S. 1033-1045.

Georg Hofmann, *Die Brüder und Schwestern des freien Geistes zur Zeit Heinrich Seuses*, in: *Heinrich Seuse. Studien zum 600. Todestage, 1366-1966*, hg. v. E. Filthaut, Köln 1966, S. 9-32.

Gisela Hoppe, *Die Wort- und Begriffsgruppe »wandel« in den deutschen Schriften Meister Eckharts mit Berücksichtigung der lateinischen Schriften*, Diss. Münster 1971.

Gerhard Huber, *Negative Theologie und paradoxes Ethos bei Meister Eckhart*, in: *Métaphysique. Histoire de la philosophie. Recueil d'études offert à Fernand Brunner*, Neuchâtel 1981, S. 135-142.

Françoise Hudry, *Introduction*, in: *Liber XXIV philosophorum. Le livre des XXIV philosophes*, hg. v. F. Hudry, Grenoble 1989.

Ruedi Imbach, *Deus est intelligere. Das Verhältnis von Sein und Denken in seiner Bedeutung für das Gottesverständnis bei Thomas von Aquin und in den Pariser Quaestionen Meister Eckharts*, Freiburg/Schweiz 1976 (Studia Friburgensia, Neue Folge, Bd. 53).

Ruedi Imbach, *Die deutsche Dominikanerschule. Drei Modelle einer Theologia mystica*, in: *Grundfragen christlicher Mystik*, hg. v. M. Schmidt und D. Bauer, Stuttgart und Bad Cannstatt 1987 (Mystik in Geschichte und Gegenwart, Abt. 1, Bd. 5), S. 157-172.

Ruedi Imbach, *Le Néo-Platonisme médiéval. Proclus latin et l'École dominicaine allemande*, in: Revue de théologie et de philosophie 110 (1978), S. 427-448.

Endre von Ivanka, *Apex Mentis. Wanderung und Wandlung eines stoischen Terminus*, in: Zeitschrift für katholische Theologie 72 (1950), S. 129-176. – Eingearbeitet in: Endre von Ivanka, *Plato Christianus. Übernahme und Umgestaltung des Platonismus durch die Väter*, Einsiedeln 1964, S. 35-44 und S. 315-351.

Édouard Jeauneau, *Introduction*, in: Jean Scot, *Homélie sur le prologue de Jean*, Introduction, texte critique, traduction et notes de E. J., Paris 1969 (SC, Bd. 151), S. 9-170.

Guido Jüttner, *Alchemie*, in: *Lexikon des Mittelalters*, Bd. 1, München und Zürich 1980, Sp. 329-333.

Thomas Kaeppeli, *Eine Kölner Handschrift mit lateinischen Eckhart-Exzerpten*, in: Archivum Fratrum Praedicatorum 31 (1961), S. 204-212.

Zenon Kaluza, *Les questions parisiennes: caractère et datation*, in: *Maître Eckhart à Paris. Une critique médiévale de l'ontothéologie*, Paris 1984 (Bibliothèque de l'école des hautes études, Sciences religieuses, Bd. 86), S. 157-166.

Otto Karrer, *Das Göttliche in der Seele bei Meister Eckhart*, Würzburg 1928 (Abhandlungen zur Philosophie und Psychologie der Religion, Bd. 19).

Carl F. Kelley, *Meister Eckhart on Divine Knowledge*, New Haven und London 1977.

Placid Kelley, *Poverty and the Rhineland Mystics*, in: The Downside Review 74 (1956), S. 48-66.

Udo Kern, *Der »Arme« bei Meister Eckhart*, in: Neue Zeitschrift für systematische Theologie 29 (1987), S. 1-18.

Udo Kern, *»Man sol loufen in den vride« – »Frieden« bei Meister Eckhart*, in: Freiburger Zeitschrift für Philosophie und Theologie 33 (1986), S. 99-110.

Reinhard Kirchner, *Meister Eckharts Predigt »Iusti vivent in aeternum«*, in: Beiträge zur Geschichte der deutschen Sprache und Literatur 100 (1978), S. 229-262.

Alessandro Klein, *Meister Eckhart. La dottrina mistica della giustificazione*, Milano 1978 (Biblioteca di filsosofia, Richerche, Bd. 4).

Wolfgang Kluxen, *Analogie*, in: *Historisches Wörterbuch der Philosophie*, hg. v. J. Ritter, Bd. 1, Basel und Stuttgart 1971, Sp. 214-224.

Theo Kobusch, *Freiheit und Tod. Die Tradition der »mors mystica« und ihre Vollendung in Hegels Philosophie*, in: Theologische Quartalschrift 164 (1984), S. 185-203.

Theo Kobusch, *Mystik als Metaphysik des moralischen Seins. Bemerkungen zur spekulativen Ethik Meister Eckharts*, in: *Abendländische Mystik im Mittelalter. Symposium Kloster Engelberg 1984*, hg. v. K. Ruh, Stuttgart 1986 (Germanistische Symposien, Berichtsbd. 7), S. 49-62. – Diskussionsbericht von Freimut Löser: S. 104-108.

Josef Koch, *Augustinischer und dionysischer Neuplatonismus und das Mittelalter*, in: Ders., *Kleine Schriften*, 2 Bde., Rom 1973 (Storia e Letteratura, Bd. 127), Bd. 1, S. 3-25.

Josef Koch, *Die ältesten Drucke des lateinischen Eckhart*, in: *Hundert Jahre Kohlhammer, 1866-1966*, Stuttgart 1966, S. 284-291.

Josef Koch, *Ein neuer Eckhartfund: der Sentenzenkommentar*, in: Ders., *Kleine Schriften*, 2 Bde., Rom 1973 (Storia e Letteratura, Bd. 127), Bd. 1, S. 239-246.

Josef Koch, *Kritische Studien zum Leben Meister Eckharts*, in: Ders., *Kleine Schriften*, 2 Bde., Rom 1973 (Storia e Letteratura, Bd. 127), Bd. 1, S. 247-347.

Josef Koch, *Liturgie und Mystik. Die Liturgie bei Meister Eckhart*, in: Liturgisches Leben 2 (1935), S. 85-94.

Josef Koch, *Meister Eckhart in Köln*, in: *Studium generale in Köln 1248*, hg. v. C. J. Hering, Köln 1948, S. 13-14.

Josef Koch, *Meister Eckharts Weiterwirken im Deutsch-Niederländischen Raum im 14. und 15. Jahrhundert*, in: Ders., *Kleine Schriften*, 2 Bde., Rom 1973 (Storia e Letteratura, Bd. 127), Bd. 1, S. 429-455.

Josef Koch, *Nikolaus von Kues und Meister Eckhart. Randbemerkungen zu zwei in der Schrift »De coniecturis« gegebenen Problemen*, in: Mitteilungen und Forschungsbeiträge der Cusanus-Gesellschaft 4 (1964), S. 164-173.

Josef Koch, *Sinn und Struktur der Schriftauslegung Meister Eckharts*, in: Ders., *Kleine Schriften*, 2 Bde., Rom 1973 (Storia e Letteratura, Bd. 127), Bd. 1, S. 399-428.

Josef Koch, *Über die Lichtsymbolik im Bereich der Philosophie und der Mystik des Mittelalters*, in: Ders., *Kleine Schriften*, 2 Bde., Rom 1973 (Storia e Letteratura, Bd. 127), Bd. 1, S. 27-67.

Josef Koch, *Zur Analogielehre Meister Eckharts*, in: Ders., *Kleine Schriften*, 2 Bde., Rom 1973 (Storia e Letteratura, Bd. 127), Bd. 1, S. 367-397.

H. K. Kohlenberger, *Buch des Lebens*, in: *Historisches Wörterbuch der Philosophie*, hg. v. J. Ritter, Bd. 1, Basel und Stuttgart 1971, Sp. 956f.

Th. B. W. Kok, *Jan van Leeuwen en zijn werkje tegen Eckhart*, in: Ons Geestelijk Erf 47 (1973), S. 129-172.

Joachim Kopper, *Die Metaphysik Meister Eckharts. Eingeleitet durch eine Erörterung der Interpretation*, Saarbrücken 1955.

Klaus Kremer, *Das Seelenfünklein (scintilla animae) bei Meister Eckhart: ungeschaffen oder geschaffen? Ein kontroverses Kapitel in der Meister-Eckhart-Forschung*, in: Trierer Theologische Zeitschrift 97 (1988), S. 8-38.

Klaus Kremer, *Emanation*, in: *Historisches Wörterbuch der Philosophie*, hg. v. J. Ritter, Bd. 2, Basel und Stuttgart 1972, Sp. 445-448.

Klaus Kremer, *Meister Eckharts Stellungnahme zum Schöpfungsgedanken*, in: Trierer Theologische Zeitschrift 74 (1965), S. 65-82.

Pius Künzle, *Das Verhältnis der Seele zu ihren Potenzen. Problemgeschichtliche Untersuchung von Augustin bis und mit Thomas von Aquin*, Freiburg/Schweiz 1956 (Studia Friburgensia, Neue Folge, Bd. 12).

Hermann Kunisch, *Das Wort »Grund« in der Sprache der deutschen Mystik des 14. und 15. Jahrhunderts*, Osnabrück 1929.

Hermann Kunisch, *Offenbarung und Gehorsam. Versuch über Eckharts religiöse Persönlichkeit*, in: Ders., *Kleine Schriften*, Berlin 1968, S. 79-119.

Stefan Kunz, *Zeit und Ewigkeit bei Meister Eckhart*, Diss. [masch.] Tübingen 1985.

Marian Kurdzialek, *Eckhart, der Scholastiker. Philosophische und theologische Traditionen, aus denen er kommt. Die pantheistischen Traditionen der Eckhartschen Mystik*, in: *Freiheit und Gelassenheit. Meister Eckhart heute*, in Verbindung mit H. Falcke und F. Hoffmann hg. v. U. Kern, München und Mainz 1980, S. 60-74.

Marian Kurdzialek, *Mistrz Eckhart i jego Paryskie kazanie na dzien Sw. Augustyna*, in: Roczniki Filozoficzne 27 (1979), S. 169-181.

Lotte Kurras, *Ein Eckhart-Fragment aus dem Klarissenkloster in Freiburg*, in: Zeitschrift für deutsches Altertum 107 (1978), S. 216-218.

Malcolm Lambert, *Ketzerei im Mittelalter. Eine Geschichte von Gewalt und Scheitern*, Freiburg i. Br. 1991.

Otto Langer, *Enteignete Existenz und mystische Erfahrung. Zu Meister Eckharts Auseinandersetzung mit der Frauenmystik seiner Zeit*, in: *Sô predigent etelîche. Beiträge zur deutschen und niederländischen Predigt im Mittelalter*, hg. v. K. O. Seidel, Göppingen 1982 (Göppinger Arbeiten zur Germanistik, Bd. 378), S. 49-96.

Otto Langer, *Meister Eckharts Lehre vom Seelengrund*, in: *Grundfragen christlicher Mystik*, hg. v. M. Schmidt und D. Bauer, Stuttgart-Bad Cannstatt 1987 (Mystik in Geschichte und Gegenwart, Abt. 1, Bd. 5), S. 173-192.

Otto Langer, *Meister Eckharts Lehre von der Gottesgeburt und vom Durchbruch in die Gottheit und seine Kritik mystischer Erfahrung*, in: *»Eine Höhe, über die nichts geht«. Spezielle Glaubenserfahrung in der Frauenmystik?*, hg. v. M. Schmidt und D. Bauer, Stuttgart-Bad Cannstatt 1986 (Mystik in Geschichte und Gegenwart, Abt. 1, Bd. 4), S. 135-161.

Otto Langer, *Mystische Erfahrung und spirituelle Theologie. Zu Meister Eckharts Auseinandersetzung mit der Frauenfrömmigkeit seiner Zeit*, München und Zürich 1987.

Otto Langer, *Zum Begriff der Innerlichkeit bei Meister Eckhart*, in: *Abendländische Mystik im Mittelalter. Symposium Kloster Engelberg 1984*, hg. v. K. Ruh, Stuttgart 1986 (Germanistische Symposien, Berichtsbd. 7), S. 17-32. – Diskussionsbericht von Freimut Löser: S. 98-101.

Otto Langer, *Zur dominikanischen Frauenmystik im spätmittelalterlichen Deutschland*, in: *Frauenmystik im Mittelalter*, hg. v. P. Dinzelbacher und D. Bauer, Stuttgart 1985, S. 341-346.

Niklaus Largier, *Bibliographie zu Meister Eckhart*, Freiburg/Schweiz 1989 (Dokimion, Bd. 9).

Niklaus Largier, *»in einicheit und in der wüestunge«*. Entfremdung und Selbsterkenntnis bei Mechthild von Magdeburg und Hadewijch, in: *Begegnung mit dem Fremden. Grenzen – Traditionen – Vergleiche*, Bd. 9: *Erfahrene und imaginierte Fremde*, München 1991 (Akten des 8. Internationalen Germanisten-Kongresses, Tokyo 1990, Bd. 9), S. 268-280.

Niklaus Largier, *Meister Eckhart und der Osten. Zur Forschungsgeschichte*, in: Freiburger Zeitschrift für Philosophie und Theologie 34 (1987), S. 111-129.

Niklaus Largier, *Mystik und Tat. Die populär-publizistische und ideologische Eckhartrezeption in deutschen Zeitschriften zwischen 1900 und 1940*, in: *Mittelalter-Rezeption IV. Gesammelte Vorträge des 4. Internationalen Symposions zur Mittelalter-Rezeption an der Universität Lausanne 1989*, hg. v. I. von Burg, J. Kühnel, U. Müller, A. Schwarz, Göppingen 1991 (Göppinger Arbeiten zur Germanistik, Bd. 550), S. 27-49.

Niklaus Largier, *Zeit, Zeitlichkeit, Ewigkeit. Ein Aufriß des Zeitproblems bei Dietrich von Freiberg und Meister Eckhart*, Bern, Frankfurt a. M. und New York 1989 (Deutsche Literatur von den Anfängen bis 1700, Bd. 8).

Adolf Lasson, *Meister Eckhart, der Mystiker. Zur Geschichte der religiösen Spekulation in Deutschland*, Berlin 1868; Nachdruck Essen 1983.

Robert E. Lerner, *The Heresy of the Free Spirit in the Later Middle Ages*, Berkeley, Los Angeles und London 1972.

Robert E. Lerner, *The Image of Mixed Liquids in Late Medieval Mystical Thought*, in: Church History 40 (1971), S. 397-411.

Alain de Libera, *Albert le Grand et la philosophie*, Paris 1990.

Alain de Libera, *A propos de quelques théories logiques de Maître Eckhart: existe-t-il une tradition médiévale de la logique néoplatonicienne?*, in: Revue de théologie et de philosophie 113 (1981), S. 1-24.

Alain de Libera, *Augustin et Denys au Moyen Age: la Théologie »Rhénane«*, in: *Saint Augustin*, hg. v. P. Ranson, Paris 1988, S. 282-291.

Alain de Libera, *Introduction à la Mystique Rhénane. D'Albert le Grand à Maître Eckhart*, Paris 1984.

Alain de Libera, *Le problème de l'Être chez Maître Eckhart. Logique et métaphysique de l'analogie*, Genève, Lausanne und Neuchâtel 1980 (Cahiers de la Revue de Théologie et de Philosophie, Bd. 4).

Alain de Libera, *L'Être et le Bien. Exode 3,14 dans la théologie rhénane*, in: *Celui qui est. Interpretations juives et chrétiennes d'Exode 3,14*, hg. v. A. de Libera und E. Zum Brunn, Paris 1986, S. 127-162.

Alain de Libera, *Les »Raisons d'Eckhart«*, in: *Maître Eckhart à Paris. Une critique médiévale de l'ontothéologie*, Paris 1984

(Bibliothèque de l'école des hautes études, Sciences religieuses, Bd. 86), S. 109-140.

Alain de Libera, *Maître Eckhart et la controverse sur l'unité ou la pluralité des formes*, in: *Von Meister Dietrich zu Meister Eckhart*, hg. v. K. Flasch, Hamburg 1984 (Corpus Philosophorum Teutonicorum Medii Aevi, Beiheft 2), S. 147-162.

Alain de Libera, *Penser au Moyen Age*, Paris 1991.

Alain de Libera, *Philosophie et théologie chez Albert le Grand et dans l'école dominicaine allemande*, in: *Die Kölner Universität im Mittelalter*, hg. v. A. Zimmermann, Berlin und New York 1989 (Miscellanea Mediaevalia, Bd. 20), S. 49-87.

Hans Liebeschütz, *Meister Eckhart und Moses Maimonides*, in: Archiv für Kulturgeschichte 54 (1972), S. 64-96.

Hans Liebeschütz, *Mittelalterlicher Platonismus bei Johannes Eriugena und Meister Eckhart*, in: Archiv für Kulturgeschichte 56 (1974), S. 241-269.

David E. Linge, *Mysticism, Poverty and Reason in the Thought of Meister Eckhart*, in: Journal of the American Academy of Religion 46 (1978), S. 465-488.

Anton Linsenmayer, *Geschichte der Predigt in Deutschland. Von Karl dem Großen bis zum Ausgange des vierzehnten Jahrhunderts*, München 1886; Nachdruck Frankfurt a. M. 1969.

John Loeschen, *The God Who Becomes. Eckhart on Divine Relativity*, in: The Thomist 35 (1971), S. 405-422.

Freimut Löser, *Als ich mê gesprochen hân. Bekannte und bisher unbekannte Predigten Meister Eckharts im Lichte eines Handschriftenfundes*, in: Zeitschrift für deutsches Altertum 115 (1986), S. 206-227.

Jean Longère, *La prédication médiévale*, Paris 1983.

Ephrem Longpré, *Questions inédites de Maître Eckhart OP et de Gonzalve de Balboa OFM*, in: Revue néoscolastique de philosophie 19 (1927), S. 69-85.

Vladimir Lossky, *Théologie négative et connaissance de Dieu chez Maître Eckhart*, Paris 1960 (Etudes de philosophie médiévale, Bd. 48).

Odo Lottin, *L'identité de l'âme et de ses facultés pendant la pre-*

mière moitié du XIIIe siècle, in: Revue néoscolastique de philosophie 36 (1934), S. 191-210.

Henri De Lubac, *Exégèse médiévale. Les quatre sens de l'Écriture*, 4 Bde., Paris 1959-61.

Maria A. Lücker, *Meister Eckhart und die devotio moderna*, Leiden 1950 (Studien und Texte zur Geistesgeschichte des Mittelalters, Bd. 1).

Grete Lüers, *Die Sprache der deutschen Mystik des Mittelalters im Werke der Mechthild von Magdeburg*, München 1926; Nachdruck Darmstadt 1966.

Frans Maas, *De vluchtige tijd bi jeenhouden in het moment van de ziel. De presentische eschatologie van Meester Eckhart*, in: Tijdschrift voor Theologie 28 (1988), S. 26-49.

Alois Mager, *Der* ΝΟΥΣ ΠΑΘΗΤΙΚΟΣ *bei Aristoteles und Tomas von Aquin*, in: Revue néoscolastique de philosophie 36 (1934), S. 263-274.

Dietrich Mahnke, *Unendliche Sphäre und Allmittelpunkt. Beiträge zur Genealogie der mathematischen Mystik*, Halle 1937; Nachdruck Stuttgart 1966.

Maître Eckhart à Paris. Une critique médiévale de l'ontothéologie, Paris 1984 (Bibliothèque de l'école des hautes études, Sciences religieuses, Bd. 86).

Jacobus W. van Maren, *Zitate deutscher Mystiker bei Marquard von Lindau*, in: Amsterdamer Beiträge zur älteren Germanistik 20 (1983), S. 74-85.

Eckehart A. Marenholtz, *Das glîchnisse Meister Eckharts: Form, Inhalt und Funktion. Kleine Studie zur negativen Metaphorik*, Bern, Frankfurt a. M. und Las Vegas 1981 (Europäische Hochschulschriften, Reihe 1, Bd. 374).

John Margetts, *Christus vitis, praedicator »quasi vitis«. Some Observations on Meister Eckharts Latin Sermon Style*, in: Papers of the Liverpool Latin Seminar 2 (1979), S. 263-276.

John Margetts, *Die rede der underscheidunge. Aufbau und Aussage*, in: *Zur deutschen Literatur und Sprache des 14. Jhs. Dubliner Colloquium 1981*, hg. v. W. Haug, Heidelberg 1983, S. 45-64.

John Margetts, *Die Satzstruktur bei Meister Eckhart*, Stuttgart 1969 (Studien zur Poetik und Geschichte der Literatur, Bd. 8).

Bernard McGinn, *Eckhart's Condemnation Reconsidered*, in: The Thomist 44 (1980), S. 390-414.

Bernard McGinn, *Love, Knowledge, and Mystical Union in Western Christianity: Twelfth to Sixteenth Centuries*, in: Church History 56 (1987), S. 7-24.

Bernard McGinn, *Meister Eckhart on God as Absolute Unity*, in: *Neoplatonism and Christian Thought*, hg. v. D. J. O'Meara, Norfolk 1982, S. 128-139.

Bernard McGinn, *St. Bernard and Meister Eckhart*, in: Cîteaux. Commentarii cistercienses 31 (1980), S. 373-386.

Bernard McGinn, *The God Beyond God: Theology and Mysticism in the Thought of Meister Eckhart*, in: The Journal of Religion 61 (1981), S. 1-19.

Franz Meerpohl, *Meister Eckharts Lehre vom Seelenfünklein*, Würzburg 1926 (Abhandlungen zur Philosophie und Psychologie der Religion, Bd. 10).

Peter Meinhold, *Die Marienverehrung in der deutschen Mystik*, in: Saeculum 27 (1976), S. 180-196.

Gustav Mensching, *Das heilige Schweigen*, Gießen 1926.

Philip Merlan, *Aristoteles, Averroës und die beiden Eckharts*, in: *Autour d'Aristote. Récueil d'Etudes de philosophie ancienne et médiévale offert à Alexandre Mansion*, Louvain 1955, S. 543-566.

Hélène Merle, *Deitas. Quelques aspects de la signification de ce mot, d'Augustin à Maître Eckhart*, in: *Von Meister Dietrich zu Meister Eckhart*, hg. v. K. Flasch, Hamburg 1984 (Corpus Philosophorum Teutonicorum Medii Aevi, Beiheft 2), S. 12-21.

Dietmar Mieth, *Christus, das Soziale im Menschen. Texterschließungen zu Meister Eckhart*, Düsseldorf 1972.

Dietmar Mieth, *Die Einheit von Theorie und Praxis als Lebensform. Zur Diskussion um die Einordnung der Predigten Pfeiffer II, nr. IX*, in: *Würzburger Prosastudien II. Untersuchungen zur Literatur und Sprache des deutschen Mittelalters. Kurt Ruh zum 60. Geburtstag*, hg. v. P. Kesting, München 1975 (Medium Aevum, Bd. 31), S. 271-286.

Dietmar Mieth, *Die Einheit von vita activa und vita contemplativa in den deutschen Predigten und Traktaten Meister Eckharts und bei Johannes Tauler. Untersuchungen zur Struktur des christlichen Lebens*, Regensburg 1969 (Studien zur Geschichte der katholischen Moraltheologie, Bd. 15).

Dietmar Mieth, *Die theologische Transposition der Tugendethik bei Meister Eckhart*, in: *Abendländische Mystik im Mittelalter. Symposium Kloster Engelberg 1984*, hg. v. K. Ruh, Stuttgart 1986 (Germanistische Symposien, Berichtsbd. 7), S. 63-79. – Diskussionsbericht von Freimut Löser: S. 108-111.

Dietmar Mieth, *Gescheitert und doch fruchtbar. Gründe und Hintergründe des Prozesses gegen Meister Eckhart*, in: *Gegenentwürfe. 24 Lebensläufe für eine andere Theologie*, hg. v. G. Häring und K.-J. Kuschel, München 1988, S. 81-95.

Dietmar Mieth, *Gottesschau und Gottesgeburt*, in: Freiburger Zeitschrift für Philosophie und Theologie 27 (1980), S. 204-223.

Dietmar Mieth, *Meister Eckhart. Einheit im Sein und Wirken*, hg., eingeleitet und zum Teil übersetzt von D. Mieth, München und Zürich 1986.

Dietmar Mieth, *Meister Eckharts Ethik und Sozialtheologie*, in: *Meister Eckhart heute*, hg. v. W. Böhme, Karlsruhe 1980 (Herrenalber Texte, Bd. 20), S. 42-56.

Pierre Miquel, *La naissance de dieu dans l'âme*, in: Revue des Sciences Religieuses 35 (1961), S. 378-406.

Burkhard Mojsisch, *»Causa essentialis« bei Dietrich von Freiberg und Meister Eckhart*, in: *Von Meister Dietrich zu Meister Eckhart*, hg. v. K. Flasch, Hamburg 1984 (Corpus Philosophorum Teutonicorum Medii Aevi, Beiheft 2), S. 106-114.

Burkhard Mojsisch, *Der Begriff der Liebe bei Augustin und Meister Eckhart*, in: *Philosophie. Anregungen für die Unterrichtspraxis*, Heft 12: *Freundschaft und Liebe*, hg. v. J. Hengelbrock, Frankfurt a. M. 1984, S. 19-27.

Burkhard Mojsisch, *Die Theorie des Ich in seiner Selbst- und Weltbegründung bei Meister Eckhart*, in: *L'homme et son univers au moyen âge. Actes du colloque de la S.I.E.P.M.*, hg. v. Ch. Wenin, 2 Bde. Louvain-la Neuve 1982, Bd. 1, S. 267-272.

Burkhard Mojsisch, *Die Theorie des Intellekts bei Dietrich von Freiberg*, Hamburg 1977 (Dietrich von Freiberg, *Opera omnia*, Beiheft 1).

Burkhard Mojsisch, *»Dynamik der Vernunft« bei Dietrich von Freiberg und Meister Eckhart*, in: *Abendländische Mystik im Mittelalter. Symposium Kloster Engelberg 1984*, hg. v. K. Ruh, Stuttgart 1986 (Germanistische Symposien, Berichtsbd. 7), S. 135-144. – Diskussionsbericht von Siegbert Peetz: S. 218-224.

Burkhard Mojsisch, *Intelligenzen*, in: *Lexikon des Mittelalters*, Bd. 5, Zürich und München 1991, Sp.459-461.

Burkhard Mojsisch, *Meister Eckhart. Analogie, Univozität und Einheit*, Hamburg 1983.

Burkhard Mojsisch, *Meister Eckharts Kritik der teleologisch-theokratischen Ethik Augustins*, in: Medioevo 9 (1983), S. 43-59.

Burkhard Mojsisch, *Mittelalterliche Grundlagen der neuzeitlichen Erkenntnistheorie*, in: *Renovatio et Reformatio. Wider das Bild vom »finsteren« Mittelalter. Festschrift für Ludwig Hödl zum 60. Geburtstag*, hg. v. M. Gerwing und G. Ruppert, Münster 1985, S. 155-169.

Burkhard Mojsisch, *Rezension zu: Niklaus Largier, Zeit, Zeitlichkeit, Ewigkeit*, in: Theologische Literaturzeitung 116 (1991), Sp. 48-50.

Meinrad S. Morard, *Ist, istic, istikeit bei Meister Eckhart*, in: Freiburger Zeitschrift für Philosophie und Theologie 3 (1956), S. 169-186.

Karin Morvay und Dagmar Grube, *Bibliographie der deutschen Predigt des Mittelalters. Veröffentlichte Predigten*, hg. v. der Forschungsstelle für deutsche Prosa des Mittelalters am Seminar für deutsche Philologie der Universität Münster unter Leitung von K. Ruh, München 1974 (Münchener Texte und Untersuchungen, Bd. 47).

Marianus Müller, *Meister Eckharts Seelenlehre und ihr Verhältnis zur Scholastik, insbesondere zur Lehre des hl. Thomas*, Diss. Bonn 1935.

Minoru Nambara, *Die Idee des absoluten Nichts in der deutschen*

Mystik und ihre Entsprechungen im Buddhismus, in: Archiv für Begriffsgeschichte 6 (1960), S. 143-277.

Bernd Niles, *Über die Armut im Geiste. Zu Erich Fromms Eckhart-Interpretation*, in: Zeitwende 56 (1985), S. 156-172.

Herman Nohl, *Hegels theologische Jugendschriften*, Tübingen 1907.

Peter Chapin Ober, *Sense Images for Noetic Experience in the Works of Meister Eckhart*, Diss. University of California, Berkeley 1969.

Heiko A. Oberman, *Die Bedeutung der Mystik von Meister Eckhart bis Martin Luther*, in: *Von Eckhart bis Luther. Über mystischen Glauben*, hg. v. W. Böhme, Karlsruhe 1981 (Herrenalber Texte, Bd. 31), S. 9-19.

Raphael L. Öchslin, *Der Eine und Dreieinige in den deutschen Predigten*, in: *Meister Eckhart, der Prediger. Festschrift zum Eckhart-Gedenkjahr*, hg. im Auftrag der Dominikaner-Provinz Teutonia von U. M. Nix und R. Öchslin, Freiburg, Basel und Wien 1960, S. 149-166.

Friedrich Ohly, *Haus. III (Metapher)*, in: *Reallexikon für Antike und Christentum*, Bd. 13, Stuttgart 1986, Sp. 905-1063.

Friedrich Ohly, *Hohelied-Studien*, Wiesbaden 1958.

Friedrich Ohly, *Vom geistigen Sinn des Wortes im Mittelalter*, in: Ders., *Schriften zur mittelalterlichen Bedeutungsforschung*, Darmstadt 1977, S. 1-31.

Käte Oltmans, *Meister Eckhart*, Frankfurt a. M. 1935 (Philosophische Abhandlungen, Bd. 2).

Jean Orcibal, *Le rôle de l'intellect possible chez Jean de la Croix. Ses sources scolastiques et nordiques*, in: *La mystique rhénane. Colloque de Strasbourg 16-19 mai 1961*, Paris 1963 (Travaux du centre d'études supérieures spécialisé d'histoire des religions de Strasbourg), S. 235-279.

Jean Orcibal, *Saint-Jean de la Croix et les mystiques rhéno-flamands*, Paris 1966.

Christa Ortmann, *Eckharts Lehre für die Ungelehrten. Zum Verhältnis von Deutsch und Latein in der deutschen Predigt*, in: *Befund und Deutung. Hans Fromm zum 26. Mai 1979*, hg. v. K. Grubmüller, Tübingen 1979, S. 342-391.

Steven E. Ozment, *Eckhart and Luther. German Mysticism and Protestantism*, in: The Thomist 42 (1978), S. 259-280.

Steven E. Ozment, *The Age of Reform 1250-1550. An intellectual and religious history of late medieval and reformation Europe*, New Haven und London 1980.

Daniel De Pablo, *Amor y conocimiento en la vida mistica*, Madrid 1979.

Max Pahncke, *Eckehartstudien. Texte und Untersuchungen*, Neuhaldensleben 1913 (Beilage zum 38. Jahresbericht des Gymnasiums zu Neuhaldensleben).

Max Pahncke, *Ein Grundgedanke der deutschen Predigt Meister Eckeharts. Zugleich ein Beitrag zur Echtheitsfrage*, in: Zeitschrift für Kirchengeschichte 34 (1913), S. 58-73.

Max Pahncke, *Materialien zu Meister Eckeharts Predigt über die Armut des Geistes*, in: *Festgabe Philipp Strauch zum 80. Geburtstag am 23. September 1932. Dargebracht von Fachkollegen und Schülern*, hg. v. G. Baesecke und F. J. Schneider, Halle 1932 (Hermaea, Bd. 31), S. 67-87.

Max Pahncke, *Meister Eckeharts Lehre von der Geburt Gottes im Gerechten*, in: Archiv für Religionswissenschaft 23 (1925), S. 15-24 und S. 252-264.

Max Pahncke, *Meister Eckharts Predigt über Luc. 10,38: Intravit Jesus in quoddam castellum. Textkritisch untersucht und herausgegeben*, in: Nachrichten der Akademie der Wissenschaften in Göttingen, Philologisch-Historische Klasse, 1959, Nr. 9, S. 169-206.

Max Pahncke, *Neue Texte aus dem Eckhartkreis. Eckhartiana II*, in: Zeitschrift für Kirchengeschichte 56 (1937), S. 489-496.

Max Pahncke, *Neue textkritische Eckhartstudien*, in: Zeitschrift für deutsche Philologie 80 (1961), S. 2-39. – Vgl.: J. Quint, *Zu Max Pahnckes neuen Editionsversuchen an Meister Eckhart*, in: ZfdPh 80 (1961), S. 272-287; M. Pahncke, *In Abwehr*, in: ZfdPh 82 (1963), S. 93-98; J. Quint, *Entgegnung*, in: ZfdPh 82 (1963), S. 98-100.

Max Pahncke, *Zwei ungedruckte deutsche Mystikerreden*, in: Zeitschrift für deutsches Altertum 49 (1908 ⟨richtig: 1907⟩), S. 395-404.

Alexander Patschovsky, *Straßburger Beginenverfolgungen im 14. Jahrhundert*, in: Deutsches Archiv für Erforschung des Mittelalters 30 (1974), S. 56-198.

Herma Piesch, *Der Aufstieg des Menschen zu Gott nach der Predigt »Vom edlen Menschen«*, in: *Meister Eckhart, der Prediger. Festschrift zum Eckhart-Gedenkjahr*, hg. im Auftrag der Dominikaner-Provinz Teutonia von U. M. Nix und R. Öchslin, Freiburg, Basel und Wien 1960, S. 167-199.

Herma Piesch, *Meister Eckhart. Eine Einführung*, Wien 1946.

Herma Piesch, *Meister Eckharts Ethik*, Luzern 1935.

Herma Piesch, *Seuses »Büchlein der Wahrheit« und Meister Eckhart*, in: *Heinrich Seuse. Studien zum 600. Todestag, 1366-1966*, hg. v. E. Filthaut, Köln 1966, S. 91-133.

Platonismus in der Philosophie des Mittelalters, hg. v. W. Beierwaltes, Darmstadt 1969 (Wege der Forschung, Bd. 197).

Urban Plotzke, *Meister Eckhart der Prediger*, in: *Meister Eckhart, der Prediger. Festschrift zum Eckhart-Gedenkjahr*, hg. im Auftrag der Dominikaner-Provinz Teutonia von U. M. Nix und R. Öchslin, Freiburg, Basel und Wien 1960, S. 259-283.

Wilhelm Preger, *Geschichte der deutschen Mystik im Mittelalter. Nach den Quellen untersucht und dargestellt*, 3 Tle., Leipzig 1874-93; Nachdruck Aalen 1962.

Josef Quint, *Das Echtheitsproblem des Traktats »Von Abegescheidenheit« (Fr. Pfeiffer, Meister Eckhart, Traktat Nr. IX, S. 483-493)*, in: *La mystique rhénane. Colloque de Strasbourg 16-19 mai 1961*, Paris 1963 (Travaux du centre d'études supérieures spécialisé d'histoire des religions de Strasbourg), S. 39-57. Diskussionsbeitrag von K. Weiss: S. 58.

Josef Quint, *Die gegenwärtige Problemstellung der Eckehart-Forschung*, in: Zeitschrift für deutsche Philologie 52 (1927), S. 271-288.

Josef Quint, *Die Sprache Meister Eckeharts als Ausdruck seiner mystischen Geisteswelt. Antrittsvorlesung für das Fach Germanistik, Universität Bonn 23. Juli 1927*, in: Deutsche Vierteljahrsschrift für Literaturwissenschaft und Geistesgeschichte 6 (1928), S. 671-701.

Josef Quint, *Die Überlieferung der deutschen Predigten Meister Eckeharts, textkritisch untersucht*, Bonn 1932.

Josef Quint, *Eine unbekannte echte Predigt Meister Eckharts*, in: Zeitschrift für deutsche Philologie 60 (1935), S. 173-192.

Josef Quint, *Fundbericht zur handschriftlichen Überlieferung der deutschen Werke Meister Eckharts und anderer Mystiktexte*, Stuttgart 1969 (Meister Eckhart, *Die deutschen und lateinischen Werke*, Abt. 3: *Untersuchungen*, Bd. 2).

Josef Quint, *Meister Eckharts Traktat »Von abegescheidenheit«*, in: *Dr. L. Reypens-Album*, hg. v. A. Ampe, Antwerpen 1964 (Studien en tekstuitgaven van Ons Geestelijk Erf, Bd. 16), S. 303-322.

Josef Quint, *Mystik und Sprache. Ihr Verhältnis zueinander, insbesondere in der spekulativen Mystik Meister Eckeharts*, in: Kant-Studien, Neue Folge, 44 (1944), S. 141-170. – Auch in: *Altdeutsche und altniederländische Mystik*, hg. v. K. Ruh, Darmstadt 1964 (Wege der Forschung, Bd. 23), S. 113-151.

Josef Quint, *Neue Funde zur handschriftlichen Überlieferung Meister Eckharts*, in: Beiträge zur Geschichte der deutschen Sprache und Literatur 82 (1960), S. 352-384.

Josef Quint, *Neue Handschriftenfunde zur Überlieferung Meister Eckharts und seiner Schule. Ein Reisebericht*, Stuttgart 1940 (Meister Eckhart, *Die deutschen und lateinischen Werke*, Abt. 3: *Untersuchungen*, Bd. 1).

Josef Quint, *Textverständnis und Textkritik in der Meister Eckhart-Forschung*, in: *Zeiten und Formen in Sprache und Dichtung. Festschrift für Fritz Tschirch zum 70. Geburtstag*, hg. v. K.-H. Schirmer und B. Sowinski, Köln und Wien 1972, S. 170-186.

Josef Quint, *Zu Max Pahnckes neuen Editionsversuchen an Meister Eckhart*, in: Zeitschrift für deutsche Philologie 80 (1961), S. 272-287.

Hugo Rahner, *De Dominici pectoris*, in: Zeitschrift für katholische Theologie 55 (1931), S. 103-108.

Hugo Rahner, *Die Gottesgeburt in der Seele. Die Lehre der Kirchenväter von der Geburt Christi aus dem Herzen der Kirche und der Gläubigen*, in: Zeitschrift für katholische Theologie 59 (1935), S. 333-418. – Auch in: Ders., *Symbole der Kirche. Die Ekklesiologie der Väter*, Salzburg 1966, S. 13-87.

Robert A. Reeves, *Meister Eckhart's distinction between God and Godhead. An explication and assessment*, Diss. University of New Mexico 1984.

Ernst Reffke, *Studien zum Problem der Entwicklung Eckharts im Opus tripartitum. Eckhartiana IV*, in: Zeitschrift für Kirchengeschichte 57 (1938), S. 19-95.

Siegfried Ringler, *Viten- und Offenbarungsliteratur in Frauenklöstern des Mittelalters*, Zürich-München 1980 (Münchener Texte und Untersuchungen, Bd. 72).

Heinrich Roos, *Zur Abfassungszeit von Meister Eckeharts Trostbuch*, in: Orbis Litterarum 9 (1954), S. 45-59.

Heinrich Roos, *Zur Datierung von Meister Eckharts Trostbuch*, in: Zeitschrift für deutsche Philologie 57 (1932), S. 224-233.

Alfred Rosenberg, *Der Mythus des 20. Jahrhunderts. Eine Wertung der seelisch-geistigen Gestaltenkämpfe unserer Zeit*, München 1930. – Vgl.: *Studien zum Mythus des XX. Jahrhunderts*, Berlin 1935 (Amtsblatt des bischöflichen Ordinariats Berlin. Amtliche Beilage).

Uwe Ruberg, *Beredtes Schweigen in lehrhafter und erzählender deutscher Literatur des Mittelalters. Mit kommentierter Erstedition spätmittelalterlicher Lehrtexte über das Schweigen*, München 1978 (Münstersche Mittelalter-Schriften, Bd. 32).

Kurt Ruh, *Agnes von Ungarn und Liutgard von Wittichen. Zwei Klostergründerinnen des frühen 14. Jahrhunderts*, in: *Philologische Untersuchungen. Gewidmet Elfriede Stutz zum 65. Geburtstag*, hg. v. A. Ebenbauer (Philologica germanica, Bd. 7), Wien 1984, S. 374-391.

Kurt Ruh, *Altdeutsche Mystik. Ein Forschungsbericht*, in: Wirkendes Wort 7 (1956/57) S. 135-146 und S. 212-231.

Kurt Ruh, *Deutsche Predigtbücher des Mittelalters*, in: *Beiträge zur Geschichte der Predigt. Vorträge und Abhandlungen*, hg. v. H. Reinitzer, Hamburg 1981 (Vestigia Bibliae, Bd. 3), S. 11-30.

Kurt Ruh, *Die Augen der Liebe bei Wilhelm von St. Thierry*, in: Theologische Zeitschrift 45 (1989), S. 103-114.

Kurt Ruh, *Die Blume der Schauung. Zur Überlieferung und Textgeschichte eines mystischen Traktats*, in: *Wortes anst. Verbi gratia. Donum natalicium Gilbert A. R. de Smet*, hg. v. H. L. Cox, V. F. Vanacker und E. Verhofstadt, Leuven 1986, S. 401-409.

Kurt Ruh, *Die trinitarische Spekulation in deutscher Mystik und Scholastik*, in: Zeitschrift für deutsche Philologie 72 (1953), S. 24-53.

Kurt Ruh, *Dionysius Areopagita im deutschen Predigtwerk Meister Eckharts*, in: Perspektiven der Philosophie. Neues Jahrbuch 13 (1987), S. 207-223.

Kurt Ruh, *Fragment einer unbekannten Predigt von Meister Eckhart aus dem frühen 14. Jh.*, in: Zeitschrift für deutsches Altertum 111 (1982), S. 219-225.

Kurt Ruh, *Geschichte der abendländischen Mystik*, Bd. 1: *Die Grundlegung durch die Kirchenväter und die Mönchstheologie des 12. Jahrhunderts*, München 1990.

Kurt Ruh, *Johannes Scotus Eriugena deutsch*, in: Zeitschrift für deutsches Altertum 117 (1988), S. 24-31.

Kurt Ruh, *Meister Eckhart. Theologe, Prediger, Mystiker*, München [2]1989.

Kurt Ruh, *Meister Eckhart und die Spiritualität der Beginen*, in: Perspektiven der Philosophie, Neues Jahrbuch 8 (1982), S. 323-334. – Auch in: Ders., *Kleine Schriften*, hg. v. V. Mertens, Berlin und New York 1984, Bd. 2, S. 327-336.

Kurt Ruh, *Meister Eckharts Pariser Quaestionen 1-3 und eine deutsche Predigtsammlung*, in: Perspektiven der Philosophie, Neues Jahrbuch 10 (1984), S. 307-324.

Kurt Ruh, *Mhd. natûren. Beobachtungen zur Bedeutungsentfaltung*, in: *Studia Linguistica et Philologica. Fs. für Klaus Matzel zum 60. Geburtstag*, hg. v. H.-W. Eroms, Heidelberg 1984, S. 255-262.

Kurt Ruh, *Prosa der Mystik*, in: *Europäisches Spätmittelalter*, hg. v. W. Erzgräber, Wiesbaden 1978 (Neues Handbuch der Literaturwissenschaft, Bd. 8), S. 586-600.

Kurt Ruh, *Rezension zu: Eduard Schäfer, Meister Eckharts Traktat »Von abegescheidenheit«*, in: Zeitschrift für deutsche Philologie 78 (1959), S. 100-105.

Kurt Ruh, *Traktat von der Minne. Eine Schrift zum Verständnis und zur Verteidigung von Meister Eckharts Metaphysik*, in: *Philologie als Kulturwissenschaft. Festschrift für Karl Stackmann zum 65. Geburtstag*, hg. v. L. Grenzmann, Göttingen 1987, S. 208-229.

Kurt Ruh, *Überlegungen und Beobachtungen zur Sprache der Mystik*, in: *Brüder-Grimm-Symposion zur Historischen Wortforschung. Beiträge zur Marburger Tagung vom Juni 1985*, hg. v. R. Hildebrandt und U. Knoop, Berlin und New York 1986 (Historische Wortforschung, Bd. 1), S. 24-39.

Kurt Ruh, *Vorbemerkungen zu einer neuen Geschichte der abendländischen Mystik im Mittelalter*, München 1982 (Sitzungsberichte der Bayerischen Akademie der Wissenschaften. Philologisch-Historische Klasse 1982, Heft 7). – Auch in: Ders., *Kleine Schriften*, hg. v. V. Mertens, Berlin und New York 1984, Bd. 2, S. 337-363.

Josep-Ignasi Saranyana, *Meister Eckhart. Eine Nachlese der Kölner Kontroverse (1326)*, in: *Die Kölner Universität im Mittelalter*, hg. v. A. Zimmermann, Berlin und New York 1989 (Miscellanea Mediaevalia, Bd. 20), S. 212-226.

Giacinto Arturo Scaltriti, *Il tomismo di Maestro Eckhart*, in: Aquinas 29 (1986), S. 407-429.

Eduard Schäfer, *Meister Eckharts Traktat »Von abegescheidenheit«*. Bonn und Saarbrücken 1956.

Toni Schaller, *Die Meister Eckhart-Forschung von der Jahrhundertwende bis zur Gegenwart*, in: Freiburger Zeitschrift für Philosophie und Theologie 15 (1968), S. 262-316 u. S. 403-426, 16 (1969) S. 22-39.

Gudrun Schleusener-Eichholz, *Das Auge im Mittelalter*, 2 Bde., München 1985 (Münstersche Mittelalter-Schriften, Bd. 35).

Heinz Schlötermann, *Logos und Ratio. Die platonische Kontinuität in der deutschen Philosophie des Meister Eckhart*, in: Zeitschrift für philosophische Forschung 3 (1948), S. 219-239.

Jochen Schmidt, *Ohne Eigenschaften. Eine Erläuterung zu Musils Grundbegriff*, Tübingen 1975 (Untersuchungen zur deutschen Literaturgeschichte, Bd. 13).

Margot Schmidt, *Regio dissimilitudinis. Ein Grundbegriff mittelhochdeutscher Prosa im Lichte seiner lateinischen Bedeutungsgeschichte*, in: Freiburger Zeitschrift für Philosophie und Theologie 15 (1968), S. 63-108.

Dietrich Schmidtke, *Eine Beuroner Mystikerhandschrift*, in: Scriptorium 34 (1980), S. 278-287.

Dietrich Schmidtke, *Eichstätter Fragmente von Eckhartpredigten*, in: Zeitschrift für deutsches Altertum 112 (1983), S. 73-82.

Renate Schmitt-Fiack, *»Wîse« und »wîsheit« bei Eckhart, Tauler, Seuse und Ruusbroec*, Meisenheim 1972 (Deutsche Studien, Bd. 16).

Benno Schmoldt, *Die deutsche Begriffssprache Meister Eckharts. Studien zur philosophischen Terminologie des Mittelhochdeutschen*, Heidelberg 1954.

Arthur Schneider, *Der Gedanke der Erkenntnis des Gleichen durch Gleiches in antiker und patristischer Zeit*, in: Beiträge zur Geschichte der Philosophie und Theologie des Mittelalters, Supplementbd. 2 (1923), S. 65-76.

Richard Schneider, *Eckharts Doctrine of the Transcendental Perfections in God and Creatures*, Diss. Toronto 1965.

Richard Schneider, *Meister Eckhart's Reflections on the Relation Between the Superior and the Inferior*, in: *Jacob's Ladder and the Tree of Life. Concepts of Hierarchy and the Great Chain of Being*, hg. v. M. L. Kuntz und P. G. Kuntz, New York, Bern, Frankfurt a. M. und Paris 1987 (American University Studies, Series 5, Bd. 14), S. 191-212.

Johann B. Schneyer, *Die Unterweisung der Gemeinde über die Predigt bei scholastischen Predigern. Eine Homiletik aus scholastischen Prothemen*, München, Paderborn und Wien 1968 (Veröffentlichungen des Grabmann-Institutes, Neue Folge, Bd. 4).

Johann B. Schneyer, *Geschichte der katholischen Predigt*, Freiburg i. Br. 1969.

Rolf Schönberger, *Die Transformation des klassischen Seinsverständnisses. Studien zur Vorgeschichte des neuzeitlichen Seinsbegriffs im Mittelalter*, Berlin und New York 1986 (Quellen und Studien zur Philosophie, Bd. 21).

Rolf Schönberger, *Secundum rationem esse. Zur Ontologisierung der Ethik bei Meister Eckhart*, in: *Oikeiosis. Festschrift für Robert Spaemann*, hg. v. R. Löw, Weinheim 1987, S. 251-272.

Gangolf Schrimpf, *Des Menschen Seligkeit. Ein Vergleich zwischen Plotins »Peri eudaimonias«, Meister Eckharts »Buch der göttlichen Tröstung« und Fichtes »Anweisung zum seligen Leben«*, in: *Parusia. Studien zur Philosophie Platons und zur Problemgeschichte des Platonismus. Festgabe für Johannes Hirschberger*, hg. v. K. Flasch, Frankfurt a. M. 1965, S. 431-454.

Reiner Schürmann, *Heidegger and Meister Eckhart on Releasement*, in: Research in Phenomenology 3 (1973), S. 95-119.

Reiner Schürmann, *Maître Eckhart ou la joie errante. Sermons allemands traduits et commentés*, Paris 1972.

Reiner Schürmann, *The Loss of the Origin in Soto Zen and Meister Eckhart*, in: The Thomist 42 (1978), S. 281-312.

Werner Schütz, *Geschichte der christlichen Predigt*, Berlin 1972.

Werner Schultz, *Begegnungen Hegels mit der deutschen Mystik*, in: *Sammlung und Sendung. Vom Auftrag der Kirche in der Welt. Eine Festgabe für D. Heinrich Rendtorff zu seinem 70. Geburtstag*, hg. v. J. Heubach und H.-H. Ulrich, Berlin 1959, S. 339-343.

Werner Schultz, *Der Einfluß der deutschen Mystik auf Hegels Philosophie*, in: Ders., *Theologie und Wirklichkeit. Ausgewählte Aufsätze*, hg. v. H.-G. Pust, Kiel 1969, S. 147-177.

Franz-Josef Schweitzer, *»Caritatem habe, et fac quod vis!« Die »Freien Geister« in der Darstellung Jans van Ruusbroec und in Selbstzeugnissen*, in: *Jan van Ruusbroec. The sources, content and sequels of his mysticism*, hg. v. P. Mommaers und N. De Paepe, Leuven 1984, S. 48-67.

Franz-Josef Schweitzer, *Der Freiheitsbegriff der deutschen Mystik. Seine Beziehung zur Ketzerei der »Brüder und Schwestern vom Freien Geist». Mit besonderer Rücksicht auf den pseudoeckartischen Traktat »Schwester Katrei« (Edition)*, Frankfurt a. M. und Bern 1981.

Franz-Josef Schweitzer, *Die ethische Wirkung Meister Eckharts zwischen Laienfrömmigkeit und Häresie, besonders in den Niederlanden*, in: *Abendländische Mystik im Mittelalter. Symposium Kloster Engelberg 1984*, hg. v. K. Ruh, Stuttgart 1986 (Germanistische Symposien, Berichtsbd. 7), S. 80-93. – Diskussionsbericht von Freimut Löser: S. 111-114.

Josy Seitz, *Der Traktat des »Unbekannten deutschen Mystikers« bei Greith. Ein Beitrag zur Eckhart-Forschung*, Leipzig 1936.

Lauri Seppänen, *Meister Eckeharts Konzeption der Sprachbedeutung. Sprachliche Weltschöpfung und Tiefenstruktur in der mittelalterlichen Scholastik und Mystik?*, Tübingen 1985 (Hermaea, Neue Folge, Bd. 51).

Lauri Seppänen, *Studien zur Terminologie des Paradisus anime intelligentis. Beiträge zur Erforschung der Sprache der mittelhochdeutschen Mystik und Scholastik*, Helsinki 1964 (Mémoires de la Société Néophilologique, Bd. 27).

Lauri Seppänen, *Zur Liebesterminologie in mittelhochdeutschen geistlichen Texten*, Tampere 1967 (Acta Universitatis Tamperensis, Series A, Bd. 11).

Joachim Seyppel, *Das Willensproblem bei Meister Eckhart*, in: Zeitschrift für deutsche Philologie 83 (1964), S. 307-320.

Gabriele von Siegroth-Nellessen, *Versuch einer exakten Stiluntersuchung für Meister Eckhart, Johannes Tauler und Heinrich Seuse*, München 1979 (Medium Aevum, Bd. 38).

Rolf Siller, *Zur Ermöglichung von Freiheit bei Meister Eckhart*, Diss. München 1972.

Fridolin Skutella, *Beiträge zum Eckharttext*, in: Zeitschrift für deutsches Altertum 67 (1930), S. 97-107.

Ernst Soudek, *Meister Eckhart*, Stuttgart 1973 (Sammlung Metzler, Bd. 120).

Adolf Spamer, *Über die Zersetzung und Vererbung in den deutschen Mystikertexten*, Diss. Gießen 1910.

Wolfgang Stammler, *Mittelalterliche Prosa in deutscher Sprache*, in: *Deutsche Philologie im Aufriß*, hg. v. W. Stammler, Bd. 2, Berlin ²1958, S. 749-1102.

Georg Steer, *Der Armutsgedanke der deutschen Mystiker bei Marquard von Lindau*, in: Franziskanische Studien 60 (1978), S. 289-300.

Georg Steer, *Der Laie als Anreger und Adressat deutscher Prosaliteratur im 14. Jahrhundert*, in: *Zur deutschen Literatur und Sprache des 14. Jahrhunderts. Dubliner Colloquium 1981*, hg. v. W. Haug, Heidelberg 1983, S. 354-367.

Georg Steer, *Der Prozeß Meister Eckharts und die Folgen*, in: Literaturwissenschaftliches Jahrbuch, Neue Folge 27 (1986), S. 49-64.

Georg Steer, *Die Stellung des »Laien« im Schrifttum des Straßburger Gottesfreundes Rulman Merswin und der deutschen Dominikanermystik des 14. Jahrhunderts*, in: *Literatur und Laienbildung im Spätmittelalter und in der Reformationszeit. Symposion Wolfenbüttel 1981*, hg. v. L. Grenzmann und K. Stackmann, Stuttgart 1984 (Germanistische Symposien, Berichtsbd. 5), S. 643-658.

Georg Steer, *Echtheit und Authentizität der Predigten Meister Eckharts. Schwierigkeiten und Möglichkeiten einer kritischen Edition*, in: *Germanistik – Forschungsstand und Perspektiven. Vorträge des deutschen Germanistentages 1984*, hg. v. G. Stötzel, 2 Tle., Berlin und New York 1985, 2. Tl., S. 41-50.

Geor Steer, *Germanistische Scholastikforschung. Ein Bericht*, in: Philosophie und Theologie 45 (1970), S. 204-226, 46 (1971), S. 195-222, 48 (1973), S. 65-106.

Georg Steer, *Meister Eckhart-Predigten in Handschriften des 14. Jahrhunderts*, in: *Deutsche Handschriften 1100-1400. Oxforder Colloquium 1985*, hg. v. V. Honemann und N. F. Palmer, Tübingen 1988, S. 399-407.

Geor Steer, *Scholastische Gnadenlehre in mittelhochdeutscher Sprache*, München 1966 (Münchener Texte und Untersuchungen, Bd. 14).

Georg Steer, *Zur Authentizität der deutschen Predigten Meister Eckharts*, in: *Eckardus Theutonicus, homo doctus et sanctus. Nachweise und Berichte zum Prozeß gegen Meister Eckhart*, hg. v. H. Stirnimann und R. Imbach, Freiburg/Schweiz 1992, S. 127-168 (Dokimion, Bd. 11).

Gunther Stephenson, *Gottheit und Gott in der spekulativen Mystik Meister Eckharts. Eine Untersuchung zur Phänomenologie und Typologie der Mystik*, Bonn 1954 (Abhandlungen zur Philosophie, Psychologie und Pädagogik, Bd. 10).

Leopoldine Stiehl, *Meister Eckharts »Buch der göttlichen Tröstung«. Studien zur Leidensphilosophie der spekulativen deutschen Mystik*, Diss. Wien 1954.

Uta Störmer und Volker Caysa, *Zum Verhältnis von deutschem und lateinischem Werk bei Meister Eckhart. Bemerkungen zu Eckharts Mystikbegriff anhand der Auslegung des Johannesevangeliums*, in: *Ergebnisse der XXII. und XXIII. Jahrestagung des Arbeitskreises Deutsche Literatur des Mittelalters*, Greifswald 1990 (Deutsche Literatur des Mittelalters, Bd. 6), S. 165-184.

Loris Sturlese, *Albert der Große und die deutsche philosophische Kultur des Mittelalters*, in: Freiburger Zeitschrift für Philosophie und Theologie 28 (1981), S. 133-147.

Loris Sturlese, *Alle origini della mistica speculativa tedesca. Antichi testi su Teodorico di Freiberg*, in: Medioevo 3 (1977), S. 21-87.

Loris Sturlese, *Die Dokumente zum Prozeß gegen Meister Eckhart*, in: *Eckardus Theutonicus, homo doctus et sanctus. Nachweise und Berichte zum Prozeß gegen Meister Eckhart*, hg. v. H. Stirnimann und R. Imbach, Freiburg/Schweiz 1992 (Dokimion, Bd. 11), S. 1-5.

Loris Sturlese, *Die Kölner Eckhartisten. Das Studium generale der deutschen Dominikaner und die Verurteilung der Thesen Meister Eckharts*, in: *Die Kölner Universität im Mittelalter*, hg. v. A. Zimmermann, Berlin und New York 1989 (Miscellanea Mediaevalia, Bd. 20), S. 192-211.

Loris Sturlese, *Eckhart, Teodorico e Picardi nella Summa philosophiae di Nicola di Strasburgo. Documenti per una storia della filosofia medievale tedesca*, in: Giornale critico della filosofia italiana 61 (1982), S. 183-206.

Loris Sturlese, *»Homo divinus«. Der Prokloskommentar Bertholds von Moosburg und die Probleme der nacheckhartschen Zeit*, in: *Abendländische Mystik im Mittelalter. Symposium Kloster*

Engelberg 1984, hg. v. K. Ruh, Stuttgart 1986 (Germanistische Symposien, Berichtsbd. 7), S. 145-161. – Diskussionsbericht von Siegbert Peetz: S. 224-227.

Loris Sturlese, *Il dibattito sul Proclo latino nel medioevo fra l'Università di Parigi e lo Studium di Colonia*, in: *Proclus et son influence. Actes du colloque de Neuchâtel, Juin 1985. Avec une introduction de Fernand Brunner*, hg. v. G. Boss und G. Seel, Zürich 1987, S. 261-285.

Loris Sturlese, *Maestro Eckhart. Tabula contentorum in Libro parabolarum Genesis secundum ordinem alphabeti*, ritrovata e per la prima volta pubblicata da L. S., in: *Scritti in onore di Eugenio Garin*, Pisa 1987, S. 39-50.

Loris Sturlese, *Meister Eckharts Weiterwirken. Versuch einer Bilanz*, in: *Eckardus Theutonicus, homo doctus et sanctus. Nachweise und Berichte zum Prozeß gegen Meister Eckhart*, hg. v. H. Stirnimann und R. Imbach, Freiburg/Schweiz 1992 (Dokimion, Bd. 11), S. 169-183.

Loris Sturlese, *Proclo ed Ermete in Germania da Alberto Magno a Bertoldo di Moosburgo. Per una prospettiva di ricerca sulla cultura filosofica tedesca nel secolo delle sue origini (1250-1350)*, in: *Von Meister Dietrich zu Meister Eckhart*, hg. v. K. Flasch, Hamburg 1984 (Corpus Philosophorum Teutonicorum Medii Aevi, Beiheft 2), S. 22-33.

Loris Sturlese, *Recenti studi su Eckhart*, in: Giornale critico della filosofia italiana 66 (1987), S. 368-377.

Loris Sturlese, *Tauler im Kontext*, in: Beiträge zur Geschichte der deutschen Sprache und Literatur 109 (1987), S. 390-426.

Loris Sturlese, *Un nuovo manoscritto delle opere latine di Eckhart e il suo significato per la ricostruzione del testo e della storia del Opus tripartitum*, in: Freiburger Zeitschrift für Philosophie und Theologie 32 (1985), S. 145-154.

Tiziana Suárez-Nani, *Philosophie- und theologiehistorische Interpretation der in der Bulle von Avignon zensurierten Sätze*, in: *Eckardus Theutonicus, homo doctus et sanctus. Nachweise und Berichte zum Prozeß gegen Meister Eckhart*, hg. v. H. Stirnimann und R. Imbach, Freiburg/Schweiz 1992 (Dokimion, Bd. 11), S. 31-96.

Ilmar Tammelo, *Riflessioni sulla dottrina della giustizia di Meister Eckhart*, in: Rivista Internazionale di Filosofia del Diritto 50 (1973), S. 798-803.

Michel Tardieu, ΨΥΧΑΙΟΣ ΣΠΙΝΘΗΡ. *Histoire d'une métaphore dans la tradition platonicienne jusqu'à Eckhart*, in: Revue Augustinienne 21 (1975), S. 225-255.

E. TeSelle, *»Regio dissimilitudinis« in the Christian tradition and its context in late Greek Philosophy*, in: Augustinian Studies 6 (1975), S. 153-179.

Joachim Theisen, *Predigt und Gottesdienst. Liturgische Strukturen in den Predigten Meister Eckharts*, Frankfurt a. M. und Bern 1990 (Europäische Hochschulschriften, Reihe I, Bd. 1169).

Gabriel Théry, *Contribution à l'histoire du procès d'Eckart*, in: La vie spirituelle, Supplément 9 (1924), S. 93-119 u. S. 164-183, 12 (1925), S. 149-187, 13 (1926), S. 49-95, 14 (1926), S. 45-65.

Gabriel Théry, *Le »Benedictus Deus« de Maître Eckhart*, in: *Mélanges Joseph de Ghellinck*, 2 Bde., Gembloux 1951 (Museum Lessianum. Section historique, Bd. 14), Bd. 2, S. 905-935.

Frank Tobin, *Eckhart's Mystical Use of Language. The Contexts of »eigenschaft«*, in: Seminar 8 (1972), S. 160-168.

Frank Tobin, *Meister Eckhart. Thought and Language*, Philadelphia 1986.

Frank Tobin, *Meister Eckhart's German Sermons. Semantics and Grammar as Style*, in: Semasia 3 (1976), S. 75-85.

Frank Tobin, *The Mystic as Poet: Meister Eckhart's German Sermon 69*, in: Studia Mystica 2/4 (1979), S. 69-75.

Winfried Trusen, *Der Prozeß gegen Meister Eckhart. Vorgeschichte, Verlauf und Folgen*, Paderborn, München, Wien und Zürich 1988 (Rechts- und Staatswissenschaftliche Veröffentlichungen der Görres-Gesellschaft, Neue Folge, Bd. 54).

Winfried Trusen, *Zum Prozeß gegen Meister Eckhart*, in: *Eckardus Theutonicus, homo doctus et sanctus. Nachweise und Berichte zum Prozeß gegen Meister Eckhart*, hg. v. H. Stirnimann und R. Imbach, Freiburg/Schweiz 1992 (Dokimion, Bd. 11), S. 7-30.

Rijkert A. Ubbink, *De receptie van Meister Eckhart in de Nederlanden gedurende de middeleeuwen. Een studie op basis van middelnederlandse handschriften*, Amsterdam 1978 (Amsterdamer Publikationen zur Sprache und Literatur, Bd. 34).

Shizuteru Ueda, *Das »Nichts« bei Meister Eckhart und im Zen-Buddhismus unter besonderer Berücksichtigung des Grenzbereiches von Theologie und Philosophie*, in: *Transzendenz und Immanenz. Philosophie und Theologie in der veränderten Welt*, in: D. Papenfuss und J. Söring, Stuttgart 1977, S. 257-266.

Shizuteru Ueda, *Der Zen-Buddhismus als »Nicht-Mystik« unter besonderer Berücksichtigung des Vergleichs zur Mystik Meister Eckharts*, in: *Transparente Welt. Festschrift zum 60. Geburtstag von Jean Gebser*, hg. v. G. Schultz, Bern und Stuttgart 1965, S. 291-313.

Shizuteru Ueda, *Die Bewegung nach oben und die Bewegung nach unten: Zen-Buddhismus im Vergleich mit Meister Eckhart*, in: *Aufstieg und Abstieg*, hg. v. A. Portmann und R. Ritsema (Eranos Jahrbuch, Bd. 50), Frankfurt a. M. 1982, S. 223-272.

Shizuteru Ueda, *Die Gottesgeburt in der Seele und der Durchbruch zur Gottheit. Die mystische Anthropologie Meister Eckharts und ihre Konfrontation mit der Mystik des Zen-Buddhismus*, Gütersloh 1965 (Studien zu Religion, Geschichte und Geisteswissenschaft, Bd. 3).

Shizuteru Ueda, *Eckhart und Zen. Am Problem »Freiheit und Sprache«*, in: *Luther und Shinran. Eckhart und Zen*, hg. v. M. Kraatz, Köln 1989, S. 21-92.

Shizuteru Ueda, *Das absolute Nichts im Zen, bei Eckhart und bei Nietzsche*, in: *Die Philosophie der Kyôto-Schule. Texte und Einführung*, hg. v. R. Ohashi, Freiburg und München 1990, S. 471-502.

Shizuteru Ueda, *Meister Eckharts Predigten. Ihre »Wahrheit« und ihre geschichtliche Situation*, in: *Abendländische Mystik im Mittelalter. Symposium Kloster Engelberg 1984*, hg. v. K. Ruh

Stuttgart 1986 (Germanistische Symposien, Berichtsbd. 7), S. 33-48. – Diskussionsbericht von Freimut Löser: S. 101-104.

Shizuteru Ueda, *»Nothingness« in Meister Eckhart and Zen-Buddhism*, in: *The Buddha Eye: An Anthology of the Kyoto School*, Kyoto 1982, S. 157-168.

Shizuteru Ueda, *Über den Sprachgebrauch Meister Eckharts: »Gott muß ...«. Ein Beispiel für die Gedankengänge der spekulativen Mystik*, in: *Glaube, Geist, Geschichte. Festschrift für Ernst Benz zum 60. Geburtstag am 17. November 1967*, hg. v. G. Müller und W. Zeller, Leiden 1967, S. 266-277.

Marco Vannini, *Dialettica della fede*, Casale Monferrato 1983 (Collana di filosofia, Bd. 4).

Marco Vannini, *»Praedica verbum«. La »generazione« della parola dal silenzio in Meister Eckhart*, in: *Il silenzio e la parola da Eckhart a Jabès. Atti del convegno »Il silenzio e la parola« tenuto a Trento il 15-17 ottobre 1987*, hg. v. M. Baldini und S. Zucal, Brescia 1989, S. 17-31.

Jean-Louis Vieillard-Baron, *L'instant, poussière de l'éternité*, in: Cahiers de l'Université Saint-Jean de Jérusalem 14 (1985), S. 13-32.

Paul Vignaux , *Pour situer dans l'école une question d'Eckhart. Interrogations et suggestions sur »être«, »connaître« et »vouloir« en Dieu*, in: *Maître Eckhart à Paris. Une critique médiévale de l'ontothéologie*, Paris 1984 (Bibliothèque de l'école des hautes études, Sciences religieuses, Bd. 86), S. 141-156.

Paul Vignaux , *Sur »Esse« et »Intelligere« en Dieu*, in: *Métaphysique. Histoire de la Philosophie. Recueil d'études offert à Fernand Brunner*, Neuchâtel 1981, S. 143-150.

Ludwig Völker, *Die Terminologie der mystischen Bereitschaft in Meister Eckharts deutschen Predigten und Traktaten*, Gießen 1964.

Ludwig Völker, *»Gelassenheit«. Zur Entstehung des Wortes in der Sprache Meister Eckharts und seiner Überlieferung in der nacheckhartschen Mystik bis J. Böhme*, in: *Getempert und gemischet. Für Wolfgang Mohr zum 65. Geburtstag von seinen Tübinger Schülern*, hg. v. F. Hundsnurscher und U. Müller,

Göppingen 1972 (Göppinger Arbeiten zur Germanistik, Bd. 65), S. 281-312.

Paul-Gerhard Völker, *Die Überlieferungsformen mittelalterlicher deutscher Predigten*, in: Zeitschrift für deutsches Altertum 92 (1963), S. 212-227.

Von Meister Dietrich zu Meister Eckhart, hg. v. K. Flasch, Hamburg 1984 (Corpus Philosophorum Teutonicorum Medii Aevi, Beiheft 2).

Wolfgang Wackernagel, Ymagine denudari. Éthique de l'image et métaphysique de l'abstraction chez Maître Eckhart, Paris 1991 (Études de philosophie médiévale, Bd. 68).

Herbert Wackerzapp, *Der Einfluß Meister Eckharts auf die ersten philosophischen Schriften des Nikolaus von Kues*, Münster 1962 (Beiträge zur Geschichte der Philosophie und Theologie des Mittelalters, Bd. 39/3).

Erwin Waldschütz, *Denken und Erfahrung des Nichts bei Meister Eckhart*, in: *Wahrheit und Wirklichkeit. Festgabe für Leo Gabriel zum 80. Geburtstag*, hg. v. P. Kampits, Berlin 1983, S. 169-192.

Erwin Waldschütz, *Meister Eckhart. Eine philosophische Interpretation der Traktate*, Bonn 1978 (Studien zur Germanistik, Anglistik und Komparatistik, Bd. 71).

V. Warnach, *Erleuchtung und Einsprechung bei Augustinus*, in: Augustinus Magister 1 (1954), S. 429-450.

Édouard Henri Wéber, *»Commensuratio« de l'agir par l'objet d'activité et par le sujet agent chez Albert le Grand, Thomas d'Aquin et Maître Eckhart*, in: *Mensura*, hg. v. A. Zimmermann, 2 Bde., Berlin und New York 1983-84 (Miscellanea Mediaevalia, Bd. 2), Bd. 1, S. 43-64.

Édouard Henri Wéber, *Continuités et ruptures de l'enseignement de Maître Eckhart avec les recherches et discussions dans l'Université de Paris*, in: *Von Meister Dietrich zu Meister Eckhart*, hg. v. K. Flasch, Hamburg 1984 (Corpus Philosophorum Teutonicorum Medii Aevi, Beiheft 2), S. 163-176.

Édouard Henri Wéber, *Eckhart et l'ontothéologisme: histoire et conditions d'une rupture*, in: *Maître Eckhart à Paris. Une cri-*

tique médiévale de l'ontothéologie, Paris 1984 (Bibliothèque de l'école des hautes études, Sciences religieuses, Bd. 86), S. 13-83.

Édouard-Henri Wéber, *Eléments néoplatoniciens en théologie mystique au XIIIème siècle*, in: *Abendländische Mystik im Mittelalter. Symposium Kloster Engelberg 1984*, hg. v. K. Ruh, Stuttgart 1986 (Germanistische Symposien, Berichtsbd. 7), S. 196-217. – Diskussionsbericht von Siegbert Peetz: S. 233-234.

Édouard-Henri Wéber, *Maître Eckhart et la grande Tradition théologique*, in: *Eckardus Theutonicus, homo doctus et sanctus. Nachweise und Berichte zum Prozeß gegen Meister Eckhart*, hg. v. H. Stirnimann und R. Imbach, Freiburg/Schweiz 1992 (Dokimion, Bd. 11), S. 97-125.

Gerhard Wehr, *Meister Eckhart*, Reinbek bei Hamburg 1989.

Martina Wehrli-Johns, *Maria und Martha in der religiösen Frauenbewegung*, in: *Abendländische Mystik im Mittelalter. Symposium Kloster Engelberg 1984*, hg. v. K. Ruh, Stuttgart 1986 (Germanistische Symposien, Berichtsbd. 7), S. 354-367. -Diskussionsbericht von Klaus Kirchert: S. 466-468.

Bardo Weiss, *Der Einfluß Anselms von Canterbury auf Meister Eckhart*, in: Analecta Anselmiana 4/2 (1975), S. 209-221.

Bardo Weiss, *Die Heilsgeschichte bei Meister Eckhart*, Mainz 1965.

Konrad Weiß, *Die Hermeneutik des Meister Eckhart*, in: Studia theologica 21 (1967) 1-12.

Konrad Weiß, *Meister Eckharts biblische Hermeneutik*, in: *La mystique rhénane. Colloque de Strasbourg 16-19 mai 1961*, Paris 1963 (Travaux du centre d'études supérieures spécialisé d'histoire des religions de Strasbourg), S. 95-108.

Konrad Weiß, *Meister Eckharts philosophische und theologische Autoritäten*, in: Studia theologica 21 (1967), S. 13-19.

Konrad Weiß, *Meister Eckharts Stellung innerhalb der theologischen Entwicklung des Spätmittelalters*, in: Studien der Lutherakademie, Neue Folge 1 (1953) 29-47.

Bernhard Welte, *Der mystische Weg des Meisters Eckhart und sein spekulativer Hintergrund*, in: *Freiheit und Gelassenheit. Mei-*

ster Eckhart heute, in Verbindung mit H. Falcke und F. Hoffmann hg. v. U. Kern, München und Mainz 1980, S. 97-102.

Bernhard Welte, *Meister Eckhart. Gedanken zu seinen Gedanken*, Freiburg, Basel und Wien 1979.

Bernhard Welte, *Meister Eckhart als Aristoteliker*, in: Philosophisches Jahrbuch 69 (1961), S. 64-74. – Auch in: Ders., *Auf der Spur des Ewigen*, Freiburg, Basel und Wien 1965, S. 197-210.

Friedrich-Wilhelm Wentzlaff-Eggebert, *Erscheinungsformen der »unio mystica« in der deutschen Literatur und Dichtung*, in: Ders., *Belehrung und Verkündigung. Schriften zur deutschen Literatur vom Mittelalter bis zur Neuzeit*, hg. v. M. Dick und G. Kaiser, Berlin und New York 1975, S. 86-123.

Paul Wilpert, *Die Ausgestaltung der aristotelischen Lehre vom Intellectus agens bei den griechischen Kommentatoren und in der Scholastik des 13. Jahrhunderts*, in: *Aus der Geisteswelt des Mittelalters. Studien und Texte Martin Grabmann zur Vollendung des 60. Lebensjahres von Freunden und Schülern gewidmet*, Münster 1935 (Beiträge zur Geschichte der Philosophie und Theologie des Mittelalters, Supplementbd. 3), 1. Halbbd., S. 447-462.

Eberhard Winkler, *Exegetische Methoden bei Meister Eckhart*, Tübingen 1965 (Beiträge zur Geschichte der biblischen Hermeneutik, Bd. 6).

Eberhard Winkler, *Wort Gottes und Hermeneutik bei Meister Eckhart*, in: *Freiheit und Gelassenheit. Meister Eckhart heute*, in Verbindung mit H. Falcke und F. Hoffmann hg. v. U. Kern, München und Mainz 1980, S. 169-182.

Karl-Heinz Witte, *Vorsmak des êwigen lebennes. Beobachtungen zu einem scholastischen Traktat von der Schau des dreifaltigen Gottes aus dem Kreise der deutschen Mystik*, in: *Würzburger Prosastudien I*, hg. v. der Forschungsstelle für deutsche Prosa des Mittelalters am Seminar für deutsche Philologie der Universität Würzburg, München 1968 (Medium aevum, Bd. 13), S. 148-198.

Eckard Wolz-Gottwald, *Übung und Gnade auf dem Weg zur*

»Gottesgeburt« bei Meister Eckhart, in: Freiburger Zeitschrift für Philosophie und Theologie 34 (1987), S. 147-159.

Eckhard Wulf, *Das Aufkommen neuzeitlicher Subjektivität im Vernunftbegriff Meister Eckharts*, Diss. Tübingen 1972.

Josef Zapf, *Die Funktion der Paradoxie im Denken und sprachlichen Ausdruck bei Meister Eckhart*, Diss. Köln 1966.

Winfried Zeller, *Meister Eckhart bei Valentin Weigel. Eine Untersuchung zur Frage der Bedeutung Meister Eckharts für die mystische Renaissance des sechzehnten Jahrhunderts*, in: Zeitschrift für Kirchengeschichte 57 (1938) 305-355.

Gerrit C. Zieleman, *Das Studium der deutschen und niederländischen Predigten des Mittelalters*, in: *Sô predigent etelîche. Beiträge zur deutschen und niederländischen Predigt im Mittelalter*, hg. K. O. Seidel, Göppingen 1982 (Göppinger Arbeiten zur Germanistik, Bd. 378), S. 5-48.

Hans Zuchhold, *Des Nikolaus von Landau Sermone als Quelle für die Predigt Meister Eckharts und seines Kreises*, Halle 1905 (Hermaea, Bd. 2).

Émilie Zum Brunn, *Dieu n'est pas être*, in: *Maître Eckhart à Paris. Une critique médiévale de l'ontothéologie*, Paris 1984 (Bibliothèque de l'école des hautes études, Sciences religieuses, Bd. 86), S. 84-108.

Émilie Zum Brunn, *La doctrine albertinienne et eckhartienne de l'homme d'après quelques textes des »Sermons allemands«*, in: Freiburger Zeitschrift für Philosophie und Theologie 32 (1985), S. 137-143.

Émilie Zum Brunn, *Le problème de l'Être chez Maître Eckhart*, in: Annuaire de l'école pratique des hautes études 86 (1977-78), S. 395-397.

Émilie Zum Brunn, *Les premières »Questions parisiennes« de Maître Eckhart*, in: *Von Meister Dietrich zu Meister Eckhart*, hg. v. K. Flasch, Hamburg 1984 (Corpus Philosophorum Teutonicorum Medii Aevi, Beiheft 2), S. 128-137.

Émilie Zum Brunn, *Maître Eckhart et le nom inconnu de l'âme*, in: Archives de philosophie 43 (1980), S. 655-666.

Émilie Zum Brunn, *Une source méconnue de l'ontologie eck-*

hartienne, in: *Métaphysique. Histoire de la Philosophie. Recueil d'études offert à Fernand Brunner*, Neuchâtel 1981, S. 111-117.

Émilie Zum Brunn und Alain De Libera, *Maître Eckhart, Métaphysique du Verbe et théologie négative*, Paris 1983.

Adolar Zumkeller, *Das Ungenügen der menschlichen Werke bei den deutschen Predigern des Spätmittelalters*, in: Zeitschrift für katholische Theologie 81 (1959), S. 265-305.

Adolar Zumkeller, *Ein Zeitgenosse Eckeharts zu Fehlentwicklungen in der damaligen mystischen Bewegung. Kritische Bemerkungen in neuentdeckten mystischen Traktaten Heinrichs von Friemar des Älteren O.S.A.*, in: Würzburger Diözesangeschichtsblätter 37/38 (1975), S. 229-238.

REGISTER

I. PERSONEN UND ANONYME WERKE

Erfaßt sind die von Eckhart zitierten Autoren, sofern sie identifiziert werden konnten, und die in den Überblickskommentaren und Stellenkommentaren erwähnten Namen. Nicht erfaßt sind die Textparaphrasen. Kursive Seitenangaben beziehen sich auf die Seitenzahl der Überblickskommentare, gerade auf den Stellenkommentar. Die römischen Zahlen bedeuten die Bandnummern dieser Ausgabe.

2. SACH- UND WORTREGISTER

Im Sach- und Wortregister ist eine Auswahl wichtiger Sachen und Begriffe erfaßt. Das Register bezieht sich auf die Überblickskommentare (kursive Seitenangaben) und auf die Einzelkommentare zu signifikanten Stellen (gerade Seitenangaben). Über die Stellenkommentare sind auch die wichtigsten weiteren Textstellen zu einer Sache oder zu einem Begriff zu erschließen. Diejenigen Stellenkommentare, in denen ein Problem oder ein bestimmter Begriff eingehend behandelt wird, sind mit Stern ausgezeichnet. Die römischen Zahlen bedeuten die Bandnummer dieser Ausgabe. Hinzuweisen ist an dieser Stelle auch auf die vollständigen Wortregister, die die Stuttgarter Ausgabe der Werke Eckharts enthält.

3. PROZESSDOKUMENTE

Proc. Col. I

n.36-40 II 472,15-474,9.
n.50 I 54,20-24.
n.51 I 142,27-32.
n.52 I 144,6-8.
n.53 I 84,2.
n.54 I 84,10-13 u. 17-20.
n.55 I 170,6-11.
n.56 I 174,27-30.
n.57 I 174,15-21.
n.59 I 158,15-22.
n.60-61 I 58,14-22.
n.62 I 182,17-184,19.
n.63 I 22,9-11.
n.64 I 84,28-32.
n.65 I 150,1-5.
n.66 I 50,22-26.
n.66-67 I 60,9-17.
n.67 I 144,10-30.
n.68 I 144,26-146,10.
n.69 I 32,26-36,5. 34,22-36,2.
n.70 I 88,24-90,2.
n.71 I 146,15f.
n.72 I 154,29f. u. 156,7-9.
n.73 I 52,16f.
n.74 I 46,12-21.
n.79-81 II 462,19.
n.87-92 II 232,26-236,12.
n.91f. II 236,20-238,4.
n.93 II 240,4-10.
n.94 II 242,9f.
n.95 II 252,7-18.
n.96 II 252,23-25.
n.97 II 254,4-9.
n.98 II 266,20-33. 268,3-5. 268,11-15. 268,27-29.
n.99 II 272,33-274,15.
n.100 II 284,16-27.
n.101 II 284,28-286,1.
n.102 II 318,3f.
n.103 II 324,9-13.
n.115-116 II 468,8-18.
n.117 II 472,15-474,9. 524,16f.
n.128 I 144,6-8.
n.128-130 I 54,20-24. 142, 27-32.
n.132 I 84,10-13 u. 17-20.
n.133 I 170,6-11.
n.134 I 174,27-30.
n.135 I 174,15-21.
n.137 I 158,15-22.
n.139-140 I 58,14-22.
n.141 I 182,17-184,19.
n.142 I 22,9-11.
n.144 I 84,28-32.
n.144-145 I 150,1-5.
n.145 I 50,22-26. 60,9-17. 144,10-30.
n.146 I 144,26-146,10.
n.147 I 34,22-36,2.
n.148 I 88,24-90,2. 146,15f.
n.149 I 154,29f. u. 156,7-9.
n.150 I 52,16f.
n.151 I 46,12-21.

Proc. Col. II

n.3 I 154,29f. u. 156,7-9.
n.5 I 156,21-23.
n.7f. I 158,15-22.
n.9 I 134,16-18.
n.11 I 136,13-24.
n.19 I 136,28f.
n.21 I 138,12-18.
n.23 I 138,26-140,3.
n.27-28 I 52,16-22. 126,34.
n.29 I 174,11-32. 174,15-21.

Bulle

Gutachten

a.4 I 146,19-21. 158,15-22.
a.5 I 108,12-15.
a.6 I 52,16f.
a.15 I 76,14-17.
a.16 I 84,28-32.
a.18 I 170,6-11.
a.18-19 I 54,20-24.
a.19 I 84,2.
a.20 I 84,10-13 u. 17-20.
a.21 I 58,14-22.
a.22 I 280,23-25.
a.25 II 324,9-13.
a.27 II 252,7-18.

4. KONKORDANZ ZU DEN DEUTSCHEN PREDIGTEN ECKHARTS

DW und diese Ausgabe	Pfeiffer, Pr.	Par. an.	Jostes	Jundt	Quint, Üb.	BT	KT
1	6				1	186rb	80ra
2	8				2	296ra	
3	25				3	285va	
4	40				4	259vb	221ra
5a					5		
5b	13				6	266va	
6	65				7	303vb	
7	72	19	10, 79		8		
8	82				9	278rb	
9	84	33	31		10	286va	
10	83				11	284rb	
11	90				12	275va	
12	96				13	312vb	
13a	24				15		
13				11	14		
14							
15							
16a							
16b	14				16	299ra	
17	21				17		
18	36					270vb	
19	35	20	16, 17, 35		18,19		

DW und diese Ausgabe	Pfeiffer, Pr.	Par. an.	Jostes	Jundt	Quint, Üb.	BT	KT
20a	32				20		
20b		24			21		
21	100				22		
22	88				23	255rb	
23			28				
24	94						
25	10				38	250rb	
26	11				49	251vb	
27	12				50	282vb	
28	81				31	273va	
29	74				29	262va	
30	66				43		
31	48				47		223rb
32	52	34			30		
33		49	56				
34	27						
35	33						
36a	38						
36b			69/2				
37	31	21			51		
38	29	4	Anh. I/4				
39	59		22		25	244va	
40	63		33				
41	43				46	308rb	
42	80				39	267vb	
43	79	22	25, 9		52	268va	
44	20					246rb	
45	30		70				
46	47		32				16ra
47	23					264ra	
48	60				34	300va	
49	89					288va	
50	95						
51	102				24	248vb	
52	87				32	306va	
53	22					274va	
54a	71		15				

DW und diese Ausgabe	Pfeiffer, Pr.	Par. an.	Jostes	Jundt	Quint, Üb.	BT	KT
54b	46						
55	34		48			280rb	
56		26					
57		61					
58			77				
59				10			
60	45	36			45	291vb	
61							
62	55				48		
63				7			
64				8			
65	5						
66	58				27	309va	
67				9			
68	69				36		16va
69	42				40	258ra	101ra
70	41	28	14		53	257ra	
71	19				37	242va	
72	98	51			56	305va	
73	73				33	253vb	
74	86					302rb	
75	85					297vb	
76	7				35	314ra	
77	49		23				
78	28		55				
79	91				41	252vb	
80	97	59			55		
81	64						
82	62	48			54		
83	99			13	42		
84		57					
85		58					
86	9				28		

INHALTSVERZEICHNIS

»Der Deutsche Klassiker Verlag: ein gigantisches Vorhaben, ein Jahrhundertwerk«
Marcel Reich-Ranicki

DEUTSCHER KLASSIKER VERLAG
IM TASCHENBUCH

In dieser Reihe erschienen:

TB 1
Johann Wolfgang Goethe, Faust. Zwei Teilbände
Herausgegeben von Albrecht Schöne · 2016 Seiten
Band 1: Texte · Band 2: Kommentare

TB 2
Hans Jacob Christoffel von Grimmelshausen
Simplicissimus Teutsch
Herausgegeben von Dieter Breuer · 1136 Seiten

TB 3
Friedrich Schiller
Wallenstein
Herausgegeben von Frithjof Stock · 1280 Seiten

TB 4
Friedrich Hölderlin
Sämtliche Gedichte
Herausgegeben von Jochen Schmidt · 1152 Seiten

TB 5
Heinrich von Kleist
Sämtliche Erzählungen, Anekdoten, Gedichte und Schriften
Herausgegeben von Klaus Müller-Salget · 1328 Seiten

TB 6
Deutsche Lyrik des frühen und hohen Mittelalters
Edition und Kommentare von Ingrid Kasten
Übersetzung von Margherita Kuhn · 1136 Seiten

TB 7
Wolfram von Eschenbach
Parzival
Zwei Teilbände
Herausgegeben von Eberhard Nellmann
Übertragen von Dieter Kühn · 1838 Seiten

TB 8
Karl Philipp Moritz
Anton Reiser. Dichtungen und Schriften
zur Erfahrungsseelenkunde
Herausgegeben von Heide Hollmer
und Albert Meier · 1365 Seiten

TB 9
Bettine von Arnim
Clemens Brentano's Frühlingskranz/
Die Günderode
Herausgegeben von Walter Schmitz · 1201 Seiten

TB 10
Gottfried Keller
Die Leute von Seldwyla
Herausgegeben von Thomas Böning · 869 Seiten

TB 11
Johann Wolfgang Goethe
Die Leiden des jungen Werthers / Die Wahlverwandtschaften
Herausgegeben von Waltraud Wiethölter unter Mitarbeit von
Christoph Brecht · 1245 Seiten

TB 12
Joseph von Eichendorff
Sämtliche Gedichte
Herausgegeben von Hartwig Schultz · 1292 Seiten

TB 13
Georg Büchner
Dichtungen, Schriften, Briefe und Dokumente
Zwei Bände
Herausgegeben von Henri Poschmann unter Mitarbeit von
Rosemarie Poschmann · 2301 Seiten

TB 14
E. T. A. Hoffmann
Fantasiestücke in Callot's Manier
Herausgegeben von Hartmut Steinecke unter Mitarbeit von Gerhard Allroggen und Wulf Segebrecht · 939 Seiten

TB 15
Johann Wolfgang Goethe
Dichtung und Wahrheit
Herausgegeben von Klaus-Detlef Müller · 1403 Seiten

TB 16
Grimms Märchen
Herausgegeben von Heinz Rölleke · 1302 Seiten

TB 17
E.T. A. Hoffmann
Die Elixiere des Teufels / Werke 1814-1816
Herausgegeben von Hartmut Steinecke und Gerhard Allroggen · 761 Seiten

TB 18
Joseph von Eichendorff
Ahnung und Gegenwart
Sämtliche Erzählungen I
Herausgegeben von Wolfgang Frühwald und Brigitte Schillbach · 840 Seiten

TB 19
Joseph von Eichendorff
Dichter und ihre Gesellen
Sämtliche Erzählungen II
Herausgegeben von Hartwig Schultz · 904 Seiten

TB 20
Hartmann von Aue
Erec
Herausgegeben von Manfred Günter Scholz
Übersetzt von Susanne Held · 1069 Seiten

TB 21
Hans Jacob Christoffel von Grimmelshausen
Courasche / Springinsfeld / Wunderbarliches Vogelnest I-II / Rathstübel Plutonis
Herausgegeben von Dieter Breuer · 1094 Seiten

TB 22
Gotthold Ephraim Lessing
Laokoon / Briefe, antiquarischen Inhalts
Herausgegeben von Wilfried Barner · 1216 Seiten

TB 23
Gottfried Keller
Der grüne Heinrich. Erste Fassung
Herausgegeben von Thomas Böning und Gerhard Kaiser · 1395 Seiten

TB 24
Meister Eckhart
Werke I: Predigten
Herausgegeben von Niklaus Largier · 1107 Seiten

TB 25
Meister Eckhart
Werke II: Traktate und lateinische Werke
Herausgegeben von Niklaus Largier · 1026 Seiten

TB 26
Friedrich Schiller
Klassische Dramen:
Maria Stuart / Die Jungfrau von Orleans / Die Braut von Messina / Wilhelm Tell
Herausgegeben von Matthias Luserke-Jaqui · 888 Seiten

TB 27
Friedrich Hölderlin
Hyperion / Empedokles / Aufsätze / Übersetzungen
Herausgegeben von Jochen Schmidt · 1514 Seiten

TB 28
E.T.A. Hoffmann
Die Serapions-Brüder
Herausgegeben von Wulf Segebrecht unter Mitarbeit von Ursula Segebrecht · 1687 Seiten

TB 29
Hartmann von Aue
Gregorius / Armer Heinrich / Iwein
Herausgegeben von Volker Mertens · 1110 Seiten

TB 30
Johann Wolfgang Goethe
Klassische Dramen:
Iphigenie auf Tauris / Egmont / Torquato Tasso
Herausgegeben von Dieter Borchmeyer unter Mitwirkung von Peter Huber · 1500 Seiten

TB 31
Friedrich Schiller
Sämtliche Gedichte
Herausgegeben von Georg Kurscheidt · 1532 Seiten

TB 32
Friedrich Schiller
Theoretische Schriften
Herausgegeben von Rolf-Peter Janz · 1617 Seiten

TB 33
Jacob Böhme
Werke
Herausgegeben von Ferdinand van Ingen · 1165 Seiten

TB 34
Friedrich Schiller
Die Räuber / Fiesko / Kabale und Liebe
Herausgegeben von Gerhard Kluge · 1569 Seiten

TB 35
Friedrich Schiller
Don Karlos
Herausgegeben von Gerhard Kluge
1369 Seiten

TB 36
E. T. A. Hoffmann
Nachtstücke / Werke 1816-1820
Herausgegeben von Hartmut Steinecke
und Gerhard Allroggen · 1206 Seiten

TB 37
Immanuel Kant
Kritik der Urteilskraft
Schriften zur Ästhetik und Naturphilosophie
Herausgegeben von Manfred Frank und
Véronique Zanetti · 1387 Seiten

TB 38
Johann Wolfgang Goethe
West-östlicher Divan
Zwei Teilbände
Herausgegeben von Hendrik Birus · 2080 Seiten

TB 39
Wolfram von Eschenbach
Willehalm
Herausgegeben von Joachim Heinzle · 1287 Seiten

TB 40
Gottfried Keller
Züricher Novellen
Herausgegeben von Thomas Böning · 760 Seiten

TB 41
Geschichte der Ökonomie
Herausgegeben von Johannes Burkhardt
und Birger P. Priddat · 975 Seiten

TB 42
Gotthold Ephraim Lessing
Minna von Barnhelm / Hamburgische Dramaturgie
Herausgegeben von Klaus Bohnen · 1142 Seiten

TB 43
Lyrik des späten Mittelalters
Herausgegeben von Burghart Wachinger · 1070 Seiten

TB 44
Johann Wolfgang Goethe
Gedichte 1756-1799
Herausgegeben von Karl Eibl · 1336 Seiten

TB 45
Johann Wolfgang Goethe
Gedichte 1800-1832
Herausgegeben von Karl Eibl · 1432 Seiten

TB 46
Christoph Martin Wieland
Geschichte des Agathon
Herausgegeben von Klaus Manger · 1156 Seiten

TB 47
Novellistik des Mittelalters
Märendichtung
Herausgegeben, übersetzt und kommentiert
von Klaus Grubmüller · 1384 Seiten

TB 48
Johann Wolfgang Goethe
Italienische Reise · Zwei Teilbände
Herausgegeben von Christoph Michel
und Hans-Georg Dewitz · 1654 Seiten

TB 49
Carmina Burana
Texte und Übersetzungen
Herausgegeben von Benedikt Konrad Vollmann · 1415 Seiten

TB 50
Johann Peter Eckermann
Gespräche mit Goethe in den letzten Jahren seines Lebens
Herausgegeben von Christoph Michel
unter Mitwirkung von Hans Grüters · 1390 Seiten

TB 51
Das Nibelungenlied
Herausgegeben, übersetzt und kommentiert von Joachim Heinzle
1755 Seiten

TB 52
Johann Wolfgang Goethe
Faust · Zwei Teilbände
Texte und Kommentare
Herausgegeben und kommentiert von Albrecht Schöne
2000 Seiten

TB 53
Gottfried von Straßburg
Tristan und Isold · Zwei Teilbände
Texte und Kommentare · Mit dem Text des Thomas
Herausgegeben von Walter Haug und Manfred Günter Scholz
2030 Seiten